环境损害司法鉴定导论

（原书第三版）

Introduction to Environmental Forensics

(Third Edition)

〔美〕B. L.墨菲(Brian L. Murphy)
〔美〕R. D.莫里森(Robert D. Morrison) 著

马 栋 邓 泓 杨 旭 主译

科 学 出 版 社

北 京

Introduction to Environmental Forensics, 3rd edition
Brian L. Murphy Robert D. Morrison
ISBN: 9780124046962

Authorized Chinese translation published by China Science Publishing & Media Ltd. (Science Press).

《环境损害司法鉴定导论》(原书第三版)(马栋 邓泓 杨旭 主译)
ISBN: 9787030695253

图字：01－2018－3948 号

内 容 简 介

本书是环境损害司法鉴定领域经典外文书籍的译本。全书共包含3篇20章。其中第1章到第7章作为入门教科书，介绍环境损害司法鉴定基础知识；第8章到第15章介绍化学、生物和同位素等模式识别方法在环境损害司法鉴定中的应用；第16到第20章介绍各种数学统计模型在环境损害司法鉴定中的应用。

本书在环境损害司法鉴定领域具有很强的指导性、应用性和普适性。可作为环境损害司法鉴定领域的科研和鉴定工作者，环境科学领域的研究者、从业者和学生，环境损害执法和司法人员的参考用书。

图书在版编目（CIP）数据

环境损害司法鉴定导论／（美）B. L.墨菲（Brian L. Murphy），（美）R. D.莫里森（Robert D. Morrison）著；马栋，邓泓，杨旭主译. —北京：科学出版社，2021.9

书名原文：Introduction to Environmental Forensics

ISBN 978－7－03－069525－3

Ⅰ. ①环… Ⅱ. ①B… ②R… ③马… ④邓… ⑤杨… Ⅲ. ①环境污染—赔偿—司法鉴定—研究 Ⅳ. ①D912.604

中国版本图书馆 CIP 数据核字（2021）第 174022 号

责任编辑：谭宏宇／责任校对：郑金红
责任印制：黄晓鸣／封面设计：殷 靓

科 学 出 版 社 出版
北京东黄城根北街16号
邮政编码：100717
http：//www.sciencep.com
南京展望文化发展有限公司排版
苏州市越洋印刷有限公司印刷
科学出版社发行 各地新华书店经销

*

2021年9月第 一 版 开本：B5（720×1000）
2021年9月第一次印刷 印张：47 1/4
字数：1 006 000

定价：280.00 元

（如有印装质量问题，我社负责调换）

译者名单

主译：马　栋　邓　泓　杨　旭

译者：（按姓氏笔画排序）

马　栋　邓　泓　邓晶晶　刘　敏　孙其然

纪　敏　杨　旭　何国富　沈国春　宋　坤

张　颖　张秋卓　张清华　陈雪初　卓少杰

周天舒　郭雪艳

前 言

为落实生态文明建设，满足环境损害诉讼需要，2015 年司法部商最高人民法院和最高人民检察院，将环境损害司法鉴定纳入统一登记管理，拉开了我国环境损害司法鉴定工作的序幕。作为司法鉴定新的鉴定门类，环境损害司法鉴定工作尚处于起步阶段，相关制度建设、技术标准、鉴定方法、学科发展以及人才培养等均处于探索阶段，在强化自身科研和实践的同时，通过借鉴国外的成熟经验作为参考，可以更好地推进我国环境损害司法鉴定学科的健康、快速发展。

基于此，本书译者通过全面调研，选择在国际环境损害司法鉴定科学领域和法律界具有较高影响力的专业书籍——*Introduction to Environmental Forensics*（Third Edition）作为译本，通过介绍国外环境损害司法鉴定学科发展动态、鉴定技术和鉴定实践，以期为国内同行开展相关工作提供参考和帮助。本书整体编排逻辑性强、学术脉络清晰、内容全面深入、结构设置合理。在写作中以“侦查”的思维为导向，紧紧围绕发生了什么？在哪里发生？什么时间发生？如何发生？涉及哪些主体（人员、组织）？为什么发生？这些在司法鉴定实务中经常需要阐明的问题展开介绍：体现了该书在司法鉴定领域具有很强的指导性、应用性和普适性。本书自 2002 年第一版出版发行以来，已经出版至第三版。经过近 20 年，连续三版的修订，使得本书作为环境损害司法鉴定领域的基础专业用书日臻完善，同时也证明了本书的生命力和认可度。

本书以环境损害司法鉴定的最新技术应用并辅以相关案例介绍为主线，进行章节编排，全书共包含 3 篇 20 章。其中第 1 章到第 7 章作为入门教科书，介绍环境损害司法鉴定基础知识；第 8 章到第 15 章介绍化学、生物和同位素等模式识别方法在环境损害司法鉴定中的应用；第 16 到第 20 章介绍各种数学统计模型在环境损害司法鉴定中的应用。

我们真诚地期望本书能为环境损害司法鉴定领域的科研和鉴定工作者，环境科学领域的研究者、从业者和学生，环境损害执法和司法人员的工作提供有价值的知识和参考信息，这将是我们最大的欣慰。

本书译者在翻译中虽尽力做到忠实原文，但由于译者的水平所限，书中难免存在问题和错误，敬请读者和同仁谅解、批评和指正。

本书出版得到了“十三五”国家重点研发计划课题（课题编号：2020YFC0832801，2016YFC0503607），国家自然科学基金面上项目（课题编号：81671868），中央级科研院所基本科研业务费（课题编号：GY2019G－3）以及司法部司法鉴定重点实验室的大力支持，同时也得到了许多老师和同行们的鼓励和支持，在此一并表示衷心的感谢。

译　者

2021 年 7 月

第三版导论

自 2007 年第二版《环境损害司法鉴定导论》出版以来，环境损害司法鉴定作为一门公认的科学不断成熟。这种认可同样体现在环境损害司法鉴定作为一门学科受到的认可，许多大学中都开设了相关的课程和专业，并且被国际科学和法律界广泛接受。

自 2007 年以来，新的法庭科学技术不断涌现，传统方法也在不断革新，特别是增加了多元素化合物特异性同位素分析（CSIA），先进的多元统计技术、可用于污染源识别和释放时间测定的替代方法，例如树木生态学和氯化溶剂稳定剂配方的使用。同时，在国际法律体系中，传统刑事技术与民事诉讼中使用的方法已经发生交叉，例如使用司法鉴定技术以及 DNA 和微生物学相关技术鉴定土壤和植物的来源；将地下储罐腐蚀分析和土壤蒸汽建模等应用中使用的公认科学方法用于司法鉴定调查的趋势持续增加。这些技术已包含在第三版导论中，作为司法鉴定科学家可用资源拓展的示例。

环境损害司法鉴定的另一个发展是对已有调查方法进行新的编纂，特别是对司法鉴定调查的设计和应用的补充，而非使用多余的技术来确定污染物释放的来源和时间。环境损害司法鉴定调查更加趋向于标准化，具体体现在第 6 章（从现有的常规场地调查数据中识别司法鉴定信息）、第 14 章（水力压裂——饮用水井溶解气体和化学物质来源的数据分析方法）描述了司法鉴定技术和调查方法的信息，在早期版本中，这不是一个重要的司法鉴定问题。

第三版出版的目的是通过让更多具有国际视野的作者来补充和更新前两个版本中环境损害司法鉴定技术的信息，为相关专业的学生、有经验的从业者和对环境损害司法鉴定感兴趣的人提供实用性的参考用书。

本书主要分为三篇。

第一篇：基本情况

第 1 章到第 7 章介绍了基本信息，因而作为入门教科书这个版本更加实用，涵盖的很多信息包括文献资源（包括航空摄影）、现场测量、统计和数学建模方法等都适用于环境科学。

第二篇：化学、生物和同位素模式识别方法

第 8 章到第 15 章介绍了模式识别技术，用于识别特定同族化学元素的污染物来源，包括石油、氯化溶剂和同类物（多氯联苯、二恶英和多环芳烃）。在另一本书《环境损害司法鉴定：污染物特定指南》（*Environmental Forensics: Contaminant Specific Guide*）（Academic Press，2006 年）中，讨论了更多种类的化合物。第二篇的章节描述了同位素、显微技术、年轮生态学和土壤司法鉴定技术在污染源鉴定中的应用，第二篇还介绍了一种当前关注的来源识别应用，即水力压裂法。

第三篇：司法鉴定建模

第 16 到第 20 章分享了更先进的司法鉴定数学模型信息，包括大气和地下污染物迁移、统计和腐蚀模型，描述了各种多元统计模型。

我们真诚地希望本书中的信息能为您在学术和/或环境损害司法鉴定职业生涯中提供有用的资源。我们祝您在应用本书的信息方面取得最大的成功，并希望它能为您在这一门科学学科中的贡献提供灵感。

B. L.墨菲博士

R. D.莫里森博士

目　录

第一篇

基本情况

第 1 章　环境损害司法鉴定的应用

Paul D. Boehm, Brian L. Murphy

第 2 章　重要的历史研究方法及其在环境损害司法鉴定中的应用

Shelley Bookspan, Julie Corley, A.J. Gravel

第 3 章 环境损害司法鉴定中的摄影测量、图像解译、数字成像与制图

James I. Ebert

第 4 章 测量过程

Dallas Wait, Charles Ramsey, John Maney

第 5 章 统计方法

Thomas D. Gauthier, Mark E.Hawley

第 6 章 从现有的常规场地调查数据中识别司法鉴定信息

Jun Lu

第 7 章 环境中化学物质的分配与迁移

Brian L. Murphy

第二篇

化学、生物和同位素模式识别方法

第8章 烃类指纹图谱分析

Gregory S. Douglas, Stephen D. Emsbo-Mattingly, Scott A. Stout, Allen D. Uhler, Kevin J. McCarthy

第9章 氯化溶剂的溯源和年鉴

Robert D. Morrison, Brian L. Murphy

第 10 章 同系物取证分析

Walter J. Shields, Tarek Saba,
Paul D. Boehm, Jaana Pietari

第 11 章 稳定同位素和放射性同位素在环境损害司法鉴定中的应用

R. Paul Philp

第 12 章 犯罪和环境土壤取证——土壤物证的取证调查

Lorna A. Dawson, Robert W. Mayes

第 13 章 环境损害司法鉴定的显微技术

James R. Millette, Richard S. Brown

第 14 章 水力压裂——饮用水井溶解气体和化学物质来源的数据分析方法

Tarek Saba

第 15 章　年轮生态学在环境损害司法鉴定中的应用

Robert D. Morrison，Gwen O'Sullivan

第三篇

司法鉴定建模

第 16 章　地下污染物迁移模型在环境损害司法鉴定中的应用

Robert D. Morrison

第 17 章 地下储罐和地下管道的司法鉴定调查

Robert D. Morrison

第 18 章 环境损害司法鉴定中的主成分分析和受体模型

Glenn W. Johnson, Robert Ehrlich,
William Full, Scott Ramos

第 19 章 多元统计方法和溯源技术在环境损害司法鉴定中的应用

Stephen M. Mudge

第20章　大气污染源的受体模型及定量鉴定方法

John G. Watson, Judith C. Chow

第一篇

基本情况

第 1 章

环境损害司法鉴定的应用

Paul D. Boehm, Brian L. Murphy

目 录

1.1 引 言

过去 20 年,环境损害司法鉴定领域有了很大的发展,从专注于分析化学数据的专业数据分析扩展至化学、地理空间、史学、水文地质和地质年代学等多学科、多领域的应用,并与强大的统计和其他数据分析应用相结合,如迁移模型。同时,开展环境损害司法鉴定相关研究的动机也在扩展。环境损害司法鉴定早期多应用于溢油鉴定(Bentz,1976),这些研究受早期的国家和国际环境法影响[1]。虽然与石油相关的环境损害司法鉴定仍然是环境损害司法鉴定中一个非常活跃的领域(第 8 章),并且与油源识别有关的技术在不断发展,但是这些技术在其他化学品和其他方面的新应用不断出现,使该领域保持着高度动态发展。

就像“侦探小说”中的核心问题一样,环境损害司法鉴定“四重奏”为何事,何地,何时,何人。这些问题贯穿始终,形成了环境损害司法鉴定的核心基础,聚焦在污染排放的历史重建中,包括偶然的和“常规的”。在实践中,环境损害司法鉴定研究包括三个基本的、相互关联的要素,第一个要素是了解已经排放的化学物质,无论在陆地上、空气中、地下水中或水生环境中,一个场地污染的化学特征和/或描述,构成了正在调查的场景。虽然现场特征很少能完全满足环境损害司法鉴定调查的数据需求(见第 6 章),但为几乎所有此类研究提供了基础;第二个要素是确定化学物质释放或排放到环境中的历史背景和时间,包括那些可能形成目前观测到的分布状态的历史环境迁移过程,这个要素完善了环境损害司法鉴定的资料。这两个要素为形成第三个要素奠定了基础:责任确定,以及最终对有害污染责任比例的分配。本章节仅对这三个要素进行概述,后续章节将对其进行详细介绍。

以往对司法鉴定研究的讨论主要基于美国法律中的责任条款,但是,这些技术原理是根据各种国际法律在世界范围得以实践的。本章不详细讨论法律本身,我们聚焦环境损害司法鉴定实践的状况,包括可以采用司法鉴定方法来解决的问题和技术议题,所有这些都超越了与责任相关的法律要求。但是,在该领域的人员必须注意在法律和监管程序的范围内来进行科学实践。基于环境损害司法鉴定应用的专家报告已被联邦法院认可,并被法院用于污染源贡献的分配[2,3,4,5]。用于

1 Oil Pollution Act, 1924 (Public Law 68 - 238); International Convention for the Prevention of Pollution of the Sea by Oil, 1954); Federal Water Pollution Control Act (Public Law 80 - 845)

2 Comm'r of the Dep't of Planning & Natural Res. v. Century AluminumCo., 2013 U.S. Dist. LEXIS 120640 (D.V.I., Aug. 26, 2013)

3 Turner v. Murphy Oil USA, Inc., 2006 U.S. Dist. LEXIS 985 (E.D. La., Jan. 12, 2006)

4 Arkema, Inc. v. Asarco, Inc., 2007 U.S. Dist. LEXIS 45511 (W.D. Wash., Jun. 22, 2007); Findings of Fact; Case No.C05 -5087 RBL; 6/22/2007; United States District Court, Western District of Washington at Tacoma

5 Darney v. Dragon Prods. Co., LLC, 771 F. Supp. 2d 91, (D. Me., 2010)

形成这些意见的数据评估方法与联邦证据规则(the Federal Rules of Evidence)第702条中所允许的方法一致[6]。例如,在世纪铝案(Century Aluminum case)中[2],法院采信了基于对从受影响场地不同位置收集的样本集使用主成分分析(PCA;见第18章和第19章)得到的证据。法院认为多元统计方法如果应用得当是可以接受的。

利用化学指纹识别技术来支持专家关于污染性质、范围和污染源的观点,也被认为是符合证据标准的[3]。联邦法院已经采用化学司法鉴定用作分配特定化学品(如多环芳烃[PAHs])的来源贡献以及当事人治理成本的分摊[4]。案件的目标是为在含有PAH沉积物水体的邻近设施间进行责任分摊。案件中,基于化学指纹识别技术,分摊证据成为整体分配决定的一部分:

> 法院估计,惠好公司(Weyerhaeuser)安装的防腐油桩和高地作业产生的多环芳烃(PAHs)含量占6%[4]。

基于司法鉴定方法的证据,包括化学指纹图谱鉴定和多元统计分析,也被法院用于评估除多环芳烃(PAHs)以外的污染物造成的损害[5]。

一般来说,确定化学污染责任可被分为四种不同类型情境,如表1.1所示。此表还列出了每种情境的关键司法鉴定问题,这四种情境可能代表了使用环境损害司法鉴定这一工具的绝大多数情况(虽然不是全部)。我们之所以选择这四种情况,是因为它们在美国是最结构化、最普遍适用的。在本章的剩余部分,我们介绍如何测定化学物质的浓度或其他性能,结合在本书后续描述的司法鉴定技术,可以用来阐明这些司法鉴定问题。

表1.1　责任情境和相关司法鉴定问题

情　境	司法鉴定问题
超级基金法(Superfund)或其他危险废物场地中的分摊	污染事实、范围和时间
	化学物质、废物流的排放和/或场地污染区域的责任
	毒性、损害或伤害的责任
	化学物质、废物流和/或需要修复的污染区域、修复费用和/或需要恢复的生态环境(自然资源)的贡献值
产权转移或者损害索赔的场地调查	污染事实、范围和时间
	修复费用
	存在其他责任主体
保险诉讼	污染事实、范围和时间
	排放"触发"的政策
	与合同语言相关的排放或污染特征
	责任分摊的公正
有毒物质侵权	污染事实、范围和时间
	化学物质暴露引起显性或隐匿性损伤的概率

6　http://www.uscourts.gov/uscourts/rulesandpolicies/rules/2010%20rules/evidence.pdf

1.2 污染化学特征和/或描述

任何环境损害司法鉴定调查的第一要素是场地特征。场地特征和环境评估很少是为了严格地确定“何事,何地,何时,何人”这四个环境损害司法鉴定问题中的细节而设计,但确实为后续更详细和更集中的调查提供了基础。如第 6 章和其他地方所述,场地特征描述通常发生在修复调查的背景下(比如,根据 1980 年《综合环境反应、赔偿和责任法》[CERCLA][7]或者国家同类法案进行的修复调查和可行性研究[RI/FS];前面展示了一些事例[8]),或者作为不动产转让前的“环境评估”[9]。

所有场地调查或环境评估的主要目的是:

- 确定场地污染的性质,包括存在何种化学物质及其在各种介质中的浓度,以及这些浓度与场地外或“背景”浓度相比较如何。
- 从三维角度描述污染的范围。
- 评估对人类健康和/或生态受体产生的风险。
- 评估清理的必要性、可能的方法和费用。

CERCLA(超级基金法 Superfund)和许多州的法规为现场调查的实施提供了详细指导。对于不动产交易,美国测试与材料协会(ASTM)发布了进行第一阶段评估的两个“标准实践”。第一阶段的目的是评估现场污染的可能性,正如在这些标准实践中使用的术语一样,第一阶段评估不包括任何环境采样。这些标准实践最初是为了满足 CERCLA 中“无辜的土地所有者辩护”的其中一个要求而制定的。

美国测试与材料协会标准实践 E 1527(ASTM Standard Practice E 1527)中将第一阶段现场评估的四个组成部分描述为:现场勘察;采访场地的所属者和居住者,以及当地政府官员;记录审查和报告准备。这一标准实践原本应由“环境专业人员”指导进行,但另一方面,ASTM Standard Practice E 1528 规定可由不动产交易的任何一方或环境专业人士进行。

环境损害司法鉴定调查依赖于在现场评估过程中获得的信息,但不仅仅只限于该评估。在任何现场调查中,有关土地或水渠历史用途的初始信息都会被收集,其中包括可能在当地运营过的具体行业的信息。关于“令人担忧的化学品”的信息,即那些需要修复的污染物,通过扩增抽样数据来确定污染程度,并且通常在一定程度上会对现场可能是污染源的区域进行评估。现场调查过程通常还包括了解

7 www.epa.gov/superfund/policy/remedy/pdfs/540g-89004-s.pdf; http://www.epa.gov/glnpo/sediment/Vol2.pdf

8 www.maine.gov/dep/spills/publications/guidance/; http://www.state.nj.us/dep/srp/guidance/

9 www.astm.org/Standards/E1527.htm

变化的地下环境条件、污染物的迁移和水文地质细节。掌握了环境损害司法鉴定第一要素即现场调查的详细资料，就可以开展详细的司法鉴定研究来填补关键空白。这种详细程度的一个主要例子就是化学分析的特异性。基于标准取样工作和/或标准分析物清单及分析检出限的常规现场调查通常适用于现场特征描述，但很少能提供解决“何时”和“何人”的问题的详细分析数据。例如，低浓度水平的检测；有关烷基化的多环芳烃、多氯联苯或二噁英同系物的数据；以及金属稳定同位素组成的相关知识等这些详细分析可以为环境损害司法鉴定研究者提供重要的信息（见第 8，9，10 和11 章）。

1.3 污染排放历史重建和背景确定

虽然环境损害司法鉴定调查通常是由个人责任方（RPs）进行的，为了了解他们与其他责任方相比的具体污染贡献（无论是否在诉讼情况下），但监管机构也承认对污染现场的污染贡献进行历史重建是有必要的。

环境损害司法鉴定的许多文献侧重于化学物质的来源识别、差异性和分摊统计等方面的细节。然而，污染排放历史的重建往往在责任分摊中起着决定性的作用。以一个案子为例，在一个冶炼厂，随着时间的推移，可能会释放出类似的化学物质，但冶炼厂的作业和所有权可能已经改变。这些场地的水渠经常受到多种来源的污染，水渠会随着时间的推移而改变，化学污染物和可能的污染责任方，包括工业和市政，也会改变。在这种复杂的、多方参与的城市场地中，有关污染贡献随时间变化的详细分析对严格的环境损害司法鉴定调查是至关重要的。

不仅要在空间和时间上详细描述不同历史时期的贡献，而且许多历史重建还必须建立已排放化学物质的背景水平。许多“超级基金”的场地和其他受污染的场地都位于目前高度工业化的城市地区，这些地区已经经历了多种污染源的、持续增长的、跨边界的污染贡献。近年来，这种所谓的“城市背景”越来越重要，特别是在司法鉴定研究和法律法规中[10]，因此，在分配污染输入和责任时要考虑背景条件。

历史重建的工具很多，包括：

- 时间序列或航空照片，通常始于 20 世纪 20 年代。
- 火灾保险地图（Sanborn maps），可追溯至大约 1867 年。
- 工业进程变化，如 20 世纪汽油添加剂的逐步使用和停用的日期。

10 www.nj.gov/dep/rpp/brp/dp/downloads/NJ_Spill_Act.pdf; http://www.nj.gov/dep/srp/regs/; www.state.nj.us/dep/dsr/research/ambient-levels-metal.pdf; http://www.state.nj.us/dep/special/hpctf/final/historic.htm

- 利用铅和其他同位素对沉积物岩芯进行地质年代测定，并对岩芯中不同年代深度的污染物进行鉴定。
- 通过地下水污染羽的范围推断污染物排放时间。
- 通过化学分解模式推断污染物排放时间（例如，氯化溶剂）。

后面章节将详细介绍这些方法。

1.4 责任确定和责任分配

对一个场地的化学物质存在和分布的特征描述，加上对化学物质排放的历史重建，为确定“何时和何人”即责任分摊奠定了基础，这是环境损害司法鉴定调查的第三要素。

1.4.1 场地责任，“超级基金法”和其他驱动因素

在美国，环境损害司法鉴定领域和各种法律法规有着密切的联系。反过来，美国的法律又往往直接或间接地为其他国家解决污染责任的法律提供一些法律框架。在美国，CERCLA，通常被简称为“超级基金法”，为解决除石油之外物质的排放规定了具体程序，石油是明确地被排除在“超级基金法”之外的。事实上，当有害物质与石油混合时，超级基金法将对这种混合物进行监管，但像石油（例如，来自泄漏）的排放则受1990年《石油污染法案》（OPA）的监管。超级基金法致力于解决有害物质被处置或被排放的场地，特别是那些在美国被认为是最危险的场地。各州也有危险废物场地修复计划，这些计划在联邦计划基础上做了不同程度的调整，形成了各自的模式。如此一来，各州通常会在许多被认为比超级基金法中的项目危险更小的地方采取举措，例如，针对全国各地的干洗设施。此外，由于联邦超级基金法不覆盖石油泄漏场所，各州通常会对加油站及从前的人造煤气厂场地等设施进行监督。尽管各州法律是以CERCLA为模板的，但如前所述，无论是为了确定清理责任，还是为了评估自然资源的损害，以及CERCLA条款中有关自然资源损害评估（NRDA）的补偿恢复责任[11]（Section 301（c）），CERCLA关于责任分配均没有提供太多指导。

在OPA中，环境损害司法鉴定调查通常可以为石油泄漏的责任确定提供支持。虽然在重大石油泄漏事件中，责任人的身份通常是确定无疑的，但需要更多的

11 www.epa.gov/superfund/programs/nrd/nrda2.htm

调查才能确定责任，所以被称为“神秘泄漏”（石油泄漏的地点可以看到，但不知道其来源）。此外，由于石油泄漏经常发生在本身就含有化学物质的区域，石油的背景来源可能是广泛的，需要进行调查，以检查石油泄漏的影响范围，确定清理的必要性，评估对自然资源的损害，并根据 OPA 条款 NRDA 规定，评估是否有恢复的必要。本章关于联邦超级基金法场地责任分配方法的讨论也与 OPA 中相关场地，以及各州进行的相关调查有关，具体情况可能因州而异。

超级基金法中场地的潜在责任人（PRPs）包括现在的和过去的业主和经营者、废物产生者、废物运输人或废物运输安排人。PRPs 承担可能用于 CERCLA 场地修复，或用于支付过去、现在和未来对自然资源损害的费用。当场地不能完全修复至生境恢复时，就会产生对未来损害的赔偿。

CERCLA 中有两条涉及了 PRPs 间的责任分配，第 107 条规定了修复费用的赔偿。在赔偿诉讼中原告可以是美国环境保护局（US EPA）或各个州。法院对单个 PRP 能否成为原告意见不一，但最近的趋势是拒绝向 PRP 原告提供第 107 条赔偿（Aronovsky，2000）。虽然第 107 条详细说明了“连带责任”，但这取决于法院的自由裁量权。严格地说，即使在一个多 PRP 的场地，连带责任意味着一个 PRP 可以承担全部费用。

如果一个 PRP 能够证明明显的损害或损害的可分性，则该责任人仅需对其造成的损害负责。例如，当有单独的地下水体或地表土壤污染区域出现并产生明显的损害时，可分割的损害可能会发生在历任场地所有者进行了相同作业的情况，这种情况分割的基础可能是作业的相对年限。

CERCLA 中第 113 条允许已经承担费用的当事人寻找其他 PRPs 的污染贡献，该条款还为已与美国达成和解的当事人提供贡献保护。根据第 113 条，未达成和解的 PRPs 的责任仅限于按比例的份额，可通过以下两种方式之一来确定：减去先前和解数额，或为已达成和解的 PRPs 减去相应的损害份额。正如 Ferrey（1994）指出，这两种方式的结果可能非常不同，除了引用“公平因素”外，在 CERCLA 中并没有关于确定份额的指导意见。

最常被引用的公平因素是“Gore 因素”，由当时的众议员 Albert Gore 在 1980 年提出，但没有实施。它们是：

1）区分当事人引起问题的性质和程度贡献的能力。

2）当事人参与此活动并引发问题的程度。

3）当事人合规操作的程度。

4）当事人和政府机构的合作程度。

5）所含危险废物的数量。

6）废物的毒性。

这些因素远远不够,在某些情况下可能根本不适用。此外,它们只是一个列表,没有提供分配的概念框架。建议的其他影响因素还包括:

7）当事人之间的合同。

8）所有者对经营者活动的默许。

9）因修复整治而增加土地价值给土地拥有者带来的利益。

因此,CERCLA 及其立法史对具体规定如何分摊责任并无特别帮助。法院一般认为,除非损害是明显的,或有合理的依据对其进行划分,否则应适用连带责任的推定。

1.4.2 北伯林顿决定(Burlington Northern Decision)

对于那些多年来一直致力于开发工具和技术证据来调查化学污染场景和事件,并找出"何事""何时""何地"和"何人"这四个环境损害司法鉴定核心问题的科学家来说,最高法院对 Burlington Northern & Santa Fe v. United States [129 S. Ct. 1870 (2009) (BNSF)]的判决构成了一个新的法律路标。多年来,科学家们一直致力于开发调查 CERCLA 中或各州对等的污染场地的方法,在这些场地,已确定的多个责任人将为排放相同类型的化学物质负责(比如,多氯联苯或石油)或者很多责任人为风险评估中认定的一系列令人担忧的化学物质(COCs)负责,这些化学物质决定着修复程度和修复成本。在 CERCLA 的历史上,连带责任的概念很早就已确立,为了避免连带责任,激发了许多科学工作以明确责任方对场地污染的贡献值。在 BNSF 案例之前,许多技术调查已经确定了来自多个 PRPs 的污染贡献值,并为责任划分提供了参数。在 BNSF 之前也有法院的判决,其中科学调查结果和证词使联邦法院作出了定量分配和成本分摊的决定(例如,Arkema v. ASARCO, LEXIS 45511 [W.D. Wash. 2007])。

BNSF 案例和前面提到的判例可能为 PRPs 在 CERCLA 类型的案例中陈述他们的责任创造了额外的机会。在 BNSF 中,法院减少了 CERCLA 中默认的连带责任的普遍违约概念,并明确指出,如果责任方(被告)提供了合理的分摊依据,这种责任就是有限的。分摊连带责任要求被告首先证明,要么存在明显不同的损害,要么存在一个合理的依据能确定多个因素中每一个因素对单一损害的贡献值。其次,被告还必须提供证据,以支持其共同责任的合理部分。如果说之前大家还没有意识到这种方法,因为 BNSF,法院的决定为潜在责任人提供了额外的机会和动力来避免连带责任。

那么,这是否意味着致力于更多复杂责任分配方法的技术工具和模型的开发可以重新继续进行?没那么快,在支持地方法院对 BNSF 的裁决时,最高法院似乎也支持一种完全不科学的分摊方法(至少在特例中)。在最初的裁决中,地方法院为自己(没有专家的帮助)建立了一个简单的分摊依据(前面介绍过)。该案件被提交至第九巡回法院(the Ninth Circuit Court),法院指出这种分摊方法是依据“基于最简单的考虑:土地面积的百分比、所有权的时间和危险产品的类型”。尽管它缺乏科学的严密性,但最高法院实际上认为这种分摊模式是分摊的合理依据。

地方法院采用的分摊办法包括以下步骤:

1) 试着确定污染的大概排放量,排放的时间范围,以及受影响的总面积。
2) 采用这些参数值来分配三方责任人的排放量。
3) 乘以各责任人的相对分数,估计责任分配比例。
4) 加上 50%的不确定因素,得到总数。

不论是地方法院发明并应用由这些部分组成的方程式,还是他们所采用的 50%不确定因素显然都是一个没有科学依据的随机结果。最高法院以 8 : 1 的票数表决结果批准了这一方法,将其作为责任分配合理基础的范例。因此,我们会因为健全的科学输给了法庭监督下的发明而将环境损害司法鉴定工具放至工具箱里吗?这种分配的合理基础是什么?是否可以将科学和其他资料相结合增强这个基础、帮助确定这个合理基础?结果是“Yes”,并且采取这种方法是有道理的。

自从北伯灵顿决定(the Burlington Northern decision)以来,有关证明责任可分性及最终证明责任的证据门槛高度的争论一直在继续。最高法院在其裁决中设置了较低的标准,并且没有提供更清晰的“合理基础”的标准,只是包括了体积、时间和地理方面的注意事项。然而,法院似乎提倡法官在今后的案件中继续推进确立什么是合理的。

1.4.3 毒性、风险和损害的贡献

损害的划分是 BNSF 决定中提出的一个概念,但是在一个超级基金法场地中,什么构成了“损害”?“损害”通常被认为是指需要清理的条件,而不是清理的成本。例如,最高法院审查了在 BNSF 中第九巡回法院(the Ninth Circuit)的决定,指出:“在确定可分性时,将 CERCLA 中的‘损害’视为可追溯至每个被告的污染,这是最有用的”[12]。因此,按照“毒性”和“潜在暴露”来衡量,危害与“风险”的概念密切相关,这似乎是合乎逻辑的。在所有超级基金法的场地中一个基线风险评估是需要进行的。对于紧急事件,可以在风险评估完成前,先进行清除工作,但是,对一个场地的持续修复是基于这样的事实,即计算出的人类或生态风险基线是不可接受的,某种程度上是通过对场地化学物质的毒性进行评估而确定的。因此,查明化学物质及其相对毒性,和导致的场地风险,并将需要采取修复措施的化学物质作为

[12] Burlington Northern & Santa Fe v. U.S. (129 S. Ct. 1870556 U. S. 2009) (BN&SF)

引起损害的物质是合理的。

因此，可以提出这样一个论点，即风险评估（源自毒性）是进行责任分配的一个合适工具。事实上，这个要素是包含在之前讨论的“Gore 因素”中的。然而，在监管机构掌握的超级基金法这一生硬工具箱中，一种令人担忧的化学物质往往成为修复措施和成本分摊协议的驱动因素，其原理是，如果该化学物质被现场修复工作移除，那么其他化学物质也将被除去。这一概述将相对责任的排序留给了 PRPs。

如果超级基金法中场地的 PRPs 同意了一项分摊方案，那么根据定义，该方案是令人满意的，前提是其他责任人，如保险公司，不会“秋后算账”。尽管如前所述，这与“损害”没有直接关系，但 PRPs 经常根据每个责任方的修复成本贡献进行责任分摊。然而，也有其他可供选择的方法能成为合理分摊的基础，在许多复杂的、多个责任方的场地，责任主体可以使用可获得的环境损害司法鉴定工具来分摊责任。这些分摊方法可以基于每个 PRP 对某种化学物质引起的修复所作的贡献，或基于将“化学方程式”扩展至包含其他化学物质，将它们的相对毒性考虑在内，从而确定各种污染物质的相对风险或潜在危害。

有一些常见的情况是，由多个 PRP 造成的损害并不明显但需要区分责任。例如，混合的地下水体、有多个使用者的危险废物处置场地、有历任场地所有者的场地和复杂的城市沉积物场地。如果这些场地被相似化学物质污染，那么基于修复成本贡献的直接分配可能是有意义的。然而，当一个或多个 PRPs 的排放废物在其造成风险上与其他责任人的排放废物有显著差异时，这些 PRPs 可能希望考虑一种基于毒性和风险的方法。

在解决 BNSF 决议中“合理的分配基础”的问题时，最高法院指出，侵权行为再申明（第二）[the Restatement (Second) of Torts] 中 § 433A 是可分性分析的一个通用起点。O'Reilly（2010）对 § 433A 的研究综述中，指出它明确涵盖了 CERCLA 中所涉及的环境损害类型。法院确认了 CERCLA 中责任分摊的主要原则。例如，有区别的损害可能在时间上是分开的，就像“两名被告独立经营同一家工厂，在一段连续的时间内污染一条河流，很明显，每一方在有限时间内造成了独有损害，并且任何一方都不用为另一方造成的损害负责”（ § 433A 中[1]c 部分的注释）。同样，如果“两个或两个以上的工厂独立地污染了一条河流”，就会产生可分割的损害，[损害]可以按污染程度进行分摊，也可根据各自排入河流的污染量，分摊给工厂所有者（ § 433A 中[1]d 部分的注释）。不需要提供完美的证据来证明相对因果关系。对被提议的责任分摊提供“各自的损害是成比例的合理假设”似乎是关键。来自 BNFS，129 S. Ct. at 1881：

1）“当有合理基础来确定每个因素对单一损害的贡献值时，这种分摊是合理的。但是，如果两个或两个以上的人造成一种单一的、不可分割的损害时，对于整个损害每个人均应承担责任。”

2)“然而,并不是所有的损害都可以分摊,CERCLA 中被告为避免连带责任,个别责任人承担了证明存在合理分摊基础的责任。”

3)“当两个或两个以上的因素产生一种单一的、不可分割的损害时,‘法院拒绝为了自身利益而进行武断的分摊,每个引发因素都要对整个损害负责。’”

4)“公平的考虑在分摊分析中不起作用;相反,只有当证据支持 PRPs 共同造成损害的可分割性时,分摊才是恰当的。”

还有一个既合法又科学的重要概念(Boehm et al.,1995),看起来与基线的概念一致——由 CERCLA 定义为“如果没有”有害物质释放的条件(比如,环境污染及其导致的风险)。最重要的是,分摊的概念也适用于将被告的贡献值与“并非由被告造成的情况”区分开(§433A 注释 a)。这有力地表明,在被告的排放增加了先前存在的历史基线污染情况下,如果被告能从基线中区分其产生的部分,那么他只对增加的损害负责。

1.4.4 分摊和 Daubert

虽然分摊是将环境损害司法鉴定信息应用于清理污染或环境损害财务责任问题最后经济上的步骤,但是分摊是对化学污染物引发的风险或损害的责任分配。在通过场地特征描述、污染描述、污染源的化学指纹识别,以及对污染排放历史重建解决将混合来源的“份额”分配给单个责任来源方面,分摊是一项技术活动。分摊是以污染的可分性为依据的(比如,危险或损害)。有时分摊会导致一个 PRP 没有污染贡献值,因此允许 PRP 提供最低减让标准的方案。例如,在有些场地或场地部分区域中,无法将单个责任方的贡献值与背景值区分开,就污染而言,场地中不存在从 PRP 活动到该场地的迁移路径,以及虽然 PRP 的污染可能被明确识别,只是限于整个区域中很小一部分。

分配责任的方法包括化学方法、统计方法、水文地质学方法、地质年代学方法以及受体模型,这些方法将在后面的章节中讨论。虽然分摊的领域正在迅速发展,但人们必须注意分摊方法是否允许纳入法律程序,未经证实和未经试验的方法很容易受到 Daubert 和其他法律的挑战[13]。1993 年,美国最高法院在 Daubert v. Merrell Dow Pharmaceuticals, Inc.案件中发布了重大决定,对联邦法院容许专家意见的标准做出了重大改变。在 2000 年 12 月生效的美国联邦证据规则条例 702 的修正案,将 Daubert 的一般方法编成法典。因为一般的环境案件,特别是环境损害司法鉴定中的分摊,几乎总是涉及科学问题和专家意见,Daubert 已经并将继续对

13 Daubert v. Merrell Dow Pharm., Inc., 509 U.S. 579, 113 S. Ct. 2786 (1993)

环境损害司法鉴定这一诉讼基础产生重大影响。但是,如前所述(第 1.1 节),法院确实裁定这些办法中有许多是可以接受的。Daubert 要求科学的专家证词包含针对案件事实合理应用可靠的原则和方法。一份合格的专家意见必须(1) 以充分的事实或数据为基础,(2) 是基于可靠原则和方法产生的结果,此外,(3) 这些原则和方法必须可靠地应用于案件事实。

Daubert 标准允许初审法官排除不可靠的科学专家证词,法院在决定专家证据是否可靠时需要考虑的无排他性的因素包括:

1) 专家的理论或技术是否可以或已经得到验证。
2) 专家的理论或技术是否经过同行评审。
3) 已知或潜在的误差率。
4) 控制技术操作标准的存在和维护。
5) 科学界的普遍接受。

然而,这些并不是法院仅仅考虑的因素。

1.4.5 分配原则

Butler 等(1993)和 Wise 等(1997)中讨论了成本分配的经济原则,包括独立运行的成本法。Hall 等(1994) 的成本分配矩阵方法也是基于确定修复成本的贡献值。Marryott 等(2000) 提出了一个独立运行成本型模型,将污染物质体积和污染物质量的加权和,作为修复成本的替代。计算独立运行成本的基本公式是:

$$f_i = \frac{SAC_i}{\sum SAC_i} \tag{1.1}$$

其中,SAC_i是由第 i 个 PRP 产生者/迁移者产生的废物流的独立运行成本。

然而,这个公式并没有解决产生者、迁移者和场地所有者之间的责任分配,也没有解决无主份额,比如来自身份不明的责任人或已去世责任人的份额。它仅仅是一个废物流分配。公式 1.1 表明,如果现场没有其他 PRP,每个 PRP 按比例赔偿损害费用。由于成本项目的冗余和规模经济,修复措施的总成本一般会小于公式 1.1 的分母,因此,每一个 PRP 实际支付的费用将低于其计算的独立运行成本。

Murphy(1996,2000)和 Mink 等(1997)讨论了基于风险的分配方法。风险贡献类似于公式 1.1:

$$g_i = \frac{SAR_i}{\sum SAR_i} \tag{1.2}$$

其中,g_i是第 i 个产生者/迁移者基于对风险 $\sum AR_i$ 的独立贡献值的成本比例。用独立运行成本进行类比是不完整的，但是，总风险等于由单个 PRP 引起风险的总和，而不是一般认为的少于总和。

当然，成本分摊可能是基于成本和基于风险方法的混合：

$$h_i = \alpha f_i + (1 - \alpha) g_i \tag{1.3}$$

其中，α 是常数，当 α 由 1 减少时，“修复必要性的贡献”与“修复费用的贡献”混合在一起。

计算 f_i 或 g_i 所需的信息是不同的。例如，在计算独立运行成本时，井的安装成本可能会随着水体面积的变化而变化，而地下水处理成本可能会随着水体中污染物含量的变化而变化。抽水治理修复措施需要维持多久，将取决于地下水中个别化学物质浓度与可接受水平的比例，以及取决于分配至土壤中的化学性质。在计算独立风险时，特定化学品的浓度和毒性是需要的。当然，如前所述，通过使用替代量来降低交易成本，而不是试图为精练或精确计算收集必要的附加信息，可能对所有的 PRP 都有利。

对于基于成本的分配，典型的司法鉴定问题是：

- 将不同的地下水体归属于个别责任方，或者，当水体不可避免地混合在一起时，归属于两个或两个以上的责任方。
- 对于历任的场地所有者，确定重大泄漏发生的时间，或者对于长期运行排放的污染，确定相对的生产数量或运行年限。
- 在危险废物场地，接受来自多个责任方的废物，并确定可归属于个别产生者或运输者的废物流量。

以风险为基础的分配所需额外信息包括地下水体、废物流或历史排放中特定化学物质的浓度。在许多分配中，无论是基于风险还是基于成本费用，时间都是一个会被疏忽的因素。例如，由于地下水流速较慢或存在阻滞效应，PRP 对地下水的污染可能在许多年内都不会达到超标临界点。如果直到遥远的将来某个时候，启动修复工作时才发现与 PRP 产生的污染物相关，那么可以认为 PRP 的贡献应该折现为一个更小的现值。

1.5 保险诉讼

保险索赔是以保险人和被保险人之间的合同为基础。直到 20 世纪 80 年代中期，合同都是基于公众责任保险（CGL）政策。随后，环境损害责任（EIL）政策被引入,专门处理污染和其他环境问题。该条款的解释受州法律管辖,并且可能有很大差异。

尽管各州之间存在差异,但许多合同用语和与场地有关的问题是相同的,因此需要司法鉴定信息来确定事实。除了其他方面,与环境中化学污染有关损害的保险范围可能取决于场外迁移的"急迫性",是否在保单期间"触发"了保险,以及污染排放是"预期的和有意的"还是"突然的和意外的"。当多个责任方污染了同一个场地,公平的费用分摊可能也是一个保险问题(Murphy,1993),各方可能在事实上达成了一致,但为了最有效地分析保险内容,对相同的事实仍然会产生不同的描述。这样的一些案例在前面"触发保险"和"突然的和意外的"中提到过。虽然可能没有一种"正确"的观点,但考虑某一特定观点是否只出现在诉讼中,因而不是一种惯用观点时可能是有用的。

1.5.1 场外迁移、触发保险和排放时间

保险通常只适用于第三方财产权。然而,如果对场外有一个紧迫的威胁,那么保险可以覆盖现场清理。在一些州,场地下面的地下水是"场外"的,为了预测是否可能发生显著的场外迁移,可以使用土壤淋溶和土壤侵蚀径流模型。如果令人担忧的化学物质只在水中微溶,而明显地吸附在土壤中,那么化学物质通过包气带的运输将是缓慢的,到达地下水位的浓度可能低于规定的限值。

如果地下水被认为是污染场地的一部分,当地下水污染尚未到达地界时,可使用地下水迁移模型来确定威胁是否临近。由于水体污染羽中的生物降解作用以及来源地不稳定的废物成分的风化作用和固存,有些水体污染羽可能在移出现场之前就达到稳定状态,甚至可能随着时间的推移而减弱,这是汽油泄漏中 BTEX(苯,甲苯,乙苯,二甲苯)污染羽的常见现象(NRC,2000)。

有些保单只有在提出索赔时才有效,其他保单的承保范围是由财产损害引起的环境修复案件中触发的。但是,各州在确定损害实际发生的时间以及损害只能发生一次还是持续发生方面存在差异。

多个触发事件在不同的时间段触发多个保单的可能性会导致对同一事件的不同解释。例如,某一次泄漏引起的地下水污染羽可能会稳定下来,甚至会缩小,但由于新的水分子总是进入污染羽,一些人可能会认为新的损害还在继续产生。当然,另一些人会争辩说,水污染羽本身就界定了损害的范围。

如第 16 章所述,确定何时触发保单通常需要反推计算排放时间或到达地下水位的时间。在某些情况下,诸如化粪池、排水沟和沥滤坑等结构是专门设计和安装以将废物倒入地下水,因此不需要进行模型计算。一次性排放的液体量足够大时,一般需要几个小时到几天的时间渗透至地下水中。累积的或"滴漏"的排放到达地下水的时间周期取决于滴漏率。如果排放的总量不足以达到地下水

位，污染物迁移的速率将取决于降水渗入土壤和携带可溶性废物组分向下迁移的速率。

通过将观察到的污染与已知工艺改变联系起来确定排放时间是可能的，例如，脱脂液从三氯乙烯变成1,1,1-三氯乙烷(TCA)。TCA的排放时间也可以根据现存的水解产物1,1-二氯乙烯的含量确定。将在第9章对此进行描述。

1.5.2 预期的和有意的 vs 突发的和意外的

通常确定损害是"预期的和有意的"还是"突发的和意外的"是重要的。关于向环境中排放或造成的损害，各州对"预期的和有意的"的定义各不相同。一些州采用"通情达理的人"标准，而另一些州则要求某些个人提供详细知识的证据。当然，怎么知道一个人是通情达理的取决于他或她的背景，和在机构中的角色。对会计和工程师的期望值是不同的，工程师的工作可能要求他阅读专业文献。因此，在某些情况下，比较设施运行和历史废物处置是有用的，这一点在一定时期的工程文献中得到了验证。以下引用说明了可以找到的信息类型：

- "河流能快速自净的古老谬论曾经牢牢地扎根于工程专业本身，直到最近才被完全抛弃。"

Editor of Engineering News, Stream Pollution Fallacies, Engineering News, Vol. 42, No. 9, 1899, p. 138.

- "没有经过净化和处理就把工业废料排放到河流中，经常造成严重的污染。制造商们开始意识到这种情况的严重性，因此许多研究致力于提供废物排放到水体之前无害化的方法。"

Anonymous, Disposal Methods for Manufactural Wastes, Engineering Record, Vol. 62, No. 9, August 27, 1910, pp. 233 - 235.

- "在西部干旱和半干旱地区，许多大型社区实际上依赖地下水供应……调查显示，尤其是炼油厂的废物能从废油坑和河床渗透到相当远的地方。"

Burt Harmon, Contamination of Ground-Water Resources, Civil Engineering, Vol. 11, No. 6, June 1941, pp. 345 - 347.

这些例子证明，早期与污染相关的文献并不倾向于化学物质的特性，同时还需关注的是，实际污染水平远高于现有检测技术所能记录的水平。

污染控制法规、同一领域其他公司的做法或行业协会出版物也可以用来说明在某一特定时间内的认知状态或实践。一般来说，工程文献比这些参考文献更早提供了更为先进的认知状态，第二章描述了一些历史信息的来源，如果缺乏关于某一特定设施操作的文献资料，仍然有可能从场地污染的空间位置或"足迹"来识别历史废物处置的做法。例如，从一口干涸的井中产生的地下水污染羽可能与沿着实验室排水管处置化学物质有关。将可能被认为是预期的和有意的日常作业中产生的泄漏,与油箱故障等情况区分开来是很重要的。估算土壤和地下水中污染物的量并明确有关的工艺区域位置,有助于通过确定污染源进行区分。

在 20 世纪 70 年代,CGL 政策中引入了一条条款,规定各种排放的保险范围只有在"突然的和意外的"的情况下才适用。有些州认为"sudden(突然的)"有暂时的意思,而有些州认为这个意思更接近"unexpected(出乎意料的)"。在前一种情况下,在时间上确定排放是逐步的还是突然的可能是重要的,然而,即使双方就事实达成一致,也会产生不同的解释。例如,一个地下储油罐的泄漏可能被认为是多年电化学腐蚀的结果,也可能被认为是储油罐最终被破坏的那一瞬间。同样,定期的脱脂器清理和向环境中排放可能被描述为一系列的"突然"排放或作为一种慢性作业状态。

1.6 有毒物质侵权

在有毒侵权案件中,最常需要调查的问题是,损害是否"更有可能"由于接触了化学品或其他物质(如,放射或生物)引起。因果关系要求也可以表述为"如果没有"暴露,伤害就不会发生,或者暴露是"实质性的促成原因"。环境损害司法鉴定进入现场是因为需要空气、水、土壤或食物中的历史化学浓度来估计暴露和剂量,剂量是暴露量乘以一定的摄取率(例如,每天吸入空气的立方米或每天平均摄鱼量),暴露量取决于环境介质中的浓度以及吸收发生的时间,包括上述例子中的空气或鱼类。由于化学浓度可能随时间而变化,暴露在不同的时间段可表现为:急性或峰值暴露、亚慢性暴露或慢性(长期)暴露,相关的平均时间取决于所调查的具体健康影响。

1.6.1 关联和因果关系

"基于关联"的论点通常使用流行病学信息,以特定类型伤害优势比(odds ratio)的形式提出,优势比是假定暴露社区中观察到的病例数与该规模和人口构成社区的预期病例数之比。通常,在确定预期病例数时,会根据年龄、吸烟、种族等因素进行调整,通常因果关系的概率可以直接从优势比中计算出来。使用这种"基于关联"的论点,规避了对剂量暴露实际因果关系的确定。

流行病学证据本身描述的是"关联",而不是"因果关系"。从关联到因果关系,由 Austin Bradford Hill 制定的 Hill 标准(Hill,1965)常被引用。这些标准是:

1）统计关联的强度。如前所述，这通常是通过一个"优势比"来衡量的，该比值是对暴露和未暴露人群的比较。

2）关联的一致性。在其他地方和时间是否也观察到类似暴露引起的疾病？采用各种各样技术的研究是否得出了相似的结论？

3）关联的专一性。这种疾病有很多原因吗？这种化学物质会导致多种疾病吗？

4）暂时性。暴露是否先于疾病？该疾病的发病是否与已知的潜伏期一致？

5）暴露后疾病的生物学梯度。被研究人群的数据是否与剂量-反应关系一致？这些数据是否表明发病率随剂量的增加而增加？

6）合理性。疾病和暴露之间的因果关系在生物学上可信吗？

7）一致性。因果解释是否与其他科学认识一致？

8）实验。例如，如果除去可疑原因，那么发病率会改变吗？

9）类比。类似情况的经验能提供指导吗？

Hill 标准旨在作为检验因果关系的不同观点，而不是相当于及格/不及格考试。有时会附加一个标准：

10）消除混杂因子。

Hill 标准中几条与暴露相关，生物梯度标准询问的是病例数是否随接触的增加而增加，时间性标准询问的是有关暴露是否先于效应，如果是，是否在足够的时间内达到与已知的疾病潜伏期相一致的效果。关联的一致性也与暴露有关，这种损伤可能发生在其他地方，而且只有在暴露水平高于一定水平时才会发生，暴露介质中的浓度和平均时间决定了"暴露水平"。

在解释优势比时，被检测的疾病端点数量是一个重要的考虑因素，遗憾的是，有时只报告了正面的结果。在 95%的置信水平下，大约 20 次测试中有一次（平均）似乎具有统计学意义。

最后，我们应该提到风险评估结果有时会被合并到优势比中。采用 EPA 方法的风险评估尤其提供了较低的风险值（例如，一个人一生中罹患癌症的额外风险为 10^{-4} 至 10^{-6}），当一种特定类型的癌症存在时，并且该癌症的背景率低于或与风险评估相当时，这些估计可能是有意义的。然而，这个争论线很大程度上依赖于癌症类型的特异性，并且不止取决于一个例子。

1.6.2 鉴别诊断

因果关系通常分为两部分，一般因果关系处理的问题是，一种化学物质是否被认为在任何暴露水平下都能造成伤害；特定的因果关系解决的是化学物质是否确切对特定的人造成了伤害的问题。Hill 标准被用来支持一般的因果关系论证，当然，对于产生众所周知效应的物质，医学教科书或政府文件可能对此提供足够的信息。特定的因果关系依赖于 Hill 标准的子集，它可以应用于个人而不是群体，这些因素包括暴露水平关联的一致性、化学物质对个体伤害的特异性、暂时性（例如，暴露先于疾病）和实验研究（当假定的化学原因消除后症状是否减轻）。此外，如前所述，作为鉴别诊断的一部分，混杂因素或其他潜在原因应被排除。

因此，历史暴露是正确鉴别诊断的重要组成部分，并且可以定量地进行因果分析，如果我们知道疾病很可能发生的人类暴露水平，这会非常明显。然而，这种情况是罕见的，我们通常知道疾病不太可能发生的暴露水平。因此，我们可以将估计的个人历史暴露量与特定化学标准和准则进行比较，包括公共性和职业性健康。如果暴露量低于这些标准，化学物质暴露就不太可能成为致病的重要因素。当然，一些警告是必要的，职业标准通常没有公共卫生标准严格，这在将“健康工人”与普通人群进行比较时可能会出现问题。此外，标准不能以致癌效应为基础，特别是那些致癌性证据有限的化学品。

同样，可以通过比较所涉及的暴露或暴露浓度与人们通常在自然或人为背景下相同化学物质的暴露和暴露浓度，来研究特定暴露水平的意义，比如，消费品或城市空气等。

致　　谢

上述材料中的一部分以不同形式发表在 *Environmental Claims Journal*, Vol. 5, No. 4, 1993 年夏，和 Vol. 8, No. 3, 1996 年春© Aspen Law & Business, Inc.，以及 *Environmental Forensics* Vol. 1, No. 3, 2000 年 9 月© Academic Press。此外，一部分出现在 2010 年 DRI 有毒侵权会议的课程材料中：增加在“利用环境损害司法鉴定分摊责任”章节，作者为 P.D. Boehm。

（郭雪艳）

参 考 文 献

Anonymous, 1910. Disposal of manufactural wastes. Engineering Record 62 (9), 233 – 235.

Aronovsky, R. G., 2000. Liability theories in contaminated ground water litigation. University of Wisconsin, Environmental Litigation: Advanced Forensics and Legal Strategies. April 13 – 14.

Bentz, A.P., 1976. Oil spill identification. Analytical Chemistry 46, 454A - 472A.

Boehm, P.D., Galvani, P., O'Donnell, P., 1995. Scientific and legal conundrums in establishing injury and causation. Natural Resource Damages: A Legal, Economic, and Policy Analysis. National Legal Center for the Public Interest, Washington, D.C., pp. 31 - 60.

Butler III, J.C., Schneider, M.W., Hall, G.R., Burton, M.E., 1993. Allocating superfund costs: Cleaning up the controversy. Environmental Law Reporter 23, 10133 - 10144.

Editor of Engineering News, 1899. Stream pollution fallacies. Engineering News 42 (9), 138.

Ferrey, S., 1994. The new wave: Superfund allocation strategies and outcomes. BNA Environmental Reporter 25, 790 - 803.

Hall, R.M., Harris, R.H., Reinsdorf, J.A., 1994. Superfund response cost allocations: The law, the science and the practice. The Business Lawyer 49, 1489 - 1540.

Harmon, B., 1941. Contamination of groundwater resources. Civil Engineering 11 (6), 345 - 347.

Hill, A.B., 1965. The environment and disease: Association or causation. Proceedings of the Royal Society of Medicine 58, 295 - 300.

Marryott, R.A., Sabadell, G.P., Ahlfeld, D.P., Harris, R.H., Pinder, G.F., 2000. Allocating remedial costs at Superfund sites with commingled groundwater contaminant plumes. Environmental Forensics 1 (1), 47 - 54.

Mink, F.L., Nash, D.E., Coleman II, J.C., 1997. Superfund site contamination: Apportionment of liability. Natural Resources and Environment 12, 68 - 79.

Murphy, B., 1993. Technical issues in Superfund insurance litigation. Environmental Claims Journal 5, 573 - 592.

Murphy, B., 1996. Risk assessment as a liability allocation tool. Environmental Claims Journal 8, 129 - 144.

Murphy, B., 2000. Allocation by contribution to cost and risk at Superfund sites. Journal of Environmental Forensics 1 (3), 117 - 120.

National Research Council (NRC), 2000. Natural Attenuation Groundwater Remediation. National Academy Press, Washington, D.C.

O'Reilly, K., 2010. Restatement § 433A and the chemistry of divisibility. ABA Superfund and Natural Resource Damages Litigation Committee Newsletter 5 (1), 19.

Wise, K.T., Maniatis, M.A., Koch, G.S., 1997. Allocating CERCLA liabilities: The applications and limitations of economics. BNA Toxics Law Reporter 11, 830 - 833.

第 2 章

重要的历史研究方法及其在环境损害司法鉴定中的应用

Shelley Bookspan, Julie Corley, A.J. Gravel

目 录

2.1 引　　言

历史考古学家也许能通过分析砖石结构的矿物含量来确定一座建筑物建成年代不超过50年,但专业的历史研究人员可以找到文献资料揭示这一建筑物的确切年代。同样,历史的发现和分析为查明污染场地中化学品的来源提供了基础。如果对现场或场地附近过去的作业没有清晰的了解,即使是最好的实验室和最复杂的模型也只能是对因果关系作出推断,当然也不能鉴别产生者、所有者、运输者或安排者的名字。司法鉴定是基于调查的科学,环境损害司法鉴定结合了多个领域行之有效的调查方法,最终建立一个可辩护的因果关系叙述。有关昔日的场地所有者、使用者、用途、化学品处置、法人变化和继承、行业惯例和标准,以及事情发展的文献资料是历史研究人员对环境损害司法鉴定团队的主要贡献。

2.2 场地评估或责任分摊的历史研究

用作场地评估的历史研究,旨在确保在财产收购前已经进行了适当的尽职调查。根据1980年联邦《综合环境响应、补偿和责任法案》(CERCLA)规定,特别是1986年修正和重新授权的《超级基金法修正案和再授权法案》,目前的土地所有者对与他们的土地财产污染清理相关的费用严格负责,即使他们本身并不是在他们的财产上发现的所有或任何污染的原因(United States,1980,1986)。

因此,对于任何商业或工业财产的准买方来说,对该地块当前和过去的所有权和运营情况进行"适当的调查"是很重要的。美国测试与材料协会(ASTM)将"适当的调查"定义为"市场上良好的商业或惯例"确立了标准[根据《美国法典》第9601(35)(B)节第42条所定义],为CERCLA的责任和防卫条款确定了标准(ASTM,2005,2006,2008a,2008b, and 2011)。ASTM标准的总体目的是通过现场检查、机构记录审查和简单的历史研究,来确定与存有疑问的产权相关的公认或可能的环境条件。这一过程能为准买方完成购买做出一个明智的决定,并为买方提供了"尽职调查"的防御,以防日后在现场发现污染。

CERCLA还允许业主或其他责任方起诉其他"潜在责任方"(PRP),以收回他们的清理成本,这些潜在的责任人包括那些确实造成了部分或全部污染的人,即无论这些活动发生了多久的"产生者",或者这些人的利益继承人。其他潜在责任方包括在污染或部分污染发生时,拥有或经营该场地的人(比如,处置时的过去业主或经营者)。还有一些可能是将污染物运至场地进行处理的人,或者是安排将这些材料运到场地的人(比如,分别为废弃物处置的运输者或安排者,美国法典第107节第42条)。因此,如果现在的所有者没有造成问题,历史研究可以确定场地是如何被污染的。有时一个相邻的或反梯度场地会污染另一个场地,需要进行历史研究来帮助理清整个区域的情况。通常,历史研究为一个多责任人场地(如水道或垃圾填埋场)的分配提供了基础,以便在潜在责任方之间分摊清理成本。简而言之,现场情况可能已经受到场地或附近发生作业的影响,一旦需要进行修复以及涉及何人、何事、何地、何时和情况怎样的问题时,历史研究就变成了基本的司法鉴定工具。

许多历史研究人员通过委托 EDR(www.edrnet.com/),Netronline (http://environmental.netronline.com/),ERS (www.reccheck.com/)或其他类似公司进行环境数据库检索,以此展开调查。这类检索提供了关于溢出、泄漏、地下储油罐、已报道的杀虫剂的使用,以及场地和场地周围规定半径内的许多其他已报道的环境情况。许多这种类型的服务也将编辑成历史桑伯恩火灾保险地图(Sanborn Fire Insurance maps),有些城市可追溯到19世纪70年代,偶尔也可追溯到之后,航拍照片可以追踪20世纪30年代以来土地利用的变化,地形图也定期提供土地利用的基本情况,特别是在整个20世纪。这些服务还可以进行标题搜索,帮助确定随时间变化的产权所有者。这种服务往往可以为获得研究地区的基本资料提供一种成本效益高的方法,表2.1列出了这些基本资料和一些初步研究资料。然而,依赖环境数据库搜索的关键问题是,这些数据库仅仅依赖于已报道的事件,而影响研究地点的事件经常发生在数据库广泛使用之前,和/或是从未报道过事件的结果。

表2.1 确定潜在责任方的历史来源

研究目标	潜在来源	用途
了解地理区域的变化	地形图,航空照片,地籍图,分区图,铁路线路图	识别当地基础设施和土地利用的变化
识别拥有或租用场地的实体	有记录的契约、租约及地役权,收税员办公室,估税员办公室	记录财产的历史,并确认成本回收的责任方的身份
识别在该地区运作的实体	Polk 目录,工业目录,Sanborn 地图,Hyde 地图集,剪报文件和数据库,当地历史学会藏品	识别潜在的污染贡献者
了解目标实体的运作	环境数据库搜寻结果,卫生部门的记录,消防部门的记录,州和地方环境法规,机构的记录,州和当地的水记录,建筑许可证,涉及实体的诉讼案件,剪报文件和数据库	识别泄漏、排放和事故,并开始建立必要的信息基础,以建立责任方与污染间的联系
识别法人更替	Moody 公司手册,Standard & Poor 公司记录,Ward 商业目录,公司附属机构名录,华尔街日报索引,纽约时报索引,公司年度报告,Mergent 在线:一般公司信息,Gale 商业目录,提交给美国证券交易委员会(SEC)的公司归档文件	协助评估实体之间的合作关系,并确定有关收购的信息(如资产、股票、债务)

因此,环境数据库只能作为研究计划的一部分。对于历史研究人员来说,熟悉研究场地所在地理区域内的许多机构和资源,以及研究场地使用者的作业功能区域(如果有的话)是至关重要的。互联网研究可能是第一步,以确定潜在相关主要来源的机构和资源库,这在初期历史工作中尤为重要。尽管互联网上可用的信息和资源的范围和类型在不断增长,但在不同的场地、不同的司法管辖区、不同的时间段、不同的行业等等之间存在很大的差异,有些信息是准确的,但大部分信息是不准确的,或者至少是不完整的,因此可能具有误导性。特别要谨防次级的来源信息,即不在现场的作者在事件结束后所写的论文和文章,可能没有办法发现和评估作者所参考的原始资料,缺乏经验的研究人员常常无法对网上找到的信息寻找确证来源。网络上的海量信息使得对可用数据的准确性、可靠性,甚至数据源的来源的确定变得更加困难。尽管如此,在一个项目开始的时候,为查找潜在的信息源而设计的搜索可能特别有用。在制定工作计划之前,对下列资料库进行互联网搜索可使研究工作更有效率:

- 与利益公司和/或机构有关的手稿收藏。
- 美国环境保护局(EPA)的数据库,用于提供有关受机构审查的场址的信息,这些场址位于目标场址附近。
- 图书馆及特色馆藏数据库。
- 包含公司信息的数据库。

除了数据库之外,可以在线获取越来越多的实际扫描文件。例如,一些建筑部门已经把它们历史的和当前的建筑许可证收集起来放到网上。建筑许可证显示了随时间变化的场地占用者,在某些情况下还会显示一些与场地相关的特征,如地下储油罐的位置。然而,在某些情况下,只有一部分现存的记录会被编目以供互联网使用,将50多年前的房地产记录数字化并在网上公开的情况仍属罕见。因此,必须到实际的机构去一趟,以便可以获得所有有用的信息。

因此,对于深入的历史研究来说,互联网的主要用途是作为一种寻找地点的手段,这是研究项目的开始,而不是结束。现在比以往任何时候都更重要的是,回到研究设施里布满灰尘的角落,获取必要的文件,以重建一段完整的历史。许多机构、图书馆和档案馆实际上没有必要的资源来开发和维护大量的电子目录,即使是最受重视的研究机构也缺乏资金和人员,来确保每个收藏或原始资料都以电子形式在其专门的电子目录或互联网上提供。事实上,许多机构几乎没有前台人员,更不用说协助一个详细的历史研究项目。然而,对这些设施进行面对面调查,以及检查所有形式的目录和/或记录的必要性已变得至关重要。大量潜在的相关材料可能存在拷贝件或以缩微胶片和缩微胶卷等形式记录,这些可能已经被更新的成像技术所补充,但是很少能在网上看到。尽管 Google 和 Hathi Trust (www.hathitrust.org/)正在尽可能扫描每一本出版的书,并且像法律图书馆缩微胶卷协会(the Law Library Microfilm Consortium)

这样的组织正在努力将各州的法律文件数字化，但网上现有的资源只代表了小部分历史资料(Temple,2013)。没有什么可以取代面对面的调查，要在其中查找有关场地历史信息来源和存储库的更详细列表，请参见 Bookspan,1991。

今天的历史研究人员面临着许多挑战，去揭示有时看起来似乎是最简单的事实，例如，9/11 事件的响应，许多机构拒绝提供有关基础设施的公共信息，例如描绘污水管道系统、公路发展或电力系统的地图或规划。根据《国家安全法》(National Security Act)的规定，一家机构最近拒绝提供一个封闭地下储油罐的信息，另一家则断然拒绝提供有关 20 世纪 30 年代修建的污水管道系统的信息，尽管该系统已不复存在。因此，历史研究人员不仅需要精通查找相关记录的方法，而且还需要学习如何对被拒绝的记录请求进行上诉。了解并援引州或联邦的知情权法规，并愿意接受机构的"审查"，以证明你无意伤害他人，这是很重要的。在不披露 PRP 身份的情况下，确实有公开信息的权利，但这种权利可能需要适当地、反复地申明。

通常，获取信息以阐明有关历史基础设施的问题对于解决手头问题至关重要。例如，如果一个案件涉及污染的水道，就必须确定 PRP 是否确实向该水道排放废物。大多数污水管道系统已经随着时间改变了，修建泵站或截流下水道可能是为了将废物转移到一个完全不同的水道，或者 PRP 可能将废物排放到污水处理系统或沥滤场地。一位研究污染责任索赔或争议的历史研究人员需要了解更多关于一个场地的信息，而不仅仅是它上面有什么，谁与它有关，它们什么时候在那里，尽管这些也是至关重要的数据。将这些整体考虑进去同等重要。如果历史研究人员正在调查一个被氯化溶剂污染的地下水体，那么追踪 19 世纪后期在该地点经营的实体，可能不是一个好的资源，因为氯化溶剂只是在二战期间和之后才被广泛使用。正如将要具体讨论的那样，在已发现的实际污染和可能造成污染的责任方之间建立联系，是说服该实体的继承者在经济上参与清理现场工作的关键。为建立 PRP 和污染之间的联系而设计的专门工作计划，可能会找到一个转变案件的特殊事实。能引起分配者、调解员、法官或陪审团注意的很可能不是城市目录中的废品回收站清单，而是一位 50 岁邻居的笔录证词，他告诉规划部门，他看到现场埋着数十个漏水的桶。不是航空照片上的污水坑，而是一封关于在县监事会的缩微胶卷档案中发现的关于那个污水坑里散发臭鸡蛋味的投诉信。更有可能的是，历史研究人员会使用不同的资料来源，有些是常见的，有些是模糊的，来建立一幅现场所发生事情的顺序图。历史信息的单一来源或单一类型的来源很少是完整的、明确的或毫不含糊的。

场地的复杂性、造成污染的原因和实体数量以及清理的成本，是确定何时找到了足够的历史信息时要考虑的因素。很明显，清理的成本和客户的支付意愿是影响因素，但找到额外信息的可能性也是一个因素，最终可能会显著增加对场地的了解或回答悬而未决的研究问题。研究的结果可能会导致潜在责任方的识别，但只有有限的信息建立他们与场地的联系。例如，如果被调查的场地是受污染的水道，历史研究人员可能记录了一家公司的存在，该公司在许多环境法规实施之前就向该水道排放废物。尽管历史研究人员可能也找到了一个可行的继任者来承担清理成本和修复工作，但无法获得该公司实际的污水采样信息。即便如此，还可以做更多的研究，在这种情况下，工作计划的下一步可能包括进行贸易文献的研究，以了解公司运行期间的行业惯例及其废液可能包含哪些内容。在这一点上，另一轮的在线研究是必要的。在诸如美国环境保护局（US EPA）环境出版物数据库（http://nepis.epa.gov）等数据库中在线检索，可以提供有关产业最初制定污水排放准则的信息，《环境污染物百科全书》（http://www.nature.nps.gov/ssafety/toxic/）可提供有关各种废物中发现的化学物质类型信息，美国专利和商标数据库（http://patft.uspto.gov/）可提供已使用或可能使用的设备或工艺类型的详细资料；美国环境保护局（US EPA）的数据库（http://www.epa.gov/compliance/resources/publications/）可提供有关行业标准实践的情境资讯。在线搜索是一个起点，公司记录、档案收藏等都是额外的信息来源。在这种情况下，作为侦探的历史研究人员可能相当足智多谋和富有创造性。

前面提到的被污染水道假设位于康涅狄格州，想象一下，历史研究人员已经进行了在线研究，搜索了当地的历史收藏，并从联邦、州和当地的收藏中获得了可用的信息，但仍然需要额外的信息。了解一点环境历史可以提供更多的信息。退一步问问有哪些区域资源可以利用，可能会发现另一个研究途径。在这种情况下，于20世纪30年代州际卫生委员会由三州共同努力组成，以解决纽约、新泽西和康涅狄格州日益受到关注的水污染问题。接下来的合理步骤是确定该机构是否仍然存在，其历史记录位于何处，以及如何访问它们。

不管历史研究人员进行研究的程度有多远或多深，有时问题的答案可能是不充分的。客户可能会通过问这样的问题来表达对预算的担忧，“我们做完了吗？”了解垃圾填埋场的每一个贡献者，并对每一桶垃圾进行统计，这重要吗？或者是否有必要找到每一个工业废物通向排水沟的下水道连接？在某种程度上，历史研究人员必须平衡获取信息的成本和修复的成本，在某些情况下，成本不仅仅是财务上的。客户最终面临的可能是公共关系问题、政治议程、PRP 群体动态以及任何非金钱因素。项目的分阶段方法有助于控制成本，并提供基准评估和确定什么时候应该适可而止。

2.3 分摊与成本分配的历史研究与分析

尽管历史研究人员发现的事实可以用来解释各种问题和协助不同的决策过

程，在环境领域，特定场地历史事实的发展和相关分析是解决谈判和/或诉讼中常用的成本分摊和公平成本分配框架的必要投入。特别是涉及联邦和州的危险废物场所时，CERCLA 中的追溯责任条款和许多州的危险废物清理机构，非常重视从历史的角度了解危险物质的使用、储存或处置[1]对当前环境状况的影响[2]。

CERCLA 于 1980 年通过，并于 1986 年修订和重新授权。通过这项法律是为了帮助解决全国危险废物场所的清理工作，但它未能解决旨在推进这一目标的一系列问题，CERCLA 的规章制度未充分处理的关键问题之一是在潜在责任方之间分配环境响应成本[3]，尽管 CERCLA 的目标之一是确保“污染者自付”原则是法律的一个关键要素，但成本分配始终是 PRPs 在 CERCLA 下进行清理工作中最具争议性、最令人沮丧和成本最高的工作之一。尽管根据 CERCLA 第 107 条和第 113 条提出了大量的成本回收和贡献案例，但所产生的判例法对 PRPs 和事实发现者应如何分配响应成本，没有提供明确的规定。然而，判例法已经发展到这样的程度，法院基本上得出结论：第 107 条规定了连带责任，但并非在所有案件中都适用。最高法院在北伯灵顿（Burlington Northern）的裁决改变了成本回收的格局，重新确立了当事人可以主张损害辩护的分摊或分割，以避免连带责任[4]，法院指出，当确定一种原因对单一损害的贡献有合理的基础时，分摊是适当的。证明损害可分性的目的是证明由一责任方造成的污染可以从其他方造成的污染中分割出来，从而使该方避免承担特定清理工作的全部费用。值得注意的是，在可分割的情况下，被告有举证责任，不考虑非公平的因素。相反，根据第 113 条，一个 PRP 可要求其他 PRP 分摊第 107 条款下的费用，后一款所要求的费用可由法院利用其自由裁量权进行分配，并在许多情况下考虑到其他公平因素[5]。不管采用什么框架回收响应成本，很显然，CERCLA、许多州和地方政府对追溯责任的依赖以及基于事实的分摊和成本分配，使历史研究人员的工作为清理危险废物场地的过程作出了宝贵的贡献。

1 危险物质的定义见 CERCLA §101(4)。应当指出的是，CERCLA 并没有规定危险物质承担责任的阈值要求。

2 自 1980 年国会通过 CERCLA 以来，许多州已经建立了危险废物法的一般模式，特别是 CERCLA 中的责任、成本回收和成本分摊条款。然而，应该指出的是，危险废物法可能因州而异。还应该指出的是，在某些情况下，当地的危险废物清理法律也可能包含追溯责任条款，使历史研究人员的分析有用。

3 环境响应成本通常定义为在清理现场处理危险物质排放或可能排放的相关费用，通常包括现场调查、清除污染和修复场地的费用。

4 Burlington Northern and Santa Fe Ry. Co. et al. v. United States 2009 WL 1174849 (May 4, 2009).

5 美国环境立法没有规定在成本分摊诉讼中使用公平因素。相反，公平因素的选择是由法院自行决定的。然而，许多因素在 CERCLA 类型的成本分配事宜中经常被单独或集体引用，就是所谓的 Gore 因素。在最初的超级基金法立法的辩论中，由当时的众议员 Albert Gore, Jr.提出的“Gore 修正案”提出了在 PRPs 之间分配场地成本时需要考虑的六个因素（H.R. 7020, 96th Cong., 2d Sess.［1980］）。Gore 因素没有包括在最终的超级基金法立法中。但是，包括基于案件事实和情况而定的其他因素，法院在解决成本分摊争端时继续考虑这些因素。

2.4　历史研究人员对责任确定的贡献

在责任/分配过程中，第一步，也可以说是最重要的一步，是确定在分摊或分配响应成本的任何尝试中应包括哪些责任方。如前所述，历史调查将鉴定出谁使用了有关化学品及其使用年限、场地所有权与经营决策、处置方法等。这一历史研究和相关分析的目的是确定一个特定实体的作业和正在或将要花费响应成本的污染之间是否存在联系。建立一个或多个特定方与污染场地之间的联系是一个初始问题，如果这个问题得不到解决，就会大大降低公平分配的前景，从而从其他的 PRPs 中收回成本。

为使关联性分析工作取得成功，历史研究人员需要作为一个中立的事实发现者，揭开以下信息：

1）将特定的活动（使用、储存、处置等）与已经或将要花费响应成本的污染联系起来。

2）确定导致污染物产生的途径[6]。

3）将不同的作业链接到特定的实体。

4）确定与污染有关的实体利益的当前继承者。

5）评估任何确定的当前继任者的财务可行性。

典型的关系评估包括许多步骤，目的是获得前面讨论的信息类型。此外，它还需要采取关键的步骤，进行必要的分析，以便拼凑出一个连贯和可支持的工作成果，记录所有各方的参与及其对正在为之花费资金的污染所作的贡献。尽管每个关联项目都是独特的，并且涉及特定的调查研究，但是有一个执行关联分析常用框架。这个框架的主要内容包括：

- 确定成本回收或贡献的区域或单位。
- 进行历史研究。
- 分析数据和评估数据缺口。
- 叙述发展。

2.4.1　确定成本回收或贡献的区域或单位

关联评估过程是由于一方希望收回成本，或了解哪些操作和/或处置做法导致

6　确定污染和特定实体之间是否存在联系是一个复杂的过程。它通常包括一种多学科的方法，依赖于技术和法律专业人员的技能、知识和专业知识，而不是历史研究人员。例如，技术和/或工程专业知识往往有助于历史研究人员将活动与特定的污染物和/或风化或降解的化合物联系起来。同样，对历史合同、合并文件、购买协议等的解释可以帮助确定哪个实体最终应该承担污染活动的责任。

了正在调查和处置的污染而进行的。这个过程中必要的第一步包括确定历史研究人员应该研究哪些领域或单位。在某些情况下，历史研究人员必须集中研究某一地区，如某一地区的地下水体，而在另一些情况下，调查的对象可能是定点的废物处理和处置单元或可操作的清理单元(OUs)[7]。无论如何，为了聚焦历史研究和分析，对已经或将要发生响应成本的区域进行了解是很重要的。获得的关键信息包括但不限于以下文件材料：

1）污染地区的地理特征。

2）区域或单元的处置时间范围。

3）有争议的污染物。

4）驱动清理行动的污染物。

5）已经或将要进行清理工作的监管框架。

从这些信息开始将有助于集中研究问题的解决和历史研究人员的工作。

2.4.2 进行历史研究

一旦获得了对清理区域或利益单元的了解，下一步涉及收集相关数据的历史研究计划的制定和实施。虽然如前所述，为了实现建立联系的目标所必需进行的研究类型的详细讨论将根据项目需求而有所不同，但是重要的是要了解需要回答的四个初始研究问题：

1）造成响应成本已经或将要支出的污染的操作、处置或其他活动是什么？

2）污染物是通过什么途径进入目标区域或单元的？[8]

3）哪些实体与任何操作、处置或其他活动相关联？

4）与污染有关的任何实体(或其利益继承人)在财务上是否仍然可行？

2.4.3 分析数据和评估数据缺口

对通过历史研究所获得的信息进行分析，无疑将为有关联系的问题提供有用的数据，然而，这种分析也常常导致识别一些无法回答的问题或数据缺口。当关联

7 在CERCLA中，可操作的单元(OU)是指在超级基金场地清理中进行的一系列独立活动中的每一项活动。一个典型的可操作单元是从场地表面将桶和罐移除。这一术语经常用于政府主导的清理工作中，在这些清理工作中国家当局严格参照了CERCLA。

8 需要注意的是，该途径提供了实体和正在处理的污染之间至关重要的联系。通常检查的路径类型包括但不限于：空气(包括烟囱、无组织排放和其他排放形式)；水(包括暴雨、卫生用水和工艺水输送排放)；蓄意弃置(包括废物埋置或处置，于土壤里或土壤上的，或地表水或地下水)；以及无意处置(包括过程溢出或破裂/故障排放)等。

评估的时间跨越几十年,最初的调查涉及多个领域或单位,并且项目涉及复杂的所有权、操作和企业历史元素时,这些问题或数据缺口通常会出现得更频繁。要填补这些数据缺口,需要对建立任何关联结论的事实基础有强烈兴趣、不断地重新评估已有信息、持续跟进以获得更多潜在的相关信息,并创造性地识别潜在有用信息来填补缺口。对联系网进行严格检查和有力支持,将确保任何关于某一特定实体在引起或促成相关污染方面所起作用的断言都站得住脚。

2.4.4 叙述发展

要确定一个特定实体与相关污染之间是否存在关联,最后一步是叙述发展,为关联结论提供事实陈述。重要的是,工作成果要写得清楚,包含对将实体与污染联系起来的所有元素的支持,并且能够承受确立责任的实体提出不可避免的审查和挑战。图 2.1 是一个简化的流程图,展示了一个典型的关联发展框架。

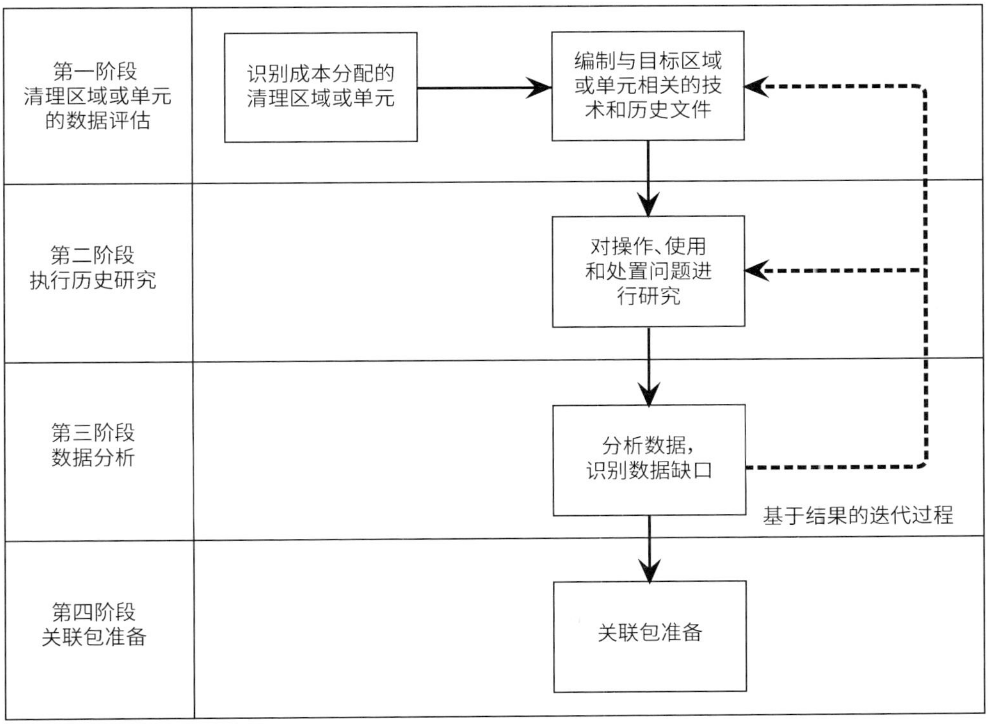

图 2.1 关联评估流程图

最后,一旦在诉讼或和解的情况下建立了联系,就可以解决成本分摊或分配的问题。

2.5　历史研究人员对成本分摊的贡献

如前所述，成本分摊通常是 CERCLA 过程中最困难和成本最高的方面之一。承担 CERCLA 责任的 PRPs 也常常发现自己陷入成本分摊的泥潭，没有明确的公平解决途径。更糟糕的是，在两个例子中，国会没有通过立法制定分配标准，通常参考 Gore 因素来指导 PRPs 和司法。因此，PRPs 基于各种理论或主张，发展了广泛的方法，旨在分配响应成本。不幸的是，尽管反复尝试制定一致的分配成本方法，但与危险废物相关的无数现场具体情况阻止了 PRPs、顾问和法官实现这一目标。

与建立责任基础一样，特定场地的历史信息是一个支撑着裁决或解决事项中提出的几乎所有分配框架的共同因素。成本分摊的目标是在与场地清理相关的各责任方之间公平分配响应成本，这通常是通过记录它们对污染或成本的相对贡献来实现的。因此，对各方与场地的联系进行评估，往往会回答与他们参与有关的关键问题。

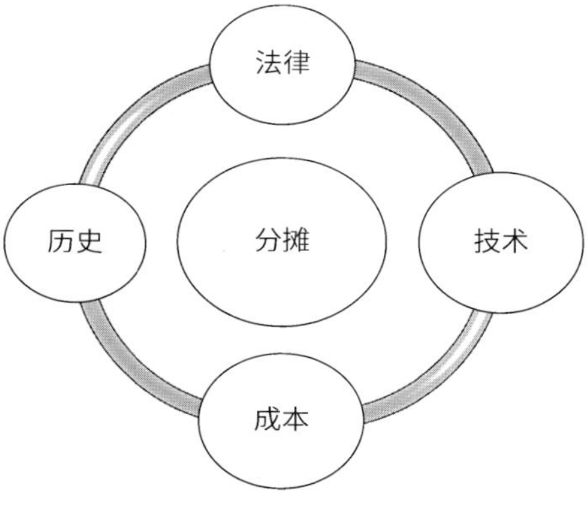

图 2.2　公平的成本分摊

一般而言，不管场地的类型（例如，填埋场、工业场地、沉积物），亦不论是否在双方或 PRPs 间分配成本/责任，历史研究人员的工作都有助于提供必要的事实以告知分配过程，并为框架开发提供一个平台。将历史事实基础与法律、技术和成本因素结合起来，为公平分配方案开发一种量身定制的方法（参见图 2.2）。

表 2.2 列举了用于制定成本分摊模型的各种历史资料的例子，以及三种危险废物清理场地的潜在信息来源。

表 2.2　用于成本分摊的历史来源

场地类型	用于成本分摊的历史信息	潜在的历史来源
填埋场		
	废物数据：建立废物体积数据库，用于将废物量分配给特定的实体时非常有用	废物清单 运输发票 市政废物研究 工业废物研究 图形数据（比如，航空照片，地图等）
	生产者数据：用于了解特定实体在填埋场处置的废物类型	商业执照 工业目录 作业历史记录

续表

场地类型	用于成本分摊的历史信息	潜在的历史来源
		污染物的概要文件 机构备案 行业惯例研究
	废物概况：用于建立填埋场使用者的概况（例如城市废物和工业废物）	废物调查 填埋场调查 监督委员会有关倾倒的记录 机构备案
	运输者数据：用于确定运到垃圾填埋场的潜在半径；也用于识别客户（生产者）	废物搬运工登记 商业登记 路票 运输者记录簿 监督委员会关于运输的记录 合同
存在两个实体的场地		
	生产量	历史公司记录 年度报告 贸易文献 工业调查 机构记录
	场地及邻近物业的拥有权及经营历史	契据，补助和地役权 建筑及拆除许可证 桑伯恩地图和历史地图集 剪报 财产目录
	工厂随时间的污染情况	垃圾排放记录 运作历史记录 污染物的概要文件 机构记录
	工业惯例、注意事项和废物处理惯例	贸易文献及期刊 制造工艺文献 行业协会记录和出版物
城市水道沉积物场地		
	工业发展：记录水道附近地区的发展情况，并识别 PRPs	水道调查 商业及工业目录 流入/渗入污水系统研究 清淤记录
	污水系统数据：识别液体排放通道和排水沟	污水渠平面图及许可证 下水道阀门文件 用水情况调查和记录 工业预处理程序记录 建筑许可证
	操作概况：记录废物贡献和数量	化学使用调查 工业预处理程序记录 机构记录 用水情况调查和记录

2.6 “意图性”问题的历史研究与分析

在某些环境纠纷中，数百万美元或更多的资金可能取决于责任方的重建意愿，这些责任方因其过去的操作而被认为对现场污染负有责任。在 20 世纪 70 年代的“污染免责”条款广泛引入之前，保险公司就发布了一般责任政策，在很多情况下他们辩称，他们不应该赔偿他们的工业客户场地修复所付的费用，因为这些工业客户“知道或者应当知道”他们的做法会导致环境破坏。承保方认为，对于从事这些行为的行业而言，这意味着损害是“故意的”，因此不属于承保范围。同样地，一些有毒侵权的原告通过声称所造成的损害是肆意的和故意的，为污染行为造成的或据称造成的损害寻求惩罚性赔偿。除非有目击证人可以证明过去采取某些操作的原因，否则有必要请求历史专家识别、定位，并检查文件，通过全面分析，解释过去的行为在当代的实施标准下发生的原因。

专业的历史研究人员把用当前价值和术语解释过去的倾向称为“现代主义”(Hunt，2002)。的确，虽然许多人同意尊敬的、已故的历史研究人员 John Higham 的看法，他指出“现在的利益应该决定过去值得注意的方面”(Higham，1965，第 115 页)，他们还担心，如果没有对随时间变化的充分概念，现代主义几乎不可避免地会导致不恰当的判断主义。无论是种族主义、性别歧视、阶级歧视，还是对自然资源的行为，以今天的价值观来评判，我们的“先辈们总是达不到今天的标准”(Hunt，2002)。对陪审团而言，在评估即使是在相对较近的过去，60 年甚至 30 年以前，所采取的行动时，暂停他们现行的标准是很难的，因为那时人们的外表和穿着与现在大体相同。但是，从客观的(如科学知识)到主观的(如对环境管理价值文化接受)，很多东西已经改变了，而且还在继续改变。因此，当被要求帮助外行人评估过去行为背后的意图时，司法鉴定历史研究人员花时间研究并重现参与者执行他们决定的背景是至关重要的。他们相信他们所做的是“正确的”前进方式吗？有没有其他的选择？如果有，为什么没有选择？对未来伤害的普遍看法是什么？如果在 20 世纪 20 年代，为了方便工厂管理，在当地渔猎管理员认定这些化学物质是导致鱼类死亡的原因后，将化学废物倾倒入水道中，那么这种行为可以被称为肆意的。如果这些化学物质今天仍然造成危害，那么污染可以确认是“故意的”。然而，可能是渔猎监督员用 20 世纪 20 年代的标准对工厂进行了检查和水质测试，发现企业是合规的，如果是这样，“意图性”的指控就会失败。

可以看出，将当今的标准应用于过去的行为会产生过时的结果。因此，司法鉴定历史研究人员的任务就是找到并分析必要的证据，以评估过去的行为是否符合或不符合过去标准。这可能是一项复杂的任务，因为仅仅找到一两篇相对深奥的当代科学文章，来讨论与当时常见的方法或建议改进方法相关的问题是不够的，这些文章需要放在一个连续统一体中,因为实践和价值的变化不会立即发生,需要有人意识到一个问题,然后进行创新和实验,然后将新方法引入实地情况,然后推广成功并普遍接受这些新方法,重要的是,接下来是提高成本效益比。监管标准,或它们的引入,通常也会被证明发生了变化。法规反映了对某一主题行业实践的社会政治干预,当整体文化价值观发生转变,行业内的行为被视为影响了公众的利益时,就会发生这种情况。因此,找到标准变化的证据,将有助于揭示正在研究的行业实践史上的重要里程碑,以及从业者相对于更大社会的责任变化。

关于废物处理或化学品处理做法、技术改进、工业变革、管制干预和执法之间相互作用的例子比比皆是,例如,几十年来,地下汽油储罐(USTs)都是单壁钢结构,除了手动量油尺外,没有其他的泄漏检测装置。起初,钢储罐是铆接的,但铆接储罐的完整性很快就被破坏了。到了20世纪中期,大多数储罐都是焊接的,这就降低了储罐的泄漏率。不过,它们都是单壁储罐,总是会遭受腐蚀并出现泄漏。泄漏导致了产品的损失,而产品的损失又导致了收入的损失,随着20世纪70年代汽油价格的上涨,这个问题对加油站所有者的危害越来越大。随着新材料和创新技术的出现,许多石油公司开始用耐腐蚀的或防腐蚀的、装有综合检漏装置的双壁钢制储罐来代替单壁钢制储罐。以这种方式升级是一项昂贵的努力。通常,在没有重大已知泄漏的情况下,只有大公司投资这些新技术,然后他们在改造加油站的过程中这样做,许多独立经营者选择不承担这些费用(Geyer,2000)。然而,在20世纪70年代中期,经营者逐渐改用更安全的储罐,地下汽油渗漏的情况变得很明显,威胁到全国的地下水供应。直到20世纪80年代,《资源保护和回收法案》(RCRA)的《危险和固体废物修正案》授权美国环境保护局(US EPA)制订USTs的通用标准,这最终导致无监控的单壁钢燃料箱被淘汰(美国,1984)。

假设,在1925年至1940年期间,如果对一家仍在经营的加油站的所有者/经营者提起有毒侵权诉讼,即使他知道泄漏正在发生,也很难断言他的水箱泄漏所造成的损害是"故意的"。因为他遵守了当时行业惯例的标准。另一方面,如果加油站经营者在1985年到1995年之间营业,并且拒绝采用任何经批准的泄漏检测方法或修理泄漏的油箱或配件,那么他就不符合当时的作业标准,他可能已经意识到了这一点,而他不遵守规定所造成的环境损害很可能被视为"故意的"(参照表2.3)。

表2.3 "预期和故意"侵权的历史研究来源

研究目的	来源类型	资源库
查明该领域的人在做决定时考虑了什么	专业笔记;日志;信;回忆录;来自该领域的第一人称论文;历史贸易出版物	大学图书馆的特色馆藏;手稿收藏;历史协会;专业图书馆和图书馆附件
查明相关期间的标准行业惯例	行业协会出版物和出版会刊;历史贸易文献;工业调查;内部手册	专业图书馆及图书馆附件;特定行业档案;地方或区域政府规划办公室、图书馆或馆藏

续表

研究目的	来源类型	资源库
查明与实践相关的危险意识的历史	职业健康文献;保险文献;专利和与专利有关的文章;检验报告;过去的诉讼	劳动或者职业专业图书馆、档案;美国专利检索网站;州、县档案馆;高等法院被告/原告索引
查明在采取行动时适用的法律/监管措施	相关市、县、州或联邦司法管辖区的法律/法规;管理机构的文件,这些文件可能不再存在,也可能被取代	法律图书馆;国家档案;管理商或继任者的办公室

2.7 总　结

专业司法鉴定历史研究人员的方法包括制定和实施一个或多个研究计划,以发现污染场地过去活动和行为者的原始或主要来源的文件。互联网导致信息超载,这使历史研究人员的服务特别有价值,因为他们专门从事文献定位、评估、分类、确证和解释。叙述案件来龙去脉的发展是历史研究人员研究方法的分析部分,为环境损害司法鉴定团队的其他成员,以及客户、客户群体、决策者等提供了易于理解的程序框架,无论是决定购买产权,追求成本回收,同意提出的清理成本分摊建议,或基于意图性地提出索赔或抗辩责任。清理工作是由于过去的事件而发生的,历史研究人员的工作在弄清这些事件是什么、谁参与了这些事件以及它们为什么现在如此重要等方面还有很长的路要走。

(郭雪艳)

参 考 文 献

ASTM, 2005. Standard E1527—05 Standard Practice for Environmental Site Assessments: Phase 1 Environmental Site Assessment Process.

ASTM, 2006. Standard E1528—06 Standard Practice for Limited Environmental Due Diligence: Transaction Screen Process.

ASTM, 2008a. Standard E2018—08 Standard Guide for Property Condition Assessments: Baseline Property Condition Assessment Process.

ASTM, 2008b. Standard E2247—08 Standard Practice for Environmental Site Assessments: Phase I Environmental Site Assessment Process for Forestland or Rural Property.

ASTM, 2011. Standard E1903—11 Standard Practice for Environmental Site Assessments: Phase II Environmental Site Assessment Process.

Bookspan, S., 1991. History Requited: Historians and Toxic Waste. In: Mock, D. (Ed.), History and Public Policy. Krieger Publishing, Malabar, FL, pp. 36 – 41.

Geyer, W., 2000. UST History. In: Geyer, W.B., Wisuri, J. (Eds.), Handbook of Storage Tank Systems. Marcel Dekker, New York, NY, pp. 1 – 19.

Higham, J., 1965. History. Harper Publishing, New York, NY, p. 115.

Hunt, L., 2002. Against Presentism. Perspectives of the American Historical Association. May 2002, 40: 5.

Temple, H.S., 2013. Fading past: Are digitization and budget cuts compromising history? ABA Journal May, 36 – 41.

United States, 1980. Comprehensive Environmental Response, Compensation, and Liability Act of 1980, 42 US Code § § 9601 to 9675.

United States, 1984. Hazardous and Solid Wastes Amendments of 1984, P.L, 98 – 616, 98 Stat. 3224.

United States, 1986. Superfund Amendments and Reauthorization Act of 1986, 42 US Code § § 9601, *et seq.*

第 3 章

环境损害司法鉴定中的摄影测量、图像解译、数字成像与制图

James I. Ebert

目 录

3.1 航空摄影记录

航片像是一个巨大的国际档案馆，在一个多世纪的时间里拍摄的数亿幅图像记录了地球的自然景观和人类与地球的相互作用。化学摄影技术一经发展，摄影师就开始尝试拍摄航片，先是从气球拍摄，然后是从飞机上拍摄。20 世纪 30 年代初，美国政府机构开始系统地收集覆盖大片毗连地区的航片，主要用于制作地形、土壤、农业、情报以及其他类型的地图和图像解译。

美国地质调查局（USGS）、农业部、国家航空和航天管理局（NASA）、美国军队和其他机构通过时间序列航片制作的地图一直以问题为导向，每张地图的制作或解译只集中于从这些航片中可提取大量信息的很少一部分内容。虽然这些照片被保存下来，而且以多种方式对外提供，但这些照片依旧归政府所有。如果其他个人想使用这些照片，则取决于他们的问题方向、背景和专业知识。虽然大家会认为航片或任何其他类型的照片能说明一切，但其实并不是。为了从航片中寻找答案，必须要对它们提出确定的问题。对于航片可以有各种各样的问题和提问的方式，因为其涉及科学、技术和其他学科。

航片的一些早期应用主要通过军方来实现，在南北战争期间，气球被用来拍摄敌军的情况。另一个气球平台摄影的早期应用是 1906 年考古学家用来拍摄英国巨石阵的情况，他们是航空摄影方法的先驱。地理学家们把他们的大部分科学建立在信息上，其中很多信息都是从航片中提取出来的地图信息。航片也是地质学家、森林学家、牧场管理者、农业科学家、水文学家、生物学家和环境科学家的基础数据来源。工程师和建筑师在他们的工作中使用航片来解释、绘制和测量一些非常重要的信息，如地形、土壤和建筑的位置。许多其他航片的提供者和使用者出于历史或艺术的目的，对航空摄影文献进行搜索，就会发现许多这方面的爱好者或艺术的标题与科学或工程的标题一样多。

摄影测量学家是专门从事开发、应用航片和其他类型成像数据以及许多相关的数字成像和制图方法的科学家和专家。摄影测量学被美国摄影测量与遥感学会（ASPRS）定义为“通过记录、测量和解译来自非接触式传感器系统能量模式的数字图像，获得有关物理对象和环境的可靠信息的艺术、科学和技术”（Colwell，1997: 3）。

摄影测量作为一种实践起源于航空摄影之前，但是作为一种专业，是在 1930 年前后才出现。当时在美国和世界各地成立了数以百计的摄影测量工程公司，这些公司使用精密的航空摄影机拍摄照片并使用光学机械绘图仪制作地形图。随着时间的推移，这些公司和政府机构开始用航片覆盖整个区域。自美国开展系统的摄影测量以来，从 20 世纪 30 年代开始，很多地区可以发现从当时到现在多达 30

到 40 幅不同日期的航片，在城市区域甚至有数百张。

20 世纪 70 年代中期摄影测量开始向数字数据和技术转变，在随后的 20 年中加速发展，这对摄影测量的专业和实践产生了深远的影响。1985 年 11 月，美国摄影测量学会更名为美国摄影测量与遥感学会，这一行业不仅包括航片的解译和测量，还包括空间图片、其他数字图像、数字成像技术和计算机绘图技术，地理信息系统（GIS）、计算机辅助设计（CAD）和全球定位系统（GPS）的使用，是当今成像和制图领域的组成部分。

3.2 摄影测量原理

了解摄影测量的原理可以帮助科学家、专家或其他航空摄影用户更好地理解和解译航片和其他类型图像中所包含的信息。摄影图像最基本特性来自于照片是将三维真实世界场景表征到二维介质中的这个事实。

3.2.1 摄影比例尺

图像中物体的比例（即其在图像中的大小与其实际大小的比）是成像几何和物体与相机距离的函数。对于航片，这种关系为

$$\text{比例尺} = \text{焦距} / \text{飞行高度} \tag{3.1}$$

例如，如果在海拔 12 000 英尺（1 英尺 = 0.304 8 米）处使用六英寸（1 英寸=2.54 厘米）镜头（航空摄像机的通用焦距）拍摄航片，则照片的比例为 1 : 24 000。工程师有时用 1″=2 000′来实现英尺和英寸的转换。

用于制图目的的历史性航拍照片中通常会发现比例尺约为 1 : 20 000 至 1 : 30 000。直到 1980 年，当时胶片和绘图设备的改进使得使用较小比例的航片变得可行，而 USGS 开始使用介于 1 : 40 000 和 1 : 80 000 的地形图。航拍的比例尺对地形图的判读有很深远的影响。例如，在 1 : 24 000 的比例尺下，一个 50 加仑（1 加仑=3.785 升）的大桶在胶片或由其制成的触片上的直径仅为千分之一英寸。显然，要在这种比例尺的航片中识别此物体，就需要图像的光学或数字放大信息。

拍摄者给出的航片比例尺是利用飞机到地面的平均高度计算出的标称比例。实际上，航片中物体的精确比例尺要比这复杂得多，它随每个特定物体与相机的距离而变化。例如，山顶的物体比山谷中相同大小的物体更靠近相机，因此它们的比例尺会发生变化。在相对平坦的地形或小范围的航片中，这些问题并不突出，但在

崎岖不平的地形上拍摄的大范围(低海拔)照片中,物体的尺寸可能会出现显著变化。

3.2.2 径向位移

物体的高度对航片中物体的表达产生另一种影响,摄影测量师将其称为径向位移。在垂直航片中,每个对象(除其精确中心外)似乎都从航片的主点向外倾斜。倾斜程度随着高度和航片中心的距离缩短而增加。这就是为什么人们看到某些物体(例如建筑物)的侧面的原因,以及为什么航片中有确切位置的物体在两张重叠照片中的高度不同。径向位移可以被认为是摄影的畸变大小,但实际上它是成像几何的一种特性,允许人们从立体照片中测量和观看景观的三维视图。

3.2.3 立体照片和立体显示

系统的航片覆盖范围通常是沿着飞行路线分布,连续帧之间有60%的重叠率,以确保地面上的所有物体能在至少两幅照片上看到。当用立体镜观察相邻的照片(立体像对)时,可以看到照片中地面和物体的三维视图。价值20美元的袖珍型号到提供大功率变焦放大倍数的价值数万美元的立体镜复杂程度不同。最有效的立体镜类型是反光立体镜,它可以安装平行跟踪架,从而使光电判读仪可以在整个立体图像上进行扫描,而不必重新定位扫描。用于反光立体镜的目镜通常提供约2~6倍的放大率。如果需要在小范围的航片中看到很小的细节,则需要更昂贵的仪器;一些变焦立体镜可以将图像放大200倍。在强烈的光照下,这些光学器件的光效率随着放大倍数的增加而迅速降低。在高放大率的照片上很难找到微小特征,这影响到对该类型立体镜的应用。

大多数情况下,航片解译中立体观察是有必要的。识别与环境相关的位置上的多种特征(例如鼓起、结构、桩、凹坑和沟槽),对于单目镜照片来说几乎是不可能的,而使用立体图则变得容易得多。在许多环境场景中至关重要的地形细节,如果没有立体观察我们是无法理解的。

3.2.4 分辨率和摄影介质

专业的图像解译界对于从持有原始底片的公司或代理商那里获取最佳的摄影介质争论不休。航片在胶片上曝光,原始胶片被摄影测量学家称为“第一代”。这些原始的胶片存档在为用户制作第二代航片的公司和机构中。黑白底片几乎是所有黑白照片的第一代产品。彩色航片可以使用彩色负片或彩色正片透明胶片摄影。第二代产品可由透明胶片或纸质打印的负片制成。可以使用反转片或相纸,从第一代正片上制作第二代正片透明胶片或印刷品(例如Cibachrome,一种化学感光涂层)。有时正片或胶片可以由第一代正片制成,这种情况下正片是第三代产品。

一些摄影测量学家宣称，人们应该获得正片透明胶片作为环境光学解译的基础数据，并指出人们在透明胶片上看到的分辨率远远优于打印出来的照片。尽管有时纸质印刷品提供的空间分辨率可能低于复制胶片，但当人们判别胶片中的极小物体或特征时，还是很难分辨出两者之间的区别。复制胶片和纸张的分辨率和对比度性能相差也很大(Teng，1997)。对于大多数用途而言，纸质的摄影胶片产品的主要优点是胶片(尤其是黑白全色胶片)的曝光范围和光谱分辨率更宽。在第一代全色胶片底片中，很少有曝光框是全黑或全白，几乎每个地方都会出现某种程度的灰阶。胶片或相纸摄影胶片的每一代都引入了更高的对比度和更低的光谱分辨率。如果在特定的照片解译工作中很暗或很亮区域中的细节很重要，可以通过曝光不足和过度曝光来最大化这些区域中的细节。使用胶片产品进行图像解译的一个缺点是必须有灯箱提供照明。

更好地评估第二代胶片与纸质航拍产品分辨率差异的方法是使用由原始底片制成的放大图像来解译小范围航拍中微小细节。如果从构成立体像对的两框中放大了相同的区域，则可以将它们与立体镜一起使用，如同触印一样。另外可以用数字方式进行放大，但对于使用摄影测量公司的高分辨率扫描仪(通常约为12.5 μm，或2 032 dpi)，从10英寸的航摄胶片中获得一些微小细节，如在1∶24 000比例尺的照片上测量1/1 000英寸的罐子，还是难以解决，如果这些细节很重要，可以通过获取照片的放大图像，然后对其使用价格合理的扫描仪进行扫描以生成数字图像文件，就可以获得相同或更好的结果。

3.2.5　数字图像处理

在环境损害司法鉴定的图像解译中，数字成像和图像处理在许多方面都有优势。20世纪80年代中期至后期数字成像和图像处理开始广泛应用时，人们就是否可以使用它们来更改或伪造信息进行了大量讨论，从而导致它们在法律应用中产生问题。随着科学家和公众对数字成像的日益熟悉，对此类问题的担忧逐渐减少。尽管如此，不可否认的是数字成像技术可以改变图像的外观。在法律中使用该技术时，有必要充分了解数字成像过程及其对图像的影响。

当然，传统的摄影技术也会改变图像。同一张底片的两张照片看起来也可能差异很大。那些将照片用于法庭的人在解释图像含义时始终要规范自己的道德行为，这是他们的责任。常见的图像解译陷阱的例子是通过表观建议解译标志，但表观可以被改变或受许多因素的影响。例如，拍摄、数字处理、照明、植被的变化以及不同时间拍摄的航片中的其他因素都可能引起对比度变化。该内容将在本章后面的案例研究中重点介绍。

数字成像对环境图像解译最直接，最有价值的方式之一就是扩大航片中的小细节。如前文所述,从原始数据(即胶片底片)获得放大的照片通常是有效检查重要细节的第一步。然后使用价格适中的平板扫描仪扫描放大图像,以生成数字图像。

确保解译不受数字成像过程的不同而引起偏差的一种方法是与照相产品以及由其制成的数字图像进行交互工作。有效的做法是在计算机屏幕上通过放大和缩小查看特定细节的同时,使用光学立体镜查看立体照片。尽管光学立体镜是观看立体影像的最佳方法,但它们存在一些缺点,如一次只能由一个人观察立体影像。多个人可以同时在计算机屏幕上查看图像,这有利于案件中摄影测量员和其他专家间进行共同解译,并且可以向其他人展示图像内容。

在计算机屏幕上可以观看立体影像,尽管可以在特定软件下安装百叶窗或偏光眼镜来观察,但利用立体视觉是一种可行且价格合理的替代方法。其原理是将立体图像的一层分配给彩色(RGB:红-绿-蓝)图像中的红色波段,另一层则分配给蓝色波段,然后用红/蓝眼镜观看图像,实际上这是彩色滤光片,购买来源有很多,价格从低于1美元的纸板到20美元的舒适塑料框不等。较长时间的立体观看需要时间去适应,因为人眼所看到的与立体观看到的在质量上有所不同。但是这一技术在观看立体图像的小细节并将这些细节展示给其他人看时很有用。立体图可以在Adobe Photoshop®等数字成像软件中手动制作,也可以通过许多特定软件包制作。

一旦有了数字图像文件,就可以通过图像处理技术,以一种方便理解的方式增强某些细节的可视性。理想的第二代黑白航片的对比度较低,对于灰度(明-暗)范围内细节的保留,可以通过数字方式更改图像各部分的亮度和对比度以增强细节信息。改变图像的灰度值,但不修改其最值的一种方法是保持直方图左右端点不变的情况下,通过移动 γ 点(即灰度范围的中心)来调整图像的直方图(参见图3.1)。滤波算法(例如添加反锐化掩模)可以增强图像中亮度值变化最突出的对比度,称为边缘增强,原因是该算法增强影像中对象的边缘。

有很多的图像处理方法可用于航片制成的数字图像。例如,可以通过某些操作来消除周期性噪声或图像模糊。利用或者设计出对图像造成不同影响的空间滤波器。有许多软件包可以在各个级别上进行图像处理,每个软件包的功能都稍有不同,从开源软件到需购买的软件包,而且新版本也在不断推出。每张原始航片都以不同的方式表达物体,因此图像处理过程无法具体描述。所以我们应将图像处理视为与光学立体镜不断交互,以使航片中的细节更加清晰的过程。

用可控的方式改变组成数字图像的像元空间排列,以实现图像配准、校正或产生正射影像。通过旋转和缩放对图像进行空间校正和配准的最有效、最灵活方法之一是使用与计算机辅助设计(CAD)可交互的软件包,以显示和处理空间坐标系内的图像。这些软件中提供橡皮拉伸方法,可通过一系列的控制点将图像匹配

(a)

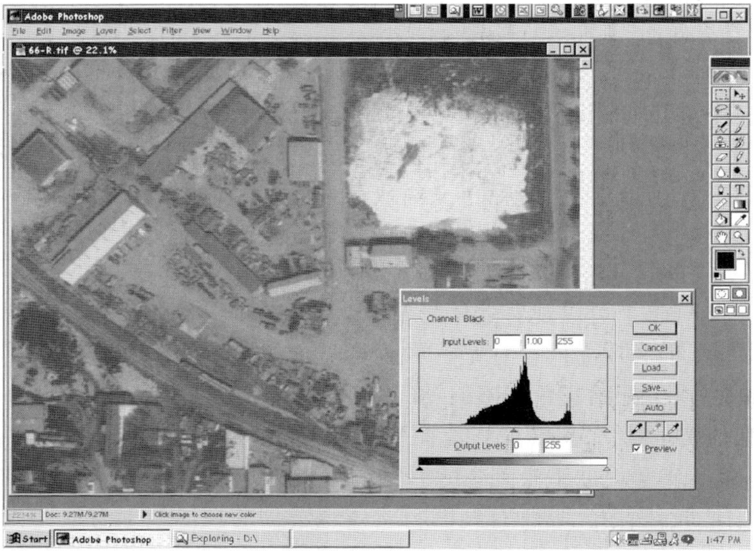

(b)

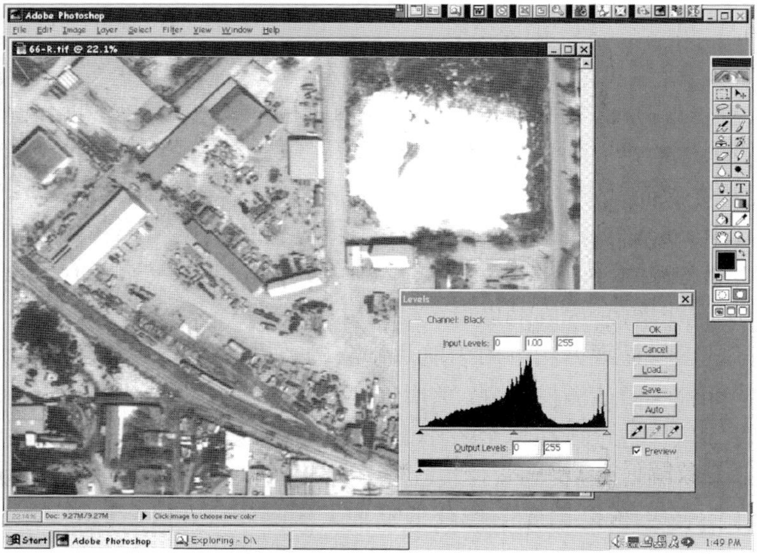

图 3.1 通过直方图均衡化以调整数字图像亮度值的范围以增加其对比度，从而增强细节的可视性。在图 3.1(a) 中，扫描的图像显示出较窄的亮度值范围(如右下角的小图所示)。通过将灰度值的最值调整到直方图的边缘并调整中间位置("γ")以优化图像。新图像及其直方图如图 3.1(b) 所示

到基于地图或像元的空间坐标系中。该方法适用于地形分布相对平坦地区的图像配准,在这些地区实际上分布着很多不同类别的工厂。这些软件会创建一个 res 或 wrl 格式的世界地图文件,将该文件导入到 CAD 或地理信息系统(GIS)如 ArcView 时,可将图像转换为软件默认的坐标系。然后可以在 CAD 或 GIS 中将表征解译对象或区域的线和多边形精确地叠加在图像上方,最后将它们配准到现实世界的坐标中。

3.3 图像解译

航片揭示了自然和人文特征、过程以及随时间变化的真实信息,而这些信息是无法从其他数据源获取的。因此,航片几乎是所有关注空间分布现象的科学和专业的重要数据源。生物学家使用航片绘制动植物分布图,地质学家、土壤学家和工程师则使用航片来描述沉积物和矿床的特征。在飞机问世之前,通过风筝和气球获取的航片最早用于军事,而军事经费通常用于最前沿的成像和制图技术的发展。

有趣的是,另一个引领图像解译和遥感技术发展的专业是考古学。自 20 世纪以来,航片解译一直是美国和欧洲考古实地考察和考古著作中不可或缺的一部分。第一幅考古航片是在 1906 年利用气球拍摄的巨石阵照片。第一次世界大战期间,一些早期的军事飞行员在欧洲和北非上空飞行时注意到植被的微妙格局,特别是农田这种无法在地面上看到的,进而发现了被埋葬的罗马要塞和其他古代遗址分布。战后,其中一些飞行员成为了英国和欧洲大学最早的“航空考古学家”。与此同时,美国考古学家开始拍摄卡霍基亚丘陵和西南部普韦布洛遗址(Avery and Lyons,1981)航片。第一部并且是最有用的对图像解译原理进行阐述的著作是由考古学家编写,例如 O. G. S. 的 Crawford(1923,1924)和 Poidebard(1929,1930;Ebert,1984,1997)。

3.3.1 图像解译与图像判读

航片的用途与考古学家所使用的遥感数据之间存在很多相似之处,环境损害司法鉴定的科学家应将航片作为他们工作的辅助手段。考古学家使用的基础数据包括片状石具、陶器碎片,或者古人使用后遗留的物体,通过这些数据他们不仅可以重建古人在遗失器具前对其的使用方式,还可以解释一些从未见过的事物,例如迁移活性、定居系统、宗教信仰和对过去人类行为的总结。一块陶器碎片可能会引起人们的兴趣,在极少数情况下,我们可以从中获得一个故事。例如,如果发现许多具有相同图案且彼此相邻的碎片,则可推测出罐子摔碎了。诸如此类的趣闻轶事只能说明在瞬间的情况。考古学分析的对象是源源不断的行为和文化的无形组成成分。实际上,考古学家会使用另一数据源航片来做相同的事情,以寻找遗址和建筑的迹象。

以几乎相同的方式,环境损害司法鉴定可以在航片中查看与之相关的对象并命名,但最终目标是通过不同时刻的航片阐明人类行为对环境的系统性影响。作为美国最有影响力的图像解译教师之一的托马斯·尤金·埃弗里(Thomas Eugene Avery)在其著作《遥感和航空影像解译基础》第五版中对这一问题进行了阐述:

> 图像解译是指识别航片中的物体或状态并确定其含义或意义的过程。该过程不应与仅关注标识的图像判读混淆。因此,图像解译判读了图像中的表面意义,也判读了图像中的隐含之意(Avery and Berlin, 1992: 51)。

在环境调查和诉讼中使用航片通常遵循图像判读而不是图像解译的模式。参与环境图像解译的专家主张在解译时选择透明胶片,而不是纸质印刷品,或者较好的扫描仪可以帮助我们更好地看到微小的物体。发布的报告中对诸如"塔罐""栅栏""泻湖"和"沟槽"的识别进行了详细阐述。在某种意义上讲这是由历史原因造成的。环保局环境监测系统实验室的报告是大多数环境科学家接触到的首批图像解译产品。美国环境保护局(EPA)和同他们签订合同的图像解译人员按照特定的程序和规范准备污染场地勘察清单和详细的污染场地分析(Mace 等,1997)。图像解译工作的目的是以一种通用的方式(污染场地勘察清单)识别环境问题区域,然后确定更具体的特性,进而怀疑个别地点存在的环境问题(详细的污染场地分析)提供支持。不提出过去的活动或事件,不去引申其中含义的意图是很明确的。EPA 的报告为从事环境损害司法鉴定研究和环境诉讼的人员提供了一个很好的起点。因为它们提供了对象和特征的标识,可由人员直接解译,并且生成图像判读的产品。

3.3.2 环境损害司法鉴定中的图像解译

环境损害司法鉴定科学家和环境诉讼人员在历史航片中需要的信息不仅仅限于对特征的简单识别,还包括了解过去环境发生破坏的过程。这类似于考古学家根据航片所做的工作。考古学家所寻找的显然不是拍摄航片时正在发生的事情,而是很久之前发生的事情的迹象,还有已经被深埋在地表之下,包含在沉积物中事物的迹象,或者反映了人与环境的相互作用以改变景观的迹象。当然,考古学家所感兴趣的事情几乎都发生在拍摄历史的或非历史的航片之前。考古学家会使用所有可获取到的航片,因为天气状况、太阳角度、季节变化以及在拍摄日期之间景观的改变会使得过去的景观变化,如植被状况或地面挤压状况,变得更加明显或不太清晰。

环境损害司法鉴定科学家在一些方面的任务较轻松,因为在拍摄航片时一些很重要的环境活动仍然在持续进行。有时,我们可以看到一辆卡车上有深色液体流到地面上,或者有发生泄漏的桶或爆裂的储罐。然而,更多时候在环境和法律上更重要的是航片曝光之间发生的事情。毕竟,摄影曝光是在百分之一秒内发生的。环境损害司法鉴定图像解译的任务是从航片中提取信息,以阐明造成环境破坏的活动和过程。尽管此信息在航片中可能很明显,但其中一些在环境诉讼中的有趣信息却远未如此。

有趣的是,在对 25 年间有关环境调查中使用航片和其他遥感数据的文献调查显示,绝大多数人将注意力集中在有目的的废弃物处理和废弃物处理场上(例如,参见 Garofalo and Wobber,1974;Philipson and Sangrey,1977;Erb et al.,1981;Getz et al.,1983;Nelson et al.,1983;Evans and Mata,1984;Lyon,1987;Bagheri and Hordon,1988;Barnaba et al.,1991;Lyn,1987; Pope et al.,1996)。废弃物处理是一项直接造成环境破坏的活动,确定废弃物处理厂的位置,明确随着时间的变化有哪些废弃物在哪被处理(确切的位置),确定所有权以及处理方法的合理性是环境诉讼中的重要问题。但是,在过去专门指定地点进行的有组织、有计划的废弃物处理只会造成环境的破坏。通常,不规范的废弃物处理发生在工业区,使用航片识别这些工业区的位置需要进行推断性的图像解译。

考古学对理解环境损害司法鉴定科学家和环境诉讼人的另一贡献在于从历史航片和其他空间数据源(如历史地图),了解到复杂环境是人类活动随时间变化的结果。20 世纪 80 年代中期,考古领域的理论发生变化,考古学家开始质疑集聚的人工制品是人类活动的单一事件结果的合理性,并向人类学寻求答案。人类学家研究了当今人类的行为和狩猎采集社会,结果表明人类各种各样的活动经常在一个地方长时间重复发生。在这样的活动中,工具和碎片会被丢弃或丢失,并形成一个复杂的覆盖层。所以对于聚集的人工制品的来源必须参照人们做事的方式来理解,而不是依靠观察性证据(Ebert,1992)。

人类工业行为,导致了在环境损害司法鉴定和环境诉讼中很重要的环境损害和其他的一些特征,是人类一般行为的一部分。在美国近两百年和一些欧洲国家更长的时间中,随着工业进程和实践的发展,工业和制造业活动以多种方式影响地区的环境且随时间而变化。自《综合环境响应,赔偿和责任法》(CERCLA)颁布以来,尽管大多数环境工程师和律师都非常清楚工业观念和经营方式已经发生了根本性的变化,但对其关注很少以至于 EPA 仅盘查了美国 50 万个危险废物场所(Colten,1990 年)。这些场所中的大多数本身不是处理场所,而是工业活动发生的场所。

当然,在工业场地中通过组织各项工业活动而完成任务。过程中使用的原材料和化学品通过水、铁路、公路或管道运输(有时通过其他方式,如缆车)到达工厂。当原料到达工厂时,会被存储起来。例如,将溶剂通过罐车运至工厂,通过软管和水泵将其转移至储罐,然后装入玻璃瓶带进工厂,最后用于清洁露天浴池的电路板。使用后的溶剂被人工转移到敞开且带轮子的金属推车中,然后被拉出工厂并进入存储区,最后将其倒入 55 加仑的大桶中存储。直到卡车来,这些用过的溶剂才会被带到回收或处理场所。

当产品从一种包装、运输或存储方式转移到另一种方式时,都会有少量泄漏。例如,在储存过程中,会发生容器泄漏或化学药品被雨水冲刷。空容器在重新使用之前通常会被冲洗。尽管每个过程通过运送及贮存泄漏进入环境的化学物质量很少,但每天可能需要经过成百上千个这样的过程,而且每个过程会涉及大型工业设施中的数十种材料、金属和化学物质等。

在工业现场中,大多数环境污染是随着时间的推移而持续发生的,并非偶然事件,而是工厂正常运行的一部分。当发生事故时,如桶罐滚下卡车发生液体泄漏,这种事故很明显,需要引起注意,并进行清理工作。这些常规产品运送及存储泄漏或泄漏而导致少量化学物质释放,在法律上分为合法的、预期的和故意的三类情况。在美国的保险辩护诉讼法中,区分意外的、期望的以及故意的环境损害是关键内容,因为保险公司承保其客户的意外事件,而不承保常规故意事件。

尽管日常事件和故意事件很少发生,在工厂中很少被注意到,但是在航片中通常可以看到它们的位置和范围。当然,一张航片上无法观察到工厂中液体化学物质在转移过程中的泄漏量。最重要的指标是需要考虑当时的情况,即对活动过程例如产品转移、溢出或其他污染物释放的识别。码头或缆车,这些油罐车或有轨车无法运输的地方可能是泄漏量较大的地方,在航片上以深色斑点表示。有时航片上还可以反映出物料泄漏的痕迹。存储区域发生溢出、泄漏和污染物转移的迹象可以分为多种。如矿石、燃料等其他加工材料的散装物料和金属精炼厂的炉渣在陆地景观中成堆存在。其他液体或固体材料通常存储在桶或其他统一的容器中。即使在小范围的航片中,也可以通过规则的图案对其加以区分。尤其重要的是,航片可以显示原材料转移的地点,该过程通常发生在码头或工厂入口处。值得一提的是,由于物体的径向位移,我们可以在航片中观察到建筑物的侧面和入口偏离航片中心的现象。

工业生产的产品也经常是他们自己的污染物,或者是污染物的来源。例如,将金属放置在便于运输的室外存储区之前,通常会给其上油。经处理的木材可通过降雨洗除其污染物。废料例如用过的溶剂,通常会被移出处理区,然后被倒入工厂外部的如大桶这类存储容器中。沉积物信息或者有关转移方式和转移物处理信息对于此类活动的图像解译至关重要。

在极少数情况下,超大比例尺航片可以显示出从桶或水箱中泄漏出的液体。最为重要的是,当此类现象不断累积时,前面所述的情况是可以被证实的。地面或人行道上的深色花纹,通常被认为是污染物发生泄漏的证据。实际上,导致航片中出现深色纹理的因素有很多。大多数环境图像解译员都会意识到是水,例如降雨造成的水坑或潮湿地面,会导致彩色和黑白照片的亮度偏暗。他们在确定亮度低的地方为化学泄漏点之前会先检查当地的降水记录。化学物质不会泄漏的地方如果出现水坑则属于另一种需要确定的迹象(Morrison,2000)。在许多工业生产活动中也大量使用水。当推测出污染是由水造成时,我们应确定是否只有水或是否包含污染物,如从炼油厂的罐底抽出的水。

航片中的阴影区亮度是偏暗的,如何区分阴影与其他深色图案是立体图像解译中一个非常重要的问题。对该问题的解决可以帮助我们判别出有阴影的物体。阴影在标识其对应对象时提供重要作用。我们可以应用 CAD 软件中的渲染工具对阴影进行建模和三维照明,以确定已知对象是否产生出阴影(Ebert,2000)。航片的整体色调还受到图像属性的影响,例如曝光设置和胶片及由其制成的后续照片的曝光和处理方式。打印的照片边缘会产生渐晕,从而使照片的某些部分相比于其他部分偏暗,尤其是早期相机以黑白方式打印的照片边缘。比较某个地点随时间变化的照片时,日照强度和角度的差异可能会造成亮度差异。

3.4 分析产品和展品准备

3.4.1 地图

影像最后都要落实到地图上。如果我们不考虑航片之间以及航片与地表景观之间空间关系,那么对多期航片的解译工作就没有太大用处。在某些情况下,如在某些工业现场,我们需要大比例尺的工厂图去缩放和配准航片。但是,在许多情况下无法获得工程图,唯一可用的地图是美国地质调查局(USGS)的 7.5 分(经纬分幅)的地形图,这在整个国家范围都可以使用。这些地形图以 1 ∶ 24 000 的比例尺编制,包含详细的信息以用于配准较新的航片。USGS 称这些可获取的数字地形图幅为数字栅格图(DRG)。这些具有地理参考的 TIFF 扫描文件可以 36 倍速 CD - ROM 光盘形式购买;也可以从许多网站上免费下载。DRG 以 250 dpi 的分辨率数字化或栅格化产品,由于它们关联世界文件,因此可以直接将它们以通用墨卡托坐标导入到 CAD 或 GIS,并用于配准其他数字图像。它们也可以用作底图,尽管在 240 dpi 分辨率(像素大小约 2.4 m)下,地物表达效果不是很好。一种可能是以更高的分辨率扫描纸质 USGS 地图，然后将其配准到数字栅格图形中，然后将扫描文件用作显示的地图。

正射影像是将航片进行系统校正的数字图像，因此整个区域中的对象和要素会以正确的平面位置显示。正射影像和平面图相吻合，但是某些具有陡峭地形的要素，如建筑物很难用正射投影的方式进行校正。通过影像覆盖区域的数字高程模型来创建正射影像，以将影像贴合由空间控制点确定的规则网络中。正射影像，又称数字正射四分之一体或 DOQQS，覆盖了 3.75×3.75 分经纬度（7.5 分四边形的四分之一），可以从美国地质调查局获得。当地图上缺失的要素较多时，DOQQ 具有比 DRG 更好的数据源用于图像配准。DOQQ 对于非文化景观细节，例如树木，岩石和水渠，表达效果较好。DOQQ 基于近期的 USGS 航片，并且符合国家地图精度标准。要求地物占 DOQQ 地图的最小范围是 1/50″，或在地图范围在 1∶40 000 比例尺下不少于 40 英尺。

现代的航片可以很容易地配准到最近的地图或正射影像中。当在地图或正射影像上可以看到建筑物和道路交叉口等人文要素时，可以添加较多的控制点以进行配准满足贴合度的计算。但是，几十年前的历史航片与最近的地图和正射影像相似的细节很少。在许多情况下，我们需要研究历史现象，所以应该将相对较新的地图配准到历史航片上，然后通过地图和航片相同的细节进行配准。将历史航片序列记录到真实世界坐标可能是一个困难且需要精力的过程。

通过简单的缩放、旋转或投影变换可将航片配到地图或其他相片上，但相片覆盖区域的自然地形和人文要素会造成配准的贴合度不同。当感兴趣区是水平时，缩放和旋转效果较好。图像的投影变换可以消除由倾斜表面引起的透视效果，但是只有表面相对平坦时才能产生良好的效果。如果研究区域的地形很陡峭，配准后只有控制点吻合，其他地方都不匹配。

真正的平行轴摄影测量图可以从历史航片中生成高度精确的地图。具有这种绘图系统的摄影工程公司可以从历史航片中生成平面图和等高线图。这个过程会受到航片比例尺和控制点的限制，但整体准确度比 USGS7.5 分图高。

3.4.2 地理信息系统

将航片配准到真实世界坐标系中的原因是可以对不同时间历史航片的解译效果进行空间比较。某些站点要素可被定义为线，例如房屋边界、道路和铁路。而与过去活动和当前问题相关的大多数对象或区域定义为多边形，以便分析其对应关系和变化情况。建筑物、槽、矿坑、沟、池塘、污迹、存储区、装卸区以及其他类型要素的位置会随时间发生改变。跟踪这些变化并将其与其他现场数据（如样品位置和从中获得的对羽状化学物的描述）相关联的最佳方法之一是将它们全部存储在地理信息系统（GIS）数据库中。协调涉及大规模严重环境诉讼的各个专家的成果和数据,实际上需要建立一个统一的数据库,所有参与团队都可以使用该数据库。

几年前,编译和使用 GIS 数据库需要硬件、软件、专业技术和培训,而这些是许多大型环境公司无法满足的。幸运的是,价格实惠且用户友好软件的出现,加上呈几何级增长的计算机功能开发使得 GIS 成为了每个人的必备工具。如今,有数十种具有不同功能和复杂程度的 GIS 软件包可供我们使用。大多数软件包价格实惠,可以在任何重大诉讼范围内购买多个许可证。在 GIS 数据库中,信息通过数据类型、时间和/或其他适当的分类在多数据层上进行空间组织,然后我们可以通过多种方式进行数据比较、组合和操作。相同类型的重叠区可以通过时间进行组合、区别或查看,这将在本章后面的案例研究中进行讨论。空间变化的现象(如化学浓度)是绘制等高线图或比较样本位置与建筑物的距离、道路或其他空间组织要素的基础。某些 GIS 软件包具有复杂的图形和制图功能,通过制图说明工厂或其他研究场所内的特征、区域位置和分析结果。正确编译的 GIS 数据库可以将一个案例中的所有相关空间数据进行整合以便实现数据共享。

3.4.3 地形可视化

非解析数字可视化技术可用于在环境损害司法鉴定时显示航片和其他数据源中的信息。地形可视化是其中之一,可帮助指导法官、陪审团、答辩人和其他参与地形和站点特征的诉讼。地形可视化将地图或航片贴合在用数字高程模型(DEM)构建的表面上。生成的渲染表面可以从任何角度、高度或距离进行查看。另外多个渲染表面形成多个视图生成可实现“穿越”或“飞越”的动画。许多 GIS、图像处理软件和其他软件包可用于创建三维表面/亚表面。

3.5 案例分析

通过基于航片的四个案例分析论述环境损害司法鉴定图像解译和分析的一些原理。对案例中涉及的航片的立体效果感兴趣的可以登录 www.ebert.com 查看。

3.5.1 案例分析:植物覆盖下的非正规堆填区

在城市老城区,工业现场及其下方土壤的环境状况是过去工业活动和工业行为变化的综合结果。在美国东北部的一家轴承制造厂,地下污染集中在该工厂的南部,人们对其来源存在疑惑。有人推测可能是工业处理区泄漏的石油和溶剂渗入到地板造成的，但这似乎令人难以置信。图3.2是1975年该工厂的高质量影像，在工厂南部污染物浓度最高的地方（标记A），可以看到许多的容器被任意摆放在室外的拐角处以及道路两侧。这些容器无论是即将进入工厂的化学药品、废物还是空的，都是发生泄漏和产品转移漏出的潜在源头。但如果它们是主要的污染源，那么建筑物周围的污染物浓度可能会高于地下污染浓度。

图3.2　1975年在美国东北部的一家轴承制造厂的A下方有无法解释的高浓度溶剂和其他化学物质

一位1930年在该工厂工作的机械师在证词中提到，非正规连续地将废物倾倒在"岛屿"上，一个在不必要情况下你不想去的地方，因为它会弄脏你的鞋子。图3.3是从土壤保护局获得的1938年航片的三维立体图。以飞行航线为轴线左右观察立体图；1975年的照片是由东向西飞行获取的，所以影像的上方为北，而1938年的照片是由北向南飞行获取的，所以左侧为北。尽管1938年照片的分辨率很低但对比度很高，可以看出在1938年工厂尚未建成的南部区域（A），通过反射的太阳光可以看见一条废弃河道，在它和河流之间是岛屿。后来，一些碳氢化合物渗入到工厂南部建成区（A）的附属建筑下方。

3.5.2　案例分析：电路板制造厂的产品转移和存储泄漏

电路板制造的过程会通过腐蚀酸、助焊剂和溶剂来清洁零件。使用的化学品通常用桶和罐子等容器盛装，然后被大量运输到工业现场，从卡车上卸下来后经常被存放在装卸码头或工厂外部区域。由于它们在工厂里面的使用量相对较小，如在清洗电路板的桶或机器使用。根据证词所讨论的两家工厂的案例中，液体从桶

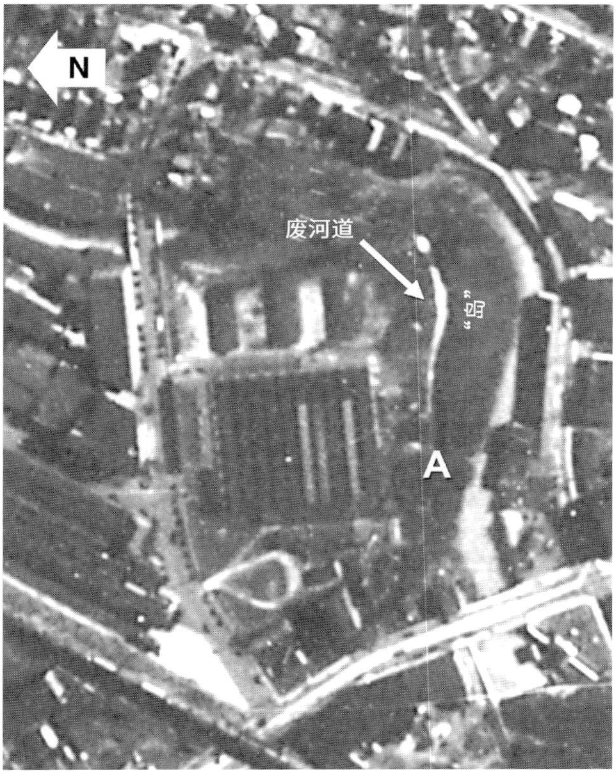

图 3.3 图 3.2 所示轴承制造厂的 1938 年航片显示了一条废弃的河道和一个被证人称为“岛屿”的区域，在建筑物的附属物建成之前倾倒了大量污染物

罐到其他容器里，然后装在特定的手推车中。该手推车包含有一个连接到两轮手推车的垂直储罐。储罐以离心泵（桶）或手动浇注（来自桶）方式存储溶液。离心泵的运转方式是连接深入到容器的软管，通过转动附着在泵上的曲柄抽取溶液。当抽水停止并且软管从容器中抽出时，软管中残留的液体会流出，不可避免地会流到地面和桶上。从桶中转移液体的其他方法包括摇动摇篮和漏斗。通常使用漏斗将装有 5 加仑或 10 加仑的瓶装液体倒入其他容器中。装满的玻璃瓶可能重 100 磅（45 千克）或者更多，因此小心倾倒是很困难的。猜测到转移过程会发生泄漏，所以这些活动通常在工厂建筑物外部或存储区中进行。

该案例发生在 1963 年图 3.4 所示的电路板制造厂区域。其中桶和其他容器放置在装卸码头 A 周围并沿停车场 B 的一侧成排分布。在立体图的 C 处是地面上的储罐。其他液体化学物质从罐车转移到了该储罐中，也有些被运送到工厂中。停车场 D 的污迹（有些污迹颜色较浅，有些较深）可能是转移溢出造成。D 下方的

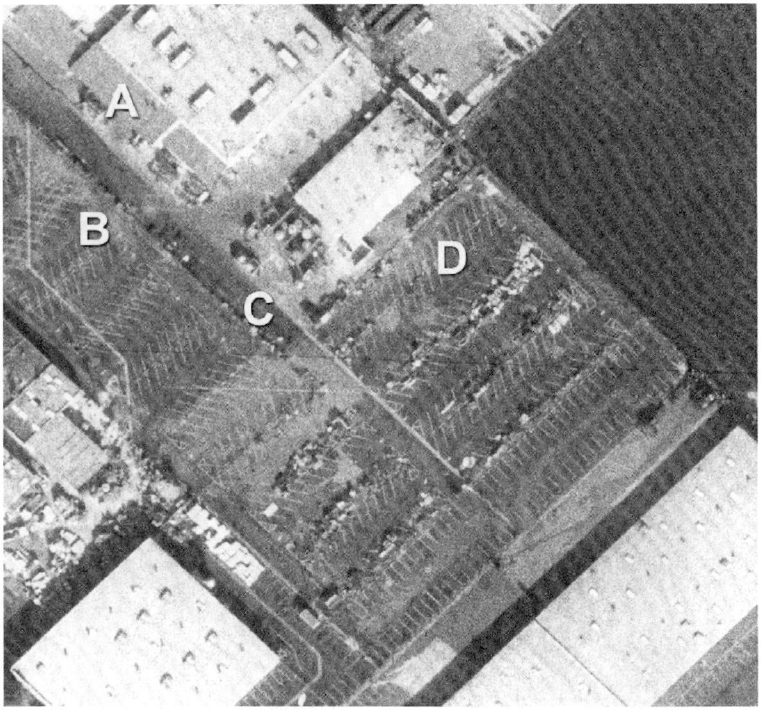

图 3.4 1963 年在一家半导体板制造厂的装卸码头(A)处,液体化学物从桶罐中转移到容器存储区 B。化学品从油罐车转移到 C 处地面存储容器中。D 处的污迹可能是产品转移溢出造成的

停车场中存储的物品主要是设备,有些可能是容器。

毫无疑问,图 3.4 中一些可见的容器中盛满了使用过的化学品。这些化学品会被运出工厂以进行清理和回收。由于液体化学品会对工厂产生污染,所以会将使用过的液体化学品倒入带有更多泵和漏斗的桶中并放置到工厂外面。但液体在转移过程中会发生另外的泄漏现象。图 3.5 显示了美国西部的另一个电路板制造厂。图中最明显的深色区域是从冷却塔流出的水。虽然水域面积较大,但是不会造成环境污染。这些水最终会排到停车场处带有排水孔的排水沟中。

环境损害司法鉴定更注重产品发生转移的区域,即证词中提到的一个你不想开车进入的区域。根据图 3.6,该区域的放大图显示泄漏污染的装卸码头附近有消防栓和软管。图上可以清晰地观察到有大量的水沿着车道向下几百英尺流入排水沟。证人说,液体化学品被转移到工厂中后,码头经理喜欢在车道区域清洗这些盛装化学品的桶罐以便对它们进行清理和重复使用。从立体图中可看出,大量的液体化学品也被装进桶和罐车中运到有盖的装货码头,而这些桶罐容器放置在装货

图 3.5 冷却塔中的水是此影像中最明显的“污迹”，但环境损害司法鉴定更注重产品转移区（如图 3.6 所示）

图 3.6 图 3.5 中的电路板制造厂的产品传输区域的特写镜头显示了用于清洗桶罐的消火栓和软管。废水沿车道的长度排入其末端的排水管。有盖的码头和其东侧相邻且未覆盖的容器存储区用于存储化学容器。产品转移溢出物从露天储存区排放到下水道的污迹是可见的

码头右侧末端。另外还可以看到液体从工厂外容器储存区流入附近的排水沟时，在沥青路上留下了污迹。

3.5.3 案例分析：木馏油厂处理木材的化学排水

尽管用于处理木材的木馏油是天然产物，不易挥发，而且只能借助沉积物缓慢扩散，但却很容易在水中扩散。当经过处理的木材存储在室外（当然必须存储在室外）并遭受雨水侵蚀时，木馏油可能会发生扩散。图 3.7 和图 3.8 显示了 1959 年和 1965 年美国东南部的一家木材处理厂。该案例的问题在于工厂中的木材处理化学品何时进入到 1959 年航片所显示的排水沟中。

在航片中，未经处理的木材是浅色，几乎是白色，经过处理的木材是深色。1959 年（图 3.7 所示）新排水沟附近几乎没有经处理的木材，但是在 1965

年（图3.8所示），似乎是将更多处理过的木材沿着沟渠进行存放，这可能会造成雨水中的化学物流进沟渠。

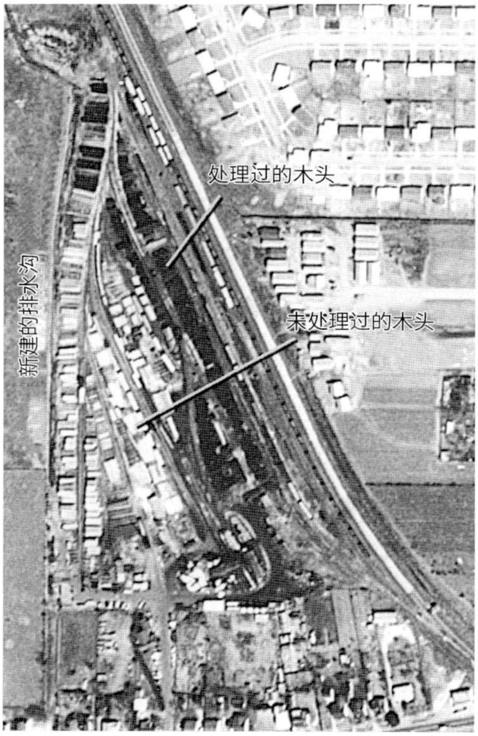

图3.7　1959年，位于美国东南部的木材处理厂处理过的木材（深色区域）大部分存放在工厂的东侧。该工厂的西侧刚刚挖了一个新的排水沟

图3.8　1965年，在木材处理厂西侧附近存储了大量处理过的木材使得木馏油随着水流进入到排水沟并流进附近的社区

3.5.4　案例分析：维修厂的“染色”

这是一项涉及美国西南部一处被石油碳氢化合物和相关化学物污染的城市地产的案例分析。该研究解释了谨慎使用“染色”或深色图案作为证据的原因。争议的问题是，该设施的两个连续拥有者的责任不同。一家建筑公司在大约40年的时间里，将该设施用于维修和存放建筑设备，而随后的原告业主则在该处进行石油回收业务。

原告聘请了一位有经验和合格的摄影测量员。这位摄影测量员通过该设施点可用的航片，用反光立体镜对其进行了图像解译，并使用了立体屏幕计算机进行查看。图像解译员通过26年的时间里拍摄了20组航片，用来记录施工车辆在一年中不同时间出现在工地上的情况。这些航片显示在这段时间，现场可能有很多车辆。对于每一个日期的航片，图像解译员还描绘了地面上被定义为“染色”的区域。这是一个车辆维修现场，进一步推断“染色”是由润滑油和油脂溢出造成。

将工厂的历史航片配准到一个公共坐标系中，并对染色区域进行描绘和数字化，然后输出到 ArcView GIS 中进行分析。GIS 数据库中的覆盖范围，例如每年从航片中数字化的“染色”区域，可以通过多种方式进行比较、组合、测量和分析。其中之一是所有数字化结果的叠加分析。本质上，所有覆盖区域中的多边形或有界区域相互重叠，其内部边界被溶解，从而将重叠区域合并为一个。原告专家所解译的深色区域面积可用于衡量诉讼中财产的赔偿（地图见图 3.9）。通过地图我们可以观察到，工厂 40%以上的表面被润滑油和油脂覆盖。

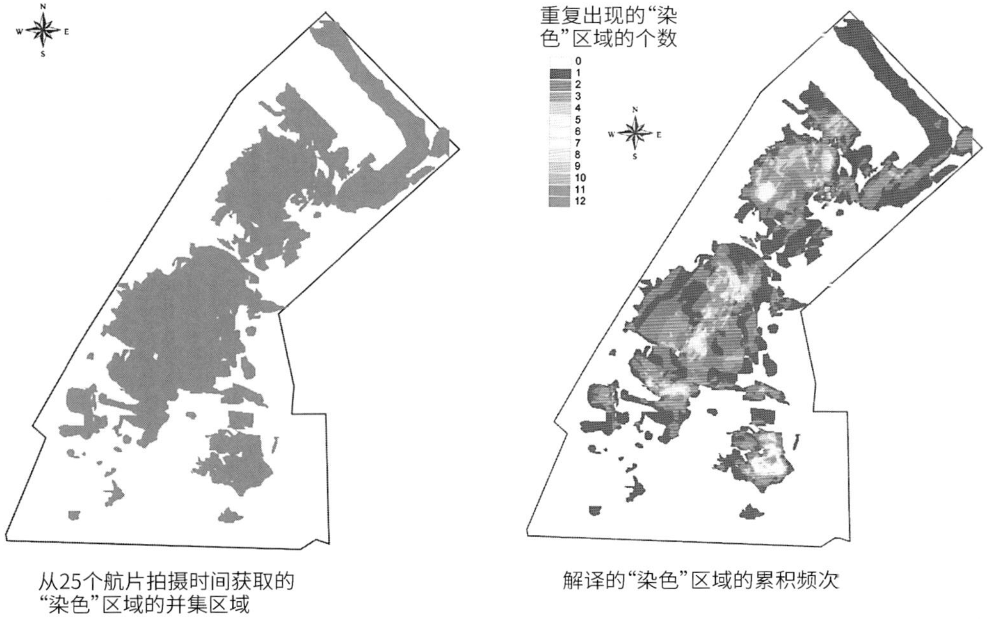

图 3.9　两幅地图显示了对建筑维修厂中“染色”的图像解译的另一种分析结果。该分析解译了 20 组历时 26 年的航片。左侧的地图是由 ArcInfo 地理信息系统（GIS）软件包合并或覆盖的所有已解译的“染色”区域。在右侧的地图中，用深蓝色到深红色的色度带代表“染色”出现的累积频次，表明该设施中只有极少的污迹区会随时间重复出现，这和人类的工业行为一致

对于这种分析及其所产生的影响，至少可以提出两个方面的不足。首先，即使所有这些“染色”区域都存在润滑油和油脂溢出的迹象，ArcView 的每个污迹覆盖范围也只是航片中被认为是深色的区域范围。将并集表示为单一污迹类型的做法并没有考虑某些区域只在一张航片存在污迹，而其他区域可能在多张航片上存在污迹。在确定环境损害最严重的区域方面，确定哪些区域被多次解译为污染区可能是非常有益的。另一个严重的不足是对统一的 GIS 覆盖范围的明确。在那里进行建筑设备维护的 40 年间，设施的大部分表面都可能被油脂污染似乎是不太符合实际。在此期间,设施的配置(建筑物位置等)没有明显变化。为使油脂占满整个区域,必须将其溢出、倒出、倾倒在成千上万平方英尺的范围,人类活动无法实现这些。该案件的证词表明,在建筑工地上,重型施工车辆排出的石油有时会排到地面上,但从未排到维修厂。

对人类行为一般属性的考虑有助于理解在空间中如何构筑狩猎采集者营地或车辆维护场中的活动。人类学观察表明,在大大小小的场所中,特定种类的人类活动在空间上是分离的。部分原因是必需工具和设施(即非便携式物品)在空间中或多或少是固定的。例如,在非洲南部喀拉哈里沙漠的布什曼地区,芒刚果树坚果作为一年中某些时间的主食,在固定区域破裂,所以人们会把又大又重的石头砧板、碎石和烤坚果的壁炉放在固定的区域。豆荚和豆壳被放置在加工点附近的坑或开放区域,而处理的人则坐在遮阴树下等待。

同样,换油和给重型设备上油需要工具和设施之间的空间关联。我们需将必要的工具、用于接收废油和油脂的容器以及供应新的润滑油和油脂的装置在一起,而不是随意放在院子各处。试工车辆被带到换油和注油的地方,然后在结束时被短期或长期地运往存储地点。在更换机油的地点附近建立临时储存,以便定期将废油从场址移走。为了试图发现大部分换油和注油发生的位置,辩方采用了另一种空间分析策略,使用原告专家在发现这些位置后的 GIS 数据。与其合并原告专家解译的 20 组航片的覆盖范围,不如使用 GIS 的功能进行分析。该功能对整个航拍时间的数据中"染色"重叠的次数进行量化。图 3.9(右)是等值线图,它显示了染色出现的累计频次。

"染色"区域占维修厂面积百分比的结果令人震惊(见表 3.1)。尽管原告专家在其 GIS 分析结果显示约 40%的区域被"染色"覆盖,但该区域中大约一半仅被污染一次,即仅在一张航片上观察到污迹。发现仅有维修厂总面积的 10%被污染两次,并且污迹区是重复的,重复频率越高,面积占比越低。原告专家举例说明有 40%的区域出现"染色"。原告专家解译的结果中,重复出现 7 次"染色"的工厂区域面积略多于 0.1%。原告专家解译的"染色"重复的最高频次为 12 次,占工厂总面积的万分之一。有趣的是,这些区域主要分布在两个地方:靠近主车间的加油管位置,用于储存回收废油的地下油罐;以及蒸汽清洗装置周围。

表 3.1 原告专家解译的 20 个航拍时间中,施工设备维修厂"染色"出现次数的面积占比

"染色"的发生次数	占总工厂的百分比
0	59.90
1	20.12
2	10.09
3	5.84
4	2.51

续表

“染色”的发生次数	占总工厂的百分比
5	0.86
6	0.39
7	0.16
8	0.04
9	0.03
10	0.03
11	0.02
12	0.01

实际上,在废油储罐处,“染色”是反复溢油的结果。证词表明,废油用切成两半的油桶制成的容器运送到油箱,然后被倒入漏斗状的容器中。在蒸汽清洁垫附近,原告的图像解译员注意到的深色图案是水域。在一些航片中,蒸汽清洁器的喷嘴喷射出的环状图案清晰可见。蒸汽清洗发生在砾石堆场的一个混凝土垫上,在其中一张高分辨率的航片中,可以看到一个排水沟的开口。喷洒在车辆上的水中可能含有一些残留的油脂和污垢,流入了下水道。

所有较少出现的深色图案被解译为污迹区,这涉及评估逻辑问题。如前文所述,许多未污染的区域在航片中都会形成深色图案。在施工维修现场,植被可能是造成大部分暗色图案的原因。图 3.10 和 3.11 分别显示了在 1966 年和 1969 年从

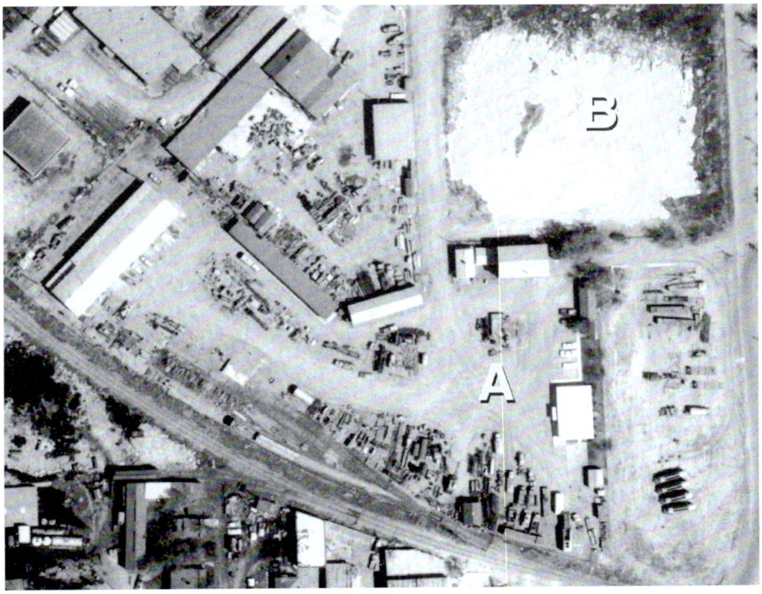

图 3.10　1966 年的施工车辆维修厂的照片显示,对比工厂内的“染色”无明显差异。蒸汽清洁垫位于 A 处,B 可能是一个反光的裸土区域或堆积浅色材料的区域

图 3.11　1969 年的施工车辆维修厂航片中"染色"的对比度大于图 3.10 所示结果。这可能是由航片的打印和存储设备之间的开放通道的分级造成。照片曝光和光照的差异常常导致航片亮度间的差异

施工设备维修现场拍摄的立体航片的放大部分。1966 年航片中蒸汽清洁装置在 A 旁边，该清洁装置的垫子周围分布一圈深色图案。在 1969 年的照片中，清洁装置仍分布在同一位置。在这两张航片中，砾石场的亮度模式和其他特征，如建筑物的屋顶是不同的。在 1966 年，院子和周围的设备和存储材料都是相对暗的色调；在 1969 年，设备和材料之间的道路在色调上要浅得多，可能是因为它们最近才被分级。与浅色的道路相比，工厂的其他部分是深色。在 1966 年的照片中，B 处出现了一片浅色的区域。到 1969 年，该区域被植被覆盖，色调变暗。

3.6　总　　结

图像解译需要使用正确的设备、航片类型、精密仪器、方法和 100 多年历史中由摄影测量专业人员发展的技术。然而，在大约 15 年的时间里，计算机技术的出现改变了摄影测量法，该技术实现了数字成像和图像处理以及数字制图方法功能，例如 CAD 和 GIS。摄影测量在环境损害司法鉴定和诉讼中有很多优势。航片获取

和判读、运用适当的仪器、方法、硬件和软件只是其中一部分。归根结底，与图像解读不同，图像解译最重要的是通过使用历史航片所表达的信息去支撑合乎逻辑的推理，这些推理是关于长时间内对周边环境产生影响的人类工业行为和过程。

（刘敏）

参 考 文 献

Avery, T.E., Berlin, G.L., 1992. Fundamentals of Remote Sensing and Airphoto Interpretation, fifth ed. Macmillan, New York, NY.

Avery, T. E., Lyons, T. R., 1981. Remote Sensing: Aerial and Terrestrial Photography for Archeologists. National Park Service, Cultural Resources Management Division, Washington, D.C.

Bagheri, S., Hordon, R.M., 1988. Hazardous waste site identification using aerial photography: A study in Burlington County, New Jersey, USA. Environmental Management 12 (1), 119 - 125.

Barnaba, E.M., Philipson, W.R., Ingram, A.W., Pim, J., 1991. The use of aerial photographs in county inventories of waste disposal sites. Photogrammetric Engineering and Remote Sensing 57, 1289 - 1296.

Colten, C. E., 1990. Historical hazards: The geography of relict industrial wastes. Professional Geographer 42 (2), 143 - 156.

Colwell, R.N., 1997. History and place of photographic interpretation. In: Philipson, W.R. (Ed.), Manual of Photographic Interpretation, second ed. American Society for Photogrammetry and Remote Sensing, Bethesda, MD, pp. 3 - 47.

Crawford, O.G.S., 1923. Air survey and archaeology. Geographical Journal 61, 342 - 366.

Crawford, O.G.S., 1924. Archaeology from the air. Nature 114, 580 - 582.

Ebert, J.I., 1984. Remote sensing applications in archaeology. In: Schiffer, M.B. (Ed.), Advances in Archaeological Method and Theory, vol. 7. Academic Press, New York, NY, pp. 293 - 362.

Ebert, J.I., 1992. Distributional Archaeology. University of New Mexico Press, Albuquerque, NM.

Ebert, J.I., 1997. Archaeology and cultural resource management. In: Philipson, W.R. (Ed.), Manual of Photographic Interpretation, second ed. American Society for Photogrammetry and Remote Sensing, Bethesda, MD, pp. 555 - 589.

Ebert, J., 2000. Shadowy defense: 3D modeling at the scene of the crime. GeoSpatial Solutions 10 (7), 28 - 33.

Erb, T.L., Philipson, W.R., Teng, W.L., Liang, T., 1981. Analysis of landfills with historic airphotos. Photogrammetric Engineering and Remote Sensing 47 (9), 1363 - 1369.

Evans, B.M., Mata, L., 1984. Aerial photographic analysis of hazardous waste disposal sites. Hazardous Wastes and Environmental Emergencies National Conference. Hazardous Material Control Research Institute, Houston, TX, 97 - 103.

Garofalo, D., Wobber, F.J., 1974. Solid waste and remote sensing. Photogrammetric Engineering and

Remote Sensing 15 (2), 45 - 59.

Getz, T. J., Randolph, J. C., Echelberger Jr., W. F., 1983. Environmental application of aerial reconnaissance to search for open dumps. Environmental Management 7 (6), 553 - 562.

Lyon, J. G., 1987. Use of maps, aerial photographs and other remote sensor data for practical evaluations of hazardous waste sites. Photogrammetric Engineering and Remote Sensing 53 (5), 515 - 519.

Mace, T. H., Williams, D. R., Duggan, J. R., Norton, D. J., Muchoney, D. M., 1997. Environmental monitoring. In: Philipson, W.R. (Ed.), Manual of Photographic Interpretation, second ed. American Society for Photogrammetry and Remote Sensing, Bethesda, MD, pp. 591 -612.

Morrison, R., 2000. Environmental Forensics Principles and Applications. CRC Press, Boca Raton, FL.

Nelson, A. B., Hartshorn, L. A., Young, R. A., 1983. A methodology to inventory, classify and prioritize uncontrolled waste disposal sites. US EPA, No. 68 - 03 - 3049, Las Vegas, NV.

Philipson, W. R., Sangrey, D. A., 1977. Aerial detection techniques for landfill pollutants. In: Proceedings of the Third Annual EPA Research Symposium on Management of Gas & Leachate in Landfills. St. Louis. EPA, Washington, D.C.

Poidebard, A., 1929. Les révélations archéologiques de la photographie aérienne: Une nouvelle méthode de réchérches d'observations en région de steppe. L'Illustration May 25, 600 - 662.

Poidebard, A., 1930. Sur les traces de Rome: Exploration archéologique aérienne en Syrie. L'Illustration December 19, 560 - 563.

Pope, P., Van Eeckhout, E., Rofer, C., 1996. Waste site characterization through digital analysis of historical aerial photographs. Photogrammetric Engineering and Remote Sensing 62 (12), 1387 - 1394.

Teng, W.L., 1997. Fundamentals of photographic interpretation. In: Philipson, W.R. (Ed.), Manual of Photographic Interpretation, second ed. American Society for Photogrammetry and Remote Sensing, Bethesda, MD, pp. 49 - 113.

第 4 章

测量过程

Dallas Wait，Charles Ramsey，John Maney

目 录

4.1 引　　言

可靠的、可质证的和质量卓越的测量是成功的司法鉴定调查的核心需求。因此,司法鉴定调查人员为满足调查目标而精心制定、实施的抽样和分析计划十分重要(Wait,2002;Wait and Reid,2012)。构成可靠和相关数据的阈值将根据数据质量目标(DQOs)所确定的调查需要而变化,1993年最高法Daubert条文也对这些要求作了法律上的规定(USSC,1993)。影响可靠性和相关性的因素包括:使用的方法是否受到科学界公认、方法是否经同行评议、方法是否可以或已经被验证、是否有控制方法性能的标准、已知或潜在的误差是否可被接受(Federal Judicial Center [FJC],2011)。

从监管的角度来看,在1979年拉夫运河数据质量崩溃之后,美国国会技术评估办公室(OTA,1983),时任美国环境保护局(USEPA)局长Douglas Costle提出了数据质量的声明,他说:"必须有可靠的数据来回答有关环境质量、污染治理和控制措施的问题,这只有严格遵守已建立的质量保证技术和实践来实现"。此外,"这些数据必须是科学有效的、可质证的以及具有可靠的精密度和准确度"(USEPA,1979: 1,3)。Douglas Costle的指令反映在随后的USEPA的测试方法和质量体系文件、指南和法规中,并帮助形成了当前的环境损害司法鉴定测量惯例(Wait,2000,2002)。这些类型的数据质量方案也反映在国际测量计划中,如经济合作与发展组织(OECD,1993;Olson,1999)发布的测试方法指南和实验室管理规范,以及由国际标准化组织(ISO)和国际电工委员会(IEC)发布的国际实验室能力(ISO/IEC17025)(ISO/IEC,2005)。在抽样方面,丹麦政府制定了具有代表性的环境样品采集标准(Denmark,2013)。欧洲分析化学组织(2013)是欧洲的一个组织网络,为化学测量的国际可追溯性提供指导。

本章首先讨论数据生命周期和测量组成,然后指导如何设计一个合理的抽样和分析方案,重点是抽样部分。为了支持这一论述,本章提供了对司法鉴定调查人员很重要的各种基质的抽样技术、技巧和存在的陷阱。这些基质包括土壤气、土壤、沉积物、地下水、地表水、表层和周围空气。然后考虑适当的测试方法和必要的支撑性文件。本章最后对如何评价数据的可用性、可靠性和可接受性给出了建议。

4.2 测量过程中的抽样和分析误差

环境测量过程包括三个阶段,也称为项目生命周期:计划、实施和评估(Maney

and Wait,2005)。环境测量过程需要正确处理许多层次的细节。表4.1提供了一些例子(Maney and Wait,1991)。表4.1所列的细节,可能不会用于每个司法鉴定研究中,但是在排除这些细节之前都必须被考虑,一些细节,如场地历史、污染物运输和测试方法将在本章的其他部分进行更详细的讨论。

表4.1 计划测量程序时的考虑事项

分　析	项目详情	取　样
子抽样	历史记录	代表性
准备方法	废弃物产生	健康与安全
分析方法	废弃物处理	物流
基质/干扰	污染物	取样方法
检出限	迁移转化	取样地点
运行/周转时间	污染源	样本数量
污染	研究区域	样本量
质量控制样本	周边区域特性	混合
试剂/供给	暴露途径	容器/设备
报告需求		

目　的	验证和评估
程序需要	数据质量目标
规章制度	质量文件
阈值或标准	质量管理活动文件
人体健康保障	完整性/代表性
环境保护	偏差与精度
责任	审核
数据质量目标	性能评估样品
公司/机构的指令	保管链
公共关系	
数据的最终使用	

理解测量的复杂过程和相关误差是获得准确测量值的关键。误差分为三类:粗差、系统误差(偏差)和随机误差(不精密度),它们的综合影响被称为综合误差。粗差是指偶然发生的错误,例如称量错误或贴错标签。系统误差导致测量值始终不同于真值,如低估污染物浓度,导致偏差。随机误差产生于抽样的可重复性、分析过程以及被研究对象的不均匀性。

尽管数据质量是测量过程中在设计与实施中的一个误差函数,值得注意的是,并不是所有的误差都会自己出现,而是当某些错误被忽视或未被解决时,它们会发生或持续存在。测量过程中的误差管理是获得准确可靠结果的关键。在管理误差时,务必认识到有两种常见的误差类型。可测误差是那些影响测量准确度、灵敏度和代表性的因素,可通过质控样(QC)检测、监测和定量(Taylor,1987)。对被定量的分析物的正确鉴别也是必要的,而不应被假定。不可测误差是那些不能通过QC

样品检测,但可以通过质量保证(QA)程序、标准操作程序(SOPs)、程序文件和培训加以控制的误差。不像可测误差可通过 QC 样品来测定,不可测误差是否影响测量的准确度和代表性,需由有经验的化学鉴定人员通过非定量的和主观的评价来评定,这是十分有必要的。本章后续将更深入地讨论 QA 和 QC 实践。本节的剩余部分将讨论计划的编制、抽样、分析和数据处理中常见的误差。

4.2.1 计划误差

计划误差包括利害关系人之间缺乏界定或误解测量过程的目标、对符合目标成本效益的决策单位规模做出不恰当的界定、无法建立或对期望的置信水平取得一致。

4.2.2 抽样误差

抽样误差不仅发生在抽样期间,而且还发生在样品处理和子抽样期间。抽样和子抽样误差通常是由抽样材料的不均匀性所导致的。抽样理论的一个重要原则是司法鉴定应该考虑两类不均匀性,一类是本质不均匀性,另一类是分布不均匀性(Mishalanie and Ramsey,1999)。这些不均匀性表明抽样误差可以被测量和受控(Ramsey and Ellison,2007)。

当抽样群体中的质点具有不同浓度的分析物时,就会产生本质不均匀性。即使是最纯粹的材料本质不均匀性也始终存在。如果本质不均匀性能够被消除,抽样误差将不会存在,因为组成被抽样材料的任何质点都有相同的浓度。换句话说,由于本质不均匀性无法消除,因此在野外抽样时须有足够质量的样品以控制本质不均匀性。在实验室中,通过增加子样品质量或研磨现场样品以减小颗粒尺寸来控制本质不均匀性(Walsh et al.,2002)。

当决策单元内的质点不是随机分布时,就会产生分布不均匀性。即便是分布不均匀性能够被消除,仍然存在与本质不均匀性相关的误差。在整个决策单元中通过采集多增量样本可以控制分布不均匀性。在制定抽样计划时这些概念被用于解决环境损害司法鉴定抽样中两个常见的问题:定性和定量。

4.2.3 样品处理误差

一旦样品或子样品被采集,必须把反应、污染和损失降到最小,以保证样品的完整性。产生样品处理误差的原因有许多,并且是被分析物的化学性质和浓度函数。控制这类误差的典型方法通常是在样品中添加防腐剂,恰当的样品保存时间,专用的、惰性的和洁净的采样容器。了解目标分析物的种类、潜在的干扰物和优先采样是很重要的。对于保持样品完整性的保存方法有充分的指导可参考(例如:Smith,2003;USEPA,2004,2005a)。在美国,管理标准规定了特定测试方法下的土壤、水和空气样品所适用的容器。如果不遵循这些标准，容器可能会引入潜在的偏差，特别是在接近检测限时。低浓度目标分析物样品可能需要冷冻保存或添加化学试剂以减缓物理、化学或生物变化。化学的和生物的活动会改变样品的化学过程，包括金属的形态、吸附/脱附反应、酸碱反应、沉淀/溶解反应以及影响处置金属、阴离子和有机分子的微生物活动。作为 DQO 的一部分，司法鉴定调查人员应当按照样品处理要求尽职调查，这既反映了科学的合理性，也反映了适用法规的变幻莫测。例如，一项对州立农药管理机构土壤样品处理程序的调查显示，10 个州使用某种袋子存储样品，30 个州使用玻璃瓶，2 个州使用袋子或瓶子，4 个州使用其他类型的储存容器，如塑料管、铝箔或盒子（Saxton and Engel，2005）。

尽管样品处理可能违反各种抽样/处理的要求或指南，但样品结果不能被忽略（Simmons，1999）。在美国，专家证人可能依赖这些数据。例如，在 People v. Hale（59Cal.App.3d [1994]）案中，涉及将 1,1,1 -三氯乙烷（TCA）非法倾倒在垃圾箱中。尽管抽样程序（没有使用抽样计划）、处理（样品被冷冻而不是 4℃冷藏）、保存时间（超过了规定的 14 天保存时间）和分析方法（使用火焰离子化检测器的 8015 方法，代替公认的质量选择性检测器的 8010 或 8240EPA 方法）偏离了 EPA SW－846 标准（USEPA，1986），但法院认为这些偏差并不妨碍将这些信息作为证据。

People v. Sangani（94C.D.O.S.1273[1994]）案是另一件能够说明，虽然化学检测违反推荐抽样和/或处理程序，但检测信息仍然具有价值的例子。该案涉及将危险废物非法排入污水管道系统，被告被判有罪后以实验室分析操作未经认证提出上诉。法院认为："在满足了建立测试可靠性基础要求的前提下，如果没有遵循严格的规则或法定要求，一般不会导致测试结果不可接受"（People v. Sangani，1994：1276）。必要的基本要求是检测设备处于正确的工作状态，检测工作处于正确监管状态，操作人员能够胜任且具备相关资质。如果可疑的数据可以正确地重现并被证明是可靠的，那么所有的司法鉴定数据都是有价值的，这条公理非常重要，因为让法院查明分析数据不可接受的假设可能是错误的。

4.2.3.1　子抽样误差

如前所述，子抽样误差由样品的非均匀性导致，与现场遇到的误差相似，因为实验室分析的现场样本通常小于整个现场样本。实验室常见的一个做法是从瓶顶部取几克样品进行分析。这不是进行子抽样的好方法，因为在大多数情况下，现场样品顶部和剩余部分的分析物浓度是不同的。这不仅是容器填充方式的函数，也是沉降和相分离的函数（Ramsey and Suggs，2001）。当实验室选择一部分样品进行分析时，必须确保能够反映整个现场样品的代表性。在子抽样过程中，数据使用者和实验室之间的适当沟通是最小化代表性误差的关键。例如，在某些情况下，在野外可能会无意中收集到外来物质，实验室应避免进行分析。在一些情况下，实验室人员应寻求司法鉴定调查人员的具体指导。

在子抽样方面进行过许多的研究。USEPA 的研究人员评估了五种不同的土壤子抽样方法的有效性(分频法、分锥法、分铲法、堆锥四分法、抓斗法),发现子抽样的准确度至少比分析方法的准确度差两个数量级(Gerlach et al.,2002)。实验室应使用与测量和控制现场抽样误差相同的抽样理论(USEPA,2000),例如研磨可以有效减少抽样误差(Walsh et al.,2002)。

4.2.3.2 分析误差

分析过程包括样品制备和仪器分析,误差会影响分析物的定性和定量。除了常见的定性误差,如分析物的定性错误、精密度和偏差外,实验室误差还包括样品管理误差、实验室程序误差、方法学误差、数据管理误差和数据解释误差(Popek,2003)。理解与分析过程中所有步骤相关的总误差是可靠分析测量的关键(Bonomo et al.,2002;Bruya and Costales,2005;Ellison and Williams,2012)。尽管这些误差的来源可能会被复杂的仪器干扰或意外的化学因素混淆,测试样品不可靠结果的实验室审查表明,44%的不可靠结果是人为误差造成的,这些误差通常与诸如稀释和称重等基本实验室操作有关(Ellison and Hardcastle,2012)。

规范的测试方法通常用于调查污染的存在、表征人类和生态风险、确定法规的遵从性、帮助设计和评估补救替代方案,以及监控清理和处置活动。尽管这些类型的目标分析物方法可能对司法鉴定化学家有用,但它们可能不足以确定被调查目标的来源、化学迁移转化。实际上,在环境中相当普遍的监管目标分析物往往不能满足司法鉴定化学家所寻求的特异性属性。司法鉴定化学家经常需要设计一个分析化学程序,侧重于特异性的化学标志物和/或混合物的“化学指纹”,以加强污染物和供体间的关联(Morrison and Murphy,2006)。一个化学标志物的例子,添加剂甲基叔丁基醚(MTBE)是最近臭名昭著的环境污染物,自 20 世纪 70 年代末以来一直被用作汽油中的辛烷增强剂(Davidson and Creek,2000),化学司法鉴定人员利用这种化学标记物来区分新旧汽油的污染(Stout et al.,2006;Petrisor,2006)。另一个有关生物标志物的例子,即来源于以前生物的稳定复杂分子,通常被用于确定石油污染源(Peters et al.,2005;Wang et al.,2006)。

有大量的文献可帮助司法鉴定调查人员来确定是否存在标准测试方法用于其调查目的(e.g.,Suggs,et al.,2002;Smith,2003;USEPA,2003a)。特别值得关注的是 2002 年首次推出的国家环境方法索引(NEMI),这是一个有关水质检测方法总结的在线数据库,以供选择不同方法时提供资料(Keith et al.,2005;www.nemi.gov)。当司法鉴定人员面临标准方法不可用的情况时,谨慎的做法通常是修改一个已被证明的标准方法,而不是重新开始一套新的标准(Wait and Douglas,1995)。新方法往往充满了不可预见的问题,在司法鉴定调查的时间和资金预算内难以解决这些问题。其次,要证明所修改方法的性能能够满足样品基质和分析目标物的需要,在某种程度上需要进行方法学验证(USEPA,2005b;ASTM,2011a)和方法检出限研究(Currie,1999;Georgian and Osborn,2001;Douglas et al.,2004),如果可能的话进行方法间比对(例如,ASTM,2002;Swartz and Krull,2006)。

一旦某个方法被证明能够满足所有分析的DQOs,就必须制定QA/QC体系来界定、证明和记录方法的性能。偏差、精密度、代表性和灵敏度是评价方法适用性的可测量参数。对于非标方法,测量和评估方法适用性的参数方式可能与标准方法不同。但是,建议从类似标准方法的度量和可接受标准入手,然后在方法优化过程中根据需要修改这些标准(Wait and Douglas,1995)。

测试方法的两个输出结果是分析物的定性和定量,两个输出结果的可靠性不应被假设。有各种类型的仪器可用于物质的分析,大多数环境污染物是有机化合物,有机物分析的主要工具是色谱类仪器(Wait,2000)。如果选择、设计和操作得当,色谱法可以提供化合物的可靠鉴别。例如:一种通常与汽油泄漏有关的污染物——苯,可以使用配置光离子化检测器的气相色谱仪(GC/PID)或气相色谱质谱联用仪(GC/MS)进行分析。但PID只是一个准选择性检测器,因此当使用GC/PID方法时,其输出结果可能容易受到干扰。表4.2列举了使用GC/PID检测苯时所遇到的一些干扰(Berger et al.,1996)。

表4.2 使用GC/PID方法时与苯共洗脱的部分化合物列表

丙烯酸甲酯	二氯己烷
环己烯	己炔
二氯环己烯	乙基异丁基醚
二甲基异丁基胺	己二烯
环己二烯	吡喃
溴-环己烯	乙基氯甲基醚
二异丙胺	溴氯乙烯
2,3-二氯乙烷	己三烯
乙酸乙酯	3-甲基-1-己烯
己基甲基醚	二氯丙醛
异氰基乙烷	1,2-二甲氧基乙烷
硝基乙烷	2-甲基四氢呋喃

MTBE也存在同样的洗脱问题。Lawrence Livermore国家实验室对常用的含氧化合物诸如MTBE等GC检测方法进行了广泛的方法评价研究,结果表明:

> EPA方法8020A/21B(光电离检测)不适于监测叔丁醇,在含有高浓度总石油烃(TPH)(小于1 000 mg/L)的含水样品中监测含氧化合物醚(包括MTBE)时,通常会出现不准确的结果,假阳性率在12%~15%。因此,应该谨慎使用由EPA8020/21方法得到的数据所构建的数据库分

析地下储罐泄漏(LUST),因为在含有高浓度 TPH 的样本中,MTBE 的报告结果有可能不准确或存在假阳性。(Halden et al.,2001: 1469)

选择合适的仪器和测试方法应该是 DQO 评估的一部分。表 4.3 提供了选择色谱方法的一些技巧。

表 4.3 色谱方法技巧

1. 实验室的所有色谱检测结果,至少需要用双柱或双检测器确认。
2. 当化合物及浓度范围合适时,需要由 GC/MS 进行确认。
3. 优先使用 GC/MS 方法进行司法鉴定调查,因为未知位点的特征将更可靠。
4. 对于长期监测研究,偶尔使用 GC/MS 确认 GC 分析结果。
5. 优先使用选择性检测器的色谱方法。例如对于多环芳烃(PAHs)选择 EPA8310 和 8270 方法,而不是 EPA8100(USEPA,1986)。
6. 对于要求低检出限的 PAHs 而言,使用选择性离子检测(SIM)的 EPA 8270 法,而不是 EPA 8310(USEPA,1986)。

可靠的定量数据可被司法鉴定调查人员广泛地使用,从计算某些污染物的总质量以用于修复成本分配的分摊,到以某些污染物间的诊断比值比为指示来确定污染来源。诊断比值比计算特别容易因分析的可变性而产生误差。例如,某些多环芳烃(PAHs)的比例能够指示污染源位置在煤气厂(MGP),如副产品焦油(Costa et al.,2004)。增碳水煤气焦油的典型特征是荧蒽/芘(Fl/Py)的比值约为0.5~0.9,而煤干馏和油气焦油的 Fl/Py 比值大于 1.0(EPRI,2000)。然而分析过程导致化合物比值的系统性差异可能被误判为来源的差异。商业实验室经常出具多环芳烃数据,这些数据可能用于诊断比值比计算,但测定多环芳烃的方法会使浓度测定结果存在偏差。通常用内标菲-d_{10}的响应对荧蒽定量,而芘的浓度通常用内标䓛-d_{12}来测定(EPRI,2000)。样品间内标的相对回收率差异会影响荧蒽和芘的定量,这最终会影响荧蒽和芘的比值。因此,确保诊断比值比的变化不是因分析的可变性引起是非常重要的。

实验室的选择对成功的测试项目至关重要。同样重要的是,实验室应该配备有经验的化学家,他们可以帮助指导重复的化学项目沿着同样的流程进行,这将帮助解决司法鉴定调查人员解决他们的问题(Wait and Cook,1999;Mishalanie and Ramsey,1999;Schultz,2001)。因此,选择实验室时应考察其技术经验、技术能力和仪器、质量保证和质量控制规程、标准操作程序、文件控制体系、自动化的实验室操作和电子记录保存、认证、认可和审计结果、培训计划、伦理政策与实施、参考资料(例如,USEPA,2011)。不幸的是,实验室服务购买者通常认为环境实验室提供的数据是无可挑剔的。实验室服务购买者应当采取合理的措施来最大限度地减少不可靠数据的产生,例如对实验室现场审计和对实验室以前业绩的评估,但这些措施并不能保证数据的质量和完整性,特别是在实验室偶尔存在不正当行为的情况下。有关数据欺诈的报道比比皆是(Wait,2002;Wait and Reid,2012),其中一个广受媒体关注的是 United States v. Hess Environmental(E.D.Pa97 -531 [1997])案,该案中宾夕法尼亚州的一个环境实验室承认欺骗了数百名客户超过 210 万美元的测试费,他们伪造了数据或者根本没有测试。为此,实验室支付了超过 550 万美元的罚款,作为其欺骗顾客和违反《洁净水法案》的认罪赔偿。

造假的原因多种多样,但主要与实验室的财务状况有关。其他导致造成不当行为的原因包括:基于合同约定报告超期的处罚、样本分析保存时间要求、缺乏沟通、对员工的培训不足以及管理存在问题(Wait,2002)。由此产生的欺诈活动类型通常包括修改工作台账、改动检测目标物的仪器响应、选择性排除检测数据以及完全伪造数据。正如 Guillory v. Domtar Industries Inc.(95F.3d1320,1331 - 5thCrr.[1996])提到的,法院应该禁止基于“虚构的事实”的专家意见。司法鉴定调查人员也应更积极主动地监督实验室,对实验室的不良行为和欺诈活动采取零容忍的态度。这些方法可能部分包括:项目前的实验室审计和项目期间的暗访,强制要求实验室参加认证、认可计划项目,提供公开和盲样考核样本评估其绩效,引入第三方对实验室的原始数据和电子记录进行更复杂的分析评估(Wait,2002)。

4.2.3.3 数据处理误差

数据处理的关键方面不仅包括正确的报告和准确地录入数据库,还要对 QC 数据进行统计分析、审核和解释。如果数据未通过 QC 评估,这些数据可能不适用于合理的结果判定。在一些情况下,某些预先指定的 QC 参数的失效可能不会影响数据对结果判定的适用性,但只有有资格进行 QC 数据审查的人员的仔细审查,结果才能确信地用于结果判定。当对数据进行统计分析时,统计检验必须与数据类型和研究目标相一致。

4.3 制定计划

数据质量水平一定程度上取决于调查目标。DQOs 包括决策者可接受的不确定度水平的声明。例如,用于现场补救的 DQO 可以是“清理后,整个危险废物现场的乙苯平均浓度低于 100 ppm(ppm 为百万分率),置信度为 90%”。

USPEA(2006a)和美国测试与材料学会(ASTM,2010a)已经建立了改善 DQOs 的正式程序(表 4.4)。尽管进行正式的 DQO 评估不是司法鉴定科学家在启动测试项目前优先要做的工作,但如果希望得到可靠和有用的调查结果,在开始任何司法鉴定活动前优先采取严密的 DQO 流程是很重要的(Maney,2001;Popek,2003)。

表 4.4 数据质量目标流程的七个步骤

第 1 步	陈述问题
第 2 步	确定决策
第 3 步	确定决策的输入
第 4 步	定义研究的边界
第 5 步	制定决策错误的可容忍限度
第 6 步	详细说明决策错误的可容忍限度
第 7 步	优化设计以获取数据

DQOs 经常与可接受的分析偏差和精密度水平相混淆。然而,分析的不确定度只是环境测量的一部分,也只是环境测量决策的一个要素。DQOs 还应该考虑基于健康的标准、暴露途径和样本收集中的不确定度,因为它们都是总体不确定度的贡献者(Bayne et al.,2001)。不幸的是,不确定度是很难测定的。此外,与样本收集活动相关的不明确的不确定度是测量过程中的一个主导因素,可能特别重要(Jenkins et al.,1996;Crumbling et al.,2001;Risso et al.,2012)。许多研究人员认为,样品不能代表调查状况对样品测量不确定度的贡献可能高达 90%(Jenkins et al.,1996;Crumbling et al.,2001)。

制定一项设计合理的调查的三个关键输入是需要回答的问题、要抽样的群体和期望的置信度(Mishalanie and Ramsey,1999;Gilbert and Pulsipher,2005)。虽然 DQO 流程还要求其他信息,但这三个输入是保守性计划设计的技术基础。表 4.5 中讨论了计划制定过程中使用的一些术语和概念。

表 4.5 抽样术语

准确度	不同的使用者对这个术语的定义不同,因此准确度应该始终与定义一起使用。对一些人来说,在表示"准确度和精密度"时它与偏差互换使用,其他人则用它来表示无偏差的和精确的。因为没有什么是没有偏差的,也没有什么是完全精确的,所以准确度通常意味着最小的偏差和不精确度。国际标准化组织(ISO)将准确度定义为被测量的测得值与其真值间的一致程度
偏差	一种系统性误差,导致分析结果与真值相比总是高或总是低。真值是一个未知量,所以必须非常谨慎以防偏差产生。在测量过程的所有步骤中都会产生偏差。偏差是测量误差的一个组成部分
粗差	普通的质量控制难以察觉测量过程中产生的错误。粗差很难被发现,如在现场偶然的弄错样品,最终的报告阶段弄错结果以及弄错文档记录
协同抽样	在一个样品附近采集的样品。此类样品有时被用作离散采样的质量控制样品 以阐述决策单元样本的代表性
置信度	置信度可以是统计学概念的,也可以是特定专业的。统计学概念的置信度是指结果不是纯粹偶然出现的概率。如果结果可能来自偶然的概率很小(例如,小于 5%),那么确定结论是准确的(例如,95%确信平均值小于 10)。专业概念的置信度不是基于统计数据,因此不能用数字来表示数值。相反,它是基于有经验和知识的人做出的判断
本质不均匀性	当决策单元中不同质点的分析物浓度不同时,就会出现本质不均匀性(也称之为组成不均匀性)。因此,必须收集每种类型的质点以代表整个决策单元。即使在最纯净的物质中,本质不均匀性也总是存在。本质不均匀性表现为一种基本误差(精度误差),作为样本计划设计的一部分加以控制。控制基本误差的两种方法是增加样品/子样品质量(支持)和粉碎(研磨)

续表

决策单元	“决策单元”一词与“总体”一词可互换使用。它描述的是需要做出决策的全部材料。它可以是一个大桶(装油或化学剂的)、一个受暴露的区域或单个质点。大多数调查不止一个决策单元。例如,一个项目可能涉及100个大桶,如果要关注每一个桶,那么将有100个决策单元。即使不会对每个决策单元采样,但仍然是100个决策单元。如果怀疑一个场地铅的浓度,那么整个场地就是一个决策单元。如果是鉴别某个物体,那么决策单元可能比鉴别的物体小得多。例如,如果问题是确定场地中的某个质点是否存在问题,那么这个质点将变为决策单元,而不是整个场地
分布不均匀性	当质点在决策单元内不是随机分布时就存在分布不均匀性。这可以是空间上的,也可以是时间上的。此外,隔离也是一种分布不均的形式。一个常见的例子如在去实验室的途中现场样品是分离的。稠密的微粒最终会落在容器底部(这就是为什么从容器顶部舀出一些检材进行分析时容易产生很大的误差)。为了减少分布不均的影响,在整个决策单元中收集多个增量来组成样本。这是在野外和实验室中都需要做的
增量	一个群体中构成该群体代表性样本的重要部分
实验室子样本	实验室从现场样品中选择用于分析的检材。实验室取材的过程称之为实验室子抽样。如果这个工作过程不细致,就会产生很大的子抽样误差
多增量样本	来自决策单元中多个位置的增量生成的样本。与通常从一个位置取样向容器中填充检材的做法不同,容器中填充了来自多个位置的检材。这样做是为了减少决策单元内分布不均的影响,并提供更有代表性的样本,且不会额外增加样本成本
精密度	分析结果间的一致程度
代表性	一个非常困难的术语,通常与现场样品的质量有关。经典的定义是“样本反映总体的程度”。这个定义的问题在于如果不知道真值如何确定代表性。一个更恰当的定义是样本能够以指定的置信度回答关于决策单元的问题。换句话说,如果达到了数据质量目标,那么样本就具有代表性

4.3.1 明确问题

司法鉴定抽样的目的是为了回答所选择的问题,在抽样前应明确规定抽样的目的。例如,司法鉴定调查人员寻求鉴别特定污染物或污染物的比例,以确定排放物质的来源或时间。另一个问题是,决策单元中污染物的浓度,可以用来确定使用/排放的物质的总质量,或者通过识别浓度梯度来确定污染源。

当目标是确定污染物总量时,平均浓度是抽样工作所努力的重点。由于物质的质量不能直接测量,因此用可接受的不确定度水平范围内的平均浓度结合目标区域的质量/体积来确定污染物的总质量。无论是什么问题,污染物的浓度是决定司法鉴定调查对象、内容、时间和地点不可或缺的(Stout et al.,1998)。

4.3.2 明确总体与决策单元

一旦明确了司法鉴定问题,目标总体及其决策单元就应当被明确。决策单元是抽样总体的子单元层级,决策在此层级上完成(例如,资源保护和恢复法案[RCRA]管理单元,自卸卡车的货物,或由法规要求或健康问题界定的区域)。决策单元是分析结果将应用到的全部材料,这可能小到满足鉴定目标的一克中的一小部分,也可能大到数千千克。有时,决策单元和目标总体是相同的,有时一个较大的总体可能被划分为许多决策单元。通常使用专业判断或知识来选择决策单元。决策单元可以是一个污染区域、液体的顶端、单个质点、整个泻湖,或者一个可能身陷受污染地理区域。

当目标是鉴别分析物时,一个代表决策单元分析物平均浓度的样本可能提供一个可以接受的识别标志。基于可质证的或充分的现场筛选方法的判断,也可用于确定提供可接受识别标志的那部分总体。值得注意的是,对于现场筛选,现场测量的可质证性规则与实验室测量的规则并无差异。

当目标是确定分析物的平均浓度时,目标是收集代表整个决策单元的样本。如果样本不能代表整个决策单元,数据评估就会混乱和错误,并可能导致不合理的决策。确定决策单元的最佳面积/质量/体积以及任何相关的时间限制绝非易事。在样本采集之前,决策单元的边界应由所有相关方明确定义并达成一致。

4.3.3 定义置信水平

一旦确定了问题和决策单元,应明确规定所需的类型和置信水平。置信度是一种衡量分析结果在多大程度上代表整体(Ramsey and Hewitt,2005)。置信度可以是统计学的(例如,95%的置信度),也可以是基于专业的判断。如果置信度是基于统计学,那么就应该遵循一定的抽样要求。如果置信度是基于专业判断,这时制定计划的人的专业技能就是关键。在法律上判断性抽样可能与Daubert裁决(USSC,1993)中规定的标准性能准则相违背,因为没有客观的方法去衡量置信度和误差率。在判断性抽样中,置信度不独立于抽样者,抽样代表性的确定会成为专家间的一场争论,虽然判断性抽样可能适合特定情况,但在实施前应考虑其局限性。

决策的置信度是整个测量过程中所有误差的函数。测量误差越大决策的可靠性越低,或者在统计分析的情况下,置信区间就越大。如果测量误差能够缩小,则可以做出更可信的判断,即出错的概率越低。

关于统计学的置信度,抽样设计时在决策单元内包含某种类型的随机性是至关重要的,这样置信度可以在某些水平上用数字(如80%或99%)表示。当抽样计划中没有设计随机性时,就没有数值置信水平,而置信度则是基于解释数据者经验性的主观意见。通常结果越显著,选择的置信限就越高。允许的误差量是统计参数(例如,平均浓度)与限值或阈值的接近程度的函数。参数越接近极限,允许的误差就越小。例如,如果平均值为8,限值为10,总误差必须小于25%,才能可靠地得出平均值小于10的结论。如果限值为16,可以接受100%的误差,则得出平均值小于16的结论。

4.3.4 优化计划

一旦DQOs确定,就可以设计和优化抽样计划(ASTM,2009)。如果严格遵循

USEPA 的 DQO 程序，这将是该流程的第 7 步(见表 4.4)。处理质点时，一个科学的、合理的、依据现场抽样理论的抽样方案是非常重要的。现场抽样理论最初是在矿业领域发展起来的，但其在环境领域的应用越来越广泛(Gerlach et al.，2002)。抽样理论是控制抽样误差的关键，抽样误差往往是测量误差的主要组成部分。如果抽样误差没有被控制，数据结果将是可疑的。非受控抽样误差的后果有，分析结果的可变性(不精确度)增加、平均值低估(偏差)和 QC 失败率增高。

抽样总体内和抽样样本内的非均匀性，以及由此产生的相关数据的可变性使决策混乱。变异性越高，做出可靠的决策就越困难。虽然有些变化是不可避免的，但它应该控制在有效决策允许的水平上。在荷兰不同类型的频率分布和异常值经常出现，荷兰规定的固体废物材料符合性测试令人信服地证明了对可变性的担忧(Stelling and Sjerps，2005)。偏差是一个更大的问题，因为抽样偏差不能用传统的 QC 技术测量。如果抽样和子抽样的可变性和偏差的大小没有得到控制，那么得出的结论可能是可疑的。

当需要评价总体参数诸如平均浓度时，采用提取几个离散样本的做法通常效果不佳。遗憾的是在环境抽样过程中，关于减少抽样误差的指南非常少(Gerlach et al.，2002)。如上所述，现场抽样理论对设计科学有效的质点采样方案有很大的帮助。这一理论正慢慢融入环境研究的发展之中(Gerlach et al.，2002)。防御性的抽样使得抽样过程中考虑增加样品的质量和数量成为必要。抽样理论的细节超出了本章的范围，但可以在 Gy(1992，1998)，Pitard(1993)，USEPA(1992a)和其他来源(Maney，2001；Jenkins et al.，2005)中找到。

4.3.5 现场质量控制

现场 QC 样品提供了一种识别和监控可测量误差的机制。表 4.6 列出了可以从不同的 QC 样品中收集到的信息类型，其中一些样品在前面有更详细描述。

表 4.6 来源于质量控制样品的信息

QC 样品类型	误差类型										
	污染物					精密度				偏差	
	容器	现场	设备	交叉污染	实验室	抽样	分割	子抽样	分析	实验室前处理	实验室分析
空白											
运输	X			X	X						
现场	X	X		X	X						
设备	X	X	X	X	X						
方法					X						
平行/分割											

续表

QC样品类型	误差类型										
	污染物					精密度				偏差	
	容器	现场	设备	交叉污染	实验室	抽样	分割	子抽样	分析	实验室前处理	实验室分析
分割(现场)							X	X	X		
平行(现场)						X		X	X		
分割(实验室)							X	X	X		
平行(实验室)						X		X	X		
添加											
现场										X	X
基质(实验室)										X	X
性能评估样品											
性能评估标准										X	X
参考物质										X	X

4.3.5.1 运输空白

在实验室或其他非现场区域所准备的未打开的样品容器与采集的样品一起运输。这些容器与现场样品一起在实验室里被分析,用于确定样品容器是否干净以及确定是否存在外部污染。通常每 10 个或 20 个现场样品添加一个运输空白样品。这些样品对低含量分析物或交叉污染严重的样品非常有益。

4.3.5.2 现场空白

将准备好的空样容器(类似运输空白)在现场某个取样点打开,然后与现场取样一起分析。现场空白提供容器在现场打开的时间段容器受污染的有关信息。现场空白的一个很有用的例子如在重型设备作业的区域收集低浓度的有机物。现场空白不能提供与所采集样本的代表性相关的信息。

4.3.5.3 去污染检查空白(设备空白)

采样设备的现场淋洗收集液。有时候设备会多次使用,应该在两次使用间隙进行清洗,否则会存在交叉污染的问题。采样设备清洁后,用干净的水再次冲洗抽样工具,收集冲洗水样并进行分析,以确定采样设备是否清洁。通常每 10 个或 20 个现场样品添加一个去污染检查空白样。如果使用一次性或专用采样设备可不用考虑去污染检查空白。

4.3.5.4 分割

将现场样品分割成两个或多个,以进行单独分析。这通常是为了检查或验证实验室间的结果。分割是用于检验实验室的性能,而不是现场的性能。收集分割样品时,保证分割样品组成的一致性是十分必要的。如果不能保证分割样品的组成一致,则检测结果的不一致可能归咎于分割误差,而不是实验室误差。之后也没有切实可行的方法来确定这些差异。颗粒样品、多相液体和含有悬浮物质的液体样很难被准确分割(如 Pitard,1993)。含有悬浮物质的液体可以用搅拌器分离(USGS,1997)。

4.3.5.5 平行

与采集基本的现场样品完全相同的条件下额外采集的样品(例如,两次平行或三次)。这些样本用于确定抽样误差,也显示样品的代表性。有时候平行采集同一区域的样品。然而,同区域土壤样本所能提供的有关样本代表性的信息很少。如果要进行统计分析,三份样品要优于两份样品。

整个测量过程中现场平行测量精密度包括现场精密度和实验室精密度。因此,现场平行样品是最重要的 QC 样品,如果可能应列入每次抽样活动中。如果要单独计算抽样过程的精密度,必须从现场平行精密度中减去实验室精密度。

4.4 不同采样介质

司法鉴定调查人员需要擅长检查各种能显示污染源的材料。抽样计划必须考虑被采集样品的介质,同时还要考虑任何固有的抽样挑战和可能存在的污染物类型。与司法鉴定调查有关的基质抽样建议首先被提供。

4.4.1 土壤气

土壤气测量适用于鉴别污染物和污染源。土壤气调查为检测挥发性化合物提供了一种筛选方法,以便能够以最高的污染物检测概率定位后续的调查活动(Marrin and Kerfoot,1988)。用于土壤气测量的技术在检测低分子量、高蒸汽压和低水溶性化合物方面最有效。土壤气测量还经常用于定位非水相液体(NAPLs),NAPLs 是有机液体或与水不混溶的废物。由于与水充分不混溶,因此它们可以作为单独的相在地下持续存在多年(USEPA,1994)。

有关土壤气分析技术有很多:主动式、被动式和通量式(Hartman,2002)。主动式土壤气调查包括抽取土壤气样本,典型的从穿孔取样探头抽取,然后在固定或移动实验室中进行分析(Hartman,2002)。被动式土壤气调查配置含有吸附材料的探针,用于识别广泛的挥发性和半挥发性有机化合物(USEPA,1998a,b)。通量式测量主要用于研究应用、风险评估和想要得到直接蒸汽通量值的毒理学研究

(ASTM,2006a;Hartman,2003)。土壤气体检测技术不断发展,因此当使用这类技术时,参考相关文献十分重要。由于定性是土壤气分析的主要目标,因此采用合适的技术来鉴别化合物是非常重要的。分析中典型的问题包括选择性、检测限、背景值和交叉污染。

如果用土壤气来测量浓度或质量,应充分了解从规定体积中定量抽取感兴趣土壤气的采样技术能力,但由于土壤基质的非均匀性,所以这是很难确定。此外,也很难确定移除的土壤气的体积。使用土壤气来测定分析物的总质量时应极为谨慎。Hewitt(1999a)已经表明,使用一种稳健的、可控的蒸汽收集程序可以得到可靠的三氯乙烯土壤气的定量结果。蒸汽样品的径向面积取决于泵送速率、泵送时间、水文地质因素和时间效应,如温度变化、降水和覆盖结构内的活动(ITRC,2007)。

4.4.2　土壤

土壤的定义是土壤调查中关键的第一步。事实上,诸如土壤等地表物质的定义和描述本身就是一个重要的司法鉴定方法(Murray and Tedrow,1992)。不同的科学学科和机构对土壤的定义不同(例如,USEPA,1991a),这对测定土壤中的分析物浓度没有帮助。最简单的方法是选择一个粒径的阈值,并假设该粒径下的所有物质都是土壤,但无论选择何种粒径,都不应草率地决定,因为浓度往往与粒径有关。另一个问题是有机质的存在以及如何将其视为土壤基质的一部分。许多污染物吸附在有机质上,为了便于分析而排除有机质可能会遗漏相当一部分污染物。总有机碳(TOC)测定可作为被研究土壤相对有机质含量的指示剂。在土壤表层抽样时应特别注意,尤其有大气污染沉积物时要格外关注。表土的正确几何形状是圆柱形的(Pitard,1993),可以用各种各样的土壤取芯装置收集圆柱形土壤样本,而不是用尖头镘刀(Walsh,2004)。

土壤定义应作为 DQO 过程的一部分来确定。一旦确定,如果目标分析物不易挥发,可以使用筛分。筛分可以在现场进行,也可以在实验室进行,在某种程度上取决于工作的便利性、健康和安全问题、样品的潜在污染和运输。

土壤是非常不均匀的。在确定代表决策单元所需的质量和增量数量时,应注意减少土壤的物理(组成的)和空间(分布的)不均匀性。NAPL 污染源造成的污染物浓度的小规模空间变化,会给收集代表性土壤样本带来挑战(Kram et al.,2001;Feenstra,2005)。NAPLs 包括部分石油产品,如汽油和燃料油、杂酚油、煤焦油、多氯联苯(PCBs)和氯化溶剂,如三氯乙烯(TCE)。石油产品的密度比水小,被称为轻非水相液体(LNAPLs),而杂酚油、煤焦油、多氯联苯和氯化溶剂的密度比水大,被称为高密度非水相液体(DNAPLs;Weiner,2000)。对地下区域 NAPL 的存在和精确位置缺乏了解可能会给调查带来困惑。Feenstra(2005:57)认为,"依据土壤地层学和野外筛选仔细选择取样地点，对源区的小规模特性进行表征，以及通过采集和分析大量土壤样品和复合样品，对源区的大规模特性进行表征等方法，都可以克服这一挑战”。

另一个挑战是采集有代表性的土壤样品，当挥发性有机化合物（如溶剂）是其中的目标分析物。由于挥发和生物降解造成的损失，如果不注意采样和分析技术，挥发性有机物的实验室浓度数据可能大大低于实际浓度（Smith et al.，1996；Hewitt，1999b）。在现场，由于生物降解、非生物降解或非密闭采样器，以及分析前的实验室处理，样品从取样装置转移到样品容器、样品运输和储存过程中可能会发生损失（Siegrist and Jenssen，1990；Hewitt，1994）。许多保存技术，例如甲醇提取、冷冻或化学保存，已经被建立以减少挥发性有机物的损失（例如，Hewitt，1997，1999c）。

土壤以及其他基质中污染物的背景浓度，可能是确定污染物来源和影响的重要因素。例如，PAHs 在环境中是十分普遍的，它源于各种自然和人为来源。这些来源包括有机物的成岩作用，燃烧石油、植被和煤产生的大气沉降物，地表径流，城市和工业排放口以及石油产品等（Blumer，1976；Laflamme and Hites，1978；Lima et al.，2005；Boehm，2006）。例如，降解的煤焦油多环芳烃与城市背景中典型的燃烧相关多环芳烃的成分相似，因此很难确定原 MGP 场地附近土壤和沉积物中的局部多环芳烃背景浓度（例如，Stout and Wasielewski，2004；Costa et al.，2004）。因为代表性是司法鉴定调查的基础，所以必须适当考虑背景以确保用于决策的结果是可靠的和可接受的（Maney and Wait，2005）。例如，在 Dodge v. Cotter（328F.3d1212，10th Circuit［2003］）案中，背景浓度是争论的关键，在该案中与铀矿污染相关的侵权索赔获得了成功上诉，因为地质学专家的结论只是一个基于建立金属背景浓度的通用性文件，这些背景并不能反映调查区域内矿物的多样和丰富背景。

4.4.3 沉积物

沉积物通常是指在水层（如池塘、湖泊、河流、溪流或湿地）之下发现的沉积淤泥、黏土、细砂和小颗粒物质。沉积物样品包括间隙（孔隙）水，但不包括沉积物样品收集的静水。大多数用于沉积物分析的 USEPA 分析方法最初是为土壤样品设计的。土壤测试方法分析样品的已知湿重，然后根据干重反算结果。土壤样品的含水量一般不超过 10%，而表层沉积物样品的含水量可能高达 80%，因此分析的样品量是实现方法灵敏度要求的关键。这个问题影响到检出限和代表性，应当在制定项目计划时加以考虑（USEPA，2001）。

同土壤一样，对沉积物的粒径进行分类非常重要，粒径大小是决定沉积物结合污染物能力的一个主要因素（Mudge et al.，2003）。此外，对于流动的河流，沉积物的特性会随着水流的速度而变化，而水流的速度又会受到不同的河流宽度和季节性变化的影响。在制定取样计划时，还应考虑沉积物颗粒的物理、空间和时间不均匀性。同时可能需要粒径标准化程序来了解污染物浓度的差异。相比土壤，沉积物中总有机碳（TOC）的测定是更为常规的检测项目，它是生物化学和污染物分配研究中的一个重要因素（Boehm et al.，2002；Ryba and Burgess，2002）。

4.4.4 地下水

地下水抽样中最重要的问题是样本的代表性，或者地下水样品代表地层水的准确度。在解释地下水样品的化学结果以确定水源和/或用于地下水建模时，需要考虑各种因素（Morrison，2000）。如果只检查化学结果而不考虑其他因素，就会导致与确定污染源有关的数据的误解。如果从监测井采集地下水样品，评估的常见问题包括井的设计、位置、深度和筛管间距、水位管理、井净化和样品采集程序。偏差的潜在来源包括钻井施工材料、水泥浆、安全罩的不当安装以及钻井过程中引入的污染。

应设计和实施地下水采集程序，以收集代表性样本。其中关键步骤是充分清除滞水、然后稳定监测井。监测井稳定性的参数包括酸碱度、温度、电导率、氧化还原电位、溶解氧和浊度。抽样技术的选择应作为计划过程的一部分来决定。所考虑的技术包括使用泵或贝勒管的常规清洗和取样、低流量、最小抽吸或微清洗技术、直接推动技术和被动式扩散袋取样器等（Popek，2003）。如果研究的目标是了解胶体运输或溶解的金属含量，则需要将过滤程序纳入计划过程中。

一般认为，如果经过适当的洗井，并且在储存和从井到实验室的运输过程中水的化学性质没有变化，那么所采集的地下水就能够代表含水层。然而，有时洗井是不合适的。例如，NAPL 的正确采集方法是在洗井之前对 NAPL 进行采样（Mercer and Cohen，1990；Johnson，1992）。

4.4.5 地表水

地表水是指陆地表层动态或静态并暴露于大气的水，如湖泊、池塘、泻湖、江河、溪流、沟渠和人工蓄水。在检查地表水时，需要重点评估水的物理和化学特性（即悬浮固体、溶解污染物），然后将这些特性与水文条件、来源和输送联系起来（Shelton，1994）。在采集地表水时有两个复杂的因素。一个因素是悬浮物是否应被视为样品的一部分。如果出于定性目的，采集悬浮物可能不是问题。如果出于定量目的，采集含有悬浮物的样品代表性则是一个难题。在流动地表水中表征悬浮物质的最佳方法是使用积分采样器（USGS，2005）。

另一个复杂的因素是地表水的时间性质。地表水中分析物浓度会在短时间内迅速变化。抽样计划应该考虑时间不均匀性。

4.4.6 表面

大多数评估表面污染的研究聚焦于鉴别污染物以进行源识别、风险评估和以修复为目的的污染程度确定。已发布的擦拭抽样程序可为无孔表面（如金属，Gaborek et al.,2001）提供半定量数据，但这对于多孔表面（如混凝土）则被认为是不理想的数据（Slayton et al.,1998）。对于许多污染物，可以使用擦拭抽样程序确信地执行无孔表面采样以鉴别污染物，但如果需要定量分析，这些类型的程序可能仅用于质量负载测定（例如，单位面积质量），而不适用于浓度测定（例如，单位质量的质量）（Robbins,1980；USEPA,1989；ASTM,2010b）。许多规程和抽样计划都不能准确地捕捉表面的空间变化。对室内装潢、地毯、混凝土和裸木等粗糙或多孔表面进行抽样是一项更具挑战性的工作，需要专门的擦拭抽样方法、微真空技术或散料抽样（USEPA,1991b；Slayton et al.,1998；ASTM,2011b）。

4.4.7 环境空气

室外环境空气存在难以抽样的困难。空间和时间的不均匀性是巨大的潜在问题。有一些空气采样器或样品采集技术可以解决这种类型的变异性，如国家环境空气质量标准（NAAQS）定义的颗粒物（PM）采样技术（USEPA,1997）。就定性而言，目标是在最有可能受到污染的区域放置采样器。如果正确地采集分析物并加以识别，就可以达到采样的目的。就定量而言，室外环境空气数据可能不能代表目标地点或时间。没有一种有效的方法来采集环境空气样品，以确定在特定的时间段内室外空气的浓度是否超过特定点的浓度。除非使用长期连续采样器，否则空间和时间的不均匀性可能太大，无法获得可靠的测量结果。如果采样装置用于整个决策单元，室内空气污染物更容易被确定。无论是将采样装置移动到重要的位置，或是在决策单元内移动都可能有效。空气采样器通常是特定于化合物的，因此必须选择正确的采样器类型。除此之外，连续监测器通常不具备测量低浓度有毒空气污染物所需的灵敏度。采集具有代表性的空气样品还需要注意其他参数，如温度、压力、湿度、采样速率和采集的体积等（Wight,1994）。

4.4.8 废弃物和其他基质

当对废弃物和不太常见的基质（如真空吸尘器灰尘、树芯、粉煤灰、建筑物和汽车绒毛）进行抽样时，非均匀性、从微观到宏观物质的不同粒径、从自由流动的溶剂到炉淬炉渣的不同黏度，都会给抽样带来不同程度的挑战。在对这些材料抽样时，在计划阶段应考虑潜在的误差（见 4.2）和建立数据质量保证（见 4.3），这对于确保准确的数据，以支持回答相关问题或在期望的置信水平内做出决策至关重要（ASTM，2006b）。这些基质类型的抽样可能需要使用假设（例如，半吨炉渣表层的金属浓度类似于内部的浓度），达到简化抽样或满足预算的目的。只要有可能，应利用抽样和分析来验证假设。每种基质都存在有关抽样代表性的自我挑战。例如，ASTM 列出了采集灰尘样本的多项标准，以满足不同的 DQOs（例如 ASTM，2010c，2011b，2011c，2012，2013）。

4.5 数据评估

数据评估包括对数据科学的和统计的评价，以确定结果的类型、质量和数量是否正确，从而为需要以特定置信度做出的决策提供可靠的支持。有意义的评估要求评估人员拥有定义 DQOs 的所有文件，并提供使用方法的详细信息。这些文件包括实验室的质量保证计划、抽样和分析计划和/或质量保证项目计划（QAPP），以及所有相关的现场和实验室 SOPs（USEPA，2002a，2006b，2007；Wait，2002）。评估人员在评估质量控制、统计和可用性时，应至少部分的对这些文件中提供的信息提出评估意见。

4.5.1 文件

司法鉴定的一个原则是调查的所有方面都需要以某种方式记录下来，这种方式可以允许其他人以后独立地评估和再现相关工作。充分的文件包括完整的样品保管记录、可辨认的现场取样记录以及详细的样品储存、制备、分析过程和结果记录。

保管链是最关键的文件要求之一。如果符合以下一项或多项原则，样品将需要保管：样品由采样人或受让人持有，持有后样品在采样者或受让人的视线中，样品放置在指定的安全区域，或者样品有完好的保管封条。

必须有真实签名的文件去证明在整个测量过程中，持有样品是可追溯的（Berger et al.，1996）。现场采样记录也是文件记录的重要组成部分，应反映现场测量结果、现场条件和人员。虽然准确和相关的现场记录可以解决现场和实验室的数据解释问题，但低劣的和不准确的现场记录所产生的问题，可能会比要回答的问题更多。在测量过程完成之前，实验室必须保存类似的文件和保管记录（ASTM，2011d）。关于数据评估，所有文件和原始数据必须对审查人员可用，以便对结果进行重新计算。表 4.7 列出了有机物的 GC/MS 测定结果评估所需的数据包元素建议清单，而痕量金属的电感耦合等离子体（ICP）测定结果则列于表 4.8 中。

表 4.7 司法鉴定 GC/MS 数据包的建议内容

1. 实验室方法叙述性概述和 QC 问题讨论
2. 现场样品编号、实验室识别编号和 QC 批次的交叉索引
3. 保管链表/实验室接收表
4. 样品结果
5. 方法空白结果
6. 平行提取结果(子抽样精密度)
7. 平行分析结果
8. LCS/LCSD 结果和回收率,RPD 控制限
9. 替代标准物回收率,控制限
10. MS/MSD 结果和回收率,可接受限和 RPD 控制限
11. 仪器性能检查(调谐)
12. 初始校准数据和可接受限值
13. 初始和持续校准确认、结果、回收率和可接受限
14. 内标面积和可接受限
15. 每个样品、空白、添加、平行和标准品的原始数据(定量报告、离子色谱图)
16. 原始质谱图、扣背景质谱图和五个最佳匹配结果的库质谱图
17. 样品制备台账
18. 标准品配制和可追溯性记录
19. 分析运行记录
20. 土壤/沉积物的含水率

QC = quality control(质量控制);GC/MS = gas chromatography/mass spectrometry(气相色谱/质谱);LCS/LSD = laboratory control sample/laboratory control sample duplicate(实验室控制样/实验室控制平行样);RPD = relative percent difference(相对百分比差异);MS/MSD = matrix spike/matrix spike duplicate(基质添加/基质添加平行)

表 4.8 司法鉴定痕量金属 ICP 数据包的建议内容

1. 实验室方法叙述性概述和 QC 问题讨论
2. 现场样品编号、实验室识别编号和 QC 批次的交叉索引
3. 保管链表/实验室接收表
4. 样品结果
5. 方法空白结果
6. 制备和初始/持续校准空白结果
7. 平行消解结果(子抽样精密度)
8. 平行分析结果
9. LCS/LCSD 结果和回收率,可接受限和 RPD 控制限
10. MS/MSD 结果和回收率,可接受限和 RPD 控制限
11. 消化后加标回收率和可接受限
12. 实验室平行结果和可接受限
13. 初始校准数据和可接受限
14. 初始和持续校准确认、结果、回收率和可接受限
15. ICP 干扰检查样品结果
16. ICP 连续稀释结果
17. 样品制备记录

续表

18. 分析运行记录
19. ICP 元素间校正因子
20. 所有样品和 QC 的原始数据打印输出
21. 标准品配制和可追溯性记录
22. 土壤/沉积物的含水率

QC = quality control(质量控制);ICP = inductively coupled plasma(电感耦合等离子体);LCS/LSD = laboratory control sample/laboratory control sample duplicate(实验室控制样/实验室控制平行样);RPD = relative percent difference(相对百分比差异);MS/MSD = matrix spike/matrix spike duplicate(基质添加/基质添加平行)

4.5.2 质量控制解释

质量控制的目的是帮助评估数据质量,识别和估算测量过程中的误差。质量控制是估算误差的唯一方法,因此是数据评估的最重要组成部分。理解特定质控参数提供的信息非常重要。不加选择地收集质控样本对于某些项目而言可能太多,而对其他项目而言则会不够。如果质量控制执行得不充分,数据的有效性和任何结果都是可疑的。质量控制经常被认为是一个检查列表,不考虑解释质量控制结果。然而,被称为"验证"的逐项质量控制评估在质量控制结果解释方面具有重要作用(USEPA,2002b)。

可测量的质量控制参数包括:空白,提供在抽样和分析活动时可能污染的信息;平行次数,提供精密度信息;添加,说明偏差信息;方法或基质空白(另一个重要的质量控制措施),说明分析方法可靠的检测限。分析仪器的准确度应通过使用参考标准来确定(Clement et al.,1997)。

4.5.2.1 空白样品(运输、现场或去污染)

空白样品用于确定在测量过程中是否存在污染(Maney,1997)。典型的解释是,如果在空白样品中没有微量的被分析物,那么在测量过程中就没有污染。如果在空白样本中存在一些可测量的被分析物,数据解释将会变得更加困难。很有可能当分析物 B 是感兴趣的目标物,但检测出分析物 A。在这种情况下,仍然可以判定在样品中所发现任何浓度的分析物 B 都不是由污染造成的。另一个例子是空白样品中有低含量的分析物 B,而现场样品中分析物 B 含量高,可以判定虽然存在污染但不严重,可以忽略不计。这两个例子说明了,为什么不建议使用 QC 程序来排除在空白样品中发现污染的数据。每个项目的空白样品 QC 必须根据项目的具体事实和目标进行解释。

4.5.2.2 分割样品

将分割样品的结果进行比较,以确定是否存在差异。通常情况下,分割的样品会被送到两个不同的实验室,但也可以用来检查同一个实验室中的两个分析人员或两种方法。分割结果可接受的差异可以作为 DQOs 的一部分明确规定。如果结果的差异大于允许的差异,则数据是可疑的(Grant et al.,1996)。测量不确定度是根据实验室正在进行的质量控制数据估计出来的,应该熟知这一点,以便正确地评估分割样品之间的差异。分割过程的目标是使分割尽可能地相似,这样任何差异都可以归因于实验室的差异,而不是分割之间的差异。如果分割结果相异,则需要确定哪些数据是可疑的。

4.5.2.3 现场平行

现场平行是唯一的测量总体精密度误差的 QC 样品(包括抽样精密度),这增强了 QCs 的重要性。以定量为目的的检测中,QC 应该总是包括在内。平行是指从采样位置以相同流程采集初始样品的平行。如果采集的样品充分的代表了采样点,在平行采集流程下应该产生相同的结果。

4.5.2.4 实验室 QC 检查样品

实验室 QC 检查样品用于表征精密度、偏差和检出限。典型的 QC 检查样品清单见表 4.9。校准是测试方法在目标分析物的浓度与响应之间建立定量关系(Taylor,1987;Berger et al.,1996)。有各种使用内标和外标的方法,以完成可接受的校准(Popek,2003)。通过电子或化学噪声在低浓度端建立校准边界,通过检测器饱和/或校准曲线的斜率"平坦化"在高浓度端建立校准边界。正确的校准对产生可靠的浓度结果至关重要,在计划过程中应建立校准方法和可接受标准。

表 4.9 一般实验室 QC 检验样品

仪器空白
校准空白
方法空白
实验室控制样(LCS):空白水添加
基质空白:现场样品添加
实验室平行
替代标准品
内标

商业实验室使用各种方法和术语向客户报告检出限(Rosecrance,2000)。理解实验室报告中未检出的依据对司法鉴定调查人员来说是至关重要的,如果没有适当地定义,可能会导致方法的不当使用或对分析物是否存在产生错误理解(Koorse,1989;Lambert et al.,1991)。尽管分析化学家在理论上可能会严格地将检出限视为仪器输出的"信噪比",但在实践中检出限应反映方法性能的变化以及样品基质的影响(Baldwin et al.,1997)。USEPA 定义了方法检出限(MDL)为"一种物质可被测量和报告的最低浓度,其真值有 99% 置信度大于零"(USEPA,2003b:11770)。USEPA 进一步定义了实际定量限(PQL),即"在常规实验室操作

条件下，在规定的精密度和准确度范围内所能够可靠地获得的最低浓度”（USEPA，1985：46906）。超过50个不同的术语被用来描述测试方法的检测和定量能力（Telliard，2004）。各政府机构和科学组织对单一方法缺乏共识导致了许多忧虑，最终由各行业组织对USEPA提起诉讼并得到了解决（汽车制造商联盟等诉卡罗尔·布鲁纳案[No.99－1420，D.C. Circuit of Appeals，2001]；USEPA，2003c）。从逻辑上讲，司法鉴定调查人员应确保所选择的测试方法能达到调查所需的检出限。

QC数据评估有时会产生误导。因大多数QC体系是为短期评估而设计，所以特定实验室的长期系统偏差可能难以察觉（例如，基质添加、替代）。实验室性能的“快照”并不能反映出长期的偏差，控制图可以进行长期的性能评估，但许多实验室并没有认真使用它们。例如，大多数实验室不监测GC/MS响应因子的长期缓慢恶化。因此，实验室只有在违反规定的可接受限值时才重新校准。

4.5.2.5 统计分析

统计学评价可用于确定采集的数据相对于DQOs的充分性和完整性，评估数据是否充分代表决策单元或检查数据趋势（USEPA，2006a）。进行统计分析时应与DQOs保持一致。如果统计评估独立于DQOs进行，那么很可能会导致错误的决定。尽管并不总是可行，但声明哪些统计分析将作为DQOs的一部分来执行始终是可取的。

涉及化学计量学方法的多元统计技术，诸如主成分分析（PCA）和多方向量分析（PVA）可以帮助调查人员评估和演示一组数据的测量趋势和独特属性（Johnson and Ehrlich，2002；Plumb，2004；Mudge，2005）。统计化学趋势分析也是一个有用的工具，在解读存在于多个地点或某个地点决策单元的单一化学物质的总体污染物模式（Gauthier，2001）。本书的其他章节对这些方法进行了详细的讨论。调查人员应该意识到，如果统计方法引用不当或者解释不当，可能会产生致命的错误观点（Gastwirth，2000；Sutherland，2001）。

4.5.2.6 数据可用性评估

数据可用性评估是确定和确保为调查而产生的数据质量，符合预期用途的过程。这个过程包括评估抽样和分析程序的设计和技术实现、相关文件和样品保管，如图4.1所示。有经验的数据评估人员应从整体上考虑数据的可用性，不但要检查文件和质量控制性能的充分性，而且要考虑现场的具体情况、超出质量控制的叠加效应和整体性能。整体评估应评估数据是否具有明确的用途，数据是否代表抽样矩阵，数据是否符合适用的标准和规范，数据在技术上和法律上是否合理。

可用性评估有两个部分：定性和定量。定性评估是验证每件事都是按照应当做的方式来做。例如，日志是否被完全填写或者是否使用了正确的采样工具。定量评估是验证结果和相关的质量控制是否符合可接受的限值。如果只进行了部分

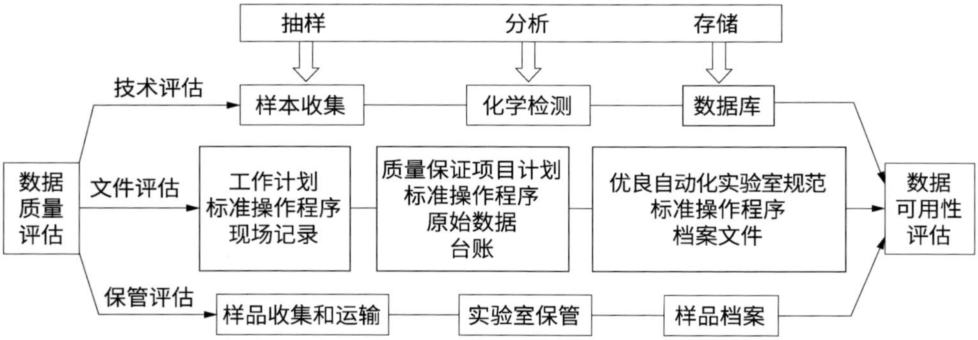

图 4.1 数据质量评估过程

评估,那么数据就缺乏合理性。虽然定性评估看起来更容易,但它的某些方面可能很难确定。例如,如何知道日志是否已经完成?如何知道是否使用了正确的采样工具并正确使用?定性评估项目需要提前确定,并建立系统以便在日后进行评估。定量评估不仅仅是比较数字或进行反复的统计测试。任何类型的统计分析都应与DQOs保持一致,并且应验证统计假设。关于质量控制解释,评估人员应考虑在整体中大量质量控制超标的影响。表4.10(由USEPA修订,1992 b)提供了质量控制超标的一些例子,以及这些超标如何影响数据可用性。经验丰富的化学家应该参与数据可用性的确定。

表 4.10 质量控制数据用途

质量控制标准	对定性的影响	对定量的影响	使 用
添加(回收率高)	—	高偏差	使用数据作为上限
峰值(回收率低)	假阴性[1]	低偏差	使用数据作为下限
平行	无,除非在一个平行中发现了分析物,而在另一个平行中没有;要么是假阳性,要么是假阴性	高或低偏差[2]	谨慎使用数据[3];精密度差
空白	假阳性	高偏差	设定5倍空白置信水平 使用高于置信水平的数据[3] 如果污染的特征和可预测性不好,则谨慎使用或根本不使用数据
校准	—	高或低偏差	如果问题非常严重,请谨慎使用或根本不使用数据[3]
内标和替代标准(再现性)	—	—	谨慎使用数据[3];精密度差
内标(回收率高)	—	低偏差	使用数据作为下限
内标(回收率低)	假阴性[1]	高偏差	使用数据作为上限

[1] 只有在回收率接近零的情况下才可能出现假阴性
[2] 通过检查每个分析物的数据判断对偏差的影响
[3] 运用专业判断来评估所有的质量控制数据

司法鉴定调查人员还可以决定那些敏感项目、使用新技术的研究以及具有混淆结果的调查,同行评议可能是评估过程中有用的一部分。无论是调查团队内部的还是外部的同行评议,都有助于确定所使用的科学是否合理,解释是否正确,以及结果是否会在法庭上被采信(USEPA,2006c;Brilis and Lyon,2004)。

4.6 总 结

环境损害司法鉴定调查通常依靠化学和物理数据。使用质量可靠的完整的和具有代表性的数据,对于做出科学合理的决策至关重要,这些决策需要经得起质证,并最终被法庭采信。调查人员应主动设计具有明确定义数据质量目标的抽样和分析程序,确保调查按计划进行,并对实施情况适当记录。当可靠的、目的明确的、可质证的方法被训练有素、经验丰富的科学家们正确地实施时,证据的采信就更有可能成功。最后,使用由其他方出具的化学测量数据,在做出决策前应当进行仔细严密地审查。

(杨旭,马栋)

参 考 文 献

ASTM, 2002. Standard Practice for Comparing Test Methods. D4855 - 97. American Society of Testing and Materials (ASTM), Philadelphia, PA.

ASTM, 2006a. Standard Guide for Soil Gas Monitoring in the Vadose Zone. D5314 - 92. American Society of Testing and Materials (ASTM), Philadelphia, PA.

ASTM, 2006b. Standard Guide for Sampling Strategies for Heterogeneous Wastes. D5956 - 96. American Society of Testing and Materials (ASTM), Philadelphia, PA.

ASTM, 2009. Standard Guide for Generation of Environmental Data Related to Waste Management Activities: Selection and Optimization of Sampling Design. D6311 - 98. American Society of Testing and Materials (ASTM), Philadelphia, PA.

ASTM, 2010a. Standard Practice for Generation of Environmental Data Related to Waste Management Activities, Development of Data Quality Objectives. D5792 - 10. American Society of Testing and Materials (ASTM), Philadelphia, PA.

ASTM, 2010b. Standard Guide for Field Collection of Organic Compounds from Surfaces Using Wipe Sampling. D6661 - 10. American Society of Testing and Materials (ASTM), Philadelphia, PA.

ASTM, 2010c. Standard Practices for Bulk Sample Collection and Swab Sample Collection of Visible

Powders Suspected of Being Biological Agents from Nonporous Surfaces. E2458 – 10. American Society of Testing and Materials (ASTM), Philadelphia, PA.

ASTM, 2011a. Standard Guide for Validating Analytical Methods. E2857 – 11. American Society of Testing and Materials (ASTM), Philadelphia, PA.

ASTM, 2011b. Standard Guide for Collection of Surface Dirt by Micro-vacuum Sampling for Subsequent Metals Determination. D7144 – 05a. American Society of Testing and Materials (ASTM), Philadelphia, PA.

ASTM, 2011c. Standard Practice for Collection of Floor Dust for Chemical Analysis. D5438 – 11. American Society of Testing and Materials (ASTM), Philadelphia, PA.

ASTM, 2011d. Standard Practice for Receiving, Documenting, Storing, and Retrieving Evidence in a Forensic Science Laboratory. E1492 – 11. American Society of Testing and Materials (ASTM), Philadelphia, PA.

ASTM, 2012. Standard Practice for Collection of Settled Dust Samples Using Dry Wipe Sampling Methods for Subsequent Determination of Beryllium and Compounds. D7296 – 12. American Society of Testing and Materials (ASTM), Philadelphia, PA.

ASTM, 2013. Standard Practice for Collection of Settled Dust Samples Using Wipe Sampling Methods for Subsequent Determination of Metals. D6966 – 13. American Society of Testing and Materials (ASTM), Philadelphia, PA.

Baldwin, R., Bethem, R., Boyd, R., Budde, W., Cairns, T., Gibbons, R., Henion, J., Kaiser, M., Lewis, D., Matusik, J., Sphon, J., Stephany, R., Trubery, R., 1997. 1996 ASMS Fall Workshop: Limits to confirmation, quantification, and detection. Journal of the American Society of Mass Spectrometry 8, 1180 – 1190.

Bayne, C.K., Dindal, A.B., Jenkins, R.A., Crumbling, D.M., Koglin, E.N., 2001. Meeting data quality objectives with interval information. Environmental Science & Technology 35 (16), 3350 – 3355.

Berger, W., McCarty, H., Smith, R., 1996. Environmental Laboratory Data Evaluation. Genium Publishing Corporation, Amsterdam, NY.

Blumer, M., 1976. Polycyclic aromatic hydrocarbons in nature. Scientific American 234, 35 – 45.

Boehm, P.D., 2006. Polycyclic aromatic hydrocarbons (PAHs). In: Morrison, R.D., Murphy, B. L. (Eds.), Environmental Forensics — Contaminant Specific Guide. Academic Press, San Diego, CA, pp. 314 – 334.

Boehm, P.D., Burns, W.A., Page, D.S., Bence, A.E., Mankiewicz, P.J., Brown, J.S., Douglas, G.S., 2002. Total organic carbon, an important tool in a holistic approach to hydrocarbon source fingerprinting. Environmental Forensics 3 (3/4), 243 – 250.

Bonomo, L., Butelli, P., Romele, L., Saponaro, S., 2002. Uncertainty estimation in a remediation process: a case study. Soil and Sediment Contamination 11 (6), 827 – 839.

Brilis, G.M., Lyon, J.G., 2004. Peer review as a QA tool in environmental applications. Quality Assurance 11 (2 – 4), 111 – 129.

Bruya, J. E., Costales, M., 2005. Discussion of the error associated with polycyclic aromatic hydrocarbons (PAH) analyses. Environmental Forensics 6, 175 – 185.

Clement, R.E., Keith, L.H., Siu, K.M., 1997. Reference Materials for Environmental Analysis. CRC

Press, Boca Raton, FL.

Costa, H.J., White, K.A., Ruspantini, J.J., 2004. Distinguishing PAH background and MGP residues in sediments of a freshwater creek. Environmental Forensics 5 (3), 171 – 182.

Crumbling, D.M., Groenjes, C., Lesnik, B., Lynch, K., Shockley, J., Van EE, J., Howe, R., Keith, L., McKenna, J., 2001. Managing uncertainty in environmental decisions. Environmental Science & Technology 35 (19), 405A – 409A.

Currie, L.A., 1999. Detection and quantification limits: origins and historical overview. Analytica Chemica Acta 391, 127 – 134.

Davidson, J.M., Creek, D.N., 2000. Using the gasoline additive MTBE in forensic environmental investigations. Environmental Forensics 1 (1), 31 – 36.

Denmark, 2013. Representative Sampling-Horizontal Standard, DS – 3077. http://www.ds.dk (accessed January 23, 2014).

Douglas, G.S., Burns, W.A., Bence, A.E., Page, D.S., Boehm, P., 2004. Optimizing detection limits for the analysis of petroleum hydrocarbons in complex environmental samples. Environmental Science & Technology 38 (14), 3958 – 3964.

Electric Power Research Institute (EPRI), 2000. Chemical Source Attribution at Former MGP Sites. Report No.1000728. EPRI, NYSEG and RG&E, Palo Alto, CA.

Ellison, S.L.R., Hardcastle, W.A., 2012. Causes of error in analytical chemistry: results of a web-based survey of proficiency testing participants. Accreditation and Quality Assurance 17, 453 – 464.

Ellison, S.L.R., Williams, A., 2012. Eurachem/CITAC Guide: Quantifying Uncertainty in Analytical Measurement, third ed. EURACHEM/CITAC Guide CG4, Uppsala, Sweden.

Eurachem, 2013. http://www.eurachem.org (accessed June 7, 2013).

Federal Judicial Center (FJC), 2011. Reference Manual on Scientific Evidence, third ed. The National Academies Press, Washington, D.C., p. 51.

Feenstra, S., 2005. Soil sampling in NAPL source zones: challenges in representativeness. Environmental Forensics 6 (1), 57 – 63.

Gaborek, B.J., Mullikin, J.M., Pitrat, T., Cummings, L., May, L.M., 2001. Pentagon surface wipe sampling health risk assessment. Toxicology and Industrial Health 17, 254 – 261.

Gastwirth, J.L., 2000. Statistical Science in the Courtroom. Springer Publishing, New York, NY.

Gauthier, T.D., 2001. Detecting trends using Spearman's Rank correlation coefficient. Environmental Forensics 2 (4), 359 – 362.

Georgian, T., Osborn, K.E., 2001. A practical strategy for determining and verifying detection limits. Environmental Testing & Analysis 10 (3), 13 – 14.

Gerlach, R.W., Dobb, D.E., Raab, G.A., Nocerino, J.M., 2002. Gy sampling theory in environmental studies 1: Assessing soil splitting protocols. Journal of Chemometrics 16 (7), 321 – 328.

Gilbert, R.O., Pulsipher, B.A., 2005. Role of sampling designs in obtaining representative data. Environmental Forensics 6 (1), 27 – 33.

Grant, C.L., Jenkins, T.F., Mudambi, A.R., 1996. Comparison criteria for environmental chemical analyses of split samples sent to different laboratories, CCREL Special Report 96 – 6. United

States Army Cold Regions Research and Engineering Laboratory, Hanover, NH.

Gy, P., 1992. Samples of Heterogeneous and Dynamic Materials Systems. Elsevier, New York, NY.

Gy, P., 1998. Sampling for Analytical Purposes. John Wiley & Sons, New York, NY.

Halden, R.U., Hoppel, A.M., Schoen, S.R., 2001. Evaluation of standard methods for the analysis of methyl tert-butyl ether and related oxygenates in gasoline-contaminated groundwater. Environmental Science & Technology 35 (7), 1469 – 1474.

Hartman, B., 2002. How to collect reliable soil-gas data for risk-based applications, Part 1: Active soil-gas method. LUSTline Bulletin 42, 17 – 22.

Hartman, B., 2003. How to collect reliable soil-gas data for risk-based applications, Part 2: Surface flux-chamber method. LUSTline Bulletin 44, 14 – 18.

Hewitt, A.D., 1994. Comparison of sampling methods for trichloroethylene in vadose zone soils. Journal of the Association of Analytical Chemists International 77 (2), 458 – 463.

Hewitt, A. D., 1997. Chemical preservation of volatile organic compounds in soil. Environmental Science & Technology 31 (1), 67 – 70.

Hewitt, A. D., 1999a. Relationships between soil vapor and soil matrix — measurements for trichloroethene. Environmental Testing & Analysis 8 (3), 25 – 32.

Hewitt, A.D., 1999b. Storage and preservation of soil samples for volatile organic compound analysis, CRREL Special Report 99 – 5. United States Army Cold Regions Research and Engineering Laboratory, Hanover, NH.

Hewitt, A. D., 1999c. Frozen storage of soil samples for volatile organic compounds analysis. Environmental Testing & Analysis 8 (5), 18 – 45.

International Organization for Standardization and International Electrotechnical Commission (ISO/IEC), 2005. ANS/ISO/IEC 17025 — General requirements for the competence of testing and calibration laboratories, second ed. Switzerland, Geneva.

Interstate Technology Regulatory Council (ITRC), 2007. Vapor Intrusion Pathway: A Practical Guideline. Appendix D, D1 – D35.

Jenkins, T.F., Grant, C.L., Brar, G.S., Thorne, P.G., Ranney, T.A., Schumaker, P.W., 1996. Assessment of sampling error associated with collection and analysis of soil samples at explosives — contaminated sites, CRREL Special Report 96 – 15. United States Army Cold Regions Research and Engineering Laboratory, Hanover, NH.

Jenkins, T.F., Hewitt, A.D., Walsh, M.E., Ranney, T.A., Ramsey, C.A., Grant, C.L., Bejella, K. L., 2005. Representative sampling for energetic compounds at military training ranges. Environmental Forensics 6 (1), 45 – 55.

Johnson, G.W., Ehrlich, R., 2002. State of the art report on multivariate chemometric methods for environmental forensics. Environmental Forensics 3 (1), 59 – 79.

Johnson, R.L., 1992. The dissolution of dense immiscible solvents into groundwater: implications for site characterization and remediation. In: Lesage, S., Jackson, R. E. (Eds.), Groundwater Contamination and Analysis at Hazardous Waste Sites. Marcel Dekker, New York, NY, pp. 463 – 477.

Keith, L.H., Brass, H.J., Sullivan, D.J., Boiani, J.A., Alben, K.T., 2005. An introduction to the National Environmental Methods Index. Environmental Science and Technology 39 (8),

173A－176A.

Koorse, S.J., 1989. False positives, detection limits, and other laboratory imperfections: the regulatory implications. Environmental Law Reporter 19, 10211－10222.

Kram, M.L., Keller, A.A., Rossabi, J., Everett, L.G., 2001. DNAPL characterization methods and approaches. Part 1: Performance comparisons. Ground Water Monitoring & Remediation 21 (4), 109－145.

Laflamme, R.E., Hites, R.A., 1978. The global distribution of polycyclic aromatic hydrocarbons in recent sediments. Geochimica et Cosmochimica Acta 42, 289－303.

Lambert, D., Peterson, B., Terpenning, I., 1991. Nondetects, detection limits, and the probability of detection. Journal of American Statistical Association 86, 266－277.

Lima, A.C., Farrington, J.W., Reddy, C.M., 2005. Combustion — derived polycyclic aromatic hydrocarbons in the environment — a review. Environmental Forensics 6 (2), 109－131.

Maney, J., 1997. Assessing blank data. Environmental Testing & Analysis 6 (4), 20－22.

Maney, J., 2001. Sample collection design. In: Ho, C.H. (Ed.), Hazardous and Radioactive Waste Treatment Technologies Handbook. CRC Press, New York, NY, pp. 2.1－3 to 2.1－34.

Maney, J., 2002. Optimizing data collection design. Environmental Science & Technology 36 (19), 383A－389A.

Maney, J., Wait, D., 1991. The importance of measurement integrity. Environmental Lab 3 (5), 20－25.

Maney, J., Wait, D., 2005. The role of representativeness in the project lifecycle. Environmental Forensics 6 (1), 17－19.

Marrin, D.L., Kerfoot, H.B., 1988. Soil-gas surveying techniques. Environmental Science & Technology 22 (7), 740－745.

Mercer, J.W., Cohen, R.M., 1990. A review of immiscible fluids in the subsurface: properties, models, characterization and remediation. Journal of Contaminant Hydrology 6, 107－163.

Mishalanie, E., Ramsey, C., 1999. Obtaining trustworthy environmental data: sampling and analysis issues. Natural Resources & Environment 13, 522－527.

Morrison, R.D., 2000. Application of forensic techniques for age dating and source identification in environmental litigation. Environmental Forensics 1 (3), 131－153.

Morrison, R.D., Murphy, B.L., 2006. Environmental Forensics — Contaminant Specific Guide. Academic Press, San Diego, CA.

Mudge, S.M., 2005. Signature analysis by statistical methods: chemometric methods for source allocation. In: Proceedings of Southeast Asia Environmental Forensics Conference 2005, vol. 456. Taipei, Taiwan, pp. 1－5. September 19－20, 2005.

Mudge, S.M., Birch, G.F., Matthai, C., 2003. The effect of grain size and element concentration in identifying contaminant sources. Environmental Forensics 4 (4), 305－312.

Murray, R.C., Tedrow, J., 1992. Forensic Geology. Prentice Hall, Englewood Cliffs, NJ.

Office of Technology Assessment (OTA), 1983. Habitability of the Love Canal area: an analysis of the technical basis for the decision on the habitability of the emergency declaration area. United States Congress. No. PB84－114917.

Olson, S.S., 1999. International Environmental Standards Handbook. CRC Press, Boca Raton, FL.

Organisation for Economic Co-operation and Development (OECD), 1993. OECD Guidelines for Testing of Chemicals. http://dx.doi.org/10.1787/20745788.

Peters, K.E., Walters, C.C., Moldowan, J.M., 2005. The Biomarker Guide, second ed. Cambridge University Press, Cambridge, UK.

Petrisor, I. G., 2006. Use of oxygenates to date a gasoline release. Environmental Forensics 7, 103 – 104.

Pitard, F.F., 1993. Pierre Gy's Sampling Theory and Sampling Practice, second ed. CRC Press, Boca Raton, FL.

Plumb, R. H., 2004. Fingerprint analysis of contaminant data: a forensic tool for evaluating environmental contamination. EPA/600/5 – 04 – 054. USEPA Office of Research and Development, Washington, D.C.

Popek, E.P., 2003. Sampling and Analysis of Environmental Chemical Pollutants: A Complete Guide. Academic Press, San Diego, CA.

Ramsey, M. H., Ellison, S. L., 2007. Eurachem/EUROLAB/CITAC/Nordtest/AMC Guide: Measurement uncertainty arising from sampling: a guide to methods and approaches, first ed. Eurachem.

Ramsey, C. A., Hewitt, A. D., 2005. A methodology for assessing sample representativeness. Environmental Forensics 6 (1), 71 – 75.

Ramsey, C. A., Suggs, J., 2001. Improving laboratory performance through scientific subsampling techniques. Environmental Testing & Analysis 10 (2), 12 – 16.

Risso, F., Narizzano, R., Ottonelli, M., Magherini, A., Giampieri, M., Carlini, E., 2012. Validation of subsampling procedures and granulometry distribution uncertainty assessment in environmental soil analysis. Analytical Method 4, 570 – 574.

Robbins, M.C., 1980. OSHA's wipe sampling policies and procedures. In: Sampling and Analysis of Toxic Organics in the Atmosphere. ASTM STP 721. American Society of Testing Materials, Philadelphia, PA, pp. 48 – 55.

Rosecrance, A., 2000. The three "Rs" for relevant detection, reliable quantitation, and respectable reporting limits. Environmental Testing & Analysis 9 (6), 13.

Ryba, S. A., Burgess, R. A., 2002. Effects of sample preparation on the measurement of organic carbon, hydrogen, nitrogen, sulfur, and oxygen concentrations in marine sediments. Chemosphere 48, 139 – 147.

Saxton, G. N., Engel, B., 2005. A survey of soil sample handling procedures of state pesticides agencies. Environmental Forensics 6 (2), 105 – 108.

Schultz, W. G., 2001. Chemists needed for forensic analyses. Chemical and Engineering News 79 (45), 51.

Shelton, L.R., 1994. Field guide for collecting and processing stream — water samples for the National Water — Quality Assessment Program. US Geological Survey Open — File Report 94 – 455. Reston, VA.

Siegrist, R. L., Jenssen, P. D., 1990. Evaluation of sampling method effects on volatile organic compound measurements in contaminated soils. Environmental Science & Technology 24

(9), 1387－1392.

Simmons, B., 1999. Are the data legally defensible? Hydrovisions 8 (2), 8－9.

Slayton, T.M., Valberg, P.A., Wait, D., 1998. Estimating dermal transfer from PCB-contaminated porous surfaces. Chemosphere 36 (14), 3003－3014.

Smith, J., Eng, L., Comeau, J., Rose, C., Schulte, R., Barcelona, M., Klopp, K., Pilgrim, M., Minnich, M., Feenstra, S., Urban, M., Moore, M., Maskarinec, M., Siegrist, R., Parr, J., Claff, R., 1996. Volatile organic compounds in soil — accurate and representative analysis. In: Principles of Environmental Sampling. ACS Professional Reference Book, American Chemical Society, Washington, D.C.

Smith, R., 2003. Guide to Environmental Analytical Methods, fifth ed. Genium Publishing Corporation, Amsterdam, NY.

Stelling, M.A., Sjerps, M., 2005. Heterogeneity of contaminants in solid waste materials sampling for compliance testing. Environmental Forensics 6, 231－239.

Stout, S.A., Douglas, G.S., Uhler, A.D., 2006. Automotive Gasoline. In: Morrison, R.D., Murphy, B.L. (Eds.), Environmental Forensics — Contaminant Specific Guide. Academic Press, San Diego, CA, pp. 465－527.

Stout, S. A., Uhler, A. D., Naymik, T. G., McCarthy, K. J., 1998. Environmental forensics — unraveling site liability. Environmental Science & Technology 32 (11), 260A－264A.

Stout, S.A., Wasielewski, T.N., 2004. Historical and chemical assessment of the sources of PAHs in soils at a former coalburning power plant, New Haven, Connecticut. Environmental Forensics 5 (4), 195－211.

Suggs, J. A., Beam, E. W., Biggs, D. E., Collins, W., Dusenbury, M. R., Macleish, P. P., Nottingham, K. E., Smith, D. J., 2002. Guidelines and resources for conducting an environmental crime investigation in the United States. Environmental Forensics 3 (2), 91－113.

Sutherland, R. A., 2001. Analysis and commentary on "Statistical Methods and Pitfalls in Environmental Data Analysis" by Yue Rong. Environmental Forensics 2 (4), 265－273.

Swartz, M., Krull, I., 2006. Method validation and robustness. LCGC North America 24 (5), 480－490.

Taylor, J.K., 1987. Quality Assurance of Chemical Measurements. Lewis Publishers, Boca Raton, FL.

Telliard, W. A., 2004. Update to EPA's assessment of detection and quantification limit concepts. PITTCON 2004, Presentation 5400－300. Chicago, March 8, 2004.

USEPA, 1979. Memorandum from Doug Costle, USEPA Administer to the other Administrators and General Counsel. May 30, 1979. United States Environmental Protection Agency (USEPA), Washington, D.C.

USEPA, 1985. National primary drinking water regulations; volatile synthetic organic chemicals. Federal Register 50, 46906－46908.

USEPA, 1986. Test methods for evaluating solid waste: physical/chemical methods, third ed. SW－846. United States Environmental Protection Agency (USEPA), Washington, D.C.

USEPA, 1989. Sampling of common pesticides and PCBs from inert surfaces. EPA 330/1－90－001. United States Environmental Protection Agency (USEPA), Washington, D.C.

USEPA, 1991a. Description and sampling of contaminated soils- a field pocket guide. EPA/625－

12 −91/002. United States Environmental Protection Agency (USEPA), Washington, D.C.

USEPA, 1991b. Chip, wipe, and sweep sampling, SOP #2011. In: Compendium of ERT Waste Sampling Procedures. OSWER Directive 9360.4 − 07. United States Environmental Protection Agency (USEPA), Washington, D.C.

USEPA, 1992a. Preparation of soil sampling protocols: sampling techniques and strategies. EPA/600/R −92/128. United States Environmental Protection Agency (USEPA), Washington, D.C.

USEPA, 1992b. Guidance for data usability in risk assessment (Part A), Final, PB92 − 963356. United States Environmental Protection Agency (USEPA), Washington, D.C.

USEPA, 1994. DNAPL site characterization. EPA/540/F − 94/049. United States Environmental Protection Agency (USEPA), Washington, D.C.

USEPA, 1997. National ambient air quality standards for particulate matter: final rule. Federal Register 64, 35714 −35744.

USEPA, 1998a. Passive soil gas sampler. Gore-Sorber® screening survey passive soil gas sampling system. Environmental Technology Verification Program Statement. EPA-VS-SCM − 19. United States Environmental Protection Agency (USEPA), Washington, D.C.

USEPA, 1998b. Passive soil gas sampler. Emflux® soil gas investigation system. Environmental Technology Verification Program Statement. EPA-VS-SCM − 22. United States Environmental Protection Agency (USEPA), Washington, D.C.

USEPA, 2000. Guidance for obtaining representative laboratory analytical subsamples from particulate laboratory samples. EPA/600/R − 03/027. United States Environmental Protection Agency (USEPA), Washington, D.C.

USEPA, 2001. Methods for Collection, Storage and Manipulation of Sediments for Chemical and Toxicological Analyses: Technical Manual. EPA − 823 − B − 01 − 002. United States Environmental Protection Agency (USEPA), Washington, D.C.

USEPA, 2002a. Guidance for quality assurance project plans. QA/G − 5, EPA/240/R − 02/009. United States Environmental Protection Agency (USEPA), Washington, D.C.

USEPA, 2002b. Guidance on environmental data verification and data validation. QA/G − 8, EPA/240/R −02/004. United States Environmental Protection Agency (USEPA), Washington, D.C.

USEPA, 2003a. Index to EPA Test Methods. http://www.epa.gov/region01/oarm/testmeth.pdf.

USEPA, 2003b. Guidelines establishing test procedures for the analysis of pollutants; procedures for detection and quantification (40CFR, Part 136). Federal Register 68, 11770 −11793.

USEPA, 2003c. Technical support document for the assessment of detection and quantification approaches. EPA − 821 − R- 03 − 005. United States Environmental Protection Agency, Washington, D.C.

USEPA, 2004. Contract laboratory program guidance for field samplers. EPA 540 − R − 00 − 003. United States Environmental Protection Agency, Washington, D.C.

USEPA, 2005a. Sample holding time reevaluation. EPA/600/R −05/124. United States Environmental Protection Agency, Washington, D.C.

USEPA, 2005b. Validation and peer review of U.S. Environmental Protection Agency chemical methods of analysis. Forum on Environmental Measurements (FEM), No. 2005 − 01. United States

Environmental Protection Agency, Washington, D.C.

USEPA, 2006a. Guidance on systematic planning using the data quality objectives process. EPA QA/G4, EPA/240/B - 06/001. United States Environmental Protection Agency, Washington, D.C.

USEPA, 2006b. Data quality assessment: a reviewer's guide. EPA QA/G - 9, QA 00 Update. EPA/240/B - 06/002. United States Environmental Protection Agency, Washington, D.C.

USEPA, 2006c. Science policy council peer handbook review. EPA 100 - B - 06 - 002, third ed. United States Environmental Protection Agency, Washington, D.C.

USEPA, 2007. Guidance for preparing standard operating procedures. QA/G - 6, EPA/600/B - 07/001. United States Environmental Protection Agency, Washington, D.C.

USEPA, 2011. Policy to assure competency of organizations generating environmental measurement data under agency- funded acquisitions. FEM - 2011 - 01. United States Environmental Protection Agency, Washington. D.C.

United States Geological Survey (USGS), 1997. Comparison of the suspended sediment splitting capabilities of the churn and cane splitters. USGS Office of Water Quality Technical Memorandum 97.06, Reston, VA.

United States Geological Survey (USGS), 2005. A guide to the proper selection and use of federally approved sediment and water quality samplings. USGS Open File Report 2005 - 1087. Reston, VA.

United States Supreme Court (USSC), 1993. Daubert vs. Merrill Dow Pharmaceuticals, 509 U.S. 579.

Wait, D., 2000. Evolution of organic analytical methods in environmental forensic chemistry. Environmental Forensics 1, 37 - 46.

Wait, D., 2002. Challenges in producing defensible environmental chemistry measurements for litigation. Environmental Claims Journal 14, 415 - 454.

Wait, D., Cook, L., 1999. Opportunities in environmental forensic chemistry analysis. Environmental Testing & Analysis 8 (4), 31 - 32.

Wait, D., Douglas, G., 1995. QA for nonstandard analytical methods. Environmental Lab 7 (6), 30 - 34.

Wait, D., Reid, K., 2012. Defenseless without defensible data. For The Defense 54 (1), 78 - 83, 88.

Walsh, M.E., Ramsey, C.A., Jenkins, T.F., 2002. The effect of particle size reduction by grinding on subsampling variance for explosives residues in soil. Chemosphere 49, 1267 - 1273.

Walsh, M. R., 2004. Field sampling tools for explosive residues developed at CRREL, CRREL Technical Note TN - 04 - 1. United States Army Cold Regions Research and Engineering Laboratory, Hanover, NH.

Wang, Z., Stout, S. A., Fingas, M., 2006. Forensic fingerprinting of biomarkers for oil characterization. Environmental Forensics 7 (2), 105 - 146.

Weiner, E.R., 2000. Applications of Environmental Chemistry. Lewis Publishers, Boca Raton, FL, pp. 124 - 145.

Wight, G.D., 1994. Fundamentals of Air Sampling. Lewis Publishers, Boca Raton, FL.

第 5 章

统计方法

Thomas D. Gauthier,
Mark E.Hawley

目 录

5.1 引　　言

环境损害司法鉴定调查涉及多种统计分析方法。文中的许多示例包含相对复杂的应用,包括主成分分析和化学物质平衡受体建模(请参阅第18、19和20章)。这些技术是强大的分析工具,可在数据解析时提供有效的方法,但分析结果可能难以向法官或陪审团解释。

在某些情况下,本章中描述的较简单的分析可能足以证明结论的统计学意义。例如,我们可以通过将现场检测到的浓度与背景水平进行比较,来评估某一设施是否对周围环境造成了不利影响。类似地,也可以比较顺风/逆风或上游/下游的观察值。这些基本概念易于理解,并且结果适合用简单的二维方式展示(与某些更高级的方法所需的多维框架相比)。用于比较两个总体的典型方法如 t 检验、配对 t 检验和 Wilcoxon 秩和检验。

统计方法也可用于确定一个地点污染物之间的关系。最简单的应用涉及确定污染物之间的特征比-指纹识别的前身。在刑事法医学中,指纹可用于鉴定身份并将人置于犯罪现场。同样,在环境损害司法鉴定中,指纹可用于鉴定目标并将污染与已知来源联系起来。例如,怀疑有两个或更多的污染源造成了一个地点的污染。废物流可能包含类似的成分,但是如果成分的比例是某个给定废物流所特有的,则可以使用统计分析来区分它们的贡献。相关系数为两个变量之间的线性关联提供了简单的度量。如果存在多种污染物,可构建相关矩阵,这是用于探索性数据分析的有用工具。

统计分析还可用于评估环境中污染或"足迹"的时空分布格局。可以使用相对简单的方法评估趋势并确定浓度是否随时间或空间增加或减少。在某些情况下,有可能将一种特殊的污染模式与一种特定的废物处理方式联系起来。例如,在一个连接实验室水槽排水口的地下蓄水池中出现一股已确定的地下水污染羽流,这是证明污染物经常被倒入排水口的强有力证据。统计数据可用于确定羽流中是否存在任何模式或趋势,用来确定排放物的性质和排放时间。这种性质的证据有力地证实了目击者的报告。

最后,随着案例理论的发展和模型的建立,如果可以获得特定样点的数据,则有可能测试一个模型的重要性或有效性。例如,排放的时间可以从反向地下水模型预测的结果中获得。模型的不确定性可以通过比较模型预测值和观察值来进行评估。在许多情况下,简单线性回归分析为评估预测模型提供了充分的基础。

统计分析的显著优势是可以将某种程度的置信度与结果相关联。潜在的应用众多,因为司法鉴定调查通常基于一组有限的数据,而专家往往必须在不完整的证据基础上得出结论。经过专业训练的工程师和科学家的报告结果具有高度的确定性(通常具有 90%或 95%的置信水平);然而,在诉讼中,需要的可能只是一个有比没有(对应于大于 50% 的概率)更大可能或在合理的科学确定性范围就可以了(Charrow and Bernstein,1994)。无论如何,在环境损害司法鉴定调查中,量化不确定性通常是合理的,并且可获得计算这些"置信水平"的方法。

在本章中,我们讨论了各种各样基础的统计分析方法,并展示了它们在环境损害司法鉴定中的应用。本章讨论的统计检验类型见表 5.1。在此介绍之后,我们将简要介绍一些背景材料,然后讨论每种统计分析方法及其应用;本章最后简要总结并提醒大家注意对结果的错误解释。

表 5.1　本章讨论的统计检验

分析类型	参数方法(a)	非参数方法
比较总体	t 检验 配对 t 检验 方差分析	威尔科克逊(Wilcoxon)秩检验 克鲁斯卡尔-沃利斯(Kruskal - Wallis)检验
评估关系	皮尔逊积矩相关系数	斯皮尔曼等级相关系数
做出预测	回归分析	
测试分布		卡方拟合优度检验

(a) 参数方法假定数据符合某种分布规律,通常是正态分布。

5.2 背　景

5.2.1 总体参数和样本统计

统计推断是根据数据的样本或子集推断总体的过程。在大多数情况下,获得总体的所有观察值是不切实际的。例如,如果我们想了解一英亩(1 英亩=4 046.86 平方米)土地最上面两英尺(1 英尺=0.304 8 米)土壤中砷的平均浓度,每次测量都需要 100 克样品,那么我们必须要收集和分析 3 700 万个样本[1]才能知道真实的平均值。当然,这是不切实际的。为减少测量工作,我们可以通过少量样本来估计总体的真实均值,作为权衡,我们需要接受其中包含的一些不确定性。

总体是由所有可能的事物、观察值或测量值组成的集合。在此示例中,总体是由一英亩土地最上面两英尺(即 3.7×10^7 份)中包含的 100 克土壤总数组成的。样本是用于描述总体的观察值或观察值的子集。在前面的例子中,我们可能会收集

1　一英亩场地的前两英尺包含的总体积为 87 120 立方英尺 $=2.47\times10^9$ 立方厘米。假设土壤堆密度为 1.5 g/cm^3,则总质量为 3.7×10^9 克,总共产生 3.7×10^7 份 100 克样品。

并分析二十份100克的土壤,用来估计平均砷浓度。因此,样本将由这二十个观察值组成。

在这种情况下,所关注的总体参数是 3.7×10^7 份砷观察值的算术平均数或平均值。用于描述总体特征的参数通常用希腊字母表示。用希腊字母 μ(mu)表示算术平均数,它是度量集中趋势的指标。另一个关注的参数是标准差,它是度量总体离散度或变异性的指标,用希腊字母 σ(sigma)表示。

从基础总体中抽取一组样本,从该样本的子集中得到的总体参数的估计值称为样本统计量,用拉丁字母表示。例如,样本平均值用 $\bar{x}$ (x-bar)表示,样本标准偏差用 s 表示。

总体的算术平均数或平均值 μ, 等于所有观察值的总和 x_i (其中 x_i 是第 i 个观察值)除以观察值的总数 N。

$$\mu = \frac{\sum_{i=1}^{N} x_i}{N} \tag{5.1}$$

因为我们永远无法知道真实的总体均值(除非对所有 x_i 进行 N 次采样),所以我们对该值的最佳估计就是样本均值。样本均值等于样本中 n 个数据的总和除以这些数据的个数。

$$\bar{x} = \frac{\sum_{i=1}^{N} x_i}{n} \tag{5.2}$$

描述总体离散度或变异性的一种方法是记录最低和最高观察值,但这不能提供数据相对于平均值如何分布的相关信息。更好的衡量离散度的方法是看这些值相对于平均值的变化。即与均值之差的平方的平均值称为均方差或方差,用希腊字母 σ^2(sigma squared)表示,见公式5.3。

$$\sigma^2 = \frac{\sum_{i=1}^{n} (x_i - \mu)^2}{N} \tag{5.3}$$

总体标准差等于方差的平方根,也称为均方根误差。

$$\sigma = \sqrt{\frac{\sum_{i=1}^{N} (x_i - \mu)^2}{N}} \tag{5.4}$$

样本标准差 s, 是总体标准差的估计值,定义为公式5.5。

$$s = \sqrt{\frac{\sum_{i=1}^{n} (x_i - \bar{x})^2}{n - 1}} \tag{5.5}$$

请注意,公式 5.5 平方根项中的分母是 $n-1$ 而不是 n。这是因为一个自由度[2]被用来估计样本的算术平均值 ($\bar{x}$)。

中心极限定理指出: 如果变量 x 具有均值为 μ 且标准差为 σ 的分布,对于样本量为 n 的随机样本的均值 ($\bar{x}$) 的抽样分布,其均值将近似等于 μ, 标准差 ($\sigma_{\bar{x}}$) 为

$$\sigma_{\bar{x}} = \frac{\sigma}{\sqrt{n}} \tag{5.6}$$

并且随着样本量 n 的增大而逐渐趋于正态(Kachigan,1991)。总体的标准偏差除以 n 的平方根即为平均值的标准误(SEM),它是估计置信区间的重要参数。正态分布的定义见 5.2.2,置信区间将在下文中定义。

5.2.2 总体分布

大多数统计检验都是在假设总体的观察值服从某种已知分布的情况下进行的。这些被称为参数方法。最常见的分布假设是高斯分布或正态分布。描述正态分布的频率或概率分布函数(PDF)见式 5.7:

$$f(x) = \frac{1}{\sigma\sqrt{2\pi}} e^{-\frac{(x-\mu)^2}{2\sigma^2}} \tag{5.7}$$

其中,$f(x)$ 为任意 x 值的期望频率。平均值为 0 且标准差为 1 的正态分布称为标准正态分布。在这种特殊情况下,式 5.7 可简化为以下所示的式 5.8,x 由字母 z 表示,这就是所谓的正态离差,也称为 z 分数或标准分数。

$$f(z) = \frac{1}{\sqrt{2\pi}} e^{-\frac{z^2}{2}} \tag{5.8}$$

z 分数等于 x 的观察值减去平均值,再除以公式 5.9 所示的标准差。它根据距离均值的标准差的数量来表示给定值在正态曲线上的位置。

$$z = \frac{(x-\mu)}{\sigma} \tag{5.9}$$

$f(z)$ 与 z 分数的关系图如图 5.1 所示,展示了我们熟悉的正态分布的钟形曲线。

2　Kachigan(1991,p.102)将自由度定义为"在计算样本统计量时,样本中能自由变化的自变量的数量。例如,在计算样本标准差时,我们必须用 n 个样本中的每一个观察值减去样本均值,才能获得均值的偏差。但是一旦我们完成了倒数第二次减法,就自动确定了最终偏差,因为平方之前的偏差总和必须为零。所以最后的偏差不能自由变化,只有 $n-1$ 个可以自由变化。"

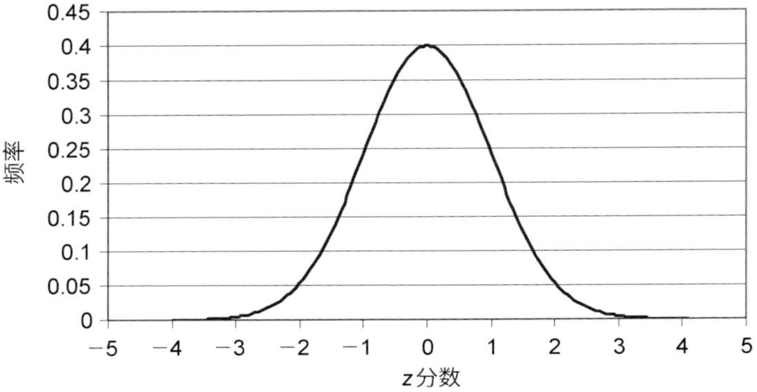

图5.1 均值μ为0,标准差σ为1的标准正态分布的频率曲线

标准正态曲线下的面积代表总体中100%的观察值。累积分布函数(CDF)表示取自总体的随机观察值小于或等于特定值x的概率。遗憾的是,正态分布的CDF无法进行分析评估,但大多数统计资料内都包含标准正态曲线下的面积比例随z分数变化的表(例如,参见Zar,1984;Kachigan,1991;Gilbert,1987)。根据这些表可以很容易地确定CDF值,例如,曲线下68.26%的面积在平均值加减1个标准差内,而95.46%位于平均值加减2个标准差内。

一个相关的分布是t分布。多数情况下总体的均值和标准差往往是未知的,这种情况下使用t分布。它像正态分布一样是钟形对称的,但考虑到方差估计中的不确定性,分布范围稍宽一些。具体的分布曲线形态与估计方差中的自由度(υ,这里$\upsilon = n - 1$)有关。随着自由度数量的增加,t分布曲线形态更接近正态分布。因此,当$\upsilon = \infty$,即为标准正态分布曲线。在大多数统计资料中均可找到t值表(例如,参见Zar,1984;Kachigan,1991;或Gilbert,1987)。

虽然大多数统计检验均基于数据服从正态分布的假设,但大多数环境数据呈对数正态分布。这种环境数据有两个优点,其一是数据总是正值(没有负值),其二是分布在曲线右侧或"尾巴"中更高值的数据(污染热点)比例更少些。Ott(1990)的研究表明一系列连续的随机稀释产生了呈对数正态分布的数据,进一步对为何环境数据经常这样分布提供了物理解释。

根据定义,如果数据的对数服从正态分布,则该数据服从对数正态分布。这意味着对数据进行自然对数转换后,便可以使用适用于正态分布数据的统计方法进行分析。这一点很重要,因为大多数参数方法都要求满足正态性假设或转换数据服从正态分布。对数正态分布的概率分布函数(PDF)公式见式5.10,其中μ_y和σ_y是转换变量$y = \ln(x)$的平均值和标准偏差。

$$f(x) = \frac{1}{x\,\sigma_y\sqrt{2\pi}}\,e^{\frac{(\ln x - \mu y)^2}{2\sigma y^2}} \tag{5.10}$$

正如 Gilbert(1987)所说，数据转换可能会引入一些复杂性。例如，将转换尺度后的估计值(例如，$\bar{y}$ 和 s_y) 转换回原始尺度时，可能存在估计偏差。同时，在转换尺度上的数据也可能较难解释。针对对数正态分布，许多作者已经提出了解决这些问题的方法(Land,1975;Parkin et al.,1988;Singh et al.,1997)。

Gilbert(1987)提出了计算对数正态分布的算术平均值和方差的最小方差无偏估计的公式，但这些公式较为烦琐，涉及无穷级数。我们可以使用以下公式作为替代，得到算术平均值 ($\hat{\mu}$) 和方差 ($\hat{\sigma}^2$) 的估计值：

$$\hat{\mu} = \exp\left(\bar{y} + \frac{s_y^2}{2}\right) \tag{5.11}$$

$$\hat{\sigma}^2 = \hat{\mu}^2(\exp(s_y^2) - 1) \tag{5.12}$$

其中，$\bar{y}$ 是样本均值，而 s_y^2 是对数转换后的样本方差。Gilbert(1987)指出 $\hat{\mu}$ 相对于 μ 仍有较高的偏差，但随着样本量的增加，偏差逐渐为零。

5.2.3 置信区间和假设检验

由上文可知，给定一个分布，我们可以确定从该分布中随机抽取一个值小于或大于特定值(或位于两者之间)的概率。例如，给定一个均值为 10，标准差为 2 的正态分布，我们可以确定随机抽取一个小于或等于 7 的值的概率。利用公式 5.9 计算出 z 分数为(7−10)/2 =− 1.50，并在 z 值表中查找当 z 分数等于−1.5 时对应的单侧概率即 0.066 8。因此，从均值为 10，标准差为 2 的正态分布中随机抽取一个值小于或等于 7 的值的概率为 6.68%。

从均值为 10，标准差为 2 的正态分布中抽取 n 个样本，估计这 n 个样本的平均值的概率。我们可以根据中心极限定理对上述问题做出类似的介绍。例如，从该分布中随机抽取 8 个样本，这些样本的均值大于 11 的概率是多少？使用公式 5.6，我们可以建立一个类似于公式 5.9 的表达式：

$$z = \frac{(\bar{x} - \mu)}{(\sigma_{\bar{x}})} = \frac{(\bar{x} - \mu)}{\dfrac{\sigma}{\sqrt{n}}} \tag{5.13}$$

因此，我们可以利用公式 5.13 计算出 z 分数为 1.41，并查出对应概率为 0.079 3。因此，从平均值为 10 和标准偏差为 2 的正态分布的总体中随机抽取的 8 个样本的均值等于或大于 11 的概率为 7.93%。中心极限定理的重要性告诉我们，n 足够大的情况下，总体并非一定要服从正态分布，才能使估计值有效。

5.2.3.1 置信区间

上述的基本过程也可用于计算总体真实均值的对称置信区间。例如，从 z 值表中,我们知道标准正态曲线下95%的面积在 $z=\pm1.96$ 范围内。如果我们将此 z 值插入公式5.13并求解 $\bar{x}$,可以得到

$$\bar{x}=\mu \pm 1.96\frac{\sigma}{\sqrt{n}} \tag{5.14}$$

因此,从总体中随机抽取的8个样本的均值有95%的概率在8.62和11.38之间(即,10−1.39和10+1.39)。这些上限和下限被称为置信区间,并且在这种情况下可以称为均值的置信水平为95%的置信下限和上限。通常写为

$$P\left\{\mu - 1.96\frac{\sigma}{\sqrt{n}} \leqslant \bar{x} \leqslant \mu + 1.96\frac{\sigma}{\sqrt{n}}\right\}=0.95 \tag{5.15}$$

但是我们永远无法知道给定总体的真实均值和真实标准差(μ 和 σ)。实际上,往往是根据给定的数据集计算出样本均值,再确定置信区间。那么我们可以说,有一个给定的概率,即真实的平均数在这些界限内的某处。因为我们不知道真实的总体标准偏差 σ,所以我们需要利用样本标准偏差 s 来计算置信区间。我们还需利用 t 分布而非正态分布来解释在标准差估计中的不确定性。

$$P\left\{\bar{x} - t\frac{s}{\sqrt{n}} \leqslant \mu \leqslant \bar{x} + t\frac{s}{\sqrt{n}}\right\}=P \tag{5.16}$$

继续我们上面的例子,与自由度为 $v=n-1=7$ 和95%概率水平对应的 t 统计量值是2.365(如果我们的样本包含所有可能的观察值,则对应的 z 分数为1.96)。如果我们假设样本标准偏差为2.0,那么我们说真实均值有95%的概率位于8.33和11.67之间(10−1.67和10+1.67)。根据公式5.16,我们可通过增加样本中观察值的数量来缩小均值的置信区间。因此,置信区间给出了基于数据的估计量的不确定性程度。

确定人们可能接触到的污染程度是司法鉴定项目中的常见问题,也是评估超级基金场地(译者注:是指已被列入国家优先事项清单(NPL)的有毒场地,这是一份由美国环境保护局(EPA)维持的需要清理的污染场地清单)的人类健康风险的必要任务。在这种情况下,我们用95%的置信上限(UCL)来解释与平均浓度估计值相关的不确定性(US EPA,1992)。如前所述,这些数据集通常以零为界且呈右偏态(即,它们趋向于对数正态)。

给定一组浓度数据,可以通过多种方法推导出置信区间和界限。上面提供的置信区间公式是基于样本数据所代表的总体特征的假设。如果这些假设与总体或数据集的特征不一致,则使用这些公式得出的置信界限将不准确;也就是说,未知总体均值在置信区间内的真实概率可能与用来推导置信区间的概率完全不同。尽管使用 z 统计量和 t 统计量推导的置信区间和界限已被广泛使用,但除非目标总体服从正态分布,否则这些区间和界限并不精确。

正如前面提到的,环境数据集通常以零为界且呈右偏态。这些特征与对数正态分布是一致的,并在早期的美国环境保护局(EPA)指南中推荐了一个专门为对数正态分布总体计算置信上限的公式(US EPA,1992)。用此公式推导出的置信上限值通常远高于最高观察值,这限制了它们的实用性。因此,还考虑了其他可以推导环境数据集置信上限的方法。科学期刊上的文章(例如 Schulz and Griffin,1999;Porter et al.,1997)和美国环境保护局文件(例如 US EPA,2002a)中讨论了多种计算偏斜数据集置信上限的方法。EPA 开发了一个名为 ProUCL 的软件包,该软件包可以通过多种方法来计算置信上限,其中许多方法都是非参数性的(即,它们不依赖于总体分布假设)。使用此软件计算的实例表明,当数据集对称时,大多数方法会产生相似的值,并且在小数据集中,使用 t 分布计算的 95%置信上限不受严重偏正态的影响。

表 5.2 中总结的数据集说明了这些要点。这三个数据集均包含了十个观察值,这些观察值的样本平均值为 10,标准差为 2。

表 5.2　来自三个小数据集的 95%置信上限的比较

三个小型数据集的汇总统计量			
统计量	**数据集 1**	**数据集 2**	**数据集 3**
样本均值	10.0	10.0	10.0
样本标准差	2.0	2.0	2.0
样本偏度	0.0	1.2	2.1
5%的正态性检验[a]	正态(p=0.553)	正态(p=0.113)	非正态(p=0.009)
样本对数的均值	2.3	2.3	2.3
对数的标准差	0.20	0.20	0.20
对数偏度	-0.26	-0.88	1.6
对数 5%的正态性检验	对数正态(p=0.535)	对数正态(p=0.244)	非对数正态(p=0.082)
由对应方法推导出的 95%置信上限(UCLs)			
UCL 方法	**数据集 1**	**数据集 2**	**数据集 3**
t 统计量 UCL[b]	11.2	11.2	11.2
H 统计量 UCL	11.4	11.3	11.2
Jackknife UCL	11.2	11.2	11.2
Percentile bootstrap UCL	11.0	11.1	11.1
BCA bootstrap UCL	11.0	11.2	11.5
Bootstrap - t UCL	11.2	11.7	12.1

[a] 使用 JMP 7.0.1 版(SAS Institute Inc.,2007),通过 Shapiro - Wilk 检验对潜在总体分布进行了假设检验。p 值表示如果拒绝原假设的错误概率,并通过比较 p 值和 0.05(百分之五的显著性水平)来解释检验结果。

[b] 所有置信上限均使用 ProUCL 4.1.00 版(US EPA,2010)计算得出,该版本还提供了此表中未列出的其他置信上限方法。

数据集 1 来自一个对称分布的总体,数据服从正态分布,偏度系数[3]为零。数

3　偏度系数是描述分布对称性的一个指标。对称分布,如正态分布,不会偏斜,并且偏斜系数为零。正偏态分布,如对数正态分布,向右尾侧偏斜,且偏度系数大于零。负偏态分布向左尾侧偏移,且偏度系数小于零。

据集 2 来自具有中度正偏斜的总体,数据集的偏度系数为 1.2,服从对数正态分布。[4] 数据集 3 代表正偏度更高的总体,数据集的偏度系数为 2.1,不符合正态分布。

如表所示,使用 t 统计量计算的 95%置信上限对于三个数据集是相同的,这是符合预期的;因为公式 5.14 根据平均值和标准差计算置信上限,而这三个数据集的均值和标准差都是相同的。注意,用于计算 95%置信上限的 t 统计量对应于一个单侧概率。使用 H 统计量计算得出的置信上限(在 USEPA,1992 年建议用于对数正态分布数据)随着偏度的增加而逐渐变小,并接近 t 统计量的计算结果。非参数方法对偏度表现出不同程度的敏感性,但是当数据集对称时,所有方法计算的置信上限均接近 t 统计量的计算结果。

5.2.3.2 假设检验

在假设检验中,通常假设两个值之间没有差异(这称为"原假设",记作 H_0)。只有当我们能够确定这种差异是小概率事件时,才能拒绝该假设。通常,当原假设发生的概率为 5%或更小时,我们的初始假设是错误的。

当我们建立原假设时,建立一个备择假设(用 H_a 表示)也很重要。对于两个样本均值之间没有差异的原假设,即 $H_0: \mu_a = \mu_b$,存在三个不同的备择假设: $H_a: \mu_a \neq \mu_b$;$H_a: \mu_a > \mu_b$;或 $H_a: \mu_a < \mu_b$,选择哪个备择假设的先验决定确定了我们执行单侧检验还是双侧检验。如果我们的检验水平设置为 5%,且我们的备择假设为 $H_a: \mu_a \neq \mu_b$,那么我们不关心 $H_a: \mu_a > \mu_b$ 还是 $H_a: \mu_a < \mu_b$。在这种情况下,我们 5%的检验水平被解释为:当实际 $\mu_a > \mu_b$ 时,拒绝原假设的概率为 2.5%;当实际 $\mu_a < \mu_b$ 时,拒绝我们原假设的概率同为 2.5%,这称为双侧检验。然而,如果我们真的想知道现场的平均浓度是否大于平均背景水平,即 $\mu_a > \mu_b$,并且我们愿意接受 5%错误地拒绝原假设的概率,那么我们将进行单侧检验。

在做出接受或拒绝原假设的决定时,可能会出现两种类型的错误:第一类错误和第二类错误。当原假设被拒绝(我们不能推断出这些值来自相同的总体),而实际上它们来自相同的总体时,便发生了第一类错误。当我们接受均值间没有差异的原假设而实际上存在差异时,就会发生第二类错误。

犯第一类错误的概率等于显著性水平 α(Alpha)。α 是由调查者选择的值,通常设置为 0.05。在 α 设为 0.05 的情况下,当均值间没有差异的原假设正确时,我们有 5%的概率拒绝原假设。犯第二类错误的概率等于 β(Beta),即检验效能。一个统计方法的检验效能更难确定。它是一个关于 alpha、有关均值间差异的标准误、以及自由度的函数(例如,请参见 Zar,1984)。

4 假设检验表明数据集 1 和 2 与正态分布和对数正态分布都一致,因为当数据集较小时,这些检验的功能不足以检测出这些分布的大量偏差。

检验效能常常被忽略，这可能导致对决策的错误信任。例如，如果 $\alpha = 0.05$ 和 $\beta = 0.5$，即原假设为真的情况下，有 5% 的概率拒绝原假设，而如果原假设为假，有 50% 的概率接受原假设。因此，一些统计学家认为当拒绝原假设时是唯一有意义的结论（例如，参见 Oakes，1986；Reckhow et al.，1990）。如果原假设不能被拒绝，则原因可能是检验差异的效能不足（例如，样本量太小或数据具有较高的变异性）。因此，基于太少观察值的设计不充分的检验可能会出现接受原假设的偏差。

5.2.3.3 正态性，代表性和独立性

以上所述的经典假设检验和置信区间基于数据集和潜在总体特征相关的假设。如果不满足这些假设，假设检验和置信区间的结果将不准确。在环境数据集中，偏离总体假设的情况非常常见。例如，使用 z 和 t 统计量的方法基于总体服从正态分布的假设。如前所述，环境数据集通常以零为界并向右偏斜；总之，它们似乎与正态分布不一致。但是，即使在不满足正态性假设的情况下，也可以使用基于 z 和 t 统计量的方法来估计和比较总体均值，尤其是在样本量很大的情况下。中心极限定理证明了这种做法的合理性，该定理指出随着样本量的增加，样本均值的分布接近正态分布。或者，如第 5.3.1.3 节和 5.3.1.6 节介绍的非参数检验方法也可以使用；即使潜在总体不服从正态分布，这些检验也是有效的。在 5.3.1.1 节和许多统计书籍中讨论了可用来检验一个数据集是否服从特定类型的分布（如正态或对数正态）的方法（例如 Zar，1984；Gilbert，1987）。

在环境工作中，经常会忽略关于数据集特征的假设。基于 z 和 t 统计量的参数方法以及本章后面介绍的常用的非参数替代方法都需要假设数据集由 n 个独立的观察值组成，这些观察值代表了一个潜在总体。在统计学文献中，有时将该假设表述为所有观察值都必须是独立且同分布的随机变量。这一假设确保了数据集中包含的每个观察值都提供了关于潜在总体相同数量的信息。由于种种原因，许多环境数据集并不满足该假设。

导致该问题的一个常见原因是有偏差的采样设计。许多环境数据集被收集，用来鉴定或表征受到或可能受到化学品泄漏影响的地区的情况。所关注的化学品的空间分布通常包括热点（即浓度相对较高的小区域），当调查目的是定位热点时，在结果数据集中通常会高估浓度最高的区域。当数据集被用于其他目的时，例如描述某一地点或暴露区域的平均浓度，该地点或暴露区域远远超出了受化学品泄漏影响的区域，则该数据集对于所关注总体的代表性可能低于抽样地点是随机选择的数据集。抽样设计中的偏差问题将在 5.3.1.6 节中详细讨论。

另一个可能导致环境数据集与基本假设不一致的特征是使用从相同或间隔很近的采样点收集多个观察值。举一个极端的例子，考虑到许多环境采样程序都包含现场重复采样。来自两个重复采样的数据不应作为独立的观察值，因为与在一

定距离之外的独立观察值相比,采样位置的第二个观察值通常提供的有关潜在总体的信息要少得多。

这个问题通过使用重复采样的平均值来表示它们的共同采样位置,可以很容易避免这个问题(通常会忽略一个事实,即期望所得到的平均值比从其他位置获得的单个观察值更准确)。类似地,当数据集包含来自同一井眼的多个深度的观察值时,对于每个采样位置,使用最能代表目标特征的一个数值(例如,平均值或最大值)可对独立观察值的数量提供更真实的估计。

虽然我们很容易注意到从重复样本或多个深度间隔获得的数据间的相关性,却经常忽略在相邻采样位置或同一采样点时间序列上的观察值间的相关性。环境变量通常在大于相邻采样点的距离上表现出自相关。如果这是真的,则一个采样点数据的信息将提供其他相邻采样点数据的信息。同样,同一井中地下水浓度随时间的变化可能是自相关的;一个采样事件中的浓度信息可以提供有关下一采样事件中浓度的信息。由于空间或时间上的自相关,所关注总体的独立观察值的数量可能大大低于可用于统计分析的样本量。Gilbert(1987)的第 11.12 节讨论了推导相关数据集置信区间的方法。除非解决自相关的影响,否则基于自相关数据集得出的置信区间和假设检验都将可能提供比数据实际中过多的确定性。

5.2.4 处理未检出值

环境数据集通常包含浓度低于分析检出限(LOD)的样本,称为未检出值。检出限或方法检出限(MDL)由美国环境保护局定义为"能以 99%置信度检出并报告分析物浓度大于零的物质最低浓度"[5]。通过测定多个含有低浓度(在预期检出限的 1 至 5 倍之内)分析物的试剂水溶液获得一组观察值,MDL 大约是观察值标准差的三倍左右[6]。此统计定义最大限度地减少了假阳性,但却不能解决假阴性的问题。当分析物实际浓度接近 MDL 时,有 50%的概率可以检测出(Georgian 和 Osborn,2001)。

一个相关的术语,定量限(LOQ)或应用定量限(PQL),被定义为"在常规实验室操作条件下,测试结果可以达到指定的精度和准确度范围的最低水平。"[7]实验室设定的 PQL 浓度通常是 MDL 的 3 到 10 倍,从而提高了实验室报告的浓度的可信度。MDL 和 PQL 之间的浓度通常由实验室报告,但标记为估计值。

包含低于 LOD 的样本的数据集被称为左删失,这在环境损害司法鉴定调查中是一个挑战。在大多数情况下,未检出值提供了有用的信息,这些信息不应该被丢

5 40 CFR 第 136 部分,附录 B。

6 通常测定 7 个重复,系数 3 对应于 $n=7$,$t_{0.99}=3.143$ 的 t 统计量。

7 该术语在 1985 年 11 月 13 日规则制定(50 FR 46906)的序言中被定义。

弃或忽略,例如,当利用污染物浓度的估计值来区分羽流或比较相关采样点与背景水平浓度时。

有多种方法可以计算左删失数据集的汇总统计量(例如均值和标准差)。这些方法分为置换方法(例如,将未检出值赋值为零、检出限的一半或检出限)、需要了解潜在总体分布的方法,例如概率图法和最大似然估计(MLE)法,以及依赖数据等级的非参数方法。

从计算角度来看,最简单的方法是用替代值(例如检出限或检出限的一半)替换所有的未检出值。该方法虽易于执行,但它会产生对总体参数的有偏估计,通常被认为不如其他方法(Helsel,1990;Helsel,2005a;Hewett and Ganser,2007)。当数据集很大且符合总体分布假设时,概率图法,也称为顺序统计回归(ROS)方法,和MLE 方法可对总体参数进行无偏估计(Helsel,1990)。但是,如果假设分布被误判(这在较小的数据集中更可能发生),那么 ROS 和 MLE 方法可能会产生错误的结果。

对数概率分析这类的 ROS 方法作为置换方法的替代在早期就很受欢迎(Helsel and Cohn,1988;Travis and Land,1990),但是最近这些方法被证明不如MLE 和非参数 Kaplan Meier(KM)方法。在对数概率分析中,假设潜在总体服从对数正态分布,并在概率尺度上制图时会产生一条直线。未检出值被用于百分位数估计,然后绘制出一条最佳拟合直线。最后可以从回归线斜率的中位数和反对数中得到数据的几何平均值和标准偏差(Travis and Land,1990)。

最大似然法(MLE)使用一个迭代过程来估计分布的参数,该分布最大限度地提高了观察到检出值的概率和低于检出限的数据比例。Gilbert(1987)提出通过使用查找表的 MLE 方法来估计左删失对数正态分布的均值和标准差的公式,但是大多数商业统计软件包都可以直接执行此迭代过程。MLE 可以处理多个检出限,并以似然比检验的形式用于假设检验(Helsel,2006)。

KM 技术最初是为处理医学和工业领域中右删失的生存数据而开发的,此后被用于处理左删失的环境数据。该技术相对简单,不需要任何分布假设,但是必须在分析之前将数据转换为右删失的数据集。后来人们经常发现 KM 技术是处理左删失数据的最佳方法,特别是对于有多个检出限的数据集(Clarke,1998;Singh et al.,2006;Antweiler and Taylor,2008;Helsel,2010;Leith et al.,2010 年)。但是,对于只有一个检出限的数据集不推荐使用此方法(Helsel,2009;Hewett and Ganser,2007)。KM 统计量可以使用 Helsel(2012)在线提供的 Excel 电子表格(KMStats.xls)生成,也可以使用 EPA 在网上免费提供的统计软件包生成。[8]

8　ProUCL 4.1.00 版下载链接 http://www.epa.gov/osp/hstl/tsc/software.htm;调查员 1.00.01 版下载链接 http://www.epa.gov/esd/databases/scout/abstract.htm

许多研究评估了各种方法的优点(例如 Clarke,1998;Singh et al.,2006;Hewett and Ganser,2007;Antweiler and Taylor,2008;Leith et al.,2010),但是争议仍然存在,没有一种方法可以被推荐为所有情况下的首选方法。每种方法的表现取决于样本量,删失数据的比例,检出限的数量以及数据的偏度。尽管置换方法在计算上很简单,但是其他的替代方法展示了更优秀的性能,并且现在通过现成的软件包可以轻松实现。

5.3 在环境损害司法鉴定中的应用

5.3.1 比较样本均值

将现场收集的数据与一组背景观察值进行比较,可以证明设施是否会对现场造成一定的污染。在比较两组数据时,一定要记住,想要证明两组数据不同是不太可能的。相反,我们只能评估它们来自同一总体的可能性。

5.3.1.1 *t* 检验

最常见的用于比较样本的检验可能是 t 检验。t 检验由 William S. Gosset 于 20 世纪 90 年代开发,用于监测吉尼斯啤酒厂的啤酒质量。啤酒厂为防止泄露任何商业秘密,不允许员工以自己的名字出版,故戈塞特(Gosset)以笔名“学生”(Student)发表了该方法。t 检验是一种参数化方法,如前所述,这意味着该检验假设了某种总体分布。对于 t 检验(和大多数参数方法一样),假设每一个样本均来自正态分布。同时,还假设了样本中的观察值是从分布中随机抽取的,并且两个抽样总体的方差相等。(t 检验还可以对一个数据集和单个值进行比较,例如,将数据集的平均值与一些无污染水平进行比较。)

通过 t 检验比较均值时,基本假设是样本均值之间没有差异。换句话说,我们建立了一个均值间的差异为零的零假设,即 $H_0: \mu_1 = \mu_2$ 或 $H_0: \mu_1 - \mu_2 = 0$。在大多数情况下,备择假设是均值不相同,即 $H_a: \mu_1 \neq \mu_2$。检验统计量为

$$t = \frac{\bar{x}_1 - \bar{x}_2}{\dfrac{s_1}{\sqrt{n_1}} + \dfrac{s_2}{\sqrt{n_2}}} \tag{5.17}$$

如果总体方差相等(正如 t 检验中假设的那样),那么我们可以计算出合并方差 s_p^2 和合并标准差 s_p,即s_p^2 的平方根。

$$s_p^2 = \frac{(n_1 - 1)s_1^2 + (n_2 - 1)s_2^2}{n_1 + n_2 - 2} \tag{5.18}$$

方差比检验或 F 检验可用于评估方差实际上是否相等，即两个样本是否有可能来自相同方差的总体。我们假设 $H_0: \sigma_1^2 = \sigma_2^2$ 并设定出现第一类错误的概率为 α。F 统计量是通过简单地将较大方差除以较小方差来计算的。然后，将该比率与对应的 $F_{\alpha,v1,v2}$ 的列表值进行比较，该列表是根据给定的 α 和每个数据集的自由度确定的（在大多数统计资料中都可以找到 F 值表）。如果我们接受零假设并得出结论：方差没有差异，则可使用合并标准偏差来计算 t 统计量，正如公式 5.19 所示：

$$t = \frac{\bar{x}_1 - \bar{x}_2}{S_p\sqrt{\frac{1}{n_1} + \frac{1}{n_2}}} \tag{5.19}$$

表 5.3 提供了一个示例数据集，用于演示 t 检验的应用。表 5.4 中列出了汇总统计量。数据包括 25 个样点收集的土壤中铅含量的观察值（现场数据）和 25 个样点外收集的观察值，样点外的观察值代表背景观察值（背景数据）。

表 5.3　用于演示 t 检验的示例数据集

现场浓度（ppm）	背景浓度（ppm）	现场浓度（ppm）	背景浓度（ppm）
353	86	581	263
300	111	762	171
288	306	315	176
459	111	406	266
345	346	279	146
324	142	504	155
473	73	233	81
339	217	299	336
236	149	371	106
310	417	452	80
359	111	384	101
420	584	480	178
357	68		

表 5.4　表 5.3 中数据的汇总统计量

	现场数据	背景数据
样本量	25	25
最小值	233.4	67.8
最大值	761.8	583.6
样本平均值	385	191
样本差异	13 515	15 925
样本标准差	116	126
平均标准误	23.3	25.2

数据的频率分布如图5.2所示。x轴上的值表示直条范围的上限。因此,第一列覆盖从0到75的值,第二列包含从76到150的值,等等。

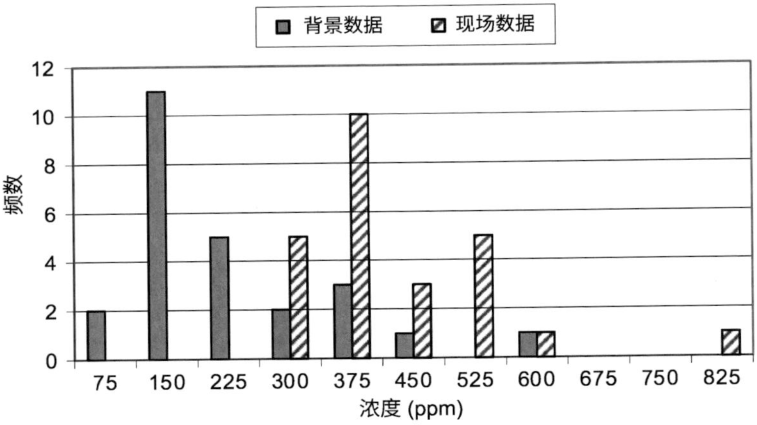

图5.2 表5.3中所示数据的频数分布

在进行t检验之前,应检验数据是否满足正态性和均方差性的假设。如图5.2所示,两个数据集似乎均是向右偏斜的分布,类似于对数正态分布。美国环境保护局(1989)描述的变异系数检验提供了一种简单快速的方法,用以检验数据集中的极端非正态性。变异系数等于标准差除以平均值。当值大于1.0时,表明数据不是正态分布的。在此示例中,两个变异系数均小于1.0,因此无法证明极端非正态性。

χ^2(卡方)拟合优度检验[9]是检验数据集是否符合特定分布的更强大的方法[9]。如果数据集符合某个已知分布(例如正态,对数正态或其他特定分布),那么卡方检验将样本数据集中的观察频数和期望频数进行比较得出结果。χ^2卡方统计量的计算公式为

$$\chi^2 = \sum_{i=1}^{k} \frac{(N_i - E_i)^2}{E_i} \tag{5.20}$$

其中,k是直条范围的数量,N是观察到观察值落在指定直条范围内的数量,E是期望观察值落入该范围内的数量。如果观察频数与期望频数之间没有差异,则χ^2的值将为零。随着χ^2值的增加,我们越来越不确定分布是否相似。对于一个给定的α水平,且自由度$v=k-3$,[10]如果χ^2统计值超过列表值(在大多数统计资料中都可

9 请注意,还有其他检验分布假设的方法,例如Kolmogorov Smirnov检验和Wilk Shapiro检验(请参见Gilbert,1987;Zar,1984)。

10 为了测试分布的拟合度,卡方检验的自由度等于$k-p-1$,其中p是用于定义分布的参数数量。在这个例子中,我们使用$k-3$是因为在将数据转换为z分数时,我们失去了两个自由度来估计均值和标准差。因为落在给定区间范围内的概率之和必须等于1,故我们失去了第三个自由度。

以找到)，则我们必须拒绝分布间无差异的原假设。

应选择直条范围的数量，使 E 至少为 4。因此，对于 $n = 25$，k 应当小于 $25/4 = 6.25$，因此我们将 $k = 6$。手动执行此设置的最简单的方法是选择直条范围以至于 $E_1 = E_2 = E_3$。因此，当 $n = 25$，$k = 6$ 时，E 等于 $25/6 = 4.17$。美国环境保护局(1989)有一个适合正态分布的直条范围列表，如果第一步将数据转换为 z 分数，该表可适用于任何数据集。表 5.5 中列出了 $k = 6$ 的直条范围，以及现场和背景数据集的观测频数。

表 5.5 针对表 5.3 数据集的正态性 χ^2 检验中的观察和期望频数

直条范围(k=6)	期望频数(E)	观察频数(N)现场	观察频数(N)背景
<−0.97	4.17	2	[illegible]
−0.97—−0.43	4.17	7	9
−0.43—0	4.17	7	7
0—0.43	4.17	2	1
0.43 — 0.97	4.17	4	3
> 0.97	4.17	3	4

使用公式 5.20，计算得到现场和背景数据集的 χ^2 统计量分别为 6.43 和 12.7。与 95% 置信水平（$\alpha = 0.05$）和 3 个自由度对应的 χ^2 的列表值是 7.815。因为背景数据的 χ^2 统计量超过了列表值，所以我们不能得出数据来自正态分布结论。

当数据与正态数据显著不同时，可以通过取每个观察值的自然对数来“标准化”数据。这是一种常见的数据转换，因为大多数环境数据集可用对数正态分布充分描述。表 5.6 列出了对数转换后的数据的汇总统计量，以及 用于 χ^2 检验的观察和预期频数。

表 5.6 表 5.3 中数据在自然对数转换后的汇总统计信息

	现场数据	背景数据
样本量	25	25
最小值	5.45	4.21
最大值	6.64	6.37
样本平均值	5.92	5.08
样本方差	0.075 1	0.345
样本标准差	0.274	0.537
平均标准误	0.054 8	0.117

请注意，如果对转换为 z 分数的数据进行检验，表 5.7 中的直条范围和期望频数保持不变。对数转换后的现场数据集和背景数据集的 χ^2 统计量分别为 1.16 和 2.11。与 95% 置信水平和三个自由度对应的 χ^2 的表值与之前相同，为 7.815。

表 5.7 针对表 5.3 中数据集自然对数转换后的数据，对其正态性的 χ^2 检验中的观察和期望频数

直条范围($k=6$)	期望频数(E)	观察频数(N)现场	观察频数(N)背景
<-0.97	4.17	5	3
-0.97—-0.43	4.17	5	6
-0.43—0	4.17	4	5
0—0.43	4.17	3	3
0.43—0.97	4.17	3	5
>0.97	4.17	5	3

现场和背景数据的 χ^2 统计量均小于表值，我们可以得出结论，对数转换后的数据集与正态分布没有显著差异。自然对数转换后的数据的频数分布图见图 5.3。通常建议对数据进行绘图，以便对数据集有所了解。现场数据显然与正态分布较相似；背景数据仍与正态分布有些偏差，但根据 χ^2 检验结果并没有显著差异。

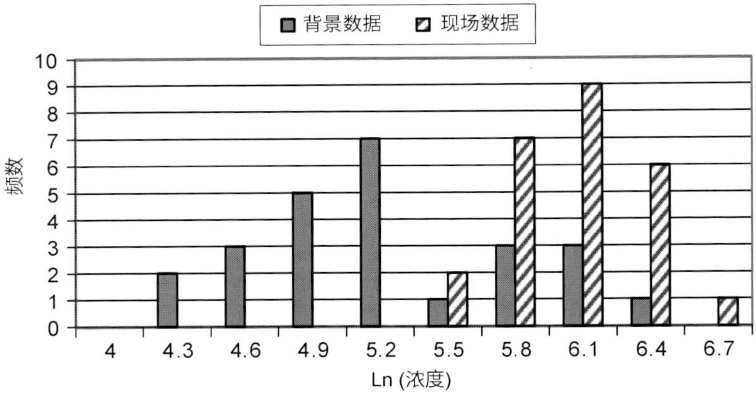

图 5.3 对数转换后表 5.2 中所示数据的频率分布

对数转换后数据集中的方差比率为 0.345/0.075 1 = 4.59。这个比率可以与分子分母的自由度均为 $n-1=24$ 的 F 表值 $F_{.05,24,24}=2.27$ 进行比较，因为方差比率超过了 F 表值，所以我们不能得到方差在 95%置信水平上方差相等的结论，正如图 5.3 所示。这种两个数据集与正态分布没有显著差异，方差却不相等的情况称为贝伦斯-费希尔问题（Zar, 1984）。解决这个问题的一种方法就是将 Cochran 近似到 Behrens - Fisher 问题（Ross, 1997; Zar, 1984）。t 统计量是根据式 5.21 计算的。

$$t=\frac{5.92-5.08}{\dfrac{0.274}{\sqrt{25}}+\dfrac{0.587}{\sqrt{25}}}=\frac{0.84}{0.172}=4.88 \tag{5.21}$$

但是,列表值是根据式 5.22 为组合数据集计算的具有自由度的 t 值。

$$v = \frac{\left(\frac{s_1^2}{n_1} + \frac{s_2^2}{n_2}\right)^2}{\frac{\left(\frac{s_1^2}{n_1}\right)^2}{n_1 - 1} + \frac{\left(\frac{s_2^2}{n_2}\right)^2}{n_2 - 1}} \tag{5.22}$$

在这种情况下,$v = 17.7$(或四舍五入到下一个最小整数时为 17)。$\alpha = 0.05$ 和 17 个自由度对应的列表值为 2.11。因为计算值 4.88 超过列表值 2.11,我们必须拒绝原假设,并得出结论,两个均值间观察到的差异为偶然发生的概率低于 5%。这是现场铅浓度高于背景水平的有力证据,表明设施确实影响了现场土壤。此外,在我们的结论中,t 检验允许我们通过对置信度的定量估计来得出这个结论。

5.3.1.2 配对 t 检验

如果有成对的数据集,例如顺风/逆风观察值,则可以使用配对 t 检验。在配对 t 检验中,零假设是每个数据对(μ_d)之间差异的总体平均值等于零,即 H_0:$\mu_d = 0$,其中 d_i 是第 i 个数据对的差异,$\bar{d}$ 为每组数据对间差异的样本均值。配对 t 检验假设 d_i 的值服从正态分布。检验统计量计算式为

$$t = \frac{\bar{d}}{\frac{S_d}{\sqrt{n}}} \tag{5.23}$$

其中,

$$S_d = \sqrt{\frac{\sum (d_i - \bar{d})^2}{n - 1}} \tag{5.24}$$

将计算出的 t 统计量与 $n-1$ 个自由度的 t 值表进行比较。如果计算值超过列表值,则拒绝原假设。

表 5.8 展示了在 7 月、8 月和 9 月期间,在加利福尼亚某废弃金矿现场收集的每日顺风/逆风向中总悬浮颗粒(TSP)的观察值。每组数据的顺逆风向观察值之差应反映出该取样点的贡献。利用三个月顺风向和逆风向的观察值绘制的散点图(图 5.4)展示了顺风 TSP 浓度通常大于逆风观察值。

图 5.5 为顺风向和逆风向的浓度差异的频率分布图。请注意,第一个直条包含-20 到 0 范围内的数据,并表示顺风向浓度超过逆风向浓度的数据对。

表 5.8 7 月、8 月和 9 月在加利福尼亚州以前的金矿开采场所的顺风向/逆风向 TSP 浓度(μg/m³)

天	七月		八月		九月	
	顺风	逆风	顺风	逆风	顺风	逆风
1	56	116	59	112		
2	64	78			84	68
3	73	86			75	56
4			53	85	78	69
5			66	165	82	53
6			68	167		
7	36	53	58	145		
8	45	98	56	95	166	56
9	72	115			105	73
10	62	70			84	63
11					90	39
12					180	63
13						
14	51	147	89	148		
15	63	171	75	161	87	38
16	56	157			105	46
17	66	150			35	38
18	47	125	48	78	67	36
19			55	53		
20			53	137		
21	125	113	55	103		
22	51	88	54	76	123	36
23	50	50			93	108
24	32	118			45	15
25	41	169	61	75	69	33
26			65	102	83	36
27			61	55		
28	53	166	62	82		
29	59	75	57	68	41	34
30	86	76				

我们可以再次使用χ^2 检验来检验正态性。使用公式 5.20 并将 57 对差异观察值分到八个区间,计算出的χ^2 统计量为 6.30,与显著性水平 $\alpha = 0.05$ 和 5 个自由度对应的列表值 11.07 进行比较。因此,我们可以接受原假设,即测量数据的差异值分布与正态分布之间没有差异。现在,我们可以进行配对的 t 检验。57 个数据对顺逆风向之间差异的平均值为 45.2,标准差为 38.2。因此,我们可以使用式 5.26 计算出 $t=8.94$。

相比之下,列表值 $t_{.05,56} = 2.003$,因此我们拒绝原假设,即 45.2 的平均差值与零没有显著差异。我们做进一步分析,使用公式 5.16 计算关于平均差异的置信区间。

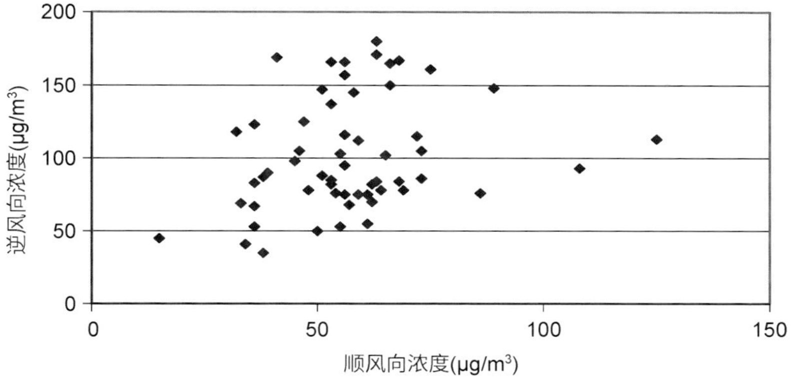

图 5.4 7 月、8 月和 9 月顺风向/逆风向 TSP 观察值的散点图

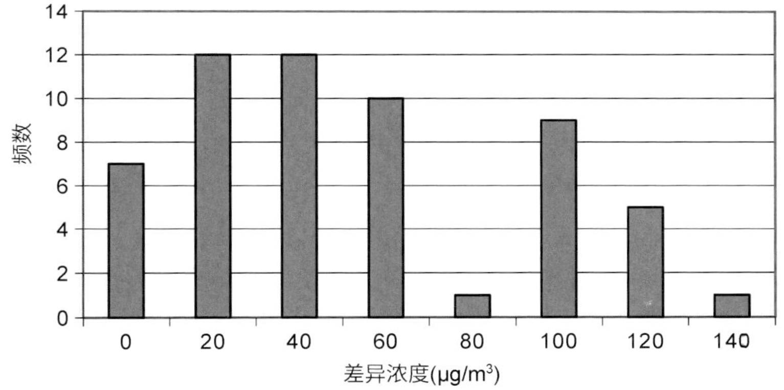

图 5.5 顺风向和逆风向浓度差异的频数分布

$$P\left\{45.2 - 2.003\frac{38.2}{\sqrt{57}} \leqslant \mu_d \leqslant 45.2 + 2.003\frac{38.2}{\sqrt{57}}\right\} = 0.95 \tag{5.25}$$

因此，七月、八月和九月的真实平均差值有 95% 的概率介于 35.1 至 55.3 μg/m³之间。请注意，这个例子中我们仅选用了一年中三个月的数据，还可以对所有可用数据执行此分析。如果调查是为了支持毒物污染案件，则可以分析暴露时间。在某些月份内的暴露量也可能更大，可以使用方差分析方法检验该假设。

5.3.1.3 威尔科克逊秩和检验

对于无法转换为近似正态分布的数据集，我们可以使用非参数方法，例如威尔科克逊秩和检验（Wilcoxon's Rank Sum test）（也称为 Mann Whitney U 检验）。非参数检验不要求数据服从某些基础分布。Wilcoxon 秩和检验用于检验的原假设为两个数据集来自相同的分布(无论是什么分布)或来自具有相同集中趋势的相似分布。

检验的方法是在保持两个样本的数据点的一致性的前提下,将两个样本的数据点进行合并,从低到高(或从高到低)进行排序。结点(具有相同值的数据点)赋予了它们在没有被平分的情况下会被赋予的平均等级。Gilbert (1987) 指出, Wilcoxon 秩和检验的优势在于它可以通过将未检出值视作结点,以此来处理适量的未检出值。

计算每个样本的秩和(R_1 和 R_2),并选择较小的秩和进行比较 (n_R 是与秩和较小的样本相关联的数据点的数量, n_1 或 n_2)。对于样本量 $n<20$ 的样本,R 可以直接与 R 值表进行比较(例如,参见 Langley,1970)。对于具有 20 个以上数据点的样本,可以通过计算 Z_{rs} 来确定 R 的显著性。

$$Z_{rs} = \frac{R - \dfrac{n_R(n_1 + n_2 + 1)}{2}}{\sqrt{\dfrac{n_1 \cdot n_2(n_1 + n_2 + 1)}{12}}} \tag{5.26}$$

因为当 n 较大时 R 是近似正态的,所以我们实际上要做的是计算类似于式 5.9 的标准正态差,其中

$$Z_{rs} = \frac{R - E(R)}{\sqrt{Var(R)}} \tag{5.27}$$

R 的期望值, $E(R)$ 计算公式为

$$E(R) = \frac{n_R(n_1 + n_2 + 1)}{2} \tag{5.28}$$

并且使用公式 5.29(Reckhow et al.,1990)估算方差 $Var(R)$。

$$Var(R) = \frac{n_1 \cdot n_2(n_1 + n_2 + 1)}{12} \tag{5.29}$$

Gilbert(1987)还提供了当存在相持时,计算 Z_{rs} 的公式:

$$Z_{rs} = \frac{R - \dfrac{n_R(n_1 + n_2 + 1)}{2}}{\left\{\dfrac{n_1 n_2}{12}\left[n_1 + n_2 + 1 - \dfrac{\sum_{j=1}^{g} t_j(t_j^2 - 1)}{(n_1 + n_2)(n_1 + n_2 - 1)}\right]\right\}^{1/2}} \tag{5.30}$$

其中,g 是相持的数量, t_j 是第 j 个组中的相持数据的数量。

在表 5.3 的示例数据集中，较小的秩和为 396，且当 $t=3$ 时存在一组相持。通过公式 5.30 计算的 Z_{rs} 为 -4.69，对应于从同一基础分布中得出两个数据集的概率低于 0.001[11]。这个检验结果证实了我们先前基于 t 检验的结论是正确的。

希格斯等(1999)使用秩和检验比较在学校观测到的土壤铅污染的模式。作者发现，市区内学校的土壤铅含量比市区外学校的土壤铅含量高得多，这与早期发现的铅倾向于在最大城市中心聚集的结果一致。

5.3.1.4 删失数据集的比较方法

许多基于 Wilcoxon 秩和(WRS)检验的非参数方法已经被用于比较删失数据集的集中趋势。将删失值作为相持处理将降低 WRS 检验的统计效力(US EPA，2006 年)；降低的程度受删失数量水平和程度的影响。当数据集仅在一个检出限删失且删失数据比例适中时，可以将删失数据视为相持而无需修改地使用 WRS 检验(Gilbert，1987)。比较多个检出限存在相持的数据集可以使用公式 5.30 计算 WRS 检验统计量(Gilbert，1987 年)。美国环境保护局统计指导文件(US EPA，2006)中也介绍了这个方程，该文件建议有多个检出限的情况下，进一步了解 Gehan 秩的潜在用途。Helsel(2005b)解释了 Gehan 检验和其他替代方法，包括 WRS 检验的一个通用版本。

表 5.9 中总结的计算结果表明，当使用多种非参数方法评估删失数据集代表的总体之间的集中趋势差异时，删失可能导致这些非参数方法提供的检验统计值之间存在实质性差异。表中的 Z_{rs} 值是通过对表 5.3 中的删失数据集应用三种方法产生的。当两个数据集均未删失数据时(案例 1)，三种方法都提供了相同的值。当两个数据集都在相同限删失数据时(案例 2 和 3)，WRS 检验产生的 Z_{rs} 值比其他两种方值更接近零[12]。当删失数据的比例为中等时(案例 2 中为 40%)，WRS 检验与其他两种方法之间的差异较小，而当删失数据的比例较高时，WRS 检验与其他两种方法之间的差异较大(在案例 3 中为 78%)。当两个数据集在不同限删失数据时，Gehan 检验产生的 Z_{rs} 值可能比其他两种方法更接近零(如案例 5 所示，其中两个数据集删失数据比例相似)或远离零(如案例 4 所示，其中删失数据的比例相差很大)。总体而言，在五个案例中，随着删失数据所占的比例和删失水平数量的增加，Gehan 检验所产生的值更接近于零，同时对案例 4 和案例 5 的值进行比较表明，多重水平的删失对其他两种方法的影响很难预测。因此，表 5.9 中的检验统计值表明，在比较多水平上大量删失数据的数据

11 对于双侧检验，如果 $Z_{rs} \leq -Z_{1-\frac{\alpha}{2}}$ 或 $Z_{rs} \geq Z_{1-\frac{\alpha}{2}}$，则零假设被拒绝。

12 Z_{rs} 值接近零表示集中趋势差异不明显；如果 Z_{rs} 值距零较远，则表明集中趋势的差异更为明显。

集时,应该使用 Gehan 检验。

表 5.9 由非参数方法产生的检验统计值(Z_{rs}),用于比较由删失数据集表示的总体平均值

案例编号	用于审查数据集的检测限	每个数据集中的删失值比例	用平均秩计算相持的 Wilcoxon 检验的检验统计量	用 Gilbert 公式计算相持的 Wilcoxon 检验的检验统计量	Gehan 检验的检验统计
1	没有针对 OS 没有针对 BG	没有针对 OS 没有针对 BG	-4.69	-4.69	-4.69
2	OS 为 250 ppm BG 为 250 ppm	2 之 25,适用于 OS 18(共 25)	-4.34	-4.48	-4.48
3	OS 为 400 ppm BG 为 400 ppm	OS 中的 16 之 25 BG 的 25 之 23	-1.7	-2.34	-2.34
4	对于 OS 为 250 ppm 对于 BG 为 400 ppm	2 之 25,适用于 OS BG 的 25 之 23	-1.87	-1.97	-2.27
5	OS 为 400 ppm,BG 为 250 ppm	OS 中的 16 之 25 18(共 25)	-5.27	-5.49	-2.22

OS 是表 5.3 中的现场数据集。
BG 是表 5.3 中的背景数据集。

5.3.1.5 方差分析(ANOVA)

如果我们想比较两个以上的样本,例如,在逆风顺风向例子中的 7 月,8 月和 9 月,我们可以执行多个 t 检验。但是,随着待测样本量的增加,可能的比较数量也会变大。例如,比较五个样本需要 $5(5-1)/2=10$ 次 t 检验;10 个样本将需要进行 45 次 t 检验。而且,当我们进行更多次检验时,即使每次检验都设定 0.05 的显著性水平,我们也会增加犯第一类错误的概率。例如,如果在 0.05 的显著性水平上进行 20 个独立的 t 检验,则由于偶然性而观察到至少一个显著结果的概率为 $1-(0.95)^{20}=64\%$。

方差分析(ANOVA)是一种可用于比较两个或多个样本均值的方法。如果只有两个样本,则 ANOVA 与两个样本的 t 检验相同。这是一种参数估计方法,因此也需要之前所有的假设。假设数据是从正态分布的总体中随机抽取的,并且样本方差相等。

单因素方差分析方法,顾名思义,涉及一组观察值的变异性或方差的分析。该测试通常是根据实验数据进行的,这些数据旨在测试各种处理对单个变量结果的影响(因此是单因素)。在这种情况下,原假设是每个处理组的均值相同,即 H_0:$\mu_1=\mu_2=\mu_3$ 等。在我们的示例中,我们可以验证这样的假设,即 7 月、8 月和 9 月之间的设施运行情况没有明显的差异,不会影响到 TSP 对环境空气的贡献。为了检验该假设,我们要确定月份之间的变异性是否大于每个测量月份内的变异性。差异度量按月分组,总结于表 5.10。

表 5.10 按月分组的顺风逆风向差异观察值的汇总统计信息

	七 月	八 月	九 月
最小值	-12	-6	-15
最大值	128	99	117
均 值	51.65	45.11	38.52
方 差	2 013	1 155	1 238
样本量	20	18	19

计算总体方差的两个估计值。一个估计值为组内方差,也称为误差方差。它是每个组内方差的简单汇总,类似于公式 5.18 中描述的合并方差。在这种情况下,合并方差等于:

$$\text{误差方差} = \frac{19(2\,013) + 17(1\,155) + 18(1\,238)}{19 + 17 + 18} = 1\,484 \tag{5.31}$$

另一个估计值称为组间方差,是通过比较所有数据点的每个组的平均值 $\bar{x}_i$ 和总体平均值 $\bar{x}$ 来估计的,其中 k 是处理组的数量。

$$\text{组间方差} = \frac{\sum_{i=1}^{k} n_i (\bar{x}_i - \bar{x})^2}{k-1} \tag{5.32}$$

在我们的示例中,组间方差等于

$$\frac{20\,(51.65 - 45.2)^2 + 18\,(45.11 - 45.21)^2 + 19\,(38.52 - 45.21)^2}{2} = 840 \tag{5.33}$$

如果原假设为真(即,$H_0: \mu_1 = \mu_2 = \mu_3$),则组间方差应基本上等于组内方差,以及它们的比值(组间/组内)应该接近于 1。如果均值不相等,则组间方差将大于组内方差,并且比率将超过 1。单侧方差比检验和自由度为(k-1)和(N-k)的 F 值检验用于比较方差。之所以进行单侧检验,是因为我们的备择假设是,组间的方差大于组内的方差,而不仅仅是不同的。

在我们的示例中,计算出的 F 统计量等于 840/1 484=0.57。因此,组间方差小于组内方差。在显著性水平 $\alpha = 0.05$,分子为 2 个自由度和分母为 54 个自由度的 F 表值是 3.17,因此我们接受均值之间无差异的原假设。

在进行方差分析时,惯例是构造一个 ANOVA 表,其中方差分为两部分:平方和与自由度(DF)。组间方差等于公式 5.32 中的分子,自由度等于分母。组内方差在公式 5.34 被定义。

$$\text{组内方差} = \sum_{i=1}^{k} \left[\sum_{j=1}^{n_i} (x_{ij} - \bar{x}_i)^2 \right] \tag{5.34}$$

自由度等于 $N-k$。TSP 示例的 ANOVA 表如下表 5.11 所示。

表 5.11 对于 7 月,8 月和 9 月月份的平均顺风逆风向差异测量之间无差异的零假设的方差分析表

变异来源	SS	DF	MS	F
组间	1 680	2	840	0.57
组内(误差)	80 136	54	1 484	
合计	81 816	56		

最后,我们应该使用 F 检验检查方差相等的假设。较大与较小的方差比率为 2 013/1 155 = 1.74。与 $\alpha = 0.05$, 自由度为 19 和 17 的表格值 $F = 2.63$ 相比,我们可以接受没有差异的原假设。因为方差是恒定的,所以我们可以使用组内合并的方差来估计关于每个组均值的置信限。因此,例如,关于 7 月顺风向和逆风向观测差值的平均值的 95%置信区间为

$$P\left\{51.6 - 2.093\frac{\sqrt{1\,484}}{\sqrt{20}} \leqslant \mu_d \leqslant 51.6 + 2.093\frac{\sqrt{1\,484}}{\sqrt{20}}\right\} = 0.95 \qquad (5.35)$$

其中,2.093 是 $\alpha = 0.05$ 和自由度为 19 的双侧检验的 t 统计量。因此,我们可以说 7 月份的真实均值差有 95%的概率在 33.6 和 69.6 μg/m^{3}区间内。

如果计算出的 F 统计量值超过表格值,我们将拒绝原假设,并得出结论,各组之间存在显著差异,但我们不知道哪些组是不同的。有诸如 Tukey 多重比较之类的方法可用于确定哪些组不同。Zar(1984)以及 Berthouex 和 Brown(1994)均对 Tukey 检验进行了讨论。

Boehm 等(1998 年)使用方差分析比较了不同位置沉积物中的多环芳烃(PAHs)。作者分析了从阿拉斯加威廉王子湾收集的沉积物中的多环芳烃的分布,以区分岩生源、热解源和生物源成因。然后,使用方差分析将从埃克森·瓦尔迪兹溢油事故影响的岛屿湾收集的沉积物中的 PAH 水平与从溢油影响最小的海湾收集的沉积物样品中的 PAH 水平进行比较。作者能够证明,溢油中多环芳烃的相对贡献很低,而且没有证据表明在海上大规模向岛湾潮下沉积物输送溢出石油。

方差分析对于等方差和正态性假设的微小偏差很稳健(ZAR,1984 年)。但是,如果偏差很大,则可以使用非参数方法,例如 Kruskal - Wallis 检验。

5.3.1.6 Kruskal - Wallis 检验

Kruskal - Wallis 检验与 Wilcoxon 秩和检验相似,因为均在比较数据的秩和。检验统计量通过以下公式计算:

$$K = \frac{12}{N(N+1)}\sum_{i=1}^{k}\frac{R_i^2}{n_i} - 3(N+1) \qquad (5.36)$$

其中，R_i是第 i 个组的秩和。在 TSP 的例子中，7 月、8 月和 9 月的秩和分别为 616、533 和 504，计算出的 K 值为 0.68。存在结点校正，校正因子 C，见公式 5.37。

$$C = 1 - \frac{\sum_{J=1}^{g} t_j^3 - t_j}{N^3 - N} \tag{5.37}$$

其中，g 是存在相持的组的数量，t_j是第 j 个组中的相持数据的数量。校正相持后的 K 值 K_c，等于 K/C。对于大数据集（N 较大时），校正因子极小（在我们的示例中，$g=10$ 和 $t=2$，$C=0.999\,6$）。对于较大的样本，将计算出的 K 统计量与自由度为 $v = k-1$ 的χ^2 表格值进行比较。在 $\alpha=0.05$，$v=2$时，$\chi^2=5.991$。因此，正如预期的那样，我们得出了相同的结论，即 7 月、8 月和 9 月的平均顺风向和逆风向观察值之间没有差异。

这些参数和非参数方法最普遍的应用是将现场浓度与背景水平进行比较。背景的时空变化会使分析复杂化，但可以通过适合的采样设计以及对这些基本程序的修改来解决。大量的方法已经出版（例如，参见 Liggett，1984；Gilbert and Simpson，1990）。

除了将现场水平与背景水平进行比较外，这些统计方法还有其他用途。如果报道存在两种不同的污染羽（例如，通过比较每个羽流中的成分分布），它们可用于评估成本分配方案，或者如果报道某一地区野生物种在统计上显著减少，则可用于检验自然资源损害。

5.3.1.7 抽样设计中的问题

在许多司法鉴定案件中，所有可用于解决关注问题的数据都已被收集。尽管这表明抽样设计问题无关紧要，但是对抽样设计问题的理解使司法鉴定调查人员能够充分利用可用数据。本节讨论了可能限制可用数据集效用的抽样设计问题。

大多数统计抽样设计的目标是提供足够多的独立样本来代表所关注的总体，以便对目标假设进行可靠的检验。抽样设计中的一个常见问题是，以期望的错误率进行假设检验需要多少个样本？答案取决于许多因素。在确定平均值比较所需的样本量时，最重要的因素是总体方差、待检验均值差异的大小以及假设检验中出现两种潜在错误的可接受水平（如第 5.2.3.2 节中所述）。在许多美国环境保护局文件（例如，USEPA，2000，2002b）以及 Gilbert（1987）中，对环境项目的抽样设计方法进行了综述和讨论。

在已经收集了数据的司法鉴定项目中，通常会遇到有偏差的抽样。当我们认识到偏差后，通常可以选择或细分数据集，从而使所关注的问题无偏差的解决。如果没有意识到偏差，那么假设检验（或其他统计计算）的结果可能是错误的。我们用关于冶炼厂周围社区土壤中的金属含量的例子来说明这些观点。这个数据集是有偏差的，因为许多数据是从一个旨在描述污染区域的现场调查研究中获得的，该污染区域的抽样密度远高于社区其他地区的抽样密度。当使用假设检验将来自冶炼厂社区的所有浓度数据的平均值与背景水平进行比较时，会发现明显的差异。但是，数据表明，受污染的地区是较大社区的一个小而明显的部分。一旦意识到这一点，就可以将数据分为两个子集(一个子集代表紧邻冶炼厂的污染区，另一个子集代表社区的其余部分)。对这些子集的假设检验表明，受污染区域土壤中的金属含量升高了，而整个社区大多数地区的金属含量均未显著高于背景水平。

环境工作中经常遇到的另一个抽样设计问题涉及可用观察值的独立性。如第5.2.3.3节中所述，许多环境变量在空间和/或时间上都是持久性的。一个位置的观察值与附近位置的值紧密相关，而与较远位置的值不太紧密相关。如果观察值相关，那么它们提供的信息量将低于从相同数量的独立观察值中可获得的信息量。如果忽略此问题，则与假设检验结果相关的置信度通常是错误的。另外，如果认识到缺乏独立性，则可以通过对独立观察值组成的选定子集进行假设检验或使用为自相关数据设计的方法来弥补这一不足。

我们利用涉及血铅水平的一种情况说明上述的抽样设计问题。假设一项基于自愿抽样的研究从冶炼厂社区的许多人中得到了血铅值，并且在对照社区进行了类似的抽样。关注的问题是冶炼厂是否影响了血铅水平，这个问题将通过假设检验解决。原假设是平均血铅水平在两社区内相等；备择假设是冶炼厂社区的平均血铅水平高于对照组。

由于人群是否参与研究是自愿的，因此必须考虑抽样偏差的可能性。参加研究的对照人群的人口统计学特征可能与冶炼厂社区参与者的统计学特征完全不同，尤其是在充分宣传健康影响的可能性的情况下。血铅水平与人口统计学特征(例如年龄)相关，因此在假设检验中使用的人群应紧密匹配这一点。此外，冶炼厂社区组可能包含一些铅接触的个体，而这些个体的接触方式在对照社区组并不存在(例如，冶炼厂的职业性接触，将铅带回家中等)。此外，如果许多被采血的个体与其他被采血的个体生活在一起，则现有观察值的独立性值得怀疑。灰尘，水，空气和饮食等均是铅的常见来源，共同居住意味着暴露在相同水平的铅来源中。因此，如果一个家庭成员的血铅水平高于其对应的年龄组，那么其他家庭成员也可能有较高的血铅水平。这表明数据中独立观察值的数量低于实际测量的数量。如果意识到这些抽样设计问题(即潜在的偏见和缺乏独立性)，可以用选择性二次抽样来解决。忽视这些问题可能会导致在进行更合适的假设检验时，得出的结论无法得到数据的支持。

5.3.2 线性相关和线性回归分析

到目前为止，我们已经讨论了在两个或多个样本间比较单一变量—土壤中铅含量、环境空气中 TSP 等的方法。但是,大多数分析方法被设计用于同时检验多种成分,例如空气中的挥发性有机物或土壤中的金属。本节讨论了用于评估样本中多个变量之间关系的简单方法。两种基本方法是相关性和回归。其他更复杂的技术,例如受体建模和主成分分析,都与这些基本方法有关,并在书中的其他地方进行了讨论(分别为第 18 章和第 20 章)。

线性回归和线性相关之间存在细微但重要的差异。简单线性回归试图量化一个变量(因变量,通常指定为 y)对另一个变量(自变量,通常指定为 x)的函数依存关系。假定该关系为线性,并且对于 x 的每个值,存在一个服从正态分布的 y 值。回归分析的一个很好的例子是构建分析校准曲线,其中量化了样品浓度和仪器响应之间的函数关系。在这种情况下,仪器响应(因变量)取决于仪器采样的分析物浓度(自变量)。

相反,线性相关分析用于评估两个独立变量之间的线性关联。在相关性分析中,假设两个变量均来自正态分布。

5.3.2.1 线性回归分析

直线的一般方程式如下式 5.38,

$$y_i = \alpha + \beta x_i \tag{5.38}$$

其中,α 和 β 都是总体参数,α 是"y 截距",β 是直线的斜率。在任何给定的数据集中,都可以利用数据绘制许多直线,但所有的观测值很难都在一条直线上。在回归分析中,可以通过数据确定最佳的拟合线,这里的最佳拟合线被定义为能使直线方程预测的 y_i 值(由 $\hat{y}_i$ 表示)与观测 y_i 差异的平方最小化的直线,那是:

$$\sum_{i=1}^{n} (\bar{y}_i - y_i)^2 = Minimum \tag{5.39}$$

因此,我们尝试使观测数据点与拟合线之间的垂直差异最小化。如果我们可以抽样并确定所有 x_i 和 y_i 值,则可以确定 α 和 β。因为这几乎是不可能的,所以我们使用以下公式估算斜率和截距(分别表示为 α 和 β):

$$b = \frac{\sum_{i=1}^{n}(x_i - \bar{x})(y_i - \bar{y})}{\sum_{i=1}^{n}(x_i - \bar{x})^2} \tag{5.40}$$

和

$$a = \bar{y} - b\bar{x} \tag{5.41}$$

斜率和截距估计中的不确定性可以使用方差分析法解决。我们实际上是在检验真实斜率为零的原假设,H_0:$\beta = 0$。我们将方差分解为平方和(SS)项以及自由度(DF)项,并构建了回归分析表。回归分析表的结构简介如下表5.12所示。

表5.12 回归分析表的构建

变异来源	SS	DF	MS
总变异	$\sum_{i=1}^{n}(y_i-\bar{y})^2$	$n-1$	
回 归	$\sum_{i=1}^{n}(\hat{y}_i-\bar{y})^2$	1	$\frac{RegressionSS}{RegressionDF}$
残 差	$\sum_{i=1}^{n}(\hat{y}_i-\bar{y}_i)^2$	$n-2$	$\frac{ResidualSS}{ResidualDF}$

该分析方法类似于方差分析,不同之处在于变量 x 是连续的,而非离散变量。如果斜率为零,表明无穷多个组的组均值之间没有差异。同样,我们有两个方差估计值,即回归MS和残差MS。具有1和 $n-1$ 自由度的单侧 F 检验用于比较两个估计值。如果存在斜率,无论正负,拟合线两端的贡献都将增加回归SS项,并且比率将超过1。

决定系数 r^2 用来衡量 y 的总方差中可以用回归线解释的比例。决定系数等于回归模型方差除以总方差,如公式5.42所示。

$$r^2=\frac{\text{回归模型方差}}{\text{总方差}} \tag{5.42}$$

残差是考虑 y 对 x 的依存关系后 y 的方差,记为 $s^2{}_{y\cdot x}$。该项的平方根称为回归的标准差或估计的标准差。它是对拟合方程预测 y 对 x 的依存关系的一种度量。

斜率的标准差,S_b,可以根据估计值的标准差计算,如公式5.43所示。

$$S_b=\sqrt{\frac{S_y^2\cdot x}{\sum_{i=1}^{n}(x_i-\bar{x})^2}} \tag{5.43}$$

根据斜率的标准误差,我们可以估计真实斜率的置信区间。

$$P\{b-t_{\alpha,\,n-2S_b}\leqslant\beta\leqslant b+t_{\alpha,\,n-2S_b}\}=p \tag{5.44}$$

这是一个重要的结果,因为在许多环境损害司法鉴定调查中,我们都对数据的趋势感兴趣。浓度随时间或距离增加或减少的趋势通常可以使用简单的线性回归技术来评估。例如,随着时间的流逝,污染物浓度以与浓度成比例的速度下降,这是遵循一级动力学规律的。环境中的大多数自然衰减过程(例如生物降解,光解和挥发)均采用一级动力学或伪一级动力学建模。在一个例子中,Kaplan等(1997年)描述了如何使用(苯(B)+甲苯(T))/(乙苯(E)+二甲苯(X))的比率来监测溶解的汽油羽流随时间的变化。由于与E+X相比,B+T的分散性更大且降解更快,所以该比率随时间降低。在一个位置,随时间的推移的下降过程可用一个伪一阶过程描述,半衰期估计为 2 至 3 年。

这种随时间下降的数学表达式如下:

$$C = C_0 e^{-kt} \tag{5.45}$$

其中,C=污染物浓度,C_0:$t=0$ 时污染物浓度,k 为一级速率常数(t^{-1})。

将等式两边做自然对数转换,公式 5.45 可以重新排列成类似于公式 5.38 的结果表达式,表示为公式 5.46:

$$\ln C = \ln C_0 - kt \tag{5.46}$$

其中,斜率等于一阶速率常数的负数,y 截距等于在时间 $t=0$ 处浓度的自然对数。半衰期(浓度降低一半)等于值 0.693 除以一阶速率常数。

$$t_{1/2} = \frac{\ln(2)}{k} = \frac{0.693}{k} \tag{5.47}$$

在司法鉴定调查中,一种常见做法是根据文献中报告的半衰期值估算污染物释放到环境中的时间。如果存在足够的数据,则可以使用线性回归方法评估站点数据,以此建立一个站点特有的速率常数。此外,我们可以对我们的估计值设置置信区间,以评估释放日期的不确定性。如果关于斜率的置信限为零,则趋势不明显。

例如,可以从 1,1,1 -三氯乙烷(TCA)水解形成 1,1 -二氯乙烯(DCE)的一级速率估算向地下水释放 TCA 的日期。DCE 与 TCA 的比例以及仅随温度变化的一级速率常数的知识可用于确定水解程度和释放时间(Gauthier and Murphy, 2003 年)。

5.3.2.2 皮尔逊积矩相关系数

皮尔逊的积矩相关系数 r,也简称为相关系数,是一个无量纲值,范围可以从 -1(理想的负线性相关)到+1(理想的正线性相关)。零值表示变量之间没有线性关系。重要的是要记住,相关系数是两个变量之间线性关联的度量。排列在一个正圆中的数据显然彼此关联,但是这些数据的相关系数为零。相关系数是一个参数统计量,并假定两个变量均来自一个基础正态分布。

相关系数计算式为

$$r = \frac{\sum_{i=1}^{n}(x_i - \bar{x})(y_i - \bar{y})}{\sqrt{\sum_{i=1}^{n}(x_i - \bar{x})^2 \sum_{i=1}^{n}(y_i - \bar{y})^2}} \tag{5.48}$$

相关系数计算公式也可以写成:

$$r = \frac{\sum_{i=1}^{n}(x_i - \bar{x})(y_i - \bar{y})}{(n-1)S_x S_y} = \frac{\sum_{i=1}^{n} Z_x Z_y}{n-1} \tag{5.49}$$

在这种形式下，相关系数明显与配对 z 分数乘积的平均值很像（Kachigan，1991）。同样可以看出，当正 z 分数与正 z 分数配对，负 z 分数与负 z 分数配对时，相关系数将为正，表示正相关。当正 z 分数与负 z 分数配对时，相关系数将为负，表示负相关。

注意，相关系数还与通过数据得到的最佳拟合线的斜率相关。

$$r\frac{S_y}{S_x} = b \tag{5.50}$$

相关系数的平方称为决定系数，它表示可以从 x 中预测到的 y 中方差的比例，反之亦然，它表示可以从 y 中预测到的 x 中方差的比例。

Peers（1996）指出相关系数会受到异常值的影响，并进一步表明当 n 大于 30 时最合适。在计算 r 时，我们估计了总体相关系数 ρ。当然，如果我们知道 x 和 y 的所有值，我们可以使用公式 5.48 计算 r。我们可以通过检验两个独立变量的原假设即 H_0：$\rho=0$ 或计算关于 r 的置信限来测量估计值的置信度。原假设的检验统计量根据公式 5.51 计算，并与 $n-2$ 个自由度对应 t 值进行比较。

$$t = \frac{r\sqrt{n-2}}{\sqrt{(1-r^2)}} \tag{5.51}$$

将相关系数转化为 Fisher's z 值（与正态分布的 z 值不同），即可估计 r 的置信限，其中：

$$Fisher's\ z = 0.5\ln\frac{(1+r)}{(1-r)} \tag{5.52}$$

且标准误（SE）为

$$SE = \frac{1}{\sqrt{n-3}} \tag{5.53}$$

95%的置信界限是 Fisher 的 $z\pm1.96$（SE），其中 1.96 是通过标准正态曲线得出的，即标准正态曲线 95%的数据位于均值±1.96 倍标准偏差之内。一旦计算出 Fisher 的 z 值的置信限（CL），就必须使用公式将其转换回相关系数。

$$r = \frac{e^{2CL} - 1}{e^{2CL} + 1} \tag{5.54}$$

相关系数是探索性数据分析的有用工具。例如，Kimbrough 和 Suffet(1995)计算了加利福尼亚两个二级铅冶炼厂附近空气，土壤和灰尘中金属(铅，锑，砷，镉，铬，铜和镍)的相关系数，用来确定哪些金属最适合用于建立与工厂操作影响相关的特性比率。他们选择了铅、锑和砷，并计算了这三种物质在现场和非现场样品中的比例，以确定非现场浓度的来源。Amter 和 Eckel(1996)进行了类似的分析。

比较多个物种时，准备一个相关矩阵非常有用。通过计算每对可能的变量的相关系数，并将它们展示在一个矩阵中，如表 5.13 所示。

表 5.13 在室内空气中检测到的 BTEX 浓度数据在自然对数转换后计算得到的相关矩阵

	苯	甲苯	乙苯	间/对二甲苯	邻二甲苯
苯	1				
甲苯	0.82	1			
乙苯	0.61	0.5	1		
间/对二甲苯	0.56	0.44	0.99	1	
邻二甲苯	0.6	0.48	0.96	0.97	1

表 5.13 所示的相关矩阵是从路易斯安那州一个地点采集的室内空气样本中提取的，这里之前的泄漏使得大量喷气燃料漂浮在地下水面上。在一些房屋的室内空气中检测到的苯，甲苯，乙苯和二甲苯(BTEX 化学品)，导致监管机构怀疑地下水位上的漂浮物是污染源。另一种解释是，汽车修理厂储存的汽油是重要污染源，这些汽油用于割草机、汽车、家居用品或其他目的。

乙苯与二甲苯，邻二甲苯与间二甲苯之间的相关系数最高。苯浓度与甲苯最密切相关。现场还收集了土壤气体数据。土壤气体中 BTEX 化学品的重要相关系数也记录在表 5.14 中。

表 5.14 在土壤气体中检测到的 BTEX 浓度数据在自然对数转换后计算得到的相关矩阵

	苯	甲苯	乙苯	二甲苯
苯	1			
甲苯	0.66	1		
乙苯	0.52	0.94	1	
二甲苯	0.47	0.86	0.88	1

通过比较苯/甲苯(B/T)和乙苯/总二甲苯(E/X)的比值，评估场地下方的土壤气体是室内空气中 BTEX 化学品的潜在来源。汇总统计信息展示在表 5.15。利用苯/甲苯和乙苯/二甲苯的浓度绘制的图见图 5.6 和 5.7。注意，土壤气体数据以百万分率(ppm)为单位报告，而室内空气数据以十亿分率(ppb)为单位报告。

表 5.15　室内空气和土壤气体中苯/甲苯和乙苯/总二甲苯之比的比较

统　计	苯/甲苯		乙苯/二甲苯	
	室内空气	土壤气体	室内空气	土壤气体
平均值	0.59	3.38	0.19	0.70
标准差	0.23	3.46	0.03	0.57
最小值	0.16	0.44	0.14	0.20
最大值	0.98	17.0	0.26	4.0
#样本量	17	60	26	48

图 5.7 中很明显可以看出室内空气中乙苯和总二甲苯呈之间存在强正线性相关关系，因为数据显然可以拟合到一条直线上。

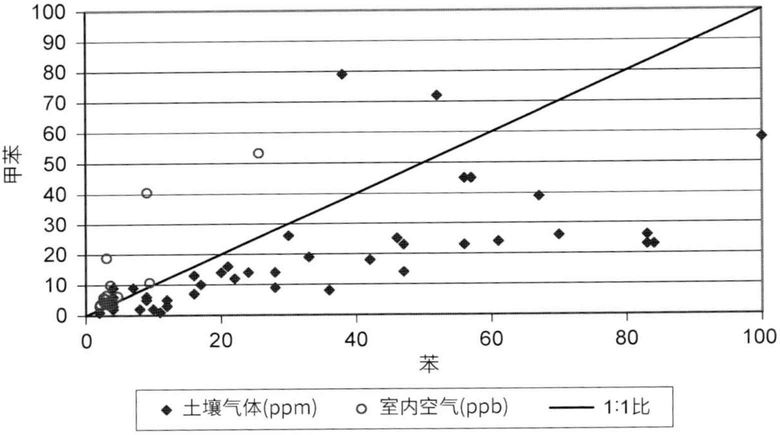

图 5.6　室内空气和土壤气体中苯和甲苯浓度的散点图

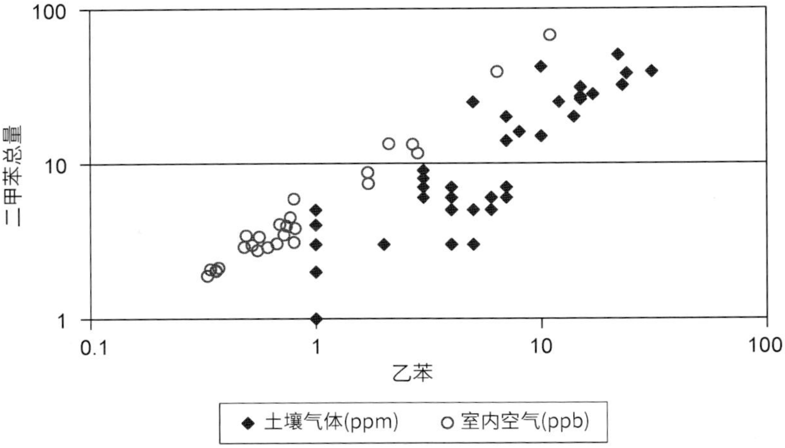

图 5.7　室内空气和土壤气体中乙苯和二甲苯总浓度的双对数散点图

室内空气中的 B/T 比值范围为 0.16 至 0.98，平均值为 0.59，而土壤气体的 B/T 比值范围为 0.44 至 17，平均值为 3.38。基于对数转换后的数据的 t 检验表明，在 99%置信水平上，数据集之间存在显著差异。通过比较 E/T 可以得出类似的结论。室内空气中的 E/T 比值范围为 0.14 至 0.26，平均值为 0.19，而土壤气体的 E/T 比值范围为 0.2 至 4.0，平均值为 0.7。

一旦确定了显著的比率，双比率图就可以成为展示结果的有效方法。图 5.8 展示了 B/T 与 E/X 的双比例图。室内空气数据整齐地聚集在该图的左下角，并且室内空气中检测到的 BTEX 浓度与土壤气体之间似乎没有关系。相比之下，文献中报告的与汽油相关来源的特征比率与之非常相似（表 5.16）。

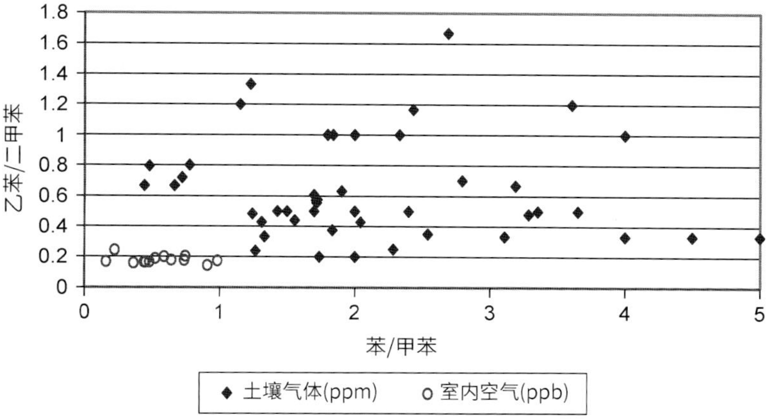

图 5.8 室内空气和土壤气体的乙苯/总二甲苯与苯/甲苯的双倍比图

表 5.16 在汽油相关样品、室内空气和土壤气体中报告的苯/甲苯和乙苯/二甲苯总量之比

样品类型	苯/甲苯比	乙苯/二甲苯比率
室内空气	0.59	0.19
繁忙道路附近的环境空气采样[(a)]	0.41	0.21
汽油上方顶空采样[(a)]	0.50	0.20
汽油机尾气（催化剂）[(b)]	0.42	0.27
汽油机排气（无催化剂）[(b)]	0.62	0.21
全液态汽油[(b)]	0.19	0.16
土壤气体（路易斯安那州站点）	3.38	0.70

[(a)] Conner 等。(1995)
[(b)] Harley 等。(1992)

5.3.2.3 斯皮尔曼等级相关系数

如果数据明显是非正态的，则可以使用非参数方法。斯皮尔曼等级（Spearman rank）相关系数 r_s 是一种对数据等级进行运算的相关方法。每个变量分别进行排序，并记录每个数据对的秩差。Spearman 等级相关系数是根据以下公式计算的：

$$r_s = 1 - \frac{6\sum_{i=1}^{n} d_i^2}{n^3 - n} \tag{5.55}$$

其中，d_i 是每个数据对 x_i，y_i 的秩之间的差值。如果包含相持，则方程更为复杂，但是只有在相持数量很多的情况下，该方程才会产生明显的差异，

$$r_s = \frac{\frac{(n^3 - 3)}{6} - \sum_{i=2}^{n} d_i^2 - \sum T_x - \sum T_y}{\sqrt{\left[\frac{(n^3 - 3)}{6} - 2\sum T_x\right]\left[\frac{(n^3 - 3)}{6} - 2\sum T_y\right]}} \tag{5.56}$$

其中，g 是相持组的数量，t_j 是第 j 个组中的相持数据的数量，并且

$$\sum T_x = \frac{\sum_{i=1}^{g}(t_j^3 - t_j)}{12}（对于 x 值） \tag{5.57}$$

和

$$\sum T_y = \frac{\sum_{j=1}^{g}(t_j^3 - t_j)}{12}（对于 y 值） \tag{5.58}$$

按照皮尔逊积矩相关系数的描述进行假设检验和设置置信限。

除了探索性数据分析外，Spearman 等级相关系数对于检测浓度随时间和距离的趋势也是有用的统计数据（El - Shaarawi et al.，1983；Gauthier，2001）。它没有潜在的分布假设，距离和时间上的观察值不要求间隔均匀。

以 Zemo（2000）发表的苯浓度数据为例，如图 5.9 所示。该图表明苯水平正在下降。Spearman 等级相关系数可用于检验下降是否显著。使用公式 5.55，计算出秩相关系数为 -0.586，使用公式 5.51，计算出 t 统计量为 3.688。显著性水平 $\alpha = 0.05$ 和 26 个自由度对应的 t 值为 2.056。由于计算得到的 t 统计量超过了表格值，因此我们拒绝 $\rho = 0$ 的原假设，并在 95% 置信水平上得出结论，苯浓度与时间之间存在负线性关系。

相同类型的分析也可以用于评估与源头距离的趋势。

5.3.2.4 多元线性回归和相关性

简单线性回归和相关模型的逻辑扩展是多元线性回归和相关模型方法。在大多数情况下，我们可以同时测量两个以上的变量。我们可以扩展线性回归的概念，并量化一个变量对多个独立变量的依存关系。公式 5.59 描述一般方程式。

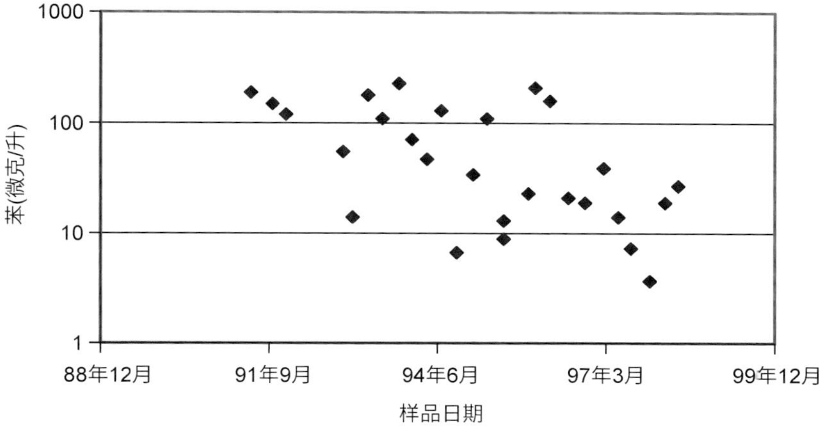

图 5.9 苯浓度(对数标度)与时间的关系,Zemo,2000 年

$$\hat{y}_i = \alpha + \beta_1 x_1, i + \beta_2 x_2, i + \cdots \beta_m x_m, i \tag{5.59}$$

假定 y 与 x_1 线性相关,也与 x_2 线性相关,依此类推。β 项称为偏回归系数,在去除所有其他变量的影响后,提供 y 与单个 x 变量之间关系的度量。例如,β_1 是在考虑了所有其他 x 变量的影响后对 y 和 x_1 之间关系的度量。当所有 β 项均设置为零时,α 项等于 y 截距。

使用表 5.14 所示的基本方法,可以评估回归曲线的拟合度,计算类似于公式 5.42 的多元决定系数,并计算一个反映 m 个变量之间总体关系的多元相关系数。用于进行多元回归分析以及计算 α 和 β 项的方程式不在本章的讨论范围内(有关方法的讨论,请参见 Zar,1984)。

Small 等于 1995 年提出了一个使用线性回归方法评估土壤污染空间格局的例子。作者模拟了宾夕法尼亚州一家废弃的汽车电池回收设施附近的居民土壤中铅的浓度,以区分该场所和其他来源如铅涂料的相对贡献。作者使用基于加权最小二乘法的多元线性回归方法,用大气扩散模型估算的相对沉积速率来表示该场所的贡献,用指标变量来表示铅涂料和其他来源的潜在贡献。例如,选择取样点是否在 1955 年前建造的房屋的五英尺范围内,作为潜在的铅涂料贡献指标。模型中还包括了可能导致铅浓度增加的排水特点的影响。利用该模型,作者能够预测土壤中铅的空间分布,并帮助确定土壤中的铅含量可能高于规定的净化水平的其他属性。

5.3.3 映射:趋势和空间持久性

许多司法鉴定案件都涉及地图,这些地图说明了所关注的环境变量的空间分布,可用于识别和调查潜在的污染物来源和运输方式,还可用于计算面积平均值。本节讨论了在司法鉴定案件中可以用来创建地图和描述空间变化的统计方法。

5.3.3.1 趋势,空间持久性和自相关

在司法鉴定项目中,研究的许多环境变量在所关注的区域内逐渐变化。这些环境变量的变化可以被认为是区域趋势和偏离趋势的局部异常的组合。趋势是一个系统的、可预测的变化模式。尽管一些数据集没有显示出明显的区域趋势,但是空间数据集的区域趋势成分通常代表了所关注的区域内的很大一部分变化,并为估计未采样点的数据提供了基础。局部异常是每个位置的实际值与趋势估计值之间的差异。将总变化分解为这两部分有时是主观的,但是在绘制的地图中包含未采样位置的估计值时,总变化包含的这两个部分都应该被考虑。即使在趋势比局部偏差更有意义的情况下,如果项目涉及对具体地点的平均数或数值的估计,也应评估这两个组成部分。

偏离区域趋势的局部异常通常表现出很大程度的空间持久性。一个空间上持久的变量是指任何位置的值与附近位置的值紧密相关的变量。尽管空间持久性可能会使精确推导置信区间和假设检验更加复杂,但是来自大尺度趋势的局部异常的空间持久性可以用来获得更精确的等值线图。当存在大量观察值时,可以通过计算采样位置之间距离上的自相关程度来确定空间持久性程度。如果所关注的变量在大于相邻采样位置之间的距离上是自相关的,那么一个采样位置上的值将提供关于附近其他采样位置上值的信息。数据集的相关结构可以通过构造自相关图或半方差图来表示。这两个图都说明了值的关联强度,可作为一个分隔距离的函数。通常,这种关联的强度会随着分隔距离的增加而逐渐降低。这两种方法在Davis(1986)中都有详细说明。构成这些图的前提是,根据给定距离分隔的两个位置之间的值差与它们的实地位置无关。这个前提与趋势的存在是不一致的,因此,在评估空间持久性时,必须研究存在显著空间趋势的概率。

通常通过建立一系列数值模型来确定区域趋势,这些模型根据一个位置函数估计观察值,然后选择一个模型来表示趋势。拟合优度统计通常用于选择最佳趋势模型,但也应考虑关注变量的其他特征。对于浓度数据,其变化的性质和规模可能与所关注的物质释放和运输机制有关。例如,从单一地点(例如一个烟囱)以烟羽形式释放到大气中的物质在地表土壤中的浓度可能会在一个很大的区域内随着盛行风的模式逐渐变化。另外,释放到土壤中并易于吸收到土壤颗粒上的物质的浓度可能主要取决于排水方式和释放后发生的水土流失程度。受这种释放影响的区域可能相对较小,并且边界清晰。下一节介绍了一种确定区域趋势的统计方法(趋势面分析),但是在为特定项目和数据集选择最合适的趋势时,也应考虑非统计因素。

5.3.3.2 等高线图和插值方法

将等值线(即连接相等值的点的线,通常称为等高线)添加到地图中,以说明空间趋势,并提供未采样位置的估计值。从环境数据集中获得等值线的算法非常多。这些方法在尊重现有数据和利用所有相关信息估计未知值的程度上各不相同。

趋势面分析是一种最常用于描述表现出强烈区域趋势的数据集的方法。它使用回归方法来校准方程(模型),这些方程(模型)通过位置坐标函数来预测每个点目标变量的数值。通常考虑一阶,二阶和三阶趋势面,这些模型的通用公式见表 5.17。如果有足够的数据可以进行可靠的校准,则可以计算高阶模型。我们可以检验各种趋势面模型的显著性,用于确定能最大程度拟合数据趋势的曲面,且不增加没有必要的模型复杂性。然后可以使用选定的曲面来构建等值线,以说明区域趋势。Davis 于 1986 年发表的文章对此方法进行了更详细的解释。通过这种方法得到的曲面不受约束,无法匹配在校准模型时使用的采样位置观察到的值,但是这些模型所解释的总变异所占的比例可能很高。因此,即使该模型不能准确预测采样位置的观察值,但等值线所表示的估计值可能非常准确。在区域趋势比各个点的值更受关注的情况下,模型未解释的变化(即局部异常)通常会被忽略。趋势表面分析最适合以大尺度区域趋势为主的数据集,例如由空气扩散和沉积形成的集中模式。

表 5.17 趋势面模型的通用方程式

趋势顺序	趋势面方程
一阶	$Z = b_0 + b_1X + b_2Y$
二阶	$Z = b_0 + b_1X + b_2Y + b_3X^2 + b_4XY + b_5Y^2$
三阶	$Z = b_0 + b_1X + b_2Y + b_3X^2 + b_4XY + b_5Y^2 + b_6X^3 + b_7X^2Y + b_8XY^2 + b_9Y^3$

X 和 Y 是观察值的笛卡尔位置坐标,Z 是要针对空间趋势进行评估的属性。

最适合于无趋势或局部高度变化和空间持久性的数据集的绘图方法一般是基于加权移动平均数。在准备绘制等值线时,将可获得的数据用于估计矩形网格节点处的值。我们利用与附近采样点的观测值相关的函数(通常是加权平均值)来估计矩形网格节点的值。在某些插值方法中,权重是根据与待估计节点的距离相关的函数来分配的。尽管有各种各样的移动平均值方法用来选择并对附近的观察值进行加权,但是只有少数算法是通过对可用数据的统计分析来分配权重的。

最大限度地利用统计学的映射方法是克里金法。在这个过程中,在每个节点的值是影响半径内的所有观察值的加权平均值。影响半径是所关注的变量表现出显著空间持久性的距离,该距离由半变异函数确定。分配给观察值的权重是基于每个观察值和节点之间距离的期望差值。Davis 在 1986 年发表的文章中对此方法进行了更详细的描述。因为移动平均值中每个点的期望值差是已知的，所以可以计算出每个节点的估计值的期望误差。因此，克里金法产生与观察值匹配的估计值，并为未采样位置的内插估计的准确性提供了一个指标。

通过趋势面分析和移动平均值法生成的等值线图的示例如图 5.10 至图 5.14[13]。每幅图都是由 180 个位置测量的金属浓度数据绘制而成的等值线图。前三幅图是通过趋势面分析得到的。图 5.10 所示的一阶趋势面代表了向西北偏方向下倾斜的平面的变化。图 5.11 所示的二阶趋势面为靠近视场中心的一个数值相对较高的区域，其值在所有方向上都逐渐减小。图 5.12 中的三阶趋势面展示了

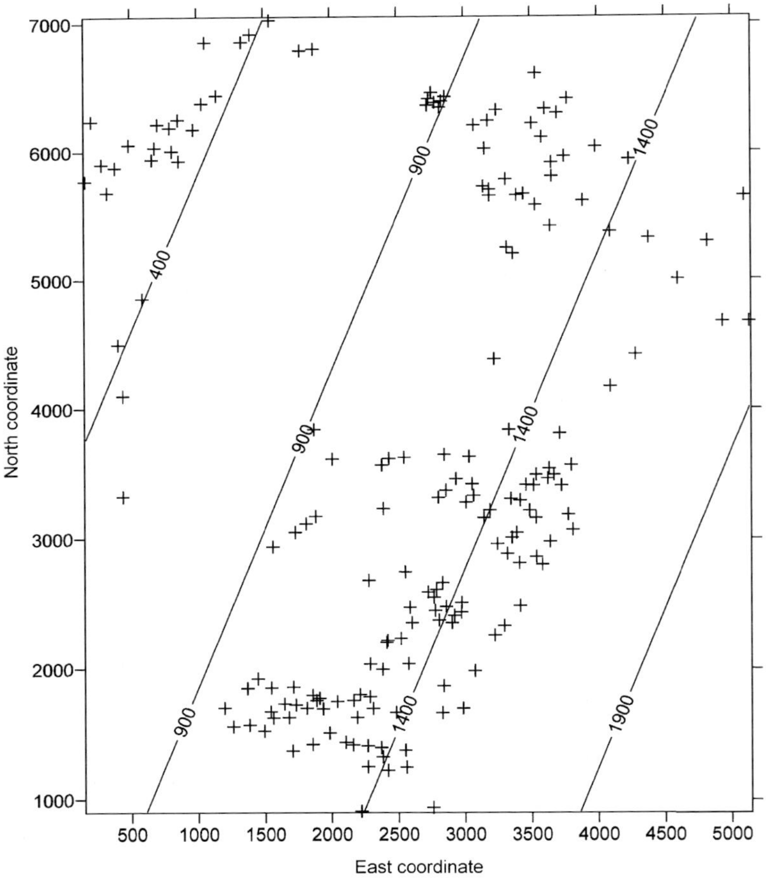

图 5.10 一阶趋势面的等值线图

13 所有图都是使用 Surfer Ⓡ 8 软件(Golden Software, Inc., Denver, CO)生成的，该软件还提供了其他选项和映射方法。

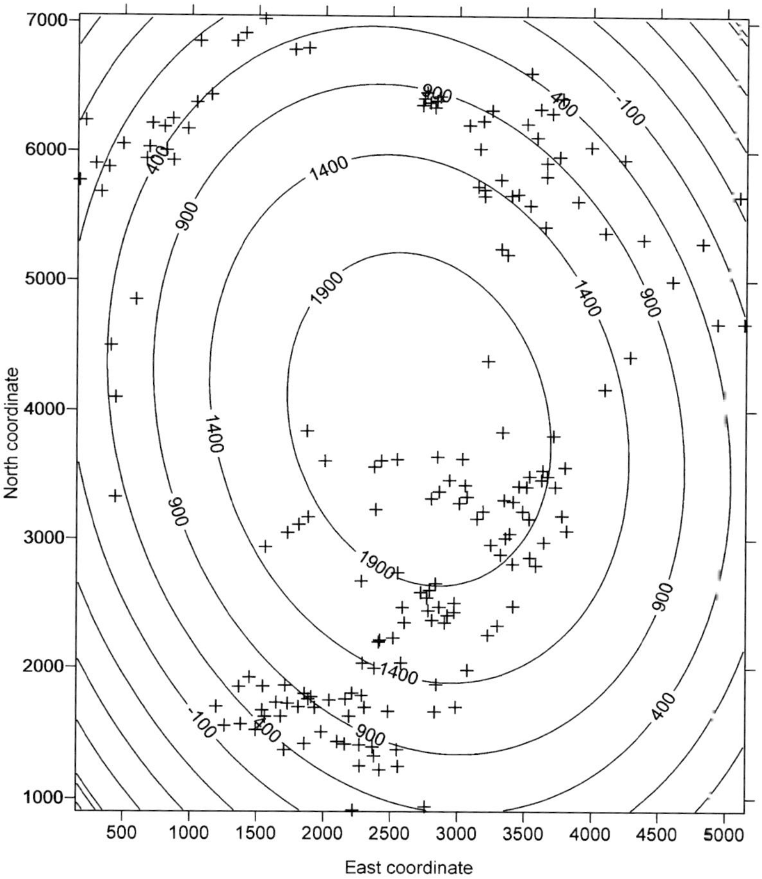

图 5.11　二阶趋势面的等值线图

一个热点的存在,该热点在大多数方向上都急剧下降,但在东北偏北部却没有。这种模式可以用一个东北偏北方向的盛行风的点源(例如烟囱)来解释。该系列的最后一个图(图5.13)是通过克里金法得出的,它表明可能存在两个热点,而不是在下风方向有一个拉长足迹的单点源。

提供这些图是为了说明通过两种统计制图方法:基于回归的趋势面分析和基于加权平均值的克里金法,绘制的等值线图的特点。在趋势面分析中,所有的可用数据都用于校准一个模型,该模型根据其位置坐标函数来估计每个点的值。所有观察值都被视为区域格局的独立观察值,并且每个观察值都用于估算所关注区域内每个点的值。当调查的目的是确定区域趋势并且对与该趋势的局部异常并不关注时,此方法是合适的。尽管趋势表面模型通常不能与观察值精确匹配,但对于相对较小的数据集也是适用的。相比之下,克里金法关注局部变异。

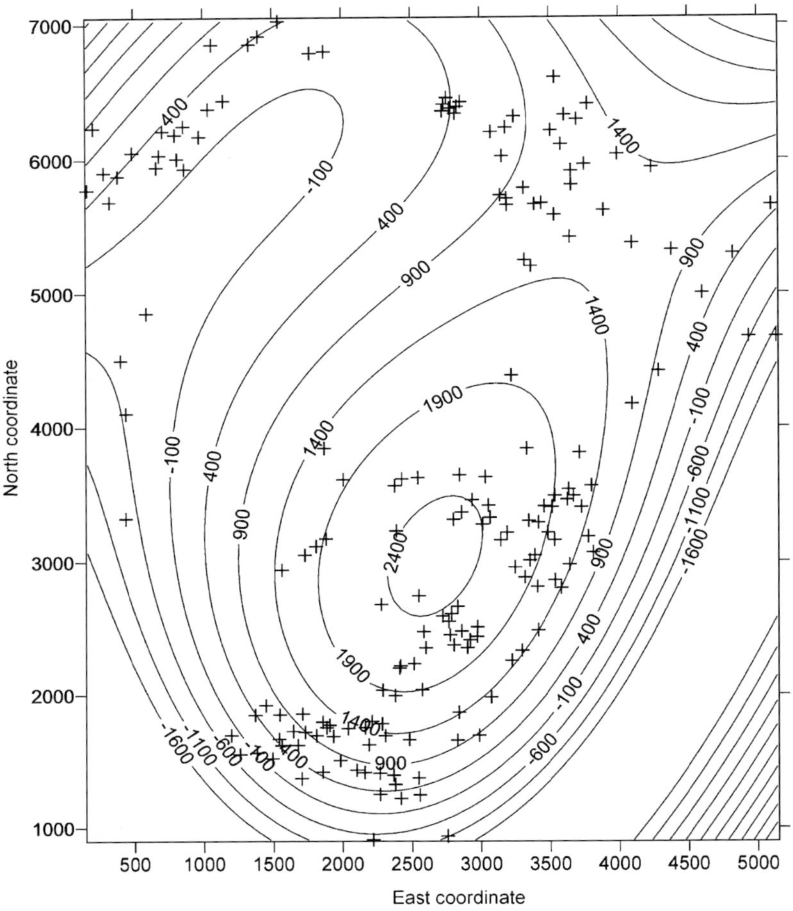

图 5.12 三阶趋势面的等值线图

未采样位置处的值仅使用在附近点的观测值进行估计,并使用附近位置的观测值间的相互依存关系来提高估计的准确性。如果需要关注特定点的局部模式和值,则克里金法是合适的方法。通过克里金法生成的图与实际观察值较为接近,但是通常需要相对较大的数据集建立可靠的半变异函数。

5.3.3.3 区域均值估计

环境损害司法鉴定项目经常涉及对由政治或财产边界定义的区域的平均值进行估计。得出这些估算值的最简单方法是对所关注区域内收集的所有观察值求均值。这与大多数经典统计方法所依据的假设是一致的。也就是说,观察值是独立的观察值,均能代表目标总体,提供相同的信息。但是,在数据集具有显著趋势或空间持久性的情况下,应考虑加权平均值法。

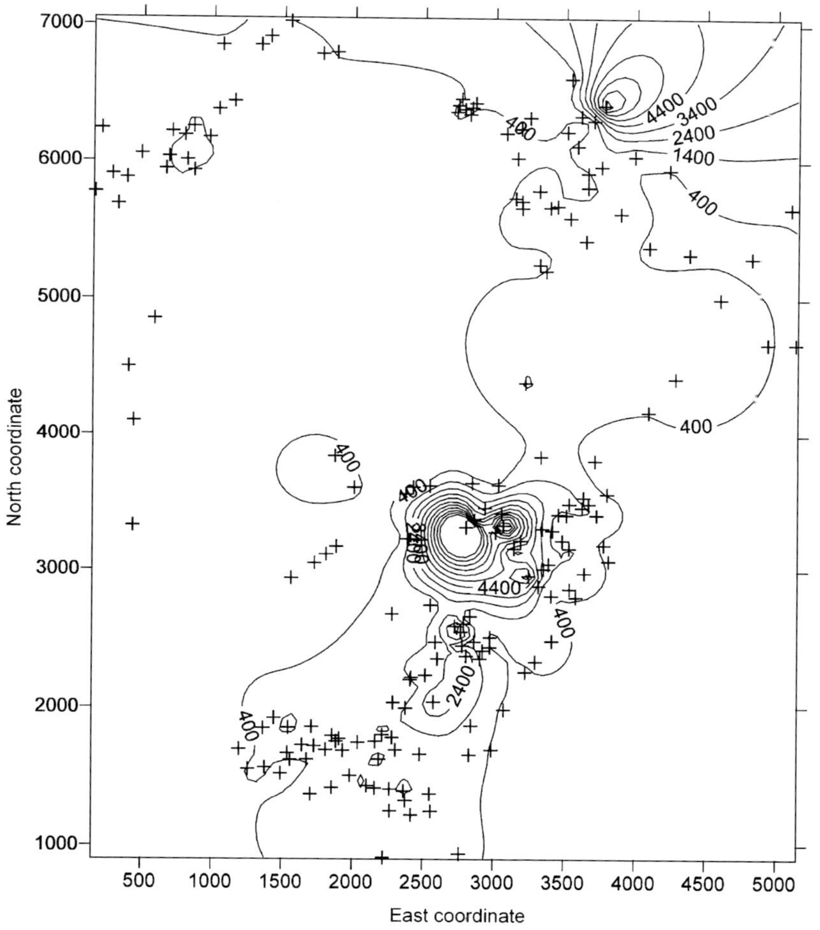

图 5.13　通过克里金法得到的等值线图

克里金法是一种计算区域平均值的统计方法,适用于具有显著区域趋势和空间持久性的数据集。此方法通常为矩形区域提供平均值,适用于大型数据集。当数据集较小,特别是当区域趋势几乎占总变异的全部时,根据等距图计算出的加权平均数是合适的。该区域由等值线划分为子区域,每个子区域由定义该区域的等值线的平均值表示,权重基于每个子区域中总面积的比例。如果没有明显的趋势,泰森多边形的方法可能更合适。此方法假定每个未采样位置的值等于最近采样位置的值。连接各个采样位置的直线的垂直平分线将所关注的区域划分为子区域,并且每个观测点所代表的总面积的比例用于在计算均值时作为权重。图 5.14 显示了一个划分为泰森多边形的值域示例。

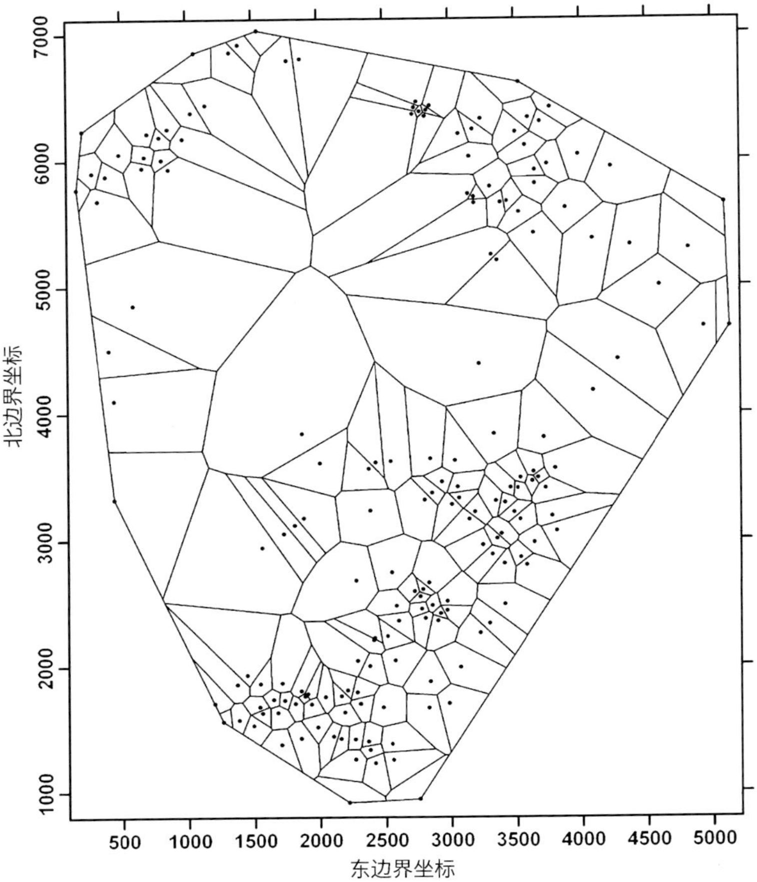

图 5.14 泰森多边形图

5.4 总　　结

相对简单的统计分析方法可用于环境损害司法鉴定研究中,用来比较数据集,描述变量之间的关联,评估趋势并作出预测。此外,通常可以给分析结果赋予一定程度的置信度。此优势在诉讼案件中特别有用;在诉讼案件中,专家经常被要求对他们的观点的正确性提供一个概率。

当然,结果并不总是明确的。毕竟,正如本杰明·迪斯雷利(Benjamin Disraeli)所说:"谎言有三种:谎言,该死的谎言和统计数字"。检验结果取决于包括哪些数据。例如,如果仅查看 1991 年至 1996 年之间的数据,图 5.9 中苯浓度的降低并不显著。因此,任何统计分析的结果都应该对包括哪些数据(不包括哪些数据),如何进行检验,做出了哪些假设以及这些假设的有效性做出解释。

(沈国春)

参 考 文 献

Amter, S., Eckel, W.P., 1996. Comment on "Off-site forensic determination of airborne elemental emissions by multi-media analysis: a case study at two secondary lead smelters." Environmental Science & Technology 30 (7), 2417 - 2418.

Antweiler, R.C., Taylor, H.E., 2008. Evaluation of statistical treatments of left-censored environmental data using coincident uncensored data sets: I. Summary statistics. Environmental Science & Technology 42 (10), 3732 - 3738.

Berthouex, P., Brown, L., 1994. Statistics for Environmental Engineers. CRC Press, Boca Raton, FL.

Boehm, P.D., Page, D.S., Gilfillan, E.S., Bence, A.E., Burns, W.A., Mankiewicz, P.J., 1998. Study of the fates and effects of the *Exxon* Valdez oil spill on benthic sediments in two bays in Prince William Sound, Alaska. 1. Study design, chemistry, and source fingerprinting. Environmental Science & Technology 32, 567 - 576.

Charrow, R.P., Bernstein, D.E., 1994. Scientific Evidence in the Courtroom: Admissibility and Statistical Significance after Daubert. Washington Legal Foundation, Washington, D.C.

Clarke, J.U., 1998. Evaluation of censored data methods to allow statistical comparisons among very small samples with below detection limit observations. Environmental Science & Technology 32 (1), 177 - 183.

Conner, T.L., Lonneman, W.A., Seila, R.L., 1995. Transportation-related volatile hydrocarbon source profiles measured in Atlanta. Journal of the Air & Waste Management Association 45, 383 - 394.

Davis, J.C., 1986. Statistics and Data Analysis in Geology, second ed. John Wiley & Sons, New York, NY.

El-Shaarawi, A.H., Esterby, S.R., Kuntz, K.W., 1983. A statistical evaluation of trends in the water quality of the Niagara River. Journal of Great Lakes Research 9 (2), 234 - 240.

Gauthier, T.D., 2001. Detecting trends using Spearman's Rank Correlation Coefficient. Environmental Forensics 2, 359 - 362.

Gauthier, T.D., Murphy, B.L., 2003. Age dating groundwater plumes based on the ratio of 1, 1 - dichloroethylene to 1, 1, 1 - trichloroethane: An uncertainty analysis. Environmental Forensics 4, 205 - 213.

Georgian, T., Osborn, K.E., 2001. A practical strategy for determining and verifying detection limits. Environmental Testing and Analysis May/June, 13 - 14.

Gilbert, R.O., 1987. Statistical Methods for Environmental Pollution Monitoring. Van Nostrand Reinhold, New York, NY.

Gilbert, R.O., Simpson, J.C., 1990. Statistical sampling and analysis issues and needs for testing attainment of background-based cleanup standards. Presented at the Workshop on Superfund Hazardous Waste, Arlington, VA. February 21 – 22.

Harley, R.A., Hannigan, M.P., Cass, G.R., 1992. Respeciation of organic emissions and the detection of excess unburned gasoline in the atmosphere. Environmental Science & Technology 26, 2395 – 2408.

Helsel, D.R., Cohn, T.A., 1988. Estimation of descriptive statistics for multiply censored water quality data. Water Resources Research 24 (12), 1997 – 2004.

Helsel, D., 1990. Less than obvious: Statistical treatment of data below the detection limit. Environmental Science & Technology 24 (12), 1766 – 1774.

Helsel, D., 2005a. More than obvious: Better methods for interpreting nondetect data. Environmental Science & Technology 39 (20), 419A – 423A.

Helsel, D., 2005b. Nondetects and Data Analysis: Statistics for Censored Environmental Data. John Wiley & Sons, Inc., Hoboken, NJ.

Helsel, D.R., 2006. Fabricating data: How substituting values for nondetects can ruin results, and what can be done about it. Chemosphere 65, 2434 – 2439.

Helsel, D., 2010. Much ado about next to nothing: Incorporating nondetects in science. Annals of Occupational Hygiene 54 (3), 257 – 262.

Helsel, D., 2012. KMStats. xls downloaded at www. practicalstats. com/nada/downloads _ files/KMStats15.xls

Hewett, P., Ganser, G.H., 2007. A comparison of several methods for analyzing censored data. Annals of Occupational Hygiene 51 (7), 611 – 632.

Higgs, F.J., Mielke, H.W., Brisco, M., 1999. Soil lead at elementary public schools: comparison between school properties and residential neighborhoods of New Orleans. Environmental Geochemistry and Health 21, 27 – 36.

Kachigan, S.K., 1991. Multivariate Statistical Analysis: A Conceptual Introduction. Radius Press, New York, NY.

Kaplan, I.R., Galperin, Y., Lu, S., Lee, R., 1997. Forensic environmental geochemistry: differentiation of fuel types, their source and release time. Organic Geochemistry 27 (5/6), 289 – 317.

Kimbrough, D.E., Suffet, I.H., 1995. Off-site forensic determination of airborne elemental emissions by multi-media analysis: a case study at two secondary lead smelters. Environmental Science & Technology 29, 2217 – 2221.

Land, C.E., 1975. Tables of confidence limits for linear functions of the normal mean and variance. Selected Tables in Mathematical Statistics III, 385 – 419.

Langley, R., 1970. Practical Statistics. Dover Publications, Inc., NewYork, NY.

Leith, K.F., Bowerman, W.W., Wierda, M.R., Best, D.A., Grubb, T.G., Sikarske, J.G., 2010. A comparison of techniques for assessing central tendency in left-censored data using PCB and p, p'DDE contaminant concentrations from Michigan's bald eagle biosentinel program. Chemosphere 80, 7 – 12.

Liggett, W., 1984. Detecting elevated contamination by comparisons with background. Environmental

Sampling for Hazardous Wastes. American Chemical Society, Washington, D.C., pp. 119 – 128.

Oakes, M., 1986. Statistical Inference. Epidemiology Resources Inc., Chestnut Hill, MA.

Ott, W.R., 1990. A physical explanation of the lognormality of pollutant concentrations. Journal of the Air & Waste Management Association 40, 1378 – 1383.

Parkin, T.B., Meisinger, J.B., Chester, S.T., Starr, J.L., Robinson, J.A., 1988. Evaluation of statistical estimation methods for lognormally distributed variables. Soil Science Society of America Journal 52, 323 – 329.

Peers, I., 1996. Statistical Analysis for Education & Psychology Researchers. The Falmer Press, London.

Porter, P.S., Rao, S.T., Ku, J.-Y., Poirot, R.L., Dakins, M., 1997. Small sample properties of nonparametric bootstrap *t* confidence intervals. Journal of the Air & Waste Management Association 47, 1197 – 1203.

Reckhow, K.H., Clements, J.T., Dodd, R.C., 1990. Statistical evaluation of mechanistic water-quality models. Journal of Environmental Engineering 116 (2), 250 – 268.

Ross, D. L., 1997. Multivariate statistical analysis of environmental monitoring data. Ground Water 35 (6), 1050 – 1057.

Schulz, T.W., Griffin, S., 1999. Estimating risk assessment exposure point concentrations when data are not normal or lognormal. Risk Analysis 19 (4), 577 – 584.

Singh, A. K., Singh, A., Engelhardt, M., 1997. The lognormal distribution in environmental applications. US EPA Office of Research and Development, EPA/600/R – 97/006. December.

Singh, A., Maichle, R., Lee, S.E., 2006. On the Computation of a 95% Upper Confidence Limit of the Unknown Population Mean Based Upon Data Sets with Below Detection Limit Observations. Report prepared for US Environmental Protection Agency Office of Research and Development National Exposure Research Laboratory. EPA/600/R – 06/022. March.

Small, M.J., Nunn, A.B., Forslund, B.L., Daily, D.A., 1995. Source attribution of elevated residential soil lead near a battery recycling facility. Environmental Science & Technology 29, 883 – 895.

Travis, C.C., Land, M.L., 1990. Estimating the mean of data sets with nondetectable values. Environmental Science & Technology 24 (7), 961 – 962.

US EPA, 1989. Statistical Analysis of Ground-Water Monitoring Data at RCRA Facilities — Interim Final Guidance. Office of Solid Waste, Washington, D.C. February.

US EPA, 1992. Supplemental Guidance to RAGS: Calculating the Concentration Term. Office of Solid Waste and Emergency Response, Washington, D.C. Publication 9285.7 – 081. May.

US EPA, 2000. Data Quality Objectives Process for Hazardous Waste Site Investigations (QA/G – 4HW). Office of Environmental Information, Washington, D. C. Publication EPA/600/R – 00/007. January.

US EPA, 2002a. Calculating Upper Confidence Limits for Exposure Point Concentrations at Hazardous Waste Sites. Office of Solid Waste and Emergency Response, Washington, D. C. Publication 9285.6 – 10. December.

US EPA, 2002b. Guidance on Choosing a Sampling Design for Environmental Data Collection. Office of Environmental Information, Washington, D.C. Publication EPA/240/R – 02/005. December.

US EPA, 2006. Data Quality Assessment: Statistical Methods for Practitioners. Office of Environmental Information, Washington, D.C. Publication EPA/240/B－06/003. February.

US EPA, 2010. ProUCL Version 4.1 User Guide (Draft) Statistical Software for Environmental Applications for Data Sets with and without Nondetect Observations. Office of Research and Development, Washington, D.C. Publication EPA/600/R－07/041. May.

Zar, J.H., 1984. Biostatistical Analysis, second ed. Prentice Hall, Englewood Cliffs, NJ.

Zemo, D., 2000. Environmental Litigation: Advanced Forensics and Legal Strategies. University of Wisconsin Short Course. April 14.

第6章

从现有的常规场地调查数据中识别司法鉴定信息

Jun Lu

目 录

6.1 引 言

司法鉴定的重要信息可以从一般场地调查的标准数据中获得。场地调查(SI)是在特定地点识别与人类健康和环境有关的有害物质或污染物的过程。场地调查可以是强制性的也可以是自发进行的。强制性场地调查是由当前泄漏、排放或发现残留泄漏问题而依照相关规定(如《综合环境反应补偿与责任法》即超级基金法,《资源保护和恢复法案》等)采取的监管措施。自愿的场地调查是在地产转移过程中为了“保护无辜的土地所有者”或明确场地责任方而进行的调查。

尽管调查程度因地点而异,但通常遵循从初查(“非侵入式”)到地下评估(“侵入式”)的分阶段方法(USEPA,1993a,1993b;ASTM,2005)。对调查者来说,场地调查中每个阶段的关键问题都是:污染物的来源是什么?

研究污染源的原因有二。首先是源于“污染者付费”需要厘清的责任归咎问题。在这种情况下,司法鉴定结果将用于解决责任(如:污染物来源)归咎、损害赔偿和修复费用分摊的问题。此过程包括特定司法鉴定数据的收集,相关内容在本书的其他章节中有描述。

了解污染源的第二个重要原因是建立和完善场地概念模型(CSM),尤其是具有复杂排放历史和不均匀地质/水文地质条件的场地。由于识别污染源是构建场地概念模型的关键因素,所以缺乏对污染源的了解就无法完成场地调查的任务。

典型场地调查的首要目标是收集必要的数据,以了解当前污染物的性质和场地污染程度。在场地调查中,可使用一种或多种技术方法来取样、表征和监测污染场地的饱和污染区及非饱和污染区(USEPA,1993a,1993b),而司法鉴定信息就隐藏在各种类型的场地调查数据中(如地质特征、地下水监测信息和实验室分析)。本章包含引言和六小节,概述了如何从各个方面识别有价值的污染源数据。第6.2节阐述了与污染物排放相关的历史行为信息。第6.3和6.4节阐述了可用于了解污染物迁移途径的数据集。一旦了解了迁移路径,就可以使用这些数据追溯污染源。第6.5节阐述了可直接或间接用于污染源鉴定的数据。第6.6节阐述了与地质学、水文地质学和污染物化学有关的各种附加数据集。第6.7节阐述了与识别、评估污染物浓度和分布变化相关的信息,包括自然变化和修复措施引起的变化。

值得指出的是,本章的重点在于说明如何从现有的场地调查数据中识别和获取司法鉴定信息。本章所述的系统方法和示例也有助于人们采用其他方法基于现有数据来了解复杂场所的污染源。

由于该主题涉及面广,本章中出现了大量的技术性术语。本书默认读者在环境领域工作或熟悉场地调查工作。如不熟悉,可以查阅其中的参考文献,这些参考文献提供了关于场地调查规程和技术的详细信息。

6.2 场地历史

调查场地的历史利用信息对司法鉴定评估至关重要,因为它提供了与污染物现场处置、使用和存储相关的时间表(见第二章)。大多数工业用地都经历过不动产转让或环境审计,因此可能获得第一阶段场地环境评价(ESA)、交易信息或相关类似报告。典型的第一阶段场地环境评价包含四个部分: 1) 现场勘测;2) 与场地所有者、居住者和当地政府官员面谈;3) 记录审查;4) 报告编写准备(ASTM,2005)。这些都是获取历史利用信息的良好来源。如果已经或正在进行地下调查阶段,则应深入研究污染排放历史,并将其作为调查报告的一部分。

对于已经或正在进行修复的场所,修复活动可能改变了污染物的性质、浓度和分布,从而对明确污染源带来困难。例如在挖掘过程中,浅层土壤会受到干扰而深层土壤则保持相对完整。在某些情况下,土壤的挖掘和回填会将一些土壤从一个区域转移到另一个区域,或者混合了不同土层,又或是改变了污染源的迁移路径,这些都提高了污染源分析的难度。因此,应收集被测场地使用活动和修复过程的详细数据来协助解释和了解污染源(进一步讨论见第 6.7 节)。

6.3 地质数据

地层是污染物滞留和迁移的主要媒介,因此了解场地地质信息是场地调查最关键的内容之一。岩性和地质构造会影响污染物的迁移路径和分布。在不易识别污染原始排放位置的场地,地质数据可提供有助于推断或识别污染源的重要信息。

6.3.1 区域性地质数据

区域地质数据可为特定场地建立地质信息背景。将特定场地的地质数据放在区域地质背景下,可以做出更为实际和科学合理的解释。地质学家可据此解释已知数据点(钻孔位置)之间的地质条件,因此这一点至关重要。区域地质信息有多种获取渠道,例如美国地质调查局(USGS)、州地质调查局、大学、研究机构、地方政府和已出版的文献(例如美国地质学会、美国地球物理联合会、美国石油地质学家协会,以及沉积地质学协会)。

6.3.2 钻孔测井数据

在修复前进行场地调查时,可以利用现有的钻孔测井数据推测场地的地质条件。在场地调查中，描述地下沉积物的标准方法是利用统一土壤分类法（USCS；ASTM，2000，2006）。需要指出的是，该分类系统主要基于粒径和可塑性这两个重要的岩土性质，却并不强调地质特征，如沉积特征、地层单元、沉积环境等（例如，在USCS 系统中，三种“黏土”类型的土壤都可以归为“CL”）。但是，随着对区域地质的进一步了解，土壤可被分为黄土（风积粉土）、冰川二聚体（由大量从未分选到分选不良的沙子或悬浮在泥浆基质中的较大颗粒组成的沉积物）或湖积物，对土壤单元的结构和连续性有了进一步认识。

当从钻孔记录中收集数据时，了解土层的地质背景也十分重要。例如，对于沉积矿床，沉积环境很重要，而对于裂隙基岩含水层，区域地质构造信息则十分关键。此外，地质特征的描述也很重要，如沉积特征（即层理、接触面、次生特征）、裂缝特征（张开/闭合、走向、密度）和其他有助于预测观察点位条件的诊断性特征。在充分了解区域地质和调查场地地质特征的情况下，通过对钻孔位点的关系进行对比，可获得地下具代表性的横截面信息。

环境行业的标准横截面通常只简单区分沙土和黏土后根据 USCS 分类得出。但是，更具评价意义的方法是在每个钻孔位点上确定最大粒径，并评估垂向粒径模式（向上细化或向上粗化），这种方法可以指示沉积环境，并能够根据地层经验法则来推断地层之间的相互关系。例如在数据分析过程中，砾石由于百分比含量低而被忽略，但它却可以在河道沉积物中为确定污染物迁移的调控因素提供关键信息。

另外，土壤钻孔记录中除物理性质外，还有土壤受影响程度的目视数据和光离子化检测器（PID）读数等其他有价值的信息。土壤的染色或变色情况、高精度的PID 读数可以提供直接识别污染源的司法鉴定信息。

6.3.3 圆锥静力触探法（CPT）和井下地球物理数据

其他常见的岩性数据来源包括圆锥静力触探（CPT）和井下地球物理测井（如自然伽马射线、自然电位、电阻率、电磁感应、孔隙度/密度和井径）。这些虽然是岩性的间接表征，但在与邻近岩芯样品校准时有非常重要的参考价值。这类岩性数据的优点是能通过对土层地质的垂直连续描述来表征沉积物的垂直粒径分布。

6.4 水文地质数据

水文地质资料在地下水受影响的场地调查中需要收集，主要是为了了解地下水的运动。由于地下水运动控制着污染物的运输和归宿，这些水文地质资料是评估污染源的基础。典型的水文地质数据包括监测井的测量数据(即液面测量)和含水层参数(如渗透系数)。

6.4.1 监测数据

6.4.1.1 水位数据

在涉及地下水污染的司法鉴定中,地下水的流向和渗流速度是确定污染物来源的两个重要的水文地质因素。由于地下水流向和渗流速度都与水位直接相关,了解水位动态也是司法鉴定的关键。地下水位几乎是任何地下水污染调查的"必测项",并且水位数据应随时可从现有的监测报告中找到。然而由于场地条件的复杂性,同一组地下水水位数据由于处理和解读方法的差异,会得出不同的地下水流向和渗流速度结论。因此,收集这些可用于了解地下水水位变化的数据对地下水污染源的水文地质过程分析至关重要。造成地下水水位变化的原因包括从供水井或回收井抽水、融雪回灌和地表解冻、河流季节性流量变化、通过注入井回灌的水量变化以及下水道渗漏。此外,对地下水水位造成影响的其他因素还包括气象因素和潮汐、地震以及外部荷载(Todd,1980)。

应该指出的是,目前的地下水水位可能与历史水位有差异,因此水流方向很可能已经偏离甚至逆转。当污染物沿地下水流方向迁移时,通常会先在现场寻找污染物源,然后追踪至场外。如果当前的流向已经偏离了早期控制污染物运输的水流方向,则有可能会错过真正的污染源位置。然而如果错认一个与污染源毫不相关的场所,则会对场地调查和制定修复措施带来负面影响。

地下水渗流速度是饱和地质体(即渗透系数和有效孔隙度)和水力坡度的函数,并由地下水水位决定。很明显,水位的变化会引起渗流速度的变化。由于渗流速度常被用来推断污染排放的时间,对渗流速度"快慢"的估计可以得出"较近"或"较久远"的污染排放结论。

在收集水位信息时,必须注意检查监测井的长度、深度等相关信息,以便更好地了解含水层系统。场地评估中的一个常见错误是,假设所有水位代表同一含水层。对于均质含水层,该假设可能成立。然而对于非均质含水层,这一假设存在很多问题甚至无法成立。在非均质含水层中,含水层可能由许多含水带组成,这些含水带在水文地质上可以相互联系,也可不联系。因此,不同地区的水位可能有显著差别。当使用不同区域的水位数据绘制等水位线时,水流方向可能会被误导。另一个潜在的错误是,含水层往往根据深度而不是沉积环境来确定。对于与地下水表面不平行的含水层或弱含水层系统,等水位线可能是由不同含水层之间的水位数据得出的。最后,在某些情况下不同的含水层之间难以区分。在这种情况下,可能会错误地使用假定在同一含水层或含水带的监测井水位数据来构建地下水等水位线。

6.4.1.2 轻质非水相液体(LNAPL)监测数据

轻质非水相液体(LNAPL)一般指比水轻的石油烃类液体(如汽油、柴油)。由于LNAPL的密度比水小,一旦渗入土壤,通常会在滞留在潜水位附近。在LNAPL污染的场地,LNAPL的深度和厚度是需要监测的数据。在监测井中如果发现有新生成的LNAPL层,或发现LNAPL的厚度增加了,都说明有新的污染源或污染源正在排放污染物。然而,根据目前对地下LNAPL行为的研究,监测井中LNAPL的产生和厚度变化取决于土壤类型,而LNAPL、水和空气在各种水文地质条件下又共同占据土壤孔隙空间(Aral and Liao,2002;API,2002,Charbeneau,2007;ITRC,2009)。因此,地层中LNAPL的出现或厚度变化并不能作为判断LNAPL含量的可靠指标,所以也不能单独用于解释污染源。为了正确地解读数据,必须了解、收集与LNAPL相关的水文地质背景(包括潜水、承压水和上层滞水)、土壤毛管压力以及LNAPL的饱和度和迁移性等数据。

6.4.2 含水层和土壤性质数据

利用含水层特征进行司法鉴定时所涉及的重要物理性质包括有效孔隙度、渗透系数以及与轻质非水相液体、毛细管相关的物理参数。

6.4.2.1 有效孔隙度

有效孔隙度是确定渗流速度的参数之一,而渗流速度又决定了污染物的运移时间。需要特别注意的是如何获得有效孔隙度数值。由于难以得到精确的实验数据,其取值范围通常很大。可以通过排水量测试和基于总孔隙度数据估算来获得有效孔隙度数值。

6.4.2.2 渗透系数

渗透系数是污染物运移时间估算中最易变也是最重要的参数之一。最可靠的获得方法是含水层抽水试验。在含水层产水量低的场地,可以进行微水试验。如果无法获得这些数据,则可以根据粒径或公开的一般地质体的数值范围来估计(Freeze and Cherry,1979)。估算的渗透系数可能相差几个数量级,因此了解数据的有效性,熟悉确定渗透系数代表值的各种方法(Oosterbaan and Nijland,1994;Prudic,1991)在司法鉴定中十分重要。

6.4.2.3 毛细管压力和土壤物理性质

包气带(即非饱和带)中可能存在多种相(空气、水和LNAPL)。当任何两相处于接触状态时,在两相之间的界面处就很可能形成压力差。这种压力差称为毛细管压力,是界面能(表面张力)、接触角和平均曲率半径的函数

(Charbeneau,2007)。在受LNAPL影响的场地,含水层中LNAPL毛细管压力和其他土壤物理性质对LNAPL饱和度和流动性有重要的影响,因此也能影响对污染源的解释。美国石油学会LNAPL数据库(API,2000)为LNAPL含水层特性提供了非常有价值的信息。该数据库为那些只掌握少量毛细管特征数据的场地用户提供LNAPL运移和分布特征的相关信息。它不仅使用户可以利用地质条件相似地点的毛细管特征数据,也能给出更直接的实验观测结果。这个数据库包含以下类型的信息:

- 样品毛细管参数及其推导的原始数据;
- 岩石物理数据,包括密度、孔隙度、渗透率、电导率、水和烃的饱和度等;
- 粒径数据;
- 流体性质(即黏度、密度和界面张力)。

6.4.3 地下水模型

为了增强对大而复杂场地的污染特征的了解,通常会建立地下水流量和污染物迁移转化的数值模型。建模的目的是预测不同地点的地下水头和污染物浓度。尽管利用地下水移动时间来确定污染源排放时间非常方便,但必须谨慎使用这类数据。在使用数据之前,必须收集、确认相关模型的信息。关键信息包括模型建立、模型校准和模型灵敏度分析(McDonald and Harbaugh,1988;Anderson and Woessner,2002;Zheng and Bennett,2002)。关于在司法调查中如何使用地下水模型见本书第15章第15.6节。

6.5 污染物的化学数据

实验室化学分析可能是场地调查中了解污染物性质和程度的最重要的数据来源。在调查报告中,这些数据通常表示为浓度等值图(如空间分布格局)和特定污染物的动态变化趋势图,以评估污染物羽流的变化。此外,浓度数据可与其他污染物或含水层参数共同用于评估污染源。

6.5.1 空间格局

浓度等值图常用来表示污染物羽流的空间分布格局。在有多种污染物的场地,可以利用各组分空间格局相对羽流的差异来推断原始污染迁移的方向。对于受汽油影响的场地,通常可以得到苯、甲苯、乙苯和二甲苯(BTEX)以及含氧化合物的羽流轮廓。由于甲基叔丁基醚(MTBE)具有更强的溶解性,受土壤的阻滞作用也更小，所以先于 BTEX 进行迁移（Wilson，2003）。如果 MTBE 和 BTEX 都来自汽油源，则源区域可能是从 MTBE 指向 BTEX 区域的方向或更向前倾斜的方位。在受单一释放源的氯化溶剂影响的场地，母本化合物和代谢产物常按四氯乙烯（PCE）、三氯乙烯（TCE）、二氯乙烯（DCE）、氯乙烯（VC）的顺序先逆浓度梯度后顺浓度梯度出现。对于每种化合物，浓度通常依此规律衰减。如果这种发生顺序被中断或逆转，则应考虑其他潜在的污染源，并尽力收集数据以证实或排除该假设。

在浓度等值图上，最大浓度与原始释放源区域可能重叠或不重叠，这取决于释放源是持续排放还是一次性泄漏，抑或是存在其他复杂的情况（如自然降解、人为修复）。假设整个场地污染物的自然降解是一致的且不受人为干扰，那么一个污染源只产生一个羽流，其最大浓度可以覆盖整个源区域。泄漏物将在沿地下水流迁移的过程中，产生一个随时间变化的段塞流（Fetter，1994）。换句话说，污染羽流的中心区域很可能会与初始释放源分离，因而并不代表最初的污染源。

6.5.2　时间变化趋势

场地调查报告往往包括污染物的时间动态变化趋势图。在钻井测量中，污染物的动态趋势通常用浓度与时间的关系图表示。当场地中不存在排放源时，可以预测污染物浓度将随时间的推移而逐渐下降。但地下水位的升降、羽流中心线的轻微移动和游离产物向井内迁移等因素也通常会造成污染物的浓度发生波动。当浓度异常升高时，应注意检验数据，必要情况下还需收集其他数据以确认或排除其他污染源。

6.5.3　特征比值

在典型的场地调查报告分析中，有一些对司法鉴定具评估价值的特征比值数据。例如，美国环境保护局（EPA）8260 方法通常用于鉴别含有石油烃和氯化溶剂的场地。对于石油烃，BTEX 比值（BþT/EþX）可用于估计场地汽油释放的时间（Kaplan and Galperin，1996；Kaplan et al.，1997）。对于氯化溶剂，假设 1,1,1 - DCE 是1,1,1 - TCA的水解产物，Gauthier 和 Murphy（2003）证明了 DCE/1,1,1 -三氯乙烷（1,1,1 - TCA 或甲基氯仿）的比例可以用来测定溶解性 1,1,1 - TCA 的释放时间。

EPA 8270 方法可用于半挥发性有机化合物的测定。在 54 种分析物中，有 16 种是优先控制的多环芳烃（PAHs）。这些多环芳烃可来源于热解源、成岩源和生物源。在司法鉴定中，应对多环芳烃衍生物（即烷基化的多环芳烃）进行更详细的分析。无论如何，母本多环芳烃的类型和组合在多环芳烃源的筛选分析中具有重要意义，这一观点也得到了多篇文献的支持（Boehm，2006）。

6.5.4 相位平衡

地下的挥发性有机污染物可存在于四种不同的相：水相、固相、气相或作为非水相液体存在（NAPLs；Feenstra et al.，1991）。如第 7 章所述，由于污染物分布由各相之间的相平衡决定，每相中的污染物数量（即浓度）通常用于推断 NAPL 源的存在。因此，在一些未能检测到 NAPLs 的调查场地中，挥发性有机污染物的相平衡就提供了一种定位 NAPLs 的方法。

有效溶解度也可用来来估计潜在的非水相液体。如果地下水中污染物浓度大于其有效溶解度的 1%，那么通常认为在这个渗流区或饱和区存在非水相液体。实际应用中则应考虑采用基于相位平衡法的定量分析来得到更可靠的结果。这种方法除浓度因子外，特定地点的土壤信息，包括土壤含水量、孔隙度、吸附参数以及重要的理化性质等也可纳入污染源评价中。关于这种方法的原理和局限性，许多学者，包括 Clin 等（1991）、Cohen 等（1993）和 Feenstra 等（1991）都进行了讨论。

6.5.5 物质通量和排泄质量

物质通量和排泄质量通过结合污染物浓度和地下水的达西速度，来量化给定时间和地点的污染源或羽流强度（ITRC，2010）。对污染源或溶质羽流强度的了解有助于评估自然衰减和污染对顺浓度梯度受体造成的风险，因此，通常在调查现场进行物质通量和流量的研究。

从司法鉴定的角度来看，这些研究的数据在识别潜在污染源方面很有价值。例如，测量物质通量的方法之一是断面法，即通过使用单独的监控点来集成浓度和流量数据。假设现场只有一个源，靠近污染源的断面，其排泄质量大于或等于远离污染源的断面。如果在顺浓度梯度方向上发现了明显升高的流量，则说明有额外的污染物输入到羽流中，可能存在另一个污染源或未知的优先迁移路径。

6.5.6 报告数据的深度挖掘

前面几节讨论的浓度数据都可以从标准实验室报告中获得。然而需要指出的是，环境实验室通常依据比客户要求更多的目标分析物来校准仪器。实验室对这些未纳入监管的分析物没有进行校准试验、实验室控样加标、基质加标/加标重现性实验，因此无法获得相关的质控信息。这些数据虽然不符合监管要求，但仍可以用于司法取证。

就质量而言，这些原始数据可以为判断是否存在非目标化合物或复杂的混合物提供有价值的信息。例如，气相色谱或质谱分析（GC/MS）中，EPA8260 和 EPA 8270 提供的方法，可用于挖掘更多有价值的司法鉴定信息。在总离子色谱中，可以提取某些离子的色谱曲线来评估特定非目标化合物是否存在。此外，还可以通过检索美国 EPA 或国家标准和技术研究所的质谱数据库来获得初鉴化合物(Tentatively Identified Compounds,TICs)的有关信息。

TIC 技术分析结果对评估特定场地土壤或地下水中是否存在以前未知或未报告的化学物质非常有帮助。某些情况下,也可在环境实验室进行 TIC 的定量分析。然而,由于 TIC 和内标(IS)的仪器响应、TIC 的萃取或净化、色谱干扰等问题,定量分析的准确性和一致性是极不确定的。大多数环境实验室不像分析目标化合物那样,通过手动重新拟合软件拟合效果不好的峰,而是完全依赖自动化仪器供应商提供的软件进行 TIC 定量分析。数据处理软件应用时的附加限制,如:拒绝面积或高度低于最近内标 10%的所有峰、限定输出最大峰值的预设数量、限制处理的保留时间范围或跳过目标分析物的保留时间窗口等,都会进一步影响 TIC 数据集的有效性。数据处理中所使用的惯例方法,例如 CLP - SOW 要求将所有直链、支链和环状烷烃归为“总烷烃”,也会进一步限制 TIC 结果在司法鉴定上的代表性和有效性。工作人员在分析 TIC 结果时,必须清楚实验室所采用的确切程序。TIC 分析的不确定性可能使其不适用于特征值的分析,但作为对样品中存在的非目标化合物浓度的粗略估计,它仍可以为场地概念模型提供有价值的信息。

6.6 高分辨率场地特征(HRSC)数据

高分辨率场地特征(HRSC)是指利用适当的尺度和样品密度来确定污染物的分布和它们所处的物理环境,这种方法具有更高的准确性(USEPA,2013)。针对污染物的不同特征,可用不同的传感器探测目标污染物。例如,薄膜界面探测器(MIP)用于筛选挥发性污染物,激光诱导荧光(LIF)用于筛选石油烃类污染物,杂酚油和 X 射线荧光传感器用于筛选金属类污染物。对于一般物理性质,如岩性/宏观地层和渗透系数,可以使用其他工具,例如 CPT、井下物探工具(如伽马射线、自然电位、电阻率、感应、孔隙度/密度和井径)和渗透系数测定仪。

在复杂的场地中,通常使用高分辨率场地特征(HRSC),以便更快更有效地获取场地数据。根据使用工具的差异,数据的类型和数量会有所不同。由于这些数据是关于污染物相(例如,NAPL、溶解态、吸附态及气态)和分布特征(例如,渗透带/流动孔隙,或低渗透带/固定孔隙,或表现为“储存”特质)的表征,所以具有显著的司法鉴定价值。特别值得关注的是 MIP 和 LIF 工具,因为这些技术很成熟,并且能够提供污染源识别的信息。

6.6.1 薄膜界面探测器(MIP)

MIP 是一种高分辨率的垂直绘制工具,用于绘制地下渗流区和饱和带的挥发性有机化合物的空间布局图(如汽油范围的石油烃和氯化化合物)(USEPA,2013)。有许多MIP检测器可用,包括电子捕获检测器(ECD)、卤素特异检测器(XSD)、PID和火焰离子化检测器(FID)。在实验室条件下,每个检测器对各种化合物具有不同的灵敏度和线性响应范围。根据鉴定目的、关注的污染物和污染物浓度水平不同,可根据现场的特点使用一种或多种探测器。

环境损害司法鉴定中,可以利用多种检测器获得的数据,以区分不同区域的污染物种类。例如,受石油污染的区域(加油站)用PIDs/FIDs可检测出强信号,但用ECDs/XSDs检测仅有微弱的信号或检测不到信号。氯代溶剂则在XSDs和/或ECDs检测器上可测得强烈的信号。如果同时使用XSDs和ECDs,则可以区分母体溶剂(PCE和TCE)及其子化合物(DCE和VC)。

6.6.2 激光诱导荧光分析(LIF)

激光诱导荧光分析(LIF)技术可用于源识别。所有LIF分析技术都使用特定频率的可调谐激光器,通过光纤后,由标准CPT系统或撞击系统(如Geoprobe)上的蓝宝石窗口发射。激光会使土壤中的多环芳烃发出荧光。然后,发射的荧光通过另一根光纤电缆传输到附近的检测系统。LIF技术包括快速光学筛选、紫外线光学筛选和焦油专用绿色光学筛选等技术。

使用LIF方法进行调查的主要用途是分析石油产品和/或碳氢化合物。然而,LIF数据中的大量信息也与污染物源有关。在司法鉴定中,当一些场地不允许长时间进入开展常规的取样和测试时,LIF有助于在现场开展快速取样(Lieberman et al,1991)。通过分析样品中与多环芳烃浓度相关的特征波形、信号强度和模式的空间变化、各种环境(即富氧和厌氧)下波形的变化以及色谱分离、混合、假阴性和假阳性等波形特征,可以了解污染源信息。

6.7 污染物释放后浓度变化模式

当污染排放或泄漏发生时,污染物将渗入地下,沿着一定的路径迁移,最终滞留在地层介质中。随着时间的推移,由于自然衰减过程和/或人为采取修复措施,污染物浓度将发生变化。

6.7.1 常规场地参数

在调查或监测时,场地参数通常现场测量,主要包括温度、pH值、电导率、浊度、氧化还原电位(ORP)和溶解氧(DO)。这些参数不仅对分析污染物的生物过程或降解过程很有用，还有利于了解污染物的归宿和迁移过程，并为污染溯源提供关键依据。

在受有机污染的场所（如石油或氯化污染物），溶解氧 DO 和氧化还原电位 ORP 是最重要的参数，因为它们提供了评估生物降解性的标准，对污染源分析产生直接或间接的影响。溶解氧是微生物分解各种有机碳中最容易获得的电子受体，界定了好氧（>0.5 mg/L）和厌氧（<0.5 mg/L）过程发生的条件。至于氧化还原电位，低于-100 mV 时意味着氯化溶剂可通过还原脱氯（Wiedemeier et al.，1999）。

在受无机污染物（如铬、砷）的场地，pH 和 ORP 特别重要，因为它们影响污染物的活性。从司法鉴定角度来看，收集这些参数的历史数据可能有助于分析污染物的来源。例如，通常观察到砷与燃油泄漏有关（来自 Anne Lewis-Russ，个人通讯）。一个可能的原因是烃类燃料的生物降解提高了土壤的还原性，因此砷吸附剂（即铁氧化物）不再稳定，导致砷解吸进入地下水中。从过去未检测出砷到现在检测出砷的这一变化可以解释为砷伴随着燃油的分解而释放出来。然而在实际中还可能存在的原因是，燃油导致地球化学条件的改变，从而释放出土壤中自然存在的砷。根据 pH 和 ORP（或 Eh）的历史数据，这种变化的原因可以得到进一步证明。

6.7.2　自然衰减

自然衰减是指污染物通过生物过程（好氧和厌氧生物降解、植物和动物吸收）、物理过程（即对流、分散、稀释、扩散、挥发、吸附/解吸）和化学反应（即离子交换、络合、非生物转化；US Army，1995）使浓度降低的现象。在自然过程中，生物降解由于破坏了污染物，受到环境管理部门、潜在责任方和公众的特别关注。因此，受监控的自然衰减（MNA）几乎总被认为是一种潜在的修复措施。

MNA 分析通常遵循三个层次。首先评估羽流稳定性，其次使用地球化学参数评估生物降解潜力，最后通过微生物研究或化合物特定同位素分析（CSIA）提供生物降解的直接证据。羽流的稳定性通常利用监测井分析污染物在场地内或受关注区域的空间分布模式和趋势来进行评估。本书第 5.1 节和第 5.2 节讨论了污染源信息。前文也讨论了地球化学评价和同位素分析在司法鉴定中的应用价值。

6.7.2.1　地球化学参数

在希望发生自然降解的污染场地，通常通过分析一系列相关的地下水参数来评估生物降解作用。这些参数包括硝酸盐、锰（II）、铁（II）、硫酸盐、甲烷、氯化物和碱度。锰（II）、铁（II）、硫酸盐、甲烷、氯化物和碱度的增加以及硝酸盐和硫酸盐浓度的降低表明存在生物降解。有关这些参数的详细评估，请参见 Wiedemeier 等（1999）。

6.7.2.2 化合物同位素分析(CSIA)

对 MNA 可作为修复措施的场地,可以进行化合物同位素分析。除了能证明自然衰减的过程之外,同位素在司法鉴定中的价值也受到认可,该方法能成功区分出复杂场地在不同时间和位点发生的污染物泄漏事件(USEPA,2008 年)。污染源识别的基本依据是不同来源中同位素比率的差异性(如不同制造商的产品在同位素组成上有差异;USEPA,2008)。CSIA 数据解读会由于污染源释放场景以及生物和非生物降解过程而变得更为复杂。在一个污染排放历史未知的地点,即使没有降解过程,同位素组成的差异也可能有多种不同的解释。在某些情况下,由于一段时间内发生了几次不同的泄漏事件或不同来源的化合物具有不同的同位素组成,非常靠近的地下水区域也会有很高的同位素组成异质性。在另一些情况下,不同地点的不同泄漏物则可能具有相同的同位素组成。

降解过程(包括生物和非生物降解过程)提高了同位素组成数据分析的复杂性。由于不同来源的同位素比值的差异通常在千分之几(‰)左右,因此生物或非生物降解引起的同位素比值变化可能会比不同污染源引起的同位素比值变化来得更为重要(USEPA,2008)。因此,对于具有 CSIA 数据的场地,数据解读需要结合其他站点信息以及对同位素比值进行恰当而深入的理解,这将在第 11 章中详细讨论。

6.7.2.3 修复效果评价

在理想情况下,应在实施修复措施之前充分了解场地特征,以便获取污染物的性质和污染程度等信息。遗憾的是,情况并非总是如此。在一些复杂的修复地点,往往直到修复实施阶段还没有对污染源的特点有全面的了解。因此,修复阶段的监测数据(污染物浓度、ORP、CSIA 等)对污染源的认识具有重要的价值。

通常关注的污染物有多种修复技术(USEPA,2005)。常用的有土壤蒸汽提取、抽取处理以及原位氧化技术。对于抽取处理修复措施,通常使用累积回收量随时间的变化曲线来监测修复进度。偏离预期的斜率可能意味着正在进行或产生新的污染释放。例如,假设地质和油井设计相似,受轻非水相液体 LNAPL 污染的场地中存在多个回收井,LNAPL 采出量最高的油井表明该油井可能位于污染源区或其附近。

反弹是由于土壤解吸、NAPL 溶解和对流/扩散导致污染物浓度下降后又增加的过程。几乎所有修复过程都会出现反弹现象,尤其是发生化学氧化反应后(Crimi,2012)。有关反弹数据的收集在环境损害司法鉴定中非常重要,因为这样有助于分析和确定污染源的位置。在污染源区域,可以观察到以下几种情况:更快速和更显著的反弹过程;基质扩散、解吸和分配的影响成比例地增加;随着与污染源距离的增加,短期和长期反弹浓度减小。

值得注意的是，修复活动可能会影响场地情况，导致已有的稳定污染物（再次）进入地下水，或场外污染物迁移到调查场地。前一种情况在进行原位化学氧化修复的场地很常见。在这些场地，修复过程可能导致金属的移动、污染物分配行为的变化、微生物种群或活性的改变以及阴离子的形成（Crimi，2012）。在后一种情况下，通过抽取回收污染液体（LNAPL 或受污染的地下水）可能会改变该区域的水力条件，并可能导致污染物从场外迁移到场地内。

6.8 总　　结

本章重点介绍了对污染源评价有用的各种场地调查的常规数据。本章介绍的方法和示例可用于指导初步的数据收集过程。在某些情况下，来自场地调查数据的司法信息可能就足以解决污染源分析问题。然而在其他情况下，调查过程中很可能发现数据有缺失，因此需要为场地调查开发出更有效、更节约成本的方法。

致　　谢

作者对 Frank Muramoto、Rick Cramer、John Petragalia 和 Mary Jo Anzia 为本章提供评阅和建设性意见表示衷心的感谢。Trevre Andrews、David Li、Robert Kennedy、Jim Refermat、Anne Lewis-Russ、Michael Shultz、Colin Plank、Assaf Rees、Rebecca Mora 和 Faraneh Chamran 也为本章内容提供了宝贵的意见。同时也感谢 Kim Olsen 和 Shannon Weir 的编辑和排版工作。

（邓泓）

参 考 文 献

Anderson, M.P., Woessner, W.W., 2002. Applied Groundwater Modeling — Simulation of Flow and Advective Transport. Academic Press, San Diego, CA.

API, 2000. Light non-aqueous phase liquid (LNAPL) parameters database user guide for data retrieval. Regulatory Analysis & Scientific Affairs Department. American Petroleum Institute, Washington,

D.C.

API, 2002. Evaluating hydrocarbon removal from source zones and its effect on dissolved plume longevity and concentration. API Publication 4715, American Petroleum Institute, Washington, D.C.

Aral, M. M., Liao, B., 2002. Effect of groundwater table fluctuations on LNAPL thickness in monitoring wells. Environmental Geology 42 (2 – 3), 151 – 161.

ASTM Standard D2487 – 00, 2000. Standard practice for description and identification of soils (Visual-Manual Procedures). American Society of Testing (ASTM) International, West Conshohocken, PA.

ASTM Standard D2487 – 06, 2006. Standard practice for classification of soils for engineering purposes (Unified Soil Classification System). American Society of Testing Materials (ASTM) International, West Conshohocken, PA.

ASTM Standard E1527 – 05, 2005. Standard practice for environmental site assessments: Phase I environmental site assessment process. American Society of Testing Materials (ASTM) International, West Conshohocken, PA.

Boehm, P.D., 2006. Polycyclic aromatic hydrocarbons (PAHs). In: Morrison, R.D., Murphy, B. L. (Eds.), Environmental Forensics — Contaminant Specific Guide. Academic Press, San Diego, CA, pp. 313 – 334.

Charbeneau, R.J., 2007. Distribution and recovery of petroleum hydrocarbon liquids in porous media. Publication 4760, American Petroleum Institute, Washington, D.C.

Cline, P.V., Delfino, J., Rao, P., Suresh, C., 1991. Partitioning of aromatic constituents into water from gasoline and other complex solvent mixtures. Environmental Science & Technology 25 (5), 914 – 920.

Cohen, R.M., Mercer, J.W., 1993. DNAPL Site Evaluation. C. K. Smoley, Boca Raton, FL.

Crimi, M., 2012. The Geochemical Effects of In Situ Chemical Oxidataion: Advantages and Challenges. AECOM webinar. October 25, 2012.

Feenstra, S., Mackay, D.M., Cherry, J.A., 1991. A method for assessing residual NAPL based on organic chemical concentrations in soil samples. Ground Water Monitoring and Remediation 11 (2), 128 – 136.

Fetter, C.W., 1994. Applied Hydrogeology. Prentice-Hall, Inc., A Simon & Schuster Company, Englewood Cliffs, NJ.

Freeze, R.A., Cherry, J.A., 1979. Groundwater. Prentice-Hall, Inc., Englewood Cliffs, NJ.

Gauthier, T.D., Murphy, B.L., 2003. Age dating groundwater plumes based on ratios of 1, 1 – dichloroethylene to 1, 1, 1 – trichloroethane: An uncertainty analysis. Environmental Forensics 2003 (4), 205 – 213.

ITRC (Interstate Technology & Regulatory Council), 2009. Evaluating LNAPL remedial technologies for achieving project goals. Interstate Technology & Regulatory Council, LNAPLs Team, Washington, D.C. www.itrcweb.org.

ITRC (Interstate Technology & Regulatory Council), 2010. Technology overview — use and measurement of mass flux and mass discharge. Interstate Technology & Regulatory Council, Integrated DNAPL Site Strategy Team, Washington, D.C. www.itrcweb.org.

Kaplan, I.R., Galperin, Y., 1996. How to recognize a hydrocarbon fuel in the environment and estimate its age of release. In: Bois, T. J., Luther, B. J. (Eds.), Groundwater and Soil Contamination: Technical Preparation and Litigation Management. Wiley Law Publishers, New York, NY, pp. 145 - 199.

Kaplan, I. R., Galperin, Y., Lu, S.-T., Lee, R.-P., 1997. Forensic environmental geochemistry: Differentiation of fuel-types, their sources and release time. Organic Geochemistry 27, 289 - 317.

Lieberman, S.T.G., Cooper, S.M.P., Olsen, R., Lurk, P., 1991. Rapid subsurface, in-situ field screening of petroleum hydrocarbon contamination using laser induced fluorescence over optical fibers. In: Symposium Proceedings, Second International Symposium, Field Screening Methods for Hazardous Waste and Toxic Chemicals. February 12 - 14, Las Vegas, NV, pp. 57 - 63.

McDonald, M.G., Harbaugh, A.W., 1988. A modular three-dimensional finite-difference ground-water flow model. Book 6, Chapter A1, U.S. Geological Survey.

Oosterbaan, R.J., Nijland, H.J., 1994. Determination of the Saturated Hydraulic Conductivity. In: Ritzema, H.P. (Ed.), Drainage Principles and Applications, ILRI Publication 16, p. 435 - 476. International Institute for Land Reclamation and Improvement, Wageningen (ILRI), The Netherlands. ISBN 90 - 70754 - 33 - 9.

Prudic, D. E., 1991. Estimates of Hydraulic Conductivity from Aquifer-Test Analyses and Specific-Capacity Data, Gulf Coast Regional Aquifer Systems, South-Central United States, U. S. GEOLOGICAL SURVEY Water-Resources Investigations Report 90 - 4121.

Todd, David, 1980. Groundwater Hydrology. John Wiley & Sons, New York, NY.

US Army, 1995. Interim army policy on natural attenuation for environmental restoration. Department of the Army, Assistant Chief of Staff for Installation Management, Washington, D.C. DAIM-ED-R (200 - 1c), September 12, 1995.

US EPA, 1993a. Subsurface characterization and monitoring techniques - a desk reference guide. Volume I: solids and ground water, Washington, D.C.

US EPA, 1993b. Subsurface characterization and monitoring techniques - a desk reference guide. Volume II: the vadose zone, field screening and analytical methods, Washington, D.C.

US EPA, 2005. Superfund innovative technology evaluation. Washington, D.C. http://www.epa.gov/esd/cmb/site/xrf- demo.htm.

US EPA, 2008. A guide for assessing biodegradation and source identification of organic ground water contaminants using compound specific isotope analysis (CSIA). EPA 600/R - 08/148. Washington, D.C.

US EPA, 2013. High-Resolution site characterization. Contaminated Site Clean-Up Information. Technology innovation and field services division [online]. http://www. cluin. org/characterization/technologies/hrsc/.

Wiedemeier, T.H., Rifai, H.S., Newell, C.J., Wilson, J.T., 1999. Natural Attenuation of Fuels and Chlorinated Solvents in the Subsurface. John Wiley & Sons, Inc., New York, NY.

Wilson, J.T., 2003. Fate and transport of MTBE and other gasoline components. In: Moyer, E.E., Kostecki, P. T. (Eds.), MTBE Remediation Handbook. Amherst Scientific Publishers, Amherst, MA.

Zheng, C., Bennett, G.D., 2002. Applied Contaminant Transport Modeling. John Wiley and Sons, Inc., New York, NY.

第 7 章

环境中化学物质的分配与迁移

Brian L. Murphy

目 录

7.1 引　　言

在这一章中，我们描述了一些关于化学分配和迁移的基本概念，这些概念不仅奠定了环境损害司法鉴定的基础，也构成了环境科学的基础。由于本章重点在于概念和简单描述，章节中给出的所有结果在某种程度上是假设的近似值。此外，为了表述简明，我们通常会假设化学物质是守恒的；也就是说，为了清楚起见，我们忽略了在实际环境中难以避免的一些问题，例如生物降解和化学转化。

本章分为三个部分：(1) 关于描述环境介质间(环境空气、地下水、土壤等)化学平衡和分配的最常用化学参数的介绍；(2) 关于传质理论的讨论，这有助于描述稳态条件下化学物质从一个环境介质迁移至另一个环境介质；(3) 关于单一环境介质内迁移时，平流-扩散方程的某些解的描述。

7.2 化 学 参 数

任何化学物质都可以通过一组参数来描述，其在环境中的行为。用于描述人体毒性与环境毒性的参数组是不一样的。下面几节的讨论仅限用于描述分配平衡的最常见的宏观参数。

7.2.1　分子量

物质的分子量(MW)可估算为组成该物质的所有元素的原子质量之和。1961年，人们引入了统一的原子质量单位，规定处于核基态和原子基态的未成键的碳-12原子具有12个“统一”的原子质量单位(amu)，符号为“u”或“Da”，后者是道尔顿(Dalton)，以约翰·道尔顿(John Dalton)命名。在此之前，人们将原子核中有8个质子和8个中子的氧原子定义为16 amu。目前，阿伏伽德罗常数(Na)的值规定与12 g碳-12中所含的碳原子数相同。

在统一的原子质量单位中，质子的重量为1.007 28，中子的重量为1.008 66。因此，碳原子的质量应该约为12.095 6，但根据公式$E = mc^2$，其中一部分原子核的质量会以结合能的形式体现出来。

当然，电子也会有一定的质量，但是在正常重力条件下，由于某一原子的电子数和质子数量大致相等，而电子质量约为质子质量的1/1 840；此外，原子中电子的结合能也比原子核的结合能小约三个数量级，因此，电子质量可以忽略不计。

元素由稳定同位素的混合物组成,质子数相同而中子数不同的同一元素的不同原子互称为同位素。如果未指定某一特定的同位素,通常将元素的原子质量表示为该元素常见同位素按一定百分比算出的平均值。因为大多数元素同位素的组成在本质上是恒定的,所以这个方法非常有效。以碳为例,碳-13 的自然丰度约为碳-12 的 1.1%,因此,碳原子质量的加权平均值为 12.011。不过,铅是例外,它是通过某些矿物中铀或钍的放射性衰变而形成的,所以其精确的同位素组成取决于这些其他相关元素的存在。通常将铅的相对原子质量定为 207.2,这是商业铅的常见来源——方铅矿(铅的硫化物)中铅的原子质量。

7.2.2 密度,ρ

密度和分子量通过每单位体积的摩尔数联系起来,每单位体积的摩尔数的倒数是摩尔体积(V_m)。对于某一纯化合物来说,密度 $\rho = MW/V_m$。

在相同压力和温度下,若某一分子量为 MW 的气体以"气泡"形式存在于空气中(平均分子量 = 28.97),则该气泡的特定密度为 $MW/28.97$,其所受浮力可以是正浮力也可以是负浮力。然而,如果不与空气混合或改变温度使浮力接近中性,则难以维持这样的气泡。

如果气泡在非环境温度下形成,即某一体积为 V_0,内部压力为 P_0(P_0 远大于环境压力)的容器,在环境温度 T_a 下突然泄漏,那么其中的气体温度会随着气体膨胀而下降,直到体积膨胀至环境压力 P_a。假设在这么短的时间内气体发生膨胀与环境的热传递是有限的,即该过程是绝热的,那么在绝热膨胀过程,膨胀所做的功与热力学能的变化相平衡,因此,温度(开尔文温度)和密度的变化为

$$T = T_a\left(\frac{P_a}{P_0}\right)^{1-\frac{1}{\gamma}} \tag{7.1}$$

$$\rho = \frac{n(MW)}{V} = \frac{P_a(MW)}{RT} = \frac{P_a^{\frac{1}{\gamma}}\ P_0^{1-\frac{1}{\gamma}}}{R\ T_a}(MW) \tag{7.2}$$

公式(7.2)利用了理想气体状态方程:

$$PV = nRT, \tag{7.3}$$

式中,R 为理想气体常数,以适当的单位表示,T 是温度,以 K 为单位。

恒压比热容与恒容比热容之比为 γ,$\gamma = 1 + 2/\mathrm{d}f$,其中 $\mathrm{d}f$ 为自由度(单原子气体为 3,双原子气体为 5)。在这种情况下,比密度是用气体密度 ρ 除以空气密度(标准条件下为 $1.275\ 4\times10^{-3}\mathrm{gm/cm^3}$)得出的。

7.2.3 饱和蒸气压，P_V

饱和蒸气压表示纯化合物和混合在气相中的化合物之间的平衡。通常，气相是空气。物质的饱和蒸气压（P_V）是指在封闭系统中，体系与周围环境达到热力学平衡时，在纯固体或液体上方所施加的每单位面积的力。在平衡状态时，单位时间内从表面散逸的分子数目与在表面凝聚的分子数目相等。

7.2.3.1 Raoult's 定律

Raoult's 定律指出，第 i 个组分所施加的分压 p_i 为

$$p_i = P_v^i \chi_i \tag{7.4}$$

式中，χ_i 是摩尔分数，p_i 是第 i 个组分的饱和蒸气压。仅当混合物中所有分子之间的力相同（称为理想混合物）或$\chi_i = 1$ 时，Raoult's 定律才是正确的，与理想混合物表现的偏差用活度系数（γ_i）描述：

$$p_i(actual) = P_v^i \chi_i \gamma_i \tag{7.5}$$

由于处于较高温度下的分子具有较高的速率，因此它们的压力随温度而增加，该温度依赖性由前面描述的 Clausius - Claperyon 方程予以说明。

7.2.3.2 Clausius - Claperyon 方程

Clausius - Claperyon 方程的推导是由适用于分子速率分布的麦克斯韦-玻尔兹曼方程（Maxwell - Boltzmann）开始的。只有流体中的分子具有足够能量，即速率 $> v_0$，才能够克服分子力而离开流体。速度 $f(v)\mathrm{d}v$ 在三个维度上的归一化分布为

$$f(v)\mathrm{d}v = \left(\frac{m}{2\pi k_b T}\right)^{\frac{3}{2}} 4\pi v^2 e^{\frac{-mv^2}{2k_b T}} \tag{7.6}$$

式中，m 是分子质量，k_b 是玻尔兹曼（Boltzmann）常数，设定 $x = v^2$ 和 $a = \frac{m}{2k_b T}$，则从 v_0 到 ∞ 范围内速率的平均值为

$$\begin{aligned}\langle v \rangle &= \int_{v_0}^{\infty} v f(v)\mathrm{d}v = 2\sqrt{\pi}\, a^{\frac{3}{2}} \int_{v_0^2}^{\infty} e^{-ax} x \mathrm{d}x = 2\sqrt{\pi}\, a^{\frac{1}{2}} \left(v_0^2 - \frac{1}{a}\right) e^{-av_0^2} \\ &\equiv \sqrt{\frac{2\pi m}{k_b T}}\, v_0^2\, e^{-\frac{mv_0^2}{2k_b T}},\end{aligned} \tag{7.7}$$

式中，$v_0 \gg (2k_b T/m)^{1/2}$。

进入表面的通量与气相中每单位体积的分子数(即 $n/V = P_V/RT$) 乘以平均下行速率与 $T^{1/2}$ 成正比,流入表面的通量必须与离开表面的通量成正比(即与 $\langle v \rangle$ 成正比)。因此,将通量等效为

$$P_v \sim e^{\frac{mv_0^2}{2k_bT}} \tag{7.8}$$

或

$$\ln P_v \equiv -\frac{C_1}{T} + C_2, \tag{7.9}$$

式中, $C_1 = \dfrac{mv_0^2}{2k}$, C_2 是常数。温度 T_1 和 T_2 可以写成

$$\ln \frac{P_1}{P_2} = C_1\left(\frac{1}{T_2} - \frac{1}{T_1}\right) \tag{7.10}$$

常数 C_1 等于标准汽化焓的变化 (ΔH_V [1])除以气体常数(R)。由于 $k_b = R/N_a$,因此该模型中标准汽化焓的变化为 $\dfrac{N_a m v_0^2}{2}$, 这是每摩尔所需的能量。实际上, C_1 (或 H_V) 是温度的函数;然而,等式 7.10 对于通常出现在环境问题中的温度范围是相当准确的。

当蒸气压等于大气压 P_a 时,对应液体的正常沸点温度 (T_B)。因此,在沸点附近的 ΔH_V 表示为

$$\ln \frac{P_v}{P_a} = \frac{\Delta H_V}{R}\left(\frac{1}{T_B} - \frac{1}{T}\right) \tag{7.11}$$

因为 ΔH_V 是一个正数,所以等式 7.11 表示 P_v 随着温度的升高而增加;也就是说,蒸发过程是吸热的。在平衡状态下,也有一个凝聚过程,分子从气态变成液态,该过程是放热的,焓变为 $-\Delta H$。

7.2.4 溶解度

溶解度(S)表示纯液体或纯气体溶质相与溶质溶解在溶剂中的相之间的平衡。尽管该概念可以泛指任何溶质和溶剂,但在环境问题中,溶剂通常是水。S 是在平衡状态下可溶解于封闭系统中的最大溶质量。在平衡状态下,溶解速率与从

1 对于发生在大气环境下的恒压过程, ΔH 等于系统内能的变化加上系统对周围环境所做的功。这意味着在这种条件下,焓的变化是化学反应吸收(或释放)的热量。ΔH 对吸热反应为正,因为产物的焓大于反应物的焓;对放热反应为负,其中产物的焓小于反应物的焓。"标准"焓变是每摩尔的变化。

溶解态回到纯溶质的速率相等。

溶解过程可以用类似于等式7.11的等式来描述：

$$\ln\frac{S}{S_0}=\frac{\Delta H_S}{R}\left(\frac{1}{T_0}-\frac{1}{T}\right),\tag{7.12}$$

其中,下标"0"表示参考值。然而,因为它是三个过程焓变的总和,所以在这种情况下,溶液的标准焓 ΔH_S的变化可以是正的,也可以是负的：

- 破坏溶质-溶质间的吸引力(吸热)
- 破坏溶剂-溶剂间的吸引力(吸热)
- 形成溶剂-溶质间的吸引力(放热)

最后一个过程相对于前两个过程之和的大小决定了 ΔH_S的符号。因此,平衡时的凝聚焓为$-\Delta H_S$。

大多数气体的溶解是放热的, $\Delta H_S<0$。也就是说,当气体在液体溶剂中溶解时,能量以热的形式释放出来,使溶剂/溶质系统和周围环境先升温,后续系统温度降低到周围环境的温度。当温度降低时,作为分离相的气体与溶液中的气体之间的平衡将发生变化,更利于气体进入溶液。因此,降低温度会增加气体的溶解度。当气体的饱和溶液被加热时,气体从溶液中逸出。但是,大多数有机化合物在水中的溶解度随着温度的升高而反而增加。

溶解度取决于分子间作用力的具体作用方式。然而,与蒸汽压类似,第 i 组分在混合物中的溶解度(S_i)通常依然由 Raoult - type 定律估算：

$$S_i=\chi_i S_i,\tag{7.13}$$

其中,S_i是纯化合物的溶解度。由于破坏与形成分子的吸引力相等,方程7.13中理想溶液的焓变为零。

如果溶解度的单位是每单位体积的摩尔数,那么溶解态和纯固态相之间无量纲的分配系数为 S_i/V_m。

7.2.5 亨利定律常数

亨利定律常数表示溶解(溶液)相和气体(空气)相之间的平衡,定义为

$$H_i=\lim_{\chi_i\to 0}\frac{p_i}{\chi_i},\tag{7.14}$$

其形式与 Raoult - type 定律相同;然而,等式7.13仅在极限$\chi_i\to 1$,而不是公式7.14中的$\chi_i\to 0$的情况下,对非理想混合物是正确的。根据等式7.5：

$$H_i = \lim_{\chi i \to 0} \frac{p_i}{\chi_i} = \lim_{\chi i \to 0} \gamma_i P_v^i \tag{7.15}$$

在正常环境温度下，γ_i的温度变化远小于 P_v^i（Smith and Harvey，2007）。因此：

$$\frac{H(T)}{H(T_0)} = \frac{P_v^i(T)}{P_v^i(T_0)} \tag{7.16}$$

气体的蒸气压随温度升高而增加，因此，根据等式 7.16，H 的值也将随之增加。等式(7.16)对于理想混合物来说，是十分精确。

亨利定律有多种形式，分子可以表示为分压、摩尔数或空气浓度(质量/体积或摩尔数/摩尔)，分母可以是摩尔分数、摩尔数或溶液的质量/体积浓度。在某些形式中，分子和分母是相反的。例如，Sander(1999)提供的数据库[2]中 H 值为 298.16 K，这里 H 被定义为

$$H = \frac{C_i^w}{P_i} \tag{7.17}$$

式中，C_i^w 是以摩尔/升表示的溶液浓度，他还提供了如下参数：

$$\frac{\mathrm{dln}\, H}{\mathrm{d}\left(\frac{1}{T}\right)}, \tag{7.18}$$

这对于 $H(T)$的插入十分有用。

通过将分压除以 RT 以获得单位体积摩尔数，然后将摩尔数转换为气体和液体浓度可以得到无量纲形式：

$$\frac{P_i}{RT} = \frac{C_i^a}{MW_i} \tag{7.19}$$

$$\chi_i = \frac{\frac{C_i^w}{MW_i}}{\frac{\rho}{MW}}, \tag{7.20}$$

其中，MW 是液体的分子量(H_2O 为 18)，ρ 是液体的密度(稀释的溶液为 1 gm/cm^3)。无量纲的亨利定律常数 H'随即被定义为：

2 请注意，第三栏中的值是 $\frac{\mathrm{dln}\,(K_n)}{\mathrm{d}\left(\frac{1}{T}\right)}$，而不是该数的负数(如 www.henrys-law.org.所示)。

$$H' = \frac{C_i^a}{C_i^w} = \frac{P_i MW}{\chi_i \rho RT} \tag{7.21}$$

等式 7.21 中的气体和水的浓度可以表示为质量/体积或摩尔数/体积。有时空气浓度也可以通过(组分体积 i)/(气体体积)或组分每百万占比(ppm)的形式给出,通常表示为 C_V。两种形式之间的关系通过单位体积气体摩尔数的理想气体定律给出,假设物种 i 在总分子可忽略不计:

$$\begin{aligned} C_V &= (\text{moles/meter}^3 - \text{species i})/(\text{moles/meter}^3 - \text{air}) \\ &= \frac{C_i^a(gm/\ met^3)RT}{MWP_a} = 0.022\,4\,\frac{C_i^a(gm/\ met^3)}{MW} \end{aligned} \tag{7.22}$$

此式适用于在一个大气压和 20℃(68℉)下。因此,浓度为 1 μg/m³ 相当于浓度为 22.4/MW 的 10 亿分之一。[3]

7.2.6 辛醇-水分配系数

表示化学物质亲脂性或碳亲和性的标准方法是通过辛醇-水分配系数 K_{ow}。辛醇是一种八碳链醇,不溶于水。分配系数为

$$K_{ow} = \frac{\text{辛醇相浓度}}{\text{水相浓度}} \tag{7.23}$$

这个参数的值,在经验上,与水和土壤或沉积物和生物群之间的化学物质分配有关。

7.2.6.1 土壤-水分配系数

对于土壤和沉积物,通常将固-液分配系数 K_s 写为

$$\frac{C^s}{C^w} = K_s = K_{oc} f_{oc} \tag{7.24}$$

其中,K_{oc} 是有机碳-水分配系数,f_{oc} 是土壤中有机碳的比例。K_s,土壤和水浓度以及 K_{oc} 的单位取决于空气和水浓度的单位,但通常表示为 mg-L/kg-μg。方程式(7.24)是一个简化的公式,它用一个单一参数描述土壤/沉积物,忽略了对非有机土壤成分的吸附,这对于小的 f_{oc} 值很重要。这个方程也假设了瞬时可逆性,即假设不同时间内的分配是相同的。这与实际情况不符,因为与土壤长期接触的化学物质会不可逆地扩散到土壤颗粒中。

3 在这些条件下,摩尔体积为 0.022 4 met³。

Fetter(1999)列出了许多可以概括为以下形式的关系：

$$\log K_{ow} = a\log K_{oc} + b \tag{7.25}$$

表 7.1 给出了从 Fetter 关系式得出的常数 a 和 b 的一些值，得到关系式基于的化学物质，化学物质的数量 n，和回归参数 r^2。

表 7.1 方程式 $\log_{K_{oc}} = a\log K_{ow} + b$ 中常数 a 和 b 的值

a	b	值	化学物质	r^2	参考文献
1.029	−0.18	13	农药	0.91	Rao and Davidson, 1980
0.989	−0.346	5	多环芳烃(PAHs)	0.991	Karickhoff, 1981
0.904[1]	−0.779	12	苯、氯化苯、多氯联苯	0.989	Chiou et al., 1983
0.72	0.49	13	甲基化和氯化苯	0.95	Schwarzenbach and Westall, 1981
1.00	−0.317	22	多环芳烃	0.98	Hassett et al., 1980

[1] 有机物-水分配系数(K_{om})，而不是 K_{oc}。$K_{oc} \cong 1.724K_{om}$。因此，对于 K_{oc}，b 大约是 −0.542。见 Lyman 等(1990)，第 4−3 页。

在选择估算 K_{oc} 的公式时，最好基于相似化合物的数据；使用越相似的化合物越好，因为 r^2 更接近 1。Fetter 给出了 K_{oc} 以 K_{ow} 形式表达的附加公式、K_{oc} 与溶解度的关系式，以及 K_{oc} 的一些测量值。

7.2.6.2 生物富集因子(BCF)

生物富集因子(BCF)与 K_{oc} 类似，它通常也通过与 K_{ow} 的经验关系来描述。除其他因素外，它取决于生物体的类型、在生物体范围内的污染模式、所考虑的生物体部分(脂质组织较高)以及生物体暴露持续的时间或生物体的成熟度。可用类似 7.25 的公式来描述，如下：

$$\log BCF = a\log K_{ow} + b \tag{7.26}$$

例如，Maftrackay(1982)取 $a = 1$，并根据 $n = 40$ 得出 $r^2 = 0.95$ 的鱼的 $b = -1.32$。这是从分析中去除了 22 个化合物之后得出的结论，因为在原始工作中存在可疑误差或错误，或者 K_{ow} 值不确定；同时，物理状态不确定且 $\log K_{ow}$ 值非常低的化合物亦被删除。

7.3 分配的逸度描述

逸度是对化学势的测量。当一种化学物质在两个相互接触的介质逸度不相等时，化学物质将在这二者之间重新分配，将从逸度较高的介质净转移到逸度较低的介质。当逸度相等时，净转移为零，达到平衡。逸度 f 与第 i 个介质 C_i 中的浓度之间的关系是：

$$C_i = Z_i f \tag{7.27}$$

Z_i 被称为逸度容量，是 f 和 C_i 的函数。因此，介质 i 和介质 j 之间的分配系数为 $\frac{C_i}{C_j}=\frac{Z_i}{Z_j}$。通常将逸度定义为饱和蒸气压。考虑浓度以摩尔/体积为单位的描述，以及分配系数是无量纲。根据上述各节，不同介质中的逸散能力如下：

空气：$Z_{气} = \frac{1}{RT'}$，则 $C_{气}\left(\frac{摩尔}{体积}\right) = \frac{P_v}{RT}$

水体：$Z_{水} = \frac{1}{RTH'}$，则 $\frac{C_{气}}{C_{水}} = H'$

土壤：$Z_{土} = \frac{K_s}{RTH'}$，则 $\frac{C_{土}}{C_{水}} = K_s$

纯相：$Z_{纯相} = \frac{1}{P_v V_m}$，则 $\frac{C_{气}}{C_{纯相}} = \frac{P_v V_m}{RT}$

描述单一介质的逸散能力的好处之一是可以确定任意两个介质的平衡分配。例如，$\frac{C_{气}}{C_{土}} = \frac{H'}{K_S}$。另外，它可将溶解度（摩尔/体积）与其他参数联系起来；由于 $\frac{C_{水}}{C_{纯相}} = s V_m = \frac{P_v V_m}{RTH'}$，因此：

$$H' = \frac{P_v}{RTS} \tag{7.28}$$

图 7.1　$H'=\frac{p_v}{RTS}$ 时两种平衡情况

公式 7.28 证明图 7.1 中两种情况下的平衡浓度相等。

若某体系中摩尔总数为 n，第 i 介质体积为 V_i，则由公式 7.27 得

$$f = \frac{\sum_i C_i V_i}{\sum_i Z_i V_i} = \frac{n}{\sum_i Z_i V_i} \tag{7.29}$$

C_i 单位为摩尔/体积。

7.4 传质模型

本节的主题是传质理论,它描述了环境介质之间的稳态质量通量。在这一理论中,假定每个介质的性质是均匀的。第 7.5 节讨论的平流-扩散方程用于描述单一介质的迁移(如环境空气或地下水)。

我们以水和空气两种介质之间的传质来简单举例说明双膜模型,再将其推广到任意数量的介质中。

7.4.1 双膜模型

双膜模型由 Liss 和 Slater (1974) 提出,用于研究水-空气界面的传质。根据相对浓度的不同,它可以描述挥发性化合物从水中蒸发的情况,也可以描述水从空气中吸收挥发性化合物的情况,如水中氧气的补给。在该模型中,假定交界面处水和空气中均存在两个薄层或薄膜。在这些层中,浓度梯度对通量有影响且假定在界面处平衡。图 7.2 描述了水溶液中浓度为C_0^w的化学物质蒸发的情况。

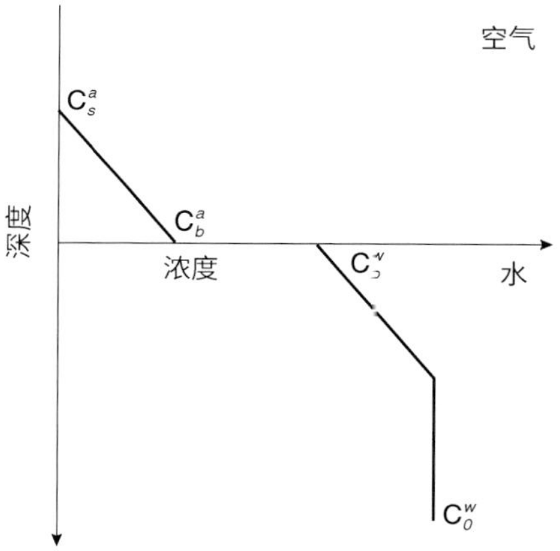

图 7.2 空气-水界面稳态通量的双膜模型

在稳态下,单位面积的通量是守恒的:

$$F = (C_0^w - C_b^w)\frac{D_w}{h_w} = (C_b^a - C_s^a)\frac{D_a}{h_a} \tag{7.30}$$

其中,上标"w"和"a"分别代表水相和气相,下标"b"和"s"分别代表水-空气边界和气流中的浓度,符号"D"为分散系数,符号"h"为每一层膜的厚度。

将水相传质系数记为:

$$k_w = \frac{D_w}{h_w}, \tag{7.31}$$

用类似的等式计算气相传质系数。界面处的平衡假设为

$$\frac{C_b^a}{C_b^w} = H' \tag{7.32}$$

其中,H'为无量纲的亨利定律常数。最后,假设在进入气流的入口处浓度相对较小:

$$C_b^a \gg C_s^a \tag{7.33}$$

则解为：

$$C_w^b = \frac{H' k_a}{k_w + H' k_a} C_w^0 \tag{7.34}$$

$$F = C_w^0 \left(\frac{1}{k_w} + \frac{1}{H' k_a} \right)^{-1}, \tag{7.35}$$

这类似于串联“电导率”k_w，Hk_a，“电压”C_w^0 和“电流”F 的电路表达式。

根据公式 7.35，H 值较大的挥发性或低溶解性化合物的通量由液相传质系数决定，而 H 值较小的非挥发性可溶性化合物的通量由气相传质系数决定。对于纯液体，与水溶液相比，$k_w = \infty$，由于浓度梯度（$\sim 1/h_w$）为 0，F 仅取决于气相传质系数。

在文献中有大量关于传质系数的表达式，通常是基于理论和实验相结合的。在第 16 章有具体的例子。

7.4.2 广义传质模型

在本节中，我们将双膜模型，包括平流和扩散，扩展到任意数量的介质。如前，依旧假定在一维稳态中进行分析；然而，通过每个介质的通量面积可变，且不同介质通量方向各不相同。[4] 由于面积的引入，通量为质量/时间，而不是上一节所述的质量/面积-时间。给介质编号从 0（源位置）到 n（感兴趣的介质）。如图 7.3 所示。

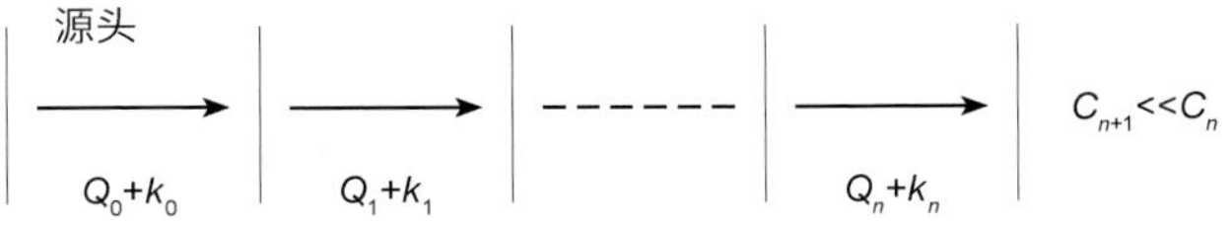

图 7.3 多介质模型中的平流（Q）和扩散（K）通量

加上平流，通过第 i 个介质的通量，F_m 变为

$$F_m = v_i A_i C_i + (C_i - C_{i+1}) A_i \frac{D_i}{h_i} \tag{7.36}$$

其中，A_i 为第 i 个介质的横截面积。

假定为稳态，各介质通量相同。使 $Q_i = vA$ 且 $k_i = A_i \dfrac{D_i}{h_i}$（单位为体积/时间）可得：

4 例如，处理垂直渗入到水平流动的地下水等问题。

$$
\begin{aligned}
Q_0 C_0 + k_0(C_0 - C_1) &= Q_1 C_1 + k_1(C_1 - C_2) = \cdots \\
&= Q_{n-2} C_{n-2} + k_{n-2}(C_{n-2} - C_{n-1}) \\
&= Q_{n-1} C_{n-1} + k_{n-1}(C_{n-1} - C_n) \\
&= Q_n C_n + k_n(C_n - C_{n+1})
\end{aligned} \tag{7.37}
$$

为缩短第 n 介质通量表达式，假设 $C_{n+1} \ll C_n$ 或第 n 介质扩散通量相对于平流来说忽略不计。这与 Liss 和 Slater 双膜模型中一旦分子进入气流，就会大大降低浓度的假设相对应。

于是就可以利用 C_n 解方程组求 C_{n-1}，然后利用 C_n 求 C_{n-2}，等等：

$$
C_{n-1} = C_n \frac{(Q_n + k_n + k_{n-1})}{(Q_{n-1} + k_{n-1})} \tag{7.38a}
$$

$$
C_{n-2} = C_n \left[\frac{k_{n-1} k_{n-2} + (Q_n + k_n)(Q_{n-1} + k_{n-1} + k_{n-2})}{(Q_{n-1} + k_{n-1})(Q_{n-2} + k_{n-2})} \right] \tag{7.38b}
$$

$$
C_{n-3} = C_n \left\{ \frac{k_{n-1} k_{n-2} k_{n-3} + (Q_n + k_n)[(k_{n-2} + k_{n-3}) + (Q_{n-1} + k_{n-1})(Q_{n-2} + k_{n-2} + k_{n-3})]}{(Q_{n-1} + k_{n-1})(Q_{n-2} + k_{n-2})(Q_{n-3} + k_{n-3})} \right\} \tag{7.38c}
$$

对系列介质 $i=0, 1\cdots n$，总传质系数 K_n 描述了污染源处污染物浓度 C_0 与终端介质污染物浓度 C_n 之间的关系，定义为

$$
K_n C_0 = (Q_n + k_n) C_n \tag{7.39}
$$

例如，双介质系统（$i = 0, 1$）的总传质系数由公式 7.38a 和 7.39 求得：

$$
K_1 = \left[\frac{1}{(Q_0 + k_0)} + \frac{1}{(Q_1 + k_1)} \left(\frac{k_0}{Q_0 + k_0} \right) \right]^{-1} \tag{7.40a}
$$

同样，三介质或四介质系统的总传质系数可表达如下：

$$
K_2 = \left[\frac{1}{(Q_0 + k_0)} + \frac{1}{(Q_1 + k_1)} \left(\frac{k_0}{Q_0 + k_0} \right) + \frac{1}{(Q_2 + k_2)} \left(\frac{k_1}{Q_1 + k_1} \right) \left(\frac{k_0}{Q_0 + k_0} \right) \right]^{-1} \tag{7.40b}
$$

$$
K_3 = \left[\frac{1}{(Q_0 + k_0)} + \frac{1}{(Q_1 + k_1)} \left(\frac{k_0}{Q_0 + k_0} \right) + \frac{1}{(Q_2 + k_2)} \left(\frac{k_1}{Q_1 + k_1} \right) \left(\frac{k_0}{Q_0 + k_0} \right) \right.
$$

$$+\frac{1}{(Q_3+k_3)}\left(\frac{k_2}{Q_2+k_2}\right)\left(\frac{k_1}{Q_1+k_1}\right)\left(\frac{k_0}{Q_0+k_0}\right)\Bigg]^{-1} \tag{7.40c}$$

总传质系数的通式为

$$K_n=\left[\frac{1}{(Q_0+k_0)}+\sum_{i=1}^{n}\left[\frac{1}{(Q_i+k_i)}\prod_{j=0}^{i-1}\left(\frac{k_j}{Q_j+k_j}\right)\right]\right]^{-1} \tag{7.41}$$

方程(7.41)提供了一个通用关系式,其中包括每个环境介质中扩散和平流的综合影响。方程式(7.41)含义如下:

1. 在每个环境介质内,$\frac{1}{Q_i}$ 和 $\frac{1}{K_i}$ 是并联关系。

2. 每个介质的总阻力等于前一介质的扩散所引起的进入介质的通量减少部分 $\frac{1}{Q_i+K_i}$。

3. 总介质阻力是串联关系。

在图7.4中用电路来类比说明这一情况,其中可变电阻显示为电位计或变阻器元件,其变化范围为0到最大值。

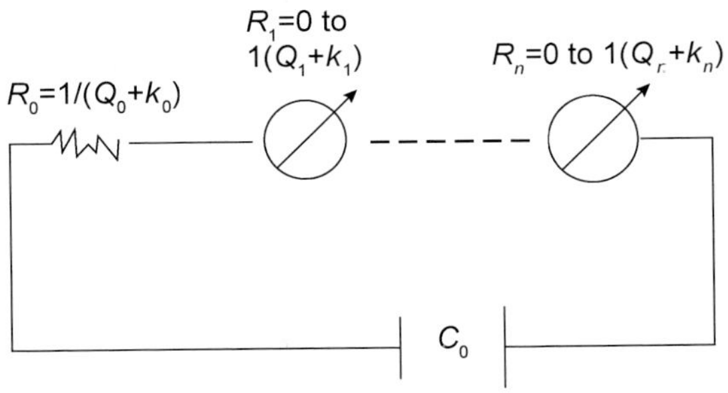

图7.4 电路模拟的多介质模型(没有相变化)

用于推导方程式7.41允许以简单的方式并入第四项相变规则。令 P_j 为介质 j 和 $j+1$ 的界面处的分配系数(当没有相变化时,$P_j=1$)。包含分配系数时,在所有介质边界出现后,引入分配系数修正公式7.41。

$$K_n=\left[\frac{1}{(Q_0+k_0)}+\sum_{i=1}^{n}\left[\frac{1}{(Q_i+k_i)}\prod_{j=o}^{i-1}\left(\frac{k_j}{Q_j+k_j}\right)\left(\frac{1}{P_j}\right)\right]\right]^{-1} \tag{7.42}$$

因为分配系数是逸散容量的比值,它们仅是每个介质的特性,所以当第一个和最后一个介质之间没有中间介质时,总分配系数将与分配系数相同。因此,

$$K_n = \left[\frac{1}{(Q_0 + k_0)} + \frac{Z_0}{Z_n} \sum_{i=1}^{n} \left[\frac{1}{(Q_i + k_i)} \prod_{j=o}^{i-1} \left(\frac{k_j}{Q_j + k_j} \right) \right] \right]^{-1} \tag{7.43}$$

在 7.4.1 描述的两膜模型中，$Q_0 = Q_1 = 0$，$k_0 = k_w$，$k_1 = k_a$，$Z_1 = \frac{1}{RT}$，$Z_0 = \frac{1}{RT H'}$。

当 $k_i = 0$（i 介质中 无扩散，仅平流）时，在 i 以外的后续介质中没有额外的阻力，这是因为其中的乘积函数为零。介质 i 和后续介质中的通量相同，并且由介质 i 中的纯平流元素确定。

在第 16 章中包含使用此方程式解决蒸气侵入建筑物问题的示例。在这种情况下，介质包括扩散占主导的深层渗流带、扩散和平流均很重要的浅渗流带和建筑物围护结构、建筑物内部以及周围的空气。通过公式 7.43 的表达形式，可以轻松加入其他介质，例如地下水和毛细管区、地下室等。

7.5　平流-扩散方程

平流扩散方程通常用于模拟空气或水中的迁移。在合适的边界条件和分区说明下，它也适用于多介质环境。在本节中，我们说明如何从该方程式得出一些最常用的模型（例如，用于空气污染研究的 Gaussian 羽流模型和地下水迁移的一维解法）。通过改变近似值、限制条件、初始条件以及最重要的扩散参数的定义产生各种模型。

平流-扩散方程是通过合并质量守恒方程而得到的：

$$\frac{\partial C}{\partial t} + \nabla \cdot (F) = 0 \tag{7.44}$$

通量的一般表达式为

$$F = UC - D \cdot \nabla C \tag{7.45}$$

得到

$$\frac{\partial C}{\partial t} + \nabla \cdot (UC) - \nabla \cdot D \nabla C = 0 \tag{7.46}$$

通常认为流体是不可压缩的，因此 $\nabla . U = 0$，公式 7.46 变为

$$\frac{\partial C}{\partial t} + U\cdot \nabla C - \nabla\cdot D\nabla C = 0 \tag{7.47}$$

为了简化问题,这里将不讨论化学降解。但是化学降解的影响已被公式7.47以一种简单方式包括在内,即以方程式右侧 $-\mu C$ 项的形式,其中衰减常数 $\mu = \frac{\ln 2}{\tau_{\frac{1}{2}}}$ 和 $\tau_{\frac{1}{2}}$ 是化学物质的半衰期。由此得出 的 C 的解与没有该项得出的解仅相差 $e^{-\mu t}$。

平流-扩散方程适用于多种介质,包括但不限于空气和地下水。但是,在不同的介质中,分散系数可以采用多种形式,如7.5.1前部分所述。在7.5.2中讨论了平流-扩散方程在多介质情况(液体、固体和气体)中的应用。

在求解平流扩散方程之前,我们在7.5.3中介绍维度分析的概要,这是一种特别有用的工具。然后介绍一些基本假设和限制条件以及分散系数定义,可用于以下四类问题:

- 在多孔介质中的扩散,例如混凝土等
- 烟团和羽流空气扩散
- 一维地下水羽流
- 在渗流带土壤中的迁移

7.5.1 扩散系数 D

前述的扩散系数 D 的各种形式是:1) 修正的可用于多孔介质的分子扩散系数 D_{mol};2) 湍流迁移主导分子扩散时使用的湍流扩散系数,例如在大气环境中;3) 在多孔介质中平流的机械扩散系数,例如地下水流;4) 在渗流带土壤中使用的结合了气相和液相迁移的扩散系数。如前所述,求解平流扩散方程的通常方法是假定 D 为常数,然后在求解中假定 D 的时间或空间依赖性与观测值匹配。我们将继续使用单个符号作为扩散系数,但是其解释将取决于具体情况。我们将在后续部分中进一步解释说明扩散系数 D。

7.5.1.1 分子扩散

分子分散系数是由分子在气体或液体中的随机热运动引起的,并且取决于温度、压力、分子性质(例如质量和体积)以及分子之间的作用力。在水中的分子扩散系数通常是 10^{-5} cm²/s 的倍数,而在空气中的分子扩散系数通常是 10^{-1} cm²/s 的倍数,并且比前面讨论过的湍流和机械扩散系数小得多。

对于在多孔介质中的扩散,由于曲率 τ 的存在以及仅一部分体积可用于扩散,分子扩散系数需进行校正。如果充满流体的孔隙度为 θ,则有效扩散系数可以估

算为

$$D* = \theta \tau D \tag{7.48}$$

根据 Millington 和 Quirk(1961), τ 的常用表达式是:

$$\tau = \frac{\theta^{\frac{7}{3}}}{\varepsilon^2} \tag{7.49}$$

其中, ε 是总孔隙度。对于多孔介质中的气相传输,充水孔隙度为 θ_w, 并有 $\theta = \varepsilon - \theta_w$。对于饱和介质中的液体输运, $\theta = \theta_w = \varepsilon$。在典型值 $\theta = \varepsilon = 0.35$ 时,公式 7.49 计算得 $\tau = 0.70$, 该值与地下水观测值基本一致(见 7.5.1.3)。

Jury 等人的论文(1984c)讨论了 Millington 和 Quirk 表达式的一些实验验证。

7.5.1.2 湍流扩散

当雷诺数 Re 大于 1 时,层流变成湍流。雷诺数是惯性力与黏性力之比:

$$Re = \frac{\rho v d}{\mu} \tag{7.50}$$

其中 ρ 和 μ 分别为流体密度和动态黏度, v 为典型速率, d 为典型长度标度。以 cgs 为单位,空气的 $\rho = 1.2 \times 10^{-3}$ g/cm^3, $\mu = 1.8 \times \frac{10^{-3}\ \text{gm}}{\text{cm}} - s$ (0.18 摄氏度,或 cP)。

在室外空气中,风速足够大(>100 cm/s),超过宏观羽流的尺度,此时气流是湍流的。即使在室内空气中,扩散通常也由湍流主导。例如,Baughman 等人(1994)在接近等温条件下将中性浮力示踪剂释放到 31 m^{3}低空气交换率的房间中。示踪剂在室内混合约 80 至 100 分钟,对应的扩散速率为 $31^{2/3}/(80 \sim 100) \sim 0.11$ m/min = 20 cm^2/s, 约为分子扩散速率的 100 倍。

对于水, $\rho = 1$ g/cm^3 和 $\mu = 0.01$ gm/cm-s。10 厘米深的浅水缓慢流动(10 cm/s)时的 $Re = 10^4$。流动的地表水中的扩散是湍流,甚至看起来静止的浅泻湖也可能被湍流所主导。例如一个由于昼夜加热而每天翻动的、深 1 m 的泻湖,其有效速率约为 0.001 cm/s, $Re = 10$。

在诸如土壤或混凝土的多孔介质中,长度尺度和速度尺度通常较小。例如,砾石的渗透率约为 10^{-4} cm^2,与之对应于长度尺度 d 为 10^{-2} cm。如果地下水流量为 100 m/年(0.000 32 cm/s),则雷诺数为 0.000 32。根据 Bear(1972)的研究,所有流过颗粒物质的地下水流都是层流。

要了解在空气和地表水问题中湍流扩散是如何产生的,应将速率和浓度替换为时间平均值和瞬时值: $U \to U + u$ 和 $C \to C + c$。根据定义,波动量的时间平均值

为零,因此对 C 中的线性项无贡献。非线性项为 $\nabla\cdot uc$, 因此等式 7.46 可以重写为

$$\frac{\partial C}{\partial t} + \nabla\cdot(UC) = \nabla\cdot(D_{mol}\ \nabla C + uc), \tag{7.51}$$

在这里我们使用下标表示扩散系数完全是由于分子扩散所致。通常用涡流扩散系数来表示最后一项:

$$u_x c = -D_x \frac{\partial C}{\partial x} \tag{7.52a}$$

$$u_y c = -D_y \frac{\partial C}{\partial y} \tag{7.52b}$$

$$u_z c = -D_z \frac{\partial C}{\partial z} \tag{7.52c}$$

这与湍流扩散的假设是一致的,就像分子扩散一样,会将物质从较高浓度区域转移到较低浓度区域。鉴于不同方向上的分散系数不同,我们还考察了重力对抑制湍流的影响。

将式 7.52 的涡流扩散系数带入到式 7.51 中的分子扩散项;例如,有效扩散的 x 组分是 $(D_{mol} + D_x)\dfrac{\partial C}{\partial x}$。

7.5.1.3 机械和水动力扩散

如前所述,地下水的流动是层流。然而,这并不意味着扩散仅仅是由分子扩散引起的。

地下水的机械扩散受以下几个因素影响(Bear,1972):

- 由于固体表面的流体更容易受到阻力,流体通过孔洞中心的速度大于通过固体表面的速度。
- 在固体颗粒周围流动时,流动路径与水力梯度或主流方向呈横向分布。
- 土壤的均质性和孔隙结构也有助于扩散。
- 水动力扩散包括分子扩散和机械扩散。

在速度极低时,分子扩散起主导作用。习惯上把水动力扩散系数写成

$$D_L = D_{mol}^* + \alpha_L U \tag{7.53a}$$

$$D_H = D_{mol}^* + \alpha_H U \tag{7.53b}$$

$$D_V = D_{mol}^* + \alpha_V U \tag{7.53c}$$

下标表示纵向、横向水平和横向垂直的值, D_{mol}^* 是根据介质的弯曲度和可用于介质

运输的截面积修正的分子扩散系数,α 被称为“扩散率”。

式 7.53a、b 和 c 中,当地下水流速 U[5] 值足够小时,水动力扩散减弱为分子扩散。

7.5.2 多介质模型

假设在平衡条件下,由于分配作用,不同介质中的浓度具有相关性。

7.5.2.1 渗流带土壤

本节遵循 Jury et al.(1983)的陈述。在渗流带,土壤和土壤气体的浓度可以写成溶解相浓度 C^W。总浓度 C^T 为单位体积土壤质量:

$$\begin{aligned} C^T &= C^S \rho_b + C^w \theta + C^a(\varepsilon - \theta) \\ &= C^w[\rho_b K_s + \theta + H'(\varepsilon - \theta)] = C^w R_w \end{aligned} \tag{7.54}$$

在式 7.54 中,ε 表示总连通孔洞分数,θ 表示水填充的连通孔河分数。在单一(垂直)维度上给出了质量守恒方程:

$$\frac{\partial C^T}{\partial t} + \frac{\partial F}{\partial Z} = 0, \tag{7.55}$$

通量为

$$F = -D_a \frac{\partial C^a}{\partial Z} - D_w \frac{\partial C^w}{\partial Z} + J_w C^w + J_a C^a, \tag{7.56}$$

其中,D_a 和 D_w 分别是有效体积的空气和水的扩散系数(已考虑可扩散的面积和弯曲的影响),J_w 为渗透引起的水通量,J_a 为气压变化引起的空气通量。式 7.56 中的前两个扩散项可以合并为

$$(D_w + H' D_a) \frac{\partial C^w}{\partial Z} = \frac{(D_w + H' D_a)}{R_w} \frac{\partial C^T}{\partial Z} = D_E \frac{\partial C^T}{\partial Z}, \tag{7.57}$$

D_E 是有效扩散系数。利用 Millington 和 Quirk 表达式,同时考虑有效通量面积和弯曲度影响,该等式可重写为

$$D_E = \frac{D^w_{mol} \theta_w^{\frac{10}{3}} + H' D^a_{mol} (\varepsilon - \theta_w)^{\frac{10}{3}}}{R_w \varepsilon^2} \tag{7.58}$$

相似地,最后两个平流项可以合并为

5 根据 Fetter(1999),减少了约 0.7 倍,与第 7.5.1.1 节的讨论一致。

$$(J_w + H' J_a) C^w = \frac{(J_w + H' J_a)}{R_w} C^T = V_E C^T, \tag{7.59}$$

其中，V_E代表有效溶质速率。

因此，总浓度的平流-扩散方程为

$$\frac{\partial C^T}{\partial t} + \frac{\partial (V_E C^T)}{\partial Z} - \frac{\partial}{\partial Z} D_E \frac{\partial C^T}{\partial Z} = 0 \tag{7.60}$$

该方程在保留了原来形式的基础上，结合多种介质中的传输，考虑了有效扩散和平流参数。应注意的是，在这个模型中有效扩散项不包括溶质空间速率差异的影响。因为 Jury et al.(1983)认为这种扩散在平均水通量低时相对没有那么重要。

在式 7.60 中，V_E和 D_E为体积或宏观参数，也就是说，它们代表了单位土壤体积上的平均平流和扩散。因为 C^T也是单位土壤体积上的平均浓度，因此，这是合理的。

7.5.2.2 阻滞因子

在土壤饱和区，迁移完全在地下水中发生。在这种情况下，用总体速率和分散系数来表示地下水的速率和扩散系数，由：

$$\upsilon = V_E \frac{R_w}{\theta} = V_E R, \tag{7.61}$$

$$D = D_E \frac{R_w}{\theta} = D_E R, \tag{7.62}$$

其中，

$$R = 1 + \frac{\rho_b}{\theta} K_S \tag{7.63}$$

D 和 υ 是仅描述地下水中迁移情况的微观参数。它们不是由可用的横截面积 θ 加权，但仍然受到弯曲度的影响。根据 Millington 和 Quirk 描述，如果 D 表示 x 方向上的扩散：

$$D = D_{mol}^{w} \theta^{\frac{1}{3}} \tag{7.64}$$

同理，连通孔洞的微观三维速度大于 x 方向的微观速度。

式(7.60)变成

$$\frac{\partial C^w}{\partial t} = \frac{D}{R} \frac{\partial^2 C^w}{\partial x^2} - \frac{\upsilon}{R} \frac{\partial C^w}{\partial x} \tag{7.65}$$

式 7.65 是内部一致的,因为 C^w 也是一个微观参数,而不是一个体积参数。

对于可逆吸附过程,式(7.65)可解释为：分子在流体相中停留的时间的分数降低了有效速率和有效分散或扩散速率,即 $\dfrac{\theta}{\theta+\rho_b K_S}$。这个分数也是处于流体状态的质量(或分子数)分数,而不是在任何时候被吸附到固体基质中的分数。

7.5.3 量纲分析

解偏微分方程的第一步是分析因变量和自变量的维数。系统方法之一是使用 Buckingham pi -定理。该定理指出,如果有 n 个变量和 m 个基本物理量 q_1、$q_2\cdots q_m$,如长度、时间、温度、质量等,那么就可以形成 $n-m$ 个独立的无量纲群：π_1、$\pi_2\cdots\ \pi_{n-m}$。π 值可以写成 q 值的整数次幂[6]的乘积,方程的解为

$$\pi_1=f(\pi_2,\ \pi_3\cdots\ \pi_{n-m}) \tag{7.66}$$

虽然这个方程对任意一个无量纲变量都成立,但有且只有在 π_1 辅助下,包含因变量的解成立。量纲分析减少了变量的数量,在某些情况下,还将偏微分方程简化为常微分方程。

Buckingham pi -定理的使用在前面已进行说明。首先是解 Fick 定律扩散方程(包括在空气污染研究中一个有用的喷气方程的推导),然后加入平流项,建立了用于空气和地下水分析的羽流方程。

7.5.4 平流扩散方程的几个解

我们提出了四种求解扩散问题的方法：(1) 在土壤或混凝土等多孔介质中的扩散;(2) 烟羽在空气中的扩散;(3) 化学浓度和注入速率限制条件恒定的地下水流动;(4) 渗透带土壤中的迁移。

7.5.4.1 扩散问题

在没有平流项的情况下,可得到式 7.47：

$$\frac{\partial C}{\partial t}=D\nabla^2 C, \tag{7.67}$$

这个方程可以应用于气体或液体化学物质通过多孔介质扩散的计算,其和热方程的形式是一样的。如前所示,我们使用了修正的分子扩散系数,通常也可以使用阻滞因子。

7.5.4.1.1 一维扩散,指定边界值浓度

在一维方向,式 7.59 变为

6 尽管清除分数幂并不总是最方便的。

$$\frac{\partial C}{\partial t} = D\frac{\partial^2 C}{\partial x^2} \tag{7.68}$$

这个方程在时间上是一阶的，在空间上是二阶的，所以需要一个初始条件和两个边界条件。初始条件和一个边界条件可以被指定为 $C = C_0$，$x = 0$，$t \geqslant 0$，第二个边界条件是 $C(\infty) = 0$。表 7.2 显示了变量和物理量：

表 7.2 具有特定边界条件的一维扩散的 Pi-定理分析

变量	浓度 $C(M/L^3)$	浓度 $C_0(M/L^3)$	扩散系数 $D(L^2/T)$	距离 (L)	时间 $t(T)$
物理量	质量(M)	长度(L)	时间(T)		

因此，可形成 5−3=2 个无量纲量。唯一涉及质量的量是 $\pi_1 = C/C_0$，剩下的一个量，涉及长度和时间的是 $\pi_2 = y = \frac{x}{\sqrt{Dt}}$。根据 pi-定理，得到解可以为

$$C = AC_0 f\left(\frac{x}{\sqrt{Dt}}\right) \tag{7.69}$$

其中，A 是常数。公式(7.68)变为

$$-\frac{y}{2} = \frac{\frac{\partial^2 C}{\partial y^2}}{\frac{\partial C}{\partial y}} \tag{7.70}$$

得到

$$\ln\frac{\partial C}{\partial y} = \frac{-y^2}{4} + constant。 \tag{7.71}$$

边界和初始条件为 $C = C_0$，$y = 0$，$t \geqslant 0$ 和 $C = 0$，$y = \infty$，得到结果 $A = \frac{2}{\sqrt{\pi}}$ 以及

$$C = C_0\frac{2}{\sqrt{\pi}}\int_{\frac{y}{2}}^{\infty} e^{-t^2}\mathrm{d}t = C_0 erfc\left(\frac{y}{2}\right), \tag{7.72}$$

其中，$erfc$ 是互补误差函数。如前所述，另一个边界条件规定了总质量。

7.5.4.1.2 限定质量的一维扩散

在此情况下，单位面积质量，M/A，规定 $x = 0$，$t = 0$。限制条件为 $C(x = \pm\infty) = 0$。表 7.3 列出了变量和物理量。

表 7.3 特定质量一维扩散的 Pi-定理分析

变量	浓度 $C(M/L^3)$	单位面积质量 $M/A(M/L^2)$	扩散系数 $D(L^2/T)$	距离(L)	时间 $t(T)$
物理量	M	L	T		

与先前一样,选择两个无量纲变量:$\pi_1 = \dfrac{CA\sqrt{Dt}}{M}$ 和 $\pi_2 = y = \dfrac{\chi}{\sqrt{Lt}}$,因此 C 的公式变为 $C = B\dfrac{M}{A\sqrt{Dt}}f(y)$,其中,$B$ 是常数。$f(y)$ 的方程变为

$$f + y\frac{\partial f}{\partial y} = \frac{\partial(yf)}{\partial y} = -2\frac{\partial^2 f}{\partial y^2} \tag{7.73}$$

假设积分常数为零,这将显示为后验:

$$\frac{\dfrac{\partial f}{\partial y}}{f} = -\frac{y}{2} \tag{7.74}$$

或

$$f = B_e^{-\frac{y^2}{4}} \tag{7.75}$$

当总质量/面积的值 M/A 符合从 $x = \infty$ 到 $+\infty$ 的始终保持一致的要求时,积分常数 B 为 $B = \dfrac{1}{2\sqrt{\pi}}$。此时,

$$C = \frac{M}{2A\sqrt{\pi Dt}}e^{-\frac{x^2}{4Dt}} \tag{7.76}$$

注意,该解给出了所需的边界条件,即在 $x = \pm\infty$ 处,$C = 0$。此外,当 $t = 0$ 时,$C = 0$(除了 $x = 0$,此时它是无限的)。但是,如所示,即使在时间 $t = 0$ 时,x 从 $-\infty$ 到 $+\infty$ 上的积分也是 M/A。因此,$t = 0$ 时 C 为 $M/A\delta(x)$,其中,$\delta(x)$ 为 δ 函数。证明了满足边界条件和初始条件后,就完成了在等式 7.73 中将积分常数设置为零的论证。

在前面的公式中,$\pi_1 = \dfrac{CAx}{M}$ 已经被应用。这里,$\pi_2 = y = \dfrac{\chi}{\sqrt{Dt}}$ 时,由此再次产生的微分方程为

$$f'' - f'\left(\frac{2}{y} - \frac{y}{2}\right) + \frac{2f}{y^2} = 0 \tag{7.77}$$

或

$$\frac{\partial^2\left(\frac{f}{y}\right)}{\partial y^2}=-\frac{1}{2}\frac{\partial f}{\partial y'} \tag{7.78}$$

得到

$$f(y)=By\,e^{\frac{-y^2}{4}} \tag{7.79}$$

得到的 C 与之前的结果相同。

7.5.4.2　空气扩散

扩散系数是由于湍流扩散引起的，因为不存在吸附介质，$R=1$。

7.5.4.2.1　烟团扩散

在 $t=0$，$r=0$ 时释放质量为 m 的烟团。当 $U=0$ 时，假设在球对称的球面坐标中公式 7.5.4 变为

$$\frac{\partial C}{\partial t}=D\frac{1}{r^2}\frac{\partial}{\partial r}\left(r^2\frac{\partial C}{\partial r}\right) \tag{7.80}$$

变量和物理量如表 7.4 所示。

表 7.4　烟团扩散的 Pi-定理分析

变量	浓度 $C(M/L^3)$	质量 $M(M)$	扩散系数 $D(L^2/t)$	径向距离 $r(L)$	时间 $t(T)$
物理量	M	L	T		

有 5-3=2 个无量纲变量。涉及浓度的变量是 $\pi_1=C(Dt)^{3/2}/M$ 或 Cr^3/M。无论哪种情况，另一个无量纲变量为 $\pi_2=y=r/\sqrt{Dt}$。我们选择上面第一个值作为 π_1（注意 $Cr^3/M=\pi_1\pi_2^3$，所以它不是一个自变量）。此时，

$$C=\frac{AM}{(Dt)^{\frac{3}{2}}}f(y) \tag{7.81}$$

其中，A 是常数。公式(7.80)变为

$$f''+\left(\frac{y}{2}+\frac{2}{y}\right)f'+\frac{3}{2}f=0 \tag{7.82}$$

解得

$$f=\exp-\frac{y^2}{4} \tag{7.83}$$

从

$$4\pi\int_0^\infty C(r,t)\ r^2dr = 8\pi\sqrt{\pi}AM, \tag{7.84}$$

我们发现 $A = \dfrac{1}{8\pi^{\frac{3}{2}}}$，所以，

$$C = \frac{M}{(2\pi Dt)^{\frac{3}{2}}} e^{-\frac{1}{2}\left(\frac{r}{\sqrt{2Dt}}\right)^2} \tag{7.85}$$

我们可以按以下方法将这一烟团置于稳定的风中。稳定的风在 x 方向上的平流-扩散方程为

$$\frac{\partial C}{\partial t} + U\frac{\partial C}{\partial x} = D\ \nabla^2 C \tag{7.86}$$

定义一个新变量：

$$x' = x - Ut \tag{7.87}$$

因为 $\dfrac{\partial x'}{\partial x} = 1$，所以 Laplacian（$\nabla^2$）和导数 $\dfrac{v}{\partial x}$ 不受影响。但是，时间导数引入了一个新项：

$$\frac{\partial C}{\partial x'}\frac{\partial x'}{\partial t} = -U\frac{\partial C}{\partial x'} \tag{7.88}$$

因此，在 x'，y，z 坐标系中我们又得到了方程 7.80，且在 Lagrangian 坐标系中，随风扩散运动的方程由式 7.85 给出。公式 7.85 假设 D 是一个常数，给出了具有标准偏差 $\sigma_r = \sqrt{2Dt}$ 的 Gaussian 空间分布。事实上，在大气中观察到的实际烟团表明，在几秒到大约 10 000 秒之间的跨度中，$t^{3/2}$ 具有时间依赖性。在初始阶段，相关性与 t 成正比，而在后期（在没有天气系统的大规模涡流效应的情况下），相关性与 $t^{1/2}$ 成正比（Gifford，1977）。这种现象与涡流大小在环境中的分布方式有关，且即随着烟团的增长，只有类似于烟团尺寸的涡流尺寸才能有效地扩散烟团。较大的涡流会改变烟团的轨迹，而较小的涡流只会在远小于烟团内部宽度的距离内移动（Hanna et al.，1982）。

7.5.4.2.2 GAUSSIAN 羽流方程

在寻求稳态解时，我们提出以下假设：

- 风速足够大，可以忽略 x 方向上的扩散；如与 UC^a 相较，$\dfrac{\partial}{\partial x}D_x\dfrac{\partial C^a}{\partial x}$ 小。

- y 和 z 的扩散系数 D_y 和 D_z 可能不同，但都只是顺风距离 x 的函数。
- 强度 S(M/t) 的源点位于 $x=0$, $y=0$, $z=0$。

平流-扩散方程变为

$$U\frac{\partial C^a}{\partial x}=D_y\frac{\partial^2 C^a}{\partial y^2}+D_z\frac{\partial^2 C^a}{\partial z^2}+S\delta(x,\ y,\ z) \tag{7.89}$$

边界条件为：

$$C^a\to 0,\ y,\ z\to\pm\infty \tag{7.90}$$

通量条件为：

$$\iint_{-\infty}^{\infty} U\,C^a(x,\ y,\ z)\,\mathrm{d}y\mathrm{d}z=S,\ x\geqslant 0 \tag{7.91}$$

变量和物理量见表 7.5。因此，可以形成 8-3=5 个无量纲变量。

表 7.5 Gaussian 羽流方程的 Pi-定理分析

变量	空气浓度 C M/L^3	风速 U L/t	横向扩散系数 D_y L^2/t	垂直扩散系数 D_z L^2/t	源强度 S M/t	顺风坐标 X L	横向坐标 Y L	垂直坐标 Z L
物理量	M	L	T					c

因变量 C^a 必须与 S 成比例，这是唯一可以消除质量因数的方法。C^a 也必须与 t/L^3 的因数成正比，因为在式 7.89 中，y、D_y 与 z、D_z 对称，且在边界条件下，我们需要选择一个等效的无量纲变量。因此，第一个无量纲变量是：

$$\frac{C^a\sqrt{D_y D_z}\,x}{S} \tag{7.92}$$

下一个我们需要长度尺度的无量纲变量，因为需要明确地显示出 x, y 和 z。为了保持 y 与 z 的对称性，选项有：

$$\frac{U}{\sqrt{D_y D_z}},\ \frac{U}{D_y},\ \frac{U}{D_z},\ \frac{yU}{D_y x},\ \frac{zu}{D_z x}$$

仅最后两项明确涉及 x, y 和 z，定义：

$$\sigma_y^2=\frac{2D_y x}{U}\ \text{以及}\ \sigma_z^2=\frac{2D_z x}{U} \tag{7.93ab}$$

其中，因数 2 不是必须的，但是基于它是预先知道的分散问题解中的常规形式（如公式 7.85）。涉及 y 和 z 的无量纲空间变量为 $y'=\dfrac{y}{\sigma_y}$ 和 $z'=\dfrac{z}{\sigma_z}$，则第一个无量纲

变量为 $\pi_1 = \dfrac{C^a U \sigma_y \sigma_z}{S} = \dfrac{4C^a\sqrt{D_y D_z}x}{S}$。解可以写成：

$$C^a = A\frac{S}{\sqrt{D_y D_z}x}f(y')g(z') \tag{7.94}$$

其中，A 是常数，得到方程：

$$\frac{1}{f}\frac{\partial^2 f}{\partial y'^2} + \frac{y'}{f}\frac{\partial^2 f}{\partial y'^2} = -1 = \frac{1}{g}\frac{\partial^2 g}{\partial z'^2} + \frac{z'}{g}\frac{\partial g}{\partial z'} \tag{7.95ab}$$

得到

$$f = e^{-\frac{y'^2}{2}} \text{ 和 } g = e^{-\frac{z'^2}{2}} \tag{7.96ab}$$

此时，解为

$$C^a = \frac{S}{2\pi U\sigma_y\sigma_z}e^{-\frac{y^2}{2\sigma_y^2}}e^{-\frac{z^2}{2\sigma_z^2}} = \frac{S}{4\pi x\sqrt{D_y D_z}}e^{-\frac{y^2 u}{4D_y x}}e^{-\frac{z^2 u}{4D_z x}} \tag{7.97}$$

公式中的常数项可从公式 7.91 中获得。

这一结果在 $y-z$ 平面上服从 Gaussian 分布，且伴随下风距离（$x^{0.5}$）增加。实际上，对于农村环境所用到的 Pasquill - Gifford 扩散系数，σ_y 的相关系数约为 $x^{0.9}$。距离为几百米时，σ_z 与 x^n 成比例，n 取值在 0.80 与 0.95 之间并且依赖于稳定性。而对于更远的距离，这种依赖性更加复杂。在这两种情形中，x 前的常数极大依赖于大气稳定性。在城市环境中，需用到不同的扩散系数体系（比如McElroy - Pooler）。

通常会对该解进行其他的修正，包括归并释放高度（或羽状上升高度）、垂直沉降速度以及部分或全部在地表的羽状反射。

7.5.4.3 地下水羽流

平流-扩散色散方程的解析对于简单几何结构和均质含水层是可行的。同时，水动力扩散系数和阻滞因子也是适用的。

7.5.4.3.1 一维解析

公式 7.47 的一维形式为：

$$\frac{\partial C}{\partial t} + U\frac{\partial C}{\partial x} = D\frac{\partial^2 C}{\partial x^2} \tag{7.98}$$

根据边界条件，pi -定理分析可见表 7.6。公式 7.98 可通过运用无量纲参数进行简化。

表格 7.6 一维地下水公式(无特定边界条件)的 Pi-定理分析

变量	浓度或质量 C 或 M	时间 t(T)	顺梯度距离 x(L)	地下水速率 U(L/t)	扩散系数 $D(L^2/T)$
物理量	M	T	L		

$$p = \frac{\chi}{2\sqrt{Dt}},\ q = \frac{ut}{2\sqrt{Dt}} = \frac{U\sqrt{t}}{2\sqrt{D}}, \tag{7.99ab}$$

由于

$$\frac{-p}{2}\frac{\partial C}{\partial p} + \frac{q}{2}\frac{\partial C}{\partial q} + q\frac{\partial C}{\partial p} - \frac{1}{4}\frac{\partial^2 C}{\partial p^2} = 0$$

通过直接替换,可以证明该方程的一个解是:

$$C = Aerfc(p - q), \tag{7.100}$$

第二个解是:

$$C = Bexp(4pq)erfc(p + q) \tag{7.101}$$

式中,A 与 B 是常数。因此,解同时也是公式 7.100 与公式 7.101 的线性重合。

对于边界条件:

$$C(x = 0) = C_0 \quad t \geqslant 0$$

$$C(t = 0) = 0 \quad x > 0$$

$$C(\infty, 0) = 0 \quad t \geqslant 0$$

这个解与下式重合:

$$A = B = \frac{C_0}{2} \tag{7.102}$$

对于边界条件:

$$C(t = 0) = 0 \quad -\infty < x < \infty$$

$$\int_{-\infty}^{\infty} C(x, t)\mathrm{d}x = U C_0 t$$

$$C(x = \pm\infty) = 0,\ t \geqslant 0$$

这个解与下式重合:

$$A = -B = \frac{C_0}{2} \tag{7.103}$$

第二个边界条件对应向流体中恒定注入浓度为 C_0 的溶质。$p \cong q$ 以及 $p + q$ 时，公式 7.102 与公式 7.103 中的解相同，因为与 A 成正比的项占主导地位。

除此以外，还有另外一些平流扩散方程的解析还包括二维方法，参考 Fetter(1999)，Bear(1972)以及 Javandel 等(1984)。

重力会影响通过液压头的总体流体流动。但是相比于热速度而言，分子速度在碰撞之间达到的效果非常小。因此，在原则上，公式 7.59 中横向分散度在水平与垂直尺度上是相同的。然而，从关键的现场尺度分散考虑，Gelhar 等(1992：1970)得出以下结论："这两个高可靠性的点显示在纵向上比水平横向分散比的比率高一个数量级。在所有这些情况下，垂直横向分散度相比于水平横向分散度小 1 到 2 个数量级。"Goode 与 Konikow(1990)分析随时间变化的地下水流向并得出结论，现场分析中观察到的大部分水平的横向分散度可归因于纵向分散作用，这与假定的流动方向不平行。

Xu 与 Epstein(1995)分析了 Gelhar 等(1992)根据可靠性收集和分类的数据，确定纵向分散度，得到以下形式：

$$\propto_L = a\ (\log_{10}L)^b \tag{7.104}$$

其中，L 是场标度，常数 a 和 b 取决于数据可靠性加权。由于高可靠性数据的权重比中等可靠性数据高 50%，且是低等可靠性数据的三倍，因此 $a = 0.83$ 和 $b = 2.414$。相比之下，若不计权重，则 $a = 1.20$，$b = 2.958$。

7.5.4.4 渗流带土壤

Jury 等(1983)解出方程 7.60 适用于在深度为 L 的表层土壤中均匀施药。

初始条件和边界条件是：

$$C^T(z,\ 0) = C_0,\ 0 < z < L$$

$$C^T(z,\ 0) = 0,\ z > L$$

$$C^T(\infty,\ t) = 0$$

这是一个结合传质理论与平流扩散方程的实例。在 $z = 0$ 时，向上的向量取 $F(0, t) = -k_a C^a$，这里 k_a 是具有速度尺寸的气相传质系数，空气浓度由公式 $C^a = \dfrac{H' C^T}{R_W} = \dfrac{C^T}{R_g}$ 给出。正如 Jury 等指出的，k_a 的选择必须与针对 J_w 的水蒸发假设相一致。公式(7.60)与公式(7.98)的形式相同，但边界条件中引入了额外的长度 L 以及标定的质量传质参数，其速度量纲是 $H_E = k_a / R_g$。在公式 7.98 中，除了 $p = \dfrac{Z}{2\sqrt{D_E t}}$ 以及 $q = \dfrac{V_E\sqrt{t}}{2\sqrt{D_E}}$，这里引入另外两个无量纲变量：$\dfrac{L}{2\sqrt{D_E t}}$ 以及 $\dfrac{H_E\sqrt{t}}{2\sqrt{D_E}}$。

解为：

$$C^T = \frac{C_0}{2}\left\{\left[\left[\begin{array}{c} erfc\left(\frac{z - L - V_E t}{2\sqrt{D_E t}}\right) - erfc\left(\frac{z - V_E t}{2\sqrt{D_E t}}\right) \\ + \left(1 + \frac{V_E}{H_E}\right) exp^{\frac{V_E Z}{D_E}}\left[erfc\left(\frac{Z + L + V_E t}{2\sqrt{Det}}\right) - erfc\left[\frac{z + V_E t}{2\sqrt{D_E t}}\right]\right] \\ + \left(2 + \frac{V_E}{H_E}\right) exp\left[\frac{(H_E + V_E)(H_E t + z)}{D_E}\right] erfc\left(\frac{z + (2H_E + V_E)t}{2\sqrt{D_E t}}\right) \\ - exp \frac{H_e L}{D_E} erfc\left[\frac{z + L + (2H_E + V_E)t}{2\sqrt{D_E t}}\right] \end{array}\right]\right]\right\} \tag{7.105}$$

表面通量由下式给出：

$$J_s = -D_E \frac{\partial C^T}{\partial z} + V_E C^T \tag{7.106}$$

在 $z = 0$ 处

得到

$$\begin{aligned} J_s = \frac{C_0}{2}\Bigg\{ & V_E\left[erfc\left(\frac{V_e t}{2\sqrt{D_E t}}\right) - erfc\left(\frac{L + V_E t}{2\sqrt{D_E t}}\right)\right] \\ & + (2H_E + V_E) exp\left[\frac{H_E t(H_E + V_E)}{D_E}\right] \times \\ & \left[exp\left(\frac{H_E L}{D_E}\right) erfc\left(\frac{L + (2H_E + V_E)t}{2\sqrt{D_E t}}\right) - erfc\left(\frac{(2H_E + V_E)t}{2\sqrt{D_E t}}\right)\right]\Bigg\} \end{aligned} \tag{7.107}$$

在后续文章中，Jury 等（1984a，b，c）将化学物质分类为挥发性和流动性这两类。流动性的判别主要依据迁移方式（扩散或平流），以及在给定距离内迁移所需的时间。挥发性的判别取决于主要阻力是在土壤中还是在土壤上方的边界层中。

我们根据这种分类方案研究了两种极限情况。首先，假设传质仅仅是通过扩散。此时 $V_E = 0$，J_S 变为

$$J_S = C_0 H_e exp \frac{H_E^2 t}{D_E}\left[exp \frac{H_E L}{D_E} erfc\left(\frac{L + 2H_E t}{2\sqrt{D_E t}}\right) - erfc\left(\frac{H_E t}{\sqrt{D_E t}}\right)\right] \tag{7.108}$$

$H_E \ll D_E/L$ 且$H_E \ll \sqrt{D_E/t}$ 时,通量由边界层空气阻力控制:

$$J_s = -C_0 H_E\left[1 - erfc\left(\frac{L}{2\sqrt{Dt}}\right)\right] \quad (7.109)$$

如果空气挥发的阻力可忽略不计,则阻力仅来自土壤,此时, $H_E \to \infty$,我们可以用近似值: $x \to \infty$, $erfc(x) \to \frac{e^{-x^2}}{\sqrt{\pi x}}$, 得到

$$J_s = -C_0\sqrt{\frac{D_E}{\pi t}}\left(1 - exp\frac{-L^2}{4D_E t}\right) \quad (7.110)$$

在公式 7.109 和 7.110 中, J_s 为负,因为 z 方向已设置为向下方向。

7.6 总 结

在司法鉴定调查化学物质的暴露对人类和生态的影响时,其浓度起着非常重要的作用。任何化学物质在环境中的行为都可以用少量的参数来描述,例如蒸气压或溶解度。在本章中,我们概述了三种有用的工具来建立一些参数的浓度模型,即:(1) 环境介质之间化学分配或逸度关系的稳态平衡;(2) 介质之间通量相关的稳态传质理论;(3) 平流扩散方程与时间、空间相关的解,及其在不同介质中(包括空气或地下水)中的应用,给出有关扩散系数的适当定义。量纲分析可用于求解。也可以结合各种工具来描述多种介质存在的情况。这些内容构成了环境中化学物质迁移的各种简单及复杂模型的基础。

符号与缩写简表

a 代表(下标或上标)表示"空气"或"环境"

amu 原子质量单位

as 代表"气流"

b 代表边界的一个值

BCF 生物富集因子

C 浓度(M/L^3)

Cv 无量纲浓度(体积/体积或百万分之一,等)

d 长度(L)

D 扩散系数(L^2/t)

Da 道尔顿

df 自由度(无量纲)

erfc 互补误差函数

f 逸度($M/L-t^2$)

F 浓度通量/单位面积(M/L^2-t)

Fm 质量通量(M/t)

f_{oc}有机碳分数

f(*v*)d*v* 麦克斯韦-波尔兹曼速率分布(无量纲浓度)

h 扩散长度(L)

H 亨利定律常数(蒸气压/溶解度)

H 亨利定律常数的相反形式(溶解度/蒸气压)

H′ 无量纲亨利定律常数

I 代表第 *i* 种或第 *i* 个介质

k 扩散引起的体积通量(L^3/t)或扩散引起的每单位面积的体积通量(L/t)

k_b玻尔兹曼常数($M-L^2/T-t^2$)1/4 $1.38-10^{-23}$ $kg-m^2/K-s^2$

K_n *n* 个介质的传质系数

K_{oc}有机碳水分配系数

K_{om}有机质水分配系数

K_{ow}辛醇-水分配系数

K_s土壤-水分配系数

L 长度(L)

m 分子量(M)

M 质量(M)

MW 分子量(道尔顿,统一原子质量单位或 gms/gm-摩尔)

n 摩尔数

N_A阿伏伽德罗常数 6.022×10^{23}/摩尔

P 压力($M/L-t^2$)

Pv 饱和蒸气压($M/L-t^2$)

Q 平流引起的体积通量(L^3/t)

R 气体常数$=N_A\ k_b=8.31\ kg-m^2/K-s^2-mole$

R 阻滞因子(无量纲)

s 代表土壤或沉积物

S 纯化合物的溶解度（M/L^3 or moles/L^3）
S 源强度（M/t）
t 时间（t）
T 温度（K）
T_B沸点温度（K）
u 统一原子质量单位
U 平流速度（L/t）
v 速度（L/t）
V 体积（L^3）
V_m摩尔体积（体积/摩尔数）
v_0分子从液体表面逸出的速度（L/t）
w 代表水
$\langle x \rangle$ x 的平均值
x，y，z 空间坐标（L）
Z 逸散能力（t^2/L^2）
α 分散度（L）
γ 气体的比热比（恒定压力/恒定体积）（无量纲）
γ_i第 i 个组分的活度系数（无量纲）
$\delta(x)$ Delta 函数 $x=0$
ΔH_v标准汽化焓的变化（能量/摩尔= M-L^2/t^2-mole）
ΔH_s溶液标准焓的变化（能量/摩尔）
μ 衰减常数（1/T），动态黏度（M/L-T）
π_n无量纲变量（$n=1$ 是因变量）
ρ 密度（M/L^3）
σ 高斯扩散参数（L）
τ 曲折因子（无量纲）
$\tau_{\frac{1}{2}}$ 半衰期（T）
χ_i第 i 个成分的摩尔分数（摩尔/摩尔）
0 代表 $t=0$ 处的值或参考值

（邓晶晶，周天舒）

参 考 文 献

Baughman, A. V., Gadgil, A. J., Nazaroff, W. W., 1994. Mixing of a point source pollutant by natural convection flow within a room. Indoor Air 4 (2), 114 - 122.

Bear, J., 1972. Dynamics of Fluids in Porous Media. Elsevier, New York, NY.

Chiou, C. T., Porter, P. E., Schmedding, D. W., 1983. Partition equilibrium of nonionic organic compounds between soil organic matter and water. Environmental Science and Technology 17 (4), 227 - 231.

Fetter, C.W., 1999. Contaminant Hydrogeology, second ed. Prentice Hall, Upper Saddle River, NJ.

Gelhar, L.W., Welty, C., Rehfeldt, K.R., 1992. A critical review of data on field-scale dispersion in aquifers. Water Resources Research 28 (7), 1955 - 1974.

Gifford Jr., F. A., 1977. Tropospheric relative diffusion observations. Journal of Applied Meteorology 16, 311 - 313.

Goode, D. J., Konikow, L. F., 1990. Apparent dispersion in transient groundwater flow. Water Resources Research 26 (10), 2339 - 2351.

Hanna, S.R., Briggs, G.A., Hosker Jr., R.P., 1982. Handbook on Atmospheric Diffusion, United States Department of Energy, DOE/TIC - 11223 (DE82002045).

Hassett, J.J., Means, J.C., Banwart, W.L., Wood, S.G., 1980. Sorption properties of sediment and energy-related pollutants. US Environmental Protection Agency, EPA - 600/3 - 80=041.

Javandel, I., Doughty, C., Tsang, C-F., 1984. Groundwater Transport: Handbook of Mathematical Models. Water Resources Monograph 10. American Geophysical Union, Washington, D.C.

Jury, W.A., Spencer, W.F., Farmer, W.J., 1983. Behavior assessment model for trace organics in soil: I. Model development. Journal of Environmental Quality 12 (4), 558 - 564.

Jury, W.A., Farmer, W.J., Spencer, W.F., 1984a. Behavior assessment model for trace organics in soil: II. Chemical classification and parameter sensitivity. Journal of Environmental Quality 13 (4), 567 - 572.

Jury, W.A., Spencer, W.F., Farmer, W.J., 1984b. Behavior assessment model for trace organics in soil: IV. Review of experimental evidence. Journal of Environmental Quality 13 (4), 580 - 586.

Jury, W.A., Spencer, W.F., Farmer, W.J., 1984c. Behavior assessment model for trace organics in soil: III. Application of screening model. Journal of Environmental Quality 13 (4), 573 - 579, 586.

Karickhoff, S. W., 1981. Semi-empirical estimation of sorption of hydrophobic pollutants on natural sediments and soils. Chemosphere 10, 833 - 846.

Liss, P.G., Slater, P.G., 1974. Flux of gases across the air-sea interface. Nature 247, 181 - 184.

Lyman, W.J., Reehl, W.F., Rosenblatt, D.H., 1990. Handbook of Chemical Property Estimation Methods: Environmental Behavior of Organic Compounds. American Chemical Society, Washington, D.C.

Mackay, D., 1982. Correlation of bioconcentration factors. Environmental Science and Technology 16, 274 - 278.

Millington, R.J., Quirk, J.P., 1961. Permeability of porous solids. Transactions of the Faraday Society 57, 1200 - 1207.

Rao, P.S.C., Davidson, J.M., 1980. Estimation of pesticide retention and transformation parameters required in nonpoint source pollution models. In: Ovecash, M.R., Davidson, J.M. (Eds.), Environmental Impact of Nonpoint Source Pollution. Ann Arbor Science Publishers, Inc., Ann

Arbor, MI, pp. 23 – 67.

Sander, R., 1999. Compilation of Henry's law constants for inorganic and organic species of potential importance in environmental chemistry. http://www.ceset.unicamp.br/~mariaacm/ST405/Lei%2520de%2520Henry.pdf (accessed 28.10.13).

Schwarzenbach, R.P., Westall, J., 1981. Transport of nonpolar organic compounds from surface water to groundwater: Laboratory sorption studies. Environmental Science and Technology 15 (11), 1360 – 1367.

Smith, F.L., Harvey, A.H., 2007. Avoid common pitfalls when using Henry's Law. Environmental Management (September), 33 – 39.

Xu, M., Epstein, Y., 1995. Use of weighted least-squares method in evaluation of the relationship between dispersivity and field-scale. Ground Water 33 (6), 905 – 908.

第二篇

化学、生物和同位素模式识别方法

第 8 章

烃类指纹图谱分析

Gregory S. Douglas,
Stephen D. Emsbo-Mattingly,
Scott A. Stout,
Allen D. Uhler,
Kevin J. McCarthy

目 录

8.1 引　　言

指纹图谱广泛应用于石油烃类和非石油烃类分析。如果受污染地区的关注化合物(COC)中包含石油、煤炭和热分解碳氢化合物,那么用指纹图谱法确定它们的来源十分有效。对非水相液体(NAPLs)、土壤、沉积物、地下水、地表水、气体颗粒、蒸汽或生物组织中的烃类而言,细致的化学分析有助于研究人员分析污染的性质和来源。借助化学指纹数据和相关历史数据(监管数据和操作数据)、地质、水文或气象数据,环境损害司法鉴定人员可确定污染来源,并区分污染是由自然界产生还是人工化学品造成的。在有些情况下,对于确定污染物排放到环境中的持续时间,这些信息都是十分有用的。因此,指纹图谱分析可以回答环境损害司法鉴定调查中最常见的问题:污染是什么?它来自何处?何时被释放到环境中?本章将介绍一些指纹图谱分析的常见方法。

高质量的分析化学数据是指纹图谱分析的基础,也是大多数环境损害司法鉴定调查的关键之一。通常,环境损害司法鉴定问题能回答到什么程度,取决于可获得的数据和可选的测量方法。除了少数特例,司法鉴定调查的数据要求与执法检测的数据要求不同。在为执法而进行的评估中,仅对有限的参数和所关注的化学物质进行测量,以确定污染的性质和程度,例如 1980 年的《综合环境响应、补偿和赔偿责任法》(CERCLA)或 1976 年的《资源保护与恢复法》(RCRA)(Uhler et al.,1998 - 1999)。这类测量示例包括用 EPA(美国环境保护局)方法 8015B 检测的总石油烃(TPH),用 EPA 方法 8260B 检测的水溶性苯、甲苯、乙苯和邻-、间-、对二甲苯(BTEX)的浓度,以及采用 EPA 方法 8270C 检测的 16 种首要污染物多环芳烃(PAH)。如前所述,这些用于监测法规遵从性的测量虽然能大致描述现场的污染物程度和类型(例如 TPH 或 BTEX 是否高于或低于法定限值),但远不足以解决环境损害司法鉴定调查的根本问题——能否详细了解现场污染的化学性质、来源和持续时间。要获得这些问题的可靠答案,就需要用适当、科学的方法来获取化学指纹数据,而不仅仅是依靠标准法规类化学分析获得的数据(Douglas and Uhler,1993;Wait,2000)。为了获得这类数据,环境损害司法鉴定人员已修订了 EPA 的基本分析方法,并开发了新方法,以更全面地表征污染性质。大多数修订过的方法或新方法已经以期刊论文或著作的形式发表。本章介绍了环境损害司法鉴定调查中关于石油烃和非石油烃的常用分析方法,并收录了一些案例摘要,以更全面地介绍如何使用这些方法来支持环境损害司法鉴定调查。

8.2 指纹图谱分析方法概述

在表征环境中碳氢化合物时,色谱法是大多数指纹图谱方法的核心。它能分离复杂的混合物,并通过各种专用检测器来对被分离的化合物进行定性定量分析。通常,石油和煤衍生的物质包含成千上万个化合物,浓度范围可以跨几个数量级。因此需要高分辨率的色谱方法来准确、精密地测量烃类化合物。20 世纪初,当俄罗斯科学家 Mikhail Tswett 在研究植物色素之间的成分区别时,便开始使用色谱特征来识别和区分天然物质(Tswett,1906)。在接下来的几十年中,由于开发了新的检测器、分析柱和仪器组件,仪器科学家们陆续获得了包括诺贝尔奖在内的多项重大奖项,其中技术的集大成者是 1954 年开发的气相色谱仪(GC)(Jennings,1987)。随后,科学界经历了新型 GC 检测器的爆炸式增长,其中就包括火焰离子检测器(FID)(Issac,2001)和质谱仪(MS)(McLafferty and Turecek,1993)。每次分析技术的进展都带来更广阔领域内的学科新发现,对石油和相关产品的表征也不例外。

在 1960 年代中后期,石油地质化学家鉴定出了数百种原油中的化合物,这些化合物在环境中具有不同程度的稳定性,并且与源自生物体的前体化合物有明显的联系(Eglinton et al.,1964)。在地质时间尺度上,原油中许多指征化合物的成分和相对丰度(即“指纹”)能帮助地质化学家提高石油勘探和生产的成功率(Peters et al.,2005)。

在 1970 年代和 1980 年代,环境科学家开始普遍使用当时还比较有限的 GC 技术来识别和量化环境中潜在有害化学物质的分布(不仅是烃类)。同一时期,色谱柱的性质得到了改善,特别是从填充柱到毛细管柱的过渡,极大地提高了复杂混合物中化合物的分离度(Jennings,1980,1987;Lautamo et al.,1998)。在颁布法规遵从性监测方法的过程中,美国环境保护局(EPA)和其他监管机构认可了毛细管气相色谱法的可靠性,并在 1980 年到 2000 年中期陆续编纂了相关方法(EPA,2005,2007)。在过去的 15 到 20 年中,对这些方法又进行了修订,以提高方法的特异性,帮助司法鉴定人员识别环境中的挥发性碳氢化合物来源(Wait,2000)。

近几十年来,重大的技术创新推动了分析化学的发展。仪器制造商开发了高灵敏度和高选择性的检测器(如 GC/MS)(Buddle and Eichelberger,1979),当这些检测器与新的、高分辨率的色谱联用时,可提高在复杂基质中鉴定单一有机化合物的速度和准确性。例如,现代四极杆 GC/MS 通过两种主要模式运行:扫描模式(Scan)用于有机化合物的一般检测,化合物被 70 电子伏特的能量碰撞电离,检测器在一秒或更短的时间内按顺序采集 m/z 35 到 m/z 500 之间的离子(或扫描465个离子)(EPA,1997)。在仪器运行期间(例如60分钟)重复扫描周期,每次运行对每个离子约扫描3 600次。气相色谱图上每个峰至少要扫描10次(换言之,对于每秒扫描1次的离子峰,最小峰宽约为10秒长)(Lee et al.,1979)。最新型的GC/MS检测器增加了每个峰的扫描次数,灵敏度更高。

除了Scan模式,分析人员还能在选定的离子监测(SIM)模式下进行仪器分析,并开发更高灵敏度的方法。SIM方法将监测的离子数从465个减少到不超过30个,这样扫描的循环更快,灵敏度提高了一个数量级以上(465÷30=15.5倍)。大多数仪器的SIM模式下,可监测的离子数在1到30之间。当分析物的浓度很低时,与Scan模式相比,采用SIM模式能显著提高检测方法的灵敏度(如Sauer and Boehm,1991;Federal Register,1994;Douglas et al.,2004)。对于已知质谱图的分析物,采用SIM模式检测时,可用子离子和相对保留时间进行确认。当目标物的浓度低于Scan模式下可达到的最低检测限时,一些标准方法(如EPA方法8270C)允许使用SIM模式进行分析。这样增加了这些EPA标准方法的灵活性,使得司法鉴定人员在分析环境样品的类型、来源、风化度时所用的基础分析方法(如GC/MS SIM)利于推广和发展。

8.2.1 EPA标准方法

在过去的25年中,色谱技术不断发展,既有使用简单的氢火焰离子化检测器的气相色谱法(GC/FID),也有复杂如使用质谱检测器的气相色谱-质谱法(GC/MS),水体、土壤、沉积物、生物组织、油、空气和其他介质中的挥发性和可萃取的(如半挥发性)烃类化合物都可检测(Wait,2000)。在环境监管领域,美国EPA已开发并编制了一系列气相色谱技术,用以检测所关注的工业化学品。被引用次数最多的是EPA SW-846方法(EPA,1997年)。环境化学家最感兴趣的标准EPA方法包括:

—**简编方法TO-15**,测定在特制罐中收集的空气中挥发性有机化合物(VOC),并通过气相色谱-质谱法进行分析(EPA,1999c)。该方法可测量空气和蒸气样品中许多室内空气污染物,包括各种卤代有机物和部分碳氢化合物。

—**方法8015B**,使用气相色谱-氢火焰离子化检测器(GC/FID)检测不含卤素的有机物(EPA,1997;SW-846)。该方法可用于测量总石油烃(TPH),尤其是柴油烃范围内的TPH(TPH_d)。该方法常用于石油总产品的鉴定。

—**方法8260B**,使用气相色谱-质谱法(GC/MS)检测挥发性有机物(EPA,1997;SW-846)。这种使用吹扫捕集的GC/MS方法旨在检测一定范围的挥发性烃,包括与石油相关的 BTEX(苯系物)和汽油烃类的 TPH(TPH_g)。

—**方法 8270C**,使用气相色谱/质谱法(GC/MS)检测半挥发性有机物(EPA,1997;SW－846)。该方法功能强大,可用于许多工业化学品中多种残留物的定量分析。目标化合物列表包括 100 多种用户可能关注的化学物质。法证化学家感兴趣的是其中十六种首要污染物 PAH。

—**方法 8310**,多核芳烃(EPA,1997;SW－846)。用高效液相色谱法(HLPC)检测 16 种低浓度的 EPA 首要污染物 PAH。相比于方法 8270C,该方法用得较少,因为方法 8270C 采用的质谱技术的选择性更高。

除了这些标准色谱技术外,还有两种经典的针对含液体样品的分析方法可能会涉及,它们用于检测水和土壤/沉积物中的总碳氢化合物: EPA 方法 413.1: 可回收油和油脂总量和 EPA 方法 418.1: 可回收的石油烃总量分析-红外光谱法(EPA,1983)。1999 年 5 月,这两种方法被 EPA 方法 1664 所取代,即正己烷可萃取物质(HEM;油和油脂)和硅胶处理-正己烷可萃取物质(SGT－HEM;非极性材料)的检测-萃取和重量分析法(EPA,1999a)。在这些简单的方法中,EPA 使用术语“总石油烃”(TPH)来描述用正己烷萃取、经硅胶层析后残留的物质。不过这些筛选方法很少用于司法鉴定现场检测中。

上述许多分析方法为法证鉴定提供了框架,这些方法将在本章稍后探讨。相应产生的技术挑战主要是由于 EPA 和司法鉴定人员的目标不同,前者为了监管,后者为了鉴定来源(Douglas and Uhler,1993)。这导致对方法的目标化合物和灵敏度经常有争议。如果将重要的新技术引入 EPA 方法,这些问题可以解决,从而制定出灵敏度高、特异性好的司法鉴定工具方法。

8.2.2 技术挑战

原油、精炼石油产品和煤衍生材料中的烃类化合物主要是非极性的挥发性和半挥发性化合物。实际上,石油和煤炭衍生的馏出物和废弃物非常适合使用毛细管柱气相色谱仪进行详细的化学表征(Nordtest,1991;Douglas and Uhler,1993;Boehm et al.,1998;Wang et al.,1999)。本章介绍的标准 EPA 色谱方法分析环境介质中烃残留物十分有效。

使用标准 EPA 方法,环境损害司法鉴定调查人员面临的技术挑战包括: 缺乏适合司法鉴定调查的目标物、相对较高的检测限以及对 GC 仪器通用操作的要求(Stout et al.,2002;Douglas and Uhler,1993)。幸好,SW－846 的 EPA 标准方法被归类为基于性能的度量系统(PBMS),即只要证明能满足已建立的性能标准,就可以针对项目目标进行方法优化,以提供最佳服务(EPA,2001)。SW－846 第 2.1

节(EPA,1997)指出:"如果采用替代分析程序,则 EPA 希望实验室验证该程序能够为其预期的应用提供适当的性能。这一验证必须预先进行,不得事后补充。"尽管出于商业目的,大多数商业实验室对修改标准"生产线"方法不感兴趣,但由于要在低检测限下测量不同体系的目标物,司法鉴定实验室不得不修订标准方法以达到项目目标,同时要在切实可行的最大范围内遵守标准方法指南。因此,本章介绍的经修改的 EPA 方法既可用于支持司法鉴定调查,也适用于监管监测(Schantz and Kucklick,2011)。

8.2.3 专业化的方法

鉴定人员花费了多年时间开发司法鉴定方法,并采用标准 EPA 方法来获得必要的数据,以支持具体的司法鉴定调查(如 Overton et al.,1981;Sauer and Boehm,1991;Douglas and Uhler,1993;Wang et al.,1999;Stout et al.,2002;Emsbo-Mattingy et al.,2001a,2001b;Douglas et al.,2007a,2007b)。第一个技术挑战是制定目标物清单。用于石油、煤炭和燃烧/碳化产物分析的目标物包含许多 EPA 方法中未列出的化合物(例如用作生物标志物的脂质)。不过,司法鉴定调查的目标物(例如石油烃)的理化性质与 EPA 标准方法中列出的许多监管化合物的理化性质非常相似。因此,可以在标准 EPA 方法的基础上,开发更复杂的环境损害司法鉴定分析方法。本章将介绍的方法详细列举了一些目标物和它们的指纹图谱分布,这些方法已成功用于识别和区分烃类化合物的来源。

第二个技术挑战是方法的灵敏度和分析物的检测限。对于由复杂混合物组成的样品来说,方法检测低浓度目标物的能力至关重要。在复杂混合物中,目标物的浓度范围可能超过几个数量级。在本章的各个方法部分中讨论了对低检测限和宽动态测量范围的要求。本质上,这些方法优化了样品制备、提纯和仪器方法之间的匹配度。对于样品制备而言,方法必须能从环境样品中准确而高效地提取目标分析物,而不会显著改变样品的化学特征。为了提纯半挥发性物质,应在可行的最大范围内去除干扰物质(EPA,1997)。对于仪器而言,最佳技术是通过高分辨率的 GC 分析方法使目标物之间的分离度达到最大化(Wait,2000;Douglas et al.,2001)。此外,通过使用一系列检测器(例如 FID,MS/Scan,MS/SIM 和 HRMS),力求在达到低检测限的前提下,最准确地分析目标物浓度。

第三个技术挑战是开发常规程序,以确保方法稳定,能持续产生高质量的检测数据。用于司法鉴定分析的方法应有一个关联的系统,用以监测和验证检测数据的准确度和精密度。第 8.3 节详细介绍了有关方法监测和纠正的系统。

总体而言,在已建立的质量控制和保证程序的基础上,使用优化的程序对适当的目标分析物进行检测,符合 PBMS 指南中关于确定取证方法可接受性的要求

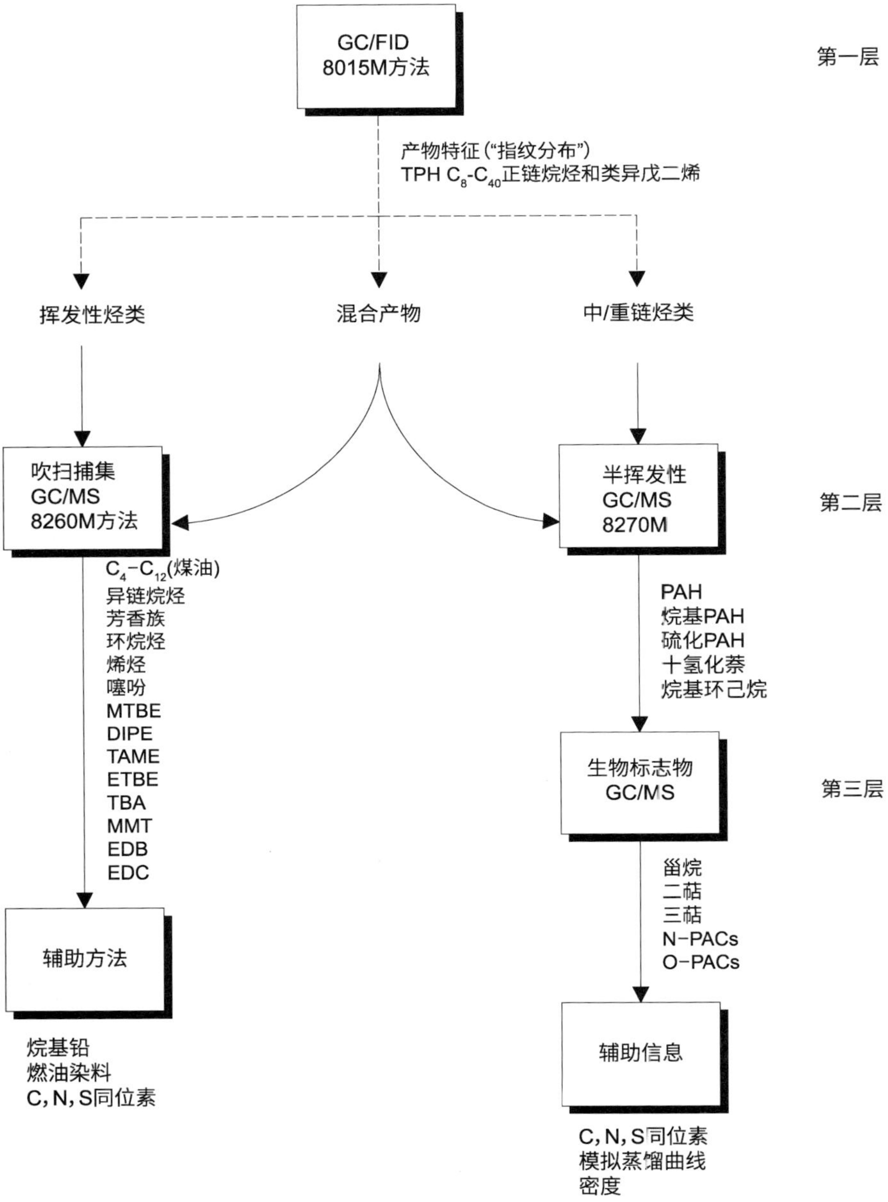

图 8.1 分层分析表征的烃类指纹分布：第一层- GC/FID 8015M 方法，产物特征（"指纹分布"）TPH C_8- C_{40}正链烷烃和类异戊二烯→挥发性烃类、混合产物、中/重链烃类。第二层-（左）吹扫捕集 GC/MS 8260M 方法，C_4- C_{12}（煤油）、异链烷烃、芳香族、环烷烃、烯烃、噻吩、MTBE、DIPE、TAME、ETBE、TBA、MMT、EDB、EDC→辅助方法，烷基铅、燃油染料、C，N，S 同位素；（右）半挥发性 GC/MS 8270M，PAH、烷基 PAH、硫化 PAH、十氢化萘、烷基环己烷；第三层-生物标志物 GC/MS，甾烷、二萜、三萜、N - PACs、O - PACs→辅助信息，C，N，S 同位素、模拟蒸馏曲线、密度

(EPA,2001)。正因为如此,所建立的取证方法才能产生出经得起同行评审的高质量数据。所以,环境机构(例如EPA、NOAA和各州的)采用了许多这样的方法来解决环境中目标物的来源识别问题(Federal Register 1994; NOAA, 2002, 2011; EPA,1993a,1993b)。最后,将司法鉴定方法与完善的质量保证(QA)系统结合,当被检测的目标物为关注的管控化合物(如苯、甲苯、乙苯、首要污染物、多环芳烃等)时,可以及时上传数据,以进行风险评估和法规遵从性监管。例如,处理油类沉积物样品时,实验室常用的方法是大量稀释最终样品提取物,这会导致所关注化学物质的检测结果大部分为阴性。环境科学家面临的问题是:方法的检测限较高,而实际浓度只有检测限浓度的一小部分(例如方法检测限的一半或MDL),却要以此数据来预测环境风险。前面讨论的在EPA方法基础上修订的司法鉴定方法旨在提高检测灵敏度,即使面对高污染的复杂样品也能为环境风险评估提供更有用的数据。以下各节详细介绍了如何成功开发和应用这些改进的分析工具,来支持环境取证程序。

8.2.4 分层分析

无论是作为游离相产物还是分散在土壤、沉积物、水、生物组织、蒸气或空气中的污染物,都可以采用分层分析的方式对环境中的烃类化合物进行定量(Uhler et al.,1998—1999;Wang et al.,1999)。分层分析方法的目的是收集有关所调查污染物组成的详细信息,以回答与调查地点有关的司法鉴定问题。图8.1列出了一个分层分析方法的示例。分层分析使环境损害司法鉴定人员能灵活地收集所需的信息,以解决具体地点或事件相关的烃类污染的性质、程度,以及来源等问题。表8.1汇总了分层分析中使用的各种烃类检测方法及其应用范围。

图8.1中所示的分层方法实际上是基于所采用的分析技术对方法进行划分。这些技术主要依赖于所关注的烃的挥发性(或沸点),以及它们在混合物中的相对丰度,丰度较低的化合物需要灵敏度更高的分析技术。从8.4节开始介绍在烃类化合物污染和来源的分层分析中最常用的分析方法及案例。

8.3 质量保证和质量控制

适当的质量保证(QA)程序是所有分析化学研究的首要任务,该程序采用一系列质量控制(QC)参数来记录实验室数据的整体可靠性。像任何高质量的实验室工作一样,环境损害司法鉴定调查领域内的分析化学测量必须在经得起质证的、健全的 QA/QC 程序框架内进行（Maney and Wait，1991；Wait and Douglas，1995）。除了显而易见的原因以外，实验室应该在定义明确的 QA/QC 计划下进行操作的实际原因是实验室需要掌握所得出的数据的可靠性，因为这些数据可能决定着该由谁来为污染负责。环境取证调查员必须意识到，未记录的错误、遗漏或偏差，都是破坏环境数据集可靠性的潜在因素。应对关于数据可靠性的质疑的最佳方法是确保环境损害司法鉴定实验室在严格的 QA/QC 准则下运行。

8.3.1 质量保证

质量保证（QA）广义上是指一个完整的体系，该体系包括样品制备程序、监控程序和纠正措施，以确保符合已建立的质量控制目标。质量保证体系可使实验室管理人员和项目调查人员确信，实验室在执行有关设施、设备、人员培训和工作绩效的质量标准文件，一旦偏离也能及时纠正。EPA 提倡建立质量体系来管理环境数据的收集、生成和使用，并且认为质量体系是建立 QA/QC 计划的良好基础（EPA，2002a）。

实验室的 QA 体系应在实验室的质量管理计划（QMP）中进行说明。质量管理计划是实验室关于管理体系评审、质量控制参数、数据质量目标、QA 项目计划、标准操作程序、培训、项目和服务的采购、文件、计算机硬件和软件、项目工作的计划和实施、评估和反馈、纠正措施和持续改进措施等事项的规定。QA 体系至少应包含六个部分，即：

1. 正式的工作计划（WP）/QA 项目计划（QAPP），描述与项目相关的所有工作，QA 和质量控制活动；
2. 准确的标准操作程序（SOP），描述实验室进行的所有技术活动；
3. 培训计划，以确保并记录所有项目人员在独立活动开始之前有相应资质，并由 QA 部门保存人员培训记录，其中包括资质证明、先前经验、专业培训和内部培训程序；
4. 记录系统，便于样本和数据的溯源；
5. 质量评估系统，通过管理体系评审、技术系统审核、能力验证样品、数据验证、实验室检查和独立数据审核对所有项目进行评估，其中后两项由实验室专设的独立 QA 小组执行；
6. 持续改进计划，通过 QA 审核、纠正措施和常规化的能力评估来实施。

此外，所有实验室可交付的成果均应接受包括 QA 和技术两方面的独立审查。QA 审核应确保数据完整，符合 WP 或 QAPP 中定义的程序，符合监管法规，并且技术上合理。技术审查应确保结果和解释是科学客观的，经得起同行评审，并且结论的表述清楚明确。

表 8.1 环境损害司法鉴定领域烃类检测的分析方法

检测方法	目标化合物	环境损害司法鉴定科学中的应用
修改版 EPA 方法 8015B： 石油总烃（TPH）产品的筛查和单个饱和烷烃的检测-气相色谱（氢火焰离子化检测器）法（GC/FID）	● 可提取的总烃量 ● 总石油烃 ● C_8-C_{44} 正链和支链烃 ● 高分辨的产物指纹图谱	● 在轻馏分至残余石油产品范围内准确测定总可萃取烃和石油 ● 开发判断指标（例如姥鲛烷、植烷） ● 准确识别从轻馏分到残留石油产品范围的产物 ● 评估轻馏分至残余石油产品范围内石油产品的风化状态
修改版 EPA 方法 8260B： 各种挥发性石油烃的检测-吹扫捕集或直接进样气相色谱-质谱法（GC/MS）	C_5-C_{12} 的烃类及相关化合物： ● 石蜡 ● 异链烷烃 ● 芳香烃 ● 环烷烃 ● 烯烃 ● 含氧化合物 ● 添加剂	● 轻馏分产物的定性和区分 ● 风化程度评估 ■ 蒸发 ■ 水洗 ■ 生物降解 ● 有/无重要的机动车汽油调合剂和添加剂
修改版 EPA 方法 8270C： 环烃、多环芳烃（PAH）、含杂原子的 PAH、生物标志物的检测-气相色谱-质谱法-SIM 模式（GC/MS-SIM）	石油、煤炭和燃烧衍生的 PAH： ● 一级 PAH 的烷基同系物 ● 含 S 和 N 的 PAH ● 甾烷、三萜和其他生物标志物	具体的化学指标用于评估： ● 产物定性和区分 ● 产物混合和分配 ● 风化 ● 蒸发 ● 水洗 ● 生物降解 ● 石油、煤炭、燃烧来源比例
修改版 EPA 方法 8270C： C_4-C_{44} 范围内的非水相液体（NAPL）检测-气相色谱-质谱（GC/MS）和气相色谱（GC/FID）指纹图谱法	宽沸点范围的石油、煤炭衍生物或其他 NAPL	● 环境分析中重要烃类沸点范围的分布图 ● 不同烃类产物的混合图像 ● GC/MS 可对特定色谱峰进行定性
其他方法	● C，H，S 稳定同位素 ● GC/MS 对铅的形态分析 ● 燃油染料 ● 密度，黏度 ● 新方法（气相色谱-同位素质谱 GC-IRMS、二维气相色谱 GC×GC） ● 模拟蒸馏 ● 高温模拟蒸馏	● 来源/厂家区分 ● 形成时间/生产时期分类 ● 结果和传输建模 ● 混合建模

8.3.2 质量控制

质量控制（QC）是指通过各个环节的活动、检测和接受标准，使产生的数据保持高质量。分析化学数据的质量是任何环境损害司法鉴定调查的重要组成部分。由于缺少评估司法鉴定数据的正式方法，司法鉴定实验室在样品收集、分析和报告过程中都采用了不同程度的质量控制。商业实验室追求的实用性经常与数据的 QC 目标产生冲突。因此，应为所有司法鉴定数据建立最低的 QC 要求。本节介绍了基于 EPA 方法生成可靠数据的质控要求(EPA,1993a,1995,1997,2002a)。

8.3.2.1 样品前处理的 QC 参数

根据 EPA(1997)的指南,需将样品分组进行“批次”分析,每组不超过 20 个样品。这一样品数在大多数司法鉴定实验室都适用,并确保了至少有 5%的现场样品受 QC 监控。操作中,现场样品批次与一组 QC 样品一起经过样品制备、提纯和分析过程。根据 QC 样品的检测结果就能获知同批分析的现场样品结果的准确性和精密度。

样品制备的 QC 参数至少应包括:

1. 一份程序空白样;
2. 一份实验室对照样品(例如空白添加样品);
3. 一份现场样品的平行样;
4. 现场样品和质控样品中添加的替代物;
5. 保存时间。

程序空白(PB)能反映与样品制备、分析和在实验室存储相关的污染源。它证明了检测结果代表的是样品中分析物的浓度而非其他;当在 PB 中发现低浓度污染的情况下,也能修正数据解释。PB 样品是由实验室用最类似于现场样品基质的、无污染的实验室材料制备的。实验室通常将试剂水作为空白水样,把无水硫酸钠或预清洁的沙子作为固体、组织和拭子的空白样。

实验室的对照样品(LCS)用于验证分析方法的准确度。LCS 样本由与程序空白相同的基质制备,但添加了已知量的目标分析物(或其中的代表性化合物)。

除了表征方法的精密度外,现场样品的平行样(Dup)能量化显示样品中目标物的均匀性。平行样只是现场样品的第二等分试样。在使用针对低浓度目标物的分析方法时,平行样能有效地验证方法的精密度。

基质加标(MS)样品只是可选的 QC 样品,因为基质加标数据在评估数据质量时用处非常有限。它由添加了目标分析物(或其中的代表性化合物)的现场样品组成。主要的应用局限在于现场样品中分析物的浓度变化范围很大。除非加标量超过自然样品中分析物浓度的大约五倍,否则基质加标样品的回收率很差,因为自然样品中分析物浓度很高,且样品并不均匀。对于实验室而言,要根据具体的样品配制分析物加标溶液是不切实际的。此外,提取效率可由替代物回收率表示,而样品的异质性由精密度衡量。即使基质加标样品的回收率能够表征样品基质的提取效率,这一数据仍然不可靠,作为典型的纠正措施,它仅对加标的这份天然样品有用,而不能代表批次中的其他样品。在实践中,只有当环境监管者需要时才使用基质加标样品,因为它性价比不高,而且它的实际质量值(提取效率)很容易用其他 QC 样品表示。

还有其他的样品前处理 QC 手段，例如，在样品制备过程的开始时，每个现场样品和批次 QC 样品都会添加替代物，以监测提取效率和样品处理的准确度（如稀释或溶剂损失）。替代物通常是自然界中不存在的化合物。它与目标分析物的结构相似，但有微小的改变（如氘、卤素或稳定同位素取代），从而将其与目标分析物区分开。

最后，应及时进行样品前处理，以保持现场条件的代表性。EPA 规定了保存时间，以确保对收集到的符合法规要求的样品进行快速分析，不延迟现场操作。尽管这些关于保存时间的规定并非严格基于存储期间样品中分析物降解的研究，但它们为进行环境研究提供了合理的指导。如果在保存时间之外还需要其他样本，则首选措施是再次收集样本。不过，由于访问限制或者土壤、沉积物和 NAPL 被移动，确实有一些项目要在超出保存时间后对样品进行分析。一种选择是在过期后重新分析样品，通过比较在保存期内和保存期外两次检测的代表性目标物的浓度，来证明后者的可比性。另一种选择是在保存时间到期前冻结样品（组织和固体）。研究人员认为冷冻法至少能在一年内有效地降低半挥发性烃类的生物降解和挥发（EPA，1993a；Quinn and Latimer，2003；NOAA，1998，2002，2011）。同样，如果样品的状态在整个存储期间没有明显变化，那么延长保存期限是合理可行的。对于 NAPL 类样品，没有规定的保存时间，因此可以在 4℃或更低温度下，在密封容器中长时间存放。存放时，容器的顶空体积应尽可能最小化，同时应当对容器中 NAPL 的液面高度作清楚的标记，以监控储存期间 NAPL 样品的蒸发情况。

表 8.2 中列出了样品前处理的 QC 参数和相关的数据质量目标（DQO）。设置 DQO 是为了及时启动数据质量评审，以识别任何 QA 问题，采取后续的纠正措施来修复问题，并防止同类问题再次发生。

表 8.2 样品制备中 QC 参数的质量目标

QC 参数	定 义	类 型	操作标准	纠正措施建议
程序空白（PB）	没有分析物；替代物和内标	批次样品制备所需	分析物浓度必须低于定量标准，低于现场样品中分析物浓度的 5 倍，没有来自实验室污染的碳氢化合物或目标类分析物	综合审核；评估保留时间偏移；资深分析人员审核；重新分析样品；重新制备该批次样品；标记样品的浓度在空白浓度的 5 倍以内
实验室对照样品（LCS）	没有分析物；商品化的独立配制的替代物和内标	批次样品制备所需	VOC 的回收率在 50%～130% 对于 90% 添加的 C_6 以上烷烃，SVOC 的回收率在 50%～130%	综合审核；评估保留时间偏移；资深分析人员审核；重新分析样品；重新制备该批次样品；标记异常值和关联的样品

续表

QC参数	定 义	类 型	操作标准	纠正措施建议
现场样品的平行样(Dup)	现场样品的第二份试样	批次样品制备必须	对于超过报告限的分析物，要求分析的RSD小于30%	综合审核； 评估共洗脱的可能； 比较分析物和替代物的分析精密度来判断基质效应； 资深分析人员审核； 标记定量范围内的异常值
现场样品的第三重复样(Tri)	现场样品的第三份试样(仅限于NAPL)	批次样品制备可选	对于超过报告限5倍的分析物，要求分析的RSD小于25%	综合审核； 评估共洗脱的可能； 其他现场项目负责人审核； 资深分析人员审核； 标记定量范围内的异常值
基质添加样品(MS)	现场样品的第二份试样(不是NAPL)，添加商品化的独立来源的标准品	批次样品制备可选	对于90%的添加浓度超过样品5倍的添加分析物，回收率应在50%~150%	综合审核； 评估共洗脱的可能； 资深分析人员审核； 标记参考的现场样品中定量范围内的异常值
添加的替代物(Sur)	非天然分析物的添加样3种代表性化合物，中浓度	批次样品制备必须	VOC的回收率70%~130%； PAH的回收率50%~130%； 其他SVOC的回收率50%~130%	综合审核； 评估共洗脱的可能； 资深分析人员审核； 重新分析样品； 重新制备样品
保存时间(HT)	样品准备	批次样品制备必须	水在4℃下保存7天； 酸性条件下保存水； 做VOC的土壤/沉积物在4℃下保存14天； 土壤/沉积物可冷冻存放1年； 组织可冷冻存放1年； NAPL没有保存时限的规定，存储于4℃	采集新样品； 重新分析样品，与保存时限内的样品结果进行比较； 资深分析人员审核； 将结果视作估计值

大多数次要的纠正措施应由实验室分析人员执行(例如检查峰的积分、评估基质效应和维护仪器)。但是，重大的异常情况应由有资质的分析专家及时检查，以确定数据质量是否会对数据解释产生不利影响。任何质量问题都应在实验室报告、分析性摘要数据表中体现并被识别，同时附上实验室已执行的纠正措施。

8.3.2.2 分析过程中的QC参数

根据建立的实验室规程，QC程序和样品还能用于验证仪器分析过程是否正常。最低要求的分析QC参数包括：

1. 质谱仪调谐(仅MS)

2. 多个浓度的标准品(建议五种不同浓度)

3. 连续的定量分析(在样品分析之前和之后运行)

4. 独立的检查标准品(含独立配制的已知浓度的校准分析物)

5. 参考样品(表征充分的样品,能在不同时间证明分析结果具有可比性)

6. 内标(推荐)

在分析标准品和样品之前,应在质谱仪上进行仪器调谐。此后,用于分析标准品的调谐条件必须保持不变,以用于 QC 和现场样品的分析。此调谐过程可确保离子源、质量过滤器和电子设置生成的质谱图能与先前确定的标准相匹配。许多质谱仪的调谐都是基于参考物质全氟三丁胺[PFTBA, $(CF_3(CF_2)_3)_3N$, CAS#311-89-7]进行的。通过调谐,质量碎片能被有效地分离,未知物的质谱图可通过谱库匹配来识别定性。除了 PFTBA,也可以用其他参考物质进行调谐,如十氟三苯基膦[DFTPP, CAS#5074-71-5, $C_6H_5(C_6F_5)_2P$]。不过,由于仪器默认的调谐标准是针对 PFTBA 的,使用 DFTPP 调谐会对高分子量化合物产生一点偏差。因此,最好还是用 PFTBA 进行调谐,调谐标准可参考表 8.3。

表 8.3　样品分析中 QC 参数的质量目标

QC 参数	定　义	类　型	操作标准	纠正措施建议
质谱调谐	PFTBA SVOC	每批样品分析必须	m/z 69:基峰峰高>100 000 m/z 219:基峰的 30%~60% m/z 502:基峰的 5%~11%	重新调谐; 清洗离子源; 资深分析人员审核
	BFB VOC	每批样品分析必须	符合 SW846 8260B	重新调谐; 清洗离子源; 资深分析人员审核
	DFTPP SVOC	每批样品分析可选	符合 PCB 调谐标准中"最大灵敏度"要求; 符合 SW846 8270C 对其他 SVOC 分析的要求	重新调谐; 清洗离子源; 资深分析人员审核
初始定量标准(Ical)	用于仪器定量分析的混合标准品,一般 5 个浓度(至少 4 个)	每批样品分析必须	90% 分析物的 RSD 不大于 25%; 所有碳链长度大于 6 的分析物的 RSD 不大于 35%	积分审核; 重新调谐; 重新分析 Ical; 仪器维护; 清洗离子源; 资深分析人员审核
接续定量标准(Ccal)	用于仪器定量分析的混合标准品,中浓度,每 10 个样品之间至少进行一次	每批样品分析必须	90% 分析物的 RSD 不大于 25%; 所有碳链长度大于 6 的分析物的 RSD 不大于 35%	积分审核; 重新分析 Ccal; 仪器维护; 清洗离子源; 资深分析人员审核
独立检查标准(IC)	Ical 混标之外,另配制的混合标准品,用于定量分析	在初始定量标准中必须	回收率 80%~120%	积分审核; 重新分析 IC; 仪器维护; 清洗离子源; 另外配制 IC; 资深分析人员审核

续表

QC参数	定 义	类 型	操作标准	纠正措施建议
参考样品(RS)	现场样品的常规分析中，汽油作为VOC的参考样品；原油烃作为PAH、生物标志物和烷烃的参考样品；Aroclor® 标准产品作为PCB的参考样品	每批样品分析必须	代表性VOC的回收率50%~130%； PAH和作为生物标志物的藿烷的回收率65%~135%；仅限色谱方法	积分审核； 重新分析RS； 资深分析人员审核； 重新分析该批样品
内标(IS)	非天然的分析物，添加1~5种代表性化合物，中浓度	每批样品分析必须	相对于定量标准品而言，IS的峰面积应在50%~200%范围内	积分审核； 重新分析样品； 资深分析人员审核
标准参考物质(SRM)	从NIST采购/其他汽油PAH、PCB	每批样品分析可选	回收率要为认证值的65%~135%	积分审核； 重新分析SRM； 资深分析人员审核； 重新分析该批样品
保存时间(HT)	分析用	每批样品分析必须	提取物分析前可保存40天	收集新的样品； 重新分析样品，与保存时限内的样品分析结果进行比较； 资深分析人员审核； 将结果视作估计值

尽管这两种调谐方法在质谱仪的动态质量范围内产生的离子相对比例存在细微差异，但两种调谐都能生成与数据库（如NIST/EPA/NIH质谱库）相匹配的高质量质谱图（NIST，2006）。

分析物的浓度测定对于数据质量来说至关重要。定量分析必须基于一系列不同浓度的标准品。对这些多级标准品的分析表明了仪器对分析物的线性范围，包括确定定量的最低浓度（即报告限）。初始定量（ICal）曲线对于某些复杂的检测器（如质谱仪）特别重要，因为这些检测器的线性范围较窄，在响应曲线的低端和高端有较高的变异性。在没有ICal的情况下，很难确定被分析物的响应是否在仪器的线性范围内，也无法确定低浓度和高浓度检测的精度和准确度是否相同。除非是定性分析（即确定是否有被分析物），否则方法的准确度和精度是对数据进行统计或数字评估的关键基础。

在ICal之后、现场和QC样品之前运行一个独立的检查标准（IC），旨在单独验证ICal的准确性。独立检查的标准品是目标分析物（或有代表性的目标分析物），是ICal之外来源、独立配制的。由于法证分析物包含许多同分异构体，并没有现成商品，所以用已商品化的代替。如前所述，IC应与含有多种法证分析物的参考样品结合使用。

在ICal之后，现场和QC样品之前也要运行参考样品（RS），以确认目标分析物的测量精度,尤其是那些没有商品化标样的分析物(例如烷基化的 PAH 和烷基化的硫杂环)。烃类分析中常用的 RS 样品是原油,例如阿拉斯加北坡原油,已经过多个独立实验室验证,能对多种 PAH、饱和烃和地质化学的生物标志物进行很好的表征(Page et al.,1995;Douglas et al.,2004)。随着时间的增加,可以计算参考浓度和标准方差,将其用于评估后续 ICal 的准确性,以确认仪器的运行状态良好,数据质量可靠。每天在样品前后都要分析接续定量标准溶液(CCal),以证明初始校准的稳定性。CCal 通常是来自 ICal 曲线中浓度标样的等分试样。将 CCal 分析物的浓度与 ICal 进行比较,以确定样品定量分析的准确度。

由于多种原因,在司法调查中不建议使用其他分析测量参数(如原始峰面积或峰高)。首先,峰高是部分受仪器工作条件影响的参数:例如,由于在整个分析运行中逐渐出现的峰展宽,在运行开始和结束时洗脱的两个浓度相等的峰可能具有不同的高度。峰高也是浓度的函数:高浓度的分析物可能会超出 GC 色谱柱的容量,并导致峰变宽和变矮。这些在峰高测量中由仪器引起的偏差会导致所测烃分布的非线性变化,这些变化可能被误解为不同的化学浓度或分布。其次,峰面积和峰高值通常都不是从多个浓度的标准曲线分析中得出的,而标准曲线能证明分析的线性范围。在这种情况下,实验室无法证明在不同的表观浓度下的测量是在仪器的线性工作范围内进行的;这样的数据否定了定量指纹图谱的主要假设,也就是说,浓度的相对差异表示了化学成分和来源的差异。对于使用超过定性要求的定量数据进行指纹图谱分析,标准曲线是绝对必要的。第三,不能证明仪器线性的实验室通常也无法运行接续定量标准品,这些标准品每天都可以证明仪器状态的可重复性。随着分析的样品的增多,以及进样器、色谱柱和检测器中有机残留物的积累,仪器的性能会发生变化(Jennings,1987)。这些变化可能很迅速,尤其是在分析含有大量天然和人工的烃类样品的时候。出于这个原因,EPA 方法每天需要至少分析一种接续定量标准品(EPA,1997)。最后,与已知精密度和准确度的 PAH 浓度结果不同,由于使用替代型的色谱柱、不同的仪器和不同的分析方法,原始峰面积或峰高"指纹图"会随时间变化,各个实验室之间也有差异。因此,几乎无法证明在典型调查过程中不同阶段或由不同实验室收集的样本数据之间具有可比性。总之,EPA 已考虑了许多与原始峰面积和峰高有关的不受控制的因素,导致其要求对所有关注化合物用标准曲线进行定量,保证数据的有效和准确,以切实保护公众健康(EPA,1997)。如果必须使用峰高和峰面积数据(无初始定量,接续定量和一定批次的 QC 样品),则这些数据被视为预测值,并且仅用于定性分析。相反,定量分析应仅限于浓度数据。法规强制性方法的要求和相关的数据验证指南(EPA,1995)应被视为证明数据可靠、能支持来源结论的最低要求。

在分析之前,应将内标(IS)添加到每个定量标样的提取物中(EPA,1997)。通过内标定量法和ICal样品的平均响应因子来计算分析物浓度。应注意的是,尽管标准曲线每个浓度点的分析物浓度不同(用于在工作分析范围内产生平均响应因子),但是其中所含的替代物和内标的浓度是恒定的,和实际样品中添加的浓度也是一致的。

每种化合物的平均响应因子(RF)的计算公式如下:

$$RF = (A_s \times C_{is})/(A_{is} \times C_s)$$

其中,A_s=分析物的峰面积;

A_{is}=内标的峰面积;

C_{is}=添加到提取物中的内标的量(ng);

C_s=分析物的含量;

根据初始定量标样产生的平均响应因子,使用以下公式计算目标化合物的浓度:

$$C_e = [(A_s \times I_s)/(A_{is} \times RF)]/V_s$$

其中,C_e=样品提取浓度;

A_s=分析物的峰面积;

A_{is}=内标的峰面积;

I_s=添加到提取物中的内标的量(ng);

RF=初始定量标样中分析物的平均响应因子;

V_s=样品量[体积(L),干、湿或油状样品的重量(g)]

表8.3列出了主要的分析QC参数和相关数据质量目标(DQO)。如前所述,DQO的目的是启动数据质量检查、采取后续的纠正措施,从而解决问题并防止其再次发生。QA/QC程序总体上是一种制衡体系,可促进高质量数据的生成,并促使取证方法不断进行程序改进。

8.4 挥发性烃类指纹图谱分析方法

轻质精炼石油产品(如汽油\航空气体或各种炼油中间体)和焦油馏出物(例如轻油)或许多烃混合物的水溶性馏分主要由C_4至C_{12}范围内的挥发性烃组成(Kaplan et al.,1997;Emsbo-Mattingly et al.,2003a;Stout et al.,2006).这些产品由多种化合物组成,最常见的是所谓的*PIANO*化合物:链烷烃(paraffins,如正己烷)、异链烷烃(isoparaffins,如2,2,4-三甲基戊烷[异辛烷])、芳香烃(aromatics,如苯)、环烷烃(naphthenes,如甲基环己烷)和烯烃(olefins,如顺式-2-己烯)。好在这些关注化合物(chemicals of concern,COC)的标准品都已商品化,而且可以通过常规的吹扫捕集(P&T)GC/MS 方法进行分析,如 EPA 方法 8260B 或由 Uhler 等改进的方法(2003),后者主要的改进是增加了一批汽油特定目标分析物。表 8.4 列出了典型的挥发性烃 *PIANO* 和相关化合物,可用于轻型产品(尤其是汽油和轻型溶剂)的指纹图谱分析。这些扩展的目标化合物包括受监管关注的挥发性化合物:苯、甲苯、乙苯和邻/间/对二甲苯(BTEX),可使环境损害司法鉴定人员同时为监管和司法鉴定两方面的应用收集信息。

表 8.4 挥发性烃 *PIANO* 清单

挥发性烃 *PIANO*	峰 ID	组 ID	分子式	定量离子 (m/z)	大致检测限	
					水	固体
戊烷	C5	P	C_5H_{12}	43	2 μg/L	2 μg/kg
正己烷	C6	P	C_6H_{14}	57	2 μg/L	2 μg/kg
庚烷	C7	P	C_7H_{16}	43	2 μg/L	2 μg/kg
辛烷	C8	P	C_8H_{18}	43	2 μg/L	2 μg/kg
壬烷	C9	P	C_9H_{20}	43	2 μg/L	2 μg/kg
癸烷	C10	P	$C_{10}H_{22}$	43	2 μg/L	2 μg/kg
十一烷	C11	P	$C_{11}H_{24}$	57	2 μg/L	2 μg/kg
十二烷	C12	P	$C_{12}H_{26}$	43	2 μg/L	2 μg/kg
十三烷	C13	P	$C_{13}H_{28}$	57	2 μg/L	2 μg/kg
异戊烷	IP	I	$C_{13}H_{28}$	43	2 μg/L	2 μg/kg
2,3-二甲基丁烷	23DMB	I	C_5H_{12}	71	2 μg/L	2 μg/kg
2-甲基戊烷	2MP	I	C_6H_{14}	43	2 μg/L	2 μg/kg
3-甲基戊烷	3MP	I	C_6H_{14}	57	2 μg/L	2 μg/kg
2,2-二甲基戊烷	22DMP	I	C_6H_{14}	57	2 μg/L	2 μg/kg
2,4-二甲基戊烷	24DMP	I	C_6H_{14}	43	2 μg/L	2 μg/kg
2-甲基己烷	2MH	I	C_7H_{16}	43	2 μg/L	2 μg/kg
2,3-二甲基戊烷	23DMP	I	C_7H_{16}	56	2 μg/L	2 μg/kg
3-甲基己烷	3MH	I	C_7H_{16}	43	2 μg/L	2 μg/kg
异辛烷	ISO	I	C_8H_{18}	57	2 μg/L	2 μg/kg
2,5-二甲基己烷	25DMH	I	C_8H_{18}	57	2 μg/L	2 μg/kg
2,4-二甲基己烷	24DMH	I	C_8H_{18}	57	2 μg/L	2 μg/kg
2,2,3-三甲基戊烷	223TMP	I	C_8H_{18}	57	2 μg/L	2 μg/kg
2,3,4-三甲基戊烷	234TMP	I	C_8H_{18}	43	2 μg/L	2 μg/kg
2,3,3-三甲基戊烷	233TMP	I	C_8H_{18}	43	2 μg/L	2 μg/kg
2,3-二甲基己烷	23DMH	I	C_8H_{18}	43	2 μg/L	2 μg/kg
3-乙基己烷	3EH	I	C_8H_{18}	43	2 μg/L	2 μg/kg
2-甲基庚烷	2MHEP	I	C_8H_{18}	57	2 μg/L	2 μg/kg

续表

挥发性烃 PIANO	峰 ID	组 ID	分子式	定量离子 (*m/z*)	大致检测限	
					水	固体
3-甲基庚烷	3MHEP	I	C_8H_{18}	43	2 μg/L	2 μg/kg
苯	B	A	C_6H_6	78	2 μg/L	2 μg/kg
甲苯	T	A	C_7H_8	91	2 μg/L	2 μg/kg
乙苯	EB	A	C_8H_{10}	91	2 μg/L	2 μg/kg
对/间二甲苯	MPX	A	C_8H_{11}	91	2 μg/L	2 μg/kg
苯乙烯	STY	A	C_8H_8	104	2 μg/L	2 μg/kg
邻二甲苯	OX	A	C_8H_{10}	91	2 μg/L	2 μg/kg
异丙苯	IPB	A	C_9H_{12}	105	2 μg/L	2 μg/kg
正丙苯	PROPB	A	C_9H_{12}	91	2 μg/L	2 μg/kg
1-甲基-3-乙基苯	1M3EB	A	C_9H_{12}	105	2 μg/L	2 μg/kg
1,3,5-三甲苯	135TMB	A	C_9H_{12}	105	2 μg/L	2 μg/kg
1-甲基-2-乙基苯	1M2EB	A	C_9H_{12}	105	2 μg/L	2 μg/kg
1,2,4-三甲苯	124TMB	A	C_9H_{12}	105	2 μg/L	2 μg/kg
仲丁基苯	SECBUT	A	$C_{10}H_{14}$	105	2 μg/L	2 μg/kg
1-甲基-3-异丙基苯	1M3IPB	A	$C_{10}H_{14}$	119	2 μg/L	2 μg/kg
1-甲基-4-异丙基苯	1M4IPB	A	$C_{10}H_{14}$	119	2 μg/L	2 μg/kg
1-甲基-2-异丙基苯	1M2IPB	A	$C_{10}H_{14}$	119	2 μg/L	2 μg/kg
茚满	IN	A	C_9H_{10}	117	2 μg/L	2 μg/kg
1-甲基-4-丙基苯	1M4PB	A	$C_{10}H_{14}$	105	2 μg/L	2 μg/kg
正丁基苯	BUTB	A	$C_{10}H_{14}$	91	2 μg/L	2 μg/kg
1,2-二甲基-4-乙基苯	12DM4EB	A	$C_{10}H_{14}$	119	2 μg/L	2 μg/kg
1,2-二乙苯	12DEB	A	$C_{10}H_{14}$	119	2 μg/L	2 μg/kg
1,4-二甲基-2-乙基苯	14DM2EB	A	$C_{10}H_{14}$	119	2 μg/L	2 μg/kg
1,3-二甲基-4-乙基苯	13DM4EB	A	$C_{10}H_{14}$	119	2 μg/L	2 μg/kg
1,3-二甲基-5-乙基苯	13DM5EB	A	$C_{10}H_{14}$	119	2 μg/L	2 μg/kg
1,2-二甲基-3-乙苯	12DM3EB	A	$C_{10}H_{14}$	119	2 μg/L	2 μg/kg
1,2,4,5-四甲基苯	1245TMP	A	$C_{10}H_{14}$	119	2 μg/L	2 μg/kg
戊苯	PENTB	A	$C_{11}H_{16}$	91	2 μg/L	2 μg/kg
萘	N	A	$C_{10}H_8$	128	2 μg/L	2 μg/kg
2-甲基萘	2MN	A	$C_{11}H_{10}$	142	2 μg/L	2 μg/kg
1-甲基萘	1MN	A	$C_{11}H_{10}$	142	2 μg/L	2 μg/kg
环戊烷	CYP	N	C_5H_{10}	70	2 μg/L	2 μg/kg
甲基环戊烷	MCYP	N	C_6H_{12}	56	2 μg/L	2 μg/kg
环己烷	CH	N	C_6H_{12}	56	2 μg/L	2 μg/kg
甲基环己烷	MCYH	N	C_7H_{14}	83	2 μg/L	2 μg/kg
1-戊烯	1P	O	C_5H_{10}	42	2 μg/L	2 μg/kg
2-甲基-1-丁烯	2M1B	O	C_5H_{10}	55	2 μg/L	2 μg/kg
2-戊烯(反式)	T2P	O	C_5H_{10}	55	2 μg/L	2 μg/kg

续表

挥发性烃 *PIANO*	峰 ID	组 ID	分子式	定量离子 (*m/z*)	大致检测限	
					水	固体
2-戊烯(顺式)	C2P	O	C_5H_{10}	55	2 μg/L	2 μg/kg
1-己烯	1HEX	O	C_6H_{12}	56	2 μg/L	2 μg/kg
1-辛烯	1O	O	C_8H_{16}	55	2 μg/L	2 μg/kg
1-壬烯	1N	O	C_9H_{18}	56	2 μg/L	2 μg/kg
1-癸烯	1D	O	$C_{10}H_{20}$	41	2 μg/L	2 μg/kg
1,2-二氯乙烷	12DCA	ADD	$C_2H_4Cl_2$	62	2 μg/L	2 μg/kg
1,2-二溴乙烷	12DBE	ADD	$C_2H_4Br_2$	107	2 μg/L	2 μg/kg
MMT	MMT	ADD	$CH_3C_5H_4Mn(CO)_3$	134	2 μg/L	2 μg/kg
叔丁醇	TBA	OX	$C_4H_{10}O$	59	2 μg/L	2 μg/kg
MTBE	MTBE	OX	$C_5H_{12}O$	73	2 μg/L	2 μg/kg
二异丙醚	DIPE	OX	$C_6H_{14}O$	45	2 μg/L	2 μg/kg
乙基叔丁基醚	ETBE	OX	$C_6H_{14}O$	95	2 μg/L	2 μg/kg
TAME	TAME	OX	$C_6H_{14}O$	73	2 μg/L	2 μg/kg
噻吩	THIO	S	C_4H_4S	84	2 μg/L	2 μg/kg
2-甲基噻吩	2MTHIO	S	C_5H_6S	97	2 μg/L	2 μg/kg
3-甲基噻吩	3MTHIO	S	C_5H_6S	97	2 μg/L	2 μg/kg
2-乙基噻吩	2ETHIO	S	C_6H_8S	97	2 μg/L	2 μg/kg
苯并噻吩	BTO	S	C_8H_6S	134	2 μg/L	2 μg/kg

组 ID：P-链烷烃；I-异链烷烃；A-芳香烃；N-环烷烃；O-烯烃；ADD-汽油中的添加剂；OX-汽油中的含氧化物；S-噻吩。

汽油可以(或曾经)包含各种添加剂或共混剂,例如醚或醇等含氧化物：甲基叔丁基醚(MTBE)、乙基叔丁基醚(ETBE)、叔戊基甲基醚(TAME)和叔丁醇(TBA),二溴乙烷(EDB)和二氯乙烷(EDC),甲基环戊二烯三羰基锰(MMT)(Gibbs,1990;Stout et al.,2006)和烷基铅(Gibbs 1990,1993)。这些挥发性的非烃类化合物也可以使用上述 *PIANO* GC/MS 方法进行检测,并应列在一张全面的目标分析物表中(如表 8.4)。另外,随着关于汽油中硫含量的法规不断发展(EPA,1999b),测量总硫含量以及用 GC/MS 法测量挥发性硫化合物(如噻吩)对于司法鉴定人员来说,是推断汽油产品排放时间的有效方法。

挥发性烃的数据可用于识别产品类型和来源、风化程度,在某些情况下还可以推断排放的时间(Stout et al.,2006;Kaplan et al.,1996)。由于这些化合物不稳定的特性,在解释中应包括风化对这些化合物在环境中数量和分布的影响。在本节中介绍了目前用于司法鉴定分析的土壤、水、空气和 NAPL 中挥发性有机化合物(VOC)的几种方法及应用示例。

8.4.1 GC/MS 法检测空气和蒸气中的挥发性烃

由复杂的烃类混合物（如石油燃料或焦油衍生的废弃物）产生的挥发性成分包含数十种挥发性有机物，经测量后可用于识别空气或蒸气传播的污染物组成，或对其进行指纹图谱表征（EPA，2002d）。无论是检测地下蒸气、室内空气或环境空气样品，用指纹图谱法表征任何类型的烃类污染，在很大程度上都取决于样品中所测到的烃类化合物的数量，因为测到的化合物数量越多，所建指纹图谱的来源特异性就会越强。为了更准确地表征地下蒸汽、室内空气或室外空气，我们已经用改进的 EPA 方法 TO－15（气相色谱-质谱法（GC/MS）测定特制罐中收集的空气中挥发性有机物）测量了更多的挥发性有机化合物（EPA，1999c）。作为蒸气入侵研究中的重要化学指纹识别工具，这种方法具有广阔的前景，可用于确认或排除潜在的地下迁移途径、了解室内空气的复杂性和来源，以及更好地表征室外环境空气，从而能定量区分室内和室外空气（McCarthy et al.，2006）。

TO－15 方法的主要改进（EPA，1999c）是扩大了分析物的范围，在表征空气中的烃类化合物方面提供了更大的特异性。改进后的方法结合了表 8.4 中列出的许多同源诊断目标分析物，在司法鉴定分析中用于检测常规 SUMMA 罐中收集的空气样品。在野外，通过将空气或地下蒸汽引入不锈钢 SUMMA 罐中进行采样，该罐按照 EPA TO－14（EPA，1997）中概述的程序进行制备。空气样本是通过一个采样管抽取的，采样管可调节采样速率和持续时间。已证明许多目标化合物的样品保持时间最多为 30 天（Kelly and Holdren，1995），因此 EPA 在 TO－15 方法中建议保存不超过 30 天（EPA，1999c）。分析时，从罐中释放一定体积的样品气体通过一个多功能富集器，用惰性载气对样品气体进行浓缩和干燥，随后使目标化合物从富集器中热脱附出来，进入冷阱中浓缩。然后再次加热并将挥发成分引入到气相色谱柱上进行分离，进行质谱检测（GC/MS）。

标准品、质控样和真实的现场样品用内标法进行定量。EPA 方法 TO－15（EPA，1999c）建议使用混合物内标，其中含有溴氯甲烷、氯苯-d5 和 1，4－二氟苯，每一种的体积浓度为百万分之十（ppmv），当然其他能涵盖 C_4 至 C_{15} 分析物范围的内标也可以用。将 500 μL 内标液加到 500 mL 样品中，体积浓度为十亿分之十（ppbv）。实际操作中，内标引入冷阱中，以添加到所有定量标样、空白和样品中一同分析。

含有目标化合物的标准品（如表 8.4 中所列的）是由经认证的市售标准品（例如 Supelco Inc.或 Restek，Inc.公司生产的）制备的。按照 EPA TO－15 中所述，使用标准品通过高压钢瓶技术或等效方法制备工作标准液。

气相色谱能进行低温操作并能升温至最高 300℃。该系统必须包括一个浓缩器和相应附件，包括分析柱和气体。载气和传输线路管应为不锈钢或铜管。气相色谱仪应配备能够分离目标化合物的非极性固定相熔融石英毛细管色谱柱。通常，RTX－1 PONA©的毛细管柱（50 m×0.32 mm×0.5 μm，Restek Inc.）是进行此分析的有效柱。

GC/MS 条件见表 8.5。GC 连接到四极杆或性能类似的 70 ev 正离子质谱仪，质谱仪可在一秒或更短的时间内完成从 35 至 300 amu 的离子扫描。质谱仪调谐时使用 50 ng 或更少的对溴氟苯（BFB），调谐标准见表 8.6。

表 8.5　TO－15 的 GC/MS 条件（如果符合数据质量指南（Data Quality Guideline）要求，其他同等分析条件也可）

GC 参数	程序设置
起始温度：	－50℃
起始保持时间：	2 min
升温速度：	8℃/min
最终温度：	200℃
保持时间：	60 min
检测器温度：	280℃
载气流速（氦气）：	1～3 mL/min
质谱扫描参数：	全扫描模式；35～350 *m/z*

表 8.6　BFB 质谱调谐标准

质量数	离子丰度标准
50	*m/z* 95 峰高的 8.0%～40.0%
75	*m/z* 95 峰高的 30.0%～66.0%
95	基峰，丰度 100%
96	*m/z* 95 峰高的 5.0%～9.0%
173	*m/z* 174 峰高的 2.0%以内
174	*m/z* 95 峰高的 50.0%～120.0%
175	*m/z* 174 峰高的 4.0%～9.0%
176	*m/z* 174 峰高的 93.0%～101.0%
177	*m/z* 176 峰高的 5.0%～9.0%

在分析真实样品之前，必须使用 BFB 调谐质谱仪并满足调谐标准。质谱仪的调谐应每 24 小时检查一次。气相色谱仪应使用 5 个浓度的初始定量标样进行校准，该标准曲线应涵盖每个组分大约 1～100 ppbv 的浓度范围。应每隔 24 小时使用中浓度的混标检查一次 GC 标准曲线。每种化合物的相对响应因子（RRF）的相对标准偏差（%RSD）应小于 30%，允许最多两个化合物的相对标准偏差不超过 40%。可以根据某些分析物的稳定性和色谱性能等具体情况对这些标准进行调整。每种目标化合物的相对保留时间（RRT）应在初始定量标样中对应化合物的 RRT 平均值的 0.06 RRT 单位内。每种化合物的峰面积响应，必须在初始定量标准曲线中内标平均峰面积响应的 40%以内。相对于初始定量标准曲线中内标的平均保留时间而言，每个浓度的内标的保留时间偏移应在 20 秒以内。常规质控样品应与每批样品一起运行，至少应对每批 20 个或更少的样品进行空白和样品重复分析。表 8.3 列出了此方法的数据质量目标。

应用改进的 TO－15 分析方法，能为对空气和地下蒸气中的挥发性烃进行详细表征提供定性和定量数据，提供有价值的气相色谱指纹图，这些指纹图可以反映出样品之间总成分组成的异同，或是样品与疑似源头的样本之间的异同。图 8.2 给出了几种常见烃类产品（汽油、柴油和煤焦油）用 TO－15 方法分析得到的气相色谱图。

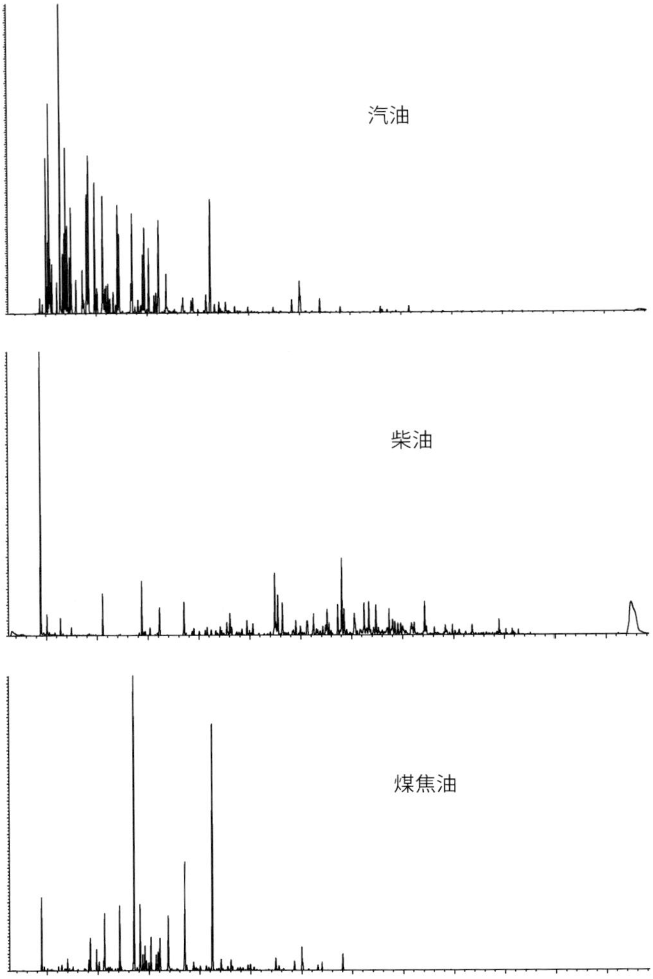

图 8.2 TO－15 产品的气相色谱图比较

从定性角度来看，这些样品之间的差异明显。汽油的色谱图特征明显，是直链和支链烷烃、单芳烃、环状化合物和低级烯烃的混合物；相比之下，柴油的色谱图更简单，由较高分子量的环烷烃、支链烷烃和 C_1－C_3烷基取代的苯组成。煤焦油几乎完全由单芳烃化合物组成。

由于改进的 EPA TO－15 方法的目标分析物清单所含的烃类化合物的数量几乎是传统 TO－15 所测的 10 倍，因此采用改进的方法进行空气分析，司法鉴定人员能详细了解样品的指纹图谱，比较样品和疑似源头的样本之间的化学组成，例如室内空气与地下蒸汽成分的比对。

图 8.3 为比较应用示例，该图显示了采用改进的 EPA TO－15 方法和原标准

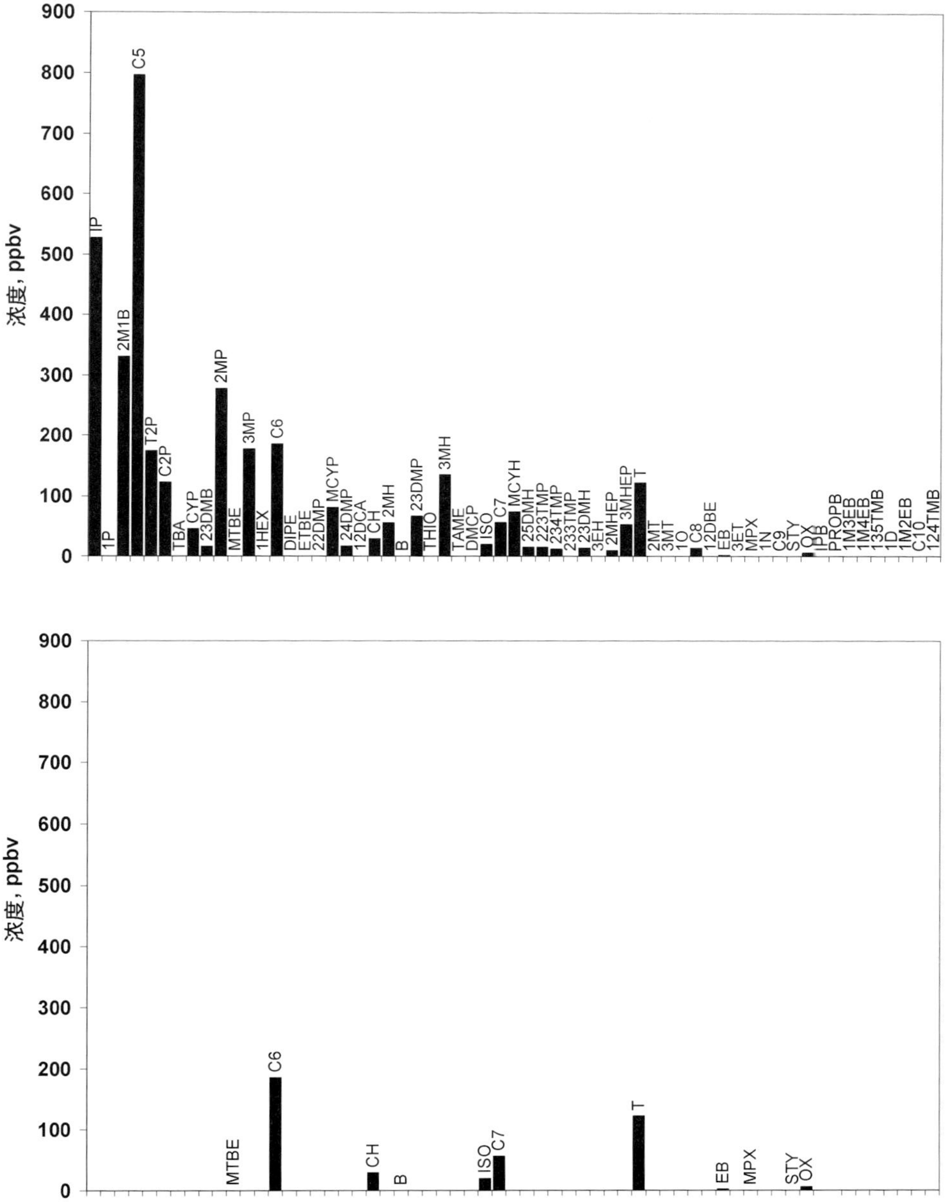

图 8.3 土壤中气体样品的目标物分布直方图，上图为改进后的 TO－15 方法的检测结果，分析物的数量较多；下图为标准 TO－15 方法的分析结果

EPA TO－15 方法分别检测的相同地下土壤气体中的汽油成分。上方是使用改进方法分析的土壤气体浓度数据（为清晰起见，截至 1,2,4－TMB），而下方是使用标准 EPA TO－15 方法检测的同一样品的结果。显然，标准 TO－15 方法得到的数据只能提供数量和特异性都有限的“指纹”，而改进的 EPA TO－15 方法则提供了更详细的气相组成描述。若要确认或排除有关“地下蒸气侵入室内空气路径”的假设，改进的 EPA TO－15 方法的分析数据显然更有效。

为了进一步说明改进的 EPA TO－15 方法在蒸汽入侵调查中的应用价值，我们提供了地下和上方室内空气中收集的数据。图 8.4 显示了使用改进的 EPA TO－15方法对建筑物的地下蒸汽（下方）和室内空气（上方）测量的 C_4至 C_{10}范围内碳氢化合物的相对浓度的直方图。数据表明，虽然在两个样品中都发现了一些常见的化学物质（如不同浓度的 BTEX），但地下蒸汽和室内空气的化学成分存在显著差异。值得注意的是，相对于地下蒸汽，室内空气中乙醇和 MTBE、苯和甲苯

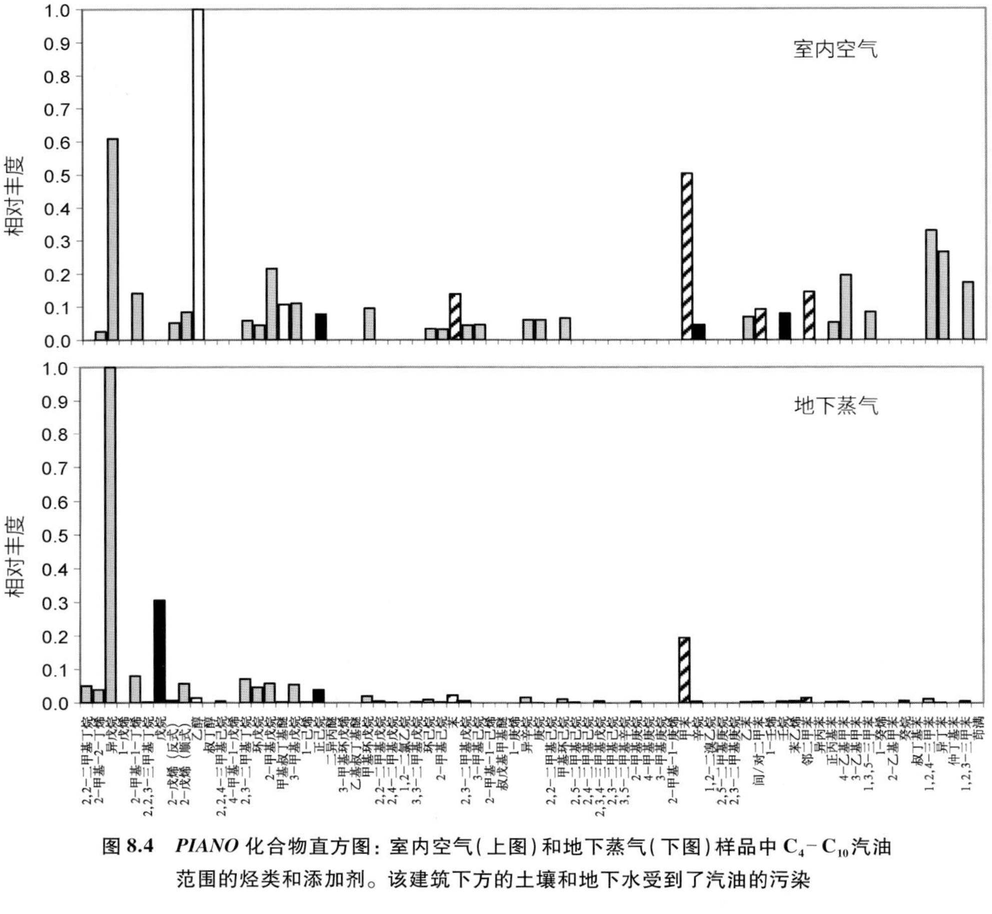

图 8.4　***PIANO*** **化合物直方图：室内空气（上图）和地下蒸气（下图）样品中 C_4－C_{10}汽油范围的烃类和添加剂。该建筑下方的土壤和地下水受到了汽油的污染**

的浓度升高。同样明显的是室内空气中有大量的 C_7 – C_{10} 烃，特别是烷基苯，这些气体在地下蒸汽中基本不存在。在形成地下污染与室内空气之间存在联系的结论之前，必须解释这种明显的化学差异。现有数据不足以支持地下污染物与室内污染物的化学特征匹配的结论。而如果通过常规 EPA TO – 15 分析样品，则这两个样品之间的差异将无法识别。

室内空气污染的来源通常与下面的 NAPL、受 NAPL 污染的土壤有关。下一节将讨论这些样品中挥发性烃污染物的收集和分析。

8.4.2 固体和液体样品的收集

在大多数情况下，挥发性碳氢化合物产品(如汽油)一旦释放到环境中，其化学指纹很可能会因为蒸发和溶解而立即发生变化。由于这些挥发性化合物的不稳定特性，保留样品在收集时的化学特征就十分重要。因此，使用这类易失性环境数据高度依赖于如何采集和存储现场样本。以下各节讨论了一些现场样品收集方法，旨在将挥发性成分特征的变化降到最低。

8.4.2.1 土壤样品

用于 VOC 分析的土壤样品，其收集应采用与 EPA 方法一致的方式进行(EPA，1997)。过去的十年中，土壤样品的收集方法不断改进，以尽量减少由于挥发和生物降解引起的样品损失。例如，EPA 方法 5035A 使用 En Core®采样器收集土壤样品以进行挥发性烃类分析。En Core®采样器是带有柱塞和盖子的试管，用于在收集样品后密封试管。采样器固定在杆子或专门设计的插入装置上，然后推入土壤样品中。当斜管穿透土壤时，柱塞与土壤表面齐平。当柱塞到达试管末端时，将样品取出。然后用干净的 Kim Wipe®(或类似产品)擦拭 O 形圈，去除可能妨碍密封的污垢颗粒，将端盖锁定到位。之后将采样器放回预先贴有标签的铝箔容器中，运回实验室，必须在 48 小时内将其处理，转移至已称重的 VOA 小瓶。另一种方法是在现场处理样品，可将样品的保存时间延长至 14 天。进行现场处理时，可以用 10 mL 塑料注射器替换 En Core®采样器。将切割过的注射器以适当的长度倾斜，收集约 5 g 土壤样品，放入装有 5 mL 去离子水和聚四氟乙烯搅拌棒的 40 mLVOA 小瓶中(带隔垫)。将土壤/水浆立即冷冻，就可以在样品收集后的 14 天内进行分析。作为 En Core®采样器的替代方案，具有最小顶空的样品罐也可以用于中、高度污染的土壤样品。用罐子收集的土壤的保存时间为 14 天。

8.4.2.2 水样

用预先清洗的聚四氟乙烯容器收集水样。将水样放入 40 mL 装有隔垫的 VOA 小瓶中，该小瓶包含至少三滴至多 1.0 mL 的 12N HCl 以使 pH 达到 2。将小瓶装满至瓶口，隔垫密封，确保小瓶中没有任何气泡。然后将样品存储在4℃并根据EPA规程运输。不加防腐剂的水样的保存时间为7天，加了防腐剂的可保存14天。

8.4.2.3 NAPL样品

将NAPL样品直接从产品分配器、预清洗的聚四氟乙烯容器或其他合适的收集设备中转移到25或40 mL带隔垫的VOA小瓶中，并尽可能减少顶空体积。对于NAPL样品来说，样品瓶中顶空体积的影响不如对低浓度水样的大。但是，仍然应最小化顶空。如果可用的NAPL量非常少(如少于10 mL)，可在VOA小瓶中加入同一来源的地下水来减少顶部空间，从而使少量的NAPL分布于较大体积的地下水上方。然后将NAPL样品存储在4℃，并运送到实验室(样品密封后，在室温下运输也可以)。NAPL样品没有规定的保存时间。

8.4.3 吹扫捕集GC/MS法检测PIANO和非烃类化合物

对土壤、沉积物、NAPL和水中的挥发性烃类及相关化合物进行GC/MS分析通常使用吹扫捕集(P&T)作为样品引入的方法。该方法是根据EPA方法5035(用于土壤和废弃物样品中挥发性有机物的封闭吹扫捕集和萃取)和EPA方法5030(用于土壤/沉积物和水的水相样品的吹扫捕集)改进的。

Uhler等(2003)从司法鉴定调查应用的角度，全面地介绍了EPA方法8260B的修订内容。其中主要修订部分是分析物列表(表8.4)，涉及仪器(或软件)的修改很少。检测分析使用的是气相色谱仪(GC)，流量由电子气动控制(EPC)系统控制，所用的检测器是质谱仪(MS)。使用Tekmar Precept II自动进样器和Tekmar 3100液体浓缩系统(或等效设备)完成样品引入。系统控制和数据采集通过HP Enviroquant®软件(版本3.0)和Tekmar Teklink®软件(版本5.0)来执行。数据分析和处理使用HP Enviroquant®软件。

8.4.3.1 标准品溶液制备

由于汽油和其他轻质烃类材料(例如天然气凝析油)的复杂性，对环境样品进行定量分析需要准确鉴定每种目标物。为此，改进的8260B方法中必须包括标准参考物质和校准溶液。这些标准品可以从各种供应商处(例如Supelco和Restek)获取。应对标准品进行初步分析，以测试其纯度并优化色谱条件以建立可重现的方法。表8.4所列相关目标分析物的校准溶液应当用甲醇为溶剂，制备储备溶液，浓度约为5 μg/mL。然后可将该储备溶液连续稀释，以生成一套(至少)五个浓度的线性校准溶液，每种目标分析物的所需分析范围约为0.025~4.0 μg。EPA方法8260B的重大修改中包括使用含汽油类特征目标物的校准溶液，原方法仅需要在定量校准中使用部分选定的目标物(表8.4)。

用于监测吹扫效率所需的替代物和内标溶液用甲醇配制成400 μg/mL的浓度。Uhler等(2003)所建方法的替代物内标包括1,4-二氟苯、d5-氯苯和d10-乙苯,而内标包括d6-苯6、d8-甲苯和d4-1,4-二氯苯。选择这些为标化合物是因为它们涵盖了分析物的整个沸点范围,且不会与其非氘代类似物共同洗脱。若能达到方法数据的质量目标(表8.3),也可以使用其他回收内标和替代物内标。

8.4.3.2 样品前处理

在实验室收到样品后,样品的处理和制备对于准确分析至关重要。样品收集后,至少应将其在4℃下保存。如前所述,产品、土壤、沉积物和水样品在分析之前需要进行不同的处理。

8.4.3.2.1 NAPL和成品类样品

在实验室收样后,将分装的汽油或NAPL样品等分并保存于甲醇溶液中。应在无溶剂烟雾的实验室区域,快速称量约20 mg的样品,转移到装有HPLC级甲醇的10 mL容量瓶中。然后将所得的稀释提取物(浓度约为2.0 mg/mL)转移至4 mL聚四氟乙烯衬里的旋盖小瓶中,尽可能装满,减少顶空体积,并用聚四氟乙烯胶带进一步密封。然后将样品保存在无溶剂烟雾的4℃(±2℃)避光环境中,40天内进行分析。分析时,40 mL密封的VOA小瓶中含50 μL样品/甲醇萃取液,放在自动进样器上,进样装置向瓶中加入20 mL水。仪器分析时加替代内标/回收内标(RIS/SIS)进行质控。

8.4.3.2.2 水样

对于水样,从装有水样品的40 mL VOA小瓶中移取20 mL样品,然后转移到40 mL VOA进样瓶中密封,上自动进样器。加替代内标/回收内标(RIS/SIS)进行质控。此方法用于水样品中浓度为25 μg/L或以下的单个可吹扫化合物分析。

8.4.3.2.3 土壤和沉积物样品

由于土壤和沉积物基质中污染物浓度容易变化,因此这两类基质样品通常在现场就制备处理。对于预期污染最小的土壤样品(如无臭味),通过吹扫5克加热的土壤/试剂水浆液(含有替代内标和回收内标),来执行样品分析的"低含量"方法。如果低含量样品中的分析物高于最高浓度标准品,则进一步分析指定体积的甲醇提取物。如果现场样品罐装满了,则可以根据污染物浓度高低调整样品中的土壤量。如果目标分析物的预期浓度小于0.1 mg/kg(干重),则准备5 g样品进行分析。如果预期浓度在0.1~1 mg/kg(干重)之间,则准备1 g样品进行分析。将装有适量土壤/沉淀物样品和聚四氟乙烯磁力搅拌棒的40 mL VOA样品瓶放在自动进样器上，自动进样器向小瓶中加入 10 mL 水和 RIS/SIS 溶液，然后将加标的土壤/沉积物样品加热至 40℃，并自动搅拌，形成含水浆液。

如果装满的土壤/沉积物样品的浓度预计超过 1 mg/kg（如它有明显的烃类化合物气味），则通过"高含量"方法制备样品。将 5 g 样品添加到 10 mL HPLC 级甲醇中混合，用甲醇提取目标分析物。然后取出 50～100 μL 提取液（取决于预期的污染水平），并添加到含 10 mL 水的 40 mL VOA 进样瓶中。将该样品瓶放在自动进样器上，加替代内标/回收内标（RIS/SIS）进行质控。

8.4.3.3 样品分析

气相色谱使用毛细管分流/不分流进样口进行配置，该进样口与液体浓缩器系统直接连接，用于样品引入。进样口在 2 mm 不分流玻璃衬管（Restek 或同等产品）的顶部用隔膜密封。气相色谱柱为 RTX－1 PONA 熔融石英毛细管柱（50 m×0.32 mm×0.5 μm，Restek 或同等产品）。当连接质谱仪时，该色谱柱可提供最佳性能。GC/MS 条件见表 8.7。

表 8.7 挥发性烃的吹扫捕集-GC/MS 方法分析条件（如果达到数据质量指南要求，可以使用等效条件）

GC/MS 参数		液体浓缩器参数	
起始柱温	35℃	吹扫温度	35℃
保持时间	15 min	吹扫时间	11 min
升温速率 1	2℃/min	吹扫气流	40 mL/min
终点温度	120℃	解吸气流	40 mL/min
保持时间	0	样品预加热	3 min
升温速率 2	15℃/min	样品温度	40℃
终点温度	220℃	干燥时间	5 min
保持时间	10 min	解吸预加热温度	245℃
进样口温度	220℃	解吸时间	2 min
流速	1 mL/min（氦气）	解吸温度	250℃
检测器温度	280℃	烘烤时间	10 min
质谱扫描参数	全扫描：35～350 *m/z*	烘烤温度	285℃

自动进样器和液体浓缩器用氦气来定量吹扫样品，然后挥发物和吹扫气体通过液体浓缩器系统中的 VOCARB 3000（Carbopack B/Carboxen 1000&1001）吸附剂捕集器（或等效装置），该吸附剂用于吸收各种挥发性化合物。表 8.7 中列出了液体浓缩器的仪器条件。

在添加了替代物和内标物后，开始分析序列，包括将样品自动搅拌、吹扫、捕集和解吸，进入 GC 色谱柱。然后在与标准品相同的条件下分析样品。如果在初始分析过程中样品中所含目标分析物的浓度超过了初始定量标准的浓度范围，则稀释样品重新分析。经验表明，对高度污染的样品进行分析可能会污染系统。对此类样品进行分析后，应对试剂空白进行分析，以确保系统里没有干扰和交叉污染。

如果试剂水空白分析显示有干扰，则必须通过烘烤程序或更详细的仪器维护对系统进行净化。在试剂水空白表明系统没有干扰之前，不应继续分析样品。

改进版 EPA 方法 8260B 采用了包含所有目标分析物的标准溶液，因此可以针对每种目标化合物，选择最合适的离子，建立基于特异性内标的响应因子（EPA，1997）。多级校准的每个浓度标样都包含目标分析物、内标和替代物。应注意的是，尽管每个浓度的目标分析物浓度不同（用于在工作分析范围内产生平均响应因子），但是其中替代物和内标的浓度是不变的，与实际样品中添加的浓度也是一样的。第 8.3 节中讨论的质量控制指南与 EPA 方法 8260B 中提供的指南相似。图 8.5 显示了此方法的原始图谱和数据处理后的示例。总离子流图（TIC）上的化合物（表 8.4）经过定量，以直方图形式显示，便于比对样品间的化学成分或“指纹”（Stout et al.，2006）。

原始的 TIC 图还可以观察轻质烃产品（例如汽油）的风化差异（图 8.6）。

吹扫捕集 GC/MS 的 PIANO 分析为大多数轻型产品应用提供了出色的司法鉴定数据。但是，对于 NAPL 样品或含有高极性有机化合物（例如乙醇）的样品，直接进样进行 GC/MS 分析的数据可能更好。

8.4.4 直接进样 GC/MS 法检测 PIANO 和非烃类化合物

NAPL 样品和水样中的 PIANO 化合物、其他挥发性烃和一些半挥发性化合物可以通过直接进样 GC－FID（Bruce，1993）和 GC/MS 技术进行分析，而无须进行任何形式的样品预浓缩。相对于先前讨论的吹扫捕集方法，这种分析方法的优势在于：1）化合物的吹扫效率不再是方法的性能因素（例如，可能受影响的醚和醇），从而改善了对极性化合物（如醇类）的分析；2）可以在一次分析中测量更大范围的挥发性和半挥发性化合物（例如 C_{12} 以上的化合物和类金刚石（一种笼状碳氢化合物分子，其 C－C 结构类似于金刚石晶格））；3）分析高度污染的样品时，样品残留（浓缩器交叉污染）的可能性较小。直接进样方法的主要缺点是：水和土壤样品中低浓度分析物的检测限通常高于吹扫捕集法。灵敏度对于 NAPL 样品不算问题，但可能影响水样品的检测。在某些情况下，对中度至重度污染的水（EPA 方法 3511，EPA，2002b）和土壤（EPA 方法 3570，EPA，2002c）进行微量溶剂萃取，有助于挥发性和半挥发性有机化合物的提取和分析（Mauro and Emsbo－Mattingly，1999；Mauro，2000b；EPRI，1995）。

用于 NAPL 直接进样分析的目标化合物包括表 8.4 中的 PIANO 化合物列表，以及 C_{12} 至 C_{21} 烃类、类金刚石（Bertsch，1999；Chen et al.，1996；Fort and Schleyer，1964；Fort，1976；Grice et al.，2000；Wingert，1992；Stout et al.，2006）、烷基铅和 NAPL 中的含氧化合物。水样中可以检测溶解相化学物质，例如醇、醚和单芳烃，其检测限约为 0.5 mg/L（Koester，1999）。

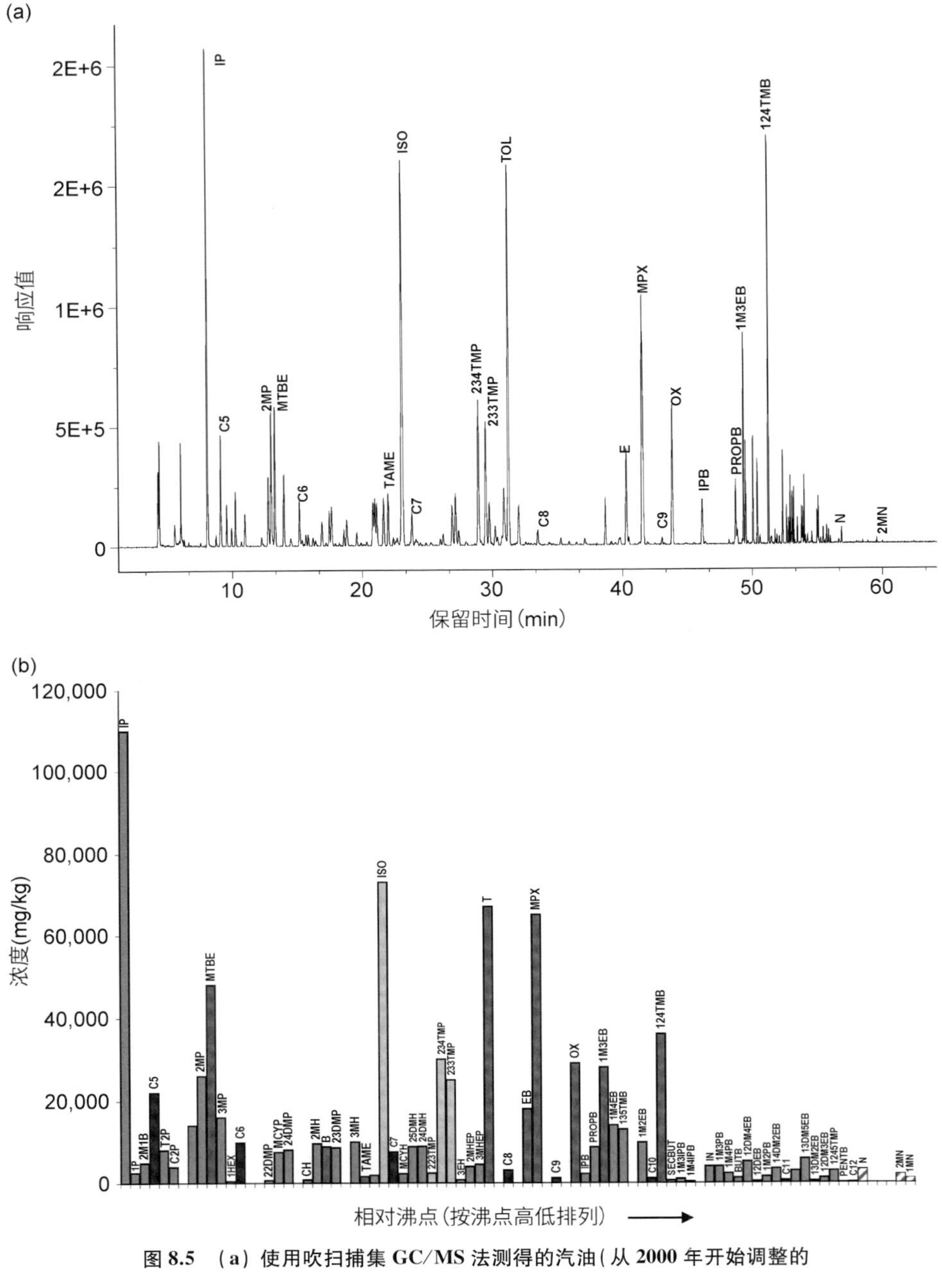

图 8.5　(a) 使用吹扫捕集 GC/MS 法测得的汽油(从 2000 年开始调整的配方)样品的总离子流色谱图;(b) 相关化合物的浓度直方图

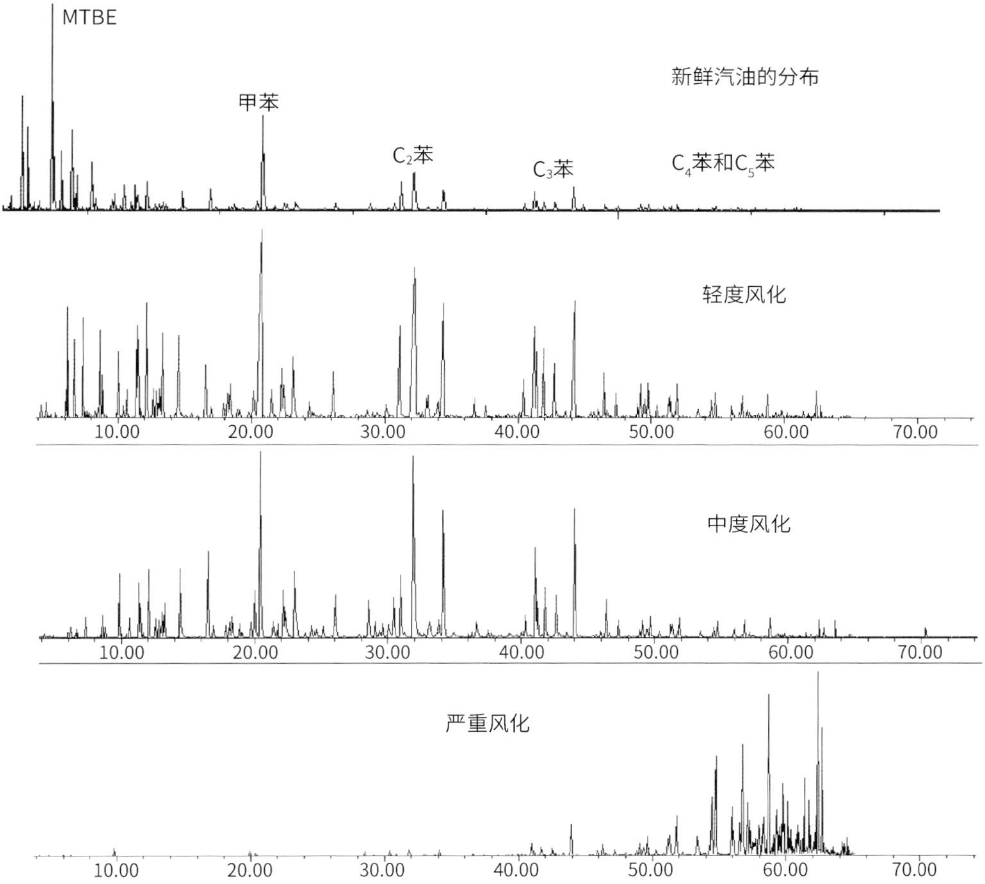

图 8.6 受汽油影响的土壤样品逐渐风化的过程-吹扫捕集 GC/MS 检测 TIC 图

8.4.4.1 标准品溶液制备

含有 PIANO 和其他目标化合物的定量标样应从商品化的标样制备。从化学药品供应商处购买的标准溶液,以纯净或稀释的形式装在玻璃安瓿瓶中,自制备之日起可保存两年(供应商建议缩短时间的除外)。如果需要内标响应因子,可以将 d10 -乙苯添加到标样和 NAPL 样品中,浓度 为 1%v/v。

8.4.4.2 样品前处理

在进行 NAPL 样品的直接进样分析时,必须确定液体的密度,以便以油重为基础报告目标化合物的浓度,典型报告单位为百万分率(mg/kg)。为了确定样品的密度,将 1 mL 的 NAPL 装在已扣除容器重量的样品瓶中,在 20℃左右温度下,用精确至 0.001 g 的实验室天平称重(ASTM 密度法)。进行土壤样品的定性分析时,用10 mL二氯甲烷萃取2 g土壤样品，然后直接进样1 μL提取液进行分析（EPA，2002d）。

8.4.4.3 样品分析

将少量NAPL（如1 μL）或标准溶液（0.5 μL、1 μL和2 μL）直接注入GC/MS中（全扫描模式）。标准液的可变进样量用于通过外标法确定目标化合物的响应因子。如果丁烷、异丁烯和异戊烷不是目标分析物，则这些化合物稀释（用二氯甲烷）后的标样也可以进样1 μL。如果在进样前将d10－乙苯添加到标准样品和NAPL样品中，就可以通过内标法（EPA，1997）计算响应因子。由于轻烃产品的化学复杂性，因此存在化合物共洗脱的可能，需使用高分辨率的毛细管气相色谱柱来确保最佳的化合物分离度。建议使用100 m×0.25 mm ID×0.25 μm膜厚的Petrocol DH毛细管柱（表8.8，方法A）。也可使用其他GC色谱柱（例如30 m×0.25 mm ID×0.25 μm膜厚的DB－5；表8.8，方法B）。表8.8提供了此方法的GC条件，这些条件可使挥发性烃类化合物在色谱图上得到恰当的分离。

表8.8 用于成品、NAPL和微萃取土壤样品的直接进样GC/MS分析条件。如果达到数据质量指南要求，可以使用等效条件。

GC/MS参数	方法A	方法B
色谱柱	Petrocol DH（100 m×0.25 mm×0.25 μm）	DB－5（30 m×0.25 mm×0.25 μm）
起始柱温	35℃	35℃
保持时间	5 min	2 min
升温速率1	3℃/min	4℃/min
终点温度	230℃	310℃
保持时间	15 min	10 min
升温速率2	4℃/min	NA
终点温度	260℃	NA
保持时间	10 min	NA
进样口温度	250℃	280℃
检测器温度	290℃	310℃
柱流速	1 mL/min（氦气）	1 mL/min（氦气）
进样口	分流	分流
分流比	NAPL－350：1；土壤萃取液15：1	400：1
进样体积	0.5 μL，1.0 μL，2.0 μL	0.5 μL，1.0 μL，2.0 μL
质谱检测模式	全扫描	全扫描
电子能量	70 eV	70 eV
质量范围	35～350 amu	35～350 amu

直接进样分析的定量校准至少需要3个浓度水平的目标物标准品，用外标或内标都可。根据表8.4中的主要特征定量离子的响应，确定每种目标化合物的响应因子（RF）。对于不在PIANO混合物中的目标分析物，可以使用异构体或最接近（RT）结构相关化合物的响应因子。第8.3节列出了此方法的质量控制准则。

图 8.7 显示了使用直接进样得到的分装汽油和风化汽油 NAPL 的 GC/MS 指纹示例。图 8.8 为定量的浓度直方图。

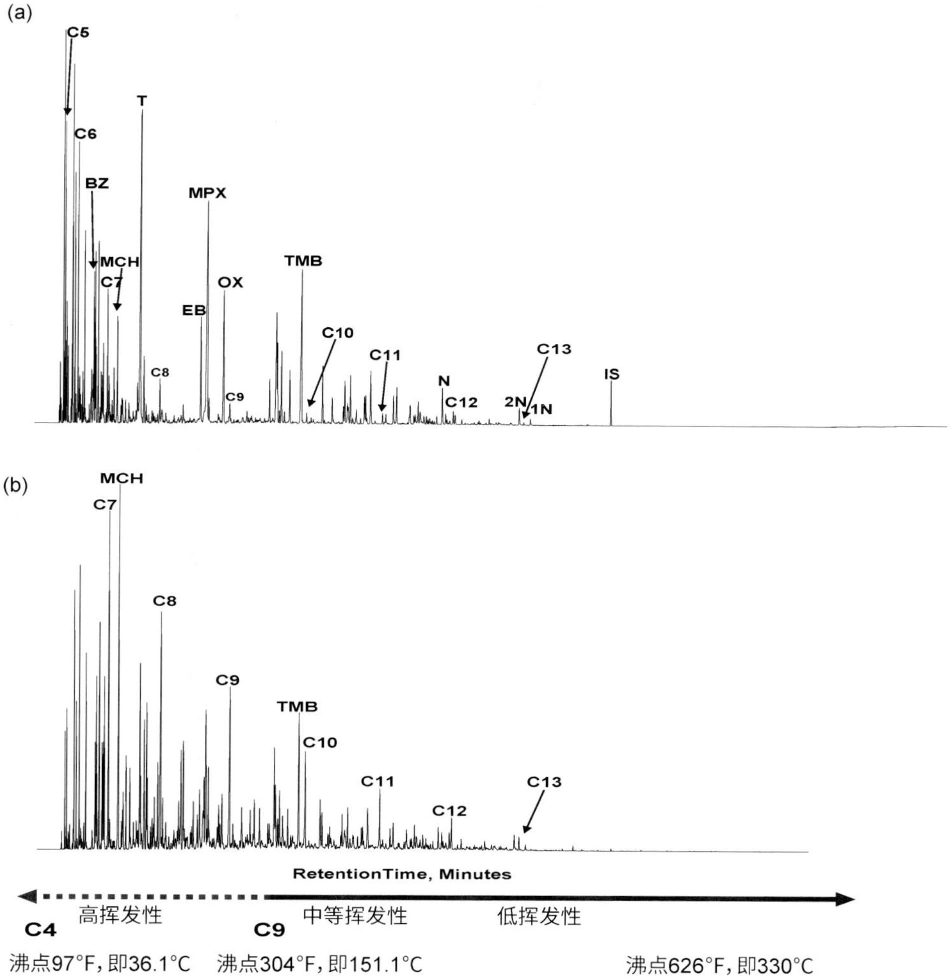

图 8.7 PIANO 分析的总离子流色谱图：(a) 现代配方汽油；(b) 1980 年前的风化汽油 NAPL。比较两个样品的 PIANO 分析能看出由于水洗和挥发导致的汽油 NAPL 的化学成分差异。(高挥发性 沸点 97℉,即 36.1℃；中等挥发性 沸点 304℉,即 151.1℃；低挥发性 沸点 626℉,即 330℃)

总离子流色谱图和相关的 NAPL 浓度直方图都能用于比较样品之间的组成相似性和差异。Beall 等(2002)和 Stout 等(2002)广泛讨论了直接进样 GC/MS 数据的详细法证解释(2006)。除 PIANO 和含氧化合物外,通过对 GC/MS 操作参数进行修改(例如采用选择离子监测 SIM 模式),还可以测量分装产品和 NAPL 样品中的四乙基铅(TEL)等汽油添加剂。

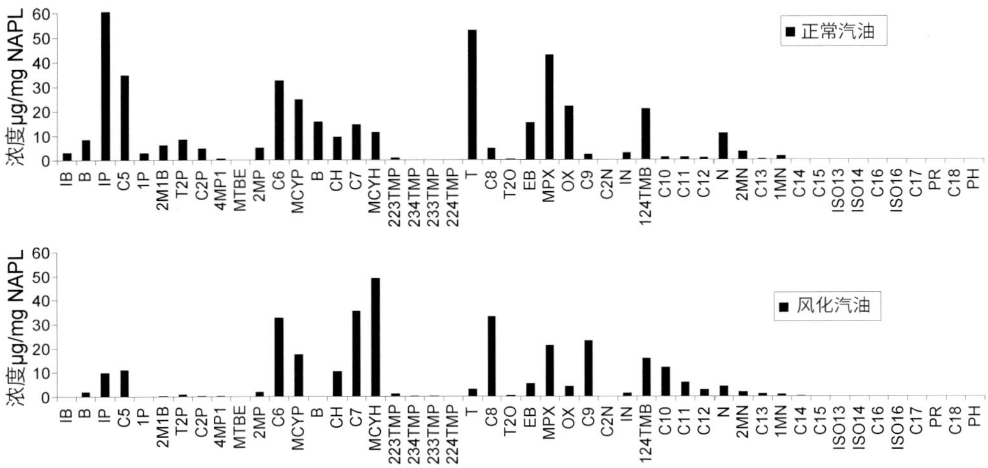

图 8.8　分装汽油和风化汽油 NAPL 样品的直接进样 GC/MS 定量数据。结合可溶性芳族化合物(如甲苯)和烯烃(反式-2-戊烯)的损失与烷烃(如 *n*-C7)和环烷烃(如甲基环己烷)的富集,证明了 NAPL 样品的水洗程度较高

8.4.5　案例 1:根据非水相液体成分预测室内空气的化学指纹

8.4.5.1　背景

土壤气体传播的挥发性有机化学物(VOC)有可能转移到住宅和商业建筑里。在过去的十年中,监管机构一直关注着这一情况,担心它被人们忽视或低估其作为人类接触有毒化学物质的可能途径(ITRC,2007)。通常,室内空气污染物的潜在来源为烃类产品(即石油燃料、溶剂或焦油衍生的残留物)的地下蒸气。在对住宅和商业建筑中发现的 VOC 来源进行评估时发现,这些化学物质还可能来自房主使用和储存的多种石油基产品、建筑材料的逸出气体以及空气中的室外工业污染。

在研究土壤气体来源、评估土壤气体化学成分入侵室内空气的可能性时,评估地下 NAPL 或受污染土壤所产生蒸气的相对化学成分的能力很重要。室内空气中发现的 VOC 成分是否与从地下 NAPL 中释放的 VOC 成分一致?解决此问题的一种方法是分析液体 NAPL 获取详细的化学表征数据,然后将其用于计算挥发性链烷烃、异链烷烃、芳烃、环烷烃和烯烃(PIANO)化合物的平衡气相分布(Uhler et al.,2010),作为估算的从地下 NAPL 或受烃类污染的土壤中释放出来的成分,再与室内空气 VOC 成分进行比较。

8.4.5.2　鉴定方法

平衡分配理论可用于估算从含烃 NAPL 或受污染土壤中挥发的基本土壤气体

成分。在烃类混合物中发现的挥发性化合物将在液相及其上层蒸气相之间分配，直到达到平衡为止。每种挥发性化学品，例如化学品 i，都具有可测量的纯净蒸气压（P_i, 0）。拉乌尔定律（Fogg and Sangster，2003）描述了与多组分混合物（例如烃类产物）处于平衡状态的化学药品 i 的分压（P_i, v）：

$$P_i, v = P_i, 0 \chi_i \tag{8.1}$$

其中，χ_i 是多组分混合物中化学品 i 的摩尔分数。实际操作中，用温度和压力的标称值来模拟本地现场条件。可以使用理想气体定律计算与液体 NAPL 平衡的化学药品 i 的气相浓度：

$$P_i V = n_i RT \tag{8.2}$$

其中，P_i 是大气中化学物质 i 的分压；V 是与 NAPL 平衡的气体体积，以 L 为单位；n_i 是化学物质 i 的摩尔数；R 是通用气体常数，0.082 057 L · atm · K^{-1} · mol^{-1}；T 是气相温度（开氏温度）。公式 8.2 可以重新排列，气相中化学物质 i 的浓度用浓度表示：

$$(n_i \times MW_i)/V = P_i/RT \tag{8.3}$$

其中，MW_i 是组分 i 的分子量。使用公式 8.3，气相中化学物质 i 的浓度将以每单位体积的质量（m/v）表示。当在 NAPL 中测到足够数量的化学物质时，能可靠地计算出独特的气相化学成分组成（“指纹”），从而能比较估算的 NAPL 蒸气与疑似受到 NAPL 蒸气污染的室内空气的成分差异。

8.4.5.3 *应用*

一座商业办公楼的室内空气中检出了异常浓度的苯、甲苯等挥发性有机物，该处区域作为工业和商业混合使用的场所，已有超过 100 年的历史。在距建筑物较近的地方发现了地下有富集的 NAPL，因此怀疑它是建筑物中烃类蒸气的来源。技术人员分析了室内空气和 NAPL 样品中的 PIANO 化合物。使用上述平衡分配方法可计算出从 NAPL 释放出来的挥发性 PIANO 化合物的浓度。结果表明，估算的 NAPL 来源的挥发性 PIANO 化合物的化学“指纹”与室内空气中的化学“指纹”明显不同（图 8.9）。例如，甲苯（T）是室内空气样品中最高浓度的化学物质，而 NAPL 蒸气中则不存在。相反，1，2，4 -三甲苯（124TMB）是预计在 NAPL 蒸气中浓度最高的化学物质。室内空气和 NAPL 蒸气成分之间的相对差异如图 8.10 所示。在此图表中，出现在图表正（+）区域中的化学物质表示相对于 NAPL，它们在室内空气中的含量高；图表的负（-）区域中出现的化学物质表示相对于室内空气，它们在 NAPL 蒸气中的含量高。从该图可明显看出，相对于室内空气，NAPL 蒸气富含较高分子量的芳族化合物；而相对于 NAPL 蒸气，室内空气富含烷烃、异烷烃和甲苯。

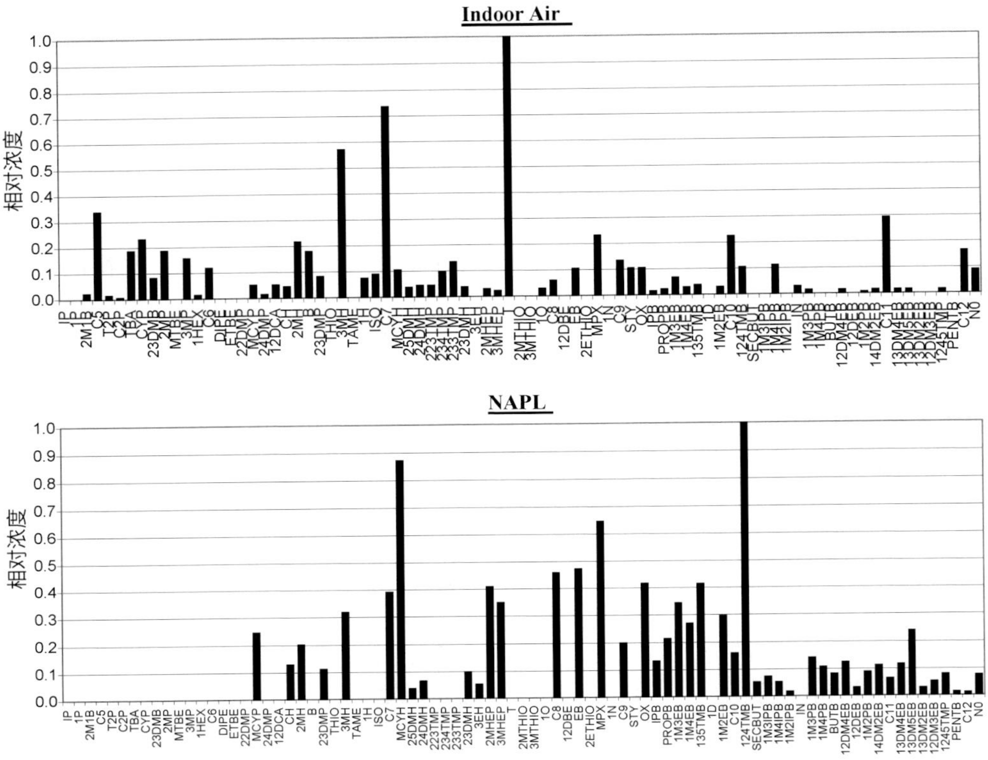

图 8.9　在室内空气样品中测得的烃类化合物分布(上);疑为污染源的 NAPL 中挥发的烃类化合物分布的估算值(下)。化合物缩写见表 8.4

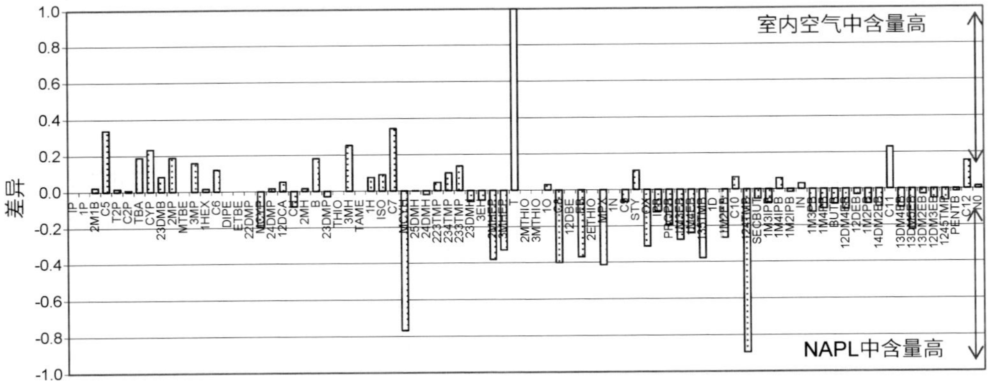

图 8.10　室内空气与疑为污染源的 NAPL 之间的成分差异图。化合物缩写见表 8.4

NAPL 蒸气的化学成分与室内空气化学成分之间的明显差异说明，NAPL 并不是室内空气中低含量碳氢化合物的来源。随后的司法鉴定分析最终表明，室内空气中测得的烃类成分与附近室外空气中测得的环境烃类化合物高度吻合。

8.4.6 直接进样 GC/MS 法检测烷基铅汽油中添加剂

四乙基铅(TEL)于 1923 年作为抗爆剂首次引入汽车汽油中(Gibbs，1990)。直到 1960 年代初，它一直是添加到汽油中的唯一烷基铅化合物。据 Gibbs(1990)报道，汽油中首次添加其他铅烷基化合物的商业应用出现在 1960 年。表 8.9 中列出了烷基铅添加剂系列中所含的 5 种单独的烷基铅化合物(Gibbs，1990)及其对应的定量离子。

表 8.9 汽油中的烷基铅

化合物	缩写	主要特征离子 *m/z*	第二特征离子 *m/z*
四甲基铅	TML	253	223
三甲基乙基铅	TMEL	253	223
二甲基二乙基铅	DMDL	267	223
甲基三乙基铅	MTEL	281	223
四乙基铅	TEL	295	237

改进的 EPA 方法 8270C 用 GC/MS-选择离子模式(SIM)测定化合物。在分析这些化合物时，可以将标准品在溶剂中稀释至 10 μg/mL，加常规方法 8270C 中的内标，然后用标准不分流进样 GC/MS 分析。在分析浓度范围为 5 μg/mL 至 500 μg/mL的现场样品之前，应检测多个浓度的标准品，绘制包含每种烷基铅目标化合物的标准曲线。表 8.10 中列出了用于分离和测定这些目标化合物的 GC/MS 条件。图 8.11 给出了烷基铅标准品的色谱图示例，其中包含汽油中使用的五种烷基铅。

表 8.10 NAPL 中烷基铅直接进样 GC/MS 分析参考条件。如果达到数据质量指南要求，可以使用等效条件。

GC/MS 参数	设置
色谱柱-高分辨率的毛细管柱	DB－5(60 m×0.25 mm×0.25 μm)
起始柱温	45℃
保持时间	1 min
升温速率 1	6℃/min
终点温度	150℃
保持时间	0
升温速率 2	20℃/min
终点温度	310℃
保持时间	10 min

续表

GC/MS 参数	设　置
进样口温度	250℃
检测器温度	325℃
柱流速	1 mL/min(氦气)
进样口	不分流
进样体积	1.0 μL
质谱检测模式	SIM, m/z 223, 253, 237, 267, 281, 295
电子能量	70 eV
质量范围	35~350 amu

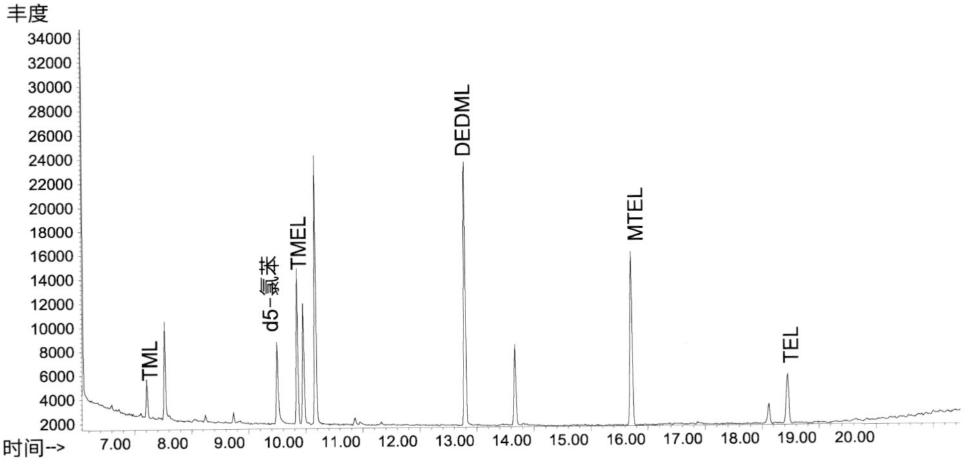

图 8.11　5 种烷基铅及内标的 GC/MS 色谱图(m/z 117+223+253+267+281+295)

这类检测通常以微克/毫升汽油(ppm)为单位报告单个烷基铅化合物的浓度。如果有密度数据的话,浓度结果可以很容易地转换为每加仑汽油中铅的克数(glpg)。此方法的报告检测限约为 0.1~1 ppm TEL。

在美国 1996 年前(加利福尼亚州的话,1992 年前),汽车汽油可能包含不同数量的烷基铅化合物(Gibbs,1990)。这些化合物的测量可以用来估算燃料中的总铅含量,因此有可能推断释放时间(Stout et al.,1999a;Kaplan et al.,1997;Johnson and Morrison,1996)或根据各个烷基铅化合物的分布确定汽油的含量,推断其来源(Kaplan et al.,1996)。目前,对烷基铅化合物的分析仅限于汽油中,因为实验室和现场实验表明,在没有游离相汽油的情况下,烷基铅会被土壤强烈吸附,从而无法对其进行有效的提取和分析(Mulroy and Ou,1998;Kaplan et al.,1997)。

图 8.12 为两个 NAPL 样品中烷基铅的分布。两种样品均含有烷基铅的反应性混合物,从而将 NAPL 的释放时间范围缩小到大约 1960 年至 1980 年代中期之

间(Wakim et al.,1990)。图示分布表明,NAPL 样品中的有机铅混合物来源不同,并且样品之间没有化学关系。

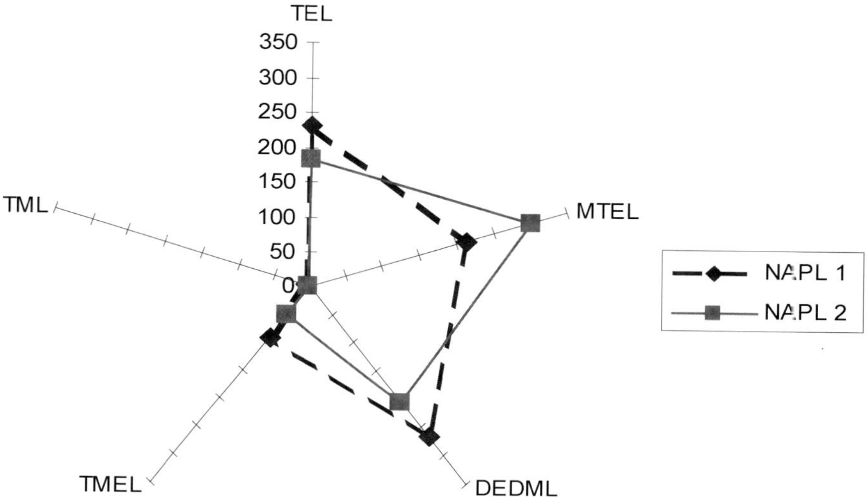

图 8.12 直接进样 GC/MS 分析的 NAPL 烷基铅分布提供的数据可用于推断释放时间、比较 NAPL 样品之间的成分差异

8.4.7 直接进样 GC/MS 法检测 NAPL 样品中的含氧添加剂

由于 EPA 要求降低并最终去除汽油中的铅(Gibbs,1990),技术人员正在开发新型的辛烷值增强剂,其负面影响比烷基铅少,这类产品的使用率不断提高,增强了汽油的性能。添加剂包括各种含氧添加剂,例如醇和醚。

醇是一类广泛的含有羟基(—OH)官能团的有机化合物。醇可以从植物中获得,也可以从石油衍生物中合成得到。醚是一类有机化合物,其中氧原子插入两个碳原子之间:C—O—C。它们都可以由石油衍生物制成,并广泛用作工业溶剂。醇类,主要是叔丁醇(TBA)和乙醇,分别作为汽油添加剂/补充剂于 1960 年代末和 1970 年代末引入,后者主要是对阿拉伯石油禁运的回应。在整个 1970 年代,开发了各种醇类混合物和含醚的添加剂,它们进一步扩展了汽油的供应并提高了辛烷值(Guetens et al.,1982)。甲基叔丁基醚 MTBE 于 1979 年首次被添加到美国的市售汽油中(Squillace et al.,1995)。表 8.11 列出了已在汽油中使用的常见含氧添加剂。其中最常用、含量最高的是 MTBE 和乙醇,也是本节其余部分讨论的重点。

在大约 1992 年至 2006 年之间,MTBE 是美国大部分地区使用的主要含氧添加剂,但中西部地区除外(该地区因税收优惠有利于使用乙醇)。在各种汽油数据库(例如 NIPER 和 US EPA)中都可以找到有关含氧添加剂类型和浓度的地理分布的评论。回顾这些调查数据发现，在大多数需要使用含氧燃料的大都市地区，优先使用高浓度（8%～11%体积浓度）的乙醇（Morrison，2000）。同样，在需要使用改进配方汽油（RFG）的城市，多用高浓度 MTBE（平均 9%～11%体积浓度）的汽油。对于不需要使用含氧燃料或 RFG 的地区，其常规汽油中所含的 MTBE 浓度较低（平均质量浓度小于 2%），可能仅用作辛烷值增强剂。

表 8.11　汽油中常用的醇和醚及其理化性质

化合物	甲醇	乙醇	叔丁醇	MTBE	TAME	ETBE	DIPE
	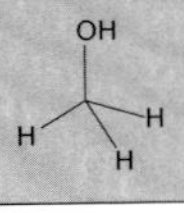	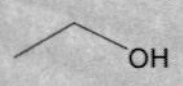	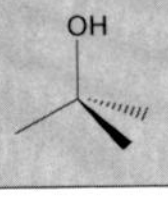	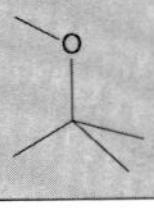	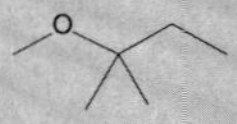	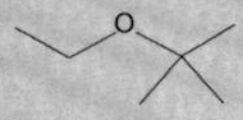	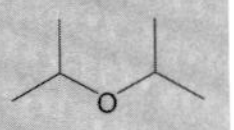
分子式	CH_4O	C_2H_6O	$C_4H_{10}O$	$C_5H_{12}O$	$C_6H_{14}O$	$C_6H_{14}O$	$C_6H_{14}O$
分子量	32.0	46.0	74.1	88.2	102.2	102.2	102.2
R+M/2	99.5	113	100	109.5	104	110	105
混合 RVP(psi)	4.6	17.6	6.8	7.8	1.4	4.0	5.4
比重	0.792	0.789	0.786	0.740	0.770	0.742	0.726
沸点(℃)	65	78	71	55	71	72	68
氧质量比%	50	34.8	21.6	18.1	15.7	15.7	15.7
氧体积比%	3.7	5.4	8.7	11.0	12.2	12.7	13.0
水溶性 mg/L (20℃)	可混溶	可混溶	可溶	43 000～54 300	5 500～20 000	7 650～26 000	9 000～11 250

醚可以和 PIANO 化合物一起用吹扫捕集或直接进样 GC/MS 进行分析。叔丁基醇通常也和 PIANO 分析物一起测量，但与醚相比，它具有明显的峰展宽和更高的检测限（约十倍）。但是，由于乙醇和甲醇在水中的混溶性，使用吹扫捕集方法分析醇时比较困难。

对于 NAPL 和分装汽油中的乙醇和其他醇类，可以用修改的 ASTM D 4815 方法（汽油中 MTBE、ETBE、TAME、DIPE、叔戊醇、C_1-C_4 醇的标准测定法–气相色谱法），将样品直接进样气相色谱仪（火焰离子化检测器）来分析。通过预浓缩步骤，方法的检测限可以达到约 500 ppb（Koester，1999）。当然用 GC/MS 法也能提供足够的灵敏度。图 8.13 是通过直接进样 GC/MS 分析的含氧添加剂标准品的 TIC 图；图 8.14 是直接进样 GC/MS 分析的汽油中乙醇。

由于自身的水溶性，NAPL 中含氧化合物的浓度可能受水洗的影响而很快降低（图 8.15）。因此，水下积累的 NAPL 中含氧化合物（如 MTBE 或乙醇）的检出或定量结果，可提供更有价值的有关污染来源或释放时间的证据信息（Stout et al.，2006）。

与 NAPL 分析一样，用常规的吹扫捕集 GC/MS 方法，醚类和叔丁醇的回收率、灵敏度都能达到一般的分析要求。然而，由于乙醇的溶解度，水中的乙醇分析特别

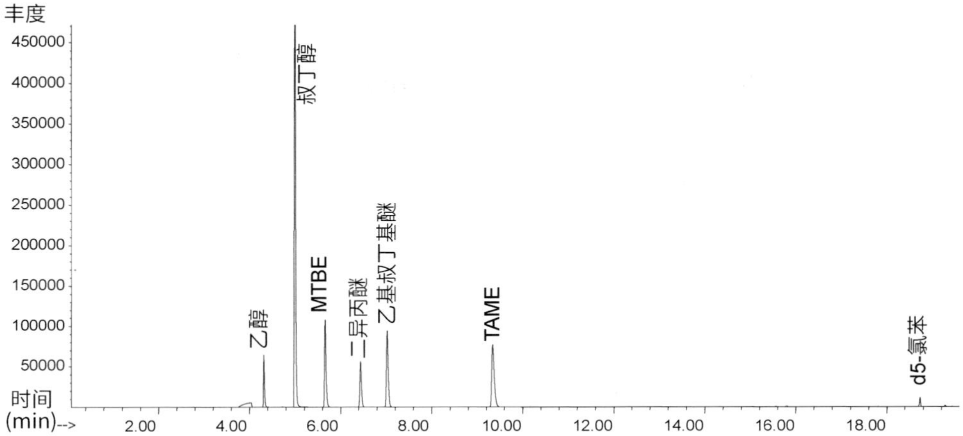

图 8.13 用于汽油中醇和醚定量分析的含氧化合物标准品(低浓度)总离子流色谱图

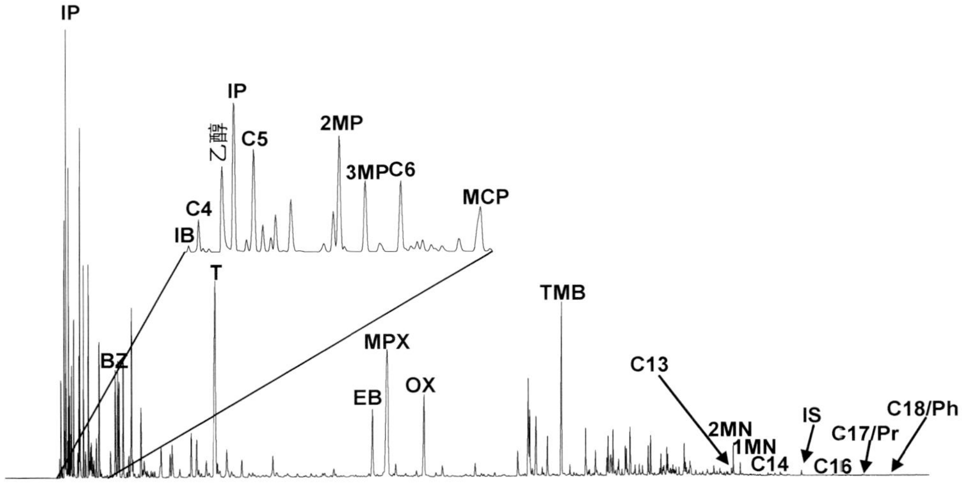

图 8.14 PIANO 化合物和乙醇的直接进样 GC/MS 分析总离子流色谱图

困难。分析地下水中乙醇的常见方法包括采用加热顶空萃取－GC/FID 检测(Macchia et al.,1995;McCarver-May and Durisin,1997;Watts and MacDonald,1990),采用直接进样 GC/FID 检测(EPA,1996;Tangerman,1997;Corseuil et al.,1998),或二维 GC/FID(ASTM,1997)。通过固相微萃取,GC/MS 检测得到的其他样品浓度也已用于分析水中的乙醇(Koester,2001)。Koester(2001)评估过使用常规实验室方法测量水样中的乙醇。一共五家实验室参与,其中四家实验室使月吹扫捕集 GC/MS 方法,一家实验室使用直接进样 GC/FID 方法。五家实验室的乙醇检出限从最低 0.005 mg/L(吹扫捕集 GC/MS)到最高 5 mg/L(直接进样 GC/FID)。就该

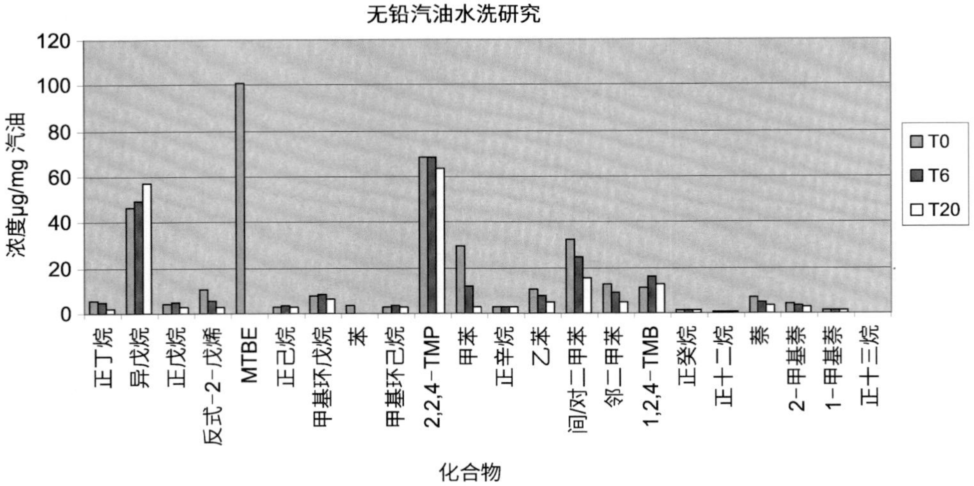

图 8.15　用于实验室水洗研究的 PIANO 浓度图,记录了现代汽油 NAPL 中 MTBE、苯和甲苯的快速损失(Stout et al.,2006)。T0=实验开始,T6=6 个月,T20=20 个月

研究的工作曲线范围(0.072~11.2 mg/L)而言,作者得出结论:对于清洁水中的乙醇,采用吹扫捕集 GC/MS 方法,良好的分析实验室能够实现乙醇检出限在 0.05~0.5 mg/L 之间;对于被汽油成分污染的地下水,乙醇的检出限会高一些。

尽管像共沸蒸馏(EPA 方法 5031)之类耗时长、成本高的技术也是测量水中乙醇和其他醇类的候选方法,但是直接进行水相进样(DAI),然后进行常规 GC/FID 或 GC/MS 分析更方便且更经济有效,检出限大约在 1 mg/L(ASTM,1997),最低可达到 0.02 mg/L(EPA,1997)。与简单的 GC/FID 方法相比,使用 GC/MS 能为研究人员提供更可靠的数据。固相微萃取-GC 分析等新兴技术有望进一步降低水样中乙醇和其他醇类的检出限。

8.4.8　其他极性燃料添加剂的分析

为了区分不同的燃料等级,或区别不同终端用途的燃料(如家用取暖燃料与汽车柴油),零售商向许多成品汽油和柴油燃料中添加了色素染料。商业化的染料有:红色(偶氮苯-4-偶氮-2-萘酚),橙色(苯偶氮-2-萘酚),黄色(对二乙基氨基偶氮苯)和蓝色(1,4-二异丙基氨基蒽醌)。在产品中,这些染料可以通过薄层色谱法快速鉴定(Kaplan and Galperin,1996;Kaplan et al.,1997)。在需要区分可能相似的逸出石油产品的情况下,对这些染料的单一或混合物进行定性分析,就会具有重要的法证意义。不过据报道这些染料化合物在大多数环境条件下都不稳定(Kaplan et al.,1997),对该方法的应用造成了一定限制。因此,在逸出燃料中未检出染料(或含氧化合物)并不一定说明原始燃料种不含该化合物。

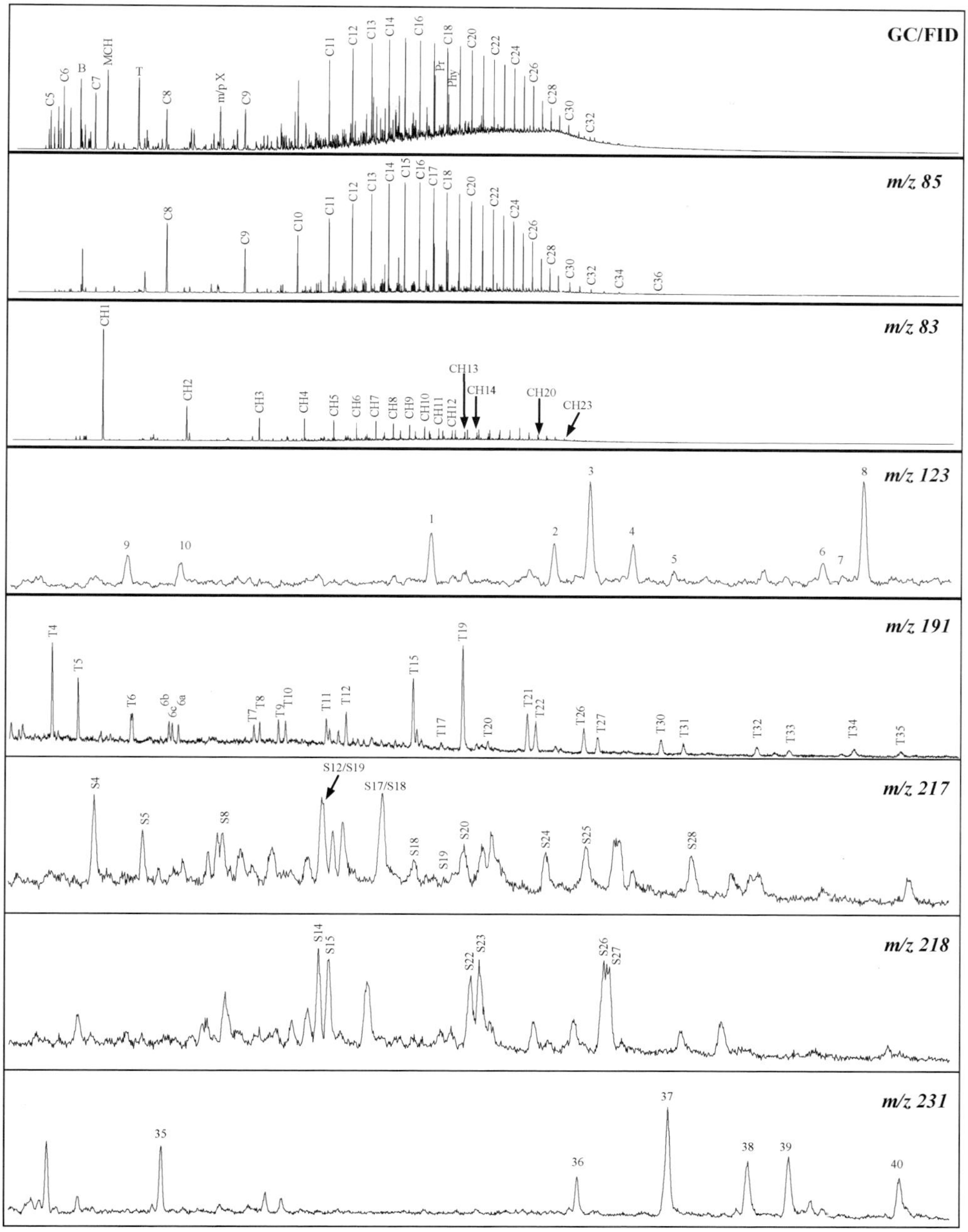

图 8.16 北坡原油全范围(C_4–C_{44})分析图及抽离子图。*m/z* 85 为正构烷烃和异烷烃分布,*m/z* 83 为烷基环己烷分布,*m/z* 123 为倍半萜分布,*m/z* 191 为二萜和三萜烷分布,*m/z* 217 和 218 为甾烷分布,*m/z* 231 为三芳族甾烷分布。为清楚起见,*m/z* 123、191、217、218 和 231 分布为局部扩展。这些烃类分布通常用于识别石油污染样品的产品类型、污染来源和风化程度

8.4.9 原油的全范围分析

许多石油产品在挥发性和半挥发性分析范围之间重叠。例如,上述直接进样方法检测的是 $n-C_4$ 和 $n-C_{20}$ 之间的化合物,可以测出比汽油范围更广的产品(如 C_{12+}),例如煤油、喷气燃料和冷凝液。但是,对于碳链更长或者更重的产品,例如柴油、燃料油、原油、润滑油、煤焦油和沥青,使用挥发性有机物($<n-C_{20}$)的分析方法只能检测其中一部分化合物,或者完全无法检出。对于 NAPL 样品,使用全范围直接进样分析方法,可以缩小挥发性和半挥发性分析之间的差距。该分析方法使用类似于表 8.8 方法 B 中确定的条件,将 1 μL 的 NAPL 注入 GC/FID 或 GC/MS 中。DB-5 色谱柱(Supleco,30 m×0.25 mm ID×0.25 μm 膜厚)可对 $n-C_4$ 至 $n-C_{44}$ 的烃进行充分分离(图 8.16),并可检测从汽油到沥青的各种石油产品。

该方法通常只用于定性,不用于对其中特定目标物进行定量。定性数据可用于识别样品中的产品类型和相对浓度,如在特定沸点范围内对色谱峰进行积分。如果使用质谱检测器,则可以通过检查分布具有产品特征性的诊断离子(如烷基环己烷 *m/z* 83,Kaplan et al.,1997)来判断产品类型,进一步评估结果(如图 8.16 所示)。感兴趣的主要化合物类别包括正构烷烃和异烷烃(*m/z* 85,113),烷基环己烷(*m/z* 83),倍半萜(*m/z* 123,LaFleur et al.,1998;Stout et al.,2005),二环至五环三萜(*m/z* 191, Peters et al.,1992),规则和重排的甾烷(*m/z* 217 和 218,Peters and Moldowan,1993)以及三芳族甾烷(*m/z* 231,Peters et al.,2005)(图 8.16)。在 Kaplan 等(1997)、Stout 等(2002,2005)、Wang 等(1994b,2006)、Waples 和 Machihara(1990)的论著及其他参考文献中有这些抽离子图的详细解释性应用。

虽然最常用的方法是适用于 NAPL 样品的,但如果使用微萃取的样品制备方法(分别为 EPA 2002b 和 EPA 2002c),则可以对土壤和水提取物进行全范围的原油产品分析。在 Mauro 和 Emsbo-Mattingly(1999)及 Mauro(2000b)的文献中定义了此类样品的制备和分析规程。由于该方法检出限较高,因此微萃取制备程序最适用于重度污染的样品。

8.5 半挥发性烃类指纹图谱分析方法

EPA 对于半挥发性化合物没有正式的定义。但是,从可操作性出发,EPA 建议这类化合物通常包含沸点高于 150℃ 且蒸气压小于 0.1 mmHg 的化合物(EPA,2006)。在本节中,笔者将半挥发性烃定义为可通过气相色谱技术分离和定量分析的，在正辛烷（$n-C_8$）和正四十四烷（$n-C_{44}$）之间的烃。由于挥发性和半挥发性的界限仅从实际角度考虑划分，因此两类物质的沸点范围存在"重叠区域"也就不足为奇了。所以，一些挥发性化学物质可以用针对半挥发性化合物分析的气相色谱方法来检测，例如第8.4.9节中讨论的全范围原油分析。这点对于烃类指纹图谱分析是有利的，因为某些烃类产物中存在的较低分子量挥发性化合物可以在样品的半挥发性气相色谱图的早期部分被检出（例如，风化汽油中的烷基苯分布）（Stout et al.，2006）。

通常，半挥发性的分析方法适用于表征各种烃类物质，例如原油、炼油中间体和石油产品（如煤油、柴油和残余燃料油）。热解源材料，如煤焦油、石油焦油、木焦油及其衍生物（如杂酚油和沥青），很容易通过半挥发性气相色谱法进行表征（Novotny et al.，1980；Mauro，2000a）。通过半挥发性气相色谱方法可以检测到许多其他物质，例如某些植物蜡、污水成分以及石油和焦油精制的残余产品（例如路面材料和密封剂）。半挥发物的分子量通常比 $n-C_{44}$高，这些成分在典型的 GC 条件下很难通过色谱分离。使用高温气相色谱技术或固态物的表征方法，例如热裂解-气相色谱法和/或质谱（Behar and Pelet，1984）、红外光谱或核磁共振（不是本章讨论的重点），都能对高分子量材料进行良好的表征。本节对半挥发性烃类的指纹图谱分析方法进行了综述，对环境损害司法鉴定研究有重要的应用。

8.5.1 样品前处理

最常需要化学指纹识别的环境基质包括自由相产物（例如油和焦油）、土壤、沉积物、水、空气、拭子和生物组织。样品制备方法是指纹识别样品分析的关键组成部分，具体采用什么方法，取决于所关注的化学物质，尤其是那些易挥发或易于在基质中结合的化学物质。样品制备程序的适用性决定着提取的效率和可测得化合物的类型。在本节中，笔者根据可萃取的半挥发性烃的分层分析思路，介绍有关样品制备的技术。在样品提取和净化方法之后的分析部分，再详细介绍具体目标分析物。

8.5.1.1 样品提取

除了 NAPL 样品外，我们关注的化学物质通常不会以现代分析设备可以直接检测的形式或浓度出现在环境中。过去 20 年中，分析化学家开发了各种方法来分离提纯各种环境介质中的有机化合物。以下是涉及半挥发性化合物分析的环境检测及质量控制的样品制备方法。

8.5.1.1.1 水样

对于水样中低浓度的烃类进行检测时，按照 EPA 方法 3510（分液漏斗液-液萃取)(EPA,1997)中的溶剂萃取技术来处理水样。通常将 1 L 的水添加到 2 L 的分液漏斗中,并添加已知量的替代 QC 化合物作为质控。然后将水样用大约 60 mL 的二氯甲烷(DCM)连续萃取 3 次。合并 DCM 萃取物,用无水硫酸钠除去残留的水,并将萃取物浓缩至 0.5~1.0 mL。Kuderna Danish(KD)蒸发浓缩装置用于将大量溶剂(通常为 20~200 mL)浓缩至小体积,而氮吹技术(NEvap)用于将少量溶剂(通常小于 20 mL)缓慢浓缩至 1 mL 或更少的仪器进样前体积。无论采用何种浓缩技术,都应在环境温度下对溶剂进行最终浓缩,以最大限度地减少提取物中最易挥发的化合物(例如萘)的损失。最终浓缩后,大多数水提取物中都添加了适当的内标物,通过色谱技术进行分析。如有必要,可以使用专门的样品净化方法进一步纯化提取物,以去除干扰分析的化合物(EPA,1997)。

8.5.1.1.2 土壤和沉积物样品

土壤和沉积物主要是无机矿物颗粒,含有黏附、夹带或吸附的天然及人工有机物。土壤和沉积物与其他类型的颗粒基质(如混凝土、石材、沥青、砖块、玻璃、塑料、金属等)被分类为"固体"。根据笔者的经验,固体样品最好使用 NOAA(国家海洋与大气管理局)"国家现状和趋势计划"(NOAA,1993,1998,2002)中发布的溶剂萃取和净化技术进行制备。这些方法是为在复杂介质(例如沉积物和组织)中有效分离高度结合的有机物而开发的,一般需要有效的颗粒运动和长时间的溶剂暴露条件。对分析属于半挥发性烃类的不稳定化合物和残留化合物,这些方法的提取效率较高。

大型固体样品(例如混凝土或沥青)要先处理成颗粒(例如压碎、钻孔或切割)。一般还要从样品中去除液体、植物类杂物(树枝、大根、树枝和树叶)和大石头。将剩余的固体样品均质化,取出等分试样(5~10 g 湿重)以测定样品重量。将大约 30 g(湿重)的样品转移到提取容器中(如预清洁或一次性使用的 8 盎司样品瓶,需配有聚四氟乙烯盖子)。如果存在总烃污染,则可以使用较小的样品重量。为了监测萃取率和样品处理效率,将适当浓度的替代标准品加到样品中,以估计样品的污染水平(低、中或高)。

接着将无水硫酸钠混入固体样品中,以吸收样品中多余的水,促进有机溶剂萃取。在密封之前,将萃取溶剂(如二氯甲烷)加到容器中,并连续萃取 3 次(30~60 mL)。提取时间很重要,因为它促进了化合物与介质之间的分子运动。第一次萃取摇动或翻滚至少 12 小时,而第二次和第三次萃取进行至少一小时。通过长时间搅动颗粒,能有效地提取被隔离在沉积物基质凹槽中的目标分析物。可在两次萃取之间将样品离心以优化溶剂回收率,然后将其转移到干净的锥形瓶中。将合并的萃取物通过含无水硫酸钠的玻璃纤维过滤器进行干燥和过滤,以去除颗粒和水,再用 KD 或 NEvap 技术进行样品浓缩。建议将活性铜添加到沉积物样品中,以去除海洋沉积物中过量的硫元素。此时,添加适当的内标(IS)

进行分析。含有大量非目标分析物的复杂样品提取物(例如土壤和沉积物)可采用专门的样品净化方法进一步纯化或分馏(例如脂肪族和芳香族碳氢化合物),以提高方法检测限。

8.5.1.1.3 生物组织样品

生物组织样品按照 NOAA“国家现状和趋势计划”(NOAA,1998)中的溶剂萃取和净化技术进行处理。这些方法是专为在复杂的介质(例如沉积物和组织)中高效分离多价有机物而开发的,这些介质需要有效的颗粒运动和长时间的溶剂暴露条件。

收集组织样品(去骨切片、去皮,切成小块),转移到干净的提取容器中,并使用 Tekmar Tissuemizer 彻底匀浆。鱼可以在提取前先去骨并匀浆(EPA,1993b)。取大约 30 g(湿重)的均质组织进行溶剂萃取,另外取 5 ~ 10 g(湿重)用于干重测定。

将无水硫酸钠添加到匀浆中以吸收水分。接着将组织匀浆与二氯甲烷混合,并用 Tissuemizer 浸软 3 次,每次 2 分钟。两次萃取之间将样品离心以优化溶剂回收率,然后将萃取液转移到干净的锥形瓶中。将合并的萃取物通过含无水硫酸钠的玻璃纤维过滤器进行干燥和过滤,以去除颗粒和水。用 KD 或 NEvap 技术进行样品浓缩。此时,对组织提取物采用 8.5.1.2 节中讨论的样品净化程序,以去除干扰仪器分析的共提取生物材料。

8.5.1.1.4 非水相液体样品(NAPL)

非水相液体样品,例如石油或焦油产品,可以按照 EPA 方法 3580(废弃物稀释)(EPA,1997)进行制备分析。NAPL 样品通常是液体,但是可以结合易溶于二氯甲烷的烃类残留物。将 NAPL 样品定量转移到稀释容器中(例如带有聚四氟乙烯盖子的 10 mL 容量瓶),加二氯甲烷,然后进行混合或涡旋直至 NAPL 溶解。NAPL 提取物经玻璃纤维过滤后,转移至另一 10 mL 容量瓶中,加入替代物并定容。取出等分试样的提取物以确定样品质量或油重。液态烃样品(例如柴油或原油)也可以不经过稀释和净化,而采用直接进样 GC/MS 方法进行分析,也称为原油全范围分析(参见 8.4.9 节)。需注意的是,必须确定 NAPL 的密度以计算注入仪器的样品重量。在进行仪器分析之前,也可以将内标添加到 NAPL 中。

8.5.1.1.5 擦拭样品

吸湿巾可用于收集各种环境或结构表面上的有机残留物,或从水中漂浮的“油光”污染物中收集有机残留物。进行痕量测量的最佳材料是预清洁并干燥的聚四氟乙烯网或玻璃纤维过滤器。美国海岸警卫队通常使用这种材料来收集地表水上的油光泽样品(Greimann et al.,1995)。在手头没有最佳擦拭材料但又必须收集样品的紧急情况下,可使用其他材料(例如棉垫或纸巾)收集严重污染的表面,但应了解使用这些材料可能会在样品中引入矿物油、抗生素和其他物质的污染。因此,应分析“空白”擦拭布或“现场空白”，以了解采样材料对实际样品的可能影响。现场的擦拭空白易于制备，在实验室中可作为固体样品进行处理。

表面擦拭物通常使用聚四氟乙烯拭子（或等效物）擦拭特定的表面积（例如 10 cm×10 cm；EPA，1998）。可以将分析物浓度报告为每单位面积的浓度，例如 μg/100 cm^2。通过浮动有机层放置、回收聚四氟乙烯拭子或网，来收集水面上的油光样品。对于吸附了不流动 NAPL 的擦拭布，可以添加替代物，然后用有机溶剂进行连续萃取，如先前所述的固体样品提取方法。对于含流动性 NAPL 的擦拭布，取出等分的烃类液体，然后将其作为 NAPL 处理（如前所述）。

用于制作擦拭布的原始聚四氟乙烯材料通常包含少量的烃类低聚物，如果不处理，它们会对烃类的 GC 分析造成干扰，因此必须用二氯甲烷溶剂进行严格的预清洁，然后保存在干净的玻璃瓶中，并在使用前进行空白测试。这类材料不建议长时间存放。此外，在每次采样过程中，应将擦拭的现场空白提供给实验室。

8.5.1.2　样品提纯

复杂的环境样品（例如高污染或富含有机物的土壤、沉积物和生物组织）包含许多能与目标分析物共提取的化合物，会干扰化学分析。如果没有有效的样品净化程序来去除这些非目标化合物，通常无法对目标化合物进行定性和定量分析。因此，在过去的 20 年中，已经开发了样品提取物的补充净化技术，以去除影响目标物分析的杂质。本节介绍了一些有效的技术，用于纯化样品提取物，并提高复杂介质中目标物分析的质量。这些净化步骤是对 EPA 在 SW－846（EPA，1997）和国家海洋与大气管理局（NOAA）在“国家现状和趋势计划”（NOAA，1998）中描述的相关程序的修订。

8.5.1.2.1　氧化铝固相吸附剂

氧化铝净化方法可以根据 EPA 方法 3611（EPA，1997）进行。氧化铝是一种固体吸附剂，用于从各种环境样品中将目标化合物与共同提取出来的有机材料分离。建议对所有生物组织样品和大多数含有可萃取有机物（即有机碳含量大于 0.5%）的沉积物样品进行氧化铝净化步骤。如果存在高含量的极性有机物（如有机酸），则该净化步骤也可用于水样品提取物。

氧化铝是一种多孔颗粒状的物质，通常在中性 pH 下制备，并以其干活化状态来提纯烃提取物。在实践中，氧化铝吸附柱制备方法如下：在 10 g 氧化铝下方填装玻璃棉，并在顶部填充 1 cm 厚的无水硫酸钠粉末，然后配上聚四氟乙烯（PTFE）旋塞。该柱用二氯甲烷冲洗后，装载样品萃取液，然后用 30 mL 二氯甲烷洗脱。对于烃类分析，10 mg 可萃取烃的上样量是比较合适的。二氯甲烷洗脱液会同时包含脂肪族（F1）和芳香族（F2）烃。通过 NEvap 将所得的 30 mL 洗脱液浓缩至约

0.5~1.0 mL 的进样体积,以进行仪器分析。

相对于水和土壤样品,沉积物和组织提取物通常包含更高比例的脂质和中等极性的非目标物。对此可以使用大量的氧化铝来净化沉积物和组织提取物。在这些情况下,需对粗提物中的有机残留物进行重量测定,以确保通过 20 g 氧化铝柱处理的样品不超过 10 mg,从而获得纯化的脂族(F1)和芳香族(F2)烃馏分。较大的吸附柱用 100 mL 二氯甲烷洗脱,然后用 KD 和 NEvap 技术浓缩洗脱液。如果需要,可以在仪器分析之前通过凝胶渗透色谱法或其他净化方法对所得的氧化铝提取物进行进一步净化。每当使用新一批氧化铝进行样品净化,分离脂肪族、芳香族和极性化合物时,洗脱液体积都应进行核算。

8.5.1.2.2 凝胶渗透色谱法(GPC)

按照 NOAA“国家现状和趋势计划”(NOAA,1998)所述的程序,使用高性能尺寸排阻凝胶渗透色谱(GPC)进行纯化,有利于沉积物和组织提取物分析。建议对所有组织和一些严重污染的沉积物样品进行 GPC 清洁步骤。GPC 是一种尺寸排阻技术,可将大分子(例如,脂质、聚合物、蛋白质、树脂和纤维素等生物化合物)与人为污染物(例如,碳氢化合物、合成农药和多氯联苯)等低分子量化合物分开。色谱系统装有一个保护柱(内径 7.8 mm×5.0 cm)和两个串联色谱柱(内径 22.5 mm×25 cm),其中装有 10 μm、孔径为 100Å 的 Phenogel 颗粒(Phenomenex, Torrance)。用二氯甲烷等度洗脱,253 nm 紫外检测器检测。该系统用玉米油和苝的混合物进行了预校准,目标化合物的洗脱时间在这两者之间。通过 KD 和 NEvap 将 GPC 纯化产生的洗脱液浓缩至 0.5~1 mL,以进行仪器分析。

8.5.1.2.3 铜颗粒除硫

沉积物和一些土壤样品中含有大量可提取的元素硫或硫化物,这些元素会干扰半挥发性化合物和卤代有机物的气相色谱分析。可以根据 EPA 方法 3660 (EPA,1997)或 NOAA“国家现状和趋势计划”(NOAA,1998)用活性铜颗粒进行处理,从样品提取物中去除硫。

铜颗粒(纯度为 99%或相当)用 6 mol/L 盐酸处理活化。将通过吸附剂或 GPC 色谱柱净化处理的沉淀物或土壤提取物添加到一个装有约 2 g 铜粉的玻璃小瓶中,摇晃 15 min,静置至少两个小时。然后将少量新鲜活化的铜添加到提取物中,以确定反应是否完成。如果铜没有从鲜橙色变为暗黑色,则将提取物与铜粉分离,并通过 NEvap 浓缩至 0.5~1 mL,以进行仪器分析。

8.5.1.2.4 硅胶固相吸附剂

在某些情况下,如分析某些生物标记物时,可能需要多一步分离过程,即从样品提取物中将芳香烃与脂肪族烃分离。此时可以根据 EPA 方法 3630(EPA, 1997),用硅胶固相色谱法进行分离。硅胶是由硅酸钠和硫酸制成的吸附剂。吸附材料(100/200 目硅胶)的制备方法是:用二氯甲烷萃取,然后在 130℃ 的烘箱中干燥至少 16 h。使用前将制备好的硅胶放在 105℃的烘箱中再次干燥。

硅胶色谱柱填装方法如下：在 5 g 硅胶下装玻璃棉，并在顶部填上 1 cm 厚的无水硫酸钠粉末，然后加上聚四氟乙烯(PTFE)旋塞。将样品萃取液溶剂交换为己烷。制备的色谱柱用戊烷冲洗后，装载样品萃取液，然后用 20 mL 戊烷洗脱，以分离脂肪烃(F1 馏分)。也可以用 25 mL 二氯甲烷洗脱，以分离出芳香烃(F2 馏分)。洗脱体积可以根据分析物的洗脱实验进行调整。根据笔者的经验，10 mg 左右的可萃取烃是用硅胶柱净化的最佳上样量。如果方法允许，那么芳香烃的质量可以更高一些。通过 NEvap 将所得的洗脱液浓缩至约 0.5~1 mL 的进样体积，以进行仪器分析。应在每个分析批次中，分析由脂肪烃和芳香烃组成的分馏校正标准品，以监测色谱柱分离效率。

8.5.2　样品分析

为了对样品中复杂的碳氢化合物组成有一个全面的了解，通常会用几种定量方法对环境样品进行分析。一般 GC－FID/MS 方法可用于分析样品中主要烃类和产品类型的概要“指纹”。定量 GC/MS 法用于测定构成环境样品中石油、焦油和燃烧衍生残留物的重要烃类化合物(Emsbo-Mattingly et al., 2003a, 2003b; Stout et al., 2002)。本节将详细地介绍这些方法。

8.5.2.1　高分辨率的烃类指纹图谱——GC/FID 法

气相色谱指纹图谱的测定以及环境样品中总石油烃(TPH)和单个烃类化学物质的测量通常使用 GC/FID 进行。此方法旨在分析 $n-C_8$ 到 $n-C_{44}$ 左右的各种碳氢化合物，可以识别出挥发的碳氢化合物产品(图 8.17)。为了区分人为产物和天然碳氢化合物，要生成具有足够分辨率的烃类指纹图谱，这一点不容易做到。方法还应包括质控样品，用于证明在目标碳氢化合物范围内的质量歧视(参见下文)已得到适当控制。

FID 对许多类烃(例如脂肪族和芳香族)的响应类似。当 GC/FID 在最佳峰分离度条件下运行时，该方法用于检测单个烃类(例如正构烷烃、选定的无环类异戊二烯、姥鲛烷、植烷、主要的多环芳烃，表 8.12)的浓度。它也可以用于测量其他方法定义的参数浓度，例如总可萃取物(TEM)和总石油烃(TPH)。TEM 和 TPH 的区别在于，前者仍包含极性(非烃类)材料，而后者已使用氧化铝或二氧化硅进行了处理，从而消除或最小化了任何极性化合物的存在。需要注意的是，传统上对 TPH 的引用具有误导性，因为该测量还将包括非石油来源的碳氢化合物，例如煤、焦油、叶蜡和污水成分。因此，样品中测得的 TPH 值可能是由于石油、非石油烃或其某种组合而产生的。因此，将 TPH 馏分称为总可萃取烃(TEH 或 THC)并不罕见，以表示该烃没有任何特定来源。

a. 原油：
原油是炼油厂的主要原料。这种复杂的碳氢化合物混合物是许多石油衍生材料的来源。

b. #2燃料油：
在轻质烃分馏为汽油后，从原油原料中蒸馏出中间馏分油。

c. #4燃料油：
通常将中间燃料油混合在一起，包括中间馏分油和重质燃料油。

d. #6燃料油：
重质燃油属于原油的残余范围。它们可能由去除中间馏分后产生的重馏分组成。

e. 用过的润滑油：
润滑油，例如这种机油，是由重馏分制成的，这些馏分经过提纯并添加了性能增强剂。

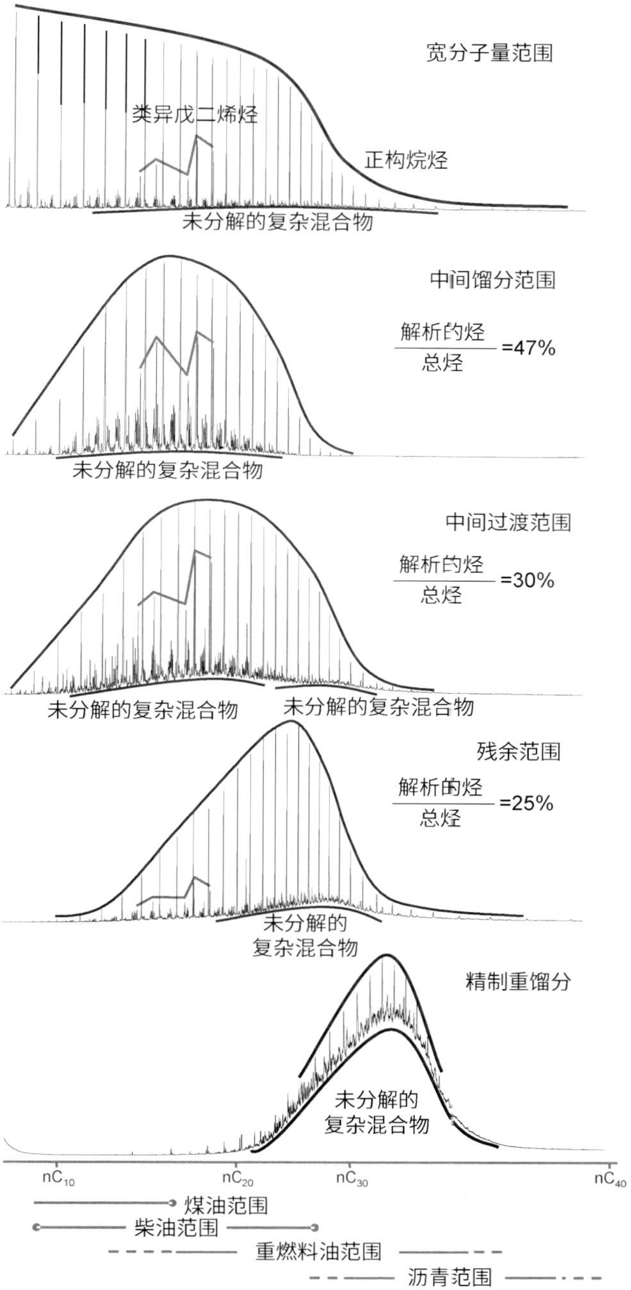

图 8.17 高分辨率的烃类指纹图谱

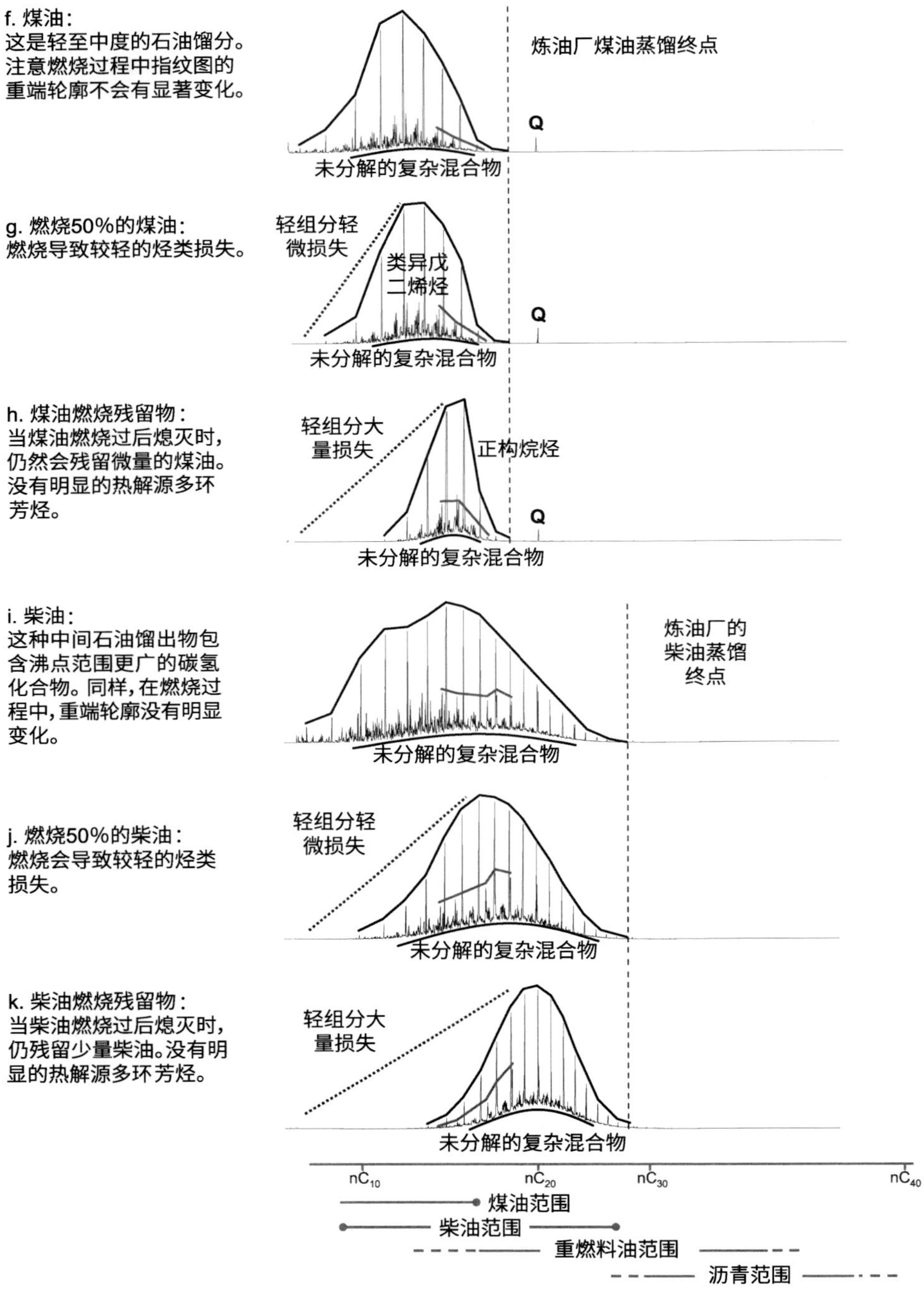

图 8.17　高分辨率的烃类指纹图谱（续）

l. 热修补材料：
这种材料通常用于修补道路。该残留范围的石油代替了煤油，加热后在使用过程中更具延展性。

m. 巷道路面(c.2005)：
这种材料的主要成分是残留范围原油，它在夏季温度下为固体。有时添加煤油以改善其使用时的流动性。

n. 巷道路面(约1940年代)：
这种材料明显包含残余范围的石油，因为未分解的复杂混合物出峰较晚，且基线升高。在旧路面材料中，正构烷烃通常会降解。

o. 巷道路面(约1940年代)：
巷道路面和路用油的活性黏结剂通常是焦油，尤其是在1950年代之前。在此期间生产的一些人行道还含有不同含量的残留石油。

p. 煤焦油：
未风化的热解源多环芳烃占主导地位。

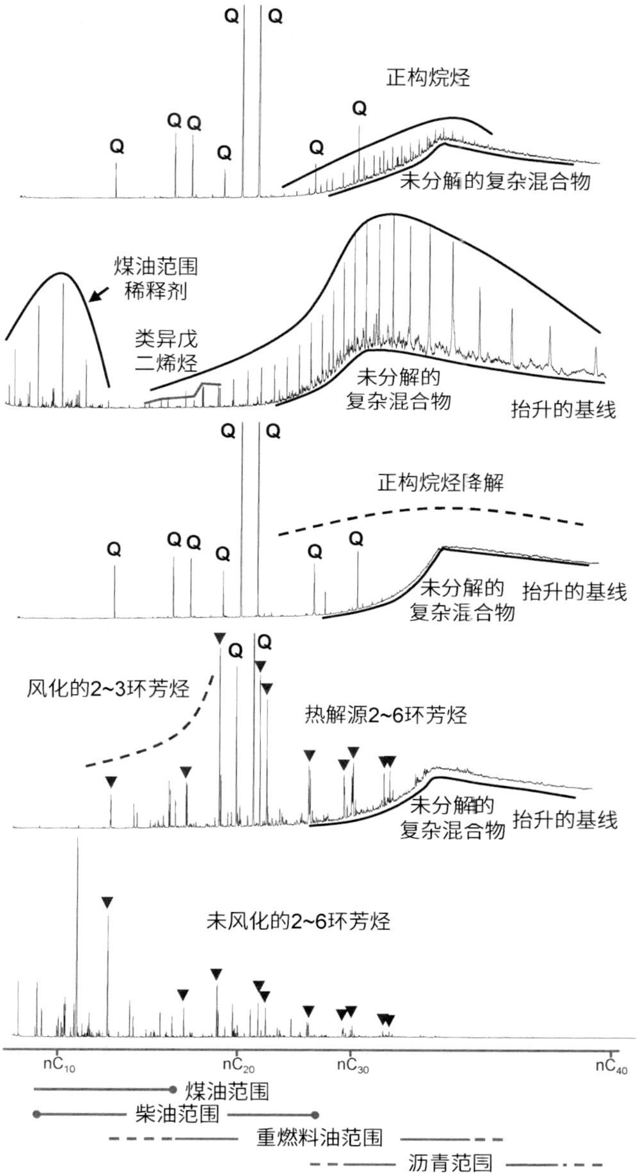

图 8.17　高分辨率的烃类指纹图谱(续)

表 8.12 正构烷烃、无环类异戊二烯和不同长度碳链的烃类的 GC/FID 和 GC/MS 分析参数。定量离子仅适用于 GC/MS 分析。

正构和类异戊二烯烃类化合物	峰 ID	组 ID	分子式	定量离子 (*m/z*)	液体检测限	固体检测限
正辛烷	nC8	P	C_8H_{18}	85	1.0 μg/L	100 μg/kg
正壬烷	nC9	P	C_9H_{20}	85	1.0 μg/L	100 μg/kg
正癸烷	nC10	P	$C_{10}H_{22}$	85	1.0 μg/L	100 μg/kg
正十一烷	nC11	P	$C_{11}H_{24}$	85	1.0 μg/L	100 μg/kg
正十二烷	nC12	P	$C_{12}H_{26}$	85	1.0 μg/L	100 μg/kg
正十三烷	nC13	P	$C_{13}H_{28}$	85	1.0 μg/L	100 μg/kg
正十四烷	nC14	P	$C_{14}H_{30}$	85	1.0 μg/L	100 μg/kg
正十五烷	nC15	P	$C_{15}H_{32}$	85	1.0 μg/L	100 μg/kg
正十六烷	nC16	P	$C_{16}H_{34}$	85	1.0 μg/L	100 μg/kg
正十七烷	nC17	P	$C_{17}H_{36}$	85	1.0 μg/L	100 μg/kg
正十八烷	nC18	P	$C_{18}H_{38}$	85	1.0 μg/L	100 μg/kg
正十九烷	nC19	P	$C_{19}H_{40}$	85	1.0 μg/L	100 μg/kg
正二十烷	nC20	P	$C_{20}H_{42}$	85	1.0 μg/L	100 μg/kg
正二十一烷	nC21	P	$C_{21}H_{44}$	85	1.0 μg/L	100 μg/kg
正二十二烷	nC22	P	$C_{22}H_{46}$	85	1.0 μg/L	100 μg/kg
正二十三烷	nC23	P	$C_{23}H_{48}$	85	1.0 μg/L	100 μg/kg
正二十四烷	nC24	P	$C_{24}H_{50}$	85	1.0 μg/L	100 μg/kg
正二十五烷	nC25	P	$C_{25}H_{52}$	85	1.0 μg/L	100 μg/kg
正二十六烷	nC26	P	$C_{26}H_{54}$	85	1.0 μg/L	100 μg/kg
正二十七烷	nC27	P	$C_{27}H_{56}$	85	1.0 μg/L	100 μg/kg
正二十八烷	nC28	P	$C_{28}H_{58}$	85	1.0 μg/L	100 μg/kg
正二十九烷	nC29	P	$C_{29}H_{60}$	85	1.0 μg/L	100 μg/kg
正三十烷	nC30	P	$C_{30}H_{62}$	85	1.0 μg/L	100 μg/kg
正三十一烷	nC31	P	$C_{31}H_{64}$	85	1.0 μg/L	100 μg/kg
正三十二烷	nC32	P	$C_{32}H_{66}$	85	1.0 μg/L	100 μg/kg
正三十三烷	nC33	P	$C_{33}H_{68}$	85	1.0 μg/L	100 μg/kg
正三十四烷	nC34	P	$C_{34}H_{70}$	85	1.0 μg/L	100 μg/kg
正三十五烷	nC35	P	$C_{35}H_{72}$	85	1.0 μg/L	100 μg/kg
正三十六烷	nC36	P	$C_{36}H_{74}$	85	1.0 μg/L	100 μg/kg
正三十七烷	nC37	P	$C_{37}H_{76}$	85	1.0 μg/L	100 μg/kg
正三十八烷	nC38	P	$C_{38}H_{78}$	85	1.0 μg/L	100 μg/kg
正三十九烷	nC39	P	$C_{39}H_{80}$	85	1.0 μg/L	100 μg/kg
正四十烷	nC40	P	$C_{40}H_{82}$	85	1.0 μg/L	100 μg/kg
2,6,10-三甲基十二烷[1]	1 380	I	$C_{15}H_{32}$	85	1.0 μg/L	100 μg/kg
2,6,10-三甲基十三烷[1]	1 470	I	$C_{16}H_{34}$	85	1.0 μg/L	100 μg/kg
降姥鲛烷[1](Nor-pristane)	1 650	I	$C_{18}H_{38}$	85	1.0 μg/L	100 μg/kg
姥鲛烷(Pristane)	Pr	I	$C_{19}H_{40}$	85	1.0 μg/L	100 μg/kg
植烷(Phytane)	Ph	I	$C_{20}H_{42}$	85	1.0 μg/L	100 μg/kg
TEM 或 TPH (C9-C40)[2]	TPH	R		85	33 μg/L	3 300 μg/kg

1. 分析物不在定量标准曲线的化合物范围内。使用以下烷烃的 RF 进行定量。
2. 使用 C_9-C_{40} 烷烃的平均 RF 进行定量。
组 ID：
P：链烷烃 I：无环异链烷烃
R：范围分析-总可萃取物(TEM)和总石油烃(TPH)。TEM 可以包含极性化合物，TPH 提取物需用氧化铝纯化。

在指纹图谱研究中最常使用的 GC/FID 方法是修订过的 EPA 方法 8015B（GC/FID 法测定非卤代有机物）（EPA，1997）。用于法证分析的最合适的色谱柱是涂覆有 0.25 μm 100% 甲基硅氧烷交联固定相（或等效物）的窄口径（内径 0.25 mm）熔融石英毛细管柱。最短的色谱柱长度为 30 m，虽然更长的色谱柱（例如 60 m）将提供更好的碳氢化合物分离度（表 8.13）。成功应用此方法的关键是：

1. GC 进样口的参数优化和维护（McCarthy and Uhler，1994；Douglas et al.，1994），尽量减少对较重烃的质量歧视（例如 C_{25}以上的烃）。

2. 制定最佳 GC 操作条件，以确保化合物的分离度（如正 C_{18}烷/植烷的基线分离）。

3. $n-C_8$至 $n-C_{40}$范围内一系列用于定量的烷烃标准品，以测定单个烷烃和 TPH 的浓度（Douglas et al.，1994）。

表 8.13 用于分析半挥发性烃类的 GC/FID 条件示例（如果达到了数据质量指南要求，可以使用等效条件）。

GC 参数	设 置
色谱柱-高分辨率的毛细管柱	DB－5（60 m×0.25 mm×0.25 μm）或同类色谱柱
起始柱温	40℃
保持时间	1 min
升温速率 1	6℃/min
终点温度	315℃
保持时间	30 min
进样口温度	280℃
检测器温度	325℃
柱流速	1 mL/min（氦气）
进样口	不分流
进样体积	1.0 μL

GC/FID 分析中的质量歧视是由于仪器性能欠佳而导致的烃响应损失。最常见的质量歧视是对大约 $n-C_{20}$以上的目标物，仪器检测的灵敏度急剧下降。具体来说，这是由多种因素引起的，包括 GC 进样口中有机残留物的积累、不兼容的色谱柱类型、色谱柱切割、进样温度、衬管类型以及色谱柱在进样口的位置（图 8.18）。质量歧视对分子量较高的目标物影响最大，测定含量会偏低，其负偏差影响在 $n-C_{25}$至 $n-C_{44}$范围内逐渐增加。在环境实验室中，质量歧视的情况很普遍。但是由于 EPA 方法中没有明确规定对质量歧视的控制，因此分析人员经常忽略它。但是，在法证调查中，可能存在的质量歧视是一个重要的影响因素，尤其是在比较原油、残留燃料、润滑油或其他高沸点焦油残渣的化学指纹时。质量歧视还会掩盖混合馏分燃料曲线中的拐点、轻质产品馏分与重质产品馏分的比例差异以及任何依赖于不同保留时间洗脱化合物的判断指征的变化。

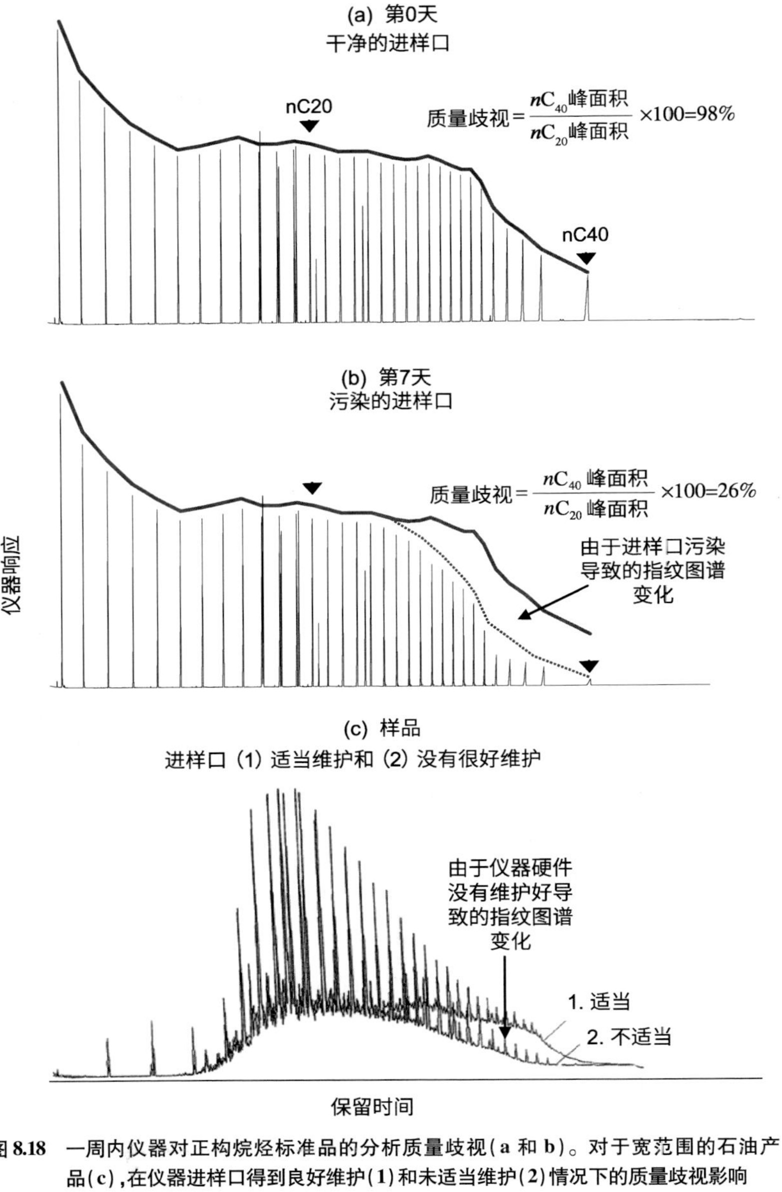

图 8.18 一周内仪器对正构烷烃标准品的分析质量歧视(a 和 b)。对于宽范围的石油产品(c),在仪器进样口得到良好维护(1)和未适当维护(2)情况下的质量歧视影响

如果实验室建立了早期检测系统并主动进行仪器维护,则可以监控和纠正质量歧视。通过在每个分析批次之前和之后检测 $n-C_8$ 到 $n-C_{40}$ 的烷烃标准品,并比较高分子量烷烃与代表性的中段烷烃的响应因子,可以有效地监测质量歧视。在正常工作条件下,$n-C_{40}$ 的响应因子相对于 $n-C_{20}$ 的响应因子应大于0.85。按照道格拉斯等的建议(Douglas et al.,1994),应通过仪器维护,来避免质量歧视超过此阈值。

目标烃类化合物的分离度与气相色谱的许多参数相关。原则上，缓慢的 GC 升温程序会大大提高指纹图谱的取证价值。这些程序的初始温度通常为 30～40℃，升温速率为 6℃/分钟或更短，总运行时间约为一小时（表 8.13）。若使用氢气作为载气还可提高烃的分离度。这些条件与大多数商业实验室中实施的 EPA 方法 8015 形成鲜明对比，在 EPA 方法 8015 中，GC 运行时间通常不超过 20 分钟（图 8.19）。尽管这些快速的 GC 运行时间可能不会影响 TEM 或 TPH 测量的准确性（假设没有质量歧视），但所得的色谱指纹被压缩，且在最佳条件下产生的化合物分离度较差。

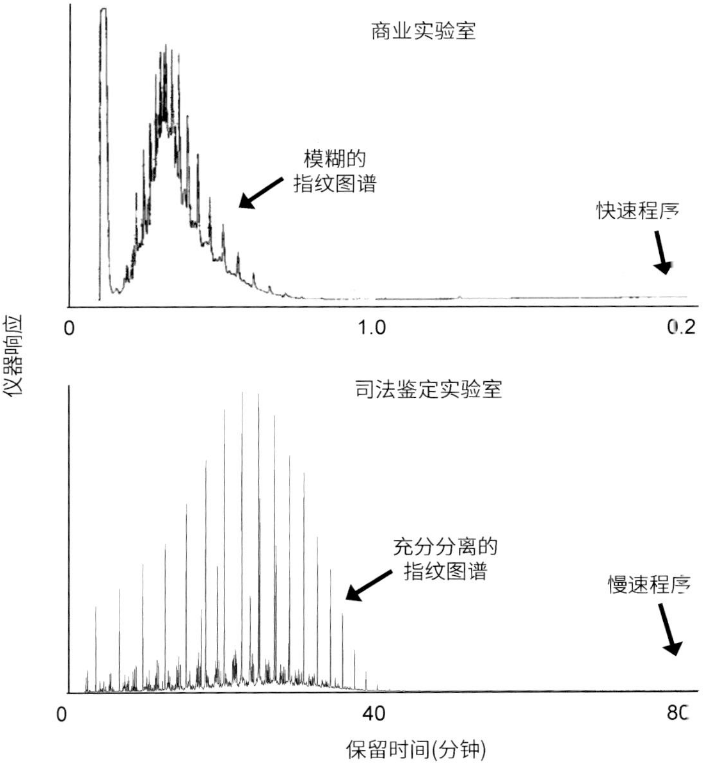

图 8.19　与司法鉴定实验室的高分辨率碳氢化合物指纹图相比，商业实验室的样品分析更快，但目标物分离度较差

仪器灵敏度也是检测低浓度样品中碳氢化合物的重要因素。用于定量 GC/FID 分析的适当校准标准浓度范围为每个单独组分约 1 μg/mL 至 100 μg/mL。校准标样由 $n-C_8$ 至 $n-C_{40}$ 之间的正构烷烃、姥鲛烷、植烷、替代物和内标组成。使用内标定量方法测量单个碳氢化合物的浓度，并使用标准品中单个碳氢化合物的

RF 进行测量。可以使用内标定量方法将 TEM 和 TPH 折算为在 $n-C_8$ 和 $n-C_{40}$ 之间洗脱的已分离和未分离的烃类。这些较宽范围的分析物使用在特定烃类范围内的总基线校正来积分峰面积(Douglas et al.,1994)。标样中所有烃的平均 RRF 用作 TEM 和 TPH 测量的 RRF。使用这种方法,对于水和土壤,单个成分的方法检出限(MDL)分别约为 1 μg/L 和 0.1 mg/kg(干重)(Douglas et al.,1996)。对于水和土壤/沉积物,TEM 和 TPH 的检出限分别约为 100 μg/L 和 5 mg/kg(干重)。

一旦建立了适当的仪器条件,就可以将真实环境样品的高分辨率烃类指纹图与在相同条件下分析的参考样品(图 8.17)进行比较,以进行来源识别。例如,原油以正构烷烃为主,包含洗脱范围从正辛烷($n-C_8$)到正四十烷($n-C_{40}$)的多种烃以及少量的类异戊二烯烃(图 8.17a)。石油精炼分离出不同沸点馏分,并在子精炼产品的碳氢化合物指纹图谱上引入了次级特征(图 8.17b~e)。改性的石油产品的指纹可以保留原油的某些特征,特别是那些通过原油蒸馏直接转移到相应分馏范围的精制产品(Morrison,2000)。残余石油产品至少继承了原油原料的重分子量特征,即使在环境风化(Douglas et al.,2002;Kennicutt,1988;McCarthy et al.,1998)和燃烧过程(图 8.17f~k;蒸发和燃烧显示出类似的碳氢化合物指纹变化)影响下也可以保留这些特征。高分辨率 GC/FID 指纹图中公认最稳定的与源相关的特征包括类异戊二烯烃和未分解的复杂混合物(UCM),因为这些成分具有抗生物降解性。重的残留范围石油特征在很大程度上解释了为什么优先选择将石油渣用于道路路面和道路维修产品(请参见图 8.17 的 l~o 中的 UCM)。石油的特征指纹(参见图 8.17a~n 中的正构烷烃加类异戊二烯和 UCM 的同源系列)与其他常见的烃源(如焦油衍生产品)形成对比(参见图 8.17p 中无石油特征的主要原体 PAHs)或天然存在的碳氢化合物。

参考样品的高分辨率指纹图可用于评估真实田野样品的组成特征。使用高分辨率烃类指纹图谱方法对田野样品进行初步检验,有助于确定田野样品中可能产物的范围以及根据项目目标确定其他分析层次需求:例如,在高分辨率烃类指纹图谱前段的早期洗脱范围内,存在明显的挥发性碳氢化合物,这可能表明需要进行 PIANO 分析以表征释放源。这项系统的评估采用了多条指征来识别和跟踪环境中挥发性烃的来源特征。包括:

1. 碳氢化合物的分子量(沸点)范围(例如 UCM 形状);
2. 任何来源特异性标记(例如类异戊二烯)的相对丰度;
3. 风化作用。

本节中提供的示例以及相关引用文献中提供的示例为许多环境损害司法鉴定调查中探索烃类残留的来源提供了基本方法。高分辨率烃类指纹图揭示了田野样品中存在的主要碳氢化合物的总体特征。但是,当来源特征与场外或"背景"烃类化合物混合(Stout et al.,2000b;Bradley et al.,1994)并有不同程度风化时(Atlas et al.,1981),其他证据也有助于追踪具体的来源特征。这些证据通常要求对诊断化合物进行定量分析,即使在最高分辨率的 GC/FID 色谱图中,这些化合物也常常被不同程度地掩盖。不过,可以使用 GC/MS 的补充"第 2 层"方法解决这一问题。几种更有效的方法都着重于选择特定的 PAHs、饱和烃和地质化学生物标记物组合。

8.5.2.2 案例 2:服务站里的 NAPL——有时间特征的汽柴油成分

8.5.2.2.1 背景

确定服务站和卡车停靠站地下的 NAPL 来源是环境损害司法鉴定调查的常见任务,其中化学指纹图谱在识别现有燃料和废弃物类型及特征方面起着重要作用。一般与来源识别相关的任务还有确定污染物释放的时间,因为产权人及相应责任经常会变化。有许多方法都声称可以对污染释放的时间进行鉴定。通常分为两类:(1) 具有诊断意义的特征成分,包括参照工艺的演变历程(例如,汽油的混合与精炼)分析燃油是如何混合的、化学添加剂或其他具有时代特征的物质(例如有机铅、MTBE 或硫黄等);(2) 风化程度。风化程度可能是有问题的,因为石油所经历的风化程度不仅取决于其在环境中的时间,还取决于其风化的速率,即使在一个场所内,风化的速率也会有很大的不同。笔者认为,在大多数情况下,详细的化学成分是确定释放时间的最佳手段,笔者更倾向于将其称为"时间排查"。

8.5.2.2.2 鉴定方法

一个服务站需要鉴定 NAPL 的来源和时间问题。在两个分开的加油区域,新安装的井中都出现了超过 18 英寸厚的 NAPL(表观厚度)。该研究的目的是确定两处 NAPL 的具体化学特征,并将 NAPL 与现场的 2 号汽油和柴油进行比较,以了解其可能来源,确定释放时间。研究人员收集了两处 NAPL,以及现场的含乙醇的调整配方汽油(RFG)和超低硫柴油(ULSD),并使用多种化学指纹方法进行了分析。其中包括全油指纹图谱、修订的 EPA 8260(PIANO)指纹图谱、有机铅定量和形态分析,并使用修订的 EPA 8270 方法和总硫(ASTM D5453)分析进行扩展 PAHs 分析。

8.5.2.2.3 应用

NAPL 的 GC/FID 全油色谱图(C_{4+})表明需检的 MW-1 NAPL 仅由汽油组成,而MW-2 NAPL 由 2 号汽油和柴油混合物组成(图 8.20a)。MW-2 NAPL 的 GC/FID 色谱图上汽油($n-C_4$ 至 $n-C_{10}$)和馏出物($n-C_{10}$至 $n-C_{28}$)的峰面积积分结果表明该样品中存在约 48%(重量百分比)的汽油和 52%的柴油(图 8.20b)。用 PIANO/铅分析能很好地描述每个 NAPL 中汽油成分的具体特征。全油色谱图显示,MW-2 NAPL 中的柴油成分中含有一些正构烷烃,但是它们的相对丰度比"新鲜”柴油中通常的丰度低，这一特征用 $n-C_{17}/Pr$ 比值(0.9)可以量化显示，该比例远低于“新鲜”分装的柴油(1.7)。由于柴油中正构烷烃的生物降解速度取决于多种地下特征，因此 MW－2 NAPL 柴油组分的适度风化程度并不表示柴油的任何特定“老化”时间。但是，使用修订的 EPA 方法 8270 和总硫含量分析，SVOC 的组成最终框定了柴油释放的时间。

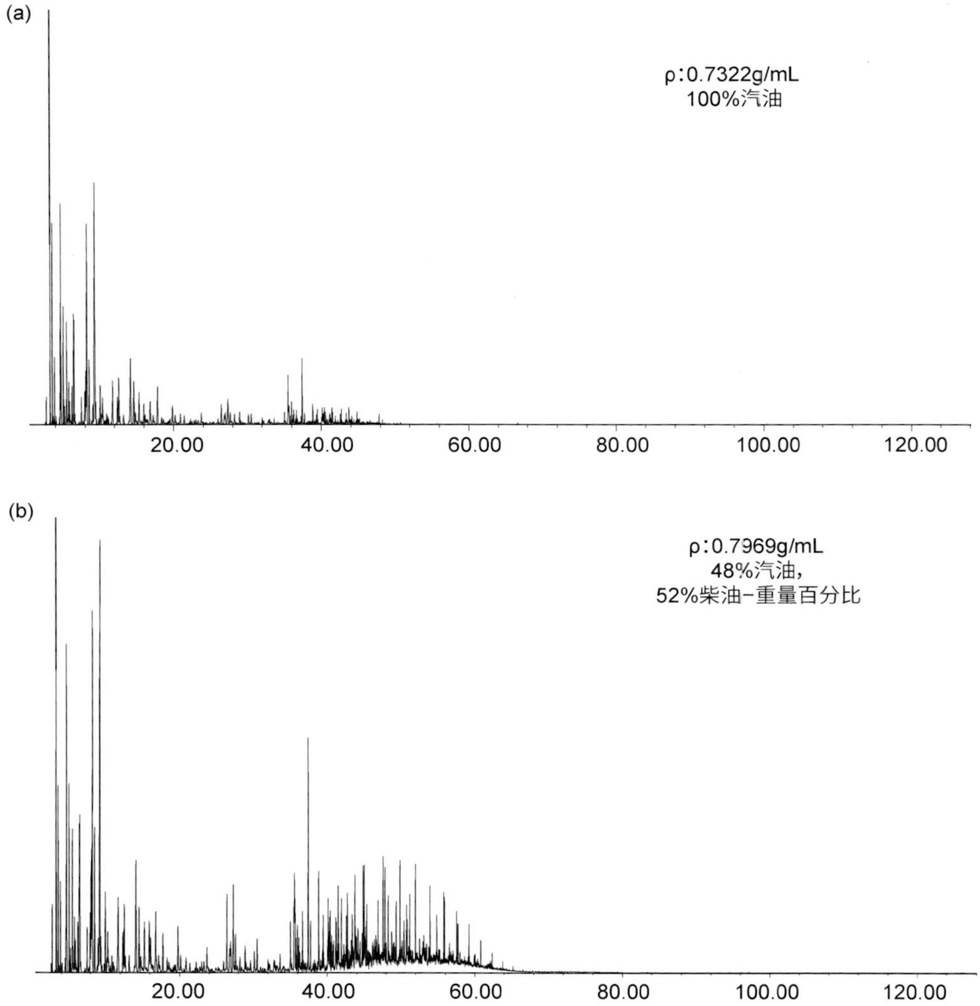

图 8.20　全油 GC/FID 色谱图：(a) MW－1 NAPL；(b) MW－2 NAPL

PAHs 指纹显示，MW－2 NAPL 以烷基化萘(N0－N4)为主，而分装的柴油以烷基化+氢萘(D0－D4)为主(图 8.21)。十氢化萘是完全氢化的萘，是在深度加氢脱硫(DHDS)(一种用于生产 ULSD 的常用方法)中由萘形成的。即分装的柴油可能经过 DHDS，但 MW－2 NAPL 中的柴油成分却没有。进一步证明了这一区别的是，MW－2NAPL 中的柴油中多环芳族含硫杂环（PASH）的相对丰度较高，表现为 DBT2/PA2 和 DBT3/PA3 的比率低，以及总硫含量较高（图 8.21）。总硫可用于判断时间，因为在大多数州，自 2006 年 6 月 1 日起，要求在道路上使用的柴油为含硫量低于 15 ppm 的超低硫柴油。在此之前，已强制要求自 1993 年秋季开始，车辆使用含硫量低于 500 ppm 的低硫柴油（LSD）。而高硫柴油（HSD）平均含有 2 500 ppm 的硫（EPA，2000）。在该站点，分装柴油仅含 12 ppm 的总硫，这与 ULSD 一致。MW－2 NAPL 总硫含量为 1 540 ppm，如果校正了 48%的汽油稀释度（图 8.20），则该总硫含量（如果假设它主要存在于柴油馏分中）表明该 MW－2 NAPL 的柴油成

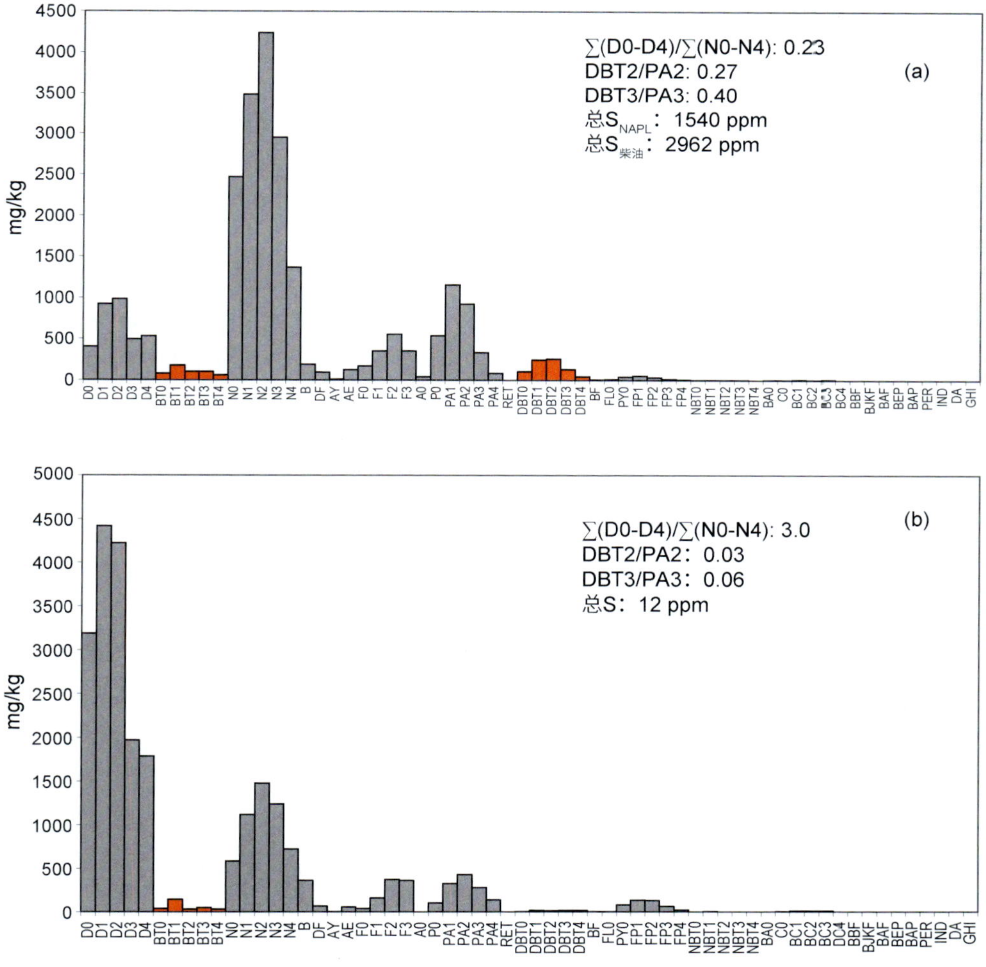

图 8.21 （a）MW－2 NAPL 和（b）分装柴油样品中十氢化萘、苯并噻吩、PAEs 和 PASH 直方图。深色＝含硫的 SVOC。峰的缩写见表 8.14

分总硫含量约为 2 962 ppm(图 8.21)。该浓度远远超过 ULSD (15 ppm) 和 LSD(500 ppm)的阈值,表明 MW－2 NAPL(2 962 ppm)中的柴油成分绝大多数由 1993 年前的 HSD 组成。

PIANO 和有机铅的结果表明,每处 NAPL 中的汽油中 BTEX(苯系)化合物都消耗了,而 BTEX 化合物在分装汽油中占主导地位,表明 NAPL 经历了明显的水洗(图 8.22)。如图 8.20 所示,两处 NAPL 中剩余的最丰富的挥发性成分是异辛烷和异链烷烃。这些异链烷烃是烷基化物(炼油厂生产的含高辛烷值汽油的混合组分)中的重要成分。它们的存在清楚地表明,这些 NAPL 的母体汽油是烷基化汽油,与分装的汽油一样。异辛烷和异链烷烃在风化过程中非常稳定(Prince et al.,2007)。这一结果表明每处 NAPL 中的汽油成分都经历了生物降解。但是,由于风化率未知,因此无法推算汽油的释放时间。为此,研究人员进一步研究了汽油的具体组成。

两处 NAPL 中均未检出任何乙醇、MTBE(甲基叔丁基醚)或其他醚氧化物。尽管这些含氧化合物可能有助于缩小汽油的使用期限范围,但由于 NAPL 汽油成分明显经过水洗,它们在时间推断方面的含义是模棱两可的。不过有机铅的浓度就很重要,因为它曾是汽油中常用的一种成分。在整个 1980 年代,联邦政府对汽油中允许添加的铅的浓度进行了限制,然后于 1996 年 1 月在全国范围内全面禁止使用有机铅(Stout et al.,2006)。MW－1 和 MW－2 NAPL 分别包含每加仑 1.5 克铅和 0.70 克铅(glpg)(图 8.22)。考虑到 MW－2 NAPL 中还包含 52%的"无铅"柴油(图 8.20),因此 MW－2 NAPL 汽油组分中的铅实际浓度约为 1.4 克/加仑。这些有机铅的浓度清楚地表明了两处 NAPL 中都存在含铅汽油。由于存在用无铅汽油稀释降低铅浓度的可能性,因此原体含铅汽油中的铅浓度可能更高。根据整个 1980 年代的联邦法规,1.4 或 1.5 克/加仑的浓度大大超过了 1982 年 10 月之后汽油允许的季度平均铅浓度(1.1 克/加仑;40 CFR－B,第 80.20 部分)。这些结果表明,MW－1 和 MW－2 NAPL 含有大量(甚至是全部)的含铅汽油,这些汽油是在 1982 年 10 月之前生产的精制/散装汽油。

总之,化学指纹图谱没有提供证据表明最近释放的汽油或柴油对检测的 NAPL 有任何贡献。组成 MW－1 NAPL 和约一半 MW－2 NAPL 的汽油,根据其有机铅浓度(>1.1 克/加仑)显示,原体大部分或全部是 1982 年 10 月之前生产的精制/散装含铅汽油。占 MW－2 NAPL 一半左右的柴油组分,其原体的大部分或全部是 1993 年秋季之前生产的高硫(硫含量大于 500 ppm)精制/散装柴油。鉴于这些结果,新安装的油井中出现了 18 英寸以上厚的 NAPL,不能归因于该地点最近释放的汽油或柴油。

8.5.2.3　多环芳烃分析——GC/MS/SIM 法

在环境中遇到的大多数石油和焦油来源的烃都包含 $n-C_9$ 至 $n-C_{40}$ 的芳香烃。多环芳烃(PAHs)是该范围内最显著的化合物之一(表 8.14)。在原油和大多

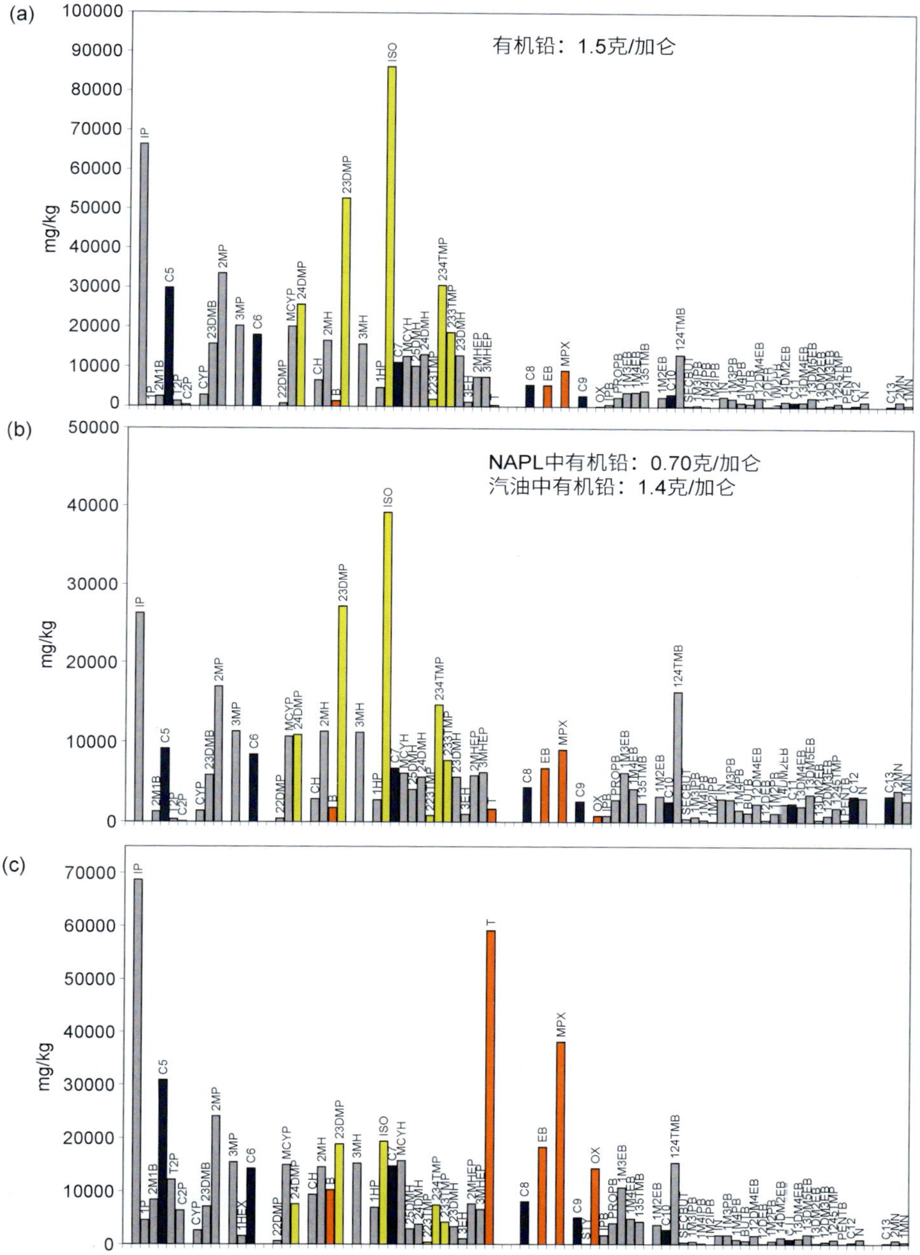

图 8.22 NAPL 样品和分装汽油的 PIANO 直方图。(a) MW - 1 NAPL,(b) MW - 2 NAPL,和(c) 分装的汽油。深蓝色-正构烷烃;红色-BTEX;黄色-二甲基戊烷和三甲基戊烷。峰的缩写见表 8.4

数精炼石油产品中，正构烷烃和支链烷烃占烃类混合物的大部分，因此很容易可以通过前面所述的 GC/FID 指纹技术检测它们（图 8.17）。但是，石油中的 PAHs 的浓度通常比正常烷烃低得多，并且需要诸如 GC/MS 的技术来进行鉴定和测量（Boehm et al.，2000；图 8.23）。相比之下，焦油产物主要由原体（非烷基化）PAHs 组成，可以在 GC/FID 指纹中轻松识别（图 8.24）。但是，焦油衍生的具有 2 -，3 - 和 4 -烷基的 PAHs 的浓度低于 GC/FID 识别的原体 PAHs 的浓度；因此，完整的 PAHs 指纹图谱需要 GC/MS 之类的补充技术才能获得完整。总之，高分辨率烃类指纹图谱方法（GC/FID）能描述主要的碳氢化合物，而补充 PAHs 方法（GC/MS/SIM）则能区分 PAHs 组合中不同来源的烃。

表 8.14 中的诊断化合物包括原体和烷基取代的 PAHs（Youngblood and Blumer，1975），在司法鉴定调查中已证明其判断实用性（Sauer and Uhler，1994—1995；Colombo et al.，1989；Boehm and Farrington，1984；Stout et al.，2002）。最佳检测、分离和测量 PAHs 的 GC/MS 程序基于 EPA 方法 8270C、半挥发性有机化合物的气相色谱/质谱联用（GC/MS）分析（EPA，1997）。如前所述，GC 和 MS 的操作条件需要优化以实现高分离度和灵敏度。毛细管柱至少应长 30 米，具有非极性固定相（DB - 5 或同等性能），内径（id）为 0.25 mm，固定相膜厚度为 0.25 μm（5%苯基- 95%甲基硅树脂，或同等性能）。应建立气相色谱的最佳操作条件，以最大程度减少样品进样过程中对重烃（例如>C_{30}）的质量歧视（McCarthy and Uhler，1994）。还应使用慢速升温程序，以确保相近的化合物以及烷基化的 PAHs 异构体能充分分离。合适的升温程序通常在 35℃ 左右开始，在大多数化合物出峰的温度范围内，以 6℃/分钟的速度升温。气相色谱的总运行时间为 1~2 个小时。实际上，通过 GC/FID 获得的高分辨率烃类指纹图谱的 GC 操作参数（如前所述）也适用于 PAHs 的分析（表 8.13）。

作为该方法的一部分和烷基化 PAHs 方法的发展，必须在适当的 GC/MS 操作条件下确定每种目标化合物的保留时间。应通过真实标准品的 GC/MS 分析验证每种目标化合物的定性离子。由于实际上只有数百种 PAHs 的 C_1 至 C_4 烷基化异构体的真实标准品，因此必须通过详细记录 PAHs 和烷基 PAHs 色谱保留指数，来确定特征离子、保留时间窗和同系物（Lee et al.，1979），然后通过分析特征明显的参考石油样品（例如阿拉斯加北坡原油）（图 8.23）修正记录（Wang et al.，1994a）。烷基 PAHs 同系物通常使用直接基线积分法和从原体 PAHs 化合物中分配的响应因子进行定量（Sauer and Boehm，1991，1995；Douglas et al.，1994；Federal Register，1994）。由于 GC/MS 离子化效率的差异，原体 PAHs 的 RF 值通常高于烷基化 PAHs（ASTM D7363 - 07），因此该程序包含已知的烷基化 PAHs 测量偏差；且所有单烷基、二烷基、三烷基和四烷基化的 PAHs 都没有商品化的标准品。因此，可以预见原体 PAHs 的测量将比烷基化 PAHs 的测量更为准确。

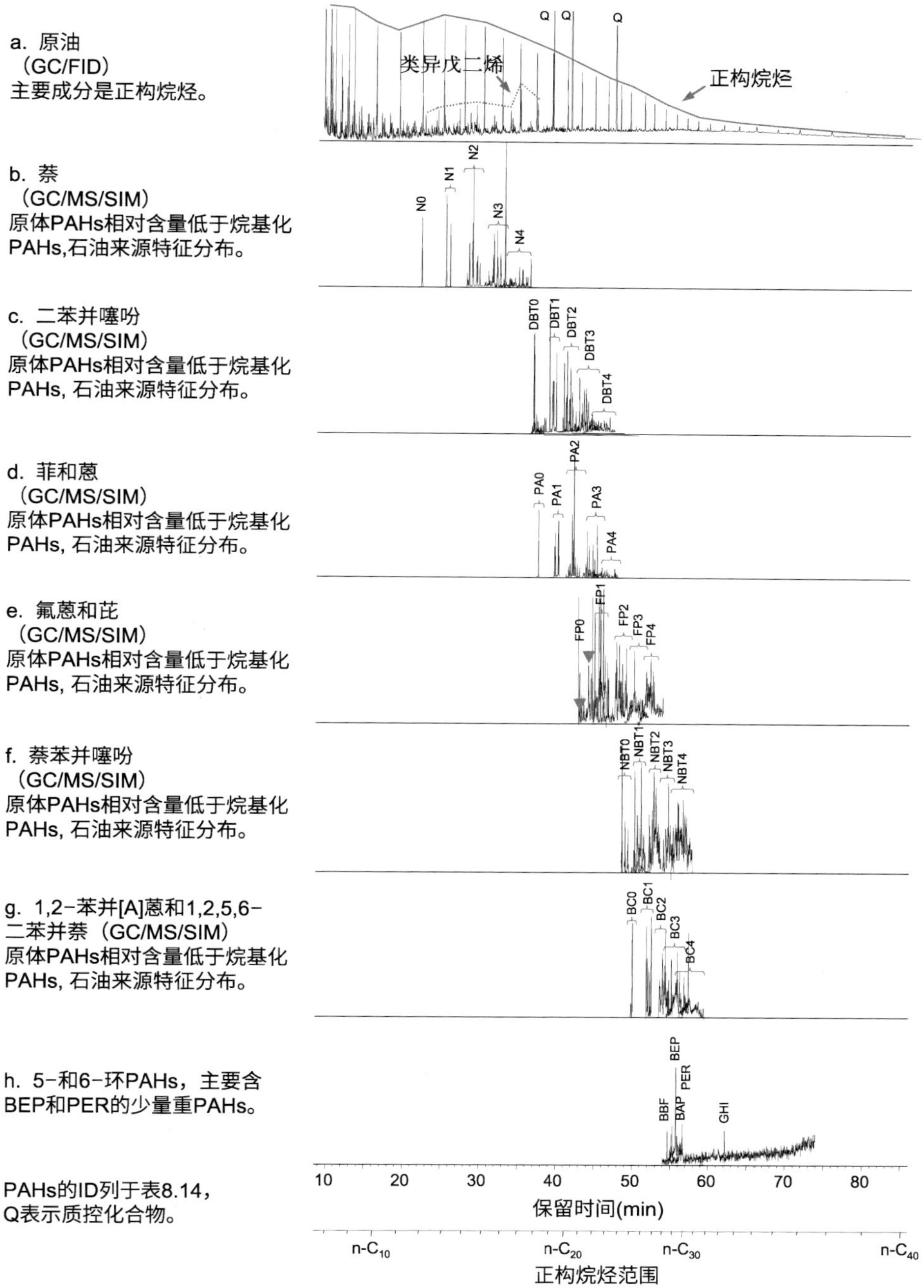

图 8.23 原油的特征分布-高分辨率烃类指纹图谱(GC/FID)和 PAHs 分析(GC/MS)

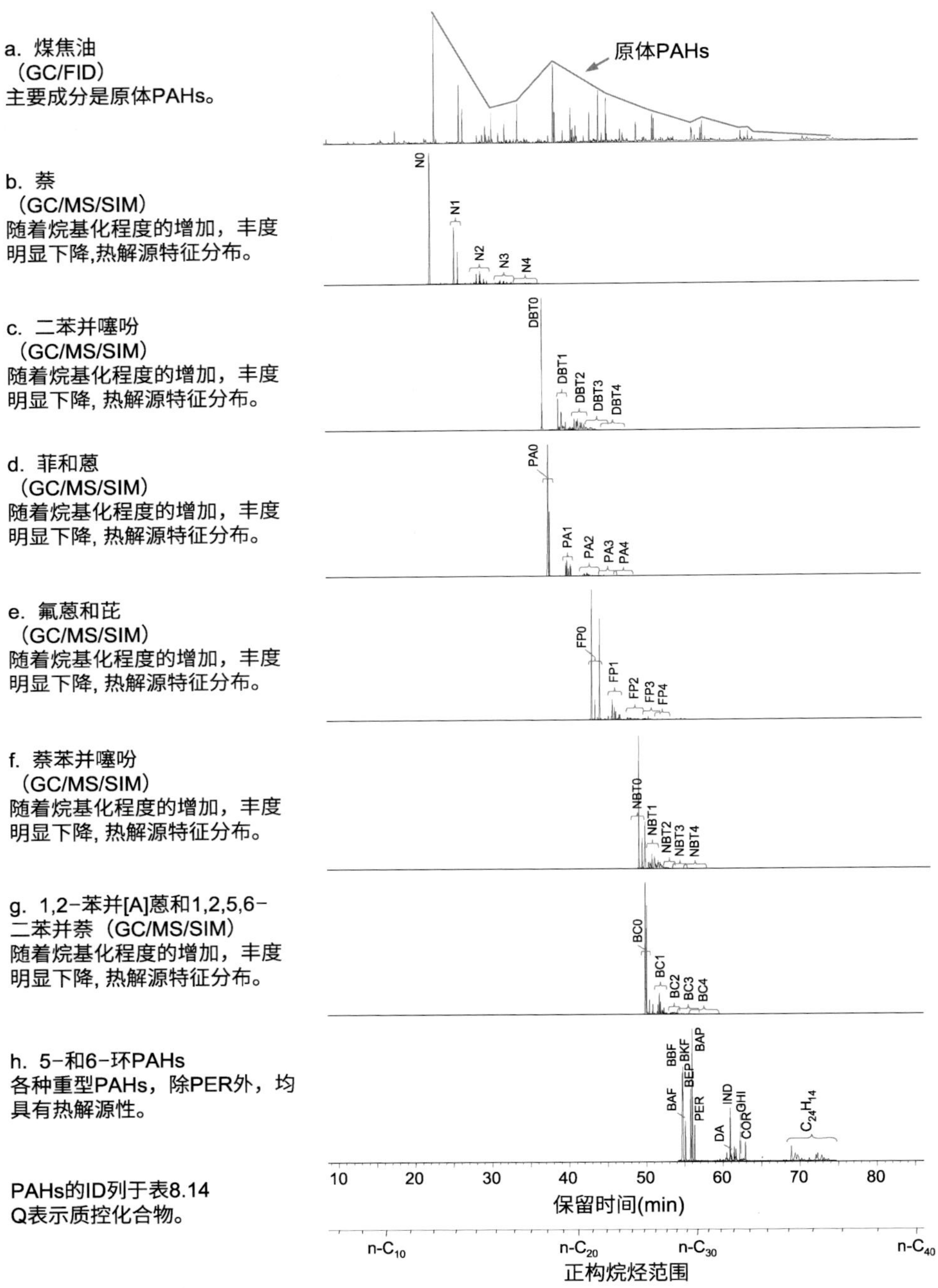

图 8.24 煤焦油的特征分布-高分辨率烃类指纹图谱(GC/FID)和 PAHs 分析(GC/MS)

表 8.14 多环芳烃目标物的 GC/MS/SIM 分析参数

PAH 目标物	峰 ID	环数	分子式	定量[1]离子(m/z)	大致检测限		PAH 系列				
					水	固体	PP	总	Par	Alk	Dia
萘	N0	2	$C_{10}H_8$	128	10 ng/L	2 μg/kg	X	X	X		
C1-萘	N1	2	$C_{11}H_{10}$	142	10 ng/L	2 μg/kg		X		X	
C2-萘	N2	2	$C_{12}H_{12}$	156	10 ng/L	2 μg/kg		X		X	
C3-萘	N3	2	$C_{13}H_{14}$	170	10 ng/L	2 μg/kg		X		X	
C4-萘	N4	2	$C_{14}H_{16}$	184	10 ng/L	2 μg/kg		X		X	
联苯	B	2	$C_{12}H_{10}$	154	10 ng/L	2 μg/kg		X	X		
二苯并呋喃	DF	3	$C_{12}H_8O$	168	10 ng/L	2 μg/kg		X	X		
苊烯	AY	3	$C_{12}H_8$	152	10 ng/L	2 μg/kg	X	X	X		
苊	AE	3	$C_{12}H_{10}$	153	10 ng/L	2 μg/kg	X	X	X		
芴	F0	3	$C_{13}H_{10}$	166	10 ng/L	2 μg/kg	X	X	X		
C1-芴	F1	3	$C_{14}H_{12}$	180	10 ng/L	2 μg/kg		X		X	
C2-芴	F2	3	$C_{15}H_{14}$	194	10 ng/L	2 μg/kg		X		X	
C3-芴	F3	3	$C_{16}H_{16}$	208	10 ng/L	2 μg/kg		X		X	
二苯并噻吩	DBT0	3	$C_{12}H_8S$	184	10 ng/L	2 μg/kg		X	X		
C1-二苯并噻吩	DBT1	3	$C_{13}H_{10}S$	198	10 ng/L	2 μg/kg		X		X	
C2-二苯并噻吩	DBT2	3	$C_{14}H_{12}S$	212	10 ng/L	2 μg/kg		X		X	
C3-二苯并噻吩	DBT3	3	$C_{15}H_{14}S$	226	10 ng/L	2 μg/kg		X		X	
C4-二苯并噻吩	DBT4	3	$C_{16}H_{16}S$	240	10 ng/L	2 μg/kg		X		X	
菲	P0	3	$C_{14}H_{10}$	178	10 ng/L	2 μg/kg	X	X	X		
蒽	A0	3	$C_{14}H_{10}$	178	10 ng/L	2 μg/kg	X	X	X		
C1-菲/蒽	PA1	3	$C_{15}H_{12}$	192	10 ng/L	2 μg/kg		X		X	
C2-菲/蒽	PA2	3	$C_{16}H_{14}$	206	10 ng/L	2 μg/kg		X		X	
C3-菲/蒽	PA3	3	$C_{17}H_{16}$	220	10 ng/L	2 μg/kg		X		X	
C4-菲/蒽	PA4	3	$C_{18}H_{18}$	234	10 ng/L	2 μg/kg		X		X	
惹烯	RET	3	$C_{18}H_{18}$	234	10 ng/L	2 μg/kg					X
四甲基苗	BF	4	$C_{17}H_{12}$	216	10 ng/L	2 μg/kg		X	X		
荧蒽	FL0	4	$C_{16}H_{10}$	202	10 ng/L	2 μg/kg	X	X	X		
芘	PY0	4	$C_{16}H_{10}$	202	10 ng/L	2 μg/kg	X	X	X		
C1-荧蒽/芘	FP1	4	$C_{17}H_{12}$	216	10 ng/L	2 μg/kg		X		X	
C2-荧蒽/芘	FP2	4	$C_{18}H_{14}$	230	10 ng/L	2 μg/kg		X		X	
C3-荧蒽/芘	FP3	4	$C_{19}H_{16}$	244	10 ng/L	2 μg/kg		X		X	
C4-荧蒽/芘	FP4	4	$C_{20}H_{18}$	258	10 ng/L	2 μg/kg		X		X	
萘苯并噻吩	NBT0	4	$C_{16}H_{10}S$	234	10 ng/L	2 μg/kg		X	X		

续表

PAH目标物	峰ID	环数	分子式	定量[1]离子(m/z)	大致检测限		PAH系列				
					水	固体	PP	总	Par	Alk	Dia
C1-萘苯并噻吩	NBT1	4	$C_{17}H_{12}S$	248	10 ng/L	2 μg/kg		X		X	
C2-萘苯并噻吩	NBT2	4	$C_{18}H_{14}S$	262	10 ng/L	2 μg/kg		X		X	
C3-萘苯并噻吩	NBT3	4	$C_{19}H_{16}S$	276	10 ng/L	2 μg/kg		X		X	
C4-萘苯并噻吩	NBT4	4	$C_{20}H_{18}S$	290	10 ng/L	2 μg/kg		X		X	
1,2-苯并[a]蒽	BA0	4	$C_{18}H_{12}$	228	10 ng/L	2 μg/kg	X	X	X		
1,2,5,6-二苯并萘/9,10-苯并菲	C0	4	$C_{18}H_{12}$	228	10 ng/L	2 μg/kg	X	X	X		
C1-1,2,5,6-二苯并萘	BC1	4	$C_{19}H_{14}$	242	10 ng/L	2 μg/kg		X		X	
C2-1,2,5,6-二苯并萘	BC2	4	$C_{20}H_{16}$	256	10 ng/L	2 μg/kg		X		X	
C3-1,2,5,6-二苯并萘	BC3	4	$C_{21}H_{18}$	270	10 ng/L	2 μg/kg		X		X	
C4-1,2,5,6-二苯并萘	BC4	4	$C_{22}H_{20}$	284	10 ng/L	2 μg/kg		X		X	
苯并(b)荧蒽	BBF	5	$C_{20}H_{12}$	252	10 ng/L	2 μg/kg	X	X	X		
苯并[k]荧蒽	BKF	5	$C_{20}H_{12}$	252	10 ng/L	2 μg/kg	X	X	X		
苯并[a]荧蒽	BAF	5	$C_{20}H_{12}$	252	10 ng/L	2 μg/kg		X	X		
苯并[e]芘	BEP	5	$C_{20}H_{12}$	252	10 ng/L	2 μg/kg		X	X		
苯并[a]芘	BAP	5	$C_{20}H_{12}$	252	10 ng/L	2 μg/kg	X	X	X		
苝	PER	5	$C_{20}H_{12}$	252	10 ng/L	2 μg/kg		X			X
二苯并(a,h)蒽	DA	5	$C_{22}H_{14}$	278	10 ng/L	2 μg/kg	X	X	X		
茚并[1,2,3-cd]芘	IND	6	$C_{22}H_{12}$	276	10 ng/L	2 μg/kg	X	X	X		
苯并(g,h,i)苝	GHI	6	$C_{22}H_{12}$	276	10 ng/L	2 μg/kg	X	X	X		

(注：1. 烷基同系物采用原体化合物的RF。
PAH系列：PP-EPA首要污染物PAH(n=16)。总-总PAH不包含惹烯，因为它被列在PA4分析物中。PAR-原体PAH没有烷基化的官能团。ALK-烷基化PAH，具有一个或多个甲基官能团。
Dia-石油来源PAHs，可以在环境中自然形成。)

尽管在探索烷基化PAH的毒性时，这种量化烷基化PAH的方法可能会变得越来越重要(Hawthorne et al.,2005,2006;EPA,2010)，但在环境法证研究中，长期以来，人们一直认为原体PAH的RF可用于环境取证，因为环境取证研究依赖于样品之间PAH组合的比较(Shaw et al.,1979;Sauer and Boehm,1991;Douglas et al.,1994,2007b)。因此，只要对疑似来源样品和受影响样品中的PAH进行同样的分析，这样的比较仍然是合理的；换言之，即使进行了复杂的数值分析，也不需要获得烷基化PAH的绝对浓度值(Johnson et al.,2007)。

有多种分析化学策略旨在提高烷基化PAH分析的准确性和精密度(NOAA,2011;Zeigler et al.,2012;Zeigler and Robbat,2012;NIST,2011)。具体而

言,实验室可以在仪器校准程序中分析表征良好的参考标准品,在烷基化 PAH 的保留时间范围内最大化色谱分离度,并使用分布和保留时间指数来区分目标物与干扰物。这些程序使分析精度最大化,并提供了一个统一的定量系统。对于使用同一校准方法分析的真实样品和参考样品之间的定性和定量比较,该系统特别适合。随着为商业实验室制作的参考标准品越来越多,以及未来技术指南不断开发改进,烷基化 PAH 测量的准确性将持续提高。

烷基化的 PAH 数据经常以直方图的形式显示,以定性指纹图谱的形式表示绝对或相对目标分析物浓度。按照本节中描述的步骤,PAH 直方图条表示单个 PAH 化合物的浓度或烷基化 PAH 同源基团内异构体的总浓度。PAH 化合物分布在法证研究中的成功应用取决于所用方法的特异性和灵敏度。法证化学家在很大程度上依赖于样品中化合物的相对分布,来识别产品类型、来源和风化程度。图 8.25 展示了根据标准 EPA 方法 8270C 的目标化合物检测到的五种 PAH 化合物,与此处讨论的 GC/MS 方法的 PAH 目标分析物做一比较。显然,加入烷基化 PAH 和二苯并噻吩显著提高了区分和描述产品类型、来源和风化程度的可能性(Douglas et al.,2002)。高灵敏度的 PAH 检测限对于浓度较低的烃类指纹研究也很重要,因为对碳氢化合物的类型和来源识别取决于样品中分析物的相对分布(即 PAH 指纹)(Douglas et al.,2004;Page et al.,1995)。如果检测限较高,很多化合物都"未检出",那就几乎没有法证信息。由于样品中的 PAH 浓度可能相差几个数量级,因此较高的检测限仅能捕获最丰富的目标物特征。这可能会导致错误的源识别结论(图 8.25)。例如,使用不灵敏的方法生成原油烷基化 PAH 指纹的实验室可能仅检测到石油来源的萘,并将该物质误识别为喷气燃料(参见 MDL A,图 8.25)。如果第二个实验室所用方法的检测限降低一半,可以检测到石油来源的萘、芴和菲,并得出结论说该物质是低硫柴油(参见 MDL B,图 8.25)。如果第三个实验室的方法检测限再降一半,还将检测到烷基化的二苯并噻吩,并得出结论说该物质是普通柴油(参见 MDL C,图 8.25)。只有实验室使用的检测限非常低,才能检测出所有石油来源的 PAH,从而正确地推断出该物质是原油(参见 MDL D,图 8.25)。灵敏度较高的测量技术将有益于 PAH 指纹图谱的定性和定量分析。对于水和土壤/沉积物,该方法中 PAH 分析物的检测限分别约为 1 ng/L 和 0.05 μg/kg(干重)。在大多数介质中,此灵敏度级别足以识别来源特征,并能监测浓度接近背景的风化目标物。

多环芳烃的浓度和分布提供了有关野外样品中石油、焦油、烟灰和植物材料类型的许多细节和特征。石油源(petrogenie)、热解源(pyrogenic)和成岩源(diagenetic)这几个术语对烃类指纹很重要,因为它们通常表示不同来源的 PAH。例如,石油来源的 PAH 分布,其原体 PAH 的相对丰度比烷基化 PAH 的低(例如,图 8.26a 中的 N0<N1<N2>N3>N4)。相对应的,在有机物的部分燃烧或热解过程中会形成热解 PAH。相对于烷基化的 PAH,热解源分布图 8.26b 显示出较高的原

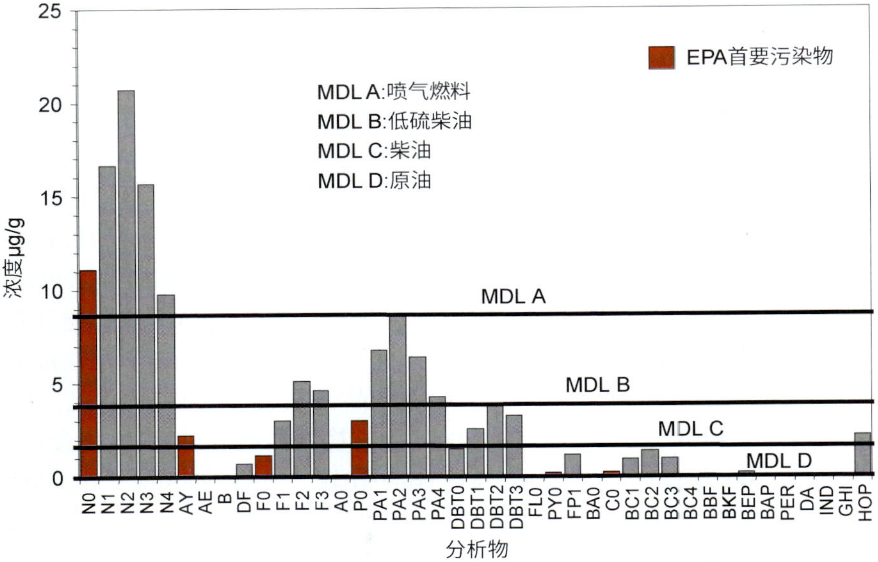

图 8.25 方法检测限(MDL)对来源特征的解释。Douglas et al.,2004

体 PAH 丰度(例如,在风化之前,图 8.26p 中的 N0>N1>N2>N3>N4)。这种向下倾斜的轮廓是由于在高温条件下烷基侧链的热裂解引起的。具有许多催化表面的热环境中产生的烷基化 PAH 的含量低于具有较少反应表面的较凉温度环境中产生的。最后,成岩源 PAH,例如惹烯(retene)和苝(perylene)(Hites et al.,1980),是由沉积物中的某些腐烂的有机碎片的氧化作用自然形成的(Wakeham et al.,1980;Venkatesan,1988)。

像之前在高分辨率碳氢化合物指纹分析(图 8.17)中讨论过的一样,选择参考样品有助于以图形方式描绘 PAH 指纹图谱的多样性(图 8.26)。例如,原油包含多种石油来源的 PAH(图 8.26a)。馏出产物在馏分的沸点范围内保持原油的 PAH 特征。柴油系列馏出物的 PAH 曲线主要是石油来源的 2 环 PAH,而 3~4 环 PAH 的相对丰度明显较低(图 8.26b)。较重的石油产品,例如#4 燃油(图 8.26c)和#6 燃油(图 8.26d),所含原油级分逐渐增加,且石油来源的 4 环 PAH 比例更高(图 8.26c 和 8.26d)。重型精炼石油馏出物(例如润滑油)经过专门蒸馏,可在具有特定工作温度和机械性能的电动机和机器中运行。新润滑油主要含有低水平的石油来源 3 环 PAH(总 EPAPAH 为 4 mg/kg),由于在汽油发动机的封闭环境内与燃烧副产物接触,因此富含风化的 2~6 环热解 PAHs(总 EPAPAH 为 710 mg/kg)(图 8.26e)(Pruell and Quinn,1988;Vazquez-Duhalt,1989)。实验室研究表明,在明火实验中,中间馏分并未积聚热解多环芳烃。燃烧过程中的成分变化与平行实验非常吻合,在平行实验中,燃料被简单蒸发(图 8.26f~8.26k)。

a. 原油
用作燃料及燃料原料的原油和煤炭包含多种石油来源的2~4环PAHs。

b. #2燃油
#2燃油包含石油来源的2~3环PAHs。可能还存在少量石油来源的4环PAHs。

c. #4燃油
#4燃油包含石油来源的2~4环PAHs。由于存在更重的石油馏分，因此与#2燃油相比，#4燃油中2环PAHs较少，而4环PAHs较多。

d. #6燃油
重质燃油，属于原油残留物的范畴。它比#2、#4燃油含有更少的2环PAHs、更多的4环PAHs（4环PAH相对含量的差异可能很小）。

e. 新/二手润滑油
用过的润滑油（如机油）是由重质馏分制成的，这些馏分经过提纯，并添加性能增强剂。由于发动机内部的热解作用，新润滑油中的PAHs含量较低，而用过的机油中PAHs的含量可以增加10倍以上。

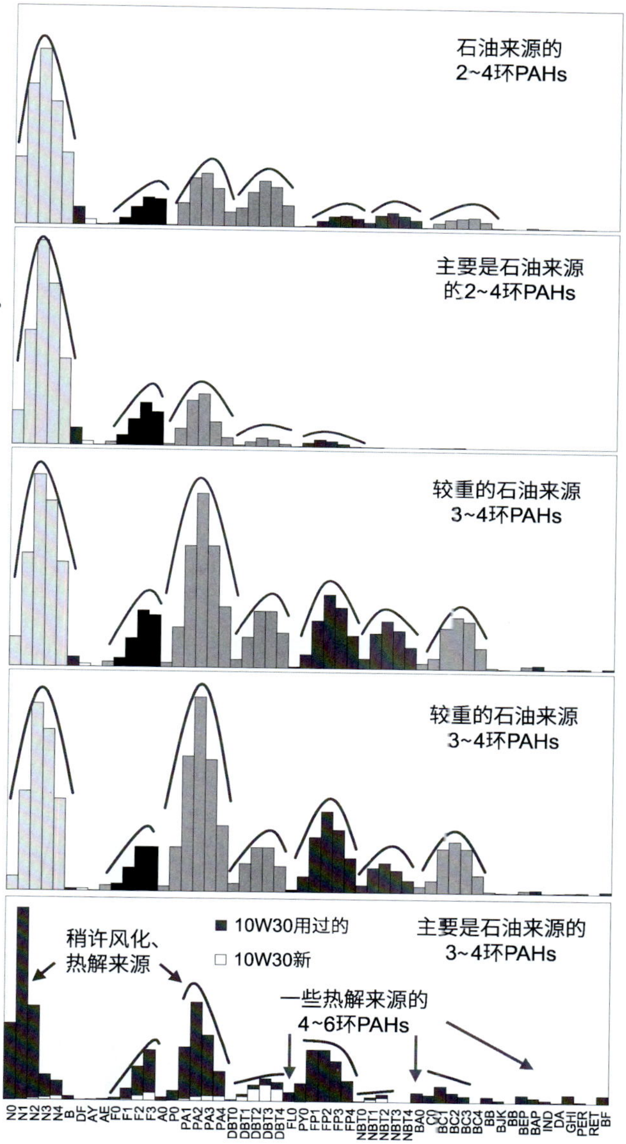

PAH化合物见表8.14，NA–未分析。

图 8.26　不同烃类来源的 PAHs 直方图

f. 煤油
这种轻质的中间石油馏出物绝大多数由2环PAHs组成。

g. 燃烧50%的煤油
燃烧导致较轻的2环PAHs首先损失。

h. 煤油燃烧残留物
燃烧导致继续损失较轻的2环PAHs。

i. 柴油
这种中间石油馏出物有分子量更宽的PAHs。燃烧过程中，重端轮廓不会显著变化。

j. 燃烧50%的柴油
燃烧导致较轻的PAHs损失。

k. 柴油燃烧残留物
燃烧后，仍有少量柴油残留。没有明显的热解源PAHs。

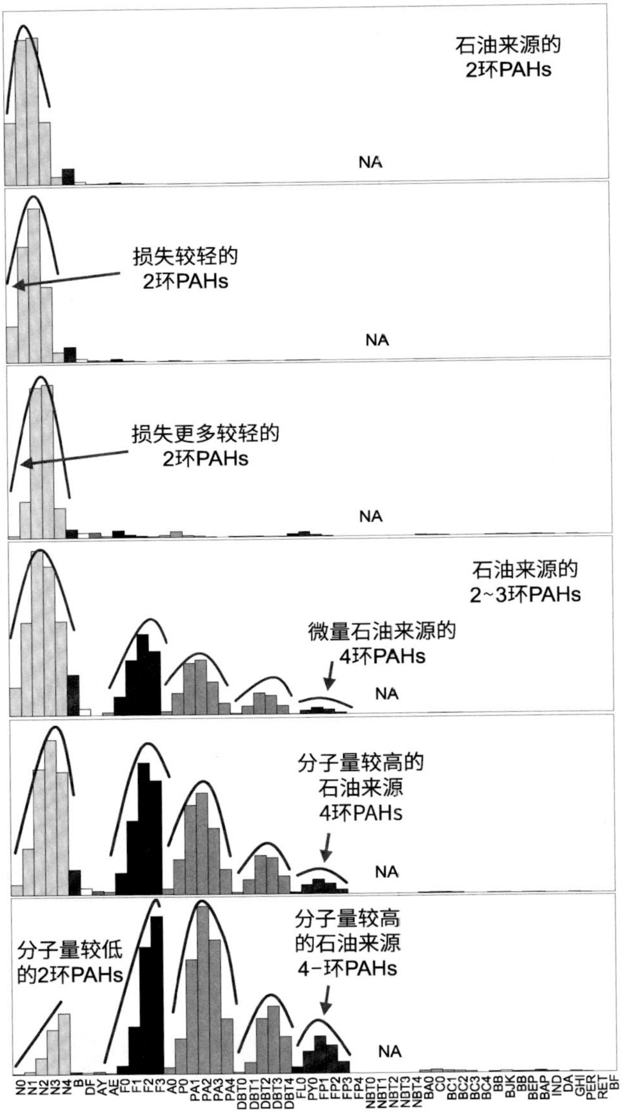

PAH化合物见表8.14，NA-未分析。

图 **8.26** 不同烃类来源的 **PAHs** 直方图(续)

l. 热修补材料
这种铺路材料由石油残留物中的重PAHs组成。它是由石油来源的2~4环PAHs与热解来源的3~6环PAHs组成的混合物。

m. 巷道路面（c.2005)
与热修补材料相似，包含石油来源和热解来源的PAHs,由于煤油溶剂的原因，2环PHAs的含量较高。

n. 巷道路面（约1940年代）
上世纪中期使用的铺路材料，经常混合了石油和焦油。在这个样品中，焦油中的热解3~6环PAHs占主要成分。

o. 巷道路面（约1940年代）
上世纪早期至中期使用，主要使用焦油。因此焦油中的热解2~6环PAHs得以在路基中保留。

p. 煤焦油
每组同系物向下倾斜的轮廓是所有热解焦油的共同特征。几种异构体比例（例如FL0：PY0）的细微变化是它们各自不同生成过程的特征。

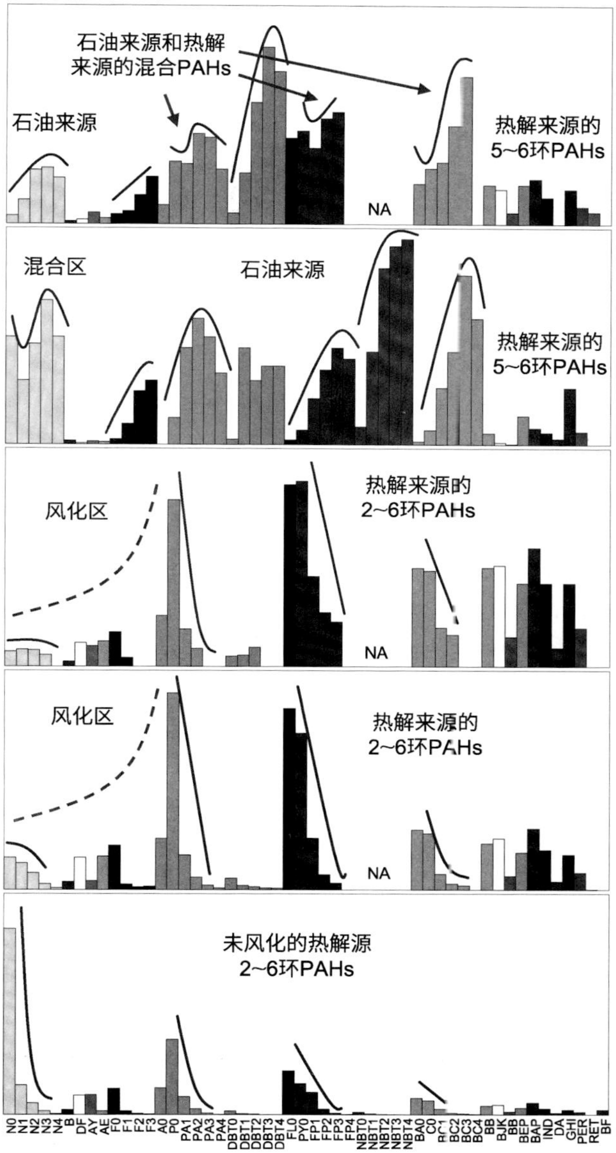

PAH化合物见表8.14，NA–未分析。

图 8.26　不同烃类来源的 **PAHs** 直方图(续)

该发现与以下事实一致：在液体燃料上方的气相中产生火焰，燃烧副产物（例如热解 PAHs）在无限制的燃烧环境中迅速上升到火焰上方。重要的是，在整个燃烧过程中，每种馏出物中较重的石油来源 PAHs 特征得以保留（质量降低 0~99%），作为一种可靠的特征，它可用于区分是消防员训练使用的燃料还是纵火案中的燃料。

路面材料和煤焦油样品显示，在铺装表面密度高的区域中，材料类型可能影响大量雨水的排放。例如，热修补材料是通常用于修复现代道路的材料。它包含重质残留石油，与轻质、中质和重质馏分去除后的原油分馏残渣相一致。经过精炼厂的大量加热和热铺设，其主要成分是石油来源的 2~4 环 PAH，并混有大量的热解 3~6 环 PAH（图 8.26l）。像热修补材料一样，现代道路路面材料含有重石油来源和热解源 PAH 的混合物，并用煤油稀释（烷基化萘升高），以促进其应用（图 8.26 m）。相比之下，较旧的路面包含不同类型的残余石油和焦油混合物（图 8.26n 和 o）。粗煤焦油样品中富含原体 2~6 环 PAH（图 8.26p），它是制成许多精制焦油产品（如杂酚油、蒽油和沥青）的原料（Emsbo-Mattingly and Mauro, 1999）。

将田间样品与可疑来源样品、参考样品进行比较是有用的，但必须考虑环境风化的情况。最近报道的一项有关 PAH 比例的稳定性研究，有助于确定在一系列风化状态下最稳定的 PAH（Uhler and Emsbo-Mattingly, 2006）。在这项研究中，用 2 环和 3 环 PAH 的总和除以 4 环和 6 环 PAH 的总和，来估算焦油的风化程度（Costa and Sauer, 2005）。这项研究表明，分子和分母中的 2 环、3 环等大多数 PAH 明显丧失了源特性（表 8.15）。某些 4 环 PAH 的诊断完整性也有所降低。最有价值的 PAH 比值所使用的化合物不会明显风化（例如 5 环和 6 环 PAH），或者以可比的速率风化（例如 DBT2/PA2、DBT3/PA3、FL0/PY0、BF/FP1、BA0/C0 和 BA0+C0/BC2+BC3）。实际上，必须凭经验来确定现场 PAH 浓度范围内最末端的 PAH 和风化状态，从而选择更有用的 PAH 比率（Douglas et al., 1996）。

表 8.15 PAH 比值稳定性。该表上部的 PAH 比值是稳定的。在易受蒸发和生物降解影响的环境中，预计表格底部的比值将以非线性或不可预测的方式变化。有关完整的 PAH 名称，请参见表 8.14。耐候指数（The Weathering Index）定义为（2 环 PAHs+3 环 PAHs）/（4 环 PAHs+6 环 PAHs）（Costa and Sauer, 2005）。

PAH 比值	蒸发			有氧生物降解			最稳定比值
	T=0 小时	T=168 小时	变化率 %	T=0 周	T=7 周	变化率 %	
耐候指数	1.68	0.22		2.05	0.06		
FL0/PY0	1.33	1.27	5%	0.74	0.65	12%	√
(BBF+BKF)/C0	1.22	1.20	2%	1.34	1.21	10%	√

续表

PAH 比值	蒸发			有氧生物降解			最稳定比值
	T=0 小时	T=168 小时	变化率 %	T=0 周	T=7 周	变化率 %	
PER/C0	0.22	0.21	2%	0.30	0.27	8%	√
BBF/BKF	1.05	1.02	2%	1.21	1.12	7%	√
FL0/(FL0+PY0)	0.57	0.56	2%	0.42	0.39	7%	√
BA0/C0	1.05	1.01	4%	0.90	0.85	5%	√
BBF/BAP	0.84	0.85	-2%	0.58	0.56	4%	√
BA0/(BA0+C0)	0.51	0.50	2%	0.47	0.46	3%	√
BF/FP1	0.20	0.21	-5%	0.09	0.09	1%	√
(BBF+BKF)/BAP	1.64	1.69	-3%	1.07	1.06	1%	√
C0/(C0+FP1)	0.54	0.48	12%	0.49	0.49	0.20%	√
IP/(IP+GH1)	0.52	0.54	-4%	0.47	0.47	0%	√
IP/GH1	1.08	1.18	-9%	0.90	0.90	0%	√
PER/BAP	0.29	0.30	-2%	0.24	0.24	-2%	√
DBT3/PA3	0.36	0.35	2%	0.42	0.43	-3%	√
BKF/BAP	0.80	0.83	-4%	0.48	0.50	-4%	√
BEP/BAP	0.60	0.61	-2%	0.62	0.64	-4%	√
DBT2/PA2	0.22	0.21	6%	0.27	0.29	-7%	√
(BA0+C0)/(BC2+BC3)	7.68	8.10	-5%	20.15	22.96	-14%	√
N0/(N2+N3)	4.75	0.02	100%	14.00	0.01	100%	
DBT0/(DBT2+DBT3)	1.74	0.30	83%	3.10	0.07	98%	
(P0+A0)/(PA2+PA3)	13.77	2.53	82%	13.57	0.37	97%	
($\sum$DBT0 - DBT4)/(BA0 + C0)	0.23	0.11	52%	0.51	0.14	72%	
BC1/FP1	0.52	0.39	24%	0.24	0.22	11%	
(FL0+PY0)/(FP2+FP3)	16.20	7.81	52%	30.26	27.50	9%	
NBT0/C0	0.13	0.18	-44%	0.21	0.23	-8%	
NBT2/BAP	0.04	0.06	-60%	0.02	0.02	-13%	
NBT3/BAP	0.02	0.03	-63%	0.02	0.02	-15%	
NBT0/BAP	0.17	0.26	-50%	0.17	0.20	-18%	
NBT2/BC2	0.16	0.27	-73%	0.27	0.33	-21%	
NBT3/BC3	0.11	0.18	-58%	0.95	1.21	-28%	
DF/F0	0.58	0.17	70%	0.17	0.51	-207%	
AE/F0	0.15	0.58	-298%	0.21	11.88	-5 501%	

如前所述，揭示烃类指纹特征的分层方法采用多条证据来识别和跟踪环境中挥发性烃的源特征。这些证据包括碳氢化合物类型的分子量（沸点）范围、源特定标志物的相对丰度和风化作用。本节中 PAH 指纹图谱的方法和示例为确定环境样品中 PAH 残留物最可能的来源提供了基础。这些芳烃的来源特征通常可由饱和烃和地质化学生物标志物补充。

8.5.2.4 案例 3：沉积物中热解多环芳烃的来源——风化杂酚油与城市背景

8.5.2.4.1 背景

城市的沉积物中含有多环芳烃（PAH），这些多环芳烃源自各种人为来源，粗略地分为"石油源"和"热解源"。石油源 PAH 富含烷基化 PAH，都是从溢出/渗漏的石油和颗粒煤中来的。而热解源的 PAH 富含原体 PAH，衍生自煤焦油（焦油或杂酚油）和燃烧（烟灰）颗粒。通常通过化学指纹来识别 PAH 的来源性质，其中包括一组完整的 PAH，从中可以测量原体和烷基化 PAH 的分布。但是，区分特定的石油源和热解源 PAH 可能更具挑战性。在这项研究中，以城市为背景，综合使用化学指纹图谱、主成分分析（PCA）和正定矩阵因子分解（PMF）来识别计算风化杂酚油产生的热解 PAH 比例，样品是来源于威斯康星州密尔沃基西北部的小梅诺莫尼河（LMR）某段 1.5 英里长的河道的沉积物（Stout and Graan，2010）。研究区域位于以前的木材处理厂下游 3.5~5.0 英里处。该厂附近和下游 3.5 英里以内的沉积物已被修复，但由于杂酚油（一种煤焦油产品，用于木材防腐）残留物的显著风化，以及小梅诺莫尼河进入城市时热解 PAH 增加，对研究区沉积物的影响变得复杂。弄清楚由风化杂酚油产生的 PAH 与城市背景中 PAH 的比例，对实施补救管理、建立适当的清理标准十分重要。

8.5.2.4.2　鉴定的方法

在 2008 年 6 月，从代表 LMR 研究区域 3.5 至 5.0 英里的表层（0~6 英寸），中间（6~15 英寸）和深层（15~24 英寸）收集了 350 个沉积物样本。使用修订的 EPA 方法 8270C 测定的 16 种首要污染物 PAH 的浓度（干重），并用主成分分析统计，结果显示杂酚油中的 PAH 明显与背景混合了。然后对 21 个代表样品进行了更详细的分析，包括 EPA 方法 8015B 和修订的 EPA 方法 8270C。接着对所有 350 个样品中 10 种高分子量 4~6 环首要污染物 PAH 的浓度进行正定矩阵因子分解（PMF）（Paatero，1997）。研究排除了分子量较低的 2 环和 3 环 PAH，因为这些 PAH 容易受到风化的影响，可能混淆来源。

8.5.2.4.3　结果

三个有混合趋势的样品的 GC/FID 色谱图和扩展 PAH 直方图显示了风化杂酚油（图 8.27a~b）、城市背景（图 8.27e~f）以及它们的混合物（图 8.27c~d）的分析结果。色谱图中未解决的复杂混合物（UCM）和已解决的生物标记物说明了润滑油/液压油的存在，这是造成城市径流/背景的主要石油来源。PAH 直方图之间的差异不那么明显，是由于风化杂酚油（图 8.27b）和城市径流/背景（图 8.27f）中含有数量较多的高分子量热解源 PAH。但是，图 8.27d 和图 8.27f 中的 PAH 直方图显示，相对于荧蒽和芘，八个致癌的 PAH（CPAH）的相对丰度逐渐增加。鉴于保留了易风化的、较低分子量的 PAH（如菲），很难用风化杂酚油来解释 CPAH 的这种增加（如图 8.27b）。因此，观察到的 CPAH 比例的增加必然反映 PAH 来源的变化，即城市背景的 PAH 贡献增加（Lee et al.，1977）。沉积物的化学指纹结果证实，首要污染物 PAH 的 PCA 所表现出的明显的混合趋势代表了含有 PAH 的烃类混合物，它们来自风化杂酚油（图 8.27a 和 b）和 LMR 中的城市背景（图 8.27e 和 f）。城市背景影响的增加是由于 LMR 下游城市化程度的提高。

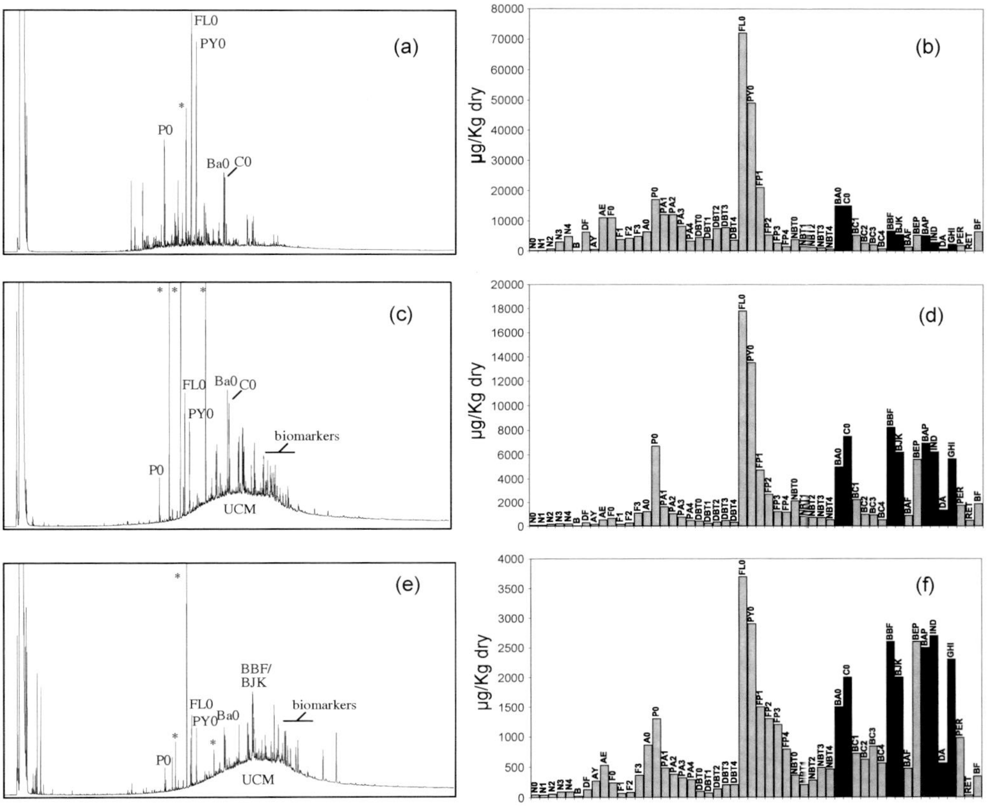

图 8.27 沉积物样品中可萃取烃的 GC/FID 色谱图(左)以及相应的原体 PAH 和烷基化 PAH 分布图(右):风化杂酚油(a~b),风化杂酚油与城市背景混合(c~d),明显的城市背景(e~f)。黑色直方图代表 8 个 CPAH。* 内标

认识到河流的沉积物包含来自风化杂酚油和城市背景的多环芳烃后,对所有 350 种沉积物的荧蒽、芘和 8 个 CPAH 进行正定矩阵因子分解分析,用于定量分析每种污染物对 CPAH 的贡献(Stout and Graan,2010 年)。图 8.28 显示了汇总结果,包括从上游到下游已研究的各位置表层沉积物(图 8.28a)、中间沉积物(图 8.28b)和深层沉积物(图 8.28c)中风化杂酚油和城市背景的 CPAH 浓度。每个直方图上都叠加了 15 mg/kg 的 CPAH 法定阈值。

结果表明,无论深度或位置如何,背景在大多数研究样本中对 CPAH 的贡献均较高。风化杂酚油仅在少数几个不连续的样品中占较高的百分比,而在上游位置(在 Appleton 道路附近)以及中、深部沉积物中(图 8.28)则更为常见。杂酚油衍生的 CPAH 离散分布表明,杂酚油仅在河中的几个位置沉积并且大部分埋在河中,靠近主要道路交叉口/桥梁,在这些地方可能有利于颗粒沉降。地表沉积物中存在的低水平杂酚油来源的 CPAH,可能归因于从上游位置迁移来的受污染沉积物(在

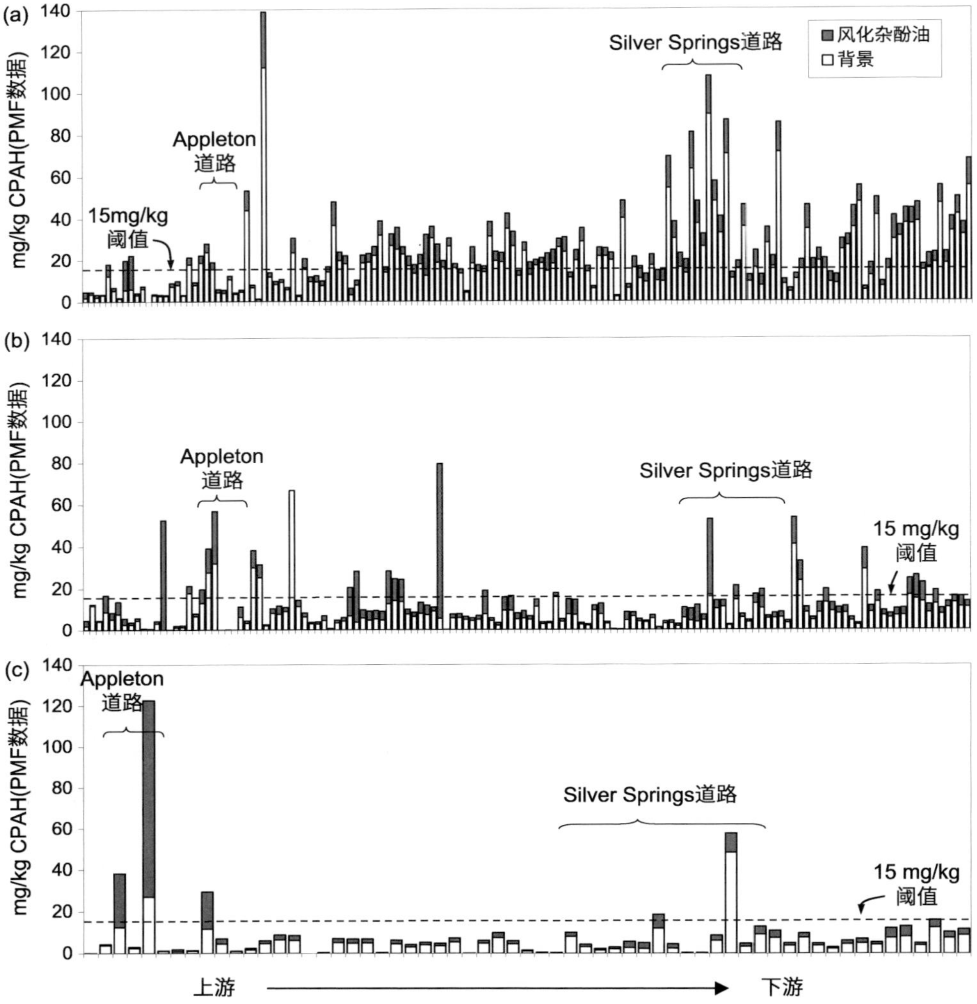

图 8.28 堆积直方图显示了河道沉积物(上游到下游)样品中用 PMF 确定的来源于风化杂酚油和城市背景的 CPAH 浓度:(a) 表层沉积物(0~6 英寸,$n=154$),(b) 中层沉积物(6~15 英寸,$n=135$)和(c) 深层沉积物(15~35 英寸,$n=61$)。图中标示了两个主要道路交叉口的位置以及 CPAH 法定阈值 15 mg/kg

被修复之前)。另一方面,源自城市背景的 CPAH 在几乎所有位置和深度都普遍存在并占主导地位(图 8.28),这表明含有 CPAH 颗粒的径流和直接沉积已严重影响了研究区域的沉积物。如果假设较深的沉积物代表较旧的沉积物,则这些趋势表明,城市背景的贡献随着时间的推移而增加,对主要道路交叉口附近的沉积物影响最大,并且在下游方向总体增加。与实际相关的事实是,来自城市背景的浅沉积物中 CPAH 的平均浓度(20±17 mg/kg)超过了为河流沉积物设定的 15 mg/kg CPAH

阈值，这是基于在木材处理设施上游（即相对落后地区）收集的有限的背景样品得出的数据。

这项工作证明了在城市沉积物来源研究中结合多种技术的价值，这种方法无须确定、收集和分析（假定）“代表性”背景样本，即可确定城市沉积物中一部分 PAHs 来源于背景，而这些样本在复杂的城市流域中甚至可能不存在。

8.5.2.5 饱和烷烃和生物标志物分析——GC/MS/SIM 法

石油和煤炭衍生材料中的饱和烷烃和地质化学生物标志物的分布，可能是有关产品类型和来源的关键指标。饱和烷烃是在鉴定石油来源产品类型中（即区分馏出物、残余石油和煤）定义的。饱和烷烃包括正构烷烃、无环类异戊二烯和正构烷基环己烷。地球化学生物标志物通常以较低的浓度存在，但却是石油和煤渣很好的耐候性来源特征（Wang et al.，1999；Stout et al.，2002）。这些生物标志物包括规则的和重排的甾烷、倍半萜、二～五环萜，以及单、三芳族甾烷（表 8.16）。饱和碳氢化合物和地球化学生物标志物共同用于表征环境中石油和煤衍生材料的来源特征。

表 8.16 生物标志物的 GC/MS/SIM 分析参数

生物标志物	峰 ID	组 ID	分子式	定量离子 (*m/z*)	液体检测限	固体检测限
重排 C15**	Q1	倍半萜	$C_{15}H_{28}$	123[1]	10 ng/L	2 μg/kg
重排 C15**	Q2	倍半萜	$C_{15}H_{28}$	123[1]	10 ng/L	2 μg/kg
8β(H)-drimane	Q3	倍半萜	$C_{15}H_{28}$	123[1]	10 ng/L	2 μg/kg
重排 C15**	Q4	倍半萜	$C_{15}H_{28}$	123[1]	10 ng/L	2 μg/kg
重排 C16***	Q5	倍半萜	$C_{16}H_{30}$	123[1]	10 ng/L	2 μg/kg
重排 C16***	Q6	倍半萜	$C_{16}H_{30}$	123[1]	10 ng/L	2 μg/kg
重排 C16***	Q7	倍半萜	$C_{16}H_{30}$	123[1]	10 ng/L	2 μg/kg
8β(H)-homodrimane	Q8	倍半萜	$C_{16}H_{30}$	123[1]	10 ng/L	2 μg/kg
重排 C14*	Q9	倍半萜	$C_{14}H_{26}$	123[1]	10 ng/L	2 μg/kg
重排 C14*	Q10	倍半萜	$C_{14}H_{26}$	123[1]	10 ng/L	2 μg/kg
C23 三环萜	T4	三萜	$C_{23}H_{42}$	191[2]	10 ng/L	2 μg/kg
C24 三环萜	T5	三萜	$C_{24}H_{44}$	191[2]	10 ng/L	2 μg/kg
C25 三环萜	T6	三萜	$C_{25}H_{46}$	191[2]	10 ng/L	2 μg/kg
C24 四环三萜	T6a	三萜	$C_{24}H_{42}$	191[2]	10 ng/L	2 μg/kg
C26 三环萜-22S	T6b	三萜	$C_{26}H_{48}$	191[2]	10 ng/L	2 μg/kg
C26 三环萜-22R	T6c	三萜	$C_{26}H_{48}$	191[2]	10 ng/L	2 μg/kg
C28 三环萜-22S	T7	三萜	$C_{28}H_{52}$	191[2]	10 ng/L	2 μg/kg
C28 三环萜-22R	T8	三萜	$C_{28}H_{52}$	191[2]	10 ng/L	2 μg/kg
C29 三环萜-22S	T9	三萜	$C_{29}H_{54}$	191[2]	10 ng/L	2 μg/kg
C29 三环萜-22R	T10	三萜	$C_{29}H_{54}$	191[2]	10 ng/L	2 μg/kg

续表

生物标志物	峰 ID	组 ID	分子式	定量离子 (m/z)	液体检测限	固体检测限
18α(H)-22,29,30-三降新藿烷-TS	T11	三萜	$C_{27}H_{46}$	191[2]	10 ng/L	2 μg/kg
17α(H)-22,29,30-三降藿烷-TM	T12	三萜	$C_{27}H_{46}$	191[2]	10 ng/L	2 μg/kg
17α(H),21β(H)-28,30-双降藿烷和 17β(H),21α(H)-28,30-双降藿烷	T14a	三萜	$C_{28}H_{48}$	191[2]	10 ng/L	2 μg/kg
17α(H),21β(H)-25-降藿烷	T14b	三萜	$C_{29}H_{50}$	191[2]	10 ng/L	2 μg/kg
30-降藿烷	T15	三萜	$C_{29}H_{50}$	191[2]	10 ng/L	2 μg/kg
18α(H)-30-降新藿烷-C29TS	T16	三萜	$C_{29}H_{50}$	191[2]	10 ng/L	2 μg/kg
17α(H)-Diahopane	X	三萜	$C_{30}H_{52}$	191[2]	10 ng/L	2 μg/kg
30-降莫烷	T17	三萜	$C_{29}H_{50}$	191[2]	10 ng/L	2 μg/kg
18α(H)和 18β(H)-齐墩果烷	T18	三萜	$C_{30}H_{52}$	191[2]	10 ng/L	2 μg/kg
藿烷	T19	三萜	$C_{30}H_{52}$	191[2]	10 ng/L	2 μg/kg
莫烷	T20	三萜	$C_{30}H_{52}$	191[2]	10 ng/L	2 μg/kg
30-升藿烷-22S	T21	三萜	$C_{31}H_{54}$	191[2]	10 ng/L	2 μg/kg
30-升藿烷-22R	T22	三萜	$C_{31}H_{54}$	191[2]	10 ng/L	2 μg/kg
伽马蜡烷	T22A	三萜	$C_{30}H_{52}$	191[2]	10 ng/L	2 μg/kg
30,31-双升藿烷-22S	T26	三萜	$C_{32}H_{56}$	191[2]	10 ng/L	2 μg/kg
30,31-双升藿烷-22R	T27	三萜	$C_{32}H_{56}$	191[2]	10 ng/L	2 μg/kg
30,31-三升藿烷-22S	T30	三萜	$C_{33}H_{58}$	191[2]	10 ng/L	2 μg/kg
30,31-三升藿烷-22R	T31	三萜	$C_{33}H_{58}$	191[2]	10 ng/L	2 μg/kg
四升藿烷-22S	T32	三萜	$C_{34}H_{60}$	191[2]	10 ng/L	2 μg/kg
四升藿烷-22R	T33	三萜	$C_{34}H_{60}$	191[2]	10 ng/L	2 μg/kg
五升藿烷-22S	T34	三萜	$C_{35}H_{62}$	191[2]	10 ng/L	2 μg/kg
五升藿烷-22R	T35	三萜	$C_{35}H_{62}$	191[2]	10 ng/L	2 μg/kg
13β(H),17α(H)-20S-双胆甾烷	S4	甾烷	$C_{27}H_{48}$	217[3]	10 ng/L	2 μg/kg
13β(H),17α(H)-20R-双胆甾烷	S5	甾烷	$C_{27}H_{48}$	217[3]	10 ng/L	2 μg/kg
13β(H),17α(H)-20S-甲基双胆甾烷	S8	甾烷	$C_{28}H_{50}$	217[3]	10 ng/L	2 μg/kg
14α(H),17α(H)-20S-胆甾烷[4]	S12	甾烷	$C_{27}H_{48}$	217[3]	10 ng/L	2 μg/kg
14α(H),17α(H)-20R-胆甾烷[5]	S17	甾烷	$C_{27}H_{48}$	217[3]	10 ng/L	2 μg/kg

续表

生物标志物	峰 ID	组 ID	分子式	定量离子（m/z）	液体检测限	固体检测限
13β(H),17α(H)-20R-乙基双胆甾烷[5]	S18	甾烷	$C_{29}H_{52}$	217[3]	10 ng/L	2 μg/kg
13β(H),17α(H)-20S-乙基双胆甾烷[4]	S19	甾烷	$C_{29}H_{52}$	217[3]	10 ng/L	2 μg/kg
14α(H),17α(H)-20S-甲基胆甾烷	S20	甾烷	$C_{28}H_{50}$	217[3]	10 ng/L	2 μg/kg
14α(H),17α(H)-20R-甲基胆甾烷	S24	甾烷	$C_{28}H_{50}$	217[3]	10 ng/L	2 μg/kg
14α(H),17α(H)-20S-乙基胆甾烷	S25	甾烷	$C_{29}H_{52}$	217[3]	10 ng/L	2 μg/kg
14α(H),17α(H)-20R-乙基胆甾烷	S28	甾烷	$C_{29}H_{52}$	217[3]	10 ng/L	2 μg/kg
14β(H),17β(H)-20R-胆甾烷	S14	甾烷	$C_{27}H_{48}$	217[3]	10 ng/L	2 μg/kg
14β(H),17β(H)-20S-胆甾烷	S15	甾烷	$C_{27}H_{48}$	217[3]	10 ng/L	2 μg/kg
14β(H),17β(H)-20R-甲基胆甾烷	S22	甾烷	$C_{28}H_{50}$	217[3]	10 ng/L	2 μg/kg
14β(H),17β(H)-20S-甲基胆甾烷	S23	甾烷	$C_{28}H_{50}$	217[3]	10 ng/L	2 μg/kg
14β(H),17β(H)-20R-乙基胆甾烷	S26	甾烷	$C_{29}H_{52}$	217[3]	10 ng/L	2 μg/kg
14β(H),17β(H)-20S-乙基胆甾烷	S27	甾烷	$C_{29}H_{52}$	217[3]	10 ng/L	2 μg/kg
C21-单芳基甾烷	MAS1	单芳基甾烷	$C_{21}H_{22}$	253[3]	10 ng/L	2 μg/kg
C22-单芳基甾烷	MAS2	单芳基甾烷	$C_{22}H_{24}$	253[3]	10 ng/L	2 μg/kg
C27-5β(H)-单芳基甾烷(20S)	MAS3	单芳基甾烷	$C_{27}H_{42}$	253[3]	10 ng/L	2 μg/kg
C27-5β(H)-单芳基甾烷(20R)	MAS4	单芳基甾烷	$C_{27}H_{42}$	253[3]	10 ng/L	2 μg/kg
C27-5α(H)-单芳基甾烷(20S)	MAS5	单芳基甾烷	$C_{27}H_{42}$	253[3]	10 ng/L	2 μg/kg
C28-5β(H)-单芳基甾烷(20S)	MAS6	单芳基甾烷	$C_{28}H_{44}$	253[3]	10 ng/L	2 μg/kg
C27-5α(H)-单芳基甾烷(20R)和 C28-5α(H)-单芳基甾烷(20S)	MAS7	单芳基甾烷	$C_{27}H_{42}/C_{28}H_{44}$	253[3]	10 ng/L	2 μg/kg
C28-5α(H)-单芳基甾烷(20R)和 C29-5β(H)-单芳基甾烷(20S)	MAS8	单芳基甾烷	$C_{28}H_{44}/C_{29}H_{46}$	253[3]	10 ng/L	2 μg/kg
C29-5α(H)-单芳基甾烷(20S)	MAS9	单芳基甾烷	$C_{29}H_{46}$	253[3]	10 ng/L	2 μg/kg

续表

生物标志物	峰 ID	组 ID	分子式	定量离子（m/z）	液体检测限	固体检测限
C28-5α(H)-单芳基甾烷(20R)和 C29-5β(H)-单芳基甾烷(20R)	MAS10	单芳基甾烷	$C_{28}H_{44}/C_{29}H_{46}$	253[3]	10 ng/L	2 μg/kg
C29-5α(H)-单芳基甾烷(20R)	MAS11	单芳基甾烷	$C_{29}H_{46}$	253[3]	10 ng/L	2 μg/kg
C20-三芳基甾体烃	TAS1	三芳基甾烷	$C_{20}H_{20}$	231[3]	10 ng/L	2 μg/kg
C21-三芳基甾体烃	TAS2	三芳基甾烷	$C_{21}H_{22}$	231[3]	10 ng/L	2 μg/kg
C26-三芳基甾体烃(20S)	TAS3	三芳基甾烷	$C_{26}H_{32}$	231[3]	10 ng/L	2 μg/kg
C26-三芳基甾体烃(20R)和 C27-三芳基甾体烃(20S)	TAS4	三芳基甾烷	$C_{26}H_{32}/C_{27}H_{34}$	231[3]	10 ng/L	2 μg/kg
C28-三芳基甾体烃(20S)	TAS5	三芳基甾烷	$C_{28}H_{36}$	231[3]	10 ng/L	2 μg/kg
C27-三芳基甾体烃(20R)	TAS6	三芳基甾烷	$C_{27}H_{34}$	231[3]	10 ng/L	2 μg/kg
C28-三芳基甾体烃(20R)	TAS7	三芳基甾烷	$C_{28}H_{36}$	231[3]	10 ng/L	2 μg/kg

注：1. 用反式十氢化萘的 RF 定量。
2. 用藿烷的 RF 定量。
3. 用 5β(H)胆烷的 RF 定量。
4. 共洗脱化合物。
5. 共洗脱化合物。
* 四甲基十氢化萘。
** 五甲基十氢化萘。
*** 六甲基十氢化萘。

用于检测、分离和测量这些半挥发性目标化合物的最佳 GC/MS 操作条件主要基于 EPA 方法 8270C：半挥发性有机化合物分析-气相色谱/质谱联用法（GC/MS）（EPA，1997）。用于生成高分辨率烃类指纹图和烷基化 PAH 的 GC 操作条件同样适用于饱和烷烃和生物标记物的测量。质谱的选样离子监测（SIM）模式可用于分析这些目标物，需要不同的监测离子（表 8.16）。每一类化合物的简略质谱图分布和保留指数可用于定性、定量分析这些耐候化合物（Wang et al.，2006；Peters et al.，2005；Stout et al.，2000a）。

在实践中，对于受烃类影响的样品，烷基化 PAH 和生物标志物分析可以同时进行。含有高 PAH 的样品（例如焦油之类的热解产物）应使用硅胶进行分离，并分析脂肪烃（F1）中的饱和烷烃和生物标志物。两种类型的校准标样适用于生物标志物的定量。第一种包括保留时间标记物（例如 5β（H）胆烷），用于确定预期的生物标记物的保留时间（Sauer and Boehm，1995）。第二种包括单个生物标志物标准品（例如 17α（H），21β（H）藿烷），可用于生成单个化合物或相似结构化合物的多浓度校准曲线和响应因子（Wang and Stout，2006；Douglas et al.，2002）。

通过比较原油(图 8.29)和煤焦油(图 8.30),可以明显看出饱和烃和地质化学生物标志物指纹图谱的特征。这些参考样品已在前面进行了讨论(图 8.23 和 8.24),并再次与完整的正构烷烃、无环类异戊二烯、正烷基环己烷、倍半萜、甾烷、三萜烷、单芳族甾烷(MAS)和三芳族甾烷(TAS)一起列出。原油中的饱和烃(图 8.29b)的分子量范围比煤焦油(图 8.30b)更宽。饱和烃之间另一个重要的来源特征差异是,与煤焦油相比(图 8.30b 和图 8.30d),原油(图 8.29b 和图 8.29d)中姥鲛烷(Pr)的相对丰度比植烷(Ph)低。另外,原油的正烷基环己烷指纹图谱较宽(图 8.29c),煤焦油的正十三烷(n - C13)洗脱范围内的指纹图谱的高斯分布更明显(图 8.30c)。尽管在正构烷烃模式中也观察到此特征,但随着正构烷烃的生物降解,它在正烷基环己烷的分布图中保留时间更长。

众所周知,风化会影响饱和烃的分布模式。当石油释放到环境中时,较轻的碳氢化合物通常会蒸发或在某些情况下溶解。此外,生物降解首先破坏正构烷烃,随后是正烷基环己烷,接着才是异戊二烯(Prince,2002;Kaplan et al.,1997)。随着时间流逝,即使是类异戊二烯也可能降解,从而使未解析的复杂混合物(UCM)几乎没有可识别的特征。但是,这种风化阶段在大多数现场中并不常见。在风化的各个阶段,饱和烃的分布,尤其是 UCM 的较晚洗脱物分布,可以作为逸出石油易识别的特征之一。煤渣中可能不会有任何显著的风化,因为在煤的复杂物理结构中,饱和烃通常能受到保护。总而言之,饱和烃有助于确定样品中石油或煤炭的类型,并具有证明风化影响的附加功能。当发生风化时,这些特征会有其他耐候性的来源特征作为旁证。

特定生物标记物的相对丰富度可帮助地质化学家根据初始有机物质(如土地和海洋生物质的类型)、沉积环境(如氧化条件和矿物底物)和形成条件(如温度、压力和留存时间)识别化石燃料储层(Peters et al.,2005)。地质化学生物标记物在加热和加压条件下存在了数千年,可以抵抗大多数自然环境下和时间范围内发生的降解过程。即使大多数较不稳定的化合物降解了,这些生物标记物也能用于区分重烃的来源。但是,它们的浓度比饱和烃低,需要灵敏的分析方法才能进行准确测量(例如 GC/MS/SIM)。几种中间馏分的倍半萜分布充分展示了不同原油原料的地质化学特征(图 8.29e 和图 8.30e 之间的分布差异)(Stout et al.,1999b,2004)。在甾烷(图 8.29f 和 8.30f)、三萜(图 8.29g 和 8.30g)以及 MAS 和 TAS(图 8.29 h 和 8.30 h)的分布中,较重烃的原油原料特征明显。在实践中,三萜类化合物具有出色的鉴别功能(Stout et al.,1999c),但根据需要,甾烷也可用于区分重质烃来源。例如,三芳基甾烷/三萜类化合物的比值在区分河道沉积物样品中的烃类是来源于道路沥青还是城市背景石油时提供了很好的依据。

对地质化学生物标志物分布的详细分析揭示了许多常见的地质化学形成过程产生的相似特征。然而,这些化合物相对丰度的许多差异反映了基于储层特征和加工影响的特定来源差异。先前在高分辨率烃类指纹图谱(图 8.17)和 PAH 分

a. 原油
（GC/FID）
主要由含少量无环异戊二烯烃的正构烷烃组成。

b. 正构烷烃
（GC/MS/SIM,*m/z* 85）
全范围正构烷烃和少量无环异戊二烯烃。

c. 烷基环己烷
（GC/MS/SIM,*m/z* 83）
FID检测器无法检测的全范围烷基环己烷。

d. 无环异戊二烯
（GC/MS/SIM,*m/z* 113）
虽然其他分析技术也能检测，不过m/z 113模式下能很清楚地分离各异戊二烯。

e. 倍半萜
（GC/MS/SIM,*m/z* 123）
柴油范围内的异戊二烯完整分布，表现出原油的指纹特征。

f. 甾烷
（GC/MS/SIM,*m/z* 217）
高分子量甾烷的完整分布，表现出原油的指纹特征。

g. 三萜
（GC/MS/SIM,*m/z* 191）
高分子量三萜的完整分布，表现出原油的指纹特征。

h. 单芳基和三芳基甾烷
（GC/MS/SIM）
高分子量MAS和TAS的完整分布，表现出原油的指纹特征。

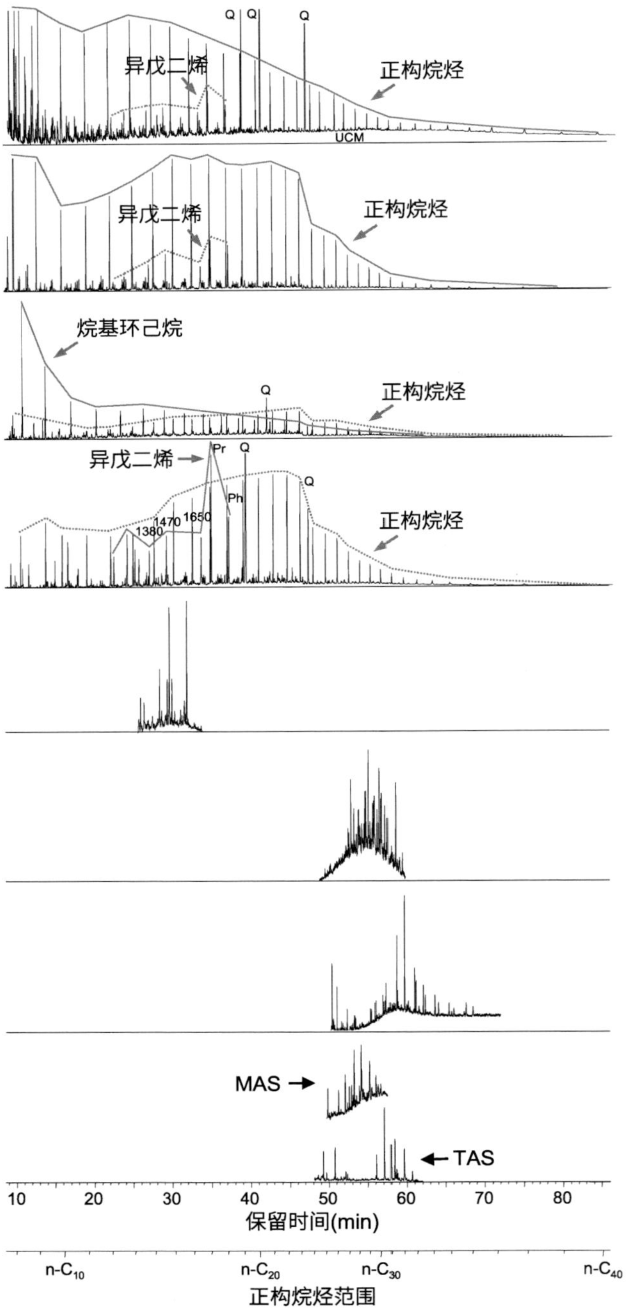

峰ID见表8.16。
Q表示质控化合物。

图 8.29 原油的 GC/FID 高分辨烃类指纹图谱、原油中饱和烃和生物标志物的指纹图谱（GC/MS）

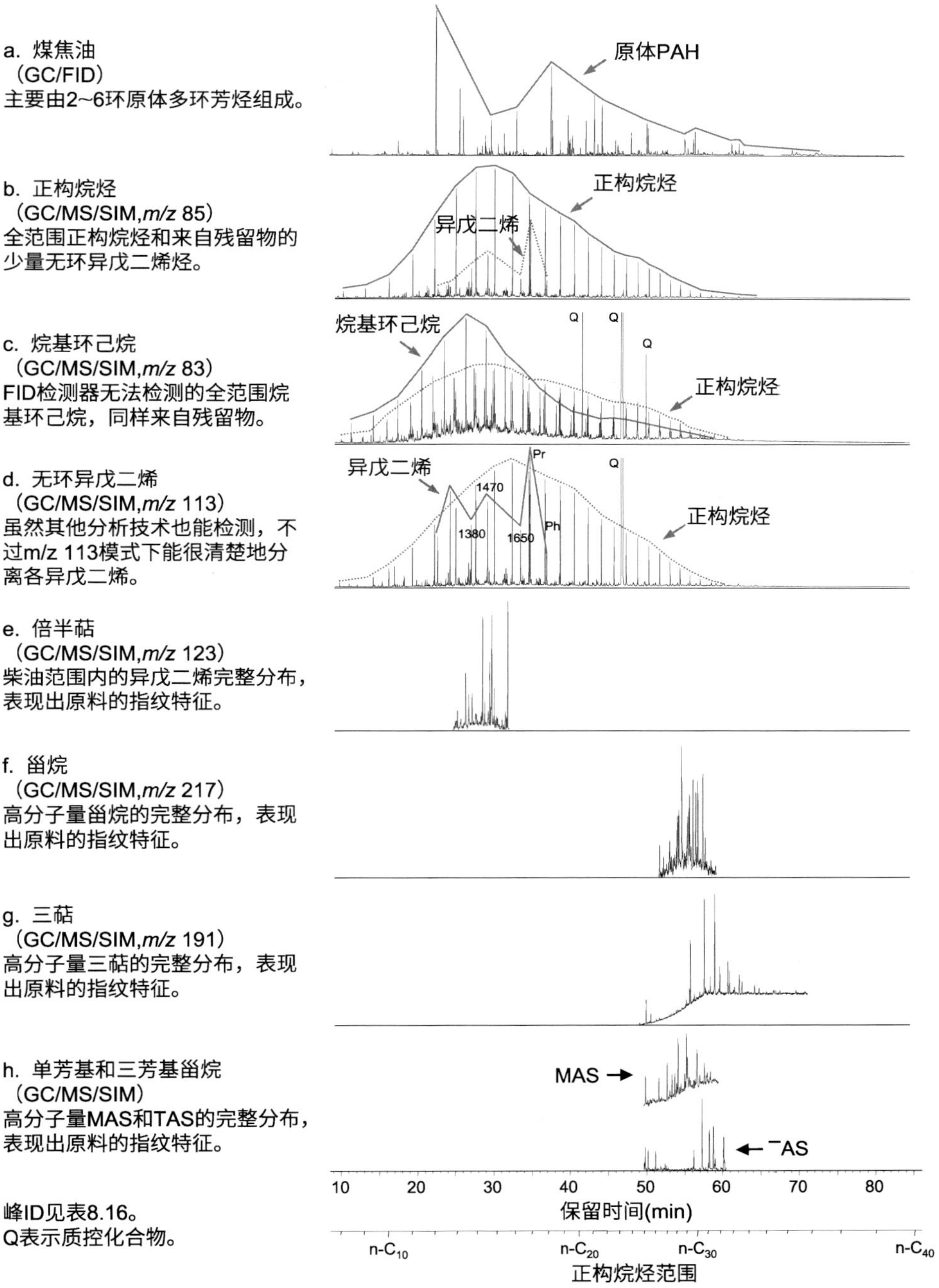

图 8.30 煤焦油的 GC/FID 高分辨烃类指纹图谱、煤焦油中饱和烃和生物标志物的指纹图谱（GC/MS）

析(图8.26)中也讨论过,选择参考样品有助于说明以三萜为代表的生物标志物的特征具有多样性(图8.31)。原油和石油产品之间最明显的差异是五环三萜和三环三萜的相对丰度,三环三萜在原油中相对含量较高(图8.31a),在2号燃油中较低(图8.31b),在重质燃料油中含量中等(图8.31c和d)。在其他指标中,相对于石油产品(图8.31a~d),润滑油样品的显著特征(图8.31e)是C_{30}-17α(H),21β(H)降藿烷(NH)的相对丰度比C_{30}-17α(H),21β(H)藿烷(H)高。正如预期的那样,由于精炼工艺,像煤油和柴油一样的中间馏分油缺乏特定形态的三萜分布,即使损失了99%的燃料质量,形态仍保持恒定(图8.31f至8.31k)。由于过度蒸馏结合现代炼油技术,巷道路面中的大量石油残留物通常缺少较轻的三环三萜(图8.31l和图8.31m)。而一些较旧的路面会含有三环三萜类生物标志物,因为在较老的精炼厂通常不会清除这些标志物(图8.31n)。从Ts:Tm和NH:H浓度比(及其他)的各种组合中可以明显看出,这些残留石油样品都表现出独特的生物标志物特征。相比之下,一些较旧的路面(图8.31o)是使用含有极少量三萜的沥青基黏合剂(图8.31p)制成的。总的来说,生物标志物的分子量分布和指征性的相对丰度比说明了可以用它们的指纹图谱作为鉴定来源的佐证,因此在大多数司法鉴定调查中广泛应用了地质化学生物标志物(Wang et al.,2006)。

8.5.2.6 案例4:河流沉积物中稀释沥青油的定性和定量分析(EPA,2014)

8.5.2.6.1 背景

2010年7月26日,主要负责方(PRP)估计大约有843 000加仑的冷凝水稀释沥青(DILBIT,一种重油)被释放到密歇根州马歇尔市附近的卡拉马祖河中。与通常留在水面的大多数原油不同,风化和沉积物颗粒的搅动增加了油滴的密度,导致油的下沉/浸没。累积的油与河底沉积物混合,使回收工作十分困难。需要使用环境损害司法鉴定方法来识别沉积物中稀释沥青的存在,并对沉积物中剩余的稀释沥青数量进行定量分析。该案的主要障碍是该区域沉积物中残留本底碳氢化合物(RBH)的含量高、变化大,对稀释沥青(DILBIT)的指纹图谱形成了干扰。

司法鉴定分析的第一步,是定义诊断化合物和比例,这些诊断化合物应具有耐候性和耐生物降解性,而且要在DILBIT和RBH之间有明显的区别。在现场调查时,技术人员很快发现,通过极化过程,可以搅动沉积物并释放出风化的DILBIT油滴和油膜,而这些油滴和油膜基本不受背景干扰。用聚四氟乙烯网收集这些油滴和油膜,并用司法鉴定方法进行分析。一旦确定了适当的诊断化合物,便可以建立混合模型以量化沉积物中DILBIT的浓度。

8.5.2.6.2 鉴定方法

技术人员对泄漏的液体油、油滴、油膜和沉积物样品,分别检测了全套化合物,包括n-C_8至n-C_{40+}的总石油烃(EPA方法8015B;图8.32)、油重、原体PAH、烷

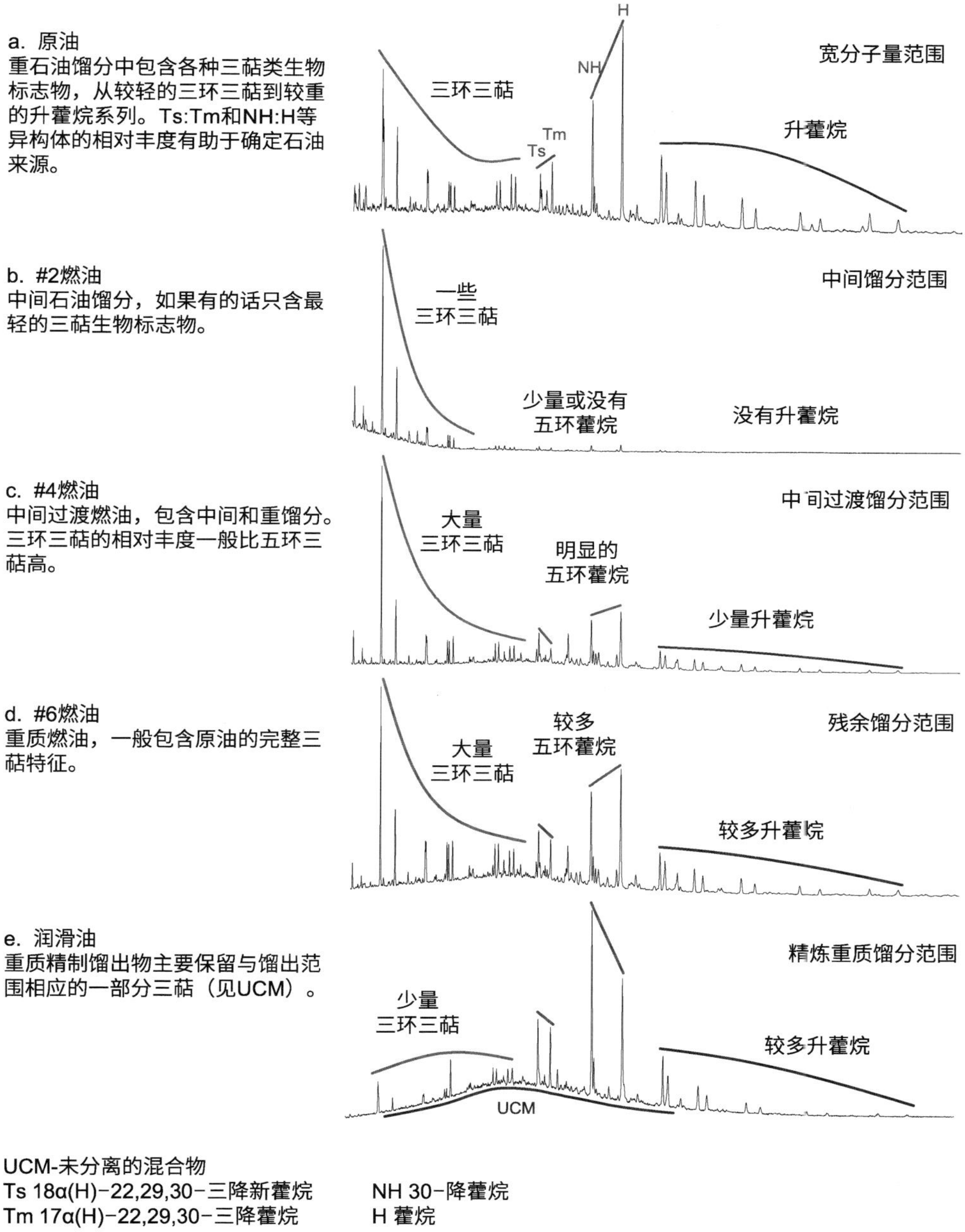

图 8.31　不同来源烃类中三萜的指纹图谱

f. 煤油
类似煤油的轻质中间馏分在三萜范围内不含重质石油烃。

g. 燃烧50%的煤油
燃烧导致较轻和略重的烃类损失。尽管如此，谱图上没有三萜。

h. 煤油燃烧残留物
当煤油的重质馏分因燃烧而浓缩至极限时，仍然没有三萜。

i. 柴油
中间石油馏出物包含少量最轻质的三环三萜。

j. 燃烧50%的柴油
当柴油范围内的一半烃类都燃烧完后，三萜的分布形态仍然保持不变。

k. 柴油燃烧残留物
当只剩下最重的中间馏分（<1%）碳氢化合物后，三萜的分布保持不变。

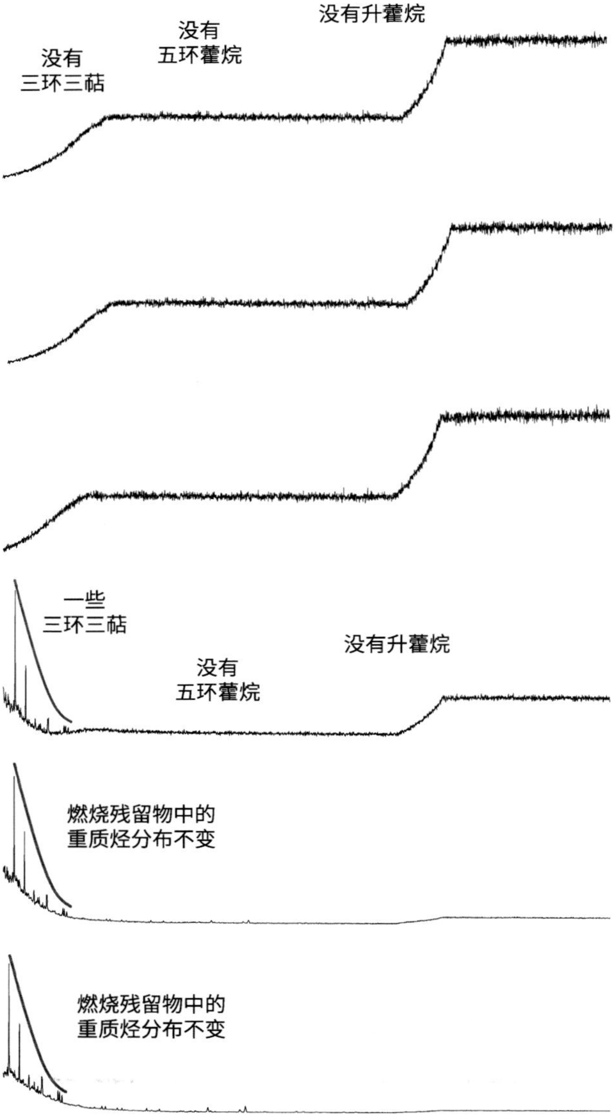

UCM−未分离的混合物
Ts 18α(H)−22,29,30−三降新藿烷
Tm 17α(H)−22,29,30−三降藿烷
NH 30−降藿烷
H 藿烷

图 8.31　不同来源烃类中三萜的指纹图谱(续)

l. 热修补材料
铺装材料经配制可在大气道路条件下保持坚固。中间和重质石油馏出物仅在石油沥青黏合剂中留下最重的三萜类化合物。

m. 巷道路面（c.2005）
与热修补材料一样，现代巷道路面中的重石油馏分来自残余馏分。

n. 巷道路面（约1940年代）
与现代石油残留物产品相比，用于铺路的石油残留物通常包含轻质烃馏分。

o. 巷道路面（约1940年代）
在1900年代初铺设的路面中发现了多种石油残留物，不过在此样本中没有显示。人行道用的黏合剂是焦油。

p. 煤焦油
煤焦油含有少量的三萜生物标志物。这个煤焦油样品中的三萜浓度与前述巷道路面一致。

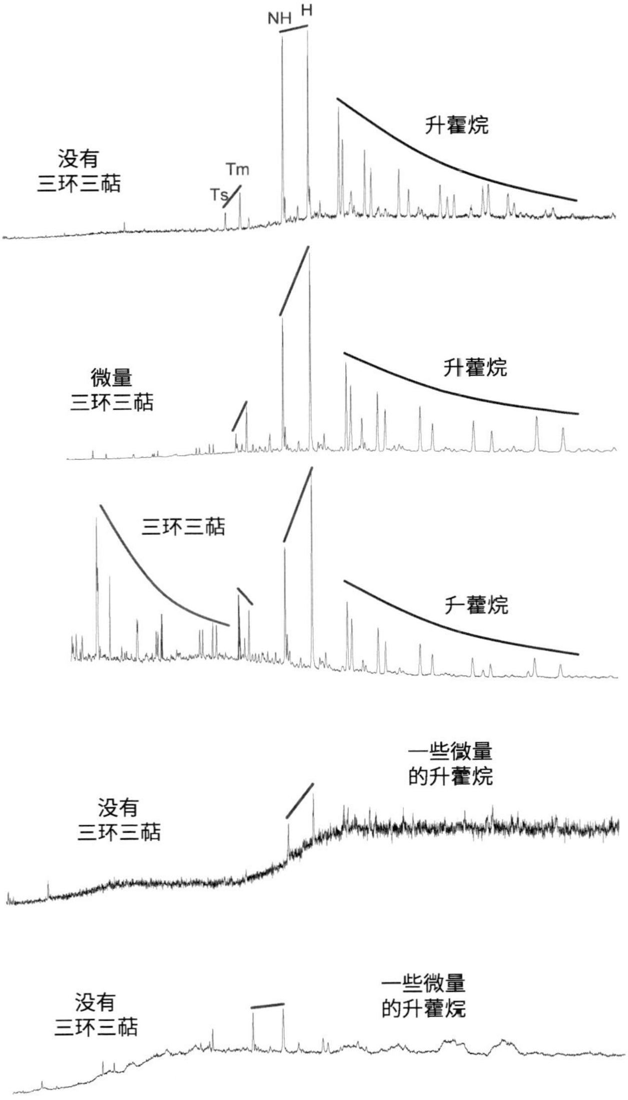

UCM-未分离的混合物
Ts 18α(H)-22,29,30-三降新藿烷
Tm 17α(H)-22,29,30-三降藿烷
NH 30-降藿烷
H 藿烷

图 8.31　不同来源烃类中三萜的指纹图谱(续)

基化 PAH、硫杂环化合物、三萜、甾烷和三芳基甾烷生物标志物。对背景沉积物的分析表明,存在与三萜、甾烷和三芳基甾烷(TAS)混合的热解源和石油源 PAH。将 DILBIT 的液体油、油膜和受 DILBIT 影响的沉积物样品与背景沉积物进行比较,发现相对于背景而言(图 8.33),三个样品中的三芳基甾体 TAS2 含量较高。

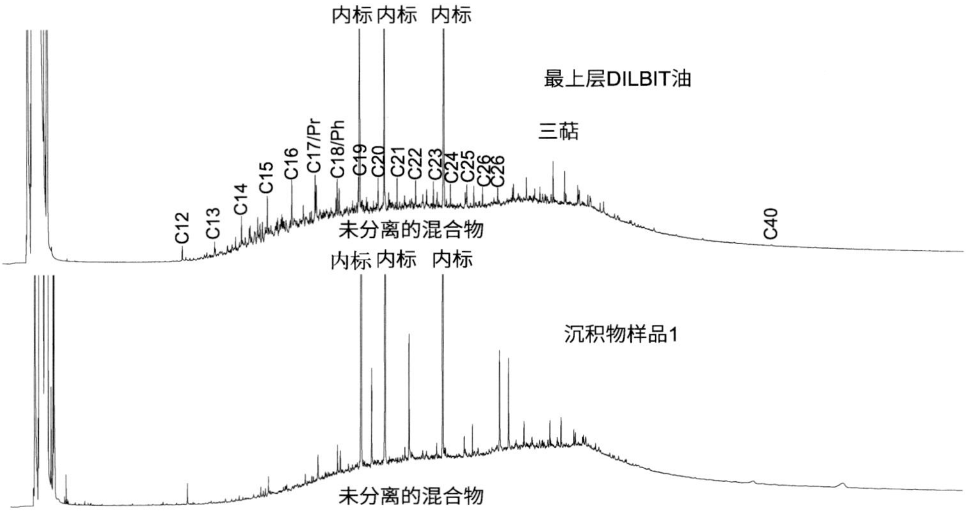

图 8.32 最上层 DILBIT 油和沉积物样品 1 的 GC/FID 色谱图

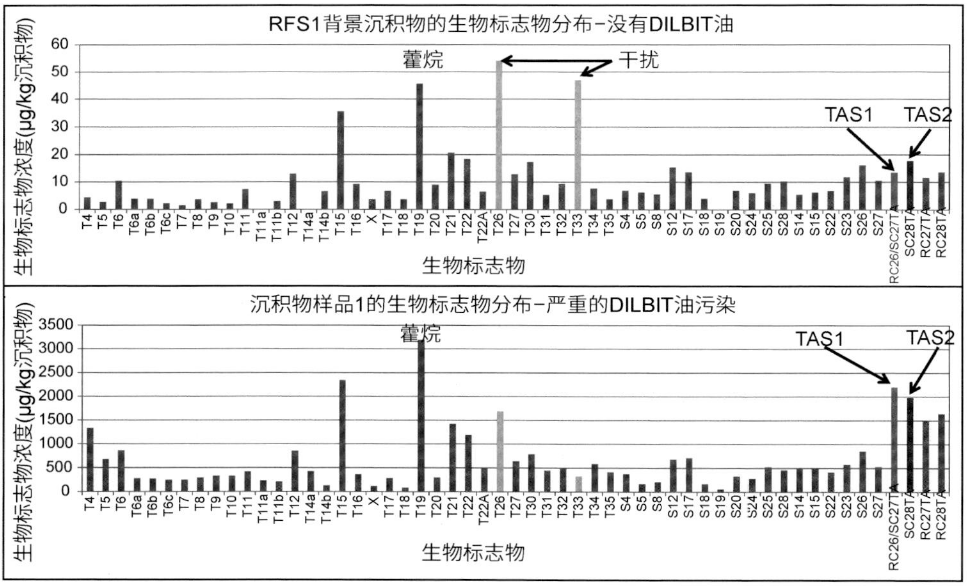

图 8.33 背景沉积物 RFS1 相对于已知 DILBIT 污染的沉积物样品 1 的生物标记物分布。相关生物标志物的缩写请参见表 8.16

8.5.2.6.3 应用

经过分析,使用 TAS2/藿烷定量比(QR)提供了足够的区分率,可以定量分析含大量 RBH 的沉积物样品中的 DILBIT(图 8.33)。技术人员最初假定溢油区内的背景油浓度相似。作为范围研究(Range Finding Study,RFS)的一部分,对代表性的背景沉积物样品进行了加标处理用于定量分析,另外还添加了不同量的最上层 DILBIT 油。选择这些参考沉积物是因为它们含有适量的 RBH,并且不含泄漏的油。使用曲线拟合程序将 RFS 的结果简化为数学方程式,并将其直接应用于各个溢油区的沉积物。相对于总石油烃计算、重量计算和来源比测量,使用 TAS2/藿烷标准品的 RFS 直接定量 DILBIT 值,变化较大且有偏差,定量结果较低(图 8.34)。经分析,这是由于相对于参考 RFS 校准沉积物,TAS2/藿烷对每个样品中含量变化的 RBH 较敏感所致。

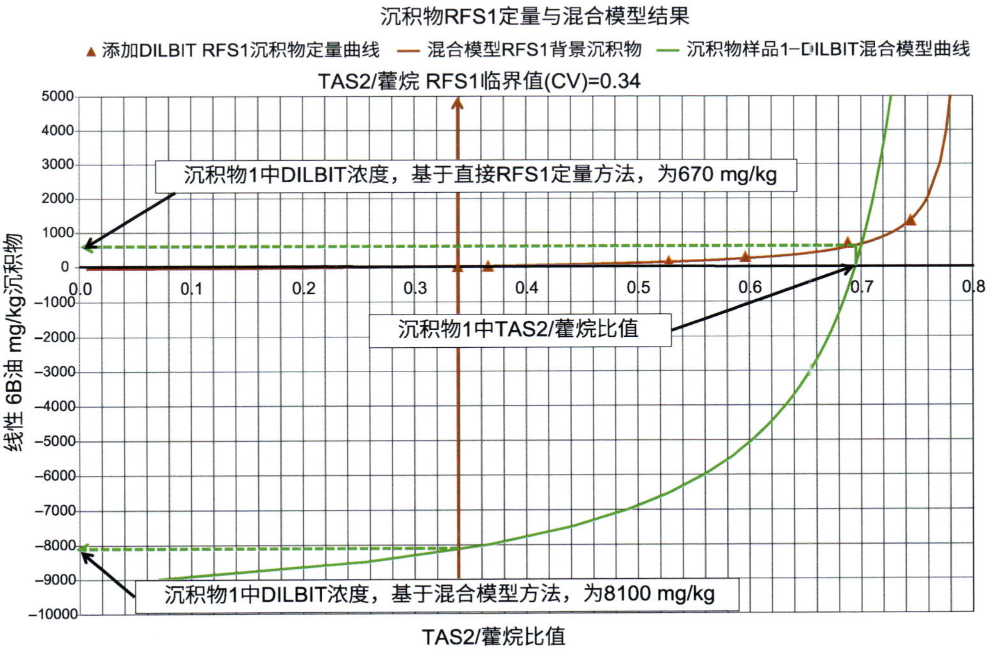

图 8.34 沉积物 DILBIT 浓度估算值的图示:直接 RFS1 DILBIT 定量计算与结合了 RBH 中 TAS2/藿烷灵敏度偏差的混合模型计算。作为对照,用沉淀物 1 中 GC/FID 测得的总石油烃换算得到的 DILBIT 浓度为 7 700 mg/kg,重量法得出的浓度为 9 700 mg/kg。用沉积物样品 1 中 C4 -二苯并噻吩浓度换算的 DILBIT 浓度为 8 400 mg/kg。RFS1 和沉积物 1 混合模型曲线的不同斜率表示 RFS1 沉积物和沉积物 1 在 DILBIT 油 TAS2/藿烷比值敏感性方面的差异

为了解决这个问题,技术人员为每个沉积物样品建立了一个两端校准混合模型。使用这种方法,溢油的计算包含了每个样品具体的 RBH 对定量比值的影响(图 8.34)。这种方法的基础是对每个沉积物样品和泄漏的 DILBIT 油中 QR 化

合物（如 TAS2 和藿烷）进行精确测量。相对于 RFS1 背景 QR，用数学方法从田野样本中添加或去除最上层 DILBIT 油，并对 QR 绘制曲线。

样品中 DILBIT 的浓度用数学上从受影响的沉积物中去除的风化 DILBIT 油的含量来定义，这样使样品中的 TAS2/藿烷比值 QR 等于未添加 DILBIT 油的参考样品 RFS1 中的 QR（参考样品的 QR 为临界值[CV]）。这种方法比 RFS 样本曲线拟合估计更为准确，因为它在油的定量结果中纳入了不同的 DILBIT 沉积物敏感性的影响。技术人员通过在 RFS 中添加最上层 DILBIT 和将已知量（检测限浓度）的 DILBIT 油添加到参考沉积物 RFS1 中，验证了该方法的有效性。此外，沉积物 1 的 DILBIT 混合模型结果（8 100 mg/kg）也与用总石油烃换算的 DILBIT 浓度（7 700 mg/kg）、重量计算浓度（9 700 mg/kg）和基于样品中 C4－二苯并噻吩换算的浓度（8 400 mg/kg）相近。与传统的直接标定方法相比，应用两端混合模型方法能对 DILBIT 沉积物浓度进行更准确的估计。

8.5.3 辅助烃类指纹技术

本章中描述的化学指纹图谱技术利用了一批范围较广的诊断标志物，它们在许多石油和焦油产品的主要烃类中都能观察到。但是，当候选的来源样品表现出非常相似的烃类分布时，其他分析方法也能提供补充证据。大多数辅助方法是在其他学科中制定的。尽管效果和成熟度不一，但是在出现数据空白的情况时，辅助方法可用于环境损害司法鉴定调查，包括常规模拟蒸馏、高温模拟蒸馏（Villalanti et al.，2000）、大量烃的稳定同位素分析、化合物特异性的稳定同位素测量、二维气相色谱法（Bertsch，1999；Frysinger Gaines et al.，1999；Frysinger et al.，2002；Gaines et al.，1999；Nelson et al.，2006）和电喷雾电离质谱法（Hughey et al.，2001；Kujawinski，2002）。有关这些方法的讨论，请参见 Douglas 等学者的著作（2007b）。像许多科学学科一样，化学指纹图谱技术也会不断发展，未来也可能会出现新的司法鉴定挑战等待人们去应对。

（孙其然）

参 考 文 献

American Society of Testing and Materials, 1997. Standard test method for determination of MTBE, ETBE, TAME, DIPE, tertiary-amyl alcohol and C1 – C4 alcohols in gasoline by gas chromatography. ASTM 05.02, 107 – 114.

Atlas, R.M., Boehm, P.D., Calder, J.A., 1981. Chemical and biological weathering of oil from the

Amoco Cadiz spillage within the littoral zone. Estuarine Coastal and Shelf Science 12, 589 – 608.

Beall, P.W., Stout, S.A., Douglas, G.S., Uhler, A., 2002. On the role of process forensics in the characterization of fugitive gasoline. Environmental Claims Journal 14 (4), 487 – 505.

Behar, F., Pelet, R., 1984. Characterization of asphaltenes by pyrolysis and chromatography. Journal of Analytical and Applied Pyrolysis 7, 121 – 135.

Bertsch, W., 1999. Two-dimensional gas chromatography. Concepts, instrumentation, and applications — Part 1: Fundamentals, conventional two-dimensional gas chromatography, selected applications. Journal of High Resolution Chromatography 22, 647 – 665.

Boehm, P.D., Farrington, J.W., 1984. Aspects of the polycyclic aromatic hydrocarbon geochemistry of recent sediments in the Georges Bank region. Environmental Science and Technology 18 (11), 840 – 845.

Boehm, P.D., Page, D.S., Gilfillan, E.S., Bence, A.E., Burns, W.A., Mankiewicz, P.J., 1998. Study of the fates and effects of the *Exxon Valdez* oil spill on benthic sediments in two bays in Prince William sound, Alaska. 1. Study design, chemistry, and source fingerprinting. Environmental Science and Technology 32, 567 – 576.

Boehm, P.D., Douglas, G.S., Brown, J.S., Page, D.S., Bence, A.E., Burns, W.A., Mankiewicz, P.J., 2000. Comment on "Natural hydrocarbon background in benthic sediments of Prince William Sound, Alaska: oil *vs* coal". Environmental Science and Technology 34, 2064 – 2065.

Bradley, L. J. N., Magee, B. H., Allen, S. L., 1994. Background levels of polycyclic aromatic hydrocarbons (PAH) and selected metals in New England urban soils. Journal of Soil Contamination 3, 349 – 361.

Bruce, L.G., 1993. Refined gasoline in the subsurface. American Association of Petroleum Geologists Bulletin 77, 212 – 224.

Buddle, W. L., Eichelberger, J. W., 1979. Organic analysis using gas chromatography/mass spectrometry — A technique & procedures manual. Ann Arbor Sciences. Ann Arbor, MI.

Chen, J., Fu, J., Sheng, G., Liu, D., Zhang, J., 1996. Diamondoid hydrocarbon ratios: Novel maturity indices for highly mature crude oils. Organic Geochemistry 25 (3/4), 179 – 190.

Colombo, J.C., Pelletier, E., Brochu, C., Khalil, M., 1989. Determination of hydrocarbon sources using n-alkane and polyaromatic hydrocarbon distribution indexes: Case Study – Rio de La Plata Estuary, Argentina. Environmental Science and Technology 23, 888 – 894.

Corseuil, H.X., Hunt, C.S., Santos, R.C., Alverez, P.J., 1998. The influence of the gasoline oxygenate ethanol on aerobic and anerobic BTX biodegradation. Water Research 32, 2065 – 2072.

Costa, H. J., Sauer, T. C., 2005. Forensic approaches and considerations in identifying PAH background. Environmental Forensics 6, 9 – 16.

Douglas, G. S., Uhler, A. D., 1993. Optimizing EPA methods for petroleum-contaminated site assessments. Environmental Testing and Analysis, May/June, 46 – 53.

Douglas, G.S., Prince, R.C., Butler, E.L., Steinhauer, W.G., 1994. The use of internal chemical indicators in petroleum and refined products to evaluate the extent of biodegradation. In: Hinchee, R. E., Alleman, B. C., Hoeppel, R. E, Miller, R. N. (Eds.), Hydrocarbon Bioremediation. Ann Arbor. Lewis Publishers, Michigan.

Douglas, G.S., Bence, A.E., Prince, R.C., McMillen, S.J., Butler, E.L., 1996. Environmental stability of selected petroleum hydrocarbon source and weathering ratios. Environmental Science and Technology 30, 2332 – 2339.

Douglas, G. S., Naughton, G., Rhodes, I., Kerr, J. M., 2001. Performance of TPHCWG analytical method for crude oils in soils. In: McMillen, S. J., Magaw, R. I., Carovillano, R. L. (Eds.), Risk-Based Decision-Making for Assessing Petroleum Impacts at Exploration and Production Sites. Department of Energy and the Petroleum Environmental Research Forum, Tulsa, OK.

Douglas, G.S., Hardenstine, J., Owens, E.H., Prince, R.C., 2002. The OSSA II pipeline oil spill: the character and weathering of the spilled oil. Spill Science & Technology Bulletin 7 (3 – 4), 135 – 148.

Douglas, G.S., Burns, W.A., Bence, A.E., Page, D.S., Boehm, P.B., 2004. Optimizing detection limits for the analysis of petroleum hydrocarbons in complex samples. Environmental Science and Technology 38 (14), 3958 – 3964.

Douglas, G. S., Stout, S. A., Uhler, A. D., McCarthy, K. J., Emsbo-Mattingly, S. D., 2007a. Advantages of quantitative chemical fingerprinting in oil spill source identification. In: Wang, Z., Stout, S.A. (Eds.), Oil Spill Environmental Forensics: Fingerprinting and Source Identification. Elsevier, Boston, MA.

Douglas, G.S., Emsbo-Mattingly, S.D., Stout, S.A., Uhler, A.D., McCarthy, K.J., 2007b. Chemical fingerprinting methods. In: Murphy, B., Morrison, R. (Eds.), Introduction to Environmental Forensics, second edition. Academic Press, Burlington, MA.

Eglinton, G., Scott, P. M., Besky, T., Burlingame, A. L., Calvin, M., 1964. Hydrocarbons of biological origin from a one- billion-year-old sediment. Science 145, 263 – 264.

Emsbo-Mattingly, S.D., Mauro, D.M., 1999. Occurrence of Refined Petroleum Products at Former Manufactured Gas Plant (MGP) Sites. International Conference on Contaminated Soil and Water, October 18 – 21, Amherst, MA.

Emsbo-Mattingly, S.D., McCarthy, K.J., Uhler, A.D., Stout, S.A., Boehm, P.D., Douglas, G. S., 2001a. Identifying and differentiating high and low temperature tars at contaminated sites. Journal of Contaminated Soil, Sediment and Water, June/July, 59 – 60.

Emsbo-Mattingly, S.D., Uhler, A.D., Stout, S.A., McCarthy, K.J., Douglas, G.S., Brown, J.S., Boehm, P.D., 2001b. Polycyclic aromatic hydrocarbon (PAH) chemistry of MGP tar and source identification in sediment. In: Coleman, A. (Ed.), Sediments Guidance Compendium. Electric Power Research Institute. Technical Report 1005216, pp. 1 – 41.

Emsbo-Mattingly, S.D., Stout, S.A., Uhler, A.D., McCarthy, K.J., 2003a. Identifying manufactured gas plant tar in the environment using chemical fingerprinting. Environmental Claims Journal 15 (4), 477 – 490.

Emsbo-Mattingly, S.D., Boehm, P.D., Coleman, A., 2003b. Identifying PAHs from Manufactured Gas Plant Sites. EPRI Technical Report 1005289, Palo Alto, CA.

EPA, 1983. Methods for chemical analysis of water and wastes. EPA – 600 – 4 – 79 – 020. Environmental Monitoring and Support Laboratory, Cincinnati, OH.

EPA, 1993a. Environmental Monitoring and Assessment Program EMAP-Estuaries Virginian Province 1993 Quality Assurance Project Plan. Office of Research and Development,

Washington, D.C.

EPA, 1993b. Guidance for assessing chemical contaminant data used for fish advisories. Volume 1. Fish sampling and analysis. EPA - 823 - R - 93 - 002. Office of Water, Washington, D.C.

EPA, 1995. Quality Assurance for Superfund Environmental Data Collection Activities-Publication 9200. 2 - 16FS, February 1993, and EPA Order 5360. 1, Draft 1995 Quality Assurance Order. Environmental Protection Agency, Washington, D.C.

EPA, 1997. Test methods for evaluating solid waste (SW - 846). Update III US Environmental Protection Agency. Office of Solid Waste and Emergency Response, Washington, D.C.

EPA, 1999a. Guidelines establishing test procedures for the analysis of oil and grease and non-polar material under the Clean Water Act and Resource Conservation and Recovery Act; Final Rule. 40 CFR Parts 136 and 260 [FRL - 6341 - 9] RIN 2040 - AC63.

EPA, 1999b. EPA's Program for Cleaner Vehicles and Cleaner Gasoline (EPA420 - F - 99 - 051, December 1999). Environmental Protection Agency, Washington D.C.

EPA, 1999c. Compendium method TO - 15. Determination of Volatile Organic Compounds (VOCs) in Air Collected in Specially-Prepared Canisters and Analyzed by Gas Chromatography/Mass Spectrometry (GC/MS). In: Compendium of Methods for the Determination of Toxic Organic Compounds in Ambient Air, Second Edition. Center for Environmental Research Information, Office of Research and Development, US Environmental Protection Agency, Cincinnati, OH.

EPA, 2000. Fuel standard feasibility. Heavy Duty Standards/Diesel Fuel RIA EPA420 - R - 00 - 026, p. 122.

EPA, 2001. The relationship between SW - 846, PBMs, and innovative analytical technologies. EPA 542 - R - 01 - 015. Office of Solid Waste and Emergency Response, Washington, D.C.

EPA, 2002a. Guidance for Developing Quality Systems for Environmental Programs. EPA QA/G - 1. EPA/240/R - 02/008. Office of Environmental Information, Washington, D.C.

EPA, 2002b. EPA Methods 3511 - Organic Compounds in Water by Microscale Solvent Extraction (MSE). Test methods for evaluating solid waste (SW - 846). US Environmental Protection Agency, Office of Solid Waste and Emergency Response, Washington, D.C.

EPA, 2002c. EPA Methods 3570 - Organic Compounds in Solids by Microscale Solvent Extraction (MSE). Test methods for evaluating solid waste (SW - 846). US Environmental Protection Agency, Office of Solid Waste and Emergency Response, Washington, D.C.

EPA, 2002d. OSWER Draft Guidance for Evaluating the Vapor Intrusion to Indoor Air Pathway from Groundwater and Soils (Subsurface Vapor Intrusion Guidance), November 2002, EPA530 - D - 02 - 004. Washington, D.C..

EPA, 2005. Waste Management System; Testing and Monitoring Activities; Final Rule: Methods Innovation Rule and SW - 846 Final Update IIIB.

EPA, 2006. SW - 846 Test Methods-Frequently Asked Questions. http://www.epa.gov/sw - 846/faqs_org.htm.

EPA, 2007. Parent and alkyl polycyclic aromatics in sediment pore water by solid-phase microextraction and gas chromatography/mass spectrometry in selected ion monitoring mode. Test methods for evaluating solid waste (SW - 846). US Environmental Protection Agency, Office of Solid Waste and Emergency Response, Washington, D.C.

EPA, 2010. Development of a Relative Potency Factor (RPF) Approach for Polycyclic Aromatic Hydrocarbon (PAH) Mixtures. EPA/635/R-08/012A, p. 4. www.epa.gov/iris.

EPA, 2014. The views expressed within this case study do not necessarily represent the views of the US EPA or the United States.

EPRI, 1995. Microscale Solvent Extraction (MSE) Methods for Analysis of Soils and Waters, Volumes I & II. EPRI Report, TR- 105317 - V1 and -V2, March 1995.

Federal Register, 1994. National Oil and Hazardous Substances Pollution Contingency Plan — Final Rule 40 CFR Parts 9 and 300.

Fogg, P.G.T., Sangster, J.M., 2003. Chemicals in the Atmosphere-Solubility, Sources and Reactivity. John Wiley, Chichester, England. ISBN 0-471-98651-8.

Fort, R. C., Schleyer, P. V. R., 1964. Adamantane: Consequences of the diamondoid structure. Chemical Reviews, 277-300.

Fort, R.C., 1976. Adamantane: The Chemistry of Diamond Molecules. Marcel Dekker, New York, NY.

Frysinger, G.S., Gaines, R.B., 1999. Comprehensive two-dimensional gas chromatography with mass spectrometry (GCxGC-MS) applied to the analysis of petroleum. Journal of High Resolution Chromatography 22, 251-255.

Frysinger, G. S., Gaines, R. B., Reddy, C. M., 2002. GC x GC — A new analytical tool for environmental forensics. Environmental Forensics 3 (1), 27-34.

Gaines, R.B., Frysinger, G.S., Hendrick-Smith, M.S., Stuart, J.D., 1999. Oil spill identification by comprehensive twodimensional gas chromatography. Environmental Science and Technology 33, 2106-2112.

Gibbs, L.M., 1990. Gasoline Additives — When and Why. SAE Technical Paper Series Int'l. Fuels and Lubricants Mtg. & Exposition, Tulsa, OK, p. 21.

Gibbs, L.M., 1993. How gasoline has changed. SAE International Fuels and Lubricants Meeting and Exposition. SAE — The Engineering Society for Advancing Mobility Land Sea Air and Space International, Warrendale, PA. SAE Technical Paper 932828, pp. S01007-S010025.

Greimann, D.E., Zohn, A.I., Plourde, K.L., Reilly, T.R., 1995. Teflon Nets: A Novel approach to Thin Film Oil Sampling. Proceedings of the 1995 International Oil Spill Conference, p. 519.

Grice, K., Alexander, R., Kagi, R. I., 2000. Diamondoid hydrocarbon ratios as indicators of biodegradation in Australian crude oils. Organic Geochemistry 31, 67-73.

Guetens Jr., E.G., DeJovine, J.M., Yogis, G.J., 1982. TBA aids methanol/fuel mix. Hydrocarbon Processing May, 113-117.

Hawthorne, S. B., Grabanski, C. B., Miller, D. J., Kreitenger, J. P., 2005. Solid phase microextraction measurements of parent and alkyl polycyclic hydrocarbons in milliliter sediment pore water samples and determination of K_{DOC} values. Environmental Science and Technology 39, 2795-2803.

Hawthorne, S.B., Grabanski, C.B., Miller, D.J., 2006. Measured partitioning coefficients for parent and alkyl polycyclic aromatic hydrocarbons in 114 historically contaminated sediments: Part 1. Koc values. Environmental Toxicology and Chemistry 25 (11), 2901-2911.

Hites, R.A., Laflamme, R.E., Windsor Jr, J.G., 1980. Polycyclic aromatic hydrocarbons in an anoxic sediment core from the Pettaquamscutt River (Rhode Island, U. S. A). Geochimca Et

Cosmochimica Acta 44, 873 – 878. http://www.epa.gov/region05/enbridgespill/.

Hughey, C.A., Hendrickson, C.L., Rodgers, R.P., Marshall, A.G., 2001. Elemental composition analysis of processed and unprocessed Diesel fuel by electrospray ionization Fourier transform ion cyclotron resonance mass spectrometry. Energy and Fuels 15, 1186 – 1193.

Issac, H.J., 2001. A Century of Separation Science. Marcel Dekker, New York, NY.

Jennings, W., 1980. Evolution and application of the fused silica column. Journal of High Resolution Chromatography and Chromatography Communications 3, 601 – 608.

Jennings, W., 1987. Analytical Gas Chromatography. Academic Press, NewYork, NY.

Johnson, M. D., Morrison, R. D., 1996. Petroleum fingerprinting: dating a gasoline release. Environmental Protection Sept., 37 – 39.

Johnson, G. W., Ehrlich, R., Full, W., Ramos, S., 2007. Principle component analysis and receptor models in environmental forensics. In: Murphy, B., Morrison, R. (Eds.), Introduction to Environmental Forensics, second ed. Academic Press, New York, NY, pp. 205 – 260.

Kaplan, I.R., Galperin, Y., Alimi, H., Lee, R.P., Lu, S.-T., 1996. Patterns of chemical changes during environmental alteration of hydrocarbon fuels. Ground Water Monitoring and Remediation, Fall, 113 – 124.

Kaplan, I.R., Galperin, Y., Lu, S.-T., Lee, R.-P., 1997. Forensic environmental geochemistry: differentiation of fuel-types, their sources and release time. Organic Geochemistry 27, 289 – 317.

Kelly, T.J., Holdren, M.W., 1995. Applicability of canisters for sample storage in the determination of Hazardous Air Pollutants. Atmospheric Environment 29, 2595 – 2608.

Kennicutt II, M.C., 1988. The effect of biodegradation on crude oil bulk and molecular composition. Oil and Chemical Pollution 4, 89 – 112.

Koester, C., 1999. Evaluation of Analytical Methods for the Detection of Ethanol in Ground and Surface Water. In: Rice, D., Gannon, G. (Eds.), Potential Ground and Surface Water Impacts. Lawrence Livermore National Laboratory Report UCRL-AR – 135949, Livermore, CA.

Koester, C., 2001. Evaluation of storage and analysis protocols for environmental water samples containing ethanol. Lawrence Livermore National Laboratory, Livermore, CA.

Kujawinski, E. B., 2002. Electrospray ionization Fourier Transform ion cyclotron resonance mass spectrometry (ESI FT-ICR MS): Characterization of complex environmental mixtures. Environmental Forensics 3, 207 – 216.

LaFleur, L., Tatum, V., Borton, D., Gholson, A., Louch, J., 1998. Current state of knowledge concerning selected sesquiterpenes, diterpene hydrocarbons, and related compounds. National Council of the Paper Industry for Air and Stream Improvement, Inc. (NCASI), Research Triangle Park, NC, p. 14.

Lautamo, R., Schirmer, R., Jennings, W., 1998. A brief history of column developments in gas chromatography. American Laboratory 30 (25), 28 – 32.

Lee, M.L., Prado, G.P., Howard, J.B., Hites, R.A., 1977. Source identification of urban airborne PAHs by GC/MS and high resolution MS. Biomedical Mass Spectrometry 4, 182 – 186.

Lee, M.L., Vassilaros, D.L., White, C.M., Novotny, M., 1979. Retention indices for programmed-temperature capillary column gas chromatography of polycyclic aromatic hydrocarbons. Analytical Chemistry 51 (6), 768 – 773.

Macchia, T., Mancinelli, R., Gentili, S., Lugaresi, E.C., Raponi, A., Taggi, F., 1995. Ethanol in biological fluids-headspace GC measurement. Journal of Analytical Toxicology 19, 241 – 246.

Maney, J. P., Wait, A. D., 1991. The importance of measurement integrity. Environmental Lab 3 (5), 20 – 25.

Mauro, D., 2000a. Chemical source attribution at former MGP sites. EPRI Technical Report No. 1000728, EPRI, Palo Alto, CA.

Mauro, D., 2000b. Simultaneous Determination of Volatile and Semivolatile Organic Compounds in Soil. Remediation 10 (4), Autumn, p. 65 – 81.

Mauro, D., Emsbo-Mattingly, S. D., 1999. Simultaneous measurement of volatile and semivolatile compounds: Introducing methods 3511 and 3570. 15th Annual International Conference on Contaminated Soils and Water, October 18 – 21, Amherst, MA.

McCarthy, K. J., Uhler, R. M., 1994. Optimizing gas chromatography conditions for improved hydrocarbon analysis. Proceedings Ninth Annual Conference on Contaminated Soils, Amherst, MA.

McCarthy, K.J., Uhler, A.D., Stout, S.A., 1998. Weathering affects petroleum identification. Soil & Groundwater Cleanup, Aug/Sept.

McCarthy, K.J., Mattingly, S.D., Uhler, A.D., Rezendes, A., Stout, S.A., Douglas, G.S., 2006. Forensic Characterization of Subsurface and Indoor Air for Evidence of Vapor Intrusion at Contaminated Sites. 16th Annual AEHS Meeting & West Coast Conference on Soils, Sediments and Water, San Diego, CA.

McCarver-May, D.G., Durisin, L., 1997. An accurate, automated, simultaneous gas chromatographic headspace measurement of whole blood ethanol and acetaldehyde for human *in vivo* studies. Journal of Analytical Toxicology 21, 134 – 141.

McLafferty, F.W., Turecek, F., 1993. Interpretation of Mass Spectrometry. University Science Books, Sausalito, CA.

Morrison, R.D., 2000. Environmental Forensics. CRC Press, Boca Raton, FL, p. 351.

Mulroy, P.T., Ou, L.-T., 1998. Degradation of tetraethyllead during the degradation of leaded gasoline hydrocarbons in soil. Environmental Toxicology and Chemistry 17, 777 – 782.

Nelson, R.K., Kile, B.M., Plata, D.L., Sylva, S.P., Xu, L., Reddy, C.M., Gaines, R.B., Frysinger, G.S., Reichenbach, S.E., 2006. Tracking the weathering of an oil spill with comprehensive two-dimensional gas chromatography. Environmental Forensics 7, 33 – 44.

NIST, 2006. NIST/EPA/NIH Mass Spectral Library with Search Program (Data Version: NIST 05, Software Version 2.0d). National Institute of Standards and Technology, Gaithersburg, MD.

NOAA, 1993. Trace organic analytical procedures. Sampling and Analytical Methods of the National Status and Trends Program Mussel Watch Project: 19984 – 1992. NOAA Technical Memorandum NOS/ORCA 71. National Oceanic and Atmospheric Administration, Silver Spring, MD.

NOAA, 1998. Trace organic analytical procedures. Sampling and Analytical Methods of the National Status and Trends Program Mussel Watch Project: 1993 – 1996 Update. NOAA Technical Memorandum NOS/ORCA/CMBAD 130. National Oceanic and Atmospheric Administration, Silver Spring, MD.

NOAA, 2002. NOAA Damage Assessment Center Rapid Assessment Program Sampling Guidelines.

NOAA, 2011. Analytical Quality Assurance Plan: Mississippi Canyon 252 (Deepwater Horizon) Natural Resource Damage Assessment. Version 2.2 Section 6, pp. 20 – 30.

Nordtest, 1991. Nordtest Method. Oil spill identification. NORDTEST, Esbo, Finland. p. 24.

Novotny, M., Strand, J.W., Smith, S.L., Wiesler, D., Schwende, F.J., 1980. Compositional studies of coal tar by capillary gas chromatography/mass spectrometry. Fuel 60, 213 – 220.

Overton, E.B., McFall, J.A., Mascarella, S.W., Steele, C.F., Antoine, S.A., Politzer, I.R., Laseter, J.L., 1981. Identification of petroleum residue sources after a fire and oil spill. Proceedings of the 1981 Oil Spill Conference. American Petroleum Institute Publication 720, 541 – 546.

Paatero, P., 1997. Least squares formulation of robust non-negative factor analysis. Chemometrics and Intelligent Laboratory Systems 37, 23 – 35.

Page, D.S., Boehm, P.D., Douglas, G.S., Bence, A.E., 1995. Identification of hydrocarbon sources in benthic sediments of Prince William Sound and the Gulf of Alaska following the *Exxon Valdez* oil spill. In: Wells, Peter G., Butler, James N., Hughes, Jane S. (Eds.), Exxon Oil Spill: Fate and Effects in Alaskan Waters, ASTM Special Technical Publication #1219. American Society for Testing and Materials, Philadelphia, PA.

Peters, K.E., Scheuerman, G.L., Lee, C.Y., Moldowan, J.M., Reynolds, R.N., Pena, M.M., 1992. Effects of refinery processes on biological markers. Energy Fuels 6, 560 – 577.

Peters, K.E., Moldowan, J.M., 1993. The Biomarker Guide. Prentice Hall Inc., Englewood Cliffs, NJ, p. 363.

Peters, K.E., Walters, C.C., Moldowan, J.M., 2005. The Biomarker Guide, second edition, Vols. 1 & 2. Cambridge University Press, New York, NY.

Prince, R.C., 2002. Biodegradation of Petroleum and other hydrocarbons. In: Bitton, G. (Ed.), Encyclopedia of Environmental Microbiology. John Wiley, New York, pp. 2402 – 2416.

Prince, R.C., Parkerton, T.F., Lee, C., 2007. The primary aerobic biodegradation of gasoline hydrocarbons. Environmental Science and Technology 41, 3316 – 3321.

Pruell, R.J., Quinn, J.Q., 1988. Accumulation of polycyclic aromatic hydrocarbons in crankcase oil. Environmental Pollution 49 (2), 89 – 97.

Quinn, J.G., Latimer, J.S., 2003. Protocols for the collection of water, sediment, and tissue samples for chemical analysis of petroleum hydrocarbons. Prepared for the RIOST OIL-Spill Science Workshop, November 24.

Sauer, T.C., Boehm, P.D., 1991. The use of defensible analytical chemical measurements for oil spill natural resources damage assessment. Proceedings of the International Oil Spill Conference, p. 363.

Sauer, T.C., Uhler, A.D., 1994 – 1995. Pollutant source identification and allocation: advances in hydrocarbon fingerprinting. Remediation, Winter, 25 – 50.

Sauer, T.C., Boehm, P.D., 1995. Hydrocarbon chemistry analytical methods for oil spill assessment. Marine Spill Response Corporation Technical Report Series 95 – 032.

Schantz, M.M., Kucklick, J., 2011. NIST Interlaboratory analytical comparison study to support Deepwater Horizon Natural Resource Damage Assessment: Description and results for crude oil QA10OIL01. Report No. NISTIR7793.

Shaw, D.G., McIntosh, D.J., Smith, E.R., 1979. Arene and alkane hydrocarbons in nearshore Beaufort Sea sediments. Estuarine Coastal Marine Science 9, 435-449.

Squillace, Paul J., Pope, Daryll A., Price, Curtis V., 1995. Occurrence of the gasoline additive MTBE in shallow ground water in urban and agricultural areas. FS-114-95. United States Geological Survey. National Water Quality Assessment Program, Rapid City, SD, p. 4.

Stout, S.A., Davidson, J.M., McCarthy, K.J., Uhler, A.D., 1999a. Gasoline Additives — Usage of lead and MTBE. Soil & Groundwater Cleanup, Feb/Mar.

Stout, S. A., McCarthy, K. J., Seavey, J. A., Uhler, A. D., 1999b. Application of low boiling biomarkers in assessing liability for fugitive middle distillate petroleum products. Proceedings of the 9th Ann. West Coast Conf. Contaminated Soils and Water, March (Abstract).

Stout, S.A., Uhler, A.D., McCarthy, K.J., 1999c. Biomarkers — Underutilized components in the forensic toolkit. Soil & Groundwater Cleanup, June/July, 58-59.

Stout, S.A., Naples, W.P., Uhler, A.D., McCarthy, K.J., Roberts, L.G., Uhler, R.M., 2000a. Use of quantitative biomarker analysis in the differentiation and characterization of spilled oil. SPE 61460. Prepared for Presentation at the SPE International Conference on Health, Safety, and the Environment in Oil and Gas Exploration and Production. June, 15, Stavanger, Norway. Society of Petroleum Engineers, Inc., Richardson, TX, pp. 26-28.

Stout, S. A., Uhler, A. D., McCarthy, K. J., 2000b. Recognizing the confounding influences of 'background' contamination in "fingerprinting" investigations. Soil, Sediment & Groundwater, Feb./Mar, 35-38.

Stout, S.A., Uhler, A.D., McCarthy, K.J., Emsbo-Mattingly, S.D., 2002. Chemical Fingerprinting of Hydrocarbons. In: Murphy, B., Morrison, R. (Eds.), Introduction to Environmental Forensics. Academic Press, New York, NY, pp. 135-260.

Stout, S.A., Uhler, A.D., McCarthy, K.J., 2004. Characterizing the source of fugitive middle distillate fuels — A case study involving railroad Diesel fuel, Mandan, North Dakota. Environmental Claims Journal 16 (2), 157-172.

Stout, S.A., Uhler, A.D., McCarthy, K.J., 2005. Middle distillate fuel fingerprinting using drimane-based bicyclic sesquiterpanes. Environmental Forensics 6 (3), 241-252.

Stout, S.A., Douglas, G.S., Uhler, A.D., 2006. Automotive gasoline. In: Murphy, B., Morrison, R. (Eds.), Environmental Forensics: A Contaminant Specific Approach. Elsevier, San Francisco, CA, pp. 466-531.

Stout, S.A., Graan, T.P., 2010. Source apportionment of PAHs in sediments of Little Menomonee River, Wisconsin: Weathered creosote versus urban background. Environmental Science and Technology 44 (8), 2932-2939.

Tangerman, A., 1997. Highly sensitive gas chromatographic analysis of ethanol in whole blood, serum, urine, and fecal supernants by the direct injection method. Clinical Chemistry 43, 1003-1009.

Tswett, M., 1906. Ber. Dtsch. Bot. Ges 24, 316.

Uhler, A.D., Stout, S.A., McCarthy, K.J., 1998-1999. Increase success of assessments at petroleum sites in 5 steps. Soil & Groundwater Cleanup, Dec/Jan, 13-19.

Uhler, A. D., Emsbo-Mattingly, S. D., 2006. Environmental stability of PAH source indices in pyrogenic tars. Bulletin of Environmental Contamination and Toxicology.

Uhler, A. D., McCarthy, K. J., Emsbo-Mattingly, S. S., Stout, S. A., Douglas, G. S., 2010. Predicting chemical 'fingerprints' of vadose zone soil gas and indoor air from non-aqueous phase liquid composition. Environmental Forensics 11, 342 - 354.

Uhler, R. M., Healey, E. M., McCarthy, K. J., Uhler, A. D., Stout, S. A., 2003. Molecular fingerprinting of gasoline by a modified EPA 8260 gas chromatography/mass spectrometry method. International Journal of Environmental Analytical Chemistry 83 (1), 1 - 20.

Vazquez-Duhalt, R., 1989. Environmental impact of used motor oil. The Science of the Total Environment 79, 1 - 23.

Venkatesan, M.I., 1988. Occurrence and possible sources of perylene in marine sediments — A review. Marine Chemistry 25, 1 - 27.

Villalanti, D. C., Raia, J. C., Maynard, J. B., 2000. High-temperature Simulated Distillation Applications. In: Meyers, R. A. (Ed.), Petroleum Characterization in Encyclopedia of Analytical Chemistry. John Wiley & Sons Ltd., Chichester, UK, pp. 6726 - 6741.

Wait, D. A., 2000. Evolution of organic analytical methods in environmental forensic chemistry. Environmental Forensics 1, 37 - 46.

Wait, D. A., Douglas, G. S., 1995. QA for non-standard analytical methods. Environmental Lab. 7 (6), 30 - 34.

Wakeham, S.G., Schaffner, C., Giger, W., 1980. Polycyclic aromatic hydrocarbons in recent lake sediments — I. Compounds having anthropogenic origins. Geochimca Et Cosmochimica Acta 44, 403 - 413.

Wakim, J.M., Schwendener, H., Shimosato, J., 1990. Gasoline octane improvers. CEH Marketing Research Report, SRI International, Menlo Park, CA.

Wang, Z., Fingas, M., Li, K., 1994a. Fractionation of a light crude oil and identification and quantitation of aliphatic, aromatic, and biomarker compounds by GC-FID and GC-MS, part I. Journal of Chromatography Science 32, 361 - 382.

Wang, Z., Fingas, M., Sergy, G., 1994b. Study of 22 - year-old Arrow oil samples using biomarker compounds by GC/MS. Environmental Science and Technology 28, 1733 - 1746.

Wang, Z., Fingas, M., 1999. Identification of the Patent source (s) of unknown spilled oils. 1999 International Oil Spill Conference. Paper #162, p. 9.

Wang, Z., Fingas, M., Page, D. S., 1999. Oil spill identification. Journal of Chromatography A 842, 369 - 411.

Wang, Z., Stout, S. A., 2006. Oil Spill Environmental Forensics: Fingerprinting and Source Identification. In: Wang, Z., Stout, S. A. (Eds.). Elsevier, Boston, MA.

Wang, Z., Stout, S. A., Fingas, M., 2006. Forensic fingerprinting of biomarkers for oil spill identification and source identification (A Review). Environmental Forensics 7, 105 - 146.

Waples, D.W., Machihara, T., 1990. Application of sterane and triterpane biomarkers in petroleum exploration. Bulletin of Canadian Petroleum Geology 38, 357 - 380.

Watts, M.T., MacDonald, O.L., 1990. The effect of sodium chloride concentration, water content, and protein on the gas chromatographic headspace analysis of ethanol in plasma. American Journal of Clinical Pathology 93, 357 - 362.

Wingert, W. S., 1992. GC-MS analysis of diamondoid hydrocarbons in Smackover petroleums.

Fuel 71, 37 – 43.

Youngblood, W. W., Blumer, M., 1975. Polycyclic aromatic hydrocarbons in the environment: homologous series in soils and recent marine sediments. Geochimca Et Cosmochimica Acta 39, 1303 – 1314.

Zeigler, C., Schantz, M., Wise, S., Robbat, A., 2012. Mass Spectra and Retention Indexes for Polycyclic Aromatic Sulfur Heterocycles and Some Alkylated Analogs. Polycyclic Aromatic Compounds 32, 154 – 176.

Zeigler, C.D., Robbat, A., 2012. Comprehensive profiling of coal tar and crude oil to obtain mass spectra and retention indices for alkylated PAH shows why current methods err. Environmental Science and Technology 46 (7), 3935 – 3942.

第9章

氯化溶剂的溯源和年鉴

Robert D. Morrison, Brian L. Murphy

目录

9.1 引 言

氯化溶剂,尤其是四氯乙烯(全氯乙烯或 PCE),三氯乙烯(TCE)和甲基氯仿(1,1,1-三氯乙烷或 TCA),是在土壤和地下水中被检出最广泛的一类挥发性有机化合物(VOCs)(Aeppli et al.,2009)。例如,在 1985~2002 年间,美国地质调查局(USGS)从美国 5 000 多口井中收集了大量的地下水样品,并确定了 PCE,TCE 和 TCA 为最常检出的 VOCs(Moran et al.,2007)。鉴于它们在环境调查中的高频检出,在环境损害司法鉴定调查中,测定氯化溶剂的年代和鉴定其释放来源的技术便非常重要(Morrison,1999;Morrison et al.,1999,2006;Morrison and Hone,2010;Morrison and Murphy,2004,2013)。自 2007 年第二版 *Introduction to Environmental Forensics* 发布以来,针对特定氯化溶剂的其他取证技术和/或现有方法的技术改进纷纷出现,包括:

- 特征稳定剂
- 制造业杂质(Morrison,2013,2014)
- 化合物特定同位素分析(CSIA)
- 重构羽流技术(Murphy,2010;Murphy and Mohen,2010)

这四种取证方法是本章的重点。

9.2 产品配方和特征稳定剂

为特定应用而设计的氯化溶剂配方与产品的相关知识在司法鉴定调查中起到了一定的作用。这里用两个示例(CFC-113 和四氯化碳)说明与特定应用相关的产品配方或产品,在释放发生时用于溯源和评估潜在影响范围的价值。

9.2.1 产品配方

考虑到氯化溶剂配方中可能含有不应包含在分析程序中的非标准化学品,我们需要创建一种方法来选出分析程序中需要包含的化学物质。如果产品生产中存在使用特定溶剂配方的特定过程(例如脱焊、膜清洁、光学部件的脱脂、冷清洁和蒸汽脱脂等),并且相关的产品信息或时间框架已知,则该过程就可以简化。例如,如果使用氟利昂 MCA(一种 CFC-113[1,1,2-三氯-1,2,2-三氟乙烷]和 1,2-DCE 的混合溶剂)清洁电路板,根据环境样品中该组分的存在可以准确判断它的释放及释放的时间(见表9.1;Lilienthal,1986;California Department of Health Services,1989;Jacobs Engineering Group, Inc.,1990;DuPont,2000a,2000b,2004a,2004b)。

表9.1 杜邦化学公司生产的CFC-113配方

产品名称	成分(%)
Freon 发泡剂	CFC-113(75);Freon 11(24.5);α-甲基苯乙烯(0.5)
Freon 113 RC®	CFC-113(98+)
Freon 113 制冷剂	CFC-113(100)
Freon TF®	CFC-113(100)
Freon PCA	CFC-113(100)
Freon SMT	CFC-113(69);反式1,2-二氯乙烯(26);甲醇(6)
Freon TA®	CFC-113(89);丙酮(11)
Freon T®	CFC-113(96);乙醇(4)
Freon-35®	CFC-113(65);乙醇(35)
Freon TMC®	CFC-113(50);二氯甲烷(50)
Freon TES®	CFC-113(95);乙醇(6);硝基甲烷(1)
Freon TMS®	CFC-113(94);甲醇(6);硝基甲烷(1)
Freon TP-35®	CFC-113(65);异丙醇(35)
Freon TWD-602®	CFC-113(91);水(6);洗涤剂(3)
Freon MCA®	CFC-113(63.1);1,2二氯乙烯(36.9)[1]
FREON3TMC	Freon TF和二氯甲烷

[1]一种与铝,锌和许多弹性体成分兼容的杜邦产品。

另一个例子是四氯化碳,1986年之前,释放到环境中的四氯化碳最大来源是被广泛应用的熏蒸剂(例如小麦、玉米、大米、燕麦、大麦、黑麦和高粱)(WHO,1971)。据估计1984年98%以上用于储存谷物的熏蒸剂混合物中都含有四氯化碳,包括以下配方(US EPA,1984a):

- 四氯化碳(80%)和二硫化碳(20%),在农业界称为80/20
- 四氯化碳(80.9%),二硫化碳(16%),二溴乙烷(1.2%),二氧化硫(1.5%)和戊烷(0.4%)
- 四氯化碳(77%),二硫化碳(15.4%),二溴乙烷(5%),二氧化硫(1.5%)和戊烷(0.4%)
- 四氯化碳(60%),二氯乙烷(35%)和二溴乙烷(5%)
- 四氯化碳(75%)和二氯乙烷(25%)

在这些配方中,四氯化碳和二硫化碳估计占了所有液体熏蒸剂的65%(Smith,1983)。1986年,美国停止生产基于四氯化碳的谷物熏蒸剂。因此,检测四氯化碳和其他已知的谷物熏蒸剂成分(例如二硫化碳,二溴乙烷,戊烷等)可以对 1986 年之前的产品配方和用途有很好的了解(ATSDR,2005)。

9.2.2 特征稳定剂

稳定剂(早期科学文献中称为抑制剂或抗催化剂)是指添加到溶剂中以防止降解的化学物质。特征稳定剂是指一种化合物,当其与环境样品中的氯代烃一起检测时,可以深入了解可能的释放情况(Morrison and Murphy,2013)。尽管从专利和科学文献中可以获得有关稳定剂的信息,但是其在司法鉴定研究中的应用价值直到近期才愈发明显。特定配方及其相关用途可从专利和科学文献中获得(Starks,1957;Petering and Callahan,1964a,1964b;Cormany et al.,1966;Stewart et al.,1969;USEPA,1977;NIOSH,1978;Doherty,2000a,2000b;Totonidis,2005;US Department of Health and Human Services,2011;Morrison and Murphy,2013)。

添加到氯化溶剂产品中的稳定剂是路易斯碱,它提供电子作为质子受体和金属螯合剂(Isaacson,2007)。从广义上说,溶剂稳定剂可以分为四类(Joshi et al.,1989;Mohr,2001;Morrison,2003):

1. 抗氧化剂(即正甲基吡咯,乙胺,吡啶,吡咯,2-甲氧基苯酚,甲酚,吡咯和硫氰酸盐)

2. 光抑制剂(即羟基芳香族化合物和有机金属化合物)

3. 酸受体(即 1,4-二噁烷,丙酮,炔醇,脂肪族胺,烷基硫氰酸盐,偶氮芳族化合物,环氧丁烷,环氧氯丙烷,硼酸三甲酯,羟基芳族化合物,氢醌,硫氰酸甲酯,氢醌的单苄基醚,亚硝基化合物,正甲氧基甲胺,对甲酚,苯酚,环氧丙烷,间苯二酚,百里酚和 α-萘酚)

4. 金属抑制剂(即芳香烃、环状三聚体、酯、丙基醚、砜、亚砜、正丁基硫醇和二正丁基砜)

从根本上讲,稳定剂的作用是缓减酸的生成,其中,热/光稳定剂防止溶剂变质与酸的产生,抗氧化剂抑制酸的形成反应,一旦有酸形成就被酸受体中和,金属抑制溶剂和碱金属及碱金属盐之间的反应。单独使用时无效的化合物,结合在一起具有协同作用,常用于中和酸。在不含 1,3-二氧戊环时,例如,酚类抗氧化剂,包括对叔丁基苯酚,2,6-二叔丁基对甲酚,壬基酚或 4,4′-硫代双-(叔丁基间甲酚),这些成分单独使用的效果不如含有 1,3-二氧戊环时的配方或分更有效(Kauder,1966)。再例如,将 2,6-二叔丁基对甲酚和 3-甲基-1-戊炔-3-醇结合起来,以实现 PCE 和 TCE 的稳定作用(Burch and Leeds,1960)。对稳定剂和/或稳定剂与氯化物溶剂的混合物的检测,通常可以作为一种方法,来比较与特定氯化溶剂相结合的稳定剂混合物和单独的稳定剂包装中某一成分的释放。

为提供可靠的司法鉴定信息,需要对特定稳定剂/氯化溶剂混合物进行识别,但由于稳定剂/溶剂配方的专有性质以及在不同历史时期关于其成分的要求不同,这种识别通常会存在不确定性。当以特征判别为目的使用稳定剂时,将特意添加到产品中的化合物与制造过程中产生的污染物区分开是非常重要的。例如,对原始的1989甲基氯仿样本的分析确定环氧丁烷[1]和1,4-二噁烷为稳定剂,这与文献中的结果相一致(USEPA,1980a;Morrison et al.,2006;Isaacson,2007;Mohr,2010),而1,2-二氯乙烯(1,2-DCE),三氯乙烯(TCE),二氯化乙烯(1,2-二氯乙烷),硝基乙烷和硝基甲烷被确定为污染物,尽管硝基甲烷和硝基乙烷本身也是稳定剂(Nishihara and Nakamura,1973;Sawabe et al.,1973;Spencer and Archer,1978;Ishibe and Richey,1982)。值得注意的是,样品中是存在硝基甲烷的,该产品在1995年已被停止使用,这一结果也与1989年之前样品制造的规定相符(Angus Chemical Company,2001)。

鉴于大量特定案例的机遇以及在氯化溶剂研究中使用稳定剂组合的多样性,这里选择了三个实例(1,4-二噁烷,环氧氯丙烷以及结合PCE使用介电稳定剂配方)来说明特征稳定剂的使用在司法鉴定中的机遇与方法的多样性。

9.2.2.1　1,4-二噁烷

1,4-二噁烷(在美国早期的专利文献和菲律宾化学品及化学物质清单中又被称为二乙烯醚或二环氧乙烷)与环境样品中的甲基氯仿结合经常为产品制造时间的归类、释放源的隔离提供了机会(Enviroment Canada,2010)。大量文献报道了1,4-二噁烷及其与甲基氯仿的联合使用(Bachtel,1957;Saunders,1965;Mohr,2010)。

1,4-二噁烷($C_4H_8O_2$)于1863年首次被发现,并在1920年代后期实现了商业化。最早在1945年,美国专利文献就报道了以它作为稳定剂,用于防止金属引起的氯代烃分解,同时被报道的还有环氧乙烷和环氧丙烷(Petering and Aitchinson,1945;Mohr,2010)。尽管其他来源表明,早在1951年,陶氏化学公司就将1,4-二噁烷稳定甲基氯仿的作用用于氯乙烯产品的商业化生产(Dow)(Chemical & Engineering News,1955;Bachtel,1957,1958);但直到1957和1958年,以1,4-二噁烷稳定甲基氯仿才在美国专利中被报道。1958年的一个分析表明,另一种陶氏产品——氯丁NU,含有94%~97%的甲基氯仿和2.4%~3%的二噁烷(Torkelson et al.,1958;Rothchild,1983)。因此,1,4-二噁烷与甲基氯仿的共存表明1950年代初至中期直至1987年,1,4-二噁烷与甲基氯仿都在生产,直到1987年《关于消耗臭氧层物质的蒙特利尔议定书》(Krol et

1　1978年,美国每年生产的丁烯氧化物的95%以上被用作氯化的稳定剂溶剂,包括甲基氯仿和三氯乙烯(USEPA,1980a)。

al.,2003)制定后,甲基氯仿被禁止使用。

1,4-二噁烷并非专门用作甲基氯仿的稳定剂。例如,1960年的一个美国专利描述了1,4-二噁烷和硝基甲烷作为铝的抗腐蚀剂,该配方适合与四氯化碳,1,2-二氯乙烷,甲基氯仿,甲基氯仿,PCE,氯仿和三氯乙烯(TCE)一起使用(Rapp,1960);1962年和1964年的专利报道了1,4-二噁烷与四氯化碳的联用(Davidowich and Leeds,1962,1964)。因此,需要小心检查其他潜在的1,4-二噁烷非甲基氯仿溶剂混合物和/或非氯源物质(例如熏蒸剂,汽车冷却液,纺织品加工中的分散剂,日本清洁产品,化妆品,中国台湾的非离子表面活性剂,某些除草剂中的杂质等),然后再确定其是否作为甲基氯仿的稳定剂存在(USEPA,1995;Department of Argriculture,1997;Black et al.,2001;Fuh et al.,2005;Tanaba and Kawata,2008;Tahara et al.,2013)。尽管在方法学上,调查物质背景以及其他潜在的1,4-二噁烷来源很重要,但在1985年生产的1,4-二噁烷中,约有90%被用作氯化溶剂(包括甲基氯仿)的稳定剂(USEPA,1995)。1,4-二噁烷中其他稳定剂(例如1,2-环氧丁烷,硝基甲烷,1,2-二氯乙烷[1,2-DCA],硝基乙烷,叔丁醇[TBA],四氢呋喃和1,1-二氯乙烯)的存在可以确认其起源为甲基氯仿稳定剂(Mohr,2010;Saunders,1965;USEPA,1976a;Health Council of the Netherlands,2012)。

1960年代对甲基氯仿样品的分析通常表明它含有1,4-二噁烷。在1963/1964年,美国海军研究实验室分析了政府库存中的甲基氯仿样品;四个甲基氯仿品牌分别是Octagon Process Company,Fisher化学公司,菲利普斯-雅各布斯化学公司以及伊士曼柯达公司。该分析的目的是研究航天器、环境试验舱和海底大气中1,2-二氯乙烯,三氯乙酸和甲基氯仿的存在(Saunders,1965)。在上述三种样品中,1,4-二噁烷的存在量分别为3.6%(Fisher Chemical Company),3.4%(Phillips-Jacobs Chemical Company)和4.5%(Eastman Kodak Company);同时,三种样品中均能检测到仲丁醇的存在。

1,4-二噁烷可用于区分蒸馏和/或污泥中的溶剂释放与新溶剂。由于1,4-二噁烷和甲基氯仿之间的沸点不同(~101与74℃),导致了蒸汽脱脂剂中富含1,4-二噁烷。在一项实验室研究中,以稳定甲基氯仿作为脱脂溶剂的蒸汽脱脂剂被使用24天后,最初的1,4-二噁烷百分比从2.8%增加到7.5%(Mohr,2010)。分配实验表明,在蒸汽脱脂剂使用中,27%的1,4-二噁烷可以分配到气相中,而73%保留在液体中;随后向脱脂剂中加入甲基氯仿,1,4-二噁烷进一步被富集到废溶剂中。利用有关既定的清除操作和补充溶剂的运行数据,可以使用定性计算来估算废溶剂或蒸馏前倒出液体中累积的1,4-二噁烷百分比,然后将其与原始甲基氯仿中的1,4-二噁烷含量相比较。如果有足够充分的信息,则有可能在蒸馏之前,基于1,4-二噁烷与甲基氯仿的比例,将新甲基氯仿的释放与废甲基氯仿的释放区分开。

利用这一方法可进一步研究是否存在其他 TCA 稳定剂,以及与蒸馏前用过的 TCA 相比较,是倾向于耗尽还是富集。许多研究调查了新的和使用过的甲基氯仿中稳定剂的存在。其中,1989 年对新的三氯乙烷的分析发现其中含有 1,4 -二噁烷、甲醛二甲基脎(铝稳定剂)和酸受体 n -甲氧基-甲烷胺(Joshi et al.,1989)。

司法鉴定的关注点是除甲基氯仿以外,1,4 -二噁烷有可能成为另一种氯化溶剂产品的稳定剂。一项美国空军环境恢复计划信息管理系统研究显示,在 49 个设施中的 5 788 口地下水监测井中检测到 1,4 -二噁烷,TCE 和甲基氯仿。其中,在 17.4%的含有 TCE 和/或甲基氯仿的监测井中同时有 1,4 -噁烷存在,其占所有检测到的 1,4 -二噁烷总量的 93.7%。值得注意的是,64.4%检测到的 1,4 -二噁烷与 TCE 单独相关。趋势分析结果表明 1,4 -二噁烷中位数浓度随着 TCE 浓度在 6%至 20%范围升高而升高,其呈正向对数线性关系,因此,这项研究的作者得出结论,认为 1,4 -二噁烷与 TCE 之间可能存在相关性(Anderson et al.,2012)。

尽管还存在其他信息可以解释上述观察结果(即甲基氯仿降解),并且尚未有通过 1,4 -二噁烷鉴定出 TCE 产品的历史记录,但该结果与美国专利文献一致,证明 1,4 -二噁烷作为非甲基氯仿氯化烃中的稳定剂的适用性。

9.2.2.2 环氧氯丙烷

在美国,环氧氯丙烷(C_3H_5OCl, 3 -氯- 1,2 -环氧丙烷)的商业化始于 1937 年(USEPA,1984b)。到 1944 年,经美国专利授权,当环氧氯丙烷与 2 -氯丁烯- 2 一起使用后,其可在氯代溶剂配方中用作游离 HCl 和 $AlCl_3$清除剂,环氧氯丙烷被认定是一种中性环氧稳定剂(Morris and Shokal,1944;Copelin,1959;Ryckaert and Servais,1983;Howell and Tarrer,1994;Isaacson et al.,2006)。许多美国专利提出环氧氯丙烷可以与氯化溶剂一起使用,主要是与 TCE 和 PCE 一起使用,并且也可以与甲基氯仿一起使用(Starks, 1957; Petering, 1965; Daras, 1960; Petering and Callahan, 1964a, 1964b; Dial, 1964; Cormany et al., 1966, 1970; Boothman, 1966; Hardies, 1966; Rathbone and Suckling, 1966; Grammar and Trotter, 1968; Manner, 1970, 1977; Katsuragawa and Koketsu, 1971; Rains, 1971; Sawabe et al., 1973; Beckers and Rowe, 1976a, 1976b)。例如,1972 年的一项美国专利认定环氧氯丙烷是几种可用作甲基氯仿、氯仿、PCE、二氯甲烷和二氯乙烯稳定剂的环氧化合物之一(Crabb and McDonald, 1972)。在科研和商业文献中,环氧氯丙烷常被用作甲基氯仿、PCE 和 TCE 的酸受体(NCI, 1976; USEPA, 1979; USEPA, 1984c; WHO, 1987; Donahue et al., 1988; Irwin, 1997; Mohr, 2001; USEPA, 2004; DOW, 2007)。20 世纪 70 年代和 80 年代在 TCE 中测得的环氧氯丙烷浓度如下:

- 1971 年和 1972 年从 Aldrich 化学公司获得的四份 TCE 样品,并于

1973/1974 年进行了分析，环氧氯丙烷的检出浓度为 0.09%（NCI，1976）

- 1975 年在工业级 TCE 中鉴定出环氧氯丙烷浓度为 0.22（% w/w）（Henschler et al.，1977）
- 1983 年日本的试剂和技术等级 TCE 中环氧氯丙烷检出浓度为 0.013～0.301（%w/w）（Tsuruta et al.，1983）
- 1989 年佐治亚州沃纳罗宾斯的罗宾斯空军盆地的两个样品中含有环氧氯丙烷和 TCE，其初始重量分数为 1.66×10^3；环氧氯丙烷的浓度在使用后（9 天）的 TCE 中没有明显变化，在废液和 TCE 馏出物中以及浓度分别为 1.69 和 1.61×10^3（Joshi et al.，1989）

1979 年，意大利的比萨大学在一项研究中指出环氧氯丙烷具有致突变性，因此，导致美国在 20 世纪 80 年代取消了环氧氯丙烷作为氯化溶剂稳定剂的使用（USEPA，1979；Roark et al.，1990；Mertens，1993；Doherty，2000b）。1999 年，西欧欧洲生态毒理学和化学毒理学中心（ECETOC）出版的一份刊物指出，环氧氯丙烷不再用作稳定剂（European Centre for Ecotoxicology and Toxicology of Chemicals，1999）；在澳大利亚，TCE 于 2000 年被淘汰（Commonwealth of Australia，2000）。

1,2,3－三氯丙烷（1,2,3－TCP）被认为是环氧氯丙烷生产过程中产生的杂质（WHO，2003）。在环境样品中，1,2,3－TCP 与环氧氯丙烷和氯化溶剂的存在可能有助于确定 1,2,3－TCP 的来源。

9.2.2.3 与 PCE－介电液相关的稳定剂

在美国，PCE 被用作介电液。尽管美国专利局声称，早在 1934 年和 1935 年就已经将 PCE 用作变压器、功率电容器、电容器、电缆和断路器中的介电液以及冷却和绝缘介质（McMahon，1934；Clark，1935；Borror and Rowe，1981），但其商业化主要发生在 20 世纪 80 年代，用来代替电气设备中的多氯联苯（PCB）介电液（Harrold and Ottenberg，1981；Borror and Rowe，1981；Pearce et al.，1982；Kurz and Palumbo，1984）。然而，使用商用 PCE 作为介电液所带来的一个问题是氯乙烷杂质（即 1,2－DCA，甲基氯仿，1,1,2－三氯乙烷，五氯乙烷，六氯乙烷，对称和不对称四氯乙烷）的存在，它会在电气设备中脱氯化氢，形成盐酸（HCl）。研究发现，HCl 可以催化电容器和变压器中纤维素绝缘材料的分解与破坏（Pearce et al.，1982）。未经过精心蒸馏纯化的 PCE 是不能直接用作介电液的（Pearce et al.，1982）。不过，将总氯化乙烷的含量减少到 0.005%以下并添加 PCE 稳定剂后，可以降低其分解能力，特别是在高温下。由于这些问题具有可行的解决方案，因此在 20 世纪 80 年代，针对 PCE 基介电液的许多稳定剂配方获得了专利，包括以下内容：

- 含有抑制剂 *n*－甲基吡咯（0.000 5%～0.02%）和对叔戊基苯酚（0.000 5%）

的 PCE(Borror and Rowe,1981)

- 具有矿物油或硅油稀释剂(20%~40%)和取代酚抑制剂(20%~100%)的 PCE(Pearce et al.,1982)
- 含矿物油(5%~30%)和聚对二甲苯抑制剂(20~1 000 ppm)的 PCE(Kurz and Palumbo,1984)
- 使用辛烯和壬烯抑制剂(<10%)的 PCE,其中,辛烯和壬烯比例分别为 10∶1 和 15∶1(Rowe,1987)

除了被用作电气设备中的替代液外,介电 PCE 液还可用于冲洗变压器。该流程包括用 PCE 流体填充变压器,从溶解有 PCB 的变压器中排空流体,并用新的 PCE 介电液重新填充/冲洗变压器,直到变压器中的 PCB 浓度小于或等于 50 ppm(Massey,1988;Fowler,1990)。因此,在环境样品中,PCE、PCBs 和与介电 PCE 配方相关的稳定剂的存在可能与变压器的冲洗有关。

在变压器附近可以检测到某些 PCE 介电稳定剂的存在,尽管其中一些物质并非 PCE 所独有的(例如,n-甲基吡咯),不过这表明在 20 世纪 80 年代可能存在 PCE 的泄漏,特别是当变压器被重新分类和清洗的时候。在 PCE 介电稳定剂中,壬烯和辛烯可能是独有的。在没有其他稳定剂的情况下,这些烯烃可以用来表明 PCE 介电流体的释放和/或区分 PCE 释放与其他来源/活动(例如蒸汽脱脂、干洗等)(Morrison and Murphy,2013)。

9.3 生产杂质

使用单一原料的综合工厂中可以生产多种氯化溶剂,但通常会导致类似的产品产生杂质(USEPA,1976b)。对产品中生产杂质(和稳定剂)的识别能力可潜在提供一些信息:例如这种产品何时生产以及环境样品中是否有新溶剂或废溶剂释放。本节介绍了四种常见氯化溶剂(例如,PCE、TCE、甲基氯仿和四氯化碳)在过去生产史中产生的杂质,以说明这些杂质的组成和共性。

9.3.1 四氯乙烯(PCE)

在美国,PCE 的配方分为纯化级、技术级、USP 级、分光光度级、脱脂级、萃取级和干洗级(Manufacturing Chemists' Association,1948;USEPA,2001)。表 9.2 中总结了 PCE 生产杂质的实例。

TCE 和甲基氯仿是表 9.2 中历史样品中被检测出频率最高的成分(粗体文

本)。PCE 中 TCE 的存在引起关注,因为这会影响到司法鉴定结论:TCE 是产品的生物降解产物,而不是作为 PCE 的杂质存在。

表 9.2 PCE 生产史上的生产杂质

年份	杂质(体积%)	参考文献
1942	**TCE**;1,1,2-三氯乙烷;1,1,1,2,-四氯乙烷;五氯乙烷;六氯乙烷	Cass,1942
1946	四氯化碳(0~1%);**TCE**(0~4%);五氯乙烷(0~3%);六氯乙烷(0~2%)	Williams,1946
1951	四氯化碳;六氯乙烷;六氯苯	Warren,1951
1952	**TCE;甲基氯仿**;1,1,1,2-四氯乙烷;五氯乙烷	Cooper,1952
1957	**TCE;甲基氯仿**;四氯乙烷;五氯乙烷	Tanaka,1957
1960	顺/反-1,2-二氯乙烯;六氯乙烷;五氯乙烷	Ellsworth and Vancamp,1960
1981	1,2-二氯乙烷;**甲基氯仿**;1,1,2-三氯乙烷;五氯乙烷;六氯乙烷;1,1,1,2-四氯乙烷;1,1,2,2-四氯乙烷	Borror and Rowe,1981
1984	**TCE**(1.6%);氯乙烯(0.007%);1,1-二氯乙烯或二氯甲烷(0.13%)	Parsons et al.,1984
1985	四氯化碳;氯仿;1,1,1,2-四氯乙烷;苯	WHO,1985
1990	**TCE** (0.5%)	Bretherick,1990
2001	四氯化碳;氯仿;1,1,1,2-四氯乙烷;苯	USEPA,2001
2005	四氯化碳(<50 mg/kg);**甲基氯仿**(<100 mg/kg);二氯甲烷(2 mg/kg);**TCE**(<50/mg)	European Chemicals Bureau,2005

9.3.2 三氯乙烯(TCE)

表 9.3 总结了 1946 年至 2010 年间 TCE 生产中产生的杂质。表 9.3 中为 TCE 生产中的氯化烃杂质,常见的包括四氯化碳、甲基氯仿和 PCE(粗体文本)。

表 9.3 TCE 生产史上的生产杂质

年份	杂质(体积%)	参考文献
1946	商用级 氯仿(0~1.6%);1,2-二氯乙烷(0~4%);PCE(0~1%)	Williams,1946
1957	技术/工业级 **四氯化碳(0.15%)**	Willis and Christian,1957
1958	1,1,2,2-四氯乙烷;1,1,2-三氯乙烷;1,1-二氯乙烷;1,2-二氯乙烷	Richter,1958
1963~1967	1,1,2,2-四氯乙烷	NIOSH,1973
20 世纪 60 年代中期	工业级 1,1,2,2-四氯乙烷	USEPA,1979
1967	**甲基氯仿**	Johnson and Gammon,1967
1973/1974	技术级 PCE	NCI,1976
1977	**甲基氯仿;四氯化碳**;苯;1,2-二氯乙烷;1,1,2-三氯乙烷;1,1,2,2-四氯乙烷;苯酚	Waters et al.,1977

续表

年份	杂质(体积%)	参考文献
1979	氯仿;1,2-二氯乙烷;**四氯化碳**;1,1,2-三氯乙烷	Mondino,1979
1980	**四氯化碳**	Conso et al., 1980; Bouygues et al.,1980
1980	氯仿;**四氯化碳**;1,1,2-三氯乙烷;**甲基氯仿**;1,1,2,2-四氯乙烷	Henschler et al.,1980a
1983	试剂 **甲基氯仿**;**四氯化碳**;苯;1,2-二氯乙烷;1,1,2-三氯甲烷;1,1,2,2-四氯乙烷 技术 **甲基氯仿**;苯;1,1,2-三氯乙烷	Tsuruta et al.,1983
1983	**四氯化碳**;1,1,2-三氯乙烷;苯	Fukuda et al.,1983
1985	商用级 **四氯化碳**;氯仿;1,2-二氯乙烷;顺式/反式-1,2-二氯乙烯;五氯乙烷;1,1,1,2-四氯乙烷;1,1,2,2-四氯乙烷; **甲基氯仿**;1,1,2-三氯乙烷;1,1-二氯乙烯;**PCE**;苯;溴代二氯乙烯;溴代二氯甲烷	WHO,1985
1986	PCE	USEPA,2001;Arena and Drew,1986
1987	商用级 氯仿;1,2-二氯乙烷;顺式/反式-1,2-二氯乙烯;五氯乙烷;1,1,1,2-四氯乙烷;1,1,2,2-四氯乙烷;**甲基氯仿**	IARC,1995
1995	**PCE**(<0.03%);偏二氯乙烯<0.01);**甲基氯仿**(<0.01%);**四氯化碳**(<0.005%);二氯甲烷(<0.001%);溴代二氯甲烷(<0.1%)	European Chemicals Bureau,2004
2005	医用级 **PCE**;1,1,2-三氯乙烷;氯仿;二氯乙烯	Totonidis,2005
2010	**PCE**(<0.03%);1,1-二氯乙烷(<0.01%);**甲基氯仿**(<0.01%);氯仿(0.01%);**四氯化碳**(<0.005%);二氯乙烷(<0.001%);溴二氯甲烷(<0.1)	European Chemicals Agency,2010

9.3.3 甲基氯仿(1,1,1-TCA)

与甲基氯仿有关的生产杂质通常包括其他相关氯化溶剂,如PCE、TCE和1,2-DCE。表9.4总结了1964年至1990年之间甲基氯仿生产中的杂质。

表9.4 甲基氯仿生产史上的生产杂质

年份	杂 质	参考文献
1964	工业级(被联邦规范O-T-620a禁止) 1,2-DCA(22%)	Johnson et al.,1964
1965	工业级 Octagon工艺公司从,1,1-DCE(0.06%);1,2-二氯乙烯(TR);1,1,2-TCE(7.6%);1,2-DCA(22%);1,1,2-TCA(TR) Fisher化学公司,1,1-DCE(TR);1,2-DCA(2.1%) Phillips-Jacob化学公司,1,1-DCE(TR);1,2-DCE(TR);1,2-DCA(0.8%) Eastman Kodak公司,1,1-DCE(TR);1,2-DCA(TR)	Saunders,1965

续表

年份	杂　质	参考文献
1969	1,2-DCA;1,1-DCA;氯仿;四氯化碳;TCE;1,1,2-TCA;偏二氯乙烯	Stewart et al.,1969
1977	工业级(US) Aldrich 化学公司,1,1-DCE;1,1-DCA	NCI1977
1980	工业级(德国,瑞士,法国) 1,1-DCA(125~1 800 μg/mL);TCE(600~6 300 μg/mL);1,1,2-TCA(300~3 015 μg/mL)	Henschler et al.,1980b
1986	四氯化碳(250 ppm);1,1-DCA(426 ppm);1,2-DCA(2 300 ppm);1,2,3-TCA(41.8 ppm);1,1-DCE(398 ppm);反式-1,2-DCE(50 ppm);TCE(200 ppm);PCE(475 ppm)	Maltoni et al.,1986
1989	TCE;1,2-二氯乙烯;1,2-二氯乙烷;1,1,2-三氯乙烷	Morrison et al.,2006
1990	TCE(0.087%);1,2-二氯乙烷(0.12%);1,1,2-三氯乙烷	Holt,1990

TR = 痕量。

9.3.4 四氯化碳

与其他氯化溶剂产品相比,在同行评审的技术文献中,有关四氯化碳生产杂质的历史信息很少。四氯化碳的早期用途是作为灭火剂液体;尽管没有被认为是生产杂质,1911 年的一项专利鉴别出了 1.5%的琥珀油和相同数量的硝基苯的使用(Davidson,1911;US War Department,1943)。当暴露在高温下时,四氯化碳产生光气,导致在 20 世纪 60 年代末召回了使用四氯化碳的灭火器。1944 年 8 月 24 日的美国陆军部技术手册(TM 9-850),允许在灭火器中使用 TCE(10%)与四氯化碳的混合物作为冰点抑制剂。

1924 年 *British Medical Journal* 上的信件指出,二硫化碳是四氯化碳中最常见的杂质(Dale,1924)。二硫化碳的存在并不奇怪,因为美国 1950 年以前生产的几乎所有四氯化碳都是使用氯化铁等催化剂由二硫化碳氯化制成的(Holbrook,1991;Doherty,2000a)。

1946 年的一篇文章按体积百分比列出了商用级四氯化碳中的 1,2-二氯乙烷(0~2%)、TCE(0~1%)、PCE(0~1.6%)、六氯乙烷(0~0.02%)和 1,1,2,2-四氯乙烷(Williams,1946)。1959 年,Dow 化学公司对四氯化碳进行分析,以鉴定微量杂质,鉴定出 1,2-二氯甲烷、2-丙酮、二硫化碳、氯仿、TCE 和 PCE(Kiley and Scheddel,1959)。在 1991 年,如果采用二硫化碳氯化法生产,则工业级四氯化碳的生产中规定所含二硫化碳不超过 1 ppm,溴不超过 20 ppm,氯仿不超过 150 ppm(Holbrook,1991)。1994 年,在高纯度四氯化碳中检测到三氯甲烷、二硫化碳、TCE 和 PCE(Ogino and Sakai,1994)。

俄罗斯基础研究基金会（Russian for Basic Research）于 2010 年对高纯度四氯化碳进行了分析，发现了 24 种杂质，包括 TCE、PCE、1,2－DCA、氯仿、苯、六氯乙烷和二硫化碳。对于高纯度 18－4 TU（技术规范 6－09－3219－84）四氯化碳，浓度最高的杂质有 1,2－DCA、TCE 和苯（Krylov et al.,2010）。随后对四氯化碳样品及其平衡的气相冷凝物进行测试，确认存在 PCE、六氯乙烷和碳酰氯（光气）（见表 9.5）。

表 9.5 四氯化碳库存样品和平衡蒸气相冷凝物的分析

杂 质	库存样本（n=5）	蒸汽相冷凝水（wt%）
四氯乙烯（PCE）	$(8\pm3)\times10^{-7}$	$(1.6\pm0.2)\times10^{-5}$
碳酰氯	$(3.3\pm0.5)\times10^{-6}$	$(1.1\pm0.2)\times10^{-6}$
六氯乙烷	$(4.0\pm0.9)\times10^{-7}$	$<4\times10^{-8}$

与其他氯化溶剂一样，将生产杂质用作司法鉴定目的时，区分它们究竟是生产杂质还是稳定剂或添加成分十分重要（Missbach,1936,1937a,1937b,1937c；Ohlmann,1945；Davidowich and Leeds,1964）。尽管 TCE 在 1959 年和 2010 年的样品中被认为是杂质，而在 1940 年代，TCE 作为添加成分被加入四氯化碳中，作为 1940 年代灭火器中使用的凝固点抑制剂（四氯化碳在－22.9℃凝固，TCE 在－89℃凝固）（US War Department,1944）。

9.4 利用生产杂质辨别新的和使用过的蒸汽脱脂氯化剂

利用检测环境样品中的生产杂质和氯化溶剂的沸点，能够区分新释放的和用过的蒸汽脱脂剂。如果检测到样品含有沸点高于和远低于 TCE 的杂质，则表明释放的是未使用的溶剂。蒸馏后，较高沸点杂质的存在可能是释放出已用过 TCE 的更有力证据（沸点低于 TCE 的杂质会在蒸馏过程中被去除或减少，因为所需能量较低）。

图 9.1 描述了在不同级别的 TCE 中发现杂质的沸点。通过这一分析，应认识到氯化溶剂中挥发性杂质的蒸气压往往是非理想状态，并且比拉乌尔定律[2]所预测的高得多（Smallwood,2002）。

2 拉乌尔定律指出，$p_i = p_v^i x_i$，p_i 表示第 i 个组分所施加的分压，x_i 是摩尔分数，p_v^i 是第 i 个组分的饱和蒸气压。只有混合物中所有分子之间的力相同时，拉乌尔定律才是正确的。

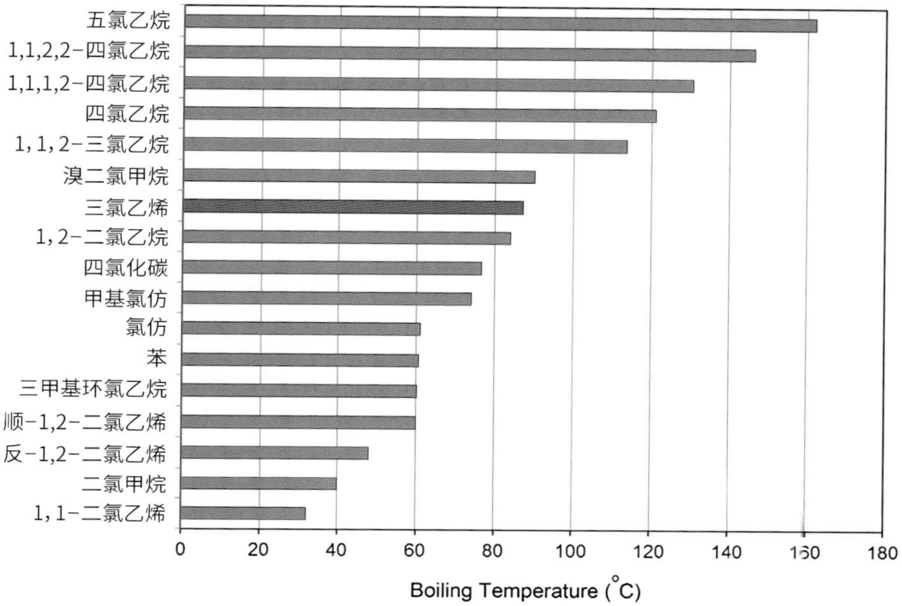

图 9.1　TCE 中生产杂质相对于 TCE 沸腾温度(℃)的函数

9.5　对称结构的四氯乙烷在四氯乙烯和三氯乙烯测年中的应用

乙炔或乙烯氧化氯化可以产生四氯乙烯(PCE)和三氯乙烯(TCE),同时也会产生杂质,早在20世纪70年代后期乙炔作为原料在氯化溶剂生产中的使用就已经被叫停,这为四氯乙烯(PCE)和三氯乙烯(TCE)的测年评估提供了解决办法。以乙炔为原料生产三氯乙烯(TCE)产生的杂质有四氯乙烯(PCE)、1,1,2,2-四氯乙烷以及1,1,2-三氯乙烷(Richter,1958;NCI,1976)。1977年,三氯乙烷和1,2-二氯甲烷被认为是以乙烯为原料的三氯乙烯(TCE)生产工艺中可能出现的杂质(Waters et al.,1977)。在上述杂质中,具有对称结构的四氯乙烷(早期文献中的1,1,2,2-四氯乙烷和四氯乙炔)可以用于四氯乙烯(PCE)和三氯乙烯(TCE)的测年(Williams,1946)。

9.5.1　乙炔工艺

四氯乙烯(PCE)的生产以乙炔和氯气作为主要原材料。首先以氯化铁或氯化磷、氯化锑作为催化剂，将乙炔氯化，生成1,1,2,2-四氯乙烷（Morrison and Hone,2010;Schobert,2013），然后1,1,2,2-四氯乙烷在水溶液中（如氢氧化钙水溶液）脱氯，或在活性炭、二氧化硅或铝凝胶上吸附的氯化钡作用下热裂解生成三氯乙烯（TCE），三氯乙烯（TCE）再氯化生成五氯乙烷，最后五氯乙烷脱氯生成四氯乙烯（PCE）。反应过程如下（Shepherd,1967）：

$$CH \equiv CH\ (\text{乙炔}) + 2Cl_2 \rightarrow CHCl_2CHCl_2(1,1,2,2-\text{四氯乙烷}) \tag{9.1}$$

$$CHCl_2CHCl_2 \rightarrow CHCl = CCl_2(\text{三氯乙烯}) + HCl \tag{9.2}$$

$$CHCl = CCl_2 + Cl_2 \rightarrow CHCl_2CCl_3(\text{五氯乙烷}) \tag{9.3}$$

$$CHCl_2CCl_3 \rightarrow CCl_2 = CCl_2(\text{四氯乙烯}) + HCl \tag{9.4}$$

作为四氯乙烯-三氯乙烯生产的主要中间产物，尽管1,1,2,2-四氯乙烷的催化氧化反应更占优势，但生产流中的其他反应也会产生一些杂质，尤其是三氯乙烯（TCE）。四氯乙烯的生产杂质包括三氯乙烯、顺/反-二氯乙烯、四氯化碳（副产物）、1,1,2-三氯乙烷、六氯乙烷、六氯苯、五氯乙烷（Cass,1942,1944;Warren,1951;Feathers and Rogerson,1959;Ellsworth and Vancamp,1960;USEPA,1980b）。值得注意的是，1,1,2,2-四氯乙烷通过氢解作用生成1,1-二氯乙烯（1,1-DCE），顺/反1,2-二氯乙烯（cis/trans-1,2-DCE），氯乙烯（VC）和乙烯（Lorah et al.,2003），从而使三氯乙烯的产量降低。

在1950年之前，三氯乙烯几乎只能从乙炔原料中获得（Morrison and Hone,2010）。20世纪70年代中期，在美国只有8%的三氯乙烯使用乙炔原料生产（Page and Arthur,1978;Ochsner et al.,1979）。20世纪70年代后期，为了得到更纯净的产品，三氯乙烯的生产原料从乙炔变成了乙烯。

9.5.2 乙烯工艺

乙烯氯化可生成1,2-二氯乙烷，在有氧气和催化剂存在的情况下，可进一步氯化生成四氯乙烯（PCE）和三氯乙烯（TCE）（Goldfarb et al.,1980）。从1972年开始，最常见的工艺包括乙烯加氯生成1,2-二氯乙烷，然后再氯化生成1,1,1,2-四氯乙烷，最后去除盐酸生成三氯乙烯（TCE）（NCI,1976）。1,1,2-三氯乙烷也是乙烯氯化生成1,2-二氯乙烷（1,2-DCA）的副产物（Milchert et al.,1995）。

9.5.3 司法鉴定的机遇

以乙炔为原料生产三氯乙烯（TCE）和四氯乙烯（PCE），其产物有1,1,2-三氯乙烷（1,1,2-TCA）（Richter,1958;Waters et al.,1977），1,1,2,2-四氯乙

烷（NCI，1976），苯（Tsurutaet al.，1983）和四氯乙烯（PCE）（NCI，1976；USEPA，1979）。以乙烯为原料生产三氯乙烯（TCE），其产物有1，2－二氯乙烷（1，2－DCA）和1，1，1，2－四氯乙烷。1，1，2，2－四氯乙烷在环境中会发生氢解反应产生1，1，2－三氯乙烷和1，2－二氯乙烷（1，2－DCA）（Dolfing，1999；Lorah and Olsen，1999；Arnold et al.，2002；Lorah et al.，2003；见图9.2），导致其含量减少。因此，若有1，1，2，2－四氯乙烷伴随1，1，2－三氯乙烷（1，1，2－TCA）的产生，或者苯伴随四氯乙烯/三氯乙烯（PCE/TCE）的产生，均可表明其来源于1978年以前的乙炔生产工艺。1，1，2，2－四氯乙烷常常伴随四氯乙烯（PCE）或三氯乙烯（TCE）的产生，是乙炔工艺中最具代表性的特征产物，1，1，2，2－四氯乙烷的沸点（146℃）高于三氯乙烯（TCE），表明它也可能由蒸馏过程中的三氯乙烯（TCE）转化而来。相反地，假如在环境样品中，1，1，1，2－四氯乙烷与氯代烃同时存在，则表明其来源于1978年后的乙烯生产工艺。

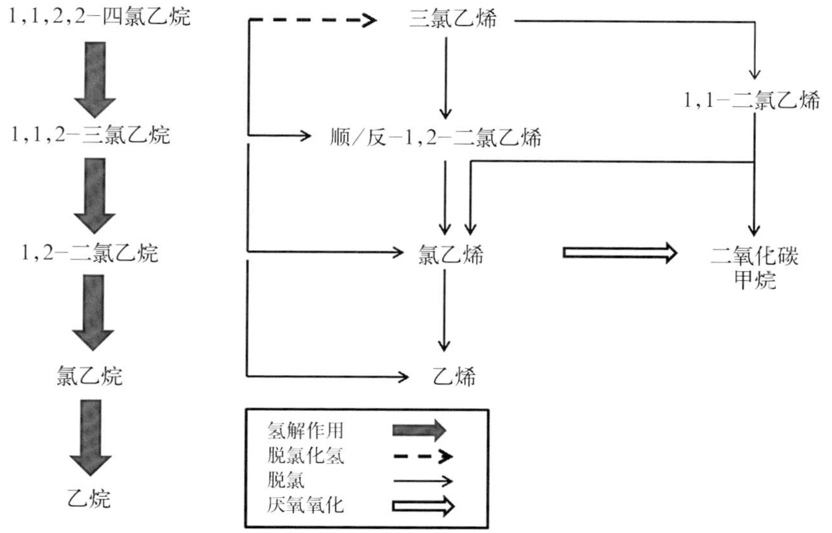

图9.2 1，1，2，2－四氯乙烷厌氧降解图

就司法鉴定研究而言，1，1，2，2－四氯乙烷的背景来源以及其他潜在来源还有待详细的审查，一个潜在的分析难点在于，20世纪40年代，1，1，2，2－四氯乙烷曾被用作一种溶剂，例如1946年的一篇文章中列出的与1，1，2，2－四氯乙烷有关的生产杂质，包括1，2－二氯乙烷（0～2%），五氯乙烷（0～8%），六氯乙烷（0～4%）（Williams，1946）。美国最后一家1，1，2，2－四氯乙烷生产商（Hooker Chemical Company in Taft，Louisiana）在1978年3月停止了生产，由此减少了先前产品配方中1，1，2，2－四氯乙烷的背景来源（USEPA，1981）。

9.6 化合物特定同位素分析(CSIA)

第11章在介绍稳定同位素的原理和应用时,提到了化合物特定同位素分析法,尽管该方法在环境调查中更多的是用于氯代烃的降解研究(Hunkeler et al.,1999,2008,2012;Meckenstock et al.,1999,2004;Bloom et al.,2000;Chartrand et al.,2005;Hirschorn et al.,2007;Dong et al.,2009,2011;Kuder and Philp,2013;Kuder et al.,2013;Wiegert et al.,2013;Harding et al.,2013),而章节9.6着重描述的是化合物特定同位素分析在司法鉴定领域氯代烃调查中的应用。

环境样品中化合物特定同位素分析主要通过测定该化合物中稳定同位素的比例来实现,通常采用气相色谱-同位素质谱联用法(GC - IRMS)或气相色谱-四极杆质谱联用法(GC - gMS)(Bernstein et al.,2008;Aepelli et al.,2010a;Jin et al.,2011)。早在二十年前,市面上就出现了可用于化合物特定同位素分析的仪器,最初是用于碳、氮元素的分析,1999年、2006年分别出现了氢元素和氯元素的同位素分析(Wang et al.,2012)。

化合物特定同位素分析分离不同化合物的原理是:先用气相色谱将分离目标物转换成可以量化的替代物(例如用CO_2的含量对^{13}C和^{12}C进行量化)。很多替代物的稳定同位素可通过同位素质谱法分析得到,传统的同位素分析包括氢($^{2}H/^{1}H$)、碳($^{13}C/^{12}C$)、氮($^{15}N/^{14}N$)、氧($^{18}O/^{16}O$)(Ehleringer and Dawson,1992;USEPA,1993;Brunel et al.,1995;Jendrzejewski et al.,2001;Schumacher et al.,2004;Benson et al.,2006;Philp and Jarde,2007;Hall,2008;Hunkeler et al.,2008,2011;Amaral et al.,2009;Blessing et al.,2009;Kuder et al.,2009;Bohlke et al.,2009;Wang,2010a,2010b;Aeppli et al.,2010a,2010b,2013;McHugh et al.,2011;Murphy 2012;Jeffrey,2012;Cincinelli et al.,2012;Braeckevelt et al.,2012;Wiegert,et al.,2012;Damgaard et al.,2013),对氯元素(^{37}Cl和^{35}Cl)来说,由于其两种同位素丰度值相似(^{35}Cl 75.78%,^{37}Cl 24.22%)且他们的单位质量不同,在化合物特定同位素分析过程中可直接利用传统的气相色谱-质谱联用法,而无需将目标物转换成替代物(Shouakar-Stash et al.,2006;Sakaguchi-Soder et al.,2007)。

在同一化合物中,重同位素与邻近原子之间所形成的键比轻同位素在相同位置形成的键能略强,因此在化学或生物反应中,轻同位素的反应速率要更快一些。这种由于同位素的存在而造成反应速率上的差别,被称作动力学同位素效应,该效应使得剩余反应物中重同位素化合物的含量逐渐增加(即分馏作用)。

碳(^{13}C、^{12}C)、氢(^{2}H、^{1}H)等稳定同位素的相对丰度存在天然差异,因此在实际应用中可以利用已知参照物的丰度比,来推算目标物的丰度比。由于同位素比的差异较小,所以用“千分差值”来表示目标物丰度比相对于参照物丰度比的差值更为方便(千分含量或‰,与通常的比较标准相似,百分含量或百分比)。

在自然界中,可作为标准的样品很多,选择并使用一个有分析结果数据支撑的公认标准非常重要,尤其是多个实验室间需要统一标准。目标物和参照物的丰度比差值用符号 δ 表示,为了确保多个实验室数据的可比性和准确性,这些比值有了国际统的一标准(例如:碳同位素通常用标准 Vienna Pee Dee Belemnite,即 VPDB 标准,该标准来源于南卡罗来纳州的一种化石[3];而氢和氯同位素的常用标准是维也纳标准平均大洋水 ViennaStandard MeanOcean Water,即 VSMOW 标准)。氧、硫、氮等元素也用类似方式确定了各自的标准,硫元素的标准物质为 Canyon Diablo Troilite(CDT)陨硫铁中的硫化亚铁(FeS),氮元素的标准物质为空气中的氮气,氧元素的标准为 VSMOW。

相关报告显示 $\delta^{13}C$ 和 $\delta^{2}H$ 的测量值分别由以下公式计算得出:

$$\delta^{13}C(‰) = \{[({}^{13}C/{}^{12}C)_{sample} - ({}^{13}C/{}^{12}C)_{standard}]/({}^{13}C/{}^{12}C)_{standard}\} \times 1\,000 \tag{9.5}$$

$$\delta^{2}H(‰) = \{[({}^{2}H/{}^{1}H)_{sample} - ({}^{2}H/{}^{1}H)_{standard}]/({}^{2}H/{}^{1}H)_{standard}\} \times 1\,000 \tag{9.6}$$

需要注意的是,考虑到 δ 的值较小($\delta^{13}C<0.05$),为了方便计算,结果均以实际值的 1 000 倍表示,例如 A − 30‰表示样品中的 ${}^{13}C/{}^{12}C$ 丰度值比参照物丰度值小 30‰或 3%。

稳定同位素的丰度比与标准值的偏差 δ 要么为正数要么为负数,对碳元素来说,丰度比 ${}^{13}C/{}^{12}C$ 与标准值的偏差 δ 为负值时,表示样品中 ${}^{13}C$ 的量减少,而 δ 为正值时表示样品中 ${}^{13}C$ 的量有所增加。

用同位素分析法对环境中的氯代烃进行定量时,其测定下限可达几十到几百 ng;分析室内空气样品时,其样品量需不少于 100 L。利用吹扫捕集-气相色谱-同位素质谱联用技术,可以将环境样品中四氯乙烯(PCE)和三氯乙烯(TCE)的 $\delta^{13}C$ 和 $\delta^{37}Cl$ 范围精确到 5~10 ppb,也有其他报道显示可以将四氯乙烯(PCE)和三氯乙烯(TCE)的 $\delta^{13}C$ 和 $\delta^{37}Cl$ 范围精确到 1~2 ppb(Hunkeler et al.,2011)。

9.6.1 CSIA 在司法鉴定中的机遇

CSIA 在司法鉴定的机遇包括:

- 地下水调查方面的应用

3 该标准来源于美国的箭石标准,但当其耗尽时,换成了同等作用的维也纳箭石标准;类似地,维也纳标准平均大洋水 VSMOW 标准也是起源于标准平均大洋水 SMOW 标准。

- 通过母体化合物富集进行氯代烃污染物溯源
- 区分多个重非水相液体(DNAPLs)的释放源
- 区分自然生成的和人为产生的三氯甲烷
- 蒸汽入侵调查

9.6.1.1 地下水调查方面的应用

同位素分析法为地下水中污染物来源的确定带来了很多机遇,尤其当浓度数据不能为污染物的来源提供明确范围时,同位素分析法在区分污染源与其扩散路径方面具有显著的作用(Shouakar-Stash et al.,2003;Eberts et al.,2008;Blessing et al.,2009;Jeannottat and Hunkeler,2013)。利用同位素分析法做地下水污染物调查通常需先假设本底同位素的降解和有机物分馏符合瑞利公式(见章节 9.6.1.2 中的方程 9.7),由此可推算降解量。同位素分析法在鉴别地下水中很多氯代烃污染物来源方面具有独特的优势(Chartrand et al.,2007;Lima et al.,2009,2012)。在对同位素分析数据进行评估时,需要考虑同一地点商业产品的释放可能带来同位素的变化,尤其当污染掺杂的情况下。此外,不同时间的泄漏事件也可能产生相似的同位素组成。如果污染是由几次不同的泄漏事件所造成,或者泄漏的化合物具有不同的同位素组成,那么即使地下水污染物的来源相近,其同位素组成也有可能不同。同位素分析法还可用于区分设备中氯代烃的反梯度和顺梯度释放,以及当浓度相近时,它们在不同含水层中的分布(Jeffrey,2012)。

同位素分析法可以根据浓度数据来区分不同的氯代烃,如美国佛罗里达州奥兰多市的地下水污染物调查,该案例的污染物来源于干洗店、制服租赁等行业,通过同位素分析再现了干洗店、汽车制造业以及得克萨斯州的莱昂谷机场(USEPA,2010,2011)可能产生四氯乙烯(PCE)和三氯乙烯(TCE)的污染源。德国西南部的一个工业化城市,用同位素分析法来分析断裂的考依波阶岩石可能释放并造成地下水污染的五种氯代烃污染物(Blessing et al.,2009)。

同位素分析法还可以在地下水建模研究中用于反应运移模拟(Pooley et al.,2009),从而将氯代烃的降解与污染源边缘扩散之间的关系进行量化(van Breukelen and Prommer,2008;Rolle et al.,2010;van Breukelen and Rolle,2012)。在司法鉴定研究中,正确理解污染源边界的描述和污染物范围的确定过程,往往是污染物迁移模型的关键。目前已有文献利用反应运移模拟来调查场地规模氯代烃的降解过程(Atteia et al.,2008;Wiegert et al.,2012),相关信息在第 11 章,11.7.1 有详细描述。

9.6.1.2 通过母体化合物富集进行溯源

部分情况下,氯代烃同位素比不会随着沉积时间而改变,可以直接通过同位素比确定污染源(Elsner et al.,2005)。而对于同位素比的随着母体化合物生物降解发生改变的情况,可以用瑞利模型来检验(Rayleigh, 1896)。瑞利公式可以解释动力学同位素效应,反应池中同位素比的变化量 R、初始同位素比 R_0、剩余反应物比例 f 与分馏系数为 α 之间的关系可以通过以下公式计算(Mariotti et al.,1981):

$$\frac{R}{R_0}=f^{(\alpha-1)} \tag{9.7}$$

由于氯代烃的生物降解过程中,轻同位素[^{12}C]的酶促反应要比重同位素[^{13}C]更快,因此经过动态浓缩后,重同位素富集在反应基质中,而轻司位素富集在反应产物中(Harding et al.,2013)。利用这个原理可以判断四氯乙烯(PCE)等氯代烃的富集是否符合瑞利公式,是否会因为其他释放源的存在而发生偏离。四氯乙烯(PCE)降解后的同位素比可以通过其初始同位素比、浓度以及降解产物来计算。通过四氯乙烯(PCE)的单一释放来重现原始同位素的组成,需假设:

- $^{12}C-X$ 分子键的键能比 $^{13}C-X$ 分子键的键能要弱
- $^{12}C-X$ 分子键的键能比 $^{13}C-X$ 分子键的键能更快断裂
- 所有的四氯乙烯均降解成三氯乙烯和其他产物,所以四氯乙烯降解产物的同位素比与其原始同位素比相同

如果四氯乙烯(PCE)降解反应不完全,三氯乙烯(TCE)的量不会减少,那么 ^{12}C 就会在三氯乙烯(TCE)产物中富集,而 ^{13}C 在四氯乙烯(PCE)反应物中富集,进而抑制三氯乙烯(TCE)的进一步降解。如果再假设,由于地下水流的滞后性,不存在水流颜色分层的影响,且整个反应中四氯乙烯(PCE)、三氯乙烯(TCE)、二氯乙烯(DCE)、氯乙烯均没有损失,那么初始四氯乙烯(PCE)反应物的司位素比可以通过以下公式计算:

$$\left[\delta^{13}C_{PCE}=\frac{([PCE]\delta^{13}C)+([TCE]\delta^{13}C)+([DCE]\delta^{13}C)+([VC]\delta^{13}C)}{[PCE]+[TCE]+[DCE]+[VC]}\right] \tag{9.8}$$

其中,[ ]代表物质的量浓度,反应过程中 ^{13}C 物质的量守恒。该公式通常适用于多种释放源同时存在,无法通过浓度确定污染物来源的情况。

9.6.1.3 区分多个重非水相液体(DNAPLs)的释放源

四氯乙烯(PCE)和三氯乙烯(TCE)的同位素比还可用来确定浓稠非水相液体的来源及其污染范围(Van Warmerdam,1995),通过碳元素的稳定同位素比来反映脱氯的过程(Slater et al.,2001)。不同的浓稠非水相液体释放源的同位素值不同,排除生物降解的影响,每个释放源都有特定的 $\delta^{13}C$ 值(Hunkeler et al.,2004),该方法曾在一次基岩断裂事件中,用于研究三氯乙烯(TCE)释放后的生物降解过

程(Chartrandet al.,2005)。

9.6.1.4 区分人为产生和自然生成的三氯甲烷

利用环境样品中的三氯甲烷和氯代烃的分布,可以对其他氯代烃进行测年分析。虽然四氯甲烷的降解以及其他人为原因都会造成三氯甲烷的产生,但如果伴随着三卤甲烷、卤乙酸、总有机卤化物的出现,那么可以证明它们是由于污水管道中的溴化物和有机物的氯化反应产生(Nokes et al., 1999; Gallard and von Gunten,2002; Rodriguez et al., 2004; Hua et al., 2006; Arnold et al., 2008; Beggs et al.,2009;Lu et al.,2009;Carter et al.,2012;Morrison and Murphy,2013;Lavonen et al.,2013)。次氯酸钠进入土壤中,遇到腐殖酸也会被氧化,生成三氯甲烷(Jackman and Hughes,2010)。利用同位素分析法也可鉴别其他的三卤甲烷,尽管现有文献中并未大量提及(Huber et al.,2009)。

原始森林的土壤气中有自然存在的三氯甲烷,它们是由真菌胞外酶的催化氯化产生(比如 Caldariomycesfumago 海洋真菌;Gribble,2004)。当土壤表层的 $Na^{37}Cl$ 增加时,土壤气中三氯甲烷 ^{37}Cl 同位素也会相应增加,由此证明土壤气中的三氯甲烷是自然产生的(Hoekstra et al.,1998)。有研究发现森林地下水中也有自然生成的三氯甲烷(Laturnus et al.,2000;Albers et al.,2008,2010a,2010b),丹麦的一处针叶林地下发现有超过地下水浓度标准的三氯甲烷(Laturnus et al.,2000),因此鉴别三氯甲烷是自然生成还是人为产生的在司法鉴定领域具有深远的意义。

同位素分析法可以鉴别土壤气和地下水中的三氯甲烷是自然生成还是人为产生的(Hunkeler et al., 2012; Calvin et al., 2012)。有研究表明森林土壤气(-22.8‰~-26.2‰)与土壤有机物(-22.6‰ ~-28.2‰)中三氯甲烷的 $\delta^{13}C$ 值范围相同,而工业生产的三氯甲烷 $\delta^{13}C$ 值明显要高(-43.2 ‰~-63.6‰)。地下水位线处三氯甲烷的 $\delta^{13}C$ 值(22.0‰)与土壤气中的值也相一致,也就是说三氯甲烷在包气带中依然维持着它的同位素特性,研究人员由此判断一些森林土壤中的三氯甲烷是自然生成的。丹麦针叶林地下水中的三氯甲烷 $\delta^{13}C$ 值在-13‰ ~-27‰之间,而工业生产的三氯甲烷 $\delta^{13}C$ 值在-46‰ ~-63‰之间,因此判断它是自然产生的(Laier et al.,2005)。

白蚁也是三氯甲烷的来源之一,六个澳大利亚蚁种能在它们的洞穴中产生三氯甲烷(Khalil et al.,1990),全球有 15%的三氯甲烷排放是来源于白蚁(每年约 100 000 吨)。

9.6.1.5 蒸汽入侵调查

地下水或土壤受到污染后,其中的挥发性物质会释放出来,发生蒸汽入侵,影响周围的建筑物(Eklund,2005)。很多司法鉴定研究面临的问题是,如何鉴别气体中的氯代烃是来源于地下水的污染还是下水道的释放(USEPA, 2002; Kurtz et al.,2010;McHugh et al.,2011,2012;Jeannottat and Hunkeler,2012,2013)。有实验室通过数值模型研究,发现四氯乙烯从地下水向表面迁移的过程中,由于同位素效应,碳和氯的同位素比向相反方向变化,分别是 $\varepsilon=-0.20‰$,$\varepsilon=+0.46‰$(Jeannottat and Hunkeler,2013)。非稳态情况下也会导致同位素变化,尤其当包气带层较厚、近地面结构细密、潜水层变化迅速时,而在稳态情况下,室内空气和土壤气中的氯代烃与地下水分布有直接关系。

室内空气中存在着很多氯代烃和其他挥发性有机物(Edwards et al.,2001;Son et al.,2003;Billionnet et al.,2011;Zhu et al.,2013)。在司法鉴定中,可以通过同位素分析来确定挥发性有机物的来源,判断他们是来源于土壤与地下水和还是来源于室内。20 世纪 80 年代末,相关人员对日常家居用品中的氯代烃展开了研究,包括干洗服装面料上四氯乙烯的累积与释放(Tichenor et al.,1990;Sack et al.,1992;USEPA,1993;Varian,2002;Hall,2008)。1989 年,研究人员将 12 种不同面料的衣服干洗,1~2 天后对其进行取样检测,结果显示面料中四氯乙烯的残留量高达 68.5 μg/g (Kawauchi and Nishiyama,1989),5 个月后,再次检测,四氯乙烯的残留量分别为 6 ng/g 和 20 ng/g,残留量约为原来的 1%~2%。

尽管土壤气和室内空气中氯代烃的浓度分布对其来源具有一定的指向性,但并不能以此判断确切的来源,将同位素分析法与浓度数据相结合可以解决这一问题。研究者选取了犹他州的希尔空军基地附近的五处住宅,对其中消费品的 $\delta^{13}C$ 值与 $\delta^{37}Cl$ 值进行检测,并将其与室内空气、土壤、土壤气、地下水的同位素值进行对比(McHugh et al.,2011),找到了其中两处住宅的室内空气中四氯乙烯和三氯乙烯的来源。其中一处住宅的地下水中并未检测到三氯乙烯,但其下水管道中有检出,室内空气、下水道顶部以及三个典型地下水样品中三氯乙烯的同位素比相近,表明了他们来自同一个释放源。

9.7 重构氯化烃羽流技术

在羽流重现技术中,母体化合物的浓度是在默认没有子产物产生的情况下估算得出的,计算时将子产物浓度转换成等量的本底化合物并合并计算,得到最终的母体化合物浓度,计算方程如下:

$$RC_0 = \sum_{i=0} \frac{MW_0}{MW_i} C_i \tag{9.9}$$

或:

$$C_0 = MW_0 \sum_{i=0} x_i \tag{9.10}$$

其中，i 代表种类，$i=0$ 时表示本底化合物，MW 代表分子质量，C 代表在特定位置和特定时间的浓度，x 代表摩尔分数，R 表示重现价值。四氯乙烯（PCE）和三氯乙烯（TCE）厌氧生物降解公式为：

$$\text{RPCE} = \text{PCE} + 1.26\text{TCE} + 1.78\left(\sum \text{DCE}\right) + 2.65\text{VC} \tag{9.11}$$

$$\text{RTCE} = \text{TCE} + 1.35\left(\sum \text{DCE}\right) + 2.1\text{VC} \tag{9.12}$$

该方程遵循四氯乙烯（PCE）的分子量是三氯乙烯（TCE）的 1.26 倍等规律，方程 9.11 和 9.12 中，ΣDCE 表示二氯乙烯同分异构体的总和，VC 表示氯乙烯的浓度。事实上，顺－1,2－二氯乙烯是高浓度时的产物，而反－1,2－二氯乙烯和 1,1－二氯乙烯是低浓度时的产物，且后者的产生量往往可以忽略不计。类似的，四氯化碳的厌氧降解公式为：

$$\text{RCT} = 1.29\text{CF} + 1.81\text{DCM} + 3.05\text{CM} \tag{9.13}$$

其中，CF 表示三氯甲烷的浓度，DCM 表示二氯甲烷的浓度，CM 表示一氯甲烷的浓度。三氯乙酸的厌氧降解和水解作用公式略有不同：

$$\text{RTCA} = \text{TCA} + 6.551,1 - \text{DCE} + 1.351,1 - \text{DCA} + 2.07\text{DCA} \tag{9.14}$$

其中，DCA 表示二氯甲烷，CA 表示一氯甲烷，方程 9.14 中，系数 6.55 是在假设 1,1－二氯甲烷的产率为 21% 的基础上得出，而剩余产物为很少被提及的乙酸（Gauthier and Murphy，2003）。这些方程中不包括乙烯、乙烷等可能在高还原条件下产生的化合物。当然，也可以通过一些简单明确的方式计算这些化合物。这些公式也不包括氯乙烯（VC）或二氯乙烯（DCE）的有氧降解产物，一般可以忽略这些因素，因为在这些补救措施实施之前，厌氧降解反应的终止通常会产生少量的氯乙烯或 1,2－二氯乙烯。

一个潜在的难点在于 1,1－二氯乙烯和氯化物能够从多种母体化合物中获取，当其可能由多种母体化合物产生时，必须指定其一作为特定的母体化合物。1,1－二氯乙烯是三氯乙酸（TCA）在有水存在时非生物降解的主要产物，乙烯氯化时的首要产物是顺－1,2－二氯乙烯，同时产生少量 1,1－二氯乙烯。所以将 1,1－二氯乙烯作为三氯乙酸（TCA）的主要降解产物并不会影响乙烯的氯化结果。只有当乙烯（四氯乙烯或三氯乙烯）的原始浓度高于三氯乙酸的原始浓度时，三氯乙酸的厌氧降解结果才可能受到影响。通常无须特别关注氯乙烯的浓度，因为先前的修复条件并没有因为氯乙烯的产生而减弱，在这种情况下，判断出特定的母体化合物不是问题。在先前的公式中，氯乙烯被认为是四氯乙烯（PCE）和三氯乙烯（TCE）的降解产物，而不是四氯化碳（CT）和三氯乙酸（TCA）的降解产物，总之，同样的公式可以应用到土壤修复中。

在降解过程未知的情况下剖析污染物成分，被用来确定同一地点存在不同释放时间和生物降解历史时的单个来源，也被用来更精确地确定污染边界，Murphy和 Mohsen（2010）提供了内布拉斯州某地的多源污染案例研究。

接下来本章将会介绍该方法的两种额外用途：（1）决定生物降解的发生位置，并将其纳入三氯乙酸（TCA）的年代推定中；（2）估算脱氯过程中母体氯化物中碳同位素富集因素。

9.7.1 生物降解的空间测定和甲基氯仿的羽流测年

四氯乙烯（PCE）和三氯乙烯（TCE）母体化合物生物降解的比例分别是 $1-\dfrac{\text{PCE}}{\text{RPCE}}$ 和 $1-\dfrac{\text{TCE}}{\text{RTCE}}$，考虑到三氯乙酸（TCA）的非生物降解，因为其消失的比例是 $\dfrac{1.1-\text{DCE}}{\text{RTCA}}$，所以三氯乙酸（TCA）的生物降解的比例为 $1-\left(\dfrac{\text{TCA}+1.1-\text{DCE}}{\text{RTCA}}\right)$。有时候生物降解只在污染源附近发生，因为污染物羽流可能扩散到远处后基质有机物含量较低。绘制生物降解的空间分布比例可以验证上述说法，因为生物降解的比例会降低且在距离污染源较远的位置变成常数。该方法可用于三氯乙酸（TCA）的测年，公式如下：

$$t=\frac{1}{k}\ln\left(1+\frac{k}{ke}\frac{[1,\ 1-\text{DCE}]}{[\text{TCA}]}\right) \tag{9.15}$$

只有非生物降解存在时可以使用该公式（Gauthier and Murphy，2003），其中 t 表示三氯乙酸（TCA）在地下水中存在的时间，k 为三氯乙酸（TCA）非生物降解系数，k_e表示产生 1,1－二氯乙烯（DCE）的非生物降解系数，方括号表示摩尔质量，速率系数 k 由阿仑尼乌斯方程计算得出：

$$k=Ae\frac{E}{RT} \tag{9.16}$$

其中，$A=8.7\times10^{13}/\text{s}$，活化能 $E_a=122.8\ \text{kJ/mol}$，气体常数 $R=8.134\ 5\times10^{-3}\ \text{kJ/mol}-\text{K}$，$T$ 是开氏温度，k/k_e的比例系数约为 4.76。当生物降解仅发生在污染源附近时使用公式 9.15，在那种情况下，需假设生物降解消耗三氯乙酸（TCA）早于所有显著的非生物降解。

另一个极限情况是生物降解和非生物降解在空间上是连续的，Gauthier 和 Murphy（2003）的计算公式如下：

$$t = \frac{1}{k_T}\ln\left(1 + \frac{k}{ke}\frac{[1,1-\mathrm{DCE}]}{[\mathrm{TCA}]} + \frac{[\mathrm{DCA}]}{[\mathrm{TCA}]}\right) \tag{9.17}$$

DCA 是生物降解产物，$k_T = (k + k_b)$，生物降解速率 k_b 计算如下：

$$k_b = k\frac{[\mathrm{DCA}]}{[1,1-\mathrm{DCE}]} \tag{9.18}$$

9.7.2 估算碳同位素富集因子

氯代烃的动力学同位素分布符合瑞利公式，且通常在实验室用富集因数(ε)和氯化物及反应途径进行量化。理想情况下，富集因子通常是从特定地点或地下水实验中获取，尽管它们能从已知的特定的氯代烃富集因子列表中选取。富集值的范围从−2.5‰到−16‰(Harding et al.,2013)，描述了三氯乙烯(TCE)的脱氯效果。瑞利公式表示如下：

$$R = R(t=0)f^{\alpha-1} \tag{9.19}$$

其中，R 表示碳 13 与碳 12 的同位素比，f 表示未发生反应的母体化合物比例，公式 9.19 也可以表示为

$$\in \ln f \cong \delta - \delta(t=0) \tag{9.20}$$

其中，$\in = (\alpha - 1) \times 1\,000$，$\delta$ 由以下公式计算得出

$$\delta = \left(\frac{R}{R_S} - 1\right) \times 1\,000 \tag{9.21}$$

R_S 为碳同位素参比，方程 9.21 在 $\delta<1\,000$ 时有效，降解链中所有种类的碳同位素比之和：

$$\delta^0(t=0) = \sum_i x_i\delta_i \tag{9.22}$$

x_i 代表衰减链中第 i 种碳同位素的摩尔分数，当 $i=0$ 时代表本底化合物，例如 $\sum_{i=0}x_i = 1$，所以最终得到的公式为

$$\in = \frac{\delta_0 - \sum_{i=0}x_i\delta_i^-}{\ln x_0} = \frac{\delta_0(1-x_0) - \sum_{i=1}x_i\delta_i}{\ln x_0} \tag{9.23}$$

可以用一些方法来验证这个公式，比如 δ_0(较小的负值)应该在 $t=0$ 时取得最小值，在某一污染源的分解过程中，$\sum_i x_i\delta_i$ 应该保持不变，如果实际情况不是这样，则说明衰减链中可能存在重要的化合物，其浓度或同位素值未被测量，那么公

式 9.23 将不适用，或者可能存在多种污染物。

9.8 总　　结

特征稳定剂的使用、生产杂质的应用、同位素分析法、氯代烃羽流亘构技术，给司法鉴定过程中氯化溶剂的测年和溯源带来了更多的机遇，在第二版 *Introduc-tion to Environmental Forensics* 已有鉴定手段的基础上做了改进，就大多环境损害司法鉴定而言，这些技术已充分考虑到氯化溶剂的其他来源和可能性。

（邓晶晶，纪敏，周天舒）

参 考 文 献

Aeppli, C., Berg, M., Cirpka, O.A., Holliger, C., Schwarzenbach, R.P., Hofstetter, T.B., 2009. Influence of mass-transfer limitations on carbon isotope fractionation during microbial dechlorination of trichloroethene. Environmental Science and Technology 43 (23), 8813－8820.

Aepelli, C., Holmstrand, H., Andersson, P., Gustafsson, O., 2010a. Direct compound-specific stable chlorine isotope analysis of organic compounds with quadrupole GC/MS using standard isotope bracketing. Analytical Chemistry 82 (1), 420－426.

Aeppli, C., Reddy, C., Nelson, R., Kellermann, M., Valentine, D., 2010b. Quantifying in situ transformation rates of chlorinated ethenes by combing compound-specific stable isotope analysis, groundwater dating and carbon isotope mass balances. Environmental Science and Technology 44 (10), 3705－3711.

Aeppli, C., Bastviken, D., Andersson, P., Gustafsson, O., 2013. Chlorine isotope effects and composition of naturally produced organochlorines from chloroperoxidases, flavin-dependent halogenases and in forest soil. Environmental Science and Technology 47 (13), 6864－6871.

Albers, C.N., Laier, T., Jacobsen, O.S., 2008. Vertical and horizontal variation in natural chloroform in two adjacent soil profiles in a coniferous forest. In: Mander, U., Brebbia, C.A., Martin-Duque, J.F. (Eds.), Geo-Environment and Landscape Evolution III. Proceedings of the Third International Conference on Evolution, Monitoring, Simulation, Management and Remediation of the Geological Environment and Landscape. Southampton, 2008. WIT Press, Southampton, UK, pp. 161－170.

Albers, C.N., Jacobsen, O.S., Flores, E.M., Pereira, J.S.F., Laier, T., 2010a. Spatial variation in natural formation of chloroform in soils of four coniferous forests. Biogeochemistry 103 (1－3), 317－334.

Albers, C. N., Laier, T., Jacksonsen, O. S., 2010b. Formation, fate and leaching of chloroform in coniferous forest soils. Applied Geochemistry 25 (10), 1525 – 1535.

Amaral, H., Fernandex, J., Berg, M., Schwarzenbach, R., Kipfer, R., 2009. Assessing TNT and DDNT groundwater contamination by compound-specific isotope and $^{3}H-^{3}He$ groundwater dating: a case study in Portugal. Chemosphere 77 (6), 805 – 812.

Anderson, R. H., Anderson, J. K., Bower, P. A., 2012. Co-occurrence of 1, 4 – dioxane with trichloroethylene in chlorinated solvent groundwater plumes at US Air Force installations: Fact or Fiction. Integrated Environmental Assessment and Management 8 (4), 731 – 737.

Angus Chemical Company, 2001. Letter to Dr. C. W. Johnson of the US National Toxicology Program from Mark Henning of Angus Chemical Company, September 20, 2001. RE: Proposed listing of nitromethane in the 11th Annual Report on Carcinogens. Angus Chemical Company, Buffalo Grove, IL, pp. 1 – 5.

Arena, J.M., Drew, R.H., 1986. Poisoning: Toxicology, Symptons, Treatments, fifth ed. Charles C. Thomas Publisher, Springfield, IL, p. 257.

Arnold, W. A., Winget, P., Cramer, C. J., 2002. Reductive dechlorination of 1, 1, 2, 2 – tetrachloroethane. Environmental Science and Technology 36 (16), 3536 – 3541.

Arnold, W., Bolotin, J., Von Gunten, U., Hofstetter, T.B., 2008. Evaluation of functional groups responsible for chloroform formation during water chlorination using compound specific isotope analysis. Environmental Science and Technology 42(21), 7778 – 7785.

ATSDR (Agency for Toxic Substances and Disease Registry), 2005. Toxicological profile for carbon tetrachloride. US Department of Health and Human Services, Atlanta, GA, pp. 178 – 179.

Atteia, O., Franceschi, M., Dupuy, A., 2008. Validation of reactive model assumptions with isotope data: application to the Dover case. Environmental Science and Technology 42 (9), 3289 – 3295.

Bachtel, H.J., 1957. Methyl chloroform inhibited with dioxane. US Patent 2, 811, 252. 3 – 4.

Bachtel, H.J., 1958. Inhibited methyl chloroform. US Patent 2, 838, 458. 1 – 4.

Beckers, N., Rowe, E., 1976a. Stabilized methyl chloroform. US Patent 3, 935, 287. 1 – 6.

Beckers N., Rowe, E., 1976b. Stabilization of methyl chloroform. US Patent 3, 957, 893. 1 – 6.

Beggs, K. M. H., Summers, R. S., McKnight, D. M., 2009. Characterizing chlorine oxidation of dissolved organic matter and disinfection by-product formation with fluorescence spectroscopy and parallel factor analysis. Journal of Geophysical Research: Biogeosciences 114 (G4). http://dx.doi.org/10.1029/2009JG001009.

Benson, S., Lennard, C., Maynard, P., Roux, C., 2006. Forensic applications of isotope ratio mass spectrometry — a review. Forensic Science International 157 (1), 1 – 22.

Bernstein, A., Ronen, Z., Adar, E., Nativ, R., Lowag, H., Stichler, W., Meckenstock, R., 2008. Compound-specific isotope analysis of RDX and stable isotope fractionation during aerobic and anaerobic biodegradation. Environmental Science and Technology 42 (21), 7772 – 7777.

Billionnet, C., Gay, E., Kirchner, S., Leynaert, B., Annesi-Maesano, I., 2011. Quantitative assessments of indoor air pollution and respiratory health in a population-based sample of French dwellings. Environmental Research, 425 – 434.

Black, R.E., Hurley, F.J., Havery, D.C., 2001. Occurrence of 1, 4 – dioxane in cosmetic raw materials and finished cosmetic products. Journal AOAC International 84 (3), 666 – 670.

Blessing, M., Schmidt, T., Dinkel, R., Haderlein, S., 2009. Delineation of multiple chlorinated ethene sources in an industrialized area — A forensic field study using compound specific isotope analysis. Environmental Science and Technology 43(8), 2701 – 2707.

Bloom, Y., Aravena, R., Hunkeler, D., Edwards, E. A., Frape, S. K., 2000. Carbon isotope fractionation during microbial dechlorination of trichloroethene, cis – 1, 2 – dichloroethene and vinyl chloride: Implications for assessment of natural attenuation. Environmental Science and Technology 34 (13), 2768 – 2772.

Bohlke, J., Hatzinger, P., Sturchio, N., Gu, B., Abbene, I., Mroczkowski, S., 2009. Atacama perchlorate as an agricultural contaminant in groundwater: isotopic and chronologic evidence from Long Island, New York, USA. Environmental Science and Technology 43 (19), 5619 – 5625.

Boothman, E., 1966. Stabilized solvent. US No. 3, 269, 953. 1 – 4.

Borror, J.A., Rowe, E.E., 1981. Perchloroethylene dielectric fluid containing pyrrole and phenol. US Patent No. 4, 293, 433. 1 – 6.

Bouygues, M., Danne, O., Bouvry, M., Luciani, F., Rabreau, D., 1980. Hepatite au Trichloroéthylène. Action synergique du tétrachlorure de carbone? Nouv. Presse méd. 9 (43), 3277.

Braeckevelt, M., Fischer, A., Kastner, M., 2012. Field applicability of compound-specific isotope analysis (CSIA) for characterization and quantification of in situ contaminant degradation in aquifers. Applied Microbiology and Biotechnology 94 (6), 1401 – 1421.

Bretherick, L., 1990. Handbook of Reactive Chemical Hazards, fourth ed. Butterworth-Heinemann, Ltd., Boston, MA, p. 211.

Brunel, J., Walker, G., Gennett-Smith, A., 1995. Field validation of isotopic procedures for determining source water used by plants in a semi-arid environment. Journal of Hydrology 167 (1), 351 – 368.

Burch, R. J., Leeds, M. W., 1960. Stabilization of chlorinated hydrocarbons with a synergistic combination of a tertiary acetylenic monohydric alcohol and 2, 6 – di-tert-butyl para-creosol. US Patent 2, 945, 895. 1 – 2.

California Department of Health Services, 1989. Fluorocarbons (Freons). Hazardous Evaluation System and Information Service, Richmond, CA, p. 23.

Calvin, C., Chan, T., Scott, O., Mundle, T., Eckert, X., Liang, S., Tang, G., Lacrampe-Couloume, E., Edwards, Sherwood-Lollar, B., 2012. Large carbon isotope fractionation during biodegradation of chloroform by *dehalobacter* cultures. Environmental Science and Technology 46 (18), 10154 – 10160.

Carter, J.M., Moran, M.J., Zogorski, J.S., Price, C.V., 2012. Factors associated with sources, transport and fate of chloroform and three other trihalomethanes in untreated groundwater used for drinking water. Environmental Science and Technology 46 (15), 8189 – 8197.

Cass, O.W., 1942. Purification of tetrachloroethylene. US Patent 2, 280, 794. 1 – 3.

Cass, O. W., 1944. Preparation of unsaturated halogenated aliphatic hydrocarbons. US Patent 2, 342, 100. 1 – 3.

Chartrand, M., Morrill, P., Lacrampe-Couloume, G., Sherwood-Lollar, B., 2005. Stable isotope evidence for biodegradation of chlorinated ethenes in a fractured bedrock site. Environmental Science and Technology 39 (13), 4848 – 4856.

Chartrand, M.G., Hirschorn, S.K., Lacrampe-Couloume, G., Sherwood-Lollar, B., 2007. Compound specific hydrogen isotope analysis of 1, 2 – dichloroethane: potential for delineating source and fate of chlorinated hydrocarbon contaminants in groundwater. Rapid Communications in Mass Spectrometry 21 (12), 1841 – 1847.

Chemical & Engineering News, 1955. Chlorothene. Specifications, properties, relative evaporation rates, toxicity factors, and vapor pressure of Dow Inhibited 1, 1, 1, -trichloroethane. 33 (7), 660, L5.

Cincinelli, A., Pieri, F., Zhang, Y., Seed, M., Jones, K., 2012. Compound specific isotope analysis (CSIA) and bromine: A review of techniques and applications to elucidated environmental sources and processes. Environmental Pollution 169, 112 – 127.

Clark, F., 1935. Dielectric composition. US Patent No. 2, 019, 338. 1 – 3.

Commonwealth of Australia, 2000. Trichloroethylene. Priority Existing Chemical Assessment Report No. 8. National Industrial Chemicals Notification and Assessment Scheme. Sydney, Australia, p. 11.

Conso, F., Efthymiou, M.-L., Garnier, R., Fournier, E., 1980. Interet de la toxicovigilance: example de certains trichloréthylènes du commerce. Archives Maladies Professionnelles et de Medecine du Travail 41, 198 – 200.

Cooper, R.S., 1952. Tetrachloroethylene stabilized by 2 – halothiophene. US Patent 2621215, 1 – 6.

Copelin, H.B., 1959. Stabilization of chlorinated hydrocarbons. US Patent 2, 904, 600. 1 – 6.

Cormany, C. L., Dial W. R., Pray, B. O., 1966. Methylchloroform compositions. US Patent 3, 265, 747. 1 – 6.

Cormany, C., Dial W., Pray, B., 1970. Stabilized methylchloroform. US Patent 3, 5354, 392. 1 – 6.

Crabb, C. R., McDonald, L. S., 1972. Stabilization of chlorinated solvents. US Patent 3, 641, 169. 1 – 8.

Dale, H.H., 1924. The purity of carbon tetrachloride. The British Medical Journal 2 (3317), 160.

Damgaard, I., Bierg, P., Baelum, J., Scheutz, C., Hunkeler, D., Jacobsen, C., Tuxen, N., Broholm, M., 2013. Identification of chlorinated solvents degradation zones in clay till by high resolution chemical, microbial and compound specific isotope analysis. Journal of Contaminant Hydrology 146, 37 – 50.

Daras, N., 1960. Process for the stabilization of chlorinated hydrocarbons. US Patent 2, 935, 537. 1 – 4.

Davidowich, G., Leeds, M. W., 1962. Stabilization of chlorinated hydrocarbons. US Patent 3, 070, 635. 1 – 4.

Davidowich, G., Leeds, M., W., 1964. Stabilization of chlorinated hydrocarbons with 1, 4 – dioxane and acetylenic alcohol ester. US Patent 3, 124, 620. 1 – 4.

Davidson, E.M., 1911. Process of extinguishing fires. US Patent 1, 010, 870, 1 – 2.

Dial, W., 1964. Stabilization of perchloroethylene with a mixture of an epoxides and an alkoxynitrile. US Patent 3, 120, 567. 5 – 6.

Doherty, R., 2000a. A history of the production and use of carbon tetrachloride, tetrachloroethlene, trichloroethylene, and 1. 1. 1, -trichloroethane in the United States: Part 1 — Historical background; carbon tetrachloride and tetrachloroethylene. Journal of Environmental Forensics 1, 69 - 81.

Doherty, R., 2000b. A history of the production and use of carbon tetrachloride, tetrachloroethlene, trichloroethylene, and 1.1.1, -trichloroethane in the United States: Part 2 — Trichloroethylene and 1, 1, 1, -trichloroethane. Journal of Environmental Forensics 1, 83 - 93.

Dolfing, J., 1999. Comment on "Degradation of 1, 1, 2, 2 - tetrachloroethane in a freshwater tidal wetland: field and laboratory evidence." Environmental Science and Technology 33 (15), 2680.

Donahue, B. A., Tarrer, A. R., Dharmavaram S., Joshi S. B., 1988. Used solvent testing and reclamation, Vol. II. Vapor degreasing and precision cleaning solvents. USA-CERL Technical Rpt. N - 89/03. AFESC Report ESL-TR - 88 - 03. Tyndall AFB, FL, p. 119.

Dong, Y., Liang, X., Krumholz, E., Philp, R.P., Butler, E.C., 2009. The relative contributions of abiotic and microbial processes to the transformation of tetrachloroethylene and trichloroethylene in anaerobic microcosms. Environmental Science and Technology 43 (3), 690 - 697.

Dong, Y., Butler, E.C., Philp, R.P., Krumholz, L.R., 2011. Impacts of microbial community on isotope fractionation during reductive dechlorination of tetrachloroethylene. Biodegradation 22 (2), 431 - 444.

Dow Chemical Company, 2007. DOW™ Epichlorohydrin. Product stewardship manual. Safe handling and storage. Dow Chemical Company, Midland, MI, p. 47.

DuPont, 2000a. "Freon" MCA Cleaning Agent. Material Data Safety Sheet. DuPont Fluoroproducts, Wilmington, DE, p. 1.

DuPont, 2000b. "Freon" SMT Cleaning Agent. Material Data Safety Sheet. DuPont Fluoroproducts, Wilmington, DE, p. 1.

DuPont, 2004a. Freon 113 RD. Material Data Safety Sheet. DuPont Fluoroproducts, Wilmington, DE, p. 1.

DuPont, 2004b. Freon 11A/Freon - 113 Blowing Agent Blend. MSDS DU001202, Wilmington, DE, p. 1.

Eberts, S.M., Braun, C., Jones, S., 2008. Compound-specific isotope analysis: questioning the origins of a trichloroethyene plume. Environmental Forensics 9 (1), 86 - 95.

Edwards, R.D., Jurvelin, J.K., Jantunen, M., 2001. VOC concentrations measured in samples and residential indoor, outdoor and microenvironments in EXPOLIS-Helsinki, Finland. Atmospheric Environment 35, 4531 - 4543.

Ehleringer, J., Dawson, T., 1992. Water uptake by plants: perspectives from stable isotope composition. Plant, Cell, and Environment 15 (9), 1073 - 1082.

Eklund, B., 2005. Dealing with vapor intrusion. Indoor Environment Quality Strategies 18, 3.

Ellsworth, A.C., Vancamp, R.M., 1960. Perchloroethylene production. US Patent 2, 951, 103. 1 - 6.

Elsner, M., Zwank, L., Hunkeler, D., Schwarzenbach, R. P., 2005. A new concept linking observable stable isotope fractionation to transformation pathways of organic pollutants. Environmental Science and Technology 39 (18), 6869 - 6919.

Environment Canada, 2010. Screening assessment for the challenge 1, 4 - dioxane. CAS RN 123 - 91 - 1. Gatineau, Quebec, Canada, p. 58.

European Centre for Ecotoxicology and Toxicology of Chemicals, 1999. Tetrachloroethylene. Joint Assessment of Commodity Chemicals No 39. Belgium, Brussels, p. 15.

European Chemicals Agency, 2010. Trichloroethylene. SVHC Support Document. EC Number 201 - 167 - 4. Helsinki, Finland, p. 8.

European Chemicals Bureau, 2004. Trichloroethylene. Risk Assessment, vol. 31. European Union Risk Assessment Report. EUR 21057 EN. Oxfordshire, UK, pp. 7 - 8.

European Chemicals Bureau, 2005. Tetrachloroethylene Part I-Environment, vol. 57. Institute for Health and Consumer Production, Oxfordshire, UK, p. 5.

Feathers, R., Rogerson, R., 1959. Method for preparing perchloroethylene. US Patent 2, 914, 575. 1 - 4.

Fowler, D. E., 1990. Process and apparatus for removing PCBs from electrical apparatus. US Patent 4, 913, 178. 1 - 14.

Fuh, C.B., Lai, M., Tsai, H.Y., Chang, C.M., 2005. Impurity analysis of 1, 4 - dioxane in nonionic surfactants and cosmetics using headspace solid-phase microextraction coupled with gas chromatography and gas chromatography-mass spectrometry. Journal of Chromatography Analysis 1071 (1 - 2), 141 - 145.

Fukuda, K., Takemoto, K., Tsuruta, H., 1983. Inhalation carcinogenicity of trichloroethylene in mice and rats. Industrial. Health 21, 143 - 254.

Gallard, H., von Gunten, U., 2002. Chlorination of natural organic matter: kinetics of chlorination and THM formation. Water Research 36 (1), 65 - 74.

Gauthier, T.D., Murphy, B.L., 2003. Age dating groundwater plumes based on the ratio of 1, 1 - dichloroethyelene to 1, 1, 1 - trichloroethane: an uncertainty analysis. Environmental Forensics 4, 205 - 213.

Goldfarb, A. Duff, W. Herrick E., McLaughlin, M., 1980. Identification of pollutants from chlorination and related united processes. MITRE Corp. MTR - 80W27. McLean, VA, pp. 56 - 77.

Grammar. G., Trotter, P., 1968. Stable solvent compositions. US Patent 3, 397, 148. 7 - 8.

Gribble, G.W., 2004. Natural organohalogens. Science Dossier. Euro Chlor, Brussels, Belgium, p. 87.

Hall, A., 2008. Identification of chlorinated solvent sources in the indoor air or private residences around Hill Air Force Base, Utah. M. S. in Civil and Environmental Engineering Thesis. Utah State University, Logan, Utah, 52 - 53.

Hardies, D., 1966. Stabilization of methyl chloroform. US Patent 3, 281, 480. 4 - 6.

Harding, K., Lee, P.K.H., Bill, M., Buscheck, T.E., Conrad, M.E., Alvarez-Cohen, L., 2013. Effects of varying growth conditions on stable carbon isotope fractionation of trichloroethene (TCE) by *tce*A-containing *dehaloccoides mccartyi* strains. Environmental Science and Technology 47 (21), 12342 - 12350.

Harrold, R.T., Ottenberg, L.E., 1981. Atomized dielectric fluid composition with high electrical strength. US Patent 4, 296, 003. 1 - 8.

Health Council of the Netherlands, 2012. 1, 1, 1 - trichloroethane — evaluation of the carcinogenicity and genotoxicity. Publication No 2012/12. The Hague, Netherlands, p. 58.

Henschler, D., Eder, E., Neudecker, T., Metzler, M., 1977. Carcinogenicity of trichloroethylene:

fact or artifact? Archives of Toxicolology 37 (3), 233 - 236.

Henschler, D., Reichert, D., Metzler, M., 1980a. Identification of potential carcinogens in technical grade 1, 1, 1 - trichloroethane. International Archives of Occupational and Environmental Health 47 (3), 263 - 268.

Henschler, D., Romen, W., Elasser, H. M., Reichert, D., Eder, E., Radwan, Z., 1980b. Carcinogenicity study of trichloroethylene by long-term inhalation in three animal species. International Archives of Occupational and Environmental Health 43, 237 - 248.

Hirschorn, S., Grostern, A., Lacrampe-Couloume, G., Edwards, E., MacKinnon, L., Repta, C., Major, D., Sherwood-Lollar, B., 2007. Quantification of biotransformation of chlorinated hydrocarbons in a biostimulation study: Added value via stable carbon isotope analysis. Journal of Contaminant Hydrology 94 (3 - 4), 249 - 260.

Hoekstra, E.J., De Leer, E.W.B., Brinkman, U.A.T., 1998. Natural formation of chloroform and brominated trihalomethanes in soil. Environmental Science and Technology 32 (23), 3724 - 3729.

Holbrook, M.T., 1991. Carbon tetrachloride. In: Kroschwitz, J.I., Howe-Grant, M. (Eds.), Kirk-Othmer Encyclopedia of Chemical Technology, fourth ed., vol. 6. John Wiley & Sons, New York, NY, pp. 1062 - 1072.

Holt, R., 1990. Physical properties of contaminated TCE and 1, 1, 1 - trichloroethane. Technical Communications. Allied Signal Aerospace Company, Kansas City, MO, p. 87.

Howell, G. S., Tarrer, A. R., 1994. Minimizing pollution in cleaning and degreasing operations. EPA/600/SR - 93/131. Risk Reduction Engineering Laboratory. United States Environmental Protection Agency, Cincinnati, OH, p. 5.

Hua, G.H., Reckhow, D.A., Kim, J., 2006. Effect of bromide and iodide ions on the formation and speciation of disinfection byproducts during chlorination. Environmental Science and Technology 40 (9), 3050 - 3056.

Huber, S., Kotte, K., Heinz, H., Scholer, F., Williams, J., 2009. Natural abiotic formation of trihalomethanes in soil: results from laboratory studies and field studies. Environmental Science and Technology 43 (13), 4934 - 4939.

Hunkeler, D., Aravena, R., Butler, B. J., 1999. Monitoring microbial dechlorination of tetrachloroethene (PCE) in groundwater using compound-specific stable carbon isotope ratios: microcosm and field studies. Environmental Science and Technology 33 (16), 2733 - 2738.

Hunkeler, D., Chollet, N., Pittet, X., Aravena, R., Cherry, J., Parker, B., 2004. Effect of source variability and transport processes on carbon isotope ratios of TCE and PCE in two sand aquifers. Journal of Contaminant Hydrology 74 (1 - 4), 265 - 282.

Hunkeler, D., Meckenstock, R., Sherwood-Lollar, B., Schmidt, T., Wilson, J., 2008. A guide for assessing biodegradation and source identification of organic water contaminants using compound specific isotope analysis. (CSIA). EPA 600/R - 08/148. United States Environmental Protection Agency, Ada, OK, p. 4.

Hunkeler, D., Aravena, R., Shouakar-Stash, O., Weisbrod, N., Nasser, A., Netzer, L., Ronen, D., 2011. Carbon and chlorine isotope ratios of chlorinated ethenes migrating through a thick unsaturated zone of a sandy aquifer. Environmental Science and Technology 45 (19), 8247 - 8253.

Hunkeler, D., Laier, T., Breider, F., Jacobsen, O. S., 2012. Demonstrating a natural origin of chloroform in groundwater using stable carbon isotopes. Environmental Science and Technology 46 (11), 6096 - 6101.

IARC (International Agency for Research on Cancer), 1995. Trichloroethylene. In: IARC Monographs on the Evaluation of Carcinogenic Risks to Humans, vol. 63. Lyons, France, pp. 76 - 158.

Irwin, R. J., 1997. Environmental contaminants encyclopedia trichloroethylene entry. National Park Service, Water Resources Division, Fort Collins, CO.

Isaacson, C. W., 2007. Quantitative determination of emerging contaminants, solvent stabilizers and fullerene nanomaterials in biological and environmental systems. Ph.D. Dissertation. Oregon State University, Corvallis, OR, p. 129.

Isaacson, C.W., Mohr, T.K., Field, J.A., 2006. Quantitative determination of 1, 4 - dioxane and tetrahydrofuran in groundwater by solid phase extraction GC/MS/MS. Environmental Science and Technology 40 (23), 7305 - 7311.

Ishibe N., Richey, W., 1982. Stabilized methylchloroform. US Patent 4, 351, 973. 1 - 6.

Jackman, T.A., Hughes, C.L., 2010. Formation of trihalomethanes in soil and groundwater by the release of sodium hypochlorite. Ground Water Monitoring and Remediation 30 (1), 72 - 76.

Jacobs Engineering Group Inc., 1990. Source reduction and recycling of halogenated solvents in parts cleaning. Technical Support Document. Source Reduction Research Partnership, Pasadena, CA, p. 82.

Jeannottat, S., Hunkeler, D., 2012. Chlorinate and carbon isotopes fractionation during volatilization and diffusive transport of trichloroethylene in the unsaturated zone. Environmental Science and Technology 46 (6), 3169 - 3176.

Jeannottat, S., Hunkeler, D., 2013. Can soil gas VOCs be related to groundwater plumes based on their isotope signature? Environmental Science and Technology 47 (21), 12115 - 12122.

Jeffrey, A., 2012. Chlorinated Solvent CSIA. NGWA. Environmental Forensics #183. Sept. 20 - 21, 2012. Tampa, Fl, p. 15.

Jendrzejewski, N. H., Eggenkamp, G. M., Coleman, M. L., 2001. Characterization of chlorinated hydrocarbons from chlorine and carbon isotopic compositions: scope of application to environmental problems. Applied Geochemistry 16 (9 - 10), 1021 - 1031.

Jin, B., Laskov, C., Rolle, M., Haderlein, S., 2011. Chlorine isotope analysis of organic contaminants using GC-qMS: Method optimization and comparison of different evaluation schemes. Environmental Science and Technology 45 (12), 5279 - 5286.

Johnson, J.E., Baker, H.R., Field, D.E., Thomas, F.S., Umstead, M.E., 1964. Methyl chloroform in FBM submarines. NRL Report 6197. US Naval Research Laboratory, Washington, D. C., p. 21.

Johnson, J. E., Gammon, R. H., 1967. Halogenated hydrocarbons Part 2 - Decomposition of selected chlorinated hydrocarbons over hopcalite catalyst. NRL Report 6582. Naval Research Laboratory, Washington, D.C., p. 15.

Joshi, S. B., Donahue, B. A., Tarrer, A. R., Guin, J. A., Rahman, M. A., Brady, B. L., 1989.

Methods for monitoring solvent condition and maximizing its utilization. In: Conway, R.A., Fick, J.A., Warner, D.J., Wiles, C.C., Duckett, E.J. (Eds.), Hazardous and Industrial Solid Waste Minimization Practices. ASTM STP 1043. American Society for Testing and Materials, pp. 80 - 95.

Katsuragawa, S., Koketsu, N., 1971. Stabilized trichloroethylene or tetrachloroethlene. US Patent 3, 852, 367. 7 - 8.

Kauder, O., 1966. Stabilization of methyl chloroform. US Patent 26, 025. 1 - 2.

Kawauchi, T., Nishiyama, K., 1989. Residual tetrachloroethylene in dry-cleaned clothes. Environmental Research 48 (2), 296 - 301.

Khalil, M.A.K., Rasmussen, R.A., French, J.R.J., Holt, J.A., 1990. The influence of termites on atmospheric trace gases: CH_4, CO_2, CHC_{13}, N_2O, CO, H_2, and light hydrocarbons. Journal of Geophysical Research 95, 3619 - 3634.

Kiley, L.R., Scheddel, R.T., 1959. Analysis of carbon tetrachloride for trace impurities. Analytical Chemistry 31 (1), 157.

Krol, M.C., Lelieveld, J., Oram, D.E., Surrock, G.A., Penkett, S.A., Brenninkmeijer, C.A.M., Gros, V., Williams, J., Scheeren, H. A., 2003. Continuing emissions of methyl chloroform form Europe. Nature 421 (6919), 131 - 135.

Krylov, V.A., Mosyagin, P.V., Krylov, A.V., Sozin, A.Y., Nushtaeva, L.B., 2010. Determination of impurities in high-purity carbon tetrachloride by gas chromatography-mass spectrometry. Journal of Analytical Chemistry 65 (10), 1061 - 1067.

Kuder, T., Philp, P., 2013. Demonstration of compoundspecific isotope analysis of hydrogen isotope ratios in chlorinated ethenes. Environmental Science and Technology 47 (3), 1461 - 1467.

Kuder, T., Philp, P., Allen, J., 2009. Effects of volatilization on carbon and hydrogen isotope ratios of MTBE. Environmental Science and Technology 43 (6), 1763 - 1768.

Kuder, T., Breukelen, B.M., Vanderford, M., Philp, P., 2013. 3D-CSIA: Carbon, chlorine and hydrogen isotope fractionation in transformation of TCE to ethene by a *dehalococcoides* culture. Environmental Science and Technology 47 (17), 9668 - 9677.

Kurtz, J., Wolfe, E., Woodland, A., Foster, S., 2010. Evidence for increasing indoor sources of 1, 2 - dichloroethane since 2004 at two Colorado residential vapor intrusion sites. Ground Water Monitoring Remediation 30 (3), 107 - 112.

Kurz, R., Palumbo, A., 1984. Stabilization of perchloroethylene dielectric fluids. US Patent No. 4, 424, 147. 1 - 6.

Laier, T., Jacobsen, O.S., Thomsen, O., Grøn, C., Hunkeler, D., Laturnus, F., 2005. Chloroform production in spruce forest soils — A potential problem for groundwater use in drinking water supply in Denmark. Geophysical Research Abstracts 7. European Geoscience Union 2nd General Assembly. Vienna, Austria, pp. 24 - 29. http://www. cosis. net/abstracts/EGU05/05884/EGU05 - J - 05884.pdf.

Laturnus, F., Lauritsen, F.R., Grøn, C., 2000. Chloroform in a pristine aquifer system: toward an evidence of biogenic origin. Water Resources Research 36 (10), 2999 - 3009.

Lavonen, E. E., Gonsior, M., Tranvik, L. J., Schmitt-Kopplin, P., Kohler, S. J., 2013. Selective chlorination of natural organic matter: identification of previously unknown disinfection byproducts. Environmental Science and Technology 47 (5), 2264 - 2271.

Lilienthal, W., 1986. Removal of pipe dope constructions. US Patent 4, 593, 764. 3 – 4.

Lima, P., Aravena, R., Parker, B., Cherry, J., 2009. Fingerprinting TCE sources and natural attenuation capacity of a sedimentary bedrock aquifer using compound specific isotope analysis — A case study in the City of Guelph, Ontario. American Geophysical Union, Spring Meeting 2009. Abstract No. #1A31A – 07.

Lima, P., Aravena, R., Parker, B., Cherry, J., 2012. Fingerprinting TCE in a bedrock aquifer using compound specific isotope analysis. Ground Water 50 (5), 754 – 764.

Lorah, M.M., Olsen, L.D., 1999. Degradation of 1, 1, 2, 2 – tetrachloroethane in a freshwater tidal wetland: field and laboratory evidence. Environmental Science and Technology 33 (2), 227 – 234.

Lorah, M.M., Voytek, M.A., Kirshtein, J.D., Jones, E.J., 2003. Anaerobic degradation of 1, 1, 2, 2 – tetrachloroethane and association with microbial communities in a freshwater tidal wetland, Aberdeen Proving Ground, Maryland: Laboratory experiments and comparisons to field data. Water Resources Investigations Report 02 – 4157. United States Geological Survey, Aberdeen Proving Ground, Maryland, p. 61.

Lu, J.F., Zhang, T., Ma, J., Chen, Z.L., 2009. Evaluation of disinfection by-products formation during chlorination and chloramination of dissolved natural organic matter fractions isolated from a filtered river water. Journal of Hazardous Materials 162 (1), 140 – 145.

Maltoni, C., Cotti, G., Patella, V., 1986. Results of long-term carcinogenicity bioassays on Sprague-Dawley rats of methyl chloroform administered by ingestion. Acta Oncologica 7, 101 – 117.

Manufacturing Chemists' Association, Inc., 1948. Properties and essential information for safe handling and use of trichloroethylene. Chemical Safety Data Sheet SD – 14, Washington, D.C., p. 12.

Manner, J., 1970. Stabilization of methyl chloroform. US Patent 3, 532, 761. 1 – 6.

Manner, J., 1977. Storage stabilized methylchloroform formulations. US Patent 4, 026, 956. 7 – 9.

Mariotti, A., Germon, J.C., Hubert, P., Kaiser, P., Letolle, R., Tardieux, A., Tardieux, P., 1981. Experimental determination of nitrogen kinetic isotope fractionation: Some principles; illustration for the denitrification and nitrification processes. Plant Soil 623 (3), 413 – 430.

Massey, M.J., 1988. Reclassification of electrical apparatus contaminated with PCB. International Patent Publication No. WO 88/00849. 1 – 39.

McHugh, T., Kuder, T., Fiorenza, S., Gorder, K., Dettenmaier, E., Philp, P., 2011. Application of CSIA to distinguish between vapor intrusion and indoor sources of VOCs. Environmental Science and Technology 45 (14), 5952 – 5958.

McHugh, T., Kuder, T., Klisch, M., Philp, P., 2012. Use of compound specific stable isotope analysis to distinguish between vapor intrusion and indoor air sources of VOCs. Environmental Security Technology Certification Program. Department of Defense, Arlington, VA, p. 2.

McMahon, G.F., 1934. ARC extinguishing liquid for circuit interrupters and the like. US Patent 1, 966, 901. 1 – 5.

Meckenstock, R.U., Morasch, B., Warthmann, R., Schink, E., Annweiler, W., Michaelis, W., Richnow, H.H., 1999. $^{13}C/^{12}C$ isotope fractionation of aromatic hydrocarbons during microbial degradation. Environmental Microbiology 1 (5), 409 – 414.

Meckenstock, R., Morasch, B., Griebler, C., Richnow, H., 2004. Stable isotope fractionation analysis as a tool to monitor biodegradation in contaminated aquifers. Journal of Contaminant Hydrology 75 (3-4), 215-255.

Mertens, J., 1993. Trichloroethylene. In: Kroschwitz, J., Howe-Grant, M. (Eds.), Kirk-Othmer Encyclopedia of Chemical Technology, fourth ed., vol. 6. John Wiley & Sons, New York, NY, pp. 40-50.

Milchert, E., Pazdzioch, W., Myszkowski, J., 1995. Dehydrochlorination of waste 1, 1, 2-trichloroethane. Industrial & Engineering Chemical Research 34 (6), 2138-2141.

Missbach, E.C., 1936. Stabilized carbon tetrachloride. US Patent 2, 043, 259. 1-2.

Missbach, E.C., 1937a. Stabilized carbon tetrachloride. US Patent 2, 094, 367. 1-2.

Missbach, E.C., 1937b. Stabilized carbon tetrachloride. US Patent 2, 069, 711. 1-2.

Missbach, E.C., 1937c. Stabilized carbon tetrachloride. US Patent 2, 094, 367. 1-2.

Mohr, T.G., 2001. 1, 4-dioxane and other solvent stabilizers. White Paper. Santa Clara Valley Water District, San Jose, CA, p. 51.

Mohr, T., 2010. 1, 4-dioxane and Other Stabilizers. CRC Press, Boca Raton, FL, p. 520.

Mondino, A., 1979. Examination of the live mutant activity of the trichloroethylene compound with *Schizosaccharomyces pombe* as cited in USEPA, 1983. Health assessment document for trichloroethylene. EPA-600/8-82-0068. Office of Health and Environmental Assessment, Washington, D.C., pp. 7-14.

Moran, M.J., Zogorski, J.S., Squillace, P.J., 2007. Chlorinated solvents in groundwater of the United States. Environmental Science and Technology 41 (1), 74-81.

Morris, R.C., Shokal, E.C., 1944. Stabilization of halobutenes. US Patent 2, 364, 588. 1-2.

Morrison, R.D., 1999. Environmental Forensics: Principles & Applications. CRC Press, Boca Raton, FL, pp. 3-44.

Morrison, R. D., 2003. Environmental Forensics. In: Conrad, J. (Ed.), Environmental Science Deskbook, 10. West Group Publishing, St. Paul, MN, pp. 1-104.

Morrison, R.D., 2013. Overview, analysis and interpretation of environmental evidence. In: Siegel, J. A., Saukko, P.J. (Eds.), Encyclopedia of Forensic Sciences, second ed., vol. 2. Academic Press, Waltham, MA, pp. 45-50.

Morrison, R.D., 2014. Environmental releases. In: Rink, J., Thompson, J. (Eds.), Encyclopedia of Scientific Dating Methods. Springer Verlag, New York, NY, p. 8.

Morrison, R.D., Hone, J., 2010. Age dating the release of PCE, TCE and TCA using stabilizers and feedstock impurities as indicators. In: Morrison, R.D., O'Sullivan, G. (Eds.), Environmental Forensics Proceedings of the 2009 INEF Annual Conference. Royal Society of Chemistry, Cambridge, UK, pp. 289-304.

Morrison, R. D., Jones, J., Hartman, B., Erickson, R., Beers, R., 1999. Chlorinated Solvent Contamination: Legal and Technical Considerations. Argent Communication Groups, Auburn, CA, p. 289.

Morrison, R. D., Murphy, B. L., 2004. Chlorinated solvents: chemistry, history and utilization for source identification and age dating. In: Murphy, B.L., Morrison, R.D. (Eds.), Introduction to Environmental Forensics. Elsevier Press, Oxford, UK, pp. 261-310.

Morrison, R.D., Murphy, B.L., 2013. Chlorinated Solvents: A Forensic Analysis. Royal Society of

Chemistry, Cambridge, UK, p. 573.

Morrison, R.D., Murphy, B.L., Doherty, R.E., 2006. Chlorinated solvents. In: Morrison, R.D., Murphy, B.L. (Eds.), Environmental Forensics Contaminant Specific Guide. Elsevier Academic Press, Oxford, UK, pp. 259 – 273.

Murphy, B.L., 2010. Forensic techniques for chlorinated solvents. In: Morrison, R.D., O'Sullivan, G. (Eds.), Environmental Forensics Proceedings of the 2009 INEF Annual Conference. Royal Society of Chemistry, Cambridge, UK, pp. 210 – 227.

Murphy, B. L., 2012. Forensic techniques for chlorinated solvents. National Ground Water Association (NGWA), Environmental Forensics #183, Tampa, FL, p. 19.

Murphy, B.L., Mohsen, F.M., 2010. Reconstructed plume method for identifying sources of chlorinated solvents. Environmental Forensics 11 (1), 60 – 71.

NCI (National Cancer Institute), 1976. Carcinogenesis bioassay of trichloroethylene. Technical Report Series No. 2. DHEW Publication No. 76 – 802. US Department of Health Education and Welfare. National Institute of Health, Bethesda, MD, pp. 43 – 68.

NCI (National Cancer Institute), 1977. Bioassay of 1, 1, 1 – trichloroethane for possible carcinogenicity. Technical Report Series No. 3. NCI-CG-TR – 3. National Institute of Health, Bethesda, MD, p. 70.

NIOSH (National Institute for Occupational Safety and Health), 1973. Occupational exposure to trichloroethylene. Criteria for a recommended standard. US Department of Health, Education and Welfare. HSM 73 – 11025. Section II, p. 15.

NIOSH (National Institute for Occupational Safety and Health), 1978. Trichloroethylene. Special occupational hazard review with control recommendations. US Department of Health, Education and Welfare. Center for Disease Control, Rockville, MD, p. 78.

Nishihara A., Nakamura, S., 1973. Stabilization of halogenated hydrocarbons. U. S. Patent 3, 763, 048. 1 – 8.

Nokes, C.J., Fenton, E., Randall, C.J., 1999. Modeling the formation of brominated trihalomethanes in chlorinated drinking water. Water Research 33 (17), 3557 – 3568.

Ochsner, J.C., Blackwood, T.R., Micheletti, W.C., 1979. Status assessment of toxic chemicals: trichloroethylene. EPA – 600/2 – 79 – 210m. Industrial Environmental Research Laboratory, Cincinnati, OH, p. 26.

Ogino, H., Sakai, N., 1994. Determination of trace impurities in high purity carbon tetrachloride using capillary chromatography-mass spectrometry. Kuromatoguragi 15 (1), 11 – 15.

Ohlmann, E.O., 1945. Inhibitor for carbon tetrachloride. US Patent 2, 387, 284. 1 – 2.

Page, N.P., Arthur, J.L., 1978. Trichloroethylene. Special occupational hazard review with control recommendations. NIOSH Publication No. 78 – 130. US Department of Health, Education and Welfare, Rockville, MD, p. 10.

Parsons, F., Wood, P. R., DeMarco, J., 1984. Transformations of tetrachloroethene and trichloroethene in microcosms and groundwater. Journal — American Water Works Association 76 (2), 56 – 59.

Pearce, H., Voytik P., Walsh. E.J., 1982. Ultra pure tetrachloroethylene dielectric fluid. US Patent No. 4, 312, 794. 1 – 8.

Petering. W., 1965. Stabilization of trichloroethylene. US Patent 3, 188, 355. 6 – 8.

Petering, W.H., Aitchinson, A.G., 1945. Degreasing process. US Patent 2, 371, 644. 1 – 5.

Petering. W., Callahan, C., 1964a. Method of inhibiting metal corrosion by amine-stabilized unsaturated chlorinated hydrocarbons (using substituted oxiranes). US Patent 3, 133, 885. 7 – 9.

Petering, W., Callahan, W., 1964b. Method of inhibiting metal corrosion by amine-stabilized unsaturated chlorinated hydrocarbons (using substituted oxiranes). US Patent 3, 133, 884. 7 – 10.

Philp, P., Jarde, E., 2007. Application of stable isotopes and radioisotopes in environmental forensics. In: Murphy, B.L., Morrison, R.D. (Eds.), Introduction to Environmental Forensics, second ed. Academic Press, San Diego, CA, pp. 455 – 512.

Pooley, K.E., Blessing, M., Schmidt, T.C., Haderlein, S.B., Macquarrie, K.T.B., Prommer, H., 2009. Aerobic biodegradation of chlorinated ethenes in a fractured bedrock aquifer: quantitative assessment by compound-specific isotope analysis (CSIA) and reactive transport modeling. Environmental Science and Technology 43 (19), 7458 – 7464.

Rains, J., 1971. Stabilization of chlorinated hydrocarbons. US Patent 3, 629, 128. 3 – 6.

Rathbone P., Suckling, C., 1966. Stabilized methyl chloroform composition. US Patent 3, 285, 857. 5 – 6.

Rapp, D.E., 1960. Prevention of corrosion. US Patent 2, 923, 747. 1 – 2.

Rayleigh, J.W.S., 1896. Theoretical considerations respecting the separation of gases by diffusion and similar processes. Philosophical Magazine 42, 493 – 498.

Richter, F., 1958. Acetylen: Polymerisation and zerfall in gegenwart von katalysoren. Beilsteins Handbuch der Organischen Chemie, vol. 1. Springer-Verlag, Berlin, Germany, p. 895.

Roark, R.W., Cairns, G.C., Rowe, E.A., 1990. Perchloroethylene stabilization. US Patent No. 4, 942, 267, 1 – 4.

Rodriguez, M.J., Serodes, J.B., Levallois, P., 2004. Behavior of trihalomethanes and haloacetic acids in a drinking water distribution system. Water Resources 38 (20), 4367 – 4282.

Rolle, M., Chiogna, G., Bauer, R., Griebler, C., Grathwohl, P., 2010. Isotopic fractionation by transverse dispersion; flowthrough microcosms and reactive transport modeling study. Environmental Science and Technology 44 (11), 6167 – 6173.

Rothchild, R., 1983. Safety in the laboratory: 1, 1, 1 – trichloroethane. Journal of Chemical Education 60 (8), A228 – A229.

Rowe, E.A., 1987. Perchloroethylene dielectric fluid containing aliphatic hydrocarbons. US Patent No. 4, 697, 043. 1 – 4.

Ryckaert, A., Servais, M., 1983. Stabilized compositions of chlorinated solvents. US Patent 4, 392, 000. 1 – 6.

Sack, T.M., Steele, D.H., Hammerstrom, K., Remmers, J., 1992. A survey of household products for volatile organic-compounds. Atmospheric Environment Part A-General Topics 26 (6), 1063 – 1070.

Sakaguchi-Soder, K., Jager, J., Grund, H., Matthaus, F., Schuth, C., 2007. Monitoring and evaluation of dechlorination processes using compound-specific chlorine isotope analysis. Rapid Communication in Mass Spectrometry 21 (18), 3077 – 3084.

Saunders, R.A., 1965. The composition of technical grade methyl chloroform. NRL Rpt. 6206. US Naval Research Laboratory, Washington, D.C., pp. 1 – 7.

Sawabe, S., Genda, Y., Yamamoto, T., Masuyama, K., Takebayash, N., 1973. Stable solvent composition. US Patent 3, 767, 585. 3 – 4.

Schobert, H., 2013. Production of acetylene and acetylene-based chemicals from coal. Chemical Reviews. http://dx.doi.org/10.1021/cr400276u.

Schumacher, J., Struckhoff G., Burken, J., 2004. Assessment of subsurface chlorinated solvent contamination using tree cores at the Front Street site and a former dry cleaning facility at the Riverfront Superfund site, New Haven, Missouri, 1999 – 2003. USGS Scientific Investigations Report 2004 – 5049. Reston, VA, p. 35.

Shepherd, C.B., 1967. Trichloroethylene and perchloroethylene. In: Sconce, J.S. (Ed.), Chlorine: Its Manufacture, Properties and Uses. American Chemical Society Monograph Series. Reinhold Publishing Corporation, New York, NY, pp. 375 – 428.

Shouakar-Stash, O., Drimmie, R.J., Zhang, M., Frape, S., 2006. Compound specific chlorine isotope ratios of TCE, PCE and DCE isomers by direct injection using GC-IRMS. Applied Geochemistry 21 (5), 766 – 781.

Shouakar-Stash, O., Frape, S. K., Drimmie, R. J., 2003. Stable hydrogen, carbon and chlorine isotope measurements of selected chlorinated organic solvents. Journal of Contaminant Hydrology 60 (3 – 4), 211 – 228.

Slater, G.F., Sherwood Lollar, B., Sleep, B., Edwards, E., 2001. Variability in carbon isotopic fractionation during biodegradation of chlorinated ethenes: implications for field applications. Environmental Science and Technology 35 (5), 901 – 907.

Smallwood, I.M., 2002. Solvent Recovery Handbook, second ed. CRC Press, Boca Raton, FL.

Smith, M.G., 1983. Preliminary study of sources of carbon tetrachloride. Final Report. USEPA Contract No. 68 – 02 – 3510. GCA Corporation, Chapel Hill, North Carolina. 8 – 1 to 8 – 13.

Son, B., Breysse, P., Yang, W., 2003. Volatile organic compounds concentrations in residential indoor and outdoor and its person exposure in Korea. Environment International 29, 79 – 85.

Spencer D., Archer W., 1978. Stabilized 1, 1, 1 – trichloroethane composition. US Patent 4, 115, 461. 1 – 8.

Starks, F. W., 1957. Stabilization of chlorinated hydrocarbons. US Patent 2, 818, 446. 1 – 6.

Stewart, R., Gay, H., Schaffer, A., Erley, D., Rowe, V., 1969. Experimental human exposure to methyl chloroform vapor. Archives of Environmental Health 19, 467 – 474.

Tahara, M., Obama, T., Ikarashi, Y., 2013. Development of analytical method for determination of 1, 4 – dioxane in cleansing products. International Journal of Cosmetic Science. http://dx.doi.org/10.1111/ics.12079.

Tanaba, A., Kawata, K., 2008. Determination of 1, 4 – dioxane in household detergents and cleaners. Journal of AOAC International 91 (2), 439 – 444.

Tanaka, S., 1957. Determination of a small amount of impurities in tetrachloroethylene by use of infrared spectra. Bunseki Kaguku 6, 101 – 103.

Tichenor, B.A., Sparks, L.E., Jackson, M.D., Guo, A., Mason, M.A., Plunket, C.M., Rasor, S. A., 1990. Emissions of perchlo-roethylene from dry cleaned fabrics. Atmospheric Environment

Part A-General Topics 24 (5), 1219 - 1229.

Torkelson, T. R., Oyen, F., McCollister, D. D., Rowe, V. K., 1958. Toxicity of 1, 1, 1 - trichloroethane as determined on laboratory animals and human subjects. American Industrial Hygiene Association Journal 19, 353 - 362.

Totonidis, S., 2005. A role for trichloroethylene in developing nation anaesthesia. Review Article. Katmandu University Medical Journal 3 (2), 181 - 190.

Tsuruta, H., Iwasaki, K., Fukuda, K., 1983. Analysis of trace impurities in reagent and technical grade trichloroethylene. Letter to the Editor. Industrial Health 21, 293 - 295.

US Department of Agriculture, 1997. Effects of surfactants on the toxicity of glyphosate, with specific reference to Rodeo, 28. Prepared by Syracuse Research Corporation. SERA TR 97 - 206 - 1b, Syracuse, NY.

US Department of Health and Human Services, 2011. Carbon tetrachloride. Report on Carcinogens 12th Edition. Public Health Service, National Toxicology Program. Research Triangle Park, NC, pp. 86 - 89.

US War Department, 1943. Ordnance maintenance: fire extinguishers. Technical Manual, No. 9 -1799. April 23, 1943. Washington, D.C., pp. 69 - 80.

US War Department, 1944. Technical Manual TM 9 - 850. Aug. 24, 1944.

USEPA, 1976a. Preliminary study of selected potential environmental contaminants-optical brighteners, methyl chloroform, trichloroethylene, tetrachloroethylene, ion exchange resins. EPA -560/2 - 75 - 002. Office of Toxic Substances, Washington, D.C., p. 75.

USEPA, 1976b. Assessment of industrial hazardous waste practices: organic chemicals, pesticides and explosives industries. EPA 68 - 01 - 2929. Hazardous Waste Management Division, Washington, D.C., pp. 5 - 53.

USEPA, 1977. Control of volatile organic emissions from solvent metal cleaning. EPA - 450/2 - 77 -022. Office of Air and Waste Management, United States Environmental Protection Agency, Research Triangle Park, NC, p. B - 14.

USEPA, 1979. An assessment of the need for limitations on trichloroethylene, methyl chloroform, and perchloroethylene. Final Report. EPA - 560/11 - 79 - 009. Office of Toxic Substances., United States Environmental Protection Agency, Washington, D.C., 1 - 1 to 11 - 5.

USEPA, 1980a. Investigation of selected potential environmental contaminants: epoxides. EPA 560/ 11 - 80 - 005. Office of Toxic Substances. United States Environmental Protection Agency, Washington, D.C., pp. 35 - 40.

USEPA, 1980b. Carbon tetrachloride and perchloroethylene by the hydrocarbon chlorinolysis process. Organic Chemical Manufacturing. Volume 8: Selected processes. EPA -450/3 - 80 - 028c. Office of Air Quality Planning and Standards. United States Environmental Protection Agency, Research Triangle Park, NC, II - 1.

USEPA, 1981. An exposure and risk assessment of 1, 1, 2, 2 - tetrachloroethane. EPA - 440/4 - 85 -014. Office of Water Regulations and Standards, United States Environmental Protection Agency, Washington, D.C., 3 - 1 to 3 - 4.

USEPA, 1984a. Locating and estimating air emissions from sources of carbon tetrachloride. EPA -450/4 - 84 - 007b. Office of Air Quality. United States Environmental Protection Agency,

Research Triangle Park, NC, pp. 42 - 47.

USEPA, 1984b. Health assessment document for epichlorohydrin. Final report. EPA - 600/- 8 - 83 - 032F. Office of Health and Environmental Assessment. United States Environmental Protection Agency, Washington, D.C., 1 - 1 to 10 - 3.

USEPA, 1984c. Locating and estimating air emissions from sources of epichlorohydrin. EPA - 450/4 - 84 - 007j. Office of Air Quality. United States Environmental Protection Agency, Research Triangle Park, NC, p. 8.

USEPA, 1993. Chlorinated solvents in consumer products: laboratory analyses of shelf products and national survey of product use. EPA - 747 - S - 93 - 001. Office of Prevention, Pesticides and Toxic Substances. United States Environmental Protection Agency, Washington, D.C., p. 7.

USEPA, 1995. 1, 4 - dioxane fact sheet: support document (CAS No. 123 - 9 - 1). EPA - 749 - F - 95 - 010a. Pollution Prevention and Toxics. United States Environmental Protection Agency, Washington, D.C., pp. 1 - 13.

USEPA, 2001. Sources, emission and exposure for trichloroethylene (TCE) and related chemicals. EPA/600/R - 00/099. National Center for Environmental Assessment, United States Environmental Protection Agency, Washington, D.C., p. 14.

USEPA, 2002. Draft guidance for evaluating the vapor intrusion to indoor air pathway from groundwater and soils. USEPA Office of Solid Waste and Emergency Response. United States Environmental Protection Agency, Washington, D.C., 5 - 1 to 5 - 33.

USEPA, 2004. Public health goal for 1, 1, 1 - trichloroethane in drinking water. Draft. California Environmental Protection Agency, Sacramento, CA, p. 31.

USEPA, 2010. Technology News and Trends 46, 1 - 2.

USEPA, 2011. Technology News and Trends, 52, 4 - 5.

van Breukelen, B.M., Prommer, H., 2008. Beyond the Rayleigh equation: Reactive transport modeling of isotope fractionation effects to improve quantification of biodegradation. Environmental Science and Technology 42 (7), 2457 - 2463.

van Breukelen, B.M., Rolle, M., 2012. Transverse hydrodynamic dispersion effects on isotope signals in groundwater chlorinated solvents plumes. Environmental Science and Technology 46 (14), 7700 - 7708.

van Warmerdam, E.M., Frape, S.K., Aravena, R., Drimmie, R.J., Flatt, H., Cherry, J.A., 1995. Stable chlorine and carbon isotope measurements of selected organic solvents. Applied Geochemistry 10 (5), 547 - 552.

Varian, 2002. Environmental Investigation Reports Indoor Air Sampling Summary Report — Winter 2002. Beverly Groundwater Cleanup Project. Appendix A.

Wang, Y., 2010a. CSIA Forensics at chlorinated solvent release sites: Characterization and remediation optimization. GRA Symposium on Solvent Release Sites: Characterization, Cleanup, and Closure. Santa Clara, CA, p. 36.

Wang, Y., 2010b. Why chlorinated solvent investigations require compound specific isotope analysis. Pacifichem 2010. International Chemical Congress of Pacific Basin Societies. American Chemical Society. December 15 - 20, 2010. Honolulu, HI. ENVR - 509.

Wang, Y., Newton J., Igoe, A, 2012. Advanced site investigations with 3D-CSIA approach

reveal multiple sources. In: Morrison R. D and O'Sullivan, G., (Eds.), Environmental Forensics Proceedings of the 2011 INEF Conference. Royal Society of Chemistry, Cambridge, UK, pp. 64 – 76.

Warren, G. W., 1951. Manufacture of tetrachloroethylene. US Patent 2, 577, 388. 1 – 10.

Waters, E. M., Gerstner, H. B., Huff, J. E., 1977. Trichloroethylene. I. An overview. Journal of Toxicology and Environmental Health 2 (3), 671 – 707.

Wiegert, C., Aeppli, C., Knowles, T., Holmstrand, H., Evershed, R., Pancost, R., Machackova, J., Gustafsson, O., 2012. Dual carbon-chlorine stable isotope investigation of sources and fate of chlorinated ethenes in contaminated groundwater. Environmental Science and Technology 46 (20), 10918 – 10925.

Wiegert, C., Mandalakis, M., Knowles, T., Polymenakou, P. N., Aeppli, C., Machackova, J., Holmstrand, H., Evershed, R.P., Pancost, R.D., Gustafsson, O., 2013. Carbon and chlorine isotope fractionation during microbial degradation of tetra and trichloroethylene. Environmental Science and Technology 47 (12), 6449 – 6456.

Williams, D., 1946. Determination of the boiling range of chlorinated hydrocarbons. Industrial and Engineering Chemistry 18 (3), 157 – 160.

WHO (World Health Organization), 1971. Carbon tetrachloride. WHO Pesticide Residues Series, No. 1. Evaluations of Some Pesticide Residues in Food, Geneva, Switzerland.

WHO (World Health Organization), 1985. Trichloroethylene. Environmental Health Criteria 50. International Programme on Chemical Safety, Geneva, Switzerland. Section 2. 2. 2. Commercial trichloroethylene. Table 2.

WHO (World Health Organization), 1987. Epichlorohydrin Health and Safety Guide. IPCS International Programme on Chemical Safety. Health and Safety Guide No. 8, Geneva, Switzerland, 1.4.

WHO (World Health Organization), 2003. 1, 2, 3 – trichloropropane. Concise International Chemical Assessment Document 56. United Nations Environment Programme, Geneva, Switzerland, pp. 1 – 7.

Willis, G.G., Christian, C.A., 1957. Trichloroethylene stabilized with propargyl alcohol and pyrrole. US Patent 2, 803, 676, 1 – 4.

Zhu, J., Wong, S. L., Cakmak, S., 2013. Nationally representative levels of selected volatile organic compounds in Canadian residential indoor air: population-based survey. Environmental Science and Technology 47 (23), 13276 – 13283.

第 10 章

同类物取证分析

Walter J. Shields, Tarek Saba,
Paul D. Boehm, Jaana Pietari

目 录

10.1 引 言

许多环境损害司法鉴定项目涉及以化合物家族形式出现的化学物质,如多氯联苯(PCBs)、多氯二苯并对二噁英和多氯二苯并呋喃(PCDD/FS)以及多环芳烃(PAHs)。这些家族中一种化合物与其他化合物的相对含量可用于获得环境样品的化学指纹图谱。本章将概述化合物家族的分析取证方法,重点介绍多氯联苯和二噁英两大最常研究的家族。

“同类物”是指一个化合物家族中的单个化合物。例如,理论上多氯联苯有 209 种同类物,每一种同类物都具有相同的联苯结构,但是联苯环上的氯原子取代数目和取代位置有所不同。多氯联苯也可以按照氯代程度分类。“同系物”用于指含有相同氯原子数目的所有多氯联苯(例如,四氯联苯均含有四个氯原子)。异构体是一组同系物中具有不同氯原子取代位置的化合物。例如,二氯联苯同系物包括 12 个异构体,每个异构体都有两个氯原子,但氯原子的位置不同。

在环境取证项目中偶尔出现其他有机卤素家族的化合物有:聚全氟化合物(PFCs)、溴代阻燃剂(BFRS)、毒杀芬、氯代酚和氯代苯、溴代和氟代联苯、溴代或氟代二噁英和呋喃。

多环芳烃(PAHs)尽管没有卤化,但也构成了环境项目中非常常见的化合物家族。有关多环芳烃的详细内容见第 8 章,下文只进行简要讨论。

10.2 多环芳烃(PAHs)

多环芳烃化合物通常作为关注的污染物和/或修复及自然资源损害索赔的驱动因素牵涉到环境污染案件中。多环芳烃与许多工业和市政活动(例如炼油厂、冶炼厂、早先的天然气加工厂、燃煤电厂、废水处理、雨水径流、石油泄漏)以及天然来源(石油渗漏、侵蚀)有关。由于来源多样,多环芳烃无处不在并常被检出。重要的是,多环芳烃是工业区和许多原始地区的正常基线或背景污染的一部分。作为背景污染的多环芳烃还反映了固定和移动的燃烧排放、道路径流和污水排放口以及燃烧产生的微粒物质(灰烬和煤烟)等来源的影响。

道路和工厂排放、道路径流等区域活动产生的多环芳烃通常沉积在城市土壤和沉积物中,形成背景或“基线”多环芳烃,其浓度水平取决于区域情况。因此,为了正确评估某一场地的多环芳烃来源,必须区分背景多环芳烃和调查区域产生的多环芳烃。这时化学指纹图谱就可以发挥重要作用。

多环芳烃是一类由两个或两个以上苯环组成的有机化合物。环境中最常见、可作为现场调查一部分进行分析的多环芳烃含有两到六个苯环。由两个苯环组成的萘是最简单的多环芳烃(图 10.1)。苯并[a]芘是一种五环多环芳烃,在 20 世纪 30 年代初发现其具有致癌作用。

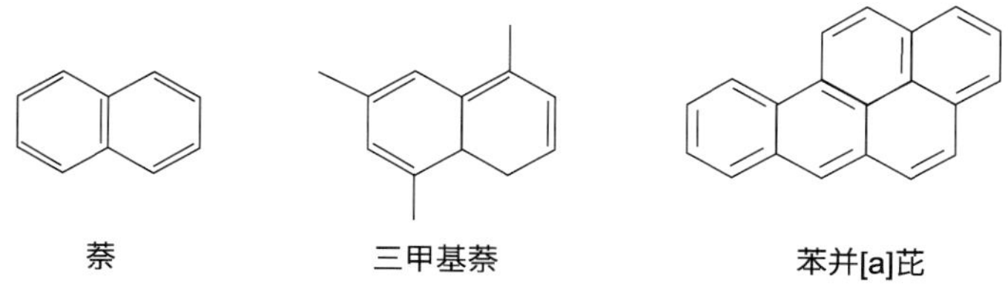

图 10.1 常见多环芳烃的结构

在较低温度下形成的多环芳烃(石油、石油燃料和煤)通常在苯环上有一个或多个直链烃相连。这些多环芳烃被称为“支链”或“烷基”多环芳烃。在图 10.1 中,直链被描绘成与多环芳烃相连的线,线的末端代表甲基($—CH_3$)。因此,三甲基萘也被称为 C3 -萘(图 10.1)。

10.2.1 多环芳烃的来源

多环芳烃最常见的产生途径包括成岩源与热成源。成岩源多环芳烃在缓慢、长期、中等温度(100~300℃)下形成,与化石燃料(石油和煤炭)有关。热成源多环芳烃可以通过发动机(汽车)、燃料库(船舶)和发电厂(煤和石油)燃料的快速、高温燃烧(>700℃)形成的,也可以在煤加工成煤焦油和煤焦油产品(如铝冶炼厂使用的杂酚油或煤焦油沥青)的中等温度(400~600℃)下形成。形成温度直接与产生的多环芳烃的类型和复杂性有关(Lima et al.,2005)。

10.2.2 环境损害司法鉴定调查

一个涉及多环芳烃污染源调查的案例通常包括以下几个部分:场地概念模型的建立、工业活动的历史重建、确定所有可能来源、现有多环芳烃浓度数据与地理空间分布分析、收集新的数据、评估迁移途径、化学指纹图谱、统计分析和来源分配。化学指纹图谱是大多数多环芳烃相关案例的复杂基础,但如果没有其他证据的支持,很少能成功。

10.2.2.1 多环芳烃主要来源类型的划分(成岩源与热成源)

在多环芳烃司法鉴定调查中,首要的有时也是唯一的一个重要步骤是区分成岩源与热成源的多环芳烃。这两类多环芳烃的来源主要根据形成温度来区分。在多环芳烃生成过程中,特定多环芳烃的烷基化程度与形成温度成反比。

因此,我们可以通过多环芳烃的组成剖面来区分它们的来源。图10.2展示了萘的同系物在不同温度下形成的烷基多环芳烃(C0=萘;C1=甲基萘;C2=二甲基萘,以此类推)。这种剖面对比可以用来确定多环芳烃化合物的来源(成岩源与热成源)。在沉积物样品等混合源中,区分这两个主要类别的多环芳烃是一个基本步骤也是关键步骤,在这种情况下需要回答的问题是:多环芳烃中来自石油源、煤焦油、冶炼厂、柴油烟尘和其他热成源的各个组分的质量分别是多少?自1980年代中期以来,已经建立了解决这一问题的方法(如 Boehm and Farrington,1984)。

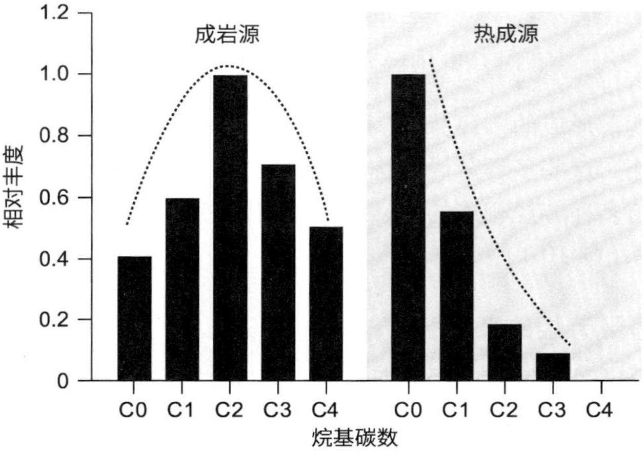

图10.2 不同温度下形成的烷基多环芳烃在菲同系物中的代表性分布(C0=菲)

在许多情况下,多环芳烃司法鉴定化学家首先将收集到的现有数据作为合规的现场调查的一部分。然而,这类调查通常包括典型修复调查中所含的16种多环芳烃优先污染物分析(US EPA 方法8310),但该分析清单不足以支持最终的指纹图谱。出于司法鉴定目的,多环芳烃扩展清单已经成为来源调查的标准。图10.3说明这样做的原因,并展示一个石油样品仅对优先污染物进行分析后的结果,以及相同样品对多环芳烃扩展取证清单进行分析的结果。但是大多数的研究在初始阶段都依赖于现有数据,并提出用简单的多环芳烃优先污染源比率(一种多环芳烃与另一种多环芳烃的相对浓度)诊断来进行沉积物筛查(如 Budzinski et al.,1997)。四种优先污染菲/蒽和荧蒽/芘的比值可用于初步区分不同的污染源。例如,菲/蒽>10表示样品可能为成岩源,而菲/蒽<10表示样品可能为热成源。

10.2.2.2 *成岩源(石油)的鉴别*

在石油泄漏、海运和其他释放(如美国政府有毒废物污染清除基金)中,必须

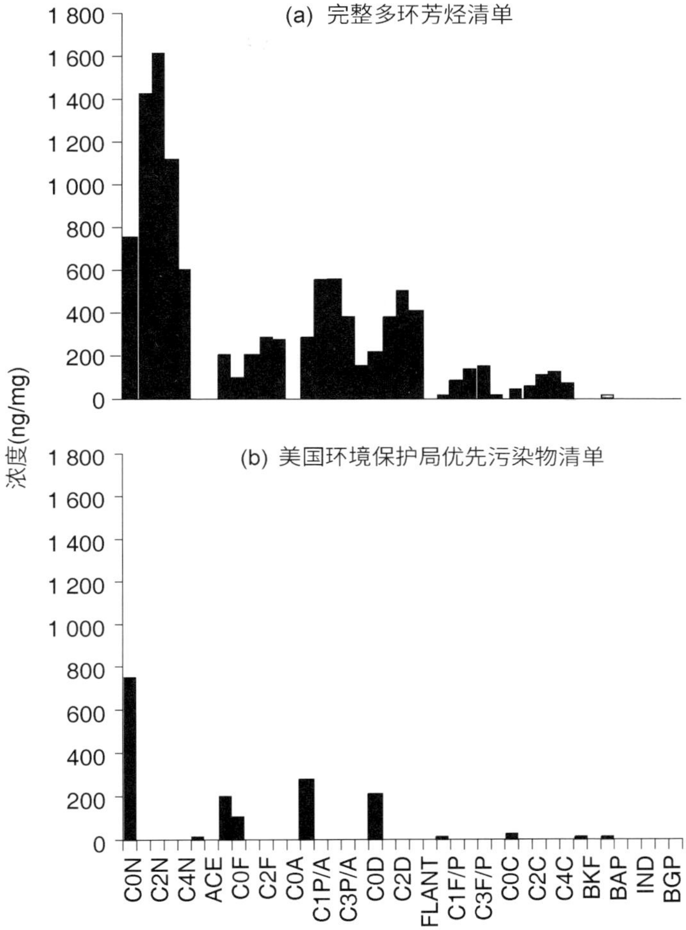

图 10.3 原油样品中的多环芳烃分析:(a) 全部母体和烷基多环芳烃清单(50 种多环芳烃);(b) 多环芳烃优先清单(16 种多环芳烃)

使用多种取证技术来区分两种及以上的石油来源。这些技术可能包括多环芳烃组成剖面、探查性数据分析(如双比例图、主成分分析)以及使用被称作“地球化学生物标记物”的石油来源难降解标记物。在这些案例中,重要的是获得可验证的源样品,还要考虑石油释放后的风化作用。当无法确定石油排除是否适用 1980 年的《综合环境响应、赔偿和责任法》时,指纹图谱中必须包括额外的化合物和元素,以确定有害物质是否与石油混合。例如石油和危险废物炼油厂中含有许多相同的成分,这些成分的相对丰度(不存在或缺少)构成多环芳烃取证调查的基础。

10.2.2.3 热成源多环芳烃的鉴别

在必须区分两个相似的热成源多环芳烃的场所及相对贡献的案例中,多环芳烃指纹图谱和来源分配有了最新进展。尽管多环芳烃取证化学家已经使用了一段时间特定的化合物和化合物比率(见 Boehm,2006),最新的化学方法已被应用于实际案件,并成功最终用于法庭。以下是一个近期的案例。

10.2.2.4 研究案例:多环芳烃污染物在 Hylebos 航道沉积物中的分配

1989 年 Hylebos 航道(科芒斯曼特湾沉积物超级基金工地的一部分)的裁决记录要求疏浚航道源头一块被多环芳烃污染的区域。该污染区域位于一片有多种潜在污染源的航道区,包括前铝冶炼厂的湿洗涤器污泥(WSS)和废水、码头桩的杂酚油、道路雨水和其他燃烧源。在 2005 年,被命令疏浚航道的各方就疏浚费用分摊问题提起诉讼,起诉一家使用石油燃料的原木分类场的所有者在装载码头下和疏浚区附近使用了杂酚油桩。申诉称,沉积物污染的来源是原木分类场的石油使用和杂酚油桩,而不是前铝冶炼厂的排放物。

第一阶段的研究重点是确定沉积物中的多环芳烃是成岩源还是热成源。通过对沉积物和候选来源的仔细取样,以及对样品中取证清单上的多环芳烃分析物(即烷基多环芳烃)进行分析,作者得出结论:在沉积物的大量热成源多环芳烃中未能检测到原木分类场存在的石油源物质。因此,排除原木分类场的石油使用为沉积物来源的可能性。

在这种情况下,多环芳烃指纹图谱分析工作变得更加复杂,因为我们发现,杂酚油桩(来自煤炭精炼)的多环芳烃来源成分(指纹)和冶炼厂排放的多环芳烃(与冶炼过程中的煤沥青有关)非常相似。同样挑战性还来自缺乏高质量的化学数据来表征前冶炼厂产生的不同多环芳烃的特征,这高度依赖于现有的一些历史化学数据。利用化学指纹图谱技术结合多种其他的证据,我们能够确定区分两个类似热成源污染来源的关键诊断方法。对于铝冶炼厂,从冶炼厂污水池排放到航道中的 WSS 污泥具有高度变异的荧蒽/芘比率。这种高度变异性妨碍了使用常用的特征比值来区分两种多环芳烃来源。然而,可以使用现有数据建立其他特征比值,包括四种优先多环芳烃污染物(苯并[a]蒽/䓛[BaA/CH]和苯并[a]芘/苯并[b]荧蒽[BaP/BbF])。这些比值能够使我们区分冶炼厂污泥和杂酚油的化学指纹图谱。图 10.4 为“双比值”图,该图清楚地将与前冶炼厂操作相关的样品和 Hylebos 的沉积物进行了分组,从而表明铝冶炼厂是航道沉积物中主要多环芳烃来源。

在这个案例中,除化学指纹图谱外,还有很多其他支持这种分配方式的证据,包括沉积物中的多环芳烃浓度梯度、航道的水深测量数据、历史排放量和质量负荷记录。尽管不能从分配中排除各种微量来源,但所有证据都支持以下结

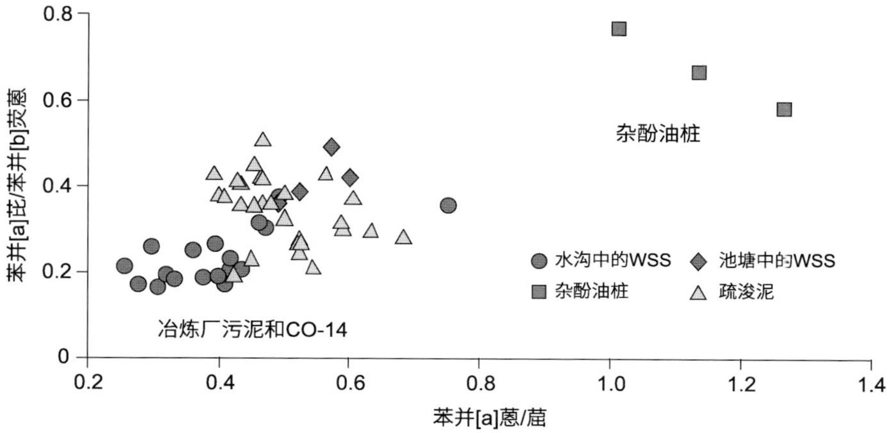

图 10.4　利用 BaA/CH 和 BaP/BbF 比值区分杂酚油和铝冶炼厂污泥中的 PAHs

论：多环芳烃污染几乎完全来自铝冶炼厂的 WSS 排放和相关的空气排放，而不是杂酚油桩。2007 年，法院判定航道沉积物中 94%的多环芳烃来源于冶炼厂污泥。

10.3　多氯联苯(PCBs)

多氯联苯是一类以低可燃性、化学惰性和低水溶性而闻名的人工氯化有机化学品。苯基是由六个碳原子构成的环状结构，可与其他结构相连；联苯化合物由两个这样的环相连而成。多氯联苯是联苯环碳原子上有多个氯原子连接的联苯分子。多氯联苯分子结构如图 10.5 所示。

多氯联苯共有 209 个同类物，其中可有 1 到 10 个氯原子连接在联苯环上(参见图 10.5 中的同类物示例)。同类物之间的差别在于连接在联苯环上的氯原子的数量和位置不同。

多氯联苯同类物有多种命名方式。第一种是根据氯原子在联苯分子上的连接位置进行结构命名。图 10.5 中的 PCB 同类物为 236－2′6′-多氯联苯。在国际纯粹与应用化学联合会(IUPAC)命名惯例(Ballschmiter and Zell，1980)中，多氯联苯同类物从 1 到 209 按顺序编号，同类物数字的增加代表氯化程度的增强(图 10.5 中的多氯联苯同类物称为 PCB－96)。

如前文所述，同系物是包含所有相同氯原子数量的异构体的集合，这些异构体仅在联苯结构上的连接位置有所不同。因此,二氯联苯意味着联苯结构上有两个氯原子;三氯联苯有三个氯原子;四氯联苯有四个氯原子;以此类推,十氯联苯含氯原子数量最多,为十个(见图 10.6)。

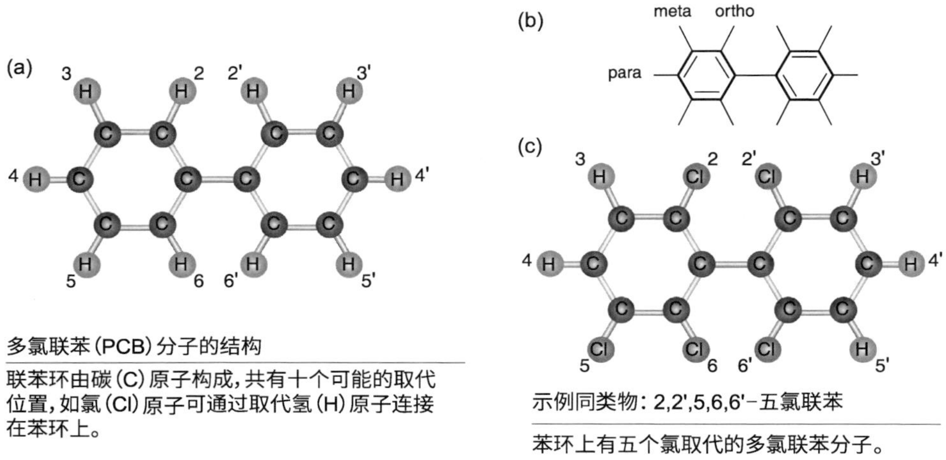

图 10.5 (a) 多氯联苯分子的骨架结构;(b) 多氯联苯分子上氯的取代位置;(c) PCB 同类物举例

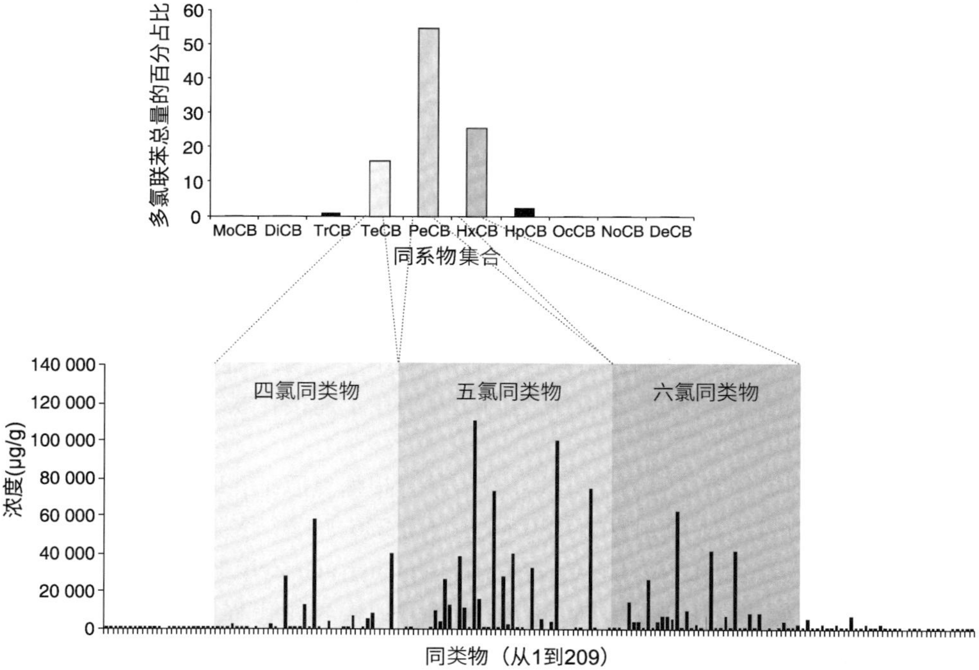

图 10.6 多氯联苯同类物和同系物

10.3.1 生产和使用历史、一次和二次来源

从 1929 年到 1976 年,孟山都化学公司在美国生产并商业销售商标名为“Aroclor®”的多氯联苯。Aroclor 不是单一的多氯联苯同类物,而是多种同类物的复杂混合物。Aroclor 是将氯气通入联苯直至达到所需的氯原子重量百分比而合成。该工艺能够生产出不同氯化程度的 Aroclor。生产的 Aroclor 包括 Aroclor 1242、1248、1254、1260 以及其他 Aroclor。每个特定的 Aroclor 后跟有一个四位数字(例如 Aroclor 1242、1248、1254 和 1260),它表示分子大小和氯原子重量百分比。例如,Aroclor 1242 之所以如此命名,是因为多氯联苯分子中有 12 个碳(联苯环的拐角),并且由同类物的混合物组成,含氯的百分数达到 42%。唯一的例外是 Aroclor1016,它实际上与 Aroclor 1242 的成分相似,氯原子含量为 41.5%。

除了更高和更低含氯百分比的同类物之外,生产 Aroclor 的批量氯化工艺还能生产出一些相同氯含量的同类物。图 10.7 提供了一些商用的 Aroclor 标准品的同类物成分。图中纵坐标表示不同同类物的重量百分比,横坐标则描绘同类物的名称。同类物按多氯联苯编号的递增顺序排列。图 10.7 展示了每一种 Aroclor 中“较轻”同类物(横坐标越往左侧具有更少的氯原子)和“较重”同类物(横坐标往右具有更多的氯原子)的比例。例如,Aroclor 1260 主要含有“较重”的同类物。如图可知没有一种 Aroclor 包含所有 209 种同类物。事实上,一些同类物从未出现在 Aroclor 的所有配方中。这是因为某些同类物,如 35 个氯取代的多氯联苯在制造过程中不稳定,因此被转化为其他形式的同类物。

多氯联苯的稳定性使其拥有广泛用途,包括“不受约束的用途”(WHO,1993)。这些用途包括电容器和变压器中的绝缘液、导热液、液压油、润滑油和切削油、农药添加剂、油墨、油漆黏合剂、无碳复写纸(NCR)、黏合剂、密封剂、混凝土接缝材料,及其他应用(Gibbs, 1950; Blume et al., 1951; US EPA, 1976; WHO, 1993; Erickson,1997; Johnson et al., 2006)。在某些情况下,一种多氯联苯同类物 PCB -209 或十氯联苯,被单独用于熔模铸造蜡中,称为十氯联苯蜡(Versar,1976; Erickson,1997)。

10.3.2 环境中的风化过程

一旦多氯联苯同类物被释放到环境中,它们就会受到诸如挥发、溶解和生物降解等风化过程的影响(Bedard and Quensen, 1995; Erickson, 1997; Johnson et al.,2006;Saba and Boehm,2011a)。这些物理、化学和生物过程被统称为“风化”。风化的程度取决于场地条件和同类物类型。

较轻的 Aroclor,例如 Aroclor 1242,包含一些较轻的同类物(图 10.7;Frame et al.,1996)。这些较轻的同类物最容易受到挥发和水洗的影响(在较小程度上,好

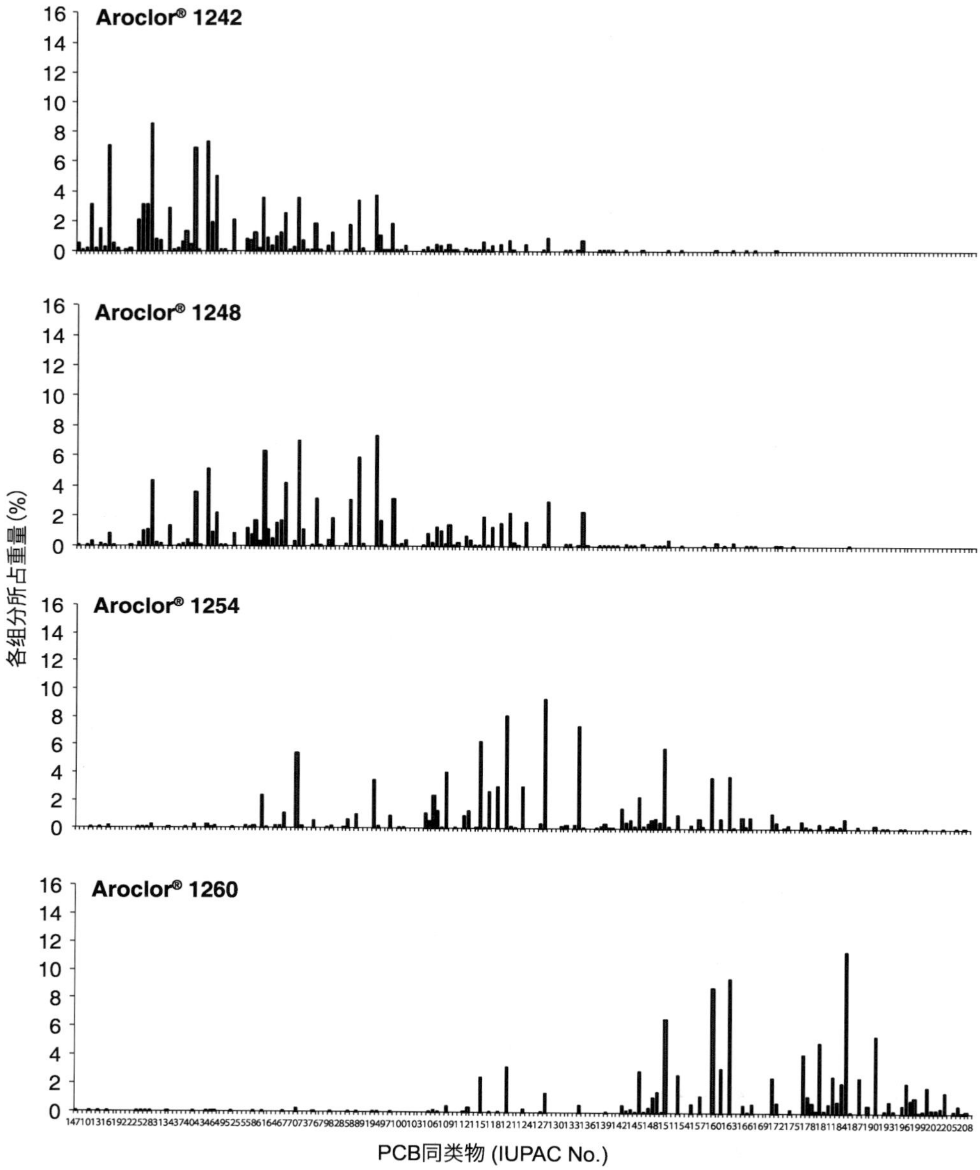

图 10.7 市售的 Aroclor 的同类物特异性组成示例

氧降解;Erickson,1997)。图 10.8 展示了 Aroclor 1242 的挥发和水洗过程(Saba and Boehm,2011a)。图中的样本取自一个垃圾填埋场,该垃圾填埋场曾接收过含有 Aroclor 1242 的造纸污泥。值得注意的是,正是风化作用使 Aroclor 1242 改变为与 Aroclor 1248 标准品相似。

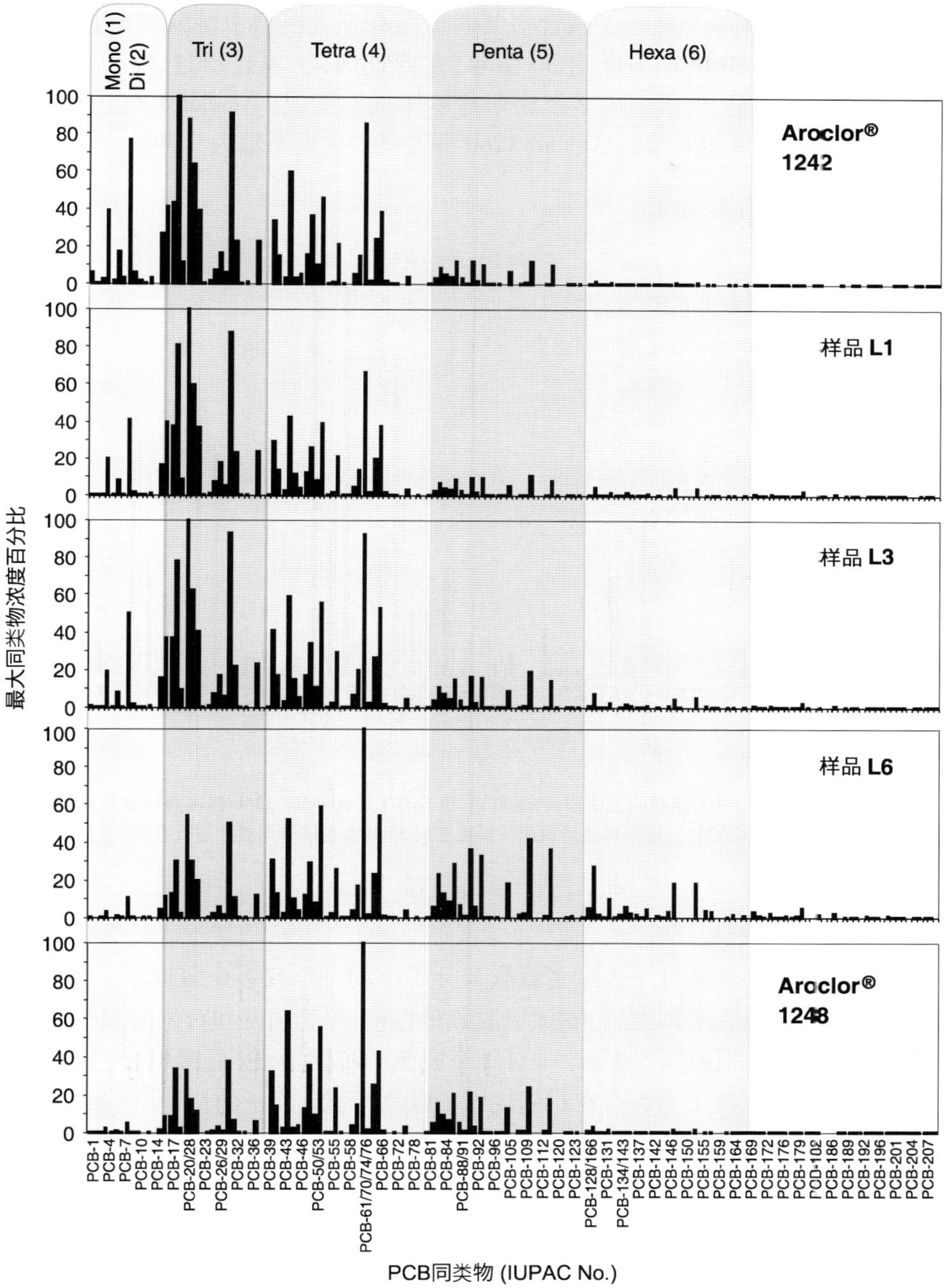

图 10.8 曾接收 Aroclor 的垃圾填埋场样品的挥发和水洗效果

另一方面，较重的 Aroclor(如 Aroclor 1254 和 1260)在自然环境中不易挥发和发生好氧降解。图 10.9 展示了从含多氯联苯的火车变压器中泄漏到地表土壤的 Aroclor 1260(泄漏发生在采样前 30 多年；在此期间，土壤经历过多次周期性雨雪)。分析结果表明，土壤中的多氯联苯基本保持不变，与 Aroclor 1260 标准品组成相似(土壤中的多氯联苯与 Aroclor 1260 标准品的决定系数为 0.99)。

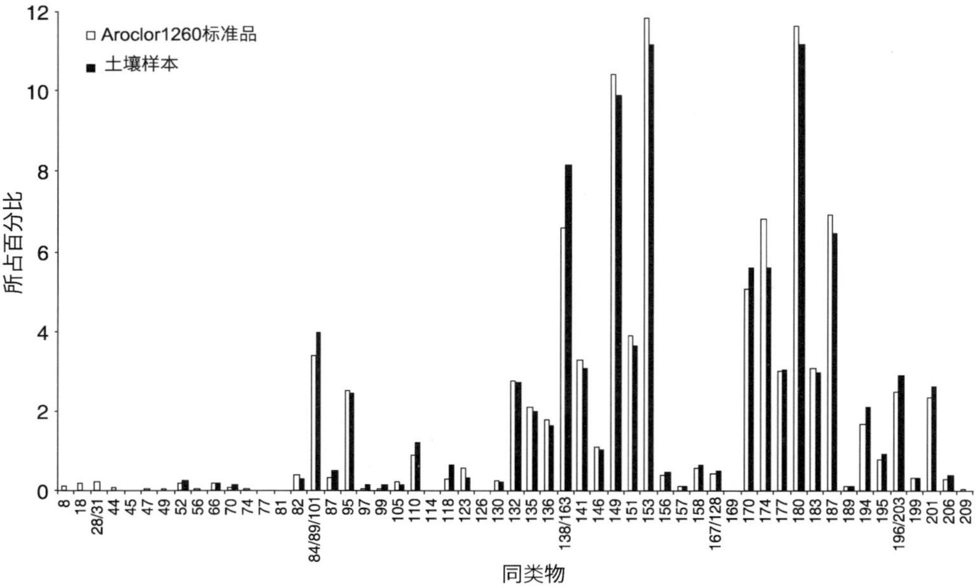

图 10.9 Aroclor 1260 泄漏后的土壤样品(采样前 30 余年)与 Aroclor 1260 标准品中多氯联苯同类物的剖面比较。两种样品均由同一实验室对 55 种多氯联苯同类物进行分析

10.3.3 脱氯

脱氯是指在厌氧条件下去除多氯联苯分子上的一个或多个氯原子(脱氯在大多数好氧系统中是次要因素)。在厌氧脱氯过程中，位于间位和对位的氯原子通常最容易被去除，而邻位取代的氯原子对厌氧脱氯的抗性最强(见图 10.5)。脱氯的顺序和优先顺序取决于是否存在相邻氯原子以及相邻氯原子的位置(例如，在邻位和对位时可能发生异位脱氯；Bedard and Quensen，1995)。由于脱氯而产生的子同类物可能并非是 Aroclor 多氯联苯的同类物。

文献中提到几种单独的脱氯过程，如去除一氯的过程(间位脱氯，过程 M 和对位脱氯，过程 Q)。图 10.10 展示了上述过程。尽管在哈德逊河沉积物、银湖和新贝德福德港等不同地点都观察到脱氯现象(Brown et al.，1987a，1987b；Brown and Wagner，1990；Lake et al.，1991，1992；Abramowicz et al.，1995)，脱氯仍然取决于现场条件,且并无记录表明该过程在所有 Aroclor 组合中都有发生(即对于给定的 Aroclor 混合物,无法获知其脱氯过程将会如何发生)。因此,了解现场脱氯的结果非常重要。

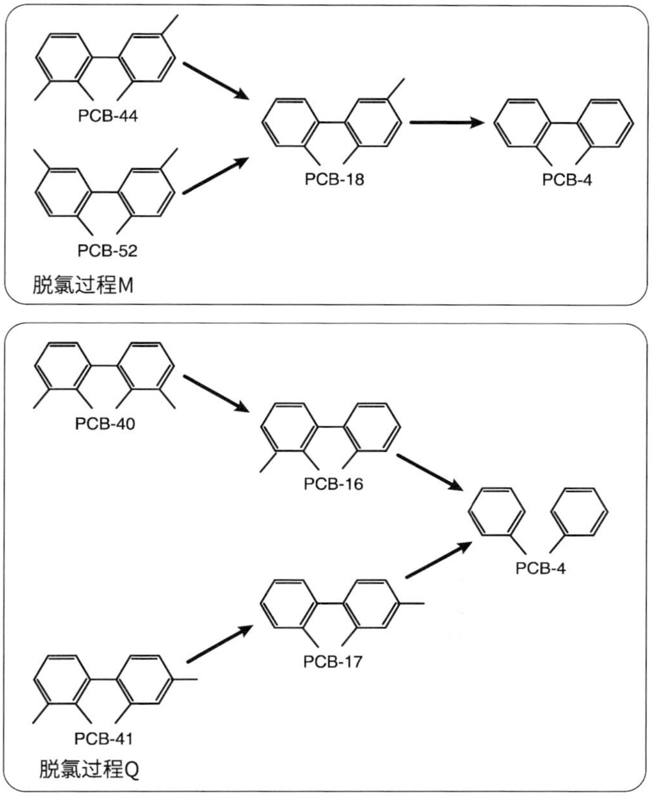

图 10.10 脱氯过程示例

10.3.4 多氯联苯分析方法

多氯联苯分析工具的发展很大程度上与测定特定多氯联苯同类物的兴趣有关,这些同类物与有毒的多氯二苯并对二噁英(PCDDs)结构类似。多氯联苯同类物对人类具有更大的毒性,被称为二噁英类多氯联苯(dl - PCB)同类物,因两个苯环出现在同一平面,也被称为共面同类物。在 2005 年,这些共面同类物已被世界卫生组织(WHO)定义为毒性当量因子(TEFs)(van den Berg et al.,2006)。二噁英类同类物的 TEF 相对于 2,3,7,8 -四氯二苯并对二噁英(或 2,3,7,8 - TCDD)同类物的毒性测定,其 TEF 值为 1。每个同类物的浓度乘以其各自的 TEF,其总和则为用于监管目的的样品毒性当量(TEQ)。12dl - PCBs 非邻位取代多氯联苯

(PCBs 105、114、118、123、156、157、167 和 189)的 TEF_{WHO05} 为 0.000 03;PCB 77 为 0.000 1;PCB 81 为 0.000 3;PCB 169 为 0.03;PCB 126 为 0.1。因此,PCB 126 和 PCB 169 对给定样品的总 TEQ 影响最大。

目前有多种分析方法可用于多氯联苯的环境样品分析(表 10.1)。最常用的方法是 8082 和 1668B。从化学指纹图谱调查的角度来看,Aroclor 方法 8082 因简单、快速、廉价等优点,是监测多氯联苯的首选方法(Beliveau,2001)。实验室分析人员使用方法 8082,通过气相色谱/电子捕获检测器(GC/ECD)的特征峰来识别任何的特定 Aroclor。然而,方法 8082 的局限性在于当多种 Aroclor 混合时,指纹图谱会发生重叠。这种情况下,分析人员必须选择各个 Aroclor 的特有峰值,而不是每个 Aroclor 的共享峰值——这是一种主观的解释。

表 10.1 多氯联苯分析方法

方法名称	分析内容	分析方法	分析精度	分析结果	分析成本估算/样本	优 点	缺 点
8082	Aroclor 同类物 (<20)	GC/ECD	Aroclor 0.05~0.9 μg/L(水) 50~70 μg/kg(土)	Aroclor 浓度	\$100~ \$150 \$300~ \$500	价格便宜 速度快	识别不精准
608	同类物 同系物	GC/LRMSGS/MS - SIM	单个同类物 0.5~2.5 μg/L0.1~0.5 μg/L(SIM)	同类物的较短列表 同系物	\$300~ \$400 \$400~ \$500(SIM)	获得同系物和同类物的方法简单	检测限高
1668A	同类物 (209)	GC/HRMS	0.000 01~0.000 5 μg/L	同类物浓度	\$1 000~ \$1 400	检测限低	价格昂贵 速度慢

注:

1) EPA 方法 8082 是分析多氯联苯 Aroclor 以及固体、沉淀物、组织和液体样品中多氯联苯同类物短列表的最常用分析方法。该方法采用毛细管双柱气相色谱仪进行电子捕获检测(GC/ECD)。通过特征峰型能够识别出 Aroclor。人们可对这种方法进行改进,从而使某些个体或同系同类物的检测限大大降低。

2) EPA 方法 680 是一种废水分析方法,用于分析多氯联苯 Aroclor 和有机氯农药的样品,也使用毛细管双柱 GC/ECD。

3) 在 EPA 方法 1668A 中,使用 HRMS 对所有样品基质(包括水、土壤或沉积物、组织、工业产品和空气)中的多氯联苯同类物进行测定。在 20 世纪 80 年代和 90 年代,多氯联苯通常通过 GC/ECD 进行检测,被报告为"指示"多氯联苯混合物称为 Aroclor。单个多氯联苯同类物(共 209 个;见 www.caslab.com/PCB congeners Aroclors Testing/209 PCB congeners.php)现在可以通过 HRMS 方法,即 EPA 方法 1668A(www.caslab.com/PCB congeners Aroclors Testing/EPA - method - 1668A.php)进行测试。由于化合物列表涵盖广泛,一些同类物无法分离,则被报告为共洗脱化合物。总多氯联苯浓度是单个和共洗脱化合物的总和。

由于 8082 方法在司法鉴定调查中的局限性,人们采用了高分辨率方法 1668A。方法 1668A 能够确定环境样品中多氯联苯同类物的组成剖面。然后可以使用这个详细的同类组成物剖面将多氯联苯指纹图谱分配给潜在的多氯联苯源。二维气相色谱(GCXGC)的最新进展使大量多氯联苯同类物(将近 209 个全套多氯联苯同类物)的测定成为可能(例如,Megson et al.,2013)。然而,目前 GCXGC 更多地用于研究中,而不是商业化实验室。当发展出 GCXGC 监管方法时,商业实验室就可以提供这些方法,我们也将看到更广泛的应用。

10.3.5　司法鉴定调查

多氯联苯的司法鉴定调查包括一系列计划周密的事件和活动。第一步通常包括采集适当的样本。理想情况下,可以采集具有多氯联苯潜在来源的特征性和代表性的来源样品。接下来,从受影响地区采集具有代表性的环境样本。在设计中要加入一定程度的过量采样,保证采集到足够数量的样品进行筛选分析,以确定采集的样品中是否存在多氯联苯及其浓度。方法 8082 对于这个筛选步骤是合适的。基于多氯联苯浓度数据,随后选择一个样本子集,用方法 1668A 进行详细的多氯联苯同类物分析。选择子集时有两个条件:(1) 代表性,以确保从所有采样区域的多个样本(包括来源样本)中的同类物分析可重复;(2) 选择多氯联苯含量较高的样品,以确保在分析中未检测到的同类物数量最低。然后汇编优质的同类物数据,进行初步评估和更详细的取证数据分析。

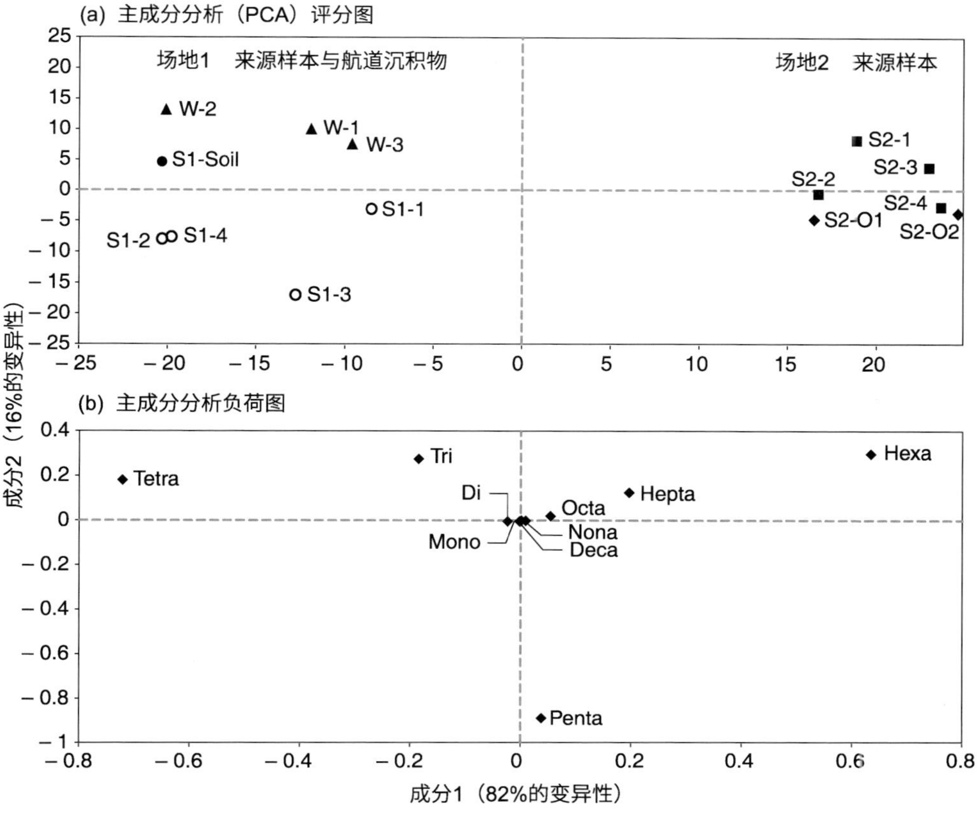

图 10.11　(a) 主成分分析(PCA)评分将场地 1 的来源样本与航道沉积物样本的 PCB 指纹图谱进行分组(显示相似性),而场地 2 的来源样本的 PCB 指纹图谱与航道沉积物不同。(b) 主成分分析负荷图

根据同类物数据,来源确定的第一步是对同类物和同系物组成剖面进行可视化比较。在某些情况下,潜在多氯联苯来源区域和环境样品的同类物剖面明显相似或不同。然而,可视化模式比较可能会导致主观观察(例如,“相似的剖面”),即不同潜在来源的剖面与受影响地区的剖面之间的相似程度。因此,可视化比较通常伴随着定性数据分析,例如相关性分析,以量化样本剖面之间的相似度(例如,决定系数[R^2])(Saba and Boehm,2011)。

探索性的统计方法,如主成分分析(PCA)经常被用于确定同类物样本组成剖面之间的总体相似性。图 10.11 展示了用于区分两个潜在来源的 PCA 评分示例图(Saba and Boehm,2011b)。尽管 PCA 可以揭示多氯联苯同类物剖面之间的总体相似性或差异性,这种方法应该与其他分析技术结合使用,以确定关键多氯联苯同类物是否存在,从而确定多氯联苯来源。除了 PCA 之外,多变量数据分析技术,如正矩阵因式分解(如 Saba and Su,2013)和多方向量分析(Johnson and Ehrlich,2002)也可用于跟踪 PCB 来源并评估其相对贡献。

10.4 二噁英和呋喃

10.4.1 背景介绍、形成、一次和二次来源

二噁英类和呋喃类化合物是在形成过程、环境赋存和毒性方面被研究得最多的化学物质。“二噁英”一词通常是指多氯代二苯并对二噁英(PCDDs),“呋喃”则指对多氯代二苯并呋喃(PCDFs)。有时“二噁英”也指这些化合物中研究最多、毒性最强的 2,3,7,8 - TCDD。多氯化二苯并对二噁英不是有意产生的,而是由一些人类活动,如化学生产、不完全燃烧,以及森林火灾、火山和地质过程等自然作用无意产生的。

环境介质中的多氯化二苯并对二噁英(PCDD/Fs)来源在诉讼和监管执法活动中常有争议。在涉及位于工业污染源下风或下游的社区侵权诉讼中,可能会出现纠纷,因为许多地区性和局部性的燃烧源可能会导致土壤或沉积物浓度超过监管筛选水平。此外,特别是在环境迁移和化学转化之后,来自工业来源(如五氯酚)的下风/下游浓度和化学“特征”可能与其他常规来源产生的浓度和特征相似。

为了全面回顾有关 PCDD/Fs 的环境来源及其环境化学过程的文献,读者可以参考美国环境保护局(EPA)的一份题为《2,3,7,8 -四氯二苯并对二噁英(TCDD)及其相关化合物的暴露和人体健康再评价》的报告(US EPA,2003)。为了响应《斯德哥尔摩公约》,报告中估计了各种不同来源的大致贡献(UNEP,2005)。美国环境保护局(2006)发布了一个可供下载的同类物数据库,将来源分类如下:

- 垃圾焚烧(如城市垃圾、锅炉、医疗垃圾、轮胎)
- 发电/能源(如车辆燃料燃烧、用于住宅供暖和工业/市政发电的木材、煤炭和石油燃烧)
- 其他高温源(如沥青混合料搅拌设备、吸烟)
- 最低限度控制或不受控制的燃烧(如庭院桶燃烧、垃圾填埋气体、垃圾填埋场火灾、建筑或汽车意外火灾、森林、灌木丛或稻草火灾、蜡烛燃烧)
- 金属冶炼和精炼(烧结厂、焦炭生产、电弧炉、铸造厂、有色金属冶炼/精炼)和金属回收(废电线回收、滚筒和桶回收)
- 化学制造(如五氯酚、氯苯、氯乙烯、双噁嗪染料和颜料、2,4 -二氯苯氧基乙酸[2,4 - D])
- 储层来源(受上述影响的土地、空气、水和沉积物,以及建筑物中经五氯酚处理的木材)

在来源评估研究中,重要的是从潜在受影响的特性中识别出当前的逆风大气源,当然,识别历史性的逆风大气源更为重要。大型工业设施通常是调查的重点;然而,像医疗废物焚化炉等较小型的设施,也可以成为当地下风处社区的重要本地来源。这些焚烧炉通常位于医院附近和居民区内,因此它们可以构成远离重工业区的 PCDD/F 重要来源。

在评估 PCDD/Fs 点源与局部邻近源的相对影响时,需要考虑发动机排放 PCDD/Fs 和交通的影响。废气排放的浓度和组成会随发动机类型和燃料类型(柴油、含铅汽油和无铅汽油;如 Berry et al.,1993;Hagenmaier et al.,1990)的不同而变化。土壤中二噁英和呋喃的浓度可归因于机动车排放,这取决于土壤与交通干道的距离、交通运输数量和类型,以及诸如怠速持续时间等特性。

在更多的农村居民区,露天焚烧庭院垃圾,特别是含塑料的生活垃圾,可能是当地 PCDD/Fs 的主要来源。事实上,不受控制的户外燃烧是美国二噁英/呋喃的最主要来源(US EPA,2003)。PCDD/F 排放浓度和同类物成分随废物特性(如生活垃圾、花园垃圾、洁净木材、建筑垃圾)、含水量、火灾温度、燃烧频率和持续时间以及燃烧过程中的风速和风向而变化(如 Gullett et al., 2001; Gullett and Touati,2003;Wevers et al.,2004)。

10.4.2 化学过程和命名

多氯代二苯并对二噁英具有三环结构,由一个或两个氧原子连接的两个苯环组成(分别为 PCDFs 和 PCDDs)(图 10.12)。这些分子具有八个可能被卤素取代的位置,这时可能会发生氯代作用。在环境中,我们最关心的是具有四个或更多氯原子的 PCDD/Fs,特别是那些在 2 -、3 -、7 -和 8 -环位置上有氯原子的分子,因为它们的毒性很强。PCDD/F 同系物是指具有相同氯原子数量的化合物,与其位置无关。表 10.2 所示,在 TCDD 同系物集合中有 22 种可能的四氯二苯并对二噁英(TCDD)异构体。其中只有一种 2,3,7,8 - TCDD 异构体有毒。在讨论 PCDD/Fs 时,术语"同类物"是指任何一个单独的 PCDD/F 分子,不论其同系物类别如何。PCDD 有 75 种可能的同类物,其中 7 种在 2,3,7,8 位上有氯原子,而 PCDF 则有 135 种可能的同类物,其中 10 种具有 2,3,7,8 位取代。

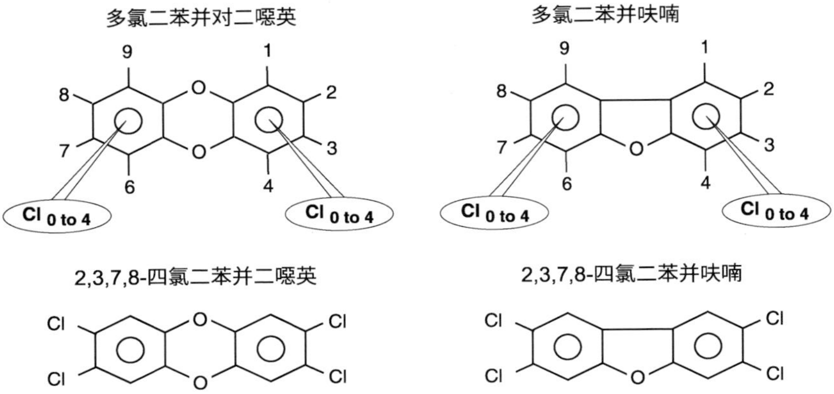

图 10.12 PCDD/Fs 的分子结构和编号规则

表 10.2 二噁英及呋喃的同系物、总同类物、2,3,7,8 位取代同类物

同系物名称	缩写	氯原子数目	总同类物	2,3,7,8,位取代同类物
二噁英				
一氯二苯并对二噁英	MCDD	1	2	0
二氯二苯并对二噁英	DCDD	2	10	0
三氯二苯并对二噁英	TrCDD	3	14	0
四氯二苯并对二噁英	TCDD	4	22	1
五氯二苯并对二噁英	PeCDD	5	14	1
六氯二苯并对二噁英	HxCDD	6	10	3
七氯二苯并对二噁英	HpCDD	7	2	1
八氯二苯并对二噁英	OCDD	8	1	1
			75	7
呋喃				
一氯二苯并呋喃	MCDF	1	4	0
二氯二苯并呋喃	DCDF	2	16	0
三氯二苯并呋喃	TrCDF	3	28	0
四氯二苯并呋喃	TCDF	4	38	1
五氯二苯并呋喃	PeCDF	5	28	2
六氯二苯并呋喃	HxCDF	6	16	4
七氯二苯并呋喃	HpCDF	7	4	2
八氯二苯并呋喃	OCDF	8	1	1
			135	10

多氯代二苯并对二噁英具有很强的脂溶性和很弱的水溶性。它们具有相似的物理和化学性质，通常以复杂的混合物形式存在。它们主要与水相中的颗粒物和有机物以及土壤和沉积物中的有机物有关。一旦被吸附到土壤中，PCDD/Fs 几乎不会产生明显的浸出或挥发。在大气中，PCDD/Fs 在颗粒物和气相之间分配，蒸气压越高的同类物（即氯化程度较低）更多的存在于气相中。除了非吸附物质在气相或在土-气、水-气界面上发生大气光氧化和光解，在大多数环境条件下 PCDD/Fs 是非常稳定的化合物。为了全面回顾 PCDD/Fs 的环境化学文献，读者可以参考美国环境保护局（2003）发表的《2,3,7,8-四氯二苯并对二噁英（TCDD）及其相关化合物的暴露和人体健康再评价》。

出于监管目的，PCDD/F 浓度通常以 2,3,7,8-TCDD TEQ 浓度进行表示，方法是将 17 种 2,3,7,8 位取代的同类物的浓度分别乘以其各自的 TEF，如表 10.3 所示。在 20 世纪 90 年代，甚至一些当前的实验室研究中，都使用 1989 年美国环境保护局所采用的"国际毒性当量因子"（I-TEFs）来计算 TEQs（称为 I-TEQs）。1998 年，由世界卫生组织发起的一个科学委员会经协商一致后对 TEFs 进行了修订，修订后的 TEFs（van den Berg et al.，1998）被美国环境保护局（2003）采用，该 TEQs 被称为 TEQ_{DF98}。下标中的"DF"表示 TEQ 针对的是 17 种有毒的 PCDD/F 同类物，但不包括 12 种 dl-PCBs，后者有时与 PCDD/F 同类物共同用于风险评估。世界卫生组织在 2005 年更新了 1998 年的 TEFs（van den Berg et al.，2006），如表 10.3 所示，由此产生的 TEQs 被称为 TEQ_{DF05}。

表 10.3 PCDD/Fs 中 2,3,7,8-TCDD 的毒性当量因子（TEFs）

同类物		I-TEFs（NATO 1998）	TEFs（WHO 1998）	TEFs（WHO 2005）
多氯二苯并对二噁英				
2,3,7,8-TCDD	D4	1	1	1
1,2,3,7,8-PeCDD	D5	0.5	1	1
1,2,3,4,7,8-HxCDD	D6a	0.1	0.1	0.1
1,2,3,6,7,8-HxCDD	D6b	0.1	0.1	0.1
1,2,3,7,8,9-HxCDD	D6c	0.1	0.1	0.1
1,2,3,4,6,7,8-HpCDD	D7	0.01	0.01	0.01
OCDD	D8	0.001	0.000 1	0.000 3
多氯二苯并呋喃				
2,3,7,8-TCDF	F4	0.1	0.1	0.1
1,2,3,7,8-PeCDF	F5a	0.05	0.05	0.03
2,3,4,7,8-PeCDF	F5b	0.5	0.5	0.3
1,2,3,4,7,8-HxCDF	F6a	0.1	0.1	0.1
1,2,3,6,7,8-HxCDF	F6b	0.1	0.1	0.1
1,2,3,7,8,9-HxCDF	F6c	0.1	0.1	0.1
2,3,4,6,7,8-HxCDF	F6d	0.1	0.1	0.1

续表

同 类 物		I-TEFs (NATO 1998)	TEFs (WHO 1998)	TEFs (WHO 2005)
1,2,3,4,6,7,8-HpCDF	F7a	0.01	0.01	0.01
1,2,3,4,7,8,9-HpCDF	F7b	0.01	0.01	0.01
OCDF	F8	0.001	0.000 1	0.000 3

注：
1) TEF：2,3,7,8-TCDD 毒性当量因子。
2) I-TEF(NATO 1988)：NATO/CCMS(1988)采用的“国际毒性当量因子”(I-TEFs)。
3) WHO(1998)：1998 年 van den Berg 等报告中提出的世界卫生组织(WHO)修订后的 WHO-TEFs。
4) WHO(2005)：2006 年 van den Berg 等中报告提出的世界卫生组织修订后的 WHO-TEFs。

10.4.3 环境中的风化过程

PCDD/F 同类物一旦沉积并混入土壤或沉积物环境中就会变得相对稳定，因此，它们的剖面在几十年间不会发生本质变化。然而，在燃烧源和大气传输过程中同类物剖面会发生显著变化(Shields et al.,2014)。在燃烧源中，原始燃烧样品中较轻的 PCDD/F 同类物常常被分配到气相，而较重的(高氯化)同类物常常被分配到颗粒相。气相同类物不仅比颗粒相同类物在大气中移动得更远，而且更容易发生光降解以及与羟基自由基反应。PCDD/F 的大气化学过程已经得到了很好的研究，读者可以参考 20 世纪 80 年代后期以来发表的实证研究、理论研究和文献综述(如 Atkinson,1996;Eitzer and Hites,1988,1989;Horstmann and McLachlan,1998;Kaupp and McLachlan,1999;Lee and Jones,1999;Lohmannand Jones,1998;Lohmann et al.,2000;Mandalakis et al.,2002;Oh et al.,2001,2002;Park and Kim,2002;Zhao et al.,2012)。

原始燃烧样品中 PCDD/F 的组成剖面从一组可变同类物转变为某种程度上可预测的模式，这种模式是由最初显著的和在迁移中及沉降后最不容易产生气体损失的同类物所主导。美国环境保护局的一项研究说明了这种从具有多种同类物的“嘈杂的”燃烧模式转变为更可预测的“背景”模式剖面，其主峰是八氯代二苯并二噁英(OCDD)，其次是 1,2,3,4,7,8-七氯二苯并对二噁英(HpCDD)，相对而言氯代苯并对二噁英的损失较小(Lorber et al.,1998)。这项研究显示颗粒物在下风向短距离落地后，垃圾焚烧炉的燃烧模式如何转变为更典型的背景剖面。在另一项垃圾焚烧炉的研究中，Chao 等(2004)表明，随着烟羽从烟囱下风处移动得更远，挥发性更强、氯化程度更低的同类物也会出现类似的损失。

当烟羽进入建筑物、灰尘落在表面上时，燃烧排放的同类物剖面也会发生变化。影响剖面的两个主要过程是：1) 气相(低氯化)同类物被吸附在建筑物内的所有内部表面，而灰尘只落在水平表面(例如，阁楼的地板)；2) 随着时间的推移，低氯化同类物在尘埃中的优先挥发损失。Chan 和 Shields(2007)描述了后一个过程，他们根据 Hansen(1997)的经验测量建立了不同同类物挥发率的模型。正如他们的分析所示，随着时间的推移，受露天燃烧排放影响的阁楼灰尘中的同类物可风化成与土壤和环境空气中的典型背景剖面极为相似的剖面。一项与俄亥俄州某城市固体废物焚烧炉排放物相关的 PCDD/F 同类物研究也显示了这一点(Lorber et al.,1998)。同类物剖面(图 10.13)与烟囱排放、粉煤灰和灰库附近土壤的剖面相似，出现 OCDD 百分比较低的特征。离场地较远的下风处的土壤样品的 OCDD 比例要高得多，这可能与向更重的、与颗粒物结合的同类物转变以及其他来源的贡献有关。

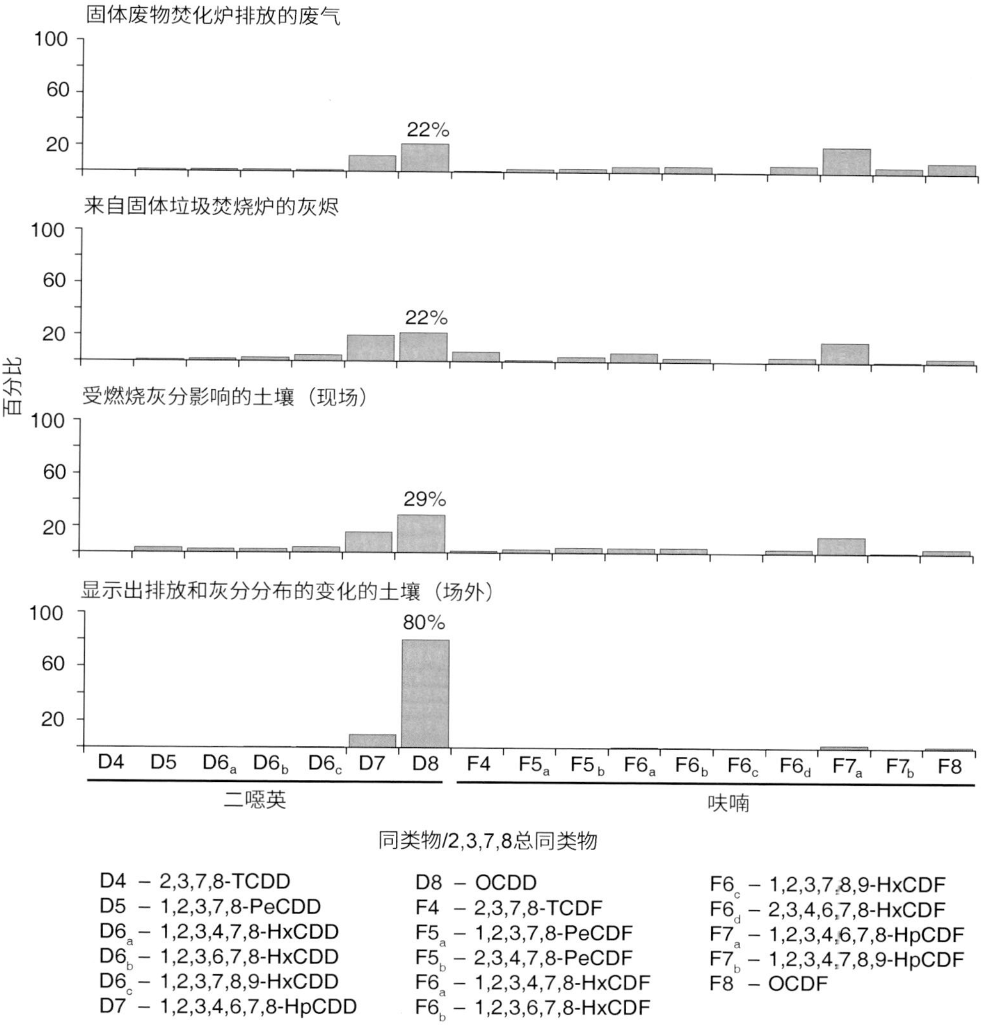

图 10.13　烟气、灰烬、现场土壤和现场外土壤样本的 2,3,7,8-总同类物剖面图。改编自 Lorber 等，1998，经过 Elsevier 许可

10.4.4 EF 调查中报告和数据集的变异性

通常，环境损害司法鉴定专家面临着从大量历史调查中整合化学数据的挑战。对于一些分析物如重金属，它们的分析方法在过去的 25 年中没有太大变化。然而在这段时间中，有关 PCDD/Fs 的实验室报告的数据质量和完整性可能各不相同。理想情况下，同类物剖面应该与同一实验室中分析的样品进行比较。如果涉及多个实验室，需要解决不同检测限、污染和质量控制相关的不确定性问题。

10.4.5 分析方法

使用同位素稀释高分辨率气相色谱/高分辨率质谱（HRGC/HRMS）在过去几十年里已成为 PCDD/Fs 的标准分析方法。该方法已被美国环境保护局的几个监管项目颁布，包括水务办公室（方法 1613B；US EPA，1994），固体废物办公室（方法 8290A；US EPA，2007a——最新更新），以及空气质量规划和标准办公室（方法 23；US EPA，1995）。

实验室可以为 17 种 2,3,7,8 -氯代同类物提供可靠的定量结果，这些同类物有时被称为“肮脏的 17”。通常，指纹分析如可视化剖面比较和 PCA 只使用 17 种同类物或 10 种四氯到八氯 PCDD/F 同系物。

然而，PCDD/F 同类物（单氯到八氯）可能有 210 种，其中有 136 种同类物含 4 个及以上的氯原子。实验室数据集中通常包括含 4 个及以上氯原子的 136 种同类物的估计浓度和选定的离子电流剖面（SICPs）。非 2,3,7,8 同类物的估计浓度和 SICPs 可以作为指纹分析的有益补充，但因为分析的不确定性，必须谨慎使用。不确定的原因是至少每组同系物的第一个和最后一个被洗脱的异构体仍缺乏碳标记的标准品。这些多氯联苯的标准品可获得，但 PCDD/F 的无法获得。使用异构体剖面的主要不确定性来源之一是在萃取过程中，或者更有可能在分馏过程中会选择性损失某些异构体。

如果有可靠的数据，建议在 PCDD/F 来源鉴定研究中使用异构体剖面来进行完整的取证分析。然而，在选择指纹识别方法时，需要考虑不确定性的来源。如果某一地点的异构体剖面数据来自不同的实验室，那么不适合进行如 PCA 等定量分析。然而，主峰的可视化比较可以提供有用的对比和对资料来源的深入了解。如果数据来自同一实验室，则可以定量使用非 2,3,7,8 同类物的估计浓度（附加说明）。少数实验室使用代表性的非 2,3,7,8 类同系物标准品进行异构体峰的确定，定量使用这些数据具有更高的可信度。

免疫分析方法，如 EPA 法 4025（US EPA，2002），提供了 PCDD/F 毒性当量的估计值，并且越来越多地被用于分析食物样品以及从危险场地收集、需要快速分析的样品。这些方法可以提供一种有效且廉价的筛选，但标记的内标不能用于回收校正，并且同类物数据无法用于化学指纹分析。

10.4.6　背景浓度

由于环境中有很多常见的 PCDD/Fs 来源，因此在环境损害司法鉴定分析中，有必要将据称受影响的样本与恰当的背景阈值进行比较。理想情况下，如果可能的话，应该使用特定地点的背景数据。应当设计背景或参考地区的采样流程，以便样品可以代表除受调查的来源外，据称受影响地点所接受的所有 PCDD/Fs 来源。例如，可能有指控称由医疗废物焚烧产生的空气沉积会导致下风向街区住宅表层土壤中 PCDD/Fs 的浓度升高。一个关键问题是：据称受影响房屋的土壤浓度真的高于该地区的“正常背景”吗？正常的背景应该是来自相似临近地区的浓度，这些地区除了受医疗垃圾焚烧炉的影响之外，还受到过与所谓受影响地区相同的 PCDD/Fs 历史来源（如交通、垃圾焚烧或使用杀虫剂）的影响。

如果特定地点的背景数据无法获得或有局限性，可以使用已发表的文献综述与重点背景研究进行比较。不同介质中 PCDD/F 背景综述和/或重点调查的例子如下：环境空气和室内灰尘（Buckl et al., 1999; Benton et al., 2007; Deziel et al., 2012; Shields et al., 2014）；土壤（US EPA, 2001; Ecology, 2011; Urban et al., 2014）；沉积物（Bonn, 1998; Ross and Hoffman, 2010）；动物饲料及人类食物（EFSA, 2012）。Fiedler（1999）提供了欧洲农村、城市和受污染场地的 PCDD/F 环境水平的总结，涵盖环境大气、土壤、沉积物和植物等不同介质。美国疾病控制与预防中心进行的“全国健康与营养检查调查”填补了生物监测数据库，该数据库是美国不同人群血液中 PCDD/Fs（以及其他化学物质）背景数据的权威来源（CDC, 2013）。

在比较一个据称受影响的样本浓度与背景浓度时，不应比较背景数据集的平均值或中位数，而是比较数据上限的估计值，如第 95 个百分位数、容差上限或同时上限。请参阅美国环境保护局指导（2013a）选择适当的统计数据来确定背景阈值。

10.4.7　司法鉴定调查

依靠多种工具时环境损害司法鉴定调查是最有效的。化学指纹识别就是这样一种工具，常常用于识别（或消除）潜在的来源。然而，一个从来源到受体的合理迁移途径必须存在，以便得出化学指纹是该来源的结果。化学指纹技术是鉴别环境中不同污染源的一种成熟技术。这种技术特别适用于分析同时出现的有机化合物家族，如多氯联苯、多环芳烃和 CDD/CDFs。这是由于这些类别包含许多单独的化合物，这些化合物共同构成一个组成模式，也被称为“剖面”“特征”或“指纹”,单一剖面的相对浓度和/或比例可以用作原始来源检材的标记。然而,由于有机化合物可以通过化学风化和生物降解在环境中发生转化,部分原始模式可能被改变。另一个复杂因素是多种来源常常混杂在一起而掩盖了单一的指纹。

化学指纹分析有简单到复杂的多种方法。许多可用于 PCDD/Fs 的化学指纹分析法(Shields et al.,2006),包括单个样本的简单剖面比较(如图 10.14)、选择离子电流剖面比较(如图 10.15)和复杂的多元分析。当剖面明显不同时,单一的剖面比较是非常有用的。然而,人眼很难识别出 17 个 CDD/CDF 同类物柱状图中的细微差别,或者极端的情况下,在气相色谱图中比较 80 个半挥发性化合物的峰值。多元统计分析如聚类分析和 PCA,常常被用来缩减和简化一组复杂的变量。尽管其数学原理非常复杂,这些被广泛使用且被接受的技术是经得起科学推敲的。

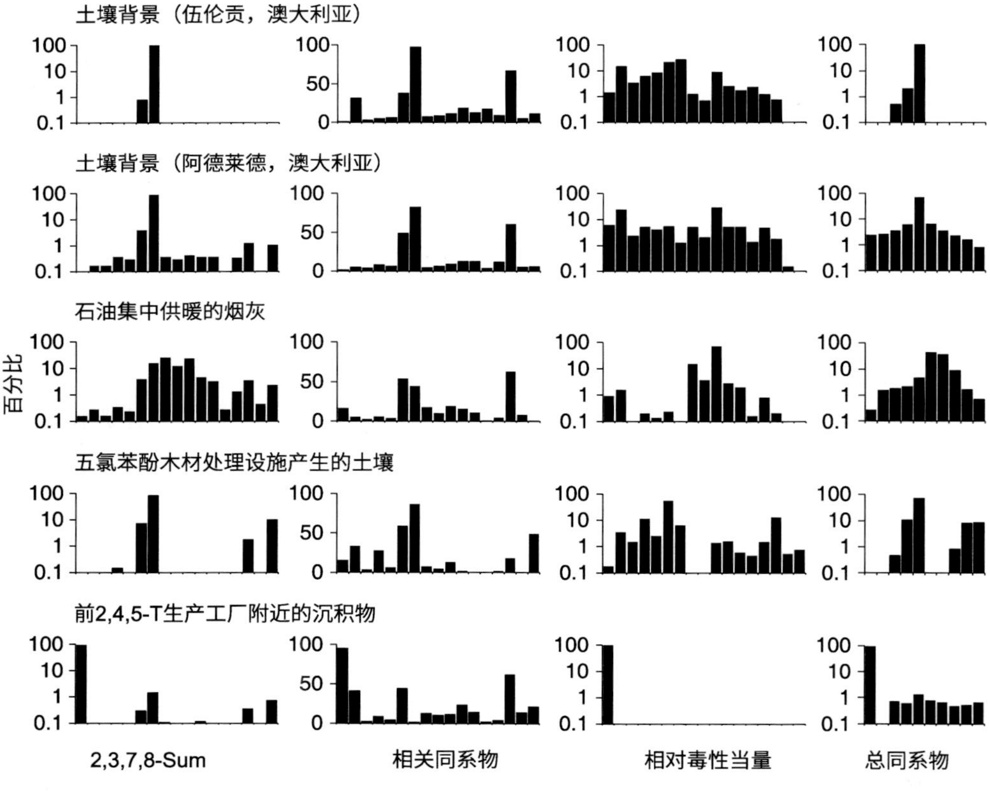

图 10.14 典型土壤背景与一些工业源的 PCDD/Fs 的同类物和同系物剖面;17 个 2,3,7,8 取代同类物顺序如图 10.13 所示。对于总同类物剖面,顺序按氯化程度的增加依次为 5 类 PCDD 同系物(从四到八),随后是 5 类 PCDF 同系物。改编自 Shields 等,2006

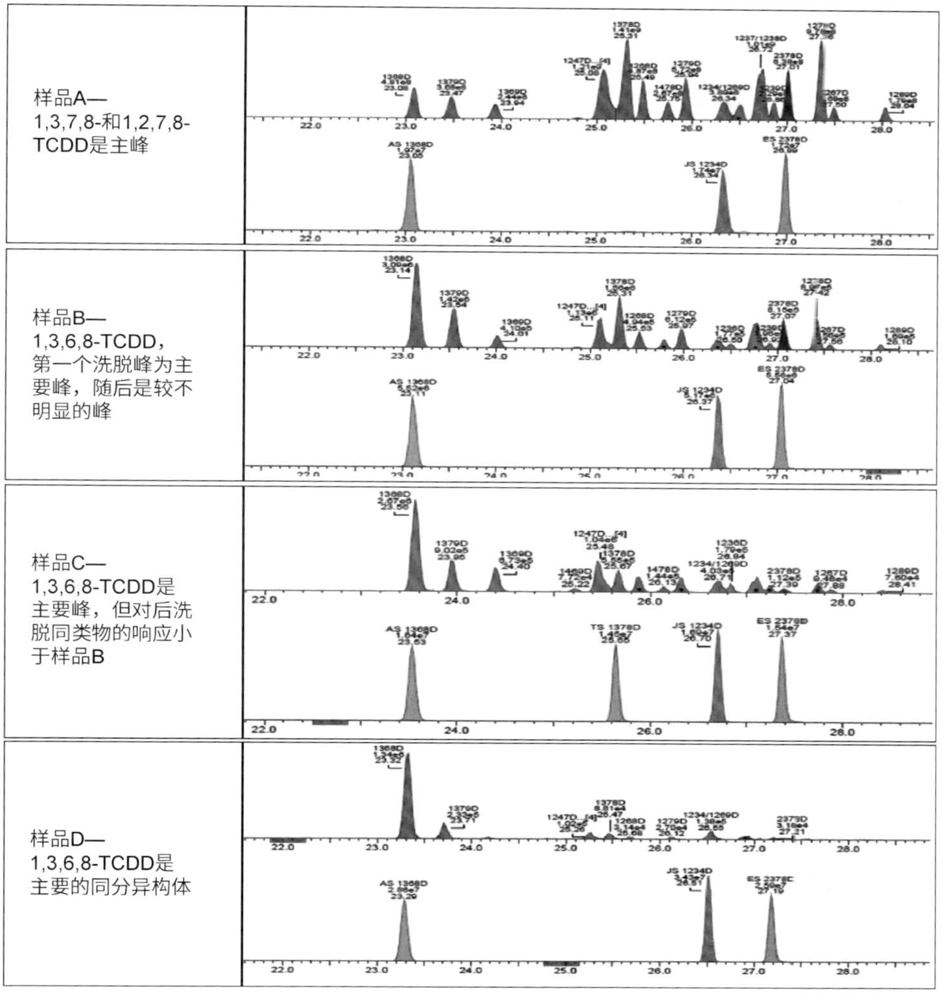

图 10.15 四种不同的燃烧源的 TCDD 的选择离子电流剖面(SICPs)。这四种来源的 2,3,7,8-总同类物剖面非常相似,但是 SICPs 表现出明显的差异。未发表的数据由 Yves Tondeur 提供

10.5 其他化学家族

10.5.1 聚全氟化合物

聚全氟化合物又称全氟烷基和多氟烷基物质(PFAFs),是一类广泛用于商业和工业的人工合成氟化物。作为大分子,聚全氟化合物一端含有饱和氟化烷

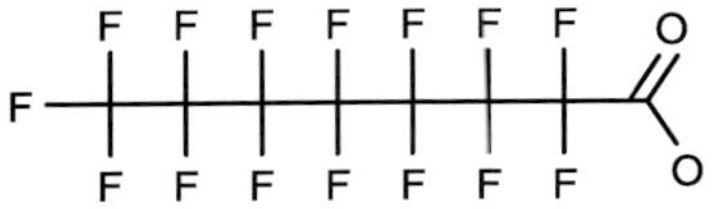

全氟辛烷羧酸（PFOA）

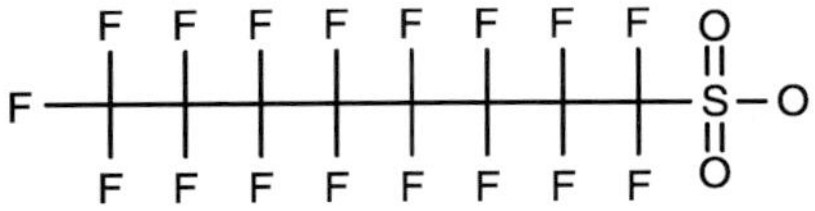

全氟辛烷磺酸（PFOS）

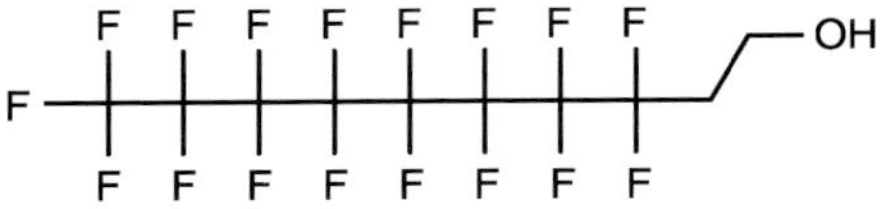

氟调聚醇（8:2 FTOH）

图10.16 含有8个碳原子线性的多氟化合物示例；通常有四到十四个碳原子线性或分支。改编自 Lindstrom 等，2011，版权归属美国化学学会

基链，另一端通常含有极性的非氟化基团。最大的一类聚全氟化合物是所谓的基于氟聚体的化合物，它们普遍具有 $F(CF_2)_n$-R 的结构，其中疏水烷基链中的碳原子数量(n)为4到16不等。亲水性官能团(R)可以是中性的，如醇基-CH_2HC_2OH(氟调聚醇[FTOH])；阴离子官能团，如羧基-COO^-(全氟羧酸酯[PFCA])；或阳离子，其中氟化烷基链连接在季铵盐等四元中心上(Shields et al.，2014)。几种聚全氟化合物的基本结构如图10.16所示。从Buck等(2011)研究中摘录的聚全氟化合物的示例可以在文献补充材料的表10.S-1中找到：http://booksite.elsevier.com/9780124046962/。

多样化的结构和官能团赋予聚全氟化合物独特的物理化学特性，包括亲水性和疏水性特征以及耐化学性和耐热性。这使得聚全氟化合物被广泛应用，包括油漆、黏合剂、表面活性剂、润滑剂、碳氢燃料火灾的泡沫灭火材料、不粘表面，以及用于织物、皮革、纸张、室内装潢和地毯的防护涂层(Shields et al.，2014)。全氟辛烷羧酸(PFOA)和全氟辛烷磺酸(PFOS)是环境中最常检测到的两类聚全氟化合物(Benskin et al.，2010)。

聚全氟化合物中的烷基链可以是直链，也可以是支链，这取决于生产工艺，从理论上讲，每个同系物集合中会形成多个同类物。例如，PFOS理论上有89个同类物（Rayne et al.，2008）。通过电化学氟化技术(ECF)制造的产物是直链和支链的聚全氟化合物同类物的混合物，而调聚反应产生的同类物是直链的。大约70%和78%由3M公司生产的商用PFOS和PFOA包含直链异构体，其余均为支链(Riddell et al.，2009；Benskin et al.，2010)。随着时间推移，主要的生产工艺已经发生了变化，目前通过调聚反应生产的PFOA已经可以与用电化学氟化技术历史生产的PFOA区分开(Benskin et al.，2010)。

聚全氟化合物最常用的分析方法是高压液相色谱串联质谱法(LC-MS/MS)。通常，聚全氟化合物含量是以包括直链和支链异构体在内的每种聚全氟化合物的总和报告的，如EPA方法537修订版1.1所示(Shoemaker et al.，2009)。然而，最近已经开发了针对PFOS和PFOA特定同类物的方法(Riddell et al.，2009；Benskin et al.，2010)。与特定同类物方法相比，报告PFO总量的方法存在定量不足或过量的系统偏差(Riddel et al.，2009)。由于几乎没有开发出针对同类物的方法，一定程度上受到适当标准的限制，使得 PFCs 在环境取证调查中应用很少。在一个案例中，Benskin 等（2010）通过同类物剖面比较，确定在源头地区（北美、亚洲和欧洲）的水样中发现的 PFOA 和 PFOS 大部分是由电化学氟化技术制造的。

不像其他具有高疏水性的持久性有机污染物，聚全氟化合物的独特之处在于它们易溶于水。因此，可以在包括饮用水、海水、垃圾渗沥液在内的地下水和地表水中检测到聚全氟化合物（Benskin et al.，2010；Busch et al.，2010；Theobald et al.，2011；Post et al.，2013）。聚全氟化合物也能在污泥、沉积物、生物固体和生物固体修复土壤、土壤、房屋灰尘以及大气（Sepulvado et al.，2011；Richardson，2012；Zareitalabad et al.，2013；Shields et al.，2014）和生物体（Giesy and Kannan，2002）中被检测到。

10.5.2 溴化有机物

溴化有机物（包括溴代阻燃剂和溴代二噁英）是一类新兴化学物质，因其广泛使用或因燃烧和其他过程形成而在环境中被检出。溴代阻燃剂用于赋予普通产品以阻燃特性，例如家具中的塑料、聚合物、泡沫和纺织品、电线和电缆绝缘、电子产品及电脑、建筑材料和车辆（表 10.4；Birnbaum and Staskal，2003；LaGuardia et al.，2006；Covaci et al.，2011）。多溴联苯醚（PBDEs）是溴代阻燃剂的一种，商业生产的多溴联苯醚以五溴、八溴、十溴联苯醚这三种溴化水平为主（LaGuardia et al.，2006）。对环境和人类健康的关注促使欧盟禁止五溴联苯醚和八溴联苯醚制剂，美国也在 2004 年停止生产。从 2009 年开始逐步淘汰十溴联苯醚的生产，目标是到 2013 年底停止所有十溴联苯醚的使用（US EPA，2013b）。

表 10.4 溴代阻燃剂（BFR）示例

化学药品	缩写
多溴联苯醚	PBDE
六溴环十二烷	HBCD
四溴双酚-A	TBBPA
十溴二苯乙烷	DBDPE
1,2-双(2,4,6-三溴苯氧基)乙烷	BTBPE
2-乙基己基-2,3,4,5-四溴苯甲酸酯	TBB
双(2-乙基己基)-3,4,5,6-四溴邻苯二甲酸酯	TBPH
多溴联苯	PBB

多溴联苯醚的排放不仅与其生产和加工过程有关，还与其在产品中的普遍使用有关。多溴联苯醚含量可能高达产商品重量的 30%。尽管这些制剂已经被禁用或淘汰，但多溴联苯醚仍会从这些产品的持续使用和处理中释放出来。多溴联苯醚与产品基质不发生化学结合，因此它们可以通过塑料材料的挥发、磨损和破裂释

放出来,也可能通过聚合物-灰尘直接分配释放(Webster et al.,2009)。污水处理厂的污水、生物固体的土地利用、垃圾场和垃圾填埋场的冲刷和排放(North,2004;Oros et al.,2005;Chen et al.,2013),以及燃烧过程中的从头合成(Wang et al.,2010)也会对环境中的多溴联苯醚产生影响。

与多氯联苯类似,多溴联苯醚理论上包含209个同类物(图10.17);然而,可能由于几种同类物缺乏稳定性并有脱溴倾向,并不是所有同类物都会出现在商用配方中(见表10.5)(Birnbaum and Staskal,2003)。BDE-47,BDE-99,BDE-183和BDE-209是五溴、八溴和十溴的主要同类物。由于制造商的不同,相同溴化水平的配方可能包含不同的同类物(LaGuardia et al.,2006)。尽管已经开发了针对多溴联苯醚同类物的特异性分析方法(Robrock et al.,2008;LaGuardia et al.,2006),目前美国环境保护局的水法1614仍然使用同位素稀释和HRGC/HRMS来测量水体、土壤、沉积物和组织样品中的PBDE(US EPA,2007b)。

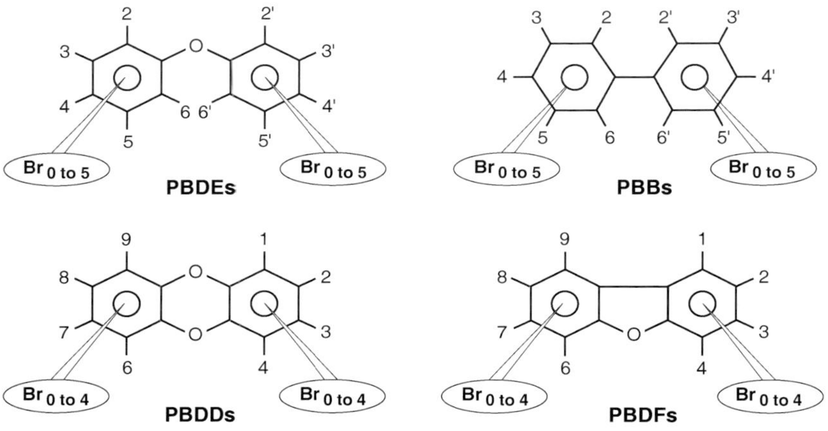

图10.17 PBDE(A)、PBB(B)、PBDD(C)和PBDF(D)的结构

目前已经在包括沉积物、本底土壤、室内灰尘和环境空气等多种环境介质中检测到多溴联苯醚(Oros et al.,2005;Dodder et al.,2012;Wei et al.,2012;Batterman et al.,2009)。一般来说,由于报告和总结的多溴联苯醚同类物数量通常具有可变性,所以报告中的多溴联苯醚环境浓度很难进行比较。

据报道,紫外辐射、微生物降解、非生物还原和生物代谢可以将多溴联苯醚同类物脱溴成低溴同类物(例如,Kohler et al.,2008;Tokarz et al.,2008;Robrock et al.,2008;Rosenfelder et al.,2011)。由于十溴联苯醚同类物的降解会导致溴化同类物减少,且产生的溴化同类物毒性更强、生物蓄积性更高,所以十溴联苯醚的脱溴尤为重要(LaGuardia et al.,2006)。另一方面,更多有毒同类物的形成是暂时的,因为它们可能会进一步降解(Robrock et al.,2008)。厌氧条件下一些多溴联苯醚同类物还原脱溴的途径如图 10.18 所示(Tokarz et al.,2008)。尽管脱溴反应可能会在非生物测试系统中快速发生(BDE - 209 的半衰期是 18 s),但对沉积物的强分配和传质限制会导致沉积物中原位脱溴反应变慢(BDE - 209 的半衰期估计达几十年;Tokarz et al.,2008;Kohler et al.,2008)。根据未在技术配方中检测到的同类物,包括BDE - 7, - 15, - 32, 35, - 37, - 77, - 119, - 181, - 190 和- 204,推测存在原位脱溴作用(Wei et al.,2012;Dodder et al.,2012)。直接光解脱溴是大气中 PBDE 的主要转化途径,这在 Shields 等(2014)的研究中进行了详细讨论。

表 10.5 五溴二苯醚、八溴二苯醚和十溴二苯醚产品中的 PBDE 浓度(%,w/w)(改编自 LaGuardia et al.,2006[a])

BDE 同类物		五溴		八溴		十溴	
		DE - 71	Bromkal 70 - 5DE	DE - 79	Bromkal 79 - 8DE	Saytex 102E	Bromkal 82 - 0DE
BDE - 17	2,2′,4 -三溴联苯醚	0.07	0.05	nd	nd	nd	nd
BDE - 28/33	2,4′,4 -三溴联苯醚/2′,3,4 -三溴联苯醚	0.25	0.1	nd	nd	nd	nd
tetra - a[b]		<0.02	nd	nd	nd	nd	nd
BDE - 75	2,4,4′,6 -四溴联苯醚	<0.02	nd	nd	nd	nd	nd
BDE - 51	2,2′,4,6′-四溴联苯醚	<0.02	nd	nd	nd	nd	nd
BDE - 49	2,2′,4,5′-四溴联苯醚	0.74	0.36	nd	nd	nd	nd
BDE - 48/71	2,2′,4,5 -四溴联苯醚/2,3′,4′,6 -四溴联苯醚	<0.02	nd	nd	nd	nd	nd
BDE - 47[c]/74	2,2′,4,4′-四溴联苯醚/2,4,4′,5 -四溴联苯醚	38.2	42.8	nd	nd	nd	nd
BDE - 66/42	2,3′,4,4′-四溴联苯醚/2,2′,3,4′-四溴联苯醚	0.53	0.21	nd	nd	nd	nd
penta - a[b]		0.05	nd	nd	nd	nd	nd
BDE - 102	2,2′,4,5,6′-五溴联苯醚	0.15	nd	nd	nd	nd	nd
BDE - 100	2,2′,4,4′,6 -五溴联苯醚	13.1	7.82	nd	nd	nd	nd
BDE - 99	2,2′,4,4′,5 -五溴联苯醚	48.6	44.8	nd	nd	nd	nd
BDE - 97/118	2,2′,3′,4,5 -五溴联苯醚/2,3′,4,4′,5 -五溴联苯醚	<0.02	0.12	nd	nd	nd	nd
BDE - 85	2,2′,3,4′,4 -五溴联苯醚	2.96	2.16	nd	nd	nd	nd
BDE - 126/155[c]	3,3′,4,4′,5 -五溴联苯醚/2,2′,4,4′,6,6′-六溴联苯醚	0.21	0.67	nd	nd	nd	nd

续表

BDE 同类物		五溴		八溴		十溴	
		DE-71	Bromkal 70-5DE	DE-79	Bromkal 79-8DE	Saytex 102E	Bromkal 82-0DE
BDE-154	2,2′,4,4′,5,6′-六溴联苯醚	4.54	2.68	1.07	0.04	nd	nd
BDE-144	2,2′,3,4,5′,6-六溴联苯醚	nd	nd	0.1	0.12	nd	nd
hexa-a[b]		nd	nd	<0.02	nd	nd	nd
BDE-153	2,2′,4,4′,5,5′-六溴联苯醚	5.44	5.32	8.66	0.15	nd	nd
BDE-139	2,2′,3,4,4′,6-六溴联苯醚	0.8	0.38	nd	nd	nd	nd
BDE-140	2,2′,3,4,4′,6′-六溴联苯醚	0.17	0.1	<0.02	nd	nd	nd
BDE-138	2,2′,3,4,4′,5′-六溴联苯醚	0.73	0.53	0.62	nd	nd	nd
BDE-184	2,2′,3,4,4′,6,6′-七溴联苯醚	<0.02	nd	<0.02	<0.02	nd	nd
hepta-a[b]		nd	nd	<0.02	nd	nd	nd
BDE-175/183[c]	2,2′,3,3′,4,5′,6-七溴联苯醚/2,2′,3,4,4′,5′,6-七溴联苯醚	0.1	0.33	42	12.6	nd	nd
BDE-191	2,3,3′,4,4′,5′,6-七溴联苯醚	nd	nd	<0.02	nd	nd	nd
BDE-180	2,2,3,4,4′,5,5′-七溴联苯醚	nd	nd	1.7	nd	nd	nd
BDE-171	2,2′,3,3′,4,4′,6-七溴联苯醚	nd	nd	1.81	0.17	nd	nd
BDE-201	2,2′,3,3′,4,5′,5,6′-八溴联苯醚	nd	nd	0.78	<0.02	nd	nd
BDE-197	2,2′,3,3′,4,4′,6,6′-八溴联苯醚	nd	nd	22.2	10.5	nd	0.03
BDE-203	2,2′,3,4,4′,5,5′,6-八溴联苯醚	nd	nd	4.4	8.14	nd	0.07
BDE-196	2,2′,3,3′,4,4′,5,6′-八溴联苯醚	nd	nd	10.5	3.12	nd	0.46
BDE-194	2,2′,3,3′,4,4′,5,5′-八溴联苯醚	nd	nd	<0.02	nd	nd	nd
octa-a[b]		nd	nd	<0.02	nd	nd	nd
BDE-208	2,2′,3,3′,4,5,5′,6,6′-九溴联苯醚	nd	nd	0.19	<0.02	0.06	0.07
BDE-207	2,2′,3,3′,4,4′,5,6,6′-九溴联苯醚	nd	nd	11.5	11.2	0.24	4.1

续表

BDE 同类物		五溴		八溴		十溴	
		DE－71	Bromkal 70－5DE	DE－79	Bromkal 79－8DE	Saytex 102E	Bromkal 82－0DE
BDE－206	2,2′,3,3′,4,4′,5,5′,6－九溴联苯醚	nd	nd	1.38	7.66	2.19	5.13
BDE－209	2, 2′, 3, 3′, 4, 4′, 5, 5′,6,6′－十溴联苯醚	nd	nd	1.31	49.6	96.8	91.6

注：nd－未检出。
基于可获得的标准品分析,BDE－3, －7, －15, －32,－35, －37, －77, －101, －116, －119, －120, －128, －156, －166, －173, 181, －185, －190, －192, －198, －204 and －205 均未在这些 PBDE 技术配方中检出。
DE－71 和 DE－79 由 Great Lakes Chemical Corp., IN 生产;Bromkal 70－5DE, Bromkal 79－8DE 和 Bromkal 82－0DE 由 Chemische Fabrik Kalk, Köln, Germany 生产;Saytex 102E 由 Albemarle Corp., LA.生产
[a] 改编自 La Guardia et al.,2006, 版权属于美国化学学会。
[b] 同类物按溴化程度分类。
[c] 主要同类物。

鉴于多溴联苯醚的扩散源无处不在,且技术产品和环境样品中同类物数量不一,多溴联苯醚的取证方法比多氯联苯更为有限。目前已经采用多种方法对沉积物(Kohler et al.,2008)、房屋灰尘(Webster et al.,2009;Zhang et al.,2011)和土壤(Tian et al.,2011)中的多溴联苯醚来源进行了评估。如 Kohler 等(2008)在瑞士苏黎世附近城市小湖格里芬湖的沉积物中测定的多溴联苯醚同类物剖面与技术配方中 BDE 同类物剖面显著不同(图 10.19)。通过 PCA, Kohler 等(2008) 发现格里芬湖沉积物大部分与室内灰尘和紫外线处理过的十溴联苯醚相似(图 10.20)。

多溴联苯(PBBs)是另一类溴代阻燃剂,结构上与多氯联苯相似(图 10.17)。由于一次事故中一种商用多溴联苯产品无意中与动物饲料混合,因此美国在 1973 年禁止使用这类化合物质(Birnbaum and Staskal,2003)。与多溴二苯醚和多氯联苯一样,多溴联苯是同类物的混合物,主要包括六溴、八溴和十溴化产物(US EPA,2012a)。另一类溴代有机物,即多溴二苯并对二噁英和多溴二苯并呋喃(PBDD/Fs),是溴代阻燃剂中的已知杂质,例如 PBDE 混合物中的多溴二苯并呋喃(PBDFs)(van den Berg et al.,2013)。在含有溴代阻燃剂的材料燃烧过程中也会形成 PBDD/Fs,并且在燃烧过程中也可能通过从头合成而形成。据报道,在海洋环境中可以生物形成低溴化程度二噁英,包括三溴－BDD 和四溴－BDD。最近有提议将 PBDD/F 和多溴联苯纳入类二噁英化合物的毒性当量因子概念中(van den Berg et al.,2013)。

10.5.3 遗留杀虫剂

同类遗留杀虫剂包括毒杀芬、氯丹和 DDT(二氯二苯三氯乙烷)。这些物质的制造和使用早已被禁止,但是这些农药或其代谢物在环境中仍然持续存在。毒杀

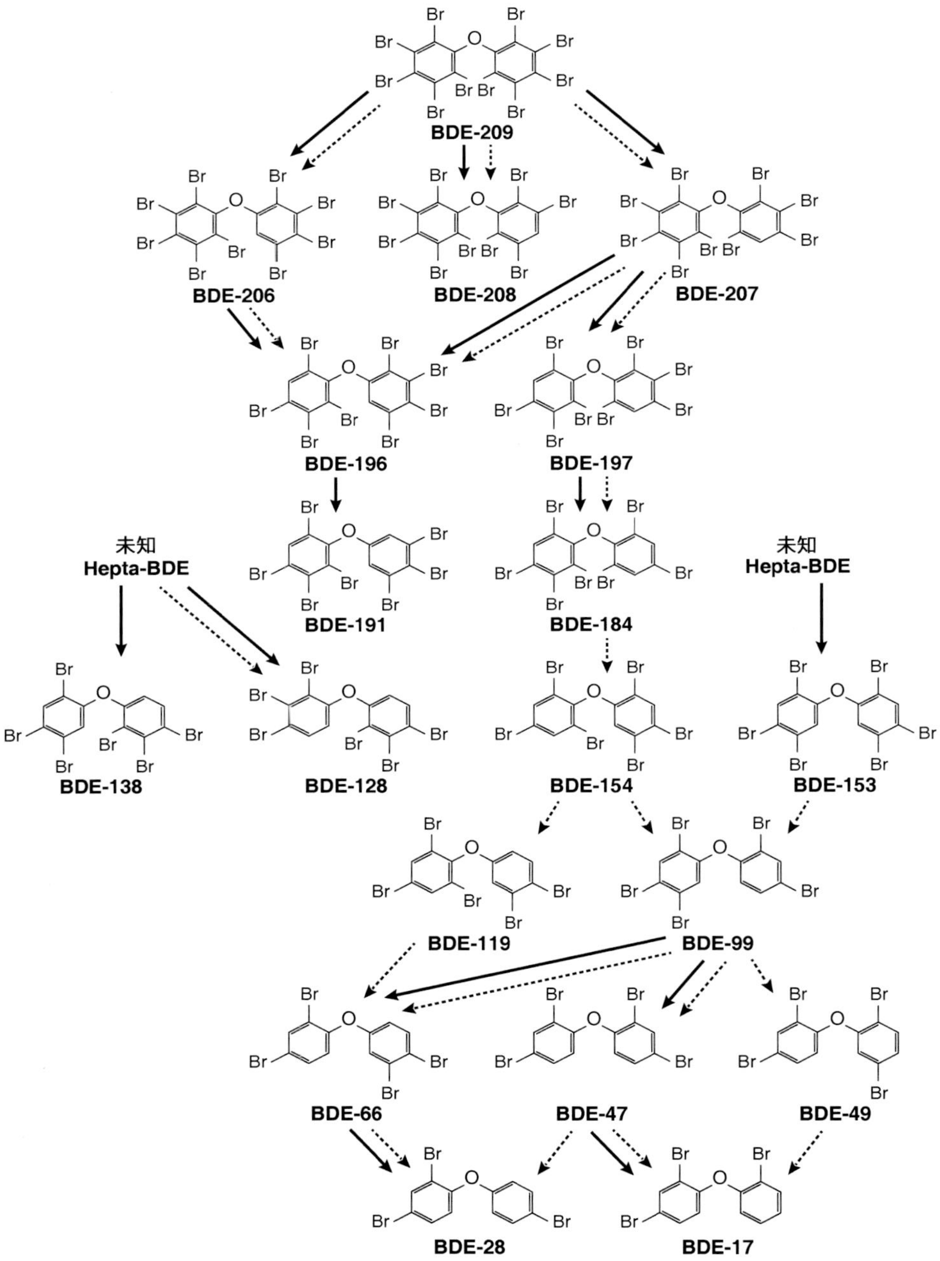

图 10.18 沉积物微宇宙(实心箭头)和仿生实验(虚线箭头)中多溴二苯醚的主要脱溴途径。改编自 Tokarz, III, J. A., Ahn, M-Y., Leng, J., Filley, T. R., Nies, L. 2008. Reductive debromination of polybrominated diphenyl ethers in anaerobic sediment and a biomimetic system. Environmental Science & Technology 42(4): 1157。版权 2008 归美国化学会所有

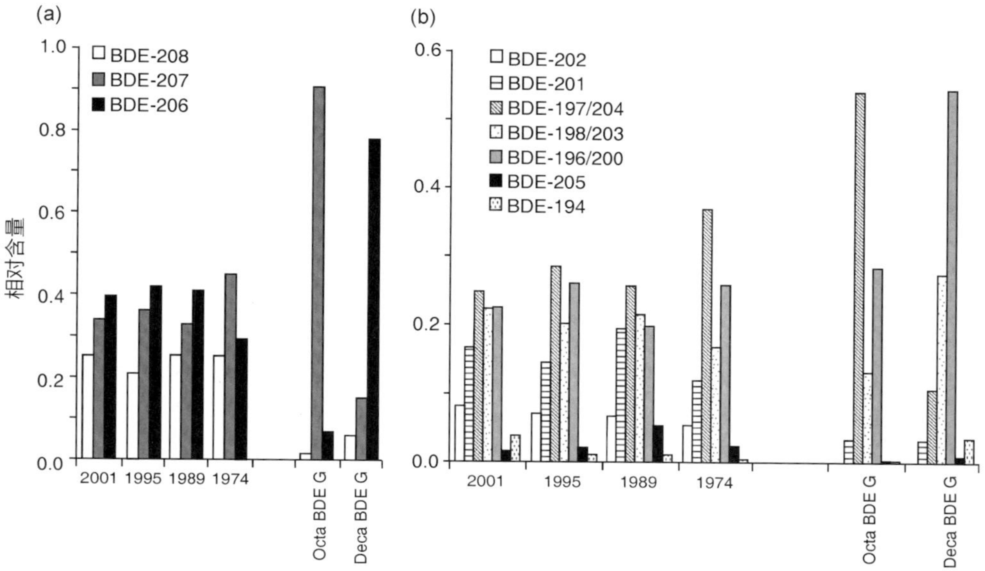

图 10.19 1974~2001 年间格里芬湖沉积物中九溴联苯醚同类物(a)和八溴联苯醚同类物(b)与技术配方中八溴联苯醚和十溴联苯醚的模式比较。改编自 Kohler 等,2008,版权为美国化学学会所有

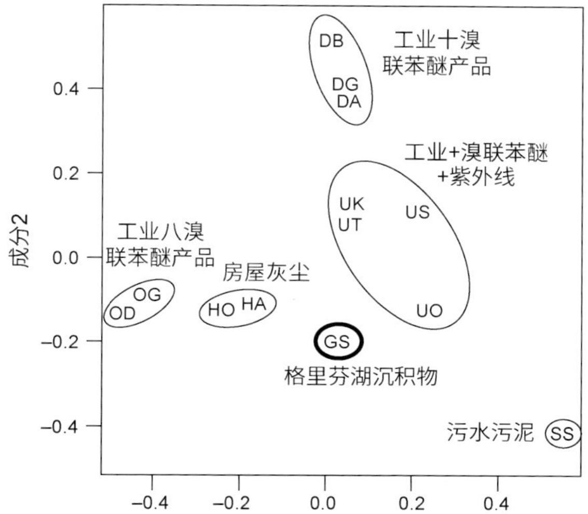

图 10.20 2001 年格里芬湖沉积物中八溴联苯醚同类物的 PCA 分析。格里芬湖沉积物(GS);污水污泥(SS);房屋灰尘(HO);从飞机上收集的灰尘(HA);工业十溴联苯醚(DA,DB 和 DG)和八溴联苯醚(OG 和 OD);经紫外线处理的十溴联苯醚(UK,US,UO 和 UT)。改编自 Kohler 等,2008,版权归美国化学学会所有

芬是一种氯代莰烯混合物的商标名，作为一种广谱杀虫剂，在1945年中期由赫拉克勒斯化学公司生产(de Geus et al.,1999;Braekevelt et al.,2001)。直到1982年被美国环境保护局禁用前，毒杀芬被广泛应用于包括棉花、大豆和花生等在内的各种农作物，它还被用作一种杀鱼剂，用于清除湖泊中多余的鱼类(de Geus et al.,1999;Braekevelt et al.,2001)。虽然毒杀芬在20世纪80年代早期被禁止，但在1986年之前，美国一直允许使用其现有库存(Howdeshell and Hites,1996)。

工业毒杀芬是由莰烯氯化制得的，理论上是由数万种多氯同类物(莰烷、菠烯、菠二烯、莰烯和异莰烯)组成的混合物(图10.21;de Geus et al.,1999;Vetter and Oehme,2000)。六氯至无氯化莰烷是毒杀芬中的主要同类物，而氯化莰烯和菠烯的含量较低(Braekevelt et al.,2001)。工业毒杀芬的主要单体成分已被鉴定为同类物B8-806、B8-809(又称毒物A)和B7-515(又称毒物B)(Ruppe et al.,2003及其中的参考文献)。表10.S-2展示了常用毒杀芬同类物列表(http://booksite.elsevier.com/9780124046962/)，以及它们的IUPAC命名和文献中的其他常用名。

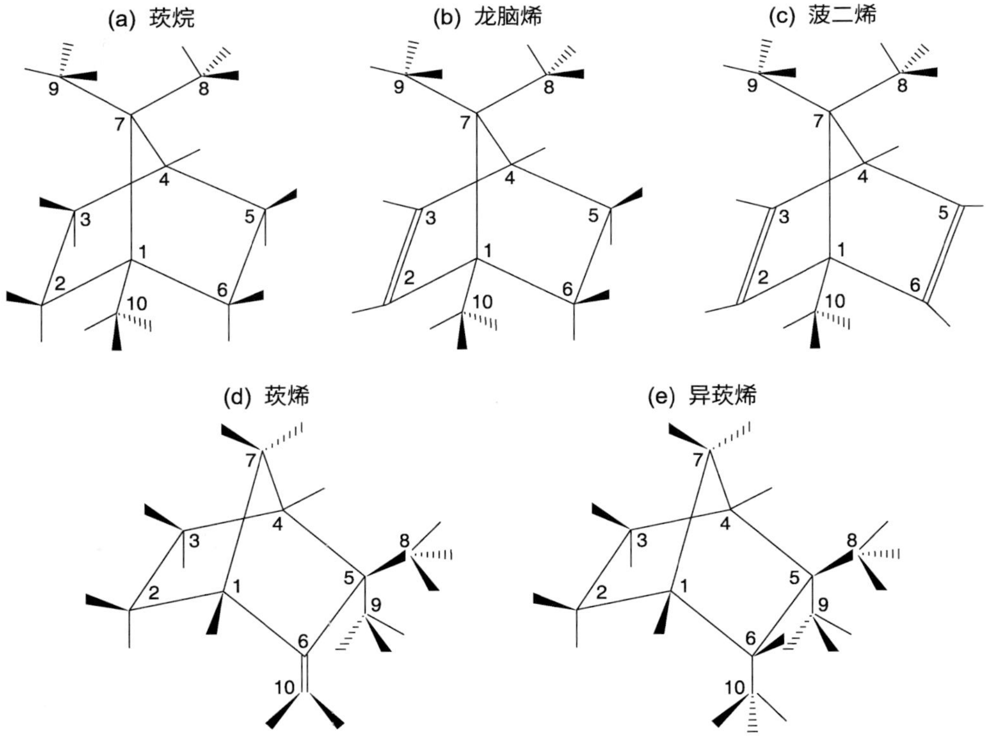

图10.21 莰烷(a)、菠烯(b)、菠二烯(c)、莰烯(d)和异莰烯(e)的碳骨架。改编自de Geus等,1999

尽管在环境损害司法鉴定调查中应用了毒杀芬-同类物分析，但由于工业毒杀芬混合物复杂且个体同类物数量多，且缺乏单一同类物标准品，毒杀芬的分析仍然充满挑战性。气相色谱仪需要与多种检测器联用，包括电子捕获检测器（ECD）、电子轰击电离质谱和单离子检测（SIM），其中更常见的是 GC－MS－SI 与电子捕获负电离联用（Vetter and Oehme，2000；Braekevelt et al.，2001；US EPA，2012b）。在使用毒杀芬同类物标准品之前，通常基于工业毒杀芬混合物进行定量（Braekevelt et al.，2001）。基于不同的同类物数量或工业毒杀芬组成的标准品开展的毒杀芬定量是影响不同研究中毒杀芬浓度可比性的一个问题（Vetter and Oehme，2000）。根据 Braekevelt 等（2001）的研究，含有 25 个单一同类物的毒杀芬标准品只能描述环境样品中有响应的总毒杀芬的35%～75%，说明这 25 个标准品不足以描述基质中毒杀芬的组成。与同类物标准品相比，使用工业毒杀芬的加权响应因子会高估六氯二苯醚和七氯二苯醚的水平，而低估二氯二苯醚和非六氯二苯醚的水平（Braekevelt et al.，2001）。

作为一种持久性有机污染物，毒杀芬很容易在环境中被检测到，目前已在空气、经处理和未经处理的湖泊沉积物以及生物中均有检出（Howdeshell and Hites，1996；Braekevelt et al.，2001；Rose et al.，2001）。生物中检测到的毒杀芬含量比沉积物中要高出几个数量级。不同环境介质间的同类物分布也有所不同（Braekevelt et al.，2001）。毒杀芬一旦进入到沉积物中，就容易在无氧环境下脱氯至低氯类似物，因此其同类物剖面和原工业毒杀芬有很大差别（Maruya et al.，2000；Rose et al.，2001）。尽管同类物 B8－806、B8－809 和 B7－515 已被确定为工业毒杀芬的主要化合物（Ruppe et al.，2003 及其参考文献），但据报道，沉积物中主要包括 B6－923、B7－1001 及其他五氯和六氯毒杀芬化合物（Maruya et al.，2000；Ruppe et al.，2003；Braekevelt et al.，2001）。图 10.22 比较了两个年代沉积物样品中毒杀芬与工业毒杀芬的同系物分布（Rose et al.，2001）。

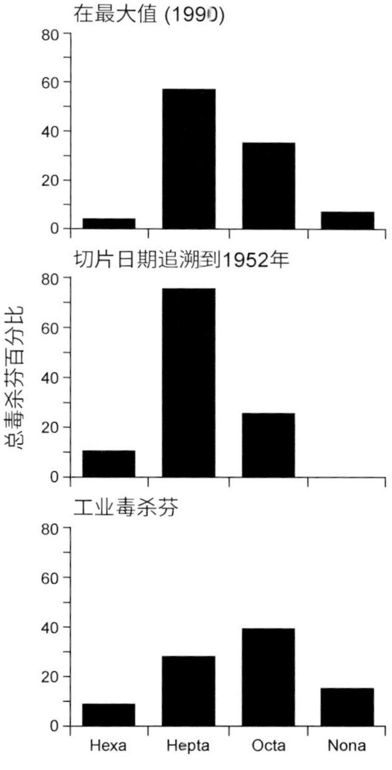

图 10.22　Lochnagar 年代沉积物岩心样品中的毒杀芬同系物剖面与 Hercules 毒杀芬样品的比较。改编自 Rose 等，2001 年，版权归美国化学学会所有

10.6　同系物环境损害司法鉴定研究的分析工具

10.6.1　二维气相色谱-飞行时间质谱(GCXGC－TOFMS)

全二维气相色谱(GCXGC)是环境化学中一种新兴分析技术。该方法利用两根色谱柱串联来分离单个分析物。与传统的一维分离相比,GCXGC 具有更大的峰容量能力(即给定时间内可以分辨的峰数量),能更大程度地分离共洗脱化合物,这使得该技术在司法鉴定调查中具有广阔的应用前景。GCXGC 的工作原理如图 10.23 所示。简言之,样品提取物通过两根不同的色谱柱进行分离,这些色谱柱通常具有不同的长度和不同的亲和力(如一根保留非极性化合物,另一根保留极性化合物)。两根色谱柱通过调制器连接,调制器从第一根色谱柱收集分

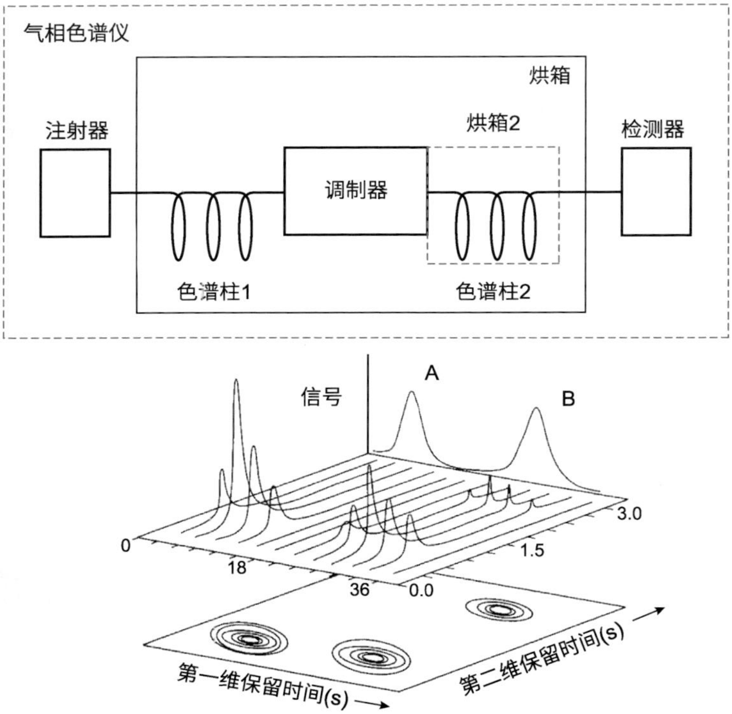

图 10.23　GCXGC 数据生成示意图:后平面上显示经第一根色谱柱分离的结果,调制器将第一根色谱柱洗脱的馏分注入第二根色谱柱。峰 A 仅包含一个组分,而峰 B 包含仅在第二根色谱柱中分离的两个组分。改编自 Murray,2012 年,经 Elsevier 许可。经 Gaines 等许可转载,1999 年,版权归美国化学学会所有

离出的化合物,然后周期性将它们重新注入第二根色谱柱。与采用“中心切割”的二维气相色谱只有一部分峰被注入第二根色谱柱有所不同,GCXGC 的第一根色谱柱上洗脱的每个峰通常以两到三次脉冲注入第二根色谱柱,从第一根色谱柱洗脱的所有化合物都被注入第二根色谱柱。

多种检测器已与 GCXGC 联合使用,包括火焰离子检测器、ECD、飞行时间质谱仪(TOFMS)、四重质谱和 HRMS(Gaines et al.,1999;Patterson et al.,2011,如 Seeley and Seeley,2013 中引用)。由于调制器的聚焦效应(即周期性收集和重新

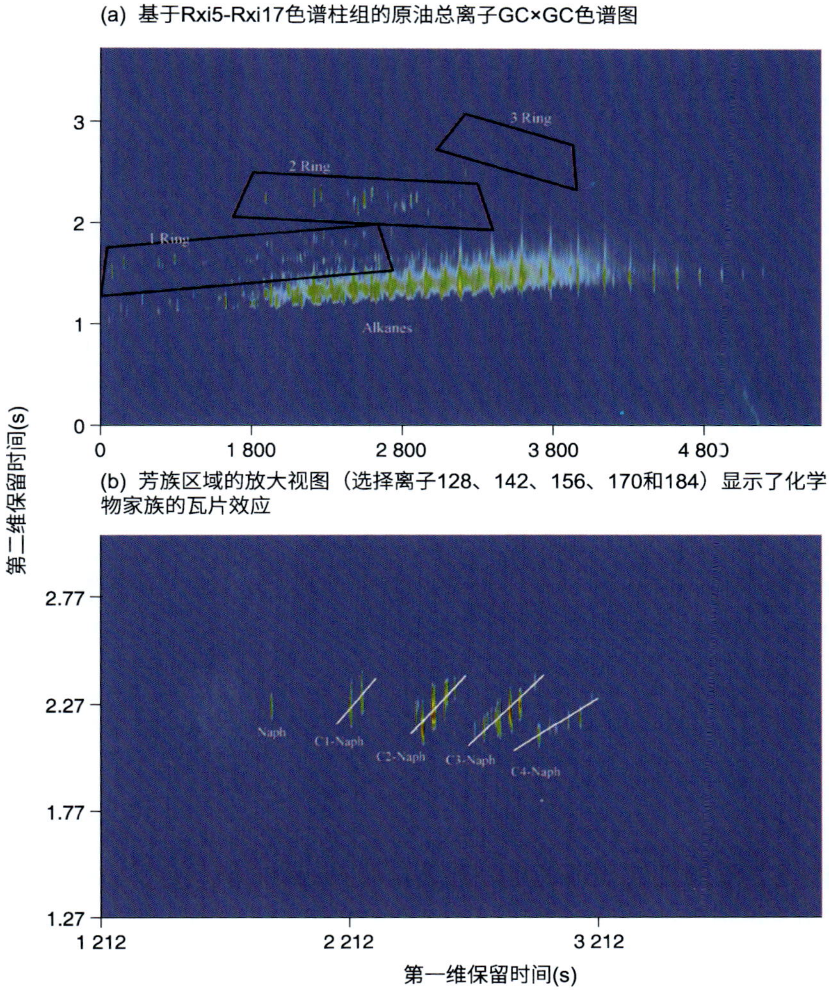

图 10.24 总离子 GCXGC 色谱显示原油中的烷烃从一环、二环和三环芳烃中分离(a);选择离子色谱显示二环芳烃:萘(Naph)、Cx-Naph(带有 x 个碳的烷基取代基的萘)(b)经过 Elsevier 的许可,改编自 Murray,2012 年

注入分析物)以及第二根色谱柱通常较短,因此需要快速检测器(例如TOFMS)来“捕获”窄峰。与GC-MS相似,所得的色谱图可以视为二维平面中的总离子色谱图或提取的离子色谱图,也可以看作是三维的。二维色谱图是高度有序的,具有相关结构的化合物归为一组(如图10.24所示)。

到目前为止,已经开发了多种面向同类物的GCXGC方法。Patterson等(2011)使用GCXGC-HRMS分析人血清和血迹中的PCB同类物,得到的检测限比使用HRGC/HRMS降低一半以上。使用GCXGC-TOFMS进行筛选分析,以确定哪些样品需要使用更昂贵的GC-HRMS来分析17种有毒的PCDD/Fs和4种dl-PCBs,结果发现,其浓度与GC-HRMS测定的浓度相似,但略高于GC-HRMS的测定浓度(de Vos et al.,2011)。GCXGC已与其他检测器联用,用于从两个非常相似的船用柴油样品中识别海洋石油泄漏的主要来源(Gaines et al.,1999),在纵火调查中识别一种烃类促进剂的类型(Taylor et al.,2012),以及建立风化溢油年代的预测模型(Zorsetti and Harynuk,2011)。

McGregor等(2011、2012)发表了一系列更全面的研究,重点关注GCXGC在环境取证中的应用。GCXGC-TOFMS被用于鉴定煤焦油成分以及分离不同工艺类型的致密非水相液体,包括从垂直和水平干馏釜、碳化水煤气焦油、低温水平干馏釜、焦炉和杂酚油得到的焦油。超过3 000种化合物被分离,其中1 000种是通过分析仪器的相关软件尝试鉴定的(McGregor et al.,2012)。对156种化合物分类的归一化和转化峰面积进行多元统计分析(PCA)发现,垂直干馏釜焦油、低温水平干馏釜焦油、水平干馏釜焦油、焦炉焦油和汽化水煤气(CWG)以及杂酚油具有不同的过程分类。有趣的是,CWG和杂酚油样本紧密地聚集在一起,这可以解释为使用CWG焦油进行杂酚油蒸馏或者杂酚油的脂肪族含量与CWG焦油含量相似。然而,在PCA分析中,16种主要污染物多环芳烃和烷基多环芳烃未能实现过程分离(McGregor et al.,2012;http://booksite.elsevier.com/9780124046962/)。

10.7 总　　结

当依赖多种工具时,环境损害司法鉴定调查最为有效。化学指纹分析是一种常见的用于识别(或消除)同类物家族中潜在污染物来源的工具,如多氯联苯、多氯代二苯并对二噁英和多环芳烃。但是必须有一个当前的或历史性的合理来源,以及从来源到受体的合理迁移途径,才能推断指纹的来源。

化学指纹分析特别适合于同时出现的有机化合物家族,因为这些类别包含许多单独的化合物,这些化合物共同构成一个组合模式,也被称为“剖面”“特征”或

“指纹”，也因为单一剖面的相对浓度和/或比例可以用作原始来源检材的标记。然而，由于有机化合物可以通过化学风化和生物降解在环境中发生转化，部分原始模式可能被改变。另一个复杂因素是多种来源常常混合在一起而掩盖了单一的指纹。

解释化学来源指纹时必须考虑环境中的风化过程。例如从土壤、沉积物或室内灰尘等环境介质中采集的样品的化学指纹通常代表数十年来可能输入的PCDD/Fs，这些PCDD/Fs在原始来源的迁移过程中以及沉积和/或与其他来源的混合后都发生了化学转化。

在某些情况下，可将风化的混合剖面（如土壤、沉积物、室内灰尘）与已公开的工业材料剖面或从另一个位置采集的未风化排放样品进行比较。如果一个已知的工业来源是主要来源，并且该来源的排放概况是完全确定的、随时间推移是稳定的、与周围背景有区别，且从来源到受体的过程中不会发生明显转变，那么它在来源识别方面可能非常有用。例如，Peek等（2002）发现，纸浆厂烟囱排放的PCDD/F剖面明显与邻近森林山坡上的土壤相匹配。但是，该剖面与附近居民区的土壤不匹配，居民区的土壤应该还受到其他更直接来源如燃烧桶以及该地区的背景土壤的影响。作者得出的结论是，森林仅受一个来源的影响，并且它的来源剖面与其他来源明显不同（即OCDD极低），因此可以建立合理的联系。

分析数据必须可靠。化学指纹分析方法，无论是基于特定样品的剖面比较、“诊断系数”分析，还是多变量统计分析，都依赖于高质量的分析化学数据，因此容易受到数据质量问题的影响。来自不同实验室或采用不同方法得到的同一种化合物的分析数据，可能会在比较中引入不确定性。数据中“未检测到”的频率以及如何处理低于方法检测限的结果对数据分析至关重要，并可能使化学指纹结果产生偏差，尤其是当化合物（例如PCDD/Fs）以极低的浓度出现时。另一个分析问题是“共洗脱”（即当非目标分析物与目标化合物同时在气相色谱柱中洗脱并因此被整体分析时），尤其是在使用较早的实验室数据时，可能导致对分析物的错误识别或不准确量化。在高分辨技术普遍应用前，某些PCDD/F同类物的共洗脱在20世纪80年代的分析中很常见。共洗脱问题使人们越来越依赖于更严格的分析方法如HRGC。

化学指纹分析方法很多，包括单一样品的简单剖面比较到复杂的多元分析。当剖面明显不同时，单一的剖面比较就会非常有用。然而，人眼很难识别出10个CDD/CDF同系物柱状图中的细微差别，或举个极端的例子，在气相色谱图中找到80个半挥发性化合物的峰。多元统计分析如聚类分析和PCA，常常被用来缩减和简化一组复杂的变量。尽管其数学原理非常复杂，这些被广泛使用且被接受的技术是经得起科学推敲的。

（马栋，张颖）

参考文献

Abramowicz, D.A., Brown Jr., J.F., Harkness, M.R., O'Donnell, M.K., 1995. In situ anaerobic PCB dechlorination and aerobic PCB biodegradation in Hudson River sediments. In: Hickey, R. F. (Ed.), The implementation of Biotechnology in Industrial Waste Treatment and Bioremediation. Lewis Publishers, Boca Raton, FL, pp. 57 – 92.

Atkinson, R., 1996. Atmospheric chemistry of PCBs, PCDDs and PCDFs. In: Hester, R. E., Harrison, R.M. (Eds.), Chlorinated Organic Micropollutants. The Royal Society of Chemistry, London, pp. 53 – 72.

Ballschmiter, K., Zell, M., 1980. Analysis of polychlorinated biphenyls (PCB) by glass capillary gas chromatography: Composition of technical Aroclor- and clophen-PCB mixtures. Fresnius Journal of Analytical Chemistry 302 (1), 20 – 31.

Batterman, S. A., Chernyak, S., Jia, C., Godwin, C., Charles, S., 2009. Concentrations and emissions of polybrominated diphenyl ethers from US houses and garages. Environmental Science & Technology 43 (8), 2693 – 2700.

Bedard, D. L., Quensen III, J. F., 1995. Microbial reductive dechlorination of Polychlorinated biphenyls. In: Young, L.Y., Cernigia, C.E. (Eds.), Microbial Transformation and Degradation of Toxic Organic Chemicals. Wiley-Liss, John Wiley and Sons, Inc., New York, NY, pp. 127 –216.

Beliveau, A. F., 2001. PCB analyses needs for risk evaluations. In: Robertson, L., Hansen, L. (Eds.), PCBs: Recent Advances in Environmental Toxicology and Health Effects. The University Press of Kentucky, Lexington, KY, pp. 423 – 429.

Benskin, J.P., Yeung, L.W.Y., Yamashita, N., Taniyasu, S., Lam, P.K.S., Martin, J.W., 2010. Perfluorinated acid isomer profiling in water and quantitative assessment of manufacturing source. Environmental Science & Technology 44 (23), 9049 – 9054.

Benton, L., Shields, W.J., Edwards, M.R., 2007. Commentary on O'Connor and Sabrsula (2005): Background dioxins in house dusts. Environmental Forensics 6 (3), 283 – 287.

Berry, R.M., Luthe, C.E., Voss, R.H., 1993. Ubiquitous nature of dioxins: A comparison of the dioxins content of common everyday materials with that of pulps and papers. Environmental Science & Technology 27 (6), 1164 – 1168.

Birnbaum, L.S., Staskal, D.F., 2003. Brominated flame retardants: cause for concern? Environmental Health Perspectives 112 (1), 9 – 17. http://dx.doi.org/10.1289/ehp.6559.

Blume, L.F., Boyajian, A., Camilli, G., 1951. Transformer Engineering: A Treatise on the Theory, Operation, and Application of Transformers. John Wiley & Sons, New York, NY.

Boehm, P. D., 2006. Polycyclic aromatic hydrocarbons (PAHs). In: Morrison, R., Murphy, B. (Eds.), Environmental Forensics, Contaminant Specific Guide. Academic Press, San Diego, CA, pp. 313 – 337.

Boehm, P.D., Farrington, J.W., 1984. Aspects of the polycyclic aromatic hydrocarbon geochemistry of recent sediments in the Georges Bank Region. Environmental Science & Technology 18 (11), 840 – 845.

Bonn, B. A., 1998. Dioxins and furans in bed sediment and fish tissue of the Willamette Basin, Oregon, 1992 – 95. Water Resources Investigation Report 97 – 4082 – D. US Geological Survey. National Water Quality Assessment Program, Portland, OR.

Braekevelt, E., Tomy, G.T., Stern, G.A., 2001. Comparison of an individual congener standard and a technical mixture for the quantification of toxaphene in environmental matrices by HRGC/ECNI-HRMS. Environmental Science & Technology 35 (17), 3513 – 3518.

Brown, J.F., Bedard, D.L., Brennan, M.J., Carnahan, J.C., Feng, H., Wagner, R.E., 1987a. Polychlorinated biphenyls dechlorination in aquatic sediments. Science 236 (4082), 709 – 712.

Brown, J.F., Wagner, R.E., Feng, H., Bedard, D.L., Brennan, M.J., Carnahan, J.C., May, R. J., 1987b. Environmental dechlorination of PCBs. Environmental Toxicology and Chemistry 6 (8), 579 – 593.

Brown, J.F., Wagner, R.E., 1990. PCB movement, dechlorination, and detoxication in the Auschnet estuary. Environmental Toxicology and Chemistry 9 (10), 1215 – 1233.

Buck, R.C., Franlin, J., Berger, U., Conder, J.M., Cousins, I.T., de Voogt, P., Jensen, A.A., Kanna, K., Mabury, S.A., van Leeuwen, S.P.J., 2011. Perfluoroalkyl and polyfluoroalkyl substances in the environment: Terminology, classification, and origins. Integrated Environmental Assessment and Management 7 (4), 513 – 541.

Buckland, S. J., Ellis, H. K., Salter, R. T., 1999. Organochlorines in New Zealand: Ambient concentrations of selected organochlorines in air. Ministry of the Environment, Organochlorines Programme, Wellington, New Zealand.

Budzinski, H., Jones, I., Bellocq, L., Pierard, C., Garrigues, P., 1997. Evaluation of sediment contamination by polycyclic aromatic hydrocarbons in the Gironde Estuary. Marine Chemistry 58 (1 – 2), 85 – 97.

Busch, J., Ahrens, L., Sturm, R., Ebinghaus, R., 2010. Polyfluoroalkyl compounds in landfill leachates. Environmental Pollution 158 (5), 1467 – 1471.

CDC, 2013. Fourth National Report on Human Exposure to Environmental Chemicals Updated Tables, September 2013. US Department of Health and Human Services, Centers for Disease Control and Prevention, Atlanta, GA.

Chan, W.R., Shields, W.J., 2007. Deposition of dioxin in attics from backyard burning. Organohalogen Compounds 69, 722 – 725.

Chao, M.-R., Hu, C.-W., Chen, Y.-L., Chang-Chien, G.-P., Lee, W.-J., Change, L.W., Lee, W.-S., Wu, K.-Y., 2004. Approaching gas-particle partitioning equilibrium of atmospheric PCDD/Fs with increasing distance from an incinerator: measurements and observations on modeling. Atmospheric Environment 38 (10), 1501 – 1510.

Chen, D., Martin, P., Burgess, N.M., Champoux, L., Elliott, J.E., Forsyth, D.J., Idrissi, A., Letcher, R.J., 2013. European starlings (*Sturnus vulgaris*) suggest that landfills are an important source of bioaccumulative flame retardants to Canadian terrestrial ecosystems. Environmental Science & Technology 47, 12238 – 12247.

Covaci, A., Harrad, S., Abdallah, M.A.-E., Ali, N., Law, R.J., Herzke, D., de Wit, C.A., 2011. Novel brominated flame retardants: A review of their analysis, environmental fate and behavior. Environment International 37, 532 – 556.

de Geus, H.-J., Besselink, H., Bouwer, A., Klungsoyr, J., McHugh, B., Nixon, E., Rimkus, G. G., Wester, P.G., de Boer, J., 1999. Environmental occurrence, analysis, and toxicology of toxaphene compounds. Environmental Health Perspectives 107 (Suppl. 1), 115 – 144.

de Vos, J., Dixon, R., Vermeulen, G., Gorst-Allman, P., Cochran, J., Rohwer, E., Focant, J.-F., 2011. Comprehensive two-dimensional gas chromatography time of flight mass spectrometry (GC × GC-TOFMS) for environmental forensic investigations in developing countries. Chemosphere 82 (9), 1230 – 1239.

Deziel, N.C., Nuckols, J.R., Colt, J.S., De Roos, A.J., Pronk, A., Gourley, C., Severson, R.K., Cozen, W., Cerhan, J.R., Hartge, P., Ward, M.W., 2012. Determinants of polychlorinated dibenzo-*p*-dioxins and polychlorinated dibenzofurans in house dust samples from four areas of the United States. Science of the Total Environment 433, 516 – 522.

Dodder, N.G., Maruya, K.A., Lauenstein, G.G., Ramirez, J., Ritter, K.J., Schiff, K.C., 2012. Distribution and sources of poly-brominated diphenyl ethers in the Southern California Bight. Environmental Toxicology and Chemistry 31 (10), 2239 – 2245.

Ecology, 2011. Urban Seattle area soil dioxin and PAH concentrations initial summary report. Washington State Department of Ecology. Pub. No. 11 – 09 – 049.

EFSA, 2012. Update of the monitoring of levels of dioxins and PCBs in food and feed. European Food Safety Authority Journal 10 (7), 2832.

Eitzer, B. D., Hites, R. A., 1988. Vapor pressures of chlorinated dioxins and dibenzofurans. Environmental Science & Technology 22 (11), 1362 – 1364.

Eitzer, B.D., Hites, R.A., 1989. Dioxins and furans in the ambient environment: A baseline study. Chemosphere 18 (1 – 6), 593 – 598.

Erickson, M.D., 1997. Analytical Chemistry of PCBs, second ed. CRC Press LLC, Lewis Publishers, Boca Raton, FL, p. 667.

Fiedler, H., 1999. Compilation of EU dioxin exposure and health data, Task 2 – environmental levels. Report produced for European Commission DG Environment UK Department of the Environment, Transport and the Regions (DETR). Available at http://ec.europa.eu/environment/archives/dioxin/pdf/task2.pdf.

Frame, G.M., Cochran, J.W., Boewadt, S.S., 1996. Complete PCB congener distributions for 17 Aroclor mixtures determined by 3 HRGS systems optimized for comprehensive, quantitative, congener-specific analysis. Journal of High Resolution Chromatography 19 (12), 657 – 668.

Gaines, R. B., Frysinger, G. S., Hendrick-Smith, M. S., Stuart, J. D., 1999. Oil spill source identification by comprehensive two-dimensional gas chromatography. Environmental Science & Technology 33 (12), 2106 – 2112.

Gibbs, J.B., 1950. Transformer Principals and Practice. McGraw-Hill Book Co., New York, NY.

Giesy, J. P., Kannan, K., 2002. Perfluorochemical surfactants in the environment: these bioaccumulative compounds occur globally, warranting further study. Environmental Science & Technology 36 (7), 147A – 152A.

Gullett, B.K., Lemieux, P.M., Lutes, C.C., Winterrowd, C.K., Winters, D.L., 2001. Emissions of PCDD/F from uncontrolled, domestic waste burning. Chemosphere 43 (4 – 7), 721 – 725.

Gullett, B. K., Touati, A., 2003. PCDD/F emissions from forest fire simulations. Atmospheric Environment 37, 803 - 813.

Hagenmaier, H., Dawidowsky, N., Weberruss, U., Hutzinger, O., Schwind, K.H., Thoma, H., Essers, U., Buhler, U., Greiner, R., 1990. Emission of polyhalogenated dibenzodioxins and dibenzofurans from combustion — engines. Organohalogen Compounds 12, 329 - 334.

Hansen, D., 1997. Examination of the transfer of dust contaminated with polychlorodibenzo-*p*-dioxins and poly-chlorodibenzofurans from the loft into the apartments below. Otto- Graf- Journal 7, 53 - 68.

Horstmann, M., McLachlan, M.S., 1998. Atmospheric deposition of semivolatile organic compounds to two forest canopies. Atmospheric Environment 32 (10), 1799 - 1809.

Howdeshell, M.J., Hites, R.A., 1996. Historical input and degradation of toxaphene in Lake Ontario sediment. Environmental Science & Technology 30 (1), 220 - 224.

Johnson, G.W., Ehrlich, R., 2002. State of the art report on multivariate chemometric methods in environmental forensics. Environmental Forensics 3 (1), 59 - 79.

Johnson, G. W., Quensen III, J. F., Chiarenzelli, J. R., Hamilton, M. C., 2006. Polychlorinated biphenyls. In: Morrison, R., Murphy, B. (Eds.), Environmental Forensics, Contaminant Specific Guide. Academic Press, San Diego, CA, pp. 187 - 226.

Kaupp, H., McLachlan, M. S., 1999. Gas/particle partitioning of PCDD/Fs, PCBs, PCNs, and PAHs. Chemosphere 38 (14), 3411 - 3421.

Kohler, M., Zennegg, M., Bogdal, C., Berecke, A. C., Schmid, P., Heeb, N. V., Sturm, M., Vonmont, H., Kohler, H.-P. E., Giger, W., 2008. Temporal trends, congener patterns, and sources of octa-, nona-, and decabromodiphenyl ethers (PBDE) and hexabromocyclododecanes (HBCD) in Swiss lake sediments. Environmental Science & Technology 42 (17), 6378 - 6384.

La Guardia, M. J., Hale, R. C., Harvey, E., 2006. Detailed polybrominated diphenyl ether (PBDE) congener composition of the widely used penta-, octa-, and deca-PBDE technical flame-retardant mixtures. Environmental Science & Technology 40 (20), 6247 - 6254.

Lake, J. L., Pruell, R. J., Osterman, F. A., 1991. Dechlorination of polychlorinated biphenyls in sediments of New Bedford Harbor. In: Baker, R.A. (Ed.), Organic Substances and Sediments in Water. Lewis Publishers Inc., Chelsea, MI, pp. 173 - 197.

Lake, J.L., Pruell, R.J., Osterman, F.A., 1992. An examination of dechlorination processes and pathways in New Bedford Harbor sediments. Marine Environmental Research 33 (1), 31 - 47.

Lee, R.G.M., Jones, K.C., 1999. Gas-particle partitioning of atmospheric PCDD/Fs: Measurements and observations on modeling. Environmental Science & Technology 33 (20), 3596 - 3604.

Lima, A. C., Farrington, J. W., Reddy, C. M., 2005. Combustion-derived polycyclic aromatic hydrocarbons in the environment — a review. Environmental Forensics 6 (2), 109 - 131.

Lindstrom, A.B., Strynar, M.J., Libelo, E.L., 2011. Polyfluorinated compounds: Past, present, and future. Environmental Science & Technology 45 (19), 7954 - 7961.

Lohmann, R., Harner, T., Thomas, G.O., Jones, K.C., 2000. A comparative study of the gas-particle partitioning of PCDD/Fs, PCBs, and PAHs. Environmental Science & Technology 34 (23), 4943 - 4951.

Lohmann, R., Jones, K.C., 1998. Dioxins and furans in air and deposition: A review of levels, behaviour and processes. Science of the Total Environment 219 (1), 53-81.

Lorber, M., Pinsky, P., Gehring, P., Braverman, C., Winters, D., Sovocool, W., 1998. Relationships between dioxins in soil, air, ash, and emissions from a municipal solid waste incinerator emitting large amounts of dioxins. Chemosphere 37 (9-12), 2173-2197.

Mandalakis, M., Tsapakis, M., Tsoga, A., Stephanou, E/G, 2002. Gas-particle concentrations and distribution of aliphatic hydrocarbons, PAHs, PCBs and PCDD/Fs in the atmosphere of Athens (Greece). Atmospheric Environment 36 (25), 4023-4035.

Maruya, K. A., Wakeham, S. G., Vetter, W., Francendese, L., 2000. Prominent chlorobornane residues in estuarine sediments contaminated with toxaphene. Environmental Toxicology and Chemistry 19 (9), 2198-2203.

McGregor, L.A., Gauchotte-Lindsay, C., Daeid, N.N., Thomas, R., Daly, P., Kalin, R.M., 2011. Ultra resolution chemical fingerprinting of dense non-aqueous phase liquids from manufactured gas plants by reversed phase comprehensive two-dimensional gas chromatography. Journal of Chromatography A 1218, 4755-4763.

McGregor, L.A., Gauchotte-Lindsay, C., Daeid, N.N., Thomas, R., Kalin, R.M., 2012. Multivariate statistical methods for the environmental forensic classification of coal tars from former manufactured gas plants. Environmental Science & Technology 46 (7), 3744-3752.

Megson, D., Kalin, R., Worsfold, P.J., Gauchotte-Lindsay, C., Patterson Jr., D.G., Lohan, M.C., Comber, S., O'Sullivan, G., 2013. Fingerprinting PCBs in environmental samples using comprehensive two-dimensional gas chromatography with time-of-flight mass spectrometry. Journal of Chromatography A 1318, 276-283.

Murray, J. A., 2012. Qualitative and quantitative approaches in comprehensive two-dimensional gas chromatography. Journal of Chromatography A 1261, 58-68.

NATO/CCMS, 1988. Scientific basis for the development of the International Toxicity Equivalency Factor (I24 TEF) method of risk assessment for complex mixtures of dioxins and related compounds. Report No. 178. December 25, 1988.

North, K.D., 2004. Tracking polybrominated diphenyl ether releases in a wastewater treatment plant effluent, Palo Alto, California. Environmental Science & Technology 38 (17), 4484-4488.

Oh, J.-E., Chang, Y.-S., Kim, E.-J., Lee, D.-W., 2002. Distribution of polychlorinated dibenzo-p-dioxins and dibenzofurans (PCDD/Fs) in different sizes of airborne particles. Atmospheric Environment 36 (32), 5109-5117.

Oh, J.-E., Choi, J.-S., Chang, Y.-S., 2001. Gas/particle partitioning of polychlorinated dibenzo-*p*-dioxins and dibenzofurans in atmosphere; evaluation of predicting models. Atmospheric Environment 35 (24), 4125-4134.

Oros, D.R., Hoover, D., Rodigari, F., Crane, D., Sericano, J., 2005. Levels and distribution of polybrominated diphenyl ethers in water, surface sediments, and bivalves from the San Francisco Estuary. Environmental Science & Technology 39 (1), 33-41.

Park, J.-S., Kim, J.-G., 2002. Regional measurements of PCDD/PCDF concentrations in Korean atmosphere and comparison with gas-particle partitioning models. Chemosphere 49 (7), 755-764.

Patterson Jr., D. G., Welch, S. M., Turner, W. E., Sjodin, A., Focant, J.-F., 2011. Cryogenic zone compression for the measurement of dioxins in human serum by isotope dilution at the attogram level using modulated gas chromatography coupled to high resolution magnetic sector mass spectrometry. Journal of Chromatography A 1218 (31), 3274 - 3281.

Peek, D.C., Butcher, M.K., Shields, W.J., Yost, L.J., Maloy, J.A., 2002. Discrimination of aerial deposition sources of polychlorinated dibenzo-*p*-dioxin and polychlorinated dibenzofuran downwind from a pulp mill near Ketchikan, Alaska. Environmental Science & Technology 36 (8), 1671 - 1675.

Post, G. B., Louis, J. B., Lippincott, R. L., Procopia, N. A., 2013. Occurrence of perfluorinated compounds in raw water from New Jersey public drinking water systems. Environmental Science & Technology 47 (23), 13266 - 13275.

Rayne, S., Forest, K., Friesen, K. J., 2008. Congener-specific numbering systems for the environmentally relevant C4 through C8 perfluorinated homolog groups of alkyl sulfonates, carboxylates, telomere alcohols, olefins, and acids, and their derivatives. Journal of Environmental Science and Health Part A 43 (12), 1391 - 1401.

Richardson, S.D., 2012. Environmental mass spectrometry: Emerging contaminants and current issues. Analytical Chemistry 84 (2), 747 - 778.

Riddell, N., Arsenault, G., Benskin, J.P., Chittim, B., Martin, J.W., McAlees, A., McCrindle, R., 2009. Branched perfluorooctane sulfonate isomer quantification and characterization in blood serum samples by HPLC/ESI-MS (/MS). Environmental Science & Technology 43 (20), 7902 - 7908.

Robrock, K. R., Korytar, P., Alvarez-Cohen, L., 2008. Pathways for the anaerobic microbial debromination of poly-brominated diphenyl ethers. Environmental Science & Technology 42 (8), 2845 - 2852.

Rose, N.L., Backus, S., Karlsson, H., Muir, D.C.G., 2001. An historical record of toxaphene and its congeners in a remote lake in western Europe. Environmental Science & Technology 35 (7), 1312 - 1319.

Rosenfelder, N., Bendig, P., Vetter, W., 2011. Stable carbon isotope analysis ($\delta^{13}C$ values) of polybrominated diphenyl ethers and their UV-transformation products. Environmental Pollution 159 (10), 2706 - 2712.

Ross, B., Hoffman, H., 2010. Memorandum to D. Lynch, USGS, and R. Graham, USBR, dated January 13, 2010, regarding compilation and discussion of sediment quality values for dioxin, and their relevance to potential removal of dams on the Klamath River. US Environmental Protection Agency, Region IX, San Francisco, CA, p. 10.

Ruppe, S., Neumann, A., Vetter, W., 2003. Anaerobic transformation of compounds of technical toxaphene. I. Regiospecific reaction of chlorobornanes with geminal chlorine atoms. Environmental Toxicology and Chemistry 22 (11), 2614 - 2621.

Saba, T., Boehm, P.D., 2011a. Congener-based analysis of the weathering of PCB Aroclor 1242 in paper mill sludge. Chemosphere 82, 1321 - 1328.

Saba, T., Boehm, P.D., 2011b. Quantitative polychlorinated biphenyl (PCB) congener and homolog profile comparisons. Environmental Forensics 12 (2), 134 - 142.

Saba, T., Su, S., 2013. Tracking polychlorinated biphenyls (PCBs) congener patterns in Newark Bay surface sediment using principal component analysis (PCA) and positive matrix factorization (PMF). Journal of Hazardous Materials 260, 634 – 643.

Seeley, J.V., Seeley, S.K., 2013. Multidimensional gas chromatography: Fundamental advances and new applications. Analytical Chemistry 85 (2), 557 – 578.

Sepulvado, J. G., Blaine, A. C., Hundal, L. S., Higgins, C. P., 2011. Occurrence and fate of perfluorochemicals in soil following the land application of municipal biosolids. Environmental Science & Technology 45 (19), 8106 – 8012.

Shields, W., Ahn, S., Pietari, J., Robrock, K., Royer, L., 2014. Atmospheric fate and behavior of POPS. In: O'Sullivan, G., Sandau, C. (Eds.), Environmental Forensics for Persistent Organic Pollutants. Elsevier, Chennai, India, pp. 199 – 290.

Shields, W.J., Tondeur, Y., Benton, L., Edwards, M.R., 2006. Dioxins and furans. In: Morrison, R., Murphy, B. (Eds.), Environmental Forensics: Contaminant Specific Guide. Academic Press, San Diego, CA, p. 576.

Shoemaker, J. A., Grimmett, P. E., Boutin, B. K., 2009. Method 537. Determination of selected perfluorinated alkyl acids in drinking water by solid phase extraction and liquid chromatography/tandem mass spectrometry (LC/MS/MS). EPA/600/R – 08/092. US Environmental Protection Agency, Office of Research and Development, National Exposure Research Laboratory, Cincinnati, OH.

Taylor, C.M., Rosenhan, A.K., Raines, J.M., Rodriguez, J.M., 2012. An arson investigation by using comprehensive two-dimensional gas chromatography-quadrupole mass spectrometry. Journal of Forensic Research 3 (9), 169. http://dx. doi.org/10.4172/2157 – 7145.1000169.

Theobald, N., Caliebe, C., Gerwinski, W., Huhnerfuss, H., Lepom, P., 2011. Occurrence of perfluorinated organic acids in the North and Baltic seas. Part 1: Distribution in sea water. Environmental Science and Pollution Research 18 (7), 1057 – 1069.

Tian, M., Chen, S.-J., Wang, J., Shi, T., Luo, X.-J., Mai, B.-X., 2011. Atmospheric deposition of halogenated flame retardants at urban, e-waste, and rural locations in southern China. Environmental Science & Technology 45 (11), 4696 – 4701.

Tokarz III, J.A., Ahn, M.-Y., Leng, J., Filley, T.R., Nies, L., 2008. Reductive debromination of polybrominated diphenyl ethers in anaerobic sediment and a biomimetic system. Environmental Science & Technology 42 (4), 1157 – 1164.

UNEP, 2005. Standardized toolkit for identification and quantification of dioxin and furan releases. United Nations Environment Programme Chemicals, Geneva, p. 255.

Urban, J. D., Wikoff, D. S., Bunch, A. T. G., Harris, M. A., Haws, L. C., 2014. A review of background dioxin concentrations in urban/suburban and rural soils across the United States: Implications for site assessments and the establishment of soil cleanup levels. Science of the Total Environment 466 – 467, 586 – 597.

US EPA, 1976. PCBS in the United States Industrial Use and Environmental Distribution. Final Report. US EPA Office of Toxic Substances, Washington, DC 20460. Task I, EPA Contract No, 68 – 01 – 3259. February 25. EPA 560/6 – 76 – 005.

US EPA, 1994. Method 1613: Tetra- through octa-chlorinated dioxins and furans by isotope dilution

HRGC/HRMS. US Environmental Protection Agency, Office of Water, Engineering, and Analysis Division, Washington, D.C.

US EPA, 1995. Method 23: Determination of polychlorinated dibenzo-*p*-dioxins and polychlorinated dibenzofurans from municipal waste combustors. US Environmental Protection Agency.

US EPA, 2001. Denver Front Range study — Dioxins in surface soil. Study 1: Characterization of dioxins, furans, and PCBs in soil samples from the Denver Front Range area. US Environmental Protection Agency, Region 8, Denver, CO.

US EPA, 2002. Method 4025: Screening for polychlorinated dibenzodioxins and polychlorinated dibenzofurans (PCDD/Fs) by immunoassay. US Environmental Protection Agency, Washington, D.C.

US EPA, 2003. Exposure and human health reassessment of 2, 3, 7, 8 – tetrachlorodibenzo-*p*-dioxin (TCDD) and related compounds. NAS review draft. US Environmental Protection Agency, Office of Research and Development, Washington, D.C. Available at: www.epa.gov/ncea/dioxin.

US EPA, 2006. An inventory of sources and environmental releases of dioxin-like compounds in the United States for the years 1987, 1995, and 2000. EPA/600/P – 03/002F. US Environmental Protection Agency, Office of Research and Development, National Center for Environmental Assessment, Washington, D.C.

US EPA, 2007a. Method 8290A: Polychlorinated dibenzo-*p*-dioxins (PCDDs) and polychlorinated dibenzofurans (PCDFs) by high-resolution gas chromatography/high resolution mass spectrometry (HRGC/HRMS). SW – 846 Test Methods for Evaluating Solid Waste, Physical/Chemical Methods. US Environmental Protection Agency.

US EPA, 2007b. Method 1614: Brominated diphenyl ethers in water soil, sediment and tissue by HRGC/HRMS. EPA – 821 – R – 07 – 005. US Environmental Protection Agency, Office of Water, Office of Science and Technology, Engineering and Analysis Division, Washington, D.C.

US EPA, 2012a. Technical Fact Sheet — Polybrominated diphenyl ethers (PBDEs) and polybrominated biphenyls (PBBs). EPA 505 – F – 11 – 007. US Environmental Protection Agency, Office of Solid Waste and Emergency Response.

US EPA, 2012b. Method 8276: Toxaphene and toxaphene congeners by gas chromatography/negative ion chemical ionization mass spectrometry (GC-NICI/MS). US Environmental Protection Agency.

US EPA, 2013a. ProUCL Version 5. 0. 00 technical guide. Statistical software for environmental applications for data sets with and without nondetect observations. EPA/600/R – 07/041. US Environmental Protection Agency, Office of Research and Development, Washington, D.C.

US EPA, 2013b. DecaBDE phase-out initiative. Available at: www. epa. gov/oppt/existingchemicals/pubs/actionplans/deccadbe. html (accessed 12 August 2013). US Environmental Protection Agency.

US EPA. Method 8310: Polycyclic aromatic hydrocarbons. SW – 846 Test Methods for Evaluating Solid Waste, Physical/Chemical Methods, US Environmental Protection Agency.

van den Berg, M., Birnbaum, L., Bosveld, A.T.C., Brunstrom, B., Cook, P., Feeley, M., Giesy, J. P., Hanberg, A., Hasegawa, R., Kennedy, S.W., Kubiak, T., Larsen, J.C., van Leeuwen, F. X.R., Dijen Liem, A.K., Nolt, C., Peterson, R.E., Poellinger, L., Safe, S., Schrenk, D., Tillitt, D., Tysklind, M., Younes, M., Waern, F., Zacharewski, T., 1998. Toxic equivalency factors (TEFs) for PCBs, PCDDs, PCDFs for humans and wildlife. Environmental Health Perspective 106 (12), 775 – 792.

van den Berg, M., Birnbaum, L.S., Denison, M., De Vito, M., Farland, W., Feeley, M., Fiedler, H., Hakansson, H., Hanberg, A., Haws, L., Rose, R., Safe, S., Schrenk, D., Tohyama, C., Tritscher, A., Tuomisto, J., Tysklind, M., Walker, N., Peterson, R.E., 2006. The 2005 World Health Organization re-evaluation of human and mammalian toxic equivalency factors for dioxins and dioxin-like compounds. Toxicological Sciences 93 (2), 223 – 241.

van den Berg, M., Denison, M.S., Birnbaum, L.S., DeVito, M.J., Fiedler, H., Falandysz, J., Rose, M., Schrenk, D., Safe, S., Tohyama, C., Tritscher, A., Tysklind, M., Peterson, R. E., 2013. Polybrominated dibenzo-*p*-dioxins, dibenzofurans, and biphenyls: Inclusion in the toxicity equivalency factor concept for dioxin-like compounds. Toxicological Sciences 133 (2), 197 – 208.

Vetter, W., Oehme, M., 2000. Toxaphene. Analysis and environmental fate of congeners. In: Paasivirta, J. (Ed.), The Handbook of Environmental Chemistry. Springer-Verlag, Berlin, pp. 238 – 287.

Wang, B., Iino, F., Yu, G., Huang, J., Morita, M., 2010. The pollution status of emerging persistent organic pollutants in China. Environmental Engineering Science 27 (3), 215 – 225.

Webster, T.F., Harrad, S., Millette, J.R., Holbrook, R.D., Davis, J.M., Stapleton, H.M., Allen, J. G., McClean, M. D., Ibarra, C., Abdallah, M. A.-E., Covaci, A., 2009. Identifying transfer mechanisms and sources of decabromodiphenyl ether (BDE 209) in indoor environments using environmental forensic microscopy. Environmental Science & Technology 43 (9), 3067 – 3072.

Wei, H., Aziz-Schwanbeck, A.C., Zou, Y., Corcoran, M.B., Poghosyan, A., Li, A., Rockne, K. J., Christensen, E.R., Sturchio, N.C., 2012. Polybromodiphenyl ethers and decabromodiphenyl ethane in aquatic sediments from southern and eastern Arkansas, United States. Environmental Science & Technology 46 (15), 8017 – 8024.

Wevers, M., De Fre, R., Desmedt, M., 2004. Effect of backyard burning on dioxin deposition and air concentrations. Chemosphere 54 (9), 1351 – 1356.

WHO, 1993. Polychlorinated biphenyls and terphenyls. In: Dobson, S., van Esch, G.J. (Eds.), Environmental Health Criteria 140, second ed. World Health Organization, Geneva, p. 682.

Zareitalabad, P., Siemens, J., Hamer, M., Amelung, W., 2013. Perfluorooctanoic acid (PFOA) and perfluorooctanesulfonic acid (PFOS) in surface waters, sediments, soils and wastewater — A review on concentrations and distribution coefficients. Chemosphere 91 (6), 725 – 732.

Zhang, X., Diamond, M. L., Robson, M., Harrad, S., 2011. Sources, emissions, and fate of polybrominated diphenyl ethers and polychlorinated biphenyls indoors in Toronto, Canada. Environmental Science & Technology 45 (8), 3268 – 3274.

Zhao, Y., Sun, X., Bai, J., Zhang, C., Zhang, J., 2012. Atmospheric degradation of 2, 3, 7, 8 – tetrachlorinated dibenzo-*p*-dioxins in the presence of NO3 at night. Canadian Journal of Chemistry 91 (6), 398 – 405.

Zorsetti, B.M., Harynuk, J.J., 2011. Using GC × GC-FID profiles to estimate the age of weathered gasoline samples. Analytial and Bioanalytical Chemistry 401 (8), 2423 – 2431.

第 11 章

稳定同位素和放射性同位素在环境损害司法鉴定中的应用

R. Paul Philp

目 录

11.1 引　　言

随着环保意识的不断提高，关于各种环境介质中污染物的来源和去向的研究越来越多（Mack et al.，1981；Farran et al.，1987；Galt et al.，1991；Eganhouse et al.，1993；Oros et al.，1996；Dempster et al.，1997；Smimov et al.，1998；Wang et al.，2004a，b；Ricking et al.，2005）。目前仍有大量化学药品和产品泄漏到环境中（Aislabie et al.，2004；Alzaga et al.，2004；Ohe et al.，2004；Moore et al.，2004；Chapman and Riddle，2005；Franco et al.，2006；Hong et al.，2005；Li et al.，2005；Chen et al.，2006；Samara et al.，2006）。这种情况一直存在，例如，近年来建筑物室内和地下部分中的挥发性有机化合物的来源已成为一个重要问题（McHugh et al.，2011）。页岩气行业水力压裂作业造成污染的可能性目前是一个极具争议的话题，未来几年内仍会继续讨论这个话题。再比如，美国环境保护局（EPA）于 2011 年发布了一份关于调查怀俄明州帕维利翁附近地面板结情况的报告草案（US EPA，2011），称水力压裂是造成该地区水井污染的原因，该报告后来被撤回。美国能源部（DOE）在 2013 年 7 月（DOE，2013）发布了一份基于示踪剂研究的报告，表明水力压裂作业是安全的，和马塞卢斯页岩的水污染无关。DOE 这项研究与杜克大学研究人员先前发表的一项研究相矛盾（Osborne et al.，2011），该研究表明水井中的气体污染是压裂作业的结果。然而，他们的研究引起了很大的争议，因为计划不完善导致一开始就缺少具有代表性的样本。这显然在很长的一段时间内都是一个很有争议的话题。但是，对前面所看到的这些问题，稳定同位素在研究中可以发挥非常有用的效果。识别、量化和监测环境中污染物的来源和去向，对于更好地应对此类排放以及确定泄漏责任和清理责任而言，都是必要的关键问题。

常见的有机化合物泄漏污染特征和潜在污染源识别方法通常依赖于气相色谱（GC）和气相色谱质谱（GCMS）分析。根据泄漏污染物和可疑来源中特定化合物分子的组分分布进行关联。在原油泄漏的情况下，生物标志物被广泛使用，就像它们在石油勘探研究中一样（Wang et al.，1994；Brenner et al.，2002；Peters and Fowler，2002；Stout et al.，2004；Kuder and Philp，2008；Philp and Kuder，2008；Philp，2009）。在某些情况下，由于蒸发、光氧化、水洗和生物降解等风化过程，相对于原始样本中的分布，泄漏污染物中组分发生改变，因此 GC 和 GCMS 数据可能不明确且无法给出结论（Milner et al.，1977；Lafargue and Barker，1988；Palmer，1993；Oba and Naraoka，2008）。根据所涉化合物的性质，蒸发可能发生在泄漏后的最初几个小时内，并去除挥发性较大的成分。如果泄漏事件发生在水环境中，水洗过程去除的水溶性成分则更多，如 C_{15} 以下的碳氢化合物和一些比石蜡水溶性更强的 C_{15+} 芳香化合物（Lafargue and Barker，1988；Palmer，1993；Fuentes et al.，1996）。

同时,生物降解也会影响个别化合物的分布和占比,其速度将取决于泄漏污染物的性质及其泄漏事件发生的环境(Thornton et al.,2001;Brenner et al.,2002;Gray et al.,2002;Mancini et al.,2002;Meckenstock,2002;Schüth et al.,2003;Griebler et al.,2004;Schirmer and Butler,2004;Kuder et al.,2005;Haws et al.,2006)。最近的一次重大漏油事件是 2010 年墨西哥湾的深水地平线漏油事件。这是迄今为止美国最大的海上漏油事件,据估计,在 2010 年 7 月油井封顶之前,已有近 500 万桶石油泄漏。研究者们利用各种技术对这次漏油事件进行了广泛的研究,以确定泄漏石油的去向及其对环境的影响。《Chemical and Engineering News》最近的一篇报道提供了迄今为止所开展工作进度的翔实摘要,并对一些结果进行了简要总结(Kemsley,2013)。

泄漏污染物与其可能来源(无论是碳氢化合物还是其他化学来源)的相关性的判断,都需要对风化过程相对不敏感的鉴别参数。GC 和 GCMS 并不总是能解决这个问题。另一种方法,有时作为互补的,是使用稳定的同位素组成,通常是污染物或某一化合物的碳或氢同位素,比较释放到环境后的组成与其在释放点的可疑来源中的组成(Hartman and Hammond,1981;Macko et al.,1981;Macko and Parker,1983;Farran et al.,1987;Wassenaar and Hobson,2000;Pond et al.,2002;Fang et al.,2002;Schmidt et al.,2004;Wang et al.,2004a;Glaser et al.,2005;Gürgey et al.,2005;Horii et al.,2005;Wen et al.,2005;Blessing et al.,2008;Hunkeler et al.,2008;Kuder and Philp,2008;Philp and Kuder,2008;Philp,2009)。这些环境损害司法鉴定中所使用的稳定同位素一般为 C 和 H,但氯、氮、氧和硫同位素的使用频率越来越高(Warmerdarm et al.,1995;Sturchio et al.,1998;Beneteau et al.,1999;Reddy et al.,2000;Coffin et al.,2001;Jendrzejewski et al.,2001;Drenzek et al.,2002;Numata et al.,2002;Shouakar-Stash et al.,2003;Sakaguichi-Soder et al.,2007)。最常用的同位素 $\delta^{13}C$ 和 δD 已用于许多地球化学研究中,包括污染物/源的相关性和个别污染物的生物降解率研究(Philp et al.,2002;Pond et al.,2002;Griebler et al.,2004;Kuder et al.,2005;Zwank et al.,2005;Wilson and Adair,2007;Hunkeler,2008;Mancini et al.,2008a,2008b;Michels et al.,2008)。目前已经开发出了一种测定单个化合物的 Cl 同位素值的方法,越来越多的文献在环境研究中使用 $^{37}Cl/^{35}Cl$ 同位素(Shouakar-Stash et al.,2005;Sakaguichi-Soder et al.,2007)。$\delta^{15}N$ 同位素(Coffin et al.,2001)已用于许多环境研究中,但与 C、H 和 Cl 同位素的使用程度不同。δ15N 最新应用主要是评估爆炸残留物的来源和自然衰减;这里列举了一些关键参考文献,但本章将不再详细讨论(Fernando et al.,1990;Ehleringer et al.,2007;Ehleringer and Matheson,2010;Hofstetter et al.,2008;Bernstein et al.,2008;Amaral et al.,2009)。

据我们所知,目前还没有关于在环境损害司法鉴定中单独使用化合物的氧同位素的报道。同位素组成可以用来追踪化学物质的来源,是因为已经证明这些组成随原料来源、条件和用于合成特定化合物的途径的变化而变化。然而,需要强调的是，稳定同位素不能用于针对特定产品源解析出特定制造商。一些早期的文献可能提到了这一点（Beneteau et al.,1999），虽然这并不是这些文献的目的。实际上，原料的来源、制造工艺、属于同一公司的许多工厂在不同地点生产同一产品，以及许多其他因素使得无法根据稳定的同位素组成将特定产品与特定制造商联系起来。在大多数情况下，在环境损害司法鉴定中使用“来源”一词时，它是指释放点，而不是制造商。稳定同位素方法已成功用于许多研究中：$\delta^{13}C$ 用于 BTEX（Dempster et al.,1997），$\delta^{13}C$ 用于 MTBE（Smallwood et al.,2001），$\delta^{13}C$ 用于 PCBs（Drenzek et al.,2002；Yanik et al.,2003），$\delta^{13}C$，$\delta^{2}H$ 和 $\delta^{37}Cl$ 用于有机氯溶剂（Shouakar-Stash et al.,2003），$\delta^{13}C$ 和 $\delta^{15}N$ 用于三硝基苯（Coffin et al.,2001）。应该指出的是，虽然这种方法非常有效，但并非在每种情况下都有效。例如在两个被杂酚油污染的不同地点的多环芳烃中没有发现 $\delta^{13}C$ 的差异（Hammer et al.,1998）。原因是所有污染物的最终前体，即大气中的 CO_2，都有一个有限的数值范围。原油是大多数污染物的来源，而原油又来自光合作用所产生的有机物质，其值范围从前寒武纪的约-35/mil 至第三纪的-20/mil。最丰富的原油源岩形成于侏罗纪和白垩纪，因此这个时期是大多数产生环境污染物的化学物质的来源。白垩纪和侏罗纪原油的同位素范围约为-28/mil 至-23/mil。在生产制造过程中会有同位素分馏，但是我们可以预期，大多数未改变的污染物的 C 同位素值将在此范围内。在这种背景下，应该可以理解为什么对于来自不同释放点的同一污染物，稳定同位素不会总是不同的原因。但是，本章之后将介绍使用多种同位素在解决这方面问题极为有效。

同位素组成可以通过总泄漏污染物的整体同位素值确定，或者使用混合气相色谱-同位素比值质谱法（GCIRMS）（Hayes et al., 1990；O'Malley et al., 1994；Boreham et al., 1995；Dowling et al., 1995；O'Malley et al., 1996；Kuder and Philp,2008；Philp and Kuder,2008）以测定混合物中单个化合物的同位素组成。应当指出，整体同位素值在石油工业已经使用了几十年，并且有许多关于这些应用的研究（Fuex,1977；Stahl,1977）。整体同位素仍然非常有用，并已用于许多环境损害司法鉴定中（Kvenvolden et al.,1995；Kaplan et al.,1997），但在过去二十年中，由 GCIRMS 测定的单个化合物的碳和氢同位素值，已广泛应用于广泛的环境损害司法鉴定。多年来，只有在同位素测定之前分离出单个化合物之后才能确定单个化合物的 Cl 同位素值（Warmerdarm et al.,1995；Holt et al.,1997；Sturchio et al.,1998；Holt et al.,2001；Jendrzejewski et al.,2001；Drenzek et al.,2002；Shouakar-Stash et al.,2003）。然而，现在可以使用 GCMS 的另一种方法来常规测定许多常见的氯化地下水污染物中的 Cl 同位素比值（Shouakar-Stash et al.,2005；Sakaguichi-Soder et al.,2007），本章将在后面小节对此进行更详细的讨论。

在环境损害司法鉴定中使用同位素可分为两个主要领域：与稳定同位素有关的研究和与放射性同位素有关的研究。实际上的划分比这更为具体，因为大多数放射性同位素应用通常都涉及测年，而稳定同位素通常与源相关性或评估自然衰减的发生和程度有关。在环境损害司法鉴定中，通常用于沉积物和地下水测年的放射性同位素包括^{137}Cs、^{210}Pb 和^{3}H，本章将在下面对此进行更详细的描述，还将讨论许多涉及^{14}C 的应用。尽管还有其他放射性同位素可能会在各种地球化学勘探中应用，但本章主要涉及环境的应用。与放射性同位素相比，稳定同位素在环境研究中的应用范围要大得多，这一差异会在本章中得到反映。

本章分为几个部分，涵盖前面提到的主要领域。本章的目的是让感兴趣的读者全面了解同位素在环境损害司法鉴定中的应用，而不是对所有已发表的文献进行详尽的回顾。最近有一些文章对近年来在环境损害司法鉴定领域利用稳定同位素取得的进展进行了全面而详尽的概述（Schmidt et al.，2004；Sessions，2006；Lollar et al.，2007；Blessing et al.，2008；Philp and Kuder，2009；Elsner，2010；Elsner et al.，2012；Thullner et al.，2012）。

11.2 沉积物和地下水中污染物的放射性同位素测年

与大多数环境问题一样，沉积物或地下水中的长期污染物的处理需要或诉求基本上是由金钱和分配责任或确定责任方的需要驱动的。在许多情况下，受污染的地点以前会有很多的所有者，如果能够说明何时发生任何污染物泄漏，将使一些前所有者免除清理费用和其他责任。因此，放射性同位素在环境损害司法鉴定中的主要用途是对沉积物和地下水进行测年。但应该指出，与前面描述的其他技术不同，放射性同位素在环境损害司法鉴定中的这种特殊应用还处于起步阶段，目前可能更常用于研究中。

11.2.1 沉积物测年

虽然沉积物芯可以确定水生系统中污染物的历史输入，但需要强调的是，这些方法存在局限性。风暴等强烈天气活动或动物活动对沉积物芯的影响都可能干扰测年的准确性或需要对测年结果进行调整解释。用于沉积物测年的两种主要同位素是^{137}Cs 和^{210}Pb。^{137}Cs 来自大气核武器试验，当从大气中去除时，它们会进入沉积物中。沉积后，它通过吸附在细黏土颗粒和有机材料而结合到沉积物中，结合后是不可交换的（Tamura and Jacobs，1960；Lieser and Steinkopff，1989）。对沉积物中的^{137}Cs 的第一次观测可追溯到 1954 年左右，1963 年达到记录中的最大值，随后在 1971 年和 1974 年略有增加（Ritchie and McHenry，1990）。^{137}Cs 的全球沉积可以根据记录更充分的^{90}Sr（Hermanson，1990）来估算。然而在很多情况下，绝对沉积率的测定是不必要的，因为测年可以通过记录 1963 年^{137}Cs 的峰值并测量其在沉积物中的深度来完成(Pennington and Cambray,1973)。1986 年切尔诺贝利核电站事故导致俄罗斯和欧洲许多地区^{137}Cs 的排放量增加和积累。这一事故在文献中被广泛记录，许多研究根据此次的数据模拟了这种同位素的去向和迁移(Evangeliou et al.,2013)。^{137}Cs 沉积物测年法已有很多种用途，包括重建华盛顿塔科马潮汐水道沿线的砷输入历史(Davis et al.,1997)；美国中部和东南部水库沉积物中多氯联苯和杀虫剂的历史变化趋势(van Metre et al.,1997)；以及测定在偏远湖泊中二噁英和二苯并呋喃的出现时间(Czuczwa and Hites,1984；Juttner et al.,1997)。

^{210}Pb 的半衰期为 22.6 年，可用于对过去一百年中沉积的沉积物的测年，尤其是和^{137}Cs 结合使用。^{238}U 衰变到^{222}Rn，然后通过一系列变化成为^{210}Pb。Rn 是一种气体，从含^{238}U 的岩石进入大气中。一旦它进入大气层，它很快就会衰变为^{210}Pb，^{210}Pb 会沉降，可以沉积在沉积物中，在沉积物中衰变。^{210}Pb 随沉积物深度的减少可以指示某一层沉积物的年份和该层的任何未受干扰的沉积物年份。如果沉积物中含有^{238}U，则可能需要校正沉积物中形成的^{210}Pb。^{210}Pb 测年已用于安大略湖中沉积物定年和多氯联苯、农药和其他疏水性有机化合物的历史输入(Wong et al.,1995)，以及苏黎世湖中的金属积累(von Gunten et al.,1997)。Gallon 等(2006)通过 Pb 同位素分析了加拿大地盾上游湖泊的沉积物岩芯，对其进行了定年。自工业化前时期以来，通过测定几种不同的稳定的 Pb 同位素的深度分布，可以追踪受冶炼厂 Pb 排放影响的地理区域。

11.2.2 地下水测年

除了沉积物测年外，同位素还被用于地下水的测年，以确定水文地质参数。这些参数用于反向羽流模型建模，以确定污染源位置和排放日期，并模拟渗滤液和渗透过程，将地下水和地表污染联系起来。地下水的测年也可以指示当地地下水补给发生的位置。沿流线分布的两个不同位置的地下水测年可以用来估算地下水流速。

氚是氢的放射性同位素，半衰期为 12.3 年，所以它特别适用于现代地下水的测年(Clark and Fritz,1997)。地下水中存在的大量氚证明地下水补给过程活跃。氚是由高能宇宙射线辐射、核反应堆中放射性物质的衰变以及热核装置的大气试验而产生的。氚随降水沉降在地球表面，最后进入地下水。在 1953 年后，由于热核试验，大气中氚的含量逐渐增加，并在 1963 年达到峰值，之后开始下降。在净入渗量小、覆盖层大的地区，1963 年氚的峰值仍可能出现在非饱和带或包气带，并且可能反映在地下水样本中(Dincer et al.,1974)。如果可以测得 1963 年氚的峰值出现点和地下水补给处距离，则可以据此估算地下水的流速，如安大略省格罗斯特的废物处理场的研究(Michel et al.,1984)。

地下水也可以通过测量氚的衰变产物来测年。由于必须估计和减去补给过程中溶解在地下水中的氚浓度，而使得计算过程变得复杂。此外，使用这种方法的先决条件是地下水的快速垂直流动，从而限制了地下水位顶部气体扩散造成的损失。使用该方法与 1963 年氚峰法进行比较，得出的时间误差只有 15%（Schlosser et al.，1989）。

^{238}U 的两种衰变产物也可能用于地下水样品的测年，同时还能提供沉积物的部分信息。^{226}Ra 的半衰期为 1620 年，而^{222}Rn 的半衰期为 3.8 天；这两种同位素是^{238}U 的衰变产物，它们的半衰期适合于测定过去 1 000 年至 5 000 年期间的地下水样品（Hillaire Marcel and Ghaleb，1997；Kazemi et al.，2006）。这可能与地下水补给信息直接相关，可能引起水文地质学家的兴趣。

氯氟烃（CFCs）提供了另一种沉积物和地下水的测年方法，但该方法与放射性同位素无关，在第 15 章中将会做介绍。

11.2.3 ^{14}C 单个化合物测年

最近有一些研究利用^{14}C 作为一种测年工具。因为^{14}C 的半衰期为 5 730±40 年，因此任何原油衍生产品中没有^{14}C，但使用乙醇或来自植物或动物来源的碳氢化合物的生物燃料的则不同。例如，Reddy 等（2008）发表了一些文章，利用^{14}C 估计商业汽油和柴油中“生物乙醇”的百分比，研究结果表明，不同产品中百分比差异很大，与燃气泵标签上列出的数值也存在显著差异。使用^{14}C 比^{13}C 更精确，尽管如果乙醇或碳氢化合物来自 C4 植物（如玉米），其中的重同位素仍是更多的。^{13}C 可用于指示产品是否含有来自玉米的碳氢化合物或乙醇，但在确定燃料中生物燃料的实际百分比方面，^{13}C 不够精确。

最后，在^{14}C 利用的另一个例子中，Carrizo 等（2011）利用从鲸脂中分离出的多溴联苯（PBDPs）中的^{14}C 证明，这些化合物实际上是鲸鱼生物合成的，多溴联苯长期被用作阻燃剂且已知在脂肪组织中具有生物累积性，该研究也证明了 PBDPs 中存在的^{14}C。

11.3 利用稳定同位素识别污染物来源

如本书其他章节（即第 8 章）所述，多年来气相色谱（GC）和气相色谱-质谱（GCMS）等技术被广泛用于指纹识别和污染源识别。从这个意义上说，鉴定可能意味着对样品中的每一种化合物进行明确的鉴定，也可能意味着能够将泄漏的污染物与其可疑来源联系起来。一种特定化合物的同位素组成，在实际识别污染物中单个组分的过程中起不到任何作用。使用稳定同位素的作用在于，即使样品已经风化，它们也能够找到源样品和泄漏样品之间的相关性。同位素用于关联目的的案例的激增在很大程度上是由于组合气相色谱-同位素比值质谱仪（GCIRMS）的发展。在讨论这一进展之前，让我们介绍一下稳定同位素地球化学的一些基本概念。

11.3.1 碳同位素差异的成因

碳有^{12}C和^{13}C两种稳定同位素，^{12}C和^{13}C的自然丰度比大约为99∶1。生物有机质的碳同位素组成一部分取决于有机质的性质，另一部分取决于一些环境特性。大气中的二氧化碳在光合作用中被植物吸收。植物的性质以及它们是否通过C3、C4或CAM光合循环吸收CO_2，决定了^{12}C的优先同化程度或^{13}C和^{12}C之间的分馏。相比于大气中二氧化碳中^{13}C含量，这个过程中^{13}C含量有5‰的减少。如前所述，大气中二氧化碳的^{13}C含量随着时间的推移而不断变化，如今随着越来越多的化石燃料被燃烧，将二氧化碳释放到大气中，^{12}C同位素含量占比也越来越高。光合作用过程中的分馏量取决于植物光合作用的途径，C4植物通常生长在更温暖和更干旱的气候中，通常同位素比值在-10‰到-18‰之间；而C3植物，更多的生长于较冷和潮湿的气候中，并且^{12}C同位素比值在-22‰到-30‰之间。C3植物在植物物种中占比大约为85%，且在大多数陆地生态系统中占主导地位。温带和高纬度地区以及热带森林的自然植被几乎完全是C3。主要农作物，如小麦、黑麦、大麦、豆类、棉花、烟草、块茎（包括甜菜）和休耕草也都是C3植物。在第三纪早期，大气CO_2浓度开始下降，C4途径逐渐演化出现。C4植物在开花植物中所占比例不到5%，但在炎热、开放的生态系统中占主导地位，如热带和温带草原，还包括常见作物，如甘蔗、玉米和高粱。值得注意的是，标记为100%天然食品的同位素组成为海关部门监测和检查这些和其他进口产品的原产地提供了一个有用的工具（Hillaire-Marcel，1986；Ehleringer and Matheson，2010）。沙漠植物，如仙人掌，在另一种光合作用机制下运行，称为CAM光合循环，可以在C3和C4循环下运行。光合作用会影响大气中二氧化碳的同位素组成，并导致^{13}C同位素的富集。大气二氧化碳^{13}C含量的总体富集会反映在原油同位素组成中，我们可以在地质记录发现这种趋势（Andrusevich et al.，1998；图11.1）。大气中二氧化碳的同位素组成也会因其是在陆地还是海上以及周围的温度而变化。

化石燃料、煤、原油和天然气是一系列非常复杂和长期的反应的产物，在这些反应中，活的有机体死亡并沉积在沉积相环境中。其中有很大一部分被降解为二氧化碳和水进入地球循环。然而根据沉积环境的性质，有一小部分被埋藏并最终转化为一种或另一种矿物燃料。在这个阶段，来自不同来源的有机质沉积在沉积相中，成为一种非均匀的有机混合物。同时，与特定有机物来源有关的同位素特征也因这种混合过程而消失。尽管在这一过程中产生的碳氢化合物会形成原油或其他化石燃料，但它们的同位素特征不再与特定的有机物质来源有关。从环境损害司法鉴定的角度来看，不能将同位素组成与有机物质的特定来源关联起来这一事实并不重要，因为更重要的是能够使用这些同位素组成来关联泄漏污染物及其可

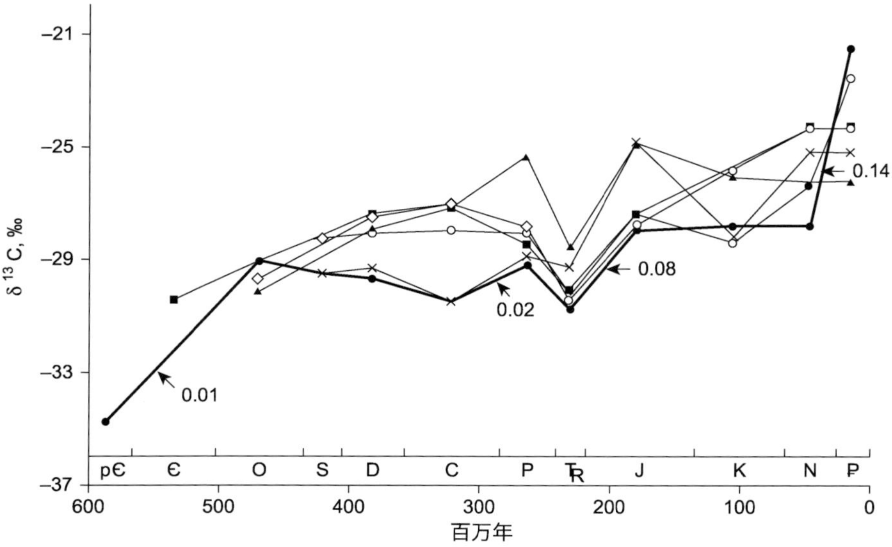

图 11.1 原油同位素组成在地质记录中的变化(Andrusevich et al.,1998)

疑来源。再次重申,本文中的来源是泄漏发生点,而不是制造商。如前所述,当泄漏污染物是单一组分或相对较轻的碳氢化合物混合物,且不包含 GCMS 分析后常用的任何组分时,同位素组成在该应用中更具价值。如前面讨论的那样,在利用同位素组成相关性的基础上,结合 GCIRMS 确定的整体同位素组成或单个化合物的同位素组成。在复杂混合物中,整体同位素组成实际上是混合物中所有成分的同位素组成及其相对比例的加权平均值。

总之,任何化合物或材料的同位素组成是两种稳定同位素相对比例的反映,也是衡量该化合物或材料的较重同位素相对于标准值下降减少的程度。因此,下一个问题是:如何衡量这种下降?

11.3.2 同位素组成的测定

测定样品的碳同位素组成有两种常用方法。可以测量混合物的整体同位素组成或混合物中每种化合物的同位素组成。测量原理非常相似,每种方法都要求样品完全燃烧,无论其形态如何,最终都转化为二氧化碳和水。对于整体同位素的测定,燃烧是在有 CuO 的密封管中进行的。然后在稳定同位素比值质谱仪中分析 CO_2,并测量相对于标准材料(Vienna Pee Dee Belemnite,VPDB)的同位素组成,标准物质的同位素组成在 δ^{13} 中的值被记为 0,但它的绝对同位素质量丰度比为 ^{13}C:^{12}C 为 0.011 237 2。实际上所有环境样品的 ^{13}C 含量都低于标准物质,因此测得的 $\delta^{13}C$ 值为负值。值得注意的是,近年来将元素分析仪与同位素比值质谱仪(IRMS)连接起来,以测定有机物的整体同位素值已变得越来越普遍。元素分析仪通过将材料氧化为二氧化碳来测定总有机碳值,并将二氧化碳引入到同位素比值质谱仪中,并测定 $\delta^{13}C$ 值。

稳定碳同位素比值($R={}^{13}C/{}^{12}C$)是相对于一个标准值来表达,通常用"δ"符号表示,其中 $\delta^{13}C=(R_{sample}/R_{standard}-1)\times 1\,000$(单位为‰)。虽然这是专门指碳同位素,但其他元素如 O、H、Cl、S 或 N 的同位素比值,其表达方式相同,与它们的各自标准值相关。图 11.2 显示了不同地质时期的一系列有机物质的典型同位素组成。

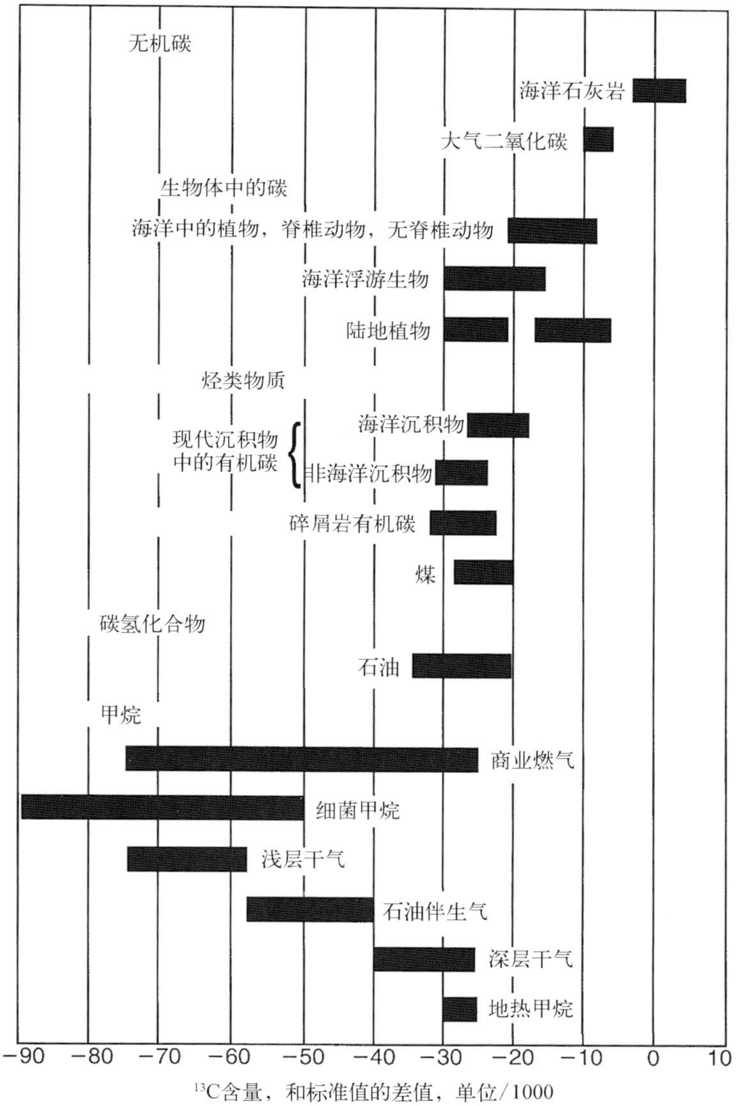

图 11.2 不同类型的有机物同位素成分的变化(A.N.Fuex,1997)

该图的扩展部分说明了常见地下水污染物的碳同位素比值范围(图 11.3)。不同类型有机物质之间存在差异,以及原油整体同位素比值的范围相对较窄。如前所述,由于大气中二氧化碳的碳同位素比值范围有限,原油和来自原油的有关化合物的 $\delta^{13}C$ 值范围有限。同样,δD 值最终受地下水控制,地下水来源于降水和海洋,其数值范围也有限。原始数据源中 C 和 H 的同位素比值的限制中了产品同位素比值的范围。

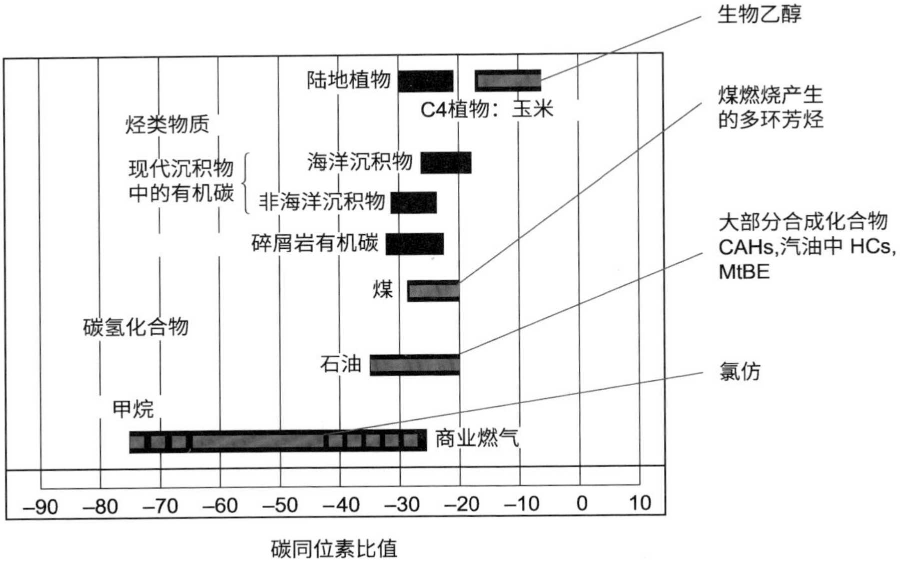

图 11.3 地下水常见污染物的碳同位素比值范围

11.3.3 整体同位素比值

尽管整体同位素值代表混合物中所有组分的同位素比值的加权平均数,但它们仍然成功地应用于许多环境案例中。例如,对于原油,可以使用饱和烃和芳烃馏分的整体同位素比值而不是整个原油的同位素比值来进行关联。通过简单的柱色谱法分馏原油,使用作为固相载体的氧化铝或二氧化硅以及不同极性的溶剂来分离所需的馏分。应当注意,在该应用中饱和芳香族馏分通常由 C_{15+} 馏分组成,因为较轻的组分在分馏过程中会损失。这是一个非常简单的应用,因为要关联的饱和烃和芳香烃的同位素比值是相互对照的(图 11.4)。有关联的样本将在图中非常接近彼此;那些不相关的样本在完全不同的区域。以这种方式使用整体同位素是一种初步的筛选工具,仅仅因为两个样品的绘图位置接近,并不一定意味着它们明确地相互关联。一旦建立了样品之间的初步关系,应使用 GC 和 GCMS 等技术检测它们之间更明确的相关性。降解样品和未降解样品的相关性要复杂一些,这取决于降解程度。由

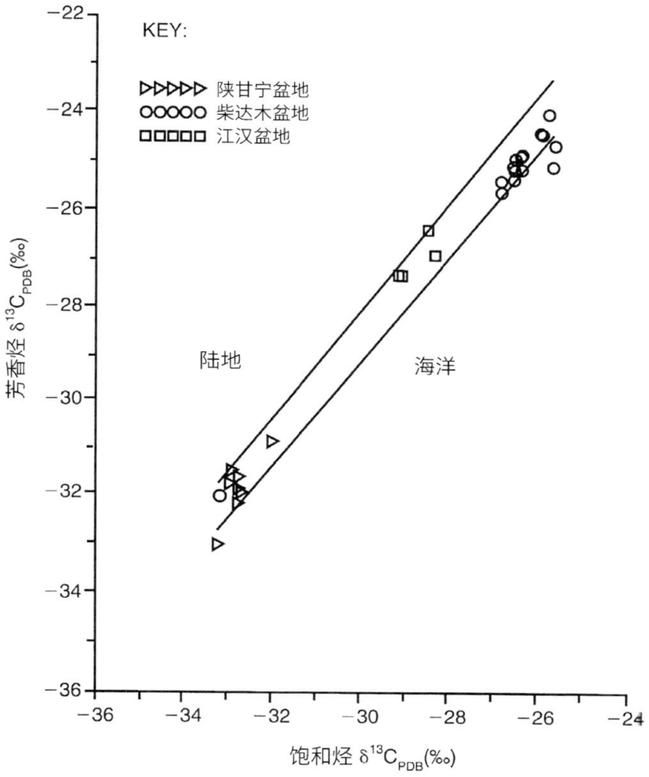

图 11.4　中国不同地点原油中饱和烃和芳香烃的 $\delta^{13}C$ 值

于生物降解，样品的同位素组成可能会发生变化，特别是对于原油.降解过程中主要的正构烷烃会被去除。一般来说，由于优先去除较轻同位素的组分，生物降解后的原油样品的饱和烃部分中较重同位素占比增大。Stahl 的研究说明了这一点，该图显示了与未降解原油相比，生物降解对原油的影响(图 11.5；Stahl，1977)。

尽管对原油和较重的精炼产品来说，整体同位素比值的应用效果很好，但对于较轻的精炼产品来说，整体同位素比值的使用比较困难。用前文所述的方式通过柱色谱法将较轻的精制产品分离为饱和烃和芳香烃馏分，由于蒸发损失，个别馏分的比例会发生较大改变。这些改变可能会对单个组分的整体同位素比值产生影响，因此很难获得可靠的相关性。所以我们应将样品的整体同位素组成视为初步筛选工具，以确定所选样品之间的相似性和差异性。

Kvenvolden 等(1995)的工作是环境损害司法鉴定中使用整体碳同位素的一个典型例子。在埃克森-瓦尔迪兹事故发生数年后，他们收集了威廉王子湾海滩上的焦油球残留物，并测定其整体碳同位素比值的特征。表 11.1 中列出了研究中的整体同位素比值。这里要注意的一点是存在两类不同的焦油球残留物。从同位素组

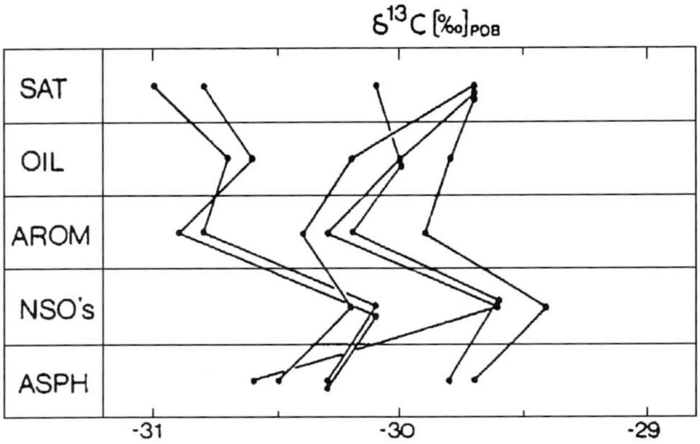

图 11.5 Stahl 绘制的原油整体同位素值(Stahl,1977)

注: 右侧的原油显示出生物降解的迹象,与未降解原油相比,生物降解的原油中 $\delta^{13}C$ 更大

成来看,有一个类与埃克森-瓦尔迪兹石油非常相似,而第二个类(同位素较重)可以根据其生物标记指纹判断与加利福尼亚原油相关。加州原油怎么会在威廉王子湾? 事情很简单: 在阿拉斯加发现原油之前,原油必须从加利福尼亚进口。

表 11.1 埃克森-瓦尔迪兹(EV)事故后威廉王子湾海滩上的焦油球残留物中整体碳同位素比值

位 置	$\delta^{13}C$ (‰)	描 述
布利格礁(EV 油)	−29.2	EV 原油油轮,北坡
EV 残留物		
Naked 1	−29.4	鹅卵石上的固体油,麦弗逊湾
Eleanor 1	−29.1	岩石上的固体油,西北湾
Evans 1	−29.3	固体油层,谢尔特湾
非 EV 残留物		
Old Valdez	−23.6	沥青层,旧沥青厂
Naked 1	−23.9	变质页岩上的焦油,巴斯港
Evans 1	−23.7	岩石上的焦油,谢尔特湾
其他		
Latouche 1	−24.8	矿场中的焦油
Knight 1	−25.3	鹅卵石上的固体油,赫林湾
路面		
Whittier	−24.8	20 年以上的街道人行道
Valdez	−27.2	新的机场跑道
Seward	−28.1	新的机场跑道
Cold Bay	−22.7	旧的机场跑道的尽头
Amchitka	−23.4	第二次世界大战时的机场跑道

引自 Kvenvolden 等(1995)。

这些石油大部分暂时储存在威廉王子海峡边上的油罐里。1964 年，瓦尔迪兹地区发生了一场大地震，油罐破裂，石油泄漏到周边，这次事故十分严重，石油留在周边环境中自然降解，几乎没有被清理。原油中含有许多不易被生物降解的化合物，因此 50 年后仍能在这些焦油残渣中检测到。这个例子的目的是证明，整体碳同位素可以在最开始区分这两类石油。此外，同样的方法被扩展应用到建筑物、机场跑道和其他地点的焦油残留物，表明在阿拉斯加石油储量发现之前使用的大多数沥青可以根据其同位素组成判断与加利福尼亚原油的相关联。

虽然大部分的案例中使用的都是整体碳同位素比值，但仍有许多环境损害司法鉴定使用了其他稳定同位素。例如，Kaplan 等(1997)的研究表明，地下水提取物和可能的汽油来源中氘与碳同位素比值的关系图是一个可行的方法(图 11.6)。与测定 $\delta^{13}C$ 值相比，δD 值的测定更复杂更耗时，直到最近才被广泛用于环境损害司法鉴定。然而，测定单个化合物 δD 值的应用已经发生了显著改变(Sessions et al.，1999；Li et al.，2001；Philp et al.，2002；Pond et al.，2002；Wang et al.，2004b)。此外，必须尽量减少或消除与地下水发生 H 交换反应的可能，以免获得错误的 H/D 比值。

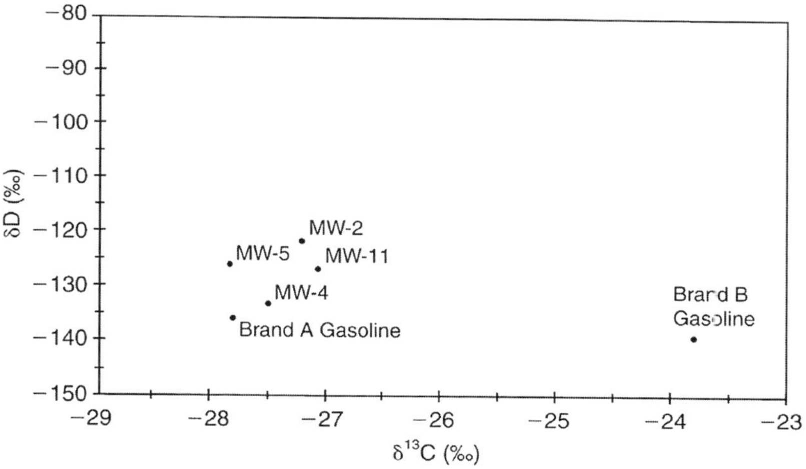

图 11.6 地下水提取物中 $\delta^{13}C$ 和 δD 值(Kaplan et al.，1997)

对于溶解于地下水中的污染物，由于分离时需要萃取和分离过程，这些过程可能涉及蒸发和同位素分馏造成的损失，整体同位素值几乎没有实际用途。因此，使用 GCIRMS 来可以更好地测定这些样品的性质。

11.3.4 应用 GCIRMS 测定同位素

经过多年的发展，整体同位素比值已很容易测得，但在过去几年中，地球化学最重要的分析进展之一无疑是发展了气相色谱-同位素比值-质谱(GCIRMS)技术。该技术能够实时地在连续流动相中获取复杂混合物中单个组分的 $\delta^{13}C$ 值,而无须分离出单独化合物(Freeman et al., 1990; Hayes et al., 1990; Mansuy et al., 1997; Abrajano and Sherwood Lollar, 1999)。原油和精炼产品中正构烷烃的化学结构结合单个同系物中碳的同位素比值已成功用于评估沉积物污染源(Rogers and Savard, 1999; Smallwood et al., 2002)和鸟类羽毛上油的来源(Mansuy et al., 1997; Mazeas and Budzinski, 2002)。Hough 等(2006)使用单个正构烷烃的 $\delta^{13}C$ 值来确定受风化石油废料污染的土壤中碳氢化合物的来源。Meier-Augenstein (1999)、Schmidt 等(2004)、Elsner 等(2005)、Hofstetter 等(2008)、Elsner(2010)、Hofstetter 和 Berg(2011)对这一内容进行了全面的综述。本章将不介绍实际技术的具体细节。

在 20 世纪 90 年代早期,GCIRMS 系统用于测定单个化合物的碳同位素比值,几年后才开始测定单个化合物的 H/D 比。Pond 等(2002)建议使用长链正构烷烃($n-C_{19}$至 $n-C_{27}$)的氢同位素组成进行来源识别,因为原油组分中氢同位素比值比碳同位素比值差异更大,且在原油风化或降解过程中没有明显变化。在石油地球化学文献中,描述了使用原油和饱和烃馏分的 C 和 H 同位素比值进行油/油和油/岩源对比研究的大量应用(Peters and Fowler, 2002; Philp et al., 2002; Peng et al., 2004; Milkov, 2005; Schimmelmann et al., 2006)。H/D 测定在环境领域的应用数量最初非常有限,大多数早期的论文只是为了证明该技术的适用性而设计的(Hilkert et al., 1999; Sessions et al., 1999; Wiesenberg et al., 2004)。最近,多元同位素测定(C、H、Cl)已成为研究常见地下水污染物(MTBE、BTEX、氯化溶剂)自然衰减和来源的有力工具(Sherwood Lollar et al., 2001; Slater et al., 2001; Gray et al., 2002; Kolhatkar et al., 2002; Griebler et al., 2004; Kuder et al., 2005)。这种利用同位素比值变化的方法引起了监管机构的注意,目前在许多受污染的地点都在使用这种方法,用来监测污染物自然衰减和浓度变化的进展(US EPA, 2008)。

测定单个化合物同位素比值的基本原理与整体同位素比值的基本原理相同,即将组分完全燃烧成 CO_2 和水,并测定由此产生的 CO_2 的同位素组成。最大的区别在于这些值是在单个化合物从 GC 柱上洗脱时实时测定的。分离出的化合物通过燃烧管燃烧,燃烧产物二氧化碳和水通过分离器除去水分,二氧化碳继续进入质谱仪测定(图 11.7)。对于 GCIRMS 系统,燃烧过程必须在样品通过反应器所需的时间内完成,通常是 12 到 15 秒。原始的输出是一个 m/z 44 的色谱图,看起来与传统的气相色谱法非常相似,但实际上描述了混合物中各种成分产生的二氧化碳(图 11.8)。测定 H/D 比值使用的温度比碳同位素比值要高得多,高达 1 400℃,基本上每种化合物都被热解了,而非氧化。得到的 D 和 H 进入质谱仪测定。

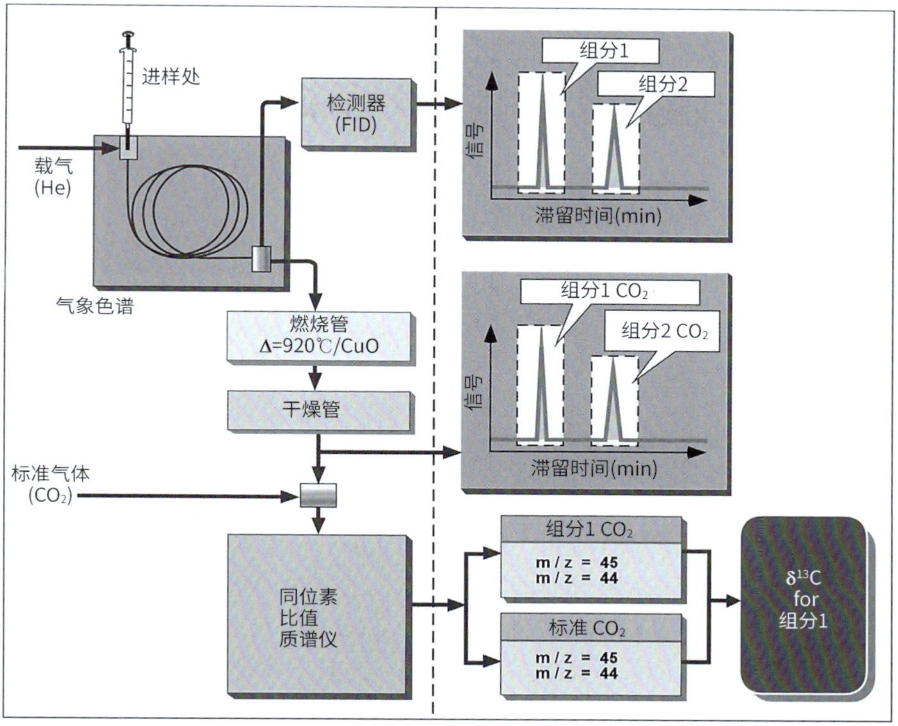

图 11.7 GCIRMS 系统的原理图

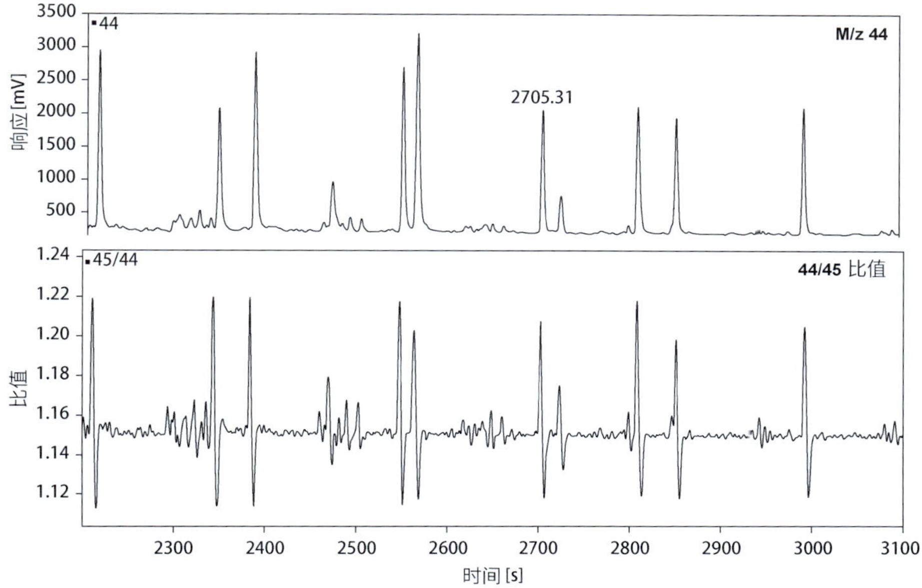

图 11.8 GCIRMS 分析原油时的原始输出图

随后，需要将每个组分的数据转换为与相应标准对应的 $\delta^{13}C$ 或 δD 值。虽然听起来很简单，但这项技术还存在许多问题，特别是在合并方面。两个峰之间的任何共析都会对另一个组分的同位素组成结果产生重大影响。需要手动操作和处理数据以尽量减少和纠正这种干扰。尽管存在这些问题，但正如前文介绍，从这种方法获得的数据对于物质间的相关分析非常有用。从图 11.9 中得到的几种原油的分析结果说明了这一点，图中每种主要成分的同位素组成已经确定，这些样本之间有显著性差异，反映了它们不同的来源。在图 11.10 所示的另一个例子中，许多凝析油样品已用 GCIRMS 进行了测定，测量了 C7 化合物的碳同位素比值，这些碳同位素比值相近，表明这些样品之间存在一定关联。在图 11.11 示例中，四个汽油样品的分析结果表明，根据汽油中各组分的同位素组成，四种汽油可以很显著地被分为两类。GCIRMS 在汽油等精炼产品的分析中尤其重要，尽管汽油来自不同的原料，但其色谱结构可能非常相似，使用 GC 和 GCMS 等常规技术很难区分。O'Sullivan 和 Kalin(2008)研究了来自世界各地的一组汽油，发现碳同位素比值为 8/mil，氢同位素比值为 85/mil。这表明在许多环境损害司法鉴定中，二元同位素方法是一种鉴别不同来源汽油的可行技术。在 GCIRMS 的早期应用中，Kelley 等(1995，1997)测量了从南加州汽油污染点收集的 BTEX(苯、甲苯、乙苯、二甲苯)的浓度和同位素组成，同位素比值结果显示 BTEX 有两个不同的类别，表明该地点的含铅汽油和无铅汽油来自不同的来源。

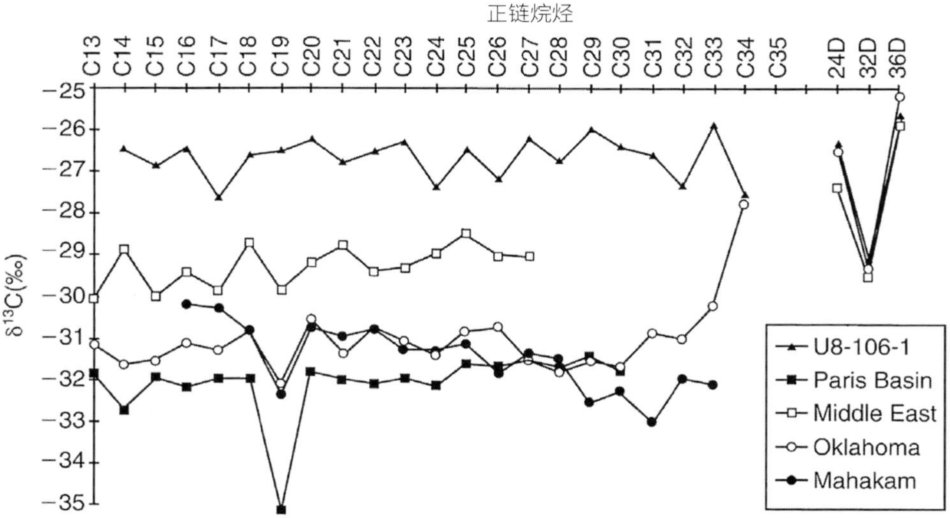

图 11.9 GCIRMS 对不同地区的多种原油的分析结果(Mansuy et al.，1997)

多环芳烃(PAHs)来源的确定是另一个具有挑战性的环境问题。环境中的多环芳烃可能来自煤焦油、原油或杂酚油，在许多情况下，这些化合物在不同来源的

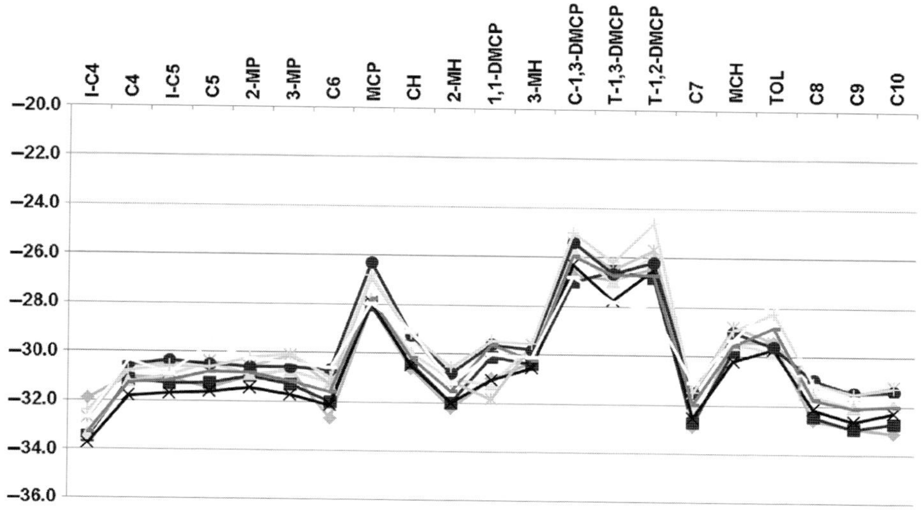

图 11.10 用 GCIRMS 测定凝析油样品中 C7 化合物的碳同位素比值

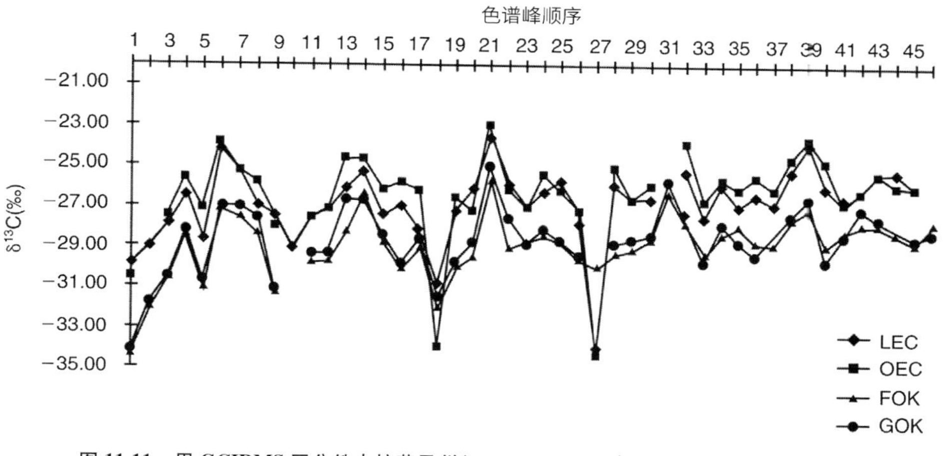

图 11.11 用 GCIRMS 区分俄克拉荷马州(FOK,GOK)和东海岸(LEC,OEC)的汽油

色谱分布可能非常相似,色谱分析在区分一种来源和另一种来源方面用处不大。同时,风化也会增加更多的不确定性。随着 GCIRMS 的发展,确定单个组分同位素组成为区分这些多环芳烃来源提供了一种潜在的方法。在区域尺度上,利用 $\delta^{13}C$ 值对大气和沉积物中多环芳烃(PAHs)的源解析已经有了广泛的研究。但到目前为止还没有报道对多环芳烃进行 δD 值的研究,这可能是因为多环芳烃混合物非常复杂,如果单个化合物之间没有得到良好的分离,就非常难获得良好的、可重复的同位素比值,特别是对于氢元素。通过对埃里克湖沉积物中单个多环芳烃的浓度测量和 $\delta^{13}C$ 同位素分析,可以区分出三个具有不同污染历史的地区,同时可以看

出，多环芳烃的主要输入途径是河流输入（Smirnov et al.，1998）。使用稳定同位素来区分来自城市背景的多环芳烃与来自煤气化工厂的多环芳烃的重要研究已经发表（Saber et al.，2003，2005；Craig et al.，2005；Mauro et al.，2005）。这些工作证明了同位素数据对此类研究的作用，如图 11.12 和图 11.13 所示，色谱图相似的多环芳烃样品可根据其同位素特征进行区分。此外，来自煤气厂的样品的同位素特征与来自城市背景的样品也有差异。Hammer 等（1998）研究了来自两个杂酚油污染地点的多环芳烃，结果显示在这两个地点有一组同位素比值非常相似的化合物，其差异在 1‰以内，这可能有助于识别杂酚油来源的多环芳烃。另一个研究在圣劳伦斯河沿岸的沉积物中发现了多种多环芳烃的来源，其中相差较大的三环多环芳烃的 $\delta^{13}C$ 值指示了一个铝冶炼地区产生的来源（Stark et al.，2003）。McRae 等（1999，2000）的研究表明，有可能将不同的热转化过程（燃烧、热解、气化）中释放的煤源多环芳烃与土壤中多环芳烃的同位素组成联系起来，这是由于燃烧温度越高，煤与热解产物之间的同位素组成差异就越大。意大利拉文纳附近潟湖沉积物中多环芳烃同位素比值较低（−31‰到−62‰的 $\delta^{13}C$），表明多环芳烃排放主要是来自以前的一个以生物甲烷（−69‰到−73‰的 $\delta^{13}C$）为原料的工厂，而不是使用同位素比值更大的石油原料的工厂（McRae et al.，2000）。Wilcke 等（2002）使用 $\delta^{13}C$ 对苝烯的分析来证实他们早期的假设，即在热带环境中，与白蚁有关的多环芳烃的生物来源占比大，而在温带气候中，热解来源的占比大。通过对单个化合物的指纹和 $\delta^{13}C$ 分析，可以将自然燃烧过程产生的大气颗粒物中的多环芳烃与来自各种人为燃烧过程的多环芳烃区分开（Norman et al.，1999；Okuda et al.，2002a）。在中国城市地区，$\delta^{13}C$ 分析被成功地用于确定多环芳烃的主要来源是机动车尾气还是燃煤（Okuda et al.，2002b）。相比之下，多环芳烃指纹并没有相同的作用。许多研究表明，化学指纹技术和化合物特定同位素分析相结合是必要的。

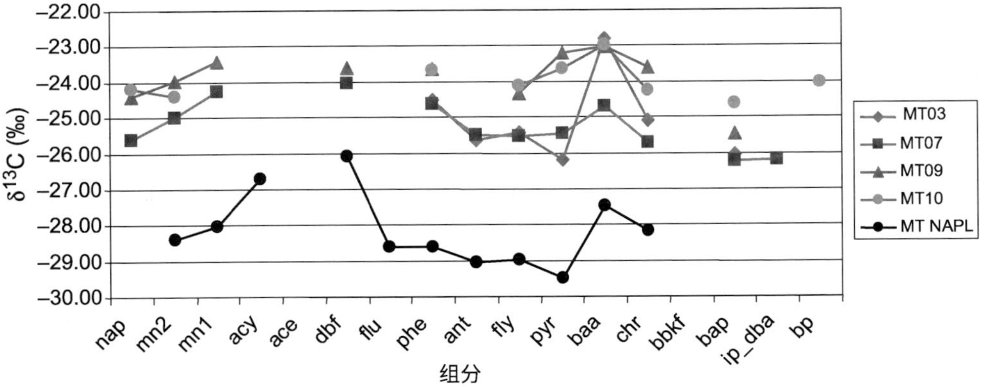

图 11.12 用稳定同位素来区分多环芳烃来自城市背景或来自煤气化工厂（Saber et al.，2003，2005；Craig et al.，2005；Mauro et al.，2005）

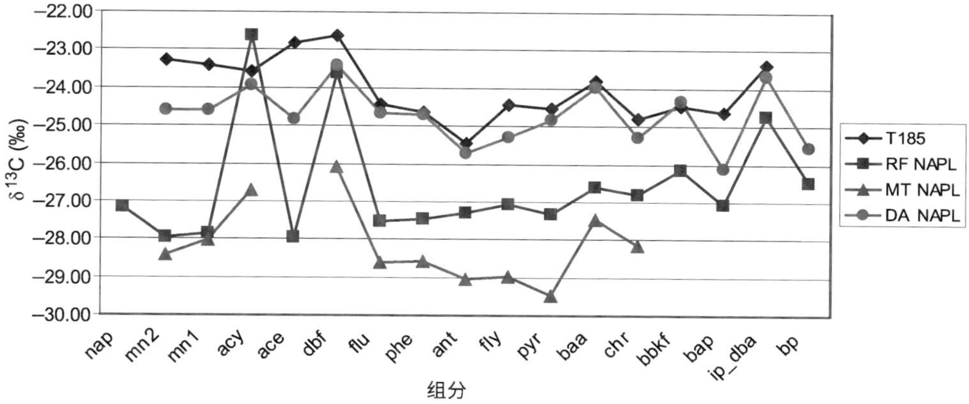

图 11.13 煤焦油和煤液化厂土壤中的 $\delta^{13}C$ 值(Saber et al.,2003,2005;Craig et al.,2005;Mauro et al.,2005)

Mead 等(2005)的研究表明,佛罗里达州大沼泽地沉积物中正构烷烃的 $\delta^{13}C$ 值可以用于区分两种高等植物的天然来源:陆地和水生。Shi 等(2001)的研究表明,脂肪酸和甾醇的同位素比值可用于区分河口的有机物来源是陆地还是水体。

11.3.5 应用 GCIRMS 测定 MTBE

甲基叔丁基醚(MTBE)在美国已逐步从汽油中淘汰,但它仍然是一个重要的环境问题,是一个非常适合使用碳和氢同位素组成进行研究的问题。在汽油中添加甲基叔丁基醚(MTBE)可以提高含氧量并减少一氧化碳向大气中的排放,这导致在 21 世纪初逐步淘汰这种化合物时产生了争议。环境问题,尤其是与使用 MTBE 相关的地下水污染的严重程度超过了 MTBE 带来的空气质量改善的程度。多年来 MTBE 在低浓度(2%)下与一些汽油混合,以提高辛烷值;自 1979 年以来,MTBE 被认为是一种致癌物,但被认为比汽油的许多其他成分对健康的危害更小(Hanson,1999)。MTBE 是水的一种主要污染物,当汽油从地下储罐中泄漏并与地下水接触是一种主要来源。MTBE 也是空气的一种污染物,会在汽油泵蒸发,尽管在第一次降雨后,它会相对迅速地冲刷沉降。此外,在空气中 MTBE 的光降解速度相对较快。在许多情况下,对疑似汽油泄漏地下水样本的检查表明,主要污染物是甲基叔丁基醚(MTBE),由于其他成分相对于 MTBE 的生物降解速度更快,因此色谱图中只有少量其他组分存在。确定 MTBE 的确切来源可能是一个极其困难的问题,因为许多地点可能有来自该地区不同加油站的多种 MTBE 来源。早期的研究表明 MTBE 的难降解性为使用同位素比值质谱法进行汽油或 MTBE 的源解析提供了一个潜在的可能(Smallwood et al.,2001)。虽然 GCIRMS 不是最终的解决方案,但它可能是唯一能鉴别地下水样品中 MTBE 的各种来源的可行技术。

研究结果表明,通过结合碳和氢同位素比值,在某些情况下 GCIRMS 可用于区分不同来源的 MTBE,这些数值似乎不受蒸发或水洗的影响(Smallwood et al.,2001)。对于 $\delta^{13}C$ 值变化不大的 MTBE 样品,可根据其 δD 值进行区分(Sessions et al.,1999)。

MTBE 的碳同位素组成可在低浓度(ppb 级)下使用吹扫-捕集(P&T)系统与 GCIRMS 技术联合测定(Kolhatkar et al.,2002;Zwank et al.,2003)。P&T - GCIRMS 是检测水中这类化合物的可靠技术,这一技术非常重要,因为饮用水中的 MTBE 浓度为 15~20 ppb,是味觉和气味的阈值。这也是美国大多数州在实施补救措施或关闭饮用水井之前对甲基叔丁基醚的最大允许浓度设定的限值。

正如前文所述,在 MTBE 研究中对同位素利用已经从来源确定转移到使用同位素作为评估自然衰减的工具。使用同位素的主要原因是纯 MTBE 样品的同位素特征相对较窄(4~5/mil)。在某些情况下已经足够了,但在许多情况下,MTBE 可能来自不同的来源,其来源可能在同位素组成上相似。污染场地的修复一直是一个高花费的问题,但自然降解可以大大降低修复成本。浓度变化和同位素富集的结合可以作为自然降解开始的证据(Kuder et al.,2005)。在过去的几年里,已有许多关于使用碳和氢同位素来探究 MTBE 和其他燃料氧化合物的自然降解的案例研究成果发表。这些研究包括在有氧和缺氧条件下的微观研究和现场研究(Kuder et al.,2005;Rosell et al.,2007;McKelvie et al.,2010)。还有乙醇对 MTBE 释放影响的研究,基本结论是在能够维持强厌氧条件的情况下,高浓度乙醇的存在不会抑制 MTBE 向 TBA 的快速转化(McKelvie et al.,2007;Mackay et al.,2007)。Kuder 等(2005)提出的二维同位素方法。最近被 Rosell 等(2012)重新评估,并提供有用的信息来区分好氧和厌氧降解机制(Kuder et al.,2005;Youngster et al.,2010)。McKelvie 等(2009)研究了四氢呋喃氧合酶 K1 菌株在 MTBE、ETBE 和 TAME 共代谢过程中测得的碳富集因子,并指出它们相对较小。表观动力学同位素效应与预期的甲氧基或乙氧基氧化和酶 S(N)1 生物降解机制一致。氢同位素富集效应明显大于先前观察到的 MTBE 好氧降解作用,这表明与之前研究的好氧菌株相比,该菌株的降解机制不同。MTBE 通过非生物降解的实验也通过使用稳定同位素进行了研究(Elsner et al.,2007)。结合浓度数据的变化,可以半定量的估算通过降解去除的 MTBE 量。Lesser 等(2008)对加利福尼亚州休尼梅港 1 500 m MTBE 羽流的研究中指出,由于羽流中的局部非均质性产生了误导性同位素值,因此需要比平常更广泛的在这些羽流中进行的取样。Kujawinski 等(2010)最近重新评估了结合吹扫和捕集的 GCIRMS 技术测定 MTBE 和 TAME 同位素特征方法,TAME 和 MTBE 的 C 浓度在低 ppb 浓度水平和 HD 测定的较高浓度水平获得了良好的、可重复的结果。我们实验室对同一方法的评估表明,在 1 ppb 的水平上,MTBE 的 C 同位素的结果可以准确地重复测定。

一般来说,大多数常规 GCIRMS 研究测量的是分子中所有碳原子或氢原子的同位素组成,而不是单个位置碳原子或氢原子的同位素组成。因此,测量中实际分馏过程无法区分各个原子位点。已有少量的论文描述特定位置碳同位素比值的测定。这不是一个简单的过程,而且可能需要几年的发展,如果有的话,这将成为一个十分有效的工具。Gauchotte 等(2009)以 MTBE 为例演示了该方法,研究中他们确定了 MTBE 的两个官能团(即甲氧基和 2 -甲基丙基)的同位素组成。测定单个位点的同位素组成也将有助于了解降解机制。

近年来另一种成熟的同位素方法是使用"生物捕集"来研究自然降解过程。这种方法是由 Busch-Harris 等开发的(2006,2008),生物捕集中的生物分离器(25%Nomex 和 75%粉末活性炭),以^{13}C 标记的化合物为诱饵,这些化合物可作为细菌的来源,但不会渗入含水层。^{13}C 标记的脂肪酸甲酯的存在可以证明发生了原位降解。生物捕集可与多种标记化合物一起使用,包括 MTBE 和 TBA,结果表明这些化合物在多个位点发生了自然降解(Busch-Harris et al.,2008)。

挥发是 MTBE 和 TBA 自然降解的另一个重要机制。许多研究中都发现了这种影响(Lahvis et al.,2004;Eweis et al.,2007)。结果表明,如果残留的甲基叔丁基醚(MTBE)残留在毛细管层,则挥发可能在泄漏地点占主要作用,因为 MTBE 很难从地下水中蒸发。为了确定这种挥发是否对 MTBE 的同位素比值有显著影响,Kuder 等(2009)研究了挥发对 MTBE 的 C 和 H 同位素的影响;研究使用二元同位素比值来区分挥发和生物降解作用的占比。尽管与生物降解的同位素分馏效应相比,挥发作用产生的同位素分馏相对较小,当分馏程度相对较小时,这两个过程的可能会被混淆。土壤蒸汽提取过程引起了反氢同位素分馏效应,提取蒸汽中较重的氢同位素减少而不是富集。在使用土壤蒸汽提取的地点这可能是一个特别有用的效果,可以区分生物降解和土壤蒸汽提取的影响。

11.3.6 含氯化合物的特性

与 MTBE、TBE 和 BTEX 一样,氯代溶剂 PCE、TCE、DCE 和 VC 也是稳定同位素研究最广泛的一类化合物。迄今为止,大多数与环境问题有关的同位素研究都是利用碳和氢的同位素比值,氯、氮和硫同位素最近开始在特定领域得到更广泛的应用。例如,早期对氯化溶剂的一项研究中用$^{13}C/^{12}C$ 对$^{37}Cl/^{35}Cl$ 的绘图来说明各种溶剂类型(如 PCE、TCE 和 TCA)的同位素含量与来源之间的关系(Beneteau et al.,1999)。其他有关氯化化合物的研究表明,$\delta^{37}Cl$ 和 $\delta^{13}C$ 的组合使用可区分氯化物的来源(Warmerdarm et al., 1995; Drenzek et al., 2002; Shouakar-Stash et al.,2003;Sturchio et al.,2003)。早期的研究也基于纯化合物,一般也是离线测量,尤其是 Cl。氯化物的测定比 MTBE 和 BTEX 要复杂一些。首先,在氯化物降解过程中，氯化物的产生和降解可能同时发生（图 11.14）。例如，PCE 的降解将产生 TCE，而 TCE 又可以降解 DCE；这对解释同位素比值的变化具有很大影响。其次，除了 C 原子，这些化合物还含有 Cl 原子，除了 PCE，还有 H 原子，因此在这些化合物中大部分都可以测出三种元素稳定同位素，但直到最近，还不可能用常规方法测定三氯乙烯的氢同位素值或任何氯化物的氯同位素组成。然而，所有这些现在都是可能的。

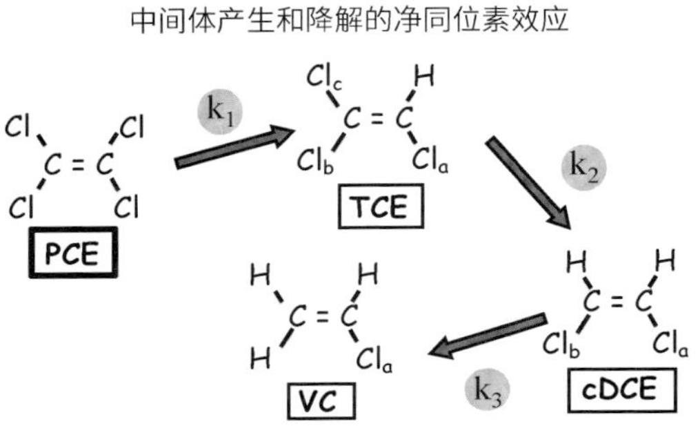

图 11.14 PCE 降解过程示意图

用 GCIRMS 测定化合物的 δD 值已变得比较常见，Cao 等（2012）最近的一篇文章中回顾了调节裂解反应器的重要性，以使用 GCIRMS 时获得精确的 HD 比值。有研究探究了许多调节反应器的方法，结论是用甲烷反冲洗反应器 3 秒是最有效的处理方法。TCE 的测定有点困难，直到最近才不是常见方法，TCE 只有一个氢原子和四个氯原子，这使得测定 TCE 的 δD 值变得困难。问题可能是在热解时，一些 H 会与 Cl 络合形成 HCl，从而提供错误的 δD 值。现在已经开发出了一种方法，使用含铬的改良 HD 反应器来吸附 Cl，为 TCE 提供准确的 HD 值（Kuder and Philp，2013）。Shouakar Stash 等（2003）发现，TCE 的 δD 值可用于确定 TCE 是直接释放还是来源于 PCE 的还原脱氯。Shouakar Stash 等（2003）原先认为轻 H 同位素占比高的 TCE 来自 PCE 的还原脱氯。然而，现在发现许多纯产品样品含有较多的轻 H 同位素，这使人们对 Shouaker 最初的结论产生怀疑（Kuder and Philp，2013）。如本章其他部分所述，有许多文章讨论了铬反应器的发展，以确定氯化乙烯和最近更高分子量的氯化物（如 DDT 和 DDD）中的 HD 比值，但是，这项研究的目的还是为了确定这些化合物的来源（Armbruster et al.，2006）。

利用稳定同位素可以提供有关地下水污染物来源和降解的信息，在之后的许多年里，除了 C 值和 H 值之外，还不断要求测定 Cl 同位素比值。然而，因为与 C 不同，没有一种化合物可以像燃烧任何有机碳化合物一样将所有氯代化合物转化为二氧化碳。因此，不可能为 GCIRMS 系统开发一个接口，允许 GCIRMS 测定单个化合物的 Cl 同位素组成。

单个化合物的氯同位素比值可将氯化物转化为氯甲烷通过离线方法测量（Warmaterdam et al.，1995；Holt et al.，1997；Jendrzejewski et al.，2001）。氯同位素组成的测定以氯甲烷（$CH_3{}^{37}Cl/CH_3{}^{35}Cl$）的质量比 52/50 为基础，有几项研究报道了对纯氯化溶剂使用双入口的测量方法（Warmerdarm et al.，1995；Jendrzejewski et al.，2001；Numata et al.，2002；Shouakar-Stash et al.，2003）。测定的氯化物的 $\delta^{37}Cl$

值在-3.54‰到4.08‰之间(Shouakar-Stash et al.,2003)。$\delta^{37}Cl$ 的分析也用于氯代乙烯还原脱氯的研究(Sturchio et al.,1998;Heraty et al.,1999;Numata et al.,2002)。Numata 等(2002)测试了各种细菌在 PCE 和 TCE 厌氧降解中的氯同位素分馏。Heraty 等(1999)的研究表明 DCM 和 TCE 需氧降解的轻同位素富集效应,并指出残余 DCM 的 $\delta^{37}Cl$ 值随着生物降解而增加。

离线方法非常耗时,对于含有低浓度(ppb)的氯化物的地下水样品不实用。这些样品需要大量的水来分离出足够量的单个组分,在确定 Cl 同位素组成时有必要将单个化合物从混合物中分离出来。现在可以通过使用传统的气相色谱质谱仪(GCMS)来测定 $\delta^{37}Cl$。^{37}Cl 对 ^{35}Cl 的相对丰度约为 25 至 75,且较重同位素的相对丰度较高,因此可以在常规 GCMS 系统上以足够的精度测量两种同位素的相对丰度,从而获得从 GC 柱上洗脱的单个化合物的精确 $\delta^{37}Cl$ 值。Shouakar-Stash 等(2006)、Sakaguchi Soder 等(2007)以及 Aeppli 等(2010)最近的文章提到了这种方法的细节。Elsner 和 Hunkeler(2008)讨论了计算氯化物同位素比值的理论基础。假设原化合物中的同位素分布(一种同位素取代的分子,如 $^{12}CO_2$ 和 $^{13}CO_2$)是非选择性的,则反应过程中同位素比值的变化与同位素比值的变化成正比。Bernstein 等(2011)进行了一项实验室间合作研究,发现参与研究的实验室在使用相同的外部标准时产生了一致性良好的结果,验证了该方法的可靠性。

已发表的有关氯化溶剂的研究与本章讨论过的大多数其他化合物方式是一样的。利用微观研究和实地研究,讨论化合物的来源解析以及研究自然衰减解析降解的开始和程度。由于许多降解途径的复杂性,最近有很多研究尝试将同位素数据纳入反应传输模型,以更全面地了解和量化地下水羽流中单个化合物及其降解产物的降解程度,这将在本章第 11.7 节介绍。在降解研究方面,许多研究测定了用于定量化合物转化程度的富集因子(Fletcher et al.,2011)。富集因子已被发现随所使用的特定微生物和实验条件的不同而变化。自 1940 年代以来,氯化烃被用于各种行业,包括电子和仪器制造、航空航天以及机械、印刷和干洗行业(Beneteau et al.,1999;Hunkeler et al.,1999;Jendrzejewski et al.,2001)。由于泄漏或不当处理,氯化物是也一直是导致水中环境污染的原因。由于这些化合物是 DNAPLs(致密非水相液体),它们往往在地下水系统中长期存在(Feenstra and Cherry,1988)。全世界约 19% 的地下水样本中检测到三氯乙烯,平均浓度为 27.3 ppb(US EPA,1989,引自 IARC,1995)。在污染场地,这些化合物的复杂扩散过程、不同污染源的存在以及它们长距离迁移的能力通常会导致氯代溶剂和相关降解产物的复杂羽流,使得他们的来源难以被确认(Huang et al.,1999)。与其他一些地下水有机污染物(如 MTBE)一样,GCIRMS 已被公认为研究氯代化合物来源和行为的一种有效的技术。迄今为止,有关氯化物的大部分工作都与碳同位素和氢同位素有关。随着环境中氯代烃的大量存在,人们越来越关注利用氯同位素作为源解析的另一工具。

在线 $\delta^{37}Cl$ 测量一直是氯化溶剂降解研究中的一项重点,除了前面提到的少数例外,以前仅限于在线 $\delta^{13}C$ 测量(Hunkeler et al.,1999;Bloom et al.,2000;Sherwood Lollar et al.,2001;Slater et al.,2001)。一些研究涉及了用 GCIRMS 连续测量环境样品中无机氯的 $\delta^{37}Cl$(Wassenaar and Koehler,2004;Shouakar Stash et al.,2005)。他们对无机物,尤其是高氯酸盐的研究结果说明了环境样品中氯同位素含量测定的可能(Sturchio et al.,2003;Shouakar Stash et al.,2005)。Chartrand 等(2005,2007)的研究中利用 H 同位素来区分 1,2 - DCE 的来源和传输,以及讨论了 DCE 在断裂基岩中的生物降解。在另一个基岩含水层研究中,利用 C 和 Cl 同位素研究了 TCE 的起源和传输。这是一个已知的被三氯乙烯污染的地点,但以前从未使用稳定同位素进行过研究。通过利用 C 和 Cl 同位素,表明从市政污水井采集的 TCE 样品在同位素组成上是相似的。这些同位素值和附近油井中获得的 TCE 样本不同。同位素富集的结果表明,还原脱氢过程发生在羽流的某些区域,但更主要的是,如果在研究中较早地使用稳定同位素,市政污水井中的某些潜在三氯乙烯源就很容易被消除。稳定同位素也被用作鉴别氯化溶剂的非生物和微生物降解过程的工具,这一方法有许多现场应用案例(Hofstetter et al.,2007;Elsner et al.,2008;Dong et al.,2009)。Ferry 等(2004)的研究表明磁铁矿对明尼苏达州污染地下水羽流中的顺式二氯乙烯和 1,1 - DCE 起到了去除作用,而微生物还原脱氯无法解释这些污染物的消减。一般来说,非生物反应产生的同位素分馏比微生物降解大得多,因此这两个过程可以被区分开,但现场条件也可能对此产生影响(Liang et al.,2007)。

最近,Hunkeler 等(2011)利用碳和氯同位素以及定量聚合酶链反应(PCR)研究了丹麦砂质含水层中 PCE 和降解产物的降解,研究表明这一组合方法可以了解中氯乙烯在大规模羽流过程中传输信息。氧化还原条件改变了释放点的浓度梯度,但这些条件的变化与在这些不同条件下氯化物降解的同位素分馏有关。

由于环境中氯代污染物,如多氯联苯、二噁英、滴滴涕和各种其他氯化物的广泛存在和不易降解的性质,人们越来越关注氯同位素比值作为研究这些化合物在环境中的来源、运输和归宿的手段。Reddy 等(2000)研究了来自不同来源的多氯联苯,并注意到 $\delta^{37}Cl$ 值在-3.4‰到 2.1‰之间的狭窄范围内,但发现氯的质量百分比与 $\delta^{37}Cl$ 值之间没有相关性。应注意的是,研究中使用的样品是从环境标准供应商处获得的,而这些供应商又是从德国拜耳德国和意大利卡法罗获得的材料。标准物质中的变化被认为是由于这些产品的起始原料、合成方法、纯化或生产后储存和处理的差异或所有这些因素的某种组合引起的。这些同位素变化表明,$\delta^{37}Cl$ 可能是追踪多氯联苯来源和归宿的有效方法。在有限的实验中,个别同类物的 $\delta^{37}Cl$ 值之间似乎没有任何显著性差异。

另一个多氯联苯的研究中所用方法有所不同,Jarman 等(1998)研究了各种商业多氯联苯中碳同位素变化，各 PCBs 的整体碳同位素比值在-22.34‰到-26.95‰之间变化，而同系物的整体碳同位素比值在-18.65‰到-27.98‰之间。混合物和单个同系物的结果有很大差异，个别同系物的 $\delta^{13}C$ 值随着氯含量的增加而减少，这可能是氯原子在联苯分子上的位置引起的动力学同位素分馏的结果。碳同位素比值如此广泛的应用，表明了在确定环境中多氯联苯的来源方面其作用很大。GCIRMS 的最新发展，加上前面几篇文章中的结果，表明碳同位素和氯同位素的结合是一种区分多氯联苯和其他氯化物不同来源的强有力的工具。由于难以获得 1960 年至 1970 年期间制造的多氯联苯的实际标准，很难确定沉积物中多氯联苯的绝对来源。但碳和氯同位素组成已能够确定沉积物中多氯联苯的存在是由于对某一特定地点的单一或多重输入所致。在过去的几年里有关多氯联苯的文章并不多，Hori 等(2005)使用二元气相色谱和稳定的碳同位素比值，证明了不同地理位置的多氯联苯存在同位素差异。

11.3.7 其他有机化合物和稳定同位素

大多数涉及稳定同位素的环境损害司法鉴定都与本章讨论的常见地下水污染物以及涉及原油和精炼产品的应用有关。在前面我们也提到了有些文章中也有关于其他化合物和其他同位素(如 N、S 和 O)的研究。

有研究采用好氧微生物和厌氧微生物对 1,2,4 -三氯苯的微生物降解进行了研究，结果表明，不同条件下同位素分馏的变化可以用降解过程初始步骤的差异来解释(Liang et al.,2011)。也有研究通过使用稳定同位素，还对含有各种氯化苯混合物的含水层进行了现场研究，各种中间产物的产生和降解使同位素数据的难以解释，但在此研究中，使用了一种综合方法来显示累积同位素分馏，这又为这些化合物的原位降解提供了证据(Stelzer et al.,2009)。

硫有四种天然同位素：^{32}S、^{33}S、^{34}S 和 ^{36}S，^{32}S 和 ^{34}S 同位素最常用于同位素比值分析。虽然已经有使用硫同位素来区分人为来源和自然来源的二氧化硫的研究，但似乎硫同位素没有被广泛用于识别环境中的污染物来源。Becker 和 Hirner (1998)的研究中将整体碳和硫同位素结合起来作为区分不同来源原油的一种方法。有人指出，由于许多碳同位素比值非常相似，因此可以使用硫同位素比值作为补充来区分不同来源的石油。Amrani 等(2012)的研究表明，原油中苯并噻吩的硫同位素可根据 Amrani 等(2009)发表的方法，使用气相色谱法和 ICPMS 法进行测定。这似乎是迄今为止发表的唯一一篇论文，但它是一个非常令人兴奋的进展，因为它为研究来自许多不同来源的样品中的硫同位素开辟了道路。

Coffin 等(2001)在野外和实验室中利用了 $\delta^{13}C$ 和 $\delta^{15}N$ 同位素分析受污染土壤和地下水中 TNT 的来源，根据碳和氮同位素比值区分五种不同的 TNT 来源，突出了这种方法的应用前景。有许多文章都涉及爆炸的犯罪现场调查，其中许多调查都使用了氮同位素来确定爆炸物的来源。Benson 等(2006)在一篇综述中讨论了这个问题。虽然这与环境损害司法鉴定没有直接的关系,但是在 Benson 等(2006)的综述中列出了很多相关文章。这篇综述对任何想要获得关于氮同位素信息的人来说都是非常有用的。随着在不久的将来能够确定单个化合物的氮同位素组成,我们有望看到更多地使用氮同位素来研究含氮农药和其他化合物在环境中的传输和去向。氮同位素也被用于确定地下水中过量硝酸盐(标准为 10 毫克/升)的来源(动物粪便、肥料、污水)。Hartenbach 等(2008)在实验室研究中对阿特拉津的植物化学降解和相关同位素分馏进行了研究,得到的同位素分馏可以区分农药在环境中通过各种光化学反应的各种转化途径。稍早发表的一篇文章中研究了阿特拉津 C 和 N 同位素测定时的最佳燃烧炉条件(Meyer et al.,2008)。因为阿特拉津在农业工业中的广泛应用,这是一系列旨在调查阿特拉津在环境中的去向实验的一部分。同样,尽管氧同位素在古气候研究中得到了广泛的应用,但它们在当代环境损害司法鉴定中也没有任何重要的应用。当然,O、N、Cl、S 和某些放射性同位素在许多水文地质研究中被广泛使用,例如确定地下水年龄、描述地下水质量、检查水文地质循环的变化以及对降水的研究(Clark and Fritz,1997)。然而,正如前文提到的,这些应用中的大多数并不是严格意义上的环境损害司法鉴定。

11.4　生 物 降 解

碳、氢和氯同位素现在常用于评估污染物的来源以及这些污染物与其可疑来源的相关性。此外,近年来利用稳定同位素来监测环境中单个化合物的生物降解速率和程度也被认为同等重要(US EPA,2008)。对于地下水样品这种方法的潜力巨大,尤其是对于在水中易溶的化合物,如 MTBE(Gray et al.,2002)。MTBE 等化合物具有流动性,监测井的浓度变化不一定反映生物降解引起的浓度变化,监测井的浓度变化可能只是反映了污染物在羽流中的运动。已经有充分的证据表明,随着生物降解的增加,MTBE 的重同位素逐渐富集(Gray et al.,2002;Mancini et al.,2003;Chartrand et al.,2005;Kuder et al.,2005)。甲基叔丁基醚(Methyl tert-butyl ether,MTBE)会被多种好氧菌迅速氧化,但实际中 MTBE 的大部分羽流是厌氧环境,厌氧生物降解对自然降解的影响更大。许多研究表明,MTBE 会在厌氧环境和存在大量电子受体的环境中降解(Bradley et al.,1999;Finneran and Lovley,2001)。厌氧条件下 MTBE 的降解速度较慢,在大多数情况下可能仅限于将 MTBE 生物降解为叔丁醇(TBA)(Somsamak et al.,2001)。因此,厌氧羽流的自然降解相对较慢,MTBE 降解同时叔丁醇(TBA)积累。

虽然微观研究的结果更明显和更容易解释，但微观研究往往是昂贵和耗时。微观研究可能需要几个月到一年多的时间才能完成。微观研究只能表明，含水层中含有微生物，能够在含水层取样时的条件下降解 MTBE。稳定同位素方法可以给出地下水中 MTBE 降解程度的直接信息。

由于难以证明甲基叔丁基醚（MTBE）的去除情况，监测 MTBE 自然降解在汽油泄漏现场的应用受到限制。MTBE 浓度随时间的变化趋势是降解的主要证据。电子受体和降解产物浓度通常不是生物降解决定性证据。地下水中 TBA 的存在也不是 MTBE 生物降解的确凿证据，因为 TBA 也是添加到汽油中的商用 MTBE 的微量成分。TBA 与水混溶，并将从汽油中分离，在没有 MTBE 生物降解的情况下，也可能在地下水中达到较高浓度（Zwank et al.，2002）。

Kuder 等（2005）的研究中利用稳定的碳和氢同位素发现了 MTBE 的厌氧生物降解。一项初步研究报告了 MTBE 厌氧生物降解过程中碳同位素的分馏（Kolhatkar et al.，2002），但测量方法的发展也使得我们能在分析环境浓度水样中 MTBE 的氢同位素比值。同时获得碳和氢的同位素数据更具说服力，因为碳和氢的同时分馏可以证明现场样品是通过厌氧而非好氧途径降解的。对于任何一种途径，同位素数据都可以用于使用 Rayleigh 方程计算生物降解程度。将计算的生物降解程度与总浓度的减少进行比较，可以评估生物降解的相对贡献。Thullner 等（2012）最近的一篇论文中回顾了利用 Rayleigh 方程法量化受污染含水层中各种污染物原位降解的进展，文中讨论了各种过程、羽流的不均匀性、吸附、挥发和混合等因素对这种特殊方法的影响。其他潜在的条件也需要考虑，因为任何地方的生物降解速率取决于许多因素，如毒性、营养物的存在、微生物群落的性质和地下水的盐度。加利福尼亚州奥兰治县的一个加油站研究中用到了这种方法，如图 11.15 所示，图中左侧显示了残余 MTBE 的碳同位素值；注意加油站西北侧 MTBE 的极重值，说明了该地区的强降解，在图中右侧使用 Rayleigh 方程计算了 MTBE 降解程度的保守估计值，这些值总是有些保守，因为必须对原始 MTBE 的同位素组成和原始 MTBE 浓度进行估算。

Ahad 等（2000）在实验室甲苯降解过程中，注意到一个很小但可重复的约 2‰ 的同位素分馏。Meckenstock 等（1999）在不同的环境条件下进行甲苯的微生物降解研究，残余部分的 $^{13}C/^{12}C$ 值发生了变化。许多生物反应都会发生 $^{13}C/^{12}C$ 同位素分馏，一般来说，^{12}C 同位素会优先被使用，由于优先消耗较轻的同位素，残余部分的 ^{13}C 含量会相应增加。Meckenstock 等（1999，2002）证明，使用甲苯作为底物有利于更重的同位素的富集，可以观察到高达 10‰的富集，富集值取决于所使用的细菌菌株。在未灭菌土柱上进行的类似实验观察到甲苯中 2‰～3‰的变化。Tobler 等（2008）研究了金属还原地杆菌对甲苯的厌氧降解，发现降解程度取决于 Fe（III）是固态还是溶解态。然而，由于环境中尤其是土壤和含水层中含有丰富的

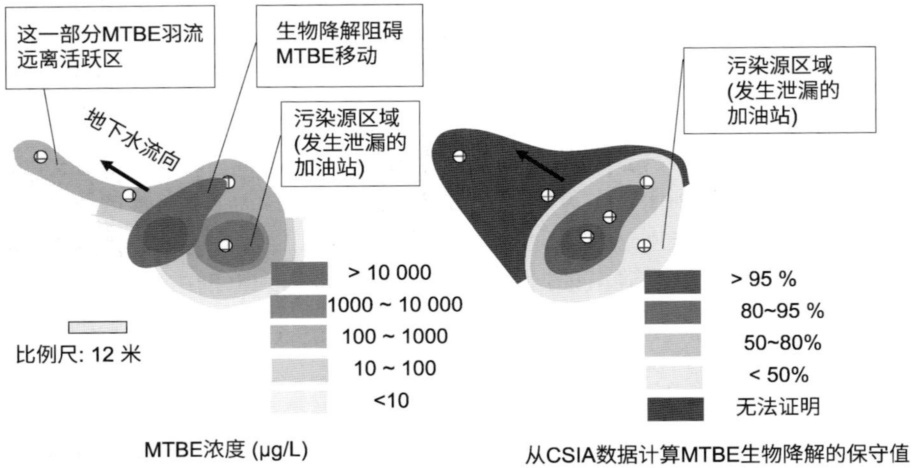

图 11.15 加利福尼亚州奥兰治县案例中使用同位素数据和浓度数据对 MTBE 降解程度进行半定量估计

Fe(Ⅲ),因此 Fe(Ⅲ)悬浮液测定的富集因子对甲苯厌氧降解更具代表性。与 MTBE 一样,尽管如此小的分馏在复杂的现场很难检测到,在现场使用该方法仍有一点可能。在当前的 GCIRMS 系统中,0.5‰的精度是很容易达到的。另一个必须考虑的问题是,这些同位素组成和变化速率在不同的地点可能不一样,这意味着每个地点都需要独立校准。在原油中 C_1-C_5 烷基苯降解的研究中,Wilkes 等(2000)观察到,对于邻二甲苯,在降解 70%后发生 4‰的 $\delta^{13}C$ 偏移,而对于邻乙基甲苯偏移量为 6‰。Blum 等(2009)确定了邻二甲苯的富集系数为-1.4/mil,这与实验室中硫酸盐还原微观研究中获得的富集系数相近。在油罐车事故(Meckenstock et al.,2002)、垃圾渗滤液羽流(Richnow et al.,2003)和前天然气厂场地(Griebler et al.,2004)等案例中也获得了类似的富集系数。计算残余浓度依赖于 R_0,即来源中的同位素比值。如果来源中同位素比值未知,则 R_0 可由来源附近最上游监测井中同位素比值代替,计算结果可能不会有太大变化。基于实验室得出的碳和氢分馏系数(Mancini et al.,2002),已成功地用于估算污染场地苯的生物降解程度(Mancini et al.,2003),两种元素得出的结果基本一致。在一个原天然气厂场地,Griebler 等(2004)观察到厌氧降解过程中 BTEX 和萘的碳同位素分馏,观察到的萘系分馏系数远小于 BTEX。目前尚不清楚这是由于降解过程中不同的限速步骤,还是由于萘结构中的大量碳原子"稀释"了测量的同位素分馏。Fischer 等(2008,2009)利用 C 和 H 同位素比值研究了好氧和厌氧条件下苯的降解途径,探究了不同的条件,包括使用四种不同的好氧细菌菌株、兼性厌氧氯酸盐还原菌株和硫酸盐还原混合培养等的影响,结果显示结合 C 和 H 同位素比值,可以区分硝酸盐还原、硫酸盐还原和产甲烷条件下苯的单羟基化、二羟基化和厌氧降解(图11.16)。这些实验室研究提供的有用信息,可外推到实地研究中,以了解在现场发生的降解机制。Mancini 等(2008b)在各种微观实验中研究了苯厌氧降解的初始步骤,他们采用硝酸盐还原、硫酸盐还原和产甲烷苯富集培养,通过同位素分馏揭示了不同条件下的反应机理。如图 11.17a 所示,苯的羽流显示出浓度下降和碳同位素富集之间的良好相关性,说明了苯的自然降解。在另一个场地研究中,使用蒸汽提取进行修复,再次观察到先前提到的 MTBE 的反 H 同位素效应(图 11.17b)。地下水研究中的一个常见问题是非生物降解与生物降解。Fischer 等(2007)研究了氢化厂附近的 BTEX 污染羽流,并使用 Rayleigh 方程研究了苯的降解。有人指出,当非生物过程也影响羽流中苯和其他化合物的降解程度时,与 Rayleigh 方程相关的不确定性会增加。大多数苯降解的研究都测定了碳和氢同位素比值,但是 Knoller 等(2006)的研究测定的是地下水羽流中的硫和氧同位素值。最近使用乙醇作为燃料添加剂也导致了以调查乙醇对燃料站排放的汽油羽流中 BTEX 化合物比率的影响的一系列研究(Mackay et al.,2006)。通过对比添加乙醇和不添加乙醇的两个羽流,我们发现乙醇羽流中 BTEX 的降解速度比没有乙醇的羽流慢。原因

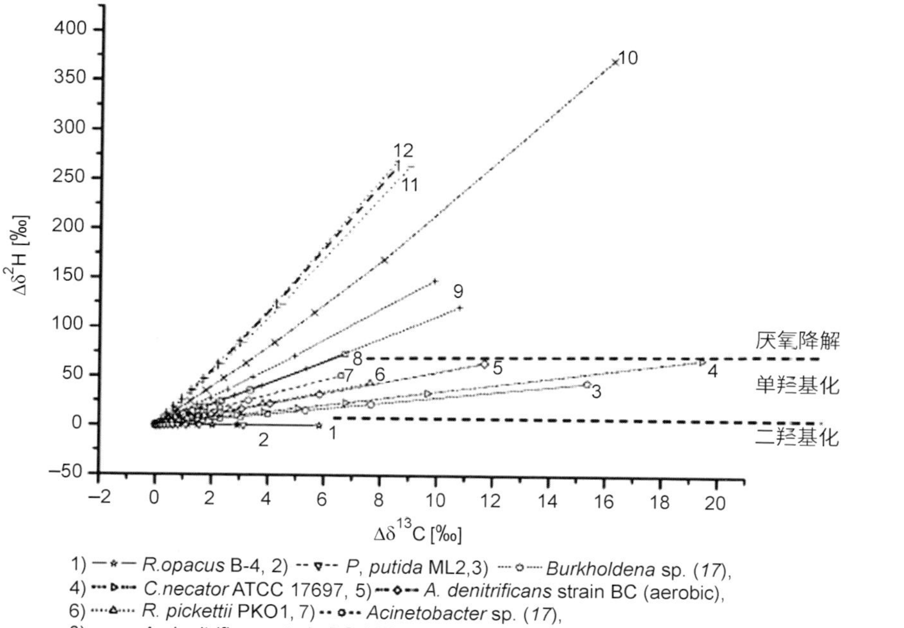

图 11.16 硝酸盐还原、硫酸盐还原和产甲烷条件下苯的单羟基化、二羟基化和厌氧降解的 C 和 H 同位素比值

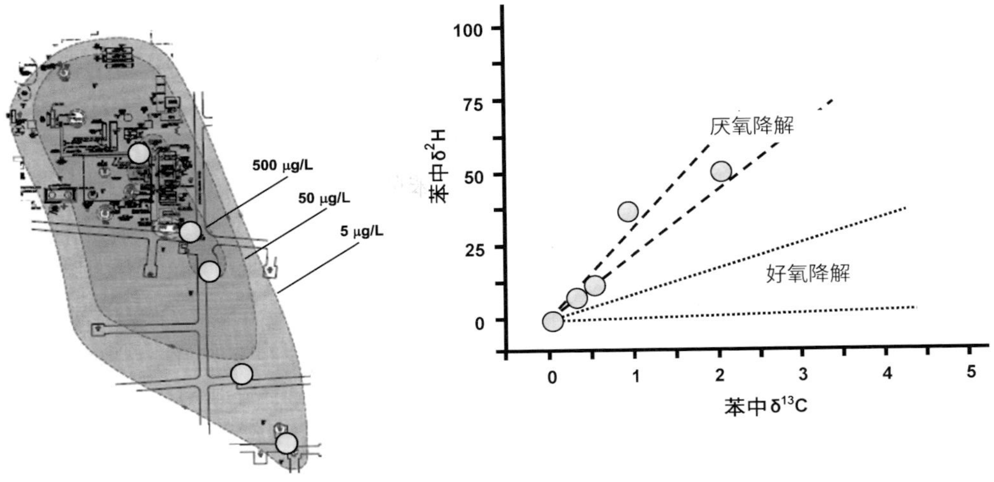

图 11.17a　释放点下游苯浓度分布以及苯中 $\delta^{13}C$ 和 $\delta^{2}H$ 值

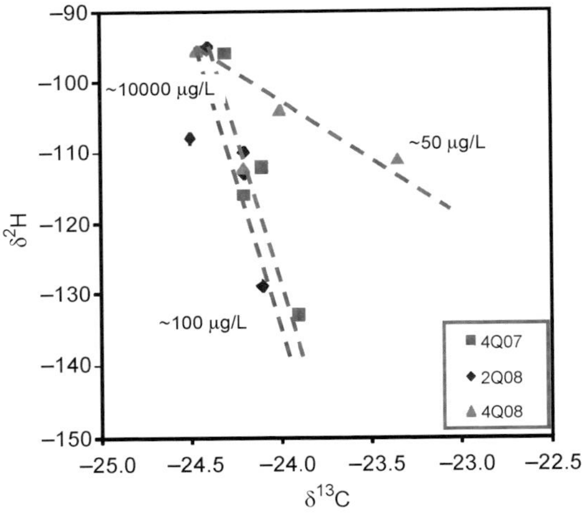

图 11.17b　通过土壤蒸气提取修复苯污染场地中苯的 $\delta^{13}C$ 和 $\delta^{2}H$ 值

是乙醇的降解耗尽了溶解的硫酸盐，因此减缓了BTEX化合物的降解速度。

在生物降解过程中可能的同位素变化方面还有大量工作要做，因为这些变化取决于多种因素，包括化合物本身以及所有相关的环境因素和降解有关的细菌菌株。同时还必须考虑非生物降解的可能性。并不是所有的化合物在生物降解时都表现出明显的同位素分馏，这使得问题更加复杂化。O'Malley 等(1994)指出，生物降解过程中萘没有表现出同位素分馏。Kelly 等(1995)和 Trust 等(1995)的研究也有类似的结果，他们发现苊、芴、菲和荧蒽的同位素组成在生物降解时没有变化。分馏程度会随分子尺寸的增大而减小。在降解过程中，若只有一种碳的位点发生反应，如果化合物中有四个碳位点，那么同位素效应将比有十二个的碳位点的化合物更明显（Elsner et al., 2005）。同位素分馏的程度也可能取决于酶的机制（Drenzek et al., 2001; Mazeas et al., 2002; Morasch et al., 2002）；研究中芳香烃被环加氧酶降解没有观测到显著的碳同位素分馏。利用碳和氢同位素测量的几项研究（Ward et al., 2000; Hunkeler et al., 2001; Gray et al., 2002; Mancini et al., 2002; Morasch et al., 2002）发现，与碳同位素分馏相比，经常观测到的更大的氢同位素分馏是提供污染现场生物降解的有力证据，尤其是对于低水平生物降解。H 和 D 同位素之间的质量差异比 ^{12}C 和 ^{13}C 同位素之间的差异更大，是造成这种分馏差别的主要原因之一。我们应该意识到，特定元素的同位素分馏在很大程度上取决于生化反应机理的限速步骤。正如源解析研究所发现的那样，氢和碳同位素分析的结合有可能改进生物降解的评估方法。

几年前，Aggarwal 和 Hinchee（1991）提出测量碳氢化合物降解产生的二氧化碳是研究生物降解的另一种方法。以这种方式可以区分从石油碳氢化合物中产生的二氧化碳的碳同位素组成可以与其他来源和其他机制产生的二氧化碳。在分析三个受飞机燃料污染地点的二氧化碳时发现，污染地点二氧化碳的 $\delta^{13}C$ 约比未受污染地点的二氧化碳的 $\delta^{13}C$ 低 5‰。在好氧生物降解的地区，这种方法可以为碳氢化合物的原位生物降解的确认提供可行的证据。强烈的生物降解可能导致厌氧生物降解的发生，在这种条件下，二氧化碳降解为 CH_4 可能导致剩余二氧化碳中同位素的富集；这是一个需要进一步研究的领域。

溶解性无机碳（DIC）的同位素组成也可以用来监测环境中污染物的变化。例如，在地下水含水层被飞机燃料污染的地点，DIC 的 $\delta^{13}C$ 值在 -28‰～+11.9‰之间。飞机燃料的 $\delta^{13}C$ 值为 -27‰，在好氧条件下降解后，在硫酸盐还原条件下产生 DIC 的 $\delta^{13}C$ 值为 -26‰或 -18‰。在降水少或缺氧时期，以产甲烷为主要终电子受体过程时，DIC 值最高可达 +11.9‰。研究中获得的结果表明，DIC 的 $\delta^{13}C$ 值可用于区分电子受体可用性受水文条件影响的生物降解过程的分布（Landmeyer et al., 1996）。

明尼苏达州贝米吉附近原油泄漏附近地下水中溶解 CH_4 和 DIC 的稳定同位素比值证明发生了醋酸发酵产生 CH_4 的过程（Revesz et al., 1995）。常见的两种生物甲烷生成途径是：H_2 还原 CO_2 和醋酸发酵。醋酸发酵指的是从底物（例如醋酸盐、甲胺等）转移一个 CH_3-基的产甲烷过程。共存的 CO_2 和 CH_4 之间的分馏系数可以表示为

$$\alpha_{CO_2-CH_4} = \delta^{13}C_{CO_2} / \delta^{13}C_{CH_4} \tag{11.1}$$

H_2 还原过程，这个分馏系数范围为从 1.05 到 1.09，醋酸发酵过程，这个分馏系数范围为从 1.04 到 1.06。如果单独使用碳同位素比值不能区分不同过程，则可以

利用H/D值来确认可能的过程。在淡水环境中,甲烷通常通过醋酸发酵和二氧化碳还原两种途径发生,其中约70%的甲烷来源是醋酸发酵,其余部分来自二氧化碳还原。在贝米吉的样品中,醋酸盐发酵产生的CH_4导致饱水带DIC浓度和$\delta^{13}C$值增加。在非包水带,CH_4在较浅深度被氧化,表现为$\delta^{13}C$值增加和DIC浓度降低。CO_2的$\delta^{13}C$值随深度增加,与CH_4的氧化程度一致。

有机垃圾的生物降解是二氧化碳和甲烷的另一个主要来源。填埋场甲烷或生物甲烷的$\delta^{13}C$值通常在-42‰和-61‰之间。非填埋环境中,从二氧化碳还原的甲烷中$\delta^{13}C$值在-60‰和-95‰之间,从醋酸发酵的甲烷中$\delta^{13}C$值在-47‰到-63‰(Whiticar et al.,1986;Schoell,1988)。甲烷同位素组成的一个非常实际的应用是区分甲烷和生物甲烷的来源(Kaplan et al.,1997)。据报道,在人口稠密地区,甲烷浓度异常高。第一个反应可能是该地区任何天然气管道的运营商,在许多情况下,这可能确实是甲烷气体的来源。也有一些案例表明,浓度的异常仅仅是由于有机垃圾(通常是垃圾填埋场)降解产生的甲烷积聚造成的。根据甲烷的同位素组成可以很快地确定来源。天然气甲烷相对较重,$\delta^{13}C$值在-35‰和-45‰之间。天然气通常也含有C_{2+}组分,这些组分在重同位素占比也较高。如前所述,生物甲烷在同位素上比天然气甲烷轻得多。此外,还应注意的是,与生物甲烷不同,天然气甲烷不含^{14}C。

总的来说,除了前面提到的各种相关方法外,同位素比值最重要的用途是监测生物降解的影响、速率和可能的机制。对于水溶性很强且难以用其他方法测量其降解速率的单一组分,该方法尤其有用。

11.5 VOCs和蒸汽入侵

在过去的几年中,蒸汽入侵是一个讨论非常广泛的话题,蒸汽入侵更具体地说是确定建筑物中挥发性有机化合物的来源。便携式GCMS系统已用于快速现场测定VOCs(Gorder and Dettenmaier,2011),但GCMS并不能揭示VOCs的来源。稳定同位素非常适合作为研究这一问题的工具,因为GC和GCMS数据将提供关于VOCs数量和特性的信息,但在大多数情况下无法以此区分来源。即使使用多元稳定同位素也不一定能解决这个问题,因为有许多家居产品含有相近同位素组成的挥发性有机化合物。然而,如果挥发性有机化合物来自地下被降解的污染物,稳定同位素将能够区分该来源和家居产品来源。McHugh等(2011)描述了用容量罐或吸附剂捕集器从室内空气中采集样品的方法的发展。Hunkeler等(2011)的研究证明了在含氯化合物通过砂质含水层的不饱和带扩散过程中,没有发生C和Cl同位素分馏，验证了同位素可用于气相中的挥发性有机化合物与其地下来源的相关分析。在最近的一个研究中，Jeannottat 和 Hunkeler(2013)发现，一旦达到稳定状态，从地下非饱和带中迁移的 PCE 中 C 和 Cl 同位素组成是恒定的。因此，在稳态情况下，可以建立地下水羽流与蒸汽入侵之间的关系。而实验室研究表明，PCE 从地下水向非饱和带迁移的过程中，在毛细管边缘观察到小的同位素分馏。

Bahlmann 等(2011)描述了一种用于沿海地区挥发性卤代烃和碳氢化合物的低温大容量取样系统，该系统也可用于室内空气样品的取样。有研究通过同位素对爱尔兰一些城市、农村和沿海地区的卤代烃和碳氢化合物进行了研究，以确定这些化合物的来源(Redeker et al.,2007)。挥发性 C_3-C_5碳氢化合物的同位素比值通常与化石燃料来源有关，并且随着碳数的增加而显示富集趋势。这些化合物的同位素组成没有明显的日变化，与冬季样品相比，夏季样品具有一致的富集特性。结果还表明，源自欧洲的贝尔法斯特的城市空气可以与大西洋沿岸空气中源自北极地区的化合物区分开来。在中国兰州和太原市区进行的一项研究表明，这些地区大气中的碳氢化合物主要来自汽车尾气、燃煤废气和烹饪废气。研究显示煤炭作为烹饪和取暖的燃料被广泛使用，研究结果强调了需要减少此类来源排放(Peng et al.,2009)。许多研究对 C_1-C_5范围内的挥发性碳氢化合物特征进行了测定，以确定其来源或评估自然降解的程度(Kinnaman et al.,2007;Zuiderweg et al.,2011;Nara et al.,2006;Bouchard et al.,2005,2008)。Henning 等(2007)描述了一种用于测定挥发性碳氢化合物的多功能进气系统，尽管是为了天然气样品开发的，该系统也对其他环境样品的测定有价值。研究发现，紫外线辐射可导致环境中挥发性碳氢化合物的同位素分馏，在评估同位素组成并试图确定这是生物降解还是光氧化的结果时，需要考虑到这一点(Oba and Naraoka,2008)。

有研究使用专门为大气样本设计的新型 GCIRMS 系统，用同位素来确定含氧化合物的来源(Giebel et al.,2010)。根据挥发性含氧化合物(如乙醇)的同位素组成，可以区分大沼泽地和迈阿密大都会地区植被的排放。迈阿密上空的大部分乙醇都是^{13}C 同位素富集的($\delta^{13}C$ −5 到−17.2/mil)，这表明乙醇和燃料中的乙醇来源于玉米。值得注意的是，玉米和甘蔗都有 C4 光合循环，因此乙醇也有可能来自当地甘蔗。米德等(2008)开发了一个由多个吸附管组成的移动式预浓缩系统，用于收集城市背景样品，用于 GCIRMS 分析，这项研究的目的是区分人类和生物来源的卤代烃，但同样可以用于蒸汽侵入研究。Auer 等(2006)重新评估了吹扫和捕集器作为一种在大量海水中浓缩挥发性有机物的技术，这种方法已经使用了很多年。虽然在分离过程中观察到小的同位素分馏，但测量的精度约为 20%；当然这种方法还可以获得更好的精度。

最近的几篇文章讨论了用同位素来表征来自水泥窑、汽车尾气和其他来源的挥发性有机化合物和其他化合物的研究。例如，Turner 等(2006)测定了工业和汽车尾气中的挥发性有机化合物中碳同位素特征，并通过这种方法进行了区分。在另外的研究中，比较了生物质燃烧和汽车尾气排放物中的挥发性化合物，以及氧化铝冶炼厂的挥发性有机物（Vitzthum von Eckstaedt et al.，2011a，2011b）。所有这些研究都有两个目的：第一，证明热脱附与 GCIRMS 系统相结合测定这些类型样品中 VOCs 同位素组成的有效性，第二，证明这是评估这类空气样本中 VOCs 来源的有效方法。这些研究显示了稳定同位素在区分不同来源的挥发性有机化合物和确定它们对城市空气背景值贡献方面的价值。

11.6 大气污染物的源和汇

同位素测量可以作为描述大气中气体的各种源和汇的一种工具，并估计各种源和汇的相对占比。这种方法自 1980 年代初就开始使用，但结合 GCIRMS 技术的使用扩宽了它的可用性（Rice et al.，2001）。Rice 等（2001）对双入口 IRMS 和 GCIRMS 测量甲烷 $\delta^{13}C$ 和 $\delta^{2}H$ 进行了详细比较，没有发现两种方法之间存在系统偏差。在太平洋横断面上，南半球和北半球的 $\delta^{13}C$ 值分别为-47.0‰到-47.3‰，$\delta^{2}H$ 值分别为-85.8±1.2‰和-91.7±2.0‰，表明 $\delta^{2}H$ 分析比 $\delta^{13}C$ 分析对空间变化更敏感。对于氯甲烷，Thompson 等（2002）估算全球 $\delta^{13}C$ 平均值为-36.2‰。根据已知来源的同位素组成对大气氯甲烷的估算表明，其 $\delta^{13}C$ 平均值为-41.9±7.8‰，说明氯甲烷存在其他的排放源。氯甲烷有几种天然来源，同位素组成在区分自然来源和人为来源方面显然起着重要作用（Gribble，1998，2003）。与生长基质相比，多孔真菌释放的氯甲烷的 $\delta^{13}C$（-43.3‰）减小，而在两种高等植物物种中 $\delta^{13}C$ 减小值更多（Harper et al.，2001）。研究发现两种热带蕨类植物产生的氯甲烷的 ^{13}C（分别为 $\delta^{13}C$ -69.3 和-72.7‰）相比于生物质燃烧和工业排放产生的氯甲烷的 ^{13}C 明显减少（Harper et al.，2003）。识别二氯甲烷和其他挥发性大气成分来源能在评估大气污染物的贡献及其在未来气候变化中的可能作用方面发挥重要作用。

11.7 同位素法与其他方法的结合

尽管稳定同位素在环境损害司法鉴定中有许多应用，但在大多数情况下，它们应该与其他分析技术（如 GC 和 GCMS）结合使用。在几乎所有的应用中，同位素值都应作为一个初步工具，为样品之间可能的关系提供信息。这对整体同位素和单个组分同位素的比值都是必需的步骤，对于单组分来说，同位素比值可能是唯一可用于相关目的的工具。

与碳同位素结合使用的最常用的技术是 GC 和 GCMS 或 GCMSMS。本章将不详细讨论这些技术，因为它们在文献和其他地方都有很好的介绍（见第 8 章）。为了说明这种组合的价值，本章将介绍两个例子。其中第一个是从印度洋被冲到塞舌尔群岛的海滩上的一些焦油球，让人感兴趣的问题是各种样本之间是否存在一些关联，这些样本是来自过往的油轮运输还是来自水下渗漏。色谱图显示，由于蒸发、水洗和生物降解，样品在海洋中受到不同程度的风化（图 11.18），不同数量的正构烷烃从样品中去除；样品的整体同位素比值随着正构烷烃的去除而改变，因此不会非常有用。由于这些样品是原油，甾烷和萜烷生物标志物的分布可以用来证明四个样品之间的关系。生物标志物数据表明，图表左侧的两个样本之间有明显的关联，并且与图表右侧的两个样本不同（图 11.19）。左侧的两个样品均来自碳酸盐岩母岩，具有许多与中东原油相似的特征，因此，这两个样本可能来自油轮运输。右侧两个样品并非来自碳酸盐岩母岩，其特征与已知来自塞舌尔地区湖相母岩的其他样品相似。对右侧的两个色谱图进行粗略检查，很容易发现这两个样品实际上彼此完全相同，然而，两个样品中单个正构烷烃的碳同位素比值表明样品的同位素并不相同（图 11.20）。这一发现促使研究者对生物标志物色谱图进行更仔细的检查，随后发现在一个样品中存在一种相当独特的生物标志物油酸烷，但另一个样品中没有。这种化合物的存在加上同位素的差异，可以得出这两个渗漏样品来自同一源岩不同地质相的结论。因此，这是 GC、GCMS 和 GCIRMS 相结合区分这些样品来源的一个很好的例子。虽然这个例子说明了两个天然渗漏之间的差异，微小的差异也能区分导致造成环境污染的两种原油来源。

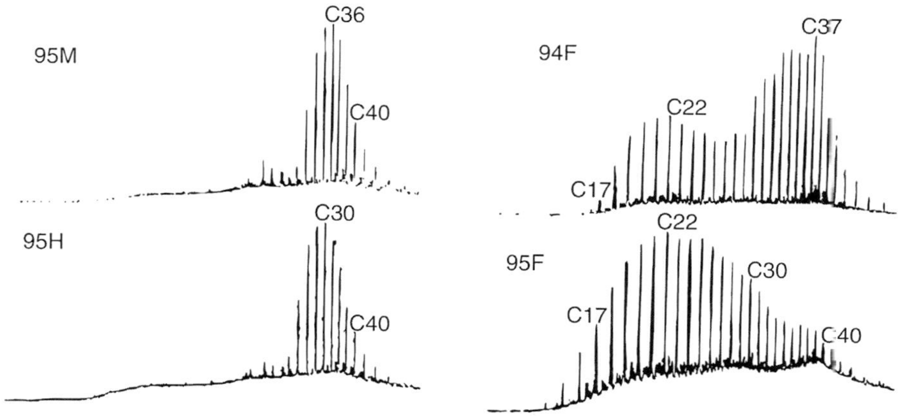

图 11.18 塞舌尔群岛严重风化的焦油球样品的气相色谱图

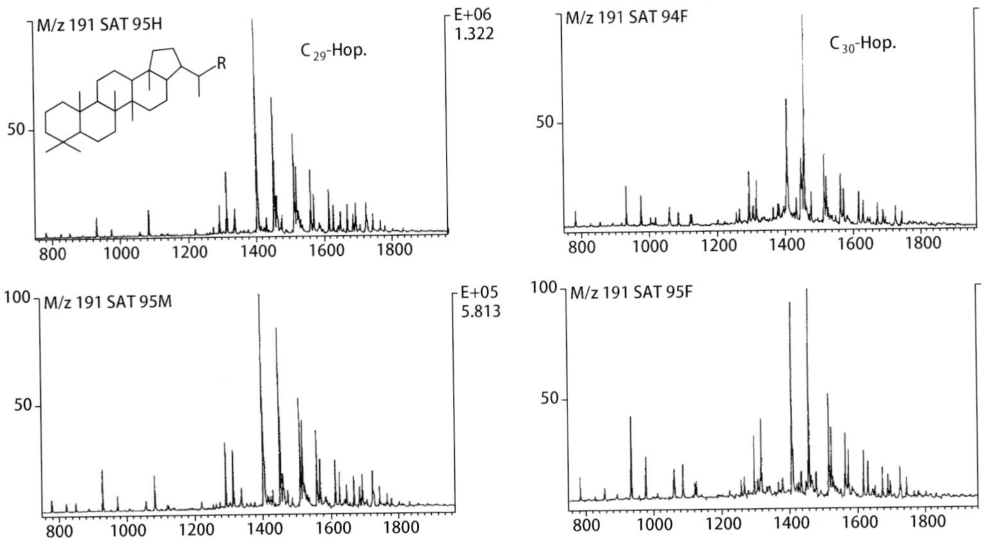

图 11.19　塞舌尔群岛严重风化的焦油球样品的生物标志物图

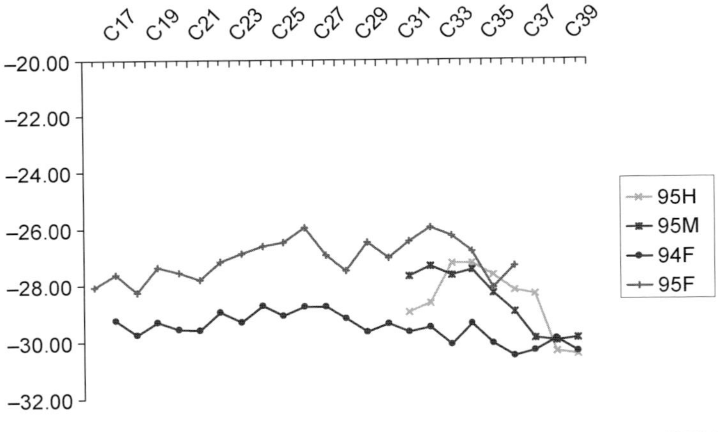

图 11.20　塞舌尔群岛严重风化的焦油球样品中甾烷和萜烷的 GCIRMS 测量结果

另一个典型例子是 Kvenvolden 等(1995)对埃克森–瓦尔迪兹漏油事件后从威廉王子湾海滩收集的石油残留物进行的碳同位素研究。研究发现石油残留物可以分为两类,其中一种原油的同位素比值约为−29‰,与埃克森–瓦尔迪兹原油相似,另一组的同位素比值约为−23‰,与阿拉斯加的任何一种石油都大不相同。获得这些信息后,通过气相色谱和 GCMS 对各种残留物进行了更详细的分析,发现较重的残留物实际上来自加利福尼亚州的蒙特利页岩原油。

尽管检测特异性有所提高,GCIRMS 技术仍存在一些问题和局限性,这些问题和局限性与中度到重度生物降解的原油有关。GCIRMS 要求色谱图中存在分辨率良好的组分,严重风化特别是生物降解的样品通常失去了正构烷烃,由此产生的色谱图将主要由未溶解组分组成。研究表明,从这些样品中分离和热解沥青质为进行相关性研究提供了另一种方法(Behar et al.,1984)。以前的研究已经使用沥青质的整体同位素组成作为严重风化原油的相关参数(Macko et al.,1981;Hartman and Hammond,1981)。Hartman 和 Hammond(1981)没有发现这些化合物的同位素组成有任何变化,尽管 Stahl(1977)观察到随着人工生物降解的增加,^{12}C 略有富集。沥青质的热解通常是离线进行的(Eglinton,1994),热解产物被收集并分馏成饱和烃、不饱和烃、芳烃和极性馏分。随后可利用 GCIRMS 分析含有正链烯烃和正链烷烃的饱和烃和不饱和烃。GCIRMS 对这些组分的分析表明,原始样品和降解样品中这些组分的单个正构烷烃的同位素组成非常相似。沥青质热解生成的正构烷烃的同位素组成与它们各自的原油的正构烷烃的同位素组成非常接近。这些结果证实了 GCIRMS 和沥青质热解产物能够将重度生物降解的石油与其未风化的对应物相关联,其分析误差在可接受范围内。

图 11.21 到图 11.23 是本文要介绍的最后一个例子,说明了如何组合使用同位素和生物标志物来解决环境问题。案例主要讨论这些图中所示的两个监测井的样本是否相关,是否属于同一碳氢化合物羽流的一部分。两个样品都被鉴定为精炼

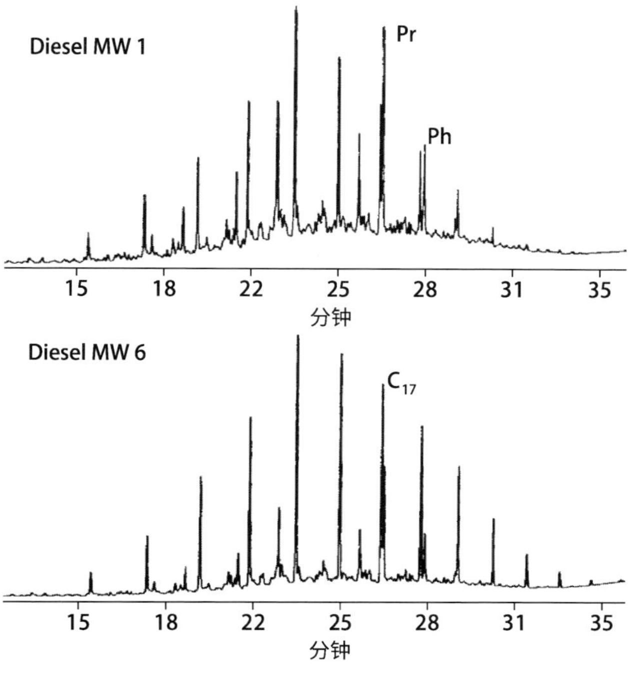

图 11.21 同一场地两个监测井样品的气相色谱图

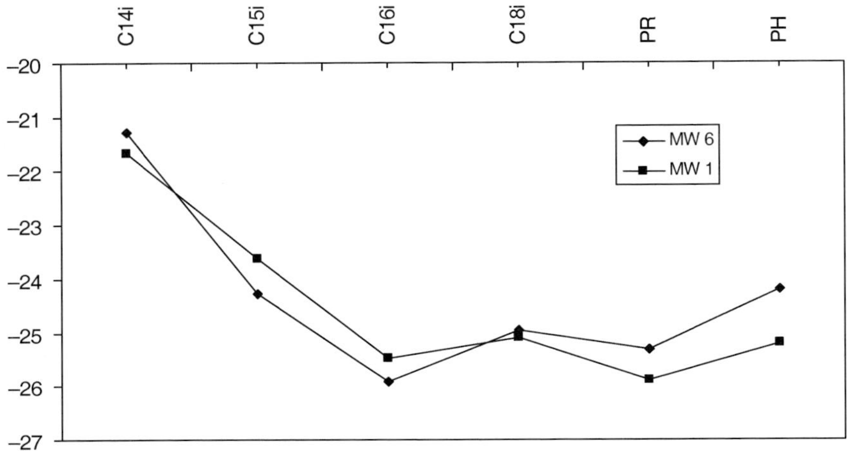

图 11.22 两个样本中单个组分的同位素比值

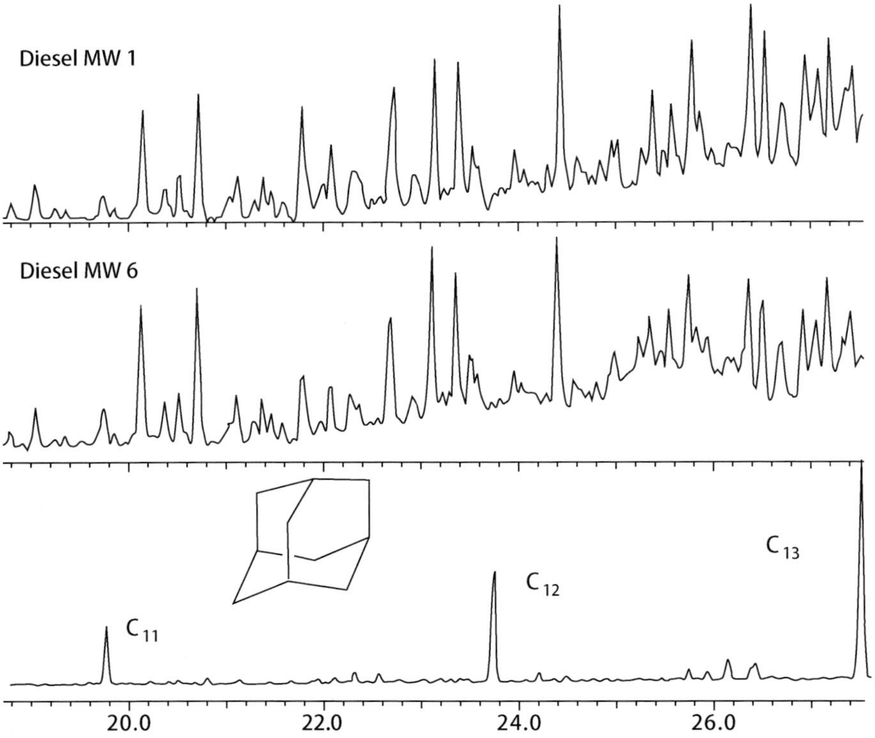

图 11.23 两个样本中金刚烷的分布图

产品，即柴油。与监测井6相比，监测井1中的样品出现了不同，这些差异可能仅是由于生物降解作用造成的，监测井1的样品中 n - C_{17}/Pr 值要小得多（图11.21）。用 GCIRMS 分析样品，仅测定类异戊二烯的碳同位素比值；这些值如图11.22所示，表明两个样品的来源相似。我们不应该仅仅依靠一个数据来判断两个样本之间的关系。因此，通过 GCMS 对这两个样品进行分析，特别是测定了金刚烷的分布（如图11.23所示）。这些分布的相似性以及同位素数据和其他生物标志物指纹表明这两个样本之间没有显著的相关关系。

11.7.1 反应传输模型

环境污染物研究中一个新的趋势是将地下水污染物反应传输的数值模拟与 CSIA 相结合（van Breukelen et al.，2005；van Breukelen and Prommer，2008）。反应传输模型模拟了地下水中污染物的浓度，包括质量迁移和污染物降解的影响。为了模拟污染物的同位素比值，分别针对特定分子结构的不同同位素变体（例如含有和不含^{13}C同位素的氯化乙烯）开发了数值模型。然后通过空间和时间信息用同位素特定模型的解中获得同位素比值。模型输出结果与在野外或实验室中观察到的模拟组分的浓度和同位素比值进行了测试。通过对模型结构和输入参数的迭代，得到最佳拟合。模型的解与经验数据（从污染物羽流采集的地下水样本中测得的浓度和同位素比值）的良好拟合证明模型较好地反映了实际情况。

反应传输模型/CSIA 方法为测试复杂的降解情景提供了一个可行的工具。在传统的基于 Rayleigh 方程的方法不适用或受同位素富集因子（ε）未知限制的情况下，该方法有助于定量确定污染物降解的程度。在不能直接应用 Rayleigh 方程的情况下，建模对于了解反应性中间产物（例如 cDCE 和 VC）的降解程度十分有效。还原脱氯链中碳和氯同位素分馏模拟的参考数据已出版，可根据降解实验的实验数据对模型输出进行校准（van Breukelen et al.，2005；Hunkeler et al.，2009；Jin et al.，2013）。已有研究利用反应传输模型评估氯化溶剂（Atteia et al.，2008；Pooley et al.，2009；Wiegert et al.，2012）和 BTEX 化合物（Prommer et al.，2009）的现场降解程度。同位素分馏反应输运模拟的类似原理也适用于某些非降解过程，这一类大多数都集中在横向分散（Rolle et al.，2010；Eckert et al.，2012；van Breukelen and Rolle，2012）和延迟（吸附）的影响（Kopinke et al.，2005；van Breukelen and Prommer，2008）。

正如第16章所讨论的，数值模型通常被用于年代测定和污染物排放源识别。然而，由于缺乏对地下条件的详细了解，数值模型往往存在不确定性。Atteia 等（2008）在美国多佛空军基地 TCE/PCE 羽流的研究中说明了建模/CSIA 方法在限制此类不确定性方面的价值。在这项研究中，两个使用不同参数开发的反应性传输模型成功地模拟了污染物的空间分布，但这两个模型在模拟的同位素比率方面产生了截然不同的输出结果(图 11.24)。PCE 和 TCE 的局部降解区模拟数据与现场数据相符合,但与假设降解在污染物羽流中广泛存在的另一个模型结果不一致。第 9 章将更详细地讨论用于确定氯化溶剂降解空间位置的方法。

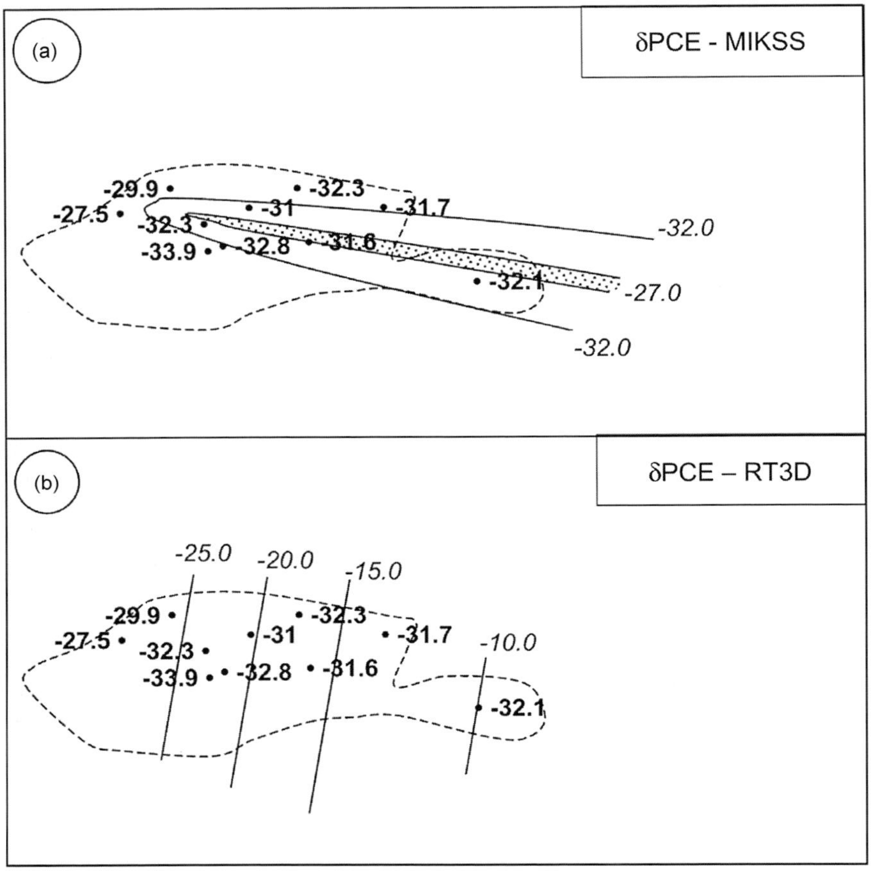

图 11.24 两种不同参数的反应传输模型对污染物空间分布的模拟结果(Atteia et al.,2008)

11.8 无 机 同 位 素

几十年来,铅以四乙基铅(TEL)和其他形式的烷基化衍生物的形式被加入汽油中。随着汽油中铅对健康的影响成为一个主要问题,到 1996 年,TEL 的使用被逐步淘汰,并在美国所有汽油中完全消除。如果含有汽油的地下水样中的铅含量不存在或可忽略不计,则通常的结论是,该样品一定是无铅汽油。如果样品中存在铅,则通常假设泄漏物是含铅汽油或含铅汽油和无铅汽油的混合物。可以采用多种燃烧方法来测量铅含量,或者采用 GC 方法来确定烷基铅衍生物在提取物中的分布。另一种方法是测量地下水提取物的铅同位素含量,这样做有两个原因:第一,测量铅同位素比值能将简单地表明样品中存在铅,第二是可能获得污染泄漏的大致时间。铅的天然同位素有四种:^{204}Pb(稳定同位素)和^{206}Pb、^{207}Pb和^{208}Pb(稳定放射性同位素)。尽管后三种是放射性的,但它们的半衰期极长,可以认为在所考虑的时间范围内是稳定的。铅同位素比值是相对于^{204}Pb或^{206}Pb测量的,相似的同位素比值意味着一个共同的来源(Hurst et al.,1996)。测年的应用与这些同位素的衰变没有直接关系,而是因为铅同位素比值反映了制备 TEL 时使用的铅的来源。Hurst 等(1996)和 Hurst 等(2000)开发的方法由于各种原因没有被普遍接受,该方法的部分发展是基于 1960 年至 1990 年 TEL 的主要制造商基本上只有两个公司 DuPont 和 Ethyl Corporation 这个事实。在汽油中 $\delta^{206}Pb$($^{206}Pb/^{207}Pb$)随时间变化的曲线图中,可以看出铅的同位素比值随着时间的推移逐渐偏向重同位素(图 11.25)。铅的来源有限,分为密西西比河谷型(MV)矿石和主要来自澳大利亚的进口矿石。前者的$^{206}Pb/^{207}Pb$比值约为 1.30,而进口矿石的$^{206}Pb/^{207}Pb$比值小于 1.1。$^{206}Pb/^{207}Pb$随时间变化的曲线图显示,来自不同来源的汽油中的铅随时间推移稳定增加(Hurst et al.,1996)。从这张图中,出现了人为(即汽油衍生)铅原型地层模型(ALAS),以区分多种汽油来源。该模型绘制了一个铅同位素比率与另一个同位素比率或一个同位素比率与浓度的关系图,Hurst(2000)提出,在五年的时间内,可以区分多种汽油来源和添加入汽油的时间(Hurst,2000)。如果这个判断是正确的,40 年内的数据不分散的情况清楚地表明了可以使用这种方法提供添加到汽油中的 TEL 的时间或制造日期。然而,个别泄漏情景的同位素比值的变化令人费解,因为这意味着密西西比河谷的铅在制造 TEL 之前已经与来自澳大利亚或其他地方的铅混合,并且相对比例随时间而有规律地变化。与任何商品一样,铅在市场上会被更好的价格购买的,不同来源的铅使用量很可能每个月都有很大的不同。如果我们假设 MV 铅的同位素值为-1.32,而另一个来源是-1.04,那么根据 ALAS 模型,可以计算出 MV 铅在 1965 年和 1987

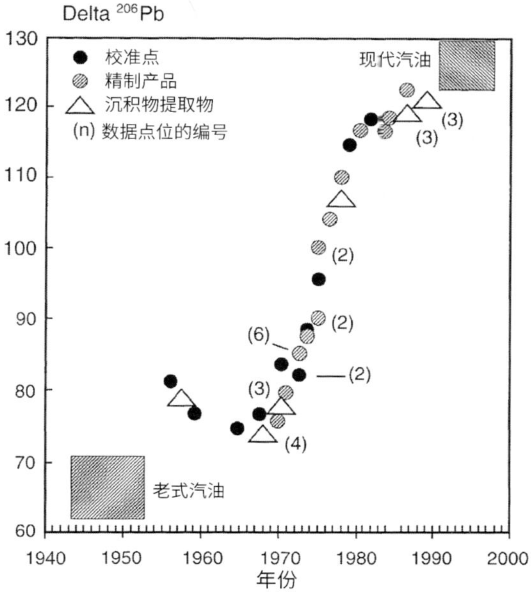

图 11.25 ALAS 模型校准曲线(Hurst et al.,1996)

年分别占 46%和 64%。而 Hurst 的研究称在同一时期 MV 矿石的使用率从 9%上升到 82%。其他问题包括潜在的其他来源(如铅基涂料或管道对地下水的贡献)可能也很重要的,因此在目前的知识水平下应用这种方法时必须谨慎。这个问题也由于在同一地点混合多个年份的汽油可能会大大改变根据铅同位素比值得出时间的这一事实而加剧。这种可能会得到解决,但如果组成混合物的单个组分的纯样本不可用,这可能会是一个复杂的问题。

虽然与 ALAS 模型无关,但 Vilomet 等(2003)的研究中用稳定铅同位素追踪浅层地下水中垃圾渗滤液。稳定铅同位素用于表征垃圾渗滤液特征($^{206}Pb/^{207}Pb=1.189\pm0.004$),该特征明显不同于当地大气($^{206}Pb/^{207}Pb=1.150\pm0.006$)和地壳中铅($^{206}Pb/^{207}Pb=1.200\pm0.005$)的特征。研究结果表明,浅层地下水系统中污染物羽流扩散的复杂性,需要多个独立的示踪剂来明确污染物的来源和传输途径。

11.9 页岩气、页岩油、水力压裂

在过去的几年里,人们对水力压裂和页岩气领域产生了极大的兴趣(在第 14 章将对关于这个话题进行更详细的讨论)。甚至最近,这种兴趣已经扩展到页岩油。这意味着以前被认为是母岩而不是储集层的地方,被发现含有大量的圈闭气和石油。在水力压裂过程中,岩石会发生破裂,并释放出油气。在石油和天然气勘探并不十分活跃的许多地区,新的勘探尝试使人们强烈反对勘探这些资源。有许多比较一般的文章和研究声称水力压裂导致了水井中存在天然气。生活在有天然气矿地区的人都知道,天然气不可避免地会渗入水井。这种气体对你的健康有害吗?不!它会在你喝之前挥发掉!更重要的问题是压裂作业中的化学物质是否进入水中。从最近撤回的美国环境保护局报告(US EPA,2011)和美国能源部报告(DOE,2013)来看,这很可能不会发生。正如所料,那些没有石油或天然气勘探经验的团体将试图从这些情况中获益,并试图说这是一个问题。迄今为止发表的许多此类研究都计划不周,结果模棱两可,具有误导性。例如,最初的一个研究检查了马塞勒斯页岩地区少量的天然气样品,并得出结论,水井中的天然气来自马塞勒斯页岩。然而,人们没有注意到这些气体可能来自其他不是水力压裂的地层。历史上,这个地区已经钻了超过 13 万口井,因此水井中至少有一些天然气也就不足为奇了。

与水力压裂有关的污染有两个方面。首先是压裂液中的化合物有污染淡水含水层的可能,这一部分可以主要通过 GC 和 GCMS 来解决,同位素起辅助作用。第二个方面与压裂作业释放的气体也可能进入淡水含水层有关。在测定天然气特征方面,同位素是十分关键的工具。碳、氢同位素在石油天然气工业中已被广泛应用

于天然气来源的识别和生物天然气与热成天然气的鉴别。此外，在不同时期产生的热成天然气也可以通过碳同位素和氢同位素的组合加以区分。这不仅在页岩气研究中很重要，而且对于区分生物填埋气和通过管道输送的热成天然气的环境研究也很重要。图 11.26a 和 b 显示了用于区分生物天然气和热成天然气的两个关键图。左侧的上图（图 11.26a）最初由 Bernard 等（1976）于 20 世纪 70 年代发表，使

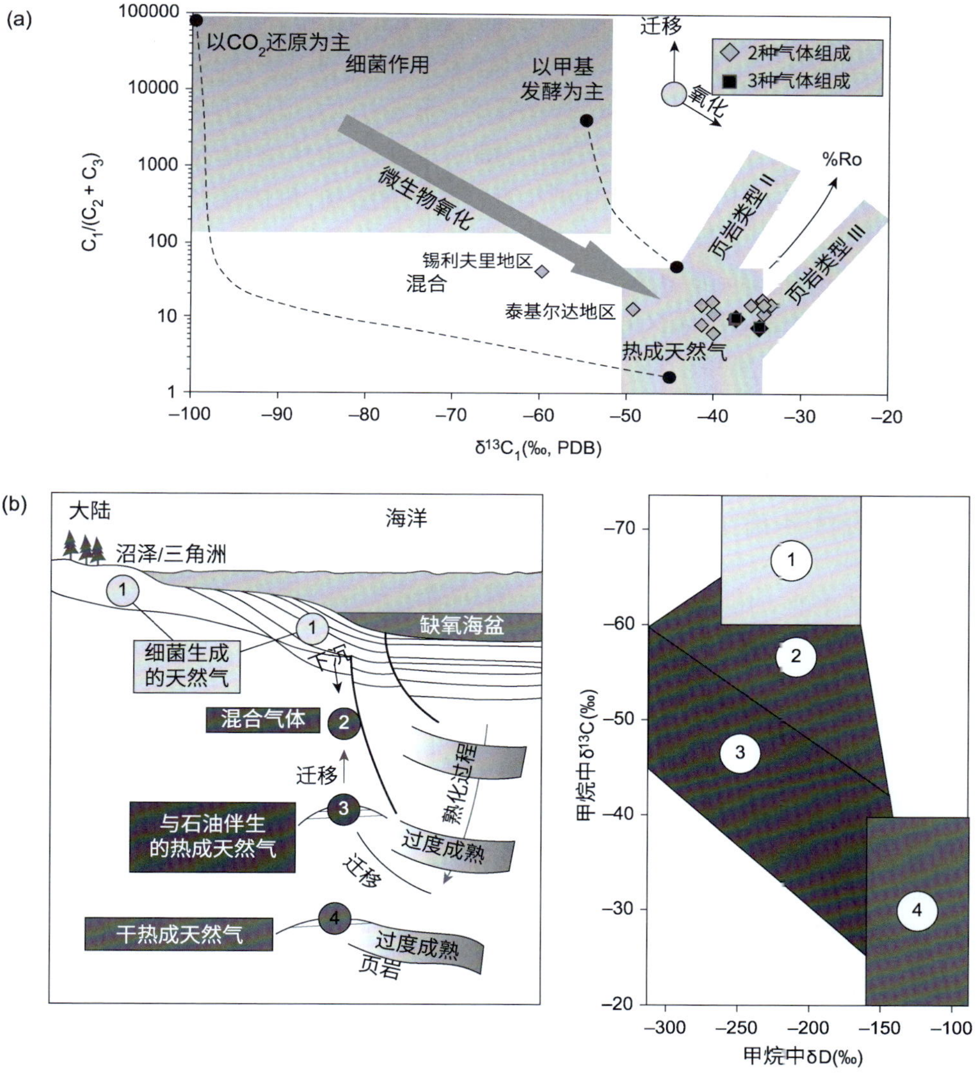

图 11.26　区分生物天然气和热成天然气的两个图

11.26a 为使用天然气组分构成和碳同位素的组合来区分生物天然气和热成天然气；11.26b 为使用天然气的 C 和 H 同位素组合来区分不同阶段生成的天然气

用天然气组分构成和碳同位素的组合来区分生物天然气和热成天然气。自发布以来,它已被多次修改(Gurgey et al.,2005),图 11.26b 使用天然气的 C 和 H 同位素组合来区分不同阶段生成的天然气。

11.10　LC/IRMS 研究进展

热电公司(Thermo-Electron Corporation)在 LC/IRMS 方面取得了一些进展(Godin and McCullagh,2011)。用 $\delta^{13}C$ 测量各种化合物,包括碳水化合物、叶绿素和蛋白质,都表现出良好的精度。在其他领域已有许多应用,在环境科学方面也有一些应用报道(Abramson et al.,2001)。Krummen 等(2004)成功地测试了液相色谱仪与稳定同位素比值质谱仪的在线耦合,用于测定氨基酸、碳水化合物和药物的 $^{13}C/^{12}C$。Godin 等(2005)使用 LC/IRMS 对生物分子进行同位素测量,结果表明,对于分子量为 131～66 390 Da 的化合物,其精度优于 0.3‰,准确度在 0.1‰～0.7‰。Sessions 等(2005)介绍了一种用于测量溶解的非挥发性有机材料中 ^{13}C 的移动分析仪,结果表明,几乎所有测试的样品,包括脂类、蛋白质、核酸、糖、卤代烃和碳氢化合物,准确度都优于 0.5。Godin 和 McCullagh(2011)回顾了该领域的最新进展和发展。显然,这是一个正在继续发展的领域,在不久的将来无疑会看到它在环境领域更多的应用。

(马栋,卓少杰)

参 考 文 献

Abrajano, J., Sherwood Lollar, B., 1999. Compound-specific isotope analysis: Tracing organic contaminant sources and processes in geochemical systems. Organic Geochemistry 30 (8B), v－vii.

Abramson, F. P., Black, G. E., Lecchi, P., 2001. Application of high-performance liquid chromatography with isotope-ratio mass spectrometry for measuring low levels of enrichment of underivatized materials. Journal of Chromatography A 913 (1－2), 269－273.

Aeppli, C., Holmstrand, H., Andersson, P., Gustafsson, O., 2010. Direct compound specific stable chlorine isotope ananlysis of organic comounds with quadrupole GCMS using standard isotope bracketing. Analytical Chemistry 82, 420－426.

Aggarwal, P.K., Hinchee, R.E., 1991. Monitoring in-situ biodegradation of hydrocarbons by using stable carbon isotopes. Environmental Science and Technology 25 (6), 1176 - 1180.

Ahad, J.M.E., Sherwood Lollar, B., Edwards, E.A., Slater, G.F., Sleep, B.E., 2000. Carbon isotope fractionation during anaerobic biodegradation of toluene: Implications for intrinsic bioremediation. Environmental Science and Technology 34 (5), 892 - 896.

Aislabie, J.M., Balks, M.R., Foght, J.M., Waterhouse, E.J., 2004. Hydrocarbon spills on Antarctic soils: Effects and management. Environmental Science and Technology 38 (5), 1265 - 1274.

Alzaga, R., Montuori, P., Ortiz, L., Bayona, J. M., Albaiges, J., 2004. Fast solid-phase extraction — gas chromatography — mass spectrometry procedure for oil fingerprinting: Application to the Prestige oil spill. Journal of Chromatography A 1025 (1), 133 - 138.

Amrani, A., Sessions, A.L., Adkins, J.F., 2009. Compound specific δ^{34}S analysis of volatile organics by coupled GC/multi-collector-ICPMS. Analytical Chemistry 81 (21), 9027 - 9034.

Amrani, A., Deev, A., Sessions, A.L., Tang, Y., Adkins, J.F., Hill, R.J., Moldowan, J.M., Wei, Z., 2012. The sulfur-isotopic compositions of benzothiophenes and dibenzothiophenes as a proxy for thermochemical sulfate reduction. Geochimica et Cosmochimica Acta 84, 152 - 164.

Andrusevich, V.E., Engel, M.H., Zumberge, J.E., Brothers, L.A., 1998. Secular, episodic changes in stable isotopic composition of crude oils. Chemical Geology 152, 59 - 72.

Armbruster, W., Lehnert, K., Vetter, W., 2006. Establishing a chromium-reactor design for measuring delta H - 2 values of solid polyhalogenated compounds using direct elemental analysis and stable isotope ratio mass spectrometry. Analytical and Bioanalytical Chemistry 384, 237 - 243.

Atteia, O., Franceschi, M., Dupuy, A., 2008. Validation of reactive model assumptions with isotope data: Application to the Dover case. Environmental Science and Technology 42, 3289 - 3295.

Auer, N.R., Manzke, B.U., Schulz-Bull, D.E., 2006. Development of a purge and trap continuous flow system for the stable isotope analysis of volatile halogenated organic compounds in water. Journal of Chromatography A 1131, 24 - 36.

Bahlmann, E., Weinberg, I., Seifert, R., Tubbesing, C., Michaelis, W., 2011. A high volume sampling system for isotope determination of volatile hydrocarbons and halocarbons. Atmospheric Measurement Technique 4, 2073 - 2086.

Becker, S., Hirner, A. V., 1998. Characterization of crude oils by carbon and sulfur isotope ratio measurements as a tool for pollution control. Isotopes in Environmental Health Studies 34, 255 - 264.

Behar, F., Pelet, R.J., Roucache, J., 1984. Geochemistry of asphaltenes. In: Schenck, P.A., de Leeuw, J.W., Lijmbach, G.W.M. (Eds.), Advances in Organic Geochemistry 1983. Pergamon Press, Oxford, pp. 587 - 595.

Beneteau, K.M., Aravena, R., Frape, S.K., 1999. Isotopic characterization of chlorinated solvents — laboratory and field results. Organic Geochemistry 30 (8), 739 - 753.

Benson, S., Lennars, C., Maynard, P., Roux, C., 2006. Forensic applications of isotope ratio mass spectrometry — A review. Forensic Science International 157 (1), 1 - 22.

Bernard, B.B., Brooks, J.M., Sackett, W.M., 1976. Natural gas seepage in the Gulf of Mexico. Earth and Planetary Science Letters 31, 48 - 54.

Bernstein, A., Ronen, Z., Adar, E., Nativ, R., Lowag, H., Stichler, W., Meckenstock, R. U., 2008. Compound-specific isotope analysis of RDX and stable isotope fractionation during aerobic and anaerobic degradation. Environmental Science and Technology 42, 7772－7777.

Bernstein, A., Shouakar-Stash, O., Ebert, K., Laskov, C., Hunkeler, D., Jeannottat, S., Sakaguchi-Soder, K., Laaks, J., Jochmann, M. A., Cretnik, S., Jager, J., Haderlein, S.B., Schmidt, T.C., Aravena, R., Elsner, M., 2011. Compound specific chlorine isotope analyses: A comparison of gas chromatography/isotope ratio mass spectrometry and gas chromatography/Quadrupole Mass Spectrometry methods in an interlaboratory study. Analytical Chemistry 83, 7624－7634.

Blessing, M., Jochmann, M.A., Schmidt, T.C., 2008. Pitfalls in compound-specific isotope analysis of environmental samples. Analytical and Bioanalytical Chemistry 390, 591－603.

Bloom, Y., Aravena, R., Hunkeler, D., Edwards, E., Frape, S. K., 2000. Carbon isotope fractionation during microbial dechlorination of trichloroethene, cis－1, 2－dichloroethene, and vinyl chloride: Implications for assessment of natural attenuation. Environment Science and Technology 34 (13), 2768－2772.

Blum, P., Hunkeler, D., Beyer, C., Grathwohl, P., Morasch, B., 2009. Quantification of biodegradation for o-xylene and naphthalene using first order decay models, Michaelis-Menten kinetics and stable carbon isotopes. Journal Contaminant Hydrology 105, 118－130.

Boreham, C. J., Dowling, L. M., Murray, A. P., 1995. Biodegradation and maturity influences on n-alkane isotopic profiles in terrigenous sequences. Abstracts Seventeenth Int. Meeting EOG, San Sebastian, Spain, pp. 539－541.

Bouchard, D., Hunkeler, D., Hoehener, P., Aravena, R., Broholm, M.M., Kjeldsen, P., 2005. Use of stable isotope analysis to assess biodegradation of petroleum hydrocarbons in the unsaturated zone. Laboratory studies, field studies, and mathematical simulation. In: Nutzmann, G., Viotti, P., Aagaard, P. (Eds.), Reactive Transport in Soil and Groundwater: Processes and Models. Springer Verlag, Berlin, pp. 17－37.

Bouchard, D., Hunkeler, D., Gaganis, P., Aravena, R., Hohener, P., Broholm, M.M., Kjeldsen, P., 2008. Carbon isotope fractionation during diffusion and biodegradation of petroleum hydrocarbons in the undersaturated zone: Field experiment at Vaerlose airbase, Denmark, and modeling. Environmental Science Technology 42, 596－601.

Bradley, P.M., Landmeyer, J.E., Chapelle, F.H., 1999. Aerobic mineralization of MTBE and tert-butyl alcohol by stream-bed sediment microorganisms. Environmental and Science Technology 33 (11), 1877－1879.

Brenner, R.C., Magar, V.S., Ickes, J.A., Abbott, J.E., Stout, S.A., Crecelius, E.A., Bingler, L. S., 2002. Characterization and fate of PAH-contaminated sediments at the Wyckoff/Eagle Harbor superfund site. Environmental Science and Technology 36 (12), 2605－2613.

Busch-Harris, J., Jennings, E., Sublette, K.L., Roberts, K.P., White, D.C., Peacock, A., Davis, G., Ogles, D., Holmes, W. E., Yang, X., Kolhatkar, A., Beckmann, D., Kolhatkar, R., 2006. Monitoring Subsurface Microbial Ecology and Demonstrating In Situ Biodegradation Potential Using Bio-Sep® Bio-Traps. Ecological Chemistry and Engineering 13 (5), 349－372.

Busch-Harris, J., Sublette, K.L., Roberts, K.P., Landrum, C., Peacock, A., Davis, G., Ogles,

D., Holmes, W.E., Harris, D., Ota, C., Yang, X., Kolhatkar, A., 2008 Biotraps coupled with molecular biological methods and stable isotope probling demonstrate the in situ biodegradation potential of MTBE and TBA in gasoline-contaminated aquifers. Ground Water Monitoring and Remediation 28, 47 - 62.

Cao, Y.N., Liu, W.G., Sauer, P.E., Wang, Z., Li, Z.H., 2012. An evaluation of alumina reaction tube conditioning for high precision H - 2/H - 1 isotope measurements via gas chromatography/thermal conversion/isotope ratio mass spectrometry. Rapid Communications in Mass Spectrometry 26, 2577 - 2583.

Carrizo, D., Unger, M., Holmstrand, H., Andersson, P., Gustafsson, O., Sylva, S., Reddy, C. M., 2011. Compound-specific bromine isotope composition of industrially synthesized and one natural organobromine substances. Environmental Chemistry 8, 127 - 132.

Chapman, P.M., Riddle, M.J., 2005. Toxic effects of contaminants in polar marine environments. Environmental Science and Technology 39 (9), 200A - 206A.

Chartrand, M. M. G., Morrill, P. L., Lacrampe-Couloume, G., Sherwood Lollar, B., 2005. Stable isotope evidence for biodegradation of chlorinated ethenes at a fractured bedrock site. Environmental Science and Technology 39 (13), 4848 - 4856.

Chartrand, M. M. G., Hirschorn, S. K., Lacrampe-Couloume, G., Sherwood Lollar, B., 2007. Compound-specific hydrogen isotope analysis of 1, 2 - dichloromethane potential for delineating source and fate of chlorinated hydrocarbon contaminants in groundwater. Rapid Communications in Mass Spectrometry 21, 1841 - 1847.

Chen, S.-J., Luo, X.-J., Mai, B.-X., Sheng, G.-Y., Fu, J.-M., Zeng, E.Y., 2006. Distribution and mass inventories of polycyclic aromatic hydrocarbons and organochlorine pesticides in sediments of the Pearl River estuary and the Northern South China Sea. Environmental Science and Technology 40 (3), 709 - 714.

Clark, I., Fritz, P., 1997. Environmental Isotopes in Hydrogeology. Lewis Publishers/CRC Press, Boca Raton, FL.

Coffin, R.B., Miyares, P.H., Kelley, C.A., Cifuentes, L.A., Reynolds, C.M., 2001. $\delta^{13}C$ and $\delta^{15}N$ isotope analysis of TNT; two-dimensional source identification. Environmental Toxicology and Chemistry 20 (12), 2676 - 2680.

Craig, D.R., Mauro, D., Saber, D., Sirivedhin, T., Philp, R.P., Allen, J.A., 2005. Carbon isotope ratios of PAHs in urban background soil. Third International Conference on Remediation of Contaminated Sediments, January 2005. LA, New Orleans. Abstract only.

Czuczwa, J.M., Hites, R.A., 1984. Environmental fate of combustion-generated polychlorinated dioxins and furans. Environmental Science and Technology 18 (6), 444 - 449.

Davis, A., Curnou, P. D., Eary, L. E., 1997. Discriminating between sources of arsenic in the sediments of a tidal waterway in Tacoma, Washington. Environmental Science and Technology 31 (7), 1985 - 1991.

Dempster, H. S., Sherwood Lollar, B., Feenstra, S., 1997. Tracing organic contaminants in groundwater: a new methodology using compound-specific isotopic analysis. Environmental Science and Technology 31 (11), 3193 - 3197.

Dincer, T., Al-Mugrin, A., Zimmermann, U., 1974. Study of the infiltration and recharge through the sand dunes in arid zones with special reference to the stable isotopes and thermonuclear tritium. Journal of Hydrology 23 (1 - 2), 79 - 109.

DOE, 2013. National Energy Technology Laboratory Statement on Reported Fracking Study. July 19, 2013. www.netl.doe.gov.

Dong, Y., Liang, X., Krumholz, E., Philp, R.P., Butler, E.C., 2009. The relative contributions of abiotic and microbial processes to the transformation of tetrachloroethylene and trichloroethylene in anaerobic microcosms. Environmental Science and Technology 43, 690 - 697.

Dowling, L. M., Boreham, C. J., Hope, J. M., Murray, A. P., Summons, R. E., 1995. Carbon isotope composition of hydrocarbons in ocean-transported bitumens from the coastline of Australia. Organic Geochemistry 23 (8), 729 - 737.

Drenzek, N.J., Eglinton, T.I., May, J.M., Wu, Q.Z., Sowers, K.R., Reddy, C.M., 2001. The absence and application of stable carbon isotopic fractionation during the reductive dechlorination of polychlorinated biphenyls. Environmental Science and Technology 35 (16), 3310 - 3313.

Drenzek, N.J., Tarr, C.H., Eglinton, T.I., Heraty, L.J., Sturchio, N.C., Shiner, V.J., Reddy, C. M., 2002. Stable chlorine and carbon isotopic compositions of selected semivolatile organochlorine compounds. Organic Geochemistry 33 (4), 437 - 444.

Eckert, D., Rolle, M., Cirpka, O.A., 2012. Numerical simulation of isotope fractionation in steady-state bioreactive transport controlled by transverse mixing. Journal of Contaminant Hydrology 140, 95 - 106.

Eganhouse, R.P., Baedecker, M.J., Cozzarelli, I.M., Aiken, G.R., Thorn, K.A., Dorsey, T. F., 1993. Crude oil in a shallow sand and gravel aquifer-II. Organic Geochemistry. Applied Geochemistry 8 (6), 551 - 567.

Eglinton, T.I., 1994. Carbon isotopic evidence for the origin of macromolecular aliphatic structures in kerogen. Organic Geochemistry 21 (6 - 7), 721 - 735.

Ehleringer, J.R., Cerling, T.E., West, J.B., 2007. In: Blackledge, R.D. (Ed.), Forensic Analysis on the Cutting Edge: New Methods for Trace Evidence Analysis. Wiley-Interscience, Hoboken, NJ, pp. 399 - 422.

Ehleringer, J., Matheson, S.M., 2010. Stable isotopes and courts. Utah Law Review 2, 385 - 442.

Elsner, M., Zwank, L., Hunkeler, D., Schwarzenbach, R. P. A., 2005. New concept linking observable stable isotope fractionation to transformation pathways of organic pollutants. Environmental Science and Technology 39 (18), 6896 - 6916.

Elsner, M., McKelvie, J., Couloume, G.L., Lollar, B.S., 2007. Insight into methyl tert-butyl ether stable isotope fractionation from abiotic reference experiments. Environmental Science and Technology 41, 5693 - 5700.

Elsner, M., Hunkeler, D., 2008. Evaluating chlorine isotope effects from isotope ratios and mass spectra of polychlorinated molecules. Analytical Chemistry 80, 4731 - 4740.

Elsner, M., Chartrand, M., Vanstone, N., Couloume, G. L., Lollar, B. S., 2008. Identifying abiotic chlorinated ethane degradation: Characteristic isotope patterns in reaction products with nanoscale zero-valent iron. Environmental Science and Technology 42, 5963 - 5970.

Elsner, M., 2010. Stable isotope fractionation to investigate natural transformation mechanisms of organic contaminants: principles, prospects and limitations. Journal of Environmental

Monitoring 12, 2005 – 2031.

Elsner, M., Jochmann, M. A., Hofstetter, T. B., Hunkeler, D., Bernstein, A., Schmidt, T. C., Schimmelmann, A., 2012. Current challenges in compound-specific stable isotope analyses of environmental organic contaminants. Analytical and Bioanalytical Chemistry 403, 2471 – 2491.

Evangeliou, N., Balkanski, Y., Cozic, A., Moller, A. P., 2013. Simulations of the transport and deposition of ^{137}Cs over Europe after the Chernobyl Nuclear Power Plant accident: influence of varying emission-altitude and model horizontal and vertical resolution. Atmospheric Chemistry and Physics 13, 7183 – 7198.

Eweis, J.B., Labolle, E.M., Benson, D.A., Fogg, G.E., 2007. Role of volatilization in changing TBA and MTBE concentrations at MTBE-contaminated sites. Environmental Science and Technology 41, 6822 – 6827.

Fang, J., Kawamura, K., Ishimura, Y., Matsumoto, K., 2002. Carbon isotopic composition of fatty acids in the marine aerosols from the western North Pacific: Implication for the source and atmospheric transport. Environmental Science and Technology 36 (12), 2598 – 2604.

Farran, A., Grimalt, J., Albaiges, J., Botello, A.V., Macko, S.E., 1987. Assessment of petroleum pollution in a Mexican river by molecular markers and carbon isotope ratios. Marine Pollution Bulletin 18 (6), 284 – 288.

Feenstra, S., Cherry, J. A., 1988. Subsurface contamination by dense non-aqueous phase liquid (DNAPL) chemicals. In: Proceedings of the International Groundwater Symposium, International Association of Hydrology. Nova Scotia, Halifax. May 1 – 4th, 1988.

Fernando, T., Bumpus, J.A., Aust, S.D., 1990. Biodegradation of TNT (2, 4, 6 – trinitrotoluene) by Phanerochaete chrysosporium. Applied and Environmental Microbiology 56, 1666 – 1671.

Ferry, M. L., Wilkin, R. T., Ford, R. G., Wilson, J. T., 2004. Nonbiological removal of cis-dichloroethylene and 1, 1 – dichloroethylene in aquifer sediment containing magnetite. Environmental Science and Technology 38, 1746 – 1752.

Finneran, K.T., Lovley, D.R., 2001. Anaerobic degradation of methyl tert-butyl ether (MTBE) and tert-butyl alcohol (TBA). Environmental Science and Technology 35 (9), 1785 – 1790.

Fischer, A., Theuerkorn, K., Stelzer, N., Gehre, M., Thullner, M., Richnow, H. H., 2007. Applicability of stable isotope fractionation analysis for the characterization of benzene biodegradation in a BTEX-contamnated aquifer. Environmental Science and Technology 41, 3689 – 3696.

Fischer, A., Herklotz, I., Herrmann, S., Thullner, M., Weelink, S. A. B., Stams, A. J. M., Schlomann, M., Vogt, C., 2008. Combined carbon and hydrogen isotope fractionation investigations for elucidating benzene biodegradation. Environmental Science and Technology 42, 4356 – 4363.

Fischer, A., Gehre, M., Breitfeld, J., Richnow, H. H., 2009. Carbon and hydrogen isotope fractionation of benzene during biodegradation under sulfate reducing conditions: A laboratory to field site approach. Rapid Communications in Mass Spectrometry 23, 2439 – 2447.

Fletcher, K.E., Nijenhuis, I., Richnow, H.H., Loffler, F.E., 2011. Stable carbon isotope enrichment factors for cis- 1, 2 – dichloroethene and vinyl chloride reductive dechlorination. Environmental Science and Technology 45, 2951 – 2957.

Franco, M.A., Vinas, L., Soriano, J.A., de Armas, D., González, J.J., Beiras, R., Salas, N., Bayona, J.M., Albaigés, J., 2006. Spatial distribution and ecotoxicity of petroleum hydrocarbons in sediments from the Galicia continental shelf (NW Spain) after the Prestige oil spill. Marine Pollution Bulletin 53, 260 – 271.

Freeman, K. H., Hayes, J. M., Trendel, J. M., Albrecht, P., 1990. Evidence from carbon isotope measurements for diverse origins of sedimentary hydrocarbons. Nature 343, 254 – 256.

Fuentes, H.R., Jaffe, R., Shrotriya, R.V., 1996. Weathering of crude oil spills in seawater under simulated laboratory conditions. Fifth Latin American Congress on Organic Geochemistry, Cancun, Mexico, Abstracts. Mexican Petroleum Institute, Mexico City, Mexico, 310 – 312.

Fuex, A., 1977. The use of stable isotopes in hydrocarbon exploration. Journal of Geochemical Exploration 7, 155 – 188.

Gallon, C., Tessier, A., Gobeil, C., Carignan, R., 2006. Historical perspective of industrial lead emissions to the atmosphere from a Canadian smelter. Environmental Science and Technology 40 (3), 741 – 747.

Galt, J. A., Lehr, W. J., Payton, D. L., 1991. Fate and transport of the Exxon Valdez oil spill. Environmental Science and Technology 25 (2), 202 – 209.

Gauchotte, C., O'Sullivan, G., Davis, S., Kalin, R.M., 2009. Development of an advanced on-line position specific stable carbon isotope system and application to methyl tert-butyl ether. Rapid Communications in Mass Spectrometry 23, 3183 – 3193.

Giebel, B. M., Swart, P. K., Riemer, D. D., 2010. $\delta^{13}C$ Stable isotope analyses of atmospheric oxygenated volatile organic compounds by gas chromatography-isotope ratio mass spectrometry. Analytical Chemistry 82, 6797 – 6806.

Glaser, B., Dreyer, A., Bock, M., Fiedler, S., Mehring, M., Heitmann, T., 2005. Source apportionment of organic pollutants of a highway-traffic influenced urban area in Bayreuth (Germany) using biomarker and stable carbon isotope signatures. Environmental Science and Technology 39 (11), 3911 – 3917.

Godin, J.P., Hau, J., Fay, L.-B., Hopfgartner, G., 2005. Isotope ratio monitoring of small molecules and macromolecules coupled to isotope ratio mass spectrometry. Rapid Communications in Mass Spectrometry 19 (18), 2689 – 2698.

Godin, J. P., McCullagh, J. S. O., 2011. Review: Current applications and challenges for liquid chromatography coupled to isotope ratio mass spectrometry (LC/IRMS). Rapid Communications in Mass Spectrometry 25, 3019 – 3028.

Gorder, K. A., Dettenmaier, E. M., 2011. Portable GCMS methods to evaluate source of cVOC contamination in indoor air. Groundwater Monitoring and Remediation 31, 113 – 119.

Gray, R., Lacrampe-Couloume, G., Gandhi, D., Scow, K. M., Wilson, R. D., Mackay, D. M., Sherwood Lollar, B., 2002. Carbon and hydrogen isotopic fractionation during biodegradation of methyl tert-butyl ether. Environmental Science and Technology 36 (9), 1931 – 1938.

Gribble, G. W., 1998. Naturally occurring organohalogen compounds. Accounts of Chemical Research 31 (3), 141 – 152.

Gribble, G. W., 2003. The diversity of naturally produced organohalogens. Chemosphere 52 (2), 289 – 297.

Griebler, C., Safinowski, M., Vieth, A., Richnow, H.H., Meckenstock, R.U., 2004. Combined application of stable carbon isotope analysis and specific metabolites determination for assessing in situ degradation of aromatic hydrocarbons in a tar oil-contaminated aquifer. Environmental Science and Technology 38 (2), 617-631.

Gürgey, K., Philp, R.P., Clayton, C., Emiroğlu, H., Siyako, M., 2005. Geochemical and isotopic approach to maturity/source/mixing estimations for natural gas and associated condensates in the Thrace Basin, NW Turkey. Applied Geochemistry 20 (11), 2017-2037.

Hammer, B.T., Kelley, C.A., Coffin, R.B., Cifuentes, L.A., Mueller, J.G., 1998. ^{13}C values of polycyclic aromatic hydrocarbons collected from two creosote-contaminated sites. Organic Geochemistry 152 (1-2), 43-58.

Hanson, D., 1999. MTBE — Villain or victim. Chemical and Engineering News, October 19, p. 49.

Harper, D. B., Kalin, R. M., Hamilton, J. T. G., Lamb, C., 2001. Carbon isotope ratios for chloromethane of biological origin: Potential tool in determining biological emissions. Environmental Science and Technology 35 (18), 3616-3619.

Harper, D.B., Hamilton, J.T.G., Ducrocq, V., Kennedy, J.T., Downey, A., Kalin, R.M., 2003. The distinctive isotopic signature of plant-derived chloromethane: Possible application in constraining the atmospheric chloromethane budget. Chemosphere 52 (2), 433-436.

Hartenbach, A.E., Hofstetter, T.B., Tentscher, P.R., Canonica, S., Berg, M., Schwarzenbach, R. P., 2008. Carbon, hydrogen, and nitrogen isotope fractionation during light-induced transformations of atrazine. Environmental Science and Technology 42, 7751-7756.

Hartman, B., Hammond, D., 1981. The use of carbon and sulfur isotopes as a correlation parameter for source identification of beach tars in southern California. Geochimica Cosmochimica Acta 45, 309-319.

Haws, N. W., Ball, W. P., Bouwer, E. J., 2006. Modeling and interpreting bioavailability of organic contaminant mixtures in subsurface environments. Journal of Contaminant Hydrology 82 (3-4), 255-292.

Hayes, J.M., Freeman, K.H., Popp, B.N., Hoham, C.H., 1990. Compound specific isotope analysis: A novel tool for reconstruction of ancient biogeochemical processes. Organic Geochemistry 16 (4-6), 1115-1128.

Henning, M., Strapoc, D., Lis, G.P., Sauer, P., Fong, J., Schimmelmann, A., Pratt, L.M., 2007. Versatile inlet system for on-line compound specific δD and δC gas chromatography-oxidation reduction isotope ratio mass spectrometry analysis of gaseous mixtures. Rapid Communications in Mass Spectrometry 21, 2269-2272.

Heraty, L.J., Fuller, M.E., Huang, L., Abrajano, T., Sturchio, N.C., 1999. Isotopic fractionation of carbon and chlorine by microbial degradation of dichloromethane. Organic Geochemistry 30 (8), 739-753.

Hermanson, M.H., 1990. ^{210}Pb and ^{137}Cs chronology of sediments from small, shallow Arctic lakes. Geochimica Cosmochimica Acta 54, 1443-1451.

Hilkert, A. W., Douthitt, C. B., Schluter, H. J., Brand, W. A., 1999. Isotope ratio monitoring gas chromatography/mass spectrometry of D/H by high temperature conversion isotope ratio mass spectrometry. Rapid Communication in Mass Spectrometry 13, 1226-1230.

Hillaire-Marcel, C., 1986. Isotopes and food. In: Fritz, P., Fontes, J. Ch. (Eds.), Handbook of Environmental Isotope Geochemistry: Volume 2, The Terrestrial Environment, B. Elsevier, Amsterdam, pp. 507 – 548.

Hillaire-Marcel, C., Ghaleb, B., 1997. Thermal ionization mass spectrometry measurements of ^{226}Ra and U-isotopes in surface and groundwaters-porewater/matrix interactions revisited and potential dating implications. Isotope Techniques in the Study of Past and Current Environmental Changes in the Hydrosphere and Atmosphere. IAEA Symposium 349, Vienna.

Holt, B. D., Sturchio, N. C., Abrajano, T., Heraty, L. J., 1997. Conversion of chlorinated volatile compounds to carbon dioxide and methyl chloride for isotopic analysis of carbon and chlorine. Analytical Chemistry 69 (14), 2727 – 2733.

Holt, B.D., Heraty, L.J., Sturchio, N.C., 2001. Extraction of chlorinated aliphatic hydrocarbons from groundwater at micromolar concentrations for isotopic analysis of chlorine. Environmental Pollution 113 (3), 263 – 269.

Hong, S.H., Yim, U.H., Shim, W.J., Oh, J.R., 2005. Congener-specific survey for polychlorinated biphenlys in sediments of industrialized bays in Korea: Regional characteristics and pollution sources. Environmental Science Technology 39 (19), 7380 – 7388.

Horii, Y., Kannan, K., Petrick, G., Gamo, T., Falandysz, J., Yamashita, N., 2005. Congener-specific carbon isotopic analysis of technical PCB and PCN mixtures using two-dimensional gas chromatography-isotope ratio mass spectrometry. Environmental Science and Technology 39 (11), 4206 – 4212.

Hofstetter, T.B., Reddy, C.M., Heraty, L.J., Berg, M., Sturchio, N.C., 2007. Carbon and chlorine isotope effects during abiotic reductive dechlorination of polychlorinated ethanes. Environmental Science and Technology 41, 4662 – 4668.

Hofstetter, T.B., Schwarzenbach, R.P., Bernasconi, S.M., 2008. Assessing transformation processes of organic compounds using stable isotope fractionation. Environmental Science and Technology 42, 7737 – 7743.

Hofstetter, T. B., Berg, M., 2011. Assessing transformation processes of organic contaminants by compound-specific stable isotope analysis. Trac-Trends in Analytical Chemistry 30, 618 – 627.

Hough, R.L., Whittaker, M., Fallick, A.E., Preston, T., Farmer, J.G., Pollard, S.J.T., 2006. Identifying source correlation parameters for hydrocarbon wastes using compound-specific isotope analysis. Environmental Pollution 143, 489 – 498.

Huang, L., Sturchio, N.C., Abrajano, T., Heraty, L.J., Holt, B.D., 1999. Carbon and chlorine isotope fractionation of chlorinated aliphatic hydrocarbons by evaporation. Organic Geochemistry 30 (8), 777 – 785.

Hunkeler, D., Aravena, R., Butler, B. J., 1999. Monitoring microbial dechlorination of tetrachloroethene (PCE) in groundwater using compound-specific stable carbon isotope ratios: Microcosm and field studies. Environmental Science and Technology 33 (16), 2733 – 2738.

Hunkeler, D., Andersen, N., Aravena, R., Bernasconi, S. M., Butler, B. J., 2001. Hydrogen and carbon isotope fractionation during aerobic biodegradation of benzene. Environmental Science and Technology 35 (17), 3462 – 3467.

Hunkeler, D., Meckenstock, R., Sherwood-Lollar, B., Schmidt, T.C., Wilson, J.T., 2008. A Guide for Assessing Biodegradation and Source Identification of Organic Ground Water Contaminants using Compound Specific Isotope Analysis (CSIA). USEPA, Ada, Oklahoma.

Hunkeler, D., 2008. Strategies to quantify contaminant degradation in groundwater using stable isotope data. In: Candela, L., Vadillo, I., Elorza, F.J. (Eds.), Advances in Subsurface Pollution of Porous Media: Indicators, Processes, and Modelling. CRC Press/Balkema, Leiden, The Netherlands.

Hunkeler, D., Van Breukelen, B.M., Elsner, M., 2009. Modeling Chlorine Isotope Trends during Sequential Transformation of Chlorinated Ethenes. Environmental Science and Technology 43, 6750 - 6756.

Hunkeler, D., Abe, Y., Broholm, M.M., Jeannottat, S., Jacobsen, C.S., Aravena, R., Bjerg, P. L., 2011. Assessing chlorinated ethane degradation in a large-scale contamination plume by dual carbon chlorine isotope analysis and quantitative PCR. Journal of Contamination Hydrology 119, 69 - 79.

Hurst, R. W., 2000. Applications of anthropogenic lead archaeostratigraphy (ALAS model) to hydrocarbon remediation. Environmental Forensics 1 (1), 11 - 24.

Hurst, R. W., Davis, T. E., Chinn, B. D., 1996. Lead fingerprints of gasoline contamination. Environmental Science and Technology 30, 304A - 307A.

IARC, 1995. Dry Cleaning, Some Chlorinated Solvents and Other Industrial Chemicals. IARC Monographs on the Evaluation of Carcinogenic Risk of Chemicals to Humans, vol. 63. International Agency for Research on Cancer-IARC, Lyon, France, p. 558.

Jarman, W. M., Hilkert, A., Bacon, C. E., Collister, J. W., Ballschmitter, P., Risebrough, R. W., 1998. Compound-specific carbon isotope analysis of Aroclors, Clophens, Kaneclors, and Phenoclors. Environmental Science and Technology 32 (6), 833 - 836.

Jeannottat, S., Hunkeler, D., 2013. Can soil gas VOCs be related to groundwater plumes based on their isotope signature? Environmental Science and Technology 47, 12115 - 12122.

Jendrzejewski, N., Eggenkamp, H. G. M., Coleman, M. L., 2001. Characterization of chlorinated hydrocarbons from chlorine and carbon isotopic compositions: Scope of application to environmental problems. Applied Geochemistry 16 (9 - 10), 1021 - 1031.

Jin, B., Haderlein, S. B., Rolle, M., 2013. Integrated Carbon and Chlorine Isotope Modeling: Applications to Chlorinated Aliphatic Hydrocarbons Dechlorination. Environmental Science and Technology 47, 1443 - 1451.

Juttner, I., Henkelmann, B., Schramm, K., Steinberg, C.E.W., Winkler, R., Kettrup, A., 1997. Occurrence of PCDD/F in dated lake sediments of the Black Forest, Southwestern Germany. Environmental Science and Technology 31 (3), 806 - 812.

Kaplan, I.R., Galperin, Y., Lu, S.-T., Lee, R.-P., 1997. Forensic Environmental Geochemistry: Differentiation of fuel types, their sources, and release time. Organic Geochemistry 27 (5 - 6), 289 - 317.

Kazemi, G.A., Lehr, J.H., Perrochet, P., 2006. Groundwater Age. John Wiley and Sons, Hoboken, NJ, p. 320.

Kelley, C.A., Coffin, R.B., Cifuentes, L.A., Lantz, S.E., Mueller, J.G., 1995. The use of GC/C/IRMS coupled with GC/MS to monitor biodegradation of petroleum hydrocarbons. Platform

Abstracts of the Third International Symposium in Situ and On Situ Bioreclaimation. San Diego, CA, April 24 – 27.

Kelley, C.A., Hammar, B.T., Coffin, R.B., 1997. Concentrations and stable isotope values of BTEX in gasoline-contaminated groundwater. Environmental Science and Technology 31 (9), 2469 – 2472.

Kemsley, J., 2013. After Disaster. Chemical and Engineering News 91 (22), 12 – 17.

Kinnaman, F.S., Valentine, D.L., Tyler, S.C., 2007. Carbon and hydrogen isotope fractionation associated with aerobic microbial oxidation of methane, ethane, propane, and butane. Geochimica Cosmochimica Acta 71, 271 – 283.

Knoller, K., Vogt, C., Richnow, H.H., Weise, S.M., 2006. Sulfur and oxygen isotope fractionation during benzene, toluene, ethylbenzene, and xylene degradation by sulfate reducing bacteria. Environmental Science and Technology 40, 3879 – 3885.

Kolhatkar, R., Kuder, T., Philp, P., Allen, J., Wilson, J.T., 2002. Use of compound-specific stable carbon isotope analyses to demonstrate anaerobic biodegradation of MTBE in groundwater at a gasoline release site. Environmental Science and Technology 36 (23), 5139 – 5146.

Kopinke, F.D., Georgi, A., Voskamp, M., Richnow, H.H., 2005. Carbon isotope fractionation of organic contaminants due to retardation on humic substances: Implications for natural attenuation studies in aquifers. Environmental Science and Technology 39, 6052 – 6062.

Krummen, M., Hilkert, A.W., Juchelka, D., Duhr, A., Schluter, H.-J., Pesch, R., 2004. A new concept for isotope ratio monitoring liquid chromatography/mass spectrometry. Rapid Communications in Mass Spectrometry 18 (19), 2260 – 2266.

Kuder, T., Wilson, J.T., Kaiser, P., Kolhatkar, R., Philp, P., Allen, J., 2005. Enrichment of stable carbon and hydrogen isotopes during anaerobic biodegradation of MTBE: microcosm and field evidence. Environmental Science and Technology 39 (1), 213 – 220.

Kuder, T., Philp, R.P., 2008. Modern geochemical and molecular tools for monitoring in situ biodegradation of MTBE and TBA. Environmental Science and Biotechnology 7, 79 – 91.

Kuder, T., Philp, R.P., Allen, J., 2009. Effects of volatilization on carbon and hydrogen isotope ratios of MTBE. Environmental Science and Technology 43 (6), 1763 – 1768.

Kuder, T., Philp, R.P., 2013. Demonstration of compound-specific isotope analysis of hydrogen isotope ratios in chlorinated ethenes. Environmental Science and Technology 47, 1461 – 1467.

Kujawinski, D.M., Stephan, M., Jochmann, M.A., Krajenke, K., Haas, J., Schmidt, T.C., 2010. Stable carbon and hydrogen and isotope analysis of methyl tert-butyl ether and tert-amyl methyl ether by purge and trap gas chromatography isotope ratio mass spectrometry: Method evaluation and application. Journal of Environmental Monitoring 12, 347 – 354.

Kvenvolden, K.A., Hostettler, F.D., Carlson, P.R., Rapp, J.B., Threlkeld, C.N., Warden, A., 1995. Ubiquitous tar balls with a California-source signature on shorelines of Prince William Sound, Alaska. Environmental Science and Technology 29 (10), 2684 – 2694.

Lafargue, E., Barker, C., 1988. Effect of water-washing on crude oil compositions. American Association of Petroleum Geologists Bulletin 72, 263 – 276.

Lahvis, M.A., Baehr, A.L., Baker, R.J., 2004. Evaluation of volatilization as a natural attenuation pathway for MTBE. Ground Water 42, 258 – 267.

Landmeyer, J. E., Vroblesky, D. A., Chapelle, F. H., 1996. Stable carbon isotope evidence of biodegradation zonation in a shallow jet fuel contaminated aquifer. Environmental Science and Technology 30 (4), 1120 - 1128.

Lee, B.-C., Shimizu, Y., Matsuda, T., Matsui, S., 2005. Characterization of polycyclic aromatic hydrocarbons (PAHs) in different size fractions in deposited road particles (DRPs) from Lake Biwa area, Japan. Environmental Science and Technology 39 (19), 7402 - 7409.

Lesser, L.E., Johnson, P.C., Aravena, R., Spinnler, G.E., Bruce, C.L., Salinitro, J.P., 2008. An evaluation of compound-specific isotope analysis for assessing the biodegradation of MTBE at Port Hueneme, CA. Environmental Science and Technology 42, 6637 - 6643.

Li, M., Huang, Y., Obermajer, M., Jiang, C., Snowdon, L.R., Fowler, M.G., 2001. Hydrogen isotopic compositions of individual n-alkanes as a new approach to petroleum correlation: Case studies from the Western Canada Sedimentary Basin. Organic Geochemistry 32 (12), 1387 - 1399.

Liang, X., Dong, Y., Kuder, T., Krumholz, L.R., Philp, R.P., Butler, E.C., 2007. Distinguishing abiotic and biotic transformation of tetrachlorethylene and trichloroethylene by stable carbon isotope fractionation. Environmental Science and Technology 41, 7094 - 7100.

Liang, X., Howlett, M.R., Nelson, J.L., Grant, G., Dworatzek, S., Lacrampe-Couloume, G., Zinder, S.H., Edwards, E.A., Lollar, B.S., 2011. Pathway dependent isotope fractionation during aerobic and anaerobic degradation of monochlorobenzene and 1, 2, 4 - trichlorobenzene. Environmental Science and Technology 45, 8321 - 8327.

Lieser, K.H., Steinkopff, T., 1989. Chemistry of radioactive Cesium in the hydrosphere and in the geosphere. Radiochimica Acta 46, 39 - 47.

Lollar, B.S., Hirschorn, S.K., Chartrand, M.M.G., Lacrampe-Couloume, G., 2007. An approach for assessing total instrumental uncertainty in compound specific carbon isotope analysis: Implications for environmental remediation studies. Analytical Studies 79, 3469 - 3475.

Mackay, D., de Sieyes, N., Einarson, M., Feris, K., Pappas, A., Wood, I., Jacobsen, L., Justice, L., Noske, M., Scow, K.M., Wilson, J., 2006. Impact of ethanol on the natural attenuation of benzene, toluene and o-xylene in a normally sulfate reducing aquifer. Environmental Science and Technology 40, 6123 - 6130.

Mackay, D., de Sieyes, N., Einarson, M., Feris, K., Pappas, A., Wood, I., Jacobsen, L., Justice, L., Noske, M., Wilson, J., Adair, C., Scow, K., 2007. Impact of ethanol on the natural attenuation of MTBE in a normally sulfate reducing aquifer. Environmental Science and Technology 41, 2015 - 2021.

Macko, S.A., Parker, P.L., Botello, A.V., 1981. Persistence of spilled oil in a Texas salt marsh. Environmental Pollution Bulletin 2, 119 - 128.

Macko, S.A., Parker, P.L., 1983. Stable nitrogen and carbon isotope ratios of beach tars on South Texas barrier islands. Marine Environmental Research 10, 93 - 103.

Mancini, S.A., Lacrampe-Couloume, G., Jonker, H., van Breukelen, B.N., Groen, J., Volkering, F., Sherwood Lollar, B., 2002. Hydrogen isotopic enrichment: An indicator of biodegradation at a petroleum hydrocarbon contaminated field site. Environmental Science and Technology 36 (11), 2464 - 2470.

Mancini, S.A., Ulrich, A.C., Lacrampe-Couloume, G., Sleep, B., Edwards, E.A., Sherwood Lollar, B., 2003. Carbon and hydrogen isotopic fractionation during anaerobic biodegradation of benzene. Applied Environmental Microbiology 69, 191 – 198.

Mancini, S. A., Lacrampe-Couloume, G., Sherwood-Lollar, B., 2008a. Source differentiation for benzene and chlorobenzene groundwater contamination: A field application of stable carbon and hydrogen isotope analyses. Environmental Forensics 9, 177 – 186.

Mancini, S.A., Devine, C.E., Elsner, M., Nandi, M.E., Ulrich, A.C., Edwards, E.A., Lollar, B. S., 2008b. Isotopic evidence suggests different initial reaction mechanisms for anaerobic degradation of benzene. Environmental Science and Technology 42, 8290 – 8296.

Mansuy, L., Philp, R. P., Allen, J., 1997. Source identification of oil spills based on the isotopic compositin of individual components in weathered oil samples. Environmental Science and Technology 31 (12), 3417 – 3425.

Mauro, D., Saber, D., Sirivedhin, T., Philp, R.P., Allen, J. A., 2005. Carbon isotope ratios of PAHs in urban background soil. Third International Conference on Remediation of Contaminated Sediments, January. New Orleans, LA. Abstract only.

Mazeas, L., Budzinski, H., 2002. Molecular and stable carbon isotopic source identification of oil residues and oiled bird feathers sampled along the Atlantic Coast of France after the Erika oil spill. Environmental Science and Technology 36 (2), 130 – 137.

Mazeas, L., Budzinski, H., Raymond, N., 2002. Absence of stable carbon isotope fractionation of saturated and polycyclic aromatic hydrocarbons during aerobic bacterial biodegradation. Organic Geochemistry 33 (11), 1259 – 1272.

McHugh, T., Kuder, T., Fiorenza, S., Gorder, K., Dettenmaier, E., Philp, P., 2011. Application of CSIA to distinguish between vapor intrusion and indoor air sources of VOCs. Environmental Science and Technology 45, 5952 – 5985.

McKelvie, J.R., Mackay, D.M., de Sieyes, N.R., Lacrampe-Couloume, G., Lollar, B.S., 2007. Quantifying MTBE degradation in the Vandenberg air force base ethanol release study using stable carbon isotopes. Journal of Contaminant Hydrology 94, 157 – 165.

McKelvie, J.R., Hyman, M.R., Elsner, M., Smith, C., Aslett, D.M., Lacrampe-Couloume, G., Lollar, B. S., 2009. Isotope fractionation of methyl tert-butyl ether suggests different initial reaction mechanisms during aerobic biodegradation. Environmental Science and Technology 43, 2793 – 2799.

McKelvie, J.R., Elsner, M., Simpson, A.J., Lollar, B.S., Simpson, M.J., 2010. Quantitative site specific H – 2 NMR investigation of MTBE potential for assessing contaminant sources and fate. Environmental Science and Technology 44, 1062 – 1068.

McRae, C., Sun, C.G., Snape, C.E., Fallick, A.E., Taylor, D., 1999. $\delta^{13}C$ values of coal-derived PAHs from different processes and their application to source apportionment. Organic Geochemistry 30 (8), 881 – 889.

McRae, C., Snape, C.E., Sun, C.-G., Fabbri, D., Tartari, D., Trombini, C., Fallick, A.E., 2000. Use of compound-specific stable isotope analysis to source anthropogenic natural gas-derived polycyclic aromatic hydrocarbons in a lagoon sediment. Environmental Science and Technology 34 (22), 4684 – 4686.

Mead, R., Xu, Y., Chong, J., Jaffé, R., 2005. Sediment and soil organic matter source assessment as revealed by the molecular distribution and carbon isotopic composition of n-alkanes. Organic Geochemistry 36 (3), 363 – 370.

Mead, M.I., Khan, M.A.H., Bull, I.D., White, I.R., Nickless, G., Shallcross, D.E., 2008. Stable carbon isotope analysis of selected halocarbons at parts per trillion concentration in an urban location. Environmental Chemistry 5, 340 – 346.

Meckenstock, R.U., Morasch, B., Warthmann, R.W., Schink, B., Annweller, E. Michaelis, W., Richnow, H.H., 1999. $^{13}C/^{12}C$ Isotope fractionation of aromatic hydrocarbons during microbial degradation. Environmental Microbiology 1 (5), 409 – 414.

Meckenstock, R.U., Morasch, B., Kastner, M., Vieth, A., Richnow, H.H., 2002. Assessment of bacterial degradation of aromatic hydrocarbons in the environment by analysis of stable carbon isotope fractionation. Water Air Soil Pollution Focus 2, 141 – 152.

Meier-Augenstein, W., 1999. Applied gas chromatography coupled to isotope ratio mass spectrometry. Journal of Chromatography 842 (1 – 2), 351 – 371.

Meyer, A.H., Penning, H., Lowag, H., Elsner, M., 2008. Precise and accurate compound specific carbon and nitrogen isotope analysis of Atrazine: Critical role of combustion oven conditions. Environmental Science and Technology 42, 7757 – 7763.

Michel, F.A., Kubasiewicz, R.J., Patterson, R.J., Brown, R.M., 1984. Ground water flow velocity derived from tritium measurements at the Glouster landfill site, Glouster, Ontario. Water Pollution Research Journal of Canada 19, 13 – 22.

Michels, J., Stuhrmann, M., Frey, C., Koschitzky, H.-P., 2008. Handlungsempfehlung mit Methodensámmlung, Natürliche Schadstoffminderung bei der Sanierung von Altlasten. VEGAS, Institut für Wasserbau, Universität Stuttgart; DECHEMA Frankfurt am Main.

Milkov, A.V., 2005. Molecular and stable isotope compositions of natural gas hydrates: A revised global dataset and basic interpretations in the context of geological settings. Organic Geochemistry 36 (5), 681 – 702.

Milner, C.W.D., Rogers, M.A., Evans, C.R., 1977. Petroleum transformations in reservoirs. Journal of Geochemical Exploration 7, 101 – 153.

Moore, C., Moore, S.L., Leecaster, M.K., Weisberg, S.B., 2004. A comparison of plastic and plankton in the North Pacific Central Gyre. Marine Pollution Bulletin 42 (12), 1297 – 1300.

Morasch, B., Richnow, H.H., Schink, B., Vieth, A., Meckenstock, R.U., 2002. Carbon and hydrogen stable isotope fractionation during aerobic bacterial degradation of aromatic hydrocarbons. Applied Environmental Microbiology 68, 5191 – 5194.

Nara, H., Nakagawa, F., Yoshida, N., 2006. Development of two dimensional gas chromatography-isotope ratio mass spectrometry for the stable carbon isotopic analysis of C_2 – C_5 non-methane hydrocarbons emitted from biomass burning. Rapid Communications in Mass spectrometry 20, 241 – 247.

Norman, A.L., Hopper, J.F., Blanchard, P., Ernst, D., Brice, K., Alexandrou, N., Klouda, G., 1999. The stable carbon isotope composition of atmospheric PAHs. Atmospheric Environment 33 (17), 2807 – 2814.

Numata, M., Nakamura, N., Koshikawa, H., Terashima, Y., 2002. Chlorine isotope fractionation during reductive dechlorination of chlorinated ethenes by anaerobic bacteria. Environmental Science and Technology 36 (20), 4389 – 4394.

Oba, Y., Naraoka, H., 2008. Carbon and hydrogen isotopic fractionation of low molecular weight organic compounds during ultraviolet degradation. Organic Geochemistry 39, 501 – 509.

Ohe, T., Watanabe, T., Wakabayashi, K., 2004. Mutagens in surface waters: A review. Mutation Research/Reviews in Mutation Research 567 (2 – 3), 109 – 149.

Okuda, T., Kumata, H., Zakaria, M.P., Naraoka, H., Ishiwatari, R., Takada, H., 2002a. Source identification of Malaysian atmospheric polycyclic aromatic hydrocarbons nearby forest fires using molecular and isotopic compositions. Atmospheric Environment 36, 611 – 618.

Okuda, T., Kumata, H., Naraoka, H., Ishiwatari, R., Takada, H., 2002b. Vertical distributions and $\delta^{13}C$ isotopic compositions of PAHs in Chidorigafuchi Moat sediment, Japan. Organic Geochemistry 33 (7), 843 – 848.

O'Malley, V.P., Abrajano, T., Hellou, J., 1994. Determination of the $^{13}C/^{12}C$ ratios of individual PAH from environmental samples: Can PAH sources be apportioned? Organic Geochemistry 21 (6 – 7), 809 – 822.

O'Malley, V.P., Abrajano, T., Hellou, J., 1996. Stable isotopic apportionment of individual polycyclic aromatic hydrocarbons in St. Johns Harbor, Newfoundland. Environmental Science and Technology 30 (2), 634 – 639.

Oros, D., Aboul-Kassim, T.A., Simoneit, B.R.T., Collier, R.C., 1996. Determination of fuel residues in surface waters. Fifth Latin American Congress on Organic Geochemistry, Cancun, Mexico, Abstracts, pp. 330 – 332.

Osborn, S.G., Vengosh, A., Warner, N.R., Jackson, R.B., 2011. Methane contamination of drinking water accompanying gas-well drilling and hydraulic fracturing. Proceedings of the National Academy of Sciences of the United States of America 108, pp. 8172 – 8176.

O'Sullivan, G., Kalin, R.M., 2008. Investigation of the range of carbon and hydrogen isotopes within a global set of gasolines. Environmental Forensics 9, 166 – 176.

Palmer, S.E., 1993. Effect of biodegradation and water-washing on crude oil composition. In: Engel, M.H., Macko, S.E. (Eds.), Organic Geochemistry. Plenum Press, New York, NY, pp. 511 – 534.

Peng, X., Zhang, G., Chen, F., Liu, G., 2004. Stable carbon and hydrogen isotopic fractionations of alkane compounds and crude oil during aerobically microbial degradation. Chinese Science Bulletin 49, 2620 – 2626.

Peng, L., Zhang, H.M., Ren, Z.F., Mu, L., Shi, R.L., Chang, L.P., Li, F., 2009. The carbon isotopic compositions of non-methane hydrocarbons in atmosphere. Chinese Science Bulletin 54, 1422 – 1425.

Pennington, W., Cambray, R.S., 1973. Observations on lake sediments using fallout ^{137}Cs as a tracer. Nature 242, 324 – 326.

Peters, K. E., Fowler, M. G., 2002. Applications of petroleum geochemistry to exploration and reservoir management. Organic Geochemistry 332 (1), 5 – 36.

Philp, R.P., Allen, J., Kuder, T., 2002. The use of the isotopic composition of individual compounds for correlating spilled oils and refined products in the environment with suspected sources. Environmental Forensics 3 (3 – 4), 341 – 348.

Philp, R.P., Kuder, T., 2008. Biomarkers and stable isotopes in environmental forensic studies. In: Mudge, S.M. (Ed.), Methods in Environmental Forensics. CRC Press, Boca Raton, Florida, FL, pp. 113 - 170.

Philp, R.P., 2009. The Utilization of Stable Isotopes in Environmental and Forensic Geochemistry Studies. In: Halley, G.T., Fridian, Y.T. (Eds.), Environmental Impact Assessments. Nova Science Publishers, New York, NY, pp. 31 - 334.

Pond, K.L., Huang, Y., Wang, Y., Kulpa, C.F., 2002. Hydrogen isotopic composition of individual n-alkanes as an intrinsic tracer for bioremediation and source identification of petroleum contamination. Environmental Science and Technology 36 (4), 724 - 728.

Pooley, K. E., Blessing, M., Schmidt, T. C., Haderlein, S. B., Macquarrie, K. T. B., Prommer, H., 2009. Aerobic Biodegradation of Chlorinated Ethenes in a Fractured Bedrock Aquifer: Quantitative Assessment by Compound-Specific Isotope Analysis (CSIA) and Reactive Transport Modeling. Environmental Science and Technology 43, 7458 - 7464.

Prommer, H., Anneser, B., Rolle, M., Einsiedl, F., Griebler, C., 2009. Biogeochemical and Isotopic Gradients in a BTEX/PAH Contaminant Plume: Model-Based Interpretation of a High-Resolution Field Data Set. Environmental Science and Technology 43, 8206 - 8212.

Reddy, C.M., Heraty, L.J., Holt, B.D., Sturchio, N.C., Eglinton, T.I., Drenzek, N.J., Xu, L., Lake, J. L., Maruya, K. A., 2000. Stable carbon isotope compositions of Aroclors and Aroclor contaminated sediments. Environmental Science and Technology 34 (13), 2866 - 2870.

Reddy, C. M., Demello, J. A., Carmichael, C. A., Peacock, E. E., Xu, L., Arey, J. S., 2008. Determination of biodiesel blending percentages using natural abundance radiocarbon analysis: Testing the accuracy of retail biodiesel blends. Environmental Science and Technology 42, 2476 - 2482.

Redeker, K. R., Davis, S., Kalin, R. M., 2007. Isotope values of atmospheric halocarbons and hydrocarbons from Irish urban, rural, and marine locations. Journal of Geophysical Research Atmospheres 112, 55 - 58.

Revesz, K., Coplen, T. B., Baedecker, M. J., Glynn, P. D., 1995. Methane production and consumption monitored by stable C and H ratios at a crude oil spill site, Bemidji, Minnesota. Applied Geochemistry 10, 505 - 516.

Rice, A. L., Gotoh, A. A., Ajie, H. O., Tyler, S. C., 2001. High-Precision continuous-flow measurement of $\delta^{13}C$ and δD of atmospheric CH_4. Analytical Chemistry 73 (17), 4104 - 4110.

Richnow, H.H., Meckenstock, R.U., Reitzel, L.A., Baun, A., Ledin, A., Christensen, T.H., 2003. In situ biodegradation determined by carbon isotope fractionation of aromatic hydrocarbons in an anaerobic landfill leachate plume (Vejen, Denmark). Journal of Contaminant Hydrology 64 (1 - 2), 59 - 72.

Ricking, M., Koch, M., Rotard, W., 2005. Organic pollutants in sediment cores of NE-Germany: Comparison of the marine Arkona Basin with freshwater sediments. Marine Pollution Bulletin 50 (12), 1699 - 1705.

Ritchie, J.C., McHenry, J.R., 1990. Application of radioactive fallout cesium - 137 for measuring soil-erosion and sediment accumulation rates and patterns — a review. Journal of Environmental Quality 19, 215 - 233.

Rogers, K.M., Savard, M.M., 1999. Detection of petroleum contamination in river sediments from Quebec City region using GC-IRMS. Organic Geochemistry 30 (12), 1559 - 1569.

Rolle, M., Chiogna, G., Bauer, R., Griebler, C., Grathwohl, P., 2010. Isotopic fractionation by transverse dispersion: Flowthrough microcosms and reactive transport modeling study. Environmental Science and Technology 44, 6167 - 6173.

Rosell, M., Barcelo, D., Rohwerder, T., Breuer, U., Gehre, M., Richnow, H.H., 2007. Variations in C - 13/C - 13 and D/H enrichment factors of aerobic bacterial fuel oxygenate degradation. Environmental Science and Technology 41, 2036 - 2043.

Rosell, M., Gonzalez-Olomos, R., Rohwerder, T., Rusevova, K., Georgi, A., Kopinke, F.D., Richnow, H.H., 2012. Critical evaluation of the 2D-CSIA scheme for distinguishing fuel oxygenate degradation reaction mechanisms. Environmental Science and Technology 42, 4757 - 4766.

Saber, D., Mauro, D., Philp, R.P., Allen, J., Kuder, T., 2003. Carbon isotope ratios of PAHs in urban background soil. Battelle Meeting, June, Orlando, FL.

Saber, D., Mauro, D., Philp, R.P., Allen, J.A., 2005. Chemical fingerprinting of sediments and soils near a former MPG site. Third International Conference on Remediation of Contaminated Sediments, January. LA, New Orleans. Abstract only.

Sakaguchi-Söder, K., Jager, J., Grund, H., Matthaus, F., Schuth, C., 2007. Monitoring and evaluation of dechlorination processes using compound-specific chlorine isotope analysis. Rapid Communications in Mass Spectrometry 21, 3077 - 3084.

Samara, F., Tsai, C.W., Aga, D.S., 2006. Determination of potential sources of PCBs and PBDEs in sediments of the Niagara River. Environmental Pollution 139 (3), 489 - 497.

Schimmelmann, A., Sessions, A.L., Mastalerz, M., 2006. Hydrogen isotopic (D/H) composition of organic matter during diagenesis and thermal maturation. Annual Reviews of Earth and Planetary Science 34, 501 - 533.

Schirmer, M., Butler, B.J., 2004. Transport behavior and natural attenuation of organic contaminants at spill sites. Toxicology 205 (3), 173 - 179.

Schlosser, P., Stute, M., Sonntag, C., Munnich, K.O., 1989. Tritogenic ^{3}He in shallow ground water. Earth and Planetary Science Letters 94, 245 - 254.

Schmidt, T.C., Zwank, L., Elsner, M., Berg, M., Meckenstock, R.U., Haderlein, S.B., 2004. Compound-specific stable isotope analysis of organic contaminants in natural environments: a critical review of the state of the art, prospects, and future challenges. Analytical and Bioanalytical Chemistry 378, 283 - 300.

Schoell, M., 1988. Multiple origins of methane in the earth. Chemical Geology 71, 1 - 10.

Schüth, C., Taubald, H., Bolaño, N., Maciejczyk, K., 2003. Carbon and hydrogen isotope effects during sorption of organic contaminants on carbonaceous materials. Journal of Contaminant Hydrology 64 (3 - 4), 269 - 281.

Sessions, A.L., Burgoyne, T.W., Schimmelmann, A, Hayes, J.M., 1999. Fractionation of hydrogen isotopes in lipid biosynthesis. Organic Geochemistry 30 (9), 1193 - 1200.

Sessions, A.L., Sylva, S., Hayes, J.M., 2005. Moving-wire device for carbon Isotopic analyses of nanogram quantities of nonvolatile organic carbon. Analytical Chemistry 77 (20), 6519 - 6527.

Sessions, A. L., 2006. Isotope ratio detection for gas chromatography. Journal of Separation Science 29, 1946 - 1961.

Sherwood Lollar, B., Slater, G.F., Sleep, B., Witt, M., Kledka, G.M., Harkness, M., Spivack, J., 2001. Stable carbon isotope evidence for intrinsic bioremediation of tetrachloroethene and trichloroethene at area 6, Dover Air Force Base. Environmental Science and Technology 35 (2), 261 - 269.

Shi, W., Sun, M.-Y., Molina, M., Hodson, R.E., 2001. Variability in the distribution of lipid biomarkers and their molecular isotopic composition in Altamaha estuarine sediments: implications for the relative contribution of organic matter from various sources. Organic Geochemistry 32 (4), 453 - 467.

Shouakar-Stash, O., Frape, S.K., Drimmie, R.J., 2003. Stable hydrogen, carbon and chlorine isotope measurements of selected chlorinated organic solvents. Journal of Contaminant Hydrology 60 (3 - 4), 211 - 228.

Shouakar-Stash, O., Drimmie, R.J., Frape, S.K., 2005. Determination of inorganic chlorine stable isotopes by conditions flow isotope ratio mass spectrometry. Rapid Communications in Mass Spectrometry 19, 121 - 127.

Shouakar-Stash, O., Drimmie, R.J., Zhang, M., Frape, S.K., 2006. Compound specific chlorine isotope ratios of TCE, PCE, and DCE by direct injection using CF-IRMS. Applied Geochemistry 21 (Special Issue), 766 - 781.

Slater, G.F., Sherwood Lollar, B., Sleep, B.E., Edwards, E.A., 2001. Variability in Carbon isotopic fractionation during biodegradation of chlorinated ethenes: implications for field applications. Environmental Science and Technology 35 (5), 901 - 907.

Smallwood, B.J., Philp, R.P., Burgoyne, T.W., Allen, J., 2001. The use of stable isotopes to differentiate specific source markers for MTBE. Journal of Environmental Forensics 2, 215 - 221.

Smallwood, B.J., Philp, R.P., Allen, J., 2002. Stable carbon isotopic composition of gasolines determined by isotope ratio monitoring gas chromatography mass spectrometry. Organic Geochemistry 33 (2), 149 - 159.

Smirnov, A., Abrajano, T.A., Smirnov, A., Stark, A., 1998. Distribution and sources of polycyclic aromatic hydrocarbons in the sediments of Lake Erie, Part 1. Spatial distribution, transport, and deposition. Organic Geochemistry 29 (5 - 7), 1813 - 1828.

Somsamak, P., Cowan, R.M., Haggblom, M.M., 2001. Anaerobic biotransformation of fuel oxygenates under different anoxic conditions. FEMS Microbiology Ecology 37, 259 - 264.

Stahl, W.J., 1977. Carbon and nitrogen isotopes in hydrocarbon research and exploration. Chemical Geology 20, 121 - 149.

Stark, A., Abrajano, T., Hellou, J., Metcalf-Smith, J. L., 2003. Molecular and isotopic characterization of polycyclic aromatic hydrocarbon distribution and sources at the international segment of the St. Lawrence River. Organic Geochemistry 34 (2), 225 - 237.

Stelzer, N., Imfeld, G., Thullner, M., Lehmann, J., Poser, A., Richnow, H.H., Nijenhuis, I., 2009. Integrative approach to delineate natural attenuation of chlorinated benzenes in anoxic aquifers. Environmental Pollution 157, 1800 - 1806.

Stout, S.A., Uhler, A.D., Emsbo-Mattingly, S.D., 2004. Comparative evaluation of background anthropogenic hydrocarbons in surficial sediments from nine urban waterways. Environmental Science and Technology 38 (11), 2987 – 2994.

Sturchio, N.C., Clausen, J.L., Heraty, L., Huang, L., Holt, B.D., Abrajano, T., 1998. Chlorine isotope investigation of natural attenuation of trichloroethene in an aerobic aquifer. Environmental Science and Technology 32 (20), 3037 – 3042.

Sturchio, N.C., Hatzinger, P.B., Arkins, M.D., Suh, C., Heraty, L.J., 2003. Chlorine isotope fractionation during microbial reduction of perchlorate. Environmental Science and Technology 37 (17), 3859 – 3863.

Tamura, T., Jacobs, D.G., 1960. Structural implications in cesium sorption. Health Physics 2, 391 – 398.

Thompson, A.E., Anderson, R.S., Rudolph, J., Huang, L., 2002. Stable carbon isotope signatures of background tropospheric chloromethane and CFC113. Biogeochemistry 60 (2), 191 – 211.

Thornton, S.F., Lerner, D.N., Banwart, S.A., 2001. Assessing the natural attenuation of organic contaminants in aquifers using plume-scale electron and carbon balances: model development with analysis of uncertainty and parameter sensitivity. Journal of Contaminant Hydrology 53 (3 – 4), 199 – 232.

Thullner, M., Centler, F., Richnow, H., Fischer, A., 2012. Quantification of organic pollutant degradation in contaminated aquifers using compound specific stable isotope analysis — Review of recent developments. Organic Geochemistry 42, 1440 – 1460.

Tobler, N.B., Hofstetter, T.B., Schwarzenbach, R.P., 2008. Carbon and hydrogen isotope fractionation during anaerobic toluene oxidation by Geobacter metallireducens with different Fe(Ⅲ) phases as terminal electron acceptors. Environmental Science and Technology 42, 7786 – 7792.

Trust, B.A., Coffin, R.B., Cifuentes, L.A., Mueller, J.G., 1995. In: Hinchee, R.E., Douglas, G.S., Ong, S.K. (Eds.), Monitoring and verification of bioremediation. Battelle Press, Colombia, OH, pp. 233 – 239.

Turner, N., Jones, M., Grice, K., Dawson, D., Ioppolo-Aramnios, M., Fisher, S.J., 2006. $\delta^{13}C$ of volatile organic compounds (VOCs) in airborne samples by thermal desorption gas chromatography-isotope ratio mass spectrometry (TD-GC-IR-MS). Atmospheric Environment 40, 3381 – 3388.

US EPA, 2008. A Guide for Assessing Biodegradation and Source Identification of Organic Groundwater Contaminants using Compound Specific Isotope Analyses (CSIA): EPA 600/R – 08/148. National Risk Management Research Laboratory, Ada, OK.

US EPA, 2011. Investigation of Ground Water Contamination Near Pavillion, Wyoming. US Environmental Protection Agency, Office of Research and Development, National Risk Management Research Laboratory, Ada, OK, p. 74820.

van Breukelen, B.M., Hunkeler, D., Volkering, F., 2005. Quantification of sequential chlorinated ethene degradation by use of a reactive transport model incorporating isotope fractionation. Environmental Science and Technology 39, 4189 – 4197.

van Breukelen, B.M., Prommer, H., 2008. Beyond the Rayleigh equation: Reactive transport modeling of isotope fractionation effects to improve quantification of biodegradation. Environmental Science and Technology 42, 2457 – 2463.

van Breukelen, B.M., Rolle, M., 2012. Transverse Hydrodynamic Dispersion Effects on Isotope Signals in Groundwater Chlorinated Solvents' Plumes. Environmental Science and Technology 46, 7700 – 7708.

van Metre, P.C., Callendar, E., Fuller, C.C., 1997. Historical trends in organochlorine compounds in river basins identified using sediment cores from reservoirs. Environmental Science and Technology 31 (8), 2339 – 2344.

Vilomet, J.D., Veron, A., Ambrosi, J.P., Moustier, S., Bottero, J.Y., Chatelet-Snidaro, L., 2003. Isotopic tracing of landfill leachates and pollutant lead mobility in soil and ground water. Environmental Science and Technology 37 (20), 4586 – 4591.

Vitzthum von Eckstaedt, C., Grice, K., Ioppolo-Armanios, M., Chidlow, G., Jones, M., 2011a. δD and $\delta^{13}C$ analyses of atmospheric volatile organic compounds by thermal desorption gas chromatography isotope ratio mass spectrometry. Journal of Chromatography A 1218, 6511 – 6517.

Vitzthum von Eckstaedt, C., Grice, K., Ioppolo-Armanios, M., Jones, M., 2011b. δD and $\delta^{13}C$ analyses of volatile organic compounds in an alumina industry stack. Atmospheric Environment 45, 5477 – 5483.

Von Gunten, H.R., Strum, M., Moser, R.N., 1997. 200 – Year record of metals in lake sediments and natural background concentrations. Environmental Science and Technology 31 (8), 2193 – 2197.

Wang, Y., Huang, Y., Huckins, J.N., Petty, J.D., 2004a. Compound-specific carbon and hydrogen. Environmental Science and Technology 38 (13), 3689 – 3697.

Wang, X.-C., Altabet, M. A., Callahan, J., Chen, R. F., 2004b. Stable carbon and nitrogen isotopic compositions of high molecular weight dissolved organic matter from four U.S. estuaries. Geochimica and Cosmochimica Acta 68 (12), 2681 – 2691.

Wang, Z., Fingas, M., Sergy, G., 1994. Study of 22 – year old Arrow oil samples using biomarker compounds by GCMS. Environmental Science and Technology 28, 1733 – 1746.

Ward, J.A.N., Ahad, J.M.E., Lacrampe-Couloume, G., Slater, G.F., Edwards, E.A., Sherwood Lollar, B., 2000. Hydrogen isotope fractionation during methanogenic degradation of toluene: potential for direct verification of bioremediation. Environmental Science and Technology 34 (21), 4577 – 4581.

Warmerdam, E.M., Frape, S.K., Aravena, R., Drimmie, R.J., Flatt, H., Cherry, J.A., 1995. Stable chlorine and carbon isotope measurements of selected chlorinated organic solvents. Applied Geochemistry 10 (5), 547 – 552.

Wassenaar, L. I., Hobson, K. A., 2000. Improved method for determining the stable-hydrogen isotopic composition (D) of complex organic materials of environmental interest. Environmental Science and Technology 34 (11), 2354 – 2360.

Wassenaar, L., Koehler, G., 2004. On-line technique for the determination of the ^{37}Cl of inorganic and total organic Cl in environmental samples. Analytica Chemistry 76, 6384 – 6388.

Wen, S., Feng, Y., Yu, Y., Bi, X., Wang, X., Sheng, G., Fu, J., Peng, P., 2005. Development of a compound-specific isotope analysis method for atmospheric formaldehyde and acetaldehyde. Environmental Science and Technology 39 (16), 6202 – 6207.

Whiticar, M.J., Faber, E., Schoell, M., 1986. Biogenic methane formation in marine and freshwater environments: CO2 reduction vs. acetate fermentation-isotopic evidence. Geochimica and Cosmochimica Acta 50, 693 – 709.

Wiegert, C., Aeppli, C., Knowles, T., Holmstrand, H., Evershed, R., Pancost, R. D., Machackova, J., Gustafsson, O., 2012. Dual Carbon-Chlorine Stable Isotope Investigation of Sources and Fate of Chlorinated Ethenes in Contaminated Groundwater. Environmental Science and Technology 46, 10918 – 10925.

Wiesenberg, G.L.B., Schwarzbauer, J., Schmidt, M.W.I., Schwark, L., 2004. Source and turnover of organic matter in agricultural soils derived from n-alkane/n-carboxylic acid compositions and C-isotope signatures. Organic Geochemistry 35 (11 – 12), 1371 – 1393.

Wilcke, W., Krauss, M., Amelung, W., 2002. Carbon isotope signature of polycyclic aromatic hydrocarbons (PAHs): evidence for different sources in tropical and temperate environments? Environmental Science and Technology 36 (16), 3530 – 3535.

Wilkes, H., Boreham, C., Harms, G., Zengler, K., Rabus, R., 2000. Anaerobic degradation and carbon isotopic fractionation of alkylbenzenes in crude oil by sulphate-reducing bacteria. Organic Geochemistry 31 (1), 101 – 115.

Wilson, J.T., Adair, C., 2007. Monitored Natural Attenuation of Tertiary Butyl Alcohol (TBA) in Ground Water at Gasoline Spill Sites. USEPA, Ada, Oklahoma.

Wong, C.S., Sanders, G., Engstrom, D.R., Long, D.T., Swackhamer, D.L., Eisenreich, S.J., 1995. Accumulation, inventory, and diagenesis of chlorinated hydrocarbons in Lake Ontario sediments. Environmental Science and Technology 29 (10), 2661 – 2672.

Yanik, P. J., O'Donnell, T. H., Macko, S. A., Qian, Y., Kennicutt II, M. C., 2003. Source apportionment of polychlorinated biphenyls using compound specific isotope analysis. Organic Geochemistry 34 (2), 239 – 251.

Youngster, L.K.G., Rosell, M., Richnow, H.H., Haggblom, M.M., 2010. Assessment of MTBE biodegradation pathways by two dimensional isotope analyses in mixed bacterial consortia under different redox conditions. Applied Microbiology and Biotechnology 88, 309 – 317.

Zuiderweg, A., Holzinger, R., Rockmann, T., 2011. Analytical system for stable carbon isotope measurements of low molecular weight C_2 – C_6 hydrocarbons. Atmospheric Measurement Techniques 4, 1161 – 1175.

Zwank, L., Schmidt, T.C., Handerlein, S.B., Berg, M., 2002. Simultaneous determination of fuel oxygenates and BTEX using direct aqueous injection gas chromatography/mass spectrometry (DAI-GC/MS). Environmental Science and Technology 36, 2054 – 2059.

Zwank, L., Berg, M., Schmidt, T.C., Haderlein, S.B., 2003. Compound-specific carbon isotope analysis of volatile organic compounds in the low-microgram per liter range. Analytical Chemistry 75, 5575 – 5583.

Zwank, L., Berg, M., Elsner, M., Schmidt, T.C., Schwarzenbach, R.P., Haderlein, S.B., 2005. New evaluation scheme for two-dimensional isotope analysis to decipher biodegradation processes: Application to groundwater contamination by MTBE. Environmental Science and Technology 39 (18), 7344 – 7344, 1018 – 1029.

第 12 章

犯罪和环境土壤取证——土壤物证的取证调查

Lorna A. Dawson, Robert W. Mayes

目 录

12.1　引　　言

在罗马时代，人们普遍认为马蹄下的土壤和岩石可以用来追踪行程（Murray, 2011），（拉丁作家 Sallustio ［“De Catilinae coniuratione”］以及 Cesare）。在 1856 年，土壤还被用于解决一起偷换桶中银币的案件（Anon, 1856）。近些年来，土壤已被用作物证的一部分来帮助解决案件（Murray and Tedrow, 1975）。本章主要讲述在刑事调查的取证中，目前以及未来可能的土壤样品表征方法。许多原则在民事法律方面也同样适用。

土壤作为物证的价值源于其普遍存在性以及向物体和人体的可转移性。土壤有助于排除和确认来源，并提供将人或物体与某个地点联系起来的证据。

土壤是复杂的，它常与人、车辆和物体相接触。土壤由大量不同成分以不同比例组成。这些成分，可以是无机的或有机的，可以是自然产生或由人类活动（人为）引入。因此，土壤中含有丰富的具有潜在取证价值的信息。大多数土壤成分的颗粒物性质以及人和物体与地表的频繁接触为土壤作为潜在物证材料的转移和后续恢复创造了大量的机会。

因此，在作为潜在证据的土壤，即“问题”土壤上发现的任何生物地球化学特征，都可能用来表明土壤来源或者与其他已知来源的样品进行比较。正因为如此，土壤可以在调查期间被用于调查/情报或评价/比较，最终在法庭上作为证据呈现。

近年来，人们对利用土壤和地质情况调查犯罪越来越感兴趣（Ritz et al., 2009）。与此同时，与土壤取证相关的出版物也在增加（如 Murray ［2004a, 2011］, Pye and Croft ［2004］, Ruffell and McKinley ［2008］, Ritz et al. ［2009］, Dawson and Hillier ［2010］, Bergslien ［2012］）。地球科学学科，包括搜索和救援中的地球物理学等领域提供了更广泛的信息（Ruffell and McKinley, 2005; Murray, 2004a; Ruffell, 2010; Pirrie et al., 2013; Pringle et al., 2012; Donnelly, 2013）。在 Ruffell 和 Dawson（2009）的书中就提及用于环境取证的土壤接触痕迹材料。空间数据在搜索工具和埋葬学中的应用也是相关研究的活跃领域，相关研究在最近的教材中也有所涉及（Ruffell and McKinley, 2008; Tibbett and Carter, 2008; Dupras et al., 2005）。

12.2　土壤和取证调查

土壤由复杂多变的矿物质（通常来自原位或风化岩石迁移）、有机质以及多孔相的水气混合物组成(图 12.1)。土壤中水和空气的组成可以分别随土壤的溶质和气体排放而改变。此外,矿物和有机质组成的变化范围也很大。

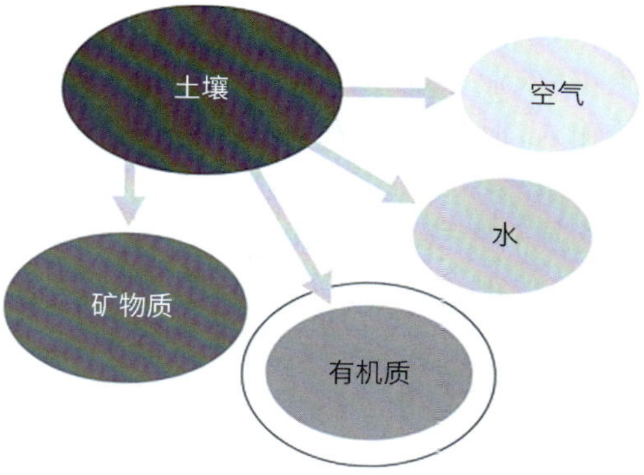

图 12.1　土壤成分

无机(矿物质)土壤主要由矿物质组成(Dixon and Schultze,2002),其中许多矿物质来源于地质母质。土壤通常是在残留或迁移的地质物质上形成,因此可以追溯到形成土壤的母岩。除了在土壤形成过程中产生的矿物质外,所有出现在岩石中的矿物质可能也出现在土壤中。土壤中有成千上万种不同的矿物,但在大多数英国土壤中,痕量浓度以上(<1%)的主要矿物质和矿物质群由大约 20 或 30 种常见类型(石英、长石、角闪石、辉石、铁氧化物、铝氧化物、硫酸盐、碳酸盐、沸石和黏土矿物)组成。此外,同一矿物的不同样本可以相互区分,因此可用于样品鉴别。常见的成土矿物质由于受到各种成土因素的影响而进一步受广泛地理区域的限制,其中最重要的成土因素是母质和风化程度。一种典型的土壤含有大约 6 到 10 种不同的主要矿物质(石英、长石、碳酸盐和黏土矿物)。

土壤有机质包括已死亡的和正在分解的植物、动物、微生物残体以及活的微生物群和植物根系(图 12.2)。通常,土壤有机质中最丰富的是腐殖质,这是一种相对稳定的物质,来源于高度分解的生物。腐殖质组分包括多种有机物质(复合多糖、

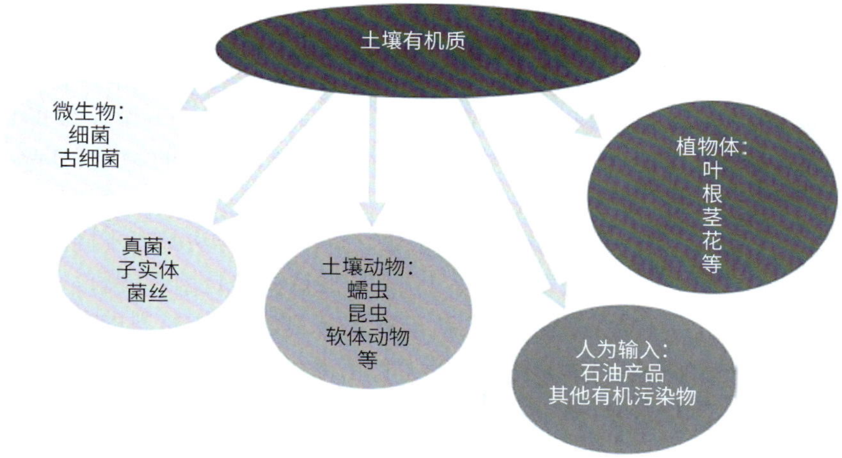

图 12.2　土壤有机质分类

脂质和蜡质、腐殖酸、木栓质、角质等)，通常构成最大的有机质库。尽管受管理的土壤(农业、市政或居住)还可能从肥料、泥浆、堆肥或地表覆盖物使用中获得有机质输入，但在大多数土壤中，有机物主要来自当地植被的凋落物。土壤中还可能含有大量多样的生物。生活在土壤中以及与土壤相关的生物种类和相对丰度受到植物组成和土壤化学(如 pH 和元素组成)、物理结构(如粒径)和环境条件(如温度和降水)的很大影响。除了观察到的特定生物遗骸之外，自然输入以及分解所致的输入都提供了大量多样的生化特征。

在腐殖质组分中发现的化合物相对耐分解，可以持续数千年。具有高流动率的化合物，如大多数碳水化合物、蛋白质和核酸，在取证比较中用处可能不及流动率较低的化合物，因为随着时间的推移，后者可以提供更稳定的剖面特征。然而，尽管土壤中腐殖酸、木质素、木栓质、角质、鞣质等复杂的高分子物质可以描述土壤有机质，但难以用于定量表征和分析。

尽管全球范围在情报(搜索等)或作为证据(法庭陈述)中使用土壤信息的意识有所提高，土壤通常在严重犯罪调查中只有当传统取证方法无法提供足够证据时才被作为物证。不过，土壤也被越来越多地用于搜索行动和找回失踪人员(Barclay et al.,2009)，以及帮助提供信息和帮助确定嫌疑人或相关目标的行踪。当与相关地图和空间数据集结合时，土壤比较也可用于在深入调查中排除地点和/或嫌疑犯区域，从而改进有限资源的分配。

只有有效利用适当的地质、土地覆盖和土壤数据库，许多利用土壤的情报工作才成为可能。土壤矿物学的空间变异性主要是由于不同地质/母质的空间分布。有机质特征的差异性很大程度上取决于植物和其他生物的空间分布。这些特征也会随土壤深度而变化，这在案例情境中非常有用。这也是为什么在比较特定场地的土壤与问题土壤时，采样深度如此重要的原因之一。但是，由于土壤是连续和变化的，没有两个土壤样品可以完全相同，不过土壤特征的复杂性仍然可以为比较提供强有力的“指纹”。此外，由于不同的土壤成分组成(如矿物质和有机组分)在很大程度上相互独立，土壤比较的证据价值得以提高。例如，联合分析方法可以用来识别未知成分的物质(Dawson and Hillier,2010)(图 12.3)。

多种不同的方法和分析可用于表征土壤。每种分析方法都有不同的分辨率和适用性，选择一种或多种方法取决于案例本身，最重要的是因事制宜。同时，这还取决于从问题物品(如鞋类、衣物和机动车辆)中回收的土壤材料的总量。这种土壤样品往往非常有限，这可能会限制分析方法的选择范围。此外，这些样品中所含的成分可能比土壤中常见的成分更多。对于转移的物质，还必须考虑并仔细评估转移和持久性，以便在所有分析中对类似大小的颗粒进行比较(如 Bull et al., 2006)。同样重要的还有土壤在转移时的含水量以及土壤接触位置的状况，例如道

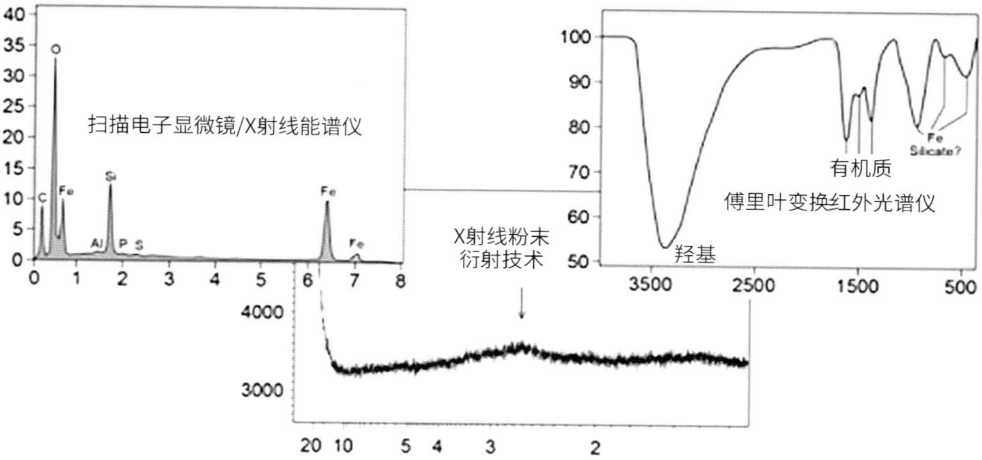

图 12.3 联合使用 SEM/EDS、XRD 和 FTIR 鉴定未知来源样品的实例。结果鉴别了无定形硅酸铁

路上的水坑。这会根据土壤类型、质地和有机质含量而变化。有时从问题物品上提取到的被认为是土壤的样本中尽管含有矿物质和有机成分,但实际上可能并不是传统意义的土壤。例如从城市人行道、街道排水沟和粪便中提取的碎屑,选择的分析方法应该适用于这些物质,因为像真实土壤一样,它们的特征在取证调查中可能非常有用。土壤、道路、水、建筑材料以及空气和水传播的颗粒物的广泛空间变化可与住宅、街道、公园或花园的城市中材料的变化以及每种材料的微空间变化相对应(Ruffell et al.,2013)。

土壤中无机和有机成分的比例各不相同(图 12.1)。由于土壤的复杂性,对不同组分的分析可以提供互补和独立的信息类型。特殊化合物的存在特别有用,尤其是在有混合样品的情况下,可能在实际案例中用到。通常是不常见的矿物质或有机化合物的存在,将某个物体或人与某个地方强烈地联系在一起。此外,土壤中隐藏的、非土壤衍生的人造品/物理线索有助于提供个性化证据样本,从而在法庭上提供最有力的证据(例如塑料、油漆、头发、纤维等)。这些通常可以被认为是“确凿的证据”。对土壤、水和气体的分析也有助取证应用,例如通过分析与人体分解有关的特定水溶性和挥发性化合物的样本来寻找秘密墓地(Vass et al.,2008)。

对于大多数环境取证调查而言,土壤可能只是被调查污染物的载体基质,具有改变污染物行为的潜力。在刑事取证调查中,往往是土壤本身的特性为其提供重要的物证。然而,土壤不管作为刑事调查还是民事法律调查的一部分,许多问题都是类似的。表 12.1 比较了环境和刑事土壤取证调查之间的一些异同。本章将侧重以土壤作为物证,并关注土壤有机成分的详细表征。

表 12.1 土壤在环境取证和刑事取证调查中的一些作用

环境取证	刑事取证
使用：土壤可用作"情报"和"证据"	使用：土壤可用作"情报"和"证据"
基质：调查中土壤是物证（如污染物）的基质载体；污染物是"取证主题" 由于土壤性质可能影响污染物在土壤中的行为，因此表征其性质是重要的	基质：土壤本身就是物证，土壤特征提供了取证信息；土壤是物证（如毛发、纤维、塑料、玻璃）的基质。土壤中的污染物是有用的（包括自然特征）
分析：土壤分析通常高度关注被调查的污染物。主要是化学的，偶尔是生物和物理的，极少是地质的	分析：如果分析大量不同的特征，会使结果更有力；尽可能多地找出土壤样本信息是有用的。主要是化学和地质的，偶有生物的，极少是物理的
样本数量：样本数量由取证人员决定，可能很大	样本数量："问题"样本数量可能非常少
样本大小：每个样本的大小很少影响所使用的分析方法。可以进行分析以便优化准确度和精密度（包括重复分析的数量）	样本大小："问题"样本通常非常小，严重限制了可应用的分析技术的选择。需要优先选择进行哪些分析。需要考虑在破坏性分析之前进行无损分析。样本小可能会限制分析的准确度和/或精密度（包括重复分析的程度）
取样：使用相同的程序采集和分析所有样本（在案例中很少遇到"问题"样本）。取样策略广泛且受控	取样：从地面采集的样本（"犯罪现场""不在场证明"和"对照"的样本可采用与"问题样本"不同的程序进行采集）。理想情况下，应该使用相同的方法进行分析。取样策略可以由调查的重点决定
统计：在恰当实施的调查中，可以利用高度严谨的统计从获得的结果中得出结论	统计：样本数量和样本量过小可能限制从获得的结果中得出结论时的统计严谨性
举证责任："概然性权衡"（民事案件）	举证责任："排除合理性怀疑"（刑事案件）

12.3 取证中土壤表征的经典方法

作为取证调查证据的土壤表征分析方法历来受到限制。直接在宏观尺度上对土壤样品进行目视观测，并使用显微镜进行观察，一直发挥着重要作用。显微镜及相关方法详见第 13 章。一般而言，无机（即矿物学/元素）组分在土壤取证调查中最为常见（Ruffell and McKinley，2005），而除了孢粉学（Wiltshire，2009），作为物证发现的有机组分（来源于植物和动物）（Pye and Croft，2004）直到最近才得到更多的关注。根据 Murray（2000）的研究，美国取证实验室中分析土壤微量证据的常用方法包括颜色法（加热前后）（Munsell，1954）、目视观察法和低功率立体显微镜观察法。通过光学显微镜鉴定矿物质仍在开展，但需要相当多的经验，具体实例参见第 13 章。近期使用较多的还有用毛细管电泳法测定土壤颗粒的阴离子组成以及扫描电子显微镜 X 射线能谱仪测定土壤颗粒的元素（化学）组成。在澳大利亚，除了土壤的常见特征外，目前正在采用更广泛的土壤特征（Fitzpatrick et al.，2009），例如通过 X 射线衍射和光谱分析等定量分析方法获得结果。

现在，许多国家（如澳大利亚）都采用了系统性的土壤描述方法（Fitzpatrick and Raven，2010），在进行分析前，需要先对颜色、黏度、质地和结构进行描述。多年来，土壤颜色一直被当作取证表征中的一般特征，并被用于案例中（Croft and Pye，2004）。颜色可以定量测量，并且能够根据土壤类型、有机质含量和土地覆盖而变化，可以帮助排除来自同一个地方的土壤（图 12.4 说明了同一种土地覆盖类型——草地中的变异）。然而，尽管结果表明分光光度计可以为土壤样品比较提供一种精确和快速的方法，但在样品制备过程中，如在研磨中，不建议将颜色作为取证土壤样本的唯一测量方法，因为颜色可能随转移而变化，也可能因土壤组分而有所差异。

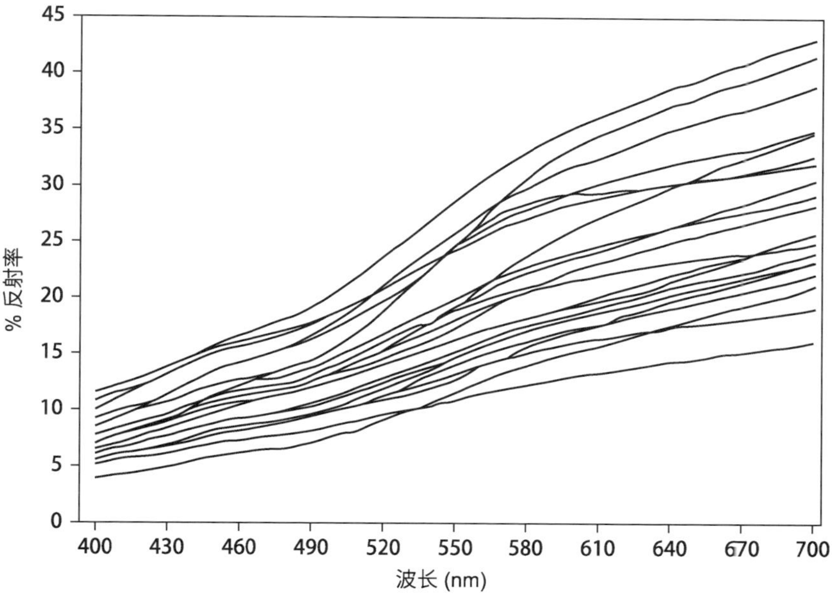

图 12.4 土壤光谱颜色；英国一系列草原土壤的反射率。
（每一条线代表一种单独的草原土壤）

颗粒大小是每种土壤都具有的物理性质，可以为样品的性质和来源提供重要的线索，但可能会由于迁移和持续存留而改变。例如，沙子可能不会像黏土那样容易保留在鞋子或汽车上，但在对照样品中，沙子仍然存在。因此，在这种情况下使用粒度分布分析是受限的。

12.4 土壤相关的取证调查实践

在现场和景观尺度检查后，土壤的详细取证调查通常开始于初始检查阶段，这时需要对样品进行评估,并在可能的情况下为后续分析进行二次抽样。所采用的分析方法通常取决于样本的大小、条件和研究目的,即作为比较证据还是为情报提供线索。比较好的做法是尽可能保留问题物品的一半样本以便按需复查。在实践中,方法的选择往往取决于可用的仪器及成本。分析时必须考虑分析技术的破坏性和分析顺序,优先进行无损分析。

从犯罪现场(SOC)采集样本的关键要求必须从一开始就加以考虑。取样时必须注意确保样品被记录在清单上(Elmhirst,2010)。采样不宜采用常规的统计抽样方法。取样必须要有针对性和重点,例如需要考虑接触位置和进出路线等方面。描述场地特征时还必须考虑可变性(Jantzi and Almirall,2011)。有效且相关的取样中假设了土壤的基本情况及迁移方式。如有埋葬,土壤采样时需要考虑土壤剖面中的不同土层(Hanson et al.,2009)。如果在犯罪现场周围区域内暴露出一片裸露土壤,如破窗而入时窗下的花坛,则应该从罪犯最有可能站立的地方(Pye,2007)和最可能接触土壤的地方采集样本。为比较目的而采集的样本必须与被移除的土壤相关,大多数情况下都是表层土,因此,需要注意避免土壤表层受到更深土层的污染,特别是防止有机/生物成分的污染。

如果土壤黏附在材料或物体上(如鞋、衣服、武器等),应该将整个样品收集起来并装袋,最好就地检查。一个问题样本可能由几种不同的土壤类型或接触位置组成,取样时应单独装袋。潮湿的样品不能在未冷藏的密封容器中保存太久,这一点也很重要,因为微生物活动可能会改变土壤的微生物/有机成分特征。痕量物质也可以被检测,随着清移、检测和分析技术的进步(如 Ruffell and Sandiford,2011),接触痕迹的大小不再限制调查。在分析织物上的土壤黏附物时,应特别注意考虑与织物本身有关的土壤样品成分。

土壤检查通常从目视比较、宏观和微观分析开始,收集诸如质地、颜色、矿石和有机质含量等特征信息(Murray,2004b)。通常用立体双目显微镜来仔细检查土壤。样品中的分散团聚体和异物,如纤维、金属、油漆、玻璃和塑料,可以作为逐项明细样品转交给其他取证专家。任何单独的种子或叶子也要记录下来,并在此时进行二次抽样。当在土壤中发现不寻常或罕见的颗粒时,需要进行精确、快速的鉴别;显微镜仍然被认为是最有用的初始技术(Sugita and Maruma,2004)。

与灰尘的环境取证分析一样,可以使用多种光源(可见光、红外光和电子显微镜;参见第 13 章)。电子显微镜,如扫描电子显微镜(SEM)具有光学显微镜无法提供的分辨率,因此可以进行更详细的检查和记录。根据检测对象的大小,也可以通过扫描电子显微镜直接检查土壤,而不需要将土壤先从问题样本中移除。一些更常见的土壤矿物质颗粒可能具有多种不同的属性,例如大小、形状、表面纹理和涂层。扫描电子显微镜中的能量色散谱(EDS)常常用于表征颗粒的化学元素组成(图 12.5)。背散射电子(BSE)成像和 X 射线成像提供了另一种定位罕见粒子和绘制其分布的方法,具有识别或区分的重要作用。

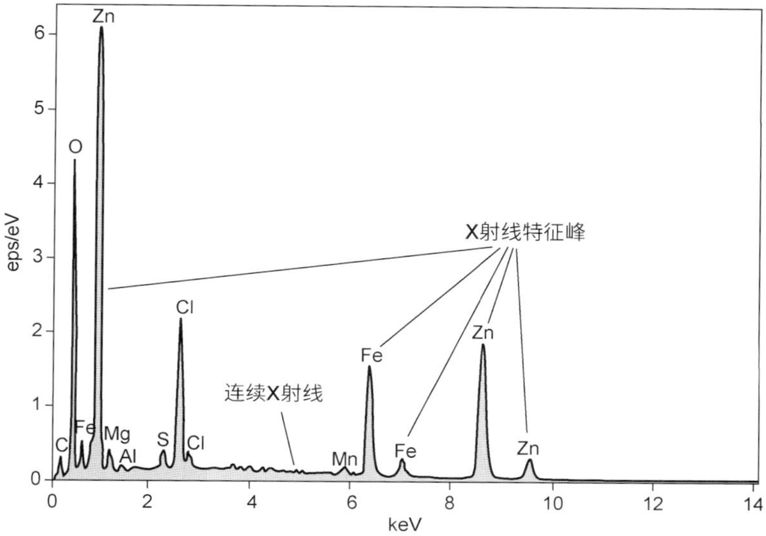

图 12.5　用能量色散光谱仪(**EDS**)光谱识别单个粒子的元素组成的例子

扫描电子显微镜还被用于点位中比较石英颗粒表面纹理和表面形状的取证分析(Morgan et al.,2008,2010b;Bull and Morgan,2006,2007)(图 12.6)。当使用颗粒形状和纹理比较样本时,其目的是排除类似来源的样本。例如,如果一个样品中有一面上翘的圆形颗粒,而对照样品中没有这些特征,那么可以排除这一样品与对照样品有类似的来源。此外,还可以利用扫描电子显微镜对特定的生物进行识别和分类,如花粉(图 12.7)和硅藻(图 12.8)。

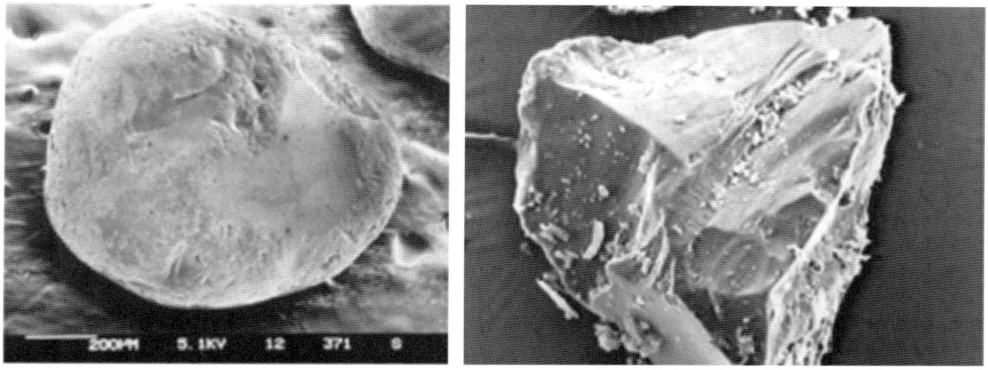

图 12.6　用扫描电子显微镜(**SEM**)分析颗粒形状和结构。左侧图片中的圆形颗粒与右侧图片中棱角分明的颗粒形成对比:石英颗粒的初级区别。**Ruth Morgan**,伦敦大学学院,伦敦

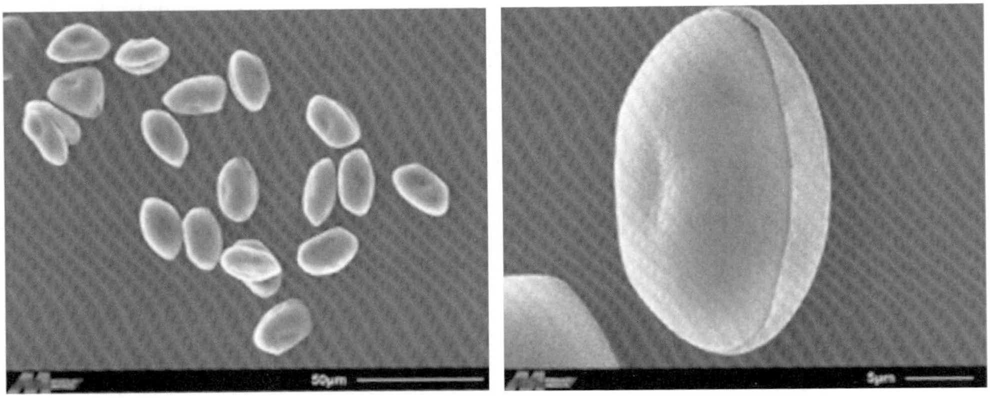

图 12.7 雪花莲花粉孢子的 SEM 图像。Evelyne Delbos，詹姆斯 · 赫顿研究所

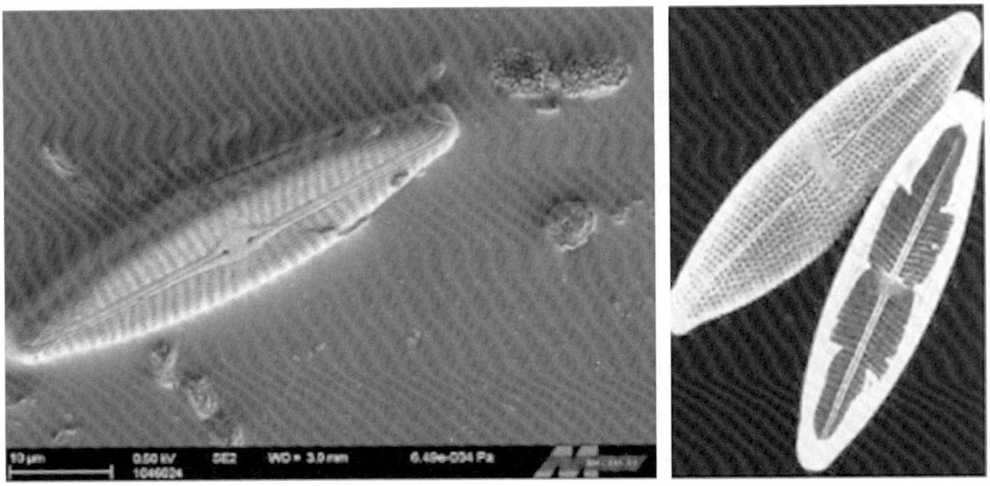

图 12.8 利用扫描电子显微镜下硅藻的独特形态来确定来源。Claire Abel，詹姆斯 · 赫顿研究所

12.5 土壤样品分析的发展

近年来，无论是检测技术和仪器，还是特定土壤性质研究，在取证实践的土壤特征鉴定上都取得了很大的进展。大多数情况下，分析依托于所采用的特定分析方法，而不是土壤样品的固有特性。分析从鞋及其他问题物品中经常获得的极小土壤样本的潜在价值推动了许多新技术的开发和使用。在这一领域中，诸如分析较小的样本、提高灵敏度以及由此提高识别能力和更快、更廉价的处理等方面的改

进是显而易见的。

土壤无机组分的分析已经取得了一些进展，如用粉末 X 射线衍射（XRD）（图 12.9）或用 QEMSCAN 系统扫描电子显微镜评价矿物（Pirrie et al.，2009，2013）。

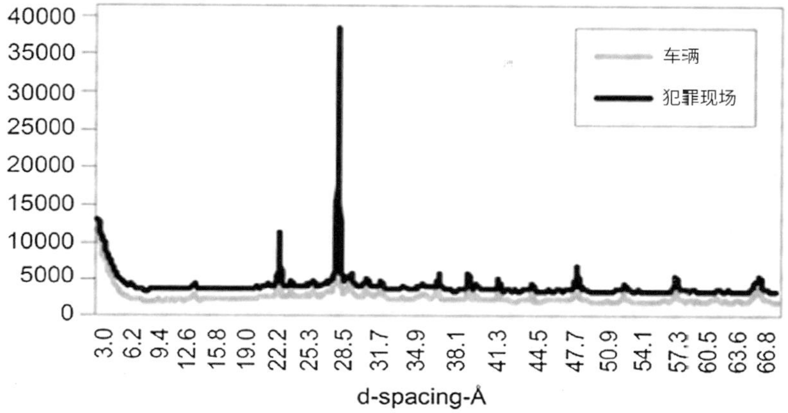

图 12.9　使用 XRD 比较从可疑车辆（灰色线）和犯罪现场（黑色线；轻微偏移）获得的土壤矿物学剖面。Stephen Hillier，詹姆斯·赫顿研究所

然而直到最近，土壤有机质特征在刑事取证调查中仍然很少或没有发挥作用。FTIR 等光谱方法适用于小样本，不仅简单、快速、廉价，还能表征样本中的矿物（图 12.10）以及有机成分的相关信息（Cox et al.，2000）。此外，无机（无机元素的同位素范围：ICPMS、TIMS 等）和有机物的稳定同位素分析可以用于小样本，在确定土壤成分的来源和样本来源方面非常有用。另外，对于碳、氮和氢同位素，可

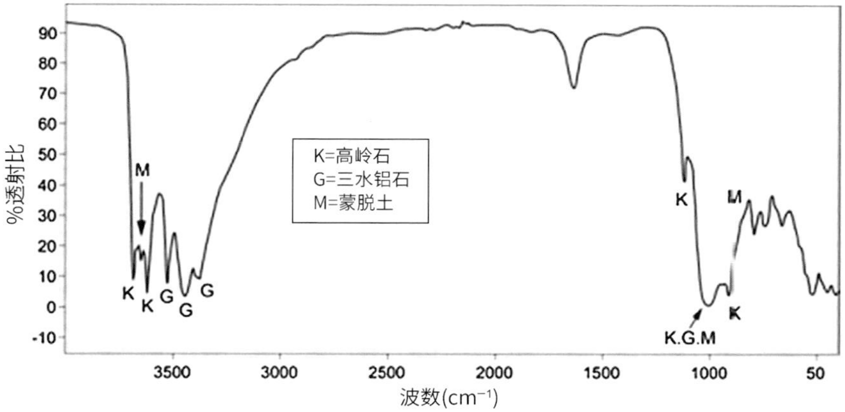

图 12.10　样品中矿物混合物的 FTIR 光谱。组合红外光谱是由每一种矿物的吸收光谱组成的复杂组合，因此需要详细的解释来识别每种矿物。Jean Robertson，詹姆斯·赫顿研究所

使用特定化合物质谱法得出单个化合物的同位素丰度(Meier Augenstein,1999;Mudge and Meier Augenstein,2010)。

12.6 土壤有机质的表征

12.6.1 土壤生物

土壤生物由包括植物和动物在内的一系列生物物质构成。

12.6.1.1 植物

土壤样本中含有植物碎片的现象直到最近才在取证领域受到一些关注。它们可能附着在鞋子或衣服上,或转移到其他接触区域。植物种类存在很大的差异,使得植物学证据可能变得非常重要(Coyle,2005)。苔藓植物是取证调查中能够提供植物学证据的最有用的植物之一(Virtanen et al.,2007)。植物物种可以用传统的显微镜进行鉴定,也可以用分子方法进行鉴定(Linacre et al.,2005)。Ferri 等(2009)证明了植物通用多标记分析在取证调查中的有效性。此外,植物碎片的蜡质标记分析也有助于植物物种鉴定(见第 12.6.2 节)。

12.6.1.2 孢粉学

孢粉学,特别是孢子/花粉分析,是植物生态学的一门分支学科,已被证明对犯罪调查大有助益(Wiltshire,2009,2010;AdamsGroom,2012)。孢粉学已被法庭所用,为物体与地点的接触、秘密抛尸地点以及估计尸体掩埋时间提供证据,并为区分谋杀地点和掩埋地点,以及物体和材料来源提供信息。花粉颗粒在花药中产生,在许多方面存在差异,可以利用显微技术来表征。植物花粉和真菌孢子可以为物品的来源和表征物质来源环境特点提供线索。这些用途源于它们的丰富性、分散机制、抗机械和化学破坏性、显微粒径以及通常形态各异。然而,由于它们经常随风移动,所以它们的轮廓特征不总是能反映发现地点的环境。它们通常具有复杂的形态,可以用于识别与特定生态环境或特定场景相关的单独亲本植物分类群。由于它们的微小粒径,因此很容易从目标场景中收集和移除,而不会向嫌疑人提供发生过什么的可见线索(Mildenhall et al.,2006)。

研究者已提出花粉分析样品制备的详细程序(Horrocks,2004;Wiltshire,2010)。与所有取证分析一样,特别是在肉眼看不到痕量证据的情况下,在二次抽样和样本制备过程中尽可能减少实验室和交叉样本污染风险尤为重要。孢粉类型可以提供极好的痕迹证据,并同时满足证据转移、持续存在和检测相关的要求

(Morgan et al.,2010a)。孢粉学证据也可以作为非常有力的调查和关联证据。由于这项技术需要大量的人力以及丰富的专业知识和经验,并需要适当的控制和及时的样本收集,在大多数国家都没有得到充分利用(Walsh and Horrocks,2008)。

有建议应该汇编一个花粉/孢子类型数据库作为参考资料,供相关领域的专家证人参考(Bruce and Dettmann,1996),识别软件在这种情况下也可能起到作用。与孢粉学证据相关的统计方法越来越多,例如使用似然比和考虑花粉组合发生的频率(Horrocks and Walsh,1998)。然而,研究结果表明,即使在同一地理区域内,具有相似植被类型的局部区域也可能具有显著不同的花粉组合,这可用于提高分辨能力(Horrocks et al.,1999)。此外,有些科的植物,如禾本科和蔷薇科,很难通过这种技术区分。

用孢粉学分析花粉在新鞋子和曾在其他地方穿过的旧鞋子上的转移发现(Riding et al.,2007),除了一个样本外,鞋上发现的花粉有着一个鲜明特征,支持各个地点的花粉的普遍独特性观点以及广泛的孢粉异质性概念。然而,这项研究也表明,当穿鞋走过不同地点时,鞋的花粉/孢子含量主要反映最近一次去过的地点的花粉/孢子情况。这强调了在犯罪发生后尽快查封鞋类的重要性,因为鞋类承载从许多不同地方积累的孢粉(Wiltshire,2009)。真菌孢子可以生长在石头、砖块、瓷砖、铺路石、木器和皮革等材料上,偶尔也被用作案件的痕迹证据(Hawksworth and Wiltshire,2011)。从裸露的土壤、泥土、落叶层、有机碎屑和植被中可提取出重要的孢粉形态组合。然而,即使可以从鞋底识别出分散的土壤斑块,也很难获得完全未污染的样品,因此原则上孢粉学剖面将包含一个混合集群。

12.6.1.3 硅藻

由于硅藻的二氧化硅骨架及多样性,硅藻遗骸提供了过去和现在栖息地的良好记录(图 12.8),可在溺水案件的死亡时间调查中用来匹配与水相关的样本(Cameron,2004)。类似地,植硅石(在某些植物中积累的植物蛋白石二氧化硅结构)被用来区分具有其他相似矿物学特征的土壤(Marumo and Yanai,1986)。同样,有壳变形虫具有空间差异,也具有用于地点鉴别的潜力。在一个超过 10 年的旧案研究中,变形虫可以从衣服的干沉淀残渣中回收,但是浓度很低,这表明将其作为接触证据应用于案例之前仍需要进一步的研究(Swindles and Ruffell,2009)。

12.6.1.4 微生物

土壤微生物群落反映了土壤类型、土地管理和环境条件(Torsvik et al.,1990;Singh et al.,2009;Lerner et al.,2006)。土壤中发现的微生物具有多样性,能应对和适应不断变化的环境,是一种极具吸引力的生物标记物,既能提供搜索情报又能作为证据。此外,可以从非常少的样本中(<0.2 g)获得微生物剖面。虽然基于取证目的将分子微生物方法作于土壤证据的可能性还未被很好地探索(Petrisor et al.,2006),但土壤微生物生态学的知识可用于提供关于未知样品可能来源的线索。

分子技术的发展以及特征性的脂质生物标记物的使用(见第 12.6.2.1 节)已经克服了依赖于细胞培养的方法中的相关问题,现在土壤学中正在使用各种技术来检查土壤微生物的多样性和生态学(Torsvik et al.,1998)。调查微生物群落的一般程序包括从样品中提取和纯化 DNA,然后使用聚合酶链反应(PCR)进行扩增,再分析核苷酸序列。

然而,用分子方法表征微生物群落的所有技术的特异性取决于实验条件和所用的引物,在许多情况下可能只能检测微生物群落的主要成员。要确保在分辨率和对土壤小尺度变化的灵敏度之间达到合适的平衡,仍有大量工作要做。另一个需考虑的重要因素是,人类是一个离散的实体,在受孕时就确定了独特的 DNA 剖面,而与人类 DNA 证据相比,土壤则包含了许多不同的物种(Sensabaugh,2009)。

微生物 DNA 对环境条件敏感,需要小心处理样品,并遵照适当的储存条件。由于特定条件下 DNA 的降解和微生物随时间的变化(可能发生在环境中或者不恰当收集/储存样品时),微生物特征只能短暂保留,不如其他指纹识别方法更为稳定。已有研究检测了土壤微生物群落剖面的潜在用途,以便为取证应用提供与种源相关的土壤 DNA 信息(Horswell et al.,2002;Macdonald et al.,2008)。将土壤 DNA 剖面用于取证的研究主要集中在细菌上(Horswell et al.,2002;Lerner et al.,2006),近期研究也表明这种方法在案件中具有潜在应用价值(Frederike and Kuipe,2011;Quaak and Kuiper,2011)。Macdonald 等(2011)利用细菌和真菌的末端限制性片段长度多态性(T-RFLP)发现了明显的差异,说明其对于特定地点的匹配(例如将鞋印/汽车轮胎印与物体匹配)有一定作用。与细菌相比,真菌 DNA 剖面在土壤风干过程中更加稳定,可能成为土壤取证方法发展的一个更为稳定的目标(Macdonald et al.,2008)。

根据现有文献,目前可用的分子微生物方法彼此非常相似,只有轻微的优劣势差异(Ranjard et al.,2003)。需考虑的因素是最少需要多少土壤才能提取足量的 DNA,以及是否代表整个群落的真实反映,因为从证据(如鞋或衣物)中获得的土壤数量通常可能是非常有限的。此外,适用于不同土壤类型的标准化提取方法需要进一步测试和适用性探索。

对于所有方法,尤其是微生物方法的使用,采用标准化的程序是很重要的;尽管新兴的和正在发展的方法令人激动,但数据的可比性是至关重要的(Philippot et al.,2012)。

所使用的分析方法与微生物群落中观察到的模式之间的相互联系是该领域仍有待解决的挑战(Sensabaugh,2009)。Quaak 和 Kuiper(2011)使用细菌剖面分析方法预测来自相同土壤类型的土壤样本的可能共同来源,并计算细菌剖面之间的相似性,以估计此类相似性的证据价值。尽管土壤微生物群落的取证应用潜力显而易见,但目前仅在意大利、西班牙和荷兰等少数国家的法庭上使用。例如,意大利的一宗谋杀案调查中,使用细菌群落的扩增核糖体 DNA 限制性分析(ARDRA)结合元素分析,为法庭结案陈词提供了关键性证据(Concheri et al.,2011)。

12.6.2 土壤有机质化学分析

土壤中的腐殖酸、鞣酸等高分子物质是土壤有机质的主要组成成分,其高度的复杂性为土壤的表征提供了潜在的价值,但它们很难被定量分析。分析程序包括热解(Ceccanti et al.,2008)、热辅助水解和四甲基氢氧化铵甲基化。热解产物的比较可能有助于土壤有机质的结构分析,也有助于取证中对土壤的鉴别(Leinweber and Schulten,1999;Nakayama et al.,1992)。土壤腐殖质酸组分的紫外-可见(UV-Vis)吸收光谱也可用于鉴别土壤,在应用多元统计技术的前提下,取得了良好的效果(85%正确分类)(Thanasolias et al.,2002)。然而,这类剖面可能非常复杂,难以解释,而且取决于分析所用的具体条件,这就给分析的重现性带来问题,从而限制了它们在取证实例中的应用。

土壤有机质中含有大量的脂类化合物。不同土壤样品中单个化合物的相对丰度差异很大。许多化合物的寿命相对较长,可以作为离散化合物进行定量分析,因此它们是取证调查中对于"指纹"土壤非常有用的标记(Mayes et al ,2009)。这些化合物既可以来源于土壤中的植物、动物、真菌和微生物,也可以来源于排泄物和土壤中的人为添加物,包括动物粪便、堆肥和有机污染物,如石油烃。

12.6.2.1 植物蜡化合物

在大多数土壤中,特别是在表层土中,最常见、研究最多的持久性脂质化合物是那些源自植物表面蜡的化合物,它们会以落叶和其他植物凋落物的形式进入土壤。植物根系中的植物蜡化合物浓度较低,可能对土壤中这些化合物的补充贡献不大。植物蜡化合物在土壤取证中是有效的有机标记物,因为这些化合物在土壤中的模式反映了相同化合物在土壤目前生长的和过去生长的植物相关的模式(van Bergen et al.,1998)。它们在土壤中的寿命和相对易于分析也有利于这种应用。

植物蜡化合物是一类复杂的脂质混合物,主要由具有较长碳链的脂肪族化合物组成(~C_{20}-C_{60})。植物蜡最常见的成分是碳氢化合物、醛类、游离和酯化的长链脂肪醇和脂肪酸。每一种化合物类型都包含了以直链饱和化合物为主的同系物,其中显著优势的是奇数碳链数(正烷烃、C_{21}-C_{37})或偶数碳链数(C_{20}-C_{34}醛、C_{20}-C_{34}伯醇和 C_{14}-C_{34}脂肪酸)。尽管大多数高等植物含有相同范围的化合物,但单个化合物的相对比例在不同植物物种之间以及某些情况下同一植物的不同部分之间，可能具有很大差异（Dove et al.，1996；Smith et al.，2001；Dawson et al.，2000）。来源于植物蜡（正烷烃和长链脂肪醇）的土壤有机化合物模式与它们在植物中的模式相同（Dawson et al.，2004）。土壤的脂质剖面在很大程度上代表了植被合成、聚合和分解过程的产物，所有这些都是由土壤环境决定的。土壤中烷烃剖面图反映了植被贡献的混合物。图 12.11 说明了英国一系列土地利用类型中的迥异模式。这种植物蜡在土壤中的标记模式可以持续几个世纪；对正烷烃和酒精的分析表明，埋在古代地层中的石楠与花粉剖面的独立证据相符（Dawson et al.，2004）。支链烷烃存在于相对较少的植物蜡中（Dove and Mayes，2006）。某些植物种群的蜡中可能还含有个别高浓度的仲醇（例如针叶树物种中的 10 -二十九碳醇）和长链酮（例如芸薹属植物中的 15 -二十九烷酮）。

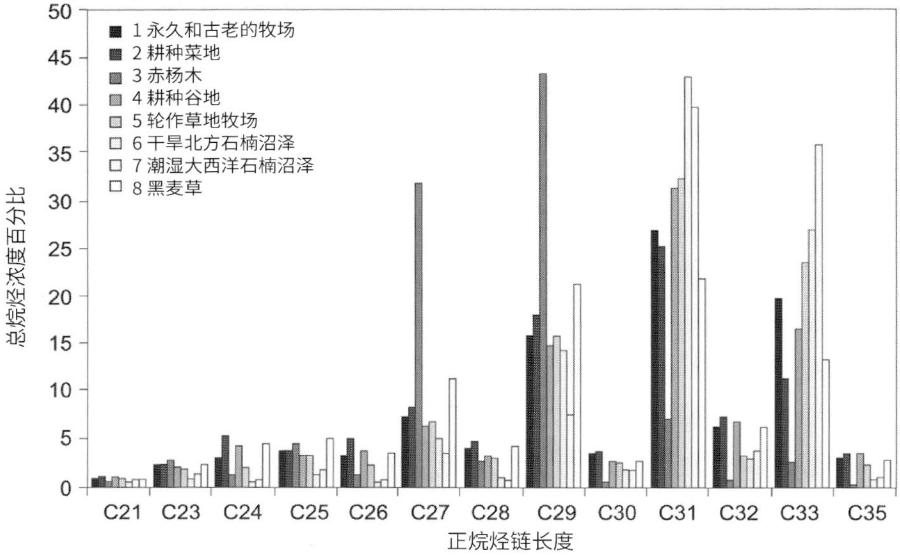

图 12.11 英国一系列土地覆盖类型下土壤正烷烃模式

12.6.2.2 其他生物源化合物

分析土壤中植物蜡的程序通常包括萃取、液相（固相萃取）色谱法分离不同的化合物类别，以及气相色谱法（GC）或气相色谱-质谱法（GCMS）分析单个化合物。对于某些化合物来说，在 GC 或 GCMS 分析之前还需要先通过分解分子（如碱水解）形成衍生物。这些方法对植物蜡没有特异性，因此样品中其他具有类似性质的脂质化合物也会出现在相关的 GC 或 GCMS 色谱图中。这些额外化合物的鉴定和定量，可以像植物蜡化合物一样，在取证研究中作为有机脂质标记物非常有用。其中许多化合物如植物甾醇和三萜类化合物，可能起源于植物，它们与植物蜡一起共同反映了与土壤相关的各种植物类型。植物甾醇中 β -谷甾醇在高等植物中普遍存在且除了极少数情况外是含量最丰富的。然而,在植物界分布着大量的其他植物甾醇,其中最常见的是菜油甾醇和麦角甾醇。三萜类化合物在植物中非常常见,具有由 5 个异戊二烯单元衍生出含 30 个碳原子的碳骨架,通常含有一个或多个羟基(三萜醇)、羧基或羰基官能团。

土壤真菌、细菌和古细菌也有助于形成土壤有机标记脂质剖面。土壤中磷脂脂肪酸(PLFA)模式被广泛用于真菌和细菌群落的基本描述(Murray et al.,2006)。与核酸方法类似,PLFA 方法不依赖于生物体的生长或形态。土壤群落的脂肪酸剖面分析中最常用的提取方法是用分馏法分离磷脂脂肪酸组分,并用气相色谱法测定脂肪酸。PLFA 分数已被用于受污染的邻近区域的风沙土壤的生物指纹(Kennedy and Busaca,1994;Kennedy,1998)。

与来源于细菌的藿烷类化合物一样(Winkler et al.,2001),麦角固醇是一种与大多数真菌相关的固醇,偶尔能在土壤样本中观察到(Ruzicka et al.,2000)。土壤中还发现了一些与古生菌细胞壁相关的化合物(Günther et al.,2014)。土壤中普遍存在一些低浓度的直链(C_{25}-C_{35})酮(2-烷酮)同系物。尽管这些化合物的来源尚未得到证实,但奇数链化合物占主导,意味着它们的来源可能是植物蜡正烷烃(van Bergen et al.,1998)。

胆固醇是动物体内的主要固醇,经常在土壤样品中发现,一般浓度很低。尽管其存在可能是由于土壤动物(活的或死的)造成的,但是还有许多其他的潜在来源。基于这些信息,在 GC 或 GCMS 分析之前必须特别注意土壤样品的收集、处理和制备,避免人类接触造成的脂质污染。无论与近代还是古代的腐烂尸体接触或接近的土壤中都能发现高水平的胆固醇。土壤中胆固醇还与排泄物和衍生产物如动物粪便和污水污泥的存在有关(Davies and Pollard,1987)。

除了胆固醇外,偶尔也能在土壤样本中发现一些来自动物排泄物(包括人类)的有机脂质标记物。这些化合物的存在和模式可作为取证调查中排泄物的标记物。排泄物中的粪固醇和 24-乙基粪固醇分别由哺乳动物肠道中胆固醇和 β-谷固醇经微生物加氢作用产生。由于肉食动物(食肉动物和杂食动物)摄入的胆固醇可能比食草动物多得多,因此肉食动物(包括人类)粪便中的粪醇和 24-乙基粪醇的浓度比远高于食草动物(Leeming et al.,1996)。排泄物中的粪醇和 24-乙基粪醇可以通过微生物作用缓慢转变为各自的异构体:差向异构-粪醇和 24-乙基差向异构粪醇。因此,形成的这些化合物在动物粪便、农场污泥和污水污泥中的浓度往往高于新鲜粪便中的浓度(Mudge and Seguel,1999)。土壤样品中的粪醇和 24-乙基粪醇及各自异构体的存在不仅表明粪便污染物,还表明了对应的动物类型和粪便物质的“年龄”。在邻近动物和人类尸体腐烂的土壤中也发现了这些甾烷醇(von der Lühe et al.,2013)。

由粪便甾烷醇指示的粪便污染源最常见的是农场牲畜和人类。虽然粪醇与 24 -乙基粪醇的比值可以区分草食动物和杂食动物,但还需要其他粪便标记物来进一步确定动物来源。猪和人的粪便中粪醇与 24 -乙基粪醇比值相似,但可以通过胆汁酸的模式进行分辨(Bull et al.,2002)。尽管人和猪都分泌石胆酸,但猪粪便中的主要胆汁酸是猪去氧胆酸,而人粪便中没有;人粪便中的主要胆汁酸是脱氧胆酸,猪粪便中则不存在。对从嫌犯鞋上采集的土壤样本中的粪醇/甾烷醇(图 12.12)和粪胆汁酸(图 12.13)的 GCMS 色谱检测表明这些化合物来自猪粪。事实上,这种胆汁酸已经被用于追踪环境污染(Elhmmali et al.,1997)。使用粪便中的阿克醇作为标记物可以区分反刍动物(如绵羊、牛和山羊)和非反刍草食动物(如马和兔子)(Gill et al.,2010);反刍动物的粪便中存在阿克醇,因为其瘤胃中含有丰度很高的产甲烷古细菌(McCartney et al.,2013)。这种化合物也存在于一些污水污泥中,可能是由于污水处理厂的厌氧消化过程造成的。

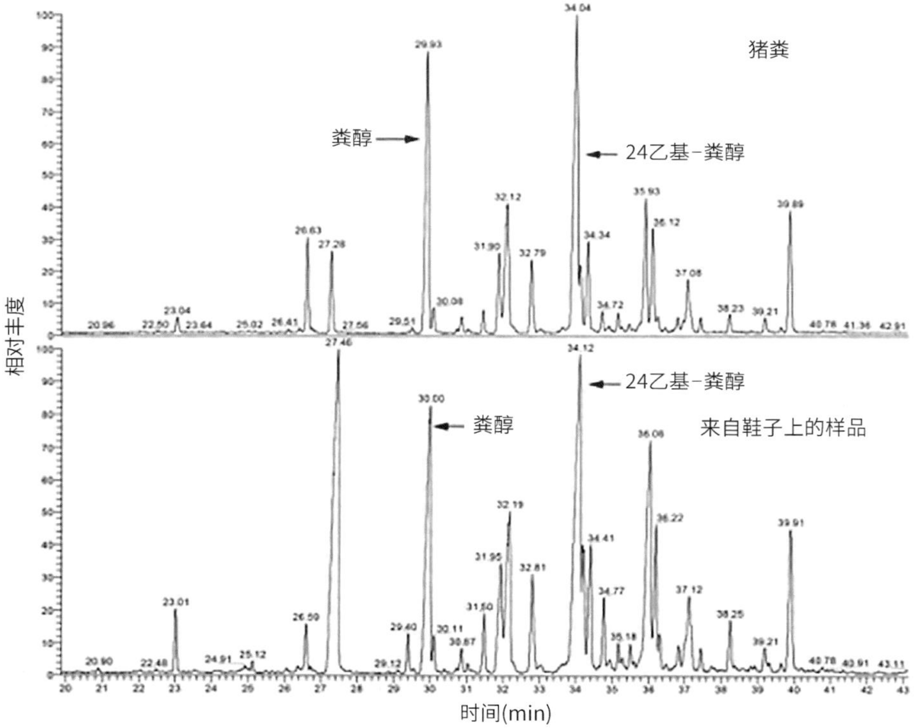

图 12.12 衍生化酒精/甾醇提取物的 GCMS 色谱图,这些提取物来自嫌疑人的鞋上收集的土壤样本和从犯罪现场收集的猪粪便样本,结果显示粪便中含有甾烷醇

大多数土壤有机质中存在多种植物蜡化合物,包括正烷烃、脂肪醇和其他生物来源的有机化合物,如 β -谷甾醇。利用这些化合物进行土壤样品比较的鉴别是基于不同土壤样品中这些化合物的模式有明显差异,这可能是由化合物原始来源的植物物

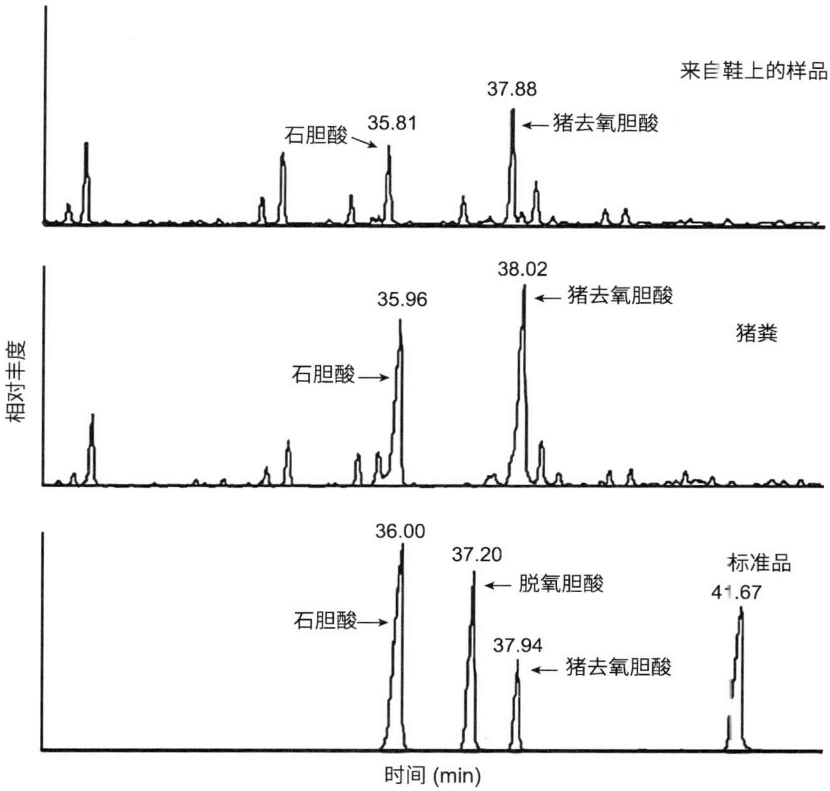

图 12.13 从嫌疑人鞋上提取的土壤样本和从犯罪现场采集的猪粪便样本中提取的酸性提取物中的衍生化粪便胆汁酸的 GCMS 色谱图

种组成差异所致。由于可能有大量的化合物可被用作标记物,这种"模式法"成为独立、单一来源的样品比较的有效方法。在取证调查中,如果通过目视比较或显微镜检查确定"问题"样本来自单一转移事件,这种方法将是有用的。然而,如果问题土壤样本可能有多个来源,例如从汽车搁脚位置收集的材料,"模式法"对土壤比较的作用可能就有限。在这种情况下,无法确定样品来自单一来源,另一种备选方法是寻找土壤中不常见、但可能来自混合的、问题土壤样品中的某个来源的单一化合物。在近期的一次取证案件调查中,在汽车一个搁脚位置和油门踏板的土壤样本中发现了 15-二十九碳酮;在与案件有关的四个取样地点中的一个地点的土壤中也发现了这种化合物。它在土壤中的存在可能与芸薹属植物有关(Mayes,个人通讯,2012)。

12.6.2.3 人为源有机化合物

在提取土壤以研究其有机生物标志物组成的过程中,往往能发现一些长期存在的、非自然的但与人类活动有关的有机化合物。这些化合物通常是与道路以及来自工业活动和城市区域的机动车有关的各种有机污染物。最常观察到的是石油烃混合物,在气相色谱图中从土壤样品中萃取的烃类组分常常被视作“难以分辨的复杂混合物”(UCM)峰。在大多数有 UCM 峰的土壤样品中,这些峰主要是植物蜡,在一定的碳链长度范围内主要是奇数链化合物。在刑事调查中,有可能将环境取证中涉及的大量信息和专业知识应用于表征石油产品的来源特征,特别是在如 GC×GC - TOF - MS 这类新技术出现后,使确定 UCM 成分成为可能(West et al.,2013)。然而,基于 UCM 包络线,已经开发出一种更简单的表征方法,用于比较取证的土壤样品(Mayes et al.,2012),并已成功用于英国的刑事调查。该方法包括从土壤烃组分的 GC(或 GCMS)色谱图中去除基线鼓包,以获得 UCM 包络;通过评估色谱运行期间等效时间点的 UCM 包络值之间的相关关系来比较土壤。去除的基线鼓包的模式也可以进行比较。图 12.14 显示了从泥泞轨道不同位置采集的土壤样本和从疑似在轨道上某一犯罪发生地点停过车的被扣押的汽车车轮拱罩上采集的样本中平滑的 UCM 包络线。在单独的研究中,在污泥中发现了石油烃(Jardé et al.,2005)。图 12.15 显示了从英国不同污泥来源提取的烃类组分的气相色谱图。这些特征可能提供额外的“指纹”信息。

其他人为标志物中还包括多环芳烃(PAHs)。多环芳烃可能来自煤和石油产品,但大多数来源于燃烧木材和烃类产品,每种化合物的模式各不相同。由于多环芳烃在城市地表土中特别常见,使其在刑事取证调查中具有相当大的潜力。邻苯

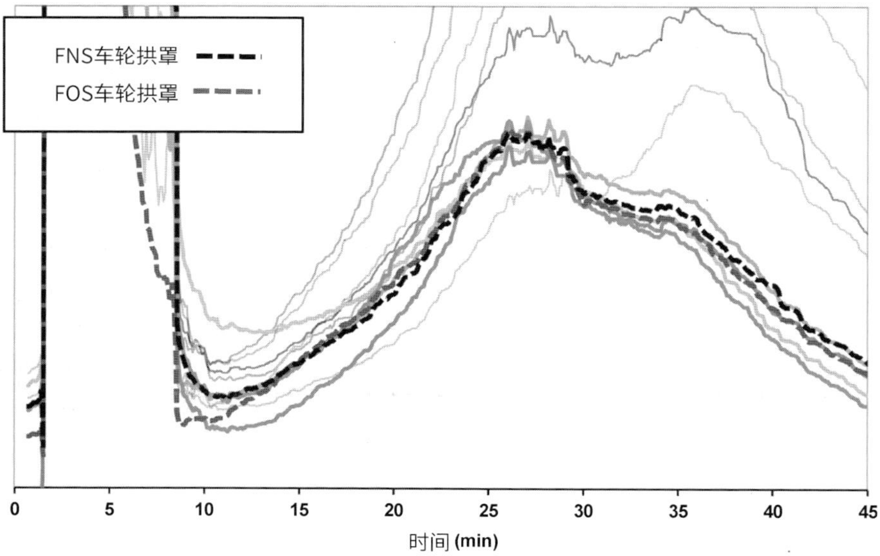

图 12.14　可疑车辆车轮拱罩上的土壤样品(粗虚线)以及沿轨道不同标记位点采集的土壤样品中提取的烃类组分的平滑 UCM 包络线。轨道样品与车轮拱罩样品(粗实线)的 UCM 包络线十分相似;其他轨道样品由细实线表示

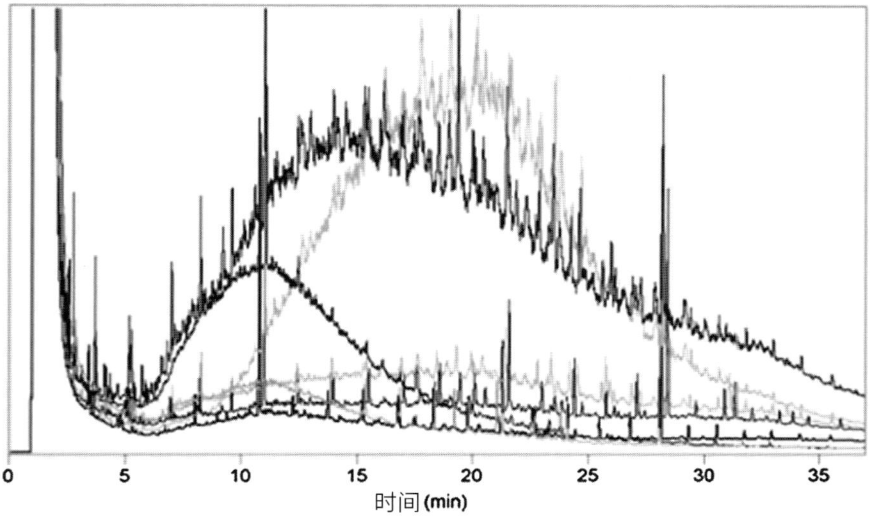

图 12.15　使用火焰离子化检测器(FID)分析来自英国不同场地收集的八份污水污泥样品中烃类化合物组分得到的气相色谱图

二甲酸酯(主要来自塑料)也常见于土壤样品中。邻苯二甲酸酯、多环芳烃和许多其他人为来源的化合物(如多氯联苯、二噁英等)持久存在于环境中,因其对环境生态系统和人类健康的潜在危害而被广泛研究,并被归为"内分泌干扰物"(EDCs)(Rhind et al.,2013)。作为一个包含大量化合物的广泛群体,内分泌干扰物可能在刑事取证调查中具有潜在的用途。然而,一些内分泌干扰物如邻苯二甲酸盐无处不在,以至于在样品收集、处理和实验室分析准备时都需要特别小心,以避免它们受到污染,这可能会限制它们用作取证中的"指纹"标记物。

12.6.3　土壤中用于定位人和动物尸体的有机标记化合物

靠近人和动物尸体的土壤,无论是埋在地下还是在土壤表面,都能获得有机分解产物,这些产物有可能被用作指示尸体位置或分解过程的时间阶段的标记物。大多数研究都检测了土壤的气相和水分。搜寻尸体时已经将土壤气相的检测与搜寻犬的使用相结合。尽管最初的研究往往局限于少数可能大量产生的臭味挥发性有机化合物,包括挥发性短链脂肪酸(主要是乙酸和丁酸)以及胺类如腐胺和尸胺,更复杂的分析方法表明在土壤气相中可以检测到大量挥发性的分解产物(如 Vass et al.,2008)。尽管传统观点认为,这些挥发物在分解过程的早期产生,并迅速分散,但已经证实其中一些化合物可以在尸体沉积多年后仍然被保留在土壤中(Vass,2012)。

尸体分解后的水溶性组分将进入土壤水相,并可能随着土壤水相的流动而迁移,移动的程度不仅取决于水的流动,还取决于分解产物与土壤不同固相组分的相对亲和力。尽管大多数水溶性分解产物主要由无机离子组成,包括铵、硝酸盐和磷酸盐,但蛋白质分解的可溶性产物(氨基酸和氨基酸分解产物)被认为是墓地-土壤的标记物,可使用茚三酮试剂检测(如 Carter et al.,2008)。

不溶于水的有机分解产物很可能在土壤中相对固定,并保持在靠近尸体的位置。这些化合物主要来源于体脂,如脂肪组织。体脂主要由酯化的长链脂肪酸(C_{14}-C_{22})组成,在土壤中的分解速度比大多数身体蛋白质慢。在潮湿厌氧条件下,脂肪组织可通过微生物作用转化为脂肪蜡(尸蜡),可以保持相当长时间。在尸蜡的形成过程中,体脂被水解成游离脂肪酸。脂肪组织中的主要脂肪酸油酸(18:1cis-9)被氢化,并在一定程度上形成钙和镁脂肪酸盐(皂)。因此,尸蜡由具有特征性的脂肪酸组成,主要由棕榈酸(16:0)、硬脂酸(18:0)和豆蔻酸(14:0)组成,还含有一些油酸。尸蜡的另一个确定特征是10-羟基硬脂酸的存在(Takatori,1996)。

一般来说,长链脂肪酸在土壤中的持久性不如长链正烷烃、脂肪醇、类固醇(甾醇和甾烷醇)和三萜类。近期研究表明,与腐烂的猪尸体接触过的土壤中胆固醇、粪醇和差向异构-粪醇的含量都有所上升(von der Lühe,2013)。从浸泡在海水中长达四年的尸体上采集的尸蜡中也检测到差向异构-粪醇(Adachi et al.,1997)。因此,这些化合物可能可以作为指示尸体的历史位置的标记物,因为它们可以在土壤中存在很长时间。据报道,在南威尔士的一个古墓(盎格鲁-撒克逊)下发现了高于背景水平的胆固醇(Davies and Pollard,1987)。

12.7 综合利用数据库,最大限度地利用土壤证据

对于土壤样本的取证检验,没有既定的程序,也没有一套"最佳"的方案;方法选择取决于个案背景、是否有技术纯熟的科学家和可用的仪器,以及国家偏好。

土壤证据作为调查拼图的一部分,主要用于调查严重犯罪,并提供出拼图中的一些片断。有时,土壤证据可能是至关重要的。在未来,对土壤的取证分析可能会将不同种互补的方法结合使用,以提高土壤信息的证据价值,例如,将无机(如矿物学)、有机(如蜡标记)(Dawson and Hillier,2010;Carvalho et al.,2013)和微生物剖面数据(Concheri et al.,2011)相结合。土壤的天然无机特性一般在区域尺度上变化,反映地质母质的变化,而土壤的有机特性则受相关植被和土壤管理决策的影响,更多发生在局域尺度内。组合方法的价值本质上是增加区别或联系。适当的组合方法也可用于调查的情报部分。利用地质学和土壤地图确定搜索区域时,可

利用土壤无机特征（如矿物学和元素组成），而有机特征（如花粉和植物遗骸）可针对具有特定植物物种组合的土地使用。此外，还可以将不同类型的物证结合起来，从而提高其搜索和证据价值。

当使用土壤进行物体或人与地点的比较时，务必要考虑具体情况，并确保取得足够数量的比较样本。然而，刑事案件中有关土壤的资料往往仅限于特定的样本比较，而在其他方面则属于特定土壤专家的经验和意见范围，这一点不同于在环境调查中往往有更多机会收集和分析样本，因为其环境源是已知的。开发用于土壤取证比较的可检索数据库（Pye and Blott，2009）能够提供有用的信息，有助于警方调查并提供有价值的背景信息。如果提供的数据库是相关的，则可以提高在法庭上使用的土壤信息的证据评估价值。此外，参考土壤的相关属性信息（即土地利用、地质、海拔和位置）可以为土壤来源提供补充线索。它还有助于在对不确定相关关系的土地区域的进一步调查中消除不确定性。然而，在许多案件中，可直接从临近位置获得的材料数量有限，无法进行代表性样品的测量，这可能会减少对照样品与区域土壤调查样品比较的可信度。McKinley（2013）的一项研究中检查了样本数据库的问题，Rawlins 和 Cave（2004）的研究结果表明，使用元素分析和相关数据库所需的样本数量，使其存在局限性。除电感耦合等离子体原子发射光谱法（ICP－AES）外，英格兰和威尔士还为沙丘沉积物建立了一个粒度特征数据库（Saye and Pye，2004），发现并非所有的沙丘区域都是独特的，生物和矿物学数据可能会提高鉴别能力。土壤数据库很可能在土壤取证分析和新方法研究评估中发挥越来越大的作用。

土壤证据永远不是绝对的，移除任意一部分之后土壤就会被改变，任何两个样本都不可能相同，或者说是"匹配的"（Morgan and Bull，2007a）。无论是在环境或刑事案件背景下进行检查，土壤都是从一个连续的来源而不是一个离散的实体中衍生而来，受时空变化的影响，由于不同的检测方法在不同的尺度上产生作用（Robertson，2009）。此外，样本来源（物理和生化）的异质性以及转移后分馏和转移前后来源混合的敏感性（Brdisher，2006）通常无法简单地用常规统计方法估计或调节。有人认为证据比较是一种消除（Broeders，2006）。在一些国家，如荷兰，人们采用贝叶斯法，尽管这种方法具有优点，但其他国家目前对采用这种方法仍然保持谨慎。任何为法庭陈述而进行的分析都必须是高标准的，并且必须将不确定性程度降到最低。此外，如果将结果用作证据，则最好由正式认可的实验室使用公认的方法进行分析，并由对统计分析程序有适当了解的人员进行统计测试。假阳性或假阴性的风险需要引起注意（Morgan and Bull，2007a，2007b）。在法律上，这种结果具有毁灭性的后果。

由于不同调查具有独特的性质，很难就感兴趣的相关空间尺度进行方法的规定。一般来说，最初与情报工作相关的内容可能是广泛的，而证据工作要求测量的参数可用于提炼相关的局域尺度，大约相隔几十米的范围。土壤取证研究和应用需考虑的其他关键因素包括：选择问题样本和土壤对照样品之间代表性的特征、相关材料的迁移和保存，以及观察到的分析结果可能反映多种土壤来源的风险。问题土壤样本也可能很小，不一定能够代表其来源，取样误差增加时，比较的置信度降低。迁移和留存问题在多大程度上影响“问题”土壤样品和对照样品之间的比较，目前仍在研究之中，人们对其了解甚少。对土壤以不同方式迁移到不同证据类型时引入的预期变异性的更深刻理解，将有助于指导如何最好地解释分析观测中的相关不确定性。

土壤取证领域的另一个主要挑战是尽可能严格的测试方法，并将其标准化。法庭上会对大多数证据类型的可接受性再次提出质疑，因此需要建立验证型研究、进一步实验和实施独立的熟练程度测试。

与将法庭上的独立证据（如证人证词、闭路电视录像和物证）结合提高证据价值一样，采用补充以及尽可能独立的措施进行土壤分析的顺序组合方法强化了土壤在案件取证工作中的作用。

然而，土壤只是众多痕迹证据类型中的一种，实践中多种侦查工具需要共享有限的侦查资源。因此必须优先配置这些资源，以便最好地满足现代刑事司法系统的需要。未来也将有全新自动化的土壤分析方法，能够提高分辨率，更好地分析痕量样本，便于现场取样和分析；有接受过更好培训的采样人员；并能提供更多关于迁移和留存的信息。土壤取证科学家需要确保在使用土壤及其相关的生态和地理调查方法方面始终执行高标准，以保持其在调查手段上的地位。

致 谢

感谢苏格兰政府的农村和环境科学与分析服务部提供研究资金。感谢茉莉·罗斯细致而高质量的实验室分析工作。感谢克莱尔·阿贝尔、斯蒂芬·希利尔、伊夫琳·德尔博斯、让·罗伯逊和露丝·摩根提供文章中的部分图片。感谢英国及其他国家警察部门给予的合作和支持。

（张颖）

参 考 文 献

Adachi, J., Ueno, Y., Miwa, A., Asano, M., Nishimura, A., Tatsuno, Y., 1997. Epicoprostanol found in adipocere from five human autopsies. Lipids 32 (11), 1155 - 1160.

Adams-Groom, B., 2012. Forensic palynology. In: Roberts, J., Marquez-Grant, N. (Eds.), Forensic Ecology Handbook: From Crime Scene to Court. Wiley-Blackwell, West Sussex, pp. 153 - 168.

Anon, 1856. Science and art: Curious use of the microscope. Scientific American 11, p. 240 reprinted in Wells, David Ames, et al. (1857) Annual of scientific discovery (volume 7). Gould, Kendall and Lincoln, Boston, MA, pp. 198 - 199.

Barclay, A.D., Dawson, L.A., Donnelly, L.J., Miller, D.R., Ritz, K., 2009. Soils in forensic science: Underground meets underworld. In: Ritz, K., Dawson, L.A., Miller, D. (Eds.), Criminal and Environmental Soil Forensics. Springer, London, pp. 501 - 514.

Bergslien, E., 2012. An Introduction to Forensic Geoscience. Wiley-Blackwell, West Sussex.

Broeders, A. P. A., 2006. Of earprints, fingerprints, scent dogs, cot deaths and cognitive contamination: a brief look at the present state of play in the forensic arena. Forensic Science International 159, 148 - 157.

Bruce, R.G., Dettmann, M.E., 1996. Palynological analysis of Australian surface soils and their potential in forensic science. Forensic Science International 81, 77 - 94.

Bull, I.D., Lockheart, M.J., Elhmmali, M.M., Roberts, D.J., Evershed, R.P., 2002. The origin of faeces by means of biomarker detection. Environment International 27, 647 - 654.

Bull, P.A., Morgan, R.M., 2006. Sediment fingerprints: A forensic technique using quartz sand grains. Science and Justice 46 (2), 107 - 124.

Bull, P.A., Morgan, R.M., 2007. Sediment fingerprints: A forensic technique using quartz sand grains. A response. Science and Justice 47 (3), 141 - 144.

Bull, P.A., Morgan, R.M., Sagovsky, A., Hughes, G.J.A., 2006. The Transfer and Persistence of Trace Particulates: Experimental studies using clothing fabrics. Science and Justice 46, 185 - 195.

Cameron, N.G., 2004. The use of diatom analysis in forensic geoscience. In: Pye, K., Croft, D. J. (Eds.), Forensic Geoscience: Principles, Techniques and Applications. Geological Society, London, pp. 277 - 280.

Carter, D.O., Yellowlees, D., Tibbett, M., 2008. Using ninhydrin to detect gravesoil. Journal of Forensic Science 53, 397 - 400.

Carvalho, A., Ribeiro, H., Mayes, R., Guedes, A., Abreu, I., Fernando Noronha, F., Dawson, L., 2013. Organic matter characterization of sediments in two river beaches from northern Portugal for forensic application. Forensic Science International 233, 403 - 415.

Ceccanti, B., Doni, S., Macci, C., Cercignani, G., Masciandaro, G., 2008. Characterization of stable humic-enzyme complexes of different soil ecosystems through analytical isoelectric focussing technique (IEF). Soil Biology and Biochemistry 40, 2174 - 2177.

Concheri, G., Bertoldi, D., Polone, E., Otto, S., Larcher, R., Squartini, A., 2011. Chemical Elemental Distribution and Soil DNA Fingerprints Provide the Critical Evidence in Murder Case Investigation. PLOS ONE 6, e20222.

Cox, R.J., Peterson, H.L., Young, J., Cusik, C., Espinoza, E.O., 2000. The forensic analysis of soil organic by FTIR. Forensic Science International 108, 107 - 116.

Coyle, H.M., 2005. Forensic Botany: Principals and Applications to Criminal Casework. CRC Press,

Boca Raton, FL.

Croft, D.J., Pye, K., 2004. Colour theory and the evaluation of an instrumental method of measurement using geological samples for forensic applications. In: Pye, K., Croft, D.J. (Eds.), Forensic Geoscience: Principles, Techniques and Applications. Geological Society, London, pp. 49 - 62.

Davies, G.R., Pollard, A.M., 1987. Organic Residues in an Anglo-Saxon Grave, in Science and Archaeology Glasgow. September 1987. BAR British Science, Glasgow.

Dawson, L.A., Hillier, S., 2010. Measurement of soil characteristics for forensic applications. Surface and Interface Analysis 42, 363 - 377.

Dawson, L.A., Mayes, R.W., Elston, D.A., Smart, T.S., 2000. Root hydrocarbons as potential markers for determining species composition. Plant, Cell and Environment 23, 743 - 750.

Dawson, L.A., Towers, W., Mayes, R.W., Craig, J., Vaisanen, R.K., Waterhouse, E.C., 2004. In: Pye, K., Croft, D.J. (Eds.), Forensic Geoscience: Principles, Techniques and Applications. Geological Society, London, pp. 269 - 276.

Dixon, J.B., Schultze, D.G. (Eds.), 2002. Soil Mineralogy with Environmental Applications. Soil Science Society of America Book Series No 7. SSSA, Madison, WI.

Donnelly, L.J., 2013. Use of Geology in Forensic Science: Search to Locate Burials. In: Elias, S. A. (Ed.), The Encyclopedia of Quaternary Science, vol. 4. Elsevier, Amsterdam, pp. 521 - 534.

Dove, H., Mayes, R.W., 2006. Protocol for the analysis of n-alkanes and other plant-wax compounds and their use as markers for quantifying the nutrient supply of large mammalian herbivores. Nature Protocols 1, 1680 - 1697.

Dove, H., Mayes, R.W., Freer, M., 1996. Effects of species, plant part, and plant age on the n-alkane concentrations in the cuticular wax of pasture plants. Australian Journal of Agricultural Research 47, 1333 - 1347.

Dupras, T.L., Schultz, J.J., Wheeler, S.M., Williams, L.J., 2005. Forensic Recovery of Human Remains: Archaeological Approaches. CRC Press, Boca Raton, FL.

Elhmmali, M.M., Roberts, D.J., Evershed, R.P., 1997. Bile acids as a new class of sewage pollution indicator. Environmental Science and Technology 31, 3663 - 3668.

Elmhirst, O., 2010. The crime scene. In: White, P.C. (Ed.), Crime Scene to Court. The Essentials of Forensic Science. RSC Publishing, Cambridge, pp. 25 - 53.

Ferri, G., Alu, M., Corradini, B., Radheshi, E., Beduschi, G., 2009. Slow and fast evolving markers typing in Modena males (North Italy). Forensic Science International 3 (2), 31 - 33.

Fitzpatrick, R.W., Raven, M., 2010. Guidelines for conducting criminal and environmental soil forensic investigations. Version 1.1. Centre for Australian Forensic Soil Science. http://a-c-s.confex.com/crops/2010am/webprogram/Paper61319.html.

Fitzpatrick, R.W., Raven, M.D., Forrester, S.T., 2009. A systematic approach to soil forensics: Criminal case studies involving transference from crime scene to forensic evidence. In: Ritz, K., Dawson, L., Miller, D. (Eds.), Criminal and environmental soil forensics. Springer, Medford, MA, pp. 105 - 127.

Frederike, C.C., Kuiper, I., 2011. Statistical data analysis of bacterial t-RFLP profiles in forensic soil comparisons. Forensic Science International 210, 96 - 101.

Gill, F.L., Dewhurst, R.J., Dungait, J.A.J., Evershed, R.P., Ives, L., Li, C.-S., Pancost, R.D.,

Sullivan, M., Bera, S., Bull, I.D., 2010. Archaeol — a biomarker for foregut fermentation in modern and ancient herbivorous mammals? Organic Geochemistry 41, 467 – 472.

Gunther, F., Thiele, A., Gleixner, G., Xu, B., Yao, T., Schouten, S., 2014. Distribution of bacterial and archaeal ether lipids in soils and surface sediments of Tibetan lakes: Implications for GDGT-based proxies in saline high mountain lakes. Organic Geochemistry 67, 19 – 30.

Hanson, I., Djohari, J., Orr, J., Furphy, P., Hodgson, C., Cox, G., Broadbridge, G., 2009. New observations on the interactions between evidence and the upper horizons of the soil. In: Ritz, K., Dawson, L.A., Miller, D. (Eds.), Criminal and Environmental Soil Forensics. Springer, London, pp. 239 – 252.

Hawksworth, D. L., Wiltshire, P. E. J., 2011. Forensic mycology: The use of fungi in criminal investigations. Forensic Science International 206, 1 – 11.

Horrocks, M. J., 2004. Subsampling and preparing forensic samples for pollen analysis. Journal of Forensic Science 49, 1024 – 1027.

Horrocks, M., Coulson, S.A., Walsh, K.A.J., 1999. Forensic palynology variation in the pollen content of soil on shoes and in shoeprints in soil. Journal of Forensic Science 44, 119 – 122.

Horrocks, M.J., Walsh, K. A. J., 1998. Forensic palynology: Assessing the value of the evidence. Review of Palaeobotany and Palynology 103, 69 – 74.

Horswell, J., Cordiner, S.J., Maas, E.W., Martin, T.M., Sutherland, B.W., Speir, T.W., Nogales, B., Osborn, A.M., 2002. Forensic comparison of soils by bacterial community DNA profiling. Journal of Forensic Science 47, 350 – 353.

Jantzi, S.C., Almirall, J.R., 2011. Characterisation and forensic analysis of soil samples using laser-induced breakdown spectroscopy (LIBS). Analytical and Bioanalytical Chemistry 400, 3341 – 3351.

Jardé, E., Mansuy, L., Faure, P., 2005. Organic markers in the lipidic fraction of sewage sludges. Water Research 39, 1215 – 1232.

Kennedy, A.C., 1998. Determination of the source of a soil sample. US Patent US5766953. Application Number US19970843969 19970417.

Kennedy, A.C., Busaca, A.J., 1994. Particulate matter: Health and regulatory issues. Proceedings of the Air and Waste Management Association specialty conference on Particulate Matter: Health and Regulatory Issues. Pittsburgh, PA, 4 – 5, 670 – 675.

Leeming, R., Ball, A., Ashbolt, N., Nichols, P., 1996. Using faecal sterols from humans and animals to distinguish faecal pollution in receiving waters. Water Research 30, 2893 – 2900.

Leinweber, P., Schulten, H.R., 1999. Advances in analytical pyrolysis of soil organic matter. Journal of Analytical and Applied Pyrolysis 49, 359 – 383.

Lerner, A., Shor, Y., Vinokurov, A., Okon, Y., Jurkevitch, E., 2006. Can denaturing gradient gel electrophoresis (DGGE) analysis of amplified 16s rDNA of soil bacterial populations be used in forensic investigations? Soil Biology & Biochemistry 38, 1188 – 1192.

Linacre, A., Hsieh, H., Lee, J.C., 2005. Case study: DNA profiling to link drug seizures in the United Kingdom. In: Coyle, H. M. (Ed.), Forensic Botany: Principles and applications to criminal casework. CRC Press, Boca Raton, FL, pp. 163 – 166.

Macdonald, L.M., Singh, B.K., Thomas, N., Brewer, M., Campbell, C.D., Dawson, L.A., 2008.

Microbial DNA profiling by multiplex terminal restriction fragment length polymorphism for forensic examination of soil evidence and the influence of sample condition. Journal of Applied Microbiology 105, 813 – 821.

Macdonald, C.A., Ang, R., Cordiner, S.J., Horswell, J., 2011. Discrimination of Soils at Regional and Local Levels Using Bacterial and Fungal T-RFLP Profiling. Journal of Forensic Sciences 56, 61 – 69.

Marumo, Y., Yanai, H.J., 1986. Morphological analysis of opal phytoliths for soil discrimination in forensic science investigation. Journal of Forensic Sciences 31, 1039 – 1049.

Mayes, R.W., Brewer, M.J., Dawson, L.A., Ross, J.M., 2012. An objective method for comparing unresolved complex mixture (UCM) "humps" in gas chromatograms. In: Morrison, R.D., O'Sullivan, G. (Eds.), Environmental Forensics. Royal Society of Chemistry Publishing, London, pp. 275 – 284.

Mayes, R.W., Macdonald, L.M., Ross, J.M., Dawson, L.A., 2009. Discrimination of domestic garden soils using plant wax compounds as markers. In: Ritz, K., Dawson, L.A., Miller, D. (Eds.), Criminal and Environmental Soil Forensics. Springer, London, pp. 463 – 476.

McCartney, C.A., Bull, I.D., Yan, T., Dewhurst, R.J., 2013. Assessment of archaeol as a molecular proxy for methane production in cattle. Journal of Dairy Science 96, 1211 – 1217.

McKinley, J., 2013. How useful are databases in environmental and criminal forensics? Geological Society, London, Special Publications, 384, pp. 109 – 119.

Meier-Augenstein, W., 1999. Applied gas chromatography coupled to isotope ratio mass spectrometry. Journal of Chromatography A 842, 351 – 371.

Mildenhall, D.C., Wiltshire, P.E.J., Bryant, V.M., 2006. Forensic palynology: why do it and how it works. Forensic Science International 163, 163 – 172.

Morgan, R.M., Bull, P.A., 2007a. Forensic geoscience and crime detection. Minerva Medicolegal 127, 73 – 89.

Morgan, R.M., Bull, P.A., 2007b. The philosophy, nature and practice of forensic sediment analysis. Progress in Physical Geography 31, 43 – 58.

Morgan, R.M., Gibson, A., Little, M., Hicks, L., Dunkerley, S., Bull, P.A., 2008. The preservation of quartz grain surface textures following vehicle fire and their use in forensic enquiry. Science and Justice 48, 133.

Morgan, R.M., French, J., O'Donnell, L., Bull, P.A., 2010a. The reincorporation and redistribution of trace geoforensic particulates on clothing. Science and Justice 50, 195 – 199.

Morgan, R.M., Robertson, J., Lennard, C., Hubbard, K., Bull, P., 2010b. Quartz grain surface textures of soils and sediments from Canberra, Australia: A forensic reconstruction tool. Australian Journal of Forensic Sciences 42, 169 – 179.

Mudge, S.M., Meier-Augenstein, W., 2010. Forensic tracking of sewage waste. In: Morrison, R.D., O'Sullivan, G. (Eds.), Environmental Forensics. 12th ASME Summer Bioengineering Conference, pp. 164 – 175.

Mudge, S.M., Seguel, C.G., 1999. Organic contamination of San Vicente Bay, Chile. Marine Pollution Bulletin 38, 1011 – 1021.

Munsell, 1954. Soil Color Charts. Munsell Color Company Inc., Baltimore.

Murray, P.J., Cook, R., Currie, A., Dawson, L., Gange, A.C., Grayston, S.J., Treonis, A.M., 2006. Interactions between fertilizer addition, plants and the soil environment: Implications for soil faunal structure and diversity. Applied Soil Ecology 33 (2), 199－207.

Murray, R.C., 2000. Devil in the details, the science of forensic geology. Geotimes 45, 14－17.

Murray, R.C., 2004a. Evidence from the Earth: Forensic Geology and Criminal Investigation. Mountain Press, Missoula, MT, p. 226.

Murray, R.C., 2004b. Forensic geology: Yesterday, today and tomorrow. In: Pye, K., Croft, D.J. (Eds.), Forensic Geoscience: Principles, Techniques and Applications. Geological Society, London, pp. 7－9.

Murray, R.C., 2011. Evidence from the Earth: Forensic Geology and Criminal Investigation, second ed. Mountain Press, Missoula, MT.

Murray, R.C., Tedrow, J.C.F., 1975. Forensic Geology: Earth Sciences and Criminal Investigation, first ed. Rutgers University Press, New Brunswick, NJ.

Nakayama, M., Fujita, Y., Kanbara, K., Nakayama, N., Mitsuo, N., Matsumoto, H., Satoh, T., 1992. Forensic chemical study on soil. 1. Discrimination of area by pyrolysis products of soil. Japanese Journal of Toxicology and Environmental Health 38, 38－44.

Petrisor, I.G., Parkinson, R.A., Horswell, J., Waters, J.M., Burgoyne, L.A., Catchside, D.E.A., Dejonghe, W., Leys, N., Vanbroekhoven, K., Dattnaik, P., Graves, D., 2006. Microbial forensics. In: Morrison, D., Murphey, B.L. (Eds.), Environmental Forensics: Contaminant Specific Guide. Academic Press Inc., San Diego, CA.

Philippot, L., Ritz, K., Pandard, P., Hallin, S., Martin-Laurent, F., 2012. Standardisation of methods in soil microbiology: progress and challenges. FEMS. Microbiology Ecology 82, 1－10.

Pirrie, D., Power, M., Rollinson, G.K., Wiltshire, P.E.J., Newberry, J., Campbell, H.E., 2009. Automated SEM-EDS (QEMSCAN) mineral analysis in forensic soil investigations: Testing instrumental reproducibility. In: Ritz, K., Dawson, L.A., Miller, D. (Eds.), Criminal and Environmental Soil Forensics. Springer, London, pp. 411－430.

Pirrie, D., Ruffell, A., Dawson, L.A., 2013. Environmental and Criminal Geoforensics. Geological Society, London, Special Publications, 384.

Pringle, J.K., Ruffell, A., Jervis, J.R., Donnelly, L.J., McKinley, J., Hansen, J., Morgan, R., Pirrie, D., Harrison, M., 2012. The use of geoscience methods for terrestrial forensic searches. Earth Science Reviews 114 (1－2), 108－123.

Pye, K., 2007. Geological and Soil Evidence: Forensic Applications. CRC Press, Boca Raton, FL.

Pye, K., Blott, S.J., 2009. Development of a searchable major and trace element database for use in forensic soil comparisons. Science and Justice 49, 170－181.

Pye, K., Croft, D.J., 2004. Forensic Geoscience: Principles, Techniques and Applications. Geological Society, London.

Quaak, F.C.A., Kuiper, I., 2011. Statistical data analysis of bacterial t-RFLP profiles in forensic soil comparisons. Forensic Science International 210, 96－101.

Ranjard, L., Lejon, D.P.H., Mougel, C., Schehrer, L., Merdinoglu, D., Chaussod, R., 2003. Sampling strategy in molecular microbial ecology: influence of soil sample size on DNA fingerprinting analysis of fungal and bacterial communities. Environmental Microbiology 5,

1111 – 1120.

Rawlins, B.G., Cave, M., 2004. Investigating multi-element soil geochemical signatures and their potential for use in forensic studies. In: Pye, K., Croft, D.J. (Eds.), Forensic Geoscience: Principles, Techniques and Applications. Geological Society, London, pp. 197 – 206.

Rhind, S.M., Kyle, C.E., Kerr, C., Osprey, M., Zhang, Z.L., Duff, E.I., Lilly, A., Nolan, A., Hudson, G., Towers, W., Bell, J., Coull, M., McKenzie, C., 2013. Concentrations and geographic distribution of selected organic pollutants in Scottish surface soils. Environmental Pollution 182, pp. 15 – 27.

Riding, J.B., Rawlins, B.G., Coley, K.H., 2007. Changes in soil pollen assemblages on footwear worn at different sites. Paly-nology 31, 135 – 151.

Ritz, K., Dawson, L., Miller, D., 2009. Criminal and Environmental Soil Forensics. Springer, London, p. 520.

Robertson, J., 2009. "Soils ain't soils": Context and issues facing soil scientists in a forensic world. In: Ritz, K., Dawson, L.A., Miller, D. (Eds.), Criminal and Environmental Soil Forensics. Springer, London, pp. 3 – 12.

Ruffell, A., 2010. Forensic pedology, forensic geology, forensic geoscience, geoforensics and soil forensics. Forensic Science International 202, 9 – 12.

Ruffell, A., Dawson, L., 2009. Forensic geology in environmental crime: Illegal waste movement and burial in N.Ireland. Environmental Forensics 10, 207 – 217.

Ruffell, A., McKinley, J., 2005. Forensic geology and geoscience. Earth-Science Reviews 69, 235 – 247.

Ruffell, A., McKinley, J., 2008. Geoforensics. Wiley-Blackwell, West Sussex, England, p. 332.

Ruffell, A., Pirrie, D., Power, M.R., 2013. Issues and opportunities in urban forensic geology. In: Pirrie, D., Ruffell, A., Dawson, L.A. (Eds.), Environmental and Criminal Geoforensics. Geological Society, London, Special Publications, p. 384.

Ruffell, A., Sandiford, 2011. Maximising trace evidence: An improved recovery method developed during investigation of a $26 million bank robbery, 209, e1 – e7.

Ruzicka, S., Edgerton, D., Norman, M., Hill, T., 2000. The utility of ergosterol as a bioindicator of fungi in temperate soils. Soil Biology and Biochemistry 32, 989 – 1005.

Saye, S.E., Pye, K., 2004. Development of a coastal dune sediment database for England and Wales: Forensic applications. In: Pye, K., Croft, D.J. (Eds.), Forensic Geoscience: Principles, Techniques and Applications. Geological Society, London, pp. 75 – 96.

Sensabaugh, G., 2009. Microbial community profiling for the characterisation of soil evidence: Forensic considerations. In: Ritz, K., Dawson, L.A., Miller, D. (Eds.), Criminal and Environmental Soil Forensics. Springer, London, pp. 49 – 60.

Singh, B., Dawson, L., Macdonald, L., 2009. Impact of biotic and abiotic interaction on soil microbial communities and functions: a field study. Applied Ecology 41, 239 – 248.

Smith, D.G., Mayes, R.W., Raats, J.G., 2001. Effect of species, plant part, and season of harvest on n-alkane concentrations in the cuticular wax of common rangeland grasses from southern Africa. Australian Journal of Agricultural Research 52, 875 – 882.

Sugita, R., Marumo, Y., 2004. Unique particles in soil evidence. In: Pye, K., Croft, D.J. (Eds.),

Forensic Geoscience: Principles, Techniques and Applications. Geological Society, London, pp. 97 – 102.

Swindles, G., Ruffell, A., 2009. A preliminary investigation into the use of testate amoebae for the discrimination of soil samples. Science and Justice 49, 182 – 190.

Takatori, T., 1996. Investigations on the mechanism of adipocere formation and its relation to other biochemical reactions. Forensic Science International 80, 49 – 61.

Thanasoulias, N. C., Piliouris, E. T., Kotti, M. S. E., Evmiridis, N. P., 2002. Application of multivariate chemometrics in forensic soil discrimination based on the UV-Vis spectrum of the acid fraction of humus. Forensic Science International 130 (2), 73 – 82.

Tibbett, M., Carter, D.O., 2008. Soil Analysis in Forensic Taphonomy. CRC Press, Boca Raton, FL, p. 340.

Torsvik, V., Daae, F.L., Sandaa, R.A., Ovreas, L.J., 1998. Novel techniques for analysing microbial diversity in natural and perturbed environments. Biotechology 64, 53 – 62.

Torsvik, V., Goksoyr, J., Daae, F. L., 1990. High diversity in DNA of soil bacteria. Applied Environmental Microbiology 56, 782.

van Bergen, P. F., Nott, C. J., Bull, I. D., Poulton, P. R., Evershed, R. P., 1998. Organic geochemical studies of soils from the Rothamsted Classical Experiments-IV. Preliminary results from a study of the effect of soil pH on organic matter decay. Organic Geochemistry 29, 1779 – 1795.

Vass, A.A., 2012. Odor mortis. Forensic Science International 222, 234 – 241.

Vass, A.A., Smith, R.R., Thompson, C.V., Burnett, M.N., Dulgerian, N., Eckenrode, B.A., 2008. Odor Analysis of Decomposing Buried Human Remains. Journal of Forensic Sciences 53 (2), 384 – 392.

Virtanen, V., Korpelainen, H., Kostamo, K., 2007. Forensic botany: usability of bryophyte material in forensic studies. Forensic Science International 172, 161 – 163.

von der Luhe, B., Dawson, L.A., Mayes, R.W., Forbes, S., Fiedler, S., 2013. Investigation of sterols as potential biomarkers for the detection of pig (S. s. domesticus) fluid in soils. Forensic Science International 230, 68 – 73.

Walsh, K.W., Horrocks, M., 2008. Palynology: Its position in the field of forensic science. Forensic Science 53, 1053 – 1060.

West, C.E., Scarlett, A.G., Pureveen, J., Tegelaar, E., Rowland, S.J., 2013. Abundant naphthenic acids in oil sands process-affected water: Studies by synthesis, derivatisation and two-dimensional gas chromatography/high-resolution mass spectrometry. Rapid Communications in Mass Spectrometry 27, 357 – 365.

Winkler, A., Haumaier, L., Zech, W., 2001. Variation in hopanoid composition and abundance in forest soils during litter decomposition and humification. Organic Geochemistry 32, 1375 – 1385.

Wiltshire, P. E. J., 2009. Forensic ecology, botany and palynology: Some aspects of their role in criminal investigation. In: Ritz, K., Dawson, L. A., Miller, D. (Eds.), Criminal and Environmental Soil Forensics. Springer, London, pp. 129 – 149.

Wiltshire, P.E.J., 2010. Forensic ecology. In: White, P.C. (Ed.), Crime Scene to Court. The Essentials of Forensic Science. RSC Publishing, Cambridge, pp. 54 – 85.

第 13 章

环境损害司法鉴定的显微技术

James R. Millette，Richard S. Brown

目　录

13.1 引 言

环境损害司法鉴定显微学是将显微镜应用于小颗粒的识别、收集和分析中,并对环境调查和诉讼作出有关的分析解释。环境调查通常是对污染物的性质和污染程度的评估,最常用于检查、分类和识别颗粒污染物等的工具是显微镜。尽管在确定污染物的性质和测量污染物的浓度两个问题上很容易混淆,但这其实是两个根本不同的问题。通常环境损害司法鉴定显微学家要解决的问题是颗粒物的名称及其出处,而实际上环境损害司法鉴定显微学家也需要对样品中几个特定污染物进行定量分析,以便确定问题的严重程度,并进一步建立采样和分析的程序。这两个问题的解决方法各异,要解决有关特定污染物的浓度问题,必须对污染物进行分类和识别,而其他颗粒例如样品基质,则可以忽略。若要给有关污染颗粒定性,则需要进一步的调查,将各种污染物适当分类。

环境损害司法鉴定显微学测量方法往往是特定的,依据一组特定的计算规则,以便不同的分析人员获得的数值具有可比较性。相比之下,因为必须要考虑多种潜在的颗粒类型的影响,涉及污染物样品性质的环境损害司法鉴定显微学方法往往没有那么统一,在给颗粒物定性时,显微学学家必须考虑几乎全部的颗粒类型。同时,在解决分析问题过程中,显微学家必须通过样品的成分来选择所需的基本标准显微镜程序和其他技术。在处理未知来源的环境颗粒污染情况时,应首先对污染物的性质进行司法鉴定调查,但在某些情况下(污染物的性质已知),可以先考虑检测方法。

13.2 采样和分析设备

环境损害司法鉴定调查中使用的采样和分析方法主要参考犯罪取证、工业卫生和环境监测等领域。通过将这些学科的各个方面结合起来,研究人员就可以获得应对多样、复杂环境问题的最佳方案。

13.2.1 空气采样

在环境损害司法鉴定调查中,通常使用膜滤器采样盒对空气中的颗粒物进行采样。各式各样的膜过滤器在环境领域和工业卫生应用,包括混合纤维素酯(MCE)聚合物过滤膜、聚碳酸酯(PC)聚合物过滤膜、玻璃纤维过滤膜、石英纤维过滤膜、银膜过滤膜和聚氯乙烯(PVC)过滤膜。图 13.1 比较了各种过滤膜类型的表面,覆盖在图像上的是代表 5 μm 直径粒子和 1 μm 直径粒子的球体。在使用玻璃纤维过滤膜时,颗粒的损失会增加过滤器的厚度,可通过反冲洗玻璃过滤器以除去颗粒,但产生的样品会含有玻璃纤维碎片。所以,显微学家通常更倾向于在 PC 过滤器上收集的空气样本。此外,PC 过滤器是直通式过滤器,而不是其他过滤器类型中的曲折路径设计,因此 PC 过滤器具有平坦的表面,更利于样品的收集。

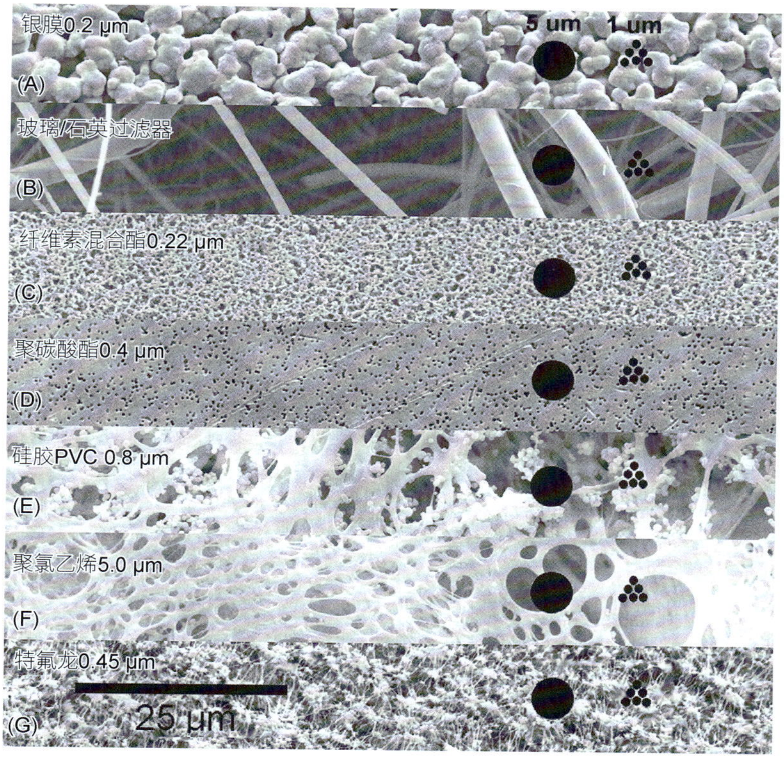

图 13.1　用于收集空气中颗粒的过滤器的扫描电子显微镜图像。表面覆盖 5 μm 和 1 μm 的球体,以对比过滤器表面出现的颗粒的大小

13.2.2 水采样

通常利用玻璃瓶或者塑料瓶来采集用于表征悬浮液颗粒的水样,采集瓶常使用 100 毫升至 2 升范围容量的瓶子,并使用 PC 过滤器或者 MCE 过滤器进行过滤操作。

13.2.3 表面粉尘采样

表面粉尘颗粒的收集方法根据情况的不同而变化,因此应选择具有最大价值的方法,并尽可能地保留一部分样品以备将来分析。用于环境损害司法鉴定显微学检测表面颗粒的常见颗粒收集技术包括:刮擦、刷涂、用透明胶带贴在载玻片或便利贴上、勺袋技术、擦除采样、使用 microvac(空气盒)吸尘或大规模吸尘(Millette and Few,2001)。Ness(1994)提出了一些用于表面和皮肤的样品的采集技术,ASTM Standard Practice D6602(ASTM,2003)中介绍了使用棉球或聚酯球、湿巾和室外载玻片进行样品采集的程序,其为标准程序,可为涉及烟灰的环境损害司法鉴定显微学研究提供出色的基础依据。该标准主要用来测定烟尘颗粒和其他深色颗粒中的炭黑,但它也为所有颗粒以及可能的表面污染源的确认提供了必不可少的标准框架。

13.2.4 显微学设备

在环境损害司法鉴定调查中,微观分析是利用可见光、红外光和电子显微镜的组合来实现的。光学显微镜通常使用偏振光显微镜(PLM),但也可能选择相衬(PCM)、暗场或荧光显微镜。红外显微镜的使用通过傅里叶变换红外显微镜(FTIR)进行,在识别有机分子(例如塑料和聚合物)时非常有用。扫描电子显微镜(SEM)可使分析人员看到比光学显微镜更小的颗粒,并且在配备 X 射线分析单元后,可以进行颗粒元素组成的确定。同样,透射电子显微镜(TEM)也能使分析师看到比光学显微镜更小的颗粒,并且在配备电子衍射功能和 X 射线分析单元后,还能确定粒子的晶体结构和元素组成。ASTM Practice D6602 列出了可用于研究环境颗粒分析的不同类型的显微镜:能够放大 1 至 60 倍的立体双目显微镜;配备有可放大 4 到 100 倍物镜的偏光显微镜(总放大倍数为 40 到 1 000 倍);装有照相机的透射电子显微镜;配有能量或波长色散分析设备(EDS 或 WDS)的扫描电子显微镜。配备有选择区域电子衍射(SAED)和 EDS 的 TEM 称为分析电子显微镜(AEM)。

13.3 确定污染物的性质

对于涉及颗粒污染物性质的问题,环境损害司法鉴定调查的一般程序与痕量分析的一般法医科学八步方法相同:收集所涉及的颗粒(粉尘,泥土或液体悬浮液)样品、评估样品以分类和鉴定颗粒、确定可能的来源、将样本颗粒类型与可疑源颗粒类型进行比较。

分析师通常使用目视估计来确定样品颗粒的半定量百分比(Millette and Turner,2010),这种技术已较为成熟,已被地质学家(Folk,1951;Reid,1985;Terry and Chilingar,1955;Travis,1955)、古生物学家(Baccelle and Bosellini,1965)和石棉分析家(NIOSH,1994a;USEPA,1982)使用了多年。比较图是将已知百分比的颗粒用点或其他深色图形填充所形成的图表(Baccelle and Bosellini,1965;Folk,1951;Millette and Turner,2010;Reid,1985;Terry and Chilingar,1955;Travis,1955),分析师通过对比较图的学习来对目视估计进行校准。

13.3.1 粒子分析

McCrone粒子图谱是环境损害司法鉴定微观颗粒分析的标准参考书(McCrone et al.,1972),这套五卷本出版于1972年,目前仅在CD-ROM上提供,其中包含成千上万种不同类型颗粒的图像,以及有关其光学和电子显微镜观察到的微观特征的信息。这套书也对如何正确使用PLM的几个重要话题进行了讨论,其中包括双折射、折射率和色散染色等。此外,Petraco和Kubic(2003)也出版了一本关于司法鉴定显微学的参考图集,Faegri等(1964)提出了有关花粉粒形态特征的插图和信息。在Farr(1989)和Hawksworth(1995)的文章中,可以查询到有关真菌孢子外观的图像和信息,同时还包含特定来源于Graves(1979),Hopen(2004),Houck(2004),Krumbein和Pettijohn(1938),Palenik(1979)的土壤矿物的图像,并且可获得将土壤矿物识别为单(碎屑)颗粒的可靠信息。Clague(1999),Hess和Herd(1993),Huffman(2000),Medalia和Rivin(1982),Millette和Few(1998),Millette(2007,2010)等人也发表了有关烟灰的图像。火炬燃烧的图像由Kostiuk等(2004)发布,煤和焦炭的图像由Millette等(2009a)发布,同时,Millette等(2012)也发布了包括飞灰在内的煤灰的图像。

尽管由于多种颗粒物的存在,粉尘的环境损害司法鉴定微观颗粒分析显得十分艰巨,但在大多数常见情况下,例如普通住宅和建筑灰尘,可以对这些颗粒进行大约20种类别的分类。

13.3.2 用显微镜进行产品识别

产品识别是环境损害司法鉴定显微学的一种特例。因为除将颗粒物分类外,产品识别还需将几种分析技术的结果加以组合,以确定产品的成分,然后将整体结果与产品配方信息进行比较。灰尘颗粒与建筑产品或其他人造化合物的比较也可以用相同的方法进行。接下来说明如何使用产品识别将石棉产品与制造商的配方进行匹配。

13.3.2.1 采样

采样要求要保留表层结构和分层样品完整度,可以通过将聚碳酸酯管用作软木塞进行打孔来实现,也可以先小心地将产品切到基体,期间用纸包裹样品以缓冲，以使产品不被压碎或弄碎。湿样品应在包裹前彻底风干，以防止真菌和霉菌生长。在对具有不同物理尺寸和黏聚力的产品采样时，需要有一定的创新力，并对所采样品的分析技术有一定的了解。此外，产品必须以监管链的形式与样本一起送到实验室，样品到达实验室后，应小心地除去包装，并记录接收到的样品状态，必要时拍照记录。为确定样品是代表单个产品还是显示为多层的多个产品，应利用反射光在低倍率下进行检查。如果存在多层，则可以用照片的方式记录颜色和层序列，并对每层进行单独的产品检查。随后将每个样品分成四个小瓶，分别分析其 PLM、SEM－EDS、TEM 和酸溶性重量百分比，并通过将此样品的各个检测结果相互比较，来控制每种分析的检测质量。例如，含有石棉的样品在经过 PLM 鉴定后也应该通过 SEM 的表征和 TEM 的识别。如果被确定的样品主要成分在每种显微技术下都无法观察到，则应该对分析过程进行审查以确定原因。某些颗粒（如蒙脱土）的百分比可能较低，与其他成分（如波特兰水泥）结合使用时，可能很难找到。这时，则需要查看收集在过滤器上的酸不溶性物质，来确认黏土是否存在。

13.3.2.2 分析

对含石棉的建筑材料可利用多种显微技术组合分析，通过偏振光显微镜与立体双目显微镜结合使用来估计成分的体积百分比。常见的用来进行产品识别的含石棉产品有吸音石膏、天花板、防火材料和管道隔热材料等。容易被 PLM 识别出的几种不溶于酸的颗粒类型有：硅藻、高岭石、蒙脱石、玻璃纤维、石英和土壤矿物、亚铬酸铁、石棉、铁石、青石棉、透闪石、阳起石、直闪石、粉煤灰、淀粉、珍珠岩、浮石、头发、立德粉、二氧化钛、矿棉（在某些过程中可溶）、棉/纸纤维素纤维、蛭石和云母。

此外，还可以使用 PLM 识别常见的酸溶性颗粒，例如：矿棉（在某些过程中可溶）、碳酸钙、硅酸盐水泥、钙和镁硅酸盐、石膏和硅酸钠。

样品的描述包括颜色和层数。将一部分样品放入已知值的折射率液体中，使用 PLM 观察样品，以记录相对折射率、颜色、多色性、双折射、形态和相对丰度，随后对颗粒物进行表征并估计其体积百分比，例如：油漆、碳酸钙、硅酸盐水泥、合成硅酸钙、合成硅酸镁、石棉、纸纤维、合成纤维、玻璃纤维、矿棉纤维（矿渣和岩棉）、淀粉和黏土等。

通过扫描电子显微镜结合能量色散 X 射线光谱法来分析一部分样品，用以补充 PLM 分析。样品的制备过程为将几毫克样品加入一个干净的玻璃瓶中（带有一次性塑料压力配合帽的半微量瓶），然后加入一滴胶和 15 至 20 滴乙酸戊酯。首先使用干净的镊子将样品压碎并在小瓶中搅拌，用干净的巴斯德玻璃移液器将样品轻轻混合后，将几滴混合物吸入移液器中。随后，将样品沉积到直径为 12 毫米的碳圆片上，通过添加和去除混合物来控制固体的填充量，直到将少量的样品颗粒沉积在圆片上。放置三到四个小时晾干后，涂一层碳，在500倍下进行分析。在负载量高的地方，以100的放大倍率收集图像和EDS光谱，来证明元素的存在。利用二次电子和背向散射电子成像在圆片的主体分析，收集代表每种组分类型的EDS光谱和颗粒图像。在分析玻璃纤维、硅酸盐水泥、石膏、矿棉、重金属、油漆、珍珠岩和浮石时，优先选择SEM-EDS分析。如果存在的干扰物质较少，则此法可以区分诸如蒙脱土和高岭土的黏土。硅藻、合成硅酸镁和硅酸钙也可以通过形态和元素组成来表征。

透射电子显微镜与能量色散X射线光谱仪结合可以进行电子衍射，可用于表征和鉴定矿物纤维(例如石棉)、黏土、颜料和其他非常细的细颗粒。将样品直接安装在碳膜和铜网支架上，并直接放置在AEM中，就可以收集代表每种存在组分类型的EDS光谱和颗粒图像。

为了确定酸可溶的重量百分比，称量约250毫克的样品并溶解在温热的10%盐酸中，通过预称重的聚碳酸酯过滤器(0.4毫米孔径)过滤，回收未溶解的颗粒。不溶性部分通常包含黏土、玻璃纤维、珍珠岩、浮石、聚合物、油漆碎片和其他酸不溶性材料。

当通过PLM、SEM和AEM分析的样品过于复杂时，可能需要对其聚碳酸酯滤膜上收集的酸不溶性物质进行分析。有时，多层样品需要在每层上进行上述的所有分析。而且有些颗粒(例如混凝土或油漆薄片)可能会聚合，需要进一步的测试。

最终报告要将颗粒分类的结果与从制造商处获得并输入数据库的配方进行匹配，来自不同制造商的配方信息差异很大。无论是这个过程，还是各制造商之间的术语和成分专有名称都很复杂，以至于有时需要数百小时来分析与配方相关的文档，并且创建术语词典用于标注(Hopen et al.,1999)。

13.4 特定污染物的含量测量

13.4.1 石棉

确定一种环境污染物石棉的含量有很多标准的显微镜法可以使用。石棉测量方法的使用依赖于常见的四种典型显微镜之一：偏振光显微镜、相差显微镜、透射电子显微镜或扫描电子显微镜。TEM分析通过选定区域的电子衍射来表征纤维晶体结构，其与SEM的方法都使用能量色散X射线光谱仪分析纤维的元素组成。确定各种材料中石棉含量的方法很多，并且许多组织已达成共识，如ASTM国际组织、美国自来水厂协会(AWWA)和国际标准组织(ISO)等已经发布了有关石棉的方法(ASTM,2002,2009;AWWA,1994;ISO,1995)。美国环境保护局(US EPA),职业安全与健康管理局(OSHA),美国国家职业安全卫生研究所(NIOSH)以及加利福尼亚州和纽约州已颁布了在美国使用的方法(AHERA, 1987; OSHA, 1997; NIOSH, 1994a; CARB, 1988; NYSDH, 2003)。在其他国家例如澳大利亚(Australia,2004),德国(VDI,1991)和英国(HSE,1990)也开发了方法并已在使用。许多关于石棉分析方法的信息在 Millette and Bandli(2005)和 Millette(2006, 2011a)中发现,包括空气、水、散装建筑材料、表面灰尘(Millette, 2011a)、地毯(Millette et al.,1993),以及特定产品材料(如蛭石)等。最近的一些研究工作涉及土壤中石棉和化妆品级滑石粉的测定。ASTM D7521 - 13,土壤中石棉测定的标准试验方法,2012 年由 D22 委员会投票通过并被接受(ASTM,2012)。

美国材料和实验协会(ASTM International)的 D22.07 小组委员会正在开发分别用偏光显微镜,透射电子显微镜和 X 射线衍射(XRD)分析滑石粉的三种方法。使用酸/碱消化制备方法溶解温石棉和其他基质材料(Addison and Davies, 1990; Millette,2009b),在含温石棉的产品如垫圈、填料和制动器中发现了低含量的闪石棉纤维。石棉分析的另一个有趣的领域是石棉纤维与非石棉纤维的区别。如美国环境保护局所述,对于单个纤维分析尚未确定纤维种群的一般特征,可在《确定散装建筑材料中石棉的方法》(USEPA, 1993)中找到。最近多个实验室的测试(Harper et al.,2012)表明纤维宽度是石棉纤维的最佳鉴别标准,使用小于或等于 1 mm 的宽度标准可提供最少的假阴性。坎贝尔矿业局通告(Campbell et al.,1977)中长宽比图的比较表明,5∶1 的长宽比标准是区分石棉和非石棉纤维的最佳长宽比。长径比为 5∶1、宽度小于或等于 1 μm 的标准是目前测定石棉纤维的最佳指标。

13.4.1.1 蛭石分析

环境损害司法鉴定显微学可用于确定蛭石样品是否可追踪到蒙大拿州利比的一个特定矿区。来自蒙大拿州利比附近矿区的蛭石产品,目前遍布全国数百万家庭和企业。与 Libby 蛭石相关的是纤维状角闪石,包括透闪石石棉。这些角闪石中有许多是石棉状的。对蒙大拿州利比市前矿工和居民健康状况的研究表明,与石棉有关的肺病发病率有所增加(ATSDR,2001)。由于其他蛭石制品不受纤维状角闪石的污染,因此确定某一蛭石材料是否来自 Libby 是一个重要的环境法医学问题。前 W. R. Grace 蛭石矿山和选矿作业,以及许多在 Libby 的住宅和商业物业已被添加到美国环境保护局的国家优先级清单中,以立即进行环境修复。美国环境保护局《蛭石阁楼隔热材料中纤维性角闪石的取样和分析研究方法》(VAI; US EPA,2004)可用于分析蛭石样品中具有 Libby 蛭石特征的纤维角闪石。在 USEPA VAI 方法(有时称为辛辛那提法)中,样品是通过水密度梯度处理/分离成三个部分：漂浮物；下沉和悬浮粒子部分。USEPA VAI 方法中包含对角闪石进行两次测量的步骤。光学显微镜是用来分析沉点的部分，因为沉到底部的密度较大的颗粒可能含有较大的角闪石纤维束。电子显微镜用于分析悬浮颗粒物的组成，因为一些细小的角闪石纤维可能悬浮在水中。利用圆锥和四分法技术，从最初的密封材料袋(通常是一加仑的容器)中复制大约 10 克的子样品。这些子样本在 100℃下干燥两小时，然后用分析天平称量。按照 USEPA VAI 方法中所描述的方法，将密度较大的颗粒(下沉)与密度较小的颗粒(漂浮)分离开来。下沉的颗粒在 60℃的热板上烘干过夜，然后称重。用立体显微镜检查颗粒，用镊子夹取纤维束。每个子样的纤维束总重量是确定的。然后用偏振光显微镜分析典型的纤维束。其中一个样品的代表性纤维束也可以通过扫描电子显微镜和能量色散 X 射线光谱系统进行检测和分析。

如果在立体显微镜下没有发现纤维，则在去除漂浮和下沉的颗粒后，用液体悬浮液从子样品中制备悬浮颗粒组分。悬浮液增加到一升的体积并超声两分钟。然后，用 10 mL 的玻璃移液管，以大约 4 L/min 的速度，用过滤过的氧气在液体中鼓泡 1 min，搅动悬浮液。用 0.2 mm 孔径的聚碳酸酯过滤器分别过滤 1 mL 和 10 mL 的悬浮液。过滤器是按照 ISO 13794 (ISO，1999)中描述的标准程序准备和分析的。在透射电子显微镜上用 X 射线分析系统进行分析。

13.4.2 非石棉纤维

13.4.2.1 ISO 方法 14966

国际标准组织方法 14966 (ISO，2002)采用 SEM－EDS 法测定空气中无机纤维颗粒的浓度。它的设计考虑了长度超过 5 mm 的各种纤维。根据 ISO 方法，分析人员可以对空气过滤器中的纤维进行计数，并根据纤维的基本成分确定不同类型纤维的浓度。该方法规定了镀金的、毛细管孔的、轨迹蚀刻的膜过滤器的使用，通过这些过滤器可以抽取一定体积的空气。利用能量色散 X 射线分析，该方法可以鉴别与石棉品种(如蛇纹石和角闪石)、石膏和其他无机纤维成分一致的纤维。ISO 标准 14966 的附录 C 提供了可测量的纤维类型的概要。信息包括关于莫来石($Al_6Si_2O_{13}$)，硅铝石(Zn_2SiO_4)，硅线石(Al_2SiO_5)，硅镁石[$Al_7O_3(EO_3)(SiO_4)$]，硅灰石($CaSiO_3$)，几种沸石，工业结晶纤维如碳化硅(SiC)，氧化锆(ZrO_2)，钨(W)和无机非晶纤维(如玻璃棉，岩棉，渣棉，陶瓷纤维，石英纤维)。

ISO 14966：2002 适用于环境空气中无机纤维粒子浓度的测量。该方法也适用于测定建筑物内空气中无机纤维粒子的数值浓度。需要注意的是，该方法无法检测和分类宽度小于 0.2 μm 的纤维。如果大气中取样的空气纤维主要宽度小于 0.2 μm，则建议使用透射电子显微镜法。

13.4.2.2 玻璃纤维

根据国家职业安全与健康研究所 7400 方法(NIOSH,1994a)的“B”规则,通过相位对比显微镜对膜过滤器上采集的空气样本中发现的玻璃纤维进行分析。虽然相位对比法不能识别所计数的纤维类型,但它确实提供了一个有用的系统来监测玻璃纤维制造区或用这些纤维制造产品区域的空气浓度。在预期纤维材料混合物的情况下,PCM 方法应该增加额外的需用显微镜观察的操作,如偏振光显微镜或电子显微镜。虽然这不是一个标准的方法,但 Schneider 等(1990)对玻璃纤维的表面灰尘样本进行了分析,他们使用凝胶箔收集样本,然后用光学显微镜分析。

13.4.2.3 陶瓷晶须

与环境空气中陶瓷晶须相关的标准显微镜测量方法有四种,包括碳化硅和氮化硅纤维(ASTM,2001)。单晶陶瓷晶须扫描电子显微镜法是一种基于能量色散 X 射线光谱分析方法,能够区分多种不同类型的纤维。这种测试方法可能适用于其他人造矿物纤维(MMMF)和锌晶须(Millette et al.,2004)。本试验方法适用于定量收集过滤器上的纤维:长度大于 5 μm,宽度小于 3 μm 和长宽比等于或大于 5∶1。这些数据可直接转换为每单位体积空气采样浓度的表述。这个测试方法受限于扫描电镜可见的纤维直径(通常大于 0.10 μm 到 0.25 μm)和标准颗粒的数量。透射电子方法适用于对收集过滤器上细纤维的定量,薄纤维长度大于 0.5 μm 和长宽比等于或大于 5∶1。

13.4.3 非纤维颗粒

有一个标准程序可用于测定环境颗粒物排放样品的大小信息。由路易斯安那州环境质量部(LDEQ)管理的路易斯安那州环境实验室认证计划(LELAP)被国家环境实验室认证计划(NELAP)认可。在 LELAP 计划下,通过自动扫描电子显微镜分析收集自工业排放中的颗粒样品,这些样品是在过滤器(PC 过滤器是首选的,尽管它们有温度限制)上收集的,以确定总的颗粒大小。在 X 射线分析系统的控制下,通过扫描电子显微镜自动化模式下使用标准操作程序进行分析。图 13.2 显示了后向散射电子模式下富铅粒子的分散,图 13.3 显示了自动分级程序如何为所有粒子分配尺寸值。每个样本中大约有 1 000 到 2 000 个颗粒,并根据客户要求的五种大小类别分别进行大小分类,通常为 0.5~2.5 μm,2.5~5.0 μm,5.0~7.5 μm,7.5~10.0 μm 和>10 μm。粒径数据以粒子数和估计质量表示。假设所有的粒子密度都是相似的,因此粒子的体积分布与粒子的质量分布是等价的。

自动粒子分析是一种有用的环境损害司法鉴定显微学工具。在计算机控制下用扫描电子显微镜进行数字成像,无须显微学家的干预即可对成百上千个粒子进行形态和化学分析(Mamane et al.,2001)。通过对电子束和样品位置的计算机控

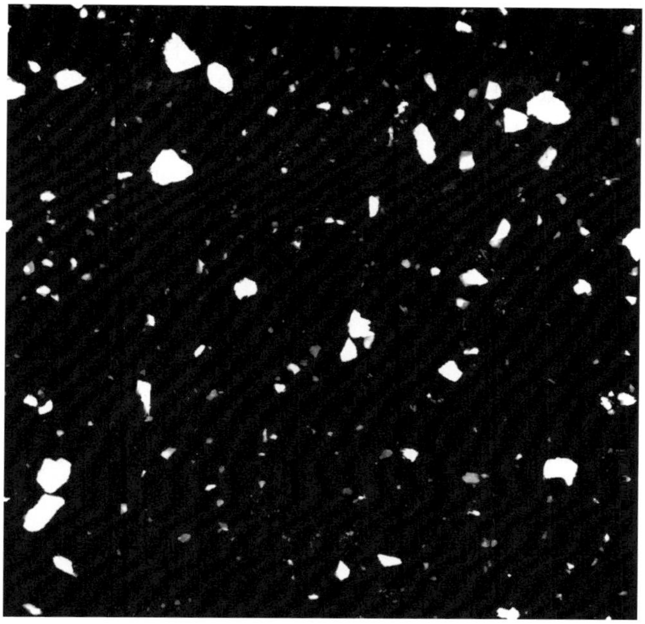

图 13.2　自动扫描电子显微镜测量铅矿粉尘大小的反向散射电子图像

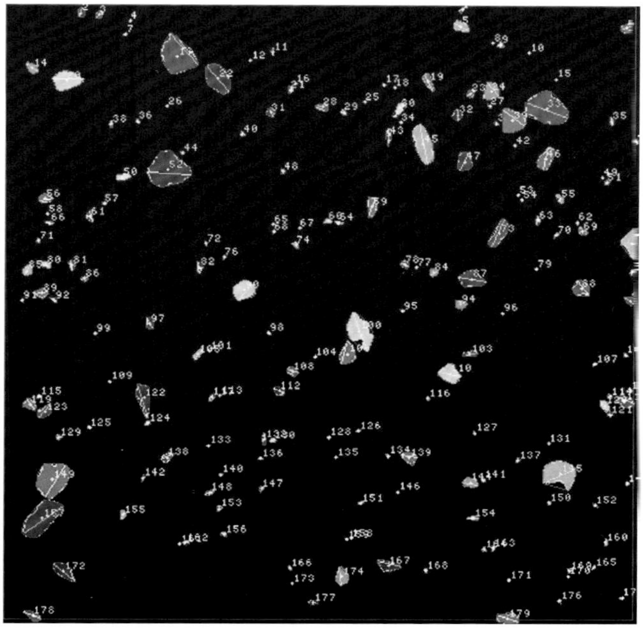

图 13.3　在显微镜计算机应用了粒子定义条件以进行自动粒度测定后，得到与图 13.2 相同的图像场

制,可以将数字图像采集到计算机存储器中,并根据识别图像对比度的计算机程序在图像中搜索粒子。可以对发现的每个粒子进行尺寸和形状计算并记录下来,电子束可以通过能量色散 X 射线光谱仪带回到粒子进行化学分析。自动扫描电镜颗粒分析已广泛用于研究土壤中的含铅颗粒(Brown et al.,1995;Cotter-Howells and Thornton,1991;Franck and Herbarth,2002;Hunt et al.,1991,1998;Rybicka et al.,1994;Pirrie et al.,2003;Thornton et al.,1994)以及其他类型的环境损害司法鉴定研究,包括城市空气颗粒的大小(Jambers et al.,1995)和涉及水泥颗粒和水泥浆的那些(Millette and Brown,2002)。

13.5 案例研究:环境损害司法鉴定显微学调查案例

13.5.1 儿童体内铅含量升高

儿童可能通过吸入含铅涂料的灰尘而接触到铅,这些灰尘是由家中含铅涂料的变质、打磨或刮擦产生的。房屋中存在的其他铅来源包括使用含铅汽油和工业来源如冶炼等产生的颗粒沉积。在一个案例中,发现一名儿童血液中的铅含量升高,引起了人们对该儿童摄入含铅油漆粉尘的担忧。然而,X 射线荧光对家中的油漆测试没有检测到铅。灰尘样本收集在便签上,并送至实验室进行 SEM - EDS 分析。结果表明,粉尘中铅的来源为含铅粉煤灰(Millette et al.,1991)。在附近进行搜索后,发现了附近的工业地点堆放的材料,并对其取样(图 13.4)。SEM - EDS 显示,含铅的飞灰与家中发现的飞灰一致(图 13.5)。So - Green 公司显然是从另一个州的一家公司收取了成吨的电弧飞灰,并将其制成产品作为肥料出售。不幸的是,化肥业务跟不上粉煤灰的运输,工厂周围堆积着大量的粉煤灰。该场地最终被宣布为超级基金场地。超级基金是为解决废弃危险废物场所而设立的环境计划的名称。在其他涉及铅颗粒的案例中,从家中收集样本,通过 SEM - EDS 进行分析。铅颗粒被归类为含铅油漆(铅-铬、铅-锌),汽车尾气(铅-溴),工业铅(铅和金属),土壤铅(铅-硅、铝和/或钙)和未确定的基于其他元素的粒子(仅铅)。在一个项目中,在家庭灰尘中发现了铅酸盐颗粒(Millette et al.,1995)。在另一个项目中,从聚氯乙烯电缆覆盖层中发现了铅氯颗粒(Ghazi and Millette,2005)。

13.5.2 一个叫"拉尔夫"的斑点

在南卡罗来纳州的一家法院,新地毯上出现了一块神秘的污渍。员工们甚至

图 13.4　在 So - Green 公司堆积的电弧飞灰

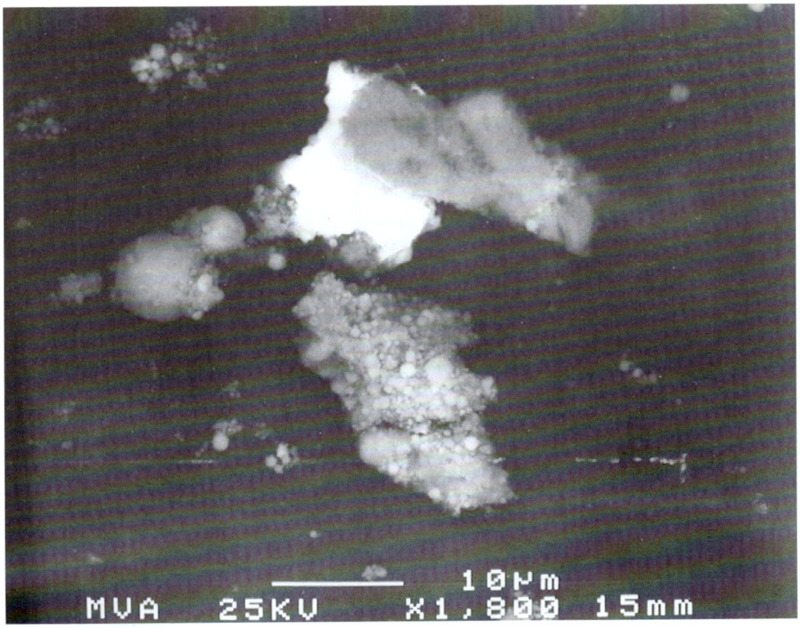

图 13.5　So - Green 设施周围房屋中常见的粉煤灰和富铅颗粒(白色)的反向散射电子图像

给这个点起了个名字：拉尔夫。起初，它只有半美元大小，但经过清理后，它扩大到大约两平方英尺。环境霉菌专家最初对地毯上的污渍进行了测试，确定它不是由霉菌引起的。从地毯上切下一部分污渍，然后送到环境损害司法鉴定显微学实验室进行检查。通过光镜和扫描电子显微镜的分析表明，地毯中含有各种典型的微粒，这些微粒通常存在于办公室灰尘中。在地毯纤维上也发现了黏性物质。用傅里叶变换显微光谱对该黏性材料进行分析，结果它与玉米糖浆一致。显然有人将软饮料洒在地毯上，并且污渍是由黏附在黏性饮料残留物上的办公室灰尘颗粒造成的。致力于清洁污渍去除了深色的办公室灰尘颗粒，但没有完全去除黏性饮料残留物。实际上，清洁工作会扩散黏性残留物，随着时间的推移，黏性残留物会收集更多的办公室灰尘，因此导致污渍变大。不出所料，在实验结果公布后，进行实验室采访的报社记者感到失望，因为那个叫拉尔夫的污渍并不是什么奇怪的东西，而是由不小心洒出的软饮料造成的。

13.5.3 汽车上的煤烟沉积-1

ASTM 标准 D4610 规定："微生物生长是漆膜变色和变质的主要原因。"这不仅适用于涂漆的房屋表面，也适用于汽车饰面。依据 ASTM D6602 标准，对造成浅色汽车(如图 13.6 所示)上黑烟层的原因进行了环境损害司法鉴定显微学调查。将透明的玻璃纸胶带贴在汽车表面，取下，放在显微镜载玻片上。使用偏振光显微镜放大 50 至 400 倍显示，图 13.7 所示的汽车上的增黑剂是一种生物生长。如果怀疑

图 13.6 汽车后备厢表面的黑色"煤烟"沉积物

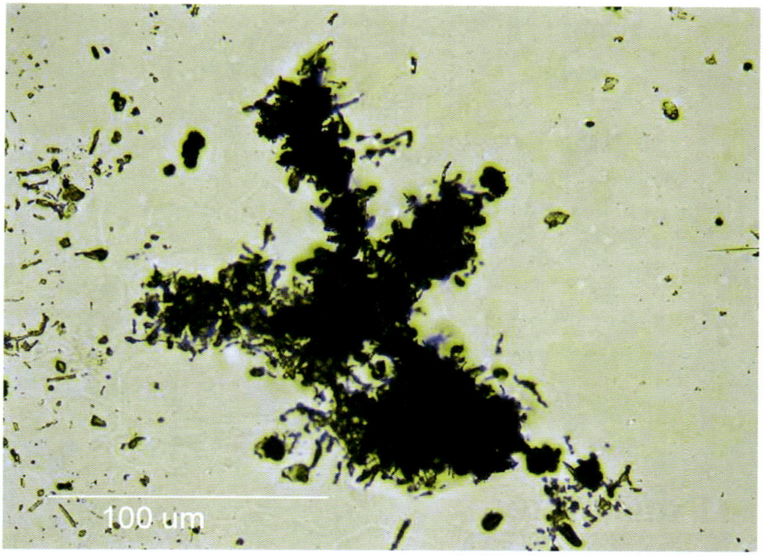

图 13.7 霉菌/生物膜材料导致变暗(如图 13.6 所示)的 PLM 图像

是煤烟,则用棉球收集样品,用透射电子显微镜进行分析。TEM分析是鉴别包括炭黑在内的各种纳米级针状煤烟的唯一方法。在一个类似的案例中,据报道,一个居民邮箱被附近一家发电厂排放的烟尘覆盖。环境损害司法鉴定调查表明,邮筒上的增黑剂不是煤烟,而是一种煤烟霉菌。

13.5.4 汽车上的煤烟沉积-2

停在工业区的汽车正被黑色、黏性的碎片覆盖。据描述,这些碎片很黏,很难洗掉,如果摩擦,汽车漆面也会出现划痕。样品用胶带采集,送至显微检查。用偏振光显微镜、扫描电子显微镜-能量色散 X 射线光谱和傅里叶变换显微光谱法对黑色、黏稠的碎片进行了检测,发现主要由金属颗粒、石英砂和树脂材料组成(见图 13.8、图 13.9 和图 13.10)。用丙酮滴在玻片上提取聚集体,将丙酮溶出部分重新放置在反射电子玻片上进行红外光谱分析。收集了附近一家金属铸造企业排气口的样品。发现排气口的残留物在物理和元素组成上与停放汽车上的黑色碎片相似。

13.5.5 世界贸易中心(WTC)特征查询

2001 年 9 月 11 日世贸中心双子塔倒塌产生的尘埃云是由建筑材料颗粒组成的复杂混合物(Lioy et al., 2002a, 2002b; Millette et al., 2002; Yiin et al., 2004)。2005 年 4 月,关于粉尘颗粒的沉降处以及如何确定纽约市仍然需要清理

图 13.8 停放汽车上的黑色碎片在明场中反射的光图像

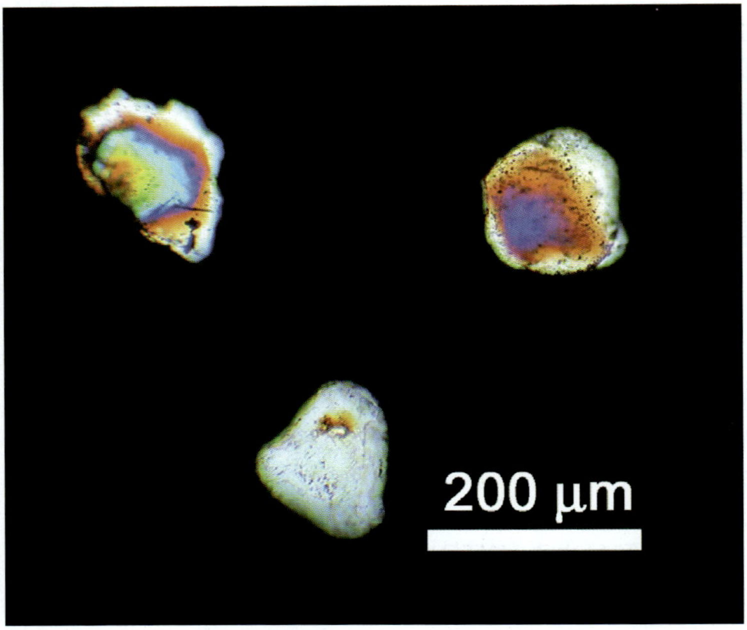

图 13.9 黑色碎片中的石英粒子使用交叉偏振镜透射光图像

图 13.10 由黑色碎片组成的无机粒子的反向散射电子图像

WTC 粉尘的住址等问题仍然存在。美国环境保护局进行了一项研究，以确定是否可以使用 WTC 粉尘特征协议来确定 WTC 粉尘的残留位置。他们要求一些独立实验室基于美国地质调查局所做的工作来测试拟议的协议（USGS；Lowers et al.，2005；Meeker et al.，2005）。由于玻璃纤维、水泥颗粒和石膏是 WTC 粉尘的主要组成部分（图 13.11 和图 13.12），USGS 协议涉及通过计算机控制的扫描电子显微镜结合 X 射线分析对钙和硫进行元素映射，并对矿渣棉纤维进行独立分析。2005 年夏天，根据各实验室的工作，美国环境保护局决定，计算机控制的 SEM－EDS分析不能在实验室之间重复，并提出了一种仅基于 SEM－EDS 矿渣棉分析的方法（USEPA，2005）。提议的议定书已送交给同行评审小组。2005 年 10 月，同行评审小组（Crane et al.，2005，pg 8）得出结论："环保局没有证明其所提出的分析方法能够可靠地区分背景粉尘和被 WTC 残留物污染的粉尘。"美国环境保护局进行了一项测试和清洁项目，覆盖了纽约运河街以南和皮克-艾伦街以西的地区。清洁决策并不是基于 WTC 灰尘特征，而是基于所关注的四种污染物之一水平升高的检测结果。分析了粉尘样品中的石棉、人造玻璃纤维（MMVF）、铅和多环芳烃（PAH）。美国环境保护局使用以下标准来确定是否要清洁可及区域：

- 石棉：5 000 结构/cm^2
- 人造玻璃纤维：5 000 纤维/cm^2

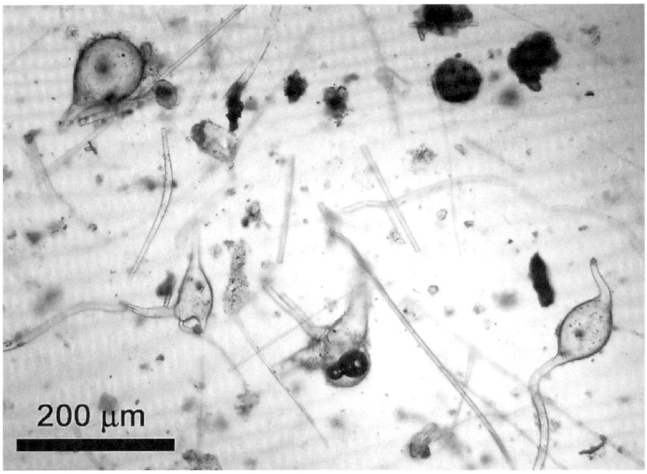

图 13.11 WTC 灰尘的明场透射光图像,有玻璃纤维,水泥颗粒和石膏

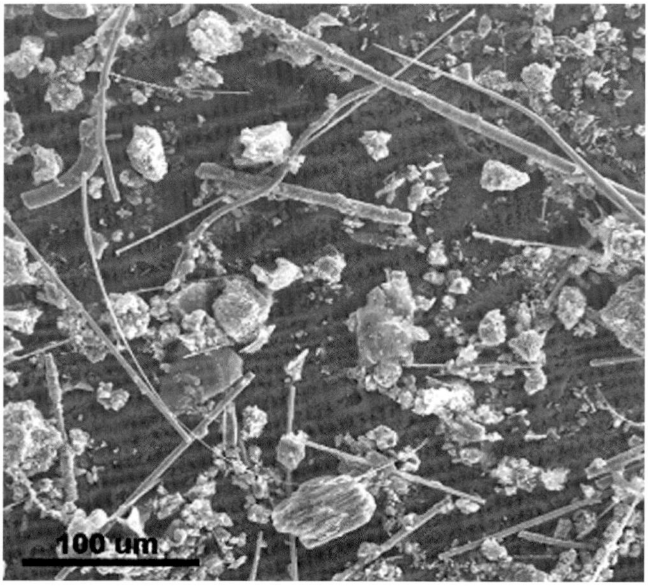

图 13.12 WTC 灰尘的二次电子图像,有玻璃纤维,水泥颗粒和石膏

- 铅: 40 $\mu g/ft^2$
- 多环芳烃: 150 $\mu g/M^2$

有标准方法分析表面灰尘中的石棉(ASTM, 2002; Millette, 2011a),铅(NIOSH,1994b;OSHA,2002;US EPA,1996)和多环芳烃(US EPA,1986),但目前没有标准的方法来分析表面灰尘中的人造玻璃纤维。预计将通过结合分析尘土中

石棉的 ASTM microvac TEM 方法(ASTM,2002)和美国地质调查局使用扫描电子显微镜对玻璃纤维进行分类而开发的分析程序(Lowers et al.,2005),来开发一种分析表面灰尘中人造玻璃纤维的方法。使用 PLM 方法识别玻璃纤维也是可行的。然而用透射电子显微镜分析玻璃纤维没有任何优势,因为虽然石棉和其他天然矿物纤维的特征可以用电子衍射来检查它们的晶体结构,但人造玻璃纤维是无定形的;也就是说,它们是玻璃状的,没有可辨认的晶体阵列(US Navy,1997)。

13.5.6 室内外常见的颗粒物

室内灰尘不同于室外表面颗粒物样品,虽然室内颗粒物的种类和百分比受到外界颗粒物的强烈影响。例如,在室内住宅灰尘中经常存在大量的皮肤细胞,但皮肤细胞很少是室外灰尘的重要组成部分。在"有害建筑"的研究中,对室内灰尘颗粒的调查可能会有所帮助(Millette, et al.,1994;Millette et al.,2010)。早期关于室内灰尘和污垢的研究显示了广泛而多样的组成(Hopen and Millette,1995;Millette,2001;Millette, et al.,2003)。弗洛里奥和默塞罗于 1955 年发表了论文,开发了用于模拟室内尘土的一组成分(按重量百分比计算):腐殖质(泥炭藓)38%;二氧化硅 17%;高岭土 17%;矿物油 8.75%;炭黑 1.75%和氧化铁 0.5%。基于关于家庭尘土/灰尘广泛的环境损害司法鉴定显微研究的一组更全面的成分,可在 Gipp 和 Wietfelt 的专利申请书中找到(2005;见表 13.1)。

表 13.1 室内粉尘试验土壤的配方

矿物组成	百分比	所用材料
砂>300 μm	9.620	硅质砂
砂<75 μm	1.200	硅质砂
长石>300 μm	9.620	Zemex F-20
长石<75 μm	0.925	Zemex F-20
滑石>75 μm	0.462	强生 & 强生婴儿粉
带状黏土	0.879	H. C. Spinks
小计	22.706	
淀粉/食品材料	**百分比**	**所用材料**
cheerios 麦片>300 μm	4.700	压碎并过筛
cheerios 麦片 75~300 μm	2.300	压碎并过筛
桂格麦片	3.760	
立顿杯汤	4.700	鸡肉面,压碎,未过筛
饼干	7.530	压碎,未过筛
小计	22.990	
植物成分	**百分比**	**所用材料**
干草屑	2.800	切碎的草屑
干树叶碎	4.200	切碎的干枫叶
小计	7.000	

续表

总颗粒物	52.696	来源
毛发成分	百分比	
人类毛发(0.25~1 英尺)	6.750	Demeo 兄弟,纯棕色毛发
狗毛	6.750	Biopol 实验室
猫毛	6.750	Biopol 实验室
小计	20.250	
可选的纤维材料	**百 分 比**	**所 用 材 料**
棉花纤维	12.900	强生 & 强生棉球纤维
尼龙纤维	6.450	迷你纤维公司,3 旦,0.25 英尺
聚酯纤维	6.450	迷你纤维公司,3 旦,0.25 英尺
小计	25.800	
其他的可选材料	**百 分 比**	**来 源**
豚草花粉	0.370	空气过滤器实验室
人体皮肤细胞	0.925	角质层
小计	1.295	
	100.00	

室外灰尘通常含有大量的真菌/藻类生长颗粒,土壤矿物质,煤烟,植物碎片,铁锈/金属薄片和油漆碎片,以及来自橡胶,不同地方的煤灰(Millette,2012)和建筑碎片。ASTM D6602《潜在的炭黑无组织排放物以及其他环境微粒的取样和测试的标准实施规程》是为研究室外煤烟表面问题,并将 N100 至 N900 系列的人造炭黑与其他环境颗粒区分开来而制定的。这是一种显微技术,非常适合研究广泛存在的深色剂调查(Millette,2007,2008)。

样品由棉球、抹布和胶带从表面收集,然后通过光学显微镜和电子显微镜分析颗粒,以此来区别真菌生长(生物膜)、烟灰或其他深色颗粒引起的变暗。偏振光显微镜可测得不同类型的颗粒的相对量和有关生物膜类型(如果存在)的一些信息,透射电子显微镜可确认是否存在粉状烟灰,以及烟灰可能来源(如果存在)。若一个城市的颗粒物同时来源于炭黑生产设施和炼油厂,而对该城市进行深色表面颗粒的调查时,结合使用了强制性 TEM 部分和非强制性 PLM 部分,则此过程展示了使用 ASTM D6602 方法的情况(Millette,2011b)。在 1998 年至 2010 年期间,从俄克拉荷马城地区的地表收集了 580 多个样本,表 13.2 列出了一些代表性数据。其中,早期起主要作用的是包括炭黑在内的烟灰,而后期土壤矿物质、真菌物质和植物碎片为主要成分,一些深色颗粒通常不会出现在其他城市的环境地表样品中。在 51%的样品中发现了来自炼油厂废液的催化裂化催化剂颗粒,根据过程中不同的催化时间,这些颗粒可能是白色的、灰色的或黑色的。这些特别的颗粒物通过 PLM 检测的外观和 SEM 的 X 射线分析确定的镧含量来确定源头,其中,镧用于稳定沸石的骨架结构。在44%的样品中发现了黑色石油焦炭颗粒,可以通过SEM的X射线分析将其与过往列车中释放的煤炭颗粒加以区分。除碳和氧之外,石油焦炭仅包含硫,而烟煤颗粒包含多种元素,例如钙、硅和镁。石油焦是炼油厂的产品,大量存储在炼油厂中,而后通过铲车将其装载到卡车和火车上。

表 13.2　户外的表面样品:PLM 和 TEM 颗粒分析结果的示例

颗粒成分	样品 17ACHC	样品 20AEHA	样品 19AAIH	样品 17AGACD	样品 17BCBG
花粉粒	ND	痕量-2%	1%~5%	10%~15%	ND
真菌、霉菌、生物膜	5%~10%	5%~10%	50%~75%	3%~5%	100%
土壤矿物质	15%~30%	30%~50%	15%~25%	60%~70%	ND
煤烟	10%~15%	5%~10%	ND	2%~3%	ND
飞灰	ND	痕量	ND	ND	ND
玻璃纤维	ND	ND	ND	痕量	ND
植物碎片	20%~30%	ND	10%~20%	1%~2%	ND
涂料	ND	10%~20%	1%~5%	2%~3%	ND
建筑残渣	ND	10%~15%	ND	ND	ND
昆虫残渣	ND	ND	痕量	痕量	ND
淀粉	ND	痕量	ND	痕量	ND
锈/金属碎片	15%~20%	1%~3%	ND	1%~2%	ND
橡胶	5%~10%	3%~5%	ND	2%~3%	ND
石油焦炭/煤	5%~10%	ND	ND	痕量	ND
催化剂	ND	痕量-2%	ND	痕量	ND
黑炭	~8%	~3%	ND	痕量	ND

ND:未检测出;痕量,体积小于1%。Millette et al.,2011;ASTM D6602。

13.6 总　结

显微镜是许多环境污染状况调查中的重要司法鉴定工具。不同的显微镜仪器,例如不同光、电子、红外和紫外线波长的电磁光谱显微镜仪器,可以在很少或根本没有来源信息的情况下,对微粒污染物进行检查、分类和识别。基本的法医程序通常适用于未知材料的研究,而标准显微镜方法适用于测量各种介质中特定的已知污染物(例如铅、玻璃纤维、石棉、炭黑)的量。当处理来源不明的环境颗粒物污染时,司法鉴定显微学通常会提供关于所用材料的重要初始信息,以帮助确定研究方向。确切地说,司法鉴定显微学检查的结果有助于在大量的环境损害司法鉴定工具中确定最终解决问题的最佳方案。

(张秋卓)

参 考 文 献

Addison, J., Davies, L.S.T., 1990. Analysis of amphibole asbestos in chrysotile and other minerals. Annals of Occupational Hygiene 34 (2), 159 - 175.

AHERA, 1987. Appendix A to Subpart E — Interim Transmission Electron Microscopy Analytical Methods. US EPA, 40 CFR Part 763, Asbestos-Containing Materials in Schools, Final Rule and Notice. Federal Regulations 52 (210), 41857 - 41894.

ASTM, 2001. Standard Test Method for Determining Concentration of Airborne Single-Crystal Ceramic Whiskers in the Workplace Environment by Phase Contrast Microscopy. ASTM Method D6057 - 96. American Society for Testing and Materials (ASTM), Conshohocken, PA.

ASTM, 2002. Standard Test Method for Microvacuum Sampling and Indirect Analysis of Dust by Transmission Electron Microscopy for Asbestos Structure Number Surface Loading. ASTM Method D5755 - 02. American Society for Testing and Materials (ASTM), Conshohocken, PA.

ASTM, 2003. Sampling and Testing of Possible Carbon Black Fugitive Emissions or Other Environmental Particulate, or Both. ASTM Method D6602. American Society for Testing and Materials (ASTM), Conshohocken, PA.

ASTM, 2009. Standard Test Method for Airborne Asbestos Concentration in Ambient and Indoor Atmospheres as Determined by Transmission Electron Microscopy Direct Transfer. ASTM Method D6281 - 09. American Society for Testing and Materials (ASTM), Conshohocken, PA.

ASTM, 2012. Standard Test Method for Determination of Asbestos in Soil. ASTM Method D7521 - 13. American Society for Testing and Materials (ASTM), Conshohocken, PA.

ATSDR, 2001. Public Health Assessment. Libby Asbestos NPL Site, Lincoln Co., MT. US Department of Health and Human Services, Agency for Toxic Substances and Disease Registry, Atlanta, GA.

Australia, 2004. Standard Method for the Qualitative Identification of Asbestos in Bulk Samples. AS 4964 - 2004. Council of Standards, Australia.

AWWA, 1994. ASBESTOS: Standard Methods for the Examination of Water and Wastewater. American Water Works Association (AWWA), eighteenth ed. American Public Health Association. Section 2570: 10 - 15.

Baccelle, L., Bosellini, A., 1965. Diagrammi per la stima visiva della composizione percentuale nelle rocce sedimentary. Sci. Geol. Paleontol., Ann. Univ. Ferrara, N. Ser., Sez. IX: 1, 59 - 62.

Brown, R.S., Millette, J.R., Mount, M.D., 1995. Application of scanning electron microscopy for pollution particle source determination in residential dust and soil. Scanning 17 (5), 302 - 305.

Campbell, W.J., Blake, R.L., Brown, L.L., 1977. Selected silicate minerals and their asbestiform varieties, mineralogical definitions and identification-characterization. Bureau of Mines Information Circular 8751, US Department of the Interior, Washington, D.C.

CARB, 1988. Determination of asbestos emissions from stationary sources. Method 427. California Air Resources Board, Sacramento, CA.

Clague, A.D.H., Donnet, J.B., Wang, T.K., Peng, J.C.M., 1999. A comparison of diesel engine soot with carbon black. Carbon 37, 1553 - 1565.

Cotter-Howells, J., Thornton, I., 1991. Sources and pathways of environmental lead to children in a

Derbyshire mining village. Environmental Geochemistry and Health 13 (2), 127 - 135.

Crane, D., Ehrenfeld, F., Gunter, M., McConnell, E., Su, S., Webber, J., Wilhelmi, J., 2005. Peer review of the US Environmental Protection Agency's Final Report on the World Trade Center (WTC) Dust Screening Study. EPA Contract No. 68 - C - 02 - 060, Task Order 107. Office of Research and Development, US Environmental Protection Agency, Washington, D.C.

Faegri, K., Iversen, J., Waterbolk, H. T., 1964. Textbook of Pollen Analysis. Hafner Publishing Company, New York, NY, p. 237.

Farr, D., Bills, G., Chamuris, G., Rossman, A., 1989. Fungi on Plants and Plant Products in the United States. American Phytopathological Society Press, St. Paul, MN, p. 1152.

Florio, P. A., Mersereau, E. P., 1955. Control of appearance changes due to soiling: the mechanism, measurement, and reduction of soiling changes in carpets during use. Textile Research Journal 25 (7), 641 - 649.

Folk, R. L., 1951. A comparison chart for visual percentage estimation. Journal of Sedimentary Petrology 21 (1), 32 - 33.

Franck, U., Herbarth, O., 2002. Using scanning electron microscopy for statistical characterization of the diameter and shape of airborne particles at an urban location. Published online in Wiley InterScience Environmental Toxicology 17, 98 - 104. http://dx.doi.org/10.1002/tox.10037. www.interscience.wiley.com.

Ghazi, A.M., Millette, J.R., 2005. Environmental forensic application of lead isotope ratio determination: a case study using laser ablation sector ICP-MS. Environmental Forensics 5 (2), 97 - 108.

Gipp, M.M., Wietfeldt, J.R., 2005. Artificial testing soil and method of testing. US Patent Application. US 7871821 B2.

Graves, W.J., 1979. A mineralogical soil classification technique for the forensic scientist. Journal of Forensic Sciences 24, 323 - 338.

Harper, M., Lee, E.G., Slaven, J.E., Bartley, D.L., 2012. An inter-laboratory study to determine the effectiveness of procedures for discriminating amphibole asbestos fibers from amphibole cleavage fragments in fiber counting by phase-contrast microscopy. Annals of Occupational Hygiene 56 (6), 645 - 659.

Hawksworth, D.L., Kirk, P.M., Sutton, B.C., Pegler, D.N., 1995. Ainsworth and Bisby's Dictionary of the Fungi. CABI International, Oxon, UK, p. 616.

Hess, W. M., Herd, C. R., 1993. Microstructure, morphology and general physical properties. In: Donnet, J., Bansal, R.C., Wang, M. (Eds.), Carbon Black, second ed. Marcel Dekker Inc., New York, NY, pp. 89 - 173.

Hopen, T.J., Millette, J.R., 1995. Microscopical characterization of IAQ dust particles. Proceedings of Engineering Solutions to Indoor Air Quality Problems, VIP 51 Air & Waste Management Association, 437 - 444.

Hopen, T.J., Millette, J.R., Boltin, W.R., Brown, R.S., 1999. A dictionary of terms related to additives found in asbestos building products. Microscope 47 (3), 163 - 171.

Hopen, T.J., 2004. The value of soil evidence. In: Houck, M.M. (Ed.), Trace Evidence Analysis. Elsevier Academic Press, Boston, MA, pp. 105 - 122.

Houck, M.M., 2004. Trace Evidence Analysis. Elsevier Academic Press, Boston, MA, p. 259.

HSE, 1990. Asbestos fibres in air: light microscope methods for use with control of asbestos at work regulations. Health and Safety Executive, London (Methods for the Determination of Hazardous Substances, No.39/3).

Huffman, G.P., Huggins, F.N., Shah, N., Huggins, R., Linak, W.P., Miller, C., Pugmire, R.J., Meuzelaar, H.L.C., Seehra, M.S., Manivannan, A., 2000. Characterization of Fine Particulate Matter Produced by Combustion of Residual Fuel Oil. Journal of the Air & Waste Management Association 50, 1106 - 1114.

Hunt, A., Johnson, D.L., Thornton, I., 1991. Descriptive apportionment of lead in house dust by automated SEM. Water, Air, and Soil Pollution 57 - 58, 69 - 77.

Hunt, A., Hawkins, J., Gilligan, E., Bhatiab, S., 1998. A comparison of the lead particle content of indoor dust before and after a lead paint abatement: A new source of lead recontamination. Indoor and Built Environment 7, 32 - 46.

ISO, 1995. Ambient Air: Determination of Asbestos Fibres — Direct-transfer Transmission Electron Microscopy Procedure. International Standards Organization, Method 10312, Geneva, Switzerland.

ISO, 1999. Ambient Air: Determination of Asbestos Fibers — Indirect Transmission Electron Microscopy Method. International Standards Organization, Method 13794, Geneva, Switzerland.

ISO, 2002. Ambient Air: Determination of Numerical Concentration of Inorganic Fibrous Particles — Scanning Electron Microscopy Method. International Standards Organization, Method 14966, Geneva, Switzerland.

Jambers, W., De Bock, L., Van Grieken, R., 1995. Recent advances in the analysis of individual environmental particles. A review. The Analyst 120, 681 - 692. http://dx.doi.org/10.1039/AN9952000681.

Kostiuk, L.W., Johnson, M.R., Thomas, G.P., 2004. University of Alberta Flare Research Project Final Report November 1996 - September 2004. University of Alberta, Department of Mechanical Engineering, pp. 162 - 180.

Krumbein, W.C., Pettijohn, F.J., 1938. Manual of Sedimentary Petrography. Appleton-Century-Crofts, New York, NY, pp. 439 - 441.

Lioy, P.J., Weisel, C.P., Millette, J.R., Eisenreich, S., Vallero, D., Offenberg, J., Buckley, B., Turpin, B., Zhong, M., Cohen, M.D., Prophete, C., Yang, I., Stiles, R., Chee, G., Johnson, W., Porcja, R., Alimokhtari, S., Hale, R.C., Weschler, C., Chen, L.C., 2002a. Characterization of the dust/smoke aerosol that settled east of the World Trade Center (WTC) in Lower Manhattan after the Collapse of the WTC 11 September 2001. Environmental Health Perspectives 110 (7), 703 - 714.

Lioy, P.J., Freeman, N.C.G., Millette, J.R., 2002b. Dust: a metric for use in residential and building exposure assessment and source characterization. Environmental Health Perspectives 110 (1), 969 - 983.

Lowers, H.A., Meeker, G.P., Brownfield, I.K., 2005. Analysis of background residential dust for World Trade Center signature components using scanning electron microscopy and x-ray microanalysis. US Geological Survey Open File Report 2005 - 1073, Reston, VA.

Mamane, Y., Willis, R., Conn, T., 2001. Evaluation of computer-controlled scanning electron microscopy applied to an ambient urban aerosol sample. Aerosol Science & Technology 34

(1), 97 – 107.

McCrone, W.C., Delly, J.G., Palenik, S.J., 1972. The Particle Atlas. Ann Arbor Science Publishers, Inc., Ann Arbor, MI.

Medalia, A.I., Rivin, D., 1982. Particulate carbon and other components of soot and carbon black. Carbon 20, 481 – 492.

Meeker, G.P., Bern, A., Lowers, H., Brownfield, I.K., 2005. Determination of a diagnostic signature for World Trade Center dust using scanning electron microscopy point counting techniques. US Geological Survey Open File Report 2005 – 1031, Reston, VA.

Millette, J.R., Brown, R.S., Barnett, J., Mount, M.D., 1991. Scanning electron microscopy of post-it notes used for environmental sampling. NAC Journal, 32 – 35.

Millette, J.R., Clark, P.J., Brackett, K.A., Wheeles, R.K., 1993. Methods for the analysis of carpet samples for asbestos. EPA/600/J – 93/167. US Environmental Protection Agency. Environmental Choices Technical Supplement. March/April, pp. 21 – 24.

Millette, J.R., Hopen, T.J., Brown, R.S., 1994. Investigating the particulate component in indoor air quality concerns. Environmental Choices 3 (2), 14 – 16.

Millette, J.R., Brown, R.S., Mount, M.D., 1995. Lead arsenate. Microscope 43 (4), 187 – 191.

Millette, J.R., Few, P., 1998. Indoor carbon soot particles. Microscope 46 (4), 201 – 206.

Millette, J.R., 2001. Early studies characterizing household dirt. Microscope 49 (4), 201 – 208.

Millette, J. R., Few, P., 2001. Sample collection procedures for microscopical examination of particulate surface contaminants. Microscope 49 (1), 21 – 27.

Millette, J.R., Boltin, R., Few, P., Turner, W., 2002. Microscopical studies of World Trade Center disaster dust particles. Microscope 50 (1), 29 – 35.

Millette, J.R., Brown, R.S., 2002. Examining the fine particle component of grout dust by automated SEM. Microscope 50 (1), 1 – 3.

Millette, J. R., Lioy, P. J., Wietfeldt, J., Hopen, T. J., Gipp, M., Padden, T., Singsank, C., Lepow, J., 2003. A microscopical study of the general composition of household dirt. Microscope 51 (4), 201 – 207.

Millette, J. R., Brown, R., Turner, W., Few, P., 2004. Zinc whiskers in computer facility dust. Microscope 52 (2), 59 – 62.

Millette, J. R., Bandli, B. R., 2005. Asbestos identification using available standard methods. Microscope 53 (4), 179 – 185.

Millette, J.R., 2006. Asbestos analysis methods. In: Dodson, R.F., Hammar, S.P. (Eds.), Asbestos: Risk Assessment, Epidemiology, and Health Effects. CRC, Taylor & Francis, Boca Raton, FL, pp. 9 – 38.

Millette, J.R., Turner, W., Hill, W.B., Few, P., Kyle, J.P., 2007. Microscopic investigation of outdoor "sooty" surface problems. Environmental Forensics 8, 37 – 51.

Millette, J.R., Brown, R.S., Hill, W.B., 2008. Using environmental forensic microscopy in exposure science. Journal of Exposure Science and Environmental Epidemiology 18, 20 – 30.

Millette, J. R., Brown, R. S., Kyle, J. P., Turner, W. L., Hill, W. B., Boltin, W. R., 2009a. Distinguishing coal, coke and other black particles. Microscope 57 (2), 51 – 57.

Millette, J.R., Harmon, A., Few, P., Turner, W.L., Boltin, W.R., 2009b. Analysis of amphibole asbestos in chrysotile-containing ores and a manufactured asbestos product. Microscope 57 (1), 19 - 22.

Millette, J.R., Epstien, B., Horner, E., 2010. Analysis of microscopic contaminants in sick building investigations. In: Goldstein, W. E. (Ed.), Sick Building Syndrome and Related Illness, Prevention and Remediation of Mold Contamination. CRC Press, Taylor & Francis Group, Boca Raton, FL, p. 256.

Millette, J. R., Turner, W. L., 2010. Visual estimation in the analysis of surface particulate by microscopy. Microscope 58 (2), 65 - 68.

Millette, J. R., 2011a. Asbestos analysis methods. In: Dodson, R. F., Hammar, S. P. (Eds.), Asbestos: Risk Assessment, Epidemiology, and Health Effects, second ed. CRC, Taylor & Francis, Boca Raton, Fl, pp. 23 - 48.

Millette, J.R., 2011b. Use of the ASTM inter-laboratory studies (ILS) program in developing precision data for ASTM D5755 - asbestos in dust by microvacuum sampling. J. ASTM International 8 (8), 1 - 5.

Millette, J.R., Rook, H.L., Compton, S., 2011. Application of ASTM Standard Practice D6602 in the Investigation of Outdoor Environmental Surface Particulate Including Darkening Agents. J. ASTM International 8 (9), 1 - 14. Also published in ASTM STP 1533, 2011, Brisson, M. and Ashley, K. (Eds.), pp. 249 - 269.

Millette, J.R., Compton, S., Turner, W.L., Hays, S.M., Kenoyer, S., Hill, W.B., Chempaitis, P. S., 2012. Characterization of coal ash including fly ash particles. Microscope 60 (2), 73 - 84.

Ness, S.A., 1994. Surface and Dermal Monitoring for Toxic Exposures. Van Nostrand Reinhold, New York, NY, p. 561.

NIOSH, 1994a. National Institute of Occupational Safety and Health. Method 7400, Asbestos and Other Fibers by Phase Contrast Microscopy (PCM) — Method 7400, NIOSH Manual of Analytical Methods, fourth ed. US Department of Human Health Services. NIOSH Publication, pp. 94 - 113.

NIOSH, 1994b. Lead surface wipe samples. Method 9100, NIOSH Manual of Analytical Methods, fourth ed. US Department of Health and Human Services.

NYSDH, 2003. New York State Department of Health, ELAP Item 198.1. Polarized-Light Microscope Methods for Identifying and Quantitating Asbestos in Bulk Samples. New York State Department of Health Environmental Laboratory Approval Program Certification Manual.

OSHA, 1997. Asbestos in air. D. Crane, Occupational Safety and Health Administration, Method ID - 160.

OSHA, 2002. Metal and metalloid particles in workplace atmospheres (ICP Analysis). Occupational Safety and Health Administration, Method ID - 125G.

Palenik, S.J., 1979. The determination of geographical origin of dust samples. In: McCrone, W.C., Delly, J.G., Palenick, S.J. (Eds.), The Particle Atlas, second ed., vol. 5. Ann Arbor Science Publishers Inc., Ann Arbor, MI, pp. 1347 - 1361.

Petraco, N., Kubic, T., 2003. Color Atlas and Manual of Microscopy for Criminalists, Chemists, and Conservators. CRC Press, New York, NY, p. 328.

Pirrie, D., Power, M.R., Rollinson, G., Camm, G.S., Hughes, S.H., Butcher, A.R., Hughes, P., 2003. The spatial distribution and source of arsenic, copper, tin and zinc within the surface sediments of the Fal Estuary, Cornwall, UK. Sedimentology 50 (3), 579 – 595.

Reid, J. C., 1985. Comparison chart for estimating volume percentages of constituents in rocks and concentrates in the range of 1.0 to 0.1 volume percent. American Mineralogy 70, 1318 – 1319.

Rybicka, E. H., Wilson, M. J., McHardy, W. J., 1994. Chemical and mineralogical forms and mobilization of copper and lead in soils from a Cu-smelting area in Poland. Journal of Environmental Science and Health. Part A A29 (3), 531 – 546.

Schneider, T., Nielsen, O., Bredsdorff, P., Linde, P., 1990. Dust in buildings with man-made mineral fiber ceiling boards. Scandinavian Journal of Work, Environment & Health 16, 434 – 439.

Terry, R. D., Chilingar, G. V., 1955. American Geological Institute Data Sheet 6. The Journal of Sedimentary Petrology 25, 229 – 234.

Thornton, I., Watt, J. M., Davies, D. J. A., Hunt, A., Cotter-Howells, J., Johnson, D. L., 1994. Lead contamination of UK dusts and soils and implications for childhood exposure: an overview of the work of the Environmental Geochemistry Research Group, Imperial College, London, England 1981 – 1992. Environmental Geochemistry and Health 16, 113 – 122.

Travis, R.B., 1955. Classification of rocks. Quarterly of the Colorado School of Mines 50 (1), 8.

Turner, W. L., Millette, J. R., Boltin, W. R., Hopen, T. J., 2005. A standard approach to the characterization of common indoor dust constituents. Microscope 53 (4), 169 – 177.

US Navy Environmental Health Center, 1997. Man-made vitreous fibers. Technical Manual, NEHIC-TM6290.91-REVA.

USEPA, 1982. Test method: interim method for the determination of asbestos in bulk insulation samples. EPA – 600/M4 – 82 – 020. US Environmental Protection Agency, Washington, D.C.

USEPA, 1986. Polynuclear aromatic hydrocarbons. Method 8310. US Environmental Protection Agency, Washington, D.C.

USEPA, 1993. Method for the determination of asbestos in bulk building materials. EPA – 600/R – 93/116. US Environmental Protection Agency, Washington, D.C.

USEPA, 1996. Inductively coupled plasma-atomic emission spectrometry. Method 6010. US Environmental Protection Agency, Washington, D.C.

USEPA, 2004. Research method for sampling and analysis of fibrous amphibole in vermiculite attic insulation. Cincinnati Method. EPA/600/R – 04/004. US Environmental Protection Agency, Washington, D.C.

USEPA, 2005. Final report on the World Trade Center (WTC) dust screening method study. August 17, 2005. US Environmental Protection Agency, Washington, D.C.

VDI 3492 Part 1, 1991. Measurement of inorganic fibrous particles in ambient air — scanning microscopy method. Verein Deutscher Ingenieure (VDI), Dusseldorf, Germany.

Yiin, L.M., Millette, J.R., Vette, A., Ilacqua, V., Quan, C., Gorczynski, J., Kendall, L., Chen, M.C., Weisel, C.P., Buckley, B., Yang, I., Lioy, P.J., 2004. Comparisons of the dust/smoke particulate that settled inside the surrounding buildings and outside on the streets of southern New York City after the collapse of the World Trade Center, September 11, 2001. Journal of the Air & Waste Management Association 54, 515 – 528.

第 14 章

水力压裂

——饮用水井溶解气体和化学物质来源的数据分析方法

Tarek Saba

目录

14.1 引 言

在由水力压裂(或压裂)造成的地下水污染的索赔案件中,关键任务通常会涉及压裂作业区附近饮用水井中的化合物溯源。这项任务要求对相关饮用水井中所有潜在风险源进行化学特性描述,包括地下水的环境背景条件(即钻前地下水化学特征)、土地利用性质(如工业用地或农业用地)或其他可能影响水井的家庭活动(如垃圾焚烧坑),以及与压裂过程相关的化学物质,比如:钻井泥浆(水和油基)、水力压裂液和回流/采出水。只有在该特性确定之后,才能解释在该饮用水井中检出化合物的来源。

本章回顾了评估饮用水井中检出化合物来源的一般步骤,以及这些化合物与压裂作业是否相关。同时根据作者对宾夕法尼亚州地下水污染索赔资料的统览,本章中也提供了部分相关情况的案例。

14.2 饮用水井潜在水源的化学特性

14.2.1 研究区地下水的背景条件

背景是指一个地区的自然条件,它不受任何已知源的影响。背景条件说明,是了解和追踪地下水中化合物来源的关键步骤。

14.2.1.1 杂散气体背景

在美国部分地区的饮用水井、河流以及溪流中,存在杂散气体,并不是最近才有的现象。例如,在 20 世纪 40~50 年代,一位住在宾夕法尼亚州东北部的居民声称:

在 1945 年前后,我还是个小女孩,我父亲在家开了一口水井。在开井后多年里,我们发现自来水中含有些许气泡,但我们并没有多想什么。到了 20 世纪 60 年代初,我侄子从我现在家里的水井中,取了份水样带到了高中。在课堂上,他的老师打开罐子并点燃它,瞬间火焰爆发(可向作者索取相关资料)。

另一位居民在 1982 年描述道:

在水井钻好后不久,我和岳父将自来水装入瓶子,盖上盖子,然后进行摇晃,打开盖子,进行点燃。点燃瓶子里的水,必然产生火焰。(可向作者索取相关资料)

除了这些传闻报道外,美国地质调查局的历史研究记录到:在马塞勒斯页岩开发之前宾夕法尼亚含水层中存在天然气(甲烷)(例如, Lohman,1937)。

最近,随着对水井中是否存在气体的争议越来越大,人们进行了大规模的研究,以表征饮用水井中杂散气体的存在及其浓度。例如,Molofsky 等(2011)对苏斯奎汉纳县的 1 700 口水井进行了采样(预钻),发现位于低洼河谷地区的水井,普遍存在溶解性甲烷,超过 78%的水井显示可检的甲烷浓度。

水井中杂散气体的甲烷水平在时空分布上存在较大差异。例如,2009 年 3 月至 6 月期间,在 2 500 英尺半径区域内,在一个预钻地下水项目中,检测到一口水井中的甲烷浓度从 0.61 μg/L 到 15 μg/L 波动(未发表的数据)。在同一时间段,另一处 1 000 英尺范围内,其水井中的甲烷含量则在 16 mg/L 至 24 mg/L 范围内变化。这些情况说明了为什么在对饮用水井中气体来源做出结论之前,必须要先了解所研究区域中是否存在杂散气体。

14.2.1.2 地下水化学背景

在开展压裂作业前,居民提供的当地地下水状况的相关信息会被披露出来。上世纪四五十年代,在宾夕法尼亚州东北部,一位居民这样描述其井水水质:“和苏打水一样,井水真的呈乳白色,水质糟糕透了。”这位居民还描述,“井水中含有很多气泡,含有铁,什么都有”。“你让它(井水)静置,然后摇一摇,它看起来很脏,但我们仍然使用它,并没有意识到问题所在。”另一位居民则描述到,“你让井水静置,它会变成红色,变色则表示水中铁的氧化”(可向作者索取相关资料)。在某些案例中,上述信息对于确定某地区地下水的基线条件至关重要。

在关于水力压裂对地下水影响的早期争议中,对于有兴趣的区域,当分析数据不可获取,或者不够定量表征地下水背景值时,这时需要根据美国众多地区地下水的历史分析数据,重建该地区的地下水状况。

由于需要额外的背景数据,许多大的研究项目业已展开。例如,Perry 等人(2012)从宾夕法尼亚州东北部的水井中,采了 11 262 个基线水样,并展开了诸多成分分析。研究表明,许多检测指标(如砷、铁、锰和铅)的背景浓度超过了二级最大污染水平(MCLs)。(注意,二级 MCLs 不适用于宾夕法尼亚州的私人饮用水井。宾夕法尼亚州的水井没有制定水质标准,此处仅作比较之用。)对于 pH,从宾夕法尼亚州东北部地区采集的钻前地下水样品,超过(大或者小)MCL 规定取值范围 6.5 至 8.5(PaGWIS 广场公司,数据收集从 1930 年到 1982 年收集;2012 年 5 月 29 日从宾夕法尼亚地质调查局网站下载;www. dcnr. state. pa. us/topogeo/groundwater/pagwis/index.htm)。

评述地下水水质背景数据的重要性,它不仅可重构某地地下水的自然状态,还能发现水中不同成分是否天然的就超过它们相应的最大污染水平。因此,必须比较水井浓度与背景浓度,以确定是否存在超出背景值的情况,进而确定是否有必要对水源开展进一步调查。

表 14.1 常见家庭及其他污染源样本分析

	化粪池附近土壤 mg/kg	掩埋垃圾 mg/kg	车道路面铣刨 mg/kg	下火坑（0~1 英尺 BGS） mg/kg	垃圾堆（0~1 英尺 bgs） mg/kg	车库土壤（0~1 英尺 bgs） mg/kg	烧坑土 mg/kg	燃烧堆（0~1 英尺 bgs） mg/kg	道路径流沉淀物 mg/kg	从前家用水箱留下的泥土 mg/kg	道路径流受纳河流 ug/L
金属											
砷	12.9	116	50.6	48	56.4	13.1	5.9	16.9	20.10	14.70	1.0 U
钡	285	57	59.5	227	290	78.9	69.8	159	77.5	118	25.2
镉	3.7	0.53 U		1.7	3.7	1.40	0.55	0.58	0.15	0.86	1.0 U
钙				58 700	8 600	1 970	3 250	1 030.00	1 300	2 100	11 800
铬	20.6	13	8.6	25.8	38.8	11.6	31.6	15.5	9.1	13.3	1.7
汞	0.89	0.02	0.036	U 0.13	0.05	0.05	1.20	0.07	0.01	0.13	0.2 U
铅	166	33.1	12.9	29.7	150	61.7	170	50.40	17.20	323.00	0.044
钠				4 520	336	197	89.9	654 U	61.20	248.00	13 000
锌	877	64.3	43.9	289	343	117	73.9	151.00	65.30	448.00	4.1
半挥发性有机物											
邻苯二甲酸二(2-乙基己基)酯	2.6	0.74 U	0.74 U	5	1.1	7.9 U	3.80	0.09	0.74 U	1.9 U	2.3
萘	0.052	0.074 U	0.46	0.74	0.09 U	0.79 U	0.28 U	0.092 U	0.074 U	0.19 U	0.24 U
2-甲基萘	0.047	0.074 U	0.5	0.37	0.09 U	0.12	0.28 U	0.092 U	0.074 U	0.19 U	0.24 U
苊烯	0.12	0.074 U	3	0.076	0.09 U	0.95	0.28 U	0.092 U	0.074 U	0.19 U	0.24 U
苊	0.036	0.074 U	1.7	0.1 U	0.09 U	0.18	0.28 U	0.092 U	0.074 U	0.19 U	0.24 U
蒽	0.12	0.074 U	6.5	0.052	0.09 U	1.40	0.28 U	0.092 U	0.03	0.19 U	0.13
菲	0.45	0.074 U	17	0.37	0.085	4.50	0.28 U	0.092 U	0.08	0.067	0.07
芴	0.091 U	0.074 U	2.8	0.064	0.09 U	2.50	0.28 U	0.092 U	0.074 U	0.19 U	0.21 U
荧蒽	1.3	0.074 U	48	0.21	0.074	9.10	0.22	0.092 U	0.21	0.15	0.22
芘	0.68	0.074 U	25	0.13	0.051	5.70	0.13	0.092 U	0.15	0.13	0.21
苯并(a)蒽	0.59	0.074 U	19	0.056	0.043	4.70	0.28 U	0.092 U	0.10	0.19 U	1.6

续表

	化粪池附近土壤 mg/kg	掩埋垃圾 mg/kg	车道路面铣刨 mg/kg	下火坑（0~1英尺BGS） mg/kg	垃圾堆（0~1英尺bgs） mg/kg	车库土壤（0~1英尺bgs） mg/kg	烧坑土 mg/kg	燃烧堆（0~1英尺bgs） mg/kg	道路径流沉淀物 mg/kg	从前家用水箱留下的泥土 mg/kg	道路径流受纳河流 ug/L
䓛	0.64	0.074 U	19	0.17	0.069	4.20	0.28 U	0.092 U	0.091	0.19 U	1.6
苯并(a)芘	0.68	0.074 U	20	0.056	0.09 U	4.30	0.13	0.092 U	0.087	0.19 U	1.6
苯并(b)氟烷	0.92	0.074 U	25	0.095	0.074	4.80	0.14	0.092 U	0.10	0.19 U	1.6
苯并(k)氟烷	0.091 U	0.074 U	0.74 U	0.1 U	0.09 U	2.40	0.28 U	0.092 U	0.074 U	0.19 U	1.9
苯并(g,h,i)苝	0.56	0.078 U	12	0.052	0.037	2.40	0.28 U	0.092 U	0.057	0.12	1.7
二苯并(a,h)蒽	0.13	0.074 U	2.2	0.1 U	0.09 U	1.50	0.28 U	0.092 U	0.076 U	0.19 U	1.8
茚并(1,2,3-cd)芘	0.45	0.074 U	11	0.044	0.04	3.10	0.28 U	0.092 U	0.16	0.19	1.7
一般化学物质											
汽油有机物	1.6 U		1.3 U				0.78	1.6 U	1.2 U	1.8 U	25.0 U(mg/l)
柴油有机物	13		69				260.00	7.00	6.90	24 U	0.49 U(mg/l)
亚甲基蓝活性物质	0.108		0.628				0.72	0.044	0.005 U	4.340	0.017 4 U(mg/l)
乙二醇	6.4 U		5.4 U			5.9 U	240 U	6.3 U	49 U	150 U	0.93 U(mg/l)
二甘醇						5.9 U	240 U	6.3 U	130.00	110	
三甘醇						2.20	110.00	4.00	49 U	150 U	12(mg/l)
氨氮	18		7.4				72.10	19.90	4.70	28.90	0.22(mg/l)
pH	7.5		7.9				4.80	6.20	6.90	6.70	7.40

注：空白单元格表示未检测。

14.2.2 存疑饮用水井周边的环境背景条件

在水井污染的案例中,调查水井周边环境状况,尤为重要,因为它可能提供相关潜在污染源的信息。例如,农村地区的许多家庭,在坑里烧垃圾,创建了垃圾堆,铺上了沥青路,存在可能泄漏的废弃汽车和化粪池。在降雨期间,这些污染源产生的污染物,存在渗出的潜在风险,而产生的渗滤液,可能抵达地下水。

表 14.1 提供了从燃烧坑和其他家庭潜在污染源收集样品的分析结果。值得注意的是,在所有样品中,常检测到柴油有机物、MBAS(亚甲基蓝活性物质)、二醇和 PAHs(多环芳烃)等物质。在一些研究中,引用部分化合物作为压裂作业标记。(如 US EPA,2011)。表 14.1 中的数据表明,在饮用水井中仅存在这些化合物,并不一定是受压裂的影响。

14.2.3 水力压裂法使用的化学品

确定压裂过程中使用的化学物质,为与所涉水井的化学成分进行比较提供依据。图 14.1 给出压裂用化学品类别示例及其典型用量。为查找某特定气井所用化学品的具体信息,可查 www.fracfocus.org/网站,该网址提供全国使用压裂液气井的化学品披露登记表(截至 2013 年 11 月,该网站已注册 55 000 多口气井)。

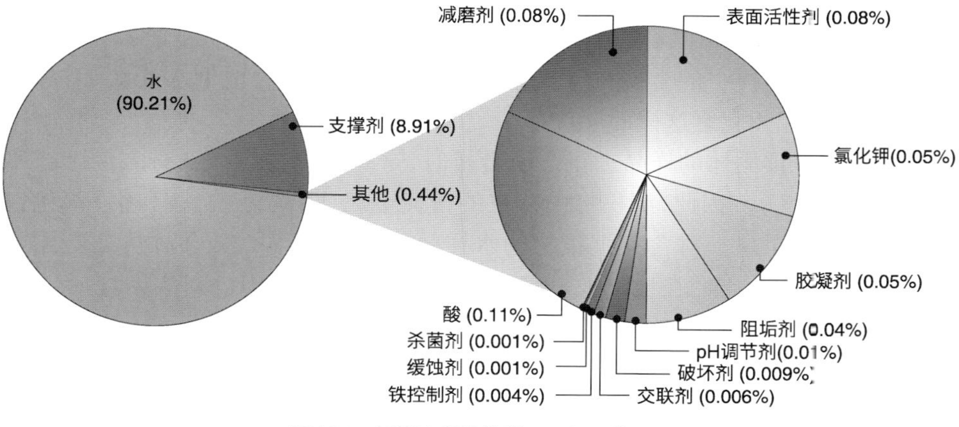

图 14.1 压裂液所涉化学品示例及典型比例

在压裂作业后,部分注入流体和页岩盐水的回流会持续数周(King,2012)。回收的压裂液通常占回流量的 50%(King,2012)。从初始压裂液到页岩卤水含盐量增加的过程中,压裂液的返排成分,随时间而变化。表 14.2 给出了(起始 30 天)回流水中指示剂化学浓度变化的例子。

表 14.2　水力压裂后(前 30 天)采出地层水中指示化合物汇总：美国东部

参数	水力压裂液	水力压裂采出水浓度随时间变化(mg/L)				
		6 小时	12 小时	5 天	10 天	30 天
氯化物	2 790	31 200	30 800	78 300	60 600	81 500
溶解性总固体	7 700	39 400	43 200	94 300	119 000	148 000
钠	793	7 940	9 570	19 500	26 200	29 100
苯	77	64.7	129	625	797	740
甲苯	198	62.6	554	833	1 540	1 650
硫酸盐	35.3	86	<50	27.2	8.9	1.56
氨	9.62	39.3	42.5	70.2	60.9	160

数据来源：Chesapeake Energy (McElreath, Debby, Oklahoma City, Oklah). Comparison of Hydraulic Fracturing Fluids Composition with Produced Formation Water following Fracturing — Implications for Fate and Transport. Available on the EPA website at: http://water. epa. gov/type/groundwater/uic/class2/hydraulicfracturing/uploadcompaisonfhfuforo pdf; accessed March 28, 2013.

除了表征饮用水井周边区域内所有潜在污染源外,还需要确保正确取样,确保收集的水样可真正代表地下水状况。

14.3　饮用水井采样

正确采取水井样品尤为关键,因为取样方法不好(如过度抽取)可能会导致水样浊度过高。浑浊水样中含有悬浮在水中的土壤微粒,而这些微粒通常附着或含有金属。这导致水样中的金属浓度异常(高),从而不能代表地下水的实际情况。例如,宾夕法尼亚州就有这样的规定:

当对含有悬浮固体的样品进行金属分析时,这些沉积物应在分析之前已在实验室中消化(溶解)。因此,沉积物中存在的任何金属(主要是铁,锰和铝)都包含在水样的分析结果中。对含有沉积物的水样分析,将导致某些分析物(如上述金属)的报告含量高于它们在地下水中实际含量。(PADEP,2001,第 52 页)

同时,PADEP(2001)也指出:"浊水样品的分析中还将显示铅、铬和镉的含量。"

图 14.2 给出了错误的采样方法可能导致的异常结果。该图中,超过三年检测结果,饮用水井中的浊度小于 50 ntu(浊度以浊度单位[ntu]来衡量)。然而,一次采样中,该井被过度抽水,导致水样浑浊显而易见,且浊度测试结果大于 1 000 ntu。如 PADEP 指南(PADEP,2001)预警的那样,混浊样品的分析结果显示金属浓度异常高,这种拙劣的采样方法,导致浑浊的水样,部分金属表面上的高含量可能被误解是受到压裂的影响。为了避免这种误解,应选用正确的采样技术,包括指示参

数(如pH、比电导、温度等)的预采样测量及浊度测量,直到这些参数稳定为止(Nielsen and Nielsen,2007)。

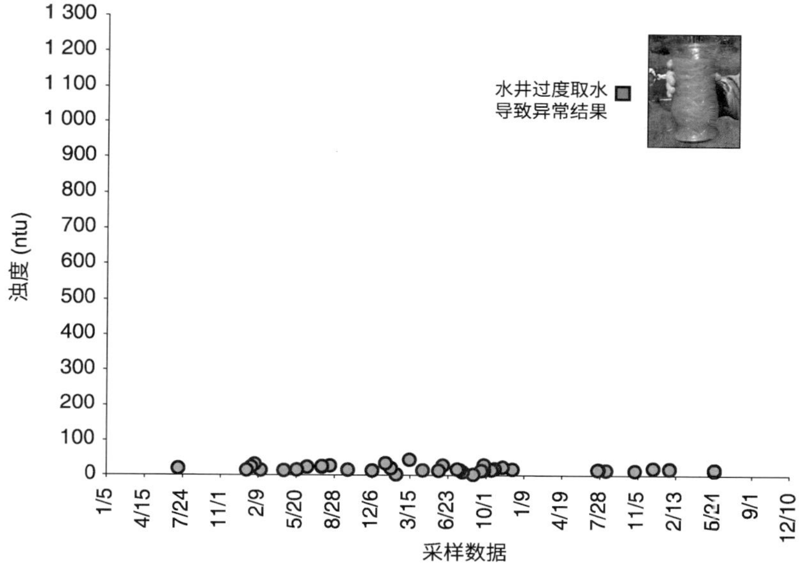

图 14.2 拙劣采样导致样品浊度人为增加

请注意,许多农村饮用水井都是在基岩上完成的,不包括套管或过滤器。在这样的水井中,拙劣的采样技术可能会迅速增加水井中的浊度,导致铝、铁和锰等天然化合物浓度的人为增加。因此,分别对过滤和未过滤的水样进行分析,以确定哪些无机化合物与土壤颗粒相关,哪些无机化合物是溶解在地下水里的,这一点非常重要。

14.4 实验室分析

地下水样品的分析清单通常包括:

- 挥发性有机化合物(VOCs)
- 半挥发性有机化合物(SVOCs)
- 总金属和溶解性金属
- 乙二醇
- 酸度

- 碱度
- 总溶解固体(TDS)
- 氯化物
- pH
- 柴油和汽油有机物(DRO 和 GRO)
- 亚甲基蓝活性物质(MBAS)
- 总石油烃(TPH)

分析大肠菌群,可用来确定附近的化粪池、径流或任何其他潜在的细菌源,是否会对采样水井产生影响非常重要,同样重要的是与实验室协调以确保分析结果的可靠性。以 US EPA 在怀俄明州 Pavilion 进行的采样为例:报告草稿在一些实例中强调,

报告草稿在几个案例中强调,"使用气相色谱法和火焰离子化检测法(GCFID;美国环境保护局 US EPA 标准方法 8015)"能在国内水井中检测到乙二醇"(US EPA,2011)。然而,当使用液相色谱和串联质谱(LC/MS/MS)联用来监测分析乙二醇时,未能再次得到相同的结果(尽管该方法的报告限度低了一个数量级以上)。这表明该方法(8015)容易出现假阳性结果。"这表明需要继续改进分析方法,以检测和定量与压裂液有关的低浓度有机化学物质"(US EPA,2011)。总之,在分析数据之前,研究者需确保所用数据的可靠性。

14.5 调查饮用水井气体来源的数据分析方法

一些主张认为,压裂对地下水的影响,包括饮用水中气体的存在,可采用稳定的同位素分析来追踪所涉水井中的气体来源,以评估这些主张的优势。

14.5.1 稳定同位素分析法背景

大多数元素(如碳)以稳定同位素形式的混合物存在于自然界。一种同位素与另一种同位素的比率根据形成气体的有机物的来源不同而变化。碳 12(^{12}C)同位素是最常见的碳形式,大约占所有碳的 99%,碳原子中有六个中子。^{13}C 同位素(约占所有碳的 1%)有一个额外的中子(共 7 个中子),因此比 ^{12}C"重"。^{13}C 与 ^{12}C 的比值已被证明是鉴别不同来源天然气的有效判别器(如 Schoell,1984;Jenden et al.,1988;Coleman,1992,1994;Hoefs,1997;Saba and Boehm,2012)。

稳定同位素数据表示为样品与标准品的比值($^{13}C/^{12}C$)。例如,与标准气体相比,气体样品中甲烷的稳定碳同位素计算如下:

$$\delta^{13}C_{CH4}(‰) = \{(^{13}C/^{12}C)\ 气体样品 - (^{13}C/^{12}C)\ 标准\} / (^{13}C/^{12}C)\ 标准$$

通过在图表上绘制甲烷的碳(和氢)同位素,可以辨别出气体的来源(见图14.3)。主要有两种气体:

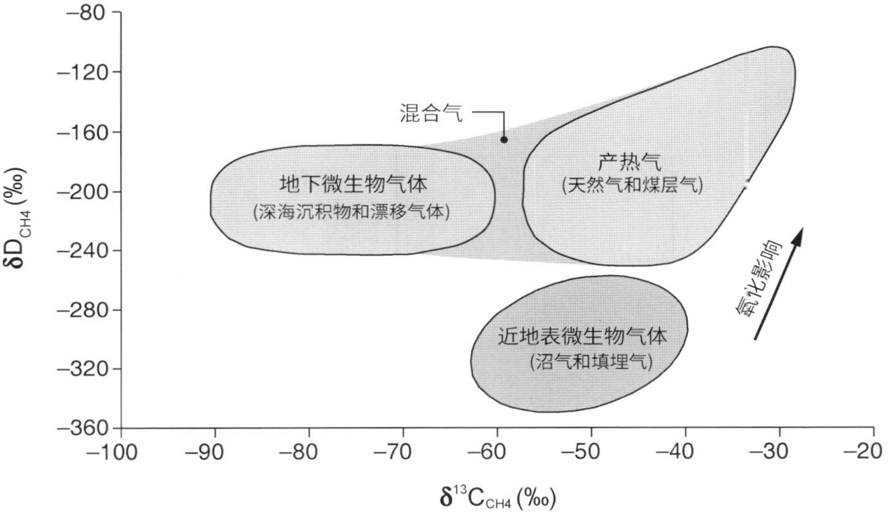

图 14.3　不同来源甲烷的碳和氢(氘)同位素组成范围

1. 生物气体,主要由细菌产生的甲烷(也称为"微生物气体")组成;微生物类气体与填埋场和近地表沼气有关。

2. 产热气体,包括杂散气体和页岩气。杂散气体具有广泛的同位素指纹。例如,在宾夕法尼亚州东北部,2010年研究期间,从波特、蒂奥加、布拉德福德和切蒙县收集的杂散气体的稳定同位素如图14.4所示,以及文献中宾夕法尼亚州东北部杂散气体(Baldassare,2011a;2011b)。研究结果与科尔曼(1994)早期对阿巴拉契亚盆地天然杂散气体的研究结果一致。热成因的马塞勒斯页岩气也有不同的同位素特征(图14.4)。值得注意的是,与生物气体不同,热成因气体是没有^{14}C(碳14)。

在某些情况下,饮用水井中的气体是产热气体。在这些情况下,需要进行额外的调查,以确定这些气体是来自页岩气还是自然产生的杂散气体。获取多个气源样品(即附近页岩气井的页岩气源样品和天然杂散气体),将有助于对气源进行评估。由于天然杂散气体和页岩气同位素指纹的可变性,人们应该尝试分析与感兴趣区域相关的气体,而不是使用从远离感兴趣区域,或与感兴趣区域无关的区域收

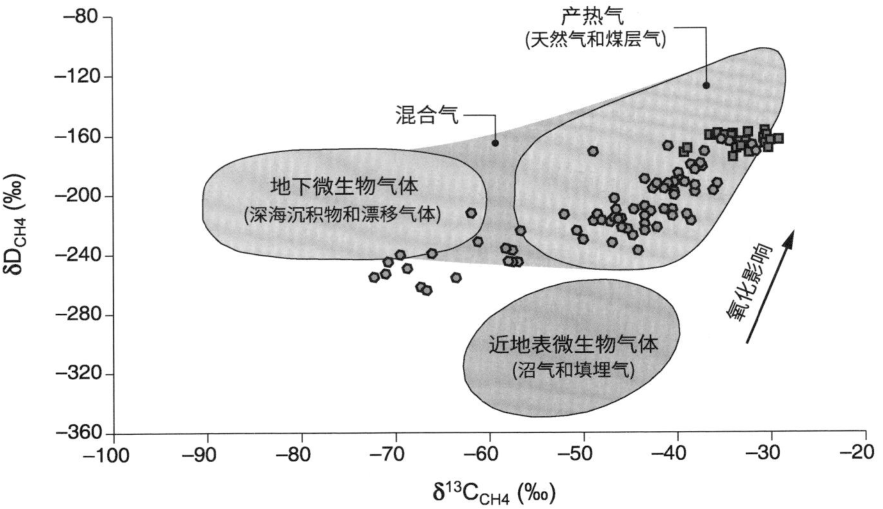

图 14.4 天然气和马塞勒斯页岩气的碳和氢(氘)同位素组成范围

集到的源气体的同位素数据(Saba and Boehm,2012)。

除了收集源气体外,获得乙烷和丙烷(除了甲烷)的稳定同位素数据(碳和氢同位素)可能有助于揭示水井中的气体来源(Saba and Boehm,2012)。例如,乙烷($\delta^{13}C_{C2H6}$)的碳同位素组成受天然气运移的影响较小,因此接近源区的碳同位素组成(Hoefs,1997)。拥有一套完整的同位素数据的另一个优点,是比较甲烷($\delta^{13}C_{CH4}$)和乙烷($\delta^{13}C_{C2H6}$)中的碳同位素值。当$\delta^{13}C_{CH4}$小于$\delta^{13}C_{C2H6}$时,气体样品被描述为显示"反转"。根据气源的不同,可以通过观察气体样本中的"反转"来推断气体的来源(例如,Baldassare,2011a;Baldassare et al.,2014 年;Burruss and Laughrey,2010)。

14.5.2 饮用水井中化合物来源调查方法举例

一旦对饮用水井进行了适当取样,并对样本进行了正确分析,就可以使用几种法医分析工具来评估水质。通常,在数据分析步骤中使用多种工具来提供多行证据,以确定所述饮用水井是否受到人为的影响,或是否包含背景化合物。

14.5.2.1 化学品存在与否调查

与研究水井中存在哪些化合物同样重要的是了解哪些化合物不存在。例如,如果水样不含有机化合物,而含天然无机化合物(如金属),即使其浓度超过二级MCL,也必须考虑这些无机化合物可能是自然产生的情况。在其他情况下,如住宅水井中存在一种或多种有机化合物,可能怀疑附近的压裂作业是其来源。在这些情况下,必须确定实验室数据的可靠性和结果的重复性。例如,有机化合物是一种常见的实验室污染物甲醇吗?压裂作业中是否使用了有机化合物?实验室分析方法可靠吗?在几轮取样的水样中,有机化合物的含量是否一致?此外,归宿和迁移分析(即污染物在地下水中的迁移)以及地球化学建模(例如,使用美国地质勘探局模型 PHREEQC;Parkhurst and Appelo,1999)可能有助于确定压裂作业是来源,而不是其他潜在来源,如家庭垃圾坑。

14.5.2.2 溶解卤素元素及双比值分析

与典型的地下水相比,页岩水含盐,和其他化合物中氯和钠的含量较高(见表 14.1)。道路盐和与水体软化剂有关的病毒性盐的排放会增加地表水和地下水的含盐量(Mullaney et al.,2009)。为了区分这些不同的盐度来源,可以使用卤素元素的比率(Panno et al.,2006)。Siegel 和 Kight(2011)的研究表明,溴/氯与氯的比率可用于区分背景地下水、受化粪源影响的地下水、受道路盐影响的地下水、回流水和盐水(Siegel and Kight,2011;见图 14.5)。

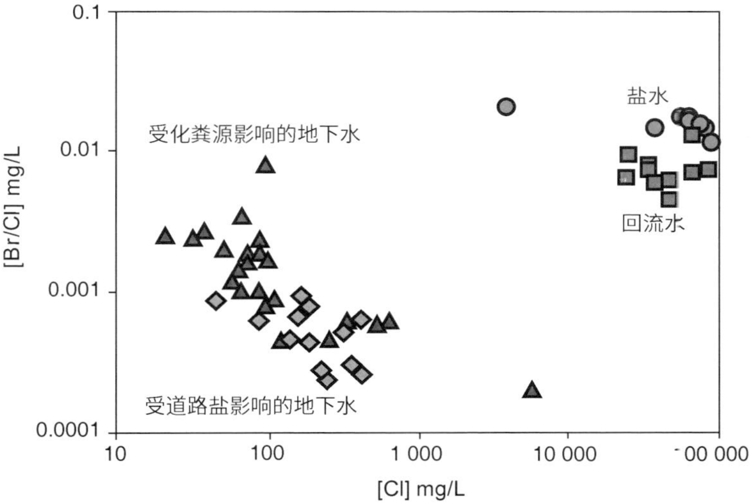

图 14.5 “马塞勒斯压裂液、宾夕法尼亚泥盆纪沉积盆地卤水、典型道路盐污染和化粪池污水中 Br/Cl 和 Cl 浓度的双变量图

注意回流液、卤水和其他污染源之间的明显分离。”摘自西格尔和凯特 2011 年,第 42 页

14.5.2.3 金属数据

在解释水样中的金属数据时,必须把它们的存在和浓度放在适当的背景下。例如,铝(二级 MCL 为 0.2 mg/l)是地壳中最丰富的金属之一(Russell,1992,第 820

页），在地下水中不易溶解（Russell，1992）。通过分析过滤和未过滤的水样，可以确定铝的存在是与水中的微粒有关，还是以可溶形式存在。例如，宾夕法尼亚州的一个环境保护局地下水取样项目，其中包括61口居民井，据报告，所有过滤后的水样中的铝含量都低于检测限，尽管在一些未过滤的水样中检测到铝（EPA数据下载自www2.EPA.gov/aboutepa/EPA－pennsylvania；2013年11月28日访问）。未过滤水样中铝浓度高于其溶解度限值，可以推断这主要是因为拙劣的采样所致。

在一些居民区水井周边的岩石裂缝和有机层中，观察到有自然黑和红染色（铁和锰染色）的岩石露头（Molofsky et al.，2011）存在。一项测量天然岩石污渍中金属浓度的现场试验发现，自然产生的砷、铁和锰的浓度都很高（浓度分别高达34 mg/kg、18 271 mg/kg和5 364 mg/kg）。类似的观测可为研究者提供关于地下水中自然存在的金属信息（除了水的浑浊度数据，过滤水和未过滤水的分析，如前所述）。

虽然在一些钻井泥浆中钡是作为添加剂（https://www.osha.gov/SLTC/etools/oilandgas/drilling/drillingfluid.html），但在一些基岩水井中，钡的天然含量高达23 mg/L，远远超过了2 mg/L的二级最大污染水平（USGS，1984）。

钡的最高浓度是由于矿物重晶石（$BaSO_4$）的溶解，它可能存在于基岩、覆盖的淤泥、黏土和碛物中。重晶石的溶解显然受硫酸盐还原细菌的控制，硫酸盐还原细菌通过除去硫酸根离子，使更多的重晶石溶解，从而改变了$BaSO_4$平衡。（USGS，1984）。

这种情况突出了在解释水化学数据时了解局部地下水情况的重要性。

14.5.2.4　多环芳烃（PAHs）的指纹图谱分析

多环芳烃是一组有机化合物，由两个或两个以上相连的芳香环组成。萘是最简单的多环芳烃化合物，由两个稠化的苯环组成。多环芳烃存在于原油、柴油等石油产品和地下土壤的有机矿层中。多环芳烃可在快速、高温（>500℃）、不完全或低效（如缺氧）的有机生物质的燃烧（如热解）中形成（Boehm，2006）。含有多环芳烃的高温源包括烟灰、杂酚油和废油等。图14.6为多环芳烃化合物在典型杂酚油源和柴源中的分布。

在地下水污染的索赔案例中，可能会在水井中发现多环芳烃化合物［如苯并（a）芘］，而化学指纹图谱分析可用来跟踪多环芳烃的来源。例如，两种多环芳烃化合物（荧蒽/芘［FL/PY］）的比例可以提供关于多环芳烃来源的信息，通过该比例可以知道多环芳烃是以石油为基础的来源（成岩源）还是热解源（例如，Brenner et al. 2002）。荧蒽/芘比大于1.0表明，至少有一部分多环芳烃，是来源于煤烟（这可能源于打扫烟囱等家庭活动）或道路径流等热解源。

14.5.2.5　同位素分析

这项技术背后的理论基础是，页岩水中的稳定同位素（氧［$\delta^{18}O$］和氢［$\delta^{2}H$］）和

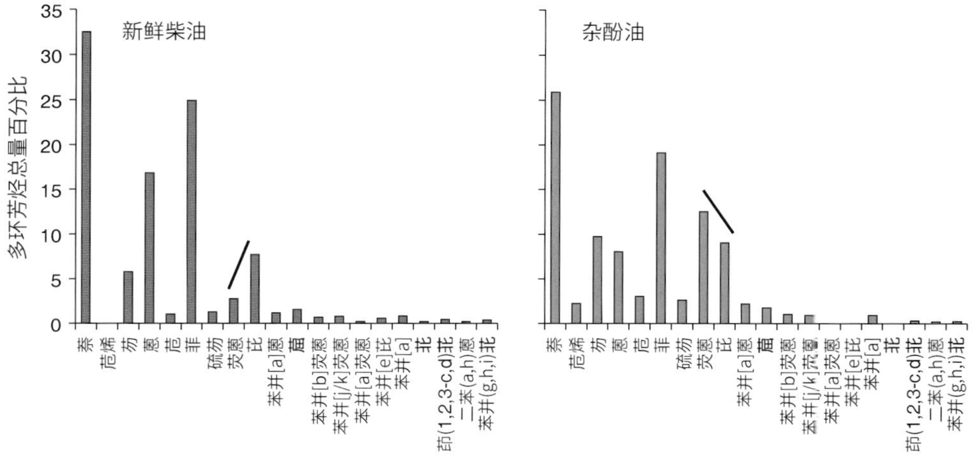

图 14.6 多环芳烃化合物在典型成岩源和热解源中的分布

溶解盐同位素(如硼[$^{11}B/^{10}B$]、锶[$^{87}Sr/^{86}Sr$]和镭[$^{228}Ra/^{226}Ra$])与浅层地下水中的不同。例如,Vengosh 等(2011)研究表明,马塞勒斯页岩的$^{87}Sr/^{86}Sr$值为 0.711 5,$\delta^{11}B$值为 32%～33‰。这些值与宾夕法尼亚州东部的卡茨基尔地层浅层地下水的同位素值($^{87}Sr/^{86}Sr$的值在 0.712 01 到 0.715 53 之间,$\delta^{11}B$的值在 13.1‰～28.1‰内)不同(Vengosh et al.,2011)。图 14.7,引用自 Vengosh 等(2011),显示了卡茨基尔地层浅层地下水和马塞勒斯页岩水中氧、氢同位素的差异。然而,这一方法不能单独用于地

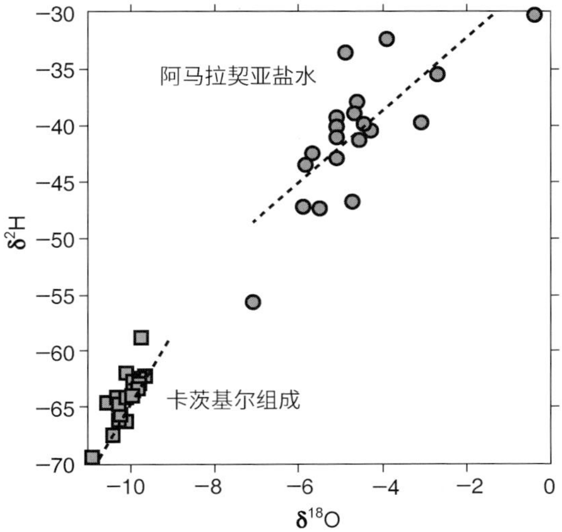

图 14.7 卡茨基尔地层和阿巴拉契亚卤水地下水中氧、氢同位素对比

(摘自 Vengosh 等,2011)

下水污染的评估。例如,蒸发可以富集地下水中氧和氢的同位素组成。

14.5.2.6 放射性核素分析

放射性核素是一类不稳定的元素,它们会释放出放射性粒子(例如 α 或 β 粒子)。EPA 根据浓度(mg/L)和活性(pCi/L)来管理放射性核素,后者是对放射性粒子释放频率的测量。(pCi 是 picocurie 的缩写,picocurie 是测量某放射性物质样品中放射性强度的标准规格。)

饮用水井中高浓度的天然放射性物质(NORM:天然放射性物质)可能是由于某些地方的自然本底辐射水平较高所致(King,2012)。在宾夕法尼亚州,地下水背景水平的测量范围如下,总 alpha 值从<0.1~167 pCi/L,总 beta 值从 0.6~270 pCi/L,以及复合镭值从<0.6~172 pCi/L(USGS,2000)。请注意,上述含背景浓度的测量范围比美国环保总署在 MCLs 中的总 alpha、总 beta 和复合镭要高,对应的 MCLs 值分别为 15、4 和 5 pCi/L。

14.6 总　结

正确评估水力压裂作业对地下水的影响,需要几个步骤,包括:

1. 确定地下水背景条件
2. 界定有关水井周围区域的水源环境状况
3. 确保饮用水井的正确取样和可靠的实验室数据

有了极为可靠的数据在手,可采用多重分析工具来溯源水样组成成分,其中包括比较地下水结果与背景浓度,开展化学指纹分析,并了解哪些化合物存在于井中,哪些不存在于井中。使用多种分析证据,最终可以得出关于地下水状况及其成分来源的准确结论,基于以上信息,调查人员就可以评估索赔水力压裂对地下水影响的有效性。

（何国富）

参考文献

Baldassare, F., September 28, 2011a. Geochemistry of natural gases in Quanternary through Devonian age strata in the Northern Appalachian Basin: Implications for investigations of stray gas migration. Groundwater Protection Council. September 24－28, 2011, Atlanta, Georgia. http://

www.gwpc.org/sites/default/files/event-sessions/19s_Baldassare_Fred.pdf.

Baldassare, F., February 24, 2011b. The origin of some natural gases in Permian through Devonian Age Systems in the Appalachian Basin & the relationship to incidents of stray gas migration. Prepared for Technical Workshops for Hydraulic Fracturing Study; Chemical & Analytical Methods.

Baldassare, F.J., McCaffrey, M., Harper, J., February 2014. A Geochemical Context for Stray Gas Investigations in the N. Appalachian Basin: Implications of Analyses of Natural Gases from Neogene-through-Devonian-Age Strata. American Association of Petroleum Geologists Bulletin 98 (no. 2), 341 - 372.

Boehm, P. D., 2006. Polycyclic aromatic hydrocarbons. In: Morrison, R., Murphy, B. (Eds.), Environmental Forensics: A contaminant specific approach. Elsevier, New York, NY.

Brenner, R.C., Magar, W.S., Ickes, J.A., Abbott, J.E., Stout, S.A., Crecelius, E.A., Bingler, L. S., 2002. Characterization and Fate of PAH-Contaminated Sediments at the Wyckoff/Eagle Harbor Superfund Site. Environmental Science Technology 36, 2605 - 2613.

Burruss, R.C., Laughrey, C.D., 2010. Carbon and hydrogen isotopic reversals in deep basin gas: Evidence for limits to the stability of hydrocarbons. Organic Geochemistry 41, 1285 - 1296.

Coleman, D.D., 1992. The use of geochemical fingerprinting to identify migrated gas at the Epps underground gas storage field. SPE 24926, Society of Petroleum Engineers, October 4 - 7, Washington, D.C., pp. 66 - 75.

Coleman, D.D., 1994. Advances in the use of geochemical fingerprinting for gas identification. Presented at the American Gas Association Operations Conference, May 9 - 11, San Francisco, CA.

Hoefs, J., 1997. Stable Isotope Geochemistry, fourth ed. Springer-Verlag, Berlin, p. 201.

Jenden, P.D., Newell, K.D., Kaplan, I.R., Watney, W.L., 1988. Composition and stable isotope geochemistry of natural gases from Kansas, midcontinent, U. S. A. Chemical Geology 71, 117 - 147.

King, G., 2012. Hydraulic fracturing 101: What every representative, environmentalist, regulator, reporter, investor, university researcher, neighbor, and engineer should know about estimating frac risk and improving frac performance in unconventional gas and oil wells. SPE 152596, SPE Hydraulic Fracturing Technology Conference, February 6 - 8, The Woodlands, TX.

Lohman, S. W., 1937. Groundwater in northeastern Pennsylvania. Commonwealth of Pennsylvania Topographic and Geologic Survey Bulletin W4 (reprinted 1957).

Molofsky, L.J., Connor, J.A., Farhat, S.K., Wylie Jr., A.S., Wagner, T., December 2011. Methane in Pennsylvania water wells unrelated to Marcellus Shale fracturing. Oil and Gas Journal 5, 54 - 67.

Mullaney, J.R., Lorenz, D.L., Arntson, A.D., 2009. Chloride in groundwater and surface water in areas underlain by the glacial aquifer system, northern United States. US Geological Survey, National Water-Quality Assessment Program, Scientific Investigations Report 2009 - 5086, p. 54.

Nielsen, D.M., Nielsen, G.L., 2007. The essential handbook of ground-water sampling. CRC Press, Taylor and Francis Group, Boca Raton, FL.

PADEP, December 1, 2001. Groundwater monitoring guidance manual. Pennsylvania Department of

Environmental Protection. http://www.elibrary.dep.state.pa.us/dsweb/Get/Version – 48361/383 –3000 – 001.pdf.

Panno, S.V., Hackley, K.C., Hwang, H.H., Greenberg, S.E., Krapac, I.G., Landsberger, S., O'Kelly, D.J., 2006. Characterization and Identification of Na-Cl Sources in Groundwater. Groundwater 44, 176 – 187.

Parkhurst, D.L., Appelo, C.A.J., 1999. User's guide to PHREEQC (version 2) — A computer program for speciation, batch-reaction, one-dimensional transport, and inverse geochemical calculations. US Geological Survey Water-Resources Investigations Report 99 – 4259, p. 312.

Perry, A.E., Bothun, R., Smith, B., Hollingsworth, M., 2012. The occurrence of methane in shallow groundwater from extensive pre-drill sampling. Presented at Groundwater Protection Council, Stray Gas Forum, July 24 – 26, Cleveland, OH.

Russell, J.B., 1992. General Chemistry, second ed. McGraw Hill, Inc.

Saba, T., Boehm, P.D., 2012. Use of natural gas compositional tracers to investigate gas migration from a gas storage field. Environmental Geosciences 19 (2), 1 – 12.

Schoell, M., 1984. Stable isotopes in petroleum research. In: Brooks, J., Wete, D. (Eds.), Advances in Petroleum Geochemisty, vol. 1. Academic Press, London, pp. 215 – 245.

Siegel, D.I., Kight, M., 2011. A protocol to characterize flowback fluid contamination of drinking water. Published in the United States Environmental Protection Agency Proceedings of the Technical Workshops for the Hydraulic fracturing Study: Fate and Transport. May. EPA 600/R – 11/047.

US EPA. Draft, December 2011. Investigation of groundwater contamination near Pavilion, Wyoming. US Environmental Protection Agency, Office of Research and Development. National Risk Management Research Laboratory, Ada, OK. EPA 600/R – 00/000.

USGS, 1984. Distribution and source of barium in groundwater at Cattaraugus Indian Reservation, southwestern New York. US Geological Survey Water-Resources Investigations Report 84 – 4129, Ithaca, NY.

USGS, 2000. Naturally occurring radionuclides in the groundwater of southeastern PA. US Geological Survey Fact Sheet 012 – 00.

Vengosh, A., Warner, N., Osborn, S., Jackson, R., February 2011. Elucidating water contamination by fracturing fluids and formation waters from gas wells: Integrating isotopic and geochemical tracers. US Environmental Protection Agency workshop on fracturing fluid composition.

第 15 章

年轮生态学在环境损害司法鉴定中的应用

Robert D. Morrison, Gwen O'Sullivan

目录

15.1 引　　言

在 2007 年版出版的《环境损害司法鉴定导论》中，年轮生态学（Dendroecology）被列为几个新兴技术之一（Balouet et al.,2007a）。2007 年以来，该技术已经得到了更为广泛的应用，特别是在挥发性有机化合物的污染调查当中（VOCs；Morrison and Murphy,2013）。本章介绍了这些进展及其在环境损害司法鉴定调查中的应用。

年轮生态学是一种利用树木年轮分析生态和环境变化的研究。在司法鉴定调查中，使用年轮生态学最早是在 1960 年代初期被应用于植物修复项目中。在随后的几十年中该技术被应用于特定污染物调查，用以指示是否有源自土壤、土壤蒸汽、地下水或大气的污染物（Ashby and Fritts, 1972；Baes and McLaughlin, 1984；Ragsdale and Berish, 1988；Jiang, 1996；Wallner, 1998；Punshon et al., 2003；Boone et al.,2004；Lageard et al.,2008）。这些早期研究为年轮生态学在司法鉴定中的应用奠定了基础，包括将其作为一种现场筛查技术用于确定地下水或土壤中是否存在污染物及其污染范围，识别污染物来源（Vroblesky,2008；Limmer et al.,2013），以及评估污染物释放的年代（Balouet et al.,2007a；Morrison and Murphy,2013）。

15.2 术　　语

树木通过根吸收污染物，尤其是选择性吸收的方式，称为根际过滤（rhizofiltration）。在此过程中由于植物提取（phytoextraction），树液中污染物浓度增高。污染物通过植物组织进行运输的过程被称为迁移（translocation）（Cutter and Guyette,1993；Holm et al.,2011；Limmer and Burken,2014）。

当挥发性有机化合物和某些元素被运输到树木中后，其中一部分污染物可能会通过植物挥发（phytovolatilization）从茎或叶中蒸发掉。剩余的污染物则固定在木材中或留存于树液中，留存于树液中的污染物也可以被固定（于木质部）或不固定。植物组织、木材或树叶固定污染物的现象被称为植物固定（phytofixation）（Balouet et al.,2007b）。树木中富集污染物的现象被称为植物积累（phytoaccumulation），但树木的积累能力，即其体内污染物的浓度高于生长所在地土壤或水中污染物浓度的程度，因树种不同而异。这种富集机制使得某些植物比其他植物能更有效地在其组织中积累污染物。

2011 年，植物司法鉴定（phytoforensics）一词被提出，用以涵盖树木年轮化学（dendrochemistry）（例如，污染物在植物组织中的历史积累）和植物筛查（phytoscreening）（Burken et al.,2011）两个领域。植物筛查被定义为使用现存树木或新种植的修复植物作为采样对象,对污染羽进行界定或监测。它通常是一种有效的现场筛查技术,用于识别后续哪些区域需要进行干预性采样(Sorek et al.,2008;Sheehan et al.,2012)。

15.3 原　则

树木的根系吸收水和化学物质,包括来自土壤和土壤水分中的污染物,并通过木质部(运输水的组织)将其运输到树木体内。树木中的液体流动是一种被动运输方式,从根部的高水势区域流向叶片中的低水势区域,其中大部分流经树木外层年轮中狭窄的导管(10~500 um)和管胞(Meinzer et al.,2001)[1]。污染物与树液一起流动并沉积在树木组织中,因而可能影响树木正常的生长。在过去的几十年中,建模和示踪实验发现,根据植物种类的不同,液体在树干中平流输送,并作为非轴向流流经小部分木质部、承受着更大的阻力(Orchard et al.,2000;Yocn et al.,2002;Ciucani et al.,2002;Dettenmaier and Doucette,2007)。非轴向流的程度取决于木质部分离程度以及木质部中水的非均匀分布状况。分离度高的物种具有最小的非轴向流,而分离度低的物种可出现大量的非轴向流(Burgess et al.,1998;Burgess and Bleby,2006)。通常采集树干、枝条或叶片样品来分析感兴趣的污染物。并根据在鉴定污染物来源以及污染物释放年代方面具备的法证价值,来评估污染物是否存在以及浓度。

自1950年代以来,已经对液体从根系进入树木的迁移过程进行了广泛的研究,这一过程对解释来自年轮生态学调查所获取的化学分析结果是至关重要的(Briggs et al.,1982;Trapp,2000)。植物有效地从地下吸收水分和养分,从而为污染物转移到木质组织中提供了路径。植物吸收污染物并将其转运到植物组织中的能力取决于多种因素。对于有机化合物,辛醇-水分配系数($\log K_{ow}$)可用于评估植物对其的吸收转运能力,因为当K_{ow}值在1.0到3.0范围内时,植物将其从水中的吸收潜力最高(Briggs et al.,1982;Burken and Schnoor,1998;Sicbaldi et al.,1999)。通常认为K_{ow}值大于3.0~3.5的有机挥发物,其与根和土壤的结合力太强,而难以迁移至树木体内(Briggs et al.,1982;Hsu et al.,1990;Nietch et al.,1999;Burken,2001;Vroblesky,2010)。对于有机质含量高的土壤,K_{ow}值较低对植物的吸收效果最佳。然而,K_{ow}值超出此范围的化合物不一定难以被吸收,也有可能被转运到植物体中(White,2002;Wang et al.,2004;Dettenmaier et al.,2009;Holm and

1　管胞是一种管状植物细胞,用于运输液体和矿物盐。

Rotard,2011;Limmer and Burken,2014)。亲脂性化合物会强烈吸附在木材上,从而阻止了其在树木中的向上流动(Trapp et al.,2001)。

蒸腾流集中因子(transpiration stream concentration factor,TSCF)是一种用于检验树木中有机化合物迁移的指标,它表示的是地下水中污染物向树木蒸腾的迁移量,是一个以 K_{ow} 为变量的函数(Briggs et al.,1983;Graber et al.,2007)。例如,对于全氯乙烯(PCE)和三氯乙烯(TCE),树木的实验室值从 0.02 到 0.75 不等(Burken and Schnoor,1998;Davis et al.,1998;Orchard et al.,2000;Ma and Burken,2002;Dettenmaier et al.,2009)。最大 TSCF 值(0.7~0.8)出现在化合物 K_{ow} 值介于 1.8 至 3 之间时(取决于所使用的相关性),对环境影响大的挥发性有机化合物,其峰值出现在 K_{ow} 约为 2.5 时(Collins et al.,2006)。TSCF 值大于 1 表示存在高瞬态[highly transient situation]情况,因为木质部浓度超过土壤浓度意味着这些污染物在土壤中的耗竭。当挥发性有机化合物具有较高的蒸气压(Vp)和低沸点时(例如,在 25℃时 Vp 为 600 mm Hg 且沸点为 31.7℃的 1,2-二氯乙烯),可能很难通过植物筛查进行检测,因为它会通过树干挥发以致有所损失(Burken and Schnoor,1998;Sorek et al.,2008)。

尽管尚不完全了解造成这种最大值的机制,但有人认为亲水性化合物在根部穿越脂质膜的能力较弱,而更多的亲脂性化学物质被截留在根部脂质和根部的其他吸收结构中,并没有进入到植物体内的蒸腾流中。考虑到所报告的结果是基于在单一外部溶液浓度下测得的数据,因此隐含的假设是 TSCF 与外部溶液浓度无关。该假设的一个隐含部分是,多种有机溶质的存在不会影响根对单个溶质的吸收(Graber et al.,2007)。

在过去的 50 年中,木质部/树木年轮中的金属(特别是铅)已得到广泛研究。这些研究的目标通常是确定特定污染物的来源(Lepp, 1970; Meisch et al., 1986; Lukaszewski et al., 1988; Long, 1989; Yanosky and Vroblesky, 1992; Guyette and Cutter, 1994; Hagemeyer and Schäfer, 1994; Hagemeyer and Schäfer, 1995; Nabais et al., 1996; Yanosky and Carmichael, 1993; Cheng et al., 2007; Medeiros et al., 2008; Kirchern et al., 2008; Fairchild et al., 2009; Siwik et al., 2010; McDonald et al., 2011; Baltrenas and Vaitkrute,2011;Siklosy et al.,2011;Algreen et al.,2012;Beramendi-Orosco et al.,2013)。例如,硫和氯化物用来指示化石燃料,氯化物用来指示溶剂,铅用来指示含铅汽油(Smith et al.,2008)。其他金属,包括铅,也可以用作采矿和冶炼释放物的指标。

树木年轮分析(树木年轮化学)的基本假设是,一旦将元素存储在树木年轮中,就不会发生明显的迁移(Hagemeyer,2000)。在司法鉴定调查中,当试图利用树木年轮中这些元素的存在来识别污染物释放时,迁移问题非常重要(Ruppert and Wischow,2006;Bukata and Kyser,2008)。例如,Fe,Mo,Ni,Sn,Sb,Ba,Al,Pb 和 Cd 在木质部中径向迁移能力低,而 Ca,Sr,Mn,Zn,Rb,Cu 和 Cr 则由于其化学性质在木质部中具有中等迁移能力(Cutter and Guyette,1993)。砷,钠,镁和钾则具有相对较高的在年轮间迁移的能力(Vroblesky,2010)。树木生长速度也可以影响木材中元素的浓度,在树木缓慢生长期,其年轮中往往积累更高的元素浓度(Nabais et al.,1999)。

15.4 年轮生态学/植物筛查取样

采样方法的选择取决于研究目的(例如,植物筛查或树木年轮化学调查)。对于植物筛查,目标通常是确定当前污染水平。因此,可对树木年轮最外圈(最近生长的部分)进行采样。但是,当开展树木年轮化学研究时,需要代表更长历史时间范围的样本(例如,更长的树芯和更多的年轮)。感兴趣的化合物也很重要,因为它们决定了分析的类型、检测限和取样量。表 15.1 总结了用于植物筛查和树木年轮化学研究的不同化合物的典型采样、样品制备和分析方法。

表 15.1 针对不同类别化合物开展植物筛查和树木年轮化学研究所适用的调查、取样、样品制备和分析方法

化合物类别	植物筛查			树木年轮化学研究		
	取 样	样品制备	分 析	取 样	样品制备	分 析
HVOC	5 mm 树芯(1 g)	顶空分析	GC/ECD SPME & 比色法	1 cm 树芯	切板	EDXRF[1]
BTEX	5 mm 树芯(>1 g)	顶空分析	GC/FID SPME	1 cm 树芯	切板	EDXRF[2]
PAHs(<3 环) & 正烷烃	木屑(螺旋钻头)(>2 g)	冷冻/研磨/加速溶剂萃取(ASE)	GC/MS	1 cm 树芯(>1 g)	冷冻/研磨/ASE	GC MS/MS
金属(Cd, Cr, Cu, Ni, Pb, Zn)	木屑(螺旋钻头)(>2 g)	研磨和燃烧消解	ICP/MS	1 cm 树芯	无/切板	EDXRF[3]
汞	5 mm 树芯(>0.05 g)	燃烧器内燃烧	CVAFS/CTAFS	5 mm 树芯(>0.05 g)	燃烧器内燃烧	每一年轮单独进行 CVAFS 测定
PCBs, 二噁英和呋喃	木屑(螺旋钻头)(>2 g)	冷冻/研磨/ASE	Hi - Resolution GC/MS	1 cm 树芯(>1 g)	冷冻/研磨/ASE	每一年轮单独进行 GCxGC/MS 测定

1 氯化物用作示踪剂。
2 包括共同示踪剂。
3 不包括铬。
ASE,加速溶剂萃取;BTEX,苯,甲苯,乙苯,二甲苯;CTAFS,火焰原子荧光光谱法;CVAFS,冷蒸气原子荧光光谱法;EDXRF,能量色散 X 射线荧光;GC/ECD,气相色谱电子捕获检测器;GC/FID,气相色谱火焰电离检测器;GC/MS,气相色谱质谱法;HVOC,卤化挥发性有机化合物;高分辨率 GC/MS,高分辨率气相色谱质谱法;ICP/MS,电感耦合等离子体质谱法;PAH,多环芳烃;PCBs,SPME,固相微萃取采样。
改编自《污染调查树报告》(Pollution Investigation Trees (PIT) report),网址为:http://dendroremediatior.univ-fcomte.fr/spip.php?rubrique19&lang1/4fr.

自第二版《环境损害司法鉴定导论》出版以来，通过取芯设备和/或树枝样品获取具有代表性树芯的传统技术已取得了重大进步，包括使用扩散袋采样和固相微萃取采样（SPME）（Larsen et al.，2008；Oudijk and Balouet，2010；Balouet et al.，2012；Limmer et al.，2013）。以下各节概述了标准取芯方法以及植物筛查和年轮生态学采样方法的最新进展，包括树芯采样，扩散袋采样和固相微萃取采样。

15.4.1 树芯采样

1990年代和2000年代初期，采集年轮样品的方法包括使用手动年轮钻（图15.1）、电钻取芯器来获取树芯样品；或某些情况下，采集完整的树干或树桩样品，并将其转移到样品瓶中（Vroblesky et al.，1998；Cox，2002；Ma and Burken，2003；Algreen et al.，2013）。

图 15.1 使用手动年轮钻收集树芯

从树芯取样器中取出树芯样品（图15.2），将其存储在小瓶中，并在分析之前于室温下平衡几天，目的是使树芯中的挥发性化合物进入顶空（密封容器中的固体或液体上方收集的蒸气混合物）。顶空可通过吹扫捕集（PT）或通过注射器直接注入GC色谱柱进行分析。光电离检测器（PID）和电子捕获检测器（ECD）都是可用于树芯分析的气相色谱工具。

采集树芯样本时，应从已知的土壤和/或地下水受污染区域内的树木中采集；建议从相同物种采集对照或背景样品。建议每棵树至少采集两个树芯样品，最好从树干上无瘢痕或未受损的位置取样（Balouet et al.，2007b）；树芯样品的采集位置也应仔细记录。由于树皮不参与蒸腾作用，因此不包括在树芯样品之中。也不应收集树液（即PCE和TCE主要[>95%]位于木材之中而不是树液中；Schumacher et al.，2004）。当使用树芯样品进行顶空分析时，同一研究区域内树芯样品的长度应保持一致，并且应与所用样本罐的长度接近（Vroblesky，2010）。Schumacher

图 15.2 使用手动年轮钻获取的树芯

et al.（2004）在树芯中检测到 PCE，而地下水中 PCE 含量低至 8 mg/L。

一项调查报告表明，由于 PCE 在树干扩散会有损失，导致树干口 PCE 浓度随高度增加呈指数下降（Schumacher et al.，2004）。树芯样品在取样树木之间应保持一致，应包括最外层的年轮。除树皮外，树芯最外层的三英寸样品被认为足以检测污染物的存在。例如，在以色列特拉维夫的一处前军事设施开展的植物筛查研究中，从四棵树上采集了不同高度的树芯样品（Sorek et al.，2008）。还从位于该区域之外的农业区采集了同一树种的样品，以建立背景水平。用年轮钻获得长 15 至 20 厘米的树芯；除去树皮后，将它们由外（树皮一端）至内（髓心一端）迅速地切成 5 厘米长的树芯条。将每一段树芯包裹在铝箔中，然后放入 8 mL 玻璃瓶中，并用衬有 PTFE（聚四氟乙烯）硅胶隔垫的聚丙烯盖子密封。处理树芯时，从冰箱取出后立即将冷冻样品轻轻粉碎，然后将粉碎后的样品转移到配有特氟隆隔垫、带孔瓶盖的顶空样品瓶中，然后从样品瓶中抽取气样，通过气相色谱法分析挥发性有机化合物（Sorek et al.，2008）。该案例研究的作者得出的结论是，虽然植物筛查可用于大面积城市区域未知污染区域的识别，但树芯和周边地下污染物浓度之间缺乏直接相关性，这限制了利用树芯在划定污染物团边界或监测地下污染物浓度变化方面的应用。

树芯取样获取的每个样品都需要一定的时间使其与顶空达到平衡（通常为 24 小时）。对于树枝或树叶采样方法，也需要类似的平衡期。顶空采样，即将污染物含量稀释到顶空体积中，虽然简单易行，但仅限于高挥发性化合物，因为大部分半挥发性化合物会残留在植物组织中。虽然存在一些顶空方法的优化方式，例如加热，但是很难应用于植物采样。此外，树芯分析也受到采样量的限制，因为树芯仅对树木的很小一部分进行了有效采样。

15.4.2 扩散袋采样

扩散采样器通过收集从树叶和/或树干中挥发的污染物进行采样（Newman et

al.,1999;Burken and Ma,2002;Hirsh et al.,2004)。通常,从生物质中扩散出来的污染物被放置在树干周边的密封圈收集,或者利用套在叶子上的聚四氟乙烯袋进行收集(Newman et al.,1999)。收集装置内的负压通过泵来维持。由泵抽送的空气被吸附材料(例如活性炭)吸附,以收集污染物。扩散袋采样需要相对较长的采样时间、便携式设备(泵),并且在分析或样品制备过程中要使用热脱附仪或溶剂进行解吸。这项技术被用于 Argonne 国家实验室的一项研究中,用以鉴定来自 126 个柳树和 120 个杨树的树枝样品中是否存在 PCE、TCE 和四氯化碳,并将其与 31 个邻近的土壤样品和 6 个监测井中的检测结果进行比较。在一些情况下,污染物在植物和环境样品中含量的回归方程的相关系数至少为 0.89(Gopalakrishnan et al.,2007)。

尽管利用叶、树干和树枝进行分析的方式比利用树芯进行分析破坏性小,但树干中的氯化溶剂浓度通常比树芯中的浓度要低,因而会产生潜在的误报结果。例如,在马里兰州阿伯丁试验场的年轮生态学调查中发现,即使在地下水中存在的挥发性有机化合物(主要为 TCE)且其浓度超过 200 ppm,也很少在叶片组织中检测到 TCE(Ma and Burken,2003)。

15.4.3　固相微萃取(SPME)采样

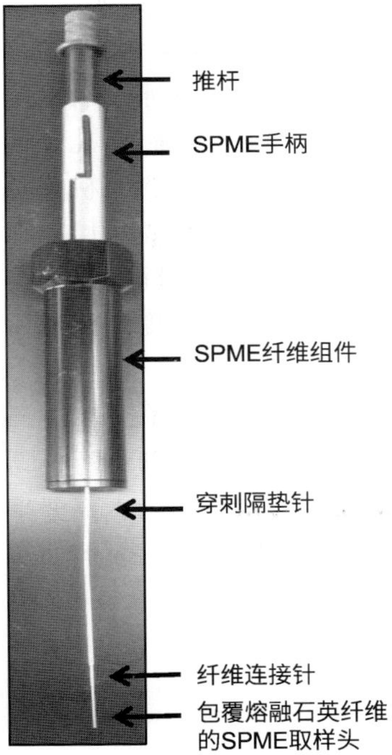

图 15.3　固相微萃取样器(SPME)

固相微萃取(SPME)由加拿大的滑铁卢大学于 1990 年代初期开发(Legind et al.,2007;Keene, S.,2009;Limmer et al.,2011,2013),近年来已经取代树芯技术和顶空分析作为挥发物的采样技术(图 15.3;Kataoka,2005)。

纤维质的 SPME 设备由一个纤维固定器和一个的纤维组件构成,在针头内部具有内置纤维,它看起来像是改进的注射器(Holm et al.,2011)。纤维手柄由推头、不锈钢桶和可调深度的针组成,与可重复使用和更换的纤维组件连用。熔融石英纤维涂有较薄的几种聚合物固定相薄膜,这些薄膜通常用作色谱中的涂层材料。该膜就像海绵一样,在从样品基质吸收或吸附过程中浓缩有机分析物(Ouyang et al.,2011)。纤维上的涂层可以由多种材料组成,包括聚二甲基硅氧烷,碳纤维模板树脂,碳纤维二乙烯基苯,聚丙烯酸酯,carboxen 聚二甲基硅氧烷,聚二甲基硅氧烷/二乙烯基苯和 stableflex 二乙烯基苯羧/carboxen 聚二甲基硅氧烷(Zhang et al.,1994;Eisert and Pawliszyn,1997;Zhang and Pawliszyn,1996;Pawliszyn,1997)。尽管可以使用不同的纤维涂层,但是聚二甲基硅氧烷(PDMS)纤维由于对这些化合物具有高亲和力和快速的平衡动力学特性,常用于检测 PCE 和 TCE。对于常规的顶空分析,将针插穿样品瓶的隔垫,暴露于瓶内的顶空。然后将有机分析物吸附到纤维涂层上,一旦达到吸附平衡(2 分钟至 1.5 小时),纤维便被抽回到针头内,而后针头从样品瓶中抽出。随后将针头引入 GC 进样器或 SPME/HPLC(高效液相色谱)接口,在此对吸附的分析物进行热脱附,然后送入 GC 色谱柱。

通过将针头封装在铝制主体中,然后将 SPME 直接穿入树干中,从而使 SPME 适用于年轮生态学研究。针和纤维涂层可以撤回,使用便携式气相色谱仪在现场进行分析,或送到实验室进行分析。该技术的优点是其检测限低,挥发损失最小。在密苏里州 New Haven 的 Riverfront Superfund,以五棵杨树的六个树芯为检测对象进行了检测方法的对比研究,相较于传统树芯取样和顶空分析,SPME 检测 PCE 和 TCE 的能力比传统顶空分析高 1~3 个数量级(Sheehan et al.,2012)。据该报道,使用固相微萃取分析(SPME)时,对树木样品(树芯或 SPME)TCE 和 PCE 的检出限分别低至 8 和 0.5 ng/L(Sheehan et al.,2012)。

尽管检测限很低,但是纤维动力学会受到温度、压力、湿度、扩散障碍、边界层厚度、竞争性吸附和吸附能力的影响。SPME 纤维的操作方案包括平衡或具有平衡的动力学方案,需要进行校准以准确描述采样期间分析物的分配。使用吸附性而非吸收性 SPME 涂层时,可以实现较低的检测限。在动力学操作方案中,校准需要了解采样条件,例如空气混合/边界层,湿度和温度。

将时间加权平均(TWA)与 SPME 结合可以提高这种方法检测污染物的能力。在按时间加权的 SPME 采样中,纤维被缩回针头以限制质传,因此 Fick 第一扩散定律适用于采样针的横截面(Sheehan et al.,2012)。因此,测得的平均浓度(C_0)取决于针的横截面面积(A)、扩散路径长度(Z)、采样时间(t)、空气或水的扩散率(D),以及提取的分析物质量(n),可表述为 $C_0 = \frac{nZ}{ADt}$[2]。它假设样品表面必须等于体相浓度,即采样器对环境浓度成比例响应,并且在提取过程中纤维对分析物零汇集。

研究表明,相对于树芯采样法,时间加权 SPME 采样法对 TCE 和 PCE 的响应始终较高,这是一种优与“顶空—树芯采样”的采样技术。在德国 Verl 的一项研究中,使用顶空和 SPME 方法检测 PCE 和 TCE 的实验分别测得 6.7 和 195,以及 0.5 和 8 ng/L(Limmer et al.,2011)。在另一项研究中,使用时间加权平均 SPME 方法对树芯进行取样,在检测时气相色谱(GC)响应的 TCE 值至少高出六倍,PCE 值至少高出五倍。平均而言,TCE 的 GC 响应增加了 1.1 的 $\log_{10}$ 单位,而 PCE 的 GC 响

2 原文 t 为下标,应当为笔误。

应增加了 1.5 的 $\log_{10}$单位。检测一棵树的 PCE 时，利用 SPME 采样期间，其浓度超出了检测器的响应上限。在另一棵树中，顶空分析在之前多个样品中没有检测到 PCE 或 TCE。在这棵树中，当聚二甲基硅氧烷 carboxen SPME 纤维完全暴露后，检测到了 PCE(Sheehan et al.,2012)。

对于此类挥发性分析物，可通过加入扩散阻挡层进行时间加权平均 SPME 采样，进而实现可再现的吸收动力学。目的是将特征性的限速扩散步骤与零接收采样阶段相结合，以确保有意义的采样率并避免反向扩散。这种采样方法已广泛应用于多环芳烃(Ouyang et al.,2007)，苯，甲苯，乙苯和二甲苯(Gong et al.,2008)，半挥发性有机化合物(Isetun et al., 2004; Paschke et al., 2006; Martos and Pawliszyn,1999)，挥发性硫化合物(Lestremau et al.,2003)，C5 - C11 正烷烃(Chen and Pawliszyn,2003)和甲醛(Koziel et al.,2001)。

尽管针对半挥发性物质的 TWA - SPME 应用，由于分析物挥发性低和众多半挥发性植物化合物的竞争性吸附而变得复杂，但其他竞争性分析方法更可能违反零汇假设。结合便携式气相色谱仪，TWA - SPME 可用在现场调查期间获取实时植物体内信息。另外，在同一位置重复对同一棵树进行采样有利于长期监测。

15.5 样品制备和分析

在分析之前，根据目标化合物和所选的分析方法，可以使用多种样品制备和提取方法。标准方法包括干燥，创建板条(用于 EDXRF)，消解(金属)，燃烧(用于 Hg 或消解之前)，冷冻(有机物)，研磨(消解或加速溶剂萃取[ASE]之前)和溶剂萃取(例如 PAH，正烷烃，PCB 等)。

分析来自年轮生态学调查的样品可采用多种技术，包括湿化学，气相色谱/质谱法(GC/MS)，电子显微镜，离子色谱法，中子活化，激光烧蚀电感耦合等离子体质谱(LA - ICP - MS)，质子等离子体质谱，质子诱导的 X 射线发射(PIXE)[3]，使用电感耦合等离子体质谱或原子吸收和能量色散 X 射线荧光(EDXRF)分析木材提取物或消化物，以及同位素分析(Prohaska et al.,1998; Balouet et al.,2012)。还可以使用比色技术(GasTec 133LL 现场比色气体检测管)来检测树芯中的含氯挥发性有机物，但相对于其他技术(例如气体色谱法可用于检测至少按体积计算十亿分之十的含氯 VOC [ppbv])而言，其检测范围很高(按体积计算 0.7~1 百万分之一

3 PIXE 可用于照射单独的某一年年轮，一段树芯或灰化的树芯。

[ppmv])(Vroblesky,2008)。当 VOC 浓度大于 1 ppmv($r^2=0.05$)时，比色法测得的$\sum$VOC 的相对浓度优于通过气相色谱定量分析测量结果(Vroblesky,2008)。

在氯化溶剂研究中收集的大多数样品都是使用 EDXRF 进行分析的，其中使用氯化物作为指示物，使用 GC 和/或 LA-ICP-MS 进行顶空分析或 SPME 分析(Gilfrich et al., 1991; Watmough and Hutchinson, 1996; Lindeberg, 2004; Smith et al., 2008; Monticelli et al.,2009)。采用树木年轮中的氯化物来指示氯化溶剂污染状况，需要分析环境背景中氯化物浓度是否显著低于污染场所中的浓度，以及如果钙，钾和磷的浓度升高，则可能表明存在路盐污染。同样，树芯中富集硫、氯和铅可能表明含铅汽油而不是氯化溶剂污染(Vroblesky,2010)。在咸水入侵情况下，氯化物存在从树芯的外部向内部迁移的问题，可能使氯化物的使用复杂化，尽管氯化物似乎不容易越过年轮边界(Vroblesky and Yanosky,1990;Hagemeyer and Schäfer,1995)。

自 1970 年以来，EDXRF 被用于年轮生态学，研究树木样品中吸收的，由采矿活动、工业和/或大气污染带来的金属(Lindeberg,2004;Budak et al.,2006;Balouet et al.,2007b)。EDXRF 通过照射样品进行光谱检测，以测量产生的光子波长和峰强度(Smith et al.,2014)。上述两种测量同时进行，并且各个光谱被转换为元素含量。原子量大于 25 的元素，其检出限在较低的 mg/kg 范围内，但该方法不适用于原子量小于 12 的元素(Balouet et al.,2007a)。

氯是氯化溶剂研究的潜在指示物，尤其是那些重氯化物(按重量计)，例如 PCE 和 TCE。通过 EDXRF 分析测量的金属可以用作氯化溶剂污染的指示物，或用于确认富含金属的氯化溶剂污染物的性质(假定同时使用其他分析技术来检测同一样品中的氯化溶剂)。利用 EDXRF 检测硫和钒已用作指示燃料油和汽油的污染排放。

对年轮中的同位素进行分析是一门成熟的科学，具有多种环境应用情景(Brownridge,1984; Momoshima, 1994; Stoner et al., 1997; Rao et al., 2002; Kagawa et al.,2002;Sauer et al.,2004;Stille et al.,2012)。用于树木年轮同位素分析的同位素，包括^{14}C,^{3}H,U,Pu,$\delta^{16}N$,S 和 Pb 以及各种诊断同位素比(例如$^{13}C/^{12}C$, $^{15}N/^{14}N$, $^{15}O/^{18}O$, $^{206}Pb/^{207}Pb$)。该方法可用于司法鉴定调查，尤其是用于污染物源识别(Lepp and Dollard, 1974; Poulson et al., 1995; Tommasini et al., 2000; Bellis et al., 2002; Watmough and Hutchinson, 2003b; Bindler et al., 2004; Santruckova et al.,2007;Kwak et al.,2009;Saint-Laurent et al.,2010)。目前已经有一些应用放射性同位素进行基于年轮生态学的环境研究案例，例如：对^{129}I 浓度和 I^{129}/I^{127} 比率的研究，这些参数与 1966 年至 1972 年间发生在纽约州罗切斯特的核燃料处理厂的污染排放有关；以及对加利福尼亚劳伦斯伯克利国家实验室排放超重水水蒸气烟囱附近的氚(^{3}H)和^{14}C 排放历史的重建(Newman et al., 1997; Schnabel et al.,1997;Love et al.,2003)。

15.6 司法鉴定机会

在环境取证中,可针对多种潜在污染物,使用年轮生态学调查污染物的来源和可能发生的日期。针对挥发性有机物,年轮生态学方法可应用于 1,1,2,2 -四氯乙烷,TCE,PCE,1,1,1 -三氯乙烷(TCA),氯乙烯(VC)和顺- 1,2 -二氯乙烯。在氯化溶剂研究中使用年轮生态学的一个早期例子是,绘制 1990 年代后期南卡罗来纳州萨凡纳河的柏树沼泽淹没区下方挥发性有机物的分布图(Vroblesky et al.,1998)。该研究提取了木质部树芯样品,将其放入小瓶中进行顶空分析(Vroblesky et al.,1992;Yanosky et al.,2001;Vroblesky,2008)。

另一个年轮生态学研究,依据生长在浅层含水层上的橡树的树芯中存在较高的氯化物含量以及树木生长量减少两个结果,推测污染物是在 1960 年代末或 1970 年代初排放的(Yanosky et al.,2001;Trapp et al.,2007)。在环境浓度相对较低的情况下,树木年轮中氯化物已被证明具有有限的移动性,因此具有作为氯化溶剂的树木年轮化学示踪剂的潜在价值(Burken et al.,2011)。在 2000 年代进行了许多年轮生态学研究,包括 PCE,TCE,甲基氯仿和四氯化碳的研究(Nietch et al.,1999;Ma and Burken,2002;Larsen et al.,2008;Burken et al.,2009)。

15.6.1 污染源识别

在同行评审的文献中记录了很多先使用年轮生态学调查来确定是否存在目标污染物,之后再开展现场土壤蒸汽、土壤和/或地下水调查的案例,而且常常利用同位素分析来确定污染来源(Watmough and Hutchinson, 1996; Watmough and Hutchinson,2003a; Balouet and Oudijk, 2006; Patrick and Farmer, 2006; Mazeika et al.,2007;Mihaljevic et al.,2011)。此类应用的改进方向是将树干、枝条或叶中发现的污染物与相对于树特定方向的污染源关联起来。一种可能的方法是利用整个树干上污染物浓度梯度的三维变化来表征地下水浓度梯度,并可能指示污染物排放的来源,因为据信大树中轴向对流超过径向的和方位角[4]扩散。在轴向树液速度为每小时 1 米时,木材中 PCE 和 TCE 的最小非轴向扩散率在 0.32 至 25×10^{-7} cm^2/s,因此可以预期污染物的迁移是扇形模式(James et al.,2003;Baduru et al.,2008)。在高度整合的物种[5]中,尽管存在大量、可能是瞬时的非轴向流动,但对这些疏水性污染物的阻滞可导致污染物的扇形吸收和分布。

4 球坐标系中的扩散,在该坐标系中原点垂直投影到基准面上。

5 Many view plants as being integrated — capable of translocating resources from one part of the plant to all other parts. In reality, many vascular plants are sectorial — exhibit restricted movement of nutrients, photosynthate and signal molecules along specific vascular, xylem or phloem, pathways.

为了最小化可能的误报和潜在的非轴向运输区域，应从树的不同方位角以一致的高度获取几个树芯，以便估计单株树木体内污染物的变异性。一旦获取并分析了树芯样品，就可以通过量化扇形吸收，并以公式 15.1 计算横截面污染物的质心来检验使用这种方法的可行性（Limmer et al.，2013）：

$$(x_c, y_c)=\left(\frac{\sum x_i(C_i)}{\sum C_i}, \frac{\sum y_i(C_i)}{\sum C_i}\right) \tag{15.1}$$

其中，(x_c, y_c) 是质心坐标，而 (x_i, y_i) 是浓度 C_i 的坐标。该方法假定存在相当陡峭的污染物浓度。在一项研究中，直径 36.5 厘米的火炬松的扇形吸收量与陡峭的地下水污染梯度相关，在 10 米范围内，地下水中三氯乙酸的浓度范围从 10 mg/L（北）降至小于 0.1 mg/L（南）。这棵松树西南侧和东南侧的树芯含有 5 087 ppbv 和 6 025 ppbv 顶空，而西北侧和东北侧树芯分别为 1 975 和 1 925 ppbv（Vroblesky et al.，2004）。在其他野外研究中，发现木质部水中的 PCE 和 TCE 浓度比实际地下水浓度低 1~3 个数量级（Limmer et al.，2011）。

1997 年，在亚利桑那州东南部的圣佩德罗河上进行了一项研究，对三角叶杨，柳树和牧豆树吸收的水进行了检测（Snyder et al.，1998）。在几个采样点中，每个采样点针对每一物种随机选择 7~10 棵树，并在整个生长季的关键时间（春季、夏季旱季和季风季节）重复采样每棵树，以确定水资源利用的季节性变化。从小枝样品中提取的木质部水中的稳定氧同位素被用作天然示踪剂，测量植物从地下水、土壤水分、溪流水和降雨中摄取的分数（Ehleringer and Dawson，1992；Brunel et al.，1995）。在每个采样点收集 5、10、25、50 和 100 cm 深度的土壤，用于同位素分析。在每个采样周期和所有采样点，都收集溪流水，并从地下水监测井中采集地下水。

季风雨的 $\delta^{18}O$ 值在 1.8‰到−3.0‰之间，而地下水全年稳定，在两个采样点平均为−8.3‰[6] 和−8.5‰。在 6 月干旱和大量季风降水（26.7 mm）之间，三角叶杨木质部水的 $\delta^{18}O$ 值几乎没有变化，这表明即使在大量季风降雨之后，三角叶杨也主要依靠地下水。但是，在另一个采样点，相对于 6 月采样的木质部水，8 月份白杨木质部水的 $\delta^{18}O$ 富集，表明木质部水的一部分来自土壤水分。尽管该研究并不是法医调查，但这项研究表明，可以利用年轮生态学和稳定同位素分析来区分植物体内的氯代烃，是来源于土壤水中所含有的外源输入的氯代烃，还是植物从地下水污染物中吸收的。

15.6.2 污染物多次泄漏事件的定年

《环境损害司法鉴定导论》第二版（Balouet et al.，2007a）中讨论了树木年轮在

6 稳定碳同位素比（$R={}^{13}C/{}^{12}C$）是相对于标准品而言的，通常以 delta 表示，即：$\delta^{13}C=(R_{sample}/R_{standard}-1)\times 1\ 000$（单位是‰或每密耳或千分之几）。

确定污染物吸收年代方面的潜在应用。对于氯化溶剂,已经提出将树木年轮中出现氯富信号集作为一种手段来确定氯化溶剂到达树木根系的时间。使用这种技术的一个例子是依靠历史信息来协助解释 Chihuahua(译者注：墨西哥西北内陆的一个洲)一种桴属树木年轮中氯的富集。案例研究的作者得出的结论是,树木年轮分析的结果与历史记录中描述的 1980 年代 TCE/PCE 排放事件和 1990 年代的其他排放事件是吻合的(Balouet,2005;Balouet et al.,2007b)。

在德国 Verl 的另一项调查中,使用年轮生态学对地下水中的 PCE、TCE 和顺-1,2-二氯乙烯(cis-1,2-DCE)进行了初步分析。这些污染物来自一个机械厂 1948 年至 1969 年在浸浴中和 1970 年代在桶式灌装中使用的 PCE 以及一个汽车修理厂 1980 年至 1999 年使用的 PCE(Limmer et al.,2011)。同时采用地下水测量、建模(MODFLOW)、树芯中氯化物含量距平的比较以及树木之间的距离来估算了地下水流速,结果表明在污染区南部流速约为 30 m/y(米/年),在污染区北部流速约为 70 至 120 m/y。从污染源至距其最远的、820 米开外的树,污染物迁移速率约为 54 mm/y。污染物迁移速率估计值之间的高度一致性支持了“氯化物的距平代表了地下水污染物的运动”的假设。根据基于树木年轮化学记录估算的地下水污染物迁移速度以及最南端树木与最接近污染源树木之间的距离,该研究的作者得出结论,在 1948 年至 1949 年,1975 年,1985 年,1990 年以及 1999 年共发生了 5 次污染物排放事件(Limmer et al.,2011;Balouet et al.,2012)。

由于可从树木年轮中推定年代,因而树木年轮中污染物的出现可以为地下水多次污染事件提供确证依据。在一项研究中,一个维修场地曾容纳了 17 个地下储罐,这些储罐中装有石油烃产品,并于 1987 年被挖掘出来;一项年轮生态学的调查可以从地下水污染物中辨识出三次泄漏事件(Balouet and Oudijk,2006)。污染物的峰值出现在 1957 年,对应于燃料油的泄漏,随后为 1985 年无铅汽油的泄漏,1978 年的硫异常表明了第三次泄漏,即一次新的燃料油泄漏或 1957 年泄漏的延续。

15.7 年轮生态学/植物筛查数据的解释

在解释侵入性年轮生态学调查获取的化学数据时,需要了解该技术的局限性,并考虑可能影响解释的因素。以下列举了一些要点,尤其是针对氯化溶剂的年轮生态学调查的相关考量,以说明在解释分析检测结果时要考量的方面。

- 采样的位置和时间是至关重要的,例如在相对干燥的时期而不是在降雨后立即采集树芯,则可能会有更高的浓度。在休眠季节收集的树芯可能比夏季收集的树芯含有更低的氯代烃浓度(Vroblesky,2008)。树木中的污染物浓度可能随季节而变化,尤其容易受到近期降雨事件的影响(Nietch et al., 1999; Vroblesky et al.,2004;Douchette et al.,2004;Sorek et al.,2008;Balouet et al.,2012)。

• 污染物,尤其是氯代烃,会经历多种转化和过程,包括根际微生物降解,透过根细胞壁的扩散,树液离开地下水系统后向周边大气的扩散,植物细胞内的酶促催化反应,木材的吸附,降解,新陈代谢,向叶的运输,挥发以及从茎和叶向大气的扩散(Burken and Schnoor,1998;Cox,2002)。例如,发现在树芯外层,即便没有微生物,杨树的细胞能够将 TCE 转化并矿化为 1,2 - DCE(Vroblesky,2010)。

• 考虑到挥发性有机物可从树干扩散,来自较低采样点的树芯其浓度会较高。如果仅有少量污染水进入树木体内时,从较高采样点采集的样品中可能会测出较高的浓度。由于树干中存在污染物的迁移,因此随着树干高度的增加,水溶性更强和/或挥发性较小的物质可能浓度更高(Trapp,2007)。例如,已观察到顺-1,2 - DCE 与 TCE 和 PCE 之间的浓度比随高度增加而增加(Holm et al.,2011)。

• 从树干不同方位收集样品时,污染物(包括氯化溶剂)的浓度会有变化。一项研究发现,一些树木树干的 PCE 浓度相差五倍,而其他研究发现,同一棵树同一高度,不同方位的挥发性有机物浓度差别最高可达约五倍(Schumacher et al.,2004;Sorek et al.,2008)。对氯化物溶剂而言,天气变化对树芯样品的影响大于树芯的径向差异(Holm and Rotard,2011)。

• 挥发性污染物可从树干扩散,导致浓度随高度降低。另外,可以预期污染物浓度随着高度的增加而变化。由于扩散会带来损失,而且树木内的扩散速率低,因此在树干内部其浓度较高(Vroblesky et al., 1998;Orchard et al., 2000;Gopalakrishnan et al.,2007)。

• 土壤特性会限制污染物的运输,包括土壤有机质含量高会限制疏水性化合物的生物利用度(Burken et al.,2011)。

• 大直径的树木具有较大的体积-表面积比,因而因蒸发而损失的挥发性有机物在其中保留的时间要比在具有较小体积-表面积比的树木(小树木,草,灌木丛)中所保留的时间更长(Ma and Burken,2004;Yin et al.,2011)。

• 从树干四周相同高度处采集的树芯,其氯化溶剂浓度的变异程度会显著大于彼此相邻的采样点(重复采样)之间的变异程度(Vroblesky et al.,1998)。由于许多影响因素,例如吸附、分解、树液运输,以及扩散,采集的径向分布样品(编著注:即由近树干中心至树皮方向上,树芯不同位置的样品)浓度也可能存在变化。暴露在阳光下以及异质的土壤和根系结构也会导致树液流存在径向差异(Holm and Rotard,2011)。

• 对于 PCE,TCE 和 1,2 - DCE,它们在树木中的浓度和在地下水中的浓度,尽管相关,但并不是线性的或恒定的。然而,文献报道是矛盾的(Schumacher et al.,2004;Larsen et al.,2008)。在法国的一个植物修复场地,地下水中氯化乙烯浓度与柳树和杨树树枝中的浓度之间存在相关性，而在德国 Verl 开展的年轮生态学研究指出 PCE 和 TCE 的污染源和退化区域并不相同(Gopalakrishnan et al.,2007;Limmer et al.,2011)。

- 现场调查表明，许多参数会影响木材和地下样品之间的浓度比，包括当前和历史上的地下水深度，季节性变化，近期降水，树木大小，土壤或地下水中氯代烃的生物利用度，根的粗细和质量，根系水分、脂质和气体含量，特定树的蒸腾流，历史生长速率，木质部中的水流速度以及树木种类，地点，季节和气象条件。在某些树种中，腐烂木材组织中的细菌侵染可能会在树内提供脱氯机制，从而可能导致假阴性解释(Ma and Burken,2003)。
- 对于 TCE，一项研究证实，在田间和实验室中，蒸腾流中 TCE 浓度均随高度增加而降低。浓度下降的原因是 TCE 沿着蒸腾途径扩散到大气中去了。尽管蒸腾速率也影响扩散速率，但木质部组织和蒸腾流中 TCE 的质量扩散速率和 TCE 浓度与生长基质溶液中的浓度呈线性相关。径向浓度梯度的存在从机理上支持了扩散假设。
- 关于树芯中的氯化溶剂浓度与地下水中浓度间存在的相关性，不同研究结果之间存在矛盾。对捷克树芯数据集和地下水中氯乙烯浓度的研究表明，树内变异性占总变异的 80%以上，而使用变差函数进行的空间分析表明，氯乙烯浓度没有明显的空间格局(Wahyudi et al.,2012)。

鉴于存在上述众多可能影响氯代烃含量的解释变量，因此在年轮生态学研究中出现的可用于司法鉴定的结果需要仔细考虑，以得出可重复和可辩护的结论。

15.8 总 结

年轮生态学和植物筛查研究可为司法鉴定问题提供并不昂贵的答案。理想情况下，年轮生态学和植物筛查结果，以及在相同区域采集的土壤和/或土壤气体的深度剖面，可为解析污染物的来源及其污染排放年代提供确凿的证据。

(宋坤)

参 考 文 献

Algreen, M., Rein, A., Legind, C.N., Amudsen, C.E., Gosewinkel, K.U., Trapp, S., 2012. Test of tree core sampling for screening of toxic elements in soils from a Norwegian site. International Journal of Phytoremediation 14 (4), 305 - 319.

Algreen, M., Trapp, S., Rein, A., 2013. Phytoscreening and phytoextraction of heavy metals at Danish polluted sites using willow and poplar trees. Environmental Science and Pollution Research. http://dx.doi.org/10.1007/s11356 - 013 - 2085 - z.

Ashby, W., Fritts, H., 1972. Tree growth, air pollution and climate near LePorte, Indiana. Bulletin of the American Meteorological Society 53 (3), 246 - 251.

Baduru, K.K., Trapp, S., Burken, J.G., 2008. Direct measurement of VOC diffusivities in tree tissues: Impacts on tree-based phytoremediation and plant contamination. Environmental Science & Technology 42 (4), 1268 - 1275.

Baes, C., McLaughlin, S., 1984. Trace elements in tree rings: evidence of recent and historical air pollution. Science 224, 494 - 497.

Balouet, J.C., 2005. Dendroecology: a key forensics age-dating tool. Environmental Forensics 6 (1), 3 - 4.

Balouet, J.C., Oudijk, G., 2006. The use of dendroecological methods to estimate the time frame of environmental releases. Environmental Claims Journal 18 (10), 35 - 52.

Balouet, J.C., Oudijk, G., Petrisor, I., Morrison, R.D., 2007a. Emerging forensic techniques. In: Murphy, B.L., Morrison, R.D. Introduction to Environmental Forensics, second ed. Elsevier Academic Press, Oxford, England, pp. 699 - 731.

Balouet, J.C., Oudijk, G., Smity, K.T., Petrisor, I., Grudd, H., Stocklassa, B., 2007b. Applied dendroecology and environmental forensics. Characterizing and age dating environmental releases: Fundamentals and case studies. Environmental Forensics 8, 1 - 17.

Balouet, C.J., Burken, J., Karg, F., Vroblesky, D., Smith, K., Grudd, H., Rindby, A., Beaujard, F., Chalot, M., 2012. Den-drochemistry of multiple releases of chlorinated solvents at a former industrial site. Environmental Science & Technology 46 (17), 9541 - 9547.

Baltrenas, P., Vaitkute, D., 2011. Investigation and evaluation of copper and zinc concentration tendencies in Pinus sylvestris L. tree rings. Journal of Environmental Engineering and Landscape Management 19 (4), 278 - 286.

Bellis, D., McLeod, C.W., Satake, K., 2002. Pb and $^{206}Pb/^{207}Pb$ isotopic analysis of a tree bark pocket near Sheffield, UK recording historical change in airborne pollution during the 20th century. The Science of the Total Environment 289 (1), 169 - 176.

Beramendi-Orosco, L.E., Rodriguez-Estrada, M.L., Morton-Bermea, O., Romerto, F.M., Gonzalez-Hernandez, G., Hernandez-Alvarez, E., 2013. Correlations between metals in tree-rings of *Prosopis julifora* as indicators of heavy metal contamination. Applied Geochemistry 39, 78 - 84.

Bindler, R., Renberg, I., Klaminder, J., Emteryd, O., 2004. Tree rings as Pb pollution archives? A comparison of $^{206}Pb/^{207}Pb$ isotope ratios in pine and other environmental media. The Science of the Total Environment 319 (1), 173 - 183.

Boone, R., Tardif, J., Westwood, R., 2004. Radial growth of oak and aspen near a coal-fired station, Manitoba, Canada. TreeRing Research 60 (1), 4 - 58.

Briggs, G.G., Bromilow, R.H., Evans, A.A., 1982. Relationships between lipophilicity and root uptake and translocation of non-ionized chemicals by barley. Pesticide Science 13 (5),

495 – 504.

Briggs, G. G., Bromilow, R. H., Evans, A. A., Williams, M., 1983. Relationships between lipophilicity and the distribution of non-ionized chemicals in barley shoots following uptake by the roots. Pest Management Science 14 (5), 492 – 500.

Brownridge, J. D., 1984. The radial distribution of ^{137}Cs and ^{40}K in tree stems. Journal of Plant Nutrition 7 (6), 887 – 896.

Brunel, J., Walker, G., Kennett-Smith, A., 1995. Field validation of isotopic procedures for determining source water used by plants in a semi-arid environment. Journal of Hydrology 167 (1 – 4), 351 – 368.

Budak, G., Asian, I., Karabulut, A., Tirasoglu, E., 2006. Analysis of some elements in three *Chrysolina* (Coleoptera, Chrys-omelidae) species by EDXRF spectrometry. Journal of Quantitative Spectroscopy and Radiative Transfer 101 (2), 195 – 200.

Bukata, A. R., Kyser, T. K., 2008. Tree-ring elemental concentrations in oak do not necessarily passively record changes in bioavailability. The Science of the Total Environment 390 (1), 275 – 286.

Burgess, S.S., Adams, M.A., Turner, N.C., Ong, C.K., 1998. The redistribution of soil water by tree root systems. Oncologia 115 (3), 306 – 311.

Burgess, S.S., Bleby, T., 2006. Redistribution of soil water by lateral roots mediated by stem tissues. Journal of Experimental Botany 57 (12), 3283 – 3291.

Burken, J.G., 2001. Uptake and volatilization of chlorinated solvents by poplars at field scale. In: Leeson, A., Foote, E.A., Banks, M.K., Magar, V.S. (Eds.), Phytoremediation, Wetlands and Sediments. Battelle Press, Columbus, OH, pp. 113 – 120.

Burken, J.G., Bailey, S., Shurtliff, M., McDermott, J., 2009. Taproot™ technology: tree coring for fast, noninvasive plume delineations. Remediation, 49 – 62.

Burken, J. G., Ma, X., 2002. Chlorinated solvents phytoremediation: uptake and diffusion. In: Gavakar, A. R., Chen, A. S. C. (Eds.), Remediation of Chlorinated Recalcitrant Compounds — 2002. Proceedings of 3rd International Conference, Monterey, CA. Battelle Press, Columbus, OH.

Burken, J.G., Schnoor, J.L., 1998. Predictive relationships for uptake of organic contaminants by hybrid poplar trees. Environmental Science & Technology 32 (21), 3379 – 3385.

Burken, J. G., Vroblesky, D. A., Balouet, J. C., 2011. Phytoforensics, dendrochemistry, and phytoscreening: new green tools for delineating contaminants from past and present. Environmental Science & Technology 45 (15), 6218 – 6226.

Chen, Y., Pawliszyn, J., 2003. Time-weighted average passive sampling with a solid-phase microextraction device. Analytical Chemistry 75 (9), 2004 – 2010.

Cheng, Z., Buckley, B.M., Katz, B., 2007. Arsenic in tree rings at a highly contaminated site. The Science of the Total Environment 376 (1 – 3), 324 – 334.

Ciucani, G., Trevisan, M., Sacchi, G.A., Trapp, S.A.J., 2002. Measurement of xylem translocation of weak electrolytes with the pressure chamber technique. Pest Management Science 58 (5), 467 – 473.

Collins, C., Fryer, M., Grosso, A., 2006. Plant uptake of non-ionic organic chemicals. Environmental

Science & Technology 40 (1), 45 – 52.

Cox, S., 2002. Preliminary assessment of using tree-tissue analysis and passive diffusion samplers to evaluate trichloroethyene contamination of ground water at site SS – 34N, McChord Air Force Base, Washington. USGS Water Resources Investigations Report 02 – 4274, Tacoma, WA, p. 13.

Cutter, B. R., Guyette, R. P., 1993. Anatomical, chemical, and ecological factors affecting tree species choice in dendrochemistry studies. Journal of Environmental Quality 22 (3), 611 – 619.

Davis, L.C., Vanderhoof, S., Dana, J., Selk, K., Smith, K., Goplen, B., Erickson, L.E., 1998. Movement of chlorinated solvents and other volatile organics through plants monitored by fourier transform infrared (FT-IR) spectrometry. Journal of Hazardous Substance Research 1 (4), 1 – 26.

Dettenmaier, E., Doucette, W.J., 2007. Mineralization and plant uptake of ^{14}C-labeled nonylphenol, nonylphenol tetrae-thoxylate, and nonylphenol nonylethoxylate in biosolids/soil systems planted with crested wheatgrass. Environmental Toxicology and Chemistry 26 (2), 193 – 200.

Dettenmaier, E.M., Doucette, W.J., Bugbee, B., 2009. Chemical hydrophobicity and uptake by plant roots. Environmental Science & Technology 43 (2), 324 – 329.

Douchette, W.J., Bugbee, B.G., Smith, S.C., Pajak, C.J., Ginn, J.S., 2004. Uptake, metabolism and phytovolatilization of trichloroethylene by indigenous vegetation: impact of precipitation. In: McCutcheon, S. C., Schnoor, J. L. (Eds.), Phytoremediation Transformation and Control of Contaminants. John Wiley & Sons, Inc., Hoboken, NJ, pp. 561 – 588.

Ehleringer, J., Dawson, T., 1992. Water uptake by plants: perspectives from stable isotope composition. Plant, Cell & Environment 15 (9), 1073 – 1082.

Eisert, R., Pawliszyn, J., 1997. New trends in solid-phase microextraction. Critical Reviews in Analytical Chemistry 27 (2), 103 – 135.

Fairchild, I.J., Loader, N.J., Wynn, P.M., Frisia, S., Thomas, P.A., Lageard, J.G.A., de Momi, A., Hartland, A., Borsato, A., La Porta, N., Susini, J., 2009. Sulfur fixation in wood mapped by synchrotron x-ray studies: implications for environmental archives. Environmental Science & Technology 43 (5), 1310 – 1315.

Gilfrich, J., Gilfrich, N., Skelton, E., Kirkland, J., Qadri, S., Nagel, D., 1991. X-ray fluorescence analysis of tree rings. X-Ray Spectrometry 20 (4), 203 – 208.

Gong, Y., Eom, I.-Y., Lou, D.-W., Hein, D., Pawliszyn, J., 2008. Development and application of a needle trap device for time-weighted average diffusive sampling. Analytical Chemistry 80 (19), 7275 – 7282.

Gopalakrishnan, G., Negri, M., Minsker, B., Werth, C., 2007. Monitoring subsurface contamination using tree branches. Ground Water Monitoring and Remediation 27 (1), 1 – 10.

Graber, E.R., Sorek, A., Tsechansky, L., Atzmon, N., 2007. Competitive uptake of trichloroethene and 1, 1, 1, -trichloethane by *Eucalyptus camaldulensis* seedlings and wood. Environmental Science & Technology 41 (19), 6704 – 6710.

Guyette, R.P., Cutter, B.E., 1994. Barium and manganese trends in tree-rings as monitors of sulfur deposition. Water Air Soil Pollution 73 (1), 213 – 223.

Hagemeyer, J., 2000. Trace metals in tree rings: what do they tell us? Trace Metals in the

Environment 4, 375 - 385.

Hagemeyer, J., Schafer, H., 1994. Breckle-Seasonal variations of nickel concentrations in annual xylem rings of beech trees (Fagus sylvatica L.). The Science of the Total Environment 145 (1 - 2), 111 - 118.

Hagemeyer, J., Schafer, H., 1995. Seasonal variations in concentrations and radial distribution patterns of Cd, Pb, and Zn in stem wood of beech trees (*Fagus sylvatica* L.). The Science of the Total Environment 166 (1 - 3), 77 - 87.

Hirsh, S.R., Compton, H.R., Matey, D.H., Wrobel, J.G., Schneider, W.H., 2004. Five-year pilot study: Aberdeen Proving Ground, Maryland. In: McCutcheon, S.C., Schnoor, J.L. (Eds.), Phytoremediation: Transformation and Control of Contaminants. John Wiley & Sons, Inc., New York, NY, pp. 635 - 659.

Holm, O., Rotard, W., 2011. Effect of radial directional dependences and rainwater influence on CVOC concentrations in tree core and birch sap samples taken for phytoscreening using HS-SPME-GC/MS. The Science of the Total Environment 45 (22), 9604 - 9610.

Holm, O., Rotard, W., Trapp, S., Desi, R., 2011. Guide to phytoscreening: Using tree core sampling and chemical analysis to investigate contamination in the groundwater and soil. Federal Ministry of Education and Research, Leipzig, Germany, p. 20.

Hsu, F.C., Marxmiller, R.L., Yang, A.Y.S., 1990. Study of root uptake and xylem translocation of cinmethylin and related compounds in detopped soybean roots using a pressure chamber technique. Plant Physiology 93 (4), 1573 - 1578.

Isetun, S., Nilsson, U., Colmsjo, A., Johansson, R., 2004. Air sampling of organophosphate triesters using SPME under nonequilibrium conditions. Analytical and Bioanalytical Chemistry 378 (7), 1847 - 1853.

James, S.A., Meinzer, F.C., Goldstein, G., Woodruff, D., Jones, T., Restom, T., Mejia, M., Clearwater, M., Campanello, P., 2003. Axial and radial water transport and internal water storage in tropical forest canopy trees. Oecologia 134 (1), 37 - 45.

Jiang, G., 1996. Tree rings analysis for determination of pollution history of Chengde, China, North China. Journal of Environmental Sciences 8 (1), 77 - 85.

Kagawa, A., Aoki, T., Okada, N., Katayama, Y., 2002. Tree-ring strontium - 90 and cesium - 137 as potential indicators of radioactive pollution. Journal of Environmental Quality 31 (6), 2001 - 2007.

Kataoka, H., 2005. Recent advances in solid-phase microextraction and related techniques for pharmaceutical and biomedical analysis. Current Pharmaceutical Analysis 1 (1), 65 - 84.

Keene, S., 2009. Solid phase microextraction (SPME). mtweb.mtsu.edu/nchong/SPME-Samantha-CHEM6200.ppt.

Kirchern, P., Biondi, F., Edwards, R., McConnell, J. R., 2008. Variability of trace metal concentrations in Jeffrey pine (*Pinus jeffreyi*) tree rings from the Tahoe Basin, California, USA. Journal of Forest Research 13 (6), 347 - 356.

Koziel, J.A., Noah, J., Pawliszyn, J., 2001. Field sampling and determination of formaldehyde in indoor air with solid-phase microextraction and on-fiber derivatization. Environmental Science & Technology 35 (7), 1481 - 1486.

Kwak, J.-H., Choi, W.-J., Lim, S.-S., Arshad, M.A., 2009. δ13C, δ15N. N concentrations and Ca-to-Al ratios of forest samples from *Pinus densiflora* stands in rural and industrial areas. Chemical Geology 264 (1-4), 385-393.

Lageard, J.G.A., Howell, J.A., Rothwell, J.J., Drew, I.B., 2008. The utility of *Pinus sylvestris* L. in dendrochemical investigations: pollution impact of lead mining and smelting in Darley Dale, Derbyshire, UK. Environmental Pollution 153 (2), 284-294.

Larsen, M., Burnken, J., Machackova, J., Karlson, U.G., Trapp, S., 2008. Using tree core samples to monitor natural attenuation and plume distribution after a PCE spill. Environmental Science & Technology 42 (5), 1711-1717.

Legind, C.N., Karlson, U., Burken, J.G., Reichenberg, F., Mayer, P., 2007. Determining chemical activity of (semi) volatile compounds by headspace solid-phase microextraction. Analytical Chemistry 79 (7), 2869-2876.

Lepp, N.W., 1970. The potential of tree-ring analysis for monitoring heavy metal pollution patterns. Environmental Pollution 9 (1), 49-61.

Lepp, N. W., Dollard, G. J., 1974. Studies on lateral movement of ^{210}Pb in woody stems. Oecologia 16 (2), 179-184.

Lestremau, F., Andersson, F. A. T., Desauziers, V., Fanlo, J. L., 2003. Evaluation of solid-phase microextraction for time- weighted average sampling of volatile sulfur compounds at ppb concentrations. Analytical Chemistry 75 (11), 2626-2632.

Limmer, M. A., Balouet, J., Karg, F., Vroblesky, D., Burken, J., 2011. Phytoscreening for chlorinated solvents using rapid in vitro SPME sampling: Application to urban plume in Verl, Germany. Environmental Science & Technology 45 (19), 8276-8282.

Limmer, M. A., Burken, J. G., 2014. Plant translocation of organic compounds: molecular and physiochemical predictors. Environmental Science & Technology. http://dx. doi. org/10. 1021/ez400214q.

Limmer, M.A., Shetty, M.S., Markus, S., Kroeker, R., Parker, B.L., Martinez, C., Burken, J. G., 2013. Directional phytoscreening: contaminant gradients in trees for plume delineation. Environmental Science & Technology 47 (16), 9069-9076.

Lindeberg, J., 2004. X-ray based tree ring analysis. Doctoral Thesis. Swedish University of Agricultural Sciences, Umea, Sweden, p. 24.

Long, R.P., 1989. Major and trace element concentrations in surface organic layers, mineral soil and white oak xylem downwind from a coal fire power plant. Canadian Journal of Forest Research 19 (12), 1603-1615.

Love, A.H., Hunt, J.R., Knezovich, J.P., 2003. Reconstructing tritium exposure using tree rings at Lawrence Berkeley National Laboratory. Environmental Science & Technology 37 (19), 4330-4335.

Lukaszewski, A., Siwecki, R., Opydo, J., Zembrzuski, W., 1988. The effect of industrial pollution on zinc, cadmium and copper concentration in the xylem rings of Scot's pine (Pinus sylvestris L.) and in the soil. Trees 2, 1-6.

Ma, X. M., Burken, J. G., 2002. VOCs fate and partitioning in vegetation: Use of tree cores in groundwater analysis. Environmental Science & Technology 36 (21), 4663-4668.

Ma, X.M., Burken, J.G., 2003. TCE diffusion to the atmosphere in phytoremediation applications. Environmental Science & Technology 37 (11), 2534 – 2539.

Ma, X.M., Burken, J.G., 2004. Modeling of TCE diffusion to the atmosphere and distribution in plant stems. Environmental Science & Technology 38 (17), 4580 – 4586.

Martos, P.A., Pawliszyn, J., 1999. Time-weighted average sampling with solid-phase microextraction device: implications for enhanced personal exposure monitoring to airborne pollutants. Analytical Chemistry 71 (8), 1513 – 1520.

Mazeika, J., Petrosius, R., Pukiene, R., 2007. Carbon – 14 in tree rings in the vicinity of Ignalina nuclear power plant in Lithuania. Geochronometria 28, 31 – 37.

McDonald, H.C., Laroque, C.P., Fleming, D.E.B., Gherase, M.R., 2011. Dendroanalysis of metal pollution from the Sydney Steel Plant in Sydney, Nova Scotia. Dendrochronologia 29 (1), 9 – 15.

Medeiros, J.G.S., Krug, F.J., Vives, A.E., 2008. Tree-ring characterization of Araucaria Columnaris Hook and its applicability as a lead indicator in environmental monitoring. Dendrochronologica 26 (3), 165 – 171.

Meinzer, F.C., Clearwater, M.J., Goldstein, G., 2001. Water transport in trees: current perspectives, new insights and some controversies. Environmental and Experimental Botany 45 (3), 239 – 262.

Meisch, H.-U., Kessler, M., Reinle, W., Wagner, A., 1986. Distribution of metals in annual rings of the beech (*Fagus sylvatica*) as an expression of environmental changes. Experientia 42, 537 – 542.

Mihaljevic, M., Ettler, V., Sebek, O., Sracek, O., Kribek, B., Kyncl, T., Majer, V., 2011. Lead isotopic and metallic pollution record in tree rings from the copper mining-smelting area, Zambia. Water Air Soil Pollution 216 (1), 657 – 668.

Momoshima, N., 1994. The radial distribution of ^{90}Sr and ^{137}Cs in trees. Journal of Environmental Radioactivity 22 (2), 93 – 109.

Monticelli, D., Di Iorio, A., Ciceri, E., Castelletti, A., Dossi, C., 2009. Tree ring microanalysis by LA-ICP-MS for environmental monitoring: Validation or refutation? Two case histories. Microchimica Acta 164 (1 – 2), 139 – 148.

Morrison, R.D., Murphy, B.L., 2013. Dendroecology. In: Morrison, R.D., Murphy, B.L. (Eds.), Chlorinated Solvents: A Forensic Evaluation. Royal Society of Chemistry Publishing, Cambridge, UK, pp. 383 – 393.

Nabais, C., Freitas, H., Hagemeyer, J., 1999. Dendroanalysis: a tool for biomonitoring environmental pollution? The Science of the Total Environment 232 (1 – 2), 33 – 37.

Nabais, C., Freitas, H., Hagemeyer, J., Breckle, S.-W., 1996. Radial distribution of Ni in stemwood of Quercus ilex L. trees grown on serpentine and sandy loam (umbric leptosol) soils of NE-Portugal. Plant and Soil 183 (2), 181 – 185.

Newman, L.A., Strand, S.E., Choe, N., Duffy, J., Ekuan, G., Ruszaj, M., Shurtleff, B.B., Wilmoth, J., Heilman, P., Gordon, M.P., 1997. Uptake and biotransformation of trichloroethylene by hybrid poplars. Environmental Science & Technology 31 (4), 1062 – 1067.

Newman, L.A., Wang, X., Muiznieks, I.A., Ekuan, G., Ruszaj, M., Cortellucci, R., Domroes, D., Karscig, G., Newman, T., Crampton, R.S., Hashmonay, R.A., Yost, M.G., Heilman, P.E., Duffy, J., Gordon, M.P., Strand, S.E., 1999. Remediation of trichloroethylene in an artificial aquifer with trees: a controlled field study. Environmental Science & Technology 33 (13), 2257 – 2265.

Nietch, C.T., Morris, J.T., Vroblesky, D.A., 1999. Biophysical mechanisms of trichloroethene uptake and loss in bald cypress growing in shallow contaminated ground water. Environmental Science & Technology 33 (17), 2899 – 2904.

Orchard, B.J., Doucette, W.J., Chard, J.K., Bugbee, B., 2000. Uptake of trichloroethylene by hybrid poplar trees grown hydroponically in high rate, flow-through plant growth chambers. Environmental Toxicology and Chemistry 19 (4), 895 – 903.

Oudijk, G.J., Balouet, J., 2010. Dendroecological methods for dating petroleum releases to soil and groundwater: The use of elemental markers. In: Morrison, R.D., O'Sullivan, G. (Eds.), Environmental Forensics Proceedings of the 2009 INEF Annual Conference. Royal Society of Chemistry, Cambridge, UK, pp. 91 – 107.

Ouyang, G., Vuckovic, D., Pawliszyn, J., 2011. Non-destructive sampling of living systems using in vivo solid-phase microextraction. Chemical Reviews 111, 2784 – 2814.

Ouyang, G., Zhao, W., Bragg, L., Qin, Z., Alaee, M., Pawliszyn, J., 2007. Time-weighted average water sampling in Lake Ontario with solid-phase microextraction passive samplers. Environmental Science & Technology 41 (11), 4026 – 4031.

Paschke, A., Vrana, B., Popp, P., Schuurmann, G., 2006. Comparative application of solid-phase microextraction fibre assemblies and semipermeable membrane devices as passive air samplers for semi-volatile chlorinated organic compounds. A case study on the landfill "Grube Antonie" in Bitterfeld, Germany. Environmental Pollution 144 (2), 414 – 422.

Patrick, G.J., Farmer, J.G., 2006. Stable lead isotopic investigation of the use of sycamore tree rings as a historical biomonitor of environmental lead contamination. The Science of the Total Environment 362 (1), 278 – 291.

Pawliszyn, J., 1997. Solid Phase Microextraction: Theory and Practice. Wiley-, New York, NY, p. 275.

Poulson, S.R., Chamberlain, C.P., Friedland, A.J., 1995. Nitrogen isotope variation of tree rings as a potential indicator of environmental change. Chemical Geology 125 (3 – 4), 307 – 315.

Prohaska, C., Stadlbauer, R., Wimmer, G., Stingeder, C., Latkoczy, E., Hoffmann, H., Stephanowitz, H., 1998. Investigation of element variability in tree rings of young Norway spruce by laser-ablation-ICPMS. The Science of the Total Environment 219 (1), 29 – 39.

Punshon, T., Bertsch, P.M., Lanzirotti, A., McLeod, K., Burger, J., 2003. Geochemical signature of contaminated sediment remobilization revealed by spatially resolved X-ray microanalysis of annual rings of Salix Nigra. Environmental Science & Technology 37 (9), 1756 – 1774.

Ragsdale, H., Berish, C., 1988. The decline of lead in tree rings of *Carya spp.* in urban Atlanta, GA, USA. Biogeochemistry 6 (1), 21 – 29.

Rao, U., Fehn, U., Muramatsu, Y., McNell, H., Sharma, P., Elmore, D., 2002. Tracing the history of nuclear releases: Determination of ^{129}I in tree rings. Environmental Science & Technology 36 (6), 1271 – 1275.

Ruppert, H., Wischow, 2006. Tree rings — A questionable indicator of heavy metal pollution in air or soil. Geochimica et Cosmochimica Acta 70 (Suppl. 18), A546.

Saint-Laurent, D., St.-Laurent, J., Duplessis, P., Lavoie, L., 2010. Isotopic record of lead contamination in alluvial soils and tree rings on recent floodplains (Southern Quebec, Canada). Environmental Pollution 158 (10), 3219 - 3224.

Santruckova, H., Santrucek, J., Setlik, J., Svodboda, M., Kopacek, J., 2007. Carbon isotopes in tree rings of Norway spruce exposed to atmospheric pollution. Environmental Science & Technology 41 (16), 5778 - 5782.

Sauer, M., Cherubini, P., Ammann, M., DeCinti, B., Siegwolf, R., 2004. First detection of nitrogen from NO_x in tree rings: a $^{15}N/^{14}N$ study near a motorway. Atmospheric Environment 36 (18), 2779 - 2787.

Schnabel, W.E., Diets, A.C., Burken, J.G., Schnoor, J.L., Alvarez, P.J., 1997. Uptake and transformation of trichloroethylene by edible garden plants. Water Research 31, 816 - 824.

Schumacher, J.G., Struckhoff, G.C., Burken, J.G., 2004. Assessment of subsurface chlorinated solvent contamination using tree cores at the front street site and a former dry cleaning facility at the Riverfront Superfund Site. New Haven, Missouri, 1999 - 2003. USGS Report 2004 - 5049, p. 35.

Sheehan, E.M., Limmer, M.A., Mayer, P., Karlson, U.G., Burken, J.G., 2012. Time-weighted average SPME analysis for *in Planta* determination of cVOCs. Environmental Science & Technology 46 (6), 3319 - 3325.

Sicbaldi, F., Sacchi, G.A., Trevisan, M., Del Re, A.A.M., 1999. Root uptake and xylem translocation of pesticides from different chemical classes. Pest Management Science 50 (2), 111 - 119.

Siklosy, Z., Kern, Z., Demeny, A., Pilet, S., Leel-Ossy, S., Lin, K., Shen, C.-C., Szeles, E., Breitner, D., 2011. Speleothems and pine trees as sensitive indicators of environmental pollutions — A case study of the effect of uranium-ore mining in Hungary. Applied Geochemistry 25 (5), 666 - 678.

Siwik, E.H., Campbell, L.M., Mierle, G., 2010. Distribution and trends of mercury in deciduous tree cores. Environmental Pollution 158 (6), 2067 - 2073.

Smith, K.T., Balouet, J.C., Oudijk, G., 2008. Elemental line scanning of an increment core using EDXRF: From fundamental research to environmental forensics applications. Dendrochronologia 26 (3), 157 - 163.

Smith, K.T., Balouet, J.C., Shortle, W.C., Chalot, M., Beaujard, F., Grudd, H., Vroblesky, D.A., Burken, J.G., 2014. Dendrochemical patterns of calcium, zinc, and potassium related to internal factors detected by energy dispersive X-ray fluorescence (EDXRF). Chemosphere 95, 58 - 62.

Snyder, K., Williams, D., Gempko, V., 1998. Water source determination in cottonwood/willow and mesquite forests on the San Pedro River in Arizona. American Meteorological Society Special Symposium on Hydrology. Phoenix, AZ. Jan 11 - 16, 1998. Paper P2.11.4.

Sorek, A., Atzmon, N., Dahan, O., Gerstl, Z., Kushisin, L., Laor, Y., Mingelgrin, U., Nasser, A., Ronen, D., Tsechansky, L., Weisbrod, N., Graber, E.R., 2008. "Phytoscreening": The use of trees for discovering subsurface contamination by VOCs. Environmental Science & Technology 42 (2), 536 - 542.

Stille, P., Schmidt, A.-D., Labolle, F., Pierret, M.-C., Gangloff, S., Cobert, F., Lucot, E., Gueguen, F., Brioschi, L., Steinmann, M., Chabaux, F., 2012. The suitability of annual tree growth rings as environmental archives: Evidence from Sr, Nd, Pb and Ca isotopes in spruce growth rings from the Strengbach watershed. Comptes Rendus Geoscience 344 (5), 297 – 311.

Stoner, J., Deak, J., Revesz, K., Bohlke, J., Deseo, E., Weppernig, R., Schlosser, P., 1997. Tritium/^{3}H dating of river infiltration: an example from the Danube in the Szigetkow areas. Hungary. Ground Water 35 (5), 905 – 911.

Tommasini, S., Davies, G., Elliott, T., 2000. Lead isotope composition of tree rings as bio-geochemical tracers of heavy metal pollution: a reconnaissance study from Firenze, Italy. Applied Geochemistry 15 (7), 891 – 900.

Trapp, S., 2000. Modelling uptake into roots and subsequent translocation of neutral and ionisable organic compounds. Pest Management Science 56 (9), 767 – 778.

Trapp, S., 2007. Fruit tree model for uptake of organic compounds from soil and art SAR and QSAR in Environmental Research 18 (3 – 4), 367 – 387.

Trapp, S., Larsen, M., Legind, C.N., Burken, J., Machackova, J., Karlson, U.G., 2007. A guide to vegetation sampling for screening of subsurface pollution. European Union BIOTOOL Project GOCE 003998. Lausanne, France, pp. 1 – 5.

Trapp, S., Miglioranza, K.S.B., Mosbaek, H., 2001. Sorption of lipophilic organic compounds to wood and implications for their environmental fate. Environmental Science & Technology 35 (8), 1561 – 1566.

Vroblesky, D. A., 2008. User's guide to the collection and analysis of tree cores to assess the distribution of volatile organic compounds. USGS Scientific Investigations Report 2008 – 5088, Reston, VA, p. 59.

Vroblesky, D.A., 2010. Tree coring for subsurface contamination. National Association of Remedial Project Managers Annual Training Program. May 24 – 28th, 2010, Arlington, VA, p. 53.

Vroblesky, D.A., Clinton, B.D., Vose, J.M., Casey, C.C., Harvey, G.J., Bradley, P.M., 2004. Ground water chlorinated ethenes in tree trunks: case studies, influence of recharge, and potential degradation mechanism. Ground Water Monitoring Review 24 (3), 124 – 138.

Vroblesky, D.A., Nietch, C.T., Morris, J.T., 1998. Chlorinated ethenes from groundwater in tree trunks. Environmental Science & Technology 33 (3), 510 – 515.

Vroblesky, D.A., Yanosky, T.M., 1990. Use of tree ring chemistry to document historical ground-water contamination events. Ground Water 28 (5), 677 – 684.

Vroblesky, D.A., Yanosky, T.M., Siegel, F.R., 1992. Increased concentrations of potassium in heartwood of trees in response to ground-water contamination. Environmental Geology and Water Science 19 (2), 71 – 74.

Wahyudi, A., Bogaert, P., Trapp, S., Machachova, J., 2012. Pollutant plume delineation from tree core sampling using standardized ranks. Environmental Pollution 162, 120 – 128.

Wallner, G., 1998. Elements in tree rings of Norway spruce (*Picea abies* (L). Karst) as indicators for SO_2 polluted sites at the East-Erzgebirge (Germany). Journal of Radioanalytical and Nuclear Chemistry 238 (1 – 2), 149 – 153.

Wang, X., White, J.C., Gent, M.P.N., Iannucci-Berger, W., Eitzer, B.D., Mattina, M.I., 2004.

Phytoextraction of weathered p, p'-DDE by zucchini (Cucurbita pepo) and cucumber (Cucumis sativus) under different cultivation conditions. International Journal of Phytoremediation 6 (4), 363 - 385.

Watmough, S. A., Hutchinson, T. C., 1996. Analysis of tree rings using inductively coupled plasma mass spectrometry to record fluctuations in a metal pollution episode. Environmental Pollution 93 (1), 93 - 102.

Watmough, S. A., Hutchinson, T. C., 2003a. A comparison of temporal patterns in trace metal concentration ion tree rings of four common European tree species adjacent to a Cu-Cd refinery. Water Air Soil Pollution 146 (1), 225 - 241.

Watmough, S. A., Hutchinson, T. C., 2003b. Uptake of ^{207}Pb and ^{111}Cd through bark of mature sugar maple, white ash and white pine: a field experiment. Environmental Pollution 121 (1), 39 - 48.

White, J.C., 2002. Differential bioavailability of field-weathered p, p'-DDE to plants of the Cucurbita and Cucumis genera. Chemosphere 49 (2), 143 - 152.

Yanosky, T. M., Carmichael, J. K., 1993. Element concentrations in growth rings of trees near an abandoned wood-preserving plant site at Jackson, Tennessee. U. S. Geological Survey Water Resources Investigations Report 93 - 4221, Reston, VA, p. 69.

Yanosky, T. M., Hansen, B. P., Schening, M. R., 2001. Use of tree rings to investigate the onset of contamination of a shallow aquifer by chlorinated hydrocarbons. Journal of Contaminant Hydrology 50 (3 - 4), 159 - 173.

Yanosky, T. M., Vroblesky, D. A., 1992. Relation of nickel concentrations in tree rings to groundwater contamination. Water Resources Research 28 (8), 2077 - 2083.

Yin, H., Tan, Q., Chen, Y., Lv, G., He, D., Hou, X., 2011. Polycyclic aromatic hydrocarbons (PAHs) pollution recorded in annual rings of gingko (Gingko biloba L.): Translocation, radial diffusion, degradation and modeling. Microchemistry Journal 97 (2), 131 - 137.

Yoon, J. M., Oh, B.-T., Just, C. L., Schnoor, J. L., 2002. Uptake and leaching of octahydro - 1, 3, 5, 7 - tetranitro - 1, 3, 5, 7 - tetrazocine by hybrid poplar trees. Environmental Science & Technology 36 (21), 4649 - 4655.

Zhang, Z., Pawliszyn, J., 1996. Sampling volatile organic compounds using a modified solid phase microextraction device. Journal of High Resolution Chromatography 19, 155 - 160.

Zhang, Z., Yang, M. J., Pawliszyn, J., 1994. Solid phase microextraction: A new solvent-free alternative for sample preparation. Analytical Chemistry 11, 844A - 853A.

第三篇

司法鉴定建模

第16章

地下污染物迁移模型在环境损害司法鉴定中的应用

Robert D. Morrison

目 录

16.1 引 言

污染物特定传输模型可以确定潜在污染物释放的时间和来源。无论污染物的释放机制和介质如何,经过组合或调整的传输(输移)表达式通常都能反映实际释放情况。本章研究的司法鉴定污染物传输模型包括硬质化/非硬质化表面上的液相传输、非饱和状态下液相和气相的输移以及地下水传输模型。

16.2 硬化和未硬化表面污染物的释放

为模拟污染物通过液相在硬化/非硬化表面上的释放,应获取或假定以下参数:地面或表面温度,液体的深度、密度、黏度、表面张力和蒸汽压,液体所处环境温度、大气压、地表地形等。如果上述参数已知或预估合理,则可以估计污染物释放的面积和蒸发速率。

16.2.1 表面释放的面积范围

2005 年,John Barry 描述了一种估算表面释放挥发性有机物蒸发量的方法。这个模型包含一个初始快速扩散过程,在此过程中蒸发被忽略。在这一阶段结束时,假设液体形成球帽的形状。在第二阶段,虽然假设球冠的高度和半径比保持不变,但液体的体积和尺寸都减小了。污染物释放的扩散速度对于确定污染物是否进入排水沟或其他重要的排水渠道非常关键。根据 Barry 公式假设,认为要估算液相释放过程需要如下条件:(1) 重力惯性状态,在该状态中,重力倾向于扩散流体,但是受流体惯性抵消;(2) 重力-黏性状态,在该状态中,重力倾向于扩散流体,但是受流体黏度抵消;以及(3) 黏性表面张力状态,在该状态中,液体黏度与流体的表面张力相反。

大多数挥发性液体的黏度小于或接近水的黏度(~1 厘泊(cP)),并将在几秒钟内进入黏性表面张力状态。进入黏性表面张力状态所需的时间(秒)表达式为:

$$t_{vs} = 0.023\,462\left(\frac{gV\rho\mu}{\sigma}\right) \tag{16.1}$$

其中,g 是重力常数(ft/s^2),V 是溢出体积(ft^3),ρ 是流体密度(lb/ft^3),μ 是流体黏度(cP),σ 是表面张力(dyne/cm)。

公式 16.1 是在环境温度或液面上方空气温度（如果已知）下评估。一旦知道了 t_{vs}，则在等式 16.2 中从零时开始的释放半径（a_0）（即开始蒸发的点）定义如下（Putorti，2001）：

$$a_0 = 1.413\ 142 \left(\frac{\sigma V t_{vs}}{\mu}\right)^{\frac{1}{4}} \tag{16.2}$$

16.2.2 释放表面的形状

若污染物释放的形状需要计算暴露在空气中（静止或移动）的面积，则假设该部分为球冠形（即，假设球体的一部分）。如果已知球冠和（或）假想球的面积，则可以估计出暴露的表面积。球冠的体积定义为

$$V_{cap} = \left(\frac{\pi h}{6}\right)(3a^2 + h^2) = \pi\left(\frac{h^2}{3}\right)(3r - h) \tag{16.3}$$

其中，h 是溢出中心处液体的深度，a 是溢出半径，r 是包括盖的假设球体的半径。

释放发生后的短暂间隔（ts）后的初始释放半径即可由公式 16.2 给出。使用公式 16.4 计算初始深度 h_0，其中球冠的体积（V_{cap}）等于初始溢出体积（V_0）。

$$(h_0^3 + 3a_0^2 h_0) - \left(\frac{6V_0}{\pi}\right) = 0 \tag{16.4}$$

在铺展阶段假定不蒸发。如果在释放过程中球冠（β）的中心半角保持恒定（图 16.1），则

$$\sin\beta = \frac{a_0}{r_0} \tag{16.5}$$

式中，r_0 是球帽的初始半径，并且

$$\tan\gamma = \left(\frac{h_0}{a_0}\right) \tag{16.6}$$

Barry 错误地认为 $\tan\gamma = \left(\frac{h_0}{a_0}\right)$ 而不是公式 16.6。由 $r^2 = (r - h)^2 + a^2$ 得

$$r = \frac{a^2}{2h} + \frac{h}{2} \tag{16.7}$$

由此，$\tan\beta = \frac{r - h}{r} = \frac{a^2 - h^2}{a^2 + h^2}$，从

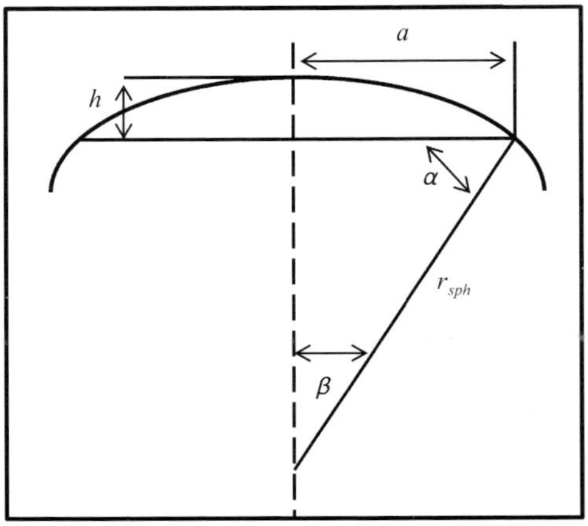

图 16.1 中心半角 β 与 α 互补，h 为液体池的深度，a 为液体池的半径，r_{sph} 为液体球冠的半径

$\tan\gamma = \dfrac{h}{a}$, 并且 $\tan\beta = \cos^2\gamma - \sin^2\gamma = \cos 2\gamma$, 得

$$\beta = \tan^{-1}(\cos 2\gamma) \tag{16.8}$$

如果β在蒸发过程中假定为常量,则γ也为常数。如果将方程式16.6代入方程式16.4,得

$$\tan^3\gamma + 3\tan\gamma - \left(\frac{1}{a_0^3}\right)\left(\frac{6V_0}{\pi}\right) = 0 \tag{16.9}$$

方程式16.9可解γ。球冠表面积(ft^2)的初始参数估算为:

$$A_{cap} = 2\pi rh \tag{16.10}$$

假设蒸发质量通量(E)保持恒定,并就其所暴露于环境中的面积进行标准化处理,则溢出物的非稳态质量平衡描述为

$$-\left(\frac{dW}{dt}\right) = -\left(\frac{\rho dV_{cap}}{dt}\right) \tag{16.11}$$

$$-\left(\frac{dW}{dt}\right) = EA_{cap} \tag{16.12}$$

$$-\left(\frac{dW}{dt}\right) = E(2\pi rh) \tag{16.13}$$

式中,V_{cap}和A_{cap}分别是任意t时刻的球冠的体积(ft^3)和表面积。W是液体质量,单位为磅(pounds),ρ是液体密度(lb/ft³),E是质量流量,单位为磅/(平方英尺 * 分),r_{sph}和h以平方英尺为单位。如果β在整个释放持续时间内是恒定的,那么方程16.4到时间t的推导可用解得r:

$$r = \frac{1}{3}\left[\frac{3V_{cap}}{\pi h^2} + h\right] \tag{16.14}$$

$V_{cap} = W/\rho$ 代入式16.14得

$$r = \left[\frac{W}{\rho\pi h^2} + \frac{h}{3}\right] \tag{16.15}$$

h由方程16.4和$\cot^2$定义的推导得到

$$h = \left(\frac{6V}{\pi(1 + 3\cot^2\gamma)}\right)^{1/3} \tag{16.16}$$

或

$$h = \left(\frac{6W}{\pi\rho(1 + 3\cot^2\gamma)} \right)^{1/3} = bW^{1/3} \tag{16.17}$$

$b(\text{ft/lb}^{1/3})$定义为

$$b = \left(\frac{6}{\pi\rho(1 + 3\cot^2\gamma)} \right)^{1/3} \tag{16.18}$$

将方程式 16.15 和方程式 16.17 合并得

$$r = W^{\frac{1}{3}}\left(\frac{1}{\pi\rho\, b^2} + \frac{b}{3} \right) = cW^{1/3} \tag{16.19}$$

因此,$c(\text{ft/lb}^{1/3})$定义为

$$c = \left(\frac{1}{9\pi\rho} \right)^{1/3} \left[\left(\frac{1 + 3\cot^2\gamma}{2} \right)^{2/3} + \left(\frac{2}{1 + 3\cot^2\gamma} \right)^{1/3} \right] \tag{16.20}$$

公式 16.20 与 Barry 在原始文章中的 Barry 公式 30 是一致的,由于 Barry 公式 32 中缺少 1/3 的因子(定义 c),因此被扩大了 3 倍。因此,液体的质量为

$$A_{cap} = 2\pi r_{sph} h = 2\pi bcW^{2/3} \tag{16.21}$$

将方程 16.21 代入方程 16.13,得到

$$\frac{-dW}{dt} = E(2\pi bcW^{2/3}) \tag{16.22}$$

和

$$W^{-2/3}\left(\frac{dW}{dt} \right) = -2\pi bcE(t_2 - t_1) \tag{16.23}$$

方程等号左右积分得

$$(3W_1^{1/3} - 3W_2^{1/3}) = 2\pi bcE(t_2 - t_1) \tag{16.24}$$

式中,W_1 和 W_2 分别是 $t_1 = t_2$ 时的溢出质量,得

$$W_2 = W_1^{1/3}\left(\frac{-2\pi bcE(t_2 - t_1)}{3} \right)^3 \tag{16.25}$$

液体质量的立方根随时间线性减小。

16.2.3 蒸发速率

当评估是否有或有多少液体在进入地下之前蒸发的时候,就需要有效预测蒸

发速率和污染物释放的面积范围。这需要对比分析液体通过表层基质(路面或土壤)的渗透率和蒸发速率。蒸发速率分析可以使用双层膜模型,此时,可将多种污染物作为一种溶解相(请参见第 7 章,第 7.4.1 节)。

16.2.3.1 水溶液

当溶解在水中的挥发性化合物蒸发到空气中时,其在液相和气相中的传质会受到阻碍。一个简单的稳态薄膜模型可以用来确定哪个阻碍作用更重要,其中假设在界面处的液体和空气中都存在两个薄层或膜。在这些层中,在浓度梯度作用下形成扩散通量且假设在界面处处于平衡状态(Lewis and Whitmar,1924)。

在从液相到气相的转变过程中,通量 F 是守恒的,其方向取决于 C_l/C_g 的比值。可得 F:

$$F=\frac{D_l}{\delta_l}(C_l-C_{li})=k_l(C_l-C_{li})=\frac{D_g}{\delta_g}(C_{gi}-C_g)=k_g(C_{gi}-C_g) \quad (16.26)$$

其中,Ds 是扩散系数,ks 是传质常数。F 是单位面积排放的空气排放率。方程式 16.26 中描述的界面平衡条件补充由方程式 16.27 得:

$$F=\left(\frac{1}{k_l}+\frac{1}{H\,k_g}\right)^{-1}C_l \quad (16.27)$$

具有高蒸气压、低溶解度和高 H 值的化合物更受液相传质的限制。在这种情况下,限速步骤是将溶质分子从液体内部进入外部界面。对于较小的 H,限速步骤是扩散到气流中的过程。对于纯溶剂 $k_1=\infty$,因为在液体中不存在浓度梯度,所以没有液相阻力。

16.2.3.2 气相传质系数

Mackay 和 Matsugu 利用纯溶剂实验提出了气相传质系数(k_g)为的模型:

$$k_g=0.029\,2\,U^{0.78}\,X^{-0.11}\,S_c^{-0.69} \quad (16.28)$$

其中,k_g是气相传质系数(m/h),U 是 10 米风速(m/h),X 是水池直径(m)。S_c是气相(无量纲)施密特数,其定义为

$$S_c=v/D \quad (16.29)$$

式中,v 是空气的运动黏度,D 是空气中的分子扩散系数,两者都取决于环境温度。

16.2.3.3 液相传质系数

有几种表达式可用于估计液相传质系数(k_l)。Springer 等在 1984 年进行了风洞研究,将乙醚溶解在恒定水量(F)和深度(D)可变的水箱中。表 16.1 总结了

在 10 米高度处的风速(U)和不同的 F/D 值下不同风速的测试结果。参数 r 是目标化学物质的扩散系数与乙醚的扩散系数之比。

表 16.1　液相传质系数(k_1)的测试结果

风速 U(m/s)↓	有效直径/深度	
	14<F/D<51.2	F/D>51.2
<3.25	$2.78\times10^{-6}r^{2/3}$	$2.78\times10^{-6}r^{2/3}$
>3.25	$[2.605\times10^{-9}(F/D)+1.277\times10^{-7}]U^2r^{2/3}$	$2.611\times10^{-7}U^2r^{2/3}$

Mackay 和 Yeun 根据地面的摩擦速度(U^*)对 k_1进行了参数化(Mackay and Yeun,1983)。通过公式 16.30 将摩擦速度与 10 m 处的风速(U)关联为

$$U^* = 0.01U(6.1 + 0.63U)^{0.5} \tag{16.30}$$

他们对 K_l的结果报告如下:

$$K_l = 1.0 \times 10^{-6} + 1.44 \times 10^{-2} U^{*2.2} S_c^{-0.5} U^* < 0.3\ \text{m/s}(U < 8.8\ \text{m/s}) \tag{16.31}$$

和

$$K_l = 1 \times 10^{-6} + 3.41 \times 10^{-5} U^* S_c^{-0.5} U^* > 0.3\ \text{m/s}(U < 8.8\ \text{m/s}) \tag{16.32}$$

式中,S_c是液相施密特数,等于运动黏度(即,动态黏度除以密度)除以扩散系数。

16.2.3.4　挥发模型

为了估计挥发性化合物的挥发,人们提出了许多表达式(Smith et al.,1980)。例如 1973 年的一个简化方程,用来描述微溶性有机化合物的挥发速率(Mackay and Wolkoff,1973):

$$\tau = \frac{12.48G\,P_w\,C_{is}}{10^6E\,P_{is}\,M_i} \tag{16.33}$$

式中,τ 是以天为单位的蒸发半衰期,G 是以克为单位的水的重量(在实验中为 200),P_w是水蒸气的分压(在实验中为 23.76 mm),C_{is}是溶质在水中的溶解度,E 是以克为单位的每天蒸发的水的重量(在实验中为 20),P_{is}是纯溶质的蒸汽压,M_i 是溶质的分子量,式 16.33 只考虑气相阻力(即 $K_l=\infty$),并以水的共蒸发为基础进行估算,纯化合物 d 的 k_l 是无穷大的。因此,方程式 16.33 要求溶质浓度始终均匀;搅拌溶液会使 τ 值估算值偏低。1975 年,进行了直接测量水中氯化溶剂的实

验(Dilling et al.,1975)。在没有添加任何其他物质的情况下将氯化物添加到水中,并在25℃的温度下在两周的时间内测量了3次浓度。溶液每15 s搅拌一次。实验结果表明,搅拌对蒸发速率有显著影响,说明液相传质阻力是影响蒸发速率的重要因素。如果不搅拌,则蒸发50%的时间为>~90 min。表16.2总结了这些实验的结果。

表 16.2 氯化物在稀水溶液中的实验蒸发速率

化合物	从水溶液中蒸发的时间(min)	
	50%	90%
PCE	24~28	72~90
TCE	19~24	63~80
甲基氯仿	17~23	63~80
四氯化碳	29	97

在空白样品中测得蒸发的水量平均值为每天20加仑(g/d),但未在上述实验期间同步测量。

虽然从定量上很有用,但许多早期研究的目的是估计挥发性化合物在溪流、湖泊或海洋中的蒸发,但大多数司法研究都需要估算释放到地面或铺筑表面上的纯相或溶解相溶剂的蒸发量。

16.2.4 纯溶剂蒸发

利用美国空军(USAF)、美国环境保护局(USEPA)以及多伦多大学Stiver和Mackay开发的方法可以获得表面挥发纯化合物蒸发率的数学解和推荐值。前两种方法适用于溢出液体暴露于移动气流中的场景,而Stiver-Mackay模型仅适用于暴露在静止空气中的。

16.2.4.1 美国空军方法(USAFM)

USAFM预测液体从处于或接近环境温度的液体池表面蒸发的速率。这些方程是根据美国空军在液态肼池中进行的现场试验得出的。以(kg/min)/m^{2}为单位的蒸发通量(E)在(℃)中定义为

$$E=(4.161\times10^{-5})\ u^{0.75}\ T_F M\left(\frac{P_s}{P_H}\right) \tag{16.34}$$

式中,u为液体表面正上方的风速(m/s),T_F为无量纲混合液体温度修正系数,M为混合液体分子量(g/mol),P_s为环境温度下的混合液体蒸气压(mmHg),P_H为联氨在环境温度下的蒸气压(mmHg)。如果$T_p\leqslant0$℃,则$T_F=1.0$;如果$T_p>0$℃,则$T_F=1.0+0.004\ 3T_p^2$。肼蒸汽压(P_H)定义为

$$P_H = 760\exp\left[65.3319 - \left(\frac{7\,245.2}{T_A}\right) - (8.22\ln T_A) + (6.015\,57x\,10^{-3})\,T_A\right] \quad (16.35)$$

式中,T_A是环境绝对温度(K)。

16.2.4.2 美国环境保护局方法

在1999年,美国环境保护局(US EPA)发布了一种方法来评估一池液体的蒸发速率,该池的深度假定为1 cm深(US EPA,1999)。对蒸发率(E)进行了修改,使其包含不同的水传质系数,以用作参考化合物。选择0.67 cm/s作为传质系数。该关系定义如下:

$$E = \frac{0.284(U^{0.78})(MW^{2/3})(A)(VP)}{82.05T} \quad (16.36)$$

式中,E是蒸发速率,pounds/min;U是风速,m/s;MW是蒸发物质的分子量,g/g mole;A是混合液体的表面积,ft^2;VP是蒸气压,mmHg;T是释放液体的温度,K。

16.2.4.3 Stiver - Mackay 模型

Stiver和Mackay提出了一个简单而保守的方法,基于传质系数法估算液体池蒸发量(Stiver and Mackay, 1983a, 1983b; Stiver et al., 1989; Harner and Mackay,1995)。该方法假设液体池的组成是均一的,由于蒸发导致池的冷却忽略不计,因此池温恒定,等于周围环境温度。这些假设会放大蒸发率,可得出保守的估计。蒸汽压为P的液体溢出的蒸发速率如下所示:

$$N = \frac{k_a PA}{RT} \quad (16.37)$$

式中,N为摩尔流量,mols/s;P为蒸汽压,Pa;k_a为盛行风或通风条件下的传质系数,m/s;R为气相常数,8.314 J/(mol · k);T为空气温度,k^0,方程式16.37可改写为

$$\frac{\mathrm{d}F_v}{\mathrm{d}t} = \frac{k_a PVAv}{V_0 RT} \quad (16.38)$$

式中,F_v是蒸发的体积分数,t是时间,s,v是液体的摩尔体积,m^3/mol,A是溢出面积,m^2,V_0是溢出液体的初始体积,m^3。重新排列方程式16.38产生以下表达式:

$$\mathrm{d}F_v = \left[\frac{P_v}{RT}\right]\left[Av\frac{k_a\mathrm{d}t}{V_0}\right] \quad (16.39)$$

式中，$\left[Av\frac{k_a dt}{V_0}\right]$ 定义为蒸发暴露值，用符号 θ 表示。改写为

$$\mathrm{d}F_v = H\mathrm{d}\theta \tag{16.40}$$

$\mathrm{d}\theta$ 是蒸发量与最初溢出量的比率。如果污染物是纯的，那么 H 与 F_v 无关，方程式 16.40 表示为

$$F_v = H\theta \tag{16.41}$$

如果 k_a 和温度保持恒定，则蒸发速率恒定，因此当 θ 达到 $1/H$ 值时蒸发完成。如果释放的液体是混合物，则 H 取决于 F_v，仅当 H 表示为 F_v 的函数时，方程 16.38 才能积分，蒸发速率随着蒸发的进行而减慢。

由于原始表达式于 1984 年发布，因此将公式 16.37 至公式 16.41 细化为以下表达式（Stiver and Mackay，1984）：

$$E_j = \frac{k_j P_j M_{wj}}{RT} \tag{16.42}$$

式中，E_j 为组分 j 的蒸发率，g/m^2-s；K_j 为组分 j 的质量系数，m/s；P_j 是组分 j 的分压，Pa；M_{wj} 是组分 j 的分子量，g/g-mol；R 是气体常数［Pa · m^3/（mol · K）］；T 是环境温度，K。

分压 P_j 通过假设 j 溶液为理想溶液估计得到

$$(P_j) = (X_j)(P_{vpj}) \tag{16.43}$$

式中，X_j 是组分 j 的摩尔分数，P_{vpj} 是组分 j 在池温下的蒸气压。使用下列关系式获得传质系数 k：

$$k_j = (0.002\,93)(u_l) \tag{16.44}$$

或

$$k = 0.576\,7u(\mathrm{ft/min}) \tag{16.45}$$

其中，u_1 指风速，以 m/s 为单位（u_1 和 u 相同，只是单位不同）。传质系数 k_j 与单个混合物组分的性质无关，记作 k。

16.2.5 蒸发与生物降解

在司法鉴定中也许可以通过利用化合物特定同位素分析（CSIA）来区分污染物（例如源自表面释放的氯化物溶剂和来自下水道或地下工艺管线的氯化物溶剂）（Mchugh et al.，2011）。在 1999 年的一次研究中，在室温（24±1℃）蒸发了两种纯溶剂（三氯乙烯和二氯甲烷）（Huang et al.，1999），并且测定了残留溶剂的碳、氯同位

素组成与残留量的函数关系。其中，TCE 中，碳和氯的同位素分馏系数（α）分别为 1.000 31±0.000 04 和 0. 99 818±0.000 22；二氯甲烷中，碳和氯的 α 值分别为 1.000 65±0.000 02 和 0.999 52±0.000 06。本研究的作者认为，由氯化脂肪烃蒸发引起的 $\delta^{13}C$ 和 $\delta^{37}Cl$ 值之间的负相关可以区分蒸发和生物降解对受污染样品的影响。但是迄今为止，在同行评审的文献中没有案例研究表明该方法已用于司法调查。

16.3 污染物在硬质化表面的传输

描述液体通过硬质化面传输的模型与材料表面的化学和物理成分高度相关。概念模型的发展和数学模型的正确选择需要确定最可能的污染物传输机制（如液体平流、气体扩散、液体扩散或蒸发），其中大多数模型涉及液体和蒸汽的传输。

当表面开裂，使得水流不受限制地通过表面，又或者传输发生在充满具有渗透性的木材、麻絮或隔离缝时，液体通过硬质表面的传输（运移）速度会加快。伸缩缝通常位于地板和墙壁、基础柱和底座的连接处，隔震缝则包括通过板延伸的预制接缝填料（Kosmatka and Panarese，1988）。考虑到膨胀和隔离处连接材料的吸附性，对这些材料进行测试可以确定污染物是否优先通过此途径进行传输。

由于没有直接进行裂缝或伸缩缝材料的取样和测试，故使用模型来估计液体渗透硬质化表面所需的时间。理想情况下，可用于概念模型化的信息包括释放的时间特性（稳态或瞬态）；路面的饱和或不饱和水力传导率值；路面的物理（密度、黏度、蒸气压）和化学性质；液体（纯相、混合或溶解在另一种流体中）的体积和当时的空气温度。

污染物释放和路面成分的情况都至关重要。如果修复/整改是在释放的同时进行的（例如，锯末、生砂、吸水袜、山梨糖、碎黏土、泵送等），或者如果扩散发生在有强制的通风功能的建筑物中，则竞争作用将导致可通过表面运输的液体减少，从而降低运输速度。在开发概念模型时有用的其他信息示例包括：表面是否用环氧涂料或特种涂料处理，以防止酸释放引起的腐蚀（在电镀车间和干洗店中很常见）；或者对于混凝土路面，是否加入添加剂以降低其对化学品的渗透性（例如，Dow Latex No. 560）：路面厚度、孔隙率、组成和坡度以及释放前的表面性质等（即，是否被油脂和污渍浸渍）。在欧洲，耐溶剂层压板通常由酚醛或呋喃树脂组成，但也可以使用化合物专用的层压板（European Chlorinated Solvent Association，2011）。

由于呋喃树脂的可塑性有限,因此不能用作接头的密封材料。为了获得足够的耐久性,必须将酚醛或呋喃树脂与玻璃纤维毡结合使用,需要弹性中间层来覆盖和填充混凝土中的裂缝,并铺上一层弹性体,包括聚异丁烯和几种橡胶产品。理想情况下,应收集路面样本以及为建模工作收集的测量饱和导水率值。

16.3.1 液体在硬化表面的运输模型

许多数学表达式可用于计算液体通过路面的传输速率(Ghadiri and Rose,1992)。对于饱和流来说,液体垂直输移的简化一维表达式是达西定律,其中从横截面面积(α)和长度(L)受水头差(ΔH)和饱和导水率(K)的影响,在时间(T)上的流出量(Q)表达成以下公式:

$$\frac{Q}{T}=\left[\frac{K_{saturated}\alpha\Delta H}{L}\right] \tag{16.46}$$

方程式 16.46 将液体的向下速度(v)定义为等于向下通量(q)除以路面或土壤的孔隙率和表面积。将路面或土壤厚度除以速度可得出运输时间。硬质化材料的饱和导水率和孔隙率则根据公布的值进行测量或估算。

使用达西定律的路面和土壤运输模型假定路面在释放前已被液体浸透。如果路面或土壤是不饱和的,则最初的液体传输将以不饱和流为主,从而导致污染物速度比饱和流慢几倍。在这种情况下,使用非饱和区方程可能更合适。为了建立水分含量,毛细管电势和相应的不饱和导水率之间的关系,需要土壤水分特征曲线,即水分含量与毛细管电势之间的函数关系。用于绘制土壤水分特征曲线的湿润流体的物理和化学性质应与释放的液体具有相似的亲水性或疏水性,以测量液体的排斥或阻滞程度。

16.3.2 硬化和非硬化表面的蒸汽输移模型

蒸汽通过硬化表面的传输率是一个常见的研究领域,特别是与蒸汽脱脂剂相关的地下污染。蒸汽清洗器和干洗设备通常安装在没有排水管的混凝土集水池或槽中。集水池可能会加剧蒸汽运输的可能性,因为它们会积累蒸汽,并最大限度地减少与环境空气的蒸汽稀释,特别是在空气静止的情况下。即使完整的混凝土对水蒸气流动也有明显的渗透性(Kobayashi, Shuttoh, 1991; Sanjuanand Munoz-Martalay,1996;Morrison,1999)。完整的风干混凝土对碳氢化合物、氧气、甲烷和氡的有效扩散速率范围为 1.08 至 16.6 cm^2/h。(HagHighat et al.,2002;Patterson and Davis,2009;Tittarelli,2009)。

估算蒸汽通过表面扩散的一种方法是在界面的顶部和底部建立两个平行平面,分别为 $x=0$ 和 $x=1$。在达到稳定状态时,界面的所有位置的浓度梯度是恒定

的(即 D,扩散系数是恒定的),扩散方程就简化为(Morrison,1999):

$$\frac{d^2C}{dx^2} = 0 \tag{16.47}$$

d^2C/dx^2是常数。通过引入条件,在界面顶部 $C = C_1$, $x = 0$,在界面底部 $C = C_2$, $x = 1$, 然后得到

$$\left[\frac{C - C_1}{C_2 - C_1}\right] = \frac{x}{l} \tag{16.48}$$

假设扩散物质在硬化表面上的转移速率相同,其描述如下:

$$F = -\frac{DdC}{dx} = -D\left[\frac{C_2 - C_1}{l}\right] \tag{16.49}$$

因此,如果 $C_2 < C$,通量在正 x 方向向下。在方程 16.49 中,D 是有效蒸汽扩散系数。如果 l,C_2 和 C_1 已知,那么 D 可以从单位表面积通量的观测值(F) 中推导出来。

如果上表面 ($x = 0$) 再次保持在浓度(C_1) 且 $x > 1$, 则蒸汽延伸到界面下。更一般的边界条件描述为

$$\frac{\partial C}{\partial x} + h(C - C_2) = 0 \tag{16.50}$$

其中,C_2是平板下方土壤中的浓度,并且

$$\frac{C - C_1}{C_2 - C_1} = \frac{(hx)}{(1 + hl)} \tag{16.51}$$

假设在土壤中可以使用相同的扩散系数,则

$$F = \frac{Dh(C_1 - C_2)}{(1 + hl)} \tag{16.52}$$

注意 $C(x) = C_2$,对于 $x = 1 + 1/h_l$。附加边界条件可以应用于界面的上方和下方,如下所示:

$$\frac{\partial C}{\partial x} + h_1(C_1 - C) = 0 \tag{16.53}$$

$x = 0$ 时,得到

$$\frac{\partial C}{\partial x} + h_2(C - C_2) = 0 \tag{16.54}$$

$x=l$ 时,得到

$$C=\frac{h_1 C_1[1+h_2(l-x)]+h_2 C_2[1+h_1 x]}{h_1+h_2+h_1 h_2 l} \tag{16.55}$$

16.3.3 计算液体通过硬化硬质界面输移的挑战

计算污染物在硬化表面运输的挑战包括模型参数的合理性,对环境释放条件的了解,包括泄漏物的厚度和体积,成分,表面特征,蒸发速率,空气温度和速度等。建模结果受直接在硬化表面下的测量结果(如果有)、短路/短流特征(例如伸缩缝,硬化表面厚度的变化)的影响,以及硬化表面的物理样本是否可用于直接测量物理和化学特性,尤其是饱和导水率值(Morrison,2000b)。最后一项特别重要,因为路面的厚度和稠度非常重要,当没有短路特征或在混凝土基础下面存在塑料板,需要考虑其渗透性。例如,欧洲氯化溶剂协会(CECSC)建议在处理氯化碳氢化合物的建筑物中的过道上应使用 5 到 10 厘米厚的带有隔离层的混凝土层,例如聚异丁烯或沥青层。另一种挑战是由多种浇筑物组成的路面,通常由不同的材料组成,这些浇筑物可能会产生水平的偏好路径。

16.4 未硬化路面上污染物的输移模型

污染物在稳态、单位梯度流动条件下的流速可近似为 $v=K/\theta$, 其中,v 为渗流速度,K 为垂直导水率,θ 为土壤孔隙含水率。根据非硬质化(即压实砾石或土壤)的性质,K 值在近深度土壤/非硬质化中可能有很大的变化,如有可能,最好直接测量表层土壤(例如使用现场渗透仪、落差渗透试验等)。有关估计通过非硬化表面的时间的其他方法,请参见第 16.5.2 节。

16.5 污染物在土壤中的输移模型

环境调查中的一个常见问题是关于污染物首次进入地下水和/或迁移到邻近建筑的估计。该污染物如液体、气体通过地下土壤迁移的方程选择可以从一维渗透到复杂的三维、多元流方程(有关详细信息,请参见第 16.5.2 节)。

16.5.1 土壤中蒸汽的传输模型

司法鉴定关注的另一个领域是室内空气污染物(Wilson et al.,2005)。将描述污染物蒸汽主要从地下水侵入建筑物的蒸汽运移模型,与其他司法鉴定工具(例如,对受影响区域下方土壤中污染物浓度分布的化合物特定同位素分析)结合使用时,通常可以识别污染源。描述土壤中蒸汽传输的一般方程式为

$$\varphi_{g,w,s}\frac{\partial c_{ig}}{\partial t}=-\nabla(q_g C_{ig})-\nabla\left(\frac{C_{ig}}{H_i}qw\right)+\nabla(D_i\nabla c_{ig})-R_i \tag{16.56}$$

其中,H_i是目标污染物的亨利定律常数,$\varphi_{g,w,s}(\partial c_{ig})/(\partial t)$是土壤气体、土壤水分和土壤有机碳中所含污染物质量的时间依赖性;c_{ig}为气相中污染物(i)的浓度;qw为渗流区中的水通量;q_g为单位面积的土壤气体流量;C_{ig}为污染物i相对于土壤中有机碳的浓度,D_i是污染物在多孔介质中迁移的总有效扩散系数,通常通过Millington 和 Quirk 方程(Millington and Quirk,1961)获得,R_i是生物降解引起的污染物i损失,$\varphi_{g,w,s}$定义为

$$\varphi_{g,w,s}=\varphi_g+\frac{\varphi_w}{H_i}+\frac{k_{oc,i}f_{oc}p_b}{H_i} \tag{16.57}$$

其中,p_b是土壤容重,k_{oci}是污染物i对土壤中有机碳的吸附系数,f_{oc}是土壤中有机碳的质量分数,φ_w是含水孔隙度,φ_g是土壤气体中污染物质量的时间依赖性。

扩散和对流是土壤中水汽传输的主要机制。扩散过程是由于分子运动过程而使蒸汽从较高浓度的源移动到较低浓度的过程,由 Ficks 定律描述:$F=-D(\mathrm{d}C/\mathrm{d}x)$,其中$F$为质量通量,$D$是扩散系数,$\mathrm{d}C/\mathrm{d}x$是浓度梯度。对流则是土壤气体响应压力梯度的运动。第二种机制有许多有趣的后果。例如,当结构内部的压力大于地下压力时,建筑物内的空气可能会被迫进入地下,进而发生一定程度的再氧化效应。大气压力差也可能导致相似的空气净流入地下,这又会增强近地表挥发性化合物的好氧生物降解。通常,达西定律在土壤中传输蒸汽的瞬态形式表示为

$$\frac{\partial p}{\partial t}-\frac{p_{atm}k_g}{\varphi_g\mu_g}\nabla(\nabla P)=0 \tag{16.58}$$

和

$$q_g=\frac{k_g}{\mu_g}\nabla P \tag{16.59}$$

其中,p是土壤气体压力,t是时间,p_{atm}是大气压力,k_g是土壤渗透性气体流量,φ_g是

充气孔隙率，μ_g是土壤气体黏度，q_g是每单位面积的土壤气体流量，公式(16.58)和式(16.59)忽略了密度驱动的流动效应和重力作用。

1991年的一维 Johnson and Ettinger 模型(JEM)是早期的蒸汽入侵筛选模型。该模型包括一个深层渗流带和一个浅层渗流带/建筑板。JEM 假定混凝土基础是不可渗透的，并且蒸气仅通过裂缝或其他开口侵入。然而，蒸汽或其他气体对混凝土具有渗透性，当蒸汽扩散通过不同厚度的混凝土过程差异明显，不同建筑物基础上的压差常常表现出显著的时间波动。

最初的 JEM 模型不包括生物降解，尽管后来的版本合并了生物降解的各个方面(Johnson et al., 1998; Ririe et al., 1998; Parker, 2003; Weaver, 2005; Mills et al., 2007; Turczynowica and Robinson, 2007; Lahvis, 2011)。对于渗流区好氧生物降解的石油烃影响点，与实际测量值相比，该模型始终高估了至少几个数量级的室内空气浓度(Fitzpatrick and Fitzgerald, 2002; Ririe et al., 1998; Hers et al., 2003; Golder Associates, 2008)。现场研究证实，在没有生物降解的情况下，蒸汽浓度至少比简单扩散预测的浓度低两到三个数量级(Kampbell et al., 1987; Ostendorf and Kampbell, 1991; Ririe and Sweeney, 1995; Ostendorf et al., 2000; Hers et al., 2000; Sanders and Hers, 2006; Patterson and Davis, 2009)。在土壤和地下水中石油烃类浓度较低的地区，其预测的可能性最大(American Petroleum Institute, 2009; Energy Institute, 2009).

JEM 忽略了由于受到在地下水中的扩散、地下水位波动的影响和毛细管边缘所造成的蒸汽输移阻力等影响(Yu et al., 2009; Murphy and Chan, 2011; Shen et al., 2013)，因此，需要将这些因素包括在欧拉参考方案中(例如，流体在流体随时间流动的空间特定位置的运动)。在这个模型中关于降解的起始点方程式是 $kC = \nabla \times F$，其中 k 为随时间的降解速率(例如，生物降解和非生物降解，包括水解、光解、氧化和还原)，假设为指数衰减(基本方程见第7章)。因此通量为

$$F = vC - D\nabla C \tag{16.60}$$

其中，F (g/m^2-s)为污染物通量；v(m/s)为流体速度；D(m^2/s)为扩散系数；C(g/m^3)为化学浓度，粗体为矢量。式16.60描述了环境舱中由平流和扩散产生的污染物通量。假设除浓度外的所有参数在环境间隔内均为常数，则 v 在第 i 间隔内的 x 方向为

$$F_i^x = v_i C_i - D_i \frac{dC_i}{dx} \tag{16.61}$$

假定平流速度方向一致。然而，在不同的分室之间，污染的方向可能有所不同，比如当降水过滤污染物，并将其垂直输送到土壤柱中，在土壤柱中污染物进入

地下水，然后水平输移。在该分室出口，分室 i 中污染物的质量输运率由通量决定，如式16.57乘以横截面积 $A_i(\mathrm{m}^2)$，因此，由于 ∇C 的 y 和 z 分量，横截面积可以在一个隔间内改变。设参数 v_i 和 D_i 均为常数，则质量输运率 $\frac{\mathrm{d}M}{\mathrm{d}t}$ (g/s)为

$$\frac{\mathrm{d}M}{\mathrm{d}t} = F_i FA_i = v_i A_i C_i - D_i A_i \frac{(C_i - C_{i-1})}{L_i} \tag{16.62}$$
$$= Q_i C_i - k_i(C_i - C_{i-1})$$

如果 $C_i<C_{i-1}$ 并且 v_i 在 x 方向上为正，则污染物在 x 方向上的质量输运为正。参数 Q_i 和 $k_i(\mathrm{m}^3/\mathrm{s})$ 分别表示通过平流和扩散作用于 i 室的污染物的体积流量。近似 $\frac{\mathrm{d}C_i}{\mathrm{d}x} \approx \frac{C_i - C_{i-1}}{L_i}$ 是假设浓度随着扩散距离 $L_i(\mathrm{m})$ 的变化是恒定的。

各个分室是相互串联的。随着 x 的增加，间隔被定义为 $i=0, \cdots, n$，其中 $i=0$ 通常包含源污染物，$i=n$ 是上面建筑的内部空间。通过质量守恒和假设稳态条件，每个具有相同的质量输运率，定义在公式16.62。因此，可以写出一组公式来描述不同分室的化学浓度之间的关系，如：

$$\begin{aligned} Q_0 C_0 + k_0(C_0 - C_1) &= Q_1 C_1 + k_1(C_1 - C_2) = \cdots \\ &= Q_{n-2} C_{n-2} + k_{n-2}(C_{n-2} - C_{n-1}) \\ &= Q_{n-1} C_{n-1} + k_{n-1}(C_{n-1} - C_n) \\ &= Q_n C_n + k_n C_n \end{aligned} \tag{16.63}$$

式16.63假设 $C_{n+1} < C_n$ 或第 n 个分室的通量是平流的。在蒸汽侵入的情况下，可由地下污染物引起的建筑物室内浓度被假定大大高于室外空气浓度(USEPA, 2011)。

n 方程 n 未知数(C_0 到 C_{n-1})的方程组都可以用 C_n 表示。总传质系数 K_n 描述了污染物在源处的浓度 C_0 与污染物在终室 C_n 的浓度之间的关系为

$$K_n C_0 = (Q_n + k_n) C_n \tag{16.64}$$

方程16.64的系统解是用 C_{n-1} 表示 C_n，然后用 C_{n-2} 表示 C_n。计算结果为总传质系数通解，通解为

$$K_n = \left[\frac{1}{(Q_0 + k_0)} + \sum_{i=1}^{n}\left[\frac{1}{(Q_0 + k_0)} \prod_{j=0}^{i-1}\left(\frac{k_j}{Q_j + k_j}\right)\right]\right]^{-1} \tag{16.65}$$

方程16.65给出了在各环境分室 $i=0, 1, \cdots, n$ 包含扩散和平流的综合效应的一般关系。当环境组分串联并且化学物质的净流动是单向的时，它是有效的。

式 16.65 表明,在分室内$(1/Q_i)$和$(1/k_i)$,每个分室的总阻力等于$[1/(Q_i+k_i)]$,进入分室的通量分数完全是由于在前面隔间内的扩散。当环境隔室串联时和化学品的净流量是单向的时,它是有效的。公式 16.65 还假定总室阻力是串联的,并考虑到相位变化的第四条规则。如果 P_j 为 j 与 $j+1$ 间室界面处(无相变时)的分配系数,则 $P_j = 1$。分区包含对于边界之后的所有分室,系数修改公式 16.65,其中划分如下:

$$K_n = \left[\frac{1}{(Q_0 + k_0)} + \sum_{i=1}^{n}\left[\frac{1}{(Q_i + k_i)}\prod_{j=0}^{i-1}\left(\frac{k_j}{Q_j + k_j}\right)\left(\frac{1}{P_j + 1}\right)\right]\right]^{-1} \tag{16.66}$$

因为划分系数是逸度容量的比值,而逸度是每个分室的单独属性,所以最后一个隔间的划分系数是在没有第一个分室和最后一个分室之间的间隔隔间时得出划分系数。

方程 16.66 提供了一个适用于蒸汽侵入的广义模型,包括相变。注意当 $k_i = 0$(即在 i 室没有扩散,只有平流),在接下来的 i 室没有附加阻力。在 i 室和随后室中的通量是一样的,它是由每个室中的纯平流元素决定的,Murphy 和 Chan 采用的水汽侵入模型参数见表 16.3。

表 16.3 包括地下水在内的蒸汽侵入模型中的质量通量

i	隔 间	平流(Q_i)	扩散(k_i)	相转移(P_i)
0	地下水	0	k_w	—
1	毛细管	0	k_{cap}	H
2	深层包气带	0	k_s	1
3	浅层包气带/建筑界面	Q_{soil}	k_c	1
4	建筑物内部	$Q_{building}$	0	1

为了简单起见,在毛细区上方假定了一个单独的建筑和土壤分室。

当地下水中存在挥发性污染物时,需要考虑垂直传质在饱和区和毛细管区里的扩散过程。毛细管区扩散的特征是 k_{cap}。如式 16.67 所示,$k_s = \dfrac{D_T^{eff} A_B}{L_T}$ 和 $k_c = \dfrac{D_{crank} A_{crank}}{L_{crank}}$,整体传质系数 K 忽略不计。该五室系统的总传质系数为

$$K = \left(\frac{1}{k_w} + \frac{1}{H}\left(\frac{1}{k_{cap}} + \frac{1}{k_s} + \frac{k_c}{(Q_{soil} + k_c)} + \frac{1}{Q_{bilding}}\right)\right)^{-1} \tag{16.67}$$

式中,$k_w = \dfrac{D_w A_w}{L_w}$,下标 w 为地下水。D_w(m^2/s)为污染物在地下水中的有效扩散系数,A_w(m^2)近似为建筑物的面积,L_w(m)为地下水位顶部污染物剖面的梯度比例

尺。由式 16.67,其中 $i = w$, 则

$$\frac{dM}{dt} = - k_w(C_w^0 - C_w) = - \frac{A_w D_w}{L_w}(C_w^0 - C_w) \tag{16.68}$$

式中,C_w为饱和区与毛细区边界处地下水的浓度;C_w^0 为大于 L_w深度处地下水的浓度,假定浓度为常数。由于模型假设地下水为线性扩散剖面,因此地下水化学质量损失为

$$M = (C_w^0 - C_w)\frac{A_w L_w}{2} = - \frac{dM}{dt}\frac{L_w^2}{2 D_w} \tag{16.69}$$

$\frac{dM}{dt}$ 也可以用总传质系数表示为

$$\frac{dM}{dt} = K C_w^0 \tag{16.70}$$

如果通量变化发生在一个较长时间尺度内(这个时间尺度与一个分子从地下源头区 VS 目的区的运输时间相比较),则 L_w为时间的函数,假定污染物在地下水中损失的质量等于地下水位的挥发分,随后土壤蒸汽侵入,描述为

$$L_w \alpha \sqrt{D_w t} \tag{16.71}$$

比例常数变化范围为 $\sqrt{2}$ 到 2。

式 16.67 中地下水中的扩散($1/k_w$)是决定室内空气浓度的主要阻力,假设地下水位在一天内稳定上升。这一观察得出的结论是,水蒸气入侵模型必须考虑地下水损耗效应,或者考虑地下水位波动。

16.5.2 液体通过土壤的转移

有许多数学描述和方法可以用来估计污染物到达地下水位所需的时间。土壤的水平和所需的环境信息决定了模型的选择。尽管诸如土壤压实/胶结程度、非饱和流量与饱和流量、土壤有机质含量等参数对这一方程应用无影响,但污染物在粗粒土壤中的运移通常比细粒土壤更快。

描述污染物在土柱中运移的模型依赖于类似的数学模型。描述液体在土壤中通过平流和扩散传输的常用一维方程是 Jury 模型(Jury and Fluhler,1992):

$$\frac{R_l \partial C_l}{\partial t} = \left(\frac{D_e \partial^2 Cl_1}{\partial z^2}\right) - \left(\frac{v \partial C_l}{\partial z}\right) - \lambda_\mu R_l C_l \tag{16.72}$$

式中,C_1为包气带孔隙水浓度;λ_μ为衰减常数;R_l为滞液系数;D_e为有效扩散系数;v

为渗入率，其中，

$$v = \frac{K}{\theta} \tag{16.73}$$

式中，K 为土壤竖向水导率，θ 为充水土壤孔隙率。K 引入了一个主要的不确定来源，一个作者引用了高达 320%的标准偏差平均值（Jury et al.，1991）。

迟滞系数（R_l）如下：

$$R_l = \rho_b K_d + v + (\varphi - v) K_H \tag{16.74}$$

式中，ρ_b 是土壤容重；K_d 是水土污染物分布系数；φ 是土壤孔隙度；v 是土壤含水量和 K_H 为定律常数。大多数土壤吸附在有机碳颗粒上，测量或估算了有机化学品的有机碳分配系数（K_{ow}）。分配系数如下：

$$K_d = 0.6 f_{oc} K_{ow} \tag{16.75}$$

其中，f_{oc} 为土壤中有机碳的比例，K_{ow} 为目标污染物的分配系数。降解速率常数为

$$\lambda = \frac{ln2}{T_{1/2}} \tag{16.76}$$

其中，$T_{1/2}$ 为目标污染物的降解半衰期。有效扩散系数为

$$D_e = (\tau_L D_{LM}) + (K_H \tau_H D_{GM}) \tag{16.77}$$

其中，D_{LM} 为水分子扩散系数，τ_L 为水扩散的土壤曲度。弯曲度解释了污染物分子在多孔介质中相对于自由气相中可能的直线距离所增加的距离，其值通常在 0.0 到 1.0 之间。D_{GM} 为空气中的分子扩散系数，τ_G 为空气扩散的土壤曲度。化合物在水和空气中的曲度被描述为（Millington and Quirk，1959，1961）：

$$\tau_L = \frac{v^{10/3}}{\varphi^2} \tag{16.78}$$

和

$$\tau_G = \frac{(\varphi - v)^{10/3}}{\varphi^2} \tag{16.79}$$

有机物含量和水电导率值是影响污染物对地下水预估传播时间的主要变量（Morrison，2002）。

16.5.3 对应用土壤中污染物运输模型的挑战

对土壤中污染物迁移模型的挑战通常包括对优先途径的普遍性和重要性的检验，模型假设的有效性，特别是水电导率值的代表性。

16.5.3.1 优先通道

自然的和人工的优先通道为污染物的快速进入提供了一种方法(Morrison and Lowery,1990a,1990b)。天然的优先通道包括虫道、腐根道、土壤裂隙、膨胀和收缩黏土、高渗透土层、昆虫洞穴和大孔隙。人工优先通道包括干井、昆虫洞和公用线路。优先流这一术语包括一系列涉及这些途径的过程,这些途径对污染物的运输具有类似的后果。这一术语意味着渗入的液体不能与现有的土壤孔隙水达到平衡。

指状流是由土壤中的小尺度和大尺度的非均质性引起的,例如粗粒砂和淤泥之间的纹理界面。这些指状结构与土壤空气压缩有关,当较细的土壤覆盖在粗糙、干燥的沙盆上时,就会遇到空气压缩。在毛细条纹中,污染物与水的接触会导致界面不稳定。由于它们是厘米级的,并且对初始含水量敏感,这些间距和频率很难预测。

数值模拟表明,横向弥散对指状流结构的形成和结构分析有重要影响(Poulsen and Kueper,1992)。在模拟污染物如非水相液体(NAPLs)时引入不确定性的指流现象包括分散性的影响、非均质性对多孔介质性质和残余 NAPL 饱和度的影响、用化学试剂冲洗 NAPL 溶液时指流的有效性、污染源项的可靠性,以及指流形状对 NAPL 相传质模型的影响。

漏斗流发生在有豆状夹层和粒径外加剂的土壤中。对于饱和土壤,最粗的砂粒是首选的流动区域;对于非饱和流动,更细的纹理材料更导电。通过对钻孔测井资料的结构描述和污染物浓度分布的分析,可以确定污染物通过漏斗流的运移是否为一种可行的运输机制。

大孔隙是一种明显大于粒间土壤孔隙(微孔隙)的连续土壤孔隙(Ryan et al.,1998;Jarvis,2007;Liu et al.,2013)。虽然一个大孔隙只占土壤总体积的0.001%到0.05%,但它可以输移大部分的填充液。

16.5.3.2 胶体运移模型

胶体运移是疏水化合物对水中胶体粒子的吸附(McCarthy and Zachara,1989;Kretzschmar et al.,1999;Honeyman,1999;Delejos et al.,2004;Sen and Khilar,2006)。胶体是指在土壤或含水层中以悬浮的有机和无机物的形式存在的直径在0.003到10微米之间的颗粒。在砂质含水层中,主要的可移动胶体的大小范围在0.1至10微米之间。

与胶体输移相关的污染物质量可能是显著的,尽管它很少被包括在污染物输运模型中,这主要是由于难以确定实际值。大量的研究表明,污染物运移很难模拟,其中包括农药、微生物、放射性核素、金属、纳米颗粒、类固醇、二噁英、^{239}Pu、^{90}Sr、多氯联苯和多环芳烃(PAHs)的胶态运输(Puls et al.,1990;Morrison and

Newell, 1999; Novikov et al., 2006; Hofmann and Wendelborn, 2007; Chawla et al.,2010;Zhang et al.,2010;Grant et al.,2011;Stumpp et al.,2011;Wang et al.,2012; Yang et al.,2012)。在丹麦西兰岛的两个受杂酚油影响的含水层中,对多环芳烃通过胶体运输进行了实地研究(Villholth,1999)。污染物的运输(即多环芳烃、氮、硫或含氧杂环)主要与大于100纳米的胶体有关(Mueller et al.,1989)。

16.5.3.3 助溶剂输移模型

疏水化合物被认为在土壤剖面中是不可移动的,这主要是由于它们的水溶性较低,并且容易被黏土、有机物和矿物质吸附(Odermatt et al.,1993)。土壤污染物迁移模型倾向于预测这些化合物的低速率迁移。这些化合物随溶液在不同深度重新分布的状况很少被包括在污染物传输模型中,尽管这种传输场景已经在现场和实验室研究中得到证实(Grant et al.,2011)。例如,二氯二苯三氯乙烷(DDT)这类的化合物可以通过优先溶解在溶剂中而被重新利用(Morrison and Newell,1999)。在这种情况下,可以认为这类非流动化学物质在释放之前溶解到了溶剂中(如PCBs)可先溶于废油中,而非扩散。

16.5.4 模型假设和参数

土壤中污染物迁移模型的一个潜在挑战是释放的环境以及它们在概念上是否现实。释放参数通常是确定性地报告的而不是概率性的。因此,应考虑释放参数假设或测量要求的合理性,以确定释放假设是否合理。

在大多数模型中,一个常见的假设是土壤是均匀的。然而,对溶质通过非饱和带的大规模现场研究显示,孔隙水速度和水动力弥散系数具有巨大的变异性。这种场变异性,加上估计与污染物运输有关的其他因素的不确定性,给非均匀场尺度运输的模拟带来了严重的困难。已经提出了许多方法,包括尺度理论、蒙特卡罗模拟、随机连续体模型和随机对流模型来处理这些场尺度问题(Hetrick and Pandey,1999)。

16.6 地下水模型

司法鉴定中存在各种具体的利用地下水模型的实际应用(Silva-Neto and Ozisik,1993; van der Heide and Elnawawy,1993; Skaggs and Kabala,1994,1995,1998)。这些模型在司法调查中的使用通常遵循与传统和运输模拟中类似的结构,例如,概念模型的制定遵循校准(历史匹配)和敏感性分析(Bear et al.,1992;

ASTM,2002a,2002b;Bear and Cheng,2010)。地下水模型与司法调查有独特的联系,包括确定污染物释放的年代和逆向建模,结合统计工具或从已知来源来确定观察到的污染的历史分布、污染源的位置。

16.6.1 确定污染物从污染物前缘释放的年代测定

污染物存在于地下水中的时间通常可以通过测量已知点源和污染物前缘的距离来近似估计(Morrison and Murphy,2013)。通常采用一种适用于均质和各向同性介质的分析方法;当介质为非均匀或各向异性时,数值模拟可以得到更准确的结果。然而,数值模拟并不能减少由于基本参数值的不确定性而导致的年代的不确定性。

例如,假设模型中的 L 项是污染物羽流的长度。L 和 ΔL 的一部分是由于纵向弥散造成的。若地下水渗流速度为 u,污染物的阻滞因子为 R,则污染物运移速度为 u/R,则释放日期 t 为

$$t = (L - \Delta L)\,\frac{R}{u} \tag{16.80}$$

纵向弥散可以估计为

$$\Delta L = 2\sqrt{\frac{Dt}{R}} - 2\sqrt{\frac{\alpha_L ut}{R}} = 2\sqrt{\alpha_L(L - \Delta L)} \cong 2\sqrt{\alpha_L}L \tag{16.81}$$

其中,D 为水动力弥散系数,α_L 为纵向弥散系数,忽略颗粒弥散。因子 2 之所以包括在内,是因为它在二维和三维解析解中作为特征长度尺度的一部分出现。对于较大的 L, ΔL 的近似解为

$$\Delta L \cong = 2\sqrt{\alpha_L}L - 2\alpha \cong 2\sqrt{\alpha_L L} \tag{16.82}$$

$$t = \left(\frac{R}{u}\right)(L - 2\sqrt{\alpha_L L}) \tag{16.83}$$

这说明了修正纵向弥散的重要性,因为它随着羽流的长度而减小。地下水渗流速度和滞缓可用可测量数量表示为:

$$u = \frac{KI}{\theta_\in} \tag{16.84}$$

$$R = 1 + \frac{\rho_b K_d}{\theta_\in} \tag{16.85}$$

其中,K 为水导率,I 为水羽范围上的水力梯度, $\theta_\in$ 为含水层的有效孔隙度或连通

孔隙空间，ρ_b 为含水层物质干容重，K_d是吸附分配系数。吸附分布系数 K_d常写为

$$K_d = K_{oc} f_{oc} \tag{16.86}$$

其中，K_{oc}为溶剂在水和有机碳之间的分配系数，f_{oc}为土壤中有机碳的分数。代入后，释放到地下水的时间表达式为

$$t = \left(\frac{\theta_{\in}}{I K_l}\right)\left(1 + \frac{\rho_b K_{oc} f_{oc}}{\theta_{\in}}\right)(L - 2\sqrt{\alpha L}) \tag{16.87}$$

污染物羽流长度与污染源、地下水流速和污染物降解状况有关。测量污染物羽流的长度时，通常假定在测量之前污染羽流已扩大到相对恒定逗率的时间点前测量，这可能是无效的，因为目标污染物的检测结果可能会影响对污染羽流前缘的判断。

重要的是确定所观察到的浓度下降能否反映污染物前缘，而不仅仅是由于侧向分散或好氧和/或厌氧降解引起的下降。绘制中心线浓度与距离下降梯度的关系图，以确定浓度下降的速度是否比仅由分散或降解引起的速度快，这有助于检查这个潜在问题。如果降解沿着羽流的整个范围发生（而不仅仅是在一个源区域），那么使用摩尔浓度并将降解产物的摩尔浓度回加到母摩尔浓度可能是有价值的（见 16.6.4 节）。

16.6.2 逆向模型

逆向建模用于确定观察到的污染的历史分布，确定污染源，或者重构已知污染源的释放历史（Sun, 1994; Wilson and Liu, 1994; Neupauer et al., 2000; Patzek, 2001; Atmadja and Bagtzoglou, 2001; Michalak and Kitandis, 2004; Sun et al., 2006; Morrison, 2007; Ghafouri and Darabi, 2007; Morrison, 2014; Woodbury and Ulrych, 1998）。逆向模型还包括确定位置和大小的技术：稳态点源（Gorelick et al., 1983; Dimov et al., 1996; Sonnenborg et al., 1996; Sidauruk et al., 1998），描述污染源的时间变量（Wagner, 1992; Sciortino et al., 2000），通过可能性概率解（伴随源分布概率和倒推）来识别瞬时点源释放和时间（Bagtzoglou et al., 1991; Kitanidis 1996; Cirpka and Kitanidis, 2000; Neupauer and Wilson, 2002; Butera and Signs, 2003），使用函数估计来描述历史污染物的分布、源位置或释放历史（Woodbury et al., 1998; Alapati and Kabala, 2000; Aral et al., 2001; Neupauer and Wilson, 2002）。在随机方法逆问题的解决方案中描述了未知参数通过概率分布，估计不确定性的认识和其重要性（Michalak and Kitanidis, 2003）。逆向建模的使用，特别是用于识别污染物释放的原始来源时，假设问题是非唯一的，并且与潜在的不确定性相关（Michalak, 2001）。

随机方法的发展，其中参数被视为联合分布的随机场，是一种用来解释污染物浓度估计和释放历史统计上的不确定性的手段，特别是如果与估计相关的不确定性是定量的（McLaughlin and Townlev，1996；Kitanidis，1997a，1997b；Snodgrass and Kitanidis，1997）。在反演模型中估计未知函数的一种方法是使用地质统计学方法（Hoeksema and Kitanidis，1984a，1984b；Kitanidis，1985）。该技术在特拉华州多佛空军基地的应用说明了它的应用的可行性，在那里它被用于检查 PCE 和 TCE 浓度历史（Liu and Ball，1999）。用于表示未知函数的地质统计学表达式用矢量表示为

$$z = \boldsymbol{h}(\boldsymbol{s}, \boldsymbol{r}) + \boldsymbol{\varepsilon} \tag{16.88}$$

其中，z 为观测的 nx1 向量，$\boldsymbol{s}$ 为待估计的未知函数离散化得到的 mxl 状态向量。向量 $\boldsymbol{r}$ 包含模型函数 $\boldsymbol{h}(\boldsymbol{s}, \boldsymbol{r})$ 使用的其他参数，如扩散系数。向量 $\boldsymbol{e}$ 是测量误差。应用标准的地质统计学方法，$\boldsymbol{s}$ 和 $\boldsymbol{e}$ 是随机向量，使得函数 $\boldsymbol{h}(\boldsymbol{s}, \boldsymbol{r})$ 在 $\boldsymbol{s}$ 中是线性的，使得 $\boldsymbol{h}(\boldsymbol{s}, \boldsymbol{r}) = \boldsymbol{Hs}$，其中 $\boldsymbol{H}$ 是已知的矩阵（Michalak and Kitanidis，2002b）。在 Dover 最初使用的逆向建模扩展到 Bayesian 逆建模，它关注的是逆问题，其中未知数是时间的函数（即单个变量）来估计地下水污染历史作为条件概率的函数（Michalak and Kitanidis，2002a，2003）。

16.6.2.1 逆向模型探讨

回顾逆向模型的成功包括了模型参数分析、概念框架、代表性实际历史和水文地质信息。由于对自然过程理解的限制，测量方法不准确，缺乏详细的历史信息，复杂的模型与多个模型结构和初始条件通常可以适合这些同样有限的观察，导致应用那些更大（更复杂）的模型很容易产生高度不精确的预测（Beck，1987）。一般系统理论的创始人卡尔·路德维希·冯·贝特朗菲（Karl Ludwig von Bertalanffy）后来使用了汉斯·阿道夫·爱德华·德里施（Hans Adolf Eduard Driesch，1867~1941）提出的等终结性（equifinality）一词，他承认不同的初始状态、模型结构或参数集可以导致相似的终止状态（Beven，1993）。

地下水流动方向和速度的一致性是造成不确定性的主要原因。如果依靠区域或区域范围内的数据来确定水力梯度和场地测量值，就会产生相当大的变异性。坡度局部变化的来源包括抽水井、河流、翻井、溪流和地下水补给或扩散盆地。水力梯度的历史变化带来了关于地下水流动方向的不确定性，因此污染物羽流达到测量的前沿几何形状所需的时间也不确定。

逆向模型很少考虑污染物流经硬质化表面或土壤柱所需的时间。如果地下水是浅层的，或者污染物通过优先通路迅速进入地下水（干井、贮水池、井套管等），用逆向模型确定释放物的年代可能是一种合理的方法。如果释放发生在地表，地下土壤不具有渗透性，并且地下水深度显著（>50 英尺），则污染物通过土壤柱迁移

所需的累积时间可能有显著差异。

16.6.3 边界条件

无论何时创建计算机模型，都需要边界条件。当求解复杂场问题时输运方程所需的边界条件可能很难确定。在这个意义上，它们也可以被认为是另一个要估计的参数，可能是通过自动逆建模技术获得。边界条件，例如导水率、地下水流量梯度以及位于侧向边界上的块体与非现代边界上的块体之间水位高度的绝对差的函数。虽然模型边界条件是固定的，不能在单一的模拟过程中改变，但它们可以在模拟之间进行调整。对于多层模型，最常见的边界条件是 Dirichlet（固定浓度）、Neumann（固定色散通量）和 Cauchy（固定总质量通量）。对于多层模型，测量或估计了各层之间的垂直梯度，并给出了计算结果与这些值一起计算。

大多数污染物运输模型都包含质量平衡部分。在质量平衡计算中，若存在明显的误差，则表明解决方法存在问题。

16.6.4 污染物降解

另一个建模问题是，用于确定羽流长度的化合物或化合物类别是否会由于降解作用而影响测量结果。例如，对于氯化溶剂，在可能的母系子化合物组合中，各最大浓度点之间的距离可以达到最大烟羽长度的 10% 到 25%。对于多个释放物，化合物选择（单个或混合）、源位置和潜在的共代谢/生物降解对羽流长度的影响需要仔细检查，特别是如果包含链衰变（PCE→TCE→1，2 - dce→VC）或一级降解值（Landa et al.，1994；Tsou et al.，2003；Ely et al.，2010）。另一个需要考虑的问题是，生物反应的转运问题，尤其是那些需要密集非水相液体（DNAPLs）的问题，需要涉及多个参数的模型公式，这使得预测更加困难。在受 DNAPL 污染的源区，质量的空间变异性几乎是不可避免的，因此，质量检测过程通常是困难的，需要有关废物处理实践、历史渗透水平、非饱和带性质、混合废物 DNAPLs 的有效溶解度和溶解动力学的信息（Abriola，2005）。

降解速率受到一系列复杂的生物地球化学机制的影响，这些机制是由各种各样的微生物促成的，比如去卤代烃，或者是各种各样的自然微生物种群（Terzenbach and Blaut，1994；Zinder and Gossett，1995；McCarty，1997；Maymo-Gatell et al.，1997；Wild et al.；1997；Damborskv，1999；Clement，2000；Major et al.，2003；Yu et al.，2005；Duhamel and Edwards，2006；Bradley et al.，2008；Behrens，2008；Mattes et al.，2010；Tobiszewski and Namiesnik，2012）。但是，受局限的是，很难对具有多个相互竞争的生物地球化学过程的大规模野外问题进行准确估算。

描述用于污染物运输模型的生物降解的一种方法是使用 Michaelis - Menten 方程来描述 PCE 和 TCE 的厌氧还原脱氯（Yu and Semprini，2008）：

$$v = \frac{d[P]}{dt} = \frac{V_{max}[S]}{K_m + [S]} \tag{16.89}$$

其中，v 为反应速率，S 为底物浓度，V_{max} 为系统达到的最大速率，K_m 为底物浓度，反应速率为 V_{max} 的一半。不幸的是，生物降解研究模型需要大量野外测量的生物地球化学数据才能在野外应用。虽然对与氯化溶剂（如 PCE）相关的生物过程的理解更加透彻，但使用反应性运输模型对生物降解进行定量预测超出了目前的标准做法（Bradley et al.，2008；Clement，2011）。

一些生物反应运输模型包含一级降解或半衰期值；认识到这样的简化通常不能代表实际地球化学环境是很重要的（Parsons Engineering Science，1999；Morrison，1999；Lawrence，2006）。例如，1999 年以前的文献中确定的氯化乙烯的生物降解率系数范围为每天 0.000 1 到 0.01（半衰期约为 0.2 到 20 年），不同氯化化合物之间的生物降解率系数没有明显的趋势（Wiedemeier et al.，1999）。污染物羽流的半衰期在不同的化合物和地下地球化学条件以及空间上有很大的差异。在 Plattsburg 空军基地的一项关于氯化溶剂羽流的研究中，生物降解率随离源距离的变化而显著变化（Wiedemeier et al.，1996，1999）。例如，DCE 的半衰期在 0.9 到 23 年之间变化，而 TCE 的半衰期在 0.6～>100 年之间。使用碳和氯同位素建模可以提供一种方法，通过使用水浓度的变化和碳和氯同位素特征来量化这些速率（Jin et al.，2013）。

考虑在选择半衰期值通过调整值符合一个模型而不是执行现场或实验室研究并且考虑到含水层的地球化学性质是否实际上是一个衰减因子，不仅描述了生物降解，其他进程已经包含在模型（Newell et al.，2002）。在这种情况下，实际的降解率被高估了（Kresic，2007）。

另一位作者建议，半衰期值只应在相关生物过程得到确认并将其速率量化的情况下用于模型（Kresic，2007）。估计一维系统中降解率（λ）的一个理想化描述是（Buscheck and Alcantar，1995；ASTM，1998；McNab and Dooher，1998）：

$$\lambda = \left[\frac{v_c}{4\,\alpha_x}\left(1 + 2\,\alpha_x\left(\frac{k}{v_s}\right)\right)^2 - 1\right] \tag{16.90}$$

式中，v_c 为污染物沿着 x 轴的速度，α 是纵向弥散性，v_s 对地下水线速度，k/v_s 是衰减率，定义为与污染物浓度测井数据相吻合的回归线的斜率，是污染物羽线中心线距离的函数。与这种方法相关的偏见和对结果误解的重要可能性在文献中进行了讨论（Bekins et al.，1998；McNab and Dooher，1998）。

16.6.5 污染源项

对于逆向模型和其他类型的污染物输运模型，污染源项（如零阶、一阶、二阶、莫诺德动力学、自变量等)、释放物的组成和位置常常是未知的或不准确的。即使使用校准良好的流动模型,定义源项也可能是无效的,因为计算复杂,无法定义数值解中的不均匀性和误差(Konikow,2011)。在相对较低的浓度下,能否第一时间到达并尽早开展监测,就不同求解算法产生的数据误差和偏差而言,是非常敏感的。

关于估计污染物源项和/或其位置的问题包括:如果释放率是连续的或暂时的,那么土壤和地下水化学是否适合所选位置和输入率,地下水波动或补救活动的影响,化学物质的时间组成,以及释放率的开始日期是否与运行历史一致。如果给源速率指定了一个常数或一阶速率,则需要对该值的代表性进行特殊审查,特别是如果选择该值来拟合模型而非基于实际的地球化学过程和/或现场历史之时。

16.7 总　结

用于确定污染物释放来源和年代的污染物输移模型是一种可行的司法鉴定技术,但是需要考虑到其局限性,并同时获取确凿的司法信息。由于重建污染事件时常常缺乏直接信息,数学建模是环境损害司法鉴定研究人员可利用的少数工具之一。可能需要对模型中使用的参数进行实地测量,以改进模型进而提升数据预测能力。

(陈雪初)

参 考 文 献

Abreu, L. D. V., Johnson, P. C., 2005. Effect of vapor sourced building separation and building construction on soil vapor intrusion as studied with a three-dimensional numerical model. Environmental Science & Technology 39 (12), 4550 - 4561.

Abreu, L.D.V., Johnson, P.C., 2006. Modeling the effect of aerobic biodegradation on soil vapor intrusion into buildings — Influence of degradation rate, source concentration, and depth. Environmental Science & Technology 40 (7), 2304 - 2316.

Abriola, L.M., 2005. Contaminant source zones: Remediation or perpetual stewardship? Environmental Health Perspectives 113 (7), A438 - A439.

Alapati, S., Kabala, Z.J., 2000. Recovering the release history of a groundwater contaminant using a non-linear least-squares method. Hydrology Processes 14 (6), 1003 - 1016.

American Petroleum Institute, 2009. Simulating the effect of aerobic biodegradation on soil vapor intrusion into buil-dings-evaluation of low strength sources associated with dissolved gasoline plumes. Publication No. 4775. American Petroleum Institute, Washington, D.C., p. 37.

Aral, M.M., Guan, J.B., Malia, M.L., 2001. Identification of contaminant source location and release history in aquifers. Journal of Hydrologic Engineering 6 (3), 225 – 234.

ASTM, 1998. Standard Guide for Remediation of Ground Water by Natural Attenuation at Petroleum Release Sites. E 1943 – 98. West Conshohocken, PA, p. 43.

ASTM International, 2002a. Standard Guide for Calibrating a Ground-Water Flow Model Application. D 5981 – 96. West Conshohocken, PA, p. 6.

ASTM International, 2002b. Standard Guide for Conducting a Sensitivity Analysis for a Ground-Water Flow Model Application. D 5611 – 94. West Conshohocken, PA, p. 5.

Atmadja, J., Bagtzoglou, A.C., 2001. State of the art report on mathematical methods for groundwater pollution source identification. Environmental Forensics 2 (3), 205 – 214.

Atteia, O., Hohener, P., 2010. Semianalytical model predicting transfer of volatile pollutant from groundwater to the soil surface. Environmental Science & Technology 44 (16), 6228 – 6232.

Baedecker, M.J., Eganhouse, R.P., Bekins, B.A., Delin, G.N., 2011. Loss of volatile hydrocarbons from an LNAPL oil source. Journal of Contaminant Hydrology 126 (3 – 4), 140 – 152.

Bagtzoglou, A.C., Tompson, A.F., Dougherty, D.E., 1991. Probabilistic simulation for reliable solute source identification in heterogeneous porous media. In: Ganoulis, J. (Ed.), Water Resources Engineering Risk Assessment. Springer-Verlag, New York, NY, pp. 189 – 201.

Barry, J., 2005. Estimating rates of spreading and evaporation of volatile liquids. Chemical Engineering Progress, New York, NY, pp. 32 – 37.

Basha, H., El-Habel, F., 1993. Analytical solution of the one-dimensional time dependent transport equation. Water Resource Research 29 (9), 3209 – 3214.

Bear, J., Beljin, M.S., Ross, R.R., 1992. Fundamentals of Ground-Water Modeling. In: USEPA Office of Research and Development. EPA/540/S – 92/005. Office of Research and Development, Washington, D.C., pp. 1 – 11.

Bear, J., Cheng, A., 2010. Modeling Groundwater Flow and Contaminant Transport. Springer, The Netherlands.

Beck, M.B., 1987. Water quality modeling: A review of the analysis of uncertainty. Water Resources Research 23 (8), 1393 – 1442.

Behrens, S., Azizian, M., McMurdie, P. J., Sabalowsky, A., Dolan, M. E., Semprinr, L., Sportmann, A. M., 2008. Monitoring abundance and expression of dehalococcoides species chloroethene-reductive dehalogenases in a tetrachloroethene-dechlorinating flow column. Applied and Environmental Microbiology 74 (18), 5695 – 5703.

Bekins, B., Warren, E., Goody, E., 1998. A comparison of zero-order, first order and monod biotransformation models. Ground Water 36 (2), 261 – 268.

Beven, K.J., 1993. Prophecy, reality and uncertainty in distributed hydrological modeling. Advances in Water Resources 16 (1), 41 – 51.

Bouchard, D., Hunkeler, D., Hoehener, P., Aravena, R., Broholm, M., Kjeldsen, P., 2005. Use of stable isotope analysis to assess biodegradation of petroleum hydrocarbons in the unsaturated zone. Laboratory studies, field studies, and mathematical simulations. Reactive Transport in Soil and Groundwater 1, 17 – 37.

Bradley, P.M., Chapelle, F.H., Loffler, F.E., 2008. Anoxic mineralization: Environmental reality or laboratory artifact? Ground Water Monitoring and Remediation 28 (1), 47-49.

Buscheck, T.E., Alcantar, C.M., 1995. Regression techniques and analytical solutions to demonstrate intrinsic bioremediation. In: Hinchee, R.E., Olfenbuttel, R.F. (Eds.), Proceedings of the 1995 Battelle International Conference on In-Situ and On Site Bioreclamation. Battelle Memorial Institute, Butterworth-Heinemann, Boston, MA, pp. 109-116.

Butera, I., Tanda, M.G., 2003. A geostatistical approach to recover the release history of groundwater pollutants. Water Resources Research 39 (12), 1372. http://dx.doi.org/10.1029/2003WR002314.

Chawla, F., Steinmann, P., Loizeau, J.L., Hassoun, M., Froidevaux, P., 2010. Binding of ^{239}Pu and ^{90}Sr to organic colloids in soil solutions: evidence from a field experiment. Environmental Science & Technology 44 (22), 8509-8514.

Chen, Y.D., Gui, L., Barker, J.F., Jiang, Y., 2009. Biodegradability of trimethylbenzene isomers under the strictly anaerobic conditions in groundwater contaminated by gasoline. Environmental Geology 56 (6), 1123-1128.

Cirpka, O.A., Kitanidis, P.K., 2000. Sensitivity of temporal moments calculated by the adjoint-state method and joint inversing of head and tracer data. Advances in Water Resources 24 (1), 89-103.

Clement, P., 2011. Complexities in hindcasting models — when should we say enough is enough? Ground Water 49 (5), 620-629.

Crank, J., 1985. The Mathematics of Diffusion, second ed. Oxford University Press, New York, NY, p. 411.

Damborsky, J., 1999. Tetrachloroethene-dehalogenating bacteria. Folia Microbiologica (Praha) 44 (3), 247-262.

Davis, G.B., Rayner, J.L., Trefry, M.G., Fisher, S.J., Patterson, B.M., 2005. Measurement and modeling of temporal variations in hydrocarbon vapor behavior in a layered soil profile. Vadose Zone Journal 4, 225-239.

DeJonge, L.W., Kjaergaard, C., Moldrup, P., 2004. Colloids and colloid facilitated transport of contaminants in soils: an introduction. Vadose Zone Journal 3, 321-325.

Devaull, G.E., 2007. Indoor vapor intrusion with oxygen-limited biodegradation for a subsurface gasoline source. Environmental Science & Technology 41 (9), 3241-3248.

Dilling, W., Tefertille, N., Kallos, G., 1975. Evaporation rates and reactivities of methylene chloride, chloroform, 1, 1, 1-trichloroethane, trichloroethylene, tetrachloroethylene and other chlorinated compounds in dilute aqueous solutions. Environmental Science & Technology 9 (9), 835.

Dimov, I., Jaekel, U., Vereecken, H., 1996. A numerical approach for determination of sources in transport equations, . Computers and Mathematics with Applications 32 (5), 31-42.

Duhamel, M., Edwards, E.A., 2006. Microbial composition of chlorinated ethene-degrading cultures dominated by dehalo-coccoides. Federation of European Microbiological Societies Microbiological Ecology 58 (3), 538-549.

Ely, R.L., Williamson, K.J., Hyman, M.R., Arp, D.J., 2010. Cometabolism of chlorinated solvents by nitrifying bacteria: kinetics, substrate interactions, toxicity effects and bacterial response.

Journal of Contaminant Hydrology 112 (1 – 4), 77 – 90.

Energy Institute, 2009. Screening the potential for hydrocarbon vapour intrusion risks. Petroleum Review August 2009. Energy Institute, London, UK, pp. 40 – 42.

European Chlorinated Solvent Association, 2011. Guidance on storage and handling of chlorinated solvents, fourth ed. Brussels, Belgium, p. 42.

Ferguson, C., Krylov, V., McGrath, P., 1995. Contamination of indoor air by toxic soil vapours: a screening risk assessment model. Building and Environment 30, 375 – 383.

Fick, A.E., 1855. Ueber Diffusion. Annelen der Physik 170 (1), 59 – 86.

Fitzpatrick, N.A., Fitzgerald, J.J., 2002. An evaluation of vapor intrusion into buildings through a study of field data. Soil and Sediment Contamination 11 (4), 603 – 623.

Ghadiri, H., Rose, C., 1992. Modeling Chemical Transport in Soils Natural and Applied Contaminants. Lewis Publishers, Chelsea MI, p. 217.

Ghafouri, H. R., Darabi, B. S., 2007. Optimal identification of ground-water pollution sources. International Journal of Civil Engineering 5 (2), 144 – 155.

Golder Associates, 2008. Report on evaluation of vadose zone biodegradation of petroleum hydrocarbons: Implications for vapour intrusion guidance. In: Research Study for Health Canada and the Canadian Petroleum Products Institute. Golder Associates Ltd., Burnaby, British Columbia, p. 94.

Gorelick, S. M., Evans, B., Remson, I., 1983. Identifying sources of groundwater pollution: An optimization approach. Water Resources Research 9 (3), 779 – 790.

Grant, S., Mortimer, M., Stevenson, G., Malcolm, D., Gaus, C., 2011. Facilitated transport of dioxins in soil following unintentional release of pesticide surfactant formulations. Environmental Science & Technology 45 (2), 406 – 411.

Haghighat, F., Lee, C.S., Ghaly, W.S., 2002. Measurement of diffusion coefficients of VOCs for building materials: review and development of a calculation procedure. Indoor Air 12 (2), 81 – 91.

Hall, A., 2008. Identification of chlorinated solvent sources in the indoor air or private residences around Hill Air Force Base, Utah. Civil and Environmental Engineering M.S. Thesis. Utah State University, Logan, Utah, p. 140.

Harner, T., Mackay, D., 1995. Model of the long-term exchange of PCBs between soil and the atmosphere in the Southern U. K. Environmental Science & Technology 29 (5), 1200 – 1209.

Hers, I., Atwater, J., Li, L., Zapf-Gilje, R., 2000. Evaluation of vadose zone biodegradation of BTX vapours. Journal of Contaminant Hydrology 46, 233 – 264.

Hers, I., Zapf-Gilje, R., Johnson, P., Li, L., 2003. Evaluation of the Johnson and Ettinger model for prediction of indoor air quality. Ground Water Monitoring & Remediation 23 (2), 119 – 133.

Hetrick, D., Pandey, A., 1999. A methodology for establishing cleanup objectives in the unsaturated soil zone using sensitivity and uncertainty analysis for chemical fate and transport. Journal of Soil Contamination 5 (5), 559 – 576.

Hintenlang, D.E., Al-Ahmady, K.K., 1992. Pressure differentials for radon entry coupled to periodic atmospheric pressure variations. Indoor Air 2 (4), 208 – 216.

Hoeksema, R.J., Kitanidis, P.K., 1984a. An Application of the geostatistical approach to the inverse problem in two-dimensional groundwater modeling. Water Resources Research 20 (7), 1003-1020.

Hoeksema, R.J., Kitanidis, P. K., 1984b. The geostatistical approach to the inverse problem in two-dimensional steady state groundwater modeling. IIHR Report No. 282, The University of Iowa, Iowa City, Iowa, p. 127.

Hofmann, T., Wendelborn, A., 2007. Colloid facilitated transport of polychlorinated dibenzo-p-dioxins and dibenzofurans (PCDD/Fs) to the groundwater at Ma Da area, Vietman. Environmental Science and Pollution Research International 14 (4), 223-224.

Honeyman, B.D., 1999. Colloidal culprits in contamination. Nature 397, 23-24.

Huang, L., Sturchio, N., Abrajano, T., Heraty, L., Holt, B., 1999. Carbon and chlorine isotope fractionation of chlorinated aliphatic hydrocarbons by evaporation. Organic Geochemistry 30: 8 (1), 777-785.

Ille, G., Springer, C., 1978. The evaporation and dispersion of hydrazine propellants from ground spills. Civil and Environmental Engineering Development Office. CEEDO 712-78-30.

Jarvis, N.J., 2007. A review of non-equilibrium water flow and solute transport in soil macropores: principles, controlling factors and consequences for water quality. European Journal of Soil Science 58 (3), 523-546.

Jeng, C.Y., Kremesec, V.J., Primack, H.S., 1996. Models of hydrocarbon vapor diffusion through soil and transport into buildings. In: Proceedings of 1996 Petroleum Hydrocarbon and Organic Chemicals in Ground Water. API/NGWA, Houston, TX, pp. 319-338.

Jin, B., Haderlein, S., Rolle, M., 2013. Integrated carbon and chlorine isotope modeling: applications for chlorinated aliphatic hydrocarbons dechlorination. Environmental Science & Technology 47 (3), 1443-1451.

Johnson, P.C., Ettinger, R., 1991. Heuristic model for predicting the intrusion rate of contaminant vapors into buildings. Environmental Science & Technology 25 (8), 1445-1452.

Johnson, P. C., Kemblowski, M. W., Johnson, R. L., 1998. Assessing the significance of subsurface contaminant vapor migration to enclosed spaces: Site-specific alternatives to generic estimates. Publication No. 4674. American Petroleum Institute, Washington, D.C., p. 44.

Johnson, P. C., Kemblowski, M. W., Johnson, R. L., 1999. Assessing the significance of subsurface contaminant vapor migration to enclosed spaces: site-specific alternatives to generic estimates. Journal of Soil Contamination 8 (3), 389-421.

Jury, W.A., Fluhler, H., 1992. Transport of chemicals through soil: Mechanisms, models, and field applications. In: Sparks, D. L. (Ed.), Advances in Agronnomy, vol. 47, pp. 141-201.

Jury, W.A., Gardner, W.R., Gardner, W.H., 1991. Soil Physics. John Wiley & Sons, Inc., New York, NY, p. 390.

Kampbell, D.H., Wilson, J.T., Read, H.W., Stocksdale, T.T., 1987. Removal of volatile aliphatic hydrocarbons in a soil bioreactor. Journal of the Air Pollution Control Association 37, 1236-1240.

Kitanidis, P.K., 1985. Use of prior information in the geostatistical approach to the inverse problem. In: Proceedings of the American Society of Civil Engineers. Computer Applications in Water Resources Conference, Buffalo, New York, pp. 897-906.

Kitanidis, P., 1996. On the geostatistical approach to the inverse problem. Advances in Water Resources 19 (6), 333 – 342.

Kitanidis, P., 1997a. A Comment on a reassessment of the groundwater inverse problem by D. McLaughlin and L.R. Townley. Water Resources Research 33 (9), 2199 – 2202.

Kitanidis, P., 1997b. The minimum structure solution to the inverse problem. Water Resources Research 33 (10), 2263 – 2272.

Kobayashi, K., Shuttoh, K., 1991. Oxygen diffusivity of various cementitious materials. Cement and Concrete Research 21 (23), 273 – 284.

Konikow, L., 2011. The secret to successful solute-transport modeling. Ground Water 49 (2), 144 – 159.

Kosmatka, S., Panarese, W., 1988. Design and Control of Concrete Mixtures, thirteen ed. Portland Cement Association, Skokie, IL, p. 10.

Kresic, N., 2007. Hydrogeology and Groundwater Modeling, second ed. CRC Press, Boca Raton, FL, p. 493.

Kretzschmar, R., Borkovec, M., Grolimund, D., Elimelech, M., 1999. Mobile subsurface colloids and their role in contaminant transport. Advances in Agronomy 66, 121 – 193.

Kurtz, J., Wolfe, E., Woodland, A., Foster, S., 2010. Evidence for increasing indoor sources of 1, 2 – dichloroethane since 2004 at two Colorado residential vapor intrusion sites. Ground Water Monitoring Remediation 30 (3), 107 – 112.

Lahvis, M.A., 2011. Vapour transport from soil and groundwater to indoor air: analytical modeling approach. In: Saponaro, S., Sezenna, E., Bonomo, L. (Eds.), Vapor Emissions to Outdoor Air and Enclosed Spaces for Human Health Risk Assessment: Site Characterization, Monitoring, and Modeling. Nova Science Publishers, Inc., New York, NY, pp. 91 – 112.

Lahvis, M. A., Baehr, A. L., 1996. Estimation of rates of aerobic hydrocarbon biodegradation by simulation of gas transport in the unsaturated zone. Water Resources Research 32 (7), 2231 – 2249.

Lahvis, M.A., Hers, I., Davis, R.V., Wright, J., DeVaull, G.E., 2013. Vapor intrusion screening at petroleum UST sites. Groundwater Monitoring & Remediation 33 (2), 53 – 57.

Landa, A.S., Sipkema, E.M., Weijma, J., Beenackers, A.C., Dolfing, J., Janssen, D.B., 1994. Cometabolic degradation of trichloroethylene by pseudomonas cepacia G4 in a chemostat with toluene as the primary substrate. Applied and Environmental Microbiology 60 (9), 3368 – 3374.

Lawrence, S. J., 2006. Description, properties, and degradation of selected volatile organic compounds detected in ground water — a review of selected literature. USGS Open File Report 2006 – 1338. Reston, VA, p. 23.

Lewis, W.K., Whitman, W.G., 1924. Industrial & Engineering Chemistry 16 (12), 1215 – 1220.

Lin, J.S., Hildemann, L.M., 1995. Nonsteady-state analytical model to predict gaseous emissions of volatile organic compounds from landfills. Journal of Hazardous Materials 40 (3), 271 – 295.

Little, J.C., Daisy, J.M., Nazaroff, W.W., 1992. Transport of subsurface contaminants into buildings: An exposure pathway for volatile organics. Environmental Science & Technology 26 (11), 2058 – 2066.

Liu, C., Ball, W.P., 1999. Application of inverse methods to contaminant source identification from aquitard diffusion profiles at Dover AFB, Delaware. Water Resources Research 35 (7), 1975 - 1985.

Liu, X., Zhai, Z., 2007. Location identification for indoor instantaneous point contaminant source by probability-based inverse computational fluid dynamics modeling. Indoor Air 18, 2 - 11.

Liu, Z., Flury, M., Zhang, Z.F., Harsh, J.B., Gee, G.W., Strickland, C.E., Clayton, R.E., 2013. Transport of Europium colloids in vadose zone lysimeters at the semiarid Hanford site. Environmental Science & Technology 47 (5), 2153 - 2160.

Lundegard, P.D., Johnson, P.C., Dahlen, P., 2008. Oxygen transport from the atmosphere to soil gas beneath a slab-on-grade foundation overlying petroleum-impacted soil. Environmental Science & Technology 42 (15), 5534 - 5540.

Luo, H., Dahlen, P., Johnson, P.C., Peargin, T., Creamer, T., 2009. Spatial variability of soil-gas concentrations near and beneath a building overlying shallow petroleum hydrocarbon-impacted soils. Groundwater Monitoring and Remediation 29 (1), 81 - 91.

Luo, H., Johnson, P.C., 2011. Incorporating barometric pressure and wind effects into vapor intrusion simulations. AEHS Conference, Petroleum Hydrocarbon Vapor Intrusion Session, March 16, 2011. San Diego, CA.

Ma, J., Rixey, W.C., DeVaull, G.E., Stafford, B.P., Alvarez, P.J.J., 2012. Methane bioattenuation and implications for explosion risk reduction along the groundwater to soil surface pathway above a plume of dissolved ethanol. Environmental Science & Technology 46 (11), 6013 - 6019.

Mackay, D., Matsugu, R.S., 1973. Evaporation rates of liquid hydrocarbon spills on land and water. Canadian Journal of Chemical Engineering 51 (4), 434 - 439.

Mackay, D., Wolkoff, A., 1973. Rate of evaporation of low-solubility contaminants from water bodies to atmosphere. Environmental Science & Technology 7 (7), 611 - 614.

Mackay, D., Yeun, A., 1983. Mass transfer coefficients for volatilization of organic solutes from water. Environmental Science & Technology 17 (4), 211 - 217.

Major, D., Edwards, E., McCarty, P.L., Gossett, J., Hendrickson, E., Loeffler, F., Zinder, S., Ellis, D., Vidumsky, J., Harkness, M., Klecka, G., Cox, E., 2003. Discussion of environment vs bacteria or let's play "Name that Bacteria." Ground Water Monitoring & Remediation Journal 23 (2), 32 - 48.

Marchal, R., Penet, S., Solano-Serena, F., Vandecasteele, J. P., 2003. Gasoline and oil biodegradation. Oil & Gas Science and Technology 58 (4), 441 - 448.

Massmann, J.W., 1989. Applying groundwater flow models in vapor extraction system design. Journal of Environmental Engineering 115 (1), 129 - 149.

Mattes, T.E., Alexander, A.K., Coleman, N.V., 2010. Aerobic biodegradation of the chlorothenes: pathways, enzymes, ecology and evolution. Federation of European Microbiology Societies Review 34 (4), 445 - 447.

Maymo-Gatell, X., Chien, Y., Gossett, J.M., Zinder, S.H., 1997. Isolation of a bacterium that reductively dechlorinates tetra-chloroethene to ethene. Science 276 (5318), 1568 - 1571.

McCarthy, J.F., Zachara, J.M., 1989. Subsurface transport of contaminants-mobile colloids in the subsurface environment may alter the transport of contaminants. Environmental Science & Technology 23 (5), 496 - 502.

McCarty, P.L., 1997. Breathing with chlorinated solvents. Science 276 (5318), 1521 - 1522.

McHugh, T.E., de Blanc, P.C., Pokluda, R.J., 2006. Indoor air as a source of VOC contamination in shallow soils below buildings. Soil and Sediment Contamination 15 (1), 103 - 122.

McHugh, T., Kuder, T., Fiorenza, S., Gorder, K., Dettenmaier, E., Philp, P., 2011. Application of CSIA to distinguish between vapor intrusion and indoor sources of VOCs. Environmental Science & Technology 45 (13), 5952 - 5958.

McLaughlin, D., Townley, L.R., 1996. A reassessment of the groundwater inverse problem. Water Resources Research 32 (5), 1131 - 1161.

McNab, W. W., Dooher, B. P., 1998. A critique of a steady-state analytical method for estimating contaminant degradation rates. Ground Water 36 (6), 983 - 987.

Melton, T. A., Johnson, D. W., 1998. A method for evaluating hazards of low volatility toxic liquids. 1988 Plant Safety Symposium, Houston, TX, pp. 3 - 10.

Michalak, A., 2001. Feasibility of contaminant source identification for property rights enforcement. In: Anerson, T.L., Hall, P. J. (Eds.), The Technology of Property Rights. Rowman and Littlefield Publishers, Inc., Lanham, MD, pp. 123 - 146, 135.

Michalak, A. M., Kitanidis, P. K., 2002a. Application of Bayesian inference methods to inverse modeling for contaminant source identification at Gloucester Landfill, Canada. In: Hassanizdeh, S. M., Schotting, R. J., Gray, W. G., and Pinder G. F., (Eds). Computation Methods in Water Resources. Proceedings of the XIV International Conference on Computation Methods in Water Resources. Delft, The Netherlands, pp. 1259 - 1266.

Michalak, A.M., Kitanidis, P.K., 2002b. Application of geostatistical inverse modeling to contaminant source identification at Dover AFB, Delaware. In: Findikakis, A. N. (Ed.), International Groundwater Symposium: Bridging the Gap between Measurement and Modeling in Heterogeneous Media. International Association of Hydraulic Engineering and Research, Madrid, Spain, pp. 137 - 139.

Michalak, A.M., Kitanidis, P.K., 2003. A method for enforcing parameter nonnegativity in Bayesian inverse problems with an application to contaminant source identification. Water Resources Research 39 (2), 1033. http://dx.doi.org/10.1029/2002WR001480.

Michalak, A., Kitanidis, P.K., 2004. Estimation of historical groundwater contaminant distribution using the adjoint state method applied to geostatistical inverse modeling. Water Resources Research, 40, W08302, doi: 10.1029/2004WR003214.

Michalak, A., Shlomi, S., 2007. A geostatical data assimilation approach for estimating groundwater plume distributions from multiple monitoring events. Subsurface Hydrology: Data Integration for Properties and Processes. Geophysical Monograph Series 171, 73 - 88.

Millington, R. J., Quirk, J. M., 1959. Permeability of porous media. Nature. London, UK 183, 387 - 388.

Millington, R. J., Quirk, J. M., 1961. Permeability of porous solids. Transactions of the Faraday Society 57, 1200 - 1207.

Mills, W. B., Liu, S., Rigby, M. C., Brenner, D., 2007. Time-variable simulation of soil vapor intrusion into a building with a combined crawl space and basement. Environmental Science & Technology 41 (14), 4993 - 5001.

Morrison, R.D., 1999. Environmental Forensics Principles & Applications. CRC Press, Boca Raton, FL, p. 299.

Morrison, R. D., 2000a. Environmental Forensics: Principles and Applications. CRC Press, Boca Raton, FL, pp. 99 - 303.

Morrison, R.D., 2000b. Application of forensic techniques for age dating and source identification in environmental litigation. Journal of Environmental Forensics 1, 142.

Morrison, R. D., 2002. Subsurface models used in environmental forensics. In: Murphy, B. L., Morrison, R. D. (Eds.), Introduction to Environmental Forensics. Elsevier Academic Press, Oxford, UK, pp. 311 - 367.

Morrison, R.D., 2007. Forensic applications of contaminant transport models in the subsurface. In: Murphy, B.L., Morrison, R. D. (Eds.), Introduction to Environmental Forensics, second ed. Elsevier Academic Press, Oxford, UK, pp. 538 - 558.

Morrison, R.D., 2014. Environmental releases. In: Rink, J., Thompson, J. (Eds.), Encyclopedia of Scientific Dating Methods. Springer Verlag, New York, NY, p. 8.

Morrison, R.D., Lowery, B., 1990a. Sampling radius of a porous cup sampler: experimental results. Ground Water Journal 28 (2), 262 - 267.

Morrison, R.D., Lowery, B., 1990b. Variables affecting the sampling rate of a porous cup sampler. Soil Science 149 (5), 308 - 316.

Morrison, R.D., Murphy, B.L., 2013. Contaminant transport models. In: Morrison, R.D., Murphy, B. L. (Eds.), A Forensic Analysis. Royal Society of Chemistry, Cambridge, UK, pp. 426 - 468.

Morrison, R. D., Newell, E., 1999. The cosolvation transport of DDT and xylene at a pesticide formulation facility. Journal of Soil Contamination 8 (1), 63 - 80.

Mueller, J., Chapman, P., Prichard, P., 1989. Action of a fluoranthene-utilizing community of polycyclic aromatic hydrocarbon components of creosote. Applied and Environmental Microbiology 55 (12), 3085 - 3090.

Murphy, B.L., Chan, W., 2011. A multi-compartment mass transfer model applied to building vapor intrusion. Atmospheric Environment 45 (37), 6650 - 6657.

Narasimhan, T.N., Tsang, Y.W., Holman, H.Y., 1990. On the importance of transient air flow in advective entry into buildings. Geophysical Research Letters 17 (6), 821 - 824.

Nazaroff, W.W., Feustel, H., Nero, A.V., Revzan, K.L., Grimsrud, D.T., Essling, M.A., Toohey, R.E., 1985. Radon transport into a detached one-story house with a basement. Atmospheric Environment 19 (1), 31 - 46.

Neupauer, R.M., Borchers, B., Wilson, J.L., 2000. Comparison of inverse methods for reconstructing the release history of a groundwater contamination source. Water Resources Research 36 (9), 2469 - 2475.

Neupauer, R.M., Wilson, J.L., 2002. Backward probabilistic model of groundwater contamination in non-uniform and transient flow. Advances in Water Resources 25 (7), 733 - 746.

Newell, C., Rifai, H., Wilson, J., Connor, J., Aziz, J., Suarez, M., 2002. Calculation and use of first-order rate constants for monitored natural attenuation studies. EPA/540/S - 02/500. United States Environmental Protection Agency, Cincinnati, OH, p. 27.

Novikov, A. P., Kalmykov, S. N., Utsunomiya, S., Ewing, R. C., Horreard, F., Merkulov, A.,

Clark, S.B., Tkachev, V.V., Myasoedov, B.F., 2006. Colloid transport of plutonium in the far-field of the Mayak Production Association, Russia. Science 314 (5799), 638 – 641.

Odermatt, J., Johnson, T., Hummeldorf, R., 1993. Distribution of DDT residues (DDT, DDD and DDE) in California sediments. Journal of Soil Contamination 2 (4), 315 – 329.

Ostendorf, D.W., Hinlein, E.S., Lutenegger, A.J., Kelley, S.P., 2000. Soil gas transport above a jet fuel/solvent spill at Plattsburgh Air Force Base. Water Resources Research 36 (9), 2531 – 2547.

Ostendorf, D.W., Kampbell, D.H., 1991. Biodegradation of hydrocarbon vapors in the unsaturated zone. Water Resources Research 27 (4), 453 – 462.

Park, H.S., 1999. A method for assessing soil vapour intrusion from petroleum release sites: Multi-phase/multi-fraction partitioning. Global Nest: International Journal 1, 195 – 204.

Parker, J.C., 2003. Modeling volatile chemical transport, biodecay, and emission to indoor air. Ground Water Monitoring and Remediation 23 (1), 107 – 120.

Parsons Engineering Science, 1999. Natural Attenuation of Chlorinated Solvents Performance and Cost Results from Multiple Air Force Demonstration Sites Technology Demonstration Technical Summary Report. Air Force Center for Environmental Excellence. ES – 2.

Patterson, B.M., Davis, G., 2009. Quantification of vapor intrusion pathways into a slab-on-ground building under varying environmental conditions. Environmental Science & Technology 43 (3), 650 – 656.

Patzek, T.W., 2001. The forensic application of contaminant transport models. In: Sullivan, P.J., Agardy, F.J., Traub, R.K. (Eds.), Practical Environmental Forensics, Process and Case Histories. John Wiley and Sons, New York, NY, pp. 123 – 150.

Pennell, K., Bozkurt, O., Suuberg, E., 2009. Development and application of a three-dimensional finite element vapor intrusion model. Journal of the Air & Waste Management Association 59, 447 – 460.

Poulsen, M., Kueper, B., 1992. A field experiment to study the behavior of tetrachloroethylene in unsaturated porous media. Environmental Science & Technology 26 (5), 891.

Provoost, J., Tillman, F.D., Weaver, J.W., Reijnders, L., Bronders, J., Van Keer, I., Swartjes, F., 2010. Vapour intrusion into buildings — a literature review. In: Daniels, J.A. (Ed.), Advances in Environmental Research, vol. 5. Nova Science Publishers, New York, NY, pp. 1 – 43.

Puls, R., Eychaner, J., Powell, R., 1990. Colloidal-facilitated transport of inorganic contaminants in groundwater: Part I. Sampling considerations. United States Environmental Protection Agency. Environmental Research Brief 12. EPA/600/M – 90/023.

Putorti, A., 2001. Flammable and combustible liquid spill/burn patterns. National Institute of Justice 3. NIJ Report 604 – 00. NCJ 186634, March 2001.

Ririe, T., Sweeney, R.E., 1995. Fate and transport of volatile hydrocarbons in the vadose zone. In: Proceedings of the 1995 Petroleum Hydrocarbon and Organic Chemicals in Groundwater Conference. American Petroleum Institute and the National Ground Water Association, Houston, TX, pp. 529 – 542.

Ririe, G.T., Sweeney, R.E., Daugherty, S.J., Peuron, P.M., 1998. A vapor transport model that is consistent with field and laboratory data. In: Petroleum Hydrocarbons and Organic Chemicals in

Ground Water: Prevention, Detection, and Remediation Conference. Ground Water Association Publishing, Houston, TX, pp. 299 – 308.

Robinson, A.L., Sextro, R.G., Riley, W.J., 1997a. Soil-gas entry into houses driven by atmospheric pressure fluctuations-the influence of soil properties. Atmospheric Environment 31 (10), 1487 – 1495.

Robinson, A.L., Sextro, R.G., Fisk, W.J., 1997b. Soil-gas entry into an experimental basement driven by atmospheric pressure fluctuations — measurements, spectral analysis, and model comparison. Atmospheric Environment 31 (10), 1477 – 1485.

Roggemans, S., Bruce, C.L., Johnson, P.C., 2002. Vadose zone natural attenuation of hydrocarbon vapors: an empirical assessment of soil gas vertical profiled data. API Technical Bulletin No. 16, Washington, D.C., pp. 1 – 12.

Rong, Y., 1999. A study of vadose zone transport model VLEACH. Journal of Soil Contamination 8 (2), 217 – 229.

Ryan, J. N., Illangasekare, T. H., Litaor, M. I., Shannon, R., 1998. Particle and plutonium mobilization in macroporous soils during rainfall simulations. Environmental Science & Technology 32 (4), 476 – 482.

Sanders, P.F., Hers, I., 2006. Vapor intrusion into homes over gasoline-contaminated ground water in Stafford, New Jersey. Groundwater Monitoring and Remediation 26 (1), 63 – 72.

Sanders, P. A., Stern, A. H., 1994. Calculation of soil cleanup criteria for carcinogenic volatile organic chemicals as controlled by the soil-to-indoor air exposure pathway. Environmental Toxicology and Chemistry 13 (8), 1367 – 1373.

Sanjuan, M. A., Munoz-Martialay, R., 1996. Influence of the Water/Cement Ratio on the Air Permeability of Concrete. Journal of Materials Research 31, 2829 – 2832.

Selima, H., Ma, L., 1998. Physical Nonequilibrium in Soils Modeling and Application. Ann Arbor Press, Chelsea, MI, p. 492.

Sen, T.K., Khilar, K.C., 2006. Review on subsurface colloids and colloid-associated contaminant transport in saturated porous media. Advances in Colloid Interface Science 119, 71 – 96.

Sciortino, A., Harmon, T.C., Yeh, W., 2000. Inverse modeling for locating dense nonaqueous pools in groundwater under steady flow conditions. Water Resources Research 36 (7), 1723 – 1735.

Shen, R., Yao, Y., Pennell, K.G., Suuberg, E.M., 2013. Modeling quantification of the influence of soil moisture on subslab vapor concentration. Environmental Science: Processes & Impacts 7 (15), 1444 – 1451.

Sidauruk, P., Cheng, A., Ouazar, D., 1998. Ground water contaminant source and transport parameter identification by correlation coefficient optimization. Ground Water 36 (2), 208 – 214.

Silva-Neto, A., Ozisik, A., 1993. Inverse problem of simultaneously estimating the time wise-varying strengths of two plane heat sources. Journal of Applied Physics 73 (5), 2132 – 2137.

Skaggs, T., Kabala, Z., 1994. Recovering the release history of a groundwater contaminant. Water Resources Research 30 (1), 71 – 79.

Skaggs, T., Kabala, Z., 1995. Recovering the history of a groundwater contaminant plume: methods of quasi-reversibility. Water Resources Research 32 (11), 2669 – 2673.

Skaggs, T., Kabala, Z., 1998. Limitations in recovering the history of a groundwater contaminant plume. Journal of Contaminant Hydrology 33 (3-4), 347-359.

Smith, J., Bomberger, D., Haynes, D., 1980. Prediction of the volatilization rates of high volatility chemicals from natural water bodies. Environmental Science & Technology 14 (11), 1132-1137.

Snodgrass, M.F., Kitanidis, P.K., 1997. A geostatistical approach to contaminant source identification. Water Resources Research 33 (4), 537-546.

Sonnenborg, T., Engesgaard, P., Rosbjerg, D., 1996. Contaminant transport at a waste residue deposit: 1. Inverse flow and nonreactive transport modeling. Water Resources Research 32 (4), 925-938.

Springer, S., Lunney, P. D., Valsaraj, K. T., Thibodeaux, L. J., 1984. Emissions of hazardous chemicals from surface and near surface impoundments to air. In: Draft Final Report. US Environmental Protection Agency, Washington, D.C. Project No. 808161-2. 3-4 to 3-16.

Stiver, W., Mackay, D., 1983a. Evaporation rates of chemical spills. In: Proceedings of the Technical Seminar on Chemical Spills. Environment Canada First Technical Spills Seminar, Toronto, Canada, pp. 1-8.

Stiver, W., Mackay, D., 1983b. Evaporation rate of spills of hydrocarbons and petroleum mixtures, environmental emergencies technology division, Report No. EE-49. Environment Canada, Ottawa, p. 31.

Stiver, W., Mackay, D., 1984. Evaporation rate of spills of hydrocarbons and petroleum mixtures. Environmental Science & Technology 18 (11), 834-840.

Stiver, W., Shiu, W.Y., Mackay, D., 1989. Evaporation times and rates of specific hydrocarbons in oil spills. Environmental Science & Technology 23 (1), 101-105.

Stumpp, C., Lawrence, J. R., Hendry, M. J., Maloszewski, P., 2011. Transport of bacterial interactions of three bacterial strains in saturated column experiments. Environmental Science & Technology 45 (6), 2116-2123.

Sun, A. Y., Painter, S. L., Wittmeyer, G. W., 2006. A constrained robust least squares approach for contaminant release history identification. Water Resources Research 42 (4). http://dx.doi.org/10.1029/2005WR004312.

Sun, N.Z., 1994. Inverse Problems in Groundwater Modeling. Kluwer Academic Publishers, Boston, MA, p. 337.

Terzenbach, D. P., Blaut, M., 1994. Transformation of tetrachloroethylene to trichloroethylene by homoacetogenic bacteria. Federation of European Microbiological Societies Microbiological Letters 123 (1-2), 213-218.

Tillman, F., Weaver, J., 2005. Review of recent research on vapor intrusion EPA/600/R-05/106. US Environmental Protection Agency, Office of Research and Development, Washington, D.C., p. 24.

Tittarelli, F., 2009. Oxygen diffusion through hydrophobic cement-based materials. Cement and Concrete Research 39 (10), 924-928.

Tobiszewski, M., Namiesnik, J., 2012. Abiotic degradation of chlorinated ethanes and ethenes in water. Environmental Science and Pollution Research International 19 (6), 1994-2006.

Tsou, M, Kool, J., Neville, C., Young, S., 2003. Comparison of three numerical models for chaindecay transport simulation at a closed AFB in Texas. In: MODFLOW 2003 Conference, Golden, CO, p. 5.

Turczynowica, L., Robinson, N., 2007. Exposure assessment modeling for volatiles-towards an Australian indoor vapor intrusion model. Journal of Toxicology and Environmental Health Part A 70 (19), 1619 - 1634.

Unlu, K., Kemblowski, M. W., Parker, J. C., Stevens, D., Chong, P. K., Kamil, I., 1992. A screening model for effects of land-disposed wastes on groundwater quality. Journal of Contaminant Hydrology 11, 27 - 49.

USEPA, 1987. Hazardous waste treatment, storage and disposal facilities (TSDF) — air emission models. EPA - 450/3 - 87 - 026. Office of Air and Radiation. Washington, D.C., 1 - 1 to 8 - 44.

USEPA, 1994. Air emissions models for waste and wastewater. EPA - 453/R - 94 - 080A. Office of Air Quality and Planning. Washington, D.C., 5 - 56.

USEPA, 1999. Risk management program guidance for offsite consequence analysis. Appendix D. Technical Background. EPA 550 - B - 99 - 009. Office of Solid Waste and Emergency Response. Washington, D.C., D - 2.

USEPA, 2002. Draft guidance for evaluating the vapor intrusion to indoor air pathway from groundwater and soils. EPA 530 - D - 02 - 004. USEPA Office of Solid Waste and Emergency Response, 178. Washington, D.C.

USEPA, 2011. Background indoor air concentrations of volatile organic compounds in North American residences (1990 - 1995): A compilation of statistics for assessing vapor intrusion. EPA 530 - R - 10 - 001. Office of Solid Waste and Emergency Response, 25. Washington, D.C.

USEPA, 2012. Conceptual model scenarios for the vapor intrusion pathway. EPA 530 - R - 10 - 003. Office of Solid Waste and Emergency Response, 116. Washington, D.C.

van der Heijde, P. M., Elnawawy, O. A., 1993. Compilation of Ground Water Models. EPA/600/R - 93/118, Ada, OK, p. 87.

Verginelli, I., Baciocchi, R., 2011. Modeling of vapor intrusion from hydrocarbon-contaminated sources accounting for aerobic and anaerobic biodegradation. Journal of Contaminant Hydrology 126 (3 - 4), 167 - 180.

Villholth, K., 1999. Colloid characterization and colloidal phase partitioning of polycyclic aromatic hydrocarbons in two creosote-contaminated aquifers in Denmark. Environmental Science & Technology 33 (5), 691 - 699.

Wagner, B. J., 1992. Simultaneous parameter estimation and contaminant source characterization for coupled groundwater flow and contaminant transport. Journal of Hydrology 135 (1 - 4), 275 - 303.

Wang, L., Huang, Y., Kan, A. T., Tomson, M. B., Chen, W., 2012. Enchanced transport of 2, 2′, 5′5′- polychlorinated biphenyl by natural organic matter (NOM) and surfactant modified fullerent nanoparticles (nC_{60}). Environmental Science & Technology 46 (10), 5422 - 5429.

Weaver, J. W., 2005. Uncertainty and the Johnson-Ettinger model for vapor intrusion calculations. EPA/600/R - 05/110. National Exposure Research Laboratory, Athens, GA, p. 35.

Wiedemeier, T., Rifai, H., Newell, C., Wilson, J., 1999. Natural Attenuation of Fuels and

Chlorinated Solvents in the Subsurface. John Wiley & Sons, New York, NY, pp. 278 – 281.

Wiedemeier, T., Wilson, J., Kampbell, D., 1996. Natural attenuation of chlorinated aliphatic hydrocarbons at Plattsburg Air Force Base, New York. In: Symposium on Natural Attenuation of Chlorinated Organics in Ground Water, September 1113, 1996. Dallas, TX, pp. 74 – 82. EPA/540/R – 96/509.

Wild, A., Hermann, R., Leisinger, T., 1997. Isolation of an anaerobic bacterium which reductively dechlorinates tetra-chloroethene and trichloroethene. Biodegradation 7 (6), 507 – 511.

Wilson, J.L., Liu, J., 1994. Backward tracking to find the source of pollution. Water Management Risk Remediation 1, 181 – 199.

Wilson, L.H., Johnson, P.C., Rocco, J.R., 2005. Collecting and interpreting soil gas samples from the vadose zone. API Publication No. 4741, Washington, D.C., p. 66.

Woodbury, A.D., Sudicky, E., Ulrych, T.J., Ludwig, R., 1998. Three dimensional plume source reconstruction using minimum relative entropy inversion. Journal of Contaminant Hydrology 32, 131 – 158.

Woodbury, A.D., Ulrych, T.J., 1998. Reply to the release history of a groundwater contaminant. Water Resources Research 34 (8), 2081 – 2084.

Yang, Y.Y., Gray, J.L., Furlong, E.T., Davis, J.G., ReVello, R.C., Borch, T., 2012. Steroid hormone runoff from agricultural test plots applied with municipal biosolids. Environmental Science & Technology 46 (5), 2746 – 2754.

Yao, Y., Pennell, K.G., Suuberg, E.M., 2012. Estimation of contaminant subslab concentration in vapor intrusion. Journal of Hazardous Materials 10 – 17, 231 – 232.

Yao, Y., Shen, R., Pennell, K.G., Suuberg, E.M., 2013a. A review of vapor intrusion models. Environmental Science & Technology 47 (6), 2457 – 2470.

Yao, Y., Shen, R., Pennell, K. G., Suuberg, E. M., 2013b. Examination of the influence of environmental factors on vapor concentration attenuation factors using the U. S. EPA's vapor intrusion database. Environmental Science & Technology 47, 906 – 913.

Yao, Y., Shen, R., Pennell, K.G., Suuberg, E.M., 2013c. Examination of the US EPA's vapor intrusion database based on models. Environmental Science & Technology 47, 1425 – 1433.

Yu, S., Dolan, M. E., Semprini, L., 2005. Kinetics and inhibition of reductive dechlorination of chlorinated ethylenes by two different mixed cultures. Environmental Science & Technology 39 (1), 195 – 205.

Yu, S., Semprini, L., 2008. Kinetics and modeling of reductive dechlorination at high PCE and TCE concentrations. Environmental Health Perspectives 116 (6), 814 – 820.

Yu, S., Unger, A.J., Parker, B., 2009. Simulating the fate and transport of TCE from groundwater to indoor air. Journal of Contaminant Hydrology 107 (3), 140 – 161.

Zhang, W., Morales, V.L., Cakmak, M.E., Salvucci, A., Geohring, L.D., Hay, A.G., Parlange, J. Y., Steenhuis, T.S., 2010. Colloidal transport and retention in unsaturated porous media: effect of colloid input concentration. Environmental Science & Technology 44 (13), 4965 – 4972.

Zinder, S.H., Gossett, J.M., 1995. Reductive dechlorination of tetrachloroethene by a high rate anaerobic microbial consortium. Environmental Health Perspectives 103 (5), 5 – 7.

第 17 章

地下储罐和地下管道的司法鉴定调查

Robert D. Morrison

目 录

17.1 引　言

确定地下储罐(UST)和/或相关管道系统污染物的释放源和释放时间,是环境损害司法鉴定工作中常见的一项挑战。假设地下储罐和管道没有被移动,高密度的土壤取样和分析虽然不能提供关于污染物何时释放的司法鉴定信息,但却有助于确定污染物释放源。在没有关于污染物何时释放,以及/或者诊断化学指标是否可用的直接证据的情况下,可以使用腐蚀模型来判断(Morrison,2013)。尽管地下储罐的释放物是建立腐蚀模型要考虑的首要因素,但地下储罐释放污染物的第一项研究——美国环境保护局(EPA)1986 年 8 月进行的一项调查结论是,被查污染物中的 20%~35%都是从管道中释放出来的(USEPA,1987a;Geyer and Wisuri,2000)。

17.2 地下储罐挖掘过程中的司法鉴定取样

尽管通常可以通过土壤和液体样本(即地下储罐里的残留和/或被擦除的样本)来确定污染物释放源,在腐蚀模型和/或管道腐蚀模型中使用的收集并用于检测污染物性质的土壤样本也非常重要。在腐蚀模型中,对地下储罐回填土壤样本进行的最为常见的分析要素包括氯化物、硫酸盐、电阻率、土壤 pH 和土壤湿度(National Association of Corrosion Engineers,2002;Morrison and Murphy,2013)。检查焊缝寻找腐蚀的证据(在焊接点发生的腐蚀速率快于均匀腐蚀或孔腐蚀),绘制土壤污迹(即潜育土等)的地图并拍照,对储罐及填充口的位置进行物理测量,查找满溢保护穹顶并拍照(如有),收集和测量储罐建筑材料,明确任何阴极保护装置的位置和状况,绘制所有与地下储罐相关的地下管道地图,对抽水泵进行定位并检查关于这些水泵的设备资料,确定并收集储罐和水泵的发动机标签,这些工作同样非常重要。

在地下储罐挖掘过程中开展的现场调查工作,包括对地下储罐壁的厚度进行测量,确定储罐容积,获得储罐和/或水泵设备标签等,有可能让我们知道地下储罐制造的时间。在开展现场调查的同时,回顾以往的储罐标准(即美国安全检测实验室公司[UL] 58 and 1316,美国消防协会[NFPA] 30 等)可以提供用以归纳地下储罐制造时间的信息(USEPA,1987b)。

17.3 以往的地下储罐标准

第一个行业咨询公会(IAC)会议于 1919 年 3 月 31 日在位于芝加哥的美国安全检测实验室公司召开,制定了针对单层壁和双层壁储油罐的 UL 58 规则。1925 年,对钢制地下储罐的要求的规定从国家火灾保险商委员会(NBFU)关于安装危险液体容器的有关规定中移出,改为由 UL 制定,并刊登在第一版 UL 58 中。1963 年,国家火灾保险商委员会(NBFU)关于安装危险液体容器的规定被转至美国消防协会(NFPA)制定的第 30 号标准中(Geyer and Wisuri,2000)。UL 58 主要规定关于泄漏、外压失稳和排压有关的安全问题。

第二次世界大战期间,应急替代规范(EAS)于 1941 年 10 月 1 日颁布,要求原来使用少于 7 USS gage(0.187 5 英寸,1 英寸 = 2.54 厘米)的材料制造的容量为 1 100 加仑(1 加仑 = 3.785 升)的地下储罐,应使用镀锌钢或者 10 Ga (0.140 6 英寸)的黑钢制造。按照这样要求制造的储罐将贴上特制的标签,标明 *EAS*,10 USSg 字样和制造日期。1949 年 4 月 1 日,经修订的 UL 58 允许容量为 1 100 加仑的储罐既可以使用镀锌钢,也可以使用更重的无镀层钢制造。

1957 年 5 月,美国国家消防协会(NFPA)30 号规范(易燃液体规范)颁布,替代了自 1913 年到 1957 年一直实施的关于易燃液体储存、处理和使用的建议条例。NFPA 的 30 号规范规定了容量为 285 加仑的钢制地下储罐使用的钢材最低厚度为 14 Ga(0.078 1 英寸),容量为 560 加仑的钢制地下储罐使用的钢材最低厚度为 12 Ga(0.109 4 英寸),容量为 1 100 加仑的钢制地下储罐使用的钢材最低厚度为 10 Ga(0.140 6 英寸),容量为 4 000 加仑的钢制地下储罐使用的钢材最低厚度为 7 Ga(0.187 5 英寸),容量为 12 000 加仑的钢制地下储罐使用的钢材最低厚度为四分之一英寸。如果地下储罐贴有 UL 标签,说明其已符合上述储罐厚度标准规定。1959 年 7 月 20 日,美国保险商试验所公告说明 UL 58 规定包含了与 1957 年 NFPA 指引中对钢制(无论是镀锌钢还是无镀层钢)地下储罐罐壁厚度相同的规定(Geyerand Wisuri,2000)。

1959 年之前,有关规定要求地下储罐外层必须涂抹沥青、持久性的柏油打底的漆,或者红色铅和/或油漆。1961 年,修订后的 UL58 要求地下储罐外层应涂抹油漆,以延迟储存过程中发生的腐蚀。由于防腐蚀保护级别由监管机构自由裁量决定,因此制造商所涂油漆经常被清除以升级防腐蚀防护措施。沥青涂层很难清除,必须使用蒸汽、喷沙或其他技术手段。由于很少有人知道地下储罐要被安装在哪里,以及防腐蚀保护措施要达到怎样的级别,因此制造商提议关于钢制地下储罐外层应涂抹油漆的要求应当被废除。1968 年,UL58 中关于地下储罐外层应当涂抹油漆的强制性要求被删除,同时 NFPA30 号规范明确规定了要求采取阴极保护措施或者使用例如纤维玻璃等抗腐蚀的建筑材料。

原有 1963 年 UL58 的表格中规定了根据储罐直径和最大容量不同而不同的钢材最低厚度。但并未要求进行评估储罐设计的性能测试。1996 年 12 月 13 日，UL58 进行了修订，允许制造商根据罗克应力与应变方程式来确定最低的钢制外壳厚度（Young et al.，2011）。如果储罐是根据罗克等式来设计的，那么就不需要通过性能测试来对储罐设计进行评估：

$$t_{smin} = \left[\frac{(P_1 L r^{\frac{3}{2}} (1 - u^2)^{\frac{3}{4}})}{(0.0807 E_s)} \right]^4 \tag{17.1}$$

其中，P_1 为浸入水中深达 5 英寸或到制造商规定的最大埋藏深度时所计算出来的储罐底部承受的外压（单位为：磅力/平方英寸）；E_s 为钢材的弹性模量；t_s 为钢制储罐外壳的厚度（英寸），一次储罐最小厚度为 0.123 英寸，二次储罐最小厚度为 0.093 英寸；L 为储罐长度（英寸）；r 为储罐半径（英寸）；u 为泊松比。UL58 规定，如果钢制储罐设计能够通过储罐外部压力测试，储罐厚度可以减少 25%。在 1 小时的外部压力测试中，储罐被没入水中至一定深度（制造商规定的埋藏深度或 5 英寸，取这两种深度中更深者）。测试中储罐不能泄漏、塌陷、内爆或者被压弯（偏离储罐直径 5%）。UL58 还规定，地下储罐在承受 5 磅力/平方英寸的压力测试时，提起储罐的把手以支撑相当于空罐重量两倍重的负担物一秒钟，不能造成储罐的永久变形。在生产过程中，每个储罐在运输或涂漆之前必须经过泄漏测试。如果地下储罐未贴 UL 检查标签，但在储罐标签上确有压力测试信息，那么说明 UL 的厚度标准并不适用。

17.4 腐　　蚀

腐蚀是指金属由于与周围环境发生反应而产生变质的现象，这种现象与欧姆定律有关（例如，$I=V/R$，I 指通过导体的电流，以安培为单位；V 指导体的电势差，以伏特为单位；R 指导体的电阻，以欧姆为单位）。腐蚀电流与腐蚀电池的电压成正比，与腐蚀电池的电阻成反比。当地下储罐表面未出现异常或出现斑点时，这个过程表现为均匀腐蚀。斑点属于一种小范围攻击，会导致金属的快速渗透和消除。当电气化学或者化学性的变质使金属表面局部暴露，例如在氯、H_2S 以及钢出现时，会出现局部斑点（Fang et al.，2011）。斑点区域通常是阳极，阳极的极性会随着金属表面的整个大范围区域（阴极）和小范围的阳极（斑点区域）之间发生的电子传递而减弱。对于埋藏地下的金属结构来说，点蚀比均匀腐蚀更加常见，通常在金属结构表面 5%~10%的区域都会出现(Bushman and Mehalick,1989)。

1966 年,俄亥俄州标准石油公司从地下储罐的腐蚀部分收集的射孔数据表明,所有这些地下储罐中,55%在 15 年使用期间发生过泄漏,70%在最初的 20 年使用期间泄漏过(Harco Corporation,1966)。这项研究的研究对象包括俄亥俄州、佛罗里达州和得克萨斯州的地下储罐。另外一项对俄亥俄州零售站 800 个地下储罐的腐蚀速率和/或无故障工作时间所做的研究结论表明,55%的零售站在 15 年期间、70%的零售站在 20 年期间会出现至少一个地下储罐故障的情形(Garrity,1996)。美国石油学会(API)1981 年资助的一项对于地下储罐泄漏情形的研究发现,地下储罐的平均预期寿命约为 15 年,但这并不能很好地反映储罐能够保持完整性的时间(American Petroleum Institute,1981)。这项研究的结论是,未采取任何保护措施的地下储罐的寿命为 5 到 45 年不等,主要取决于钢材的厚度(≈0.10~0.25 英寸)、安装操作、土壤电阻率、土壤 pH、土壤湿度、硫化物浓度、回填材料的土壤质地和储罐尺寸等具体情况。

20 世纪 80 年代末期,研究人员在纽约长岛苏福克县一处腐蚀性弱的土壤中挖出埋藏了 18 个月的 500 个钢制地下储罐,并就地下储罐的各方面情况做了数据统计。经对这些被挖出的地下储罐调查发现,相较于地下储罐的使用年限,地下储罐的尺寸对于预测储罐故障情况更为重要,小型储罐由于罐壁更薄,比大型储罐更容易穿孔。外部腐蚀(所有穿孔的 75.5%)要比内部腐蚀更为重要(USEPA,1988)。储罐出现穿孔现象的平均年限为 23.4 年。单穿孔出现在地下储罐侧壁(20%)和端板(17%),而在储罐底部(19%)多穿孔更为常见。2005 年密歇根州环境质量部对 141 个被挖出的地下储罐检查之后发现,79%的地下储罐发生了孔蚀,21%则出现了均匀腐蚀(Zajac,2005)。

17.4.1 影响地下储罐腐蚀情况的变量

在腐蚀模型中使用的主要输入变量包括罐壁的厚度、土壤湿度、土壤电阻率、水溶性氯化物和可溶性硫酸盐、pH,以及碳酸氢盐。对这六项因素的评估为确定可能的腐蚀速率提供了分析框架。其他变量包括土壤渗透性、土壤的氧气含量、杂散电流和结构影响。例如,能够影响腐蚀速率的结构因素包括以下几个方面:冶金、储罐涂层的类型和状况、储罐直径和长度、土壤和液体温度、震动性、应力水平和分布,以及是否存在不同的金属(Bushman and Mehalick,1989)。

17.4.1.1 储罐罐壁厚度

储罐罐壁或管道壁越厚,抗腐蚀的时间越长。在苏福克县的研究中,在罐壁厚度和穿孔数量之间存在明显的关联。在所有其他因素不变的情况下,小型储罐(容量低于 5 000 加仑)罐壁比大型储罐罐壁要薄,因此出现穿孔的风险更大。

17.4.1.2　土壤湿度

大多数情形下,土壤湿度与腐蚀速率直接相关。土壤湿度的增加通常会伴随着相对低的电阻率和相对较差的通风状况。对镀锌钢来说,土壤湿度主要影响氯离子的活性。如果土壤湿度低于 17.5%,氯离子浓度不会对锌腐蚀速率产生显著影响。如果土壤湿度高于 17.5%,氯离子浓度会对锌腐蚀速率产生显著影响。

17.4.1.3　土壤电阻率

土壤电阻率是指在腐蚀过程中土壤对于电流的阻挡变量。土壤的电阻率越低,电流越容易通过土壤,导致金属的腐蚀速率以及储罐或者管壁的穿孔率越高。土壤电阻率与氯离子浓度相关,越高的电阻率意味着越低的氯离子含量和镀锌层腐蚀速率。

土壤腐蚀性随着土壤电阻率的降低成比例地增长。土壤电阻率值小于 500 欧姆-厘米的,土壤腐蚀性非常强;500~1 000 的,土壤腐蚀性很强;1 000~2 000 的,土壤腐蚀性一般强;2 000~10 000 的,土壤腐蚀性较为轻微;高于 10 000 的,土壤腐蚀性可忽略(Peabody and Parker,1984)。土壤电阻率值中有很多变量。1987 年对大约 7 590 个地下储罐的调查取得的土壤电阻率值以及腐蚀百分比数值如下:小于 3 000 的占 17.4%,3 000~9 900 的占 25.3%,10 000~19 900 的占 19.4%,20 000~494 900 的占 20.2%,高于 50 000 的占 17.7%(Kroon,1987)。地下储罐邻近的土壤电阻率值的变化意味着土壤质地不同,这种变化通常会导致电解腐蚀的发生。

17.4.1.4　水溶性氯离子

通常情况下,钢材中氯的含量越高,腐蚀速率越快。氯离子的存在导致土壤电阻率降低,使得镀锌层更容易被腐蚀。土壤中高含量的氯连同土壤的高湿度一起会提高镀锌层的腐蚀速率。土壤中的氯能够降低土壤电阻率,从而导致孔蚀。与水溶性氯的浓度(mg/kg)相关的腐蚀程度可以量化如下:腐蚀度非常高(浓度高于 5 000),很高(1 500~5 000),中等(500~1 500),轻微(100~500),可忽略(小于 100)。

17.4.1.5　二价硫离子

二价硫离子的存在表明硫酸盐还原菌也存在,这可以使 pH 转向酸性条件,从而加速腐蚀的发生。腐蚀度和水溶性硫浓度(mg/kg)的相关函数关系的量化表示如下:严重(<2 000),中等(1 000~2 000),可忽略(<1 000)。

17.4.1.6　pH

pH 低的土壤金属腐蚀的程度要比碱性土壤更高。当土壤 pH 高于 7.0 时,金属表面会出现保护层(钝化)。腐蚀度与 pH 范围的相关函数关系的量化表示如下：很高(<4)，高(4~5.5)，中等(5.5~6.5)，轻微(6.5~7.0)，可忽略(>7)(Uhlig，1971；USEPA，1988)。

17.4.1.7 碳酸氢盐

高浓度的碳酸氢盐会降低土壤电阻率值，因此可以降低钢和其他含铁金属的腐蚀速率。

17.4.2 地下储罐的腐蚀模型

有许多模型可以用来评估地下储罐和管道的腐蚀情况。例如平均无腐蚀故障时间(MTCF)，储罐环境资料搜集(TEP)，储罐适用性研究(TSS)，以及基于加拿大环境保护石油协会(PACE)调研基础上的方法等等(Pope-Reid，1986)。

17.4.2.1 Rossum 模型

1969年，John R. Rossum 提出了用来评估何时地下储罐的孔蚀会导致泄漏的等式(Rossum，1969)。Rossum 的成果是基于 Romanoff 关于腐蚀的调查，以及国家标准局(NBS)在1910年到1955年期间从全美128个测试点暴露的36 500个金属样本获得的数据得出的(Romanoff，1957；Ricker，2010)。最初国家标准局研究的目的是为了确定裸露管道是可在部分土壤还是全部土壤中使用，以及对土壤特征的判断是否可用于预测土壤腐蚀性，从而能够更好地做出管道铺设的决定并优化管道管理。国家标准局对美国境内包含了在1957年摘要报告中列出的8种基本土壤类型的47个点开展了关于裸露管道地下腐蚀情况的研究。样本是从这些观测点定期取得的，最新的样本是管道埋入地下后的12年到17年期间取得的(Ricker，2010)。

国家标准局的研究主要是关于埋地管道的腐蚀情况。因为管道被安装在回填沟槽中，国家标准局对在地下18英寸到6英寸的沟槽中的样本开展了研究。Romanoff 从国家标准局取得的数据中提出了以下经验等式：

$$W = kT^{n} \tag{17.2}$$

式中，W 是指罐壁厚度的减少量或在时间；T 是最大的底坑深度；k 是常倍数；T 是暴露时间(年)，n 是指数常数。在上述17.2等式中，参数 k 和 n 从文献中获得(Ahammed and Melchers，1997)。假设常倍数 k 与平均值0.015和标准差0.037呈正态分布，并假设 n 与平均值1.0和标准差0.14呈正态分布。

Rossum 在此项研究成果基础上继续扩展，提出了下列等式，用来确定管道或者地下储罐外层表面首次出现泄漏情况的时间：

$$T_L = \left(\frac{\rho}{10 - pH}\right)\left(\frac{z}{K_n K_a}\right)^{1/n}\left(\frac{1}{A}\right)^{a/n} \tag{17.3}$$

式中，T_L表示首次泄漏出现的时间；p 表示以欧姆-厘米为单位表示的电阻率；pH 表示土壤的酸碱度；z 表示以密耳(1 密耳=0.001 英寸)为单位的金属壁厚度；K_n是一个经验常数，土壤通气性良好时等于 170，通气性一般时等于 222，通气性差时等于 355；K_a指相关的底坑深度，管道或储罐材质为锻铁时等于 1，为钢时等于 1.06，为铸铁时等于 1.4；A 指暴露的管道或地下储罐表面的面积；a 是经验常数，管道或储罐材质为锻铁时等于 0.13，为钢时等于 0.16，为铸铁时等于 0.22；n 是经验常数。对于通气性良好、一般和差的土壤，n 分别等于 1/6，1/3 和 1/2。变量 n 和定性术语通气性“良好”、“一般”和“差”的具体数值，是基于在用手工挖掘和回填的洞里暴露了十年的锻铁样本的最大穿透深度确定的。表 17.1 描述了 Rossum 对这三个术语(“良好”“一般”“差”)的分类(Rossum，1969)。

表 17.1　暴露 10 年的锻铁样本的最大穿透深度

土壤编号	通风状况	n	K_a	ohm-cm	pH	底坑深度(NBS[1])	计算出的底坑深度
4	良好	1/6	170	6 670	5.6	75	66
26	″	′	′	2 980	7.3	59	69
32	″	′	′	5 700	7.3	55	62
55	″	′	′	5 213	5.8	75	68
25	一般	1/3	222	1 780	7.2	49	50
41	″	′	′	1 320	5.5	64	64
62	″	′	′	6 922	4.1	78	(41)
64	″	′	′	62	8.3	145	129
65	″	′	′	148	7.2	100	114
5	差	1/2	355	1 346	7.0	50	47
8	′	′	′	350	7.6	79	82
15	′	′	′	489	7.5	63	71
61	′	′	′	943	5.9	72	66

计算锻铁样本中的底坑深度是为了与从下列等式中测量出来的底坑深度做对比：

$$p = K_a A^a \tag{17.4}$$

其中，p 代表面积(A)中的底坑深度；K_a 指单位面积中的最大洞深；a 是常数，具体数值取决于土壤和金属。指数 a，如果数值较小，说明比在指数 a 数值更大时土壤种类更为相近。等式 17.3 和 17.4 因此可以合并得出计算底坑深度的普遍性等式为

$$\rho = K_n\ (10 - pH)^n\ \rho^{\left(\frac{-n}{n}\right)} \tag{17.5}$$

1　NBS=美国国家标准局

和

$$\rho = K_n K_a (10 - pH)^n \rho^{\left(\frac{-n}{n}\right)} A^a \tag{17.6}$$

其中，K 是把已腐蚀的金属体积转变为金属盐浓度的常数；n 是由通气程度（见附件）决定的指数。当底坑深度等于金属壁厚度（z）时，就会发生泄漏，从而得出出现第一次泄漏的时间为

$$t_L = \frac{\rho}{10 - pH}\left(\frac{z}{K_n K_a}\right)^{\frac{1}{n}}\left(\frac{1}{A}\right)^{\frac{a}{n}} \tag{17.7}$$

等式 17.7 也可以通过如下等式计算任何时间出现泄漏的次数：

$$L = A\left(\frac{(K_n K_a)}{Z}\right)^{\frac{1}{a}}\left(t\frac{10 - pH}{\rho}\right)^{\frac{n}{a}} \tag{17.8}$$

其中，L 代表泄漏次数；t 代表时间。

Rossum 腐蚀模式提供了一个能够判断地下储罐何时开始泄漏以及泄漏次数的简单等式。其他有关腐蚀的模式中还考虑了阴极保护（可以减缓模式估算出的腐蚀速率），多个成分和壁面厚度不同的地下储罐和管道，关于与储罐腐蚀相反的是，泄漏发生在装填过量/溢出的储罐的证据，以及原状土壤的腐蚀机理与回填开挖的土壤不同等因素。第三种考虑是确定地面表面，特别是靠近地下储罐填充口的土壤是否能够表明存在与地下储罐邻近或之下的土壤样本中发现的相同的污染物。

17.4.2.2 地下储罐平均无腐蚀故障时间（MTCF）模式

1979 年，一种在地下储罐周围土壤变量的基础上，估算和预测未加保护的钢制地下储罐何时出现故障的统计学方法得以发展。由此形成的 MTCF（平均无腐蚀故障时间）模式来源于 API 和加拿大环境保护石油协会对美国和加拿大 2 000 个有着钢制壁面、无阴极保护的地下储罐所做的调查（PACE，1983；Pope-Reid，1986；Morrison，2000）。这项调查的结论是，无论土壤性质如何，地下储罐的腐蚀过程可以描绘为一条 S 形曲线。

PACE 和 API 的调查数据分析表明，由于外部腐蚀而导致的储罐故障时间在 5~35 年期间不等，腐蚀速率不仅仅与储罐已使用年限有关。基于此项分析，形成了获得用于对储罐故障时间进行统计估算所需的输入变量数值的方法。MTCF 模式依靠的是储罐回填材料（如土壤含水量、土壤电阻率、硫化物含量等）的特性以及储罐已使用年限；然后就可以计算出在任何时间点出现故障的可能性。这些方法适用于地下储罐，但不适用于有关管道（USEPA，1999）。

起初，MTCF 模式需要采集四份土壤样本，测量这些土壤样本的电阻率、酸性、

硫化物和含水量；到1982年，土壤样本的数量降至两份，一份取自储罐中部，一份取自储罐底部（Petroleum Marketer，1982）。土壤检测结果被用于计算储罐泄漏的平均年限；储罐的实际已使用年限和泄漏故障平均时间存在差别，说明存在地下储罐目前正在泄漏的可能性。该模式假设点蚀是主要的腐蚀机理。

对无保护、也无阴极保护的碳钢地下储罐适用MTCF模式，可以表示如下：

$$T_f = 5.75(R^{0.05})(S^{-0.018})exp(0.13pH_{soil}) - 0.41M0.26S_u \tag{17.9}$$

其中，T_f表示储罐故障；R表示以欧姆-厘米为单位的土壤电阻率；S表示以加仑为单位的地下储罐容量，如果是饱和土壤，M为1，如果是不饱和土壤，M为0，如果土壤中存在硫化物，S_u等于1，如果土壤中没有硫化物，S_u等于0。

美国环境保护局（EPA）使用这项技术对42个点进行评估后得出结论，如果从正态分布群体中随机选取一个简单样本，那么MTCF模式判断的数据真实性的置信水平为95%。但是几位路易斯安那州的地下储罐承包商称，他们在1998年和1999年遇到过MTCF模式判断错误的情形，在移除故障储罐时他们发现储罐并没有被腐蚀（State of Louisiana，2008）。路易斯安那环境质量部认为，绝大多数储罐在使用25年之后，不论在使用MTCF模式时储罐的实际情形怎样，都会出现故障。得出MTCF模式的数据在某种程度上存在偏差，因为用来在统计学上判断由于外部腐蚀而导致的储罐故障时间时，所使用的土壤性质和储罐特征的数据主要是从挖掘的已经出现故障的储罐上获取的。

17.4.2.3 储罐适用性研究（TSS）

TSS是一种用来分析地下储罐的腐蚀情况，和储罐邻近土壤的腐蚀特征的非侵入性方法。这种模式要求使用经过检测的能够代表地下储罐周围土壤特征的参数。使用统计学模型来确定地下储罐无泄漏情况下的预期寿命，以及是否适合采取阴极保护措施。这种方法适用于地下储罐，但不适用于管道。根据这种模式得出的地下储罐预期寿命减去1.5年后必须超过当前储罐的已使用年限。

已知的在TSS模式中使用的分析参数包括以下几个方面：土壤电阻率，3 200～1 100 000 Ω/cm^3；总氯量，10～343 mg/kg；土壤pH，3.6～11.4；总硫，10～48 mg/kg；和总固体，78%～99.8%。

17.4.3 适用于地下储罐管道的腐蚀模型

大量文献研究了如何预测地下石油和天然气管道的腐蚀速率，其中很多可用于判断与地下储罐相关的金属管道出现故障的时间（Gunalthun et al.，2010；Kaewpradap et al.，2012）。尽管没有穷尽，但是用于确定与地下储罐相关的地下管道腐蚀速率的模式主要包括MTCF、MTFF、罗森和PAC模式。

17.4.3.1 平均无腐蚀故障时间模式(MTCF)

使用MTCF方法来解决管道泄漏问题的可能性包括将此方法适用于位于西俄亥俄州和科罗拉多州的一整条地下管道上,这条管道长达100英尺,其腐蚀速率正在加速增长(Bushman and Mehalick,1989)。铸铁管道安装了铃铛,承插接头安装了橡胶垫片。检查管道,获得测量数据,以确定哪里没有发生腐蚀故障,以及点蚀发生的点。所取得的结果数据随后被用于构建一种多元回归分析模型,以预测管道故障的平均时间,可用以下等式表示:

$$Y = B_v + B_1 X_1 + B_2 X_2 + \cdots B_k X_k + e \tag{17.10}$$

其中,Y表示MTCF模式;X_k是指影响MTCF的每个独立变量(例如土壤电阻率、土壤含水量,等等);B_k是基于每个独立变量在MTCF模式中发挥的作用而确定的每个变量的系数;B_v是一个常量或Y轴截距,e是随机误差,符合具有零均值和常数方差的正态概率分布。

反应变量是已知的腐蚀故障次数的对数,而独立变量被假设为从现场测量获得的腐蚀导致变量的价值。在故障次数呈现正态分布的情况下,腐蚀故障概率为0.5时为无腐蚀故障平均时间。

鉴于连接地下储罐与自动取物装置以及其他地下储罐的管道易于腐蚀,有许多模式可用于判断管道腐蚀速率。

17.4.3.2 无故障平均时间(MTFF)

MTFF可以判断从概念上来讲属于随机发生的管线腐蚀速率,这一方法原本用来检查与海岸管线和气田管线相关的管线(Ossai,2013)。管线的约定发热电流($i = 1, 2 \cdots, n$)退化包含在时间ti_i和ti_{mi}时测量所得的矢量m_i。退化时间t建模为未知的退化$\eta(t)$加上测量误差项$\acute{\varepsilon}$。在时间点为m_i时,管线的测量退化值Y_{ij}计算为:

$$Y_{ij} = \eta(t_{ij}) + \epsilon_{ij},\ 1 < i \leqslant n,\ i \leqslant j \leqslant m_i \tag{17.11}$$

严格或任意选取退化形式η,使用线性、幂、指数或者对数模型描述管道退化过程如下:

$$CR = \alpha T_m + \beta(\text{Linear}) \tag{17.12}$$

$$CR = \beta T_m^{\alpha}(\text{Power}) \tag{17.13}$$

$$CR = \beta e^{\alpha T_m}(\text{Exponential}) \tag{17.14}$$

$$CR = \alpha ln(T_m) + \beta(\text{Logarithmic}) \tag{17.15}$$

其中,CR是管道因腐蚀而退化的速率(毫米/年),T_m是α和β为常数时的时间。

等式 17.12 至 17.15 假设当腐蚀的壁厚为原壁厚的 45%~85%时能够确定 MTFF。使用等式 17.16 至 17.19 的退化模型可以确定管道的 MTFF 如下：

$$MTFF = \frac{p * ti - C R_{it-\beta}}{\alpha} (\text{Linear}) \tag{17.16}$$

$$MTFF = \left(\frac{p * ti - C R_{it}}{\beta}\right)^{\frac{1}{\alpha}} (\text{Power}) \tag{17.17}$$

$$MTFF = \frac{log\left[\frac{p * ti - C R_{it}}{\beta}\right]}{\alpha} (\text{Exponential}) \tag{17.18}$$

$$MTFF = e\,\frac{p * ti - C R_{it} - \beta}{\alpha} (\text{Logarithmic}) \tag{17.19}$$

其中，ti 是管道壁厚（mm），p 是被腐蚀壁厚所占的百分比（45%~85%），CR_{it}是各年度（1，2，…，n）管线的测试腐蚀速率（mm/y）。确定的首次故障平均时间（MTFF）可用于威布尔分析方法，以便建立管线在时间流逝中的稳定性，从而可以估计管线的剩余寿命。大多数情况下，具有两个参数的威布尔分布适于从每个样本区域获得的最大底坑深度。这些分布代表了假定故障模式的失败或修补特性，可归为故障模式。威布尔分布的累计密度函数（CDF）假设如下：

$$F(t) = 1 - e^{-\left[\frac{t}{\gamma}\right]^{\theta}} \tag{17.20}$$

其中的 $F(t)$是 MTFF（在时间 t 之前出现故障的可能性）的累计密度函数，γ 和 θ 分别是规模和形状参数（DeSilva et al.，2006）。θ 的数值表示故障速率模式。当 $\theta < 1$ 时，为初值故障率；当 $\theta = 1$ 时，为常值故障率；当 $\theta > 1$ 时，为随着时间流逝而提高的磨损故障率。规模参数 θ 是 63.2%的管道出现故障时的使用寿命。

17.4.3.3　罗森管道腐蚀模式

罗森研究出了一种管道腐蚀模式，将外坑深度作为管道外层表面的一个函数：

$$x = x_0 \left(\frac{A}{A_0}\right)^{0.16} \tag{17.21}$$

其中，x 是 A 区域（平方英尺）内最大点蚀深度，x_0是 A_0区域（平方英尺）的最大点蚀深度。罗素还提出了深埋钢管的最大外坑深度的计算等式为

$$p = 1.06\, K_n \left[\frac{(10 - pH)\,t}{\rho}\right]^{n} A^{0.16} \tag{17.22}$$

其中，对于通风状况很好、中等、一般和较差的土壤，K_n 分别等于 170、196、222 和 355；n 分别等于 0.16、0.236、0.33 和 0.5；t 表示管道被埋的年数；A 代表管道的表面积(平方英尺)；pH 指 pH(在 5 到 9 之间)；p 指土壤电阻率。

罗森管道腐蚀模式用于预估地下无涂层的碳素钢管道出现外层腐蚀的时间；在时间 t 时出现的漏洞数量可计算如下(Rossum，1969)：

$$L = A\left[\frac{1.06\,K_n}{z}\right]^{6.25}\left[\frac{t(10 - pH)}{\rho}\right]^{\frac{n}{0.16}} \tag{17.23}$$

土壤电阻率和土壤 pH 对这个等式结果影响非常大；例如，如果土壤电阻率加倍，预计的漏洞数量会减半，而如果将 pH 从 7 降为 6，将会使预计的漏洞数量增长 33%。而且，由于腐蚀过程中发生的化学反应会随着氧气含量不同而发生变化，因此罗素等式的计算结果高度依赖于土壤通风状况。

如果把分数值 L 转变为概率，等式 17.23 就成为一个随机模型。这样，假设第一个漏洞在 $L=0$ 和 $L=2$ 之间时出现。当 $L=1$ 时，有 50% 的概率管道会发生故障；第二个漏洞在 $L=1$ 和 $L=3$ 期间出现，第三个漏洞在 $L=2$ 和 $L=4$ 时出现，等等。因此如果 L 值等于 3.2，就意味着已经确定出现了两个漏洞，第三个漏洞已出现的可能性是 60%；如果第三个漏洞已出现，第四个漏洞已出现的可能性是 10%。当检测到漏洞时，变量 t 设为 0。

罗森模式还可以进行变化，用来预估管道内部的内层腐蚀情况(类似于地下储罐的内层腐蚀情况)；当管道接触空气时，腐蚀速率为每年 1.4 密耳，当与流体腐蚀相结合时，腐蚀速率计算如下(Ailor，1982)：

$$1.4(1 - f) + f(r') \tag{17.24}$$

其中，f 表示管道与流体接触的时间，r' 表示当存在流体时获得的管道内部腐蚀速率；如果不存在流体，那么 $f=0$。

17.4.3.4 PACE 模型

在 1977 年对 0.25 英寸厚、单层钢壁、容量为 5 000 到 1 万加仑的地下储罐(其中 108 个出现泄漏情况，192 个未泄漏)进行调查的基础上(PACE，1983)，加拿大环境保护石油协会(PACE)研究出一种地下储罐外部腐蚀模型。PACE1977 年进行的调查也是另外一种名为危险废物储罐故障(HWTF)的方法形成的基础，这种方法包含了一种局部外部腐蚀模型，在发展 MTCF 模型过程中得到了评估(Petroleum Marketer，1982；Pope-Reid，1986)。在 PACE 模型中，储罐使用年限是已知的，与地下储罐相邻的土壤的腐蚀性数值，或 SAV(也就是腐蚀性高、中等、良性)，也是确定的。SAV 是基于对土壤电阻率(300 到>25 000)、pH(<3 到>9)、土壤湿度(湿透、潮湿、干燥)和硫化物(阳性和阴性)的评分确定的。该方法假设外层腐蚀率不能小于等于 1.4 密耳/年。基于 SAV、地下储罐已使用年限，以及 0.25 英寸的壁厚，PACE 研究出了表 17.2 中故障百分比的累计概率。

表 17.2　0.25 英寸壁厚、容量为 5 000 和 10 000 加仑、有涂层和无涂层的钢制地下储罐累积故障时间分布

	累积故障概率(%)		
储罐已使用年限	土壤腐蚀性良性 ($SAV \leqslant 6$)	土壤腐蚀性中等 ($7 \leqslant SAV \leqslant 12$)	土壤腐蚀性高 ($SAV \geqslant 13$)
4	0 [2] (0) [3] 0(0)	0(0)	
9	0(0)	11.1(14.5)	26.7(32)
14	6.3(9)	29.1(38)	49.9(59.9)
19	24(34.3)	54.3(70.9)	76.5(91.8)
24	48.3(60.1)	57.3(87.9)	79.9(95.9)
30	69.9(100)	76.6(100)	83.3(100)

一旦 SAV 确定了，就可得出腐蚀速率(密耳/年)如下：

$$C_r = \max\left[1.4\left(\frac{SAV}{10}FNU(1.4,\ 5)\right)\right] \tag{17.25}$$

其中被调查的 300 个地下储罐的平均 SAV 值为 10，括号[ ]数值为两个括弧内数值的最大值，跌落至界于 1.4 和 5 之间，即 FNU(1.4,5)的均匀分布。PACE 的调查数据也被用来估算地下储罐内层腐蚀速率的范围为 2 到 20 密耳/年(Pope-Reid，1986)。

17.4.4　地下储罐和管道腐蚀模型考虑因素

腐蚀模型大多数在地下储罐被移出之后才会适用，因此对于土壤和储罐特性(即储罐厚度、储罐表面涂层的完整性，等等)的测量可能是不可复制的。此外，考虑到在储罐挖掘过程中没有对储罐原本的安装状况或者储罐本身进行实际检查，可能无法得到泄漏会在何处出现这样的信息。罗森、TSS 和 MTFC 腐蚀模式是一种用来估算地下储罐何时开始泄漏以及漏洞数量的简单化表达。其他影响腐蚀速率的因素还包括：采用了能够减缓估算的腐蚀速率的阴极保护措施，存在不同构成、不同壁厚的地下储罐和管道相互连接的情况，储罐外层有表面涂层(通常与沥青类似)，地下储罐曾与流动的地下水位接触过，泄漏是因储罐过满/溢出而不是因储罐腐蚀产生的。上述最后一项因素，要通过确认地表的，尤其是靠近填充口的土壤是否被污染来进行评估考虑。如果存在地表土壤污染，在得出关于污染源，以

2　假设是无涂层的裸钢。

3　假设为外部涂层故障。

及腐蚀模式是否能够提供有用鉴定信息的结论时需要特别注意。

17.5 总 结

在没有直接证据的情况下,运用腐蚀模型来估算泄漏何时出现,是一种有用的司法鉴定方法,特别是存在补强证据的时候。当仅用于预测泄漏何时会出现时,需要注意的是这些技术是定性的方法,因此只能提供一个关于因腐蚀而可能产生泄漏的时间范围。

(杨旭,马栋)

参 考 文 献

Ahammed, M., Melchers, R. E., 1997. Probabilistic analysis of underground pipelines subject to combined stresses and corrosion. Engineering Structures 19 (12), 988 - 994.

Ailor, W.H., 1982. Atmospheric Corrosion. John Wiley & Sons, New York, NY, p. 33.

American Petroleum Institute, 1981. Underground leak survey results as reported by F. Killman to the American Petroleum Institute Task Force on February 5, 1981. American Petroleum Institute, Washington, D.C.

Bushman, J.B., Mehalick, T.E., 1989. Statistical analysis of soil characteristics to predict mean time to corrosion failure of underground metallic structures. ASTM STP 1013. In: Chakar, V., Palmer, J.D. (Eds.), Effects of Soil Characteristics on Corrosion. American Society of Testing and Materials, Philadelphia, PA, p. 111.

DeSilva, D., Moglia, M., Davis, P., Burn, S., 2006. Condition assessment to estimate failure rates in buried metallic pipelines. Journal of Water Supply: Research and Technology 55, 179 - 191.

Fang, H., Brown, B., Nesic, S., 2011. Effects of sodium chloride concentrations on mild steel corrosion in slightly sour environments. Corrosion 67 (1), 015001 - 1 to 015001 - 11.

Garrity, K., 1996. Underground storage tank cathodic protection design. Anaheim California January 16 - 18, 1996. In: Krause, D., Lehmann, J. (Eds.), Storage Tanks ASTs and USTs. National Association of Corrosion Engineers. National Association of Corrosion Engineers International, Houston, TX, pp. 255 - 260.

Geyer, W., Wisuri, J., 2000. Handbook of Storage Tank Systems. Marcel Dekker, Inc., New York, NY, p. 339.

Gunalthun, Y., Kaewpradap, U., Singer, M., Nesic, S., Punpruk, S., Thammachart, M., 2010. Progress in the prediction of top of the line corrosion and challenges to predict corrosion rated measured in gas pipelines. Corrosion/2010. Paper No. 10093.

Harco Corporation, 1966. Solving the leaking tank problem. National Petroleum News, Cleveland, OH, pp. 1 – 5.

Kroon, D.H., 1987. Integrity assurance program for underground storage tanks. NACE Conference, San Francisco, CA, p. 9.

Kaewpradap, U., Singer, M., Nesic, S., 2012. Top of the line corrosion — comparison of model predictions with field data. NACE Corrosion 2012 Conference and Exposition. Paper Number C2012 – 0001449. 13.

Morrison, R.D., 2000. Application of forensic techniques for age dating and source identification ion environmental litigation. Journal of Environmental Forensics 1, 131.

Morrison, R. D., 2013. Overview, analysis and interpretation and interpretation of environmental evidence. In: Siegel, J.A., Saukko, P.J. (Eds.), Encyclopedia of Forensic Sciences, 2nd ed., vol. 2. Academic Press, Waltham, MA, pp. 45 – 50.

Morrison, R.D., Murphy, B.L., 2013. Dating releases from underground storage tanks. Chpt. 15. In: Morrison, R. D., Murphy, B. L. (Eds.), Chlorinated Solvents: A Forensic Analysis. Royal Society of Chemistry, Cambridge, UK, pp. 469 – 487.

National Association of Corrosion Engineers (NACE), 2002. Corrosion Control of underground storage tank systems by cathodic protection. NACE Standard RP0285 – 2002. No. 21030, Houston, TX, p. 15.

Ossai, C., 2013. Pipeline corrosion prediction and reliability analysis: a systematic approach with Monte Carlo simulation and degradation models. International Journal of Science & Technology Research 2 (3), 58 – 69.

Peabody, A.W., Parker, M.E., 1984. Inhibitors. In: Corrosion Basics An Introduction. Brasunas, A. (Ed.). NACE International, Houston, TX, 191.

Petroleum Association for Conservation of the Canadian Environment (PACE), 1983. Underground tank systems: review of state of the art and guidelines. PACE Report No. 82 – 3, Ottawa, Canada, p. 69.

Petroleum Marketer, 1982. Rogers finds leaks by using statistics. November-December 1982, pp. 17 – 20.

Ricker, R., 2010. Analysis of pipeline steel corrosion data from NBS (NIST) studies conducted between 1922 – 1940 and relevance to pipeline management. Journal of Research of the National Institute of Standards and Technology 115 (5), 353 – 371.

Romanoff, M., 1957. Underground corrosion. National Bureau of Standards Circular 579. United States Government Printing Office, Washington, D.C., pp. 11 – 53.

Rossum, J., 1969. Prediction of pitting rates in ferrous metals from soil parameters. Journal of the American Water Works Association 69 (6), 305 – 310.

Pope-Reid Associates, 1986. Hazardous Waste Tank Failure (HWTF) and Release Model. EPA – 68 – 01 – 6621. Office of Solid Waste, Washington, D.C., p. 674.

State of Louisiana, 2008. Department of Environmental Quality, Alternative assessment method for internally lined tanks. Baton Rouge, LA, p. 6.

Uhlig, H., 1971. Corrosion and Corrosion Control, second ed. John Wiley & Sons, New York, NY, p. 441.

USEPA, 1987a. Causes of release from UST systems. EPA 510 - R - 92 - 702. Solid Waste and Emergency Response, Washington, D.C., p. 4.

USEPA, 1987b. Leak prevention in underground storage tanks: a state of the art survey. EPA/600/2 -87/018. Hazardous Waste Engineering Research Laboratory, Cincinnati, OH, p. 92.

USEPA, 1988. Tank corrosion study. EPA 510 - K - 92 - 802. Solid Waste and Emergency Response, Washington, D.C., p. 38.

USEPA, 1999. List of integrity assessment evaluations for underground storage tanks. Washington, D.C., p. 1.

Young, W., Budynas, R., Sadegh, G., A.M., 2011. Roark's Formulas for Stress and Strain, eigth ed. McGraw-Hill, New York, NY, p. 1072.

Zajac, A., 2005. A "hole" new look at corrosion. 17th Annual UST/LUST National Conference, March 14 - 15, Seattle, WA, p. 28.

附录：对罗森模式的评论

罗森在他写于 1969 年的论文[1]中使用了 K_a 的两个定义，以及 K 和 K_n 的多个定义。如果用参数 d 替换 K_a，假定在他的论文中 K 和 K_n 的数值是变化的，那么：

$$p = K_1 t^n \quad \text{（罗森等式 20）}$$

$$p = d A^a \quad \text{（罗森等式 21）}$$

其中 p 为面积 A 中坑深的几何均值，d 为单位面积中的最大坑深。因此：

$$p = K_2 E^n \rho^{-n} t^n \quad \text{（罗素等式 22）}$$

和：

$$K_1 = K_2 E^n \rho^{-n}$$

$$E = K_3(10 - pH) \quad \text{（罗素等式 25）}$$

$$p = K_4 (10 - pH)^n \rho^{-n} t^n \quad \text{（罗素等式 26）}$$

由此：

$$K_4 = K_2 K_3$$

$$p = K_n K_a (10 - pH)^n \rho^{-n} t^n A^a \quad \text{（罗素等式 27）}$$

1 Rossum, J., 1969. Prediction of pitting rates in ferrous metals from soil parameters. Journal of the American Water Works Association 69 (6), 305 - 310. 括号内的等式指罗素论文原文中的等式。

因此：

$$K_n = \frac{K_4}{K_a} A^{-a}$$

这篇 1969 年论文中的等式 27 说明了等式(21)和(26)的函数相关。$K_a = dA^a =$ 相对坑深，与罗素在表 2 中的使用一致，其中 a 是基于"样本"数值而确定的。K_a 和 a 的数值只取决于金属种类。K_n 和 n 的数值只取决于土壤通风状况。在估算 K_n 的过程中，使用了 a 的"结构"值。从罗素等式 27 中得出 $p = z$，从而：

$$t_L = \frac{\rho}{10 - pH} \left(\frac{z}{K_n K_a} \right)^{1/n} (1/A)^{a/n} \qquad \text{(罗素等式 29)}$$

和：

$$L = A \left(\frac{K_n K_a}{z} \right)^{1/a} \left(\frac{t(10 - pH)}{\rho} \right)^{n/a} = \left(\frac{p}{z} \right)^{1/a} = A \left(\frac{d}{z} \right)^{1/a} \qquad \text{(罗素等式 30)}$$

等式 30 解释了如何估算 L：当单位面积内的最大坑深达到 z 时，漏洞数量为 A。这很明显是对那个时间内有关情况所做的最好估算。但在此时间之前或之后的时间段如何适用该等式仍是不明确的。

第 18 章

环境损害司法鉴定中的主成分分析和受体模型

Glenn W. Johnson, Robert Ehrlich,
William Full, Scott Ramos

目　录

18.1 引　言

化学污染物来源的识别是环境损害司法鉴定中一个普遍存在的问题。能够成功推断污染物来源依赖于采样计划的设计，样品收集过程，化合物分析方法以及研究区域的历史工业发展过程资料。但是，如果存在多个污染源贡献相似污染物的复杂情况，那么仅有非常详细的计划和设计也是不够的。如果不能将每个污染源与一种独特的污染物（即示踪物）联系起来，然后绘制各个特定污染物浓度的分布图，那么就不足以推断污染物来源。当然，如果污染源通过大量分析发现有特定的化学组分比例，也就是特征"污染物指纹"，那么可以使用多元统计方法，分析多个变量来实现污染物来源推断。污染物指纹识别的多元统计方法主要是确定系统中存在的指纹数量，每个指纹的多元化学组成以及每个采集的样品中各个指纹的相对贡献。

数十年来，确定这些参数的数学方法的开发一直是环境化学统计学和受体模型建模领域的主要目标。目前已经开发了一系列旨在实现此目的的方法。早期开发的方法对于解决相对简单的问题最为有用。之后的方法旨在解决更多一般性问题，考虑到复杂的情况，例如异常数据，混合羽流（即源指纹的混合）以及在调查开始时未假设或预期的污染源的存在。本章的目的是就方法的优缺点进行讨论，并指导环境学者在工作中使用适当的方法。

18.1.1　原理与方法：一个探索性数据分析的案例

在实验设计方面，环境损害司法鉴定研究中的污染源分配问题介于两种极端情况之间。一种极端情况是所有潜在污染物来源的化学成分、位置、历史过程和排放持续时间都是已知的。另一种极端情况是没有一个信息是准确知道的，受体处的污染物（例如供水井的河口沉积物或地下水）可能是历史的或远距离的排放活动的结果。

在第一种情况下（所有污染源的信息已知），问题就相对简单。只要在适当的采样位置采集样品，由于在这种情况下污染源及其特征化学成分是已知的，因此可以使用多种线性方法，例如化学质量平衡受体模型（见第 20 章），确定每个污染源的排放贡献。

不幸的是，环境损害司法鉴定实际调查的情况通常会比最初预期的要复杂，而第一种情况通常过于简单。即使知道了污染源，环境中的污染物也可能不会保持其原始组成。即污染物组成可能通过诸如生物降解和挥发的过程随时间变化。即使对于难降解的污染物，例如多氯联苯和二噁英，也是如此（Bedard and Quensen，1995；Chiarenezelli et al.，1997；Johnson et al.，2006）。污染物降解会导致出现无法预期的一个或多个指纹。

另一个极端情况是污染源的所有信息都不能准确知道。存在可能的污染源，但是可能没法收集到这些污染源的样本(即污染物指纹的参考标准)，并且在文献中可能也找不到污染源的污染物指纹信息。一个地区的工业历史信息通常不能完全获得。一个小型的不起眼的生产过程可能是主要的污染源，但最初却容易被忽略。对于这种情况，我们必须放弃传统的统计方法(见第 5 章)，而进入探索性数据分析(EDA)领域。这两种方法(常规数据统计方法和 EDA)之间的根本区别在于，前者创建明确的假设，通过定义明确的检验方法和强大的概率论证对数据进行评价。相比之下，EDA 只需很少的假设即可在数据本身中找到模式，相关性和关系(Tukey，1977)。如果 EDA 的结果产生了一个图，其中一种多元指纹的浓度朝着输出的管道单调增加，并且指纹组成与污染源的相关过程一致，则显而易见地可以推断该潜在污染源是实际污染源。我们认识到，不同于古典统计学或假设检验模式，EDA 是基于不太严格的概率陈述。但是，这种方法不应被解释为"次优解"。在环境损害司法鉴定中，EDA 方法可能是唯一有效的选择。严格的概率方法通常需要做一组关于数据结构的严苛的假设。如果数据无法安全地做出这样的关键假设，则无法支持这种方法的使用。此外，在环境损害司法鉴定的调查中，我们经常缺乏足够的信息来确定需要检验的假设。因此，至少在项目开始时 EDA 方法通常是最明智的选择。

无论选择哪种数据分析策略，另一个重要的考虑因素都是异常或可疑数据的处理。环境污染物数据的常见问题包括：

- 由不同实验室或不同方法进行的污染物分析，可能会存在系统的偏差
- 存在浓度等于或低于方法检出限的数据
- 共洗脱的存在(与目标分析物同时洗脱的非目标分析物)
- 数据输入，数据转录或峰积分错误等常见问题

不幸的是，这些错误很少表现为随机噪声，通常它们会带来很强的系统差异。如果不识别这些错误，那么分析结果得到"指纹"可能与真实污染源无关。因此，离群值的识别在环境数据分析中是必要的。在讨论指纹识别方法时，一个主要考虑的方面就是对异常数据的警惕识别和清理程序。如果发现这种错误数据并对数据进行了删除或修改，则必须清楚地标识这些数据，并且在分析结果中说明相应的理由。

18.1.2 受体模型的公式

环境损害司法鉴定中的受体模型建模包括通过分析周围环境的污染物数据来推断污染源及其贡献(Gordon，1988；Hopke，1991)。其主要需要确定：(1) 系统中

污染物指纹的数量，(2) 每个指纹的化学成分，(3) 每个指纹在每个样品中的贡献。首先要做一个从受体端(例如居住区的河口沉积物或环境空气)采集的样品中的污染物测量结果数据表。这些数据通常会做成电子表格的形式，其中行代表样品，列代表分析的污染物。对于做多元数据分析的人，这个表就是数据矩阵。我们将原始数据表当作一个 m 行乘以 n 列的矩阵 X，其中 m 是样本数，n 是分析的污染物种类数。我们希望知道的是可能的指纹个数(k)和每个指纹的组成成分(目标 1 和 2)，这可以表示为矩阵 F，它具有 k 行和 n 列。我们还希望知道第三个矩阵(A)，它具有 m 行和 k 列，表示每个样本中每个指纹的贡献(目标 3)。因此，受体模型建模的问题可以通过以下的线性代数方程式表达：

$$\text{多维矩阵} \quad \underset{(m \times n)}{X} = \underset{(m \times k)}{A} \; \underset{(k \times n)}{F} + \varepsilon \tag{18.1}$$

矩阵 ε 是残差或测量误差的矩阵。设 $i = 1 - m$，$j = 1 - n$，给定 k 个源，矩阵 X 中的每个元素可以用以下公式计算：

$$x_{ij} = \sum\nolimits_{h=1}^{k} a_{ih} f_{hj} + e_{ij} \tag{18.2}$$

在原始数据表中，有三个已知项(X，m 和 n)和三个未知项：指纹数(k)、指纹组成(F)、每个样本中每个指纹的贡献(A)。如果指纹可以预先确定，则 k 和 F 都是已知的，仅剩一个未知项(A)。在这种情况下，污染源的贡献构成就包含在“训练集”中，该“训练集”包括了所有潜在污染源的贡献组成，用公式 18.1 求解 A 也变得很简单，可以通过回归方程解决，这就是化学质量平衡受体模型(CMB)方法的基础(见第 20 章)。不幸的是，在环境损害司法鉴定的调查中，我们通常无法事先知道存在贡献的污染源。只能通过采用“训练集”对一个明确的假设进行检验，或者至少对一个隐性的假设进行检验。如果有可能，我们希望直接从环境数据中直接分析出污染源组成模式。也就是说，我们要采用带自训练算法的化学统计方法。

尽管我们可以使用的化学统计方法很多，但环境损害司法鉴定的性质决定了必须使用具有特殊功能的方法。方法的概念模型中必须考虑多种来污染源混合的情况，并且能够在事先没有对污染源的数量、污染物组成和时空分布做出假设的情况下解析出污染物指纹。最后，方法解析出的结果必须能用科学说法解释。满足这些要求的几种常用化学统计方法将进一步进行介绍。

18.1.3 示范数据集

本章使用了三个示范的数据集，用来演示所讨论的各种方法，其中两个是多氯联苯(PCB)的数据集。PCB 是一系列氯代有机化合物，通常是环境损害司法鉴定调查研究的重点。PCB 在 20 世纪被广泛用于商业和工业领域，商用 PCB 产品由 Monsanto(前美国制造商)以 Aroclor 的商品名进行销售。多氯联苯的商业用途包括在荧光灯镇流器和无碳复写纸的应用,以及在变压器和电容器中作为介电液的应用。Johnson 等(2006)发表了有关 PCB 在环境损害司法鉴定调查研究中的化学过程、来源、归趋和迁移的全面综述。本章将采用 PCB 数据集进行演示,因为 PCB 作为一系类污染物通常使用多变量方法进行分析。

第三个数据集由 Henry 和 Christensen(2010)发布,用于比较不同的受体模型方法。Henry 的数据集是一个综合的数据集,具有三个污染源,200 个样品和八种污染物,并且污染物浓度数据乘积误差为 1%。数据集网址位于 http://pubs.acs.org/journal/esthag。Henry 和 Christensen(2010)使用该数据集比较了此处讨论的四种受体模型方法中的两种方法(PMF 和 Unmix)的结果(Henry et al.,1994;Bzdusek et al.,2006a)。我们展示了用 PMF 和 Unmix 分析该数据集的原始结果,并结合本章中其他两种受体模型方法(ALS 和 PVA)的结果一起讨论。

这里介绍的三个演示的数据集都是三个污染源的结构。优先采用三个污染源的演示数据集不代表环境中污染物都是三个污染源的结构。这只是因为三个污染源的结构更适合用图形表示,从而让读者对算法有更好的直观理解。所有这些方法都可以并且已经应用于具有三种以上污染物来源的环境污染物结构。

对于两个 PCB 的数据集,源指纹的同系物组成采用 Frame 等(1996)报导的 Aroclor 标准组分。分别采用了 Aroclor 1248(Frame 样品 G3.5)和 Aroclor 1254 的两个变体(Frame 样品 A4 和 G4),Frame 等(1996)。Aroclor 1254 的两个变体是最先被报道的不同批次的 Aroclor 1254 存在明显不同的同系物组成。之后的研究表明,出现不同的 Aroclor 1254 是 1970 年代初 Aroclor 1254 后期生产工艺变化的结果(Frame,1999)。1971 年至 1972 年之间 Aroclor 1254 的后期产品缩小了生产的时间范围(Johnson et al.,2008)。三个污染源的指纹图谱如图 18.1 所示。

这个演示使用了 Aroclor 1254 的两个变体,因为它们可以作为环境损害司法鉴定调查研究中经常遇到的一些意外的示例。例如某个地区的生产历史已经确定的情况下,可以肯定在现场只可能有两种 PCB 配方 Aroclor 1248 和 Aroclor 1254,而数据分析人员并不知道 Aroclor 1254 这两种变体,可能会合理地做出两个污染源的假设。显然,在这种情况下这种假设是不正确的。在环境损害司法鉴定的调查中,即使是最简单的情况,选用最容易理解的系统也会产生意外。

这三种 Aroclor 的组成成分结构被用于创建两个人工数据集(PCB 数据集 1 和 2)。其中的第一个(PCB 数据集 1)非常简单,几乎不可能作为环境损害司法鉴定调查研究的示例。但是它具有启发作用,因为它可以提供对主成分分析(PCA)的直观了解,而主成分分析是本章讨论的大多数方法的数学基础。PCB 数据集 1 是一个 24 个样品,56 种同系物的数据矩阵。数据很简单,因为每个样本代表一个污染源且只有一个污染源的贡献。也就是说,它是一个高度聚类的数据集,没有样

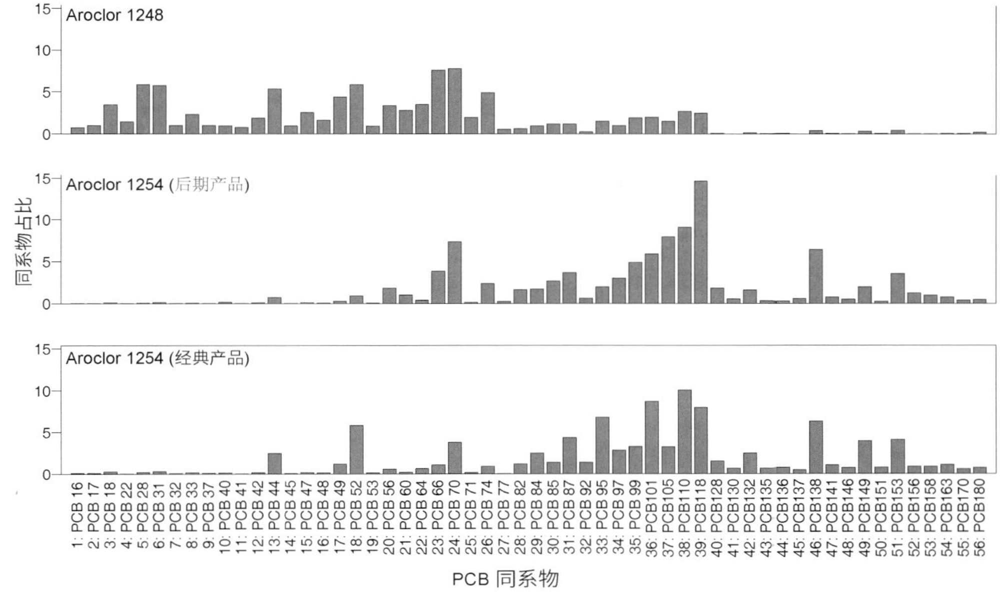

图 18.1　本章中演示的人工数据集用到的三种 PCB 产品(Aroclcrs)的同系物组成成分。数据来自 Frame 等(1996)

品存在一种以上 Aroclor 的混合。为了在三个不同污染源的每个源中增加一些样本间的变异,在数据集的每个样本中添加了随机高斯噪声。本书网站的补充材料中提供了 PCB 数据集 1: http://booksite.elsevier.com/9780124046962/(表 18.S-1)。

第二个数据集(PCB 数据集 2)要复杂得多,并且更能代表环境损害司法鉴定调查研究中遇到的实际数据。PCB 数据集 2 的创建过程如下:

1. 所有样品均为三种 Aroclor 成分的混合物。也就是说,数据集中的任何样本都不是一个来源的 100%贡献。多种来源的不同贡献共同影响每个样本。用于计算原始无噪声的矩阵 X 的两个矩阵 A 和 F(公式 18.1)在本书网站上的补充信息的一个表格中提供了: http://booksite.elsevier.com/9780124046962/(表 18.S-2)。

2. 将 10%的高斯噪声添加到 $X = x_{ij}$ 的每个矩阵值用来模拟随机误差。从均值为零且标准偏差为 1 的正态分布中取一个随机数,将该随机数乘以 0.10,然后将该结果乘以矩阵值 x_{ij},就得到了该矩阵值的噪声项 e_{ij}。然后将此噪声值添加到原始矩阵值 x_{ij},用总和替换原始值 x_{ij}。

3. 数据浓度单位为 ng/g,每个样品都设了方法检出限。这样,许多低浓度矩阵值将根据检出限进行"审查"。在后续的数据分析中,常规做法是将低于检出限的值替换为检出限的一半。根据我们的经验,这种方法适用于 PCA 和受体模型建模,只要分析人员把低于检出限的值的替换方法对模型的影响当作拟合优度诊断的一部分进行评估即可。Helsel(2006)详细讨论了经典统计检验(例如回归)中低于检出限的值的处理方式。

4. 在一个样本(样本 22)中添加了数据转录错误项,是一个模拟的数据转换错误。输出结果的某些同系物的浓度来源于同一个,因此设置的错误浓度分配给了表格 56 列中的 14 个。

5. 对于一类同系物 PCB 141,在 50 个样品中的 35 个中引入了共洗脱问题。气相色谱分析过程中非 PCB 峰与 PCB 的共洗脱是 PCB 化学分析中的常见问题。这里模拟的共洗脱代表了这样一个例子。农药 p, p′-DDT 在 Chrompack CP-SIL5-C18 气相色谱柱上非常靠近 PCB 141 的洗脱时间(R. Wagner,个人通讯)。因此,如果在 PCB 分析的样品中存在 p, p′-DDT,则 p, p′-DDT 可能会被错误地当作 PCB 141(IUPAC)。

本书网站的补充材料中提供了 PCB 数据集 2: http://booksite.elsevier.com/9780124046962/(表 18.S-3)。

18.2 主成分分析

18.2.1 PCA 概述

主成分分析(PCA)是在环境化学统计学和许多学科中被广泛使用的方法。PCA 可以单独使用,也可以作为受体模型建模方法的中间步骤。在介绍 PCA 中的计算步骤之前,以 PCB 数据集 1 为例可以进行一个更直观的讨论。PCA 的目的是减少存在大量相互关联(即相关)变量的数据集的维数。通过将数据变换为一组新的相互正交的参考变量(主成分或 PCs),来实现数据集维数的减小。对主成分(PCs)进行排序,每个主成分(PCs)依次按照能解释数据集方差的百分比逐渐减小排列。如果几个主成分(PCs)就可以解释样本之间几乎所有的变异性,那么可以通过简单的二维或三维图(主成分得分图)来评估多元样本之间的关系。图 18.2 是一个 PCB 数据集 1 的两个主成分(PCs)得分图。两个主成分可以解释 PCB 数据集 1 方差的 92% 以上,得分图清楚地将样本分为两个群集: Aroclor 1248 和 Aroclor 1254 。

但是,上述的分析有一个明显的问题。尽管这个数据集中确实只有两种 Aroclor(图 18.2 清楚地表明),但它不只有两个污染源。前两个主成分(PCs)不能区分两个 Aroclor 1254 变体。这也是 PCA 应用于环境化学数据分析中的一个常见问题。很多时候调查人员会得到一个两个主成分的得分图,例如图 18.2,

并且可以合理地认为两个主成分解释数据方差的92.5%。这样的结论隐含了一个意思,就是剩余的7.5%的方差是随机噪声,但是在这个例子中显然不是这样的。

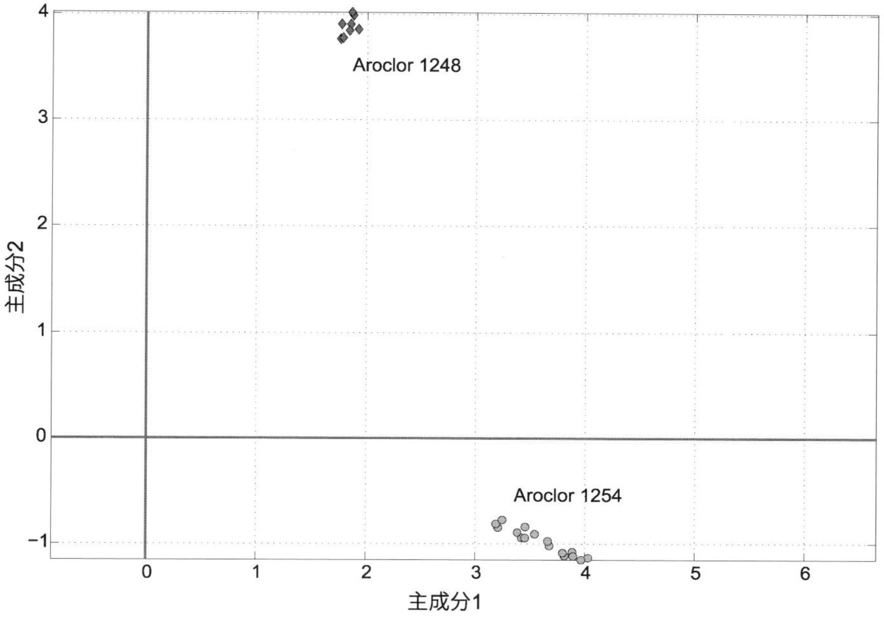

图 18.2 PCB 数据集 1 的两个主成分得分图。两个主成分(PCs)可以解释 PCB 数据集 1 方差的 92%以上,但不足以区分两个 Aroclor 1254 变体。数据变换包括归一化百分比(公式 18.3)和范围变换(公式 18.5)

PCB 数据集 1 的三个主成分得分图如图 18.3 所示。三个主成分(PCs)可以解释全部方差的97.5%;与两个主成分(PCs)所占百分比相比有所增加。但是,这一小部分总方差百分占比不是随机噪声,也不是数据错误造成的。三个主成分(PCs)得分图清楚地区分了三个群集,而不是两个群集,可以让分析者有效地推断出三个污染源的存在。

但是请注意,这三个源或三种同系物组成与主成分轴线不一致。这说明尽管 PCA 通常被用作源解析的数学基础,但主成分本身并不(通常不应被认为)等同于"源"。PCA 入门使用者的一个常见错误是试图解释各个主成分的得分和载荷比,认为它们可能代表了污染源的污染物组成成分和混合比例(更多讨论见 18.2.6 和 18.3)。

这个例子中有几个重要的注意事项。

1. 使用数学统计技术(例如 PCA)需要考虑精确度和准确度的问题。这个例子的两个主成分(PCs)得分图(图 18.2)中,样本高度聚类在两个 Aroclor 组,并且

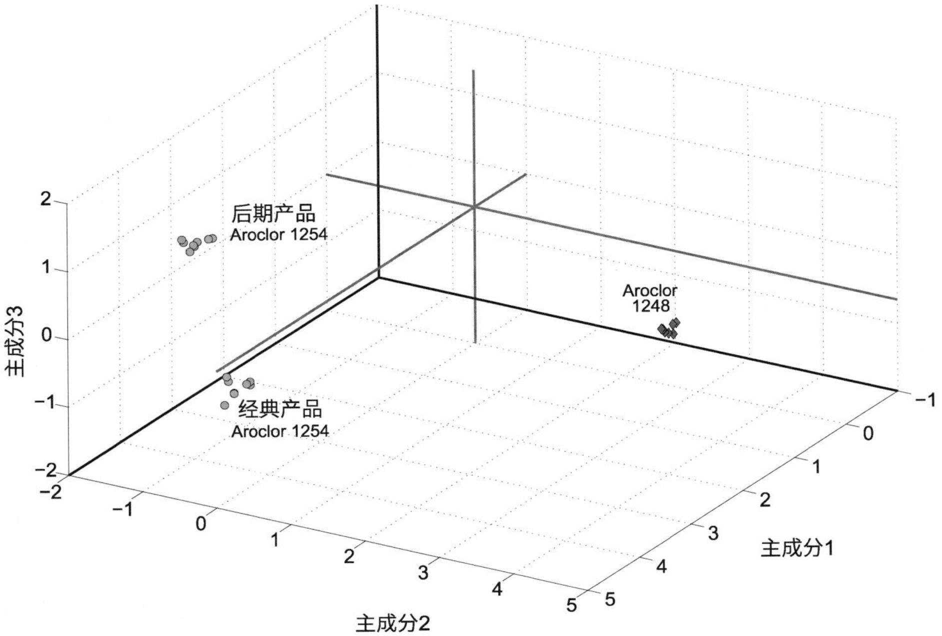

图 18.3　PCB 数据集 1 的三个主成分得分图。三个主成分(PCs)可以解释整体方差的 97.5%,并且可以清楚地区分出三个 PCB 来源。数据变换包括归一化百分比(公式 18.3)和范围变换(公式 18.5)

两个主成分(PCs)解释的方差超过 92%,可以很好地打消对分析结果的质疑,甚至可能给入门的分析者提供一种虚幻的安全感。

2. 在环境损害司法鉴定的实践中我们很少了解真实的数据结构,因此,不应放大过往经验的作用,而应将方差百分占比当作"重点"。

3. 科学和法律上的"重点"显然不只是一个方差的函数。如果涉及环境诉讼的一方使用了 Aroclor 1254,但在 1960 年代中期(早于 Monsanto 在 1971 年至 1972 年的 Aroclor 1254 生产工艺变更)停止了所有污染行为,那么用两个主成分(PCs)或三个主成分(PCs)去解释方差时候,尽管两种方法解释的方差占比差异很小,但对结果的影响巨大。

4. 在环境损害司法鉴定中,基于 PCA 原理的方法的使用者必须采用方差比百分更为复杂的拟合优度诊断方法,并且必须对这些方法的工作原理有很好的了解。

由于 PCA 本身是一个功能强大的探索性数据分析工具,并且是受体模型建模方法的中间步骤,因此我们将进一步详细讨论该方法。PCA 的关键步骤包括:(1) 数据变换;(2) 特征值分解(特征向量分解);(3) 确定有效特征向量的数量;(4) 将得分和载荷图表化。这些步骤中的每一个都将进一步讨论。

18.2.2 数据变换

对于分析数据的人来说，从测试人员那里获得的实验室测试结果是原始数据。在环境化学中，这些数据通常以单位浓度(例如 ng/g)表示。但是，我们很少对这种数据形式的矩阵进行统计分析，而是通常先以某种方式进行矩阵变换。数据变换是将某些数学函数应用于矩阵中的每个数值，例如将矩阵中每个值都作开平方处理。在分析环境污染物数据时，通常出于环境化学或数学的原因而进行数据变换，以优化分析。

出于化学或物理原因而进行的常见变换是样品浓度数据的归一化变换。在环境中，由于远离污染源源被逐渐稀释，污染物浓度可能有很大差异。例如，调查被污染的沉积物时，远离污水管道的浓度可能呈指数下降。但是，如果单个污染物的相对比例保持相对恒定，那么我们可以推断出这都是出于单一的污染物来源并且随着远离污染源而被稀释。对污染源的推断更多地关注污染物之间的相对比例而不是绝对浓度，因此可能需要某种样本浓度归一化变换来归一化浓度或稀释程度。常用的一种方法是变换为百分比值，将其中每个值除以样品的总浓度。这种变换在环境污染物分析中经常用到，这种标准化百分比变换有时被称为“恒定行和变换”或“标准化面积百分比变换”。从数学上讲，给定一个包含 m 个样本和 n 个变量，行和不恒定的矩阵 X，以及一个 $m \times m$ 的对角矩阵 C(其中沿对角线的值是矩阵 x 的 m 行总浓度的和，非对角线上的值为零)，那么恒定行和矩阵 X_{ksum} 计算公式为

$$X_{ksum} = 100 \times C^{-1} \times X \tag{18.3}$$

恒定行和变换方法的替代方法是针对单个种类或化合物的数据进行归一化(所谓的变量归一化)。这种变换方法是将归一化变量总和的值设置为 1.0，并将所有其他变量的值设置为 1.0 的某个比例，并且所有变量的归一化变量的比率与原始数据中的比率保持相同。

即使对于不需要进行样品数据归一化处理的情况，如果未进行归一化处理，那么指纹组成相似但浓度完全不同的样品将不会在得分图上聚集在一起。没有进行样品数据归一化处理的 PCB 数据集 1 的 PCA 得分图如图 18.4 所示，和进行了数据归一化处理的同一数据集的三个成分得分图(图 18.3)有着明显区别，数据云的形状表现为楔形(或四面体形)。相似来源的样品没有聚在一起，而是每个 Aroclor 来源的样品分别形成了楔形的每条边，在楔形每条边的尖端附近都是浓度较低的样品。浓度最高的样品位于楔形伸展方向的末端。在不做归一化处理的两个主成分的得分图上，这种楔形因为维度的减少形状将类似于 V 而不是四面体，并且楔形或 V 的轴线通常与主成分 1 大致平行(Johnson,2010)。

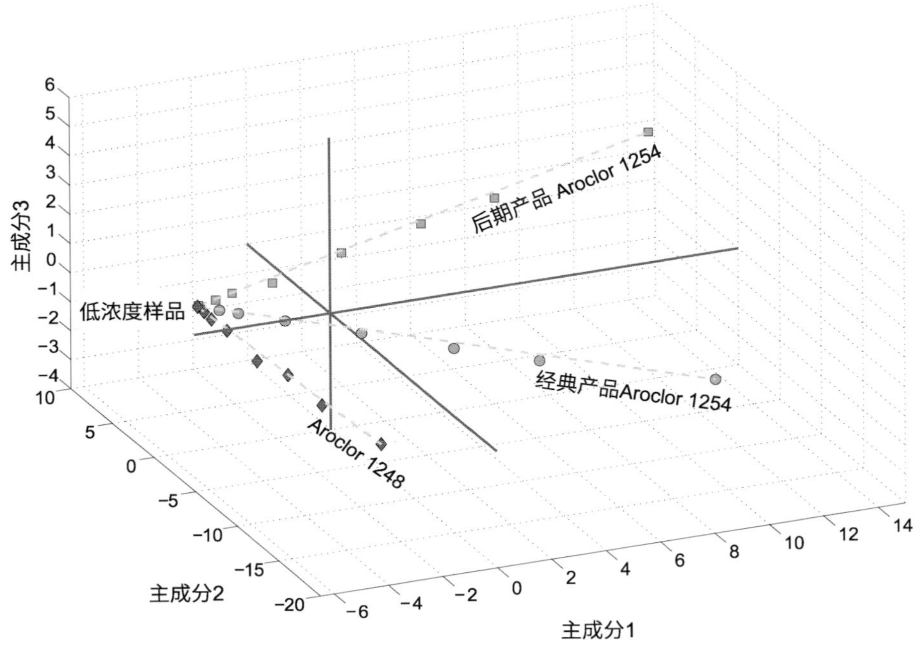

图 18.4 PCB 数据集 1 的三个主成分的得分图。与图 18.3 所示的同一数据集的得分图相比,这个主成分分析没有对数据集的样品数据进行归一化处理,数据变换只包括 Z 变换(公式 18.4)

得分图中的楔形或 *V* 形数据云是一个迹象,表明数据没有经过百分比归一化变换(公式 18.3)或变换成归一化变量。在这种情况下,主成分 1 的得分通常与总浓度高度相关(Johnson,2010)。

就其本身而言,选择不对样本数据进行归一化处理并没有问题。但是如果 PCA 分析人员没有意识到这会对分析结果产生影响并因此在解释结果时犯了错误,那么不做归一化处理就会带来问题(Johnson,2010)。如果选择不进行样本数据归一化处理,则不能假设沿 PC-1 轴线相互远离的样品必然具有不同的污染物指纹,它们的指纹可能非常相似,只是总浓度区别很大(即因为远离污染源稀释的结果)。

另一种类型的数据变换更多是出于考虑数学统计方面的目的。在任何污染物数据集中,污染物的平均值与其方差(方差是标准偏差的平方)之间通常都具有很强的相关关系。因此,痕量浓度的污染物几乎总是比高浓度的污染物具有更小的方差。多元分析方法(例如 PCA)是由方差主导的,因此,如果不对变量进行某些变换,那么均值和方差最高的污染物通常对分析结果的影响最大。以多氯代二苯并-对-二噁英作为典型的例子,在大多数环境介质中,2,3,7,8-TCDD(二噁英)通常比八氯代同系物(OCDD)浓度低几个数量级。因此2,3,7,8-TCDD的方差也比OCDD低几个数量级。但是这并不意味着2,3,7,8-TCDD浓度测量的精度或准确性会降低,也并不意味着2,3,7,8-TCDD对环境影响的重要性比OCDD要低。实际上,情况恰恰相反,因为2,3,7,8-TCDD的毒性比OCDD高得多(van den Berg等,2006)。在分析二噁英和呋喃的数据时,我们希望对数据进行变换,以使2,3,7,8-TCDD和OCDD在分析中具有相似的权重。

二噁英只是一个例子。对环境污染物数据的分析通常都需要作某种类型的使方差均匀的变换处理,有许多方法都能满足这个需求。自动缩放变换(也称为Z变换)是最常用的方法之一。给定矩阵X,计算每列 ($j=1, 2\cdots n$) 的均值和标准差(s_j),自动缩放矩阵Z的计算公式为

$$Z_{ij}=\frac{x_{ij}-\bar{x}_j}{s_j} \tag{18.4}$$

自动缩放变换可确保所有变量的方差绝对相等,因为它将每列的平均值设置为0.0,标准偏差设置为1.0。这是大多数商用PCA软件中使用的默认变换方法。一个类似且相关的缩放比例的方法是Pareto缩放(Wold等,1993),其计算公式和公式18.4的区别是用标准差s_j的平方根替换s_j。

另一个常见的和方差变换类似的变换是范围变换(也称为最小值最大值变换)。按照Miesch(1976a)的设定,其中原始矩阵用X表示,范围矩阵表示为X-标准化 ($X'=\{X'_{ij}\}$)。转换公式如下:

$$x'_{ij}=(x_{ij}-x_{\min j})/(x_{\max j}-x_{\min j}) \tag{18.5}$$

生成的矩阵中每列的最小值等于0.0,最大值等于1.0。范围变换会让方差接近一致(与Z变换不同,Z变换会导致方差绝对一致)。但是范围变换有两个优点:(1) 它不要求数据标准正态分布,(2) 因为转换后的值在0.0到1.0的范围内,所以所有值都是非负的。后一个特征在受体模型建模中特别有用.因为在受体建模中源指纹的获取对数据有明确非负的约束。Malinowski(1977,1991)指出范围变换的缺点是它对异常值极为敏感。但是正如我们将看到的,在环境损害司法鉴定的调查中,离群值的检测和评估是分析过程的关键部分,因此范围转换的功能还是可以满足需求的。

还有第三种变换方法(等向量长变换),在污染物数据分析中并非一直会用到。等向量长变换是让每个样本向量具有相等的欧几里得长度。如果所有向量的长度相等,则样本之间的差异仅是样本之间角度的函数。因此,样本之间的相似度和差异度可以表示为余弦值的矩阵(Davis,2002)。两个相同样本之间的余弦值为1.0,相反,两个完全不同的样本(即90°方向的向量)之间的余弦值为0.0。根据

Miesch 的设定(Miesch,1976a),恒定和输入矩阵表示为 X,范围变换矩阵表示为 X',等向量长变换矩阵表示为 X''。基于矩阵代数的编程设计,Hopke(1989)提出了一种计算 X''的有效方法,首先定义了一个矩阵 $Y = \{y_{ij}\}$(y_{ij} 是 Y 矩阵中第 i 行第 j 列的值),Y 是一个 $m \times m$ 的对角线矩阵,其每个对角线上的值等于 X'各行的平方和的平方根的倒数:

$$y_{ij} = \frac{1}{\left(\sum_{j=1}^{n} x'^{2}_{ij} \right)^{1/2}} \tag{18.6}$$

然后,可以用如下公式计算变换矩阵 X'':

$$X'' = Y X' \tag{18.7}$$

这种变换方法在受体模型建模中具有额外的优点。根据定义,如果所有样本都具有相等的向量长度,也就是距原点的长度相等,则每个样本都必须位于 $n-1$ 维的表面上。为了证明这一点,在图 18.5 中显示了一个简单的三种化学物质的示例。在这种情况下,$n = 3$,因为仅存在三个变量(铬,铜和锌)。这些数据通过公式 18.6 和 18.7 进行变换,因此,所有样本都位于二维($n - 1 = 2$)表面上,该二维表面距离原点长度相等。正如我们将在第 18.3 节中看到的那样,受体混合模型是在 k 维的主成分空间内解析出 $k-1$ 维的几何图形。因此,这种变换方法在这方面具有独特的优势。

总之,在环境化学统计分析中,几乎总是对数据的各行进行归一化(达到恒定的行总和或归一化成为标准的化学物质)。通常还执行一些齐方差的变换(例如范围变换或自动缩放变换),以防止高浓度的变量主导分析结果。有时会进行等向量长变换,通常是因为它能够简单地根据样本之间的角度来表示样本之间的关系,或者当 PCA 是受体模型建模的中间步骤时,它可以在 k 维空间中解析 $k-1$ 维的简单图形。

总之,在主成分分析的框架下可以采用多种数据变换方法。了解每种方法的优缺点非常重要。PCA 软件选用哪些变换方法,以及如何解释结果,取决于所使用的数据预处理方式。在很多情况下,某些统计软件附带的变换选项会限制你的选择。如果使用不同的默认数据变换方法对完全相同的数据集进行分析,则结果(例如得分图)可能会出现很大的差异(像图 18.3 和 18.4 那样)。

18.2.3 特征向量分解

特征向量分解是一种减少数据集维数的数学过程,是主成分分析中的核心数学运算过程。它通常通过众所周知的线性代数运算,对变换矩阵 X'或 X''进行奇异值分解(SVD)来实现。如图 18.5 所示,$m \times n$ 的变换矩阵可以视为在 n 维空间中绘

制的 m 个向量，每个变量表示为笛卡尔坐标系的 n 个正交轴之一。存在无限数量的由 n 个相互正交的基础向量组成的数据集，其可以等效地用于表示样本向量并且不会丢失信息。从原始数据的矩阵中提取的特征向量集就是一个这样的替代参考空间。特征向量的数量（即主分量的数量）等于 m 或 n，以较小者为准。由于相似的来源，分析的污染物之间通常存在相关性。因此，特征向量的相对较小的子集通常足以代表系统的变异性，可以在维度更小的参考空间中观察到样本之间的相互关系，且不会丢失大量信息。

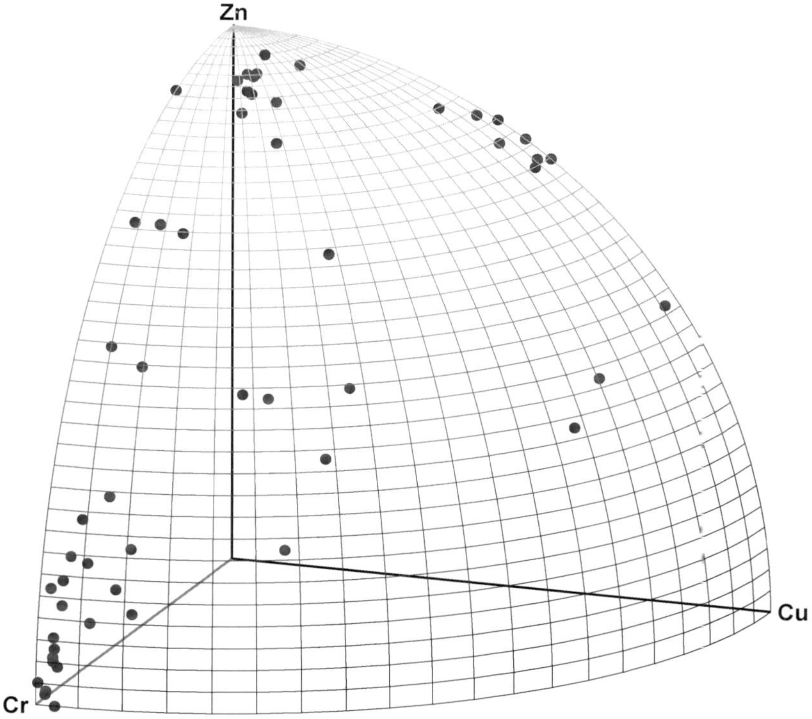

图 18.5 一个简单的三种化学物质系统（$n=3$：铬，铜和锌），显示了经过等向量长变换的矩阵的二维（$n-1$）曲面几何形状。所有样本向量距原点开始的长度相等，并且位于 $n-1$ 维球形表面上

特征向量分解是公认的数学核心知识中的一部分，并经常用于物理学和自然科学当中。特征向量和特征值的计算相对简单，但是过程比较冗长和烦琐。因此，先对特征向量分解进行一些概念性的讨论。对于对这种计算细节感兴趣的读者，Davis（2002）提供了用简单矩阵计算行列式，特征值和特征向量的详细示例。

给定一个 k 个源的无错误无噪声的 m（$m \geqslant k$）个样本和的 n（$n \geqslant k$）个变量的矩阵，提取 k 个非零特征向量和特征值。如果 k 为 3，第一个特征向量解释了很高百分比的数据集总方差,第二个特征向量受条件约束,必须与第一个特征向量相互正交,并且解释最高百分比的剩余方差(未由第一个特征向量解释的方差),第三个特征向量与前两个特征向量相互正交,并解释总方差的其余部分。数据集可以等效地在此三维参考空间中表示,不会丢失信息。给定一个由 m 个样本为行和 n 个变量(分析的化学物质)为列组成的变换矩阵 X',主成分分析(PCA)通过对 X' 奇异值分解(SVD)实现的:

$$X' = U\Lambda^{1/2}V^{t} \tag{18.8}$$

其中,U 等于由 $[X'][X']^{t}$ 分解得到的特征向量矩阵($m\times k$),V 是由 $[X']^{t}[X']$ 分解得到的特征向量矩阵($n\times k$),Λ 是特征值的对角线矩阵,也可以是特征值平方根($\Lambda^{1/2}$),即奇异值的对角线矩阵,称为矩阵 S。在主成分分析中,公式 18.8 从主成分得分和载荷的角度考虑也可以表达如下:

$$A' = U\Lambda^{1/2} \tag{18.9}$$

$$F' = V^{t} \tag{18.10}$$

尽管特征向量分解和 PCA 的数学原理在所有文献中都是一致的,但不同文献中的术语却不同。在地理学的文献中,A 表示荷载,F 表示得分(Miesch,1976a;Zhou et al.,1983;Ehrlich and Full,1987;Ehrlich et al.,1994;Johnson et al.,2000)。在化学统计学的文献中使用的术语恰好相反:A 表示得分,F 表示载荷(Malinowski,1980,1991;Brreton,1992;Massart et al.,1997;Tauler et al.,2000)。目前尚不清楚这种术语的差异是如何发生或为何发生的,但两种术语均被用于环境污染物来源的解析研究中,并且经常在同一期刊的同一卷中出现(例如,Johnson et al.,2000;Tauler et al.,2000)。第 18.2.1 节(图 18.2 和 18.3)中关于得分图的讨论遵循的是化学统计学的术语习惯,而不是地理学的。鉴于本章涵盖了来自不同科学学科的 PCA 和受体模型建模方法,并应用于环境损害司法鉴定,因此在本章的其余部分中使用这些术语时我们将尝试在每次特定讨论中都澄清术语含义。不幸的是,术语得分和载荷的不同含义并不是特定学科术语成为理解障碍的唯一例子。正如第 18.2.6 节中更详细讨论的那样,术语主成分分析和因子分析之间的区别可能同样令人困惑。

解析出的主成分(PCs)数量等于 m 或 n,以较小者为准。PCA 分析的一个典型目标是减少数据集的维数。这样做可以土壤得分和载荷直观可视化,或者是将降维的 PCA 空间用作自训练受体模型建模的另一种笛卡尔坐标系。一个减少的主成分(k)的模型可以表示如下:

$$\underset{(m\times n)}{X'} = \underset{(m\times k)}{A'}\ \underset{(k\times n)}{F'} + \varepsilon \tag{18.11}$$

其中,k 为模型保留的主成分(PCs)数量,而 ε 表示误差或残差。确定 k 的标准见第 18.2.4 节。

18.2.4 确定重要主成分的数量

K 值的选择就是决定“重要”主分量的数量。在基于 PCA 的方法的许多方面内容中,没有一个主题比确定特征向量数[即 k,主成分(PCs)数量,源个数,分组数量或最终成分数]所使用的标准引起的争论更多。

目前有许多确定 k 值的方法已经被提出了(Cattell, 1966; Exner, 1966; Mallinowski, 1977; Miesch, 1976a; Wold, 1978; Ehrlich and Full, 1987; Henry et al.,1999)。这些方法的思想和目的是相似的,从缩小的维度空间(即 X_{hat} 或 $\hat{X}$) 算出的估算的数据集,应当可以精确地再现测量数据(X)。

18.2.4.1 单索引法

将化学和地理学领域的数学统计中常用的六个方法应用于 PCB 数据集 1 和 2,其结果分别见表 18.1 和 18.2。两个数据集的 PCA 都对数据采用了恒定行和变换以及范围变换。六个索引方法的使用原理和方法本身都将进一步讨论。

表 18.1 PCB 数据集 1 的解析结果

PC#	特征值	(1) 方差累积百分比	(2) 碎石测试	(3) 归一化方差最大载荷	(4) Malinowski 指示函数	(5) 交叉验证 Press(i)/RSS(i-1)	(6) 信噪比
1	220.430	57.36	42.64	16	0.000 674	N	39.32
2	135.150	92.54	7.46	8	0.000 315	0.20	35.04
3	19.212	97.53	2.47	16	0.000 204	0.43	12.35
4	1.198	97.85	2.15	1	0.000 215	1.26	1.59
5	0.990	98.10	1.90	1	0.000 229	1.41	1.35
6	0.861	98.33	1.67	0	0.000 246	1.57	1.37
7	0.781	98.53	1.47	1	0.000 266	1.76	1.41
8	0.719	98.72	1.28	1	0.000 290	1.96	1.29
9	0.634	98.88	1.12	1	0.000 318	2.19	1.34
10	0.556	99.03	0.97	0	0.000 352	2.50	1.18
11	0.535	99.17	0.83	1	0.000 392	2.79	1.27
12	0.475	99.29	0.71	1	0.000 442	3.22	1.17
13	0.438	99.41	0.59	1	0.000 503	3.67	1.21
14	0.382	99.50	0.50	1	0.000 583	4.35	1.03
15	0.371	99.60	0.40	1	0.000 681	5.00	1.15
16	0.317	99.68	0.32	1	0.000 814	6.01	1.04
17	0.272	99.75	0.25	0	0.001 001	7.11	1.09
18	0.213	99.81	0.19	1	0.001 296	8.86	0.81
19	0.184	99.86	0.14	0	0.001 769	11.31	0.81
20	0.169	99.90	0.10	0	0.002 569	14.73	0.83

续表

PC#	特征值	(1) 方差累积百分比	(2) 碎石测试	(3) 归一化方差最大载荷	(4) Malinowski 指示函数	(5) 交叉验证 Press(i)/RSS(i−1)	(6) 信噪比
21	0.143	99.94	0.06	0	0.004 157	21.04	0.84
22	0.126	99.97	0.03	1	0.007 798	30.60	0.84
23	0.066	99.99	0.01	0	0.027 834	308.49	0.64
24	0.043	100.00	0.00	0	NaN		0.00

表 18.2　PCB 数据集 2 的解析结果

PC#	特征值	(1) 方差累积百分比	(2) 碎石测试	(3) 归一化方差最大载荷	(4) Malinowski 指示函数	(5) 交叉验证 Press(i)/RSS(i−1)	(6) 信噪比
1	585.600	77.92	22.08	50	0.000 102	—	73.29
2	115.450	93.28	6.72	47	0.000 059	0.33	31.89
3	17.807	95.65	4.35	18	0.000 050	0.73	10.79
4	8.494	96.78	3.22	2	0.000 046	0.97	6.54
5	4.751	97.41	2.59	1	0.000 043	1.21	4.38
6	3.073	97.82	2.18	2	0.000 042 1	1.38	3.30
7	1.706	98.05	1.95	2	0.000 042 2	1.62	1.88
8	1.507	98.25	1.75	1	0.000 042 4	1.75	1.88
9	1.279	98.42	1.58	1	0.000 043	1.88	1.85
10	1.055	98.56	1.44	0	0.000 043	2.04	1.49
11	0.973	98.69	1.31	1	0.000 044	2.19	1.60
12	0.898	98.81	1.19	1	0.000 045	2.33	1.53
13	0.806	98.92	1.08	1	0.000 046	2.54	1.51
14	0.782	99.02	0.98	1	0.000 047	2.66	1.45
15	0.693	99.11	0.89	1	0.000 048	2.81	1.31
16	0.596	99.19	0.81	1	0.000 049	3.06	1.25
17	0.570	99.27	0.73	0	0.000 050	3.29	1.28
18	0.532	99.34	0.66	1	0.000 051	3.57	1.21
19	0.483	99.40	0.60	1	0.000 053	3.83	1.16
20	0.434	99.46	0.54	1	0.000 055	4.21	1.10
21	0.421	99.52	0.48	1	0.000 056	4.52	1.14
22	0.371	99.57	0.43	0	0.000 058	5.03	1.10
23	0.364	99.61	0.39	0	0.000 060	5.25	1.10
24	0.313	99.66	0.34	0	0.000 062	5.72	0.95
25	0.287	99.69	0.31	0	0.000 065	6.33	0.94
26	0.274	99.73	0.27	0	0.000 067	6.82	1.00
27	0.246	99.76	0.24	0	0.000 070	7.74	0.93
28	0.245	99.80	0.20	0	0.000 073	8.24	0.94
29	0.215	99.82	0.18	1	0.000 076	8.89	0.88
30	0.178	99.85	0.15	0	0.000 080	10.12	0.76

续表

PC#	特征值	(1) 方差累积 百分比	(2) 碎石测试	(3) 归一化方差 最大载荷	(4) Malinowski 指示函数	(5) 交叉验证 Press(i)/ RSS(i-1)	(6) 信噪比
31	0.160	99.87	0.13	0	0.000 084	1[illegible].25	0.72
32	0.142	99.89	0.11	1	0.000 089	12.08	0.67
33	0.122	99.90	0.10	1	0.000 095	13.78	0.62
34	0.111	99.92	0.08	0	0.000 102	16.02	0.61
35	0.105	99.93	0.07	1	0.000 109	18.24	0.58
36	0.093	99.95	0.05	0	0.000 117	21.61	0.60
37	0.084	99.96	0.04	0	0.000 125	22.87	0.54
38	0.060	99.96	0.04	0	0.000 138	28.54	0.45
39	0.057	99.97	0.03	0	0.000 152	32.49	0.44
40	0.047	99.98	0.02	0	0.000 170	39.18	0.41
41	0.040	99.98	0.02	1	0.000 191	46.38	0.40
42	0.031	99.99	0.01	0	0.000 221	58.76	0.35
43	0.026	99.99	0.01	0	0.000 260	73.10	0.32
44	0.020	99.99	0.01	0	0.000 317	99.11	0.28
45	0.016	100.00	0.00	0	0.000 396	140.67	0.26
46	0.014	100.00	0.00	0	0.000 479	172.73	0.26
47	0.007	100.00	0.00	0	0.000 697	317.28	0.19
48	0.003	100.00	0.00	0	0.001 372	555.71	0.13
49	0.002	100.00	0.00	0	0.005 275	—	0.12
50	0.002	100.00	0.00	0	—	—	0.00

1. 方差累积百分比。此方法的原理很简单：降维模型应解释原始矩阵方差的较大的百分比。但是，如第 18.2.1 节所说，在分析前预先设定多少的方差的百分比是重要的，这个选择是有疑问的。化学和地理学领域使用多元统计的人员通常都承认，任何提议的标准界限都是随意的(Malinowski，1991；Deane，1992；Reyment and Jöreskog，1993)。缺乏明确的标准使得累积方差法令人怀疑。但是，在表 18.1 和表 18.2 中，我们注意到常用的 95% 的方差累积百分比界限值得到的结果对数据集 1 和 2 都保留了三个主要成分。

2. 碎石检验。Cattell(1966)提出的碎石检验是基于这样的假设，未由 k 个主成分的模型解释的剩余方差应该是解释随机误差，因而趋于平稳。当绘制剩余方差与主成分个数的关系图时，曲线开始趋于平稳的点应显示出明显的拐点。该方法的问题在于可能没有明确的拐点，并且在这种情况下，关于重要主成分的数量的决定是随意的。

3. 归一化最大方差载荷。该方法的使用在 Ehrlich 和 Full(1987)中有所描述。如果特征向量携带系统信息，那么大量样本将在方差最大的因子上具有较高的载荷(地理学的统计术语)。解释噪声和很小方差的高编号因子通常具有的载荷对于所有样本都较小(即<0.1)。许多样本在某个因子中载荷>0.1表示这个因子是模型应保留的主要成分。该方法要求使用Kaiser(1958)的最大方差法程序旋转主成分,对最大方差载荷矩阵进行归一化,让所有样本行和为1.0,并对每个因子中超过0.1的样本数进行列表。分析人员希望可以看到样本数有一个明显变化的点,以指示合适的特征向量数量。同样,如果样本数没有明显的急剧下降,那么因子数量的决定可能会模棱两可。

4. Malinowski指示函数。Malinowski(1977)提出了一个指示函数,该函数是一个残差标准差计算的函数(Malinowski;1977;Hopke,1989)。当保留"正确"数量的主成分时,该函数计算值达到最小值。该方法在结构相对简单的数据中使用效果很好,但是Hopke(1989)中提出,对于复杂的环境污染物数据,该方法还没有被成功验证。

5. 交叉验证。交叉验证是确定重要主成分数量的常用方法。它先依次删除数据点,然后在不同的特征向量数量下预测删除的数据,并为每个潜在特征向量数量计算PRESS统计量(预测的残差平方和)。已经有很多基于PRESS的某些函数计算的标准限值被提出(Wold,1978;Eastman和Krzanowski,1982;Deane,1992;Grung and Kvalheim, 1994)。表18.1和18.2中的PRESS值和标准界限值是由Deane(1992)提出的。

6. 信噪比。此方法由Henry等人(1999)提出。Henry的因子数量确定标准采用计算信噪比(S/N)。亨利发现给定随机数据可以得到2.0的S/N信噪比。基于此,Henry建议的因子数量确定标准是,对于模型应保留信噪比S/N比大于2.0的主成分。

在表18.1中明显可以看到,对于PCB数据集1(具有随机高斯噪声的相对简单的数据集),这些方法都可以准确估算出源的真实数量。所有六个索引方法都正确解析出一个三个成分的系统。表18.2显示了同样的方法,被应用于更复杂的充满错误的PCB数据集2。结果显示不同的方法建议的源在三个和六个之间。显然,PCB数据集2中存在的复杂性(就常见的环境污染物情况而言是相当合理的)足以让这些不同方法之间产生分歧。

这种分歧部分是由于所有这些方法都是单索引方法。每个方法都只是单个数值或统计的运算,用这一个数值或统计代表整体数据集作为保留的主要成分数量的计算函数。当方法保留了一些额外的主成分(PCs)时,数据分析人员通常会根据一些经验法则比较不同的方法。经验法则的判断标准(即最小值,斜率变化,阈值)在探索性数据分析中很麻烦,因为我们掌握的信息很少,无法评估这些标准的有效性。在这种情况下,我们需要其他方法来深入了解化学物质的数据系统。

18.2.4.2　变量的拟合优度

单索引方法(尤其是基于方差百分比的标准)具有误导性,因为它们默认的假设是降维模型未解释的方差均匀地分配到所有原始数据变量中。Miesch(1976a)提出了一种解决这个问题的方法。Miesch 的方法是根据变量而不是针对整个数据集评估优劣。对于每个可能的主成分数,将评估每个原始数据变量所占的方差。给定一个 m 个样本 n 个变量的数据矩阵 X,矩阵列为 m 或 n(以较小者为准),Miesch(1976a)使用的方法是计算原始数据矩阵(X)和计算得到的降维矩阵 ($\hat{X}$) 中的每个变量之间的确定系数(CD)。对于每个可能的特征向量个数,1, 2…依次排列,Miesch 计算了一个 $n\times1$ 向量:

$$r_j^2 \cong \frac{s(x)_j^2 - s(d_j)^2}{s(x)_j^2} \tag{18.12}$$

其中,$s(x)_j^2$ 是矩阵 X 的第 j 列中值的方差,而 $s(d_j)^2$ 是矩阵 X 和降维矩阵 ($\hat{X}$) 的第 j 列之间的方差。Miesch 在此公式中使用了"≅",大概是因为他认识到这不是传统的由最小二乘线性回归定义的 r^2 或确定系数(CD)。它不是由最小二乘线性回归解释的矩阵(X)和矩阵 ($\hat{X}$) 的方差,而是,考虑矩阵(X)和矩阵 ($\hat{X}$) 之间一一对应的 r^2。当 CD 值小于 1.0 的,分析人员必须决定可以接受的合适的值。该决定是根据分析人员的经验,测量误差的信息(如果有)和科学背景而做出的。举例来说,如果已知使用某种气相色谱(GC)色谱柱对某个 PCB 同系物的测量准确度较低,那么数据分析人员可以合理地接受该同系物的 CD 值低于其他同系物的 CD 值。

Johnson 开发了 Miesch 方法的图形扩展(CD 散点图)(Johnson,1997;Johnson 等,2000)。表示 Miesch CD 拟合优度的图形是一系列的 n 个散点图,这些散点代表了每个变量 X_j 的值与根据 k 个假设的主成分 ($\hat{X}_j$) 反向计算得到的值之间的关系。

PCB 数据集 2 的散点图如图 18.6 所示,显示了从一个三个主成分的模型中反向计算的 56 个散点值(每种 PCB 同系物一个图),计算了每个同系物的 Miesch CD 值,并显示在每个散点图的左上角。当保留的主成分数量不合适时,拟合线与 1 : 1 的线存在明显的非随机偏差。对于三个主成分,大多数同系物都观察到了良好的拟合度,但是对于存在未检测到的数据点(表示为正方形),具有数据转录错误(三角形)的样品 22 以及存在 DDT 共洗脱问题的 PCB 同系物 141,拟合度会存在系统性的缺陷。特别要注意的是,在许多高浓度的 PCB 同系物的散点图中有两个未检出的样品。这两个样品的总 PCB 浓度均较低,并且 PCB 同系物中有一半以上未检出。

确定重要主成分的数量的一个重点是,上述这些错误尽管与污染物来源的指纹无关,但并不是随机的。相反,它们表示数据集中的系统信息,因此它们极大地影响了结果,见表 18.1 至 18.3。

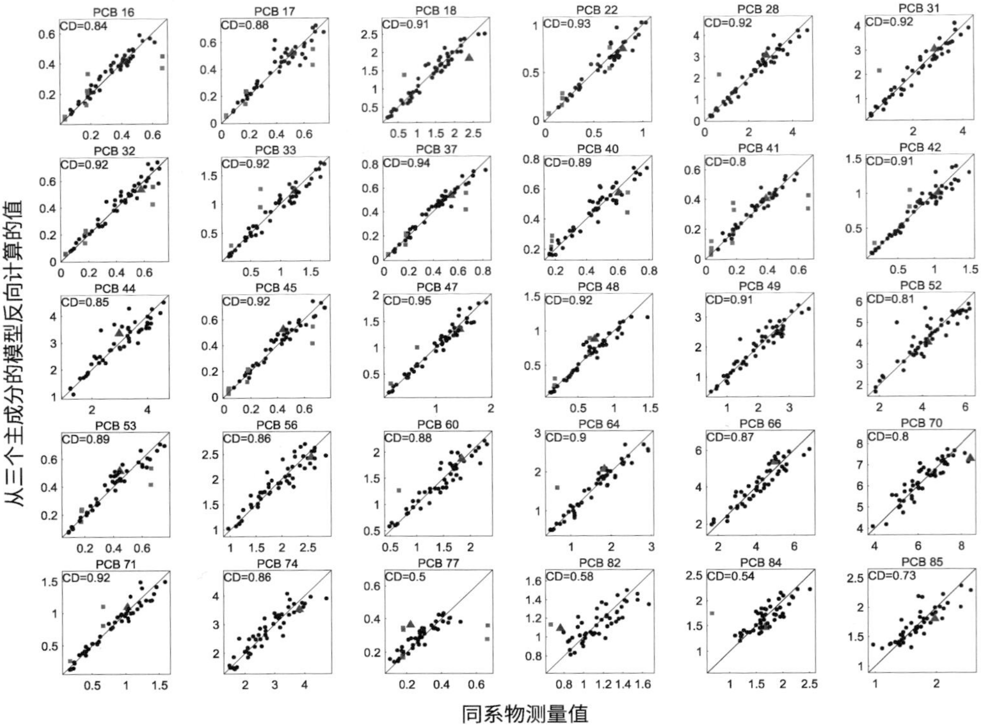

图 18.6A PCB 数据集 2 中前 30 个变量的拟合优度和 Miesch 测定系数(CD)的散点图。*x* 轴为测量的浓度,*y* 轴是从三个主成分的模型反向计算的值。未检测到的数据(删除的数据点)以正方形(■)表示,具有数据转录错误的样本 22 表示为三角形(▲)

CD 散点图的优势在于它可以快速评估每个样本之间和每个变量之间的拟合优度。此外,它有助于异常值检测,根据保留的主要成分数量同时评估这些变量值。这种方式很快就使分析人员提出了比仅根据一个判断阈值数字指标的方法更有洞察力和更直接的问题。确定了这些异常值之后,我们现在必须提出的问题是:

1. 拟合不佳的原因是什么?是随机误差还是因为 k 个主成分(PCs)无法解释系统方差?

2. 如果观察到的偏差是系统性的原因,那是由于数据输入错误,分析错误,还是由于其中存在其他方差变异来源?

3. 在出现这种偏差的情况下,如何评估有效主成分(PCs)的数量?

在大多数情况下,这些问题在化学统计学和数值数据分析领域都无法回答。相反,必须在考虑更多的影响因素下做出决定:样品的地理时空分布、分析误差、数据输入误差或方法检出限,以及仅在一个或几个样品中存在其他来源的可能性。

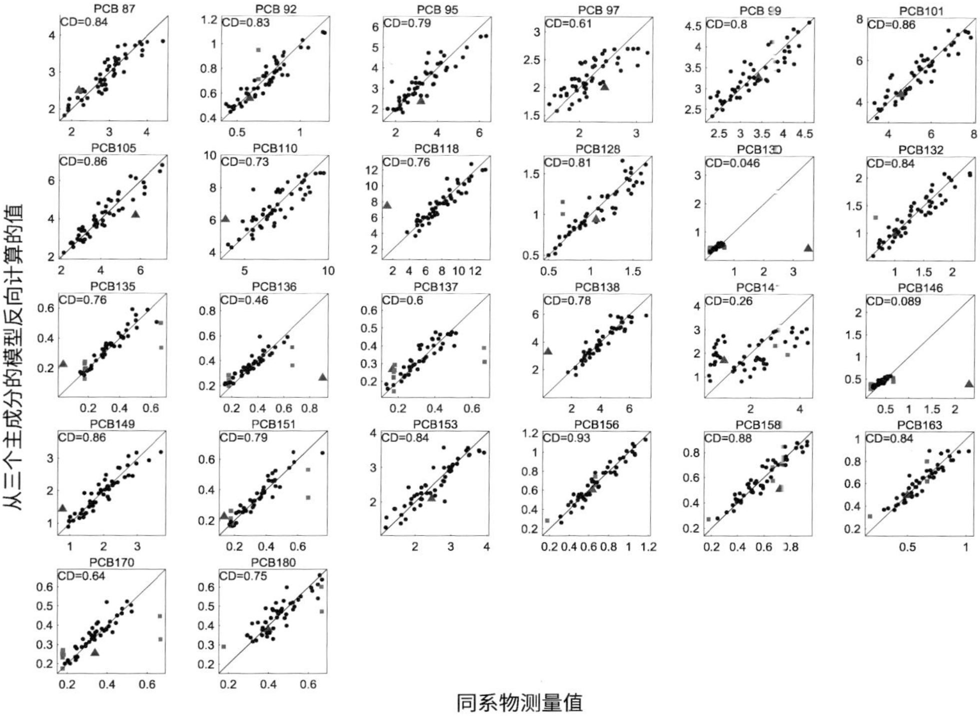

图 18.6B　PCB 数据集 2 中后 26 个变量的拟合优度和 Miesch 测定系数的散点图。*x* 轴为测量的浓度，*y* 轴是从三个主成分的模型反向计算的值。未检测到的数据(删除的数据点)以正方形(■)表示，具有数据转录错误的样本 22 用三角形(▲)表示。注意 PCB141 因为 DDT 共洗脱问题导致的拟合优度缺陷

分析人员必须“戴上帽子”，并扮演化学法官的角色，而不是数据分析人员。如前所述，这种决定通常最好根据调查的科学背景做出判断，而不是通过经验法则的阈值标准做出判断。对于 PCB 数据集 2，每个离群值的合适的处理方式都不同。

1. 对于 PCB 141 与 DDT 存在共洗脱的情况，合适的做法是让分析人员重新分析色谱图，以确保 PCB 141(DDT 峰的肩峰)被正确定量。

2. 对于数据转录错误，合适的做法是更正电子表格中的错误并重新运行分析。

3. 对于具有多个被删除的数据点的两个低浓度样本，通常唯一可行的解决方案是从数据集中删除这两个样本。

4. 对于其余的删除的数据点，未检出的点通常位于检测范围的低端(从散点图中可以明显看出)，因此不会对反向计算的准确性产生不利影响。我们通常希望在分析中保留尽可能多的样本。因此，在这种情况下，我们通常会将这些其余的未检出样本留在矩阵中。

这些处理方式是针对 PCB 数据集 2 进行的。更改后重新运行了 PCA，修正后的结果如表 18.3 所示。至于更简单的 PCB 数据集 1，这些确定因子的方法得到的结果基本一致，都正确地解析出了三个主成分的系统。

表 18.3 修正后的 PCB 数据集 2 的解析结果

PC#	特征值	(1) 方差累积百分比	(2) 碎石测试	(3) 归一化方差最大载荷	(4) Malinowski 指示函数	(5) 交叉验证 Press(i)/RSS(i−1)	(6) 信噪比
1	561.330	76.26	23.74	46	0.000 117	—	38.27
2	135.180	94.63	5.37	44	0.000 059	0.25	14.83
3	19.919	97.34	2.66	22	0.000 044	0.57	2.55
4	2.191	97.63	2.37	2	0.000 043 4	1.09	1.87
5	1.642	97.86	2.14	1	0.000 043 8	1.18	1.90
6	1.416	98.05	1.95	1	0.000 044 3	1.27	2.14
7	1.321	98.23	1.77	0	0.000 044 8	1.31	1.98
8	1.147	98.38	1.62	0	0.000 046	1.40	1.76
9	1.025	98.52	1.48	1	0.000 046	1.50	1.85
10	0.905	98.65	1.35	1	0.000 047	1.61	1.59
11	0.839	98.76	1.24	1	0.000 048	1.75	1.67
12	0.819	98.87	1.13	0	0.000 050	1.77	1.58
13	0.712	98.97	1.03	0	0.000 051	1.89	1.54
14	0.656	99.06	0.94	0	0.000 052	2.02	1.54
15	0.612	99.14	0.86	1	0.000 054	2.16	1.35
16	0.561	99.22	0.78	1	0.000 055	2.31	1.37
17	0.511	99.29	0.71	1	0.000 057	2.50	1.39
18	0.489	99.35	0.65	1	0.000 059	2.74	1.30
19	0.482	99.42	0.58	1	0.000 061	2.92	1.30
20	0.439	99.48	0.52	1	0.000 063	3.13	1.31
21	0.412	99.53	0.47	0	0.000 065	3.26	1.22
22	0.357	99.58	0.42	0	0.000 068	3.60	1.16
23	0.339	99.63	0.37	1	0.000 071	3.90	1.18
24	0.315	99.67	0.33	0	0.000 074	4.15	1.07
25	0.276	99.71	0.29	0	0.000 077	4.67	1.10
26	0.269	99.75	0.25	0	0.000 081	4.83	0.94
27	0.227	99.78	0.22	0	0.000 085	5.47	0.96
28	0.218	99.81	0.19	0	0.000 089	6.03	0.89
29	0.199	99.83	0.17	1	0.000 094	6.26	0.81
30	0.162	99.86	0.14	0	0.000 101	7.05	0.77
31	0.148	99.88	0.12	1	0.000 108	7.67	0.71
32	0.129	99.89	0.11	1	0.000 116	8.79	0.71
33	0.119	99.91	0.09	1	0.000 126	10.20	0.73
34	0.117	99.93	0.07	0	0.000 136	11.61	0.68
35	0.106	99.94	0.06	0	0.000 147	12.95	0.64
36	0.086	99.95	0.05	0	0.000 162	15.57	0.59
37	0.079	99.96	0.04	0	0.000 178	15.72	0.45

续表

PC#	特征值	(1) 方差累积百分比	(2) 碎石测试	(3) 归一化方差最大载荷	(4) Malinowski 指示函数	(5) 交叉验证 Press(i)/RSS(i-1)	(6) 信噪比
38	0.053	99.97	0.03	0	0.000 204	19.88	0.46
39	0.050	99.98	0.02	0	0.000 236	22.65	0.41
40	0.041	99.98	0.02	0	0.000 279	28.45	0.40
41	0.037	99.99	0.01	0	0.000 335	35.13	0.40
42	0.035	99.99	0.01	1	0.000 403	40.03	0.31
43	0.020	99.99	0.01	0	0.000 538	59.53	0.30
44	0.019	100.00	0.00	0	0.000 740	74.99	0.26
45	0.013	100.00	0.00	0	0.001 170	118.92	0.26
46	0.011	100.00	0.00	0	0.002 074	175.26	0.19
47	0.006	100.00	0.00	0	0.006 138	—	0.13
48	0.002	100.00	0.00	0	—	—	0.00

注：为了修正错误(DDT 与 PCB 141 的共洗脱问题和样品 22 中的数据转录错误)，对数据进行了相应的修改。对于不能修正的问题(样品 9 和 17 中有许多未检出)，将这些样品从矩阵中删除。

散点图的方法尽管在主成分模型的评估中很少使用，但是在多元拟合优度评估的背景下使用并不是什么新鲜事。它是评价线性回归模型的标准方法(Draper 和 Smith，1981 年)。

18.2.5 主成分分析(PCA)结果输出

正如在第 18.2.1 节所说，呈现 PCA 结果的最常用方法是使用 PCA 得分图(化学统计学术语)，分析人员可以在一个二维或三维图形上评估样本之间的关系。图 18.2 和 18.3 是 PCB 数据集 1 的得分图。对于像这样的简单的数据集，得分图作为结果可视化的方法非常有效。但是，问题在于需要考虑到数据的复杂性或拟合度诊断的结果(第 18.2.4 节)如何用图形表示，因为图形一次最多只能显示三个主成分。这给分析师施加了一点微妙的压力，让他们倾向选择三个或更少的主成分。因此，文献中两个成分的图和三成分的图的广泛出现可能更多是由于这种偏见影响，而不是由于环境污染物系统本身就这么简单。

图 18.7 显示了处理过的 PCB 数据集 2 的三个主成分(PCs)的得分图(化学统计学术语)。作为参考，灰色阴影三角形的三个角表示了三个 PCB 来源的近似位置。所有 PCB 数据集 2 的样本点都落在这三个顶点定义的三角形内。当样本是多种来源的混合物时，通常都会观察到这种几何形状的数据云。

大多数通用软件在内的许多软件都可以运行 PCA，并为用户提供大量数据变换和可视化选项。其中一些包括 StatisticalAnalysis System ®(SAS：卡里，北卡罗来纳州)，Number Cruncher Statistical System®(NCSS：凯斯维尔，犹他州)和

Pirouette®(Infometrix,博塞尔,华盛顿州)。

如图 18.7 所示,PCA 对于存在两个或三个主成分的混合系统的解析非常有效,但是正交的主成分本身不能解释为“来源”。在混合物分析中,我们经常需要在数据分析工具箱中使用另一种技术。相应的技术会在第 18.3 节中进行讨论。

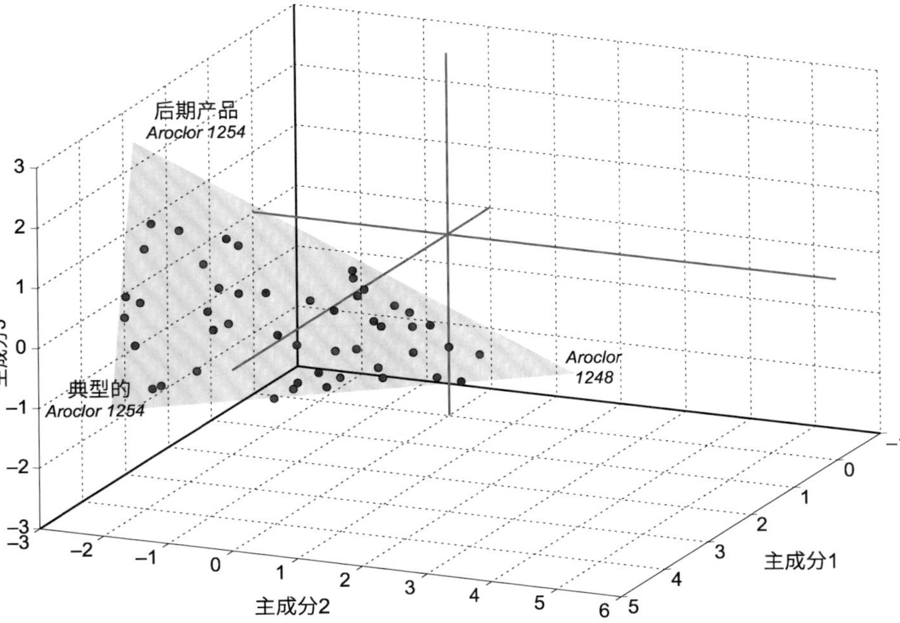

图 18.7 修正错误后,PCB 数据集 2 的三个主成分(PCs)的得分图。PCB 数据集 2(矩阵)中没有任何样品是单一的 Aroclor 来源,而全部是这三种来源的混合物。灰色阴影三角形的顶点(角)处表示了单一一种来源的大致位置

18.2.6 主成分分析与因子分析的评价

如我们所见,有时会看到在得分和载荷方面的术语存在命名上的差异(第 18.2.3 节)。另一个导致术语命名混乱的根源在于 PCA 与类似方法因子分析(FA)之间的区别。我们在这里尝试尽量讨论清楚这个问题。

Malinowski(1991),著名的化学统计学专家,认为“主成分分析”与他所谓的“主因子分析”相同,他认为 PCA 是范围更大的因子分析领域的一个子集。许多商业统计软件都体现了这种观点。例如,在 Systat® 中,要运行 PCA,可以使用其因子分析模块来进行,结果记录也是因子得分和因子载荷。对于很多 PCA 使用者,PCA 和 FA 就算不是相同的,也是紧密相关的。

相反,在一本著名的 PCA 参考书中,Jackson(2003)明确区分了 FA 和 PCA。他讨论了 FA 和 PCA 从 20 世纪初开始的历史发展,并找出了一些早期文献中的关键论文,这些论文导致了现在对两者的认知混乱。最终,他提出了 PCA 和 FA 应该区分开来的理由,并断言将两者等同的统计软件发行商和使用人员(例如 Malinowski)正在破坏这两个程序。

正定矩阵因子分解模型(PMF;在 18.3 节中有更详细的讨论)提供了因子分析的第三个定义。当 Paatero 和 Tapper(1994,p。111)在 1990 年代初引入 PMF 模型时,将 PMF 描述为“因子分析的变种”。但是 PMF 并不是基于特征向量的方法,因此既不符合 Jackson 的定义也不符合 Malinowski 的定义。Paatero 认为 PMF 因子分析和他所谓的“常规因子分析”之间有明显区别。但是,即使他对常规因子分析(PCA 旋转变换后)的定义也不同于 Jackson 和 Malinowski。命名定义的冲突并不仅限这三个示例,但是它们足以说明一点:PCA/FA 的命名定义在各个科学学科之间以及著名的科学家和软件之间存在重大分歧。

令这个问题进一步困扰的是,在某些领域中,术语因子分析会被歧视,而 PCA 没有。古人类学家和进化生物学家 Stephen J.Gould(Gould,1981 年)在他的《人类的误测》一书中提出了对因子分析的严厉指责,因为因子分析已经在社会科学领域尤其是在智力测试领域得到应用。古尔德的批评与 FA 的数学原理无关。实际上,他承认自己已经在自己的研究领域(古生物学)成功地使用了因子分析,并承认其数学基础是无懈可击的。他的反对意见是基于对所涉及科学家的偏见,对于他们如何预先确定因子的含义以及用于解释这些含义的有缺陷的逻辑存疑(Gould,1981)。

另一个经常批评因子分析的是地理学领域的统计学家 John Davis,他将因子分析定性为“一种有争议的,缺乏了解的方法,给数据分析者面对超出理解的数据时提供解析数据的虚假希望”(Davis,2002,第 500 页)。就像 Gould 一样,Davis 首先对社会科学领域中因子分析的混乱使用历史进行了讨论。在书的其他地方 Davis 对 PCA 的深入讨论中却没有这样的批评。

Gould 和 Davis 等人的批评显然集中在 FA 使用者的天真、愚蠢和(也许)作假上。但是,无论好坏,因子分析一词在某些领域都带有 PCA 没有的污名。

由于环境取证在本质上是多学科的,因此具有非常相似的数学原理(但术语却非常不同)的方法通常会集中在一个期刊或一个项目中。同样的,具有非常相似的术语定义的完全不同的方法也可能集中在一起使用。最终,PCA 和 FA 之间的定义和区别取决于您问的人以及作为其教育和培训的一部分而学习的科学文献的领域。我们提出了一些问题,不是为了统一术语,那将是徒劳的。我们也不打算提出一个定义来定义因子分析。相反,我们讨论的目的是要指出以下几点:在不同学科之间以及在著名的软件之间,PCA/FA 的术语存在重大分歧;作为一个多学科领域,看似矛盾的方法的定义集中在一个项目上是很正常的事情,当它发生时,可能会导致专家之间的争论和冲突。如果不了解跨学科的术语鸿沟,来自不同学术背景的使用者可能会发现互相争论,并且(不必要地)争论的是术语而不是科学。

18.3 自训练受体模型建模方法

环境损害司法鉴定的调查研究中越来越普遍使用的一种方法是受体模型或混合模型。这些模型旨在解决多元混合的化学物质系统中关注的三个参数:(1)混合物中成分的数量;(2)每种成分的化学组成(即指纹);(3)每个样品中每种成分的相对比例。这些目标在数学公式上表示为在公式 18.1($X = AF + \varepsilon$)中确定 k,A 和 F。该公式中的符号是地理学领域数学统计的文献中惯用的符号,这些文献推动了多元向量分析的发展(Miesch,1976a,1976b;Full et al.,1981)。相同的公式(带有不同的符号)同样是所有受体模型方法的核心。例如,在正定矩阵因子分解模型(PMF)(Paatero & Tapper,1994)中,有着相同的公式,只不过按照术语使用惯例,源-贡献矩阵(公式 18.1 中的 A)定义为矩阵 G:

$$X = GF + \varepsilon$$

或者

$$x_{ij} = \sum g_{ik} f_{kj} + e_{ij} \tag{18.13}$$

在与 Unmix 方法有关的文献中(Henry,2003),该公式表示为

$$C = AS + \varepsilon$$

或者

$$c_{ij} = \sum a_{ik} s_{kj} + e_{ij} \tag{18.14}$$

这里,源-贡献矩阵表示为 A,输入矩阵定为 C 而不是 X,源组成矩阵定为 S 而不是 F。在交替最小二乘法中,该公式表示为

$$D = CA + \varepsilon$$

或者

$$d_{ij} = \sum c_{ik} a_{kj} + e_{ij} \tag{18.15}$$

源分配公式(公式 18.1)与公式 18.9、18.10 和 18.11 中给出的得分和载荷公式相似。但是,得分和载荷是抽象的正交矩阵,不能代表实际的化学组分或来源。尤其是在表示原始化学物质变量时,主成分得分和载荷可以包含负值。

PCA 的初学者的一个普遍错误是试图像解释真正的混合模型的混合比例或化学组分那样去解释原始的主成分得分和载荷。正如在第 18.2.6 节中，Gould 对因子分析的批评并非基于数学原理，而是基于对因子的天真和虚假的解释。Gould 用"物化"一词来描述将抽象的正交因子与诸如智力之类的实际"事物"等同的做法。在环境损害司法鉴定和化学物质指纹分析的背景里，我们同样强调主成分通常不是"来源"。Gould 的批评不仅限于社会科学的范围，他说："因子分析的使用历史充斥着错误地试图进行改造的残骸"（Gould，1996，第 298 页）。

Malinowski（1991，第 61 页）提出了类似的观点："行和列因子的抽象形式无法被识别为物理或化学参数，因为参考轴形成产生的是纯粹的数学解。出于科学目的我们寻求的是化学物质组成上可识别的因子。" Paatero 也谈到了正交主成分或因子的解释，他说"期望的因子通常是一些天然性质的分布（例如，数量的时间变化或污染源的浓度分布）。这种分布实际上从不正交，因此具有正交特性 PCA 的使用是没有用的"（Paatero and Tapper，1994，第 120 页）。因此，尽管 Paatero，Gould 和 Malinowski 可能在因子分析的定义上存在分歧，但他们完全同意特征向量、主成分或因子是多元空间中的抽象线，而不是具有物理现实的"事物"。正交的得分和载荷可能会提供潜在结构的提示，但不能将它们等同于智力或化学物质指纹。

现代受体模型建模方法将矩阵 A 和 F 旋转得到通常在降维的（k 维）主分量空间内的倾斜解。根据施加在矩阵 A 和 F 上的明确的非负约束执行旋转。非负约束的原因很简单，化学物质指纹的化学成分不可能是负的，例如-10%PCB 138，因此矩阵 F（公式 18.1）不应包含负值。同样，一个样本不能从给定来源获得-35%的贡献，因此矩阵 A 在公式 18.1 不能具有负值（Miesch，1976a；Full et al.，1981，1982；Gemperline，1984；Hopke，1989；Henry and Kim，1990；Kim and Henry，1999；Tauler，1995；Windig et al.，1992；Paatero and Tapper，1994）。因此，非负约束是此处讨论的所有受体模型的明确要求。

此外，如果对系统的物理化学约束有更多的了解，也可能会施加其他明确的约束（Henry and Kim，1990；Tauler，1995；Johnson，1997；Kim and Henry，1999）。本章中讨论的所有受体模型都包括对源组分和源贡献的明确非负约束。

多元受体模型建模方法通常将 PCA 用作确定贡献源数量的中间步骤，也为模型的解析提供降维的参考空间。因此，在这里讨论的许多受体模型建模方法中，确定源的数量（k）实质上简化成了选择"正确"的主成分数量的问题。因此，有关确定重要主成分的讨论（18.2.4 节）与受体模型建模有关。

概念混合模型或受体模型的一个假设是系统必须是充分确定的。也就是说，数据集必须包含比源数量更多的变量或样本数量（以较小的数字为准）。如果我们仅检测每个样品中的四种化学物质，而造成污染的有六个来源，那么我们将无法完全地或现实地进行模型解析。另一个假设是线性混合，我们假设每个源中变量的相对比例是固定的,并且源贡献是线性累加的。也就是说,随着我们增加样本中源指纹的比例,该指纹特征的变量将在该样本中成比例(线性)地增加。

选择源数量 k(第 18.2.4 节)后,受体模型就解析出源的化学组成(F)和每个样品中各个源的贡献(A)。但是请记住,在环境损害司法鉴定的调查研究中,我们很少提前知道所有污染源的信息。如果可能我们希望直接从环境数据分析中得出源模式。几种此类方法已用于环境污染源解析的调查中。这里将详细讨论其中的四个:(1)用于多方向量分析(PVA)的 DENEG 算法(Full et al.,1981,1982);(2)结合使用误差估计和非负约束的正定矩阵因子分解模型(PMF)(Paatero and Tapper,1994);(3)用于扩展自建模曲线分辨率(ESMCR)的 N 维边缘检测方法(Henry and Kim,1990;Henry et al.,1997;Kim and Henry,1999;Henry,2003);(4)多元曲线解析/交替最小二乘法(ALS)(Tauler,1995;Tauler et al.,1993,1995)。

这些方法类似,它们都不需要训练集(因此称为"自训练"),它们通过受体模型公式的斜率和非正交解来解决源解析公式的问题,并且使用明确的非负约束。

以下部分介绍了 PVA,ALS,ESMCR(Unmix)和 PMF 模型的算法,目的是使读者对这些算法有直观的了解。读者可以参考原始引用的论文,以获取有关数学原理的更多详细信息。尽管本章的重点是这四种方法,但应注意,在环境损害司法鉴定应用中还存在其他具有相似目标的方法。包括具有非负约束的 PCA(Ozeki et al., 1995; Xie et al., 1998; Rachdawong and Christensen, 1998; Imamoglu and Christensen,2002;Imamoglu et al.,2004),靶向变换因子分析(TTFA)(Roscoe and Hopke,1981;Gemperline,1984;Hopke,1989;Malinowski,1991)和非负矩阵分解(NNMF)(Lee and Seung,1999,2001;Hoyer,2004)。具有非负约束的 TTFA 和 PCA 在历史上很出名,但是最近在环境损害司法鉴定中的应用还很少。NNMF 最近才应用于解决环境损害司法鉴定中的问题(Aldea and Nielsen,2011;Nielsen and Aldea,2011),但是在撰写本文时,尚未发表有关其应用于解决环境损害司法鉴定问题的同行评议论文。

PVA,ALS,ESMCR(Unmix)和 PMF 模型分别应用于 Henry 数据集(Henry 和 Christensen,2010 年)和在 18.2.4.2 节中修正的 PCB 数据集 2。在下面的段落中讨论了对 Henry 数据集的应用。对 PCB 数据集 2 的应用将在四种方法(第 18.3.1 节至第 18.3.4 节)中的更详细讨论中进行讨论。

表 18.4 显示了此处讨论的应用于 Henry 数据集的四种自训练受体模型方法中每种方法的结果比较。用于比较的性能指标($\sigma_{\text{Est-True}}$)是 Henry 和 Christensen(2010)提出的指标。它是源组分的真实值与每种方法估算的值之间的差异的标准偏差。表 18.4 所示的 Unmix 和 PMF 模型解析结果最初是由 Henry 和 Christensen(2010)发表的结果。我们请读者参考该论文的有关该数据集的 PMF 与 Unmix 模型的讨论。

表 18.4 Henry 数据集 1 的真实源组分与根据 Unmix，四种 PMF，PVA 和 ALS 模型解析得到的组分值的比较

	组分#	真实值	Unmix[1]	四种 PMF 版本/选择				Matlab PVA[2]	旋转的 MCR－ALS[2]
				B－PMF NNLS[1]	B－PMF 补偿函数[1]	EPA PMF3[1]	EPA PMF3[1] fpeak＝－0.1		
来源 1	1	11.44	11.31	10.9	10.45	11.07	11.72	11.20	11.40
	2	12.83	13.3	15.24	15.15	15.45	12.67	13.29	12.91
	3	11.9	12.17	12.74	13.26	12.54	11.61	12.25	12.00
	4	15.34	16.01	18.46	18.66	18.57	15.01	16.06	15.50
	5	14.79	15.04	16.18	15.76	16.49	14.9	14.97	14.82
	6	12.27	12.08	10.41	11.51	9.73	11.97	12.20	12.32
	7	11.76	11.29	10.15	9.56	10.3	12.07	11.22	11.59
	8	9.66	8.8	5.91	5.65	5.86	10.04	8.81	9.47
		$\sigma_{Est-True}$	**0.51**	**2.35**	**2.44**	**2.5**	**0.3**	**0.53**	**0.13**
来源 2	1	12.54	12.47	11.13	11.72	12.59	12.6	12.58	12.56
	2	8.85	7.86	6.22	7.16	7.18	9	8.39	8.52
	3	10.46	10.43	11.87	11.24	10.26	10.36	10.36	10.39
	4	10.11	9.08	8.08	8.8	8.24	10.29	9.62	9.77
	5	12.63	11.85	9.58	10.72	11.44	12.82	12.33	12.43
	6	15.29	16.61	21.6	19.12	17.29	14.89	15.74	15.62
	7	14.38	14.71	13.56	14	15.06	14.45	14.63	14.55
	8	15.75	16.99	17.96	17.26	17.95	15.59	16.35	16.17
		$\sigma_{Est-True}$	**0.93**	**3.16**	**1.95**	**1.56**	**0.21**	**0.41**	**0.29**
来源 3	1	13.64	13.7	15.77	15.36	13.87	13.48	13.53	13.49
	2	12.12	12.55	12.24	11.66	11.19	11.76	12.11	12.16
	3	9.43	9.33	6.84	7.36	9.03	9.52	9.47	9.53
	4	13.25	13.61	11.92	11.5	11.94	12.84	13.19	13.26
	5	15.96	16.35	17.76	17.02	15.45	15.58	15.89	15.90
	6	8.77	7.99	3.84	5.57	9.38	9.46	8.93	8.93
	7	14.53	14.57	17.39	17.02	15.3	14.6	14.54	14.49
	8	12.31	11.9	14.18	14.52	13.85	12.76	12.33	12.25
		$\sigma_{Est-True}$	**0.42**	**2.73**	**2.17**	**0.95**	**0.41**	**0.08**	**0.10**

注：[1] Unmix 和 PMF 结果由 Henry 和 Christensen(2010)发表。
[2] 在本书的章节中的 PVA 和 ALS 结果来源：PVA（Johnson/Matlab）和 ALS（Ramos/Pirouette）。Henry 和 Christensen(2010)的 Henry 数据集 1。

这些结果进行就扩展，以包括从本章的两位作者进行的 PVA 和 ALS 解析得到的源。所有这四种方法产生的源组分估算值都非常接近真实的源组分（$\sigma_{Est-True}<1$）。但是请注意，几种选择中 PMF 的性能表现要么非常好（EPA PMF3fpeak＝－0.1 的所有三个源的指标 $\sigma_{Est-True}<0.5$），要么性能表现较差（其他三个 PMF 方法选项 $\sigma_{Est-True}>2$）。这表明，与其说一个方法胜过其他方法，不如说无论使用哪种方法，最佳结果都取决于数据分析人员的经验以及评估哪种方法选项最适合特定数据集。

在以下各节中,我们将更详细地讨论每种方法,而在此过程中,我们将专注于由 Leather 等(2011)提出的 PCB 数据集 2。

18.3.1 多方向量分析(PVA)

PVA 是为地理学科学中的混合物的分析而开发的。它经过 40 年的发展,许多作者在一系列出版物中介绍了不同的方面特性和子程序。它在地理学领域的数学统计方面的发展可以追溯到 1960 年代初的 John Imbrie(Imbrie,1963;Manson and Imbrie,1964;Klovan,1968;Klovan and Imbrie,1971;Klovan and Miesch,1976;Miesch,1976a,1976b;Full)等,1981,1982)。本书网站上的补充材料中提供了有关该系列论文的更详细讨论:http://booksite.elsevier.com/9780124046962/(“多方向量分析形式体系”)。

多方向量分析的名称直接来自 Imbrie(1963)和 Full 等(1981,1982)定义的术语。Imbrie(及其他人)将根据正交轴解析的特征向量分解模型称为因子分析。他称分解为斜向量的方法为向量分析法。尽管 Jackson(2003)和其他人不同意这个定义(请参见第 18.2.6 节),该术语定义在地理学领域的数学统计中拥有多年的历史。PVA 解析出斜向量(即旋转的“因子”)作为源组分,因此使用了术语向量分析而不是因子分析。术语“多边形”源自以下概念:PVA 在 k 维主成分空间内解析出 $k-1$ 维实体,是一个简单图形或多边形。如图 18.8 所示,三维空间中的多边形或简单图形是二维的三角形。在二维空间中,它是一条直线。在四维空间中,它是四面体。由于 PVA 的目的是解析出一个 $k-1$ 维的简单图形,因此通常采用恒定向量长变换,因为它强制所有样本向量具有相同长度,因此所有数据都被限制为 k 维空间内的一个 $k-1$ 维的平面(见图 18.5,第 18.2.2 节)。

可以在本书的网站上下载在默认条件下运行的完整 PVA 算法的说明(http://booksite.elsevier.com/9780124046962/)。根据资深作者(GWJ)的要求,可提供 PVA 的 MATLAB®版本,并且脚本功能默认情况下已设置为运行 PCB 数据集 2。

图 18.8 提供了应用于 PCB 数据集 2 的 PVA 算法的可视化视图。该算法在降维的 PCA 空间中运行,并通过识别数据集中的 k 个最不相同的样本来对末端成员组分进行初始估计,然后以这些样本为顶点建立一个多边形(简单图形)(图 18.8,零迭代)。该算法然后测试该解析结果是否存在负比例值。如果存在负值,则算法会迭代(使用 Full 等的 DENEG 算法,1981),直到满足了末端成员组分和混合贡献比例的非负约束条件为止(在这里,PCB 数据集 2 一次迭代就收敛了)。Full 等(1982)认识到使用极端样本作为末端成员的初始估计值可能会增加离群值的影

响,因此提出了一种基于 Bezdek 的模糊 c 均值聚类算法(Bezdek,1981;Bezdek et al.,1984)的替代的迭代启动方法。

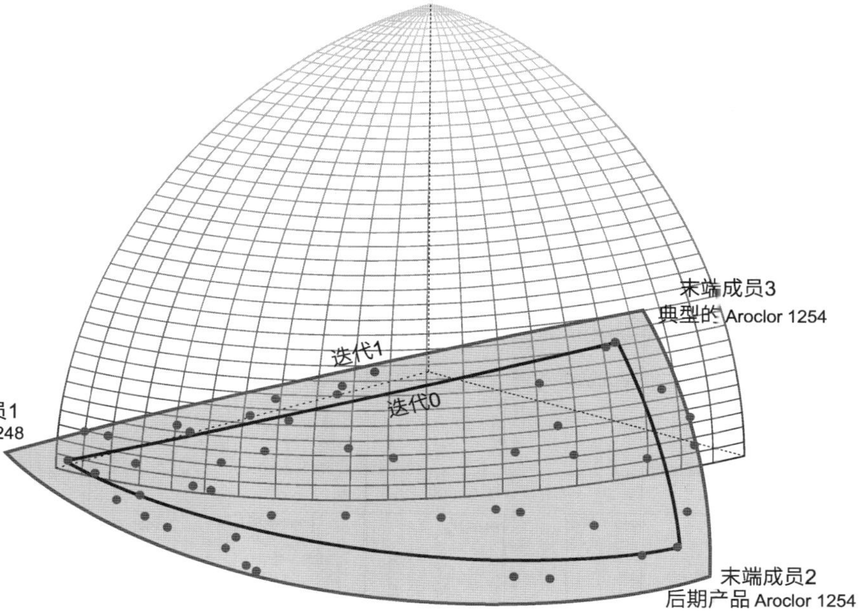

图 18.8 将 **PVA** 的 **DENEG** 算法应用于修正错误后的 **PCB** 数据集 **2** 的图形结果表示。在三个主成分(**PC**)的空间中,该算法在数据集中三个最极端的样本(迭代 **0**)处建立具有顶点的初始简单形状,然后交替扩展和旋转简单形状,直到满足非负约束。这个例子中的算法迭代 **1** 后收敛

PVA 接续出了 PCB 数据集 2 的三个末端成员的化学物质组成,如图 18.9 所示。在视觉上,通过 PVA 解析的三种组成与用于生成这种混合物的真实 Aroclor 组成非常相似。使用余弦 θ 相似性度量指标(Johnson et al.,2006)对这种相似性进行了量化,该指标显示在每个末端成员与真实源组成的对比的条形图的右上方。所有三个 PVA 末端成员的余弦 θ 与用于创建 PCB 数据集 2 的真实源组成(第 18.2.2 节)相比大于 0.99。

PVA 已应用于许多沉积物,水和生物研究中的多元污染物源解析研究(Ehrlich et al.,1994;Doré et al.,1996;Jarman et al.,1997;Bright et al.,1999;Johnson et al.,2000;Barabas et al.,2004;Magar et al.,2005;DeCaprio et al.,2005;Leather et al.,2011)。

18.3.2 交替最小二乘法

交替最小二乘(ALS)是另一种自训练方法,它允许在没有污染源化学组分的先验信息的情况下解析出来源组分和来源贡献(Tauler et al.,1993;Tauler,1995)。ALS 与 PVA 相似之处在于,都将 PCA 用于确定数据集的维数(即源个数),降维的

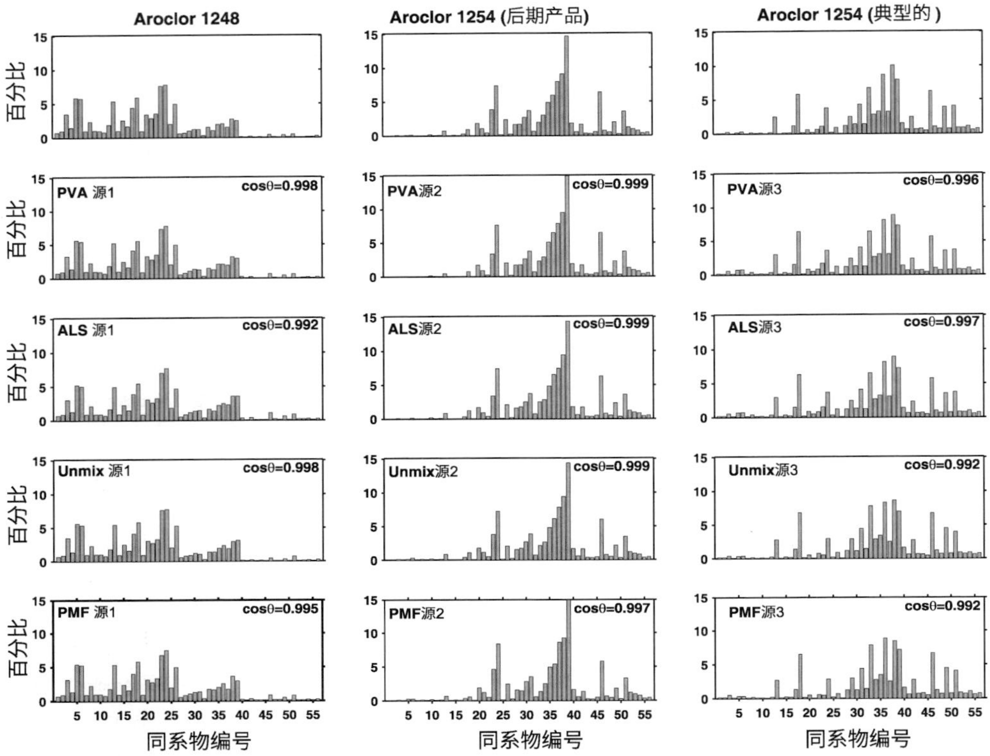

图 18.9 从 PVA(第 2 行),ALS(第 3 行),ESMCR/Unmix(第 4 行)和 PMF(第 5 行)解析得到的源组分结果比较。x 轴上的同系物编号对应于图 18.1 中显示的同系物编号。每个柱状图右上方的 $\cos\theta$ 值表示每个解析的源组分与真实源组分的相似度,这是计算得出的余弦 θ 相似度度量指标

主成分空间用作一组参考坐标,用于解析具有非负约束的斜向量。ALS 分四个步骤实施,如下所述。

ALS 中的"初始估算"步骤类似于 PVA 对"初始多边形的选择"(请参见本书在线补充材料中的"PVA 形式体系",http://booksite.elsevier.com/9780124046962/)。几种 ALS 中的基于在数据矩阵中找到最纯粹的样本的方法已被提出。提出的方法包括针搜索法(Gemperline, 1986),先进的因子分析(Maeder,1987)或凸度(Grande and Manne,2000)。或者可以尝试一种新的估算最纯粹的变量的方法(Windig et al.,1992)。根据最初估计的矩阵,可以通过$^+$符号表示的伪逆矩阵算法来计算转置矩阵。给定初始或二次估计值的矩阵 A,我们希望找到矩阵 F,使 $\| X-AF \|$ 的值最小,这取决于对 F 施加的约束(见下文):

$$F = A^{+}X \tag{18.16}$$

另外,给定 F 的一些初始或二次估计值,我们希望找到一个使 $\| X-AF \|$ 值最

小的 A,但要遵守对 A 施加的约束：

$$A = X F^{+} \tag{18.17}$$

A 和 F 的估计值通过在前面介绍的最小二乘法步骤后应用约束来完善。根据应用程序的性质,引入了不同的约束。在每次迭代期间可以应用一个或所有约束。ALS 中施加的典型约束包括：

- 非负约束：与几乎所有受体模型建模方法一样,非负性约束条件会同时施加到源指纹和组分上。
- 闭合约束：可以调用质量平衡,以使组分的总和等于常数,通常为 1 或 100%。
- 平等约束：如果预先知道一个或多个源指纹,则可以将此信息作为约束条件包括在内。
- 不平等约束：如果已知某个特定来源在任何样本中都不会超过某个比例,则可以调用一个约束来防止该来源的贡献超过该限制。

在应用带有约束矩阵的新的最小二乘法评估之后,可以看到对矩阵 A 和 F 更好的估计效果。重复这些步骤,直到观察不到矩阵的进一步改进或直到达到最大迭代次数为止。

在许多应用实例中,应用这些具有严格约束条件的 ALS 将提供相当合理的解析结果。ALS 已在许多研究中应用于环境污染物数据分析(Tauler et al.,1995,2000)。但是,解析的源指纹有时可能会在组分中显示噪声,从而导致结果失真。软约束因此被提出,通过将补偿函数应用于约束来最小化这些影响(Gemperline and Cash,2003)。

ALS 的软件运行可在 MATLAB 环境中使用(www.mcrals.info/)以及通过诸如 Pirouette(Infometrix,Bothell,WA)之类的商业化学统计学软件实现。当将 ALS 应用于 PCB 数据集 2 时,所得的源组分非常类似于真实的源组分($\cos\theta$ 相似性度量值超过 0.99),以及通过 PVA(具有许多类似特性的方法)解析的结果。在分析原油混合物的气相色谱数据时,ALS 与 PVA 的结果之间也观察到了一致性(Ramos et al.,2005)。

18.3.3 ESMCR/Unmix

另一种受体模型建模方法是扩展的自建模曲线分辨率(ESMCR)(Henry and Kim,1990;Kim and Henry,1999;Henry,2003)。ESMCR 是 EPA Unmix 受体模型建模软件以及前面讨论的 SAFER 模型的基础。此方法通常不涉及样本数据归一化(见第 18.2.2 节)。正如在第 18.2.2 节所说,如果不进行样本数据归一化,PC－1

将占总浓度的很大比例，因此就三个主成分的 PCA 空间中的指纹图案而言，关注的焦点是 PC－2/PC－3 的平面。因此，图 18.10 和图 18.11 显示了投影到垂直于 PC－1 的平面上的数据。

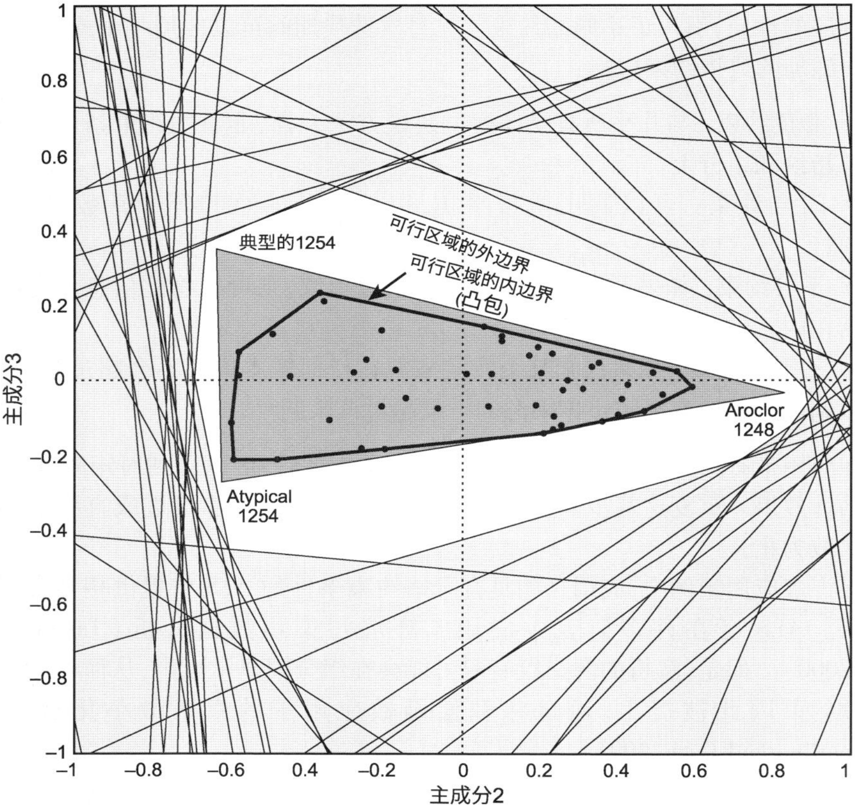

图 18.10　将 SAFER3D 应用于在修正错误之后的 PCB 数据集 2 的图形结果表示。此方法用于扩展的自建模曲线分辨率，并解析了可行区域的内边界和外边界之间的源组分

亨利及其同事介绍了 ESMCR 的两个主要变体。第一种是 SAFER 方法（具有明确约束的因子源解析）。SAFER 方法首先定义一个可行的区域，其中可能确定了简单形状的顶点和边。可行区域的内部边界由数据云的凸包定义（图 18.10）。分析化学物质的非负约束条件定义了可行区域的外边界。图 18.10 中穿过灰色阴影区域中的每一条线都是三个主成分的空间中的一种 PCB 同系物的零线。在灰色阴影区域绘制的任何可能的源组分将至少具有一种分析物质的非负组成。对于这样的三个主成分的系统，可以直接通过检验在主成分空间中绘制的数据，数据在可行区域内通过指向和单击来手动定位，来定义可行的混合模型（此方法称为 SAFER3D）。扩展的 SAFER 方法通过使用附加的线性约束开发了高维模型（Kim

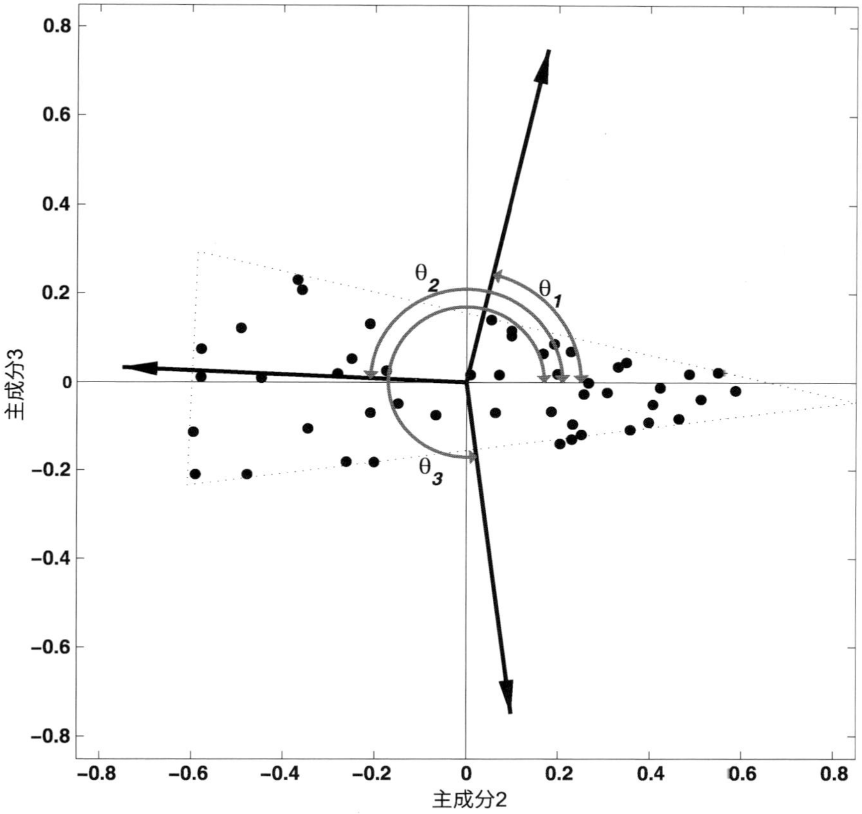

图 18.11 将 **UNMIX** 边缘检测算法应用于修正错误后的 **PCB** 数据集 **2** 的图形结果表示。随着向量以各种角度在 **PCA** 空间旋转，将定义一个称为图形优度的函数，该函数将在垂直于边缘的方向上显示局部最大值。此处显示的三个向量根据图形优度函数确定，与 **PCB** 数据集 **2** 数据云的边缘垂直

and Henry, 1999)。SAFER 的应用主要在空气污染物源解析领域(Henry et al.,1994,1997)。

在随后的出版物中，Henry(2003)提出了解决高维混合模型的另一种方法：N-维边缘检测。这是美国环境保护局受体模型软件 Unmix 中的方法。亨利(Henry)认为，同时查找混合图(简单图)的边缘、面或超平面可以识别简单图形的顶点。换一种说法，如果找到简单图形的所有边缘，则也找到了它的角(末端成员)。亨利还认为，如果数据集中的样本具有零或非常低的混合比例，则这些样本将定义为 PCA 空间中数据云的相对平坦边缘。该平坦边缘平行于(如果不等同于)简单图形的真实边缘。Henry 的边缘检测算法的工作原理是定义一系列向量，这些向量通过降维的主成分空间的原点(图 18.11)。当这些向量以各种角度在

PCA 空间旋转时，将定义一个称为图形优度的函数，该函数将在向量垂直于边缘的方向上显示局部最大值(Henry,2003)。图 18.11 显示了三个垂直于 PCB 数据集 2 数据云的边缘的向量(由图形优度确定)。这是三个污染源的情况，但是边缘检测方法已经推广到更高维的情况中。找到边缘线的方向后，即可通过对边缘数据点的统计拟合来确定边缘的最终位置。

Henry 的 N -维边缘检测方法的应用主要在空气污染物源解析领域(Lewis et al.,2003;Mukerjee et al.,2004)。可以通过称为美国环境保护局 Unmix for Windows 的软件包获得实现此方法的软件，也可以通过美国环境保护局在其空气质量受体模型建模网页(www.epa.gov/heasd/research/unmix.html)获得。

通过 Unmix 解析的 PCB 数据集 2 的源组分如图 18.11 所示。通过 Henry 的 Unmix 模型解析获得的源组分与真实源组分非常吻合。

18.3.4 正定矩阵因子分解

正定矩阵因子分解(PMF)由 Paatero 及其同事开发的(Paatero and Tapper,1994;Paatero,1999、2004、2006、2007)。与本章讨论的其他方法一样，PMF 也是通过迭代方法对公式 18.1 求解，并使矩阵 A 和 F 不包含负值。但是，PMF 与以前讨论的其他方法在两个重要方面有所不同。首先，PMF 不需要 PCA 作中间步骤或降维方法。计算和优化在多维空间中进行。其次，PMF 允许用户为输入矩阵(公式 18.1 中的 X)中的每个数据值指定单独的估计误差。X 的误差估计值以标准偏差误差估计值的矩阵 (σ_{ij}^2) 表示。对于环境数据，Paatero(2000,2007)建议使用他所说的“ -14”误差模型，该模型包括用户提供的测量误差的估计值(c1)和预期建模误差(c3)(Paatero,2004,2007;Norris et al.,2009)。

自 1994 年首次引入 PMF 以来，Paatero 及其同事介绍了该模型的三个版本(PMF2,PMF3 和 ME - 2)。PMF3 被设计用于三向分析(例如，按时间分析多个 $m \times n$ 数据矩阵)，迄今为止，在环境损害司法鉴定中尚未见到很多应用。

Paatero 的 PMF2 已应用于 PCB 数据集 2，结果的源组分估算值以图形方式显示在图 18.9。同样，所解析的源组分与用于构建此数据集的真实 Aroclor 组分非常相似。PMF 主要用于空气中的受体模型建模研究(Juntto and Paatero,1994;Xie et al., 1998; Chueinta et al., 2000; Begum et al., 2005; Amato and Hopke, 2012)，但是最近发现它在沉积物和雨水研究中的应用有所增加(Bzdusek et al.,2006a,2006b;Du et al.,2008;Rodenburg et al.,2011)。可以通过芬兰赫尔辛基大学的 PentiiPaatero 博士获得此处讨论的 PMF2,PMF3 和 ME2 软件。还可通过 EPA 的空气质量受体模型建模网页来获得 PMF 软件的一个版本(选项比 Paatero 的软件更多)(www.epa.gov/heasd/research/pmf.html)。该软件使用了更新的(多线性)ME - 2 算法(Norris et al.,2009)。虽然未在图 18.9 中显示，我们也用 EPA 软件解析了 PCB 数据集 2，并且与 PMF－2 一样，ME－2 解析结果也与实际的 Aroclor 源组分高度匹配。

18.4　降解过程对混合模型的影响

PCA 和受体模型是有价值的探索性数据分析工具，适用于来自具有多源混合区域的大型数据集，以及无法提前预知源信息的情况。但是，环境过程可能会混淆结果。例如，在环境中，PCB 组分会通过微生物脱氯和挥发等过程改变（Bedard and Quensen，1995；Chiarenezelli et al.，1997；Johnson et al.，2006）。风化和降解对源组分的影响一直是环境损害司法鉴定中的一个问题，但并非总是在多元化学物质统计学方法中得到解决。本节简要讨论了这些过程可能对多元数据分析方法产生的影响。

Johnson and Quensen（2000）使用 PVA 分析了实验室微生物脱氯研究的数据。该研究中使用的数据来自于已由 Quensen et al.（1990）发表的一项研究，该研究使用纽约哈德逊河和马萨诸塞州银湖中存在厌氧微生物沉积物中的 Aroclors 进行实验室规模的脱氯实验。Johnson & Quensen（2000）分析了其中一项实验（Aroclor 1248）的数据。实验数据代表单一来源和单一降解过程。如果单源单降解系统表现为线性混合的末端成员，则可以期望得到一个双末端成员系统的解析结果，其中一个末端成员是 Aroclor 1248 保持不变，而另一个是脱氯过程的最终产物。所有中间的脱氯产物都将沿着这两个极端之间的连续区域分布，但这不是实际观察到的。拟合优度诊断（CD 散点图）表明存在三个（不是两个）主成分，并且解析出了一个三端成员的模型。这三种组分之一与未改变的 Aroclor 1248 相匹配。第二种与预期的最终脱氯产物相匹配。第三种是中间脱氯产物。第三个末端成员的解析结果表明，脱氯过程在数学上不会表现得像线性混合源那样。当然，有了这些结果，就算对所研究的系统没有任何已知信息，来源和降解过程的指纹组分都易于解释（当然，假设分析人员知道文献中描述的各种脱氯过程）。当将 PCA 应用于 Aroclor 1248 风化过程时，也观察到了类似的非线性趋势，模型建模使用了逸度方程（Johnson and Bock，2014）。

这对于在环境损害司法鉴定中进行污染物组分识别的人员具有重要意义。考虑到存在多个源并存在一个或多个降解过程改变了组分的情况，源解析变得更加困难。然而，即使在这种更为复杂的情况下，PCA 和受体模型仍然是有价值的工具，因为在没有先验假设的情况下，它们可以对源组分和降解过程组分进行合理估计。这一点已经在几种现场应用中得到了证明，其中受体模型建模方法有效地识别了该现场的污染物源和脱氯过程(Immomoglu et al.,2002,2004;Barabas et al.,2004;Magar et al.,2005;Bzdusek et al.,2006a,2006b)。

18.5 总结

环境损害司法鉴定本质上是对复杂的化学物质数据集的分析。这些数据集通常包含许多样本和许多检测的化学物质。我们正在一个多元多维的领域中工作,因此我们必须采用多元统计方法来应对这些问题。但是,司法鉴定调查的性质使得我们通常不能完全了解所研究的系统。通常,我们不能也不应采用与形式假设检验有关的经典统计方法。相反,采用多元探索性数据分析方法通常更为谨慎。这些方法必须具有特殊的功能:它们必须能够处理混合物,结果必须在科学的背景下可以解释;他们应该要求最少的关于数据分布和源化学组分的先验假设;他们必须能够处理比两个或三个来源更复杂的系统。这些条件极大地限制了我们的选择,但是本章介绍的方法可以满足这些条件。

当面对错误数据时,所有讨论的方法都可能产生虚假结果。异常的测量值会破坏数据的方差结构。这是依赖方差的多元分析过程的致命弱点。因此,数据分析过程中最关键的步骤之一就是异常值检测和数据清理。PCA 和受体模型建模必须包括用于评估数据质量的系统客观的程序,这可以通过使用拟合散点图的优度来判断。清除异常数据后,确定源的数量就相对简单了。如果有效地完成了此步骤,则用于确定源数量的各种方法通常是一致的。

一个子程序可用于分析清除的数据。PCA,本章讨论的最早的程序,在对系统有贡献的源很少,并且源之间的混合也很有限的简单的情况下使用效果最好。如果最初的 PCA 分析显示存在混合物,通常最好再采用能够解决该混合物性质的其他方法。本章介绍了四种方法:PVA,ALS,Unmix/ESMCR 和 PMF。这些方法中的每一个都是有效的。

这些方法的使用人员常见的问题是:要使这些方法有效运行,需要多少样品?或者,换一个更笼统的说法,即只有在拥有大量数据的情况下受体建模才有效。准确的答案(如果不令人满意)是取决于采样计划。给定一个三个源的系统和非常小的数据集(例如小于等于 10 个样本),其中一个或几个样本接近单一源的组成,这些方法就能很好地工作。另外,给定一个三个源的系统和一个 1 000 个样本的数据集,其中所有样本对每个源具有非常相似的相对贡献(即数据集的方差变异很小),所有这些方法都会很难解决。关键不是样本数量多,而是制定和实施合理的对研究区域(在时间和空间上)的抽样计划。要求更多样本的说法只有在更多(但并非总是)样本可以让模型模拟的数据集具有更好的机会代表现场观测差异的情况下才是正确的。

最后,我们渴望将此类方法应用于环境化学物质数据,并努力开发更加准确和严格的方法,因此我们绝不能忽视项目工作的化学和科学背景。每当我们在数据集中发现一个意外时(如果我们认真工作,这可能会经常发生),我们必须将该数据信息与研究的整个背景联系起来。例如,如果在散点图上显示异常值,我们必须返回到测试人员,数据输入技术员或现场团队负责人,并询问是什么原因导致该样品的独特。适当的数据分析决策(例如删除,修改或收集新样本)具体取决于我们在这些讨论中学到的内容有所不同。数据分析可能会引起我们对一些问题的注意,但是在数据分析中,关于原因、来源和科学意义的问题很少能得到回答。在工业历史、化学、地理学和生物学的背景领域下,我们更经常会考虑这样的问题。我们可能会从数学和统计学中借用方法,但我们主要还是环境科学家。

致 谢

感谢 Ron Henry 提供的软件来运行 SAFER 和 Unmix 并审阅了此手稿的某些部分。感谢 Robert Wagner,Jeff Chiarenezelli 和 Michael Bock 进行了有关合理的 PCB 共洗脱和数据错误问题以及 PCB 转变机制的讨论。GeoChem Metrix,Inc.和美国国防部环境安全技术认证项目(ESTCP)为部分工作提供了支持。感谢在 ESTCP 项目上合作的 Jim Leather 和 Greg Durell。

(卓少杰)

参 考 文 献

Aldea, M., Nielsen, D., 2011. Chemical forensics using unmixing methods. Proceedings of the Battelle 6th International Conference on Remediation of Contaminated Sediments, New Orleans, LA. February 7 - 10, 2011.

Amato, F., Hopke, P. K., 2012. Source apportionment of the ambient PM2. 5 across St. Louis using constrained positive matrix factorization. Atmospheric Environmental 46, 329 - 337.

Barabas, N., Goovaerts, P., Adriaens, P., 2004. Modified Polytopic Vector Analysis To Identify and Quantify a Dioxin Dechlorination Signature in Sediments. 2. Application to the Passaic River. Environmental Science & Technology 38, 1821 - 1827.

Bedard, D.L., Quensen, J.F., 1995. Microbial reductive dechlorination of polychlorinated biphenyls. In: Young, L.Y., Cerniglia, C.E. (Eds.), Microbial Transformation and Degradation of Toxic Organic Chemicals. Wiley-Liss, New York, NY, pp. 127 - 216.

Begum, B.A., Hopke, P.K., Zhao, W., 2005. Source Identification of Fine Particles in Washington, D. C., by Expanded Factor Analysis Modeling. Environmental Science & Technology 39, 1129 - 1137.

Bezdek, J.C., 1981. Pattern Recognition with Fuzzy Objective Function Algorithms. Plenum Press, New York, NY.

Bezdek, J. C., Ehrlich, R., Full, W. E., 1984. FCM: The fuzzy c-means clustering algorithm. Computers and Geosciences 10, 191 - 203.

Brereton, R.G., 1992. Multivariate Pattern Recognition in Chemometrics, Illustrated by Case Studies. Elsevier, Amsterdam, The Netherlands, p. 325.

Bright, D. A., Cretney, W. J., MacDonald, R. W., Ikonomou, M. G., Grundy, S. L., 1999. Differentiation of polychlorinated dibenzo-*p*-dioxin and dibenzofuran sources in coastal British-Columbia, Canada. Environmental Toxicology and Chemistry 18, 1097 - 1108.

Bzdusek, P.A., Lu, J., Christensen, E.R., 2006a. PCB Congeners and Dechlorination in Sediments of Sheboygan River, Wisconsin, Determined by Matrix Factorization. Environmental Toxicology and Chemistry, 120 - 129.

Bzdusek, P.A., Christensen, E.R., Lee, C.M., Pakdeesusuk, U., Freedman, D.L., 2006b. PCB Congeners and Dechlorination in Sediments of Lake Hartwell, South Carolina, Determined from Cores Collected in 1987 and 1998. Environmental Science & Technology, 109 - 119.

Cattell, R.B., 1966. The scree test for the number of factors. Multivariate Behavioral Research 1, 245 - 276.

Chiarenezelli, J.R., Scrudato, R.J., Wunderlich, M.L., 1997. Volatile loss of PCB Aroclors from subaqueous sand. Environmental Science & Technology 31, 587 - 602.

Chueinta, W., Hopke, P.K., Paatero, P., 2000. Investigation of sources of atmospheric aerosol at urban and suburban residential areas in Thailand by positive matrix factorization. Atmospheric Environment 34, 3319 - 3329.

Davis, J.C., 2002. Statistics and Data Analysis in Geology, third ed. John Wiley & Sons, New York, NY.

Deane, J.M., 1992. Data reduction using principal components analysis. In: Brereton, R.G. (Ed.), Multivariate Pattern Recognition in Chemometrics. Elsevier, New York, NY, pp. 125 - 177.

DeCaprio, A.P., Johnson, G.W., Tarbell, A.M., Carpenter, D.O., Chiarenezelli, J.R., Morse, G. S., Santiago-Rivera, A.L., Schymura, M.J., Akwesasne Task Force on the Environment, 2005. PCB exposure assessment by multivariate statistical analysis of serum congener profiles in an adult Native American population. Environmental Research 98, 284 - 302.

Doré, T. J., Bailey, A. M., McCoy, J. W., Johnson, G. W., 1996. An examination of organic/carbonate-bound metals in bottom sediments of Bayou Trepagnier, Louisiana. Transactions Gulf Coast Association Geology Society 46, 109 - 116.

Draper, N.R., Smith, H., 1981. Applied Regression Analysis. John Wiley & Sons, New York, NY, p. 709.

Du, S., Belton, T.J., Rodenburg, L.A., 2008. Source Apportionment of Polychlorinated Biphenyls in the Tidal Delaware River. Environmental Science Technology 42, 4044－4051.

Eastman, H.T., Krzanowski, W.J., 1982. Cross-validatory choice of the number of components from a principal components analysis. Technometrics 24, 73－77.

Ehrlich, R., Full, W.E., 1987. Sorting out geology, unmixing mixtures. In: Size, W. (Ed.), Use and Abuse of Statistical Methods in the Earth Sciences. Oxford University Press, New York, NY, pp. 34－46.

Ehrlich, R., Wenning, R.J., Johnson, G.W., Su, S.H., Paustenbach, D.J., 1994. A mixing model for polychlorinated dibenzo-*p*- dioxins and dibenzofurans in surface sediments from Newark Bay, New Jersey using polytopic vector analysis. Archives of Environmental Contamination Toxicology 27, 486－500.

Exner, O., 1966. Additive physical properties. Collection of Czechoslovak Chemical Communications 31, 3222－3253.

Frame, G.M., Cochran, J.W., Bowadt, S.S., 1996. Complete PCB congener distributions for 17 Aroclor mixtures determined by 3 HRGC systems optimized for comprehensive, quantitative, congener-specific analysis. Journal of High Resolution Chromatography 19, 657－668.

Frame, G.M., 1999. Improved procedure for single DB-XLB column GC-MS-SIM quantitation of PCB congener distributions and characterization of two different preparations sold as "Aroclor 1254." Journal of High Resolution Chromatography 22, 533－540.

Full, W.E., Ehrlich, R., Klovan, J.E., 1981. Extended Qmodel-objective definition of external end members in the analysis of mixtures. Journal of Mathematical Geology 13, 331－344.

Full, W.E., Ehrlich, R., Bezdek, J.C., 1982. Fuzzy QModel — A new approach for linear unmixing. Journal of Mathematical Geology 14, 259－270.

Gemperline, P.J., 1984. A priori estimates of the elution profiles of pure components in overlapped liquid chromatography peaks using target transformation factor analysis. Journal of Chemical Information and Computer Sciences 24, 206－212.

Gemperline, P.J., 1986. Target transformation factor analysis with linear inequality constraints applied to spectroscopic- chromatographic data. Analytical Chemistry 58, 2656－2663.

Gemperline, P.J., Cash, E., 2003. Advantages of soft versus hard constraints in self-modeling curve resolution problems. Alternating least squares with penalty functions. Analytical Chemistry 75, 4236－4243.

Gordon, G.F., 1988. Receptor models. Environmental Science and Technology 22, 1132－1142.

Gould, S.J., 1981. The Mismeasure of Man. Norton, New York, NY, p. 352.

Gould, S.J., 1996. The Mismeasure of Man, second ed. Norton, New York, NY.

Grande, B.-V., Manne, R., 2000. Use of convexity for finding pure variables in two-way data from mixtures. Chemometrics and Intelligent Laboratory Systems 50, 19－33.

Grung, B., Kvalheim, O.M., 1994. Rank determination of spectroscopic profiles by means of cross validation: the effect of replicate measurements on the effective degrees of freedom. Chemometrics and Intelligent Laboratory Systems 22, 115－125.

Helsel, D.R., 2006. Fabricating data: How substituting values for nondetects can ruin results, and what can be done about it. Chemosphere 65, 2434 – 2439.

Henry, R.C., Kim, B.M., 1990. Extension of self-modeling curve resolution to mixtures of more than three components. Part 1: Finding the basic feasible region. Chemometrics and Intelligent Laboratory Systems 8, 205 – 216.

Henry, R.C., Lewis, C.W., Collins, J.F., 1994. Vehicle related hydrocarbon source compositions from ambient data: the GRACE/SAFER method. Environmental Science and Technology 28, 823 – 832.

Henry, R.C., Spiegelman, C.H., Collins, J.F., Park, J.F., 1997. Reported emissions of organic gases are not consistent with observations. Proceedings of the National Academy of Sciences, 94, 6596 – 6599.

Henry, R. C., Park, E. S., Spiegelman, C. H., 1999. Comparing a new algorithm with the classic methods for estimating the number of factors. Chemometrics and Intelligent Laboratory Systems 48, 91 – 97.

Henry, R.C., 2003. Multivariate receptor modeling by N-dimensional edge detection. Chemometrics and Intelligent Laboratory Systems 65, 179 – 189.

Henry, R. C., Christensen, E. R., 2010. Selecting an appropriate multivariate source apportionment model result. Environmental Science and Technology 44, 2474 – 2481.

Hopke, P. K., 1989. Target transformation factor analysis. Chemometrics and Intelligent Laboratory Systems 6, 7 – 19.

Hopke, P.K., 1991. An introduction to receptor modeling. Chemometrics and Intelligent Laboratory Systems 10, 21 – 43.

Hoyer, P.O., 2004. Non-negative Matrix Factorization with Sparseness Constraints. Journal of Machine Learning Research 5, 1457 – 1469.

Imamoglu, I., Li, K., Christensen, E.R., 2002. Modeling polychlorinated biphenyl congener patterns and dechlorination in dated sediments from the Ashtabula River, Ohio, USA. Environmental Toxicology and Chemistry 21, 2283 – 2291.

Imamoglu, I., Li, K., Christensen, E. R., McMullin, J. K., 2004. Sources and dechlorination of polychlorinated biphenyl congeners in the sediments of Fox River, Wisconsin. Environmental Science and Technology 38, 2574 – 2583.

Imbrie, J., 1963. Factor and Vector Analysis Programs for Analyzing Geologic Data. Office of Naval Research. Tech Report No. 6, p. 83.

Jackson, J.E., 2003. A User's Guide to Principal Components. John Wiley & Sons, Hoboken, NJ, p. 569.

Jarman, W.M., Johnson, G.W., Bacon, C.E., Davis, J., Risebrough, R.W., Ramer, R., 1997. Levels and patterns of polychlorinated biphenyls in water collected from the San Francisco Bay and Esturary, 1993 – 1995. Fresnius' Journal of Analytical Chemistry 359, 254 – 260.

Johnson, G. W., 1997. Application of Polytopic Vector Analysis to Environmental Geochemistry Problems. Ph.D. Dissertation. University of South Carolina, Columbia, SC.

Johnson, G.W., Jarman, W.J., Bacon, C.E., Davis, J., Ehrlich, R., Risebrough, R.W., 2000. Resolving polychlorinated biphenyl source fingerprints in suspended particulate matter of San Francisco Bay. Environmental Science and Technology 34, 552 – 559.

Johnson, G.W., Quensen III, J.F., 2000. Implications of PCB dechlorination on linear mixing models. Organohalogen Compounds 45, 280 – 283.

Johnson, G.W., Quensen III, J.F., Chiarenzelli, J., Hamilton, C., 2006. Chapter 10: Polychlorinated Biphenyls. In: Morrison, R., Murphy, B. (Eds.), Environmental Forensics: A Contaminant Specific Guide. Elsevier, Amsterdam, pp. 187 – 225.

Johnson, G.W., Hansen, L.G., Hamilton, M.C., Fowler, B., Hermanson, M.H., 2008. PCB, PCDD and PCDF congener profiles in two types of Aroclor 1254. Environmental Toxicology & Pharmacology 25, 156 – 163.

Johnson, G.W., 2010. Principal components analysis of environmental chemical data: Experience and application. Environmental Forensics: Proceedings of the 2009 INEF Annual Conference. Royal Society of Chemistry Special Publications 327, pp. 202 – 209.

Johnson, G.W., Bock, M.J., 2014. Modeled PCB weathering series in principal component space: Consideration for multivariate chemical fingerprinting. In: Morrison, R.D., Sullivan, G. (Eds.), Environmental Forensics: Proceedings of the 2013 INEF Annual Conference. Royal Society of Chemistry (RSC) Special Publications, Cambridge, UK, pp. 117 – 124.

Juntto, S., Paatero, P., 1994. Analysis of daily precipitation data by positive matrix factorization. Environmetrics 5, 127 – 144.

Kaiser, H. F., 1958. The varimax criterion for analytic rotation in factor analysis. Psychometrika 23, 187 – 200.

Kim, B. M., Henry, R. C., 1999. Extension of self-modeling curve resolution to mixtures of more than 3 components Part 2 — finding the complete solution. Chemometrics and Intelligent Laboratory Systems 49, 67 – 77.

Klovan, J. E., 1968. Q-mode factor analysis program in FORTRAN-IV for small computers. Kansas Geological Survey Computer Contribution 20, 39 – 51.

Klovan, J.E., Imbrie, J., 1971. An algorithm and fortran-IV program for large-scale Q-mode factor analysis and calculation of factor scores. Journal of Mathematical Geology 3, 51 – 77.

Klovan, J. E., Miesch, A. T., 1976. EXTENDED CABFAC and QMODEL, computer programs for Q-mode factor analysis of compositional data. Computers and Geosciences 1, 161 – 178.

Leather, J., Durrell, G., Johnson, G. W., Mills, M., 2011. Final Report for the Environmental Security Technology Certification Program (ESTCP) Integrated Forensics Approach to Fingerprint PCB Sources using Rapid Sediment Characterization (RSC) and Advanced Chemical Fingerprinting (ACF). ER – 0826. May, 2011.

Lee, D.D., Seung, H.S., 1999. Learning the parts of objects by non-negative matrix factorization. Nature 401, 788 – 791.

Lee, D.D., Seung, H.S., 2001. Algorithms for non-negative matrix factorization. Advances in Neural Information Processing 13 (Proc. NIPS * 2000). The MIT Press, Cambridge, MA.

Lewis, C.W., Norris, G.A., Henry, R.C., Conner, T.L., 2003. Source apportionment of Phoenix PM2.5 aerosol with the Unmix receptor model. Journal Air Waste Management Association 53, 325 – 338.

Maeder, M., 1987. Evolving factor analysis for the resolution of overlapping chromatographic peaks. Analytical Chemistry 59, 527 – 530.

Magar, V.S., Johnson, G.W., Brenner, R., Durell, G., Quensen III, J.F., Foote, E., Ickes, J.A., Peven-McCarthy, C., 2005. Long-term recovery of PCB-contaminated sediments at the Lake Hartwell Superfund Site: PCB Dechlorination I — End-Member Characterization. Environmental Science and Technology 39, 3538 - 3547.

Malinowski, E. R., 1977. Determination of the number of factors and the experimental error in a data matrix. Analytical Chemistry 49, 612 - 617.

Malinowski, E. R., Howery, D. G., 1980. Factor Analysis in Chemistry. John Wiley & Sons, New York, NY, p. 251.

Malinowski, E.R., 1991. Factor Analysis in Chemistry, second ed. John Wiley & Sons, New York, NY, p. 350.

Manson, V., Imbrie, J., 1964. FORTRAN program for factor and vector analysis of geological data using an IBM 7090 or 7094 computer system. Kansas Geological Survey Special Distribution Publication 13.

Massart, D.L., Vandeginste, B.G.M., Buydens, L.M.C., deJong, S., Lewi, P.J., Smeyers-Verbeke, J., 1997. Handbook of Chemometrics and Qualimetrics. Part A. Elsevier, Amsterdam, The Netherlands.

Miesch, A.T., 1976a. Q-mode factor analysis of geochemical and petrologic data matrices with constant row sums. Geological Survey Professions. Paper, 574 - g, pp. 1 - 47.

Miesch, A.T., 1976b. Interactive computer programs for petrologic modeling with Extended Q-mode factor analysis. Computers and Geosciences 2, 439 - 492.

Mukerjee, S., Norris, G.A., Smith, L.A., Noble, C.A., Neas, L.M., Özkaynak, H.A., Gonzales, M., 2004. Receptor Model Comparisons and Wind Direction Analyses of Volatile Organic Compounds and Submicrometer Particles in an Arid, Binational, Urban Air Shed. Environmental Science and Technology 38, 2317 - 2327.

Nielsen, D., Aldea, M., 2011. Chemical forensics using unmixing models. American Chemical Society Fall 2011 National Meeting & Exposition, Denver, CO. August 28 — September 1, 2011.

Norris, G., Vedantham, R., Wake, K., Zahn, P., Brown, S., Eberly, S., Foley, C., 2009. Guidance Document for PMF Applications with the Multilinear Engine. US Environmental Protection Agency. Document EPA 600/R - 09/32.

Ozeki, T., Koide, K., Kimoto, T., 1995. Evaluation of sources of acidity in rainwater using a constrained oblique rotational factor analysis. Environmental Science and Technology 29, 1638 - 1645.

Paatero, P., Tapper, U., 1994. Positive matrix factorization: a non-negative factor model with optimal utilization of error estimates of data values. Environmetrics 5, 111 - 126.

Paatero, P., 1999. The Multilinear Engine — a Table-driven Least Squares Program for Solving Multilinear Problems, Including the n-way Parallel Factor Analysis Model. J. Computational and Graphical Statistics 4, 854 - 888.

Paatero, P., 2000. User's guide for the Multilinear Engine program "ME2" for fitting multilinear and quasi-multilinear models. (Distributed with ME2 software). February 10, 2000.

Paatero, P., 2004. User's Guide for Positive Matrix Factorization programs PMF2 and PMF3, Part 1: tutorial (Distributed with PMF2/PMF3 software). Updated April 10, 2010.

Paatero, P., 2006. User's Guide for Positive Matrix Factorization programs PMF2 and PMF3, Part 1: reference (Distributed with PMF2/PMF3 software). Updated April 10, 2010.

Paatero, P., 2007. End User's Guide to Multilinear Engine Applications. (Distributed with ME2 Software). Feb. 27 2007.

Quensen III, J.F., Boyd, S.A., Tiedje, J.M., 1990. Dechlorination of four commercial polychlorinated biphenyl mixtures (Aroclors) by anaerobic microorganisms from sediments. Applied Environmental Microbiology 56, 2360 - 2369.

Rachdawong, P., Christensen, E. R., 1998. Determination of Sources of PCBs by a principal components method with nonnegative constraints. Environmental Science and Technology 31, 2686 - 2691.

Ramos, S., Rohrback, B., Johnson, G., Kaufman, R., 2005. Using gas chromatography and curve resolution to quantify contributions to mixed crude oils. Pittsburgh Conference on Analytical Chemistry and Applied Spectroscopy, Orlando, FL. Feb. 27 - Mar. 4, 2005.

Reyment, R.A., Joreskog, K.G., 1993. Applied Factor Analysis in the Natural Sciences. Cambridge University Press, Cambridge.

Rodenburg, L.A., Du, S., Xiao, B., Fennell, D.E., 2011. Source apportionment of polychlorinated biphenyls in the New York/New Jersey Harbor. Chemosphere 83, 792 - 798.

Roscoe, B.A., Hopke, P.K., 1981. Comparison of weighted and unweighted target transformation rotations in factor analysis. Computers and Chemistry 5, 1 - 7.

Tauler, R., Kowalski, B., Fleming, S., 1993. Multivariate curve resolution applied to spectral data from multiple runs of an industrial process. Analytical Chemistry 65, 2040 - 2047.

Tauler, R., Smilde, A.K., Kowalski, B.R., 1995. Selectivity, local rank, three-way data analysis and ambiguity in multivariate curve resolution. Journal Chemometrics 9, 31 - 58.

Tauler, R., 1995. Multivariate curve resolution applied to second order data. Chemometrics and Intelligent Laboratory Systems 30, 133 - 146.

Tauler, R., Barcelo, D., Thurman, E.M., 2000. Multivariate correlation between concentrations of selected herbicides and derivatives in outflows from selected U. S. midwestern reservoirs. Environmental Science and Technology 34, 3307 - 3314.

Tukey, J.W., 1977. Exploratory Data Analysis. Addison-Wesley, Reading, MA.

Van den Berg, M., Bimbaum, L.S., Denison, M., De Vito, M., Farland, W., Feeley, M., Fiedler, H., Hakansson, H., Hanberg, A., Haws, l., Rose, M., Safe, S., Schrenk, D., Tohyama, C., Tritscher, A., Tuomisto, J., Tysklind, M., Walker, N., Peterson, R.E, 2006. The 2005 World Health Organization re-evaluation of human and mammalian toxic equivalency factors for dioxins and dioxin-like compounds. Toxicological Sciences 93, 223 - 241.

Windig, W., Heckler, C.E., Agblevor, F.A., Evans, R.J., 1992. Self-modeling mixture analysis of categorized pyrolysis mass spectral data with the SIMPLISMA approach. Chemometrics and Intelligent Laboratory Systems 14, 195 - 207.

Wold, S., 1978. Cross-validatory estimation of the number of components in factor and principal components analysis models. Technometrics 20, 397 - 406.

Wold, S., Johansson, E., Cocchi, M., 1993. PLS: Partial Least Squares Projections to Latent Structures. In: Kubinyi, H. (Ed.), 3D-QSAR in Drug Design: Theory, Methods and

Applications. ESCOM Science, Ledien, The Netherlands, pp. 523 – 550.

Xie, Y.L., Hopke, P.K., Paatero, P., 1998. Positive matrix factorization applied to a curve resolution problem. Journal of Chemometrics 12, 357 – 364.

Zhou, D., Chang, T., Davis, J.C., 1983. Dual extraction of *R*-mode and *Q*-mode factor solutions. Journal of Mathematical Geology 15, 581 – 606.

第 19 章

多元统计方法和溯源技术在环境损害司法鉴定中的应用

Stephen M. Mudge

目 录

19.1 引　言

主成分分析(PCA)及相关多元统计方法是环境损害司法鉴定常用的数据处理方法。通过多元统计分析,可以有效判断待测体系中污染源的数量及污染源可能的化学组成。然而这些方法主要还是适用于特定数据或者经过预处理的数据分析,同时需要在充分熟悉分析方法局限性的基础上才能发挥更好的作用和优势。虽然 PCA 及相关方法应用较广,但主要还是一种探索性的数据分析方法。撰写本章的主要目的并不是为了介绍 PCA 及相关方法的基本数学原理(相关内容请参阅第 18 章和第 20 章),而是着重介绍如何正确地理解和应用这些方法。当然,这部分内容在之前的相关出版物(Mudge,2007)中已作介绍,但同时也认识到还存在一定不足,因此撰写此章内容予以补充。

在环境损害司法鉴定案件中,统计分析有利于环境物证在法庭质证中的有效呈现,也有利于相关数据的进一步解释和说明。然而在实际应用中,如果我们为了统计而统计或者使用了错误的统计分析方法同样会带来诸多的质疑甚至混淆视听,不利于案件的公平公正审理。统计分析方法较多,本章将重点介绍部分预测性的方法,比如 PCA 分析及相关方法,这些方法能够有效帮助识别污染物的来源及其化学组成。

19.2 多元统计方法

目前,环境损害司法鉴定人可以选用的多元统计分析方法较多,但对于同样的问题,鉴定人选择不同的统计方法可能得到系列不同的分析结果,而其中最有效的是能够将大量潜在相关变量(通常是化合物)压缩为少数不相关变量从而方便在低维坐标系中进行绘图处理的方法。这类方法有利于揭示数据的本质信息,其中较为典型的方法有主成分分析法(PCA),偏最小二乘法(PLS)(Wold et al.,1984),多方向量分析法(PVA),多维尺度变换法(MDS)(Readman et al.,1986)和因子分析法(FA)(例如 Aboul-Kassim and Simoneit,1996)。其他多元统计方法还有能够进行样本聚类的可视化方法,比如自组织映射法(SOM),聚类分析法(CA)和判别分析法(DA)(Mudge et al.,1998)等。虽然这些方法都是基于样本中化合物的浓度或相对比例,但并非所有的方法都能够确定样本中每个污染源的贡献。

使用统计方法的主要目的之一主要是确定大量不同污染源对于系列受体的贡献。这些统计方法大致可以分为分解法和混合法两种,其中分解法是通过分析整个受体的数据，进而确定污染物来源的方法，而混合法是提出多个潜在的污染源，并进行混合从而确定与受体数据具有最佳拟合度污染源的方法（Argyropoulos et al.,2013）。上述两种方法各有不足之处，比如混合法需要确定所有可能的污染源，并且可能存在多种组合的情况（Massoudieh et al.,2013），而分解法存则存在进行数据采集时由于受时间或空间变化的影响无法确定污染源的问题。两种方法各有利弊，但是正如与大多数环境损害司法鉴定一样，我们最终关心的还是证据权重的问题。

PLS 能够确定已知化学或生物学特征解释的方差量；这对于确定复杂环境/多源体系中不同已知污染源的贡献较为有效。但是，与约束最小二乘分析法比较发现在某些数据集中也存在明显的不足（Burns et al.,2006）。另外，如果在端元组成未知的情况下，也可以选用 PVA 方法，该方法能够有效确定数据集中最有可能的污染源数量，污染源组成以及污染源对每个样本的贡献。

事实证明，PCA、PLS 和 PVA 方法是环境损害司法鉴定结果可视化及量化呈现最有效的方法（Yunker et al.,1995；Mudge,2002a；Mudge et al.,2003；Hewitt and Mudge,2004；Mudge and Duce,2005；Bravo-Linares et al.,2012），因此本章将主要介绍上述方法在环境损害司法鉴定中的应用，但并不介绍具体的分析步骤，而是强调方法应用的潜在误区并说明如何挖掘更多的有用信息。而更多关于 PCA 和 PVA 方法的相关数学原理请参见第 18 章。

19.2.1 PCA

长期以来，主成分分析法是一种较为成熟有效的相关分析法。在环境损害司法鉴定中，通常将采样数据构成一个矩阵，其中列为变量（分析物），行为观测值（样本）。当进行 PCA 分析时，可以直接使用原始数据，比如每种化合物的浓度或者物种的丰度，亦可以将原始数据进行比例变换或百分比标准化后再进行 PCA 分析，从而消除浓度值差异带来的影响（请参见前面）。经过变换或标准化后的矩阵数据经 PCA 降维处理能够获得少量的不相关潜在变量。比如在可能包含有 100 多种分析物的大型数据集中，想要直接确定化合物（包括共性化合物）或者样本间的潜在关系是非常困难的，即使使用简单的相关矩阵分析会有一定效果，但也很难进行可视化的解释说明。

在多元统计分析中，方差通常用于描述数学模型所能解释数据变异量的大小。当用模型拟合数据时，方差解释比例可以从 0（完全不拟合）到 1.0（完全拟合）不等。方差解释的显著性随着选用数据量的变化而变化，有效数据越多，方差解释越显著。

在 PCA 分析中，数据方差解释最大的潜在向量称为主成分 1（PC1）。通常进行化学数据分析时，第一主成分（PC1）解释的方差量在 15%到 60%之间，在进行生物数据分析时，越接近范围的下限的值越具有代表性（例如，Hewitt and Mudge，2004；Hopkins and Mudge，2004）。第二主成分（PC2）是与第一主成分相互正交、相互独立的向量，PC1 中不含有 PC2 分量，PC2 中不含 PC1 分量。所有这些运算都可以通过统计软件包中的矩阵运算来实现，同时进行可视化的呈现和解释说明（见图 19.1）。如果化合物的性质相似，来源相同，那么将它们具有相近的载荷因子，这在前述章节已做介绍。

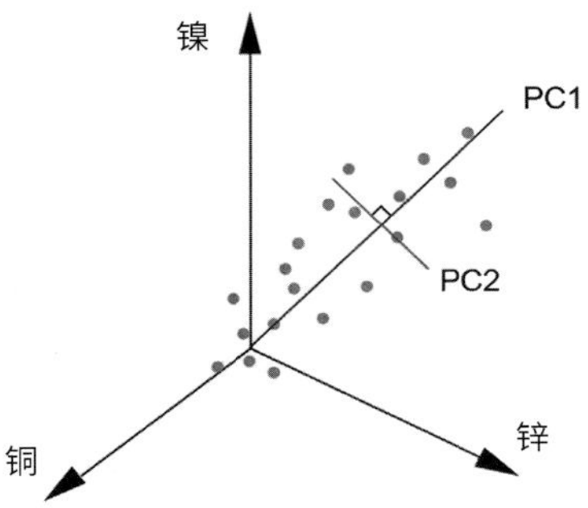

图 19.1　主成分（PC1 和 PC2）数据拟合示意图。三条坐标轴代表三个变量，每个点代表在这三维坐标系中绘制的一个观测值。PC1 代表了主要的变异方向，PC2 代表了与第一个主要变异方向成直角的第二个变异方向

在 PCA 分析中，描述向量 PC1 和 PC2 的数值被称为载荷，每种化合物都有自己的载荷因子。当化合物来源相同时，每种化合物的载荷在数值上相近，通过绘制载荷投影图发现他们将聚集在一起。这里可以用简单的代数形式表示为：

$$主成分 1 得分 = a[化合物 1] + b[化合物 2] + c[化合物 3] \cdots\cdots$$

其中，a，b 和 c 分别是 PC1 上前三个化合物的载荷因子。图 19.2 为一河口系统中金属元素数据主成分分析的载荷投影示例。

如图 19.2 所示：部分比例大小相近的金属元素聚集于同一区域，说明它们在数据集中具有一定的相似性，也说明他们可能来源于同一污染源。例如，铅、锌和铜元素是人为活动的典型污染物，在城市和城郊的粉尘中较为常见。由于 PC1 解释了数据集中绝大多数的方差，因此在该方向上的样本具有最大的区分度。与人为活动产生的金属相反，锰是该地区背景金属元素或基线指标。另外钴和镍相对丰富的污染源也是该地区的一个已知污染源，在 PC2 方向上，它与 PC1 主轴的距离较远。PC2 方向解释的方差仅仅是数据总方差中较少的部分（请参见图 19.4 得分投影图）。

在 PCA 载荷投影图中 PC1 始终代表变异主轴的方向，并且能够有效确定哪些化合物在数据集中具有重要的影响。根据载荷投影图，背景金属的载荷在 PC1 方向上为负值，而人为污染金属的载荷在 PC1 方向上为正值。这意味着两者呈反比例关系，一组值增加，另一组值将减小。Ni 元素的载荷在 PC1 方向接近于零值，而在 PC2 方向上与其他金属能够完全分开，因此 Ni 元素的载荷对主轴方向影响较小，但对于次要污染源的区分却显得尤为重要。

本章案例中仅仅选用了前两个主成分进行投影建模，但在数据集中可能存在更多的重要（有效）主成分，这就给 PCA 分析带来了一个关键性问题：待测数据集中到底有多少个重要（有效）主成分？通常只要认为 PC 是有意义的而不是随机噪

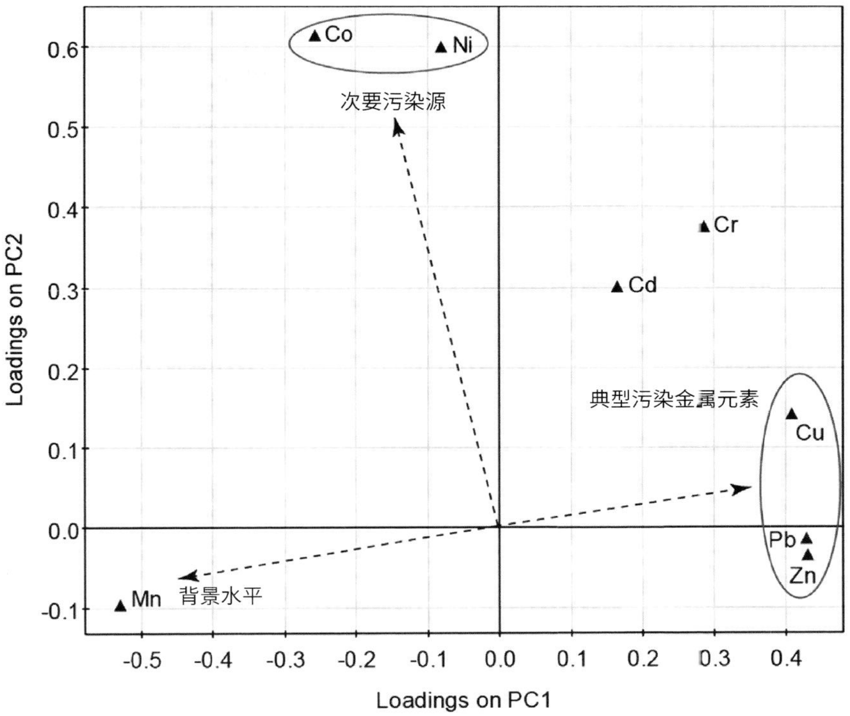

图 19.2　河口系统中已知多重贡献金属元素的主成分分析载荷投影

声,就可以继续进行数据拟合。如何确定主成分数有多种方法,但没有一种方法是足够完美的,尽管证据权重法能够给出较为合适的主成分数,在第 18 章中我们给出了常见的六种确定方法。

1. 选用解释了数据方差 5%以上的主成分。

2. 选用特征值大于 1 的主成分(Jackson,1991)。

3. 持续拟合直到 95%(或者其他值)的方差被解释的主成分。

4. 使用碎石图(图 19.3)构建主成分与数据噪声的中断位置。

5. 持续拟合直到模型预报方差(Q^2)不再增加为止,这里有两条限制规则,当 Q^2>限值(交叉验证阈值,具体可以参考 http://umetrics.com)时规则 1(R1)成立,当然限值的大小主要还是取决于其主成分数。

6. 当至少 K 值(X 矩阵中变量的数量)具有 Q^2V>限值(变量的 Q^2V 为 Q^2)时,根据规则 2 该成分是一重要主成分。对于一个 PC 模型,限值随后续主成分数的增加而增加以便抵消自由度的减少。

首先解释方差 R^2 和预报方差 Q^2 的差异不是非常明显。实际上,随着参与拟合主成分数的增加,累积解释方差值 R^2 也随之增加,最终接近于 1.0,此时基本解释

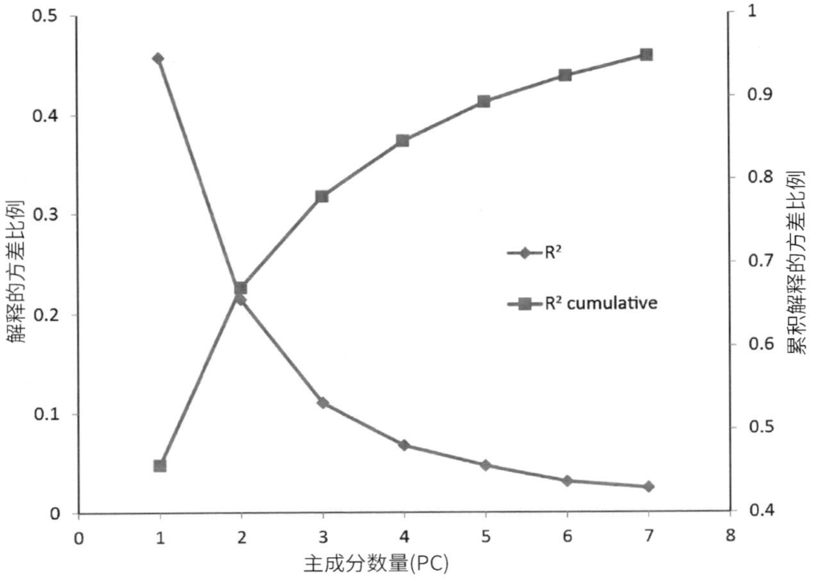

图 19.3 主成分解释方差和累计方差碎石图

了所有的数据方差。但是,随着主成分数的增加,新增主成分的重要性或有效性也越来越低。对于大多数数据,样本提取和分析相关的潜在误差较小,但是累积误差可能会影响到每一个数值,这里约为 5%。解释方差 R^2将一直持续到拟合完所有 PCs,直到包括这 5%误差在内的所有数据方差均被解释完成为止。如果使用该模型预测原始数据集中的方差,将引入包含这些数据噪声的成分导致总体方差变小。这在建模预报方差 Q^2值中也能得到反映,当该值达到最大后,随着更多不重要成分的增加 Q^2值反而降低。

某些商业软件(比如 Umetrics 开发的 SIMCA－P 软件)通常将建模结果以表格形式给出方便作进一步的分析。比如表 19.1,该模型中前四个主成分的方差解释大于 5%(R^2>0.05);当拟合前五个主成分时累计解释方差达到 90%[R^2(累计值)>0.9];前三个主成分对应的特征值大于 1.0;五个主成分 Q^2值为正;只有前三个主成分满足条件 1,其他均视为不重要成分。

表 19.1 686 个样本 12 个变量的主成分分析结果

主成分	R^2X	R^2X(cum)	特征值	Q^2	最小值	Q^2(cum)	意义
1	0.457	0.457	5.49	0.376	0.078 3	0.376	R1
2	0.214	0.671	2.56	0.222	0.084 7	0.514	R1
3	0.11	0.78	1.32	0.115	0.092 2	0.57	R1
4	0.066 9	0.847	0.803	0.029 3	0.101	0.583	NS

续表

主成分	R^2X	R^2X(cum)	特征值	Q^2	最小值	Q^2(cum)	意义
5	0.046 6	0.894	0.559	0.039 1	0.112	0.599	NS
6	0.030 6	0.925	0.367	−0.033 4	0.126	0.585	NS
7	0.024 4	0.949	0.292	−0.152	0.144	0.544	NS

图 19.3 以图形的方式呈现了表 19.1 的结果。每个 PC 所解释的方差比例从 45%下降到 5%(PC5)及以下。通常大约在第三或第四个 PC 的位置解释方差变化率较大,之后的主成分所解释方差量较小,基本为噪声。但在特殊情况下,较小的 PCs 也是非常重要的,就比如当累积解释方差接近于 1.0,而位于变化率断点处的主成分对应的位置可能才是最佳的选择。

在确定了正确的 PCs 及每个 PC 的载荷后,可以根据样本中每种分析物的比例和载荷计算每个样本的得分。图 19.4 是上述案例中样本金属元素的得分投影图,图中还有对应金属元素对三个样本的贡献(相对于投影中心的载荷分布图),投影图中上方的样本中富含的 Co 和 Ni 元素来自次要污染源,右下方的样本主要含有来自城市污染的金属元素(Cu 和 Pb),而左下方的样本主要含有来自环境背景的 Mn 元素,其他金属元素相对较少。对于某些河口(以红色表示),从左下方的背景状态到右下方严重污染的城市沉积物存在一个梯度变化。虽然 PCA 投影图不能直接对污染源的贡献进行定量,但可以方便解释样本的地理分布。

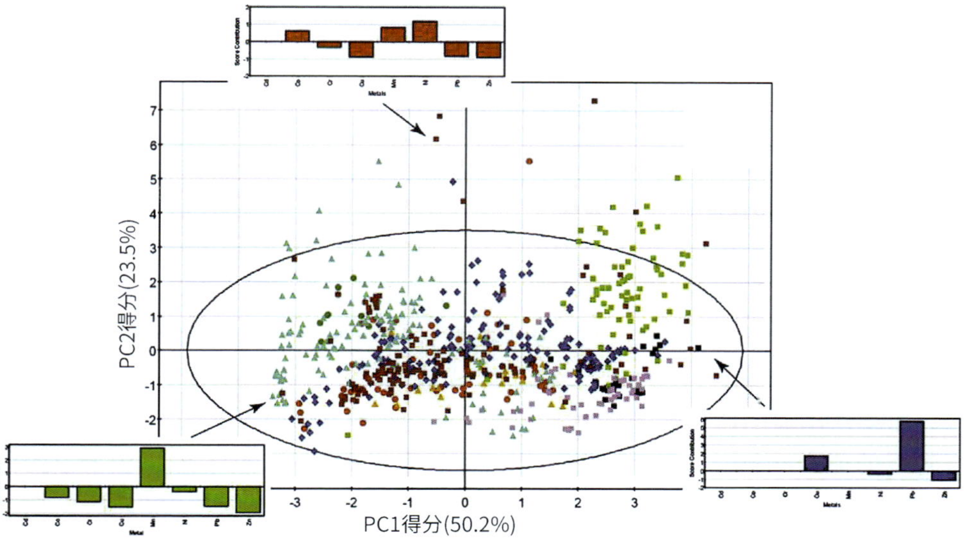

图 19.4 系列河口金属元素分析的得分投影图。其中不同的颜色代表不同的河口,条形图反映了每个得分的相对贡献大小(相对于平均投影原点的二维载荷)。贡献图反映了表征该样品特征的元素,这一情况参见前述 **PLS** 讨论

在确定了有效 PCs 之后，结合载荷得分投影图及化学或生物分析结果可以确定具有共性的化合物或者具有相似性的位点，从而直观地确定具有最强相关性的污染源和环境样本。PCA 分析在油污泄漏中油源确认（Lavine et al.，1995；Burns et al.，1997；Stout et al.，2001；Wang and Fingas，2003）以及其他环境污染事件（D'Amore et al.，2005；Morrissey et al.，2005；Qiang，2005）中的应用非常广泛。然而值得注意的是 PCA 分析无法量化样本的相似程度，还需要借助于其他方法来确定样本中每个污染源的贡献估值。

在环境损害司法鉴定案件中，PCA 分析可以确定一组样本中具有相似性和相似来源的化合物。即使某些化合物在环境中可能发生了降解或者蒸发，但通过主成分分析仍然会反映出这种关联关系，相关的样本同样可能会在投影图中聚集于某一特定区域（尤其是对于来自同一污染源的物质），其中比较典型的就是油源标记物的案例（Stout et al.，2001）。

19.2.2 比例和闭合的使用

在 PCA 分析中，通常重要的是每种化合物、元素或种类的相对比例，而不是其浓度值本身。决定样本化学特征的是比例而不是浓度，因为浓度会随其他因素的变化而发生变化，就比如说颗粒度大小对浓度的影响。样本与样本之间或样本中元素/化合物之间浓度如果存在较大差异也会使 PCA 分析的结果解释更加复杂。因此对于大多数 PCA 分析，通常需要先将数据进行均值中心化处理，将数据方差变换为单位方差，消除浓度差异较大带来的影响。但是那些相对浓度较高的化合物在变换后仍然保留较大值，这时第一主成分可能还是只代表了这些浓度的差异，而不是样本之间的特征变化。这在某些情况下可能有效，但其实有更简单的方法来反映浓度差异的问题，并不需要进行 PCA 分析。因此在进行 PCA 分析时，最常见的数据变换是将样本数据转换为总浓度或化合物种类的比例或百分比（比如，固醇和 PAHs 分别处理则比例之和为 2.0；Mudge and Duce，2005）。通过这种方式，在任何样本中每个化合物之间或者生物物种之间的内在关系是独立于总浓度或者个体总数的，这就充分反映了每个样本的化学或生物学特征。图 19.5 反映了使用浓度数据和比例数据的差异，虽然两者使用的是相同数据，其中一个是原始浓度数据，另一个是比例数据。

如果使用原始浓度数据进行 PCA 分析（如图 19.5a），则浓度本身会对阈值附近的值影响较大（如图 19.6a）。每个位点的得分还与 PC1 值相关（如图 19.6b 所示，已在得分上添加了标称数字使得所有值均表现为正值，以便绘制对数-对数图）。PC1 作为区分特征/污染源的有效性降低了，虽然 PC2 可能具有同样的区分效果，但是该方法的总体区分能力将随特征解释方差量的减少而降低。

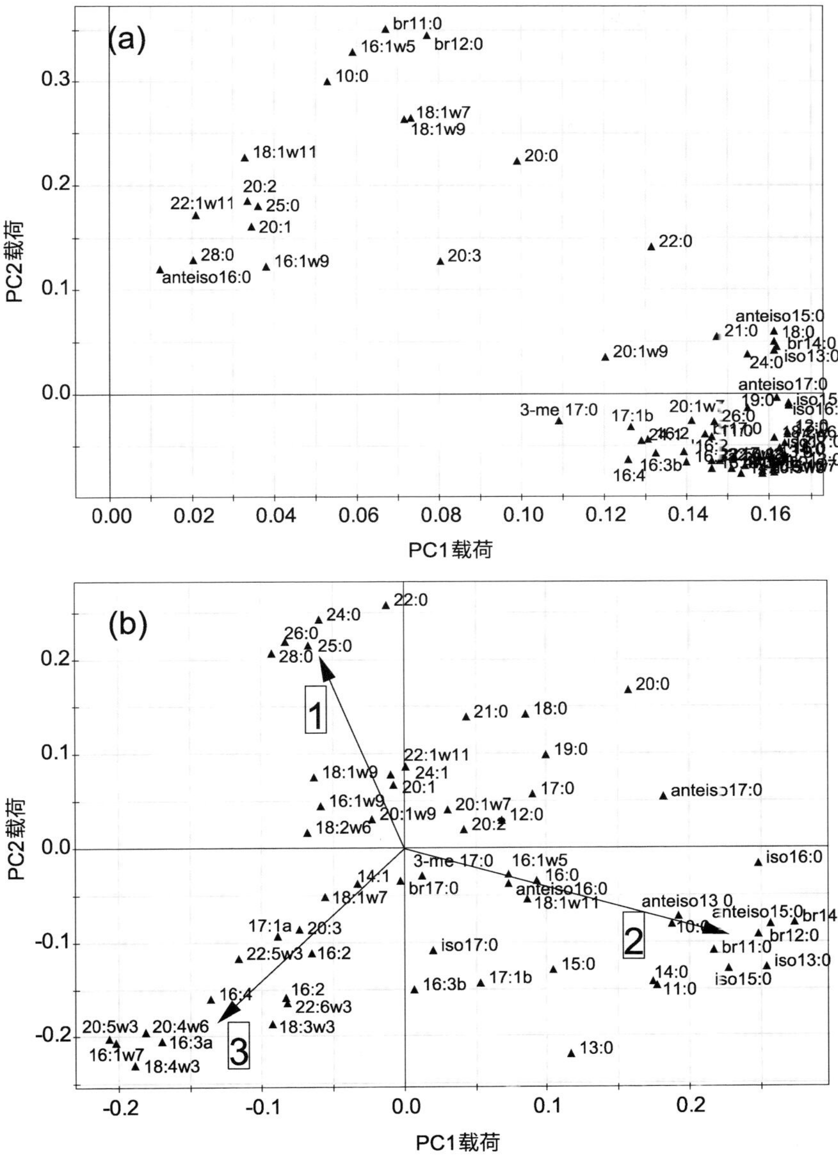

图 19.5 脂肪酸(a) 原始数据和(b) 比例数据的载荷投影图(Mudge 等人,1998)。图(b)中的向量分别是 1) 指向陆地来源的长链脂肪酸,2) 支链细菌酸和 3) 藻类来源。在图(a)中,右边分布的是最高浓度的化合物,而左边分布的是最低浓度的化合物

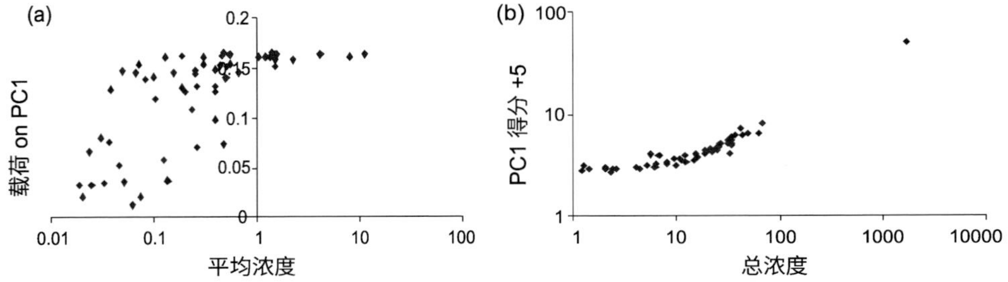

图 19.6 （a）使用原始浓度数据进行 **PCA** 分析时，每种脂肪酸的平均浓度对 **PC1** 中相应载荷因子的影响较大（图中每个点对应不同的脂肪酸）（b）化合物的总浓度对每个样本得分值的影响（图中每个点都对应一个样本或观察值）

在使用比例数据进行 PCA 分析时（如图 19.5b），可能发现来自相近污染源的共性化合物。比如大多数异构脂肪酸和反异构脂肪酸在投影图中聚集在一起，说明它们来自细菌污染源（Kaneda，1967；Kolattukudy et al.，1976），而长链饱和脂肪酸聚集于投影图的上方，表明它们来自陆生（维管）植物源（Tulloch，1976；Wakeham et al.，1997）。在该载荷投影图中可以看到明显的区分向量，而在原始数据载荷投影图中并没有出现（图 19.5a）。在此案例中，平均变量浓度和样本总浓度对 PC1 方向上的载荷或得分均没有显著影响。

使用比例数据进行 PCA 分析时存在一个潜在问题：由于总量的固定，当一种物质浓度或者物种数量升高时其他物质的浓度或者物种数量必然下降（Johansson et al.，1984）。这可能形成一种闭合的状态，主要源于人为数据变换方法的选择导致了化学特征的改变。例如，如果两个样本中大多数的化合物具有相同的化学特征，但由于增加了另一种污染源，导致其中一个样本中的一种化学物质浓度升高，而其他所有物质的浓度均降低，从而导致该体系部分化学特征的丢失。

通过对数比值变换可以有效降低闭合现象的发生（Yunker and Macdonald，2003 年）。首先将数据通过总浓度进行归一化处理，然后归一化每种化合物的几何平均值构成不受负偏差或闭合影响的数据集。对于大多数数据集，并不需要做这样的处理（Mudge and Duce，2005），但对于某些数据集则可能值得一试。

19.2.3　正态变换

许多环境化学物质的浓度分布并非是正态分布的（Limpert et al.，2001）。比如沉积物中的常量分析物（例如 Al 或 Ca）可能符合正态分布，而少量痕量污染物（例如 Pb 和 Zn）通常不符合正态分布。图 19.7 中作为主要分析物的 Fe 和作为痕量分析物的 Cu 即是如此。虽然 PCA 和 PLS 所分析的数据并非要求是正态分布的，但如果是正态分布的数据,有利于提高分析物和位点的区分效果。因此,将数据集进行标准变换后再进行统计分析有利于结果解析。

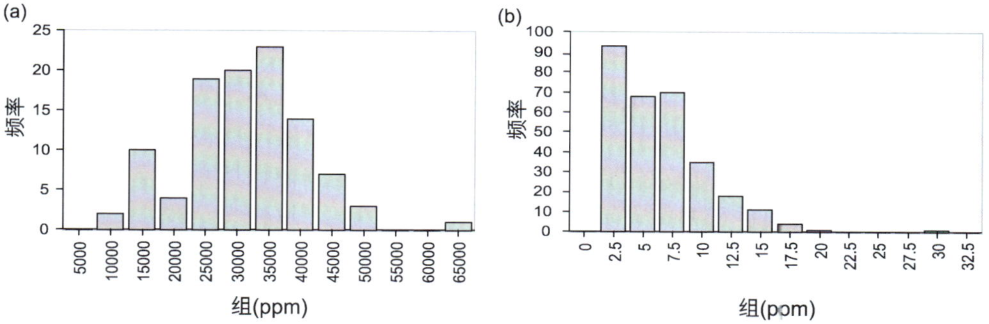

图 19.7 (a) 沉积物中主要成分 Fe 和(b) 痕量成分 Cu 的频率直方图。根据 Mudge 等人(2003)数据重新绘制

在图 19.7 中,Fe 的分布近似于正态分布,而痕量金属 Cu 的(可能来自人为污染源)分布更偏向于低浓度值,并非正态分布,如果将其数据进行对数变换(可变换为任何底数的对数),即可转换为正态分布数据。这种分布称为对数正态分布,常用于这类痕量元素(例如 Pb,Zn,Cu)和化合物(例如固醇,PAHs;Cabaniss et al.,2000)的变换。对于生物学数据(物种丰度,生物量等),通常采用开平方根的方法实现类似的效果(Hall et al.,1997;Arcos et al.,2004;Koster et al.,2004)。

19.2.4 数据集中的零值

含有零值的矩阵数据分析也是个问题,其数据变换更为复杂。并且还存在另外一个问题,那就是数据集中到底能够容忍多少零值而保证数据集仍有意义。当数据集中的缺失值是均匀分布时,大多数软件将其替换为系统默认值(例如-99)。如果零值是系统分布的(比如一半的样本均没有检测到某特殊化合物),则可能会产生偏差导致分析结果可能会不够稳健。通常在环境数据中存在以下三种类型的零值。

19.2.4.1 化学数据:小于检出限的值

当化合物的测量值小于检出限时,使用零值直接替代有时是有问题的,因为在样本中很可能存在该化合物,只是我们分析方法的灵敏度或者回收率达不到检出的要求,这就意味着如果有更好的分析方法,该化合物将能够被检出。对于这类数据的处理通常有一种公认方法是用检出限的半值作为录入值(例如,来自 USEPA 的 UNMIX 和 PMF 模型)。由于分析物不同,检出限不同,因此录入值的绝对值也将有所差异。当然对于任何一个数据集来说可以输入多个可能的录入值,这样做有两方面的优势:首先是该分析物对于数据集中样本特征仍然具有一定的贡献，其次是如果使用对数变换仍可以让其保留在矩阵数据中便于进一步的统计分析。

19.2.4.2 化学数据：未分析值

如果某特殊化合物没有获得有效分析，则需要在数据集中进行适当编码补齐方能进一步进行统计分析。在这种情况下，该化合物的值既不是零值，也不是浓度值小于检出限，只是没有测量该化合物，或者它与另一种化合物被共同洗脱，无法确定其准确的浓度，这时最好的解决方法就是在数据矩阵内保留单元空白，并采用软件给定的缺失值进行补充表示即可。

19.2.4.3 生物数据：未观测到的物种

这是唯一一种需要输入零值的类型。除非选用的方法确实能够观测到该物种，否则它在数据集中就应该被设置为零值。现在的问题在于任何变换都难以直接处理该类零值（例如，对数变换），目前只有将数据集中的数据都加上 1.0 后［$\log 10(x+1)$］再进行对数变换才能处理该类零值，此时数值 1.0 的对数仍然为 0，从而保证这些未观测到的物种与观测到的物种具有同等重要的效果，保留在观测数据中。

19.2.5 PLS

偏最小二乘法（PLS）首先是由 Wold 等人提出的（1984），现已发展成为环境损害司法鉴定的有力工具（例如，Yunker et al.，1995）。从本质上来说，PLS 主要还是对特征数据集进行 PCA 分析（Geladi and Kowalski，1986）。该数据集本质上可以是化学数据，物理数据或生物数据，统称为 X 块数据，理想情况下它是由来自同一污染源的样本数据构成，但也可以由来自具有较高比例的单一污染源的样本数据构成，比如原油的泄漏数据。使用 PLS 分析的前提是存在可识别的端元或者污染源，他们的化学特征或者生物学特征能够用样本数据来进行表征。虽然单个的样本可以用来表征端元或者污染源的特征，但最好还是用能够覆盖一定时间和空间范围的样本组数据进行表征更为合理。在这一样本组数据体系中，对于不同的样本污染物浓度可能不同，但由于他们都来自同一污染源，因此进行 PCA 分析时同样会分解得到一个解释了绝大部分数据方差（通常>90%）的特征向量。正如前面介绍的 PCA 实例一样，该向量也可以通过每种化合物对应的一系列载荷因子来表征。一旦获得了 PCs，就可以像 PCA 分析一样选择两组载荷数据绘制载荷投影图。每种潜在的污染源都可以用这种方式来获得一组唯一的载荷因子来独立表征其化学或生物学特征。

这些特征投影可以应用于环境数据 *Y* 块数据，从而量化每个 *X* 块数据中的特征所解释和预报的方差量，如图 19.8 所示。

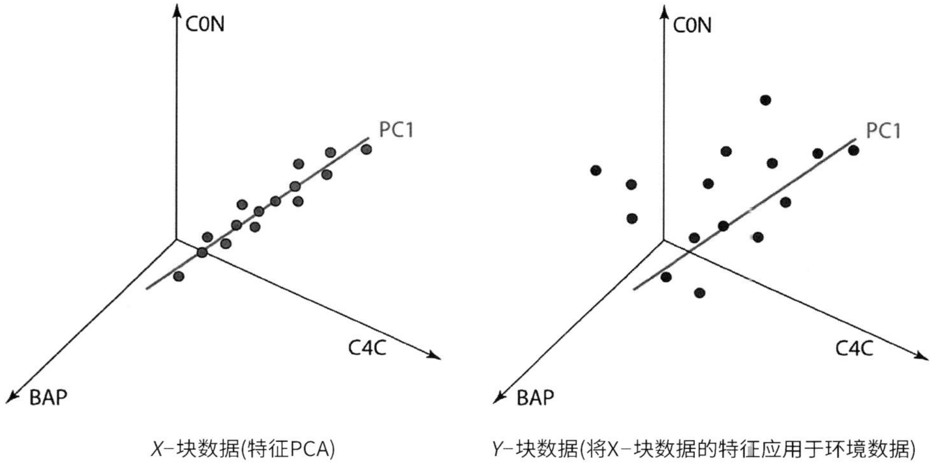

图 19.8 将 PC1 拟合到单一污染源的样本 X 块数据，然后将该 PC 应用于环境 Y 块数据的示意图，该 PC 是 X 块数据化学特征的数字表示。坐标轴为 PAHs

表 19.2 反映了一个基于 X 块数据特征的拟合模型，其中包括当前主成分所对应的解释方差及预报方差等(Q^2；SIMCA - P Umetrics 用户指南，http://www.umetrics.com/products/simca)。另外也可以通过绘制每个样本的权重散点图进行结果呈现，更有用的是获得总方差的解释和预报(图 19.9)。如果 X 块数据的特征与环境数据的特征越相似，那么解释的方差量越多。相反如果两者的拟合度越差，解释的方差量越少。另外还能够依次独立拟合各个特征，如果它们不能解释相应的数据方差，那么每次的拟合度都会较小。Geladi 和 Kowalski(1986)对 PLS 方法作了更为全面的介绍，其中还包括矩阵运算等，这部分内容超出了本章的介绍范围。另外 PLS 分析相对于其他方法(例如简单比率)的优势还在于它使用了所有的化合物并基于每个化合物之间的内部关系来确定特征的方式，同时提供了每种情况下解释方差的定量结果。

表 19.2 沉积物中多环芳烃 PLS 分析的预报方差(Q^2)和解释方差(R^2)

主成分	R^2X	R^2X (cum)	特征值	R^{2Y}	R^2Y (cum)	Q^2	最小值	Q^2 (cum)	意义
1	0.975	0.975	2.93	0.193	0.193	−0.234	0.05	−0.1	R2
2	0.024 4	0.999	0.07	0.341	0.534	0.372	0.05	0.31	R1

类型：PLS 观测值(N)= 12，变量(K)= 245(X=3，Y=242)注：X 块数据中的第一 PC 解释了 97.5%的方差(R^2X)，平均解释了 Y 矩阵 19.3%的方差(R^2Y)，该值是 Y 数据块中所有样本的平均值，避免了潜在的高低样本拟合。X 数据块的第二个 PC 仅解释了 2.4%的方差，因为绝大多数在 PC1 中进行了解释，从而确认了观测数据的同质性。使用三个样本定义了使用 12 种化合物的 X 块数据特征，并将该特征对 242 个环境样本进行了拟合。

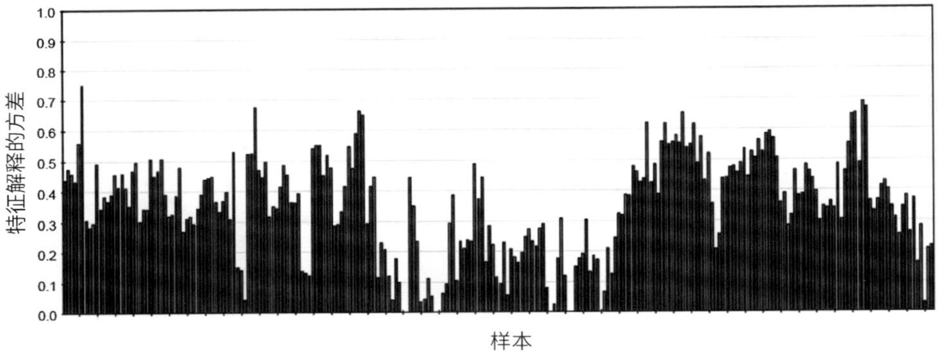

图 19.9 将 PLS 特征拟合到一组环境样本的案例，解释方差范围为 0~75%

19.2.6 特征重叠

通常选用的化合物越多，特征的特异性越强。但在某些情况下也不完全如此，比如当样本中的某些化合物或物种在所有污染源中都存在时，该方法的选择性可能会降低。在这种情况下从特征选择出发，在进行 PLS 分析时最好删除这类化合物或物种，或者在分析列表中增加那些可能具有特异性的化合物。图 19.10 给出了一个特征重叠的案例，这里是用一个潜在的污染源来预测其他潜在污染源的方差。在这个案例中柴油燃烧和住宅采暖排放的化学特征物质没有明显的差异，很难进行有效区分。但是，他们的特征与焦炉排放或者汽油排放的特征存在明显差异。因此可以在添加更多的特征性化合物或删除在所有特征中常见的（非特征性的）化合物来提高其区分度。

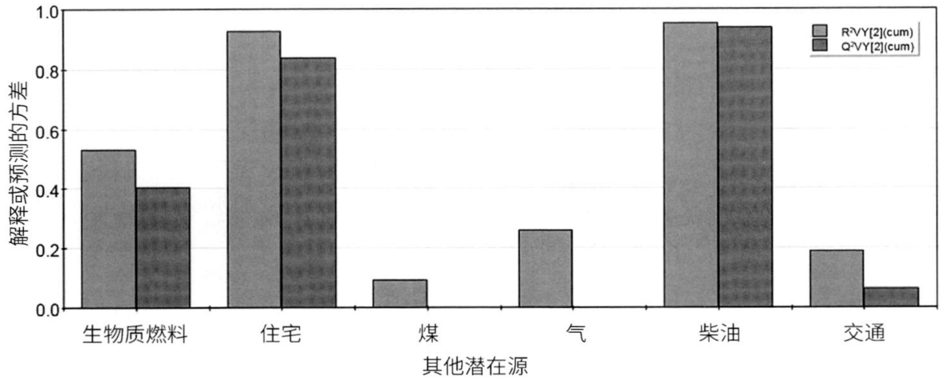

图 19.10 当含有少量非特征性化合物时，特征可能会发生重叠。在此案例中，一个特定污染源解释或预报了柴油特征超过 90%的方差

进行 PLS 分析时，需要考虑环境样本中可能存在的独立污染源数量。在 PLS 分析中PCA可以单独用于确定变量 Y 中的潜在污染源数量（例如 Mudge，2002b）。其主要原理是利用位点得分投影图进行聚类分组，那些聚集在一起的位点可能具有相同或相似的污染源。其中分组数量即为污染源的数量，但是在处理有变量交叉的情况时要特别注意对分组的校验。

PCA 还可以对污染源或特征数据进行探索性研究，确定污染源内部可能的分类情况。这里有一个非常重要的案例就是如何确定阿拉斯加湾沿海沉积物中碳氢化合物的来源问题（Burns et al.，1997，2006）。多条河流将同一大面积沉积物中的碳氢化合物冲积到了海岸边；在确定独立污染源数量的过程中，应将每条河流视为独立的污染源还是将其视为同一污染源的多个渠道？通过 PCA 分析可以对这类潜在的污染源进行探索性研究，再基于可视化分组确定污染源之间的关系。

图 19.11 中有两种情况。第一个图中四个特征对于样本方差的预报率均不到 80%，对于 SP（Int），四个特征对样本方差的预报率几乎为零。第二个图是几周后在同样的区域进行样本采集时，四个特征的方差预报率均超过了 100%（1.0）。在其中四个区域，由于特征重叠的原因，方差预报率高达约 180%，这可能是由于这类样本的化学组成极为相似，一个特征对另外的观测量进行了预报。在此，由于预报总方差率大于 100%，所以可以将其简单归一化为 100%，但是对于第一种情况却不能这样处理，因为如果将其进行简单归一化处理可能会提高某些方差预报率较低的特征的重要性，这些特征的方差预报率有的甚至低于 12%。对于这两种情况，最好的处理方法是寻找共性变量并相应地减少数据集。比如在一金属元素的分析案例中（Mudge et al.，2003），甚至可以将变量数减少为四就能完全区分相邻河流水域，这是因为在变量体系中排除了大量的矿物（背景）元素，仅仅保留了某些特有的金属元素。因此，在 PLS 分析中并不是选择的变量越多越好。

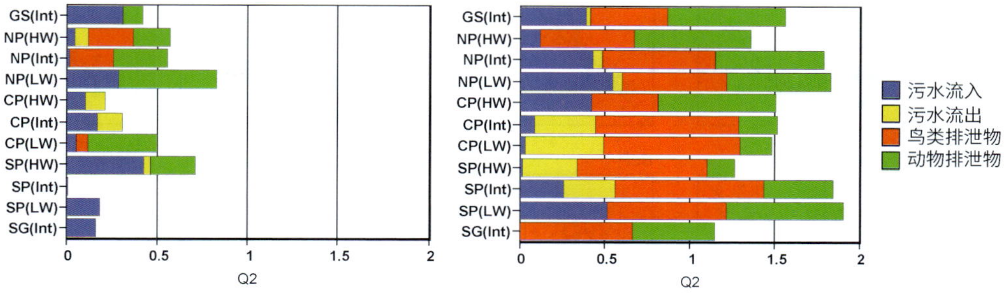

图 19.11 布莱克浦海滩的系列样本（y 轴）基于污水流入、污水流出、鸟类和动物排泄物中四个脂质生物标记物特征的预报方差（Mudge，2001）

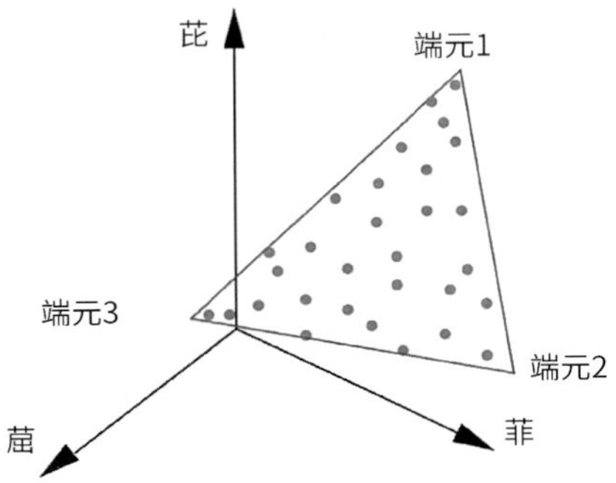

图 19.12　PAH 数据的多面体示例。所有样本都封闭于一二维三角形(多边形)内;顶点是潜在的污染源,坐标是化学成分

19.2.7　PVA

多方向量分析(PVA)是通过一种分解的方式来确定解释受体样本化学组成所需的潜在污染源数量的方法。多面体是一种尺寸维度比绘图坐标系数值少一的形状,因此在三维坐标体系中,该多面体是一个二维平面,如图 19.12 所示。

多方向量分析(PVA)首先将数据进行比例变换,然后通过类似于 PCA 确定 PCs 的方法确定端元(EM)数量。这主要通过可视化(主观)方法结合不断增加端元(污染源)数量时对化合物观测值与预报值的比较进行确定。图 19.13 为三个典型图例。

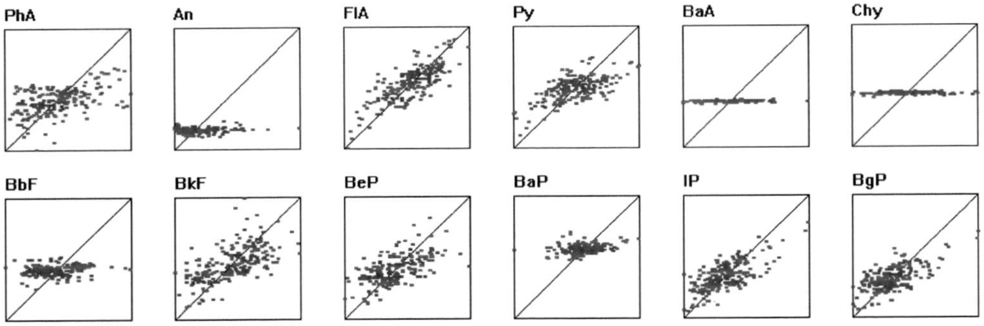

两个端元的观测值和预测值比较

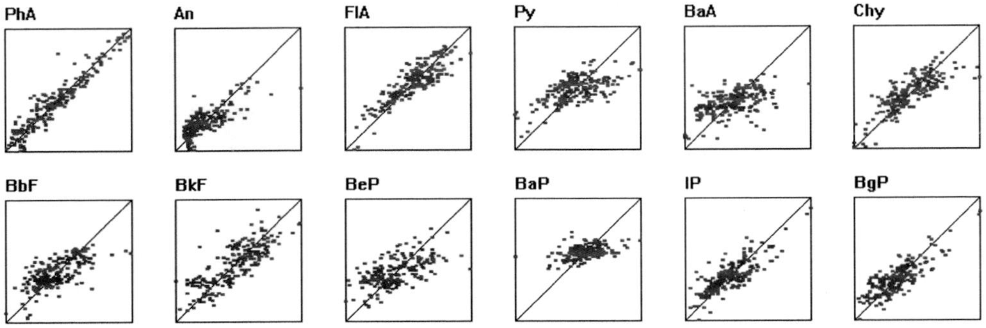

四个端元的观测值和预测值比较

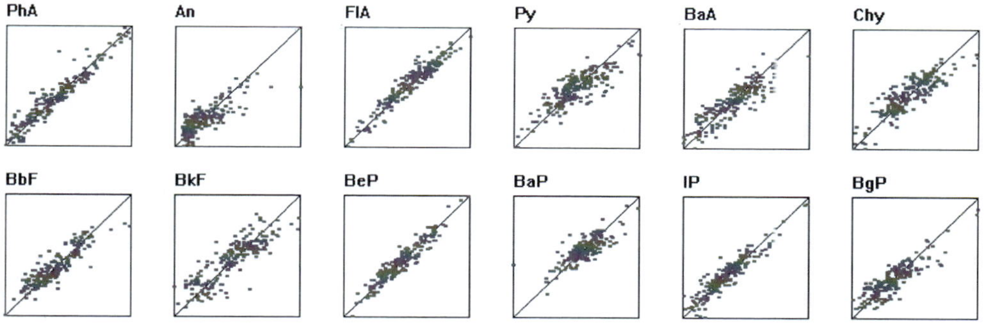

六个端元的观测值和预测值比较

图 19.13 端元数量增加的拟合示例图

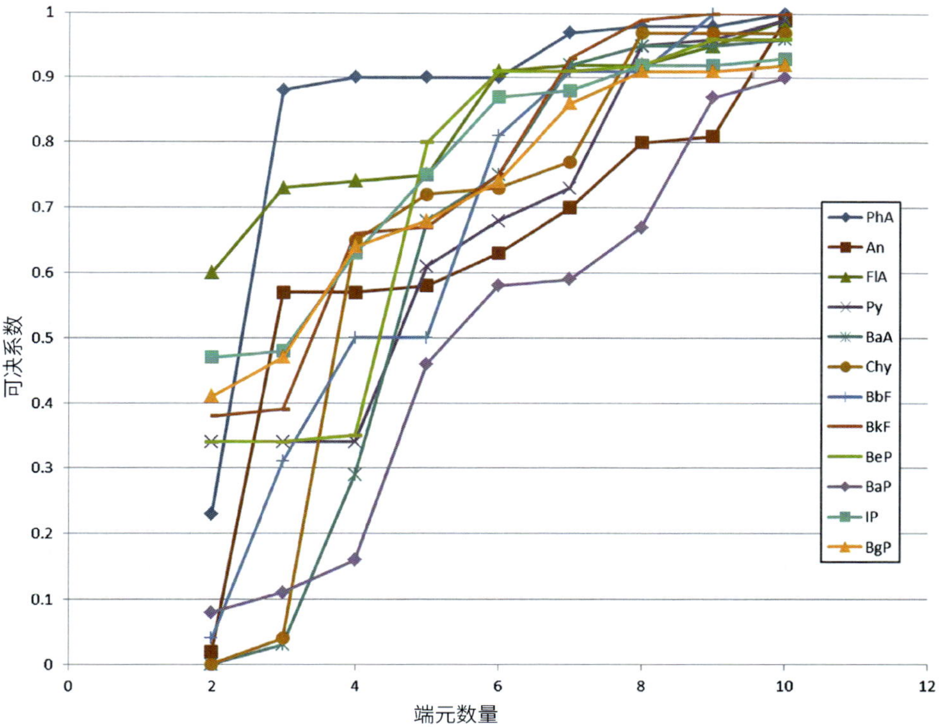

图 19.14 随着端元数量的增加,拟合程度得到了改善,最佳拟合数量约为 5 或 6。某些化合物仅需要三个端元(例如 **PhA**)就能充分解释,而其他化合物(例如 **BaP**)则需要更多端元

图 19.13 清楚显示，随着端元数量的增加，数据拟合度越来越好，但需要人为判断有多少端元真正源于实际污染源，有多少端元源于系统"噪声"。在图 19.13 中，当只有两个端元时菲(PhA)的拟合度较差，有四个端元时拟合度得到显著改善，但当有六个端元时拟合度并没有显著变化。这时需要在同一张图上以数字形式绘制每个化合物与端元的拟合结果。在图 19.14 中可以看到图 19.13 中显示的数据，其中包括所有端元和化合物。

能够充分解释数据集方差需要不同数量的污染源表明某些化合物可能仅仅来源于几个少数的污染源(例如，较小的 PAH，菲，PhA)，在这个案例中某些污染源可能不含有 PhA。通过 PVA 分析确定了最合适的污染源数量之后，可以计算出每个污染源对于每个样本化学组成的解释程度，同时该比例也可以用于定量估算每个污染源对每个样本的贡献。图 19.15 显示了每个端元的分布，并阐明了相关路径。

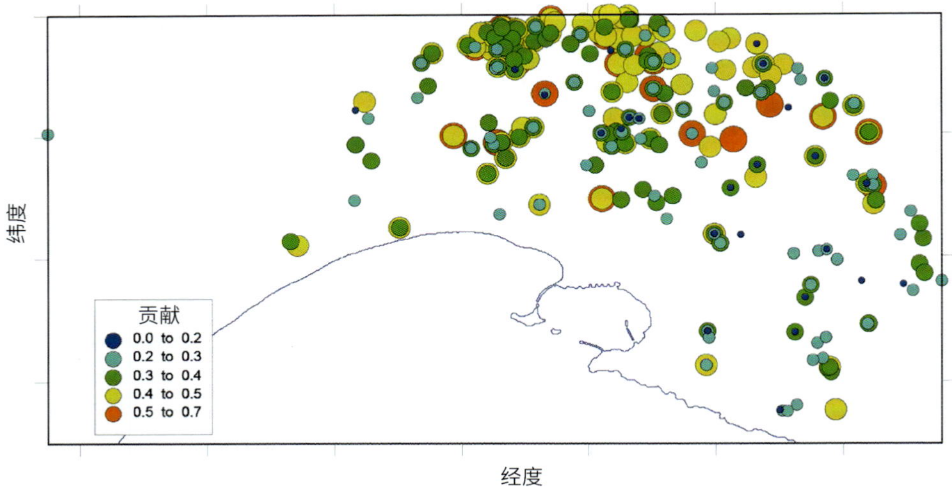

图 19.15　端元对样本贡献的空间分布示例图

有时可以用非空间方式来研究输出数据，但也可以通过控制分布的其他参数来进行研究。通过自组织映射可以得到如图 19.16 这样一个案例。这里 PVA 的输出结果对样本进行了分类，并根据单元之间的相似度显示其分布关系；同时基于 PVA 输出发现相邻的单元格具有相似的化学组成。如图所示是一个端元案例，起决定性因素的可能是每个区域内的动物物种。

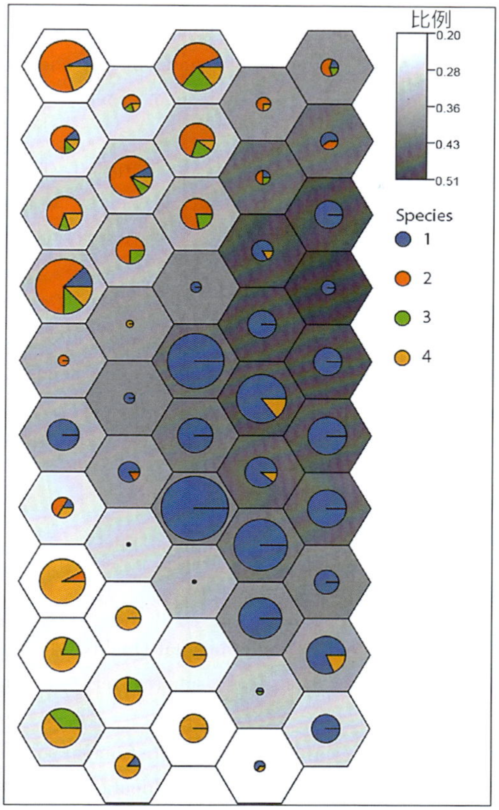

图 19.16 **PVA** 结果自组织映射示例图。单元格的灰色阴影部分代表 **PVA** 端元的比例，单元格相对位置代表了它们的相似性（类似于聚类分析）。该示例中，物种 **1** 在该特定端元中分布较为丰富（此分析是使用 **Orange** 软件进行的：**http://orange.biolab.si/**）

（张清华）

参 考 文 献

Aboul-Kassim, T. A. T., Simoneit, B. R. T., 1996. Lipid geochemistry of surficial sediments from the coastal environment of Egypt 1. Aliphatic hydrocarbons — Characterization and sources. Marine Chemistry 54 (1-2), 135-158.

Arcos, F.G., Racotta, I.S., Ibarra, A.M., 2004. Genetic parameter estimates for reproductive traits and egg composition in Pacific white shrimp. Penaeus (Litopenaeus) vannamei.

Aquaculture 236 (1 - 4), 151 - 165.

Argyropoulos, G., Grigoratos, T., Voutsinas, M., Samara, C., 2013. Concentrations and source apportionment of PM_{10} and associated elemental and ionic species in a lignite-burning power generation area of southern Greece. Environmental Science and Pollution Research 20 (10), 7214 - 7230.

Bravo-Linares, C., Ovando-Fuentealba, L., Mudge, S.M., Cerpa, J., Loyola-Sepulveda, R., 2012. Source Allocation of Aliphatic and Polycyclic Aromatic Hydrocarbons in Particulate-Phase (PM10) in the City of Valdivia, Chile. Polycyclic Aromatic Compounds 32 (3), 390 - 407.

Burns, W. A., Mankiewicz, P. J., Bence, A. E., Page, D. S., Parker, K. R., 1997. A principal-component and least-squares method for allocating polycyclic aromatic hydrocarbons in sediment to multiple sources. Environmental Toxicology and Chemistry 16 (6), 1119 - 1131.

Burns, W.A., Mudge, S.M., Bence, A.E., Boehm, P.D., Brown, J.S., Page, D.S., Parker, K. R., 2006. Source Allocation by Least- Squares Hydrocarbon Fingerprint Matching. Environ. Sci. Technol. 40 (21), 6561 - 6567.

Cabaniss, S.E., Zhou, Q.H., Maurice, P.A., Chin, Y.P., Aiken, G.R., 2000. A log-normal distribution model for the molecular weight of aquatic fulvic acids. Environmental Science & Technology 34 (6), 1103 - 1109.

D'Amore, J. J., Al-Abed, S. R., Scheckel, K. G., Ryan, J. A., 2005. Methods for speciation of metals in soils: A review. Journal of Environmental Quality 34 (5), 1707 - 1745.

Geladi, P., Kowalski, B. R., 1986. Partial least squares regression: a tutorial. Anal. Chim. Acta 185, 1 - 17.

Hall, R.I., Leavitt, P.R., Smol, J.P., Zirnhelt, N., 1997. Comparison of diatoms, fossil pigments and historical records as measures of lake eutrophication. Freshwater Biology 38 (2), 401 - 417.

Hewitt, E.J., Mudge, S.M., 2004. Detecting anthropogenic stress in an ecosystem: 1. Meiofauna in a sewage gradient. Environmental Forensics 5 (3), 155 - 170.

Hopkins, F.E., Mudge, S.M., 2004. Detecting anthropogenic stress in an ecosystem: 2. Macrofauna in a sewage gradient. Environmental Forensics 5 (4), 213 - 223.

Jackson, J.E., 1991. A User's Guide to Principal Components. John Wiley, New York, NY.

Johansson, E., Wold, S., Sjodin, K., 1984. Minimizing Effects of Closure on Analytical Data. Analytical Chemistry 56 (9), 1685 - 1688.

Kaneda, T., 1967. Fatty acids of the genus Bacillus. Journal of Bacteriology 93, 894 - 903.

Kolattukudy, P.E., Croteau, R., Buckner, J.S., 1976. Biochemistry of Plant Waxes. Chemistry and Biochemistry of Natural Waxes. P. E. Kolattukudy. Elsevier, Amsterdam, The Netherlands, pp. 289 - 347.

Koster, D., Racca, J.M.J., Pienitz, R., 2004. Diatom-based inference models and reconstructions revisited: methods and transformations. Journal of Paleolimnology 32 (3), 233 - 245.

Lavine, B. K., Mayfield, H., Kromann, P. R., Faruque, A., 1995. Source Identification of Underground Fuel Spills by Pattern-Recognition Analysis of High-Speed Gas Chromatograms. Analytical Chemistry 67 (21), 3846 - 3852.

Limpert, E., Stahel, W.A., Abbt, M., 2001. Log-normal distributions across the sciences: Keys and clues. Bioscience 51 (5), 341 – 352.

Massoudieh, A., Gellis, A., Banks, W.S., Wieczorek, M.E., 2013. Suspended sediment source apportionment in Chesapeake Bay watershed using Bayesian chemical mass balance receptor modeling. Hydrological Processes 27 (24), 3363 – 3374.

Morrissey, C.A., Bendell-Young, L.I., Elliott, J.E., 2005. Identifying sources and biomagnification of persistent organic contaminants in biota from mountain streams of southwestern British Columbia, Canada. Environmental Science & Technology 39 (20), 8090 – 8098.

Mudge, S.M., 2001. The Source of Organic Matter on Blackpool Beaches (2000). University of Wales Press, Cardiff, Wales.

Mudge, S.M., 2002a. Aspects of hydrocarbon fingerprinting using PLS — New data from Prince William Sound. Environmental Forensics 3 (3 – 4), 323 – 329.

Mudge, S.M., 2002b. Reassessment of the hydrocarbons in Prince William Sound and the Gulf of Alaska: Identifying the source using partial least- squares. Environmental Science & Technology 36 (11), 2354 – 2360.

Mudge, S. M., 2007. Multivariate statistics in environmental forensics. Environmental Forensics 8, 155 – 163.

Mudge, S.M., Birch, G.F., Matthai, C., 2003. The effect of grain size and element concentration in identifying contaminant sources. Environmental Forensics 4 (4), 305 – 312.

Mudge, S.M., Duce, C.E., 2005. Identifying the source, transport path and sinks of sewage derived organic matter. Environmental Pollution 136 (2), 209 – 220.

Mudge, S.M., East, J.A., Bebianno, M.J., Barreira, L.A., 1998. Fatty acids in the Ria Formosa Lagoon, Portugal. Organic Geochemistry 29 (4), 963 – 977.

Qiang, S., 2005. Multivariate analysis, description, and ecological interpretation of weed vegetation in the summer crop fields of Anhui Province, China. Journal of Integrative Plant Biology 47 (10), 1193 – 1210.

Readman, J.W., Mantoura, R.F.C., Llewellyn, C.A., Preston, M.R., Reeves, A.D., 1986. The Use of Pollutant and Biogenic Markers as Source Discriminants of Organic Inputs to Estuarine Sediments. International Journal of Environmental Analytical Chemistry 27 (1 – 2), 29 – 54.

Stout, S. A., Magar, V. S., Uhler, R. M., Ickes, J., Abbott, J., Brenner, R., 2001. Characterization of naturally-occurring and anthropogenic PAHs in urban sediments — Wycoff/Eagle Harbor Superfund Site. Environmental Forensics 2 (4), 287 – 300.

Tulloch, A.P., 1976. Chemistry of Waxes of Higher Plants. In: Kolattukudy, P.E. (Ed.), Chemistry and Biochemistry of Natural Waxes. Elsevier, Amsterdam, The Netherlands, pp. 235 – 287.

Wakeham, S.G., Lee, C., Hedges, J.I., Hernes, P.J., Peterson, M.L., 1997. Molecular indicators of diagenetic status in marine organic matter. Geochimica et Cosmochimica Acta 61 (24), 5363 – 5369.

Wang, Z., Fingas, M.F., 2003. Development of oil hydrocarbon fingerprinting and identification techniques. Marine Pollution Bulletin 47 (9 – 12), 423 – 452.

Wold, S., Albano, C., Dunn, W.J., Edlund, U., Esbensen, K., Geladi P., Hellberg, S., Johansson, E., Lindberg, W., Sjöström, M., 1984. Multivariate data analysis in chemistry. In:

Kowalski, B. R. (Ed.), Chemometrics: Mathematics and Statistics in Chemistry. D. Reidel Publishing Company, Dordrecht, Holland, pp. 17 – 96.

Yunker, M.B., Macdonald, R.W., 2003. Petroleum biomarker sources in suspended particulate matter and sediments from the Fraser River Basin and Strait of Georgia, Canada. Organic Geochemistry 34 (11), 1525 – 1541.

Yunker, M.B., Macdonald, R.W., Veltkamp, D.J., Cretney, W.J., 1995. Terrestrial and Marine Biomarkers in a Seasonally Ice-Covered Arctic Estuary — Integration of Multivariate and Biomarker Approaches. Marine Chemistry 49 (1), 1 – 50.

第 20 章

大气污染源的受体模型及定量鉴定方法

John G. Watson，Judith C. Chow

目 录

20.1 引 言

空气污染源有空间、时间和化学模式，这些模式来自大量的个体排放源叠加大量受体的作用。对于悬浮颗粒物（PM）而言，颗粒大小也与它的来源以及来源的影响区域有关。因为排放源的数量远远超过了可以被观测污染源的组成成分，所以需要对污染源进行分类，以及将具有相似特征的污染源归为一类。这些模式可以由气体和颗粒物混合组成。根据美国和其他国家环境空气质量标准规定（Bachmann，2007；Cao et al.，2013；Chow et al.，2007c；Ministry of Environment，2013；USEPA，2014b），大气中一氧化碳（CO）、一氧化氮（NO）、二氧化氮（NO_2）、二氧化硫（SO_2）、可吸入性悬浮颗粒物（PM_{10}）和可入肺颗粒物（$PM_{2.5}$）的浓度需定期观测和报告（USEPA，2014a）。非甲烷碳氢化合物（NMHC），属于挥发性有机化合物（VOCs），由于其是另一种管制污染物-臭氧（O_3）的前体物，并且可以通过大气化学反应形成 $PM_{2.5}$，因此在一些站点也监测 NMHC。在美国，$PM_{2.5}$、元素、水溶性离子、碳组分在城市（USEPA，2013）和非城市地区均有观测（IMPROVE，2014）。其他国家也建立了长期颗粒物种类网络来报告相似的观测物（Dabek-Zlotorzynska et al.，2011；Zhang et al.，2012）。这些长期的数据集，加上更专业的观测资料，使得基于受体模型的数据分析可以实现不同污染源的识别和量化。

受体模型（Belis et al.，2013；Brook et al.，2004；Fragkou et al.，2012；Henry et al.，1984；Henry，2002；Hopke，2003；Johnson et al.，2011；Viana et al.，2008；Watson，1984；Watson et al.，2001a，2002a，2008a；Watson and Chow，2013）提供了量化贡献源的理论和数学框架。这些模型可解释在不同时间和地点获得观测数据的物理和化学属性，进而推断污染物超标浓度可能的来源，并量化这些来源的贡献量。受体模型与源模型不同，后者是将各污染发生源的源排放率与气象传输化学变化结合起来，以估算受体的浓度。受体模型和源模型都难以完美的反映真实情况，并且输入数据很少是完整的。使用这两个模型可以帮助我们识别和量化它们各自的不准确性，并将进一步研究的重点放在两者模拟结果差异最大的区域。

一些受体模型建立了变量之间的经验关系，这些关系不一定能用已知的物理过程解释。尽管受体模型也可以应用一些与经验模型相同的多元数学方法，但最可信和最有用的受体模型有着合理的物理基础作为支持。关于不同类型的案例将在接下来的小节中进行介绍。

与所有司法调查一样，基于受体模型和源模型开展污染源解析始于引起污染物浓度过高的原因或影响的这些看似合理的理论。概念模型（Robinson et al.，2010；Vickery，2004；Watson and Chow，2002）对污染物和潜在来源提供了合理但不一定准确的解释：这些来源排放的污染物和污染物前体的大小、化学成分和时间特征；颗粒物、气体前体排放率；影响排放、传输、转换的气象因子；以及影响的频率和强度。这些概念模型源于先前的经验（例如，测试相似气象条件下相似源和颗粒物的运动），问题的性质（例如，周围居民的抱怨，持续的当地区域或者更大区域的低能见度，或者空气质量超过标准）和可获得的观测资料（来自空气质量和气象传感器）。有时，概念模型会产生一个明显的“罪魁祸首”和适当的补救行动。否则，概念模型将阐明监测点的位置、采样周期、采样频率、采样持续时间、实验室分析样本的选择以及这些样本中量化的粒子特性，以检验和否定理论。

本章旨在介绍几种常用的受体模型，识别这些模型中的污染源及受体的特征，明确用于量化这些特征的可用测量方法，并讨论在受体建模研究中应避免的一些不确定性和错误的源识别。本章聚焦于大气颗粒物（PM）和常规测量的气体成分。如其他文献所述，VOCs 也是源解析的一个好的案例（Chin and Batterman，2012；Lundegard and Surgi，2012；Watson et al.，2001a）。

这些污染物的时间和空间格局为它们的污染源提供了一些信息。白天的 CO、NO 和 PM 的平均值通常在工作日的早高峰和晚高峰期间出现最高值，这表明周末当通勤时间改变时，发动机的污染物排放会减弱。短时间的（5 分钟）浓度峰值是由单个烟羽引起；CO、NO 和 PM 峰值可以指示在道路下风侧通过车辆的贡献，而 SO_2 和 NO/NO_2 峰值可以在更具区域代表性的站点指出高处烟羽的降落。同样地，对于较远位置，靠近污染源的监测更有可能显示这些污染源的浓度增量。

目前需要比现有监测更复杂的化学模式来观测更具体的排放物并量化其成分。PM 和 VOC 成分包含这些模式，因为它们由数百到数千种不同的化合物组成。颗粒物部分具有与生产过程相关的额外颗粒尺寸模式，这些化学“源廓线”被定义为每种化学物质与所有排放物中均存在的某些成分的比率。对于颗粒物，这个标准值最方便作为质量浓度，或有时选择总碳质量。描述 VOC 的分布更为复杂，因为并不是所有种类的化学物质均被观测并将它们的总和作为 VOC，比如 NMHC，使用碳原子总量而不是总 VOC 总量来量化。

20.2 一般空气质量模型

源和受体模型的简化表达式是：

$$C_{iklmn} = \sum_{j=1}^{J} \sum_{m=1}^{M} \sum_{n=1}^{N} F_{ijm} T_{ijklmn} Q_{jkmn} \tag{20.1}$$

式中的指标定义如下：

i：一个可量化的化学元素、化合物或实际上可以通过大量样品量化的物理性质，在某一种源中有相似的比率，这种比例明显不同于其他源中的比例，也可以是大家感兴趣的人类健康、能见度、气候或生态。

j：一组不同于其他排放源类型的具有相似排放组分的排放源。

k：采样周期，可以是一天中的一段时间、一周中的一天、季节、实施控制措施，或火灾或沙尘暴等特殊事件，之前或之后的一段时间。对于大多数常规测量的颗粒物，全年中每一天、每三天或每六天的都基于从凌晨到凌晨的 24 小时数据来获取和计算(USEPA，2014c)。更多专门设计的研究包括早晨和晚上的交通高峰、夜间供暖和工作日/周末的差异。

l：受体的位置。当受体靠近且远离可疑的源贡献者时，受体对源解析最有用。Chow 等人(2002b)定义了微尺度(约 10～100 m)、中尺度(约 100～500 m)和邻里尺度(约 500 m～4 km)的站点，包括那些可疑污染源(如道路和工业)附近的站点，以及可以表征许多排放源排放混合的城市尺度(约 4～100 km)和区域尺度(约 100～1 000 km)站点。

m：颗粒粒级或范围。不完全燃烧的产物、粉煤灰和从前体物形成的颗粒物 PM(以 $PM_{2.5}$占主体)，而浮尘、轮胎和刹车的磨损、花粉、孢子、植物碎屑和海盐占据了粗粒(10～2.5 μm，$PM_{10-2.5}$)的粒级。高的 $PM_{0.1}$($PM<0.1$ μm，也称为"超细")颗粒数表明附近有燃烧源。

n：污染源子类型的传输方向或源的区域。这个可以通过附近源的一个风向标或一套的远程运输的更复杂的曲线轨迹来获得(Koracin et al.，2011)。

通过使用这些指标，公式 20.1 中的变量：

C_{iklmn}：l 处 k 时污染物 i 粒级范围 m 来源 n 的受体浓度(单位 μg m^{-3}，ng m^{-3}，ppm 或 ppb)。

F_{ijm}：来源-廓线丰度(无单位，是粒级范围 m 的污染物 i 在来源类型 j 中的质量分数)。对于颗粒物(PM)，丰度通常被标准化为一个来源在期望尺寸范围内的质量排放，并在几个来源测试中取平均值。这些丰度可以归一化为 PM 中特定的化学成分，如果认为质量测量不够精确，则可以归一化为测量成分的加权和；有机碳(OC)是常用的分母。气体的排放可以标准化为质量排放量或选定种类的总和(Watson et al.，2001a)。

T_{ijklmn}：在从源到受体的运输过程中，由于化学转化和沉积引起的 F_{ijm}变化的一个因素。

D_{ijkmln}：对应于粒径范围 m 和源区 n，污染物 i 在源型 j 中 k 时段的扩散和稀释。

Q_{jkmn}：质量排放率(μg sec^{-1}，t yr^{-1}，或其他单位时间)，时间段 k 对应的源类型 j，大小范围 m 和源区域(或单个源)n。

20.3　化学物质平衡受体模型

对于受体模型，方程 20.1 简化为化学质量平衡（CMB）公式（Hidy and Friedlander，1971），对于在一个粒级、位置和时间段内采集的单个样本：

$$C_{ikl} = \sum_{j=1}^{J} F_{ij} T_{ijkl} S_{jkl} \qquad \text{对于量化的标记种 } i=1 \text{ 到 } I, \tag{20.2}$$

化学质量平衡（CMB）在物理上基于以下六个假设：

1）在环境采样和源采样期间源排放的组成恒定。

2）化学物质彼此不发生反应（即它们可线性相加）。

3）所有有可能对受体起作用的来源都已确定，并已确定其排放特征。

4）来源数量或来源类别小于或等于污染种类数量（$J<I$）。

5）源成分谱彼此线性独立。

6）测量值的不确定性随机、不相关且服从正态分布。

虽然这些假设与现实世界存在很大的偏差，但敏感性检验表明这些偏差通常是可接受的。转换项 T_{ijkl} 被假定为是统一的，这意味着不同化学成分的比例在源和受体之间没有变化。这一假设对于中等尺度和邻里尺度来说是合理的，但是对于城市和区域尺度而言可能会有偏差。

化学质量平衡（CMB）公式有不同的方法求解：

- 示踪剂求解（Hidy and Friedlander，1971）假设在每个源成分谱中以固定比率存在一种独特的化学成分。最早使用时，常用的示踪剂是汽油发动机尾气中的铅，渣油燃烧中的钒，煤燃烧中的硒，扬尘中的硅或铝。最近，碳 14 同位素丰度（C^{14}）被普遍用于区分生物和化石燃料中的含碳组分（Bird and Ascough，2012；Schichtel et al.，2008）。由于其放射性衰变，化石燃料排放物中不含有 C^{14}，而生物排放物中含有可检测的 C^{14}。

- 富集因子（Enrichment Factor，EF）求解（Lawson and Winchester，1979；Sturges，1989）是示踪求解的一种变体。它比较化学物质在大气中的浓度与其在参考物质中的比率，如某一区域的平均地壳成分或海盐。由于硅是悬浮粉尘中含量最丰富的元素，这些比值通常被标准化为空气和土壤中硅的浓度。土壤和悬浮颗粒之间以及不同区域之间的参考比率不同（Rahn，1976）。根据其他来源可以解释这些差异，但通常不以数量属性解释；根据“示踪物”来源，重金属富集通常归因于工业排放源。

- 有效方差法（Effective Variance，EV）（Watson et al.，1984）是公式 20.2 的加权最小二乘法的最小值，包括受体浓度（σ_{Cikl}）和源成分谱（σ_{Fij}）的不确定性。这种

加权对有较高不确定性的来源和受体组成部分影响给予较小的值，对于数据精读更高的数据则权重更大些。在单样本化学质量平衡(CMB)求解中，样本输入文件包含 C_{ikl}、F_{ij}、σ_{Cikl}和 σ_{Fij}，并返回 S_{jkl}和 σ_{Sjkl}作为模型输出。

• 正定矩阵因子分解求解(Positive Matrix Factorization，PMF)(Paatero and Tapper，1994)，使用多个时间段或多个位置的样本，目的是从环境浓度中获得源成分谱和源贡献。PMF 在非负性约束下最小化计算浓度和测量浓度之间的差异(公式 20.3)，从而使源贡献和源成分谱丰度始终大于零。浓度不确定性的倍数(公式 20.3 中的 σ_{Cikl})或其他用户定义的权重会对不同的样品和成分产生不同程度的影响。通过将因子负荷与实际源成分谱测量值进行比较，将所选因子解释为源成分谱。

$$\sum_{k=1}^{K}\sum_{i=1}^{I}\left\{\frac{(C_{ikl}-\sum_{j=1}^{J}F_{ij}S_{jkl})}{\sigma_{Cikl}}\right\}^2 = Minimum \tag{20.3}$$

• UNMIX 求解(UNMIX)(Henry，2002，2003)通过对潜在求解加边界约束来求解化学质量平衡方程。边界是在多维空间中检测到化学成分的恒定比率。样品必须没有来自源的贡献才能定义边界。由 UNMIX 等模型检测到的边界是自建模曲线分辨率向多维的延伸，可以与独立测量的源成分谱相关联(Henry and Kim，1990；Kim and Henry，1999，2000)。

EV、PMF 和 UNMIX 求解方法已经在开源软件包(USPEA，2009)中实现，这使得这些方法能比较容易的应用于现有的数据集。在该软件中，测量的 F_{ij}和 C_{ikl}作为公式 20.2 的输入，用 EV 法计算 S_{jkl}，而对于 PMF 和 UNMIX 方法，只有 C_{ikl}是方程 20.3 的输入。然而这并不意味着，如通常所认为的 PMF 和 UNMIX 方法不需要测量 F_{ij}。在数学源因子和实际源类型之间建立源关联之前，从这些方法得出的源因子必须与测量的源成分谱相对应。PMF 和 UNMIX 的源因子往往代表几种源类型的混合(Chen et al.，2010，2011；Lowenthal et al.，2010)，这导致了 S_{jkl}估计不准确。

20.4 化学成分(*I*)

虽然不总是完全切实可行，但测量大量化学成分总体是可行的。本书的第 8、11 和 13 章更详细地描述了这些方法。与在水、沉积物和土壤样品中几乎是可以获得不受量限制的物质不同，从空气中收集的颗粒物实际上不超过几毫克。颗粒物还必须收集在能够适应不同分析方法的基底上，且基底必须是不包含其他干扰成分的本底水平。图 20.1 说明了可应用于受体建模研究的样品配置、潜在分析方法和颗粒物特性。表 20.1 将污染源种类与一些已量化并与一个或多个化学质量平衡(CMB)方法一起使用的源标记相关联。最常测量的 $PM_{2.5}$ 和 PM_{10} 组分(Chow,1995;Chow et al,2008)是物质、元素、水溶性离子和碳组分. 可从前面引用的一些观测网络中获得。它们足以分离土壤、海盐、仲硫酸铵、仲硝酸铵、元素

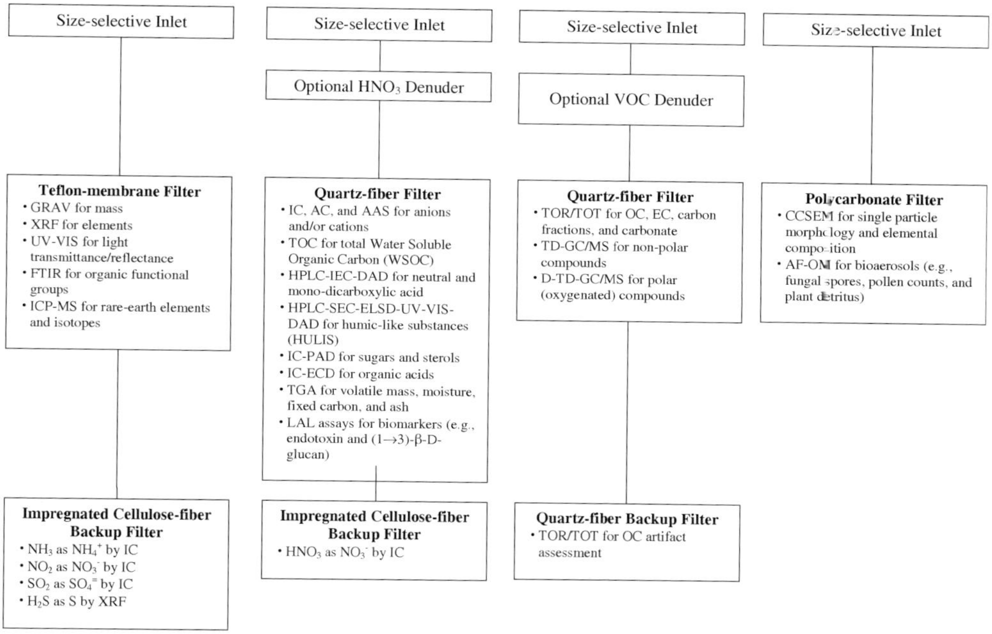

图 20.1 颗粒物特征的过滤介质和分析方法(Chow,1995;Chow and Watson,2012)。备用过滤器浸有可从无颗粒物的空气捕获指示气体的气体吸收化学物质(Chow et al,2010;Namiesnik et al,2005;Woolfenden,2010)。扩散管可用于评估前面过滤器的 NH_4NO_3 蒸发或 VOC 的吸附(Kitto and Colbeck,1999)。这种配置可用于周围的以及来自排放源的扩散烟羽的测量。尺寸筛选的入口(Watson and Chow,2011)和流量进行调整,以分别获得适合被采样空气的尺寸大小和样本装载量。方法缩略词为:1)AAS:原子吸收分光光度法(Sneddon,1983);2)AC:自动比色法(Fung et al,1979);3)AF－OM:自动荧光光学显微镜(Roshchina et al,2004);4)CCSEM:计算机控制扫描电子显微镜(Casucio et al,1983);5)D－TD－GC/MS:衍生化热脱附气相色谱/质谱法(Orasche 等人,2011);6)FTIR:傅里叶变换红外光谱法(Russell et al,2009) 7)GRAV:重量分析(过滤称重)(Feeney et al,1984);8)HPLC－IEC－DAD:高效液相色谱-离子交换柱二极管阵列检测器;9)HPLC－SEC－ELSD－UV－VIS:高效液相色谱-蒸发光散射检测器-紫外-可见光检测器(Samburova et al,2005);10)IC:带电导检测器的离子色谱法(Chow and Watson,1999);11)IC－ECD:IC 电化学检测器(Wang et al,2007);12)IC－PAD:IC 脉冲安培检测器(Caseiro et al,2007;Engling et al,2006);13)ICP－MS:电感耦合等离子体质谱(Smichowski et al,2005);14)LAL 分析:内毒素鲎试剂测定法(Alwis and Milton,2006);15)TD－GC/MS:热解吸气相色谱/质谱法(Chow et al,2007a);16)TGA:热重分析仪(Perrino et al,2012);17)TOC:总有机碳分析(Lee and Hein,1974);18)TOR/TOT:热光反射/透射(Chow et al,2007b;2011);19)紫外可见光透射光谱法(λ250~1 000 nm)(Zhong and Jang,2011);20)XRF:X 射线荧光(Watson et al,1999)

碳(有时称为黑碳)和有机物质等来源。这些颗粒物的主要成分为物质平衡(Watson et al,2012a)源解析研究提供了一个很好的起点,因为它分离了来自直接排放的颗粒物的无机二次颗粒物(由直接排放的气体如 SO_2、氮的氧化物和氨形成的),并初步指出需要减排的源类型。

表 20.1 $PM_{2.5}$源的主要成分和特异性标记

气溶胶源	特异性标记	与其他来源共有的重要组分	参考文献
自然土壤	Si, Ca	Al, Si, Ca, Fe,和 Ti	(Mason,1966;Taylor,1964;Vinogradov,1959)
道路粉尘	来自刹车粉尘丁苯橡胶(SBR)的 Cu, Fe, Sb、Ba 和来自轮胎磨损的苯并噻唑;以及来自路面磨耗层的沥青。	Al, Si, Ca, Fe, Ti, OC/EC,碳组分、碳酸盐和多环芳烃	(Kim et al., 1990; Ntziachristos and Boulter, 2013; Pierson and Brachaczek, 1974;Schauer et al.,2006;Thorpe and Harrison,2008)
亚洲粉尘	Ca, CO_3^{-3}	Al, Si, Ca, Fe, Ti	(Liu,1985;Wu et al.,2011)
采矿、建筑、水泥和工业粉尘	Cu, Fe, As, Pb, Ca, S, Ag, Au,U, Rb, In, Pb^{210},取决于矿石或覆盖层	Al, Si, Ca, Fe,Ti	(Barcan and Kovnatsky,1998;Benin et al., 1999; Freeman et al., 1990; Rabinowitz,2005;Young et al.,2002)
天然气燃烧		OC/EC,碳组分和多环芳烃	(England et al.,2007)
盐(海洋气溶胶、盐湖、除冰材料)	Na^+, Cl^-	非海盐 $SO_4^=$,K^+, Mg^{++}	(Pytkowicz and Kester,1971;Tsunogai et al.,1972)
汽油机排放	17α(H), 21α(H)-藿烷, 17α(H)-乳香烷, 苯并芘, 蔻, 茚并(1,2,3-cd)芘	OC/EC、碳组分、丙烷、甾烷和多环芳烃	(Barakat et al., 2001; Rogge et al., 1996; Schauer et al., 1996; Watson,2002;Zielinska et al.,2004)
柴油机排放	苯丙氨酸、荧蒽和芘;高分子量羟基羰基化合物	OC/EC、碳组分、丙烷、甾烷和二羧酸(C_2-C_{10})	(Fujita et al.,2007a,2007b;Mabilia et al.,2004;Watson et al.,1994b,2008b;Zielinska et al.,2008)
燃油燃烧(如外燃锅炉中的加热油、煤油)	荧蒽和芘	OC/EC、碳组分、丙烷和甾烷	(Cheng et al.,2001;Hays et al.,2008;Keyanpour-Rad, 2004; Kitto, 1993;Rogge et al.,1997)
渣油燃烧(大型锅炉和船舶中的船用燃料)	Ni, V	OC/EC、hopanes、甾烷和多环芳烃	(Agrawal et al., 2008; Galbreath et al.,2000, 2005; Huffman et al., 2000;Jang et al.,2007;Wang et al.,2010)
不受控制的煤燃烧(如家用取暖和烹饪)	Se, As, Cd, Hg, Zn, 芘、䓛、苯并(bjk)、荧蒽、苯并(e)芘、苯并(a)芘	OC/EC、Pb, 藿烷, 甾烷和多环芳烃	(Ge et al.,2004;Grimmer et al.,1983;Zhang et al., 2008;Zhi et al.,2008)
受控制的煤燃烧(如发电厂)	Se, As	S, $SO4^=$, Ca(来自 SO_2 洗涤塔);多环芳烃	(Huggins et al., 2007; Meij and Winkel,2007;Yi et al., 2008)
生物质燃烧	左旋葡聚糖、纤维素、木质素、丁香醇、愈创木酚、惹烯和 *n*-C31en-C32 烷烃	OC/EC, 碳组分, 棕碳(BrC), C^{14}, 水溶性有机碳(WSOC), K^+, Cl^-, 树脂酸, 甲氧基苯酚、碳水化合物和多环芳烃	(Chow et al., 2004; Fine et al., 2001, 2002a, 2002b; McDonald et al., 1998; Orasche et al., 2012; Ramdahl, 1983; Rogge et al., 1998; Watson and Chow, 2001b; Watson et al.,2001b)

续表

气溶胶源	特异性标记	与其他来源共有的重要组分	参考文献
肉类烹调	胆固醇	十四烷酸、十五烷酸、十六烷酸、七烷酸、十八烷酸、塔可酮、棕榈酸、棕榈油酸、硬脂酸、油酸和甾醇	(McDonald et al., 2003; Rogge et al., 1991; Schauer et al., 1999; See and Balasubramanian, 2008; Yang et al., 2007; Zhao et al., 2007a, 2007b)
植物碎屑	$n-C^{29}$ 至 C^{35} 烷烃	n-壬烷、n-三碳六烷、n-苯三碳六烷、n-多三碳六烷和 n-三碳六烷	(Rogge et al., 1993; Simoneit and Mazurek, 1982)
仲硝酸铵	NO_3^-, NH_4^+	NO_3^-, NH_4^+	(Watson, 1979)
仲硫酸铵	$SO_4^=$, NH_4^+	$SO_4^=$, NH_4^+	(Watson, 1979)
人为次生有机气溶胶(SOA)	邻多环芳烃、草酸、邻苯二甲酸和过二甲苯乙酰基	过量 OC/EC 比率、BrC、WSOC、含氧有机物化合物、有机酸、有机硝酸盐和有机硫酸盐	(Chan et al., 2009; Grosjean and Seinfeld, 1989; Hallquist et al., 2009; Yasmeen et al., 2010; Yee et al. 2013; Ziemann and Atkinson, 2012)
异戊二烯衍生生物次生有机气溶胶(SOA)	2-甲基泰瑞醇、2-甲基赤藓糖醇、2-甲基葡萄糖酸、异戊二烯环氧二醇,以及 C5-烯烃三醇	过量 OC/EC 比率、BrC、WSOC、C^{14}、含氧有机化合物、有机硝酸盐、有机硫酸盐和有机酸	(Altieri et al., 2006; Carlton et al., 2009; Nguyen et al., 2011; Surratt et al., 2006; Zhang et al., 2013b)
单萜衍生生物次生有机气溶胶	顺式蒎酸、顺式无花果酸、酮柠檬酸、柠檬酸、3-甲基-1,2,3-丁烷三羧酸	过量 OC/EC 比率、BrC、WSOC、C^{14}、含氧有机化合物、有机硝酸盐、有机硫酸盐和有机酸	(Caliogirou et al., 1999; Jaoui et al., 2005; Pankow et al., 2012; Surratt et al., 2007; Updyke et al., 2012)

对于含碳量大的低效燃烧过程需要更多的特异性指标,图 20.1 中引用的几种分析方法都是直接针对这一特征。特定的有机化合物已经通过溶剂萃取,然后用不同检测器进行气相或液相色谱分析(Mazurek et al, 1987),但这需要大量的颗粒物。热解吸气相色谱和二维气相色谱质谱联用技术的最新进展中,在减少样品量和消除溶剂萃取需求的同时,提高了特异性。随着发达国家燃烧源一次排放量的减少,由有机气体和排放颗粒物蒸发形成的二次有机气溶胶(SOA)的重要性增加,表 20.1 列出了一些最终产品。较低的蒸气压环境下使得气相转变为颗粒相,这种气-粒转换导致更多极性化合物(比如,更高的 O/C 比)的流行。

图 20.2 比较了硬木燃烧和肉类烹饪中几种有机化合物的丰度。元素、离子和碳的肉类烹饪谱与木材燃烧谱相似,但图 20.2 中所示的其他有机化合物却大不相同。硬木燃烧富含愈创木酚和丁香醇,但胆固醇等固醇含量较低。肉类烹饪恰恰相反,因为胆固醇是其最丰富的种类之一。丁香醇在硬木(如橡树或核桃)中更为丰富,而在松树等软木中则很少,从而在源解析中实现更大的分化。

鉴别色谱图中所有的化学成分来寻找有用的标记是没有必要的。Simoneit (1999)引用了正构烷烃系列中奇数和偶数碳分子的几个例子,来自自然来源普遍贡献的情况下,作为人类来源 OC 的存在或缺失的指标。生物材料,如植物蜡或植物

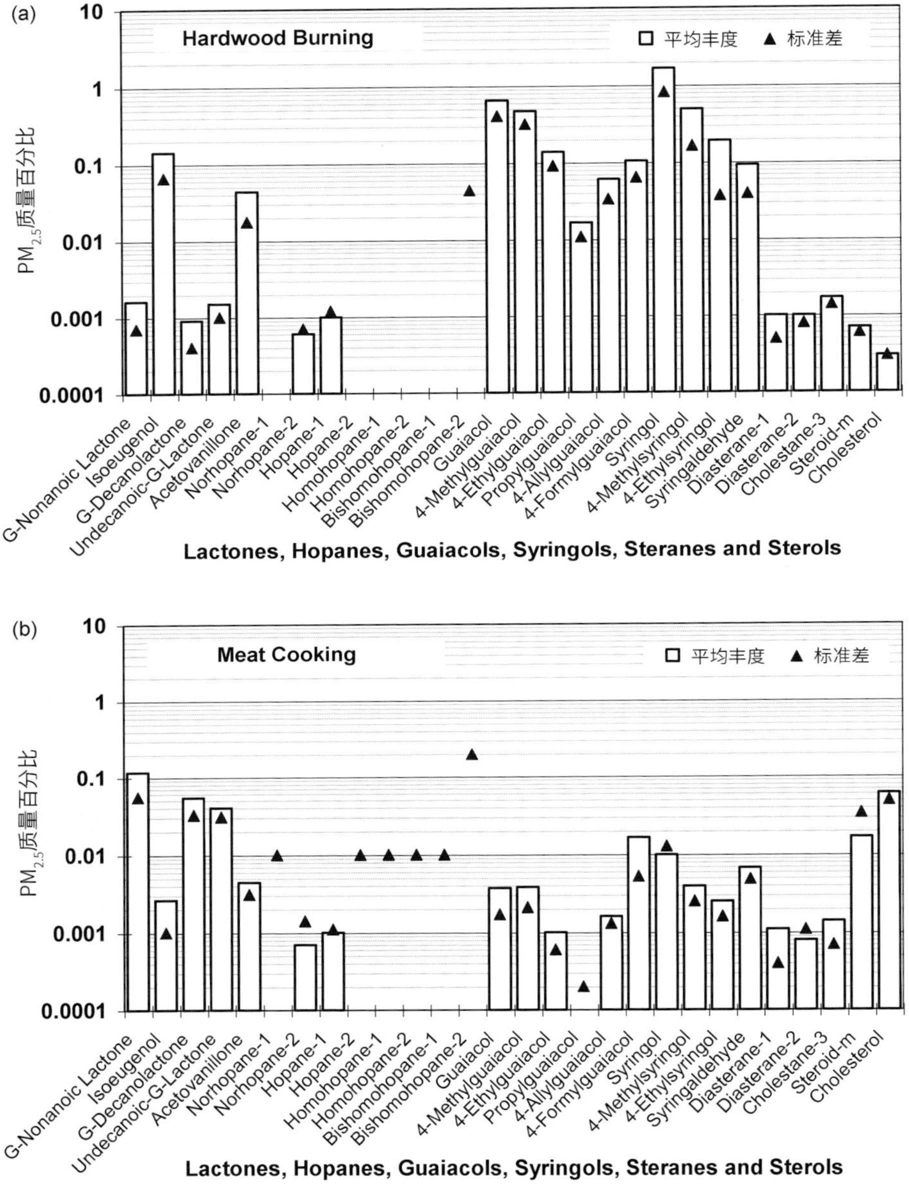

图 20.2　内酯、藿烷类化合物、愈创木酚、丁香醇、甾烷和甾醇的 $PM_{2.5}$ 源分布示例：a）硬木燃烧和 b）肉类烹饪（Fujita et al.，1998）。这些是用图 20.1 中概述的方法中测量许多不同种类的有机分子标记

碳氢化合物中的SOA,往往含有更多碳原子数为奇数的分子,而燃烧过程中的碳则含有几乎相等数量的偶数和奇数碳原子数的分子。碳参考指数(CPI)是正构烷烃的奇偶质量比,用来估计奇偶碳化合物的相对丰度,从而将天然贡献和人为贡献区分开来。

因为可以应用于现有的聚四氟乙烯膜过滤介质结合重量分析,人们希望使用荧光(XRF,AF－OM)和UV－VIS－IR吸收(UV－Vis和FTIR)的无损分析方法。接着,这种过滤器被应用于其他分析。如图20.3所示,沉积物的光吸收特性可用于评估来自生物质燃烧阴燃阶段和SOA产生的有机化合物组。柴油机尾气和燃烧的生物质在较长的波长下有强烈的光吸收,而阴燃阶段吸收更多蓝到紫外范围内的波长。波长依赖性吸收的差异可以区分BC和“棕色碳”(BrC)(Kirchtetter et al,2004;Wonaschutz et al,2009)。一些由排放气体形成的有机化合物也有很大的“棕色碳”吸收。

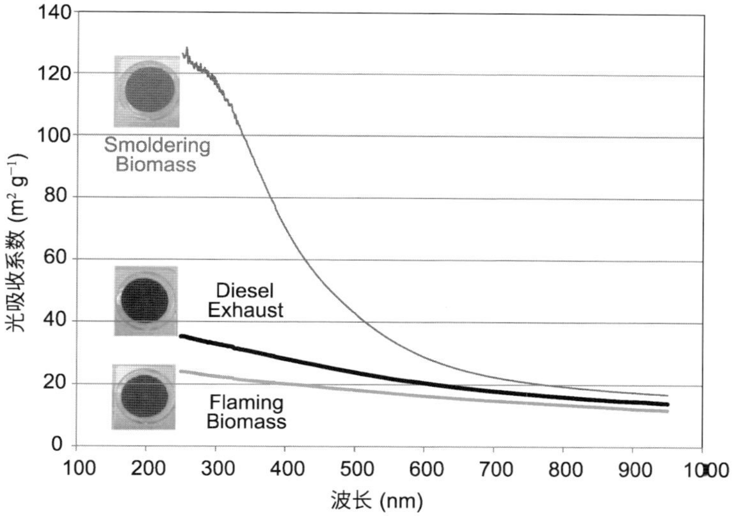

图20.3　通过聚四氟乙烯膜过滤器上的沉积物通过的光确定,燃烧生物质、柴油废气和阴燃生物质单位元素碳的光谱光吸收系数。这些透光模式的差异可以用来区分主导生物质燃烧排放的阴燃阶段和其他阶段碳质气溶胶的来源。这种无损的方法也可用于合规的监控网络中利用过滤器获取的扬尘和SOA终端产品相关的样品

20.5　源成分谱(*J*)

F_{ij}的数据库已经被编译(CARB,2009;USEPA,2014d),很多成分谱包含大量的化合物。减排技术的进步改变了许多成分谱的组成。然而,污染最严重的地

区(如亚洲的城市)源排放量与北美和欧洲不同(Apte et al.,2011;Chakrabarty et al.,2013,2014;Dewangan et al.,2013;Spezzano et al.,2009;Tsai et al.,2010)。不幸的是,利用认证和合规性方法进行的大多数定期源测试并不代表实际的颗粒物排放率或源成分谱(Watson et al.,2012c)。这尤其适用于大型固定源(如发电站、冶炼厂、水泥窑、铸造厂、焦炉和高炉)的热烟囱排放,这些固定源将空气采样到热过滤器上,然后在充水冲击式除尘器中收集过滤气体(England et al.,2000;Sheya et al.,2008)。热过滤器无法收集可冷凝气体,而备用冲击式除尘器吸收测量为颗粒物的气体,但在环境空气中冷却后不会迅速冷凝。目前已制定的协议(ISO,2013)规定了稀释至环境温度和湿度,以及在多个基质上能够进行图 20.1 所示的不同分析。

20.6 采样周期(*K*)

因为最高浓度更容易得到人们的关注,所以许多研究都是在这些时期进行。由于家庭取暖、发动机冷启动和长时间的地面逆温,尤其是当地面被雪覆盖时,冬季通常会在较冷的气候中经历高浓度的大气污染。从气相到颗粒相的均衡转换,冬季较冷的温度和较高的湿度可导致较高的仲硝酸铵水平(Chen et al.,2012)。春季和秋季可能会遇到锋区过境,高风速使得大气中悬停更多扰动土产生的扬尘(Chow et al.,1999)。夏季和早秋经常受到长距离运输的野火排放物的影响。采样周期短于 24 小时可能适用于与车辆活动、材料移动或住宅供暖相关的面向源场所。确定附近来源对更长时间的样本(如过滤器上的样本)的贡献,需要非常短时间的采样(5 分钟或更短)(Watson and Chow,2001a)。表 20.2 列出了短期观测的一些选项,这些选项可以补充图 20.1 中的综合采样,以更好地分组和指定受体测量的潜在贡献者。微传感器技术的快速发展(Marc et al.,2012;Snyder et al.,2013)使得低成本便携式监测器能在受体模型源解析研究中得到应用。

表 20.2 用于气体和颗粒物连续观测的便携式微型传感器

观测变量	测量原理及参考文献
CO,H_2,NH_3,NMHC,O_3,VOC	气敏半导体(GSS)使用专有的混合金属氧化物半导体传感器在目标气体存在下产生电阻变化(AurQualar,2014)。
芳香族总 VOCs(ppm,异丁烯当量)	光离子化检测器(PID)用紫外线照射气流,从而破坏某些 VOC(主要是芳香族化合物)转化成带电离子。它们会产生与浓度成比例的可检测电流。它们的输出不是特定分子,敏感度可以随 VOC 成分而变化(Aeroqual,2014;HNu,2014;Trabue et al.,2013)。

续表

观测变量	测量原理及参考文献
CH_4, CH_2O, CO, CO_2, H_2S, NO, NO_2, O_2, O_3, SO_2 和某些 VOCs	气敏电化学(GSE)传感器允许目标气体通过多孔膜扩散到反应物中,该反应物将气体氧化或还原成溶解的离子。施加在浸没溶液电极上的电压会产生与气体浓度相关的电流。气体扩散到传感器中,通过多孔膜的背面到氧化或还原的工作电极。GSE 的检测限通常高于正常环境浓度,但其灵敏度正在提高。它们通常用于测试发动机和小型锅炉废气的气体成分(Aeroqual, 2014; Alphasense, 2014; Helm et al., 2010; Mead et al., 2013; Stetter and Li, 2008; TESTO, 2014)
O_3, NO 和 NO_2	用滤光光度计检测 254 nm 处的紫外(UV)光吸收,进而给出 O_3 的量值。根据仪器滴定时产生的 O_3 损耗估算 NO。NO_2 还原为 NO,并通过转换和未转换信号的差异确定(2B Technologies, 2010, 2012, 2014; Hintsa et al., 2004; Wilson and Birks, 2006)
CO_2	非色散红外(NDIR)传感测量通过样品的提及来量化红外辐射吸收。水蒸气会干扰测量,高于背景值的二氧化碳水平是燃烧烟羽的良好的指标,可用于确定每单位燃料燃烧的排放率(Khan et al., 2012; Li-Cor Biosciences, 2015; PP Systems, 2014; Wang et al., 2012)。
$PM_{2.5}$ 或 PM_{10} 光散射作为质量替代物	浊度计测量在给定的粒度分布和成分下,从视距外的散射光数量,该数量与质量浓度有关。质量估算的准确度基于校准气溶胶,其应与所采样的颗粒物相似。硫酸盐和硝酸盐颗粒根据相对湿度吸收不同数量的液态水,并在较高湿度下散射更多的光(Holstius et al., 2014; Met One Instruments, 2014a; Thermo Scientific, 2014; TSI, 2014a)
$PM_{2.5}$ 和 PM_{10} 质量	β 衰减监测仪(BAMs)测量从 C^{14} 放射源通过过滤带上收集的 PM 沉积物的电子衰减。在某些条件下,可以分析 PM 沉积物的化学成分(Met One Instruments, 2014b; Watson et al., 2012b).
粒度分布(0.3~25 μm)	光学粒子计数器(optical particle counters, OPCs)可以测量与粒子直径相关的单个粒子散射光。此散射检测到的粒子数根据散射强度分类到大小容器中(Cuccia et al., 2013; Grimm, 2009, 2014; TSI, 2014b; Wang et al., 2009)
粒子数浓度	冷凝粒子计数器(CPC)通过将超细粒子暴露在过饱和的大气(通常是丁醇)中,将其放大到一个光学敏感范围内(见前面的 OPC)(McMurry, 2000; TSI, 2014c)。
黑碳(BC)和棕色碳(BrC),吸收光谱(λ=880, 370 nm)	当 PM 被收集在滤光片上时,微型黑碳仪测量指定波长(λ)处的光衰减。这与使用假定消光系数的 BC 和 BrC 有关。这些换算系数因气溶胶成分的不同而不同,因此仪器应使用具有与所采样气溶胶相似特性的标准进行校准(Aethlabs, 2014; Cheng and Lin, 2013)。

20.7 粒度(*M*)

颗粒质量和数量分布可表征污染源源类型以及其与受体的邻近程度。核态(1~10 nm)和超细(10~100 nm)模式对颗粒数量的贡献最大,但它们对 $PM_{2.5}$ 或 PM_{10} 质量的贡献较小(小于 10%)(Biswas and Wu, 2005; Chow et al, 2005)。$PM_{0.1}$ 的生命周期很短,因为它们可以很快相互凝结或与较大的颗粒凝结。粒径为 0.1~1 μm 的颗粒占 $PM_{2.5}$ 质量的 50%以上。由于这个尺寸范围内的颗粒物也包含了可见光的光谱范围(0.3～0.7 μm),使得它们能有效地散射太阳光,是造成能见度降低的主要原因(Watson,2002)。如表 20.2 所述,这些高光散射效率使得这些颗粒可以在基于光学的测量系统中显示出来。仲硫酸盐、硝酸盐和有机气溶胶在这一区域范围,发动机排气和生物质燃烧产生的大多数燃烧相关颗粒也在这一区域范围。粗颗粒物(2～10 μm,$PM_{10-2.5}$)主要由地质物质构成,但也可能含有海盐、花粉、孢子、植物碎屑和不受控制的工业排放物(现代颗粒物去除装置,如除尘器,对粗颗粒物和较大颗粒物的去除效率高于对积累型颗粒物的去除效率)。图 20.4 展示了如何将粒径分布与时间模式耦合以将附近的扬尘排放与其他排放分离。

20.8 受体位置(L)

不受其他排放物过度影响的以单一源为主的环境可以提供较好的源成分谱。近源样本对于 PMF 和 UNMIX 方法尤其有用,它们需要在 S_{jkl} 方面的大量变异性(方程 20.3)。单一道路的顺风位置、停车场和公共汽车站以及卡车站可以代表发动机排放。在寒冷的冬夜,来自野火烟羽或交通量较小的社区样本可为生物量燃烧提供了较好的源成分谱。扬尘排放可通过便携式风通道(Etyemezian et al.,2007),或通过获取表面样品在实验室进行再悬浮(Chow et al.,1994)模拟。远离城市的具有区域代表性的站点有助于评估远距离运输的污染物。源混合的样品应该位于高的人体暴露或最高浓度值的地方。

20.9 估计结果的不确定性(σ_{Cikl},σ_{Fij} 和 σ_{Sjkl})

EV 和 PMF 方法中明确包含了分析结果的不确定性(σ_{Cikl}),EV 方法还包括了源贡献估计不确定性(σ_{Sjkl})的源成分谱的不确定性(σ_{Fij})。可以通过蒙特卡洛模拟(Javitz and Watson,1988;Javitz et al.,1988)进一步评估不确定性的传播,这种模拟通过扰动输入数据并测试其对模型输出的影响。随机不确定性没有考虑求解方法中 CMB 模型或附加(通常未指定)假设带来的偏差。

PMF 法允许对 σ_{Cikl} 进行倒数加权,即使 σ_{Fij} 通常取值更大。观测组分的进一步分类是自助法和平滑参数或强或弱的源类型指标(Christensen and Schauer,

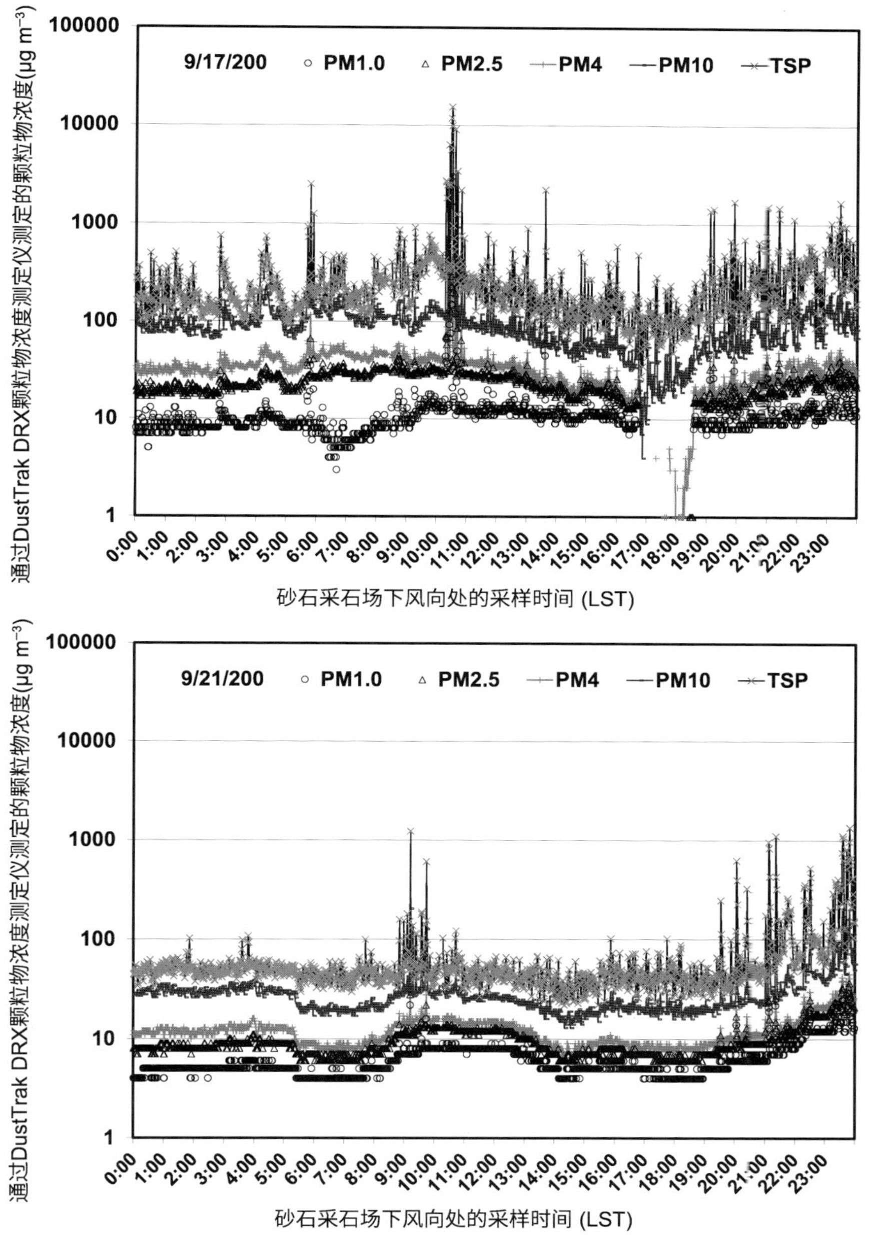

图 20.4 通过 DustTrak DRX 颗粒物浓度测定仪测定的砂石采石场下风向(2008 年 9 月 17 日)和非工作日(2008 年 9 月 21 日)的颗粒物浓度时间序列。大粒级颗粒物(PM_{10}和 TSP[总悬浮颗粒物],直径<~30 μm)的峰值表明由于风蚀或采石场内的活动而导致的粉尘扬尘事件可以进行单独识别(Watson and Chow,2001a)。工作日/周末的差异表明大部分悬浮物是由于材料处理活动。$PM_{1.0}$主要来自附近道路产生的本底气溶胶(Watson et al.,2011)

2008a;Hemann et al.,2009;Henry and Christensen,2010;Reff et al.,2007;Zhang et al.,2009)。其他不确定性来源包括与真实污染源类型相对应的影响因子数量的确定(Henry,1984;Park et al.,2000,2002a)和误差分布的未知属性(Gajewski and Spiegelman,2004;Park et al.,2002b,2002c;Spiegelman and Park,2007)。不确定性估计方法还需要更多的研究,以将其融入受体模型的软件中。

PMF 因素与实际来源的不一致是一个很大但未被认识的不确定性,如 Ramadan 等人(2000)的"二次燃煤电厂"来源因子所示,其中有机碳而非硫酸盐的丰度最高;这种解释与电厂烟羽的已知排放和转化机制(Calvert and Stockwell,1983)不符。Zhang 等(2013a)估计"交通和垃圾焚烧"因子对 $PM_{2.5}$ 的贡献仅为 2%~5%,将 $PM_{2.5}$ 的 12%~42%归因于"工业污染因子"。对其源因子的调查表明,"交通"和"工业"因子具有相似的载荷,显然是几个实际源成分谱的混合。采集样本所在地-北京大学被主要道路线包围,但远离工业来源,因此"工业"的贡献值得怀疑。Hibberd 等人(2013)认识到澳大利亚亨特河上游流域两个受体位点在源因子解释中可能存在歧义,但他们无法用数据集消除这些歧义。因贡献率高、贡献率变异性大以及特定的源标记,"木材烟尘"因子很明显。"车辆/工业"因子是多种相关源贡献的组合,包括木材烟尘(左旋葡聚糖不是来自发动机排放)。与现代汽油发动机相比,高黑碳含量对于柴油发动机更具指示性,可能还有冷起动。钙也用于柴油发动机的润滑油添加剂(Cheung et al.,2010)。解释为 SOA 的"有机气溶胶"因子并不是一个令人信服或有用的因子关联,该因子上的黑碳含量表明与初级气溶胶混合,还有高钾载荷表明木材烟尘。

模拟数据和不确定性研究(Balachandran et al.,2012;Brinkman et al.,2006;Chen et al., 2010; Christensen and Schauer, 2008a, 2008b; Habre et al., 2011; Hemann et al., 2009; Henry and Christensen, 2010; Kim and Hopke, 2007; Lingwall and Christensen,2007;Lowenthal et al.,2010;Miller et al.,2002;Reff et al.,2007;Zhang et al.,2009)表明一些样本需要从源头考虑,源贡献之间的共线性需要最小化,并且模型数据集中平均贡献的变化系数需要很大。当一些采样点靠近水源时,这些条件似乎能得到最佳的满足(Chen et al.,2007,2011;Mooibroek et al.,2011)。因此,有效的网络设计(Chen et al.,2007;Chow et al.,2002a)应包括在疑似排放源附近的源控制点进行采样。这些源控制的样本可以代表真实的源成分谱,进而与 PMF 因子进行比较。

20.10 受体模型的应用和验证方案

遗憾的是,受体建模软件(USEPA,2009)的可用性使得许多源解析研究在计算源贡献时很少考虑结果是如何接近现实的。受体模型应用和验证方案(Watson et al.,2002a;Watson,2004)提供了一种开发“证据权重”的结构(USEPA,2007),该结构挑战并证明了源贡献估计的合理性。方案的步骤如下:

1. 评估一般适用性。监测网络设计为可代表多种空间尺度和邻近污染源(Chow et al.,2002a),已经识别和表征了研究区域中的污染源类型,并且在源和受体上观测了标记物。

2. 配置 EV、PMF 和 UNMIX 软件并计算初始源贡献估计值。对于总质量或标记物浓度较高的样品以及在接近或远离排放源的地方获得的样品,最好进行初始试验。检查源成分谱之间的共线性,并在发现共线性时拓宽由单个成分谱表示的源类型。检查有影响的种类,并调整 σ_{Cikl}(通常通过重复分析和传播分析/流量不确定性来确定)和 σF_{ij}(通常是来自相同或相似来源的化学丰度的标准偏差),以减少对非标记物的权重。识别并更正模型输入文件中的错误。

3. 评估输出和性能指标。EV、PMF 和 UNMIX 软件内置了不同的性能指标。这包括由 σ_{Sjkl} 总和解释的质量分数、由 $F_{ij}S_{jkl}$ 总和解释的每个化学成分分数、测量和计算的 C_{ikl} 之间的相关性、源类型的影响或非影响的标记、拟合优度度量和源成分谱共线性度量。这些性能指标表明需要包括额外的源类型、消除或添加化学成分,以及需要扩大具有共线性源成分谱的源类型定义。

4. 评估与模型假设的偏差。这些假设是:1)在周围和污染源采样期间,污染源的排放组分恒定;2)化学物质之间不会相互反应(即它们呈线性增加);3)所有可能对受体有重大贡献的源都已确定并已对其排放进行了表征;4)源组分之间线性独立;5)测量误差随机、不相关且服从正态分布;6)污染源数量小于或等于化学物数量。模拟数据研究表明这种偏差是可以接受的,不确定性用 σ_{Sjkl} 表示(Brinkman et al.,2006;Chen et al.,2010;Christensen and Schauer,2008a;Javitz and Watson,1986;Lowenthal et al.,1987,2010;Reff et al.,2007)。气溶胶演化和相互作用模型可应用于主要源成分谱,以解释源和受体之间的变化(假设 1 和 2)(Eatough et al.,2000;Roy et al.,2011;Watson et al.,2002b)。通过创建共线源成分谱的加权线性组合以确定哪些是最适合的数据(假设 4)(Watson et al.,1994a);可分析保留样本以获取额外标记,以打破共线性的条件(假设 4)(Chow and Watson,2012)

5. 修改模型输入。步骤 2、3 和 4 的结果可能需要对模型输入文件进行修改,在修改之后,应在将软件应用于大型数据集之前重复这些步骤。

6. 评价模型结果的一致性和稳定性。应用 EV-、PMF-和 UNMIX-CMB 解决方案提供了第一级的一致性。这可能揭示了对 S_{jkl} 产生怀疑时解决方案之间的差异,特别是共线性(Chen et al.,2011)。离污染源较近的受体 S_{jkl} 应高于离源较远的受体。下风处受体的平均 S_{jkl} 应高于上风处的受体。

7. 用其他建模和分析证实 CMB 的结果。如图 20.1 所示，在表 20.2 中加入一些连续的气体和颗粒测量值，并对存档样品进行更具体的化学分析，有助于收窄排放源的种类。通过额外的源标记与短时间连续测量相结合，可以定义导致浓度过高更明显的污染源类型（例如柴油机排放、冷启动和二次生物气溶胶）。与缺乏专门性的污染源类型相比，源模型可以更精确地建模和规范这些内容。

20.11 总　结

EV、PMF 和 UNMIX 方法已用于发展和求解 CMB 受体模型方程。尽管人们认为，PMF 和 UNMIX 不需要测量源成分谱，但这是不真实的；由于没有将这些因子与经过测量的丰度进行严格的比较，因此公布了许多源因子与源类型的不正确关联。除了化学成分之外，粒度、时间模式和空间差异可以用来更好地定义贡献源类型。用于气体和颗粒物的连续微传感器提供了一种成本效益高的方法来获得补充信息，用于补充过滤样品详细的化学测量。这些数据还可用于确定何时在源控制的环境中采集集成样本，从而表示出真实的污染源。尽管已经描述了许多源类型，但是不同研究者报告的被测成分常常彼此不同，并且与受体处可用的测量值不同。源与受体之间的粒子转换必须通过数学或经验模拟来解释。这些局限性说明了将粒子模式识别方法与其他方法结合使用，例如源扩散建模，可以提供独立的源属性。综合这些独立方法的结果，然后可以估计不确定性，并设计实验来减少这些不确定性。

（刘敏）

参 考 文 献

2B Technologies, 2010. Model 410 Nitric Oxide Monitor. 2B Technologies, Boulder, CO. www.twobtech.com/model_410.htm.

2B Technologies, 2012. POM, Personal Ozone Monitor. 2B Technologies, Boulder, CO. www.twobtech.com/model_POM.htm.

2B Technologies, 2014. Model 202 Ozone Monitor: EPA Federal Equivalent Method (FEM). 2B Technologies, Boulder, CO. www.twobtech.com/brochures/model_202.pdf.

Aeroqual, 2014. Seiries 500 ENV: Sensor Specifications. Aeroqual Limited, Aukland, New Zealand. www.aeroqual.com/wp-content/uploads/2013/05/Sensor-Specifications.pdf.

Aethlabs, 2014. microAeth. AethLabs, San Francisco, CA. http://aethlabs.com/.

Agrawal, H., Malloy, Q.G.J., Welch, W.A., Miller, J.W., Cocker, D.R., 2008. In-use gaseous and particulate matter emissions from a modern ocean going container vessel. Atmospheric Environment 42 (21), 5504 - 5510.

Alphasense, 2014. Sensors for air quality networks. Alphasense, Essex CM77 7AA, UK. www.alphasense.com/index.php/air/.

Altieri, K.E., Carlton, A.G., Lim, H.J., Turpin, B.J., Seitzinger, S.P., 2006. Evidence for oligomer formation in clouds: Reactions of isoprene oxidation products. Environmental Science & Technology 40 (16), 4956 - 4960.

Alwis, K.U., Milton, D.K., 2006. Recombinant factor C assay for measuring endotoxin in house dust: Comparison with LAL, and (1 -> 3)-beta-D-glucans. American Journal of Industrial Medicine 49 (4), 296 - 300.

Apte, J.S., Kirchstetter, T.W., Reich, A.H., Deshpande, S.J., Kaushik, G., Chel, A., Marshall, J.D., Nazaroff, W.W., 2011. Concentrations of fine, ultrafine, and black carbon particles in auto-rickshaws in New Delhi, India. Atmospheric Environment 45 (26), 4470 - 4480.

Bachmann, J.D., 2007. Will the circle be unbroken: A history of the US national ambient air quality standards. 2007 Critical Review. Journal of the Air & Waste Management Association 57 (6), 652 - 697. www.tandfonline.com/doi/pdf/10.3155/1047 - 3289.57.6.652.

Balachandran, S., Pachon, J.E., Hu, Y.T., Lee, D., Mulholland, J.A., Russell, A.G., 2012. Ensemble-trained source apportionment of fine particulate matter and method uncertainty analysis. Atmospheric Environment 61, 387 - 394.

Barakat, A.O., Qian, Y., Kim, M., Kennicutt, M.C., 2001. Chemical characterization of naturally weathered oil residues in arid terrestrial environment in Al-alamein, Egypt. Environment International 27, 291 - 310.

Barcan, V., Kovnatsky, E., 1998. Soil surface geochemical anomaly around the copper-nickel metallurgical smelter. Water, Air, and Soil Pollution 103 (1 - 4), 197 - 218.

Belis, C.A., Karagulian, F., Larsen, B.R., Hopke, P.K., 2013. Critical review and meta-analysis of ambient particulate matter source apportionment using receptor models in Europe. Atmospheric Environment 69, 94 - 108.

Benin, A.L., Sargent, J.D., Dalton, M., Roda, S., 1999. High concentrations of heavy metals in neighborhoods near ore smelters in northern Mexico. Environmental Health Perspectives 107 (4), 279 - 284.

Bird, M. I., Ascough, P. L., 2012. Isotopes in pyrogenic carbon: A review. Organic Geochemistry 42 (12), 1529 - 1539.

Biswas, P., Wu, C.Y., 2005. Nanoparticles and the environment. 2005 Critical Review. Journal of the Air & Waste Management Association 55 (6), 708 - 746. www.tandfonline.com/doi/pdf/10.1080/10473289.2005.10464656.

Brinkman, G., Vance, G., Hannigan, M.P., Milford, J.B., 2006. Use of synthetic data to evaluate positive matrix factorization as a source apportionment tool for $PM_{2.5}$ exposure data. Environmental Science & Technology 40 (6), 1892 - 1901.

Brook, J.R., Vega, E., Watson, J.G., 2004. Receptor Methods. In: Hales, J.M., Hidy, G.M.

(Eds.), Particulate Matter Science for Policy Makers — A NARSTO Assessment, Part 1. Cambridge University Press, London, UK, pp. 235 – 281.

Caliogirou, A., Larsen, B.R., Kotzias, D., 1999. Gas phase terpene oxidation products: A review. Atmospheric Environment 33 (9), 1423 – 1439.

Calvert, J.G., Stockwell, W.R., 1983. Acid generation in the troposphere by gas-phase chemistry. Environmental Science & Technology 17 (9), 428A – 443A.

Cao, J.J., Chow, J.C., Lee, S.C., Watson, J.G., 2013. Evolution of $PM_{2.5}$ measurements and standards in the US and future perspectives for China. Aerosol and Air Quality Research 13 (4), 1197 – 1211. http://aaqr.org/VOL13_No4_August2013/5_AAQR – 12 – 11 – OA – 0302_1197 – 1211.pdf.

CARB, 2009. Speciation profiles used in ARB modeling. California Air Resources Board, Sacramento, CA. http://arb.ca.gov/ei/speciate/speciate.htm.

Carlton, A.G., Wiedinmyer, C., Kroll, J.H., 2009. A review of Secondary Organic Aerosol (SOA) formation from isoprene. Atmospheric Chemistry & Physics 9 (14), 4987 – 5005.

Caseiro, A., Marr, I.L., Claeys, M., Kasper-Giebl, A., Puxbaum, H., Pio, C.A., 2007. Determination of saccharides in atmospheric aerosol using anion-exchange high-performance liquid chromatography and pulsed-amperometric detection. Journal of Chromatography A 1171 (1 – 2), 37 – 45.

Casuccio, G.S., Janocko, P.B., Lee, R.J., Kelly, J.F., Dattner, S.L., Mgebroff, J.S., 1983. The use of computer controlled scanning electron microscopy in environmental studies. Journal of the Air Pollution Control Association 33 (10), 937 – 943.

Chakrabarty, R.K., Arnold, I.J., Francisco, D.M., Hatchett, B., Hosseinpour, F., Loria, M., Pokharel, A., Woody, B.M., 2013. Black and brown carbon fractal aggregates from combustion of two fuels widely used in Asian rituals. Journal of Quantitative Spectroscopy & Radiative Transfer 122, 25 – 30.

Chakrabarty, R.K., Pervez, S., Chow, J.C., Dewangan, S., Robles, J.A., Tian, G.X., Watson, J.G., 2014. Funeral pyres in south Asia: Large-scale brown carbon emissions and associated warming. Environmental Science & Technology Letters 1 (1), 44 – 48. http://pubs.acs.org/doi/pdf/10.1021/ez4000669.

Chan, A.W.H., Galloway, M.M., Kwan, A.J., Chhabra, P.S., Keutsch, F.N., Wennberg, P.O., Flagan, R.C., Seinfeld, J.H., 2009. Photooxidation of 2 – methyl – 3 – buten – 2 – ol (MBO) as a potential source of secondary organic aerosol. Environmental Science & Technology 43 (13), 4647 – 4652.

Chen, L.-W.A., Watson, J.G., Chow, J.C., Magliano, K.L., 2007. Quantifying $PM_{2.5}$ source contributions for the San Joaquin Valley with multivariate receptor models. Environmental Science & Technology 41 (8), 2818 – 2826.

Chen, L.-W.A., Lowenthal, D.H., Watson, J.G., Koracin, D., Kumar, N., Knipping, E.M., Wheeler, N., Craig, K., Reid, S., 2010. Toward effective source apportionment using positive matrix factorization: Experiments with simulated $PM_{2.5}$ data. Journal of the Air & Waste Management Association 60 (1), 43 – 54. www.tandfonline.com/doi/pdf/10.3155/1047 – 3289.60.1.43.

Chen, L.-W.A., Watson, J.G., Chow, J.C., DuBois, D.W., Herschberger, L., 2011. $PM_{2.5}$ source apportionment: Reconciling receptor models for US non-urban and urban long-term networks. Journal of the Air & Waste Management Association 61 (11), 1204 - 1217. www.tandfonline.com/doi/pdf/10.1080/10473289.2011.619082.

Chen, L.-W.A., Watson, J.G., Chow, J.C., Green, M.C., Inouye, D., Dick, K., 2012. Wintertime particulate pollution episodes in an urban valley of the western US: A case study. Atmospheric Chemistry & Physics 12 (21), 10051 - 10064. www. atmos-chem-phys. net/12/10051/2012/acp - 12 - 10051 - 2012.pdf.

Cheng, Y.H., Lin, M.H., 2013. Real-time performance of the microAeth (R) AE51 and the effects of aerosol loading on its measurement results at a traffic site. Aerosol and Air Quality Research 13 (6), 1853 - 1863.

Cheng, Y.S., Zhou, Y., Chow, J.C., Watson, J.G., Frazier, C., 2001. Chemical composition of aerosols from kerosene heaters burning jet fuel. Aerosol Science & Technology 35 (6), 949 - 957. www.tandfonline.com/doi/pdf/10.1080/027868201753306714.

Cheung, K.L., Ntziachristos, L., Tzamkiozis, T., Schauer, J.J., Samaras, Z., Moore, K.F., Sioutas, C., 2010. Emissions of particulate trace elements, metals and organic species from gasoline, diesel, and biodiesel passenger vehicles and their relation to oxidative potential. Aerosol Science & Technology 44 (7), 500 - 513.

Chin, J.Y., Batterman, S.A., 2012. VOC composition of current motor vehicle fuels and vapors, and collinearity analyses for receptor modeling. Chemosphere 86 (9), 951 - 958.

Chow, J.C., Watson, J.G., Houck, J.E., Pritchett, L.C., Rogers, C.F., Frazier, C.A., Egami, R.T., Ball, B.M., 1994. A laboratory resuspension chamber to measure fugitive dust size distributions and chemical compositions. Atmospheric Environment 28 (21), 3463 - 3481.

Chow, J.C., 1995. Critical review: Measurement methods to determine compliance with ambient air quality standards for suspended particles. Journal of the Air & Waste Management Association 45 (5), 320 - 382. www. tandfonline. com/doi/pdf/10. 1080/10473289.1995.10467369.

Chow, J.C., Watson, J.G., 1999. Ion chromatography in elemental analysis of airborne particles. In: Landsberger, S., Creatchman, M. (Eds.), Elemental Analysis of Airborne Particles, Vol. 1. Gordon and Breach Science, Amsterdam, The Netherlands, pp. 97 - 137.

Chow, J.C., Watson, J.G., Green, M.C., Lowenthal, D.H., DuBois, D.W., Kohl, S.D., Egami, R.T., Gillies, J.A., Rogers, C.F., Frazier, C.A., Cates, W., 1999. Middle- and neighborhood-scale variations of PM_{10} source contributions in Las Vegas, Nevada. Journal of the Air & Waste Management Association 49 (6), 641 - 654. www. tandfonline. com/doi/pdf/10. 1080/10473289.1999.10463837.

Chow, J.C., Engelbrecht, J.P., Watson, J.G., Wilson, W.E., Frank, N.H., Zhu, T., 2002a. Designing monitoring networks to represent outdoor human exposure. Chemosphere 49 (9), 961 - 978.

Chow, J.C., Engelbrecht, J.P., Freeman, N.C.G., Hashim, J.H., Jantunen, M., Michaud, J.P., de Tejada, S.S., Watson, J.G., Wei, F.S., Wilson, W.E., Yasuno, M., Zhu, T., 2002b. Chapter 1: Exposure measurements. Chemosphere 49 (9), 873 - 901.

Chow, J.C., Watson, J.G., Kuhns, H.D., Etyemezian, V., Lowenthal, D.H., Crow, D.J., Kohl, S.D., Engelbrecht, J.P., Green, M.C., 2004. Source profiles for industrial, mobile, and area sources in the Big Bend Regional Aerosol Visibility and Observational (BRAVO) Study. Chemosphere 54 (2), 185－208.

Chow, J.C., Watson, J.G., Savage, N., Solomon, J., Cheng, Y.S., McMurry, P.H., Corey, L.M., Bruce, G. M., Pleus, R. C., Biswas, P., Wu, C. Y., 2005. Nanoparticles and the environment. 2005 Critical Review. Journal of the Air & Waste Management Association 55 (10), 1411－1417. www.tandfonline.com/doi/pdf/10.1080/10473289.2005.10464743.

Chow, J.C., Yu, J.Z., Watson, J.G., Ho, S.S.H., Bohannan, T.L., Hays, M.D., Fung, K.K., 2007a. The application of thermal methods for determining chemical composition of carbonaceous aerosols: A review. Journal of Environmental Science and Health-Part A 42 (11), 1521－1541.

Chow, J.C., Watson, J.G., Chen, L.-W.A., Chang, M.-C.O., Robinson, N.F., Trimble, D.L., Kohl, S.D., 2007b. The IMPROVE_A temperature protocol for thermal/optical carbon analysis: Maintaining consistency with a long-term database. Journal of the Air & Waste Management Association 57 (9), 1014－1023. www.tandfonline.com/doi/pdf/10.3155/1047－3289.57.9.1014.

Chow, J.C., Watson, J.G., Feldman, H.J., Nolan, J., Wallerstein, B.R., Hidy, G.M., Lioy, P.J., McKee, H.C., Mobley, J.D., Bauges, K., Bachmann, J.D., 2007c. Will the circle be unbroken: A history of the US National Ambient Air Quality Standards. 2007 Critical Review. Journal of the Air & Waste Management Association 57 (10), 1151－1163. www.tandfonline.com/doi/pdf/10.3155/1047－3289.57.10.1151.

Chow, J.C., Doraiswamy, P., Watson, J.G., Chen, L.-W.A., Ho, S.S.H., Sodeman, D.A., 2008. Advances in integrated and continuous measurements for particle mass and chemical composition. Journal of the Air & Waste Management Association 58 (2), 141－163. www.tandfonline.com/doi/pdf/10.3155/1047－3289.58.2.141.

Chow, J.C., Watson, J.G., Chen, L.-W.A., Rice, J., Frank, N.H., 2010. Quantification of $PM_{2.5}$ organic carbon sampling artifacts in US networks. Atmospheric Chemistry & Physics 10 (12), 5223－5239. www.atmos-chem-phys.net/10/5223/2010/acp－10－5223－2010.pdf.

Chow, J.C., Watson, J.G., Robles, J., Wang, X.L., Chen, L.-W.A., Trimble, D.L., Kohl, S.D., Tropp, R.J., Fung, K.K., 2011. Quality assurance and quality control for thermal/optical analysis of aerosol samples for organic and elemental carbon. Analytical and Bioanalytical Chemistry 401 (10), 3141－3152.

Chow, J.C., Watson, J.G., 2012. Chemical analyses of particle filter deposits. In: Ruzer, L., Harley, N.H. (Eds.), Aerosols Handbook: Measurement, Dosimetry, and Health Effects. CRC Press/Taylor & Francis, New York, NY, pp. 179－204.

Christensen, W.F., Schauer, J.J., 2008a. Impact of species uncertainty perturbation on the solution stability of positive matrix factorization of atmospheric particulate matter data. Environmental Science & Technology 42 (16), 6015－6021.

Christensen, W.F., Schauer, J.J., 2008b. Quantifying and manipulating species influence in positive matrix factorization. Chemometrics and Intelligent Laboratory Systems 94 (2), 140－148.

Cuccia, E., Massabo, D., Ariola, V., Bove, M.C., Fermo, P., Piazzalunga, A., Prati, P., 2013. Size-resolved comprehensive characterization of airborne particulate matter. Atmospheric Environment 67, 14 – 26.

Dabek-Zlotorzynska, E., Dann, T.F., Martinelango, P.K., Celo, V., Brook, J.R., Mathieu, D., Ding, L.Y., Austin, C.C., 2011. Canadian National Air Pollution Surveillance (NAPS) $PM_{2.5}$ speciation program: Methodology and $PM_{2.5}$ chemical composition for the years 2003 – 2008. Atmospheric Environment 45 (3), 673 – 686.

Dewangan, S., Chakrabarty, R., Zielinska, B., Pervez, S., 2013. Emission of volatile organic compounds from religious and ritual activities in India. Environmental Monitoring and Assessment 185 (11), 9279 – 9286.

Eatough, D.J., Farber, R.J., Watson, J.G., 2000. Second-generation chemical mass balance source apportionment of sulfur oxides and sulfate at the Grand Canyon during the Project MOHAVE summer intensive. Journal of the Air & Waste Management Association 50 (5), 759 – 774. www.tandfonline.com/doi/pdf/10.1080/10473289.1997.10464421.

El-Harbawi, M., 2013. Air quality modelling, simulation, and computational methods: a review. Environmental Reviews 21 (3), 149 – 179.

England, G.C., Zielinska, B., Loos, K., Crane, I., Ritter, K., 2000. Characterizing $PM_{2.5}$ emission profiles for stationary sources: Comparison of traditional and dilution sampling techniques. Fuel Processing Technology, 65 – 66, 177 – 188.

England, G.C., Watson, J.G., Chow, J.C., Zielinska, B., Chang, M.-C.O., Loos, K.R., Hidy, G. M., 2007. Dilution-based emissions sampling from stationary sources: Part 2. Gas-fired combustors compared with other fuel-fired systems. Journal of the Air & Waste Management Association 57 (1), 79 – 93. www.tandfonline.com/doi/pdf/10.1080/10473289.2007.10465304.

Engling, G., Carrico, C. M., Kreldenweis, S. M., Collett Jr., J. L., Day, D. E., Malm, W. C., Lincoln, E., Hao, W.M., Iinuma, Y., Herrmann, H., 2006. Determination of levoglucosan in biomass combustion aerosol by high-performance anion-exchange chromatography with pulsed amperometric detection. Atmospheric Environment 40 (Suppl. 2), S299 – S311.

Etyemezian, V., Nikolich, G., Ahonen, S., Pitchford, M.L., Sweeney, M., Purcell, R., Gillies, J. A., Kuhns, H. D., 2007. The Portable In Situ Wind Erosion Laboratory (PI-SWERL): A new method to measure PM_{10} potential for windblown dust properties and emissions. Atmospheric Environment 41 (18), 3789 – 3796.

Feeney, P., Cahill, T., Olivera, J., Guidara, R., 1984. Gravimetric determination of mass on lightly-loaded membrane filters. Journal of the Air Pollution Control Association 34 (4), 376 – 377.

Fine, P.M., Cass, G.R., Simoneit, B.R.T., 2001. Chemical characterization of fine particle emissions from fireplace combustion of woods grown in the northeastern United States. Environmental Science & Technology 35 (13), 2665 – 2675.

Fine, P. M., Cass, G. R., Simoneit, B. R. T., 2002a. Chemical characterization of fine particle emissions from the fireplace combustion of woods grown in the southern United States. Environmental Science & Technology 36 (7), 1442 – 1451.

Fine, P. M., Cass, G. R., Simoneit, B. R. T., 2002b. Organic compounds in biomass smoke from residential wood combustion: Emissions characterization at a continental scale. Journal of

Geophysical Research 107 (D21). ICC 11 - 1 - ICC 11 - 9.

Fragkou, E., Douros, I., Moussiopoulos, N., Bells, C.A., 2012. Current trends in the use of models for source apportionment of air pollutants in Europe. International Journal of Environment and Pollution 50 (1 - 4), 363 - 375. http://source- apportionment. jrc. ec. europa. eu/Docu/IJEP501 - 0433_Fragkou.pdf.

Freeman, D. L., Watson, J. G., Chow, J. C., Pritchett, L. C., Lu, Z., 1990. PM_{10} source apportionment study for Gold Quarry Mine. Report No. DRI 8682.1F1. Desert Research Institute, Reno, NV.

Fujita, E.M., Watson, J.G., Chow, J.C., Robinson, N.F., Richards, L.W., Kumar, N., 1998. Northern Front Range Air Quality Study. Volume C: Source apportionment and simulation methods and evaluation. Desert Research Institute, Reno, NV. https://www.dri.edu/images/stories/editors/eafeditor/Fujitaetal1998NFRAQSCMB.pdf.

Fujita, E.M., Campbell, D.E., Arnott, W.P., Chow, J.C., Zielinska, B., 2007a. Evaluations of the chemical mass balance method for determining contributions of gasoline and diesel exhaust to ambient carbonaceous aerosols. Journal of the Air & Waste Management Association 57 (6), 721 - 740. www.tandfonline.com/doi/pdf/10.3155/1047 - 3289.57.6.721.

Fujita, E.M., Zielinska, B., Campbell, D.E., Arnott, W.P., Sagebiel, J.C., Mazzoleni, L.R., Chow, J.C., Gabele, P.A., Crews, W., Snow, R., Clark, N.N., Wayne, W.S., Lawson, D. R., 2007b. Variations in speciated emissions from spark-ignition and compression- ignition motor vehicles in California's south coast air basin. Journal of the Air & Waste Management Association 57 (6), 705 - 720. www.tandfonline.com/doi/pdf/10.3155/1047 - 3289.57.6.705.

Fung, K. K., Heisler, S. L., Price, A., Nuesca, B. V., Mueller, P. K., 1979. Comparison of ion chromatography and automated wet chemical methods for analysis of sulfate and nitrate in ambient particulate filter samples. In: Sawicki, E., Mulik, J.D. (Eds.), Ion Chromatographic Analysis of Environmental Pollutants. Ann Arbor Science Publishers, Inc., Ann Arbor, MI, pp. 203 - 209.

Gajewski, B. J., Spiegelman, C. H., 2004. Correspondence estimation of the source profiles in receptor modeling. Environmetrics 15 (6), 613 - 634.

Galbreath, K. C., Toman, D. L., Zygarlicke, C. J., Huggins, F. E., Huffman, G. P., Wong, J. L., 2000. Nickel speciation of residual oil fly ash and ambient particulate matter using x-ray absorption spectroscopy. Journal of the Air & Waste Management Association 50 (11), 1876 - 1886.

Galbreath, K.C., Schulz, R.L., Toman, D.L., Nyberg, C.M., Huggins, F.E., Huffman, G.P., Zillioux, E.J., 2005. Nickel and sulfur speciation of residual oil fly ashes from two electric utility steam-generating units. Journal of the Air & Waste Management Association 55 (3), 309 - 318.

Ge, S., Xu, X., Chow, J.C., Watson, J.G., Sheng, Q., Liu, W., Bai, Z., Zhu, T., Zhang, J., 2004. Emissions of air pollutants from household stoves: Honeycomb coal versus coal cake. Environmental Science & Technology 38 (17), 4612 - 4618.

Grimm, 2009. Aerosol spectrometer and dust monitor Model 1.108. Grimm Labortechnik GmbH & Co, Ainring, Germany. www. dustmonitor.com/Occupational/1108.htm.

Grimm, 2014. Model 11 - E Mini Laser Aerosol Spectrometer (Mini-LAS). Grimm Aerosol Technik,

Ainring, Germany. www. grimm- aerosol. com/en/environmental-dust-monitors/205 – new-handheld-environmental-dust-monitor-model – 11 – e.html#ad- image – 0.

Grimmer, G., Jacob, J., Naugack, R. W., Deltbarn, G., 1983. Determination of polycyclic aromatic compounds emitted from brown coal fired residential stoves by GC/MS. Analytical Chemistry 55 (6), 892 – 900.

Grosjean, D., Seinfeld, J.H., 1989. Parameterization of the formation potential of secondary organic aerosols. Atmospheric Environment 23 (8), 1733 – 1747.

Habre, R., Coull, B., Koutrakis, P., 2011. Impact of source collinearity in simulated $PM_{(2.5)}$ data on the PMF receptor model solution. Atmospheric Environment 45 (38), 6938 – 6946.

Hallquist, M., Wenger, J.C., Baltensperger, U., Rudich, Y., Simpson, D., Claeys, M., Dommen, J., Donahue, N.M., George, C., Goldstein, A.H., Hamilton, J.F., Herrmann, H., Hoffmann, T., Iinuma, Y., Jang, M., Jenkin, M.E., Jimenez, J.L., Kiendler-Scharr, A., Maenhaut, W., McFiggans, G., Mentel, T.F., Monod, A., Prevot, A.S.H., Seinfeld, J H., Surratt, J.D., Szmigielski, R., Wildt, J., 2009. The formation, properties and impact of secondary organic aerosol: Current and emerging issues. Atmospheric Chemistry & Physics 9 (14), 5155 – 5236. www.atmos-chem-phys.net/9/5155/2009/acp – 9 – 5155 – 2009.pdf.

Hays, M.D., Beck, L., Barfield, P., Lavrich, R.J., Dong, Y.J., Vander Wal, R.L., 2008. Physical and chemical characterization of residential oil boiler emissions. Environmental Science & Technology 42 (7), 2496 – 2502.

Helm, I., Jalukse, L., Leito, I., 2010. Measurement uncertainty estimation in amperometric sensors: A tutorial review. Sensors 10 (5), 4430 – 4455.

Hemann, J.G., Brinkman, G.L., Dutton, S.J., Hannigan, M.P., Milford, J.B., Miller, S.L., 2009. Assessing positive matrix factorization model fit: a new method to estimate uncertainty and bias in factor contributions at the measurement time scale. Atmospheric Chemistry & Physics 9 (2), 497 – 513.

Henry, R.C., 1984. Fundamental limitations of factor analysis receptor models. In: Liu, B.Y.H., Pui, D.Y.H., Fissan, H.J. (Eds.), Aerosols: Science, Technology and Industrial Applications of Airborne Particles. Elsevier, New York, NY, pp. 359 – 362.

Henry, R.C., Lewis, C.W., Hopke, P.K., Williamson, H.J., 1984. Review of receptor model fundamentals. Atmospheric Environment 18 (8), 1507 – 1515.

Henry, R.C., Kim, B.M., 1990. Extension of self-modeling curve resolution to mixtures of more thanthree components Part 1. Finding the basic feasible region. Chemometrics and Intelligent Laboratory Systems 8 (2), 205 – 216.

Henry, R.C., 2002. Multivariate receptor models — Current practice and future trends. Chemometrics and Intelligent Laboratory Systems 60 (1 – 2), 43 – 48.

Henry, R.C., 2003. Multivariate receptor modeling by *N*-dimensional edge detection. Chemometrics and Intelligent Laboratory Systems 65 (2), 179 – 189.

Henry, R. C., Christensen, E. R., 2010. Selecting an appropriate multivariate source apportionment model result. Environmental Science & Technology 44 (7), 2474 – 2481.

Hibberd, M.L., Selleck, P., Keywood, M.D., Cohen, D., Stelcer, E., Atanacio, A., 2013. Upper Hunter Valley particle characterization study. CSIRO Marine & Atmospheric Research,

Melbourne, Australia. www.environment.nsw.gov.au/resources/aqms/UHFPCSFinal.pdf.

Hidy, G.M., Friedlander, S.K., 1971. The nature of the Los Angeles aerosol. In: Englund, H.M., Beery, W.T. (Eds.), Proceedings of the Second International Clean Air Congress. Academic Press, New York, NY, pp. 391 - 404.

Hintsa, E.J., Allsup, G.P., Eck, C.F., Hosom, D.S., Purcell, M.J., Roberts, A.A., Scott, D.R., Sholkovitz, E.R., Rawlins, W.T., Mulhall, P.A., Lightner, K., McMillan, W.W., Song, J., Newchurch, M.J., 2004. New ozone measurement systems for autonomous operation on ocean buoys and towers. Journal of Atmospheric and Oceanic Technology 21 (7), 1007 - 1016.

HNu, 2014. Model 102 snap-on PID With 4 - sensor head. HNu, Sandwich, MA. www.hnu.com/products.php? v=102plus.

Holstius, D.M., Pillarisetti, A., Smith, K.R., Seto, E., 2014. Field calibrations of a low-cost aerosol sensor at a regulatory monitoring site in California. Atmospheric Measurement Techniques Discussion (7), 605 - 632. www.atmos-meas-tech-discuss.net/7/605/2014/amtd - 7 - 605 - 2014.pdf.

Hopke, P.K., 2003. Recent developments in receptor modeling. J. Chemometrics 17 (5), 255 - 265.

Huffman, G.P., Huggins, F.E., Shah, N., Huggins, R., Linak, W.P., Miller, C.A., Pugmire, R.J., Meuzelaar, H.L.C., Seehra, M.S., Manivannan, A., 2000. Characterization of fine particulate matter produced by combustion of residual fuel oil. Journal of the Air & Waste Management Association 50 (7), 1106 - 1114.

Huggins, F.E., Senior, C.L., Chu, P., Ladwig, K., Huffman, G.P., 2007. Selenium and arsenic speciation in fly ash from full-scale coal-burning utility plants. Environmental Science & Technology 41 (9), 3284 - 3289.

IMPROVE, 2014. Interagency Monitoring of Protected Visual Environments. National Park Service, Ft. Collins, CO. http://vista.cira.colostate.edu/IMPROVE.

ISO, 2013. ISO 25597: 2013: Stationary source emissions — Test method for determining $PM_{2.5}$ and PM_{10} mass in stack gases using cyclone samplers and sample dilution. International Organization for Standardization, Geneva, Switzerland. www.iso.org/iso/home/store/catalogue_tc/catalogue_detail.htm? csnumber=43029.

Jang, H.N., Seo, Y.C., Lee, J.H., Hwang, K.W., Yoo, J.I., Sok, C.H., Kim, S.H., 2007. Formation of fine particles enriched by V and Ni from heavy oil combustion: Anthropogenic sources and drop-tube furnace experiments. Atmospheric Environment 41 (5), 1053 - 1063.

Jaoui, M., Kleindienst, T.E., Lewandowski, M., Offenberg, J.H., Edney, E.O., 2005. Identification and quantification of aerosol polar oxygenated compounds bearing carboxylic or hydroxyl groups. 2. Organic tracer compounds from monoterpenes. Environmental Science & Technology 39 (15), 5661 - 5673.

Javitz, H.S., Watson, J.G., 1986. Methods for testing receptor-oriented and source-oriented models. In: Pace, T.G. (Ed.), Transactions, Receptor Methods for Source Apportionment: Real World Issues and Applications. Air Pollution Control Association, Pittsburgh, PA, pp. 161 - 174.

Javitz, H.S., Watson, J.G., 1988. Feasibility study of receptor modeling for apportioning utility contributions to air constituents, deposition quality and light extinction. SRI International, Menlo Park, CA.

Javitz, H.S., Watson, J.G., Robinson, N.F., 1988. Performance of the chemical mass balance model with simulated local-scale aerosols. Atmospheric Environment 22 (10), 2309 – 2322.

Jimenez, J., Wu, C.F., Claiborn, C., Gould, T., Simpson, C.D., Larson, T., Liu, L.J.S., 2006. Agricultural burning smoke in eastern Washington — part 1: Atmospheric characterization. Atmospheric Environment 40 (4), 639 – 650.

Johnson, T.M., Guttikunda, S.K., Wells, G.J., Artaxo, P., Bond, T.C., Russell, A.G., Watson, J. G., West, J., 2011. Tools for improving air quality management: A review of top-down source apportionment techniques and their application in developing countries. Report No. 339/11. World Bank Energy Sector Management Assistance Programme (ESMAP), Washington D.C. www.esmap. org/esmap/sites/esmap.org/files/7607 – Source%20Web(Small).pdf.

Keyanpour-Rad, M., 2004. Toxic organic pollutants from kerosene space heaters in Iran. Inhalation Toxicology 16 (3), 155 – 157.

Khan, A., Schaefer, D., Tao, L., Miller, D.J., Sun, K., Zondlo, M.A., Harrison, W.A., Roscoe, B., Lary, D.J., 2012. Low power greenhouse gas sensors for unmanned aerial vehicles. Remote Sensing 4 (5), 1355 – 1368.

Kim, B.M., Henry, R.C., 1999. Extension of self-modeling curve resolution to mixtures of more than three components Part II: Finding the complete solution. Chemometrics and Intelligent Laboratory Systems 49 (1), 67 – 77.

Kim, B.M., Henry, R.C., 2000. Extension of self-modeling curve resolution to mixtures of more than three components — Part III: Atmospheric aerosol data simulation studies. Chemometrics and Intelligent Laboratory Systems 52 (2), 145 – 154.

Kim, E., Hopke, P.K., 2007. Comparison between sample-species specific uncertainties and estimated uncertainties for the source apportionment of the speciation trends network data. Atmospheric Environment 41 (3), 567 – 575.

Kim, M.G., Yakawa, K., Inoue, H., Lee, Y.K., Shirai, T., 1990. Measurement of tire tread in urban air by pyrolysis-gas chromatography with flame photometric detection. Atmospheric Environment 24, A1417 – A1422.

Kirchstetter, T.W., Novakov, T., Hobbs, P.V., 2004. Evidence that the spectral dependence of light absorption by aerosols is affected by organic carbon. Journal of Geophysical Research Atmospheres 109 (D21), D21208.

Kitto, A. M., Colbeck, I., 1999. Filtration and denuder sampling techniques. In: Spurny, K. R. (Ed.), Analytical Chemistry of Aerosols. CRC Press LLC, Boca Raton, FL. pp. 103 – 132.

Kitto, M.E., 1993. Trace-element patterns in fuel oils and gasolines for use in source apportionment. Journal of the Air & Waste Management Association 43 (10), 1381 – 1388. http://www. tandfonline.com/doi/pdf/10.1080/1073161X.1993.10467213.

Koracin, D., Vellore, R., Lowenthal, D.H., Watson, J.G., Koracin, J., McCord, T., DuBois, D. W., Chen, L. W. A., Kumar, N., Knipping, E. M., Wheeler, N. J. M., Craig, K., Reid, S., 2011. Regional source identification using Lagrangian Stochastic Particle Dispersion and HYSPLIT backward-trajectory models. Journal of the Air & Waste Management Association 61 (6), 660 – 672. www.tandfonline.com/doi/pdf/10.3155/1047 – 3289.61 6.660.

Lawson, D. R., Winchester, J. W., 1979. A standard crustal aerosol as a reference for elemental enrichment factors. Atmospheric Environment 13 (7), 925 - 930.

Lee, R.E., Hein, J., 1974. Method for determination of carbon, hydrogen, and nitrogen in size fractionated atmospheric particulate matter. Analytical Chemistry 46 (7), 931 - 933.

Li-Cor Biosciences, 2015. LI - 840 CO_2/H_2O gas analyzer. Li-Cor Biosciences, Lincoln, NB. www.licor.com/env/pdf/gas_ analyzers/840A/840A_brochure.pdf.

Lingwall, J.W., Christensen, W.F., 2007. Pollution source apportionment using a priori information and positive matrix factorization. Chemometrics and Intelligent Laboratory Systems 87 (2), 281 - 294.

Liu, T.S., 1985. Loess and the Environment. China Ocean Press, Beijing, China.

Lowenthal, D.H., Hanumara, R.C., Rahn, K.A., Currie, L.A., 1987. Effects of systematic error, estimates and uncertainties in chemical mass balance apportionments: Quail Roost II revisited. Atmospheric Environment 21 (3), 501 - 510.

Lowenthal, D.H., Watson, J.G., Koracin, D., Chen, L.-W.A., DuBois, D., Vellore, R., Kumar, N., Knipping, E.M., Wheeler, N., Craig, K., Reid, S., 2010. Evaluation of regional scale receptor modeling. Journal of the Air & Waste Management Association 60 (1), 26 - 42. www.tandfonline.com/doi/pdf/10.3155/1047 - 3289.60.1.26.

Lundegard, P.D., Surgi, R., 2012. Allocation of hydrocarbon mixtures based on chemical ratios. Environmental Forensics 13 (4), 293 - 297.

Mabilia, R., Cecinato, A., Sciano, M.C.T., Di Palo, V., Possanzini, M., 2004. Characterization of polycyclic aromatic hydrocarbons and carbonyl compounds in diesel exhaust emissions. Annali di Chimica 94 (9 - 10), 733 - 740.

Marc, M., Zabiegala, B., Namiesnik, J., 2012. Mobile systems (portable, handheld, transportable) for monitoring air pollution. Critical Reviews in Analytical Chemistry 42 (1), 2 - 15.

Mason, B., 1966. Principles of Geochemistry, Third Edition. John Wiley & Sons, Inc., New York, NY.

Mazurek, M.A., Simoneit, B.R.T., Cass, G.R., Gray, H.A., 1987. Quantitative high-resolution gas chromatography and high-resolution gas chromatography \ mass spectrometry analyses of carbonaceous fine aerosol particles. International Journal of Environmental Analytical Chemistry 29 (1 - 2), 119 - 139.

McDonald, J.D., Zielinska, B., Fujita, E.M., Chow, J.C., Watson, J.G., Sagebiel, J.C., 1998. The development of chemical emission profiles for residential wood combustion and meat cooking for use in the apportionment of atmospheric carbonaceous aerosol. In: Chow, J.C., Koutrakis, P. (Eds.), Proceedings, $PM_{2.5}$: A Fine Particle Standard. Air & Waste Management Association, Pittsburgh, PA, pp. 645 - 660.

McDonald, J.D., Zielinska, B., Fujita, E.M., Sagebiel, J.C., Chow, J.C., Watson, J.G., 2003. Emissions from charbroiling and grilling of chicken and beef. Journal of the Air & Waste Management Association 53 (2), 185 - 194. www.tandfonline.com/doi/pdf/10.1080/10473289.2003.10466141.

McMurry, P.H., 2000. The history of condensation nucleus counters. Aerosol Science & Technology 33 (4), 297 - 322.

Mead, M.I., Popoola, O.A.M., Stewart, G.B., Landshoff, P., Calleja, M., Hayes, M., Baldovi, J.

J., Mcleod, M.W., Hodgson, T.F., Dicks, J., Lewis, A., Cohen, J., Baron, R., Saffell, J. R., Jones, R.L., 2013. The use of electrochemical sensors for monitoring urban air quality in low-cost, high-density networks. Atmospheric Environment 70, 186 - 203.

Meij, R., Winkel, H. T., 2007. The emissions of heavy metals and persistent organic pollutants from modern coal-fired power stations. Atmospheric Environment 41 (40), 9262 - 9272.

Met One Instruments, 2014a. E-Sampler. Met One Instruments, Grants Pass, OR. www.metone.com/documents/E-SAMPLER_Brochure.pdf.

Met One Instruments, 2014b. E-BAM mass monitor. Met One Instruments, Grants Pass, OR. www.metone.com/documents/E-BAM_Datasheet_Rev_Aug09.pdf.

Miller, S.L., Anderson, M.J., Daly, E.P., Milford, J.B., 2002. Source apportionment of exposures to volatile organic compounds. I. Evaluation of receptor models using simulated exposure data. Atmospheric Environment 36 (22), 3629 - 3641.

Ministry of Environment, 2013. Environmental Quality Standards in Japan — Air Quality. Ministry of Environment. Government of Japan, Tokyo, Japan. www.env.go.jp/en/air/aq/aq.html.

Mooibroek, D., Schaap, M., Weijers, E. P., Hoogerbrugge, R., 2011. Source apportionment and spatial variability of $PM_{(2.5)}$ using measurements at five sites in the Netherlands. Atmospheric Environment 45 (25), 4180 - 4191.

Namiesnik, J., Zabiegala, B., Kot-Wasik, A., Partyka, M., Wasik, A., 2005. Passive sampling and/or extraction techniques in environmental analysis: A review. Analytical and Bioanalytical Chemistry 381 (2), 279 - 301. http://link.springer.com/content/pdf/10.1007%2Fs00216 - 004 - 2830 - 8.pdf.

Nguyen, T. B., Laskin, J., Laskin, A., Nizkorodov, S. A., 2011. Nitrogen-containing organic compounds and oligomers in secondary organic aerosol formed by photooxidation of isoprene. Environmental Science & Technology 45 (16), 6908 - 6918.

Ntziachristos, L., Boulter, P., 2013. Road vehicle tyre and brake wear and surface wear. EMEP/EEA air pollutant emission inventory guidebook 2013. European Environmental Agency, Copenhagen, Denmark. www.eea.europa.eu//publications/emep-eea-guidebook - 2013.

Orasche, J., Schnelle-Kreis, J., Abbaszade, G., Zimmermann, R., 2011. Technical Note: In-situ derivatization thermal desorption GC-TOFMS for direct analysis of particle-bound non-polar and polar organic species. Atmospheric Chemistry & Physics 11 (17), 8977 - 8993.

Orasche, J., Seidel, T., Hartmann, H., Schnelle-Kreis, J., Chow, J.C., Ruppert, H., Zimmermann, R., 2012. Comparison of emissions from wood combustion. Part 1: Emission factors and characteristics from different small-scale residential heating appliances considering particulate matter and polycyclic aromatic hydrocarbon (PAH)-related toxicological potential of particle-bound organic species. Energy & Fuels 26 (11), 6695 - 6704.

Paatero, P., Tapper, U., 1994. Positive matrix factorization: A non-negative factor model with optimal utilization of error estimates of data values. Environmetrics 5 (2), 111 - 126.

Pankow, J.F., Luo, W., Melnychenko, A.N., Barsanti, K.C., Isabelle, L.M., Chen, C., Guenther, A.B., Rosenstiel, T.N., 2012. Volatilizable Biogenic Organic Compounds (VBOCs) with two dimensional Gas Chromatography-Time of Flight Mass Spectrometry (GC x GC-TOFMS): sampling methods, VBOC complexity, and chromatographic retention data. Atmospheric

Measurement Techniques 5 (2), 345 - 361. www. atmos-meas-tech. net/5/345/2012/amt - 5 - 345 - 2012.pdf.

Park, E.S., Henry, R.C., Spiegelman, C.H., 2000. Estimating the number of factors to include in a high-dimensional multivariate bilinear model. Communications in Statistics-Simulation and Computation 29 (3), 723 - 746.

Park, E.S., Oh, M.S., Guttorp, P., 2002a. Multivariate receptor models and model uncertainty. Chemometrics and Intelligent Laboratory Systems 60 (1 - 2), 49 - 67.

Park, E.S., Spiegelman, C.H., Henry, R.C., 2002b. Bilinear estimation of pollution source profiles and amounts by using multivariate receptor models. Environmetrics 13 (7), 775 - 798.

Park, E.S., Spiegelman, C.H., Henry, R.C., 2002c. Remarks on the article 'Bilinear estimation of pollution source profiles and amounts by using multivariate receptor models' — Authors' response. Environmetrics 13 (7), 807 - 809.

Perrino, C., Marconi, E., Tofful, L., Farao, C., Materazzi, S., Canepari, S., 2012. Thermal stability of inorganic and organic compounds in atmospheric particulate matter. Atmospheric Environment 54, 36 - 43.

Pierson, W.R., Brachaczek, W.W., 1974. Airborne particulate debris from rubber tires. Rubber Chemistry and Technology 47 (5), 1275 - 1299.

PP Systems, 2014. SBA - 5 CO2 analyzer. PP Systems International, Inc., Amesbury, MA. www. ppsystems.com/co2_gas_ analyzers.htm#SBA - 5_CO2_Analyzer_.

Pytkowicz, R.M., Kester, D.R., 1971. The physical chemistry of sea water. Oceanography and Marine Biology 9, 11 - 60.

Rabinowitz, M.B., 2005. Lead isotopes in soils near five historic American lead smelters and refineries. Science of the Total Environment 346 (1 - 3), 138 - 148.

Rahn, K.A., 1976. Silicon and aluminum in atmospheric aerosols: Crust-air fractionation? Atmospheric Environment 10 (8), 597 - 601.

Ramadan, Z., Song, X.H., Hopke, P.K., 2000. Identification of sources of Phoenix aerosol by positive matrix factorization. Journal of the Air & Waste Management Association 50 (8), 1308 - 1320. http://www.tandfonline.com/doi/pdf/10.1080/10473289.2000.10464173.

Ramdahl, T., 1983. Retene-A molecular marker of wood combustion in ambient air. Nature 306 (12), 580 - 582.

Reff, A., Eberly, S.I., Bhave, P.V., 2007. Receptor modeling of ambient particulate matter data using positive matrix factorization: Review of existing methods. Journal of the Air & Waste Management Association 57 (2), 146 - 154. http://www. tandfonline. com/doi/pdf/10. 1080/10473289.2007.10465319.

Robinson, A.L., Grieshop, A.P., Donahue, N.M., Hunt, S.W., 2010. Updating the conceptual model for fine particle mass emissions from combustion systems. Journal of the Air & Waste Management Association 60 (10), 1204 - 1222. www. tandfonline. com/doi/pdf/10. 3155/1047 - 3289. 60.10.1204.

Rogge, W.F., Hildemann, L.M., Mazurek, M.A., Cass, G.R., Simoneit, B.R.T., 1991. Sources of fine organic aerosol — 1. Charbroilers and meat cooking operations. Environmental Science & Technology 25 (6), 1112 - 1125.

Rogge, W.F., Hildemann, L.M., Mazurek, M.A., Cass, G.R., Simoneit, B.R.T., 1993. Sources of fine organic aerosol — 4. Particulate abrasion products from leaf surfaces of urban plants. Environmental Science & Technology 27 (13), 2700 – 2711.

Rogge, W. F., Hildemann, L. M., Mazurek, M. A., Cass, G. R., Simoneit, B. R. T., 1996. Mathematical modeling of atmospheric fine particle-associated primary organic compound concentrations. Journal of Geophysical Research 101 (D14), 19379 – 19394.

Rogge, W.F., Hildemann, L.M., Mazurek, M.A., Cass, G.R., Simoneit, B.R.T., 1997. Sources of fine organic aerosol — 8. Boilers burning No. 2 distillate fuel oil. Environmental Science & Technology 31 (10), 2731 – 2737.

Rogge, W.F., Hildemann, L.M., Mazurek, M.A., Cass, G.R., Simoneit, B.R.T., 1998. Sources of fine organic aerosol — 9. Pine, oak, and synthetic log combustion in residential fireplaces. Environmental Science & Technology 32 (1), 13 – 22.

Roshchina, V. V., Yashin, V. A., Kononov, A. V., 2004. Autofluorescence of developing plant vegetative microspores studied by confocal microscopy and microspectrofluorimetry. Journal of Fluorescence 14 (6), 745 – 750.

Roy, A.A., Wagstrom, K.M., Adams, P.J., Pandis, S.N., Robinson, A.L., 2011. Quantification of the effects of molecular marker oxidation on source apportionment estimates for motor vehicles. Atmospheric Environment 45 (18), 3132 – 3140.

Russell, L.M., Bahadur, R., Hawkins, L.N., Allan, J., Baumgardner, D., Quinn, P.K., Bates, T. S., 2009. Organic aerosol characterization by complementary measurements of chemical bonds and molecular fragments. Atmospheric Environment 43 (38), 6100 – 6105.

Samburova, V., Zenobi, R., Kalberer, M., 2005. Characterization of high molecular weight compounds in urban atmospheric particles. Atmospheric Chemistry & Physics 5, 2163 – 2170.

Schauer, J.J., Rogge, W.F., Mazurek, M.A., Hildemann, L.M., Cass, G.R., Simoneit, B.R. T., 1996. Source apportionment of airborne particulate matter using organic compounds as tracers. Atmospheric Environment 30 (22), 3837 – 3855.

Schauer, J.J., Kleeman, M.J., Cass, G.R., Simoneit, B.R.T., 1999. Measurement of emissions from air pollution sources — 1. C_1 through C_{29} organic compounds from meat charbroiling. Environmental Science & Technology 33 (10), 1566 – 1577.

Schauer, J.J., Lough, G.C., Shafer, M.M., Christensen, W.F., Amdt, M.F., Deminter, J.T., Park, J.S., 2006. Characterization of metals emitted from motor vehicles. Health Effects Institute, Boston, MA. http://pubs.healtheffects.org/getfile.php? u=251.

Schichtel, B.A., Malm, W.C., Bench, G., Fallon, S., McDade, C.E., Chow, J.C., Watson, J. G., 2008. Fossil and contemporary fine particulate carbon fractions at 12 rural and urban sites in the United States. Journal of Geophysical Research Atmospheres 113 (D2). http://dx. doi. org/10. 1029/2007JD008605. http://onlinelibrary. wiley. com/doi/10. 1029/2007JD008605/ abstract.

See, S. W., Balasubramanian, R., 2008. Chemical characteristics of fine particles emitted from different gas cooking methods. Atmospheric Environment 42 (39), 8852 – 8862.

Sheya, S.A., Glowacki, C., Chang, M.-C.O., Chow, J.C., Watson, J.G., 2008. Hot filter/impinger and dilution sampling for fine particulate matter characterization from ferrous metal casting processes. Journal of the Air & Waste Management Association 58 (4), 553 - 561. www.tandfonline.com/doi/pdf/10.3155/1047 - 3289.58.4.553.

Simoneit, B.R.T., Mazurek, M.A., 1982. Organic matter of the troposphere II — Natural background of biogenic lipid matter in aerosols over the rural western United States. Atmospheric Environment 16 (9), 2139 - 2159.

Simoneit, B.R.T., 1999. A review of biomarker compounds as source indicators and tracers for air pollution. Environmental Science and Pollution Research 6 (3), 159 - 169.

Smichowski, P., Gomez, D., Polla, G., 2005. The role of atomic spectrometric techniques in the determination of chemical elements in atmospheric aerosols. Current Analytical Chemistry 1 (3), 373 - 394.

Sneddon, J., 1983. Collection and atomic spectroscopic measurement of metal compounds in the atmosphere: A review. Talanta 30 (9), 631 - 648.

Snyder, E.G., Watkins, T.H., Solomon, P.A., Thoma, E.D., Williams, R.W., Hagler, G.S.W., Shelow, D., Hindin, D.A., Kilaru, V. J., Preuss, P.W., 2013. The changing paradigm of air pollution monitoring. Environmental Science & Technology 47 (20), 11369 - 11377.

Spezzano, P.I., Picini, P., Cataldi, D., 2009. Gas- and particle-phase distribution of polycyclic aromatic hydrocarbons in twostroke, 50 - cm (3) moped emissions. Atmospheric Environment 43 (3), 539 - 545.

Spiegelman, C.H., Park, E.S., 2007. A computation saving Jackknife approach to receptor model uncertainty statements for serially correlated data. Chemometrics and Intelligent Laboratory Systems 88 (2), 170 - 182.

Stetter, J.R., Li, J., 2008. Amperometric gas sensors — A review. Chemical Reviews 108 (2), 352 - 366. http://125. 235. 3. 98/dspace/bitstream/123456789/1868/1/352% E2% 80% 93366%20Amperometric%20Gas%20SensorsA%20Review.pdf.

Sturges, W.T., 1989. Identification of pollution sources of anomalously enriched elements. Atmospheric Environment 23 (9), 2067 - 2072.

Surratt, J.D., Murphy, S.M., Kroll, J.H., Ng, N.L., Hildebrandt, L., Sorooshian, A., Szmigielski, R., Vermeylen, R., Maenhaut, W., Claeys, M., Flagan, R. C., Seinfeld, J. H., 2006. Chemical composition of secondary organic aerosol formed from the photooxidation of isoprene. Journal of Physical Chemistry A 110 (31), 9665 - 9690.

Surratt, J.D., Kroll, J.H., Kleinsienst, T.E., Edney, E.O., Claeys, M., Sorooshian, A., Ng, N.L., Offenberg, J. H., Lewandowski, M., Jaoui, M., Jaouri, R., Flagan, R. C., Seinfeld, J. H., 2007. Evidence for organosulfates in secondary organic aerosol. Environmental Science & Technology 41 (2), 517 - 527.

Taylor, S.R., 1964. Abundance of chemical elements in the continental crust: A new table. Geochimica et Cosmochimica Acta 28 (8), 1273 - 1285.

TESTO, 2014. Testo 350 portable emission analyzer. Testo USA, Sparta, NJ. www.testo350.com/testo - 350/350 - overview.html.

Thermo Scientific, 2014. DataRAM 4 particulate monitor. Thermo-Scientific, Inc., Franklin, MA. www.thermo scientific.com/en/product/dataram - 4 - particulate-monitor.html.

Thorpe, A., Harrison, R.M., 2008. Sources and properties of non-exhaust particulate matter from road traffic: A review. Science of the Total Environment 400 (1-3), 270-282.

Trabue, S., Scoggin, K., McConnell, L.L., Li, H., Turner, A., Burns, R., Xin, H.W., Gates, R. S., Hasson, A., Ogunjemiyo, S., Maghirang, R., Hatfield, J., 2013. Performance of commercial nonmethane hydrocarbon analyzers in monitoring oxygenated volatile organic compounds emitted from animal feeding operations. Journal of the Air & Waste Management Association 63 (10), 1163-1172.

Tsai, Y.I., Wu, P.L., Hsu, Y.T., Yang, C.R., 2010. Anhydrosugar and sugar alcohol organic markers associated with carboxylic acids in particulate matter from incense burning. Atmospheric Environment 44 (30), 3708-3718.

TSI, I., 2014a. DUSTTRAK™ aerosol monitors. TSI, Incorporated, Shoreview, MN. www.tsi.com/en-1033/products/14000/dusttrak%E2%84%A2_aerosol_monitors.aspx.

TSI, I., 2014b. Optical Particle Sizer 3330. TSI, Incorporated, Shoreview, MN. www.tsi.com/en-1033/products/4294967578/Optical%20Particle%20Sizer%20Model%203330.aspx.

TSI, I., 2014c. P-Trak ultrafine particle counter 8525. TSI, Incorporated, Shoreview, MN. www.tsi.com/Product View.aspx? id=21989.

Tsunogai, S., Saito, K., Nakaya, S., 1972. Chemical composition of oceanic aerosol. Journal of Geophysical Research 77 (27), 5283-5292.

Updyke, K.M., Nguyen, T.B., Nizkorodov, S.A., 2012. Formation of brown carbon via reactions of ammonia with secondary organic aerosols from biogenic and anthropogenic precursors. Atmospheric Environment 63, 22-31.

USEPA, 2007. Guidance on the use of models and other analyses for demonstrating attainment of air quality goals for ozone, $PM_{2.5}$, and regional haze. Report No. EPA-454/B-07-002. US Environmental Protection Agency, Research Triangle Park, NC. www.epa.gov/ttn/scram/guidance/guide/final-03-pm-rh-guidance.pdf.

USEPA, 2009. Receptor modeling. US Environmental Protection Agency, Research Triangle Park, NC. www.epa.gov/scram001/receptorindex.htm.

USEPA, 2013. Chemical speciation. US Environmental Protection Agency, Research Triangle Park, NC. www.epa.gov/ttn/amtic/speciepg.html.

USEPA, 2014a. Download AQS data. US Environmental Protection Agency, Research Triangle Park, NC. www.epa.gov/ttn/airs/airsaqs/detaildata/downloadaqsdata.htm.

USEPA, 2014b. National Ambient Air Quality Standards (NAAQS). US Enviromental Protection Agency, Washington DC. www.epa.gov/air/criteria.html.

USEPA, 2014c. Sampling schedule calendar. US Environmental Protection Agency, Research Triangle Park, NC. www.epa. gov/ttnamti1/calendar.html.

USEPA, 2014d. SPECIATE Version 4.4. US Environmental Protection Agency, Research Triangle Park, NC. www.epa.gov/ttn/chief/software/speciate/index.html.

Viana, M., Kuhlbusch, T.A.J., Querol, X., Alastuey, A., Harrison, R.M., Hopke, P.K., Winiwarter, W., Vallius, A., Szidat, S., Prevot, A.S.H., Hueglin, C., Bloemen, H., Wahlin, P., Vecchi, R., Miranda, A.I., Kasper-Giebl, A., Maenhaut, W., Hitzenbergerq, R., 2008. Source apportionment of particulate matter in Europe: A review of methods and results. Journal of Aerosol Science 39 (10), 827-849.

Vickery, J., 2004. Conceptual models of PM for North American regions. In: McMurry, P., Shepherd, M., Vickery, J. (Eds.), Particulate Matter Science for Policy Makers — A NARSTO Assessment. Cambridge University Press, Cambridge, UK, pp. 355 - 413.

Vinogradov, A.P., 1959. The Geochemistry of Rare and Dispersed Chemical Elements in Soils, Second ed. Consultants Bureau, Inc., New York, NY.

Wang, C.Y., Xu, J.Y., Zhou, G.Y., Qu, Q.S., Yang, G.J., Hu, X.Y., 2007. Electrochemical detection coupled with highperformance liquid chromatography in pharmaceutical and biomedical analysis: A mini review. Combinatorial Chemistry & High Throughput Screening 10 (7), 547 - 554.

Wang, X.L., Chancellor, G., Evenstad, J., Farnsworth, J.E., Hase, A., Olson, G.M., Sreenath, A., Agarwal, J.K., 2009. A novel optical instrument for estimating size segregated aerosol mass concentration in real time. Aerosol Science & Technology 43 (9), 939 - 950.

Wang, X.L., Watson, J.G., Chow, J.C., Gronstal, S., Kohl, S.D., 2012. An efficient multipollutant system for measuring real-world emissions from stationary and mobile sources. Aerosol and Air Quality Research 12 (1), 145 - 160. http://aaqr.org/VOL12_ No2_April2012Z1_AAQR - 11 - 11 - OA - 0187_145 - 160.pdf.

Wang, Y.F., Chao, H.R., Wang, L.C., Chang-Chien, G.P., Tsou, T.C., 2010. Characteristics of heavy metals emitted from a heavy oil-fueled power plant in northern Taiwan. Aerosol and Air Quality Research 10 (2), 111 - 118.

Watson, J.G., 1979. Chemical element balance receptor model methodology for assessing the sources of fine and total suspended particulate matter in Portland, Oregon. Ph. D. Dissertation. Oregon Graduate Center, Beaverton, OR.

Watson, J. G., 1984. Overview of receptor model principles. Journal of the Air Pollution Control Association 34 (6), 619 - 623. www. tandfonline. com/doi/pdf/10. 1080/00022470. 1984.10465780.

Watson, J. G., Cooper, J. A., Huntzicker, J. J., 1984. The effective variance weighting for least squares calculations applied to the mass balance receptor model. Atmospheric Environment 18 (7), 1347 - 1355.

Watson, J. G., Chow, J. C., Lu, Z., Fujita, E. M., Lowenthal, D. H., Lawson, D. R., 1994a. Chemical mass balance source apportionment of PM_{10} during the Southern California Air Quality Study. Aerosol Science & Technology 21 (1), 1 - 36. www. tandfonline. com/doi/pdf/ 10.1080/02786829408959693.

Watson, J. G., Chow, J. C., Lowenthal, D. H., Pritchett, L. C., Frazier, C. A., Neuroth, G. R., Robbins, R., 1994b. Differences in the carbon composition of source profiles for diesel- and gasoline-powered vehicles. Atmospheric Environment 28 (15), 2493 - 2505.

Watson, J.G., Chow, J.C., Frazier, C.A., 1999. X-ray fluorescence analysis of ambient air samples. In: Landsberger, S., Creatchman, M. (Eds.), Elemental Analysis of Airborne Particles, Vol. 1. Gordon and Breach Science, Amsterdam, The Netherlands, pp. 67 - 96.

Watson, J.G., Chow, J.C., 2001a. Estimating middle-, neighborhood-, and urban-scale contributions to elemental carbon in Mexico City with a rapid response aethalometer. Journal of the Air & Waste Management Association 51 (11), 1522 - 1528. www. tandfonline. com/doi/pdf/10. 1080/

10473289.2001.10464379.

Watson, J.G., Chow, J.C., 2001b. Source characterization of major emission sources in the Imperial and Mexicali valleys along the US/Mexico border. Science of the Total Environment 276 (1-3), 33-47.

Watson, J. G., Chow, J. C., Fujita, E. M., 2001a. Review of volatile organic compound source apportionment by chemical mass balance. Atmospheric Environment 35 (9), 1567-1584.

Watson, J.G., Chow, J.C., Houck, J.E., 2001b. $PM_{2.5}$ chemical source profiles for vehicle exhaust, vegetative burning, geological material, and coal burning in northwestern Colorado during 1995. Chemosphere 43 (8), 1141-1151.

Watson, J.G., 2002. Visibility: Science and regulation. 2002 Critical Review. Journal of the Air & Waste Management Association 52 (6), 628-713. www. tandfonline. com/doi/pdf/10. 1080/10473289.2002.10470813.

Watson, J. G., Chow, J. C., 2002. A wintertime $PM_{2.5}$ episode at the Fresno, CA, supersite. Atmospheric Environment 36 (3), 465-475.

Watson, J.G., Zhu, T., Chow, J.C., Engelbrecht, J.P., Fujita, E.M., Wilson, W.E., 2002a. Receptor modeling application framework for particle source apportionment. Chemosphere 49 (9), 1093-1136.

Watson, J. G., Chow, J. C., Lowenthal, D. H., Robinson, N. F., Cahill, C. F., Blumenthal, D. L., 2002b. Simulating changes in source profiles from coal-fired power stations: Use in chemical mass balance of $PM_{2.5}$ in the Mt. Zirkel Wilderness. Energy & Fuels 16 (2), 311-324.

Watson, J.G., 2004. Protocol for applying and validating the CMB model for $PM_{2.5}$ and VOC. Report No. EPA-451/R-04-001. US Environmental Protection Agency, Research Triangle Park, NC. www.epa.gov/scram001/models/receptor/CMB_ Protocol.pdf.

Watson, J. G., Chen, L.-W. A., Chow, J. C., Lowenthal, D. H., Doraiswamy, P., 2008a. Source apportionment: Findings from the US Supersite Program. Journal of the Air & Waste Management Association 58 (2), 265-288. www. tandfonline. com/doi/pdf/10. 3155/1047-3289.58.2.265.

Watson, J. G., Miller, J. W., Moosmuller, H., Kuhns, H. D., Chow, J. C., Chang, O. M. C., Nussbaum, N. J., Mazzoleni, C., Zhu, D., Barber, P. W., Kemme, M. R, Cocker, D. R., 2008b. Characterization of off-road diesel emissions of criteria pollutants. Report No. WP-1336, Desert Research Institute, Reno, NV and CE-CERT. University of California, Riverside, CA. www. serdp. org/Program-Areas/Weapons-Systems-and-Platforms/Noise-and-Emissions/Air-Emissions/WP-1336/WP- 1336/(language)/eng-US.

Watson, J. G., Chow, J. C., 2011. Ambient aerosol sampling. In: Kulkarni, P., Baron, P. A., Willeke, K. (Eds.), Aerosol Measurement: Principles, Techniques and Applications, Third ed. John Wiley & Sons, Inc., Hoboken, NJ, pp. 591-614.

Watson, J. G., Chow, J. C., Chen, L., Wang, X. L., Merrifield, T. M., Fine, P. M., Barker, K., 2011. Measurement system evaluation for upwind/downwind sampling of fugitive dust emissions. Aerosol and Air Quality Research 11 (4), 331-350. http://aaqr.org/VOL11_No4_August2011/1_AAQR-11-03-OA-0028_331-350.pdf.

Watson, J.G., Chow, J.C., Lowenthal, D.H., Chen, L.-W.A., Wang, X.L., 2012a. Reformulation of

$PM_{2.5}$ mass reconstruction assumptions for the San Joaquin Valley. Desert Research Institute, Reno, NV. https://www.researchgate.net/publication/234113065_Reformulation_of_PM_2.5_Mass_Reconstruction_Assumptions_for_the_San_Joaquin_Valley.

Watson, J.G., Chow, J.C., Chen, L.-W.A., Kohl, S.D., Casuccio, G.S., 2012b. Elemental analysis of filter tape deposits from beta attenuation monitors. Atmospheric Research 106, 181 – 189.

Watson, J.G., Chow, J.C., Wang, X.L., Kohl, S.D., Chen, L.-W.A., Etyemezian, V., 2012c. Overview of real-world emission characterization methods. In: Percy, K.E. (Ed.), Alberta Oil Sands: Energy, Industry, and the Environment. Elsevier, Amsterdam, The Netherlands, pp. 145 – 170.

Watson, J.G., Chow, J.C., 2013. Source apportionment. In: El-Shaarwi, A.H., Piegorsch, W. W. (Eds.), Encyclopedia of Environmetrics. John Wiley & Sons, Ltd., Chichester, UK, pp. 1 – 8.

Wilson, K.L., Birks, J.W., 2006. Mechanism and elimination of a water vapor interference in the measurement of ozone by UV absorbance. Environmental Science & Technology 40 (20), 6361 – 6367.

Wonaschutz, A., Hitzenberger, R., Bauer, H., Pouresmaeil, P., Klatzer, B., Caseiro, A., Puxbaum, H., 2009. Application of the integrating sphere method to separate the contributions of brown and black carbon in atmospheric aerosols. Environmental Science & Technology 43 (4), 1141 – 1146.

Woolfenden, E., 2010. Sorbent-based sampling methods for volatile and semi-volatile organic compounds in air Part 1: Sorbent-based air monitoring options. Journal of Chromatography. A 1217 (16), 2674 – 2684.

Wu, F., Chow, J.C., An, Z.S., Watson, J.G., Cao, J.J., 2011. Size-differentiated chemical characteristics of Asian Paleo dust: Records from aeolian deposition on the Chinese loess plateau. Journal of the Air & Waste Management Association 61 (2), 180 – 189. www.tandfonline.com/doi/pdf/10.3155/1047 – 3289.61.2.180.

Yang, H.H., Chien, S.M., Lee, H.L., Chao, M.R., Luo, H.W., Hsieh, D.P.H., Lee, W.J., 2007. Emission of trans, trans – 2, 4 – decadienal from restaurant exhausts to the atmosphere. Atmospheric Environment 41 (26), 5327 – 5333.

Yasmeen, F., Sauret, N., Gal, J.F., Maria, P.C., Massi, L., Maenhaut, W., Claeys, M., 2010. Characterization of oligomers from methylglyoxal under dark conditions: A pathway to produce secondary organic aerosol through cloud processing during nighttime. Atmospheric Chemistry & Physics 10 (8), 3803 – 3812.

Yee, L.D., Craven, J.S., Loza, C.L., Schilling, K.A., Ng, N.L., Canagaratna, M.R., Ziemann, P. J., Flagan, R.C., Seinfeld, J.H., 2013. Effect of chemical structure on secondary organic aerosol formation from C – 12 alkanes. Atmospheric Chemistry & Physics 13 (21), 11121 – 11140.

Yi, H.H., Hao, J.M., Duan, L., Tang, X.L., Ning, P., Li, X.H., 2008. Fine particle and trace element emissions from an anthracite coal-fired power plant equipped with a bag-house in China. Fuel 87 (10 – 11), 2050 – 2057.

Young, T.M., Heeraman, D.A., Sirin, G., Ashbaugh, L.L., 2002. Resuspension of soil as a source of airborne lead near industrial facilities and highways. Environmental Science & Technology

36 (11), 2484 − 2490.

Zannetti, P., 2003. Air Quality Modeling: Theories, Methodologies, Computational Techniques, and Available Databases and Software-Vol. 1. Fundamentals Air and Waste Management Association, Pittsburgh, PA.

Zannetti, P., 2005. Air Quality Modeling: Theories, Methodologies, Computational Techniques, and Available Databases and Software-Vol. II. Advanced Topics Air and Waste Management Association, Pittsburgh, PA.

Zhang, R., Jing, J., Tao, J., Hsu, S.C., Wang, G., Cao, J.J., Lee, C.S.L., Zhu, L., Chen, Z., Zhao, Y., Shen, Z., 2013a. Chemical characterization and source apportionment of $PM_{2.5}$ in Beijing: seasonal perspective. Atmospheric Chemistry & Physics 13 (14), 7053 − 7074. http://www.atmos-chem-phys.net/13/7053/2013/.

Zhang, X.Y., Wang, Y.Q., Niu, T., Zhang, X.C., Gong, S.L., Zhang, Y.M., Sun, J.Y., 2012. Atmospheric aerosol compositions in China: spatial/temporal variability, chemical signature, regional haze distribution and comparisons with global aerosols. Atmospheric Chemistry & Physics 12 (2), 779 − 799. www.atmos-chem-phys.net/12/779/2012/acp − 12 − 779 − 2012.pdf.

Zhang, Y.X., Schauer, J.J., Zhang, Y.H., Zeng, L.M., Wei, Y.J., Liu, Y., Shao, M., 2008. Characteristics of particulate carbon emissions from real-world Chinese coal combustion. Environmental Science & Technology 42 (14), 5068 − 5073.

Zhang, Y.X., Sheesley, R.J., Bae, M.S., Schauer, J.J., 2009. Sensitivity of a molecular marker based positive matrix factorization model to the number of receptor observations. Atmospheric Environment 43 (32), 4951 − 4958.

Zhang, Z.S., Engling, G., Chan, C.Y., Yang, Y.H., Lin, M., Shi, S., He, J., Li, Y.D., Wang, X.M., 2013b. Determination of isoprene-derived secondary organic aerosol tracers (2 − methyltetrols) by HPAEC-PAD: Results from size-resolved aerosols in a tropical rainforest. Atmospheric Environment 70, 468 − 476.

Zhao, Y.L., Hu, M., Slanina, S., Zhang, Y.H., 2007a. Chemical compositions of fine particulate organic matter emitted from Chinese cooking. Environmental Science & Technology 41 (1), 99 − 105.

Zhao, Y.L., Hu, M., Slanina, S., Zhang, Y.H., 2007b. The molecular distribution of fine particulate organic matter emitted from Western-style fast food cooking. Atmospheric Environment 41, 8163 − 8171.

Zhi, G.R., Chen, Y.J., Feng, Y.L., Xiong, S.C., Li, J., Zhang, G., Sheng, G.Y., Fu, J., 2008. Emission characteristics of carbonaceous particles from various residential coal-stoves in China. Environmental Science & Technology 42 (9), 3310 − 3315.

Zhong, M., Jang, M., 2011. Light absorption coefficient measurement of SOA using a UV-Visible spectrometer connected with an integrating sphere. Atmospheric Environment 45 (25), 4263 − 4271.

Zielinska, B., Sagebiel, J.C., Arnott, W.P., Rogers, C.F., Kelly, K.E., Wagner, D.A., Lighty, J. S., Sarofim, A. F., Palmer, G., 2004. Phase and size distribution of polycyclic aromatic hydrocarbons in diesel and gasoline vehicle emissions. Environmental Science & Technology 38 (9), 2557 − 2567.

Zielinska, B., Campbell, D.E., Lawson, D.R., Ireson, R.G., Weaver, C.S., Hesterberg, T.W., Larson, T., Davey, M., Liu, L.J.S., 2008. Detailed characterization and profiles of crankcase and diesel particulate matter exhaust emissions using speciated organics. Environmental Science & Technology 42 (15), 5661 – 5666.

Ziemann, P.J., Atkinson, R., 2012. Kinetics, products, and mechanisms of secondary organic aerosol formation. Chemical Society Reviews 41 (19), 6582 – 6605.